織豊期主要人物居所集成

【増補第3版】

藤井讓治 編

思文閣出版

はしがき

　本書は、織豊期に生きた主要人物の居所と行動を確定することを、目的に編まれたものである。

　人物の居所を明らかにすることは、個々の研究者が、その時々の分析にあたって日常的に行ってきたことである。しかし、こうした作業は、個々別々に、また特定の人物、特定の時期に限ってなされるに過ぎず、その成果も研究者全体が共有しうる性格のものではない。こうした作業それ自体を研究目標とすることで、また複数の研究者によって複数の人物をとりあげることで、さらにそこで得られた知見を相互に共有することで、居所確定の情報は大きくふくらみ、結果としてより的確な、そしてより効率的な居所確定を可能とするはずである。

　当初、織豊期の主要人物として、政権の中心人物（足利義昭・織田信長・豊臣秀吉）、政権中枢にいる人物（明智光秀・前田玄以・浅野長政・石田三成等）、政権に大きな影響力を持った人物（柴田勝家・徳川家康・前田利家・毛利輝元等）、有力大名（上杉景勝・伊達政宗等）、有力武将（加藤清正・福島正則・黒田孝高等）、政権周辺の僧侶・文化人（千利休・西笑承兌等）、政権に関係深い公家衆（近衛前久・吉田兼見等）、政権に関わる女性たち（北政所・淀殿・孝蔵主等）をあげ、その居所と行動を確定する作業にかかった。

　作業が進行するなか、それぞれの人物によってその居所を確定するに充分な情報・史料の得られないものもあり、その居所と行動を記述する場合、基本的な事柄については、統一を図ったが、それぞれの人物についてはその特性に随って叙述することとした。

　当初予定していた人物でとりあげえなかたものもあるが、付け加えた人物もある。具体的には、25名をとりあげた。織田信長・豊臣秀吉・豊臣秀次・徳川家康・足利義昭・柴田勝家・丹羽長秀・明智光秀・細川藤孝・前田利家・毛利輝元・上杉景勝・伊達政宗・石田三成・浅野長政・福島正則・片桐且元・近衛前久・近衛信尹・西笑承兌・大政所・北政所・浅井茶々・孝蔵主である。

　本書に収録したこれらの人物は、この時期の主要人物ではあるが、いうまでもなくこの時期の主要人物のすべてを網羅してはおらず、現段階で一応のまとまりのついたものを収録したにすぎない。今後、とりあぐべくしてとりあげられなかった人物についても検討を進め、さらにとりあげた人物についての内容も含め、一層の充実を図りたい。なお、本書の誤りや新たな居所情報を見いだされた場合には、ぜひ一報いただければ幸いである。

なお、本書は、平成18年度から21年度にかけて「織豊期主要人物の居所と行動に関する基礎的研究」を研究課題に、科学研究費の交付を受けた研究の成果の一部であり、藤井讓治を研究代表者とし、杣田善雄・中野等・早島大祐・福田千鶴・堀新・松澤克行・横田冬彦・相田文三・穴井綾香・尾下成敏・藤田恒春の各氏に参加いただいた。

　最後になりましたが、本書の刊行を引き受けて下さった思文閣出版、なかでもお世話いただいた田中峰人さんに謝意を表します。

2011年5月　　藤　井　讓　治

〈第2版出版にあたって〉

　お陰さまで、多くの方々に利用いただき、この度、版を重ねることになりました。第2版出版にあたっては、初版発行後の研究成果により日付が確定するなどしたところは、訂正あるいは追加しましたが、全体としては大幅な改訂は行わず、誤植等の訂正に止めました。ただ、「豊臣秀吉の居所と行動（天正10年6月2日以前）」については、従来の関係文書の編年に誤りが見つかったため、かなり大きな訂正を施しました。

　なお、第2版での訂正箇所の主要な点については、は思文閣出版HPで掲載することにしています。

2015年12月　　藤　井　讓　治

はしがき

〈増補第3版出版にあたって〉

　2011年に本書を刊行して以来、多くの方々に本書を利用していただき感謝しています。2015年には、誤植等、細微な訂正を行って第2版を刊行しました。

　おかげさまで第2版も順調に販売され、2020年には在庫がなくなる状況となり、第3版刊行の話が出版社から出、それにあたっては増補の方向で考えて欲しいとの要望があり、第3版は、大幅増補とすることにしました。

　増補に当たって、豊臣政権の中枢を形成したいわゆる「五大老」「五奉行」で第2版では欠けていた宇喜多秀家・前田玄以・増田長盛・長束正家を取り上げることにしました。このほか、徳川家康との関連で松平家忠、徳川秀忠を、また九州大名の動向を知るために島津義久、島津義弘、立花宗茂の3人を加えることにしました。

　この時期の資料を利用するにあたっては、なお多くの人物の居所と行動を明らかにする必要がありますが、今回はかないませんでした。

　なお、第2版で取り上げてきた人物についても、新たな事実にもとずき、かなりの加筆・訂正を行いました。

　　　　　　　　　　　　　　　　　　　　　　　　　2024年8月　　藤井讓治

目　次

はしがき

凡例／典拠・参考文献／典拠の略称

織田信長の居所と行動……………………………………………堀　　　新……3
豊臣秀吉の居所と行動（天正10年6月2日以前）………………堀　　　新……38
豊臣秀吉の居所と行動（天正10年6月以降）……………………藤井譲治……52
豊臣秀次の居所と行動……………………………………………藤田恒春……85
徳川家康の居所と行動（天正10年6月以降）……………………相田文三……99
松平（深溝）家忠の居所と行動……………………………………尾下成敏……142
徳川秀忠の居所と行動……………………………………………福田千鶴……157
足利義昭の居所と行動……………………………………………早島大祐……169
柴田勝家の居所と行動……………………………………………尾下成敏……174
丹羽長秀の居所と行動……………………………………………尾下成敏……186
明智光秀の居所と行動……………………………………………早島大祐……201
細川藤孝の居所と行動……………………………………………早島大祐……215
前田利家の居所と行動……………………………………………尾下成敏……232
宇喜多秀家の居所と行動…………………………………………大西泰正……252
上杉景勝の居所と行動……………………………………………尾下成敏……262
毛利輝元の居所と行動（慶長5年9月14日以前）………………中野　　等……286
毛利輝元の居所と行動（慶長5年9月15日以降）………………穴井綾香……300
小早川隆景の居所と行動…………………………………………中野　　等……305
前田玄以の居所と行動……………………………………………藤井譲治……319
石田三成の居所と行動……………………………………………中野　　等……343
浅野長政の居所と行動……………………………………………相田文三……358
増田長盛の居所と行動……………………………………………相田文三……385
長束正家の居所と行動……………………………………………藤田恒春……423
片桐且元の居所と行動……………………………………………藤田恒春……441
福島正則の居所と行動……………………………………………穴井綾香……459
伊達政宗の居所と行動……………………………………………福田千鶴……470

島津義久の居所と行動……………………………………………中野　等……486

島津義弘の居所と行動……………………………………………中野　等……495

立花宗茂の居所と行動……………………………………………穴井綾香……504

近衛前久の居所と行動……………………………………………松澤克行……516

近衛信尹の居所と行動……………………………………………松澤克行……535

西笑承兌の居所と行動……………………………………………杣田善雄……560

大政所の居所と行動………………………………………………藤田恒春……572

北政所（高台院）の居所と行動…………………………………藤田恒春……578

浅井茶々の居所と行動……………………………………………福田千鶴……599

孝蔵主の居所と行動………………………………………………藤田恒春……604

執筆者紹介

凡　例

― 本書は、織豊期の主要人物の居所と行動を個人別、編年に明らかにしようとしたものであり、対象とした人物の年譜ではない。

― 本書の各論は、対象とする人物の【略歴】、次いで【居所と行動】を年次を追って記載することを原則とした。また居所や行動が細かに判明するものについては、その【概略】をあげその後に【詳細】情報を記した。

― 【居所と行動】については、その根拠となる典拠を記すことを原則とした。

― 書誌情報が重出するのを避けるために、複数の論考にわたる典拠・参考文献等を凡例の後にあげた。なお、個別の論考についての主な典拠や参考文献は、それぞれの論考の末尾に掲げた。

― 典拠のうち頻繁に利用したものについては、略称を用いた。その一覧は典拠・参考文献の後に掲げた。

― 典拠としてあげた日記の記事が同日の場合には「同日条」等の記載を省略した。

― 引用史料等では、通用の字体を用いることを原則とした。

― 増補部分の典拠・参考文献は、個々の人物の末に記載した。

典拠・参考文献

【日記等】

『家忠日記』（増補続史料大成　臨川書店　1981年）

「宇野主水日記」（『石山本願寺日記』下巻　清文堂出版　1984年　初版1930年／『寺内町研究』創刊号～6号　1995年～2001年）

『梅津政景日記』（大日本古記録　岩波書店　1953年～66年）

「大和田重清日記」（『日本史研究』44～46・48・49・52　1959年～61年）

『お湯殿の上の日記』（続群書類従補遺　続群書類従完成会　1932年～34年）

『兼見卿記』（史料纂集　八木書店　2014～刊行中）

『義演准后日記』（史料纂集　続群書類従完成会　1976年～刊行中）

『北野社家日記』（史料纂集　続群書類従完成会　1972年～刊行中）

『北野天満宮史料　古記録』（北野天満宮史料刊行会　1980年）

『北野天満宮史料　目代日記』（北野天満宮史料刊行会　1975年）

『慶長日件録』（史料纂集　続群書類従完成会　1981年・96年）

「玄与日記」（『群書類従』18　続群書類従完成会　1932年）

『駒井日記』（文献出版　1992年）

『三藐院記』(史料纂集　続群書類従完成会　1975年)
『慈性日記』(史料纂集　続群書類従完成会　2000年・01年)
『舜旧記』(史料纂集　続群書類従完成会　1970年〜99年)
「尋憲記」(原本は国立公文書館内閣文庫蔵)
「宗及茶湯日記　自会記」(『茶道古典全集』8　淡交新社　1959年)
「宗及茶湯日記　他会記」(『茶道古典全集』7　淡交新社　1959年)
「宗湛日記」(『茶道古典全集』6　淡交新社　1958年)
「孝亮宿禰記」(原本は宮内庁書陵部蔵)
『多聞院日記』(増補続史料大成　臨川書店　1978年)
「親綱卿記」(文禄4年冬『続々群書類従』5　続群書類従完成会　1969年　影写本あり)
「天正記」(別名は「輝元公上洛日記」『長周叢書』第20巻　マツノ書店　1991年他)
『言緒卿記』(大日本古記録　岩波書店　1995年・98年)
『言継卿記』(続群書類従完成会　1966年・67年)
『言経卿記』(大日本古記録　岩波書店　1959年〜91年)
『時慶記』(臨川書店　2001年〜刊行中)
「二条宴乗日記」(『ビブリア』52〜54・60・62　1972年〜76年)
『晴右記』(増補続史料大成　臨川書店　1967年)
『晴豊記』(増補続史料大成　臨川書店　1967年)
「日々記」(原本は国立公文書館内閣文庫蔵)
『本光国師日記』(続群書類従完成会　1966年〜71年)
『光豊公記』(京都大学史料叢書、思文閣出版、2022年)
『鹿苑日録』(太洋社　1934年〜37年)

【古文書】

『浅野家文書』(大日本古文書　東京大学史料編纂所　1905年)
『石清水文書』(大日本古文書　東京大学史料編纂所　1908年〜15年)
『石見吉川家文書』(大日本古文書　東京大学史料編纂所　1931年、『吉川家文書別集』
　　と合冊)
『上杉家文書』(大日本古文書　東京大学史料編纂所　1931年〜63年)
『賀茂別雷神社文書』(史料纂集　続群書類従完成会　1988年)
『北野天満宮史料　古文書』(北野天満宮史料刊行会　1978年)
『吉川家文書』(大日本古文書　東京大学史料編纂所　1925年・26年)
『朽木家文書』(史料纂集　八木書店　2007年〜2008年)
『黒田家文書』第1巻(福岡市博物館　2000年)
『小早川家文書』(大日本古文書　東京大学史料編纂所　1927年)

『高野山文書』(大日本古文書　東京大学史料編纂所　1904年～1907年)
『金剛寺文書』(大日本古文書　東京大学史料編纂所　1920年)
『西笑和尚文案』(思文閣出版　2007年)
『相良家文書』(大日本古文書　東京大学史料編纂所　1917年・18年)
『真田家文書』(長野市　1981年～83年)
『島津家文書』(大日本古文書　東京大学史料編纂所　1942年～66年)
『大徳寺文書』(大日本古文書　東京大学史料編纂所　1943年～85年)
『伊達家文書』(大日本古文書　東京大学史料編纂所　1908年～14年)
『蜷川家文書』(大日本古文書　東京大学史料編纂所　1981年～96年)
『萩藩閥閲録』(山口県文書館　1967年～89年)
『益田家文書』(大日本古文書　東京大学史料編纂所　2000年～刊行中)
『毛利家文書』(大日本古文書　東京大学史料編纂所　1920年～24年)
『歴代古案』(史料纂集　続群書類従完成会　1993年～2002年)

【編纂物】

「安土日記」(写本あり)
『十六・七世紀イエズス会日本報告集』(同朋舎出版　1987年～98年)
「家忠日記追加」(写本あり)
『寛永諸家系図伝』(続群書類従完成会　1980年～97年)
『寛政重修諸家譜』(続群書類従完成会　1964年～92年)
『鹿児島県史料　旧記雑録後編』1～4(鹿児島県維新史料編さん所　1981年～84年)
『公卿補任』3(新訂増補国史大系　吉川弘文館　1974年)
『慶長年録』(内閣文庫所蔵史籍叢刊　汲古書院　1986年)
『慶長見聞録案紙』(内閣文庫所蔵史籍叢刊　汲古書院　1986年)
『元和年録』(内閣文庫所蔵史籍叢刊　汲古書院　1986年)
『史料綜覧』10～17(東京大学史料編纂所　1938年～63年)
『信長公記』(角川書店　1969年)
「池田家文庫本信長記」(福武書店　1975年)
『駿府記』(史籍雑纂　続群書類従完成会　1994年)
『太閤記』(新日本古典文学大系　岩波書店　1996年)
『大日本史料』第10編・第11編・第12編(東京大学史料編纂所　1900年～刊行中)
『伊達治家記録』1～4(仙台藩史料大成　宝文堂　1972年～74年)
『朝野旧聞裒藁』7～10(内閣文庫所蔵史籍叢刊特刊1　汲古書院　1983年)
『当代記』(史籍雑纂　続群書類従完成会　1994年)
『東武実録』1(内閣文庫所蔵史籍叢刊　汲古書院　1981年)

『徳川実紀』1・2（新訂増補国史大系　吉川弘文館　1964年）
『豊臣秀吉文書集』1〜9（吉川弘文館　2015年〜24年）
『譜牒余録』中（国立公文書館内閣文庫　1974年）
『武徳編年集成』上（名著出版　1976年）
『日本史』（ルイス・フロイス著　松田毅一・川崎桃太訳　中央公論社　1977年〜80年）
『豊大閤真蹟集』（東京大学史料編纂所　1938年）
『綿考輯録』1・2（出水神社　1988年）
『蓮成院記録』（増補続史料大成　臨川書店　1978年、『多聞院日記』と合冊）

【研究書】
奥野高広編『増訂織田信長文書の研究』（吉川弘文館　1988年、初版1969年・70年）
高木昭作監修・谷口克広著『織田信長家臣人名辞典』（吉川弘文館　1994年）
中村孝也編『徳川家康文書の研究』（日本学術振興会　1958年〜71年）
中村孝也編『新訂版徳川家康文書の研究』（日本学術振興会　1980年〜82年）
徳川義宣編『新修徳川家康文書の研究』（徳川黎明会　1983年・2006年）
三鬼清一郎編『稿本豊臣秀吉文書（1）』（神奈川大学生活協同組合印刷部　2005年）

【自治体史】
『愛知県史』資料編11織豊1・2（愛知県　2003・2007年）
『青森県史』資料編中世1・近世1（青森県　2004・2001年）
『秋田県史』資料古代・中世編（秋田県　1961年）
『岩手県史』3（岩手県　1961年）
『神奈川県史』資料編3古代・中世3下（神奈川県　1979年）
『岐阜県史』史料編古代・中世1・4・補遺（岐阜県　1961・1973・1999年）
『新編埼玉県史』資料編6中世（埼玉県　1980年）
『佐賀県近世史料』1編1巻（佐賀県立図書館　1993年）
『佐賀県史料集成』古文書編4・7（佐賀県立図書館　1959・1963年）
『静岡県史』資料編8中世4（静岡県　1996年）
『信濃史料』17・18巻（信濃史料刊行会　1961・1962年）
『上越市史』別編1・2上杉氏文書集一・二（上越市　2003・2004年）
『仙台市史』資料編10〜13伊達政宗文書1〜4（仙台市　1994〜2007年）
『栃木県史』史料編中世3（栃木県　1978年）
『富山県史』史料編Ⅱ・Ⅲ中世・近世上（富山県　1975・1980年）
『新潟県史』資料編3中世1（新潟県　1982年）
『兵庫県史』史料編中世2・9（兵庫県　1987・1997年）

『広島県史』古代中世資料編Ⅱ～Ⅴ（広島県　1976～1980年）
『広島県史』近世資料編Ⅱ（広島県　1976年）
『福井県史』資料編中・近世1・4（福井県　1987・1987年）
『福岡県史』近世史料編柳川藩初期（上）・福岡藩町方（一）（西日本文化協会　1986・1987年）
『福島県史』7資料編2古代・中世資料（福島県　1966年）
『三重県史』資料編近世1（三重県　1993年）
『宮崎県史』史料編中世1（宮崎県　1990年）
『山形県史』1・2（山形県内務部　1920年）
『山口県史』史料編中世2・3・近世1下（山口県　2001・2004・1999年）
『山梨県史』資料編　近世1（山梨県　1998年）

【古書目録】

『思文閣古書資料目録』（思文閣出版古書部）
『思文閣墨蹟資料目録』（思文閣）

典拠の略称

【日記等】

『大日本史料』第十二編之五 →『大日本史料』12-5	『三藐院記』→『三藐』
	『慈性日記』→『慈性』
	『舜旧記』→『舜旧』
『家忠日記』→『家忠』	「尋憲記」→「尋憲」
「宇野主水日記」→「宇野」	「宗及茶湯日記　自会記」→「宗及自会記」
『梅津政景日記』→『梅津』	「宗及茶湯日記　他会記」→「宗及他会記」
「大和田重清日記」→「大和田」	「宗湛日記」→「宗湛」
『お湯殿の上の日記』→『お湯殿』	「孝亮宿禰記」→「孝亮」
『兼見卿記』→『兼見』	『多聞院日記』→『多聞院』
『兼見卿記』別本→「別本兼見」	「親綱卿記」→「親綱」
「義演准后日記」→「義演」	「天正記」（「輝元公上洛日記」） →「輝元上洛日記」
『北野社家日記』→『北野社家』	
『北野天満宮史料　古記録』→『北野古記録』	『言緒卿記』→『言緒』
『北野天満宮史料　目代日記』→『北野目代』	『言継卿記』→『言継』
『慶長日件録』→『慶長』	『言経卿記』→『言経』
「玄与日記」→「玄与」	『時慶記』→『時慶』
『駒井日記』→『駒井』	「二条宴乗日記」→「二条」

『晴豊記』→『晴豊』
『本光国師日記』→『本光』
「光豊記」→「光豊」
『鹿苑日録』→『鹿苑』

【古文書】
『浅野家文書』→『浅野』
『石清水文書』→『石清水』
『石見吉川家文書』→『石見吉川』
『上杉家文書』→『上杉』
『賀茂別雷神社文書』→『賀茂』
『北野天満宮史料　古文書』→『北野古文書』
『吉川家文書』→『吉川』
『朽木家文書』→『朽木家』
『黒田家文書』→『黒田』
『小早川家文書』→『小早川』
『高野山文書』→『高野山』
『金剛寺文書』→『金剛寺』
『西笑和尚文案』→『西笑』
『相良家文書』→『相良』
『真田家文書』→『真田』
『島津家文書』→『島津』
『大徳寺文書』→『大徳寺』
『伊達家文書』→『伊達』
『蜷川家文書』→『蜷川』
『萩藩閥閲録』→『閥閲録』
『益田家文書』→『益田』
『毛利家文書』→『毛利』
『歴代古案』→『歴代』

【編纂物】
「安土日記」→「安土」
『十六・七世紀イエズス会日本報告集』
　　　　　　　　→『イエズス会』
「家忠日記追加」→「家忠追加」

『寛永諸家系図伝』→『寛永伝』
『寛政重修諸家譜』→『寛政譜』
『鹿児島県史料　旧記雑録後編』
　　　　　　　　→『薩藩旧記』
『公卿補任』→『公卿』
『慶長見聞録案紙』→『見聞録案紙』
『信長公記』→『公記』
「池田家文庫本信長記」→「池田本信長記」
『駿府記』→『駿府』
『太閤記』→『太閤』
『伊達治家記録』→『治家記録』
『朝野旧聞裒藁』→『朝野』
『当代記』→『当代』
『東武実録』→『東武』
『徳川実紀』→『実紀』
『譜牒余録』→『譜牒』
『武徳編年集成』→『武徳』
『豊大閤真蹟集』→『豊大閤』
『綿考輯録』→『綿考』
『蓮成院記録』→『蓮成院』

【研究書】
『増訂織田信長文書の研究』→『増訂信長』
『織田信長家臣人名辞典』→『信長人名』
『徳川家康文書の研究』→『家康』
『新修徳川家康文書の研究』→『新修家康』
『新訂版徳川家康文書の研究』→『新訂家康』
『稿本豊臣秀吉文書（１）』→『秀吉』

【自治体史】
『愛知県史』資料編11織豊１→『愛知織豊１』
『青森県史』資料編中世１→『青森中世１』
『秋田県史』資料古代・中世編
　　　　　　　　→『秋田古代中世』
『岩手県史』３→『岩手』

『神奈川県史』資料編3古代・中世3下
　　　　　　　　　→『神奈川』
『岐阜県史』史料編古代・中世1
　　　　　　　　→『岐阜古代中世1』
『新編埼玉県史』資料編6中世→『埼玉6』
『佐賀県近世史料』第1編第1巻
　　　　　　　　　→『佐賀近世1』
『佐賀県史料集成』古文書編4
　　　　　　　　　→『佐賀古文書4』
『静岡県史』資料編8中世4→『静岡』
『信濃史料』17巻→『信濃17』
『上越市史』別編1上杉氏文書集一
　　　　　　　　　→『上越別1』
『仙台市史』資料編10伊達政宗文書1
　　　　　　　　　→『政宗1』
『栃木県史』史料編中世3→『栃木中世3』
『富山県史』史料編Ⅱ中世→『富山・中世』
『新潟県史』資料編3中世1→『新潟中世1』
『兵庫県史』史料編中世2→『兵庫中世2』

『広島県史』古代中世資料編Ⅱ
　　　　　　　　→『広島古代中世Ⅱ』
『福井県史』資料編3　中・近世1
　　　　　　　　　→『福井中・近世1』
『福岡県史』近世史料編　福岡藩町方(一)
　　　　　　　　　→『福岡町方1』
『福島県史』7資料編2古代・中世資料
　　　　　　　　　→『福島』
『三重県史資料編近世1』→『三重近世1』
『宮崎県』史料編中世1→『宮崎中世1』
『山形県史』巻1→『山形巻1』
『山口県史』史料編中世2→『山口中世2』
『山梨県史』資料編　近世1』
　　　　　　　　　→『山梨近世1』

【古書目録】

『思文閣古書資料目録』→『思文閣古書』
『思文閣墨蹟資料目録』→『思文閣墨蹟』

織豊期主要人物居所集成

織田信長の居所と行動

堀　新

【略歴】

　信長は、天文3年(1534)5月、父信秀の居城である尾張国勝幡城で生まれた。天文15年に元服して三郎信長と名乗り、翌天文16年に初陣。天文18年頃に斎藤道三の息女と婚姻した。天文18年11月に熱田八ヶ村中宛に発給した制札が初見文書である。

　天文21年3月に父信秀が死去し、家督を継承する。天文22年4月に聖徳寺で斎藤道三と会見する。天文23年4月、清須織田家が滅亡し、清須城へ入城する。同年11月上総守、すぐに上総介と改める。永禄元年(1558)11月、弟信勝を誘殺する。永禄2年2月に上洛する。3月に岩倉城を攻略し、尾張統一を達成する。

　永禄3年5月、桶狭間の戦いで今川義元を討ち取る。永禄6年4月、三介と改名する。7月頃に小牧山城へ移転する。永禄9年6月、尾張守と改称する。

　永禄10年8月、井口城を攻略し、美濃国を併合する。井口を岐阜と改め、ここを居城とする。

　永禄11年7月、足利義昭を美濃へ迎える。8月、弾正忠と改称する。9月7日岐阜を出発し、10月14日上洛する。26日に京都を出発し、28日に岐阜へ帰国する。三好三人衆蜂起の報を受け、永禄12年1月10日上洛する。2月7日から義昭の二条城普請を開始する。8月20日、伊勢国へ侵攻する。10月に上洛し、義昭と衝突して帰国する。

　永禄13年(1570)4月若狭・越前を攻め、浅井長政の寝返りを知って退却する。6月姉川の戦いで浅井・朝倉勢を破る。8月三好三人衆を攻め、9月に本願寺が蜂起する。12月、浅井・朝倉氏との講和が成立する。元亀2年(1571)5月、伊勢長島一向一揆に敗れる。6月「平信長」と称する。9月比叡山を焼き討ちする。元亀3年9月、義昭に17ヶ条「条々」を提出する。

　元亀4年(1573)3月足利義昭が挙兵し、4月に洛中洛外を放火して講和する。7月義昭が再挙して真木島城に籠城すると、義昭を追放して室町幕府を滅ぼす。改元を申し入れて天正と改元。8月朝倉氏・浅井氏を滅ぼす。12月正親町天皇の譲位を申し入れる。

天正2年3月、東大寺蘭奢待を切り取る。9月伊勢長島の一向一揆を滅ぼす。天正3年5月、長篠の戦いで武田勝頼を破る。7月「朝廷改革」を実行し、5人の奉行＝伝奏を設置する。官位叙任を辞退し、代わりに家臣を叙任させる。9月越前一向一揆を鎮圧し、「越前国掟」を定める。11月従三位・権大納言・右大将に任官する。嫡男信忠に織田家督を譲る。

　天正4年1月、安土城普請を始め、2月に移る。6月末〜7月初に4人の伝奏衆を蟄居とし、7月に「禁中之義」は信長の了解が必要とする。11月正三位・内大臣に昇進する。天正5年3月、摂河泉を平定する。閏7月二条屋敷で近衛信基元服の加冠を務める。11月従二位・右大臣に昇進する。天正6年1月正二位に昇進するが、4月に右大臣・右大将を辞官する。10月荒木村重が謀叛し、11月摂津に出陣する。

　天正7年5月安土城天主へ移徙し、安土宗論を裁定する。11月誠仁親王に二条屋敷を進上する。天正8年3月、本願寺と勅命講和する。8月本願寺が大坂を退城した後、佐久間信盛父子を追放する。天正9年1月、安土で爆竹・馬揃を催す。2月と3月に京都馬揃、京都で左大臣推任勅使を迎える。その後、安土で譲位の勅使を迎える。8月安土で馬揃する。高野聖を処刑する。

　天正10年1月、安土で爆竹・馬揃を催す。3月甲斐・信濃へ出陣。上諏訪で武田氏旧領の知行割を行う。4月甲府へ到着し、富士山を見物して安土へ帰城する。4月23日、勅使を安土城に迎える。5月4日三職推任の勅使を安土城に迎える。5月29日上洛する。6月2日未明、本能寺で明智光秀の襲撃を受け自害する。49歳。

【居所と行動】

1　戦国大名段階（上洛以前）

天文3年(1534)5月〜同23年3月（勝幡・那古野時代）

【概要】
　天文3年、おそらく5月に尾張国勝幡城に生まれる。天文7年9月頃、那古野城へ移った。天文15年に元服し、三郎信長と名乗った。天文16年に初陣し、天文18年2月に斎藤道三の息女と婚姻する。発給文書の初見は、天文18年11月に熱田八ヶ村中宛の制札である。

　天文21年3月に父信秀が死去し、家督を継承する。8月に清須織田家と萱津で戦う。天文22年4月に聖徳寺で斎藤道三と会見する。7月、守護・斯波義統を殺害した清須織田家を攻める。天文23年1月、村木砦の今川勢を急襲する。

【詳細】
　信長の出生日は、天文3年5月のものに11日（朝尾直弘『将軍権力の創出』）、12日（松田毅一・川崎桃太訳『日本史』）、13日（『イエズス会』）、27日（「羽前天童織田家譜」）、28日（「土岐斎藤軍記」ほか）がある。この他に1月2日（「和州諸将軍伝」）、1月（「名古屋合戦記」）、2月2日（「清須翁物語」）、春（「総見記」）もあるが、天文3年5月生まれの可能性が高い。出生地は那古野

（名古屋）とされることが多いが、父信秀の那古野城攻略が天文7年9月頃と考えられるので、勝幡であろう。

　信長の幼名は吉法師である。癇が強くて乳母の乳を嚙み破ったが、養徳院（池田恒利室）を乳母としたところ、それがおさまったという（『池田家履歴略記』）。

　天文7年9月頃に父信秀が那古野城を攻略し、信長も那古野へ移ったと思われる。信秀は天文13年〜15年に古渡城へ移り、信長は那古野城を譲られた。天文15年には古渡城で元服し、三郎信長と名乗った（『公記』）。これは1月18日のことという（「政秀寺古記」）。天文16年には初陣として三河国吉良・尾張国大浜の今川方を攻め、一夜野陣をして翌日那古野へ帰城した（『公記』）。これは10月以降のことと思われる（『朝野』）。天文17年か18年頃に斎藤道三の息女と婚姻したが（『公記』）、『美濃国諸旧記』によればそれは天文18年2月24日である。

　発給文書の初見は、天文18年11月に熱田八ヶ村中宛の制札である（「加藤秀一氏旧蔵文書」）。天文20年には丹羽氏識を尾張国岩崎城に攻めて敗れ、那古野へ帰城した（「三草丹羽家譜」）。天文18年〜20年頃の信長は、朝夕に乗馬の稽古、3月〜9月には川（庄内川ヵ）で水泳の訓練をしていた。弓・鉄砲・兵法の稽古をする一方、鷹野にも出かけていた。これらは那古野城下あるいはその近辺であろう。また、町（那古野城下ヵ）を通るさい、人目を憚ることなく栗・柿・瓜をかぶり食いし、町中で餅を食べ、人に寄りかかり、肩に連ら下がって歩いていた（『公記』）。

天文21年(1552)　3月3日、父信秀が死去した。これには天文18年説・天文20年説もあるが、「定光寺年代記」の天文21年を採る。万松寺で行われた銭施行には長柄の太刀・脇差を三五縄で巻き、髪を茶筅に巻き立て、袴も履かずに現れたという。焼香は抹香をつかんで仏前へ投げつけ、そのまま帰っていった（『公記』）。7月28日以前に花押型を改める（「浅井文書」）が、これは信秀の死、家督継承と関連していよう。

　信秀の死去により、鳴海城主山口左馬助（教継）父子が今川方へ寝返った。そこで同年4月17日、山口左馬助を攻めるため、中根村を通って古鳴海へ出陣し、三の山へ上り、赤塚で数刻戦って那古野へ帰陣した。また清須織田家とも敵対するようになり、8月16日払暁に那古野を出陣した。辰刻から数刻、萱津で戦ってこれを破り、清須城を包囲する一方、苅田狼藉をした。恐らくこの頃、尾張国守護・斯波義統の家臣である簗田弥次右衛門の手引きにより、清須城下へ侵攻して城下を焼き払って「生城（はだかじろ）」とするが、外郭から取り囲むにとどまった（以上『公記』）。

　この年、今川義元が尾張国沓掛で戦っており（『朝野』）、信長が出陣していた可能性があるが、その日付は不明である。

天文22年(1553)　閏1月13日、平手政秀が諫死した。同年4月下旬、岳父斎藤道三の呼びかけに応じて、尾張国富田の聖徳寺で面会した（『公記』）。

　※　聖徳寺における斎藤道三との面会を天文14年とする説もあるが、面会に平手が同行

しておらず、平手死後の出来事とすべきであろう。
　7月12日、清須織田家の家老衆は斯波義統を攻めて自害させ、嫡子義銀(当時は岩竜丸)は信長に助けを求めて那古野へ走った。信長は義銀を迎えて天王坊に置いた。7月13日、政秀寺を建立して大施餓鬼を営み、50日間精進したという(「政秀寺古記」)。7月18日、弟信勝方の柴田勝家らが清須へ出陣し、山王口・乞食村・成願寺前で戦い、これを破る(『公記』)。ただし、この戦いに信長は出陣していないようである。

天文23年(1554)1月〜3月　1月、今川方が尾張国村木に城砦を築いたので、信長は斎藤道三に救援を依頼した。1月20日に安藤守就が尾張国へ到着し、那古野近所の志賀・田幡両郷に陣取った。同日、信長は安藤に陣中見舞いに訪れ、21日に出陣して熱田に宿泊した。22日、大風のなか出陣して野陣を敷き、翌23日に尾張国緒川へ出て、緒川城主水野信元と参会した。続いて24日払暁に出陣し、村木城を攻撃した。信長は城の南側を担当し、辰刻から申下刻まで戦って勝利を得た後、本陣で首実検をした。翌25日、寺本城の麓を放火し、那古野へ帰陣した。26日には安藤守就の陣所を御礼のため訪問する(以上『公記』)。

天文23年(1554)4月〜永禄2年(1559)3月(清須時代・尾張統一以前)

【概要】
　天文23年4月、清須織田家が滅亡し、清須城へ入城する。同年11月上総守、すぐに上総介と改める。弘治2年(1556)4月、斎藤道三救援のために美濃へ出陣する。弟信勝の謀叛により、8月に稲生で戦う。
　永禄元年7月、岩倉織田家と浮野で戦う。11月、信勝を誘殺する。永禄2年2月に上洛する。3月に岩倉城を攻略し、尾張統一を達成する。

【詳細】

天文23年(1554)4月〜12月　4月20日、織田信光が守護代・織田信友を自害させ、清須城を信長に献上する。信長は斯波義銀を国主と崇めて清須城を献上し、北櫓へ隠居する。なお信光は、同年11月26日に急死する(以上『公記』)。11月16日に上総守と称し(「氷室和子氏所蔵文書」)、20日に上総介と改める(「尾張文書通覧」)。

天文24年・弘治元年(1555)　5月12日、清須城下の阿弥陀寺で斯波義統の法事を行ったという(『塩尻』)。6月26日、守山城主織田信次の出奔により、守山城入口の矢田川まで迫ったところで清須へ引き返した(『公記』)。

弘治2年(1556)　3月、三河国荒河へ出陣し、野寺原で松井忠次と戦う(「東条松平文書」)。4月上旬、三河国上野原で吉良義昭と斯波義銀の講和に立ち会う。4月18日、斎藤道三救援のために、木曽川・飛騨川を越えて美濃国大良(大浦ヵ)の戸島東蔵坊に在陣する。20日、及河原で斎藤義龍と戦うが、道三討死の報を聞き退却する。この時信長は殿を務め、自ら鉄炮を放つ。そして岩倉織田家が敵対したので、大良からそのまま岩倉口へ行き、岩倉近辺を焼き払って清須へ帰城した。またこの頃と思われるが、岩倉織田家と尾張国下津周辺の「たん原野」(未詳)で戦う。5月26日、那古野城の林秀貞を訪問する。7月18日、踊りを

興行し、尾張国津島の堀田道空邸では自ら踊り、清須へ帰った。

8月24日、弟信勝が名塚に砦を築いて敵対したため、清須から稲生村へ出陣する。午刻から信勝方の柴田勝家勢と戦い、これを破って清須へ凱陣する。翌25日、首実検を行う。この後、那古野城の林と末盛城の信勝の間へしばしば攻め入り、町口を焼き払う。母親土田の方の仲介で講和し、清須城で信勝・柴田らと面会する。またこの頃と思われるが、信長の庶兄信広が美濃勢と結んだ。日時不明であるが、信長が美濃方面へ出陣した隙に信広が清須城を乗っ取ろうとするが失敗し、信長は清須城へ凱陣する（以上『公記』）。

弘治3年(1557)　7月12日夜、岩倉織田家の夜討ちにより、尾張国黒田土居で戦う（『一豊公紀』）。信長も出陣した可能性がある。

弘治4年・永禄元年(1558)　5月28日、2000人の軍勢を率いて尾張浮野に出陣し、岩倉城の様子をうかがって凱陣する（『総見記』）。6月16日・17日、津島祭をこの日に延期させ、大橋の上で見物したという（『大祭勘例帳』）。7月12日、岩倉織田家と尾張国浮野で戦う（『公記』）。午刻から数刻戦って勝利し、清須へ凱陣する。翌13日、清須で首実検を行う（『公記』）。11月2日、病気と偽って弟信勝を清須城へ呼び寄せ、北櫓天主次の間において信勝を殺害する（『公記』）。

永禄2年(1559)1月～3月　2月2日、約500人のお供を連れて上洛する（『言継』）。この時の上洛ルートは、清須から近江国志那の渡しを経て、京では室町通り上京裏辻に宿を取った。そして立売から小川表を見物し（『公記』）、2月7日に昼立で京都を出発した（『言継』）。「雑説」による俄の下国であった（『厳助往年記』）。下国ルートは、近江国守山に宿泊し、翌日(8日ヵ)近江国相谷から八風峠を経て、寅刻に清須へ到着した（『公記』）。この上洛のさい、将軍足利義輝に拝謁したとも考えられるが、もしもそうであれば、義輝の住む妙覚寺（『日本史』）であろう。なお、この上洛は京都だけでなく奈良・堺見物も目的であったが（『公記』）、奈良・堺に立ち寄った形跡はない。

この頃、2～3ヶ月近く岩倉城を包囲し、これを攻略する（『公記』）。これによって、信長は尾張統一を達成した。

　※　岩倉城攻めの開始時期を「初春の比」（『総見記』）、岩倉落城を3月（『寛政譜』8）とするが、2月2日～7日の在京と齟齬する。しかし、他に採るべき史料もないため、岩倉落城・尾張統一を、ひとまず永禄2年3月としておきたい。

永禄2年(1559)4月～同6年6月(清須時代・尾張統一以降)
【概要】

永禄3年5月、桶狭間の戦いで今川義元を討ち取る。永禄4年4月、三河国梅坪城を攻める。5月、斎藤義龍急死に乗じて美濃へ侵攻し、森部口と軽海で戦う。永禄5年2月に斎藤氏との講和が成立するが、翌永禄6年6月頃には美濃勢と戦っている。なお、永禄6年4月、三介と改名する。

【詳細】
永禄2年(1559)4月〜12月　4月28日、平針へ出陣したという(「東照軍鑑」)。11月19日には尾張国大高城で合戦があり、信長が出陣していた可能性がある(「鵜殿系図伝」)。

永禄3年(1560)　5月、今川義元が出陣した。この報を聞いても、信長は18日夜に軍議を行わず、19日夜明けに清須を出陣した。熱田神宮まで一気に駆け、辰刻に源太夫殿宮の前から「かみ道」を通り、丹下砦を経て善照寺砦へ到着した。これが午刻頃と思われる。善照寺砦で軍勢を揃えた後、中島砦へ移った。さらに中島砦から出陣し、山際へ軍勢を寄せ、未刻に義元本陣を急襲した。桶狭間の戦いである。義元を討ち取った後、「もと御出候道」を通って、日没前に清須へ帰陣した。翌20日、首実検をしたところ、首数3000余だった(『公記』)。

永禄4年(1561)　4月上旬、三河国梅坪城を攻め、苅田狼藉をする。野陣を敷いた後、高橋郡を放火し、ここでも苅田狼藉をし、さらに加治屋村(鍛冶屋敷ヵ)を焼き払い、野陣を敷いた。「翌日」(日時不明)、伊保城を攻めて苅田狼藉し、続いて八草城を攻めて、清須へ帰陣した。5月上旬、木曽川・飛騨川を越えて西美濃へ侵入し、方々を放火した後、墨俣城へ居陣した(以上『公記』)。5月11日の斎藤義龍急死を聞いた信長は、13日に尾濃国境に乱入しており(「永禄沙汰」)、同日に木曽川・飛騨川の舟渡3つを越えて西美濃で軍事行動を行い、勝村に陣取したのも、この時のことを指すのであろう。翌14日、美濃勢が墨俣城から森部口へ出陣した。信長は長良川を越えて森部口で数刻戦った末に勝利した。この時、墨俣城を奪取したのであろう。23日、美濃勢が井口から十四条村へ出陣した。信長は墨俣城から出陣したが、朝合戦に敗れて退いた。美濃勢が北軽海村まで進出したところ、信長は西軽海村へ移って敵の様子を視察した。夜合戦を経て、夜明けまで居陣した後、翌24日朝に墨俣へ帰城した。

　信長は墨俣城を引き払った後、6月下旬に尾張国小口城を攻め、数刻戦ったが攻略できなかったらしい(以上『公記』)。8月下旬には尾張国半国を美濃勢が奪取したとする記録もある(「明叔雑録」)。

永禄5年(1562)　2月、斎藤氏との講和が成立した(「明叔雑録」)。その関係からか、この年は信長にほとんど動きがなく、動向は不明である。

永禄6年(1563)1月〜6月　4月、「織三」と署名しており、三介と改名したらしい(「高木文書」)。6月頃、美濃勢との戦いがあったらしいが(「毛利鈍七郎氏所蔵文書」)、日時など詳細は不明である。

永禄6年(1563)7月〜同11年8月(小牧・岐阜時代、上洛以前)
【概要】
　永禄6年7月頃に、小牧山城へ移転する。永禄8年8月、美濃へ侵攻し、鵜沼・猿啄両城を攻略する。9月に堂洞で戦う。
　永禄9年4月、足利義秋に応じて上洛するため美濃国加賀見野へ出陣するが、美濃勢に

阻まれる。義秋の仲介により、7月に斎藤氏との講和が成立するが、8月に再び美濃へ侵攻する。閏8月に美濃勢と戦って大敗する。なお同年6月頃、尾張守と改称する。

永禄10年8月、井口城を攻略し、美濃国を併合する。井口を岐阜と改め、ここを居城とする。永禄11年7月、足利義昭を美濃へ迎える。8月に六角承禎に上洛行動への協力を要請するが、拒絶される。

【詳細】

永禄6年(1563)7月～12月　7月以前、家臣団を二宮山へ連れて行き、城郭建設と居城移転の意思を伝える。後日改めて二宮山へ行った後、小牧山城移転を決定する(『公記』)。

永禄8年(1565)　5月19日の将軍義輝暗殺の報を聞き、花押型を「麟」に改める(「備藩国臣古証文」)。6月末には一乗院覚慶(後の足利義秋、義昭)方から「天下再興」の呼びかけを受ける(「河田文書」)。8月に美濃国井口城近辺に出陣し、犬山城・金山城を攻略する(「歴代」)。この頃、飛驒川を越えて美濃国へ侵攻する。鵜沼城・猿琢城攻撃のため伊木山へ居陣し、両城を攻略する。9月28日、長井隼人の堂洞砦を攻め、午刻から酉刻まで戦う。その夜は加治田城へ泊まった後、翌29日に山下町(加治田城下ヵ)で首実検をする。帰国のさい美濃勢の攻撃を受け、「ひろ野」で戦う(『公記』)。

永禄9年(1566)　3月10日以前に、義秋の仲介によって濃尾無事が調う(「上杉家記」)。4月、足利義秋に応じて参洛しようとし(「和田家文書」)、4月11日には朝廷へ馬・太刀代3000疋を献上している(『お湯殿』)。そして4月上旬に木曽川を越えて美濃国加賀見野へ出陣するが、その日のうちに帰陣する(『公記』)。そこで義秋は濃尾両国に講和を呼びかけ、7月には斎藤氏との講和が成立する(「尊経閣文庫所蔵文書」)。信長は8月22日の出陣を義秋に約束し(『多聞院』8月24日条)、8月29日に尾濃国境へ侵攻し、木曽川の河野島へ居陣する。翌日からの風雨のために動けず、閏8月8日未明に美濃勢と戦って敗れ、信長軍は兵具以下を捨てて逃げたという(「中島文書」)。なお同年6月頃、尾張守と改称する(「和田家文書」)。

永禄10年(1567)　この年春に北伊勢へ侵攻したという(「伊勢兵乱記」)。4月、里村紹巴が小牧山城の庭を見ており、この時信長は小牧山に在城していたであろう(『紹巴富士見道記』)。8月1日、美濃国井口山付近の瑞竜寺山へ上り、井口城下に放火して、井口城を生城とした。翌2日、普請賦りをし、四方に鹿垣を結い廻して井口城を包囲した。同月15日、斎藤龍興は降参し、信長は井口城に入城し、岐阜と改めた。これによって美濃国を征服した(『公記』)。6月15日には美濃を征服していたとする史料もあるが(「伊佐早文書」)、信長が美濃国に禁制等を発給するのは9月以降であるから(「大西源一氏蒐集文書」等)、これは採らない。なお、9月に美濃へ侵攻したとする記録もある(「瑞龍寺紫衣輪番世代牒写」)。伊勢国長島に敗走した斎藤龍興を追って、8月中旬にみずから出陣し、18日に長島を放火し、20日には先勢が伊勢国楠を通過している(『紹巴富士見道記』)。

永禄11年(1568)1月～8月　2月、北伊勢へ侵攻したという(「伊勢兵乱記」)。7月5日、信長の上洛が噂される(「黒川文書」)。25日、足利義昭を美濃国立政寺に迎える(『公記』)。信

長が8月5日に近江国へ進発すると述べていることから(「大野与右衛門氏所蔵文書」)、5日に岐阜出発、6日に近江国小谷着、7日に佐和山着ともいう(『東浅井郡志』2)。27日以前に佐和山へ「着陣」している(「稙通公記別記」紙背文書)。8月7日に近江国佐和山へ行き、7日間逗留して六角承禎を誘うが、拒絶される(『公記』)。信長は14日付でまだ六角承禎に協力を依頼しており(「丹波市教育委員会所蔵文書」)、三好三人衆が17日に近江へ下向して「天下之儀談合」しているから(『言継』)、信長の佐和山出発時期は14日～16日の間であろう。したがって、岐阜帰着は15日～17日となろうか。その後、上洛の準備に入り、8月日付で美濃・近江両国の寺社に禁制を発給し始める(「瑞龍寺文書」「成菩提院文書」等)。

2　室町幕府併存段階
永禄11年(1568)9月～12月
【概要】
　永禄11年8月、弾正忠と改称する。9月7日岐阜を出発し、12日に箕作城、13日に観音寺山城を攻略する。近江国内所々で戦い、21日に柏原上菩提院で義昭と合流する。そして京都に迫り、29日に勝龍寺城・芥川城を攻略し、30日に義昭とともに芥川城へ入城する。ここで降将や勅使の御礼を受け、10月14日上洛する。
　上洛当初は清水寺に居陣したが、16日から古御所を宿所とする。23日に義昭御座所である細川邸での能に出席した。26日に京都を出発し、28日に岐阜へ到着した。
【詳細】
　8月、弾正忠と改称する(「成菩提院文書」)。9月7日、岐阜を出発し、美濃国平尾村に陣取る。翌8日に近江国高宮へ着陣し、2日間逗留する(『公記』)。京都では、信長軍が10日に「江州中郡」へ出陣したと噂されている(『言継』)。11日に愛智川近辺に野陣し、12日に箕作山へ上り、申刻から夜に入って箕作城を陥落させた。同夜は箕作山に居陣し、翌13日に観音寺山城へ上った(『公記』)。観音寺の落城は13日「夜半計」で、長光寺城以下11～12の城が陥落した(『言継』)。信長がこれらの城へ出向いたかは不明である。17日に織田軍が蒲生郡の医師社を放火しており(「近江蒲生郡医師社(棟札)」)、信長もこれに同行していた可能性がある。しかし、14日～20日の信長の居所と行動は、詳細不明とすべきであろう。奈良では13日に義昭の上洛(『多聞院』)、京都では14日に「尾州衆明暁出京必定」との噂が流れ(『言継』)、朝廷はこの日信長に禁中警固を命じる(「元長卿記裏文書」)。
　14日に迎えの使者を義昭に送り、義昭は21日に近江国柏原上菩提院、22日に桑実寺に到着した(『公記』)。義昭の宿所は正覚院である(「東南寺文書」)。信長は21日に直江景綱へ情勢を報告しており(「蕪木文書」)、この日義昭と合流したのであろう。22日には、先勢が京都周辺へ進出している(『お湯殿』)。
　信長は24日守山へ侵攻し、翌25日は守山に逗留し、26日に琵琶湖を渡って三井寺極楽院に居陣、28日に東福寺へ移陣した(『公記』)。三井寺極楽院居陣は24日ともいう(「園城寺古

記』)。23日に三井寺に居陣、26日に山科郷を通過して東寺に居陣したともいう(『言継』)。また、24日に大津、25日清水寺到着(『多聞院』)、26日に義昭が清水寺到着(『お湯殿』)など、諸書によって一定しない。このように、24日～28日の居所と行動は、先勢と信長本人の区別が史料上でなされておらず、不明と言わざるを得ない。

29日に勝龍寺城を攻め、山城国寺戸の寂照院に陣取る。翌30日は山崎に着陣し、芥川城を攻撃して夜に入り、敵は退散する。そして義昭を供奉して芥川城へ入城する(『公記』)。27日に義昭が寺戸寂照院に居陣したとする記録もあるが(『言継』)、29日に勝龍寺城・芥川城を攻略し、30日に義昭が芥川城に入城しており(『言継』)、信長もこれに従っていたのであろう。

10月2日、摂津国池田城を攻め、北の山に陣取、町を放火した。池田勝正は降参し、芥川城へ帰陣する(『公記』)。10月3日、両畠山氏や松永久秀らが芥川城において信長と義昭に御礼する(『言継』4条)。松永久秀の御礼は5日ともいう(『多聞院』)。4日辰刻には飛鳥井雅教が義昭の参内や官位叙任に関する「手日記」を持参して、芥川城に行く(『言継』)。6日には芥川城で勅使を迎え(『お湯殿』)、8日に朝廷へ銭を献上するが、それは「手日記」にあった誠仁親王の元服御礼沙金3包のうちの1つで(『お湯殿』)、1万疋であった(『言継』)。芥川城の滞在は14日間であった(『公記』)。

10月14日、足利義昭が芥川から上洛して六条本圀寺に移るが(『言継』)、信長は清水寺へ居陣する(『公記』)。16日に義昭は細川氏綱旧邸へ、信長は古津邸へ移る。18日、義昭の将軍宣下に信長は参内していないようだが、義昭の宝鏡寺参詣には同道している。22日に義昭は御礼参内するが、信長は従っていない。23日、義昭御座所である細川邸で能が行われ、信長も出席している。24日、義昭に帰国の御暇を申し上げており(以上『言継』)、これは細川邸であろう。25日に帰国との噂があるが(『言継』)、25日には義昭から「御父」と尊称された書状を受け取っている(『公記』)。この時「清水ノ旅宿」へ戻ったとある(『重編応仁記』)のは、古御所の誤りであろう。26日に朝廷へ1000疋献上した後(『お湯殿』)、その日京都を出発した(『公記』『細川両家記』)。26日は近江国守山、27日柏原上菩提院へ泊まり、28日に岐阜城へ到着した(『公記』)。帰国後、神澄上人を引見したという(「荘厳講記録」)。翌年2月に上洛する予定であった(『多聞院』11月22日条)。

永禄12年(1569)
【概要】

三好三人衆蜂起の報を受け、1月9日に岐阜を出発し、翌10日上洛する。2月7日から義昭の二条城普請を開始し、自ら普請現場に立って陣頭指揮する(義昭の移徙は4月14日)。3月2日、副将軍任官を勧められるが、事実上辞退する。3月13日、宣教師ルイス・フロイスを引見し、4月8日に宣教師の京都滞在を許可する。4月13日に居所を妙覚寺へ移す。21日に京都を出発し、23日頃岐阜へ帰着する。

8月20日、伊勢国へ侵攻する。26日頃から大河内城を包囲し、10月4日開城させる。6

日伊勢神宮を参拝し、12日に上洛する。義昭と衝突して、17日俄に京都を出発する。坂本での慰留を振り切って、19日か20日頃に岐阜へ帰着する。

【詳細】

　1月6日、三好三人衆蜂起の報を岐阜で受ける。3日路のところ2日で上洛した(『公記』)。10日の上洛(『言継』)から逆算すれば、岐阜出発は9日である。12日、興福寺は信長と久秀の同意のうえで義昭に御礼している(「二条」)。14日と16日に幕府の殿中掟を定め(「仁和寺文書」)、19日に小御所へ参内する。27日、室町真如堂の古城を再興するため普請をする(以上『言継』)。

　2月7日午刻、義昭のための二条城普請が始まる。信長は自ら普請現場に立ち、山科言継は2月14日・19日・20日・23日・24日・26日・27日に見舞っている。3月1日に言継は「織田所」へ立ち寄るが、これは古津邸であろう。3月2日に普請場で言継と面会する一方、勅使を迎えて副将軍任官を勧められた場所は古津邸であろう。3日には細川邸の藤戸石を二条城へ運び(以上『言継』)、信長自らこれを指揮している(『公記』)。3月6日・7日・9日・11日・14日・16日・21日・25日・28日に普請場で言継と面会する(以上『言継』)。3月13日、普請場で宣教師ルイス・フロイスを引見し(『イエズス会』)、4月8日には都居住を免許した(『日本史』)。17日に梶井門跡応胤法親王が「織田所」に渡御するが、これは古御所であろう(『言継』)。

　4月2日、言継は古御所を訪れるが、信長は留守であった。3日・6日・7日・13日は古御所にいた。13日晩、妙覚寺へ宿所を移す。15日・16日は言継、18日は飛鳥井雅教に妙覚寺で面会する。21日に春日室町で言継と行き会い、ともに二条城へ行き、義昭に暇乞いして粟田口を通って京都を出発する(以上『言継』)。通常3日路とすれば、23日に岐阜へ到着したはずである。信長はすでに3月7日に帰国の意思を示していたが、秋まで延期するよう求められていた(『言継』)。また、2月24日に近々遠江国掛川へ出陣する可能性を武田信玄が語っているが(「芋川文書」)、まったくの誤報といえよう。

　6月2日、日野輝資が岐阜から帰洛しており、この頃岐阜にいたと思われる。6月25日に日乗上人が岐阜へ行き、7月6日帰洛しており(『言継』)、この頃も岐阜にいたと思われる。7月10日、山科言継が岐阜へ下向する。言継が岐阜に滞在していた8月14日まで、信長は岐阜にいたことは間違いない(『言継』)。

　8月20日、伊勢侵攻のために出陣し(『多聞院』9月7日条)、その日桑名へ到着する。翌21日は鷹狩をし、22日に白子観音寺、23日に木造に着陣する。降雨のために滞留し、26日阿坂城を攻略し、引き続き大河内城を攻めた。大河内城の攻撃開始は、26日～28日のうち確定できない。信長は東の山に居陣し、28日に大河内城の四方を懸け廻して全軍を配置する。9月8日、西搦手からの夜討ちに敗れるが、翌9日国司御殿を焼き払い、苅田狼藉する。そして信長の次男茶筅(後の信雄)に家督を譲る事を条件に、10月4日大河内城が明け渡される(以上『公記』)。

10月5日宇治山田へ行き、堤源介邸に寄宿する。6日は伊勢神宮・朝熊山に参詣し、翌7日に出発して木造に宿泊する。8日伊賀上野に居陣し、9日に千草峠へ出るが雪のため滞留し、10日近江国市原へ宿泊し(以上『公記』)、12日巳刻に上洛した(「今井宗久書札留」)。13日に御所修理の見舞をするが(『お湯殿』)、16日に義昭と意見衝突して(『多聞院』10月19日条)、17日俄に京都を出発する(『お湯殿』『公記』)。当初は18日に帰国予定だった(「信長十八日ニ御下向被申候」「鳥居等家文書」)。正親町は三条西実澄(後の実枝)を派遣するなど(「京都御所東山御文庫記録」)、近江国坂本でさまざまな慰留があったが、信長はそれを振り切って帰国した(「二条」補遺19条)。岐阜到着は、19日か20日であろう。

　※　「二条」補遺、年不詳10月～11月1日条が、『ビブリア』60号の69～73頁に翻刻されているが、これは永禄12年のものと思われる。小稿ではこれを「二条」補遺の名称で、永禄12年のものとして使用した。

11月12日、山科言継が岐阜へ下着する。信長は13日に鷹狩に出かけている。14日には言継に「現在は京都のことは知らない。来春上洛する」と伝えている(『言継』)。

永禄13年・元亀元年(1570)

【概要】

永禄13年2月25日に岐阜を出発し、30日上洛。しばらく在京した後、4月20日に若狭・越前攻めに出陣する。25日敦賀へ侵攻して手筒山城を攻略し、26日に金ヶ崎城を攻略する。浅井長政の寝返りを知って28日に退却し、30日に帰京する。

5月9日近江侵攻のために京都を出発し、志賀砦を築く。19日に千草峠で杉谷善住坊に鉄炮で狙撃され、21日岐阜に帰国する。

6月19日岐阜を出発し、21日小谷城を包囲する。28日姉川の戦いで浅井・朝倉勢を破る。7月4日上洛し、7日京都を出発する。岐阜到着は9日であろう。

8月20日岐阜を出発し、23日上洛する。25日京都を出陣し、26日三好三人衆を攻め、天王寺に居陣する。9月12日本願寺が蜂起し、浅井・朝倉勢の近江侵攻を聞き、23日帰京する。

翌9月24日京都を出陣し、坂本の浅井・朝倉勢と対峙して、ほとんど志賀に居陣する。11月26日堅田の戦いで敗れるが、12月13日頃に講和が成立する。14日に陣払いをし、17日岐阜に到着する。

【詳細】

岐阜滞在中の、日乗上人・明智光秀と相談して五ヶ条の条書を作成する(「成簣堂文庫所蔵文書」)。2月20日頃上洛の噂があるが(「今井宗久書札留」「二条」抜書6条)、25日に岐阜を出発して、その日は美濃国赤坂に宿泊。26日から近江国常楽寺に滞在し、相撲を取らせた(以上『公記』)。30日申刻に上洛し(『言継』)、上京の半井驢庵邸に寄宿した(『公記』)。

3月1日、二条城で義昭に御礼した後、参内して御所作事を見舞い(『言継』)、長橋局・誠仁親王・新大典侍に祗候する(『晴右』)。6日、公家に所領の「手日記」提出を命じる。5

日義昭の鷹狩に同道したほか(以上『言継』)、連日のように山科言継と面会する。10日には晴右・中山・甘露寺・庭田・頭中将と面会する(『晴右』)。16日と29日に、御所修理見舞のために参内する(『お湯殿』)。

　4月1日、二条城で能が催され出席するが(『公記』)、出席していないともいう(『言継』)。5日朝(「継芥記』)、作事見舞に参内した後、桜馬場で乗馬する(『言継』)。11日・19日も作事見舞に参内し(『お湯殿』)、19日はその後誠仁親王に祇候し、出陣の暇乞いをする(『言継』)。

　※　4月1日に和泉国堺の松井友閑邸で茶器名物を見、翌2日に千宗易(利休)の点前で茶を飲んだとする史料があるが(『今井宗久茶湯日記抜書』)、この時期に信長が堺へ下向した形跡がない。しかし、この頃に名物を買い上げたとする史料もあり(『公記』)、京都での出来事ならばありうる。しかし、それは4月1日のことではない。

　4月20日、御児御所の庭を見た後、越前攻めのために京都を出発する(『お湯殿』『毛利』)。一条東から近江国坂本へ下向し(『言継』)、その日は和邇に陣取、翌21日は高島郡の田中城に宿泊、22日は若狭国熊川の松宮玄蕃邸に宿泊、23日越前国佐柿の粟屋越中守邸に着陣し、翌24日も逗留する。25日敦賀へ出陣し、まず手筒山城を攻略する。続いて金ヶ崎城を攻め、翌26日に開城させる。疋田城も開城するが(以上『公記』)、こちらは信長自ら攻めたかどうかは不明である。

　浅井長政の寝返りを知った信長は、金ヶ崎城に木下秀吉・明智光秀らを残し、4月28日に退却した(「武家雲箋」)。一説には若狭成願寺に泊まったとする(「瀬尾旧記」)。近江国保坂から朽木街道に入り、慕谷を通った(「長谷川家先祖書」)。30日に朽木谷を越えて(『公記』)、子刻に上洛した(「二条」補遺5月1日条)。わずか10人ばかりの供だったという(「継芥記」5月1日条)。なお、4月23日に年号が元亀と改元された。

　5月1日、信長は二条城の義昭に御礼し、晩頭に作事見舞に参内する(『言継』)。5日の参内は中止される(「継芥記」)。9日巳刻、近江侵攻のため出陣し(『言継』)、志賀・宇佐山に砦を築き(『公記』)、この日は志賀に逗留した。12日勢多の山岡城へ入城し、13日永原城へ移った。18日も永原城に在城しているが(以上『言継』)、19日には千草越の途中で杉谷善住坊に狙撃される(『公記』)。これは20日の甲津畑での出来事ともいう(『言継』22日条)。そして21日に岐阜へ帰着する(『公記』)。

　6月19日、岐阜を出陣し(『毛利』)、近江国長比砦・苅安尾砦を攻略し、一両日長比に逗留する(『公記』)。21日小谷城を攻め(『毛利』)、城下や江北中を放火し、信長は虎御前山へ上る。22日陣を退き、八島に野陣する。24日竜が鼻に陣取し、横山城を攻める(『公記』)。後巻として出陣してきた朝倉勢ともあわせて、28日巳刻姉川で戦う(「津田文書」『毛利』)。勝利に勢いづいて小谷城に迫って麓を放火し、続いて横山城を攻めて陥落させる(『公記』)。横山城陥落は、28日か29日であろう(「津田文書」)。

　7月1日佐和山へ移り(『公記』)、4日申刻馬上3騎のみで上洛する(『兼見』)。馬上4〜5騎、上下約30人ともいう。すぐに二条城へ行き、その後明智光秀邸に行く。翌5日参内

し、7日暁丑下刻に京都を出発する(以上『言継』)。岐阜到着は9日であろう。

　※　信長は美濃遠藤氏に対して、6月28日までに岐阜へ参陣することを命じ(「武藤文書」)、若狭武田氏へは6月28日に江北へ出陣すると告げているが(「尊経閣文庫文書」)、実際の出陣は19日である。また、12日に在陣(「小松寺文書」)や18日に浅井郡へ着陣したと述べる(「士林証文」)等、不審文書が数点存在する。

　8月20日、南方表出陣(三好三人衆攻め)のために岐阜を出発し、その日は近江国横山に居陣する。翌日も横山に逗留し、22日長光寺へ宿泊する(『公記』)。23日上洛し、三条西洞院本能寺へ寄宿する(『言継』)。東福寺に居陣ともいわれるが(「尋憲」24日条)、24日に吉田兼見は本能寺へ御礼に行っている。25日辰刻京都を出発し(以上『兼見』)、淀川を越えて摂津国枚方内町に陣取する。26日野田砦・福島砦を攻め、信長は天王寺に居陣する(『公記』)。天王寺居陣は28日ともいう(『言継』「尋憲」「二条」)。29日か30日に中島へ移ったと思われる(「尋憲」28日条)。

　9月8日天満宮へ陣を移す(「二条」)。これを9日天満ヶ森ともいう(『言継』『公記』)。12日海老江に居陣する。この日本願寺が蜂起し、14日に天満が森を攻撃し、淀川の春日井堤で防戦した(以上『公記』)。これは19日のことで、信長自身出馬したという(「二条」)。22日、中島砦で朝倉・浅井勢の近江国坂本侵攻の報を聞き、23日中島から江口の渡しを通って上洛する(以上『公記』)。中島陣を退いたのは22日七つ時ともいう(「尋憲」23日条)。上洛は23日子刻(『言継』)、宿所は本能寺である(『公記』)。

　翌9月24日、勅使を迎えた後、辰下刻に京都を出発した(『言継』)。逢坂の関を越え(『公記』)、大津口から坂本へ行き、堂之先にて浅井・朝倉勢と戦う。信長軍は穴太・坂本に陣取し(以上『言継』)、信長は三井寺に居陣した(「中山家記」)。25日には志賀砦に居陣ともいい(「尋憲」)、24日は下坂本、25日は比叡山を包囲して、志賀城宇佐山に居陣したという(『公記』)。この後しばらく志賀に滞在するが、一時、明智光秀の守る勝軍地蔵山城へ出かけたらしい。11月9日夜に勝軍地蔵山城から志賀へ戻っている(『言継』)。16日、勢多川に船橋を架けるが(『公記』)、信長は勢多に出向いていないと思われる。

　11月21日、六角承禎との講和が成立する(『言継』)。25日暁、信長軍は堅田浦へ侵攻し(『歴代』)、翌26日早天に堅田大手口の合戦で敗れ(「伊倉文書」)、信長軍は陣替する。27日、下泉陣所で吉田兼見と対面する(以上『兼見』)。

　12月9日、比叡山に対して講和勧告の綸旨が発給される(「伏見宮御記録」)。講和成立は13日とも(『公記』)、14日ともいう(『お湯殿』)。14日早朝、信長は志賀を陣払いして小屋を悉く焼き、永原城へ移った(『言継』)。琵琶湖を越えて、勢多の山岡城へ移ったともいう。16日佐和山麓の礒の郷へ宿泊し(以上『公記』)、17日岐阜へ帰国した(「二条」)。

元亀2年(1571)

【概要】

　正月朔日、岐阜城で諸将の出仕を受け、5月12日伊勢長島攻めに出陣する。16日一揆勢

に敗れ帰国する。6月「平信長」と称する。

　8月18日近江攻めのために岐阜を出陣し、9月12日比叡山を焼き討ちする。13日上洛し、18日京都を出発し、20日岐阜へ帰国する。

　12月14日尾張へ鷹狩に出かけ、28日岐阜へ帰国する。

【詳細】

　正月朔日、岐阜城で諸将の出仕を受ける。しばらく岐阜に滞在するが、5月12日伊勢長島攻めのために尾張国津島まで出陣し、16日退却するところを一揆勢に攻められ敗れる（以上『公記』）。信長は一揆勢の「侘言」により赦免したと強弁する（「牧田茂兵衛氏所蔵文書」）。岐阜へは17日に帰国したであろう。6月、越前国白山権現に鰐口を寄進し、「平信長」と称す（「越前大野郡石徹白村観音堂鰐口」）。5月に「平氏末裔辺鄙信長」と称す史料もあるが（「多度社願文写」）、これは採らない。8月12日岐阜在（「旁求茶会記」）。

　※　5月25日の「信長人衆上洛」は（「二条」26条）、信長の軍勢を指し、信長本人ではないと思われる。信長は6月22日に上洛する意向を示し（「猪子文書」）、8月中旬に上洛したともいうが（『上杉』）、いずれも疑わしい。

　8月18日岐阜を出陣し、近江国横山に陣取する（『言継』24日条）。この出陣は、2日には予告されていた（「観音寺文書」）。26日小谷城と山本山の間の中島郷に居陣し、余呉・木本を放火する。27日横山へ帰陣し、28日佐和山城へ宿泊する（以上『公記』）。29日「飛騨之城」に宿泊し（太田本『公記』）、9月1日志村城を攻め、「ひしころし」にする（「和田頴二氏所蔵文書」）。3日常楽寺へ移ってここに滞留し、一向一揆勢の金森砦を包囲する（以上『公記』）。8日に守山に滞在した（太田本『公記』）のもこれと同じであろう。11日頃に常楽寺に逗留していたとも伝えられ、この日三井寺に移り（『言継』）、山岡景猶所に居陣した（『公記』）。

　9月12日比叡山を焼き討ちし、翌13日巳刻に小姓衆・馬廻衆だけで上洛して二条城へ行き、妙覚寺へ宿泊する（以上『言継』）。この日の上洛は、2万5000の軍勢を率いてともいう（「尋憲」）。18日早旦に京都を出発し、近江国永原に下向する（『言継』）。そして20日岐阜に到着する（『公記』）。

　11月26日頃に近江出陣の噂が流れるが（「松平千代子氏所蔵文書」）、出陣はない。12月14日朝尾張へ鷹狩に出かけ（『言継』15日条）、18日未明に三河へ行き（『言継』16日条）、28日岐阜へ帰国する（『言継』）。

元亀3年(1572)

【概要】

　正月を岐阜で迎える。3月5日岐阜を出発し、近江国内に侵攻するが、さしたる戦果はない。12日上洛し、京都屋敷の建設を始める。4月16日河内国交野に出陣し、25日頃帰京したらしい。5月14日京都を出発し、近江国内に侵攻して、19日岐阜へ帰国する。

　7月19日岐阜を出発し、近江に侵攻する。27日に虎御前山砦を築き、基本的にここに滞在する。9月16日横山城へ帰城し、少なくとも10月2日までは逗留する。近江在陣中の9

月、義昭に17ヶ条「条々」を提出する。岐阜帰国の日付ははっきりしないが、10月16日ともいう。その後は年末まで岐阜に滞在していたらしい。

【詳細】

　正月を岐阜で迎える。この月、信長の三子(信忠・信雄・信孝)が岐阜城で元服する(『北畠物語』)。1月早々に上洛して三好義継の河内国若江城を攻撃するとの観測もあったが(「古蹟文徴」「誓願寺文書」)、上洛は3月、河内出陣は4月である。

　3月5日近江侵攻のために岐阜を出発し(「別本前田家所蔵文書」)、赤坂に陣取。翌6日、横山城に着陣する(以上『公記』)。7日小谷城を攻め(『武家事紀』)、小谷城と山本山の間に侵攻して野陣を敷き、余呉・木本を放火する。9日横山城へ退き、10日常楽寺に宿泊、11日志賀へ出陣し、和邇に居陣するが(以上『公記』)、さしたる戦果はない。

　3月12日未刻に上洛し、二条妙覚寺に寄宿する。21日、上京武者小路の徳大寺邸跡が、信長の京都屋敷と決まる(以上『兼見』)。24日鍬始めともいう(『公記』)。

　4月14日河内国へ出陣予定であったが(「根岸文書」「岡文書」)、16日に出陣し、片野に着陣する(「誓願寺文書」)。安見新七郎の片野城を包囲する三好義継・松永久秀の砦を後巻きにするが、風雨に紛れて三好・松永は逃走する(『公記』)。これは三好方の小城包囲の話とも考えられる。この後、信長軍は高屋(以上「誓願寺文書」)から奈良・多聞山城周辺と進むが(『多聞院』)、信長はこれと別行動をとったようである。

　※　信長の帰京日時ははっきりしない。4月25日に大徳寺に徳政免許しているから(『大徳寺』)、これまでには帰京したと考えられる。

　5月2日、朝倉から三好への密使を捕らえ、一条戻橋で焚殺する(「年代記抄節」)。5日、賀茂競馬を見物する(「孝親公記」)が、その桟敷は「公方様ノことく」であったという(「競馬聞書」)。14日辰刻、今道を通って出京する(『兼見』)。この日高島に乱入し、百姓家を焼き払う。18日江南へ引き返し(以上「年代記抄節」)、19日岐阜へ帰国する(『公記』)。

　7月7日近江へ出陣予定であったが(「願泉寺文書」)、19日に信忠の初陣として岐阜を出発し、その日は美濃国赤坂に陣取し、翌20日横山に居陣する。21日小谷城を攻め、雲雀山・虎御前山へ軍勢を上らせる。この後、信長軍は近江国内で戦うが、信長はこれに同行していないようである。27日虎御前山に砦を築き始め、程なく完成する。8月8日・9日に朝倉方の降将を迎えたのは、虎御前山砦であろう(以上『公記』)。しかし、5日に八相山に居陣していたともいう(「別本前田家所蔵文書」)。

　9月16日白昼(「総見記」)、横山城へ帰城する。21日に八相山に戻ったともいう(以上「誓願寺文書」)。横山城にしばらく逗留したが、何事もないので岐阜へ帰国する(「総見記」)。10月2日(「百々保氏所蔵文書」)と3日(「島記録」)は横山在城であり、16日岐阜帰国という(「朝倉記」)。

　※　朝倉勢の帰国日時は、10月3日(「総見記」)、11月3日(「朝倉始末記」)、12月3日(「朝倉記」)と諸説ある。朝倉勢が12月1日に在陣しているので(「神宮寺文書」)、前二説は成

り立たない。

　11月19日に浜松出陣が噂され(「徳川美術館所蔵文書」)、翌年2月4日にも三河吉田出陣が噂されているが(「古今消息集」)、信長の出陣はない。

元亀4年・天正元年(1573)1月～8月
【概要】

　正月を岐阜で迎える。3月25日岐阜を出陣し、29日上洛して知恩院に居陣する。4月2日から洛中洛外を放火して足利義昭を威嚇し、7日に講和がほぼ成立する。8日京都を出陣し、15日に百済寺を焼いて16日頃岐阜へ帰国する。

　5月15日近江国佐和山へ行き、7月4日に大船が完成するまで滞在する。義昭の再挙を聞き、大船に乗って7日坂本へ行き、9日に上洛して妙覚寺に居陣する。二条城は12日に開城する。17日京都を出陣し、18日に真木島城を攻撃し、19日に講和する。義昭を追放し、室町幕府を滅ぼす。

　7月21日上洛して改元を申し入れ、28日に天正と改元される。26日京都を出陣し、大船に乗って近江国高島へ着陣する。木戸城・田中城を攻略して、8月4日岐阜へ帰国する。

【詳細】

　正月を岐阜で迎える。2月4日に三河出陣が噂されるが(「古今消息集」)、その形跡はない。13日義昭が謀叛し(「勝興寺文書」)、15日京都へ使者を送り(「年代記抄節」)、22日も島田秀満と松井友閑が使者として上洛し(『兼見』)、人質提出を申し出て和を乞う(「細川文書」)。3月7日、信長の実子が上洛するが(「細川文書」)、これは娘を近江国まで差し向けたにすぎないともいう(『イエズス会』)。8日、義昭との講和交渉が決裂する(『兼見』)。

　そこで25日岐阜を出発し(『公記』)、27日大津に居陣し(「細川家記」)、28日に軍勢の一部が入洛した可能性がある(『お湯殿』)。29日逢坂で細川藤孝・荒木村重に迎えられ(『公記』)、午刻に三条河原で勢揃いし、東山知恩院に居陣する(『兼見』)。翌30日、義昭は村井貞勝邸を包囲し、敵対行動を続ける(『お湯殿』)。

　4月2日から放火が始まり(「東寺執行日記」)、3日賀茂から嵯峨を放火し(『兼見』)、義昭に講和を求めるが、義昭は承服しない(『公記』)。4日丑刻、西陣から上京を放火し、参内して禁中を見舞う。夕刻から講和交渉が始まり(「古文書纂」)、5日勅使を知恩院に迎える。7日名代を二条城へ送り(以上『兼見』)、和議がほぼ成立したらしい。義昭は2歳の義尋を人質として提出した(『上杉』)。最終的な和議成立は、27日である(『兼見』「和簡礼経」)。

　※　信長は上京の広大な敷地に屋敷を建設中であり、門が完成して座敷の建設が始まっていた。将軍義昭はこれの破壊を命じ、上京の町人のなかには木材を略奪した者もあったという(『イエズス会』)。

　4月8日巳刻京都を出発し(『兼見』)、守山に陣取る。その後百済寺へ行き、2～3日逗留して(以上『公記』)、15日に百済寺を焼き(「百済寺古記」)、佐和山に到着する(「吉村文書」)。岐阜へは16日頃に帰国したと思われる。

5月15日佐和山城に行く。ここで大船を建造し、7月4日の完成まで佐和山に滞留する(以上『兼見』)。6月5日の佐和山在城が確認できる(『大徳寺』)。足利義昭の挙兵を受けて出陣し、大船に乗って坂本へ行く(『公記』)。先勢は6日大津へ着陣し、8日上洛する。信長は7日午刻に坂本へ到着、9日上洛して妙覚寺に居陣する(『兼見』)。11日義昭との講和のため、義昭の「御局」が人質となったが、信長がこれを請けなかったともいう(「二条」)。12日二条城が開城し、城内は乱取状態となり、即時に破却された(『兼見』)。

※ 「二条」天正2年1月～8月16日条が『ビブリア』54号の49～60頁に翻刻されているが、これは元亀4年(天正元年)のものと思われる。

7月16日、先勢が真木嶋へ出陣する。信長は17日早天に出陣し、五ヶ庄の岡屋所に在陣する(以上『兼見』)。本陣は上柳山である。信長軍は18日巳刻に攻撃を開始し(以上『公記』)、宇治川を渡って外構に迫った(「本願寺文書」)。真木嶋を放火したところ、義昭が講和を懇望する。信長は早天に宇治山を上り、夕方宇治川を越えた。19日に講和が成立するが、信長が和を求めたともいう(以上「二条」)。真木島城には細川昭元を置き、諸勢は南方表へ侵攻し、在々所々を放火する(『公記』)。

7月21日上洛し(『公記』)、二条に在陣する(「吉江文書」)。この日、朝廷に改元を申し入れ、28日に天正改元となる(以上『お湯殿』)。22日山城国木津へ侵攻し(「二条」)、夜には帰京して御所を見舞う(『お湯殿』)。26日京都を出発し、大船に乗って近江国高島へ着陣する。木戸城・田中城を攻略し、林与次左衛門邸に居陣する。8月4日、高島から岐阜へ帰国する(以上『公記』)。

※ 7月29日に改元実施を伝える勅使を迎えるが(『お湯殿』)、「くたる」という表現からすると、居所は京都以外の土地と思われ、高島の林邸と考えて良いのではないか。そうすると、8月4日の岐阜帰国まで、高島に滞在していたことになる。

3　単独政権段階(岐阜時代)
天正元年(1573) 8月～12月
【概要】

天正元年8月8日岐阜を出陣し、10日近江国小谷城を包囲する。13日敗走する朝倉勢を追い、14日越前国敦賀に着陣する。18日越前府中に着陣し、一乗谷を攻める。20日朝倉義景が自害する。26日近江国虎御前山砦に着陣し、29日頃に小谷城が陥落する。9月4日佐和山へ行き、6日岐阜へ帰国する。

9月24日岐阜を出陣し、26日桑名へ侵攻する。北伊勢を侵攻して、26日岐阜へ帰国する。11月10日上洛し、二条妙覚寺に宿泊する。23日・24日、妙覚寺で茶会を催す。12月8日正親町天皇の譲位を申し入れる。16日に京都を出発し、18日頃に岐阜へ帰国する。

【詳細】

8月4日、岐阜へ帰国する。8日夜中に岐阜を出陣し、近江国月瀬城を攻略し(『公記』)、

虎御前山砦に在陣する(「池田本信長記」)。10日に小谷城を取詰め(「本願寺文書」「乃美文書正写」)、全軍を山田山へ陣取らせる。12日に太尾山・大嶽を攻略し、すぐに丁野山も攻略する。13日夜朝倉勢の陣所を自ら攻め、地蔵山を越えて家臣団の軍勢と合流し、敗走する朝倉勢に刀根山の嶺で追いつき(以上『公記』)、2000余の首を取る。

　8月14日夜に越前国敦賀に居陣し(「小川文書」)、15日・16日も敦賀に逗留する。17日木目峠を越え、18日府中龍門寺を本陣とし(以上『公記』)、一乗谷に侵攻して放火する。20日朝倉義景が自害し(「小川文書」)、義景の首は24日本陣へ届く(『公記』)。26日江北へ侵攻し、虎御前山砦に着陣する。27日夜中、信長軍は小谷城攻撃を開始し(以上「乃美文書正写」)、浅井久政が自害する。翌28日に信長自ら京極丸へ上がり、浅井長政を自害させて小谷城が陥落する(以上『公記』)。しかし長政は29日に最後の感状を発給しており(「片桐文書」)、小谷落城は29日以降である。9月4日佐和山へ行き、6日岐阜へ帰国する。10日岐阜で杉谷善住坊を成敗する(以上『公記』)。

　信長は9月7日(「乃美文書正写」)・11日(「集古文書」)・10月12日(『小早川』)に近日上洛と述べ、9月下旬にも上洛の意向を示す(「妙智院文書」)が、いずれも実現しない。

　9月14日には伊勢侵攻の噂が流れ(「伊勢古文書集」)、24日岐阜を出発して大垣城に宿泊、25日小稲葉山に陣取する。26日桑名へ侵攻し、西別所の一向一揆を鎮圧する。また坂井城を包囲し、10月6日開城する。8日東別所に居陣し、中島将監の白山砦を攻略する。北伊勢を平定して25日出発し、26日岐阜へ帰国する(以上『公記』)。

　11月10日上洛し(「孝親公記」)、二条妙覚寺に宿泊(『公記』)。9日上洛ともいう(『お湯殿』)。23日・24日は妙覚寺で茶会を催す(「宗及他会記」)。12月7日在京、8日正親町天皇に譲位を申し入れ、16日に京都を出発した(以上「孝親公記」)。岐阜到着は18日であろう。

天正2年(1574)

【概要】

　正月を岐阜で迎える。2月5日美濃国明智方面へ出陣し、24日岐阜へ帰陣する。

　3月12日岐阜を出発し、佐和山・永原を経て、17日上洛して相国寺に寄宿する。27日大和国多聞山城へ下向し、28日東大寺蘭奢待を切り取る。4月1日奈良を出発し、おそらくその日に帰京する。5月16日か28日、京都を出発して岐阜へ帰国する。

　高天神城救援のため、6月14日岐阜を出陣し、17日三河国吉田城の酒井忠次所に着陣する。高天神落城の報を受け、21日岐阜へ帰国する。

　7月13日伊勢長島攻めのために岐阜を出陣し、15日伊勢長島へ押し寄せ、殿名村の伊藤屋敷近くに居陣する。8月5日いったん岐阜へ戻り、8日に岐阜を出発し、9日に長島へ戻る。9月29日長島が陥落し、その日(ないしは10月5日)岐阜へ帰陣する。11月11日頃上洛し、25日に帰国する。

　閏11月9日頃、三河国吉良へ鷹狩を予定するが、実際に行ったかどうかは定かではない。

【詳細】

正月朔日、岐阜城で新年の賀を受ける。8日松永久秀を岐阜城に迎える(以上『公記』)。

※　『公記』は1月8日の松永久秀岐阜下向を元亀4年とするが、これは1年ずれている。

1月29日岐阜城で津田宗及と面会し、2月3日朝に茶会を催す(「宗及他会記」)。武田勝頼の明智城包囲を聞き、後詰のため5日出陣し、美濃国御嵩に陣取。6日神箆に居陣、24日岐阜へ帰国(以上『公記』)。

3月10日・13日頃上洛の噂が流れ(「尋憲」2月29日条)、3月12日岐阜を出発、近江国佐和山に2～3日逗留し、16日永原へ宿泊。17日志那から坂本へ渡海し、相国寺へ寄宿する(以上『公記』)。24日巳刻、相国寺で茶会を催す(「宗及他会記」)。27日大和国多聞山城へ下向し(『多聞院』)、翌28日辰刻東大寺蘭奢待を切り取り、多聞山城の御成間舞台で受け取る(『公記』)。その後、東大寺北蔵へ入って紅沈を一見し(「天正二年截香記」)、晩に八幡宮・大仏、春日七堂へ参詣したが、「一段慇懃」な態度であった。4月1日早々に奈良を出発する(以上『多聞院』)。その日のうちに帰京したと思われる。

4月3日昼、相国寺で茶会を催す(「宗及他会記」)。5月2日、おそらく京都で茶会を開く(「津田宗及御会席付」)。5月5日、賀茂競馬に馬20疋を出し(『公記』)、自らも見物する。5月に妙国寺日珖を相国寺で引見するが、日付は不明(「已行記」)。5月16日四つ時、京都を出発するが(『多聞院』)、これは28日ともいう(『公記』)。

武田勝頼の高天神城包囲を聞き、6月14日岐阜を出陣し(「横井文書」)、17日三河国吉田城の酒井忠次所に着陣する。19日今切れの渡で高天神落城の報を受け、吉田城へ引き返し、21日岐阜へ帰国する(以上『公記』)。

7月13日伊勢長島攻めのために岐阜を出陣し、その日は尾張国津島に陣取。14日中筋早尾口を通り、小木江郷の一揆勢を追い払い、五明に野陣を懸ける。15日伊勢長島へ押し寄せ、殿名村の伊藤屋敷近くに居陣する(以上『公記』)。8月3日に大鳥居砦(「細川侯爵家文書」)、12日篠橋砦が陥落した(『公記』)。信長は伊達輝宗から送られた鷹を見るため、5日いったん岐阜へ戻り、8日に岐阜を出発して長島へ戻る(「富田仙助氏所蔵文書」)。17日に上洛したともいう(「武家聞伝記」)。9月29日朝長島をほぼ攻略し、未刻乗り込み陥落させる(「氷上町所蔵文書」)。この日のうちに信長が帰国したともいうが(『公記』)、10月5日であろう(『当代』)。

11月13日に上洛したとされるが(『増訂信長』上巻793頁)、11月11日には上洛していたらしい(「長府毛利家文書」)。11月に妙心寺周辺で鷹狩をする(「正法山妙心禅寺米銭納下帳」)。10月と11月6日に京都で鷹狩をした可能性もある(「大雲山誌稿」)。25日に「帰国」するが(『多聞院』26日条)、これは京都出発であろう。岐阜到着は26日と思われる。また、13日に帰国した可能性もある(「賀茂別雷神社文書」)。閏11月9日頃、三河国吉良へ鷹狩を予定するが(「彰考館所蔵文書」)、実際に行ったかどうかは不明である。

※　信長が12月15日付で「為在洛音信」(「高野山文書」)と述べているが、11月13日ないし

　　　　　　25日の帰国以降、信長の在京を示す史料はない。

天正3年(1575)

【概要】

　　正月を岐阜で迎える。2月27日岐阜を出発し、3月3日上洛し、相国寺に寄宿する。

　　4月6日南方へ出陣し、7日河内国若江、8日高屋城、12日摂津国住吉、13日天王寺へ進み、14日大坂へ陣を寄せる。16日遠里小野へ陣取り、17日堺近くの新堀砦を包囲し、21日京都へ帰陣する。4月28日京都を出発し、おそらく29日に岐阜へ帰国する。

　　5月13日岐阜を出陣し、14日三河国岡崎、16日牛久保城、17日野田原、18日設楽郷の極楽寺山に居陣する。21日長篠の戦いで武田勝頼を破り、25日岐阜へ帰陣する。

　　6月26日岐阜を出発し、27日上洛し、相国寺に寄宿する。7月3日参内し、清涼殿御庭で蹴鞠を見物する。15日京都を出発し、17日岐阜へ帰国する。

　　8月12日越前侵攻のために岐阜を出陣し、13日近江国小谷城、14日越前国敦賀へ行く。16日府中龍門寺、23日一乗谷へ陣替する。28日豊原寺、9月2日北庄、11日下成坊、14日北庄へ移り、足羽山に陣屋を築いて滞在する。ここで「越前国掟」を定める。23日北庄を出発し、26日岐阜へ帰陣する。

　　10月10日岐阜を出発し、13日上洛して妙覚寺に寄宿する。28日妙覚寺で茶会を催す。11月7日従三位・権大納言・右大将に任官する。14日京都を出発し、15日岐阜へ帰国する。28日嫡男信忠に織田家督を譲り、佐久間信盛の私宅に移る。

【詳細】

　　正月を岐阜で迎える。2月27日岐阜を出発し、垂井に宿泊。前年暮れから分国中に触れを出して道路を開き、それを通ったものである(以上『公記』)。美濃国すりはり峠を掘削し、美濃から京都まで3里短縮された(「松雲公採集遺編類纂」)。翌28日も垂井に逗留し、29日近江国佐和山城、3月2日永原に宿泊する(以上『公記』)。3日午刻上洛し、今道を通って相国寺に寄宿する(『兼見』「宣教卿記」)。4日・6日・8日・10日・11日・14日・16日・17日・20日・22日・25日・28日・4月3日・4日・5日・6日の在京が確認される(『兼見』『お湯殿』「宣教卿記」「大外記中原師廉記」)。3月20日は相国寺で蹴鞠を催す(『公記』)。

　　4月6日南方へ出陣し、室町通五条を通行し(『兼見』)、八幡に居陣する。7日河内国若江に陣取、8日高屋城を攻撃し、駒ヶ谷山に居陣する。12日摂津国住吉へ陣替し、13日天王寺へ進み、14日大坂へ陣を寄せる。16日遠里小野へ陣取り、信長自ら苅田狼藉する。17日堺近くの新堀砦を包囲し、19日香西越後守・十河因幡守を討ち取る(以上『公記』)。21日京都へ帰陣し、室町通を通行する(『兼見』)。22日・26日の在京が確認できる(『兼見』「宣教卿記」)。

　　4月28日京都相国寺を出発し(「中山家記」)、神楽岡を通行し(『兼見』「宣教卿記」)、近江国坂本から常楽寺を通って佐和山城へ行く(『公記』)。岐阜到着日時は「廿八日辰刻」とされるが(『公記』)、29日であろう。5月2日、織田長益に帰城祝儀を受ける(「関戸守彦氏所蔵文

5月13日岐阜を出陣し（「細川家文書」）、尾張国熱田に居陣する（『公記』）。14日三河国岡崎に着陣し（「細川家文書」）、翌15日まで岡崎に逗留する。16日牛久保城に宿泊し、17日野田原に野陣を懸け、18日設楽郷の極楽寺山に居陣する（以上『公記』）。21日早天に開戦し（「細川家文書」）、未刻まで戦う。信長は家康の陣所高松山に上り、戦況を見る。敗走する武田軍を追い、約1万を討ち取る。25日岐阜へ帰陣する（以上『公記』）。

　6月23日に信長上洛の風聞があるが、25日に延引とされた（「宣教卿記」23条）。実際は26日に岐阜を出発し、山中宿に立ち寄り、近江国佐和山で少し休息し、早舟に乗って坂本へ到着（以上『公記』）。翌27日上洛し、相国寺に寄宿する（「宣教卿記」）。28日・29日は在京（『お湯殿』）。7月1日摂家・清華以下の出仕を受ける。3日参内し、清涼殿御庭で蹴鞠を見物した後（以上『公記』）、黒戸御所に祗候して誠仁親王と対面したほか（「宣教卿記」）、岡殿へも初めて行く（『お湯殿』）。この日官位叙任を勧められるが辞退し、代わりに家臣を叙任させる（『公記』）。6日妙顕寺で勧進能を見物する（「大外記中原師廉記」）。7日・11日在京（「宣教卿記」）。12日、久我敦通に家領を安堵する（「久我家文書」）。13日、白鳥・鶴ほかを朝廷に献上する（『お湯殿』）。14日在京（「宣教卿記」）。

　※　天文年間から断続的に続いている絹衣相論において、謀書綸旨を作成した柳原資定を、6月26日頃勅勘とする（『公卿』）。7月3日、朝廷の公事法度を定めるための5人の奉行＝伝奏を設置する（「吉田薬王院文書」）。18日以降、伝奏衆は定期的に会合する（「孝親公記」）。

　7月15日晩に京都を出発し（「孝親公記」）、近江国常楽寺へ行く。16日美濃国垂井に宿泊、17日曽根城へ立ち寄り、岐阜へ帰城する（以上『公記』）。

　8月12日、越前侵攻のために岐阜を出陣し（「越前国相越記」）、垂井に陣取る。13日近江国小谷城に宿泊し（以上『公記』）、14日越前国敦賀へ行き（「泉文書」）、武藤舜秀所に居陣す る。15日も敦賀に滞在する（以上『公記』）。16日敦賀を出発して木目峠を越えて（「泉文書」）、府中龍門寺の三宅権丞構に居陣する（『公記』）。22日は府中在、翌23日一乗谷へ陣替する（「高橋源一郎氏持参文書」）。27日は一乗谷在（「越前国相越記」）、28日豊原寺へ陣替えする（「細川家文書」）。29日は豊原寺在（「越前国相越記」）、9月2日北庄へ移る（『公記』）。11日下成坊へ移る（「越前国相越記」）。14日豊原寺から北庄へ移り、足羽山に陣屋を築いて滞在する。ここで「越前国掟」を定める。23日北庄から越前府中へ行き、24日近江国椿坂、25日美濃国垂井に宿泊し、26日岐阜へ帰陣する（以上『公記』）。

　10月10日上洛のために岐阜を出発し（「米田藤十郎氏所蔵文書」「細川家文書」）、垂井に宿泊。翌11日、近江国柏原で三条西実枝等の出迎えを受け、佐和山城に宿泊。12日永原に寄宿、勢多で橋を見学し、勢多・逢坂・山科・粟田口で出迎えを受け（以上『公記』）、13日未下刻に上洛して妙覚寺に寄宿する（『兼見』）。中原師廉は妙覚寺本堂前で信長に御礼している（「大外記中原師廉記」）。14日、曲直瀬正盛（道三）邸を訪問し、蘭奢待の伽羅を与える（『寛政

譜』10)。15日在京(「宣教卿記」)、19日清水寺へ行き、20日・21日・23日は参洛御礼を受け(以上『公記』)、26日・27日は在京(以上「宣教卿記」)。28日妙覚寺で茶会を催す(「今井宗久茶湯抜書」『公記』)。

> ※ 『兼見』天正3年8月24日条～9月27日条は、他史料と内容を比較検討した結果、1ヶ月後の記事であることが判明する。この期間の記事は、史料原文の表記とは異なり、それぞれ9月24日条～10月27日条として記載した。

11月1日在京(「宣教卿記」)、従三位・権大納言・右大将任官は4日というが(『公記』『公卿』)、陣儀は7日である(『兼見』「宣教卿記」)。8日、摂家・清華以下の公家衆・諸門跡に新地給与の朱印状を発給する(「宣教卿記」「大外記中原師廉記」)。9日、摂家・清華以下の公家衆・諸門跡からの御礼を受ける(「大外記中原師廉記」)。13日鷹狩をし、14日亥刻京都を出発する(以上『兼見』)。時刻は戌刻ともいう。15日岐阜へ帰国する。28日嫡男信忠に織田家督を譲り、佐久間信盛の私宅に移る(以上『公記』)。

4 単独政権段階(安土時代)

天正4年(1576)

【概要】

正月を岐阜で迎える。19日は尾張国清須在。中旬から近江国安土城普請を始め、2月23日頃安土へ移る。4月29日上洛し、妙覚寺に寄宿する。

5月5日大坂へ出陣し、河内国若江在城。7日摂津国天王寺で、8日大坂西木津で一揆勢と戦う。22日和泉国堺へ移る。6月4日昼に天王寺で茶会を催し、夜に山城国八幡へ逗留する、6日真木島へ立ち寄ってから上洛し、妙覚寺へ寄宿する。8日京都を出発し、おそらく9日に安土へ帰国する。

11月4日上洛し、二条妙覚寺に寄宿する。13日正三位、21日内大臣に昇進する。23日京都を出発し、一両日石山で過ごした後、25日頃安土へ帰国する。

12月10日、三河国吉良へ鷹狩のため安土を出発する。同日佐和山、11日岐阜に到着し、翌12日も岐阜に逗留。13日尾張国清須へ行き、22日吉良に到着する。3日間吉良に逗留して、26日清須城へ帰り、30日岐阜へ到着する。

【詳細】

1月5日烏丸光宣が岐阜へ下向しており(『お湯殿』)、正月を岐阜で迎えたようである。19日は尾張国清須在(『言継』)。中旬から近江国安土城普請を始め、安土へ移ったのは2月23日とも(以上『公記』)、24日とも(『兼見』25日条)、25日ともいう(『言継』)。3月4日安土在(『兼見』)。4月1日から石垣・天守普請を開始する(『公記』)。

> ※ 安土城普請開始とほぼ同時に、信長の京都二条屋敷が準備される。3月26日京都報恩寺の普請が始まり(『言継』)、4月10日二条晴良邸をここへ移す(『言継』)。7月19日二条屋敷に多聞山城の天守を移す(『言継』)。

4月29日未刻(『兼見』)上洛し、妙覚寺に寄宿する(『言継』「宣教卿記」)。5月1日～4日在京。3日は二条晴良邸へ行く(以上『兼見』『言継』「宣教卿記」)。

5月5日大坂へ出陣し、河内国若江在城(『言継』)。京都出発時刻は、未明とも(『言経』)辰刻ともいう。6日若江在(以上『兼見』)、7日摂津国天王寺で本願寺勢と戦い(『兼見』『言継』)、住吉口から天王寺へ侵攻し、大坂城戸口まで攻め込んだ(『公記』)。8日大坂西木津で一揆勢と戦う(『言継』)。22日住吉へ陣替えし、信長は和泉国堺へ移る(『言継』24日条)。6月4日昼に天王寺で茶会を催し(「宗及他会記」)、夜に山城国八幡へ逗留する(「古簡雑纂」)。5日も八幡へ逗留し、6日真木島へ立ち寄ってから、未刻上洛し、妙覚寺へ寄宿する(『言継』)。8日朝に公家衆と面会した後(『言継』『言経』「宣教卿記」)、未刻京都を出発し、今道を通る(『兼見』)。安土到着は6月9日であろう。

6月12日(「宣教卿記」24日条)と9月19日(『お湯殿』)に勅使が安土へ下向する。また7月1日に安土城普請を命じており(『公記』)、これらは信長の安土在を示すであろう。

※　興福寺別当職をめぐって大乗院と東北院が相論し、4人の伝奏衆が安土へ呼ばれ、6月23日帰京する(『言経』)。伝奏衆は蟄居となり(『言継』7月2日条)、7月6日「禁中之義」は伝奏衆が談合の上、信長の了解を義務づける(『兼見』)。8月6日に伝奏衆が許されたというが(『兼見』)、11月4日にまだ伝奏衆は逼塞中であり、出頭するのは21日である(以上「中山家記」)。

11月1日に上洛の噂が流れるが(『言継』)、4日に延引される(『兼見』)。4日に陸路で勢多を通り(『公記』)、山科で吉田兼見父子の出迎えを受けて申刻上洛し(『兼見』)、二条妙覚寺に寄宿する(『公記』)。5日、公家衆40人余、大和衆・河内衆数十人の御礼を受ける(『言継』)。場所は妙覚寺であろう。6日東山慈照寺へ鷹狩に出かける(『兼見』)。12日、赤松・別所などの御礼を受ける(『公記』)。場所は妙覚寺であろう。13日(『続史愚抄』「東寺神泉苑文書」)・18日(『言継』)在京。19日、上﨟局や烏丸以下の公家衆に知行宛行状を発給し、申刻に御礼を受ける(『言継』)。21日午刻に陣儀があり(『兼見』)、未刻ともいうが(『言継』「中山家記」)、内大臣に昇進する(『言継』『言経』「宣教卿記」)。22日、公家衆が訪問するが対面しない(『言継』)。23日、内大臣任官の御礼として朝廷に太刀1腰・馬代として銀子100枚を献上し、飛鳥井雅敦邸で勅使から直衣を賜る。それから二条晴良邸へ立ち寄り(以上『言継』)、京都を出発して粟田口を通る(『兼見』)。石山世尊院で鷹狩し(『公記』)、一両日滞留する(『兼見』)。これは石山寺参詣ともいう(『言継』)。安土への帰国は25日(『公記』)とも26日(『当代』)ともいう。

12月10日、三河国吉良へ鷹狩のため安土を出発し、佐和山城に宿泊する。11日岐阜に到着し、翌12日も岐阜に逗留。13日尾張国清須へ行き、22日吉良に到着する。3日間吉良に逗留する。26日清須城へ帰り(以上『公記』)、30日岐阜へ到着し、ここで越年する(『公記』『当代』)。

天正5年(1577)
【概要】
　正月を岐阜で迎え、2日に安土へ帰る。14日上洛し、二条妙覚寺に寄宿する。25日未明に京都を出発して安土へ帰国する。

　2月8日ないしは9日上洛し、二条妙覚寺に寄宿する。13日南方に出陣し、八幡に在陣する。14日八幡逗留、15日河内国若江、16日和泉国香庄に着陣し、17日も香庄に逗留する。18日佐野郷、22日志立へ移り、28日淡輪へ居陣。29日淡輪を出発して野陣し、3月1日鈴木孫市の居城を攻め、2日鳥取郷若宮八幡宮へ陣を移す。21日香庄へ陣取し、翌22日も香庄に逗留する。23日若江に帰陣し、24日八幡に逗留し、25日帰洛し、二条妙覚寺へ寄宿する。27日京都を出発し、安土へ帰国する。

　閏7月6日上洛し、二条屋敷に寄宿する。11日戌刻に参内する。12日二条屋敷で近衛信基元服の加冠を務める。13日京都を出発し、勢多に宿泊し、翌14日安土へ帰城する。

　11月13日ないしは14日未明に上洛し、二条屋敷へ行く。18日参内して東山へ鷹狩に行く。なお、16日従二位、20日右大臣に昇進する。

　12月3日安土へ帰国。10日安土を出発し、佐和山城に宿泊。11日美濃国垂井、12日岐阜に到着。13日岐阜に逗留。14日尾張国清須、15日吉良到着。19日岐阜へ戻る。21日岐阜を出発し、安土へ帰国する。

【詳細】
　正月を岐阜で迎え、2日に安土へ帰る(『公記』)。4日夜安土で茶会を催す(「宗及他会記」)。14日上洛し(『兼見』)、二条妙覚寺に寄宿する(『公記』)。15日在京(『兼見』)、18・19日在京(以上『お湯殿』)、21日・22日在京(『兼見』)。23日在京(「孝親公記」)。25日未明(『兼見』)に京都を出発する(『お湯殿』『公記』)。安土帰国は翌26日であろう。

　※　「孝親公記」(『歴代残闕日記』23所収)天正5年3月22日・23日によれば、この両日孝親が「内府亭」を訪れている。しかし、信長は在京しておらず、この記事は不審である。日付の干支からすると、同年1月22日・23日条の記事である可能性が高い。
　　そう考えて良いとすれば、1月22日条に織田信張が「今度右兵衛佐拝任、同叙爵云々」とあり、従来は前年11月21日とされてきた信張の叙任日時は訂正を要する。また、1月26日に信張が叙任御礼を献上している(『お湯殿』)ことも、より整合的に理解できる。

　2月8日上洛し(『兼見』)、二条妙覚寺に寄宿する。上洛は9日ともいう(以上『公記』)。10日在京、13日南方に出陣し(以上『兼見』)、淀川を越えて八幡に在陣する。14日は降雨のために八幡に逗留し、15日河内国若江、16日和泉国香庄に着陣し、17日も香庄に逗留する。18日佐野郷、22日志立へ移り、28日淡輪へ居陣する。29日淡輪を出発して野陣し、3月1日鈴木孫市の居城を攻め、2日鳥取郷若宮八幡宮へ陣を移す。21日香庄へ陣取し、翌22日も香庄に逗留する。23日若江に帰陣し、24日八幡に逗留し、25日帰洛し、二条妙覚寺へ寄

宿する(以上『公記』)。上洛は25日(『お湯殿』)とも26日(「松雲公採集遺編類纂」)ともいう。26日勅使を迎える(『お湯殿』)一方、近衛父子・聖護院門跡に金銀を贈る(「松雲公採集遺編類纂」)。27日京都を出発する(『公記』「松雲公採集遺編類纂」)。安土到着は翌28日であろう。

4月11日・19日安土在(以上『お湯殿』)、29日巳刻に安土での松井友閑茶会に参列する(「宗及他会記」)。5月18日頃も安土在と思われる(『黒田』)。7月3日、伊達輝宗から鷹を献上される(『公記』)。この日も安土在であろう。

閏7月6日上洛する(『兼見』)。この日二条屋敷に移徙したとも(『公記』)、12日ともいう(「中山家記」)。11日新造の禁裏築地を見物するが、これは戌刻(『お湯殿』)とも黄昏ほどともいう(「中山家記」)。12日二条屋敷主殿で(『島津』)、近衛信基が元服し、その加冠を務める(『公記』)。13日京都を出発し、粟田口を通って(『兼見』)、山岡景隆の勢多城に宿泊し、翌14日安土へ帰城する(『公記』)。

8月17日松永久秀・久通父子が摂津国天王寺砦を引き払い、大和国信貴山城で謀叛する。松永の人質は京都六条河原で処刑されるが(『公記』)、信長は安土在と思われる。9月28日・29日、安土の丹羽長秀邸に逗留する。10月10日晩に織田信忠が信貴山城を陥落させ、15日安土に帰国して信長に報告する(以上『公記』)。

11月13日上洛し(「鷹山家文書」)、二条屋敷へ行く(『公記』)。上洛は14日未明ともいう(『兼見』)。丹波出陣のためと見られていた(「鷹山家文書」)。18日参内。日華門から御所へ入り、小御所御局の内へ行き、達智門を出て東山へ鷹狩に行く(『公記』)。19日在京。20日右大臣に昇進する(以上『兼見』)。

12月3日安土へ帰国(『公記』)。京都出発は2日であろう。帰国の途中で勢多城へ立ち寄り、茶を飲んでいる(「松雲公採集遺編類纂」)。10日三河吉良への鷹狩に安土を出発し、佐和山城に宿泊。11日美濃国垂井へ行き、12日岐阜に到着。13日岐阜に逗留。14日尾張国清須、15日吉良到着。19日岐阜へ戻る。21日岐阜を出発し、安土へ帰国する。28日・29日信忠を安土城に迎える(以上『公記』)。

天正6年(1578)

【概要】

正月朔日、安土城で諸将の御礼を受ける。13日鷹狩へ出かけるために安土を出発し、18日三河国吉良到着。鷹狩後、25日安土へ帰城する。3月6日奥の島山へ上り、3日間鷹狩した後、8日安土へ帰城する。3月23日申刻上洛し、二条屋敷へ宿泊。4月9日に右大臣・右大将を辞官する。22日京都を出発し、23日安土着。

4月27日に上洛する。5月27日未明に京都を出発し、乗船して安土へ帰国する。6月10日安土を出発し、乗船して上洛する。14日早天に祇園会を見物し、21日未明京都を出発し、安土へ帰国する。

9月23日安土を出発し、勢多城に宿泊する。24日上洛する。宿所は立本寺とも、二条屋敷ともいう。9月27日京都を出発し、八幡に行く。28日河内国若江に宿泊、29日摂津国天

王寺を経て住吉へ行き、住吉大社の社家宅へ宿泊。30日和泉国堺へ行き、大船を見学した後、堺商人の屋敷へ行く。

10月1日住吉・河内国交野城を経て、上洛して二条屋敷に帰る。10月6日京都を出発し、近江国坂本から乗船して安土へ帰城する。19日ないしは21日荒木村重謀叛の報を聞く。11月3日安土を出発して上洛し、二条屋敷に宿泊する。9日京都を出発し、山崎に陣取する。その後摂津国安満に居陣する。15日安満から郡山へ移る。27日郡山から古池田へ移り、28日昆陽に陣取する。12月8日有岡城を攻める。11日古池田へ陣を移す。21日古池田から帰洛する。25日安土へ帰城する。

【詳細】

正月朔日、安土城で諸将の御礼を受ける(『公記』)。4日、おそらく安土で茶会を開く(「天正六年茶湯記録」)。6日に正二位に昇進する(『公卿』)。11日安土城に近衛前久を迎える(『公記』)。12日巳刻津田宗及を安土城に迎え、耕作絵座敷で黄金を見せる(「宗及他会記」)。13日鷹狩のために安土を出発し、柏原へ行く。14日美濃国岐阜に到着し、翌15日岐阜に逗留する。16日清須到着、18日三河国吉良到着。雁・鶴を多数捕獲し(以上『公記』)、21日岡崎着(『家忠』)。22日尾州(清須ヵ)へ帰り、23日岐阜へ帰る。翌24日岐阜に逗留し、25日安土へ帰城する(以上『公記』)。

1月29日・2月3日・9日安土在。2月29日安土山で相撲を催す。3月6日鷹狩のために奥の島山へ上り、長命寺善林坊に宿泊。3日間鷹狩し、8日安土へ帰城する(以上『公記』)。

3月23日申刻上洛し、粟田口で出迎えを受ける(『兼見』)。二条屋敷へ宿泊(『公記』)。25日・26日・28日・29日在京(以上『兼見』)。4月1日、来訪した公家衆に対面せず(『兼見』)、酉刻に津田宗及から茶釜を献上され、翌2日宗及に黄金等を下賜する(以上「宗及他会記」)。7日越中国の神保長住を二条屋敷に迎える(『公記』)が、これは9日ともいう(「安土」)。3月13日に上杉謙信が死去したことと関連しよう。9日に右大臣・右大将を辞官する(『兼見』)。22日京都を出発し(『公記』)、23日安土で丹後国の小倉筑前守を迎える(「安土」)。

4月27日に上洛する(「金子文書」『公記』)。5月5日・6日在京(以上『兼見』)。13日・24日在京(『公記』)。27日未明に京都を出発(『兼見』)、松本から矢橋まで乗船し、安土へ帰国する。6月10日安土を出発して、矢橋から松本まで乗船して上洛する(以上『公記』)。14日早天に祇園会を見物し(『兼見』)、その後鷹狩へ出かけ、普賢寺で近衛前久に知行1500石をあたえる。16日上洛した羽柴秀吉に指示をあたえる(以上『公記』)。21日未明京都を出発し、安土へ帰国する(『兼見』)。

7月15日頃安土在と思われ(「淡輪文書」)、20日・21日頃大坂出陣予定とされるが(「鷺森別院文書」)、23日・24日安土在(以上「安土」)。8月5日奥羽国南部政直から安土へ鷹を献上されるが(『公記』)、これは10日ともいう(「安土」)。10日安土城で南部政直に面会する。15日と9月9日に安土山で相撲を催す(以上『公記』)。

9月23日安土を出発し(『公記』)、勢多城に宿泊する。24日辰刻、山科を通って上洛する(以上『兼見』)。23日上洛ともいう(「善勝寺文書」)。宿所は立本寺とも(『晴豊』)、二条屋敷ともいう(『公記』)。25日在京(『晴豊』)、26日在京(『兼見』)。

　9月27日京都を出発し、八幡に行く(『兼見』)。本願寺は27日に天王寺へ出陣かと怖れるが(「妙慶寺旧蔵文書」)、九鬼嘉隆建造の大船を見学するための下向である。28日河内国若江に宿泊、29日早朝に摂津国天王寺へ行き、佐久間信盛の陣所で休息し、鷹狩をしながら住吉へ行く。住吉大社の社家宅へ宿泊。30日払暁から和泉国堺へ行き、大船を見学した後、今井宗久・紅屋宗陽・津田宗及・道叱邸へ行く(以上『公記』)。津田宗及邸では巳刻に茶会を催す(「宗及自会記」)。10月1日住吉を出て安見新七郎所(河内国交野城ヵ)で休息した後、上洛して二条屋敷に帰る(『公記』)。帰洛時刻は夜四時という(『晴豊』)。2日在京(『公記』)、3日在京、5日早天より二条屋敷で相撲を催し(以上『晴豊』)、終日約1000番の取り組みがあった(「宗及他会記」)。

　10月6日京都を出発し(『晴豊』)、今道を通って(『兼見』)、近江国坂本から乗船して安土へ帰城する。14日長光寺山で鷹狩をする。21日荒木村重謀叛の報を聞く(以上『公記』)。これは19日ともいう(「安土」)。

　11月3日安土を出発して上洛し、二条屋敷に宿泊する(『公記』)。4日在京(『晴豊』)。12日出陣の予定(「尊経閣文庫所蔵文書」)を早めて、9日京都を出発し、山崎に陣取する(『公記』)。10日高槻着(『黒田家譜』)。その後摂津国安満に居陣する。15日安満から郡山へ移る。16日郡山で高山右近の御礼を受ける。18日・23日惣持寺へ出かけ、24日刀根山砦を見舞う。26日中川清秀・高山右近に褒美の品を下賜する(以上『公記』)。場所は郡山であろう。27日郡山から古池田へ移り、28日昆陽に陣取する。12月1日夜、大和田城主安部二右衛門と芝山源内の御礼を昆陽で受ける。3日夜、再び昆陽で大和田城主安部二右衛門の御礼を受ける(以上『公記』)。8日有岡城を攻める(『家忠』12日条)。11日古池田へ陣を移す。21日古池田から帰洛する。25日安土へ帰城する(以上『公記』)。

天正7年(1579)
【概要】

　正月を安土で迎える。2月18日上洛し、二条屋敷に宿泊する。3月5日伊丹城攻めのために京都を出発し、山崎に陣取する。6日摂津国郡山に陣取。7日古池田に移陣。ここに本陣を置いて、しばしば鷹狩をする。4月8日・26日古池田周辺で馬を乗り回す。29日古池田へ帰陣する。5月1日帰洛する。3日早朝京都を出発し、坂本から船で安土へ帰城する。11日安土城天主へ移徙。27日安土宗論を裁定する。

　9月11日安土を出発し、勢多・逢坂を経て上洛する。21日京都を出発し、山崎に宿泊。22日・23日山崎滞留。24日摂津国古池田へ移り、27日伊丹城包囲の砦を見舞い、古池田へ戻る。28日帰洛する。

　10月8日京都を出発し、翌9日に安土へ帰城する。11月3日安土を出発し、近江国勢多

橋に宿泊する。4日上洛し、5日二条屋敷進上を奏聞する。6日〜10日鷹狩し、16日二条屋敷から妙覚寺へ移る。22日誠仁親王が二条御所へ移徙する。翌23日誠仁親王に御礼する。12月10日京都を出発し、山崎に宿泊する。11日・12日山崎の宝積寺に逗留する。14日山崎から帰洛する。18日二条御所へ参内する。19日未明京都を出発し、安土へ帰城する。

【詳細】

　正月を安土で迎える。4日頃安土在(『家忠』)、5日・8日・9日安土在(以上『公記』)。11日昼安土で茶会を催し、津田宗及に天主を案内する(「宗及他会記」)。23日・25日安土在、26日朝、安土山下の松井友閑邸で茶会を催す(以上「安土」)。2月2日、安土在(「中川氏御年譜」)。

　2月18日、山科・粟田口を通って上洛し(『兼見』)、二条屋敷に宿泊する(『言経』)。19日在京(『兼見』)。20日は勅使勧修寺晴豊を迎える(『お湯殿』)。21日東山で鷹狩、22・25日在京、26日鷹狩をする(以上『兼見』)。28日東山で鷹狩(『公記』)。3月1日在京(『晴豊』『言経』)。2日賀茂山で鷹狩し(『公記』)、中川清秀の御礼を受ける(「安土」)。3日、公家衆の御礼を受ける(『晴豊』)。場所は二条屋敷であろう。

　3月5日午刻(『兼見』)、伊丹城攻めのために京都を出発し、山崎に陣取する。6日天神馬場から鷹狩をしながら、摂津国郡山に陣取する。7日古池田に移陣する。14日多田の谷で鷹狩する(以上『公記』)。19日・22日・23日摂津に在陣(以上『兼見』)。26日古池田在(「安土」)。30日箕雄滝を見物する。この頃毎日鷹狩をしていたという(以上『公記』)。4月2日摂津在陣(『晴豊』)。8日鷹狩し、古池田東の野で馬を乗り回す(『公記』)。21日鷹狩に出かける(「安土」)。26日古池田前にて馬を乗り回す。29日古池田在(以上『公記』)。

　5月1日帰洛する(『晴豊』ほか)。2日在京(『兼見』)。3日早朝京都を出発し(『言経』)、今道を通り(『兼見』)、近江国山中から坂本へ出て、船で安土へ帰城する。11日安土城天主へ移徙(以上『公記』)。27日浄土宗と日蓮宗による安土宗論を裁定する(『晴豊』)。「安土城前右府御前」でともいうが(『言経』6月2日条)、場所は安土城下の浄土宗寺院である浄厳院仏殿である(『公記』)。開始時間は卯刻とも(『言経』5月28日条)、辰刻ともいう(『兼見』)。信長は午刻に安土城から浄厳院へ行き、日蓮宗側に起請文を提出させる(『公記』)。

　6月3日安土在(「安土」)。4日安土在(『公記』)。8日丹波国波多野秀治兄弟を安土で処刑する(『兼見』)。13日・18日安土在(『公記』)。7月4日安土在(「安土」)。7日頃安土在(『お湯殿』)。6日・7日安土城で相撲を催す(以上『公記』)。8日も相撲を催したともいう(「安土」)。16日・18日・19日・25日安土在。26日南部政直らを堀秀政邸で振舞い、安土城天主を見物させる(以上『公記』)。これは27日ともいう(「安土」「池田本信長記」)。8月2日安土在(『公記』)。3日頃安土在(『お湯殿』)。6日・7日安土城で相撲を催す(以上『公記』)。19日安土在。25日安土城で津田宗及の御礼を受ける(以上「宗及他会記」)。9月4日安土在(『公記』)。

　9月11日安土を出発し、勢多・逢坂を経て(『公記』)、山科で出迎えを受けて上洛する(『兼見』)。夜に御所へ雁を献上する(『お湯殿』)。13日在京(『兼見』)、14日在京(『お湯殿』)、17

日在京(『兼見』)、18日二条屋敷で公家衆の蹴鞠を見物する(『公記』)。19日・20日在京(以上『兼見』)。

9月21日早天に京都を出発し(『兼見』)、山崎に宿泊(『公記』)。22日・23日降雨により山崎滞留(『兼見』24日条)。22日には北畠信雄への折檻状を書く。24日山崎から摂津国古池田へ移り、27日伊丹城包囲の砦を見舞う。古屋野・塚口で休息し、古池田へ戻る(以上『公記』)。

9月28日初めて茨木へ立ち寄った後(『公記』)、帰洛し、不動堂近辺で出迎えを受ける。29日在京(以上『兼見』)、10月1日在京(『公記』)、2日・7日在京(以上『兼見』)。

10月8日二条屋敷を出発し、徹夜で下向して、翌9日の日の出刻に安土へ帰城する。出京時刻は8日戌刻(以上『公記』)、8日夜四つ時程(『お湯殿』)、9日未明(『兼見』)ともいう。10月24日、丹後・丹波を平定した明智光秀の御礼を安土城で受ける。29日安土在(以上『公記』)。

11月3日安土を出発し、近江国勢多橋御茶屋に宿泊する(『公記』『兼見』)。坂本を経由して(『多聞院』5日条)、4日巳刻上洛し(『兼見』)、5日二条屋敷進上を奏聞する。6日鷹狩。場所は北野神社裏辺とも(『公記』)、西京辺ともいう。7日東山へ鷹狩。辰刻慈照寺で吉田兼見の御礼を受ける(以上『兼見』)。8日東山から一乗寺まで鷹狩、9日・10日一乗寺と修学寺山で鷹狩する(『公記』)。11日在京(『お湯殿』)、15日在京(『兼見』)。16日亥刻に二条屋敷から妙覚寺へ移る(『公記』)。19日・21日在京(『兼見』)、22日卯刻から辰刻まで誠仁親王が二条御所へ移徙する(『公記』)。信長は未刻に茶会を催す(「宗及他会記」)。翌23日誠仁親王に御礼する(「池田本信長記」)。26日在京(『兼見』)。27日北野神社周辺を鷹狩、12月1日在京、3日妙覚寺で家臣団に振舞(以上『公記』)。

※ 京都で11月6日～10日まで5日間連続して鷹狩するのは極めて異例であるが、これは11月16日の妙覚寺への引っ越しと関係しよう。

12月10日京都を出発し、東寺周辺で吉田兼見の御礼を受け、この日は山崎に宿泊する(『兼見』)。11日・12日は降雨により山崎の宝積寺に逗留する。12日晩景に京都妙顕寺へ荒木村重一党30人余を押し籠め、13日辰刻に尼崎近くの七松で512人を処刑するが(以上『公記』)、信長は山崎に逗留していたであろう。14日山崎から帰洛し(『兼見』)、夜に御所へ串柿を献上する(『お湯殿』)。16日辰刻、荒木村重妻子を六条河原で処刑する(『公記』)。18日戌刻に二条御所へ参内する。19日未明京都を出発し(『兼見』)、終日雨の中安土へ帰城する(『公記』)。

天正8年(1580)

【概要】

正月を安土で迎える。2月21日上洛、宿所は妙覚寺。24日・25日鷹狩する。26日本能寺を御座所とするため、本能寺へ赴き、普請を命ずる。2月27日京都を出発し、山崎に宿泊する。3月1日山崎を出発し、郡山に到着する。3日伊丹城へ行く。7日伊丹を出発し、

山崎へ帰着する。8日帰洛し、妙覚寺に宿泊する。3月10日京都を出発し、安土へ帰城する。3月15日から奥の島山で鷹狩し、19日安土へ帰城する。25日から奥の島で鷹狩し、28日安土へ帰城する。

4月11日長光寺山で鷹狩、24日伊庭山で鷹狩する。5月5日・17日・6月24日、安土山で相撲を催す。7月2日、本願寺使者や勅使を安土城に迎える。

7月14日上洛。8月15日京都を出発し、大坂へ行く。22日に佐久間信盛父子を追放する。23日上洛し、京都で林秀貞等を追放する。8月28日京都を出発し、安土へ帰城する。以後安土在。

【詳細】

正月を安土で迎える(『公記』)。吉田兼見は10日に安土下向を予定する(『兼見』3日条)。14日巳刻に津田宗及の御礼を受け、安土城天主に召し寄せ、終日宗及と過ごす(「宗及他会記」)。16日頃(『多聞院』)、18日頃(『お湯殿』)、24日頃安土在(「遊行三十一祖京畿御修行記」)。25日・26日安土在(以上『兼見』)。

2月21日未下刻上洛、山科で出迎えを受ける(『兼見』)。宿所は妙覚寺(『公記』)。22日京都で脇指・腰物を披露(「宗及他会記」)。24日辰刻、東山慈照寺周辺で鷹狩(『兼見』)。場所は一乗寺・修学寺・松ヶ崎山という(『公記』)。25日も東山で鷹狩し、未刻帰京する(『兼見』)。この日は誠仁親王に御茶を進上している(『お湯殿』)。26日本能寺を御座所とするため、本能寺へ赴き、普請を命ずる(『公記』)。

2月27日京都を出発し、桂通りを通行する(『兼見』)。山崎に宿泊する。28日降雨のため、山崎に逗留する。29日・30日山崎西山で鷹狩する。3月1日山崎を出発し、天神馬場・大田で鷹狩しながら、郡山に到着する。3日伊丹城へ行く。7日伊丹を出発し、山崎へ帰着する(以上『公記』)。8日帰洛し、そのまま北山で鷹狩に行く(『兼見』)。妙覚寺に宿泊する(『公記』)。

3月9日、本能寺で北条氏政からの進上物を受け取る(『公記』)。10日巳刻京都を出発し(『兼見』)、大津松ヶ崎辺りで鷹狩し、乗船して矢橋へ行き、安土へ帰城する。3月15日、乗船して長命寺善林坊を御座所とし、奥の島山で鷹狩する。19日まで5日間逗留する。19日安土へ帰城する(以上『公記』)。この間の17日、本願寺と勅命講和する(「本願寺文書」)。20日・21日安土在。25日から28日まで奥の島で鷹狩する。28日安土へ帰城する。閏3月1日・6日・10日・16日安土在(以上『公記』)。

4月3日頃安土在(『お湯殿』)。11日百々橋を通って長光寺山で鷹狩、24日伊庭山で鷹狩する。5月3日、信忠・信雄の御礼を安土城で受ける。5日安土山で相撲を催す。7日安土在。17日安土山で相撲を催す。6月13日安土在(以上『公記』)。21日頃安土在(『お湯殿』)。24日安土山で相撲を催す。26日・30日安土在(以上『公記』)。

7月2日、本願寺使者や勅使を安土城に迎える(『公記』)。7月14日上洛、15日(以上『兼見』)・18日・19日・25日・29日(以上『お湯殿』)・8月1日・13日(以上『兼見』)・14日在京

(『お湯殿』)。15日未明京都を出発し(『兼見』)、八幡を見て(『お湯殿』)、宇治橋を見て船で大坂へ行く(『公記』)。畿内の城郭を破却し(「細川家文書」)、22日(「尊経閣文庫文書」)ないしは25日(「古文之写」)に佐久間信盛父子を追放する(『公記』)。

　8月13日、安土図屏風を御所へ持参し、翌14日安土図屏風に勅書を付けて返却される(『お湯殿』)。23日未刻上洛、東寺辺で出迎えを受ける(『兼見』)。京都で林秀貞等を追放する(『公記』)。24日(『お湯殿』)・25日(『兼見』)・26日在京(『お湯殿』)。28日午刻京都を出発する(『兼見』)。安土到着は29日であろう。

　9月19日安土在(「宗及他会記」)。10月14日頃安土在(『お湯殿』)、11月17日安土在(『公記』)、12月27日頃安土在(『お湯殿』)。

天正9年(1581)
【概要】
　正月朔日、馬廻衆の安土城出仕を受ける。15日安土で爆竹・馬揃を催す。2月20日上洛して、本能寺に宿泊する。23日ヴァリニャーノと面会し、黒人を見る。2月28日馬揃。29日勅使を迎える。3月5日再度馬揃。9日左大臣推任勅使を迎える。

　3月10日京都を出発し、安土へ帰城する。15日安土城下松原町の馬場で乗馬する。24日頃譲位の勅使を迎える。4月10日長浜を経て竹生島を参詣し、安土へ帰城する。留守中に出かけた女房衆や桑実寺の長老を成敗する。12日ヴァリニャーノに安土屏風を渡す。21日安土山で相撲を催す。7月15日安土城天主・摠見寺に提灯を吊す。8月1日安土で馬揃す。17日高野聖を処刑する。10月7日朝愛智川近辺を鷹狩し、バテレン所へ立ち寄る。9日飯道寺、10日伊賀一宮へ行き、国見山に登る。11日一宮に逗留、12日信雄陣所・筒井順慶と丹羽長秀の陣所・小波田を見舞う。

　10月13日伊賀一宮から安土へ帰城する。17日長光寺山で鷹狩する。11月24日五男お坊を安土城に迎え、犬山城主とする。12月22日、羽柴秀吉に茶湯道具を下賜する。29日歳暮御礼に安土へ来た津田宗及に面会する。

【詳細】
　正月朔日、馬廻衆の安土城出仕を受ける。2日沙々貴神社で能を見物する。8日安土在(以上『公記』)。9日・12日頃安土在(『お湯殿』)。15日安土で爆竹・馬揃を催す(『兼見』)。23日安土在(『公記』)。2月5日頃・8日頃安土在(『お湯殿』)。

　2月20日申下刻上洛して(『兼見』)、本能寺に宿泊し(『公記』)、勅使を迎える(『お湯殿』)。21日在京(「宗及他会記」)、22日在京(『兼見』)。23日ヴァリニャーノと面会し、黒人を見る。24日在京(以上『公記』)。25日オルガンティーノとルイス・フロイスに面会する(「1581年4月14日付、都発信、ルイス・フロイスの、日本在留の一司祭宛の書簡」『イエズス会』)。

　2月28日馬揃(『兼見』)。信長は辰刻に本能寺を出発し、室町通りを経て一条から東へ馬場に入る。未刻まで行われ、晩に本能寺へ戻る(『公記』)。29日勅使を迎える(『お湯殿』)。3月3日在京(『兼見』)。5日再度馬揃(『兼見』『お湯殿』)。6日在京(『公記』)。9日左大臣推任

勅使を迎える(『お湯殿』)。

　3月10日未明京都を出発し(『兼見』)、安土へ帰城する。12日安土在。15日安土城下松原町の馬場で乗馬する(『公記』)。24日頃安土在。譲位の勅使を迎える(『お湯殿』)。4月10日長浜を経て竹生島を参詣し、安土へ帰城する。留守中に出かけた女房衆や桑実寺の長老を成敗する(『公記』)。西国では、信長が取り乱したと噂される(『石見吉川』)。12日ヴァリニャーノに安土屏風を渡す(『日本史』)。21日安土山で相撲を催す。25日安土在(以上『公記』)。

　6月4日頃安土在(『お湯殿』)、5日安土在(『公記』)。6日頃安土在(『お湯殿』)。7月11日安土在、15日安土城天主・摠見寺に提灯を吊す(以上『公記』)。信長は徒歩で修道院の前を通り、翌16日安土城でフロイスに面会した(『日本史』)。17日・20日・21日・25日安土在(以上『公記』)。28日頃安土在(『お湯殿』)。

　8月1日安土で馬揃する(『兼見』)。2日頃安土在(『お湯殿』)。6日・14日安土在(『公記』)。11日安土在(「宗及他会記」)、17日高野聖を処刑する。9月8日安土在(以上『公記』)。この日、諸職人頭に小袖等を下賜しており、安土城完成とも考えられる。

　10月5日安土在。7日朝愛智川近辺を鷹狩し、桑実寺から新町通りを見て、バテレン所へ立ち寄る。9日飯道寺へ行き、10日伊賀一宮へ行き、国見山に登る。11日降雨のため一宮に逗留、12日信雄陣所・筒井順慶と丹羽長秀の陣所・小波田を見舞う(以上『公記』)。

　10月13日伊賀一宮から安土へ帰城する(『公記』)。16日未刻に津田宗及に面会する(「宗及他会記」)。17日長光寺山で鷹狩する。20日(以上『公記』)・25日(「福智院家古文書」)・28日頃(『お湯殿』)・29日(「皆川文書」)・11月1日(『公記』)・3日頃(『お湯殿』)・6日(「蜂須賀文書写」)・14日頃(『お湯殿』)・16日頃(「青蓮院宮日記抄」)安土在。11月24日五男お坊を安土城に迎え、犬山城主とする(『公記』)。25日頃安土在(「青蓮院宮日記抄」)。12月2日安土在(『太閤』)。23日巳刻、羽柴秀吉に茶湯道具を下賜する(「小林憲雄氏所蔵文書」)。26日安土在(「村上文書」)。29日、津田宗及の歳暮御礼を受ける(「宗及他会記」)。

天正10年(1582) 1月～6月

【概要】

　正月朔日、安土城で諸士の御礼を受ける。12日本願寺の使者が安土に到着し、14日信長に御礼する。15日安土で爆竹・馬揃を催す。2月9日信濃出陣にあたって11ヶ条の「条々」を発令する。

　3月9日に出陣予定だったが(「森俊郎氏寄贈資料」)、5日安土を出発する。その日の宿泊地は佐和山とも、柏原上菩提院ともいう。6日美濃国呂久渡を経て、岐阜へ行く。7日岐阜に逗留する。8日犬山、9日兼山、10日高野、11日岩村に到着。13日岩村から信濃国弥羽根、14日浪合、15日飯田に到着する。17日飯田から飯島、18日高遠城、19日上諏訪法花寺に到着する。29日武田氏旧領の知行割を行う。

　4月2日上諏訪から甲斐国大ヶ原へ行く。3日大ヶ原を出発して、甲府へ到着し、この日恵林寺を焼く。10日甲府を出発し、右左口に陣取る。11日本栖、12日駿河国大宮、13

日江尻城、14日田中城、15日遠江国掛川、16日浜松、17日三河国吉田、18日知立、19日尾張国清須、20日美濃国岐阜、21日安土へ帰城する。4月23日、勅使を安土城に迎える。

5月4日三職推任の勅使を安土城に迎え、6日勅使に面会する。15日安土城に徳川家康を迎える。19日摠見寺本堂で、家康とともに舞・能を見物する。20日安土城江雲寺御殿で徳川家康を饗応する。5月29日安土を出発し、上洛する。6月1日諸家の御礼を受け、勅使を迎える。2日未明、本能寺で明智光秀の襲撃を受け自害する。

【詳細】

正月朔日、安土城で諸士の御礼を受ける(『公記』)。摠見寺で御礼銭を受け取り、御幸間を見物させる(「宗及他会記」)。5日・13日安土在(「天正十年日記」)。12日本願寺の使者が安土に到着し、14日信長に御礼する(「宇野」)。15日安土で爆竹・馬揃を催す(『兼見』21条)。18日(「天正十年日記」)・21日・25日・26日(『公記』)・29日頃(『晴豊』)・2月1日・3日・8日安土在。9日信濃出陣にあたって11ヶ条の「条々」を発令する(以上『公記』)。20日頃・28日頃(以上『晴豊』)・3月1日～4日頃安土在(『言経』)。

3月9日に出陣予定だったが(「森俊郎氏寄贈資料」)、5日辰刻(「宗及他会記」)安土を出発する(「徳川黎明会文書」)。その日の宿泊地は佐和山とも(「別本兼見」)、柏原上菩提院ともいう(『公記』)。6日美濃国呂久渡で仁科盛信の首を受け取り、岐阜へ行く。7日降雨のため岐阜に逗留する(以上『公記』)。8日犬山(「古今消息集」)、9日兼山、10日高野、11日岩村に到着。13日岩村から信濃国弥羽根、14日平谷を経て浪合、15日飯田に到着する。16日飯田に逗留し、武田信豊の首を見る。17日飯田から大島を経て飯島、18日高遠城、19日上諏訪法花寺に到着する。20日上諏訪で木曽義昌・穴山信君の御礼を受ける。21日北条氏政の使者と面会する。23日・24日上諏訪在、26日北条氏政から馬飼料を献上される。28日、諏訪から富士山を見物し、駿河・遠江を廻って帰国することを発表する。29日武田氏旧領の知行割を行う(以上『公記』)。

4月2日上諏訪から甲斐国大ヶ原へ行く。3日大ヶ原を出発して5町程の所で富士山、そして新府城跡を見て(以上『公記』)、甲府へ到着する(『家忠』)。この日恵林寺を焼く(『公記』)。4日甲府在(「宇野」)。10日甲府を出発し、笛吹川を経て(『公記』)、右左口に陣取する(『家忠』)。11日払暁に右左口を出発し、女坂・柏坂を経て(『公記』)、本栖に到着する(『家忠』)。12日本栖を未明に出発し、駿河国裾野・井出野を経て富士山と人穴を見物する。上井出之丸山・浮島が原を経て(『公記』)、大宮に到着する(『家忠』)。13日大宮を払暁に出発し、浮島が原・富士川・蒲原を経て(『公記』)、江尻城に到着する(『家忠』)。14日江尻を夜の間に出発し、府中町口・安倍川・持舟城・丸子砦・宇津ノ谷・偽之橋を経て(『公記』)、田中城に到着する(『家忠』)。15日田中を未明に出発し、藤枝・瀬戸川・島田・大井川・諏訪原・菊川・小夜の中山・日坂を経て(『公記』)、遠江国掛川に到着する(「細川家文書」『家忠』)。16日払暁に掛川を出発し、遠江見附・鎌田が原・三ヶ野坂・池田宿・天竜川を経て(『公記』)、浜松に到着する(『家忠』)。17日払暁に浜松を出発し、今切の渡・浜名の橋・汐

見坂を経て(『公記』)、三河国吉田に到着する(『家忠』)。18日吉田川・御油・本坂・長沢・宝蔵寺・庄田・大平川・岡崎・むつ田川(不詳)・矢作川を経て(『公記』)、知立に到着する(『家忠』)。19日尾張国清須、20日美濃国岐阜、21日呂久渡・垂井・今須・近江国柏原・佐和山・山崎を経て(『公記』)、安土へ帰城する。

　4月22日頃安土在(以上「宇野」)、23日勅使を安土城に迎える(『晴豊』)。24日(「天正十年日記」)・25日(「本願寺文書」)・26日(『言経』)・5月2日安土在(「関戸守彦氏所蔵文書」)。4日三職推任の勅使を安土城に迎える。6日勅使に面会する(以上『晴豊』)。7日(「松倉文書」)・9日(「剣神社盛衰記」)安土在。15日から17日まで、安土城に徳川家康を迎える(『公記』)。18日も家康を接待したともいう(『家忠』21日条)。19日摠見寺本堂で、家康とともに舞・能を見物する(「宗及他会記」)。20日丹羽長秀等に命じて、安土城江雲寺御殿で徳川家康を饗応する(『公記』)。23日・24日頃安土在(以上「長家文書」)。25日、安土で藤波(氏親ヵ)を引見予定となっている(神宮文庫所蔵「神戸慈円院正以書状」)。

　5月29日安土を出発し(『公記』)、粟田口で出迎えを受け上洛する(『晴豊』)。上洛時刻は未刻とも(「別本兼見」)、申刻ともいう(『兼見』)。6月1日諸家の御礼を受け(『兼見』「別本兼見」『言経』)、勅使を迎える(『晴豊』)。2日未明、本能寺で明智光秀の襲撃を受け自害する(『晴豊』『兼見』「別本兼見」『言経』ほか)。

■典拠
【日記】
『家忠』「宇野」「お湯殿」「大外記中原師廉記」『兼見』「継芥記」「尋憲」「孝親公記」『多聞院』「天正十年日記」「東寺執行日記」『言継』『言経』「中山家記」「二条」「二条」抜書「二条」補遺「宣教卿記」『晴右』『晴豊』「別本兼見」
【古文書】
「浅井文書」「伊倉文書」「伊佐早文書」「伊勢古文書集」「泉文書」「今井宗久書札留」「芋川文書」『石見吉川』『上杉』「越前大野郡石徹白村観音堂鰐口」「近江蒲生郡医師社(棟札)」「大西源一氏蒐集文書」「大野与右衛門氏所蔵文書」「岡文書」「小川文書」「尾張文書通覧」「片桐文書」「加藤秀一氏旧蔵文書」「金子文書」「蕪木文書」「賀茂別雷神社文書」「観音寺文書」「願泉寺文書」「神戸慈円院正以書状」『吉川』「京都御所東山御文庫記録」「黒川文書」『黒田』「顕如上人文案」「高野山文書」『久我家文書』「古簡雑纂」「古今消息集」「古蹟文徴」『小早川』「小林憲雄氏所蔵文書」「古之之写」「小松寺文書」「古文書纂」「鷺森別院文書」『思文閣古書』『島津』「集古文書」「彰考館所蔵文書」「勝興寺文書」「成菩提院文書」「士林証文」「神宮寺文書」「瑞龍寺文書」「誓願寺文書」「成簣堂文庫所蔵文書」「関戸守彦氏所蔵文書」「善勝寺文書」「尊経閣文庫所蔵文書」『大徳寺』「高木文書」「鷹山家文書」「多度社願文写」「稙通公記別記」紙背文書「淡輪文書」「丹波市教育委員会所蔵文書」「長府毛利家文書」「長家文書」「津田文書」「東寺神泉苑文書」「東条松平文書」

「徳川美術館所蔵文書」「徳川黎明会文書」「富田仙助氏所蔵文書」『中川家文書』「中島文書」「仁和寺文書」「根岸文書」「乃美文書正写」「蜂須賀文書写」「氷上町所蔵文書」「備藩国臣古証文」「氷室和子氏所蔵文書」「福智院家古文書」「武家雲箋」「伏見宮御記録」「別本前田家所蔵文書」「細川侯爵家文書」「細川家文書」「本願寺文書」「牧田茂兵衛氏所蔵文書」『益田』「松倉文書」「妙慶寺旧蔵文書」「妙智院文書」「武藤文書」「村上文書」「毛利」「毛利鋼七郎氏所蔵文書」「元長卿記裏文書」「百々保氏所蔵文書」「森俊郎氏寄贈資料」「横井文書」「吉江文書」「吉田薬王院文書」「吉村文書」「米田藤十郎氏所蔵文書」「歴代」「和田家文書」「和田穎二氏所蔵文書」

【編纂物】
「朝倉記」「朝倉始末記」「安土」『イエズス会』「已行記」『池田家履歴略記』「池田本信長記」「伊勢兵乱記」『今井宗久茶湯日記抜書』「上杉家記」「羽前天童織田家譜」「鵜殿系図伝」「永禄沙汰」「越前国相越記」太田本『公記』『園城寺古記』『一豊公紀』『寛政譜』「北野天満宮釣灯籠銘」「清須翁物語」「百済寺古記」『公卿』「競馬聞書」「黒田家譜」『公記』『厳助往年記』『塩尻』『島記録』「重編応仁記」「松雲公採集遺編類纂」「定光寺年代記」『紹巴富士見道記』「正法山妙心禅寺米銭納下帳」「瑞龍寺紫衣輪番世代牒写」「青蓮院宮日記抄」「政秀寺古記」「瀬尾旧記」「宗及自会記」「宗及他会記」「総見記」「荘厳講記録」『続史愚抄』『大雲山誌稿』『太閤』『太閤素生記』「太祖公済美録」「立入家所持記」『朝野』「津田宗及御会席付」「剣神社盛衰記」「天正二年截香記」「天正六年茶湯記」「東照軍鑑」『当代』「土岐斎藤軍記」「鳥居等家文書」「名古屋合戦記」『日本史』『任官之事(関白任官記)』「年代記抄節」「長谷川家先祖書」「武家事紀」「武家聞伝記」「旁求茶会記」「細川家記」「細川両家記」「三草丹羽家譜」『美濃国諸旧記』「明叔雑録」「遊行三十一祖京畿御修行記」「和簡礼経」「和州諸将軍伝」

【著作】
朝尾直弘『将軍権力の創出』(岩波書店　1993年)
『桑名郡志』下巻
『増訂信長』下巻
『東浅井郡志』

〔付記〕
　本稿を成すにあたり、『公記』を中心に和田裕弘氏の御教示を得た。記して謝意にかえたい。

豊臣秀吉の居所と行動(天正10年6月2日以前)

堀　　新

【略歴】

　天文5年(1536)ないし同6年、尾張国中中村に生まれる。確かな事績が判明するのは永禄8年(1565)からである。永禄9年9月に美濃国墨俣に砦を築いたという俗説を裏づける良質史料はない。

　永禄10年8月の美濃攻略にともない、岐阜へ移ったと思われる。永禄11年10月14日に上洛。12月16日に今井宗久と武野宗瓦の相論を裁許した後、帰国した可能性がある。

　永禄12年1月上洛。8月1日但馬国へ侵攻し、13日に帰陣。20日伊勢攻めに出陣。26日に阿坂城攻めの先陣を務める。28日の大河内城攻めでは西側を担当する。10月4日大河内城を陥落させた後、すぐに上洛。しばらく京都で政務にあたる。永禄13年(1570)4月20日に出陣し、金ヶ崎城に残って殿を務める。6月28日姉川の戦い後、横山城の城番となる。11月5日上洛し、年末まで在京。

　元亀4年(1573)7月18日、降伏した義昭を河内国若江城まで送り届ける。この頃から羽柴姓を称する。8月に浅井・朝倉氏が滅亡し、浅井旧領を拝領する。ひとまず小谷城を居城としたが、間もなく今浜(長浜)に築城を始める。天正3年5月21日長篠の戦い。8月15日越前一向一揆を平定する。この頃から「筑前守」を称するとともに、近江国今浜を長浜と改めて居城とする。

　天正5年8月加賀国へ侵攻するが勝手に帰陣する。10月10日大和国信貴山城の松永久秀を滅ぼす。23日播磨国へ出陣し、以後西国方面を担当する。

　天正6年荒木村重謀叛の報を受け、11月10日頃摂津国高槻城主高山右近を説得。14日摂津国伊丹(有岡)城を包囲。12月11日頃、三木城を包囲。天正7年7月21日頃但馬を出発し、因幡国鳥取方面へ侵攻。9月4日播磨国から安土へ行き、信長の逆鱗に触れて播磨へ帰国。天正8年1月17日播磨国三木城開城。　5月21日鳥取へ出陣、26日鹿野城を攻略。天正9年7月12日鳥取着。10月25日鳥取開城。11月8日17日淡路国岩屋城を攻め、20日に姫路へ帰陣。天正10年3月17日備前国児島の敵城攻め、4月4日岡山に到着し、14日備中国宮路

山城・冠山城を包囲し、25日冠山城を攻略。5月に備中高松城の包囲を始める。

【居所と行動】

永禄11年(1568)8月まで

【概要】

　天文5年(1536)ないし同6年、尾張国中中村に生まれる。確かな事績が判明するのは永禄8年からである。恐らく尾張・美濃国境付近に所領をもっていたと思われるが、その居所が尾張国小牧城下か所領周辺かは不明である。永禄9年9月に美濃国墨俣に砦を築いたという俗説を裏づける史料はない。

　永禄10年8月の美濃攻略にともない、岐阜へ移ったと思われる。また、8月13日から信長が伊勢長島に出陣しており、これに同行していたとも考えられるが、確証はない。

【詳細】

　秀吉の生年について、かつては天文5年1月1日説が唱えられていた(「天文五丙申年正月大朔日丁巳日出ト均ク誕生」『太閤素生記』)。しかし近年は、天文6年2月6日説が有力である(「算誕生年月、丁酉二月六日吉辰也」『任官之事(関白任官記)』)。天正18年(1590)に54歳であることや(天正18年12月吉日付石通白杉本坊宛伊藤秀盛願文写「関白様　丙之御年　御年五十四歳」「桜井文書」)、秀吉の死去時に前田利家が「耳塞ぎ餅」をしたことが(『前田利家』)、天文6年説を裏づけている。

　※「耳塞ぎ餅」とは、死者と同性・同年齢の特定者が餅を耳に当てるまじないである。
　　前田利家は天文6年生まれである。

　しかし、天文5年誕生とする記録もある(慶長2年3月1日付北野天満宮釣灯籠銘「御歳丙申為御祈禱也」)。これは生前に秀吉が奉納した釣灯籠の銘文であり、看過することはできない。現段階では、秀吉の生年を天文5年か天文6年か決定することはできず、保留しておきたい。

　秀吉の幼少時の居所と行動は、『太閤』等の二次史料以外に史料がなく、詳細は不明である。秀吉の確かな事績が判明するのは、永禄8年からである。美濃松倉城主坪内利定に対して、11月2日付で622貫文(同日付坪内利定宛秀吉書状「都合六百廿弐貫文、右御判之表、於末代ニ可被御知行候」「坪内文書」)の知行を宛行っている。これからすれば、秀吉は尾張・美濃の国境付近に所領を持っており、織田家臣団においてそれなりの地位を得ていたことが推測される。ただこの段階での秀吉の居所は、尾張国小牧山城下か美濃国内かは判然としない。

　永禄9年9月に、秀吉が美濃国墨俣に一夜城を築いたとする俗説がある。これに対応するかのように、同24日に斎藤勢を撃退したという史料がある(9月25日付福角秀勝・村井所之助秀吉書状写「昨廿四日従岐阜卒数千騎令出張訖(中略)討捕ル首十三進上申候」『武家事紀』(島田ヵ))。これに従えば、この時点で秀吉は美濃国内で砦の守将となっている。これが墨俣一夜城を指す

のであろう。しかし、織田勢は閏8月8日に大敗して尾張へ敗走しており、すぐに美濃国内に砦を奪還・確保していたとは考えにくい。

　永禄10年8月の美濃攻略にともない、秀吉も岐阜へ移ったと思われる。また、8月13日から信長が伊勢長島に出陣しており(『紹巴富士見道記』)、秀吉もこれに同行していたとも考えられるが、確証はない。

永禄11年(1568)9月～同12年
【概要】
　永禄11年9月の上洛にさいして、信長と同一行動であれば、9月7日に岐阜を出発。12日に近江国箕作山城を攻め、同日夜にこれを陥落させる。その後も信長と同一行動であれば、13日観音寺山城を攻略し、30日に芥川城へ入城し、10月14日に上洛する。26日の信長帰国後も、秀吉は京都に残った。しかし、12月16日に今井宗久と武野宗瓦の相論を裁許した後、帰国した可能性がある。

　前年末に帰国していたとすれば、信長とともに永禄12年1月9日に岐阜を出発し、翌10日上洛する。信長が4月21日に京都を出発した後も在京していた。閏5月25日以降、7月12日以前に岐阜へ帰国。8月1日但馬国へ侵攻し、13日に帰陣する。その後すぐに岐阜へ帰国し、8月20日伊勢攻めに出陣する。26日に阿坂城攻めの先陣を務め、薄手を負って退却するが、同城を攻略する。28日の大河内城攻めでは西側を担当する。10月4日大河内城を陥落させた後、すぐに上洛したと思われる。10月17日に信長が俄に京都を出発した後も、秀吉は在京したらしい。11月晦日に西五条田名主百姓(同日付当所名主百姓中宛木下秀吉書状「中田薫氏所蔵文書」)に年貢納入を命じた後、秀吉が在京していたのか、岐阜へ帰国したのかは不明である。

【詳細】
永禄11年(1568)9月～12月　9月の上洛にさいして、信長と同一行動であれば、9月7日に岐阜を出発したはずである。12日に近江国箕作山城を攻め、同日夜にこれを陥落させる(『公記』)。その後も信長と同一行動であれば、13日に観音寺山城を攻略し、21日に柏原上菩提院で義昭と合流する。29日に勝龍寺城・芥川城を攻略し、30日に義昭とともに芥川城へ入城する。そして10月14日上洛して清水寺に居陣し、16日から古津邸を宿所とする。26日に信長は京都を出発して帰国したが、秀吉は佐久間信盛・村井貞勝・丹羽長秀・明院良政らとともに京都に残った(「京ニハ尾州ヨリ佐久間・村井・ニワ五郎左衛門・明印・木下藤吉五千計ニテ残置了」『多聞院』11月22日条)。しかし、翌永禄12年1月5日の本圀寺合戦に、秀吉が参陣していた徴証はない。丹羽長秀が11月27日には下国しているように(同日付年預御坊宛竹内秀勝書状「丹五左下国候」『法隆寺文書』)、秀吉もその後帰国していた可能性がある。ただし、12月16日に今井宗久と武野宗瓦の相論を裁許しているから(同日付松永久秀宛木下秀吉等連署状「坪井鈴雄氏所蔵文書」)、帰国はそれ以後であろう。ちなみに松永久秀が岐阜へ下向するのは12月24日である(「霜台明日濃州へ越」『多聞院』23日条)。

永禄12年(1569) 前年末に帰国していたとすれば、信長とともに1月9日に岐阜を出発し、翌10日上洛する。11日京都在(「兼右卿記」)。3月25日京都在(『言継』)、4月2日京都在(『言継』)。その後、14日に賀茂庄の定納400石を定めるなど(同日付賀茂中宛木下秀吉・明智光秀連署状「賀茂郷文書」)、16日(同日付梶又左衛門尉宛木下秀吉等連署状『思文閣古書』120 広野孫三郎宛木下秀吉等連署状「反町文書」 立入宗継宛木下秀吉等連署状写「立入家所持記」)、18日(同日付宇津頼重宛丹羽長秀等連署状写「立入文書」)、閏5月25日(同日付東寺所々散在名主百姓中宛木下秀吉書状「東寺文書」同日付東寺雑掌宛木下秀吉書状「東寺文書」)に書状を発給しており、信長が4月21日に京都を出発した後も在京していたようである。

　※　『信長人名』308頁は、『耶蘇会士日本通信』を根拠に5月下旬に尾張へ帰国し、何度も尾張・美濃と京都を往復したとする。しかし、たびたび帰国し往復する必然性はなく、閏5月25日以降に帰国したと見るべきではないだろうか。

閏5月25日以降、いつ京都を出発したか不明であるが、7月12日岐阜在(『言継』)。8月1日但馬国へ侵攻し(「八月朔日ニ、尾張衆三頭幷摂州伊丹衆・池田衆一味して、但馬国へ被入候て利運」『細川両家記』)、但馬銀山や子盗・垣屋城など18城を攻略して(8月19日付毛利元就等宛朝山日乗書状「於但州為始銀山、子盗・垣屋城、十日之内十八落去候」『益田』)、13日に撤兵する(「十三日ニ皆々帰国なり」『細川両家記』)。17日以前に帰陣していることは確実である(同日付木下秀吉宛今井宗久書状写「今井宗久書札留」)。

その後すぐに岐阜へ帰国し、8月20日伊勢攻めに出陣したと思われる。26日に阿坂城攻めの先陣を務め、秀吉は薄手を負って退却するが、同城を攻略する(『公記』)。28日の大河内城攻めでは西側を担当する(『公記』)。10月4日大河内城を陥落させた後、信長は伊勢神宮等を参詣するが、秀吉は別行動だったらしい。9日に京都阿弥陀寺に軍勢寄宿を免除している(同日付芝薬師阿弥陀寺宛細川藤孝等連署状「阿弥陀寺文書」)。大河内城攻略後、すぐに上洛したのであろう。

10月17日に信長が俄に京都を出発した後も、秀吉は在京したらしい。19日に妙心寺内無明院領名主百姓(同日付当地名主百姓中宛木下秀吉書状「退蔵院文書」)、11月晦日に西五条田名主百姓(同日付当所名主百姓中宛木下秀吉書状「中田薫氏所蔵文書」)に年貢納入を命じている。その後、秀吉が在京していたのか、岐阜へ帰国したのかは不明である。

永禄13年・元亀元年(1570)〜元亀4年・天正元年(1573)8月
【概要】

永禄13年は3月18日京都在。その後信長と同一行動であれば、4月20日に出陣し、25日敦賀へ侵攻、26日に金ヶ崎城を攻略する。浅井長政の寝返りにより、金ヶ崎城に残って殿を務めた。信長の帰国(30日)からやや遅れて秀吉も帰京したと思われる。その後信長と同一行動であれば、5月9日に京都を出発し、21日岐阜に帰国。6月4日江北の砦在。21日近江国小谷城包囲で虎御前山に居陣し、在々諸所を放火する。28日姉川の戦いで小谷城の

麓を放火した後、横山城の城番となる。10月2日、琵琶湖を渡って坂本に着陣する。20日頃、近江国在々所々を廻って一揆勢を鎮圧し、志賀砦へ参陣する。22日は山城へ出陣し、23日晩に開陣して翌24日朝に志賀砦へ行く。11月5日上洛し、年末まで在京したようである。

元亀2年5月6日、近江国鎌刃表に出陣した浅井勢を撃退し、箕浦八幡まで進攻する。11月1日上洛し、12月24日頃に下国する。

元亀3年1月1日、岐阜城で年始の御礼をする。5月4日京都在。7月21日小谷城を包囲して虎御前山に上り、城下を攻撃する。翌22日山本山城を攻める。24日夜中から大吉寺を攻める。8月9日頃、虎御前山砦の城番となる。11月3日、宮部で浅井・朝倉勢と戦う。

元亀4年2月28日上洛。5月29日夜、小谷城麓を攻めて敗退する。7月4日佐和山在。16日、足利義昭を真木島城に攻める。18日頃、降伏した義昭を河内国若江城まで送り届ける。20日頃から羽柴姓を称する。26日頃、山城国淀城を調略する。8月12日に近江国丁野山を攻め、13日夜に越前国地蔵山へ進む。朝倉氏を滅ぼした後、27日夜に小谷城京極丸を攻略する。浅井氏の滅亡により、その旧領を拝領する。ひとまず小谷城を居城としたが、間もなく今浜(長浜)に築城を始める。

【詳細】

永禄13年・元亀元年(1570)　3月18日京都在。毛利元就から信長への使者を取り次ぐ(同日付小早川隆景宛木下秀吉書状『小早川』)。22日京都在。山城国大住庄に曇華院への年貢納入を命じる(同日付大住庄三ヶ村名主御百姓中宛木下秀吉書状「曇華院文書」)。28日も同じ(同日付大住庄名主御百姓・同小作中宛武井夕庵・木下秀吉連署状「曇華院文書」)。

信長と同一行動であれば、4月20日に若狭・越前攻めに出陣し、25日敦賀へ侵攻して手筒山城を攻略し、26日に金ヶ崎城を攻略する。浅井長政の寝返りを知って信長は28日に退却するが、秀吉は金ヶ崎城に残って殿を務めた(5月4日付波右太宛一色藤長書状写「金崎城ニ木藤・明十・池筑其外被残置」『武家雲箋』)。信長は30日に帰京したが、それにやや遅れて秀吉も帰京したと思われる。

その後信長と同一行動であれば、5月9日に京都を出発し、近江国志賀砦を築いて、21日岐阜に帰国する。6月4日江北の砦在。今井宗久に鉄炮薬・煙硝の調達を依頼する(同日付今井宗久宛木下秀吉書状写「岩淵文書」)。21日近江国小谷城包囲のさい、虎御前山に居陣し、秀吉は在々諸所を放火する(『公記』)。28日姉川の戦いで小谷城の麓を放火した後、横山城の城番となる(『公記』)。

7月25日に近江国竹生島(宝厳寺ヵ)への非分課役を禁じる(同日付竹生島惣中宛木下秀吉書状「竹生島文書」)。8月19日には、山城国上久世庄に東寺への年貢納入を命じる(同日付東寺領上久世名衆百性(主ヵ)中宛木下秀吉書状写「東寺百合文書」)。これは横山在番中なのか在京しての任務なのか、判別しがたい。

※　『秀吉』は、8月13日付大住名主百姓中宛羽柴秀吉書状の年次を元亀元年に比定する。

しかし「羽柴筑前守秀吉」という名乗からすれば、天正３年以降とすべきであろう。

　８月23日に美濃松倉城主坪内利定に対して100石宛行っている(同日付坪内利定宛秀吉書状写「合百石遣之候」「坪内文書」)。この書状写は元亀年間のものと思われるが、主君織田信長による知行宛行状を奉ずる文言がなく、石高表記である点にやや疑問が残る。

　10月２日、浅井・朝倉勢を迎撃するため、琵琶湖を渡って坂本に着陣する(同日付遊佐宛織田信長書状「向近江□(置ヵ)候丹羽・木下已下も令渡湖候」「保阪潤治氏所蔵文書」)。20日大津顕証寺の安全を保障する(同日付大津近松寺内顕証寺宛木下秀吉書状写「本願寺文書」)。その頃、近江国在々所々を廻って一揆勢を鎮圧し、横山城の守備を固めたうえで志賀砦へ参陣する(『公記』)。22日は山城へ出陣し(『言継』)、23日晩に開陣して翌24日朝に志賀砦へ行く(「木下藤吉郎昨晩開陣、首廿六持参、(中略)今朝志賀へ越云々」『言継』24日条)。25日に河島寺内の安全を保障する(同日付河島周善宛木下秀吉書状「個人蔵」)。

　11月５日上洛する(『言継』)。15日摂津尼崎本興寺の徳政を免除する(同日付本興寺寺内惣中宛木下秀吉書状「本興寺文書」)。25日賀茂郷惣中に徳政を免除する(同日付賀茂郷銭主方幷惣中宛木下秀吉書状「賀茂別雷神社文書」)。12月１日・３日・４日・５日・８日京都在(『言継』)。２日広隆寺に徳政を免除する(同日付広隆寺御同宿中宛木下秀吉書状「広隆寺文書」)。11日京都在(『兼見』)、12日京都在(『言継』)。27日、蜂須賀正勝に樋口猶房へ米を渡すよう命じる(同日付蜂須賀正勝宛木下秀吉書状「徳川圀順氏所蔵文書」)。

　※　12月27日の蜂須賀への指示は、秀吉が在京していたことによるものと考えられるであろう。この年10月以降の信長は、浅井・朝倉氏を中心とする反信長包囲網の形成によって苦しめられていた。しかし、横山城番の秀吉が11月５日以降在京していることから、信長の立場を必要以上に悪く見なす必要はないと思われる。

元亀２年(1571)　２月25日、織田信長から小谷城付城を普請する資材の保管を命じられる(同日付樋口直房・木下秀吉宛織田信長書状「佐和山おさ(砦)への諸執出之道具共、両人かたへ可預置候、小谷表之普請之用ニすべく候」「織田文書」)。この頃には横山城に戻っていたと思われる。５月６日、近江国鎌刃表に出陣した浅井勢を撃退し、箕浦八幡まで進攻する(５月11日付□□□兵衛等宛木下秀吉書状「去六日鎌刃表へ浅井相働候□、即時我等懸合、及一戦切崩、数多討捕、従箕浦八幡迄之間打捨、不知其数候、八幡表ニて敵返申候処を、都合三度迄□□□□追崩(以下略)」「市立長浜城歴史博物館所蔵文書」)。７月に上洛を予定する(６月13日付幡枝郷他宛木下秀吉書状「我等来月可罷上候」「座田文書」)。

　11月１日上洛し(「京へ佐久間・木下罷上由」「二条」)、８日・９日京都在(『言継』)。12月24日頃に下国する(「木下藤吉郎今明日中に可下之間(以下略)」『言継』24日条)。

元亀３年(1572)　１月１日、岐阜城で年始の御礼をする(「総見記」)。春に上洛を予定していた(12月22日付賀茂役者中宛木下秀吉書状「来春罷上」「賀茂別雷神社文書」)。５月４日京都在(『兼見』)。５月29日小谷城下を攻めて敗れる(６月４日付今井小法師宛浅井長政書状「去廿九日夜、柴田・木下以下伊賀衆相催、当城麓相付候き、雖然用心等堅固ニ依申付、失手退散候」「中村不能斎採

集文書」)。7月21日小谷城を包囲して虎御前山に上り、城下を攻撃する(『公記』)。翌22日、阿閉貞征の山本山城を攻め、麓を放火する。城から出撃した敵兵を切り崩し、首数50余を討ち取る(『公記』)。24日夜中から大吉寺を攻め、一揆僧俗を多数切り捨てる(『公記』)。8月9日頃、虎御前山砦の城番となる(『公記』)。11月3日、虎御前山から宮部に築いた築地を引き崩すために出陣した浅井・朝倉勢と戦う(『公記』)。

元亀4年(1573)1月～8月 2月28日上洛する(「京都ヘハ自信長サクマ・藤吉・明智召上」「尋憲」)。5月29日夜、小谷城麓を攻めて敗退する(6月4日付今井秀形宛浅井長政書状「去二十九日夜、柴田・木下以下伊賀衆相催、当城麓相付候き、(中略)失手退散候」「中村不能斎採集文書」)。7月4日佐和山在(『兼見』)。

7月14日京都在(『兼見』)。16日、足利義昭を真木島城に攻める(『公記』)。18日頃、降伏した義昭を河内国若江城まで送り届ける(『公記』)。義昭は路次で土一揆の落ち武者狩りに会い、御物以下を奪われており、秀吉の警固は途中までだったと思われる(『兼見』)。27日、山城国淀城を調略する(『綿考』)。なお20日頃から羽柴姓を称す(同日付大山崎惣中宛羽柴秀吉書状「離宮八幡宮文書」)。

8月12日に近江国丁野山を攻め(『公記』)、13日夜に越前国地蔵山へ進む(『公記』)。朝倉氏を滅ぼした後、27日夜に小谷城京極丸を攻略し、浅井久政の首を虎御前山の信長のもとに持参する(『公記』)。浅井氏の滅亡により、その旧領を拝領する(『公記』)。ひとまず小谷城を居城としたが、間もなく今浜(長浜)に築城を始める(『信長人名』)。

天正元年(1573)9月～同5年8月(近江国小谷・長浜時代)

【概要】

天正元年9月26日、伊勢国桑名へ出陣。10月8日、中島将監の白山城を攻略する。12日小谷城在。11月7日京都在。12月上旬京都在。

天正2年1月19日、越前国敦賀へ進攻。6月8日・9日近江国長浜在。8月17日頃樋口直房を亀山周辺で捕らえ、22日頃伊勢国長島の信長本陣に首を持参する。10月19日紀伊国根来着。11月13日奈良着、16日帰陣。

天正3年4月23日京都在。5月21日長篠の戦い。8月13日近江国小谷城在。15日越前国大良越、円強寺・若林居城を経て府中竜門寺にいたる。23日一乗谷着。9月14日加賀国奥郡の一向一揆勢を鎮圧。この頃から「筑前守」を称し、近江国今浜を長浜と改めて、ここに移って居城とする。

天正4年3月6日京都在。4月1日頃、蛇石を安土山へ運ぶ。5月4日京都着。7日摂津国住吉在。7月1日頃、安土城に大軸の絵を用意する。11月20日京都在。

天正5年2月22日、和泉国志立から紀伊国雑賀へ進攻。3月22日、和泉国佐野に要害を築く。8月8日加賀国へ侵攻するが、勝手に帰陣する。26日和泉国堺在。

【詳細】

天正元年(1573)9月～12月 9月7日、近日上洛予定とする(同日付小早川隆景宛羽柴秀吉等

連署状「近日可為上洛候」『小早川』)。しかし、9日・19日・21日は在越前か(同日付「宝慶寺文書」「滝谷寺文書」『大徳寺』)。26日、伊勢国桑名へ出陣し、西別所の一向一揆を攻める(『公記』)。10月8日、中島将監の白山城を攻略する(『公記』)。12日江北(小谷城ヵ)在(同日付小早川隆景宛羽柴秀吉書状「拙子江北在之事候」『小早川』)。11月7日京都在(同日付小早川隆景宛武井夕庵等連署状「在洛之条(以下略)」『小早川』)。12月上旬京都在(12月12日付山県越前守他宛安国寺恵瓊書状「我等京着之翌日、羽柴藤吉郎・日乗、我等差下被申操候之処(以下略)」『吉川』)。

天正2年(1574) 1月19日、越前国敦賀へ進攻する(『公記』)。6月8日近江国長浜在(6月6日付平方名主百姓中宛羽柴秀吉書状「川井善七氏所蔵文書」)、9日長浜在(6月8日付下八木地下人中宛羽柴秀吉書状「大阪城天守閣所蔵文書」)。8月17日頃越前国木目峠砦の守将樋口直房が出奔し、その探索のために19日頃亀山在(8月18日付朝倉殿宛羽柴秀吉書状「我等一両日中ニ其表へ相越候」「保々文書」)、22日頃伊勢国長島の信長本陣に首を持参する(『公記』)。9月6日伊勢長島在(同日付西蓮坊宛羽柴秀吉書状「信長江只今者御礼被仰候、殊御対面珍重候」『桑名郡志』下)。10月19日紀伊国根来着、21日高屋城を攻撃する(10月20日付根来寺在陣衆中宛明智光秀他連署状「昨日十九日午刻、各至此表著陣候、然者明日廿一日至高屋表推詰相働候」「市島謙吉氏所蔵文書」)。11月13日奈良着(「藤吉一昨タヨリナラへ来了」『多聞院』15条)、16日帰陣する(『多聞院』)。

天正3年(1575) 4月23日京都在(『兼見』)。5月18日、三河国有賀原に居陣する(『公記』)。21日長篠の戦い(『公記』)。7月26日から「筑前守」を称する(「市立長浜城歴史博物館所蔵文書」)。13日、近江国小谷城に信長を迎える(『公記』)。15日越前国大良越、円強寺・若林居城を経て府中竜門寺にいたる。府中町で一向一揆勢2000人余を切り捨てる(『公記』)。翌16日府中在(『兼見』)。23日一乗谷着(『公記』)。9月14日加賀国奥郡の一向一揆勢を鎮圧する(『公記』)。

この頃、近江国今浜を長浜と改めて、ここに移って居城とする(『信長人名』)。

天正4年(1576) 3月6日京都在(『言継』)。9日、安土着(同日付徳雲軒宛羽柴秀吉書状「今日安土へ相越候」「井原文書」)。3月27日安土在(3月28日付羽柴秀吉宛矢部康信・猪子高就連署状「東文書」)。4月1日頃、蛇石を安土山へ運ぶ(『公記』)。5月4日京都着(『言継』)。7日摂津国住吉在(『公記』)。7月1日頃、安土城に大軸の絵を用意する(『公記』)。11月20日京都在(『言継』)。

天正5年(1577)1月~8月 2月22日、和泉国志立から紀伊国雑賀へ進攻する(『公記』)。3月22日、信長の命により、和泉国佐野に要害を築く(『公記』)。6月5日安土在(同日付羽柴秀吉定書「てんしゆてつたいの衆(中略)右の衆して、三はんニわり候てまいにちのてつたいあるべく候」「小山家蔵文書」)。8月8日柴田勝家の北国進攻を救援するため加賀国へ侵攻するが、勝手に帰陣する(『公記』)。26日和泉国堺在(「宗及自会記」)。

天正5年(1577)9月~同10年6月(播磨時代)

【概要】

天正5年9月6日播磨在。27日但馬在。10月10日、大和国信貴山城の松永久秀を攻め滅ぼす。22日京都着。23日播磨国へ出陣。28日頃但馬国へ侵攻し、山口岩洲城・竹田城を攻

略する。11月27日播磨国福原城を攻略し、12月3日七条城を攻略し、5日播磨国龍野着。10日頃安土在。

天正6年1月1日、安土城で年始の御礼。2月23日播磨国へ出陣。3月23日八幡山・奈波を焼き払う。4月中旬高倉山に居陣。5月24日頃、八幡山城を調略。6月16日上洛。21日播磨国で敵砦を攻略。26日高倉山から書写山へ退き、翌27日但馬国へ侵攻し、書写山へ帰陣。7月16日神吉城・志方城を攻略。10月15日三木城の付城で茶会を催す。荒木村重謀叛の報を受け、11月10日頃摂津国高槻城主高山右近を説得。14日摂津国伊丹(有岡)城を包囲。12月11日頃、三木城を包囲。

天正7年3月26日、摂津国古池田の信長本陣を訪れる。5月25日播磨国海蔵寺砦を攻略。6月18日、三木城を包囲。8月29日頃伯耆在。9月4日播磨国から安土へ行き、信長の逆鱗に触れて播磨へ帰国。10日三木城周辺で戦う。10月晦日、宇喜多直家を同道して摂津国古屋野へ行く。

天正8年1月17日別所長治が切腹して播磨国三木城開城。2月19日長浜で茶会。4月24日頃、播磨国宍粟郡の宇野民部構、英賀寺内を攻める。5月21日鳥取へ出陣、26日鹿野城を攻略。6月5日宇野民部構を攻略、翌6日因幡・伯耆国境へ出陣。7月15日京都を出発し、20日頃西国境目へ進む。

天正9年3月29日京都在。4月10日長浜城に信長を迎える。5月4日堺で茶会出席。6月12日姫路で茶会。7月12日鳥取着。10月25日鳥取開城。翌26日伯耆国羽衣石城を攻め、28日因幡・伯耆国境に出陣。11月8日姫路へ帰陣。17日淡路国岩屋城を攻め、20日に姫路へ帰陣。12月に安土へ行き、信長に歳暮の祝儀を申し上げ、22日に姫路へ帰国する。

天正10年1月18日姫路で茶会。21日頃安土へ行き、ついで播磨へ帰国。3月17日備前国児島の敵城攻め。4月4日岡山に到着し、14日備中国宮路山城・冠山城を包囲し、25日冠山城を攻略。5月に備中高松城の包囲を始める(『公記』)。

【詳細】

天正5年(1577)9月〜12月　9月6日頃播磨在(同日付小寺孝高宛織田信長朱印状写「至備前面可進発候、就其差越羽柴筑前守候」『黒田』)。27日但馬在(9月27日付江見為久宛織田信長朱印状「至其面可進発候、就其差越羽柴筑前守候」「美作江見文書」)。10月10日、大和国信貴山城の松永久秀を攻め滅ぼす(『公記』)。20日頃に播磨下向を予定するが(10月15日付黒田孝高宛羽柴秀吉起請文「来廿日時分可罷下候」『黒田』)、実際は22日京都着、23日摂津国(以上『兼見』)・播磨国へ出陣(『公記』)。28日頃但馬国へ侵攻し、山口岩洲城・竹田城を攻略する(『公記』)。

11月27日播磨国福原城を攻略し、翌28日に七条城を包囲し、後詰の宇喜多勢を備前国境まで攻める。12月3日七条城を攻略し、5日播磨国龍野着(12月5日付下村玄蕃助宛羽柴秀吉書状「下郷共済文庫所蔵文書」)。10日頃安土在(『公記』)。

天正6年(1578)　1月1日、安土城で年始の御礼をする(『公記』)。4日安土在(『公記』)、信長の茶会に列席する(「天正六年茶湯記」)。2月23日播磨国へ出陣し、書写山に居陣する

(『公記』)。3月6日播磨国の糟屋居城在(「阿波国古文書」)、7日姫路到着(「同月七日、秀吉至于播州国衙布陣」『播州御征伐之事』)。22日在国(播磨在ヵ)(3月22日付草刈景継宛織田信長朱印状「羽柴筑前守在国候」「草刈家証文」)、23日八幡山・奈波を焼き払う(3月27日付羽柴秀吉宛織田信長黒印状写「去廿三日至八幡山・奈波面相動、所々焼払打入之由、可然候」『黒田』)。4月中旬高倉山に居陣する(『公記』)。5月7日高倉山在(5月7日付滝川一益宛羽柴秀吉書状「此表事、各如御覧候、高倉と申山取上候」「大阪城天守閣所蔵文書」)。24日頃、八幡山城を調略する(『公記』)。

6月16日上洛し、信長の指示を仰ぐ(『公記』)。21日播磨国で敵砦を攻略する(6月25日付徳川家康宛織田信長黒印状写「中村不能斎採集文書」)。26日高倉山から書写山へ退き、翌27日但馬国へ侵攻し、書写山へ帰陣する(『公記』)。7月14日神吉城・志方城を攻略し、16日神吉城在、その後三木城攻めの砦を築く(7月16日付新免宗実宛羽柴秀吉書状「一昨日十四日至当城打入候……神吉・志方両城事……及一昨日被乗取候、……近日三木表□五六町□ニ取出相構」「新免文書」)。10月15日三木城の付城で茶会を催す(「宗及他会記」)。荒木村重謀叛の報を受け、11月10日頃摂津国高槻城主高山右近を説得する(『公記』)。11日郡山に居陣(同日付小寺高友宛羽柴秀吉書状写「拙者至郡山令居陣候」「黒田家譜」)。14日摂津国伊丹(有岡)城を包囲する(『公記』)。12月11日頃、三田城を包囲した後、三木城を包囲する(『公記』)。

天正7年(1579) 正月19日頃、敵兵の首を三木城前で獄門に懸ける(同日付赤松則房宛羽柴秀吉書状「首持被越候間、即別所城前ニ獄門相懸候」『武家事紀』)。3月26日、摂津国古池田の信長本陣を訪れ、播州への出陣を要請する(「安土」)。5月22日頃播磨丹生寺城郭を攻める(同日付隠岐安右衛門宛羽柴秀吉書状写「今度芸州衆至丹生寺城郭相構楯籠候条、則懸合責崩候」「太祖公済美録」)。25日播磨国海蔵寺砦を攻略する(『公記』)。6月18日三木城を包囲する(同日付一牛斎宛羽柴秀吉書状「三木取出共数ヶ所申付候」『思文閣古書』218)。28日頃、淡河城を攻略する(「歳田神社文書」)。

8月29日頃、伯耆在(8月29日付蜂須賀正勝宛織田信長黒印状写「蜂須賀文書写」)。9月4日、播磨国から安土へ行き、宇喜多直家の赦免を願う。信長の逆鱗に触れて播磨へ帰国する(以上『公記』)。10日三木城周辺で戦い、勝利する(9月12日付滝川忠征宛羽柴秀吉書状「於此表一昨日合戦之事」「福岡市博物館所蔵文書」)。10月7日、三木城攻撃のため付城を築く(「同十月七日、又被寄付城」『播州御征伐之事』)。晦日、宇喜多直家を同道して摂津国古屋野へ行く(『公記』)。11月23日、三木城下を攻撃(同日付一牛(斎脱ヵ)宛羽柴秀吉書状「三木町際へ押詰候」「池田文書」)。

天正8年(1580) 1月6日、三木城宮の上構を攻略する(『公記』)。これは南宮山城であろう。8日夜に浜際に位置する魚住城、10日夜に志方城・御着城、11日午刻に鷺山構、別所友之の鷹尾城、別所吉親の居城を攻略する(正月14日付赤佐左衛門尉宛羽柴秀吉書状「反町文書」)。11日鷹尾を攻略し、本丸を焼く。15日開城交渉が成立し、17日別所長治が切腹して開城する(以上『公記』)。3月10日に江州北郡へ帰国する(2ヵ)(6月19日付長曽我部元親宛羽柴秀吉書状写「紀伊国古文書」)。2月19日、長浜で茶会を催す(「宗及他会記」)。毛利勢の美作侵攻により、3月27日京都着、閏3月2日に播磨国三木に着陣する(6月19日付長曽我部元親宛羽柴秀

吉書状写「紀伊国古文書」)。5日に近日中の美作出陣を予定し(閏3月5日付村上吉継宛羽柴秀吉書状写「藩中古文書」)、17日に出陣する(後3月16日付原田蔵人宛羽柴秀吉書状「我等事、明日十七日可相働候」「船田祥一氏所蔵文書」)。備前から備中口へ進軍し、27日頃に英賀を取り巻く。

4月1日、英賀の西土居を攻め崩す(以上6月19日付長曽我部元親宛羽柴秀吉書状写「紀伊国古文書」)。4月24日、播磨国宍粟郡の宇野民部親・伯父の構を攻め(『公記』)、26日に攻め崩し、宇野民部の居城を攻める(6月19日付長曽我部元親宛羽柴秀吉書状写「紀伊国古文書」)。5月9日、再び宇野民部居城を攻め、10日に攻め崩す。その後因幡国へ侵攻し、鬼か城を攻略する(以上6月19日付長曽我部元親宛羽柴秀吉書状写「紀伊国古文書」)。21日、因幡国鳥取へ出陣し、26日鹿野城を攻略する(6月1日付羽柴秀吉宛織田信長黒印状「細川家文書」)。6月5日宍粟郡の宇野民部構を攻略し、翌6日因幡・伯耆国境へ出陣する(『公記』)。13日に姫路に帰陣する(6月19日付長曽我部宛羽柴秀吉書状写「紀伊国古文書」)。15日京都を出発し、20日頃西国境目へ進む(7月17日付蒔田平左衛門尉宛羽柴秀吉書状「一昨日十五出京候、廿日時分其地へ可相越候」「田中文書」)。21日播磨国着陣(7月20日付亀井茲矩宛羽柴秀吉書状「今明日中播州江相越候」「亀井文書」)。23日播磨国三木着、25日頃姫路着(7月24日付黒田孝高宛羽柴秀吉書状「昨晩三木迄下着候、一両日にて其地へ可相越候」「黒田」)。12月2日頃姫路帰城を予定するが(11月21日付黒田孝高宛羽柴秀吉書状「来月二日三日比可令帰城候」『黒田』)、実際は6日帰城し(12月8日付亀井茲矩宛羽柴秀吉書状「一昨日六日姫地(ママ)へ帰城候」「亀井文書」)、8日以降に安土下向を予定するが(同前「我等事、安土為越年相上候」「亀井文書」)、翌天正9年1月に他国衆安土出仕を信長は禁じており(『公記』)、実際の下向は不明。

天正9年(1581) 新春早々の信長出馬以前の出陣を予定するが(天正8年12月8日付亀井茲矩宛羽柴秀吉書状「来春ハ御出馬以前ニ、先我々可相働候」「亀井文書」)、実際の出陣は6月である。京都・安土・長浜のいずれかに滞在していたのではないか。13日姫路周辺で信長の御座所普請を行う(同日付亀井茲矩宛羽柴秀吉書状「此方御座所之普請日夜無由断申付候」「亀井文書」)。3月5日に普請が完成し、やがて安土下向を予定する(同日付長谷川秀一宛羽柴秀吉書状「爰元普請等漸出来候、軈而可罷上候」「富田仙助氏所蔵文書」)。

3月29日京都清水寺在(『兼見』)。4月10日、長浜城に信長を迎える(『公記』)。5月4日、堺で津田宗及の茶会に出席する(「宗及自会記」)。17日の前後数日、堺の今井宗久邸に逗留する(同日付今井宗久宛羽柴秀吉書状「今度者令入津、数日逗留」「大阪城天守閣所蔵文書」)。19日は堺か長浜に滞在(同日付重富新五郎宛吉川経家書状「羽筑事、堺ニ罷居共申候、于今江州ニ逗留仕共申候、未幡州姫路表(播)へハ不罷下与相聞候」「石見吉川」)。24日姫路在(同日付大御乳人宛秀吉書状「ひめちよりちくせん」『黄薇古簡集』)。6月12日、姫路で茶会を催す(「宗及他会記」)。17日姫路在(同日付重富新五郎宛吉川経家書状『石見吉川』)。25日に西国出馬を予定するが(5月29日付亀井茲矩宛羽柴秀吉書状「六月廿五日西表令出馬候」「亀井文書」)、27日に姫路を出発し、7月1日に但馬国七美郡入口の谷々を攻め崩し、3日に小代谷を攻略し、その後4、5日間残党狩りをする(7月9日付宛所欠羽柴秀吉書状「正木直彦氏所蔵文書」)。

7月7日に因幡へ侵攻し(7月11日付山縣善右衛門尉宛吉川元春書状「山縣家文書」)、12日鳥取着(7月晦日付重富新五郎宛吉川経家書状『石見吉川』)。翌13日から毎日のように陣廻りをする(寛永21年11月11日付山県長茂覚書『石見吉川』)。15日から砦14、5を築く(7月14日付宇喜多直家宛羽柴秀吉書状写「明日十五日より取出数十四五丈夫ニ申付候」『閥閲録』)。19日に吉岡・亀山を攻撃する(7月21日付山田重直宛吉川元長書状「一昨日至吉岡羽柴相動候」、同日付山田重直宛森脇春親書状「至亀山去十九日羽柴相動候」「山田家古文書」)。25日から兵糧米を支給し、軍勢の苅田狼藉を禁止する(7月22日付青地孫次郎宛羽柴秀吉書状「賜蘆文庫文書」)。27日吉岡表で戦う(7月晦日付重富新五郎宛吉川経家書状『石見吉川』)。8月8日鳥取在(同日付松井夕閑宛羽柴秀吉書状「金剛輪寺文書」)。18日鳥取在(同日付光源院宛羽柴秀吉書状「光源院文書」)。9月7日頃鳥取在(同日付蜂須賀正勝宛織田信長朱印状写「蜂須賀文書写」)。11日頃鳥取在(『公記』)。16日鳥取在(同日付亀井茲矩宛羽柴秀吉書状「亀井文書」)。10月20日鳥取在(同日付亀井茲矩宛羽柴秀吉書状「亀井文書」)。25日に鳥取城が開城する(10月26日付堀秀政宛羽柴秀吉書状「昨日廿五日鳥取之城大将分首進上申候」「古文書」)。秀吉は、尾崎櫓で鳥取城兵の下城を見物する(寛永21年11月11日付山県長茂覚書『石見吉川』)。翌26日、伯耆国丸山城を攻略し(11月8日付多雲宛羽柴秀吉書状写「同翌日丸山城主延屋周防・奈佐日本助首ハ又進上」「古案」)、27日には伯耆国羽衣石城の南条元続を救援する(同前「伯耆国内南条居城、毛利取巻候条、為後巻去廿七日令出張候」「古案」)。28日因幡・伯耆国境に出陣し、羽衣石近所に7日間在陣する(以上『公記』)。11月6日鳥取へ戻り(11月8日付多雲宛羽柴秀吉書状写「去六日鳥取迄打入、城々残置候人数之儀、何茂手堅申付」「古案」)、8日姫路へ帰陣する(同前「今日至姫路令開陣候」「古案」)。

11月16日・17日に先勢を淡路国へ送り、18日に自らも出陣する(11月22日付桑山重清宛羽柴秀吉書状「淡州之儀十六日七日先勢差遣、十八日ニ我等令渡海」「古文書纂」)。岩屋城を攻め(『公記』)、洲本へ侵攻した後、21日に姫路へ帰陣する(11月22日付桑山重清宛羽柴秀吉書状「昨夕廿一日至姫路令開陣」「古文書纂」)。12月に安土へ行き、信長に歳暮の祝儀を申し上げ、22日に姫路へ帰国する(以上『公記』)。しかし秀吉が安土城で信長に拝謁したのは23日巳刻である(極月23日付今井宗久・同宗薫宛羽柴秀吉書状「けさ巳之刻、御山へ被召上」「小林憲雄氏所蔵文書」)。27日に堺から上洛途上の津田宗及と会い、同日夜に摂津国茨木城で茶会を開く(「宗及他会記」)。安土出発は26日ないし27日であろう。

天正10年(1582)1月〜6月 1月8日頃にやがて安土下向予定とするが(同日付亀井茲矩宛羽柴秀吉書状「軈而安土へ参上候」「亀井文書」)、実際の参向は下旬である。18日、姫路で茶会を催す(「宗及他会記」)。21日頃、宇喜多家の家老を連れて安土へ行き(『公記』)、2月6日頃姫路帰城を予定している(同日付黒田孝高宛羽柴秀吉書状「近日可令帰城候」『黒田』)。

3月15日、備中国冠山城を攻めたとする史料もあるが(「天正十年三月十五日、取向備中国、押寄冠城」『惟任退治記』)、これは1ヶ月早い。17日、羽柴秀勝の初陣として、備前国児島の敵城攻めに相伴する(『公記』)。26日先勢が備前国片上を出陣し、秀吉自身も近々出陣すると観測されている(11月25日付村上吉継宛小早川隆景書状「昨日廿六為先勢蜂須賀・小官以下、片上

表之羽柴事、追々打立之由候」「藩中古文書」)。実際は4月2日に片上を出陣し、4日岡山に到着する(4月5日付乃美宗勝宛小早川隆景書状「羽柴去二日罷立、(中略)昨日四岡山着」「乃美文書」)。5日に山見をし、6日には攻撃開始と観測されている(同前「今日山見申付由候(中略)定而明日聊動仕候歟、一城取詰候歟、何篇行不可指延候」「乃美文書」)。13日には今保川を渡り、岩山に居陣する(同日付粟屋元種宛小早川隆景書状「敵今朝今保川を打渡陣取候、岩山中間六七町ニ候」「閥閲録」)。14日備中国宮路山城・冠山城を包囲し(4月15日付桂就宣・岡元良宛小早川隆景書状「羽柴昨日陣取候」「岡家文書」)、19日(同日付村上元吉宛羽柴秀吉書状「此表敵城之中へわり入、かわかや城・すくも塚両城取巻」「屋代島村上文書」)・23日(同日付中川秀政宛羽柴秀吉書状『中川家文書』)・24日(同日付宛名欠羽柴秀吉書状「米蟲剛石氏所蔵文書」)両城を包囲中。24日には高山城も包囲している(同日付一色五郎他宛織田信長朱印状「細川家文書」)。

　4月25日冠山城を攻略し(5月6日付亀井茲矩宛羽柴秀吉書状「此表之儀、すくも塚の城去月廿五日ニ責崩、始城主首数三百余討果候」「亀井文書」)、城主の首を安土へ進上する(5月19日付溝江長澄宛羽柴秀吉書状「城主林三郎左衛門尉・松田孫次郎始而、其外城中者不残一人、三百余人討果、則大将両人首、安土へ致進上候」「溝江文書」)。5月2日丑刻から申刻に加茂城を攻めて(「5月3日付上山元忠宛小早川隆景書寄写「自丑刻至申刻、羽柴自身指寄」『閥閲録』)加茂城・宮路山城を攻略し(5月3日付児島之内郡年寄中宛羽柴秀吉書状「かわやの城水之手迄責詰、昨日落居候、同昨日かもの城端城乗破、悉令放火候」「郡総社宮文書」)、同日に亀石城を攻略する(5月6日付亀井茲矩宛羽柴秀吉書状「亀石之城同日ニ帰参候」「亀井文書」)。なお、宮路山・加茂・亀石各城の落城は3日ともいう(5月19日付溝江長澄宛羽柴秀吉書状「溝江文書」)。

　5月8日備中高松城を包囲をする(5月19日付溝江長澄宛羽柴秀吉書状「去八日、同備中内高松与申城取巻候」「溝江文書」)。9日高松城を包囲中(同日付村上元吉・武吉宛毛利輝元書状「備中境事、于今羽柴令居陣候」「村上文書」)。そして6月2日の本能寺の変まで備中高松城を包囲する。

■典拠
【日記】
『兼見』「兼右卿記」「尋憲」『多聞院』『言継』『言経』「二条」
【古文書】
『石見吉川』『吉川』『黒田』『小早川』『大徳寺』『中川家文書』『閥閲録』『益田』『思文閣古書』「安積文書」「東文書」「阿弥陀寺文書」「阿波国古文書」「池田文書」「市島謙吉氏所蔵文書」「井原文書」「今井宗久書札留」「岩淵文書」「大阪城天守閣所蔵文書」「織田文書」「亀井文書」「賀茂郷文書」「賀茂別雷神社文書」「川井善七氏所蔵文書」「紀伊国古文書」「北野天満宮釣灯籠銘」「草刈家証文」「黒田家譜」「郡総社宮文書」「古案」「光源院文書」「広隆寺文書」「小林憲雄氏所蔵文書」「古文書」「古文書纂」「小山家蔵文書」「金剛輪寺文書」「歳田神社文書」「桜井文書」「座田文書」「下郷共済会文書」「市立長浜城歴史博物館

所蔵文書」「賜蘆文庫文書」「新免文書」「反町文書」「退蔵院文書」「滝谷寺文書」「立入文書」「田中文書」「竹生島文書」「坪井鈴雄氏所蔵文書」「坪内文書」「東寺文書」「東寺百合文書」「徳川圀順氏所蔵文書」「曇華院文書」「中田薫氏所蔵文書」「中村不能斎採集文書」「乃美文書」「蜂須賀文書写」「藩中古文書」「福岡市博物館所蔵文書」「武家雲箋」「船田祥一氏所蔵文書」「宝慶寺文書」「法隆寺文書」「保阪潤治氏所蔵文書」「細川家文書」「保々文書」「本願寺文書」「正木直彦氏所蔵文書」「溝江文書」「美作江見文書」「皆川文書」「村上文書」「山縣家文書」「米蟲剛石氏所蔵文書」「離宮八幡宮文書」

【編纂物】
「安土」『惟任退治記』『紹巴富士見道記』『公記』「宗及自会記」「宗及他会記」「総見記」『太閤素生記』「太祖公済美録」「立入家所持記」「天正六年茶湯記」『日本史』『任官之事(関白任官記)』『播州御征伐之事』『武家事紀』『細川両家記』

【著作】
岩澤愿彦『前田利家』(吉川弘文館　1966年)

『桑名郡志』下巻

『増訂信長』下巻

『信長人名』

『秀吉』

豊臣秀吉の居所と行動(天正10年6月以降)

藤井譲治

【略歴】

　秀吉は、天文5年(1536)あるいは天文6年2月6日、尾張愛智郡中村に生まれたとされる。生年については、桑田忠親氏が、天正18年(1590)12月吉日の石通白杉本坊宛伊藤秀盛の願文に「関白様　酉之御年　御年五十四歳」とあることから天文6年とされるが、北野社に慶長2年(1592)3月1日に奉納された釣燈籠の銘には「御歳丙申為御祈禱也」とあり、天文5年の可能性もある。

　信長に仕え、永禄8年(1565)以前に木下藤吉郎秀吉を名乗り、天正元年7月ころ信長から羽柴の姓を与えられる。天正3年には筑前守を名乗るが、朝廷からの諸大夫叙任がなされたものではないようである。さらに天正6年末には藤吉郎、天正9年5月以降筑前守を使用した。

　残された口宣案によれば、天正10年10月3日従五位左近衛権少将、11年5月22日従四位下参議に叙任されているが、天正12年11月21日従三位大納言叙任にあたって遡り叙任されたものであり、朝廷の実質的位階は、大納言叙任が最初である。ついで天正13年3月10日従二位内大臣、7月11日従一位関白に叙任された。天正14年12月19日太政大臣任官にさいし「豊臣」姓を朝廷から与えられる。

　天正19年12月25日に、関白職を秀次に譲り(『公卿補任』は秀次の関白任官を12月28日とする)、以降「太閤」を通称とし、慶長3年8月18日に伏見城で死去する。

　山崎の戦いの後、山崎に城を築き畿内支配の拠点とするが、天正11年5月には、池田恒興より大坂を請取り本拠とし、そこに城郭を築いた。天正14年2月に京都内野に城郭を築くため縄打ちを行い、それを聚楽と名付け、翌年9月13日に移徙し、本城とした。関白を秀次に譲るにあたって、聚楽を秀次に渡し、みずからの居所を再び大坂城に定める。天正20年8月ころ伏見指月に隠居所として縄張りがなされ、翌年閏9月に移徙。ついで、秀頼の誕生を機に拡張工事がなされ、文禄5年(1596)には完成をみるが、同年閏7月13日の大地震で、ことごとく倒壊した。地震後、城地を伏見木幡山に移し再建に取りかかり、翌慶長2年5月に秀頼とともに移徙した。また、同年4月に禁裏の東南に新城が計画され、9

月には一応の完成をみたようである。

　この他、天正11年の賤ヶ岳の戦い後に坂本城を手にし、しばしばそこを訪れた。また同15年には、坂本城を廃し大津城を築いている。

【居所と行動】

天正10年(1582) 6月～12月
【概要】

　秀吉は、本能寺の変が起こった天正10年6月2日には備中高松に在陣し、5日高松を発ち、7日に姫路着、9日姫路を発ち、13日山崎で明智光秀を滅ぼし、同日京都、翌日は近江、その後美濃・尾張へ出陣、6月27日清洲会議。7月9日京都着。その後山城山崎を拠点とし、京都・山崎間を行き来するほか、姫路・丹波亀山に出かけている。12月7日、美濃に向けて出陣、同月28日に京都に帰陣。

【詳細】

　6月4日備中高松在(『当代』)。5日高松在(9月20日付下国愛季宛秀吉書状「高松与申城江(中略)同五日迄対陣仕(中略)同七日ニ播州姫路之城へ打入、同九日より京都へ切上、十二日ニ城州於山崎表及一戦」「秋田家文書」)。5日野殿を経て沼着(同日付中川清秀宛秀吉書状「尚々の殿迄打入候之処御状披見申候、今日成次第ぬま迄通申候」「梅林寺文書」)。6日姫路着(8日付松井康之宛杉藤七書状「去六日ニ至姫路秀吉馬被納候」「松井家譜」、前掲9月20日付下国愛季宛書状では7日)。9日姫路発(前掲9月20日付下国愛季宛秀吉書状)。同日大明石・兵庫着(11日付松井友閑宛秀吉書状「一昨九日至大明石令発足(中略)夜中ニ兵庫まて着陣候、則尼崎迄打出候条」「荻野由之所蔵文書」)。10日淡路岩屋へ渡海を報じるが渡海せず(9日付広田内蔵丞宛秀吉書状「洲本城へ菅平右衛門入城之由注進候間、只今午刻至大明石令着陣候、明日渡海彼城取巻可責干候」「広田文書」9日付安宅信康宛秀吉書状「我々明日岩やまて先可令渡海覚悟候へハ」「豊国社祠萩原文書」)。11日尼崎着(18日付岡本次郎右衛門尉他1名宛秀吉書状「一日一夜に播州姫路へ打入候事(中略)夜昼なしに十一日之辰刻ニ尼崎迄令著陣」「金井文書」)。12日富田着(前掲18日付岡本次郎右衛門尉他1名宛秀吉書状写「同十二日ニ(中略)富田ニ一夜陳相懸申候事」、14日付川田彦右衛門外1名宛秀吉書状「同十二日富田ニ一夜致在陣」「松花堂所蔵古文書集」)。13日山崎の戦い(前掲18日付岡本次郎右衛門尉他1名宛秀吉書状写「其十三日之晩ニ山崎ニ陳取申候」)。同日京都着(『言経』「羽柴筑前守従播磨国上洛了、本国寺ニ被居了」)。14日三井寺在(『兼見』「羽柴筑前守(中略)今日三井寺陣所也」)。18日近江在陣(『多聞院』)。23日ころ美濃在(同日付美濃立政寺秀吉禁制「立政寺文書」)。27日清須在(清洲会議)。28日津嶋、石たて、早尾を通り長浜に帰城(28日付高木貞利宛秀吉書状「爰元隙明候条、今日津嶋をとをり晩ニハ石たてはや尾ニ令着陣、それより長浜帰城候」「高木文書」)。

　7月3日・4日長浜在(『兼見』、4日付稲勘右宛秀吉書状「至長浜帰城候」「小川文書」)。9日京都着(11日付鍋嶋信生宛秀吉書状「一昨九日令上洛、近日至播州姫路可帰城候」「鍋島文書」、ただし『蓮成院』「於京都羽柴筑前守諸礼被請之間、従寺門モ可有御音信旨」、『多聞院』8日条「今日城介殿若

子三才羽柴筑前守御伴ニテ在京、諸大名衆礼在之云々」、さらに『兼見』10日条には「今夕羽柴筑前守上洛云々、六条本国寺陣所也」とある)。11日京都在(『兼見』『言経』)。12日京都在(『多聞院』13日条)。13日播磨下向の噂あるも在京(『言経』)。17日在京(『兼見』)。19日在京(『兼見』)。20日山崎在(『兼見』「佐出羽州へ礼之儀相調、山崎へ下向対面之由」)。(佐竹出羽守)24日京都発丹波亀山へ(『兼見』「羽柴筑州下向丹州亀山云々」)。

　8月3日亀山より姫路着(4日付石彦宛秀吉書状「我等も昨日三日播州姫路迄令帰城候」「今村文書」、8日付細川藤孝宛秀吉書状「丹州より直至姫路令帰候」「細川文書」)。11日近く山崎へ(同日付丹羽長秀宛秀吉書状「軈而山崎へ可罷越候間」「専光寺文書」)。19日京都在(『言経』)。

　9月15日山崎在(『言経』)。17日京都着(『言経』「羽柴筑前守丹羽五郎左衛門尉已下上洛了」)。18日から21日までは在京(『兼見』『言経』18日条)。24日山崎在(同日付森野惣七宛秀吉書状「其方女子共之事、我等山崎ニ在城候間」「佐藤行信氏所蔵文書」)。26日山崎在(『多聞院』)。

　10月1日姫路在(同日付羽柴秀長宛秀吉書状「廿九日之書状今日於姫路令披見候」『伊予古文』)。13日亀山を経て京都着(『兼見』「羽柴筑州至丹州亀山上洛云々」、また『兼見』14日条には「羽柴筑州至六条上洛云々」とある)。15日京都在(『兼見』『言経』『晴豊』)。同日山崎へ(『言経』「羽柴筑前守山崎城へ」)。16日山崎在(「宇野」)。19日山崎在(『兼見』)。23日山崎在(『多聞院』)。27日京都着(「宇野」「羽筑山崎ノ城より上洛」)。28日京都在(『兼見』『蓮成院』)。29日京都在(「宇野」)。

　11月3日山崎着(『兼見』「羽柴筑州下向山崎云々」)。10日京都在(『兼見』)。12日山崎在(『兼見』)。23日山崎在(『多聞院』「順慶山崎今朝越了」)。

　12月3日京都着(『兼見』「羽柴筑州上洛、三条伊藤宿所也」)。4日京都在(『兼見』)。5日京都在(『兼見』)。7日京都発(『兼見』「羽柴筑州至江州出勢」)。9日勢田、安土を経て11日佐和山着(18日付宇喜多秀家宛秀吉書状「一三介殿為御迎去九日令出張候、路次中城々始勢田之城安土江州之内山崎ニ人数入置、十一日ニ至佐和山令着城候事」『小早川』)。13日佐和山在(『多聞院』)。16日大垣着(前掲18日付宇喜多秀家宛秀吉書状「一昨日十六日濃州大垣之城へ我等令着城候」)。28日京都着(『兼見』27日条「今度濃州表出陣羽筑州・惟五郎左衛門帰陣云々、羽筑明日帰陣上洛之由申了」)。

天正11年(1583)

【概要】

　秀吉は、正月を山崎で迎えたようである。閏1月には丹波亀山、安土へ出向き、15日には上洛。2月〜4月は、近江と北伊勢で軍事行動を展開し、21日賤ヶ岳の戦いで柴田勝家を破り、軍を越前に進め、28日に加賀金沢城に入り、そこで馬を返し、5月11日に坂本に帰る。6月1日上洛。この直後、居城を山崎から大坂に移す。10日には播磨へ。28日ころまで姫路。その後大坂に戻り、7月は大坂、京都、坂本と居を移す。8月4日大津より大坂へ、19日から27日まで有馬在。9月・10月は大坂在。24日は有馬在。11月はじめに亀山に行き6日大坂へ、8日に京都着。その後坂本に行き、12月は大坂におり、越年。

【詳細】

　1月2日山崎在(『多聞院』「筒井ニハ山崎へ礼ニ被越了云々」)。閏1月4日丹波亀山より京都

着(『兼見』「羽柴筑州至丹波亀山上洛了」)。12日ヵ安土へ(『多聞院』「順慶法印従四日御本所(織田信雄)アツチへ被出付、為礼筑州同道」)。15日安土より京都着(『兼見』「羽柴筑前守自安土上洛了」)。16日京都在(『兼見』)。23日京都より山崎へ(『兼見』「羽筑山崎へ下向云々」)。

2月3日長浜へ(『兼見』「羽柴筑州至江州北郡永浜出陣云々」)。10日伊勢へ(17日付須田満親宛秀吉書状「去月十日至勢州表秀吉令出張」『須田文書』)。12日峯城から桑名へ(17日付某宛秀吉書状写「此表之儀、去十二日峯城取巻、為陣取置候間、桑名表へ相働、外構迄不残令放火」『水月古鑑』)。16日亀山着(前掲17日付某宛秀吉書状写「十六日ニ直ニ亀山ノ城へ押詰」)。

3月9日安堵着(10日付村上次郎左衛門宛秀吉書状「仍北伊勢表儀峯亀山(中略)昨日致安堵打入候」『秋田藩採集文書』)。11日佐和山在(『兼見』12日条「昨日十一日至佐和山之城羽筑州登城云々」)。同日安土へ(12日付加茂惣中宛秀吉書状「為御音信(中略)勢州表之儀任存(中略)至安土納馬候」『賀茂』)。17日長浜より賤ヶ岳へ(同日付須田満親宛秀吉書状「秀吉北郡長浜城迄令出馬候(中略)今日十七日しつか嶽と申山を取押寄候」『須田文書』)。27日佐和山より長浜着(同日付石川数正宛秀吉書状「去廿二日之御書今日廿七日申ノ下刻於江州長浜謹而致拝見候(中略)佐和山江相移(中略)翌日ニ長浜へ相移(中略)今日長浜へ□者計にて打入、此表ニ令逗留長浜越州境目之仕置等申付、明隙候ハ、安土迄打入、其より直ニ北伊勢へ御見廻可申候」『長尾新五郎氏所蔵文書』)。

4月3日江北在(同日付羽柴秀長宛秀吉書状「昨日未刻書状、今日辰刻到来披見候、如書中敵陣取(中略)柴田引退可申候」『市立長浜城歴史博物館所蔵文書』)。12日柳瀬在(同日付小早川隆景宛秀吉書状「貴所御状今日十二日越州柳瀬と申所ニて令拝閲候」『閥閲録』)。16日大垣着(20日付亀井茲矩宛秀吉書状「去十六日濃州至大柿相越候」『亀井文書』)。20日大垣在(前掲20日付亀井茲矩宛秀吉書状「十一日御状今日濃州於大柿到来令披見候」)。21日賤ヶ岳・余呉在(24日付吉村氏吉宛秀吉書状「仍去廿一日於余呉表及一戦切崩」『吉村文書』)。22日越前府中着(前掲24日付吉村氏吉宛秀吉書状「去廿二日越州至府中城令著陣候之処」)。23日越前北庄着(前掲24日付吉村氏吉宛秀吉書状「柴田馬四五拾にて北庄へ逃、左候間、昨日廿三日我々押詰天主之土居まて攻寄候」)。24日北庄在(7月29日付多賀谷重経宛秀吉書状「廿四日寅刻に本城へ取懸、午之刻に本城へ乗入刎首候事」『常総遺文』)。25日加州へ(前掲7月29日付多賀谷重経宛秀吉書状「廿五日加州江出馬候処」)。28日金沢城着(同日付国司元武宛秀吉書状「今日越中境目至金沢城相越候」『西村文書』)。29日金沢城在(同日付直江兼続他1名宛秀吉書状「至金沢城令逗留候」『歴代』)。

5月3日北庄着(同日付園城寺惣代宛秀吉書状「仍北国之儀悉平均申付候条、今日越州北庄迄納馬申候」『小川文書』、同日付宗甫宛秀吉書状「今日越前国北庄打入候」『小川文書』)。5日長浜着(同日付宮部継潤宛秀吉書状写「今日至長浜打入候」『姫路城史』 6日付本徳寺宛秀吉書状「北国表儀明隙付而昨日至長浜納馬候」『黄薇古簡集』)。6日長浜在(『兼見』「筑州長浜ニ逗留之由申了」)。7日長浜在(『兼見』「午刻筑州対面」)。7日安土着(15日付小早川隆景宛秀吉書状「去七日ニ安土まて打入」『毛利』)。11日坂本着(13日付仙石秀久宛秀吉書状「一昨日江州坂本城マテ打入候」『伊予新宮田辺文書』)。12日坂本在(『兼見』)。15日坂本在(前掲15日付小早川隆景宛秀吉書状「筑前守ハ江州坂本ニ在之」)。27日坂本在(『華頂要略』「(青蓮院尊朝法親王)五月廿七日下向于江州坂本、渡御羽柴筑前守」)。28日

坂本在(6月6日付某宛秀吉書状「去月廿一日御状同廿八日至江州坂本到来」『永泉寺文書』)。

6月1日京都着(『多聞院』『兼見』「筑州今日上洛(中略)筑州此寺ニ逗留也」(相国寺慈照院))。2日京都在(『兼見』)。3日山崎着(『兼見』「筑州三条之伊藤所へ行、午刻山崎へ下向」)。10日大坂在(「興福寺学侶集会引付」「今度筑州大坂表居住付、為使節浄順房被差越候」)。10日ころ播磨着(「宇野」7月4日条「筑州ハ六月十日比歟播州へ下向、下旬ニ至テ帰路」)。28日姫路ヵ(7月1日付狩野秀治宛木村清久書状「河内国上使被申付、寸不得隙、姫地へ御供をも不申候」「景勝公諸士来書」)。

7月4日大坂在(「宇野」)。5日大坂在(『多聞院』8日条)。8日大坂在(「今井宗久茶湯書抜」「七月七日於大坂御城筑州様御会」)。11日大坂在(「宇野」「筑州、七月十一日俄頓病、堺円心ノ薬にて本復」)。20日京都着(『兼見』21日条「昨夜筑州上洛、三条伊藤所ニ一宿」)。21日坂本へ(『兼見』「今朝未明坂本へ下向」)。24日坂本在(『兼見』)。

8月4日大津より大坂へ(『兼見』「羽柴筑州(中略)大津ヨリ直ニ大坂ヘ下向也」)。17日有馬へ(同日付某宛秀吉書状「今日我々令湯治」「村上大憲氏所蔵文書」)。19日有馬在(「宇野」「筑州有馬湯治」)。27日有馬発(「宇野」「筑州廿七あがりト云々」)。30日大坂在(『言経』『兼見』)。

9月17日大坂在(「宇野」「九月十七申刻、於大坂筑州対顔」)。

10月10日大坂在(『多聞院』「大門様大坂へ筑州見廻ニ被越了」(尋憲))。24日有馬在(「宇野」「筑州へ湯山御ミやけトテ錫廿対」)。

11月6日亀山より大坂へ(『兼見』「及暮羽柴筑州、自亀山直ニ大坂へ下向云々」)。7日京都着(7月8日付利久書状「昨日七日に御京着」「松井家譜」)。8日京都着(『兼見』)。9日京都在(『兼見』)。11日京都在(『兼見』)。12日京都在(『兼見』)。14日京都より坂本へ(『兼見』「筑州ヘ坂本へ下向之由申之間、尋遣之処今日ハ延引也」)。29日坂本在(『兼見』)。

12月28日大坂在(「宇野」「筑前守殿へ歳暮御祝儀小袖三帯三筋(中略)筑州大坂にて越年ト云々」)。

天正12年(1584)

【概要】

小牧・長久手の戦いの年である。秀吉は、正月を大坂で迎える。2月1日上洛。4日から6日にかけて周山行。8日から19日まで坂本滞在。19日上洛。その後大坂へ下向。3月10日上洛。13日坂本、17日土山、24日岐阜、28日小牧、29日尾張楽田在、長久手・竜泉寺に出、楽田に戻る。4月10日楽田在、12日犬山、16日大柳、26日鵜沼、5月1日小牧、4日加賀野井城、5日以降竹鼻周辺で軍事行動。15日大垣、16日竹鼻、21日に近江に馬を返し、22日佐和山在。25日には伊勢椋本、27日伊勢より坂本着。28日大坂着。7月9日坂本、15日美濃へ。16日以降大垣・岐阜周辺、27日坂本着。29日大坂。8月2日有馬在。その後大坂に戻り、11日上洛。13日坂本着。15日坂本発美濃へ。15日大垣、19日犬山、26日木曽川を越え、27日楽田、28日小牧。9月17日まで美濃在陣。18日河田。晦日に坂本着。10月2日坂本発京都へ。4日淀、6日より20日まで大坂在。20日坂本着。24日土山、25日神戸、28日伊勢浜田・桑名、11月5日伊勢羽津、6日桑名、7日縄生、15日桑名にて織田信雄と会見。17日坂本在。21日上洛。27日京都より大坂へ。12月17日上洛、18日京都発大坂へ。

【詳細】

　1月2日大坂在(『多聞院』)。3日大坂在(「宗久茶湯日記」「三日朝、山里ノ御座敷開」)。5日大坂在(『多聞院』)。7日大坂在(「宗久茶湯日記」「七日昼、秀吉様俄ニ御出」)。8日大坂在(「門主伝」「尊朝　同十二年甲申正月八日、下向摂州大坂城、筑州年始礼」)。10日大坂在(『北野目代』)。16日大坂在(「宇野」)。28日大坂在(『兼見』「筑州来一日坂本へ下向」)。

　2月1日京都着(『兼見』「筑州上洛云々」)。2日京都在(『兼見』)。4日京都より丹波周山へ(『兼見』「今朝筑州、丹州シオ(ウ)山ノ城へ下向云々」)。6日丹波より京都へ(『兼見』「及暮自丹州上洛云々」)。8日京都より坂本へ(「宇野」「筑州御上洛、それより近江ノ坂本へ御越にて逗留云々」、『兼見』7日条「明日筑州坂本へ下向云々」)。15日坂本在(「宗久茶湯日記」「十五日、坂本ニ而御会アリ」)。19日京都着(『兼見』「自坂本筑州上洛了」)。

　3月1日大坂在(「宗久茶湯日記」「一日朝、瀧川入道之会、秀吉様」)。2日大坂在(「宗久茶湯日記」「二日朝、秀吉様」)。10日京都着(『兼見』「及晩羽柴筑前守秀吉上洛、宿所妙見寺之屋敷也」)。11日坂本着(『兼見』「早々筑州坂本へ下向」、同日付蜂須賀正勝他1名宛秀吉書状「我々事も今日坂本まて出馬候事」『黒田』)。13日坂本在(同日付丹羽長秀宛秀吉書状写「去十一日美濃守かたへの御状今日十三日巳刻於坂本令拝見候」「寸金雑録」)。17日土山在(「外宮引付」「羽柴筑前守殿ヨリ正遷宮之金子(中略)筑前殿ヨリ被仰出候ハ、江州土山ニテ三月十七日ニ被仰出候テ」)。21日美濃池尻着予定(20日付池田恒興宛秀吉書状「明日廿一日ニ筑前も濃州池尻へ着陣可申事」「池田文書」)。24日岐阜在(同日付生駒親正宛秀吉書状写「廿二日申之剋書状今日戌剋至岐阜到来令披見候」「生駒家宝簡集」)。26日美濃在(『家忠』「羽柴濃州へ差出候由候」)。27日鵜沼から清須へ(26日付黒田長政宛秀吉書状「明日うるまてに寄馬候、清須表へ押詰可相働候」『黒田』)。28日小牧原在(『家忠』「羽柴小牧原ヘ押出」)。28日木曽川越(4月8日付毛利輝元宛秀吉書状「去月廿八日越木曽川相動之処」「難波創業記」)。29日尾張楽田在(同日付木曽義昌宛秀吉書状「去廿七日之御状、今日十九(廿カ)辰刻、尾州和田(楽カ)ニをいて令拝見候」「生駒家宝簡集」)。

　4月4日尾張在(前掲4月8日付毛利輝元宛秀吉書状「去廿日之御札今日四日於尾州表委細致拝見候」)。10日楽田在(同日付亀井茲矩宛秀吉書状「仍当表事家康小牧山ニ居陣候間、拾四五町ニ押詰陣取候」「亀井文書」)。12日犬山在(同日付津田盛月他2名宛秀吉書状「我々犬山ニ可在城候」「安井文書」)。13日尾張在(『兼見』「於熱田之辺及一戦、筑州方敗軍」)。16日大柳在(同日付某宛秀吉書状「至大柳披見候、然者其元滝川相働候処」『古書逸品展示大即売会』1974年)。26日鵜沼在(藤田達生編2006・谷口央一覧)。

　5月1日小牧在(『家忠』)。4日加賀野井城(『家忠』「かゝの江の城羽柴取巻候」)。5日竹鼻・祖父江・加賀野井(同日付羽柴秀長宛秀吉書状「此表之儀竹鼻祖父江近辺所々令放火加賀野井」「大阪城天守閣所蔵文書」)。7日加賀野井在(9日付毛利輝元宛秀吉書状「彼加賀野井城去七日攻崩(中略)即竹鼻城明日十日執巻候」「古文書纂」)。12日竹鼻在(同日付宇喜多秀家宛秀吉書状「仍此面儀城々責果又竹鼻取巻」「藤田文書」)。

　6月2日竹鼻在(4日佐竹義重宛秀吉書状写「去三月廿八日尊札今月二日尾州於竹鼻表致拝見候」

「諸将感状下知状幷諸士状写」）。7日竹鼻在（同日付前田利家宛秀吉書状「一竹鼻儀如御存知親権内別而懸目（中略）中二日斗之逗留之覚悟にて可有御出候」「寸金雑録」）。9日墨俣在（「宗久茶湯日記」8日条「八日尾州竹カハチノ城（中略）翌日濃州すのまたにて御会アリ」）。10日竹鼻在（同日付石川数正宛秀吉書状写「去八日御状今日於竹鼻表令拝見候」「古簡雑纂」）。15日大垣在（藤田達生編2006・谷口央一覧）。16日竹鼻在（同日付伏与六人他1名宛秀吉書状「竹鼻事助命相済候之由、吉里・駒野面ニ取出申付」「岐阜市歴史博物館所蔵文書」）。17日大垣在（同日付木暮伊与守宛秀吉書状「去十日御状今日十七日濃州於大柿致拝閲候」「佐藤行信氏所蔵文書」）。21日近江在（『家忠』「筑前ハ馬を近江までいれ候由候」）。22日佐和山在（同日付吉村氏吉宛織田信雄書状「羽柴至佐和山引取之由」「吉村文書」）。25日伊勢椋本在（同日付木曽義昌宛秀吉書状「去十九日御状今日廿五日勢州椋本与申地参着」「七条憲三氏所蔵文書」）。27日伊勢より坂本着（『兼見』「羽柴筑州至坂本着陣、自勢州」）。28日大坂着（「宇野」「筑州六月廿八日ノ夜、馬五六騎にて大坂へ帰城」『兼見』「羽柴大坂へ下向、大津通リ也」7月8日付梶原政景宛秀吉書状「去月廿八日大坂へ納馬候」「太田文書」）。

7月9日坂本着（『兼見』「今夜羽柴筑州至坂本自大坂着津云々」、「宇野」8日条「昨日九日ニ筑州俄至坂本進発云々、これハ又尾州表へ出陣儀也、まずハ江州坂本迄と申」、8日付東義久宛秀吉書状「拙夫儀ハ明日至江州坂本罷立候」「奈良文書」）。10日坂本在（『兼見』）。13日坂本在（「宇野」）。15日坂本発美濃へ（『兼見』「筑州至濃州下向云々」）。16日大垣在（藤田編2006・谷口央一覧）。18日岐阜・大垣・曽禰在（同日付吉村氏吉宛家康書状「羽柴岐阜迄引出候由」「吉村文書」、同日付吉村氏吉宛織田信雄書状「羽柴大柿迄罷越候由」「吉村文書」、同日付吉村氏吉宛織田信雄書状「筑前至曽禰参着之儀」「吉村文書」）。20日大垣在（同日付蜂屋頼隆宛秀吉書状「我々大柿令逗留候」「秋田藩採集文書」）。27日坂本着（28日付中川秀政宛秀吉書状「仍昨日坂本迄相越候、明日大坂江相越候」『弘文荘待買古書目』36）。29日大坂着（30日付下間頼廉宛秀吉書状「昨日至当地休馬候」「尊経閣古文書纂」）。

8月2日有馬在（「宇野」「有馬湯治ト云々」）。8日大坂在（「宇野」「大坂新造へ筑州移徙云々」）。11日京都着（『兼見』「及晩自大坂筑州上洛」）。12日京都在（『兼見』）。13日坂本着（『兼見』「後刻坂本へ下向」）。15日大柿着（18日付須田満親宛秀吉書状「此表之儀至濃州大垣去十五日致出馬候」「上杉家記」）。17日大垣在（18日付上杉景勝宛秀吉書状「去四日之貴札昨十七日至于濃州大柿参着委細致拝見候」「土田藤一氏所蔵文書」）。19日犬山在（藤田達生編2006・谷口央一覧）。26日木曽川（「宇野」「又尾州小牧表へ筑州出陣、八月廿六木曽河ヲコサル、ト云々」）。27日楽田在（『家忠』「羽柴かくてん山へ物見ニ越候」）。28日小牧の西在（9月1日付蛛庵他1名宛秀吉書状「此表之儀去廿八日小牧之西へ押廻、奈良赤見其外無残所令放火候」「山田覚蔵氏所蔵文書」）。

9月17日美濃在（『家忠』「敵陣くつろけ、ひきのき候」）。18日河田在（藤田達生編2006・谷口央一覧）。晦日坂本着（「宇野」「秀吉自身ハ九月晦日ニ江州坂本迄御帰陣」）。

10月2日坂本発（『兼見』「羽柴筑州自坂本上洛」、『言経』「羽柴筑前守坂本ヨリ二条城へ上洛了」）。3日京都在（『兼見』）。4日京都在（『兼見』）。4日淀へ（『言経』「羽柴筑前守淀城マテ下向云々」）。6日大坂着（「宇野」「六日、大坂へ帰城」）。7日大坂在（「宗久茶湯日記」「去申十月七日朝、山里にて御会させられ」）。10日大坂在（「宗久茶湯日記」「十月十日、於大坂御座敷、秀吉様惣ノ御壺ノ口切

也」)。14日大坂在(「今井宗久茶湯書抜」「天正十二年十月十四日晩、山里おゐて秀吉様御茶湯次第」)。15日大坂在(「宗久茶湯日記」「十月十五日終日、秀吉様之御座敷、各茶湯ヲ仕候」)。20日坂本着(「宇野」「秀吉十月廿七日泉州表出馬必定之処、東国表より注進アリテ、俄廿日晩ヨリ、タダ五騎にて坂本迄御越云々」)。22日坂本在(同日付加藤嘉明宛秀吉書状「至于坂本出馬候ヘ共悉引取候由候間、不及是非候(中略)直ニ北伊勢ヘ明日出馬候」「近江水口加藤子爵家文書」)。23日伊勢筋(『家忠』「羽柴伊勢すちへいて候よし、信雄より御注進候」)。24日土山着(同日付片切半右衛門尉宛秀吉書状「今日至土山て着陣候」「黄薇古簡集」)。25日神戸着(26日付上部貞永宛秀吉書状「仍昨日至神戸令着陣候」「可睡斎文書」)。28日伊勢浜田在(同日付丹羽長秀宛秀吉書状「廿五日書状今日至勢州浜田表到来令披見候」「徳富猪一郎氏所蔵文書」)。28日桑名在(同日付脇坂安治宛秀吉書状「此表儀桑名まて押詰」「脇坂文書」)。

11月5日伊勢羽津着(6日付加藤嘉明宛秀吉書状「至羽津昨日寄馬」「近江水口加藤子爵家文書」)。6日桑名着(前掲6日付加藤嘉明宛秀吉書状「今日桑名表相動」)。7日縄生在(『家忠』「羽柴なをうニ居陣候」)。11日桑名在(信雄と会見)。15日桑名在(藤田達生編2006・中野等284頁)。17日坂本在(「宇野」「秀吉ハ霜月十七日ニ江州至坂本御帰陣」『兼見』「羽柴筑州至坂本着津云々」同日付加藤嘉明宛秀吉書状「十五日書状今日至坂本到来披見候」「近江水口加藤子爵家文書」)。21日京都着(「宇野」『兼見』「自坂本羽柴筑州上洛」)。22日京都在(『兼見』『言経』)。23日亀山へ(『兼見』「秀吉卿至丹州亀山下向云々」)。25日京都在(『兼見』『言経』)。26日京都在(『兼見』)。27日京都発大坂へ(『言経』『兼見』「秀吉卿至大坂下向云々」)。

12月1日大坂在(「宗久茶湯日記」「十二月一日朝、大坂山里ノ御座敷にて始テ御会也」)。12日大坂在(「宗久茶湯日記」「十二月十二日昼、上様被成御成」)。14日大坂在(15日付須田満親宛秀吉書状「去月(ママ)五日御状今日十四日於大坂令披見候」「佐藤亀之介氏所蔵文書」)。17日京都着(『兼見』「及暮新大納言秀吉卿上洛云々」)。18日京都発(『兼見』「秀吉卿上洛之儀尋遣之処、今朝下向之由申訖」)。

天正13年(1585)

【概要】

　紀州攻め・越中佐々攻め、そして関白任官の年である。秀吉は、正月を大坂で迎える。1月17日より2月3日まで有馬に滞在。2月3日大坂に帰り、27日淀へ、ついで28日上洛。3月5日・6日亀山行。12日京都より坂本へ、ついで大坂に戻り、21日紀州へ。同日岸和田着。22日積善寺、23日根来寺、24日雑賀。4月18日ころまで雑賀在。26日に大坂に帰る。5月10日大坂より淀、18日坂本在、「煩い」。6月14日大坂に戻るまで坂本在。7月8日上洛。11日関白任官。19日淀へ。21日大坂着。8月2日大坂発、7日淀より京都着、8日京都発。9日高島、16日加賀小松、26日越中倶利伽羅峠、閏8月1日富山、7日金沢、9日北庄、14日越前府中、17日坂本に納馬。24日上洛。26日淀、27日大坂着。9月3日から5日大和郡山行。14日有馬へ。その後大坂に戻り、10月1日上洛。17日まで京都在。18日坂本より淀へ。22日大坂着。11月29日坂本在。30日坂本より上洛。12月2日大坂へ。

【詳細】

　　1月3日大坂在(「宇野」)。5日大坂在(「宇野」)。17日有馬着(「宗久茶湯日記」「正月十七日、秀吉様、有馬へ御湯治」)。19日有馬在(「宗久茶湯日記」「秀吉様、十九日昼被成御茶湯候」)。21日有馬在(同日付中川秀政宛秀吉書状「為湯治見舞書状并三種参荷」『中川家文書』)。22日有馬在(「宇野」)。29日有馬在(『多聞院』)。晦日有馬在(「宗久茶湯日記」「正月晦日、湯山ニて宗易会」)。

　　2月3日有馬より大坂着(「宇野」「二月三日大坂帰城」)。23日大坂在(「宇野」)。27日京都着(「宇野」「秀吉廿七日御上洛、任槐内大臣」)。27日淀着(『兼見』「今日秀吉卿至淀被相越、明日上洛也」)。28日京都着(『兼見』「午刻秀吉卿上洛之由使者罷帰申訖」『言経』「羽柴新大納言殿上洛了、二条城也云々」)。29日京都在(『兼見』)。

　　3月1日京都在(『兼見』)。3日京都在(『雲厳院内府公維公記』『兼見』『言経』)。5日京都発亀山へ(『兼見』「秀吉卿至丹州亀山下向云々」)。6日亀山より京都着(『兼見』「今日秀吉卿自亀山上洛云々」)。8日京都在(『兼見』「今井宗久茶湯書抜」「天正十三年三月八日　京於北野、秀吉様御かさり(紫)次第」)。9日京都在(『兼見』)。10日京都在(「宇野」『兼見』)。11日京都在(『兼見』)。12日京都より坂本へ(『兼見』「内府坂本へ御下向云々」)。21日大坂発(6月15日付佐竹義重宛秀吉書状「紀州根来雑賀催一揆企慮外働候条、去三月廿一日出馬」『成簣堂古文書雑文書』)。同日和泉大津を経て岸和田着(「宇野」「秀吉出馬(中略)大津ニテ御見参、秀吉八半時岸和田へ御入城」)。22日積善寺在(同日付長谷川秀一他3名甲賀衆宛秀吉書状「積善寺之儀早々令落居候条、明日我々令陣替候間」『慶応大学図書館所蔵文書』)。23日根来寺着(25日付小早川隆景宛秀吉書状「廿三日ニ不継息根来寺へ押懸候処」『小早川』)。24日雑賀表着(前掲25日付小早川隆景宛秀吉書状「廿四日ニ雑賀表へ取懸」)。25日雑賀(「宇野」「秀吉今日雑賀へ御越」)。

　　4月2日雑賀在(「宇野」)。3日雑賀在(「宇野」)。13日新宮堀内在(同日付丹羽長秀宛秀吉書状「新宮堀内其外引直者共(中略)五三日中可為落去候、然者やかて可納馬候」『前田長雅氏所蔵文書』)。17日雑賀在(「宇野」)。18日雑賀在(「宇野」)。26日大坂着(27日付前田利家宛秀吉書状「昨日至大坂納馬候」『能松佐太郎氏所蔵文書』)。

　　5月4日大坂在(「宇野」「秀吉御自身御出有テ縄打ヲサセラルル也」)。9日大坂在(『多聞院』)。10日大坂より淀着(『兼見』11日条「昨夕内府秀吉至淀之城御上云々」)。18日坂本在(『多聞院』「筑州ハ坂本ニアリ」)。20日坂本在(『兼見』「宇野」「秀吉於江州坂本御煩由申来、十日斗已前ニ秀吉御上洛、ソレヨリ坂本へ御越ニテ御逗留ノうちニ御煩気ト云々」)。22日坂本在(『兼見』)。25日坂本在(『兼見』)。26日坂本在(『兼見』)。27日坂本在(『兼見』)。

　　6月14日大坂着(「宇野」「秀吉御煩平癒にて坂本より大坂へ御帰」)。15日大坂在(前掲6月15日付佐竹義重宛秀吉書状「去四月十九日書状今日十五至于大坂到来令披見候」)。27日大坂在(「宇野」)。

　　7月2日大坂在(同日付遠藤基信宛秀吉書状「去年八月廿日之書状今日至大坂到来」『石母田文書』)。3日四国へ向け出馬予定(『多聞院』「秀吉四国出馬トテ先勢立了、俄ニ十日比迄延引ト」、2日付宮木豊盛宛秀吉書状「明日三日出馬候条」『新見貫次氏所蔵文書』)。6日大坂発京都へ(「宇野」「七月六

日秀吉上洛」)。7日京都着(7月8日付利久書状「昨日七日に御京着」「松井家譜」)。8日京都着(『兼見』「今朝御上洛之由申畢」)。11日京都在(『兼見』「関白宣下陣儀在之(中略)内府為御礼参内云々(中略)未刻内府秀吉参内」)。12日京都在(『兼見』)。13日京都在(「宇野」『兼見』)。14日京都在(『兼見』)。15日大徳寺(『兼見』)。16日京都在(18日付伊藤掃部助宛秀吉朱印状写「去十四日之書状十六日於京都到来披見候」「水月古鑑」)。19日京都より淀へ(「宇野」「十九日ニ河舟ニて京都へ罷上候処、関白殿御舟にて京都より御下向、淀にて参あひて(中略)其日淀ノ城ニ御逗留」)。20日京都発(『兼見』「殿下御下向午刻時分、俄御下向云々」)。21日大坂着(「宇野」「廿一日ニ大坂へ御帰城也」)。23日大坂在(「己行記」「同月廿三日、参大坂秀吉へ御礼」)。

8月1日大坂在(同日付三楽斎宛秀吉書状「去五月十七日書状今日至于大坂到来遂披見候」「潮田文書」)。2日大坂発(「宗久茶湯日記」「八月二日、越中へ御動座候也」)。7日淀より京都着(『晴豊』「今日関白秀吉公よ(淀)とより上洛」、『兼見』「関白秀吉御上洛」)。8日京都発(『晴豊』『兼見』)。同日坂本着(『兼見』)。9日高島着(『兼見』)。16日加賀小松在(同日付小早川秀包宛秀吉朱印状写「去五日書状今日於賀州小松到来披見候」「閥閲録」)。19日北国在(同日付賀茂社中宛秀吉書状「越中国任存分頓而帰洛候」『賀茂』)。26日倶利伽羅峠(同日付某宛秀吉朱印状「去十九日書状今日廿六日於越中倶利伽羅峠到来披見候」「三村文書」)。

閏8月1日外山城着(同日付藤懸三蔵他5名宛秀吉朱印状写「越中倶利伽羅峠ニ馬を立(中略)即今日外山城へ可相移被思召」「加藩国初遺文」)。4日外山在(同日付金剛峯寺惣分中宛秀吉朱印状「蔵助居城と山之儀相渡候条、彼表立馬」『高野山』)。6日外山発礪波山へ(7日付こほ宛秀吉書状「とやま⌒きのふとなみ山まてむまをおさめ候」「北徴遺文」)。7日金沢着(前掲7日付こほ宛秀吉書状「けふはかなさわへこし申まいらせ候、ゑちせんきたのしやうにハ四五日とうりう候て」)。9日北庄着(同日付吉田兼和宛秀吉朱印状「今日至越前北庄納馬候」「吉田良正氏所蔵文書」、11日付いわ宛秀吉朱印状には「昨日十日ニきたのせうまてかいちんいたし候、十日はかりもまいり可申候間、わかさ(若狭)へすくニこし候てくにの事申つけやかて、此廿七八日ころニわかいちんいたし可申存候間」「今出川勇子氏所蔵文書」とある)。14日越前府中在(同日付蜂須賀正勝他1名宛秀吉朱印状「去六日書状今日於越前府中到来令披見候」「小早川」)。17日坂本着(「宇野」『兼見』)。18日坂本在(同日付小早川隆景宛秀吉朱印状「去月六日書状江州至坂本到来令披見候」「小早川」)。19日坂本在(『兼見』)。23日坂本在(『兼見』)。24日京都着(『兼見』同日付伊藤掃部助宛秀吉朱印状写「今日令上洛候、五三日令逗留、禁裏様并諸公家へ御領中出之隙明大坂へ還御之間、三日程滞留候」「水月古鑑」)。26日京都発淀へ(『兼見』「今日淀マテ御下向云々」)。27日大坂着(「宇野」「秀吉様閏八、廿七日大坂へ御帰」)。

9月3日大和郡山着(「宇野」「今朝早々より秀吉和州へ御越也」、『多聞院』「秀吉兄弟、上下五千程ニテ被入訖」)。5日郡山発大坂着(『兼見』『多聞院』)。8日大坂在(「宇野」)。14日大坂発有馬へ(「宇野」「今日関白殿有馬御湯治ノ便路ニツキテ」)。18日有馬在(同日付本願寺宛秀吉朱印状「就湯治為音信紙子二并菓子一折到来祝着候」「本願寺文書」)。

10月1日京都着(『兼見』)。2日京都在(『兼見』)。4日京都在(『兼見』)。6日京都在参内(『兼見』『多聞院』)。7日京都在参内(「宇野」『兼見』)。8日京都在(『兼見』)。17日京都在(『舜

旧」)。18日坂本より淀へ(『兼見』20日条「十八日ニ関白淀へ坂本ヨリ御出也」)。22日大坂着(「宇野」「秀吉公今日大坂御帰城」)。

11月18日大坂在(『兼見』)。29日坂本在(「宇野」「廿九日夜四半時過大地震(中略)秀吉今度地震ノ時、江州ニ御逗留」)。30日坂本より京都着(『兼見』)。

12月2日京都発大坂へ(『兼見』)。4日大坂在(「宇野」)。7日大坂在(同日付大友義統宛秀吉書状「霜月十一日之書状当月七日到大坂披見候」『大友家文書録』)。13日大坂在(『多聞院』)。21日大坂在(「宇野」「小早川隆景吉川元長上坂記」「拾二月廿一日四ツ時御出頭(中略)関白様」)。23日大坂在(「小早川隆景吉川元長上坂記」「早朝関白との山里御座敷ニテ御茶湯有り」)。24日大坂在(「小早川隆景吉川元長上坂記」「早朝於三好孫七郎との御振舞、七五三、関白様御成候也」)。27日大坂在(「宇野」)。

天正14年(1586)

【概要】

聚楽第完成の年。この年、秀吉は大坂・京都の間を頻繁に行き来し、畿内近国を出ることはない。またこの年、坂本城が廃され大津城が築城される。秀吉は、正月を大坂で迎える。11日大坂を発ち、12日京都着。20日坂本へ。28日大津在。2月5日淀、6日大坂着。21日大坂発、22日京都着。30日大坂着。3月2日大坂発、4日京都着。6日京都発。16日大坂発、26日京都着。29日・30日亀山行。4月1日京都発、2日大坂着。12日大坂発、13日淀より京都着。22日頃大坂着。5月10日京都着。20日大津より京都着。23日京都発大坂へ、24日大坂。6月20日京都着。26日大津行。7月5日京都発、6日大坂着。17日京都着。21日・22日奈良行。8月3日から6日大津行。14日京都発大坂へ。9月11日淀より京都着。10月6日京都発大坂へ。晦日大坂発。11月3日淀より京都着。15日から21日まで大津行。29日大坂着。12月13日京都着。22日大坂着。

【詳細】

1月3日大坂在(「宇野」『言経』)。8日大坂在(『貝塚天満移住記』「入夜長曽我部宮内少輔御所へ被参也」)。11日大坂発(『言経』「殿下御上洛也云々」)。12日京都着(『兼見』「関白御上洛也」)。13日京都在(『兼見』)。14日京都在(『兼見』)。16日京都在(『兼見』)。17日京都在(『兼見』『多聞院』)。18日京都在(『兼見』)。20日京都より坂本へ(『兼見』「殿下坂本へ御下向大津路也」)。27日坂本在(『兼見』)。28日大津在(『貝塚天満移位記』)。

2月5日淀在(『兼見』「関白淀ニ来御逗留云々」)。6日大坂着(「宇野」「関白殿京都より大坂へ御帰城」)。21日大坂発(「宇野」「関白殿ハ今日御上洛也」、『言経』3月6日条「殿下大坂へ御下向、去月廿一日ヨリ御上洛了」)。22日京都着(『兼見』「関白御上洛為迎罷出」)。23日京都在(『兼見』)。24日京都在(『兼見』)。25日京都在(『お湯殿』『兼見』)。28日京都在(『お湯殿』「くわんしゆ寺大納言御つかいにて大きなるさくらの枝つけまいらせられ候、くはんはくとのへ御うたかけらるゝ」)。28日大津へ(『兼見』「関白大津へ御下向」)。30日大坂着(『貝塚天満移位記』「二月卅日関白殿京都より大坂へ御帰城」、『お湯殿』「けふくわんはくくたりのことにて」)。

3月4日京都着(『兼見』「関白御上洛云々」)。6日京都発(『言経』『兼見』「関白大坂へ御下向」)。16日大坂在(フロイス『日本史』)。23日京都へ(『多聞院』「関白殿廿三日ニ御上卜云々」)。24日京都在(『兼見』)。26日京都着(『兼見』「関白御上洛直ニ普請場へ御出云々」)。29日京都発亀山へ(『兼見』「関白丹州亀山へ御下向」)。30日亀山より京都着(『兼見』「関白自丹州御上洛」)。

4月1日京都発(『兼見』「関白(中略)今日大坂へ御下向也」)。2日大坂着(『言経』「殿下大坂御下向了」)。12日大坂発(『言経』「殿下御上洛」)。13日淀より京都着(『兼見』「関白自淀御上洛」)。20日京都在(『兼見』)。22日ころ大坂着(同日付伊藤秀盛宛秀吉朱印状「我々一両日中に可帰城候」「安藤重寿氏所蔵文書」)。

5月10日京都着(『兼見』「関白秀吉御上洛」)。11日京都在(『兼見』)。12日京都在(『兼見』)。20日大津より京都着(『兼見』「殿下自大津御上洛云々」)。23日京都発大坂へ(『兼見』「関白大坂へ早々御下向云々」)。24日大坂着(『言経』「殿下大坂へ帰城了」)。

6月14日大坂在(「御上洛日帳」)。16日大坂在(「御上洛日帳」「関白様へ御茶之湯朝会ニ御出候」)。20日京都着(『兼見』「今朝未明関白御上洛」)。21日京都在(『兼見』)。22日京都在(『兼見』『お湯殿』)。26日京都より大津へ(『兼見』「関白大津御下向云々」)。

7月5日京都発(『兼見』「関白普請へ御出、直ニ大坂へ御下向云々」)。6日大坂着(『言経』「殿下下向了」)。17日京都着(『兼見』「殿下御上洛未明云々」)。21日奈良着(『多聞院』「夕七之前ニ御上洛」)。22日奈良より京都へ(『多聞院』「早旦ヨリ春日社参詣、水屋ニテ朝飯在之云々、ソノマヽ京へ帰了」)。24日京都在(『兼見』)。26日京都在(『お湯殿』)。28日京都在(『兼見』)。29日京都在(「宇野」)。

8月1日京都在(『兼見』)。3日大津へ(『兼見』「殿下大津へ御下向云々」)。6日大津より京都着(『兼見』「関白大津ヨリ御上洛云々」)。12日京都在(同日付黒田孝高他1名宛秀吉書状「去六日書状今日於京都到来披見候」『黒田』)。14日京都発(同日付安国寺恵瓊他2名宛秀吉書状「雖在洛候、今日大坂へ還御候」『黒田』)。18日大坂在(「宇野」「関白殿御堂御覧あるべきとて俄当寺へ御成」)。

9月9日大坂在(「宇野」)。11日淀より京都着(『兼見』「関白淀ヨリ御上洛」)。22日京都在(同日付直江兼続宛素休書状「関白様御供にて京都ニ在之事候条」「伊佐早文書」)。晦日京都在(安国寺宛秀吉朱印状「十六日書状今日晦日於京都加披見候」『小早川』)。

10月3日京都在(同日付安国寺恵瓊他2名宛秀吉朱印状「九月廿一日之書状今日三日於京都披見候」『黒田』)。6日大坂着(『言経』「殿下大坂へ御下向了」)。26日大坂在(「宇野」)。27日大坂在(「宇野」)。晦日大坂発(『言経』「殿下上洛了」)。

11月3日淀より京都着(『兼見』「関白淀ヨリ御上洛」)。4日京都在(『兼見』)。5日京都在(『兼見』)。7日京都在(『兼見』)。8日京都在(『兼見』)。15日京都発大津へ(『兼見』「殿下大津へ御越云々」)。21日大津より京都着(『兼見』「殿下自大津御上洛云々」)。25日京都在(『お湯殿』『兼見』)。26日京都在(『兼見』)。29日大坂着(『言経』「殿下御下向了」)。

12月4日大坂在(同日付小早川隆景他2名宛秀吉書状「去廿一日書状今日四日至大坂到来披見候」『黒田』)。13日京都着(『言経』『兼見』「午刻関白御入洛」)。22日大坂着(『言経』「殿下御下向了」)。

27日大坂在(「宇野」)。

天正15年(1587)

【概要】

　九州攻めの年。秀吉は、正月を大坂で迎える。1月9日京都着。2月8日京都発大津へ。13日大坂着。3月1日九州へ向かい大坂発。1日兵庫、2日明石、3日姫路、4日赤穂、5日備前片上、6日岡山着、10日まで滞在。11日備中中山、12日備後赤坂、13日三原、15日安芸四日市、16日海田、17日廿日市、18日厳島参詣。19日周防永興寺、20日呼坂、21日富田市、22日府中、23日長門山中、24日埴生、25日赤間関着、3日逗留。28日豊前小倉、29日馬嶽着、1日逗留。4月1日豊前巌石の麓、2日筑前尾熊、3日秋月、10日筑後高良山、11日肥後南関、13日高瀬津、16日隈本、1日休息。18日熊庄、19日八代、4日逗留。24日田の浦、25日佐敷、26日水又、27日薩摩出水着、2日休息。5月1日阿久根、2日高城、3日泰平寺着、14日逗留。18日平佐、1日逗留。20日山崎着、1日逗留。22日鶴田着、3日逗留。26日大隅曽木着、ここより「還御」。27日肥後水俣、28日佐敷、6月1日熊本、5日高良山、7日博多着、数日逗留。7月2日長門関戸、10日岡山、12日片上着、ここより船、14日大坂着。23日大坂発。24日淀在。25日京都着。8月3日より5日まで大津行。14日京都発淀へ、15日大坂着。25日大坂発、26日淀着、28日京都着。9月4日京都発大津へ、6日頃大坂着。9日大坂発、10日京都着。10月1日北野大茶会。21日・22日大坂在。11月4日京都着。12月6日京都発大坂へ、7日大坂着。

【詳細】

　1月1日大坂在(『言経』)。6日大坂在(『兼見』)。9日京都着(『兼見』「今日午刻相国御入洛」『時慶』「関白殿御上洛也」)。10日京都在(『兼見』『時慶』)。11日京都在(『兼見』)。12日京都在(『兼見』)。13日京都在(『兼見』)。14日京都在(『兼見』)。16日京都在(『兼見』)17日付蜂須賀家政他1名宛秀吉朱印状「去三日書状今日十六於京都到来」(「近江水口加藤子爵家文書」)。17日京都在(『兼見』)。18日京都在(『兼見』)。19日京都在(同日付黒田孝高他1名宛秀吉朱印状「去十二月廿八日書状今日十九日於京都到来披見候」『黒田』)。21日京都在(『兼見』)。25日京都在(『兼見』)。27日京都在(『兼見』『時慶』「関白殿新殿号聚楽」)。

　2月4日京都在(『兼見』)。5日京都在(『兼見』)。6日京都在(『兼見』『時慶』)。7日京都在(『兼見』『時慶』)。8日京都発大津へ(『兼見』「関白大津へ御越云々」)。13日大坂着(『言経』「殿下御下向了」)。28日大坂在(『兼見』「予大坂へ下向(中略)相国御連歌也」)。29日大坂在(『兼見』)。

　3月1日大坂発(『多聞院』「楠長韻下向記」『言経』「関白殿西国へ御出陣也」)。1日兵庫着(「九州御動座記」、以下「楠長韻下向記」によるものは注記しない)。2日明石着。3日姫路着。4日赤穂着。5日備前片上着。6日岡山着(「九州御動座記」「備前岡山迄、但此所に中四日御休息也」)。11日備中中山着。12日備後赤坂着。13日備後三原(「九州御動座記」「同国三原迄、但中一日御休息」)。15日安芸四日市着。16日安芸海田着。17日廿日市着(「九州御動座記」「同国廿日市迄、但中一日有御逗留、厳島へ被成御参詣」)。19日周防永興寺着。20日周防呼坂着(「九州御動座記」、

「楠長諳下向記」は「三尾御泊」とし、同日付黒田孝高宛秀吉朱印状には「去十五日之両通幷内空閑使者口上之趣至周防呼坂到来」『黒田』とある)。21日周防富田市着。22日周防府中着。23日長門山中着。24日長門埴生着。25日赤間関着(「九州御動座記」「同国赤間関迄、但中三日御逗留、此所を関戸とも云」)。28日豊前小倉着。29日豊前馬嶽着(「九州御動座記」「同国馬之嶽、但中一日御逗留」)。

4月1日豊前厳石の麓着(「九州御動座記」、6月25日付結城晴朝宛秀吉朱印状には「卯月朔日豊前之内至板原被移陣候」「松平基則氏所蔵文書」とある)。2日筑前尾熊着(「九州御動座記」「筑前尾熊、此所に中一日御逗留」)。3日秋月着(「九州御動座記」「同国秋月迄、但中五日御休息に而」)。10日筑後高良山着。11日肥後南関着(「九州御動座記」「肥後南関迄、但中一日御休息」)。13日肥後高瀬津着(「九州御動座記」「同国高瀬津迄、但此所に舟渡有、大雨降候て中二日御逗留」)。16日肥後隈本着(「九州御動座記」「同国隈本迄(中略)爰に中一日御休息候事」)。18日熊庄着。19日八代着(「九州御動座記」「同国八代(中略)此所に中四日御逗留被成候事」)。24日肥後田の浦着。25日肥後佐敷着。26日肥後水又着。27日薩摩出水着(「九州御動座記」「薩摩出水まで(中略)爰に中二日之御休息也」)。

5月1日薩摩阿久根着。2日薩摩高城着。3日薩摩泰平寺着(「九州御動座記」「同国大平寺迄(中略)爰に中十四日被成御逗留候」)。18日薩摩平佐着(「九州御動座記」「同国平佐迄、但雨降、中一日逗留被成候」)。20日薩摩山崎着(「九州御動座記」「同国山崎迄、但雨降、中一日御逗留被成候」)。22日薩摩鶴田着(「九州御動座記」「同国鶴田迄(中略)但爰に中三日御逗留」)。26日大隅曽木着(「九州御動座起」「大隅曽木迄(中略)此所より還御なり」)。27日水俣着(同日付深水長智宛秀吉朱印状「只今酉刻みなまたへ被移御座候」『相良』)。28日肥後佐敷着(同日付徳川家康宛秀吉書状「去月廿六日書状今日肥後国於佐敷到来」「名護屋城博物館所蔵文書」)。

6月1日熊本着(2日付加須屋真雄他1名宛秀吉朱印状「昨日朔日こくまもと迄被納御馬候」『新編会津風土記』)。5日高良山着(同日付生駒親正宛秀吉朱印状「今日於高良山被成御座候、明日宰府へ被移御座候」「大山文書」)。7日博多着(「九州御動座記」「筑前国箱崎迄被成御帰座候、但此所に数日御逗留」)。25日博多在(前掲6月25日付結城晴朝宛秀吉朱印状「二月十二日之書状今月廿五日於筑前国博多到来加披見候」)。

7月2日長関戸着(「九州御動座記」)。10日岡山着(「九州御動座記」「備前岡山まて還御なり(中略)中一日御逗留」)。12日片上着(「九州御動座記」「同十二日に夜通に片上まて還御候て、其より御舟に被召」)。14日大坂着(『言経』「九州御動座記」『兼見』15日条「勧修寺女房衆申来云、関白昨日十四日辰刻至大坂御帰城」)。20日大坂在(『言経』)。23日大坂発(『言経』「殿下京都へ御上了」)。24日淀在(『兼見』「今日者淀ニ御逗留也」)。25日京都着(『兼見』「未明侍従罷出於六条辺懸御目」)。26日京都在(『兼見』『お湯殿』)。27日京都在(『兼見』)。29日京都在(『お湯殿』『兼見』)。

8月1日京都在(『兼見』)。3日京都発大津へ(『兼見』「今朝殿下大津へ御下向云々」)。5日大津より京都着(『兼見』「殿下自大津御上洛」)。6日京都在(同日付小早川隆景宛秀吉朱印状「去月廿三日之書状今日至京都到来」『小早川』)。14日京都発淀へ(『兼見』)。15日大坂着(『言経』「殿下大坂へ御下向也云々」)。17日大坂在(『多聞院』)。25日大坂発(『言経』「殿下御上洛也云々」)。26日淀

着(『兼見』「殿下今夕淀マテ御上之由、其沙汰也」)。28日京都着(『兼見』「午刻殿下御上洛也」)。

9月2日京都在(『兼見』)。3日京都在(『兼見』)。4日京都発大津へ(『兼見』「殿下大津へ御下向云々」)。6日ころ大坂着(『言経』9日条「二三日以前ニ御下向也」)。8日大坂在(同日付安国寺恵瓊宛秀吉朱印状「去月廿一日之書状今日八日於大坂披見候」『閥閲録』)。9日大坂発(『言経』「殿下御上洛了」)。10日京都着(『言経』『多聞院』『兼見』「殿下御上洛之由、自徳大寺御使(中略)先刻御上洛二条法印屋敷ニ御座也」)。13日京都在(『兼見』「今日聚楽御移徙也」)。17日京都在(『兼見』)。21日京都在(同日付小早川隆景宛秀吉書状「去八日書状幷安国寺紙面之通今日廿一日於京都加披見候」『小早川』)。24日京都在(同日付龍造寺政家宛秀吉朱印状「去月廿三日書状到来於京都加披見候」『龍造寺文書』)。26日京都在(同日付深水長智宛秀吉朱印状「去月廿九日九ヶ条之趣、今日廿六於京都具被加披見候」『相良』)。30日京都在(『兼見』)。

10月1日京都在、北野大茶会(『兼見』)。12日京都在(『時慶』)。13日京都在(14日付小早川隆景他2名宛秀吉朱印状「去月廿六日書状幷安国寺注進之趣、今日十三於京都加披見候」『黒田』)。21日大坂在(同日付小早川隆景宛秀吉書状「去朔日書状今日廿一日於大坂令披見候」『小早川』)。22日大坂在(同日付小早川隆景宛秀吉朱印状「去六日書状今日廿二日於大坂遂披見候」『小早川』)。

11月4日京都着(『兼見』「及暮関白淀ヨリ御上洛云々」)。5日京都在(『兼見』)。9日京都在(『兼見』)。15日京都在(『言経』)。25日京都在(『兼見』)。28日京都在(『兼見』『時慶』)。29日京都在(『時慶』)。

12月1日京都在(『兼見』『時慶』)。2日京都在(『兼見』)。3日京都在(『時慶』)。6日京都発大坂へ(『兼見』「関白大坂へ御下向云々」)。7日大坂着(『言経』「殿下大坂へ御下向也云々」)。26日大坂在(27日付黒田孝高宛秀吉朱印状「去十四日書状昨日廿六日至大坂到来披見候」『黒田』)。

天正16年(1588)

【概要】

後陽成天皇聚楽行幸の年。秀吉は、京都・大坂を行き来し、上方から出ない。正月を大坂で迎え、1月6日大坂発京都へ。以降聚楽行幸の終わる4月18日まで京都在。この間3月3日から22日まで京都近郊で鷹野。29日京都近郊で家康同道で鷹野。4月14日聚楽行幸。21日京都近郊鷹野。25日大坂着。5月4日ころ鷹野。8日京都在、12日京都在が確認。6月4日大坂在、19日大坂在、25日京都在、28日京都在、30日京都在が確認。8月16日大津行。19日京都着。9月6日大坂着。18日河内道明寺。10月5日摂津国鷹野。8日茨木在。11月7日大坂着。27日茨木着。28日京都着。12月12日京都在。29日大坂在。

【詳細】

1月1日大坂在(『言経』)。4日大坂在(5日付小早川隆景宛秀吉書状「十二月十七日書状昨日四日至大坂到来加披見候」『小早川』)。6日大坂発(『言経』「殿下御上洛也云々」)。8日京都在(『お湯殿』)。13日京都在(『お湯殿』)。19日京都在(同日付黒田長政宛秀吉朱印状「去十二月九日書状於京都披見候」『黒田』)。22日京都在(『お湯殿』)。25日京都在(『言経』2月10日条「去月廿五日於聚楽会一盞亭和歌」)。一旦大坂に戻り再び上洛か(『家忠』)。2月22日龍安寺(「龍安寺文書」『大雲山誌

稿』)。

　3月2日京都在(『お湯殿』「関白殿よりふんこ大ともせうてんの事御申」)。3日京都近郊鷹野(「親綱」「関白鷹野江被出」)。22日京都着(『家忠』25日条「関白様去廿二日京都へ御帰候而、家康様とうし(東寺)迄御迎ニ御出被成」)。25日京都在(『家忠』)。29日京都近郊(『家忠』4月16日条「去廿九日ニ関白様家康様御同道ニ御鷹野ニ被為出候」)。

　4月2日聚楽在(同日付小早川隆景宛秀吉朱印状「去月十六日書状今日於聚楽遂披見候」『小早川』)。14日京都在(『言経』『お湯殿』、聚楽行幸)。15日京都在(『お湯殿』)。16日京都在(『家忠』)。21日京都近郊(『言経』「羽柴中納言殿(中略)関白殿御鷹野御供也云々」)。25日大坂着(『言経』「殿下大坂へ御下向也云々」)。

　5月4日鷹野(『お湯殿』「くはんはく殿よりたか野の御みやとて」)。8日京都在(『景勝公御年譜』「同(五月)八日聚楽ノ亭ニ参上有テ秀吉ニ御対謁アリ」)。12日京都在(19日付直江兼続書状「同十二日於聚楽御対面」『覚上公御書集』)。

　6月4日大坂在(「薩藩旧記後集」「今月四日御目見之事致成就、公家ニ御なし給へき由以御直談被仰付出」)。6日大坂在(「薩藩旧記後集」「六月六日関白様御茶湯御座候」)。

　7月23日京都在(『輝元公上洛日記』)。25日京都在(『多聞院』21日条「此廿五六日比於聚楽大納言殿家関白殿御成被申」)。28日京都在(『お湯殿』)。30日京都在(『吉川史臣略記』「晦日殿下大和大納言殿へ御成也」)。

　8月1日京都在(『吉川史臣略記』「八月朔日三家今日之為御礼聚楽へ参上」)。3日京都在(『吉川史臣略記』「三日(中略)殿下大仏へ御参」)。15日京都在(『吉川』「詠八月十五日夜和歌於聚楽亭御会」)。16日大津へ(『吉川史臣略記』「八月十六日辰之刻に殿下江州大津へ御遊行」)。19日京都着(『吉川史臣略記』「十九日暮時殿下大津ゟ還御」)。27日京都在(『吉川史臣略記』「廿七日(中略)聚楽へ登城、献上物有、殿下御対面」)。

　9月7日大坂着(『言経』「殿下御下向也」、『吉川史臣略記』には「九月七日殿下今日淀より御船にめして酉之刻に大坂へ着給ふ」とあり)。9日大坂在(『吉川史臣略記』「九月今日之御礼のために三家登城」)。18日河内道明寺(『言経』「殿下河州道明寺へ御鷹野」)。

　10月5日摂津国鷹野(10月5日付いわ宛秀吉書状「つのくゑたかへこし候て五三日とうりういたし可申間(中略)こうそうすかちやあ両人一人つけ候て八日の五つのころいはらき(茨木)へこし候よう〈に脱ヵ〉」『豊大閣』)。8日摂津茨木在(前掲10月5日付いわ宛秀吉書状「八日の五つのころいはらきへこし候よう」)。

　11月7日大坂着(『言経』「殿下大坂へ御帰宅了」)。27日茨木着(『言経』「殿下摂州茨木へ御出、直明日歟御上洛也云々」)。28日京都着(『言経』27日条「殿下摂州茨木へ御出、直明日歟御上洛也云々」)。

　12月10日鷹野(『お湯殿』「くはんはくよりたかのとてきし三さをまいる」)。12日京都在(同日付富田一白書状「於京都拝見仕候、仍殿下様へ弟鷹二居御進上候」『伊達』)。29日大坂在(『言経』「梅庵(中略)殿下へ被参云々」)。

天正17年(1589)

【概要】

　大仏(方広寺)造営。秀吉は、京都・大坂を行き来し1年を過ごす。正月を大坂で迎える。1月3日大坂近郊で放鷹。10日大坂発京都へ。2月6日淀着。29日大坂着。3月13日大坂発茨木、ついで淀へ。13日京都着。以降在京。5月4日大坂着。17日大坂発京都へ。6月6日淀在、捨誕生。16日大坂着。7月4日京都在。23日大坂着。8月5日大坂発、10日大坂着。ふたたび19日大坂発。23日京都発大坂へ。9月1日大坂発京都へ。10日大坂着、19日大坂発京都へ。10月17日奈良着。20日大和より大坂着。11月23日京都在。12月13日大坂着。20日京都へ。

【詳細】

　1月1日大坂在(3日付島津義弘書状「元日御城之様子目をおとろかし申候(中略)九ツ前かとに関白様被成出御」『島津』)。2日大坂在(前掲3日付島津義弘書状「昨日於山里御茶くたされ候」)。3日大坂近郊(前掲同日付島津義弘書状「関白様二日三日ともつゝきて被成御出候、明日も鷹野ときこへ候」)。10日大坂発(『言経』「殿下御上洛也云々」)。14日京都在(『お湯殿』)。16日京都在(『鹿苑』)。20日京都在(『多聞院』)。

　2月6日淀着(同日付ちく宛秀吉書状「六日よとまてこし申候」「下坂文書」)。29日大坂着(『言経』「殿下御下向也云々」)。

　3月13日大坂発茨木、ついで淀へ(『言経』「殿下御上洛也云々、先茨木、次淀城、次御上洛了」)。

　4月6日京都着(『武徳』「四月三日秀吉大坂ヨリ上京アリ、聚楽城ニ入玉フ」)。

　5月4日大坂着(『言経』「殿下大坂へ御帰了」)。5日大坂在(『言経』)。17日大坂発(『言経』「殿下御上洛也云々」)。20日京都在(『鹿苑』『多聞院』24日条)。

　6月6日淀在(『鹿苑』「今日於淀法中之衆殿下へ御礼、若公御誕生之賀儀也」)。16日大坂着(『言経』「殿下大坂へ御下向」)。7月4日京都在(「大宝寺上洛日記」「六月廿八日京着(中略)御見参七月四日」)。7日京都在(14日付徳川家康書状「関白様去七日屋敷へ御成」『浅野』)。11日京都在(「大宝寺上洛日記」「関白様江御暇乞ニ」)。19日京都在(『お湯殿』)。23日大坂着(『言経』「殿下様大坂へ御下向也」)。25日大坂在(同日付某宛秀吉書状「去卯月廿八日書状今日於大坂到来加披見候」『古典籍下見展観大入札目録』1990年)。

　8月5日大坂発(『言経』「殿下御上洛也云々」)。10日大坂着(『言経』「殿下大坂へ御帰了」)。19日大坂発(『言経』「殿下御上洛也云々」)。23日京都発(『兼見』「今日関白殿大坂へ御下也」)。

　9月1日大坂発(『言経』「殿下御上洛也云々」)。10日大坂着(『言経』11日条「昨夜殿下大坂へ御下向也云々」)。19日大坂発(『言経』「殿下御上洛也云々」)。

　10月12日京都在(『お湯殿』)。13日京都在(『お湯殿』)。17日奈良着(『多聞院』「関白殿七ツ時分ニ御出、成身院御宿所也」)。20日大坂着(『言経』「殿下大坂へ御下向也、和州ヨリト云々」)。

　11月23日京都在(『鹿苑』「自浅野少弼殿有使札、自殿下被仰出子細在之云々、不刻乗輿到聚楽(中略)殿下逆鱗」)。

12月10日京都在(「家忠追加」「大神君秀吉ニ御対顔」)。13日大坂着(『言経』「殿下大坂へ御下向也云々」)。16日大坂在(19日付岡部鎮種宛大友義統書状「前六令着岸、十六日被成御対面」『閥閲録』)。20日大坂発(『言経』「殿下御上洛了、堂島へ御通也云々」)。

天正18年(1590)
【概要】
　小田原攻め・奥羽仕置の年。秀吉は、正月を京都で迎える。1月4日京都発。5日大坂着。9日大坂発茨木経由。13日京都在。2月2日京都発淀へ。3日大坂着。8日大坂発、11日京都着。3月1日京都発。2日近江八幡山、4日柏原より大垣へ。6日清須、10日遠江吉田、18日駿河田中、19日駿府、23日清見寺、26日吉原、27日三枚橋・沼津、28日長久保城、29日山中城、4月1日箱根峠、2日相模湯本。4日箱根山在。以降7月17日まで小田原在陣。17日小田原発、鎌倉を経江戸へ。19日江戸着。20日江戸発。26日宇都宮着。8月4日宇都宮発。6日大田原発。6日白川着。8日陸奥長沼発。9日会津着。13日会津発。15日宇都宮発古河着。18日小田原着、20日清見寺・駿府着、23日遠江掛川、30日佐和山。9月1日京都着。25日京都発淀へ。10月3日有馬在。6日有馬在。14日大坂着。19日郡山着。20日郡山発。28日京都在。11月・12月京都在。

【詳細】
　1月1日京都在(『兼見』『晴豊』)。3日京都在(『兼見』)。4日京都発(『兼見』「今夜殿下俄ニ大坂へ御下向云々、若公少御煩気依注進也」)。5日大坂着(『言経』「殿下御下向也云々」)。9日大坂発茨木経由(『言経』「殿下御上洛了、茨木通也云々」)。13日京都着(「創業記考異」「天正十八年正月十三日御入洛、十五日秀吉ニ御対面」)。15日京都在(『兼見』)。21日京都在(『兼見』『晴豊』)。22日京都在(『晴豊』)。23日京都在(『兼見』)。

　2月2日京都発淀へ(『兼見』「殿下至淀御下向云々」)。3日大坂着(『言経』「殿下御下向也云々」)。8日大坂発(『言経』「殿下・同若公等御上洛云々」)。11日京都着(『兼見』12日条「殿下昨日十一日御入洛也」)。24日京都在(『言経』「北御方・御児御上洛也、殿下御出陣御イトマコイ也」)。27日京都在(『兼見』)。28日京都在(『晴豊』)。

　3月1日京都発(『言経』『晴豊』『北野社家』『お湯殿』「くわんはく殿けふちんたちにて、さしきまて御いとまこひに御まいりあり」)。2日近江八幡山在(同日付加藤嘉明宛秀吉朱印状「去月六日書状今日二日於江州八幡山到来」「近江水口加藤子爵文書」)。4日柏原在(同日付脇坂安治宛秀吉朱印状「去月廿九日注進状四日於柏原披見候」「脇坂文書」)。同日大垣へ(同日付脇坂安治宛秀吉朱印状「今日大柿江被為成候」「脇坂文書」)。6日清須在(同日付豊臣秀次宛秀吉書状「去朔日到神原(蒲)着陣之由注進、今日六日於清須披見候」「士林証文」)。10日吉田着(『家忠』17日条「関白様去十日ニ吉田迄御成」)。18日駿河田中着(同日付徳川家康宛秀吉書状「今日十八至于田中城相着候」「蘆田文書」)。19日駿府着(『家忠』「関白様今日駿府迄御成候由候」)。23日清見寺着(『家忠』「関白様清見寺迄御成候」)。26日駿河吉原着(『家忠』「関白様よしハら迄御成候」)。27日三枚橋着(4月1日付上杉景勝宛秀吉書状「去月廿七日到于駿州三枚橋令着陣」「島垣文書」)。27日沼津着(『家忠』「関白様沼津迄御

成候」)。28日山中・韮山在(4月2日上杉景勝他1名宛秀吉書状「廿八日山中韮山体被御覧計」「堀口堅一郎氏所蔵文書」)。同日長久保城(『家忠』「関白様(中略)長久保城へ御成候」)。29日山中城着(4月1日大関土佐守宛秀吉書状「昨日廿九日山中城即時に攻崩」『武家事紀』)。

4月1日箱根峠着(同日上杉景勝宛秀吉朱印状「今日箱根山峠へ令陣替候」「島垣文書」)。2日相模湯本着(「編年史料稿本」)。3日小田原着。4日箱根山在(同日付本願寺宛秀吉朱印状「為見廻使者殊幔幕二帳今日四日於豆州箱根山」「本願寺文書」)。11日小田原在(同日付真田昌幸他1名宛秀吉朱印状「去四日書状今日十一於小田原面到来」『古今消息集』)。12日小田原在(同日付加藤清正宛秀吉朱印状「去月廿一日之書状幷唐織之袴立付今日十二日於相州小田原表到来」「加藤文書」)。13日小田原在(14日付真田昌幸他1名宛秀吉書状「去七日返札昨日十三披見候、小田原之儀先書ニ如被仰遣」『真田』)。15日小田原在(同日付真田昌幸他1名宛秀吉朱印状「去四日之書状今十一日於小田原到来披見候」『真田』)。16日小田原在(同日付上杉景勝他1名宛秀吉朱印状「十六日令披見候、小田原表之儀」「玉証鑑」)。18日小田原在(同日付相良長毎宛秀吉朱印状「塩消百斤於相州小田原表到来」「太田文書」)。21日小田原在(大徳寺宛秀吉朱印状「為在陣見廻使僧幷裃一重到来(中略)次小田原面之様子」『大徳寺』)。25日小田原在(同日付賀茂社家中宛秀吉朱印状「為御動座見廻縮三端於相州小田原到来」『賀茂』)。27日小田原在(同日付上杉景勝宛秀吉朱印状「今日於相州小田原面に到来」『上杉』)。

5月11日小田原在(同日付本願寺宛秀吉朱印状「為東国在陣見廻芳簡殊裃十(中略)抑小田原之事」「本願寺文書」)。14日小田原在(同日付まんところ宛秀吉書状「いよ〳〵こたわらほりきわ一てうの内そとニしより」『小山文書』)。15日小田原在(同日付黒田長政宛秀吉朱印状「此表事小田原二町三丁内ニ押詰」『黒田』)。27日小田原在(同日付立花宗茂宛秀吉朱印状「為東国表見廻、使者幷帷十遠路到来(中略)此表儀小田原」「立花文書」)。29日小田原在(編年史料稿本)。

6月9日小田原在(同日付伊達政宗書状「今日巳刻出仕(中略)関白様直々」「宮城県図書館蔵文書」)。12日小田原在(編年史料稿本)。26日小田原在(『家忠』「関白様石かけの御城へ御うつり候」)。

7月6日小田原在(同日付神戸二位法印宛秀吉朱印状「為東国在陣見廻書状殊生絹帷四裃一(中略)小田原事」『大阪城天守閣所蔵文書』)。10日小田原在(同日付黒田長政宛秀吉朱印状「仍小田原之儀北条一類被刎首」『黒田』)。13日小田原在(『家忠』「関白様城中へ御成候」)。17日小田原発(『兼見』26日条「殿下奥州へ御発足十七日也」)。17日鎌倉を経て江戸へ(小林2003-109頁)。19日江戸着(曽根2004-42頁、この日以前)。20日江戸発(『家忠』「関白様ハおくへ御通り被成候」)。26日宇都宮着(同日付木下吉隆書状「上様今日廿六日至于宇都宮被移御座」『伊達』、晦日付長宗我部元親他5名宛秀吉朱印状「去廿六日下野国宇都宮へ相移逗留候」『武徳』)。28日宇都宮在(同日付徳川家康宛秀吉書状「去廿六日書状今日廿八於宇都宮到来」『士林証文』)。

8月4日宇都宮発(小林2003-181頁、粟野1993-8頁8月3日)。6日白川着(同日付伊達政宗宛浅野長吉書状「今日六日白川迄御成候」『伊達』)。7日陸奥長沼在(同日付井伊直政宛秀吉朱印状「対木下半介書状今日七日於奥州長沼到来」「井伊家文書」)。8日長沼発(小林2003-144頁)。9日会津着(同日付浅野長吉宛秀吉朱印状「一去九日至于会津被移御座」『浅野』)。11日会津在(同日付嶋津義久宛秀吉朱印状「於奥州会津相達候(中略)明日十二日被成還御座」『島津』)。13日会津発(12日付伊達

政宗宛今井宗薫書状「上様当地江被成御成候、明日被成還御候」『伊達』、『伊達政宗記録事蹟考記』は13日とする)。15日宇都宮着(「今宮祭記録」「八月十四日ニ奥ヨリ御帰候」)。同日古河着(「今宮祭記録」「十五日ニ御立候而古河ニ御泊」)。18日小田原着(同日付吉川広家宛秀吉朱印状「書状之旨於小田原披見候」『吉川』)。20日清見寺着(『武徳』「廿日秀吉駿州清見寺ニ至り倭歌ヲ賦ル」)。20日駿府着(22日付山中長俊書状「殿下様一昨日廿日駿府へ御着座候」『喜連川文書』)。23日遠江掛川着(同日付藤堂高虎宛秀吉朱印状「今日遠州至懸川納馬候」『宗国史』)。30日佐保山(『晴豊』「今日関白佐保山迄東国陣より上洛被申候」)。

　9月1日京都着(『兼見』『晴豊』『お湯殿』「けふくわんはく殿かいちんにて」)。2日京都在(『晴豊』)。4日京都在(『お湯殿』)。8日京都在(『晴豊』)。11日聚楽在(同日付浅野長吉宛秀吉朱印状「去月十八日書状通今日十一至聚楽到来」『浅野』)。15日京都在(『晴豊』)。16日京都在(『お湯殿』)。18日京都在(『兼見』『晴豊』)。23日京都在(「宗凡他会記」「九月廿三日朝、於聚楽、殿下様御茶被下候」)。25日京都発淀へ(『兼見』「殿下為御湯治、今日至淀御下向」)。

　10月3日有馬在(『北野社家』「関白様陽の山ニ御座候を御見舞ニ被下候也」)。6日有馬在(7日付浅野長吉宛秀吉朱印状「去月十四日之書状今月六日於有馬湯(湯)山到来」「大阪城天守閣所蔵文書」)。14日大坂着(『言経』「殿下従湯山大坂へ御帰也云々」)。16日大坂在(『言経』)。19日大坂発(『言経』「殿下和州へ御出、明日御上洛也云々」)。19日郡山着(『多聞院』20日条「関白殿昨日見廻ニ御越也」)。20日郡山発(『多聞院』「今暁秀長ハ死去、依之秀吉ハ朝飯モ不食早旦ニ被帰了」)。28日京都在(『兼見』)。29日京都在(『兼見』)。

　11月3日京都在(『お湯殿』『兼見』『晴豊』)。7日京都在(『晴豊』『北野社家』)。16日京都在(『兼見』)。18日京都在(『お湯殿』)。20日京都在(『晴豊』)。

　12月5日京都在(『兼見』)。16日京都在(『北野社家』「関白様ゑそ嶋ノ者礼ニ上候也」)。27日京都在(『兼見』『晴豊』)。

天正19年(1591)

【概要】

　この年12月関白職を秀次に譲る。多くを京都に過ごすが、閏1月と11月に尾張・三河に鷹野。秀吉は正月を京都で迎える。8日淀へ。12日京都在。閏1月11日京都発、尾張へ鷹野。17日清須在。23日三河吉良鷹野。26日清須在。2月3京都着。3月15日宇治へ。17日京都着。4月4日京都在。5月15日京都在。6月3日京都在。7月11日大津より京都着。17日淀へ。27日淀へ。8月2日淀へ。5日東福寺、捨死去。6日東福寺在。7日から9日清水寺在。10日京都発有馬へ。18日大坂着。25日京都着。以降京都在。9月26日京都発大坂へ。10月12日京都着。11月3日京都発美濃・吉良へ。12月5日吉良在。15日大津在。16日京都着。25日大坂へ。27日京都着。

【詳細】

　1月3日京都在(『晴豊』)。4日京都在(『兼見』)。5日京都在(『兼見』)。6日京都在(『兼見』)。7日京都在(『兼見』)。8日山城淀へ(『時慶』「殿下淀へ御越ト云々」)。12日京都在、参内

(『兼見』『時慶』『お湯殿』『晴豊』)。13日京都在(『兼見』)。14日京都在(『兼見』『晴豊』『時慶』『北野社家』)。16日京都在(『兼見』「殿下東川原へ御成」)。18日京都在(『晴豊』)。19日京都在(『時慶』「殿下尾州へ御鷹野(中略)延引」)。28日京都在(『時慶』)。

閏1月4日京都在(『晴豊』)。8日京都在(『兼見』『晴豊』『時慶』)。10日尾張清須へ(『時慶』「関白殿尾州清須鷹野ニ被下向ト云々」)。11日京都発(19日付伊達政宗書状「関白様者去十一日京ヲ御立、尾州へ御鷹野ニ御下向候」『政宗1』)。17日清須在(21日付伊達政宗書状「関白様為御鷹野、今月十日尾張清子(洲)へ被移御座」『政宗1』)。23日吉良鷹野(同日付北の御かた宛秀吉朱印状「きらたかののみまひとしておりはこをくり(中略)やかて上洛たるへく候」『本願寺文書』)。26日清須在(27日付伊達政宗書状「昨日廿七(六)日当清須参着候上様折節御鷹野へ御出、酉刻被成還御候」『政宗1』)。27日清須在(前掲27日付伊達政宗書状「昨日廿七(六)日当清須参着候(中略)今朝御前へ被召出」『政宗1』)。

2月3日京都着(『晴豊』『時慶』『兼見』「関白州御鷹野ヨリ御帰洛」)。6日京都在(『晴豊』)。29日京都在(『北野社家』)。晦日京都在(『北野社家』)。

3月2日京都在(『言経』「殿下江戸大納言殿へ御出也云々」)。3日京都在(『晴豊』『時慶』)。6日京都在(『北野社家』)。15日宇治へ(『時慶』『言経』「殿下宇治へ茶御覧ニ御出也」)。17日京都着(『時慶』「関白殿還御ト」)。

4月4日京都在(『時慶』「薬院迄殿下御成ト云々」)。7日大津在(4月25日付浅野長吉書状「上様去七日大津被成御成」「滝川文書」)。

5月15日京都在(『時慶』)。18日京都在(『時慶』「聖廟御千度ニ詣候、殿下堤御一見ノ為社頭御入候間」『鹿苑』「殿下到北村御成」『北野社家』「関白様賀茂より御帰とて天神の前をとをり候」)。20日京都在(『時慶』「大仏殿柱立在之、諸大工ニ餅被賦ト云々、殿下御成候也」)。

6月3日京都在(『鹿苑』)。9日京都在(27日付南部信直書状「五月廿八日ニ罷上、九日ニ御所へ被召出候」「河島亮太氏所蔵野田家文書」)。

7月11日大津より京都着(『時慶』12日条「殿下ハ昨日従大津御帰ト云々」『鹿苑』「殿下自大津還駕」)。17日淀へ(『時慶』「殿下・若公大坂へ御下向、乍去今日淀迄ト云々」)。27日淀へ(『兼見』「殿下淀へ御下向云々」)。

8月1日京都在(『兼見』『時慶』『晴豊』『北野社家』)。2日淀へ(『兼見』「殿下若公御不例淀ニ御座也、殿下御注進即御下向」)。5日東福寺(『晴豊』『北野社家』『時慶』「殿下ノ若公他界ト云々、関白殿ハ東福寺常楽院江御越ト云々」)。6日東福寺在(『兼見』「若公昨日御他界也、殿下至東福寺御座、被切御本結云々」『鹿苑』「若公昨日於淀御他界(中略)自民法書簡来、殿下入唐之事被仰出、早々到東福寺云々」『晴豊』)。7日清水寺在(『鹿苑』『兼見』「殿下清水寺へ渡御之由(中略)殿下今日清水寺願所ニ御滞留云々」)。9日清水寺在(『兼見』)。10日京都発有馬へ(『多聞院』『時慶』「殿下清水ヨリ直ニ御湯治ト云々」)。12日有馬在(同日付中川秀政宛秀吉朱印状「為湯治見廻小夜着并湯帷十到来」『中川家文書』)。14日有馬在(同日付今井宗薫秀吉朱印状「就有馬湯治手巾三到来」「今井文書」)。15日有馬在(同日付中川秀成宛秀吉朱印状「為湯治見廻紙子一柄酌三」『中川家文書』)。18日大坂着(『時慶』「殿下今日従湯山大坂迄御上ト云々」)。25日京都着(『兼見』「関白今明日中御上洛云々、聞晩

殿下御上洛也」『鹿苑』「殿下自大坂晩来還御云々」）。27日京都在（『時慶』）。28日京都在（『時慶』）。

9月26日京都発大坂へ（『兼見』「殿下大坂御下向」）。

10月12日摂津より京都着（『兼見』「今日殿下摂州ヨリ御上洛也」）。16日京都在（『兼見』）。

11月3日京都発美濃へ（『兼見』「殿下至濃尾御下向為可被遣御鷹也」）、3日京都発吉良へ（『北野社家』「関白様きらへ御たか野ニ御なり候也」）。

12月5日吉良在（同日付多賀秀種宛秀吉朱印状「就吉良鷹野為見廻天野酒二荷指懸五具到来」「多賀文書」）。15日大津在（『兼見』「関白自大津可有御上洛之処、昨日依大雪明日へ御延引」）。16日大津より京都着（『言経』『鹿苑』『北野社家』『兼見』「殿下自尾州御鷹野御上洛」、『晴豊』）。19日京都在（『兼見』）。25日京都発大坂（『兼見』「殿下今朝大坂へ御下向」）。27日大坂より京都着（『兼見』28日条「昨日前関白自大坂御上洛云々」）。

天正20年・文禄元年（1592）

【概要】

　文禄の朝鮮出兵の年。秀吉は、正月を京都で迎える。2月18日京都在、27日京都在、3月10日京都在が確認される。26日名護屋に向け京都発。29日岡山着、6日逗留。4月7日岡山発矢懸着。8日備後三法寺、9日三原、10日安芸西条、11日広島着。15日広島発厳島へ、同日周防玖珂着。16日花岡、17日防府、18日埴生、19日豊前小倉、20日筑前宗像、21日名嶋着。24日深江、25日名護屋着。以降7月まで名護屋在陣。22日名護屋発。28日岡山在。29日あるいは8月1日大坂着。17日に隠居所を伏見に定める。20日大坂より伏見着。24日大坂在。9月8日大坂在。14日京都着。23日京都発大坂へ。24日山崎在。29日大坂在。10月1日大坂発名護屋へ。7日岡山在。18日広島着。30日博多在。11月1日名護屋着。翌年8月まで名護屋在陣。

【詳細】

　2月18日　京都在（『多聞院』21日条「去十八日於京筒井四郎宿へ太閤被成」）。27日京都在（『多聞院』「京都ニハ家康猛勢ニテ上トテ太閤キケン悪云々」）。

　3月10日京都在（『言経』「江戸大納言殿へ罷向、太閤へ御出云々」）。26日京都発（『鹿苑』『舜旧』『言経』「太閤入唐ニ御出陣也」、『兼見』「以太閤乗馬御前ニテ御下馬」）。29日岡山着（4月1日付片桐且元他1名宛秀吉朱印状「一昨日廿九至備前岡山相移候」『譜牒』中巻）。

　4月1日岡山在（「豊臣秀吉九州下向記」「岡山ニ御逗留」）。2日岡山在（「豊臣秀吉九州下向記」「岡山ニ御逗留」）。3日岡山在（「豊臣秀吉九州下向記」「岡山ニ御逗留」）。4日岡山在（「豊臣秀吉九州下向記」「御逗留、太閤様□腹中少瀉下、御薬ハ薬院進上」）。5日岡山在（「豊臣秀吉九州下向記」「御逗留」）。6日岡山在（「豊臣秀吉九州下向記」「御逗留」）。7日岡山発矢懸着（「豊臣秀吉九州下向記」「岡山ヲ御立アツテ備中ノ矢懸ニ着陣」）。8日備後三法寺着（「豊臣秀吉九州下向記」「備後ノ杉原ノ三宝寺ニ御着陣」）。9日三原着（「豊臣秀吉九州下向記」「三原ニ御着陣」）。10日安芸西条着（「豊臣秀吉九州下向記」「芸州西条ニ御着陣」）。11日広島着（「豊臣秀吉九州下向記」「広島ニ御着陣」同日付毛利輝元宛秀吉朱印状「今日十一至広嶋被成御着座候」『毛利』）。13日広島在（「豊臣秀吉九州

下向記」「広島ニ御逗留」)。14日広島在(「豊臣秀吉九州下向記」「御逗留」)。15日広島発厳島へ(「豊臣秀吉九州下向記」「厳島へ御参詣」)。同日周防玖珂着(「豊臣秀吉九州下向記」「周防玖珂へ御着陣」)。16日花岡着(「豊臣秀吉九州下向記」「玖珂ヨリ花岡ヘ四里半」)。17日周防防府着(「豊臣秀吉九州下向記」「花岡ヨリ周防之国府ヘ七里」)。18日周防埴生着(「豊臣秀吉九州下向記」「防府ヨリ長門ノ山中ヘ六里、半時ホト御逗留アッテ埴生ヘ六里」)。19日豊前小倉着(「豊臣秀吉九州下向記」「埴生ヨリ関ノ渡迄五里、関ノ渡ヨリ御船ニテ豊前小倉迄海上三里」同日付宗義智従宛秀吉朱印状「今日十九日至小倉、被成御着座候」『宗家朝鮮陣文書』)。20日筑前宗像着(「豊臣秀吉九州下向記」「小倉ヨリ筑前ノ宗像迄御着陣」)。21日名嶋着(「豊臣秀吉九州下向記」「宗像ヨリ名島御陣替」22日付羽柴秀俊宛秀吉朱印状「昨日至名嶋被成後着座候」『思文閣古書』159)。22日名嶋在(「豊臣秀吉九州下向記」「御逗留」)。23日名嶋在(「豊臣秀吉九州下向記」「御逗留」)。24日深江着(「豊臣秀吉九州下向記」「深江迄御着陣」)。25日名護屋着(「豊臣秀吉九州下向記」「午刻ニ肥前名護屋ニ御着陣」同日付黒田長政宛秀吉朱印状「十九日注進状、今日名護屋ヘ被成御着座、即刻被加御披見候」『黒田』)。28日名護屋在(同日付山内一豊宛秀吉朱印状「為見舞去八日書状もろ共於名護屋到来加披見候」『土佐山内家史料』同日付加藤清正宛秀吉朱印状「去廿一日書状今月廿八日於名護屋到来、加披見候」『紀伊徳川文書』同日付永浜町人中宛秀吉朱印状「為名護屋見舞差越両人鮒鮨百到来」「古文書写」)。

　5月2日名護屋在(同日付成菩提院宛秀吉朱印状「為名護屋見廻差越使僧」「成菩提院文書」)。5日名護屋在(8日付伊達政宗書状「去五日大閤様御前ヘ被召出」『政宗2』)。16日名護屋在(同日付加藤清正宛秀吉朱印状「去二日高麗之都落去註進状今日十六至而名護屋到来」『紀伊徳川文書』同日付黒田長政宛秀吉朱印状「一去二日高麗之都落去之旨加藤主計頭注進、今日十六至名護屋参着」『黒田』同日付小早川隆景宛秀吉朱印状「一去二日高麗之都落去之旨加藤主計頭注進、今日十六至名護屋参着」、『小早川』同日付鍋嶋直茂宛秀吉朱印状「一去二日高麗之都落去之旨加藤主計頭注進、今日十六至名護屋参着」『鍋島文書』)。29日名護屋在(同日付多武峯金剛峯寺宛秀吉朱印状「為名護屋着座見廻差下使僧」『談山神社文書』同日付八幡禅家神応寺宛秀吉朱印状「為名護屋御着座見廻指下使僧」「神応寺文書」)。

　6月5日名護屋在(同日付称名寺宛秀吉朱印状「為名護屋見廻間合鳥子百枚到来悦思召候」「称念寺文書」)。8日名護屋在(同日付上賀茂社家中宛秀吉朱印状「為名護屋見舞」『賀茂』、同日付上京惣中宛秀吉朱印状「為名護屋見舞差越年寄共」「京都上京文書」)。10日名護屋在(同日付一柳直盛宛秀吉朱印状「為名護屋見舞金之扇子二本皮三足」「一柳文書」)。15日名護屋在(同日付梶井宛秀吉朱印状「為名護屋着陣御見廻祈禱巻数幷帷子二帯送給候」『三千院文書』、同日付泉涌寺宛秀吉朱印状「為名護屋見廻祈禱之巻数幷帷子二遠路到来」「泉涌寺文書」)。16日名護屋在(同日付聚楽堀川通河曲惣町中宛「木島コレクション」、理性院宛『三宝院文書』、青蓮院宛「大賀文書」、兵庫正直屋宛「椙井文書」、願成就院宛秀吉朱印状「為名護屋見廻」「成就院文書」)。19日名護屋在(同日付榊原康政宛「嗣封録」鵤寺宛秀吉朱印状「名護屋見廻」「斑鳩寺文書」)。28日名護屋在(同日付江州長浜町人中宛秀吉朱印状「為名護屋見廻」「下郷共済会所蔵文書」)。

　7月5日名護屋在(同日付賀茂惣中宛秀吉朱印状「為名護屋見舞」『賀茂』)。7日名護屋在(同日

付本能寺宛秀吉朱印状「為名護屋見廻」『本能寺文書』)。11日名護屋在(同日付鍋嶋直成宛秀吉朱印状「就名護屋御在陣御用為可相叶」『鍋島文書』)。13日名護屋在(同日付金剛峯寺惣中宛『高野山』木食興山上人宛『高野山』松尾中宛秀吉朱印状「為名護屋見舞」『松尾神社文書』)。21日名護屋在(同日付豊臣秀次宛秀吉朱印状「大政所殿御煩之由候之間(中略)即被成上洛候之間」『全昌寺文書』)。22日名護屋発(『太閤』「七月廿二日をしあけかた乃出しほに御船にて上らせ給ひし」)。28日岡山在(同日付某宛秀吉朱印状『東京古典籍会目録』1995年)。29日大坂着(『鹿苑』「大閤御帰国云々、玄以法印・徳永法印大閤為御迎往矣」)。

8月1日大坂着(『家忠』「江戸板倉四郎右衛門所より前関白様御母様大政所御死去候て関白様つくしより御帰被成候」、『兼見』「太閤名コヤノ御陣ヨリ至大坂御帰城也、未明下向云々、今度依大政所殿御事昼夜カケテ御上洛云々」)。4日大坂在(『兼見』)。11日大坂在(『多聞院』)。14日大坂在(同日付細川藤孝宛秀吉朱印状「去月廿四日之使札、今日十四日於大坂被加披見候」『島津』)。15日大坂在(同日付黒田孝高宛秀吉朱印状「去月四日書状、今月十五日於大坂被加披見候」『黒田』)。17日隠居所を伏見に定める(『鹿苑』「太閤相公御隠居所於伏見決定云々」)。19日大坂在(『鹿苑』)。20日大坂より伏見着(『兼見』「今日太閤大坂ヨリ至伏見御上洛云々、伏見御屋敷普請縄ウチ被仰付云々」)。24日大坂在(同日付喜連川国朝宛秀吉朱印状「為御陣見廻使札并鷹俣百丁贈賜候、於大坂相達候」『喜連川文書』)。

9月5日大坂在(『晴豊』)。8日大坂在(同日付立花宗茂宛秀吉朱印状「七月十六日書状於大坂加披見候(中略)来月朔日至名護屋可被成御下知候」『立花文書』)。9日大坂在(『日々記』)。14日京都着(『兼見』「太閤御上洛早天遣使者方々相尋候(中略)未之刻御上洛之由」)。14日上洛(『日々記』)。15日京都在(『兼見』)。17日(『兼見』『鹿苑』)。18日京都在参内(『兼見』『言経』『鹿苑』)。19日大仏へ(『鹿苑』『兼見』「太閤大仏へ御出云々」)。21日京都在(22日付加藤清正宛秀吉朱印状「七月廿三日書状、九月廿一日於京都被加御披見候」『紀伊徳川文書』)。22日在京(『日々記』)。23日京都発大坂へ(『言経』「太閤様本願寺殿へ茶湯ニ御出也云々、直ニ大仏へ渡御了、次大坂へ御下向也云々」)。24日山崎在(同日付長束正家他2名宛秀吉朱印状「去十日書状、今日於山崎到来披見候」『小早川』)。29日大坂在(『兼見』)。

10月1日大坂発(『多聞院』「太閤ハ西国へ今朝出馬、夕部ハ兵庫御泊云々」)。10日岡山在(同日付関白宛秀吉朱印状『駒井』)。18日広島着(19日付関白宛秀吉書状「昨日至広島へ着座候」『徴古雑抄』)。30日博多在(編年史料稿本)。

11月1日名護屋着(5日付外宮長官等宛稲葉重執書状「大閤様去朔日ニ至名護屋被成御下向候ニ付」『松木文書』)。5日名護屋在(編年史料稿本)。6日名護屋在(同日付前田利家宛秀吉書状「昨日御茶給候て過分存候」『加藩国初遺文』)。14日名護屋在(同日付彦山座主宛秀吉朱印状「為名護屋見舞祈禱巻数幷鳥目二百疋」『彦山文書』)。17日名護屋在(編年史料稿本)。

12月11日名護屋在(同日付前田玄以宛秀吉書状「此方には五日のとうりゆうたる可候ま、其心候ていそきこし可申候」『保阪潤治氏所蔵文書』)。

文禄2年(1593)
【概要】
　名護屋在陣。秀吉は、正月を名護屋で迎える。その後、8月15日まで名護屋在陣。8月15日名護屋発。25日大坂着。9月4日伏見着。5日大津へ。7日大津発伏見へ。18日大坂在。27日有馬在。閏9月7日大坂着。20日伏見着。27日伏見発京都着。10月19日大津へ。27日伏見在。11月1日伏見在。11日大坂在。18日伏見着。19日伏見発。24日清須着。28日清須発吉良へ。12月6日熱田着。7日桑名着。8日亀山。10日大津着。11日伏見着。14日大坂着。

【詳細】
　1月5日名護屋在(同日付伊達政宗書状「御渡海も相止、可為御帰洛」『政宗2』)。

　2月10日名護屋在(同日付伊達政宗書状「大閤様弥御甚深、(中略)日々茶之湯」『政宗2』)。20日名護屋在(同日付清見寺宛秀吉朱印状「名護屋為見廻ゆかけ弐具到来」「清見寺文書」)。

　3月8日名護屋在(同日付加藤貞泰宛秀吉朱印状「為名護屋見廻差越佐藤四郎右衛門尉」「大洲加藤文書」)。

　4月9日名護屋在(『太閤』「文禄二年卯月九日於名護屋本丸御能之次第」)。

　5月15日名護屋在(明使着)。22日名護屋在(同日付おね宛秀吉書状「大めいこくよりわひ事ニちよくしこのちまてこし候間(中略)七八月のころは、かならす〳〵御めにかゝり可申候」「米沢元建氏所蔵文書」)。

　6月11日名護屋在(明使謁見)。

　8月3日名護屋在(同日付おね宛秀吉書状「九月十日ころになこやをたち可申候(中略)九月廿五六日ころには大さかへ参可申」「益田孝氏所蔵文書」)。13日名護屋在(編年史料稿本)。15日名護屋発(『時慶』18日条「太閤御上洛十五日ニ国ヲ御立候」)。16日大坂への途次(19日付吉川広家宛寺沢正成書状「貴殿御煩ニ付而帰朝候て可有御養生旨、去十六御上洛之路次ニおいて被仰出候」『吉川』)。25日大坂着(『兼見』「太閤至大坂御帰陣巳刻也」『多聞院』26日条)。

　9月4日伏見着(『兼見』「伏見へ太閤御越候」、『言経』「太閤伏見へ渡御也云々」)。5日大津へ(『兼見』「大閤大津へ渡御云々」)。7日大津発伏見へ(『兼見』「今日大閤自大津伏見へ又渡御云々」)。18日大坂在(『兼見』「於大坂大閤御能御沙汰云々」)。27日有馬在(閏9月4日付木下吉隆宛秀次披露状「去月廿七日御書加拝見候、有馬御湯治之由」、『駒井』)。

　閏9月7日大坂着(『駒井』「太閤様(中略)俄昨日七日大坂へ被成還御由」)。14日大坂在(『言経』)。20日伏見着(『時慶』『駒井』「申刻到伏見太閤様被成着座候」)。23日伏見在(同日付伊達政宗書状「昨日廿三日、於伏見御茶被下」『政宗2』)。25日伏見在(同日付伊達政宗書状「今月廿五日、伏見ニて御目見申候」『政宗2』)。27日伏見発京都着(『時慶』『言経』『兼見』「大閤自伏見御入洛、諸家各為迎至大仏(中略)申刻大閤御入洛(中略)羽柴筑州所へ渡御云々」)。30日京都在(『言経』)。

　10月2日京都在(『駒井』6日条「二日之朝者家康江御茶湯之由、同晩弾正所江御成」)。3日京都在(『兼見』『言経』『鹿苑』)。5日京都在(『言経』『時慶』『鹿苑』)。7日京都在(『兼見』『時慶』『言経』)。

8日京都在(『時慶』)。11日京都在(『兼見』『時慶』『言経』『鹿苑』)。14日京都在(『兼見』)。15日京都在(『時慶』『兼見』『鹿苑』)。16日京都在(『兼見』)。17日京都在(『時慶』『兼見』)。19日大津へ(『兼見』「大閤大津へ御越ト」)。27日伏見在(『鹿苑』「到伏見御成(中略)官茗献于太閤云々」)。

11月1日伏見在(『兼見』)。11日大坂在(同日付加藤清正宛秀吉朱印状「壬九月廿二日之書状十一月十一日於大坂披見候」『尊経閣古文書纂』)。18日伏見着(『言経』19日条「昨夕太閤伏見へ御上洛也云」『時慶』19日条「太閤昨日伏見迄御越ト也、直ニ尾州御鷹野ト也」)。19日伏見発(藤田恒春2003-202頁)。24日清須在(『駒井』28日条「去廿四日ニ清須御着座之由」)。28日清須発吉良へ(『駒井』28日条「清須中三日被成御逗留、吉良へ御返之由申来」)。

12月6日熱田着(『駒井』9日条「太閤様従参州吉良還御之様子、去七日従熱田桑名迄」)。7日桑名着(『駒井』8日条「太閤様昨日七日桑名迄還御之由、今日土山御泊之由、明日九日水口か大津御泊之由」)。8日亀山(『駒井』9日条「太閤様従参州吉良還御之様子、去七日従熱田桑名迄、八日亀山」)。10日大津着(『駒井』「太閤様至大津被成還御」『時慶』「太閤ハ大津迄御上也」)。11日伏見着(『時慶』『駒井』「太閤様従大津伏見江還御」)。14日大坂着(『時慶』『駒井』「太閤様午刻より大坂江御船ニ而被成還御」)。

文禄3年(1594)

【概要】

　吉野の花見。正月を大坂で迎える。2月14日伏見着。17日伏見発大津へ。19日大津より伏見着。21日伏見在。25日大坂発。25日堺着。26日当麻在。27日吉野へ。29日吉野在。3月1日高野山へ。3日高野山着。5日まで高野山滞在。6日大坂着。17日大坂発伏見着。25日大津へ。27日大津発伏見着。28日宇治行、伏見還御。4月1日伏見発京都着。6日北野へ。8日京都在。11日伏見着。14日大坂へ。21日伏見着。27日大坂へ。29日有馬着。5月12日大坂着。6月1日大坂発伏見着。5日京都在。18日大坂へ。7月3日伏見着。12日伏見発大坂へ。8月1日大阪在。9月9日伏見在。10月6日伏見発大坂へ。10日ヵ大坂発伏見へ。16日伏見発京都着。11月2日京都発伏見へ。16日伏見着。25日伏見在。30日伏見発京都着。

【詳細】

　1月1日大坂在(『武徳』「豊臣太閤秀吉ハ大坂ノ城」)。4日大坂在(『駒井』「太閤様御気色能大坂ニて御表へ被為成候由、孝蔵主より飛脚被越」)。11日大坂在(『晴豊』)。14日大坂在(『晴豊』)。28日大坂在(『言経』『駒井』「(秀次)大坂江御下向」)。29日大坂在(『駒井』「(秀次)大坂御城へ巳刻御成(中略)太閤様御相伴」)。

　2月1日大坂在(『駒井』)。9日大坂在(『駒井』)。14日伏見着(『駒井』「太閤様申刻至伏見、従大坂被成御座」『兼見』「大閤大坂ヨリ御上、至伏見之御城御逗留云々」)。16日伏見在(『駒井』「関白様伏見江被成御成、太閤様江被成御対面」)。17日伏見発大津へ(『駒井』「太閤様従伏見、大津江被成御下向」)。19日伏見着(『駒井』「太閤様大津より伏見へ還御」)。21日伏見在(『駒井』)。25日大坂発(藤田恒春2003-212頁)。25日堺着(『多聞院』「太閤ハ明日当麻迄御越、今日ハ堺へ御通」、『駒

井』「太閤様至当麻御着之由」とある)。26日当麻在(『駒井』)。27日吉野へ(『駒井』「太閤様関白様同日吉野御登山被成」『兼見』29日条「芳野へ大閤御花見、各下向云々」)。29日吉野在(『駒井』)。

3月1日高野山へ(『多聞院』「太閤ハ今日吉野ヨリ高野へ」)。 2日兵庫寺(『親綱』)。 3日高野山着(『駒井』4日条「太閤様三日晩高野江被成御登山」)。 6日高野山在(『駒井』「藤堂佐渡方より(中略)去三日高野江御登山、四日ニ大政所御いはい処にて御法事、御供(中略)五日ニ御能、六日ニ奥院江御入堂、其日御連歌可被成由」)。 6日大坂着(『駒井』7日条「太閤様昨日未刻至大坂還御被成旨」)。17日大坂発伏見着(『兼見』『家忠』「太閤様大坂ヨリ伏見へ御成候」、『駒井』「未刻至伏見太閤様御成」)。18日伏見在(『家忠』)。25日大津へ(『家忠』『駒井』「太閤様巳刻より大津江被成御下向」)。27日大津発伏見着(『駒井』「太閤様従大津至伏見被成還御候」)。28日伏見↔宇治(『駒井』「太閤様今朝宇治江被成御成、則未刻至伏見被成還御」)。

4月1日京都着(『言経』『鹿苑』『駒井』「太閤様従伏見未刻ニ施薬院江御成」、『兼見』「大閤自伏見御上洛、薬院ニ御座云々」)。 2日京都在(『駒井』)。 3日京都在(『兼見』)。 6日北野へ(『駒井』「太閤様北野江出御、勅ニ羽筑前江御成、則被成御泊」)。 8日京都在(『家忠』『駒井』『鹿苑』)。10日京都在(『駒井』)。11日伏見着(『駒井』「太閤様辰刻加賀中納言殿より伏見江被成還御」『鹿苑』「太閤相国還御于伏見也」)。14日伏見在(『駒井』)。14日大坂へ(『駒井』「大閤様未刻伏見より大坂江被成還御(中略)従大坂伏見江御移徒、来廿日与被仰出旨」)。20日大坂在(『駒井』)。21日伏見着(『駒井』「大閤様御上洛之由、木大膳・孝蔵主より申来」『言経』「太閤伏見へ御上洛也云々」)。27日大坂へ(『駒井』「(秀次)大坂江御下向(中略)大閤様より為御迎」)。28日大坂在(『駒井』)。29日有馬へ(『太閤』「卯月廿九日御湯治に付而れき〳〵の御伽衆十九人被召連」、『家忠追加』)。

5月3日有馬在(同日付毛利輝元宛秀吉朱印状「就有馬湯治為見廻使者殊湯帷二十幷菓子一折」「毛利家博物館蔵文書」)。12日大坂着(「家忠追加」「太閤秀吉有馬ヨリ大坂ニ帰ル」)。

6月1日大坂発伏見着(『兼見』「大閤至伏見自大坂御成云々」)。 3日伏見在(『家忠』)。 5日伏見在(「家忠追加」「大神君ノ御館ニ秀吉ヲ招請シ給ヒ、御茶会ヲ促サレ」)。18日大坂へ(19日付上杉景勝宛石田三成書状「昨晩至大坂御成候事」「越佐史料稿本」、『家忠』「太閤様大坂へ御帰候」)。

7月3日伏見着(『家忠』「太閤様大坂より伏見へ」、『言経』「太閤早暁ニ伏見へ御出也云々」、『兼見』2日条に「大閤至伏見御上云々」とある)。10日伏見在(『兼見』)。12日伏見発大坂へ(『言経』「太閤伏見ヨリ大坂へ還御也云々」)。

8月1日大坂在(同日付某宛伊達政宗書状「今日之御礼伏見にて可申上存候へ者、御上洛明日へ延候由、昨夜四之過に京へ聞得申候間、則刻罷出、終夜舟にて参申候」『政宗2』)。

9月9日伏見在(『家忠』「大納言様(家康)ヘハ太閤様御成候とて今日之出仕やミ候」『鹿苑』「殿下御成於伏見云々」)。18日伏見在(編年史料稿本)。22日伏見在(同日付毛利輝元宛秀吉朱印状「為伏見移徙祝儀太刀一腰馬代」『毛利』)。

10月6日伏見発大坂へ(『言経』「太閤伏見ヨリ大坂へ御下向也云々」)。10日ヵ大坂発伏見へ(9日付上杉景勝宛石田三成等連署状「明日太閤様可被成後上洛旨候、然者、惣構ほりきわにて御目見なされ(中略)明日相延候ヘハ明後日」『上杉』)。16日伏見発京都着(『言経』「太閤伏見ヨリ御上洛

了」)。20日京都在(『言経』『鹿苑』『兼見』「関白聚楽へ大閤御成」)。23日京都在(『兼見』「大閤還御、不及儀式、前田筑州所へ御座云々」)。25日京都在(『兼見』『言経』)。28日京都在(「文禄三年十月廿八日羽柴越後中納言景勝様へ大相国秀吉公御成之帳」『信濃18』『兼見』『鹿苑』)。30日京都在(『鹿苑』「大閤公御成于佐竹宅」)。

11月2日京都発伏見へ(『兼見』「大閤伏見へ還御云々」)。3日伏見在(編年史料稿本)。16日伏見着(『兼見』18日条「大閤一両日已前伏見へ渡御云々」)。25日伏見在(『言経』)。30日伏見発京都着(『言経』12月1日条「太閤昨日御上洛也」)。

12月10日前後有馬在(『豊臣秀吉文書集』5077～81)。

文禄4年(1595)

【概要】

秀次事件の年。秀吉は、正月を伏見で迎える。7日伏見在。18日大坂在ヵ。22日大坂在。2月15日伏見着。3月7日京都着。10日坂本発京都着。21日京都在。25日伏見発京都着。28日京都在。4月6日大坂在。8日伏見着ヵ。10日伏見着。21日伏見発大坂へ。5月21日伏見在。7月7日伏見在。8月4日伏見在。22日伏見着。9月20日大坂着ヵ。10月15日伏見在。11月4日京都着。7日伏見発京都着。9日伏見へ。12月8日伏見着。18日大坂着。

【詳細】

1月3日(草津へ、不実行)(同日付秀吉朱印状「くさ津ゆ道御とまり所々」『浅野』)。7日伏見在(「増補筒井家記」「文禄四年乙未正月(中略)同七日伏見ニ至リ年始ノ賀を伸」)。18日大坂在ヵ(『兼見』「今日於大坂ハスカ安房守大閤御成申入云々」)。22日大坂在(『兼見』)。28日大坂在(『兼見』「大閤入御倉御道具盗取之」)。

2月1日大坂在(『兼見』)。15日伏見着(『兼見』17日条「一昨夜十五日歟、大閤伏見へ御座之由被申詑」『言経』「太閤大坂ヨリ伏見へ暮々ニ御上也云々」とす)。

3月2日伏見在(『お湯殿』「大かうへ年々の御れい(中略)ふしみへわたましの御れゐ」)。3日伏見在(『兼見』)。7日京都着(『兼見』『お湯殿』「大かうけふ上洛にて九日にさんたい」『言経』「太閤伏見ヨリ御上洛了、直前田中納言殿へ渡御也」)。8日京都在(『言経』)。10日坂本発京都着(『兼見』「今夕大閤自坂本御上洛、薬院へ御出云々」)。20日京都在(『兼見』)。21日京都在(『兼見』「此間之屋敷以幽斎理大夯へ上被申也、当分居所無之」)。25日伏見発京都着(『言経』「太閤伏見ヨリ御上洛也」)。27日京都在(『お湯殿』『兼見』)。28日京都在(『言経』『兼見』「家康へ大閤御成云々」)。

4月6日大坂在(『駒井』「今明日両日御能有之由申来(大坂)」)。8日伏見着ヵ(『駒井』「御ひろひ様御はしか被成ニ付、大閤様従大坂伏見へ御成」)。10日伏見在(『駒井』「関白様辰之刻伏見江御成、則大閤様御殿江」)。14日伏見在(『駒井』)。21日伏見発大坂へ(『駒井』「太閤様大坂江被成御下向由」)。

5月21日伏見在(『言経』「伏見ニテ 殿下ニテ御能有之云々、太閤・北政所等御成也云々」)。

7月7日伏見在(『兼見』「依殿下御別心之雑説、大閤以外御腹立つ」『言経』「早朝ヨリ江戸黄門太閤御礼ニ被行了」)。8日伏見在(『兼見』「殿下午刻伏見へ御出云々」)。9日伏見在(『兼見』「昨夜殿

下令切御本結(中略)木村常陸守御折紙居城へ大閤被遣(中略)大閤御気色以外之次第云々」)。21日伏見在(『兼見』「唯今伏見より注進(中略)大閤御気色ヨシ」)。24日伏見在(『言経』)。

8月4日伏見在(『兼見』「今度上杉景勝卿上洛、直ニ参伏見、即在御対面」)。7日(『兼見』7日条「今度屋敷地敷等自大閤幽斎へ被返遣也」)。22日伏見着(『言経』「太閤様昨日伏見へ渡御也云々」)。

9月8日伏見在(『治家記録』「九月丙戌小九日己卯御機遣ノ後始テ太閤へ御目見アリ」)。20日伏見在ヵ(19日付伊達政宗書状「明日之時分、御普請場にて御目見申度候」『政宗2』)。20日(大坂着ヵ)(『兼見』「一両日中大閤大坂へ御也成」)。

10月15日伏見在(「吉川家譜」「十月十六日広家公ヨリ(中略)賜フ書ニ昨日御城ニテ御前御メミヘ申候処高麗長陣辛労仕候トシテ直ニ御掟候」)。

11月1日伏見在(「親綱」「早天伏見下、太閤御方へ懸御目了」)。4日京都着(「親綱」「太閤又御上洛之由告来之間急大仏へ出向、御上洛」、『言経』5日条「太閤様昨夕御上洛ニ付而」)。8日伏見へ(「親綱」「太閤御所御咳気候之由ニテ無御参内、俄伏見へ御下也」『言経』「太閤伏見へ御帰城了」『兼見』「翌日九日早天至伏見御帰城也」)。

12月8日伏見着(『言経』「太閤伏見へ御帰御了」)。18日大坂着(『言経』「太閤大坂へ御下向也云々」)。

文禄5年・慶長元年(1596)

【概要】

閏7月13日伏見大地震。秀吉は、正月を大坂で迎える。2月14日大坂より伏見着。3月27日京都より伏見へ。29日伏見在。4月7日大坂より伏見着。5月6日伏見発京都着。17日伏見着。6月は伏見在。7月24日伏見より京都着。25日京都着。閏7月11日伏見在。8月20日伏見在。9月1日大坂在。12月17日大坂在。

【詳細】

1月1日大坂在(『義演』「太閤秀吉卿於小坂御越年、但諸大名ハ悉伏見ニテ越年也、御拾御所伏見ニ御座故也」)。12日大坂在(『義演』)。17日大坂在(『言経』)。19日大坂在(『義演』)。20日大坂在(『義演』)。22日大坂在(『義演』)。24日大坂在(『義演』)。26日大坂在(『義演』)。28日大坂在(『鹿苑』「玄以法印入内云、可建立新御殿、以指図下向于大坂、可備太閤相公台覧云々」)。

2月10日大坂在(「孝亮」「今日於大坂太閤諸家礼有之」)。14日伏見着(『義演』20日条「太閤御不例本復、去十四日伏見城へ渡御云々」、『兼見』2月10日条には「去十日大閤様至伏見渡御云々」とみえる)。

3月27日京都より伏見へ(4月1日付江南斎宛伊達政宗書状「太閤様去廿七日舟にて御下向候刻、普請場ニ相待」『政宗2』)。29日伏見在(前掲4月1日付江南斎宛伊達政宗書状「一昨日御普請場へ出御候条(中略)御手前にて御茶被下」『政宗2』)。

4月7日大坂発伏見着(『言経』「太閤大坂ヨリ伏見へ御上了」)。27日伏見在(『兼見』「於伏見土佐長曽我女大閤御成申入云々」)。

5月6日伏見発京都着(「孝亮」「今日従伏見太閤御上洛」、『言経』「太閤伏見ヨリ御上洛了」)。9日京都在(『兼見』『舜旧』)。13日京都在(『義演』『兼見』『言経』「孝亮」『舜旧』)。15日京都在(『義演』

『言経』『舜旧』)。17日伏見着(『義演』「今晩太閤・御拾伏見ヘ還御」、『兼見』「大閤御能(中略)大閤及夕伏見ヘ還御之ヨシ申訖」、『言経』「太閤・同若公以下、伏見ヘ還御了、見物了」、『孝亮』16日条には「今夕太閤幷若公伏見江御下向也」とある)。25日伏見在(『義演』『兼見』『孝亮』)。

6月8日伏見在(『義演』『言経』)。9日伏見在(『言経』)。10日伏見在(『言経』)。

7月25日京都着(『孝亮』「今日太閤御上洛云々」、『言経』26日条には「太閤一昨日伏見ヨリ御上洛了」とある)。

閏7月11日伏見在(『義演』「太閤御所頓御上洛」、『言経』「太閤江戸中納言殿へ渡御」)。14日伏見在(『義演』「伏見向野川中也去春ヨリ大普請御城出来、是以大地震ニ石クラ二間余ニヱ入ト云々、依之今日同伏見山ニ御綱張云々」)。16日伏見在(『義演』)。21日伏見在(『義演』)。

8月20日伏見在(『言経』「江戸内府亭ヘ太閤様御茶湯ニ渡御也」)。

9月1日大坂在(『舜旧』「今日太閤於大坂唐人勅使御対面与聞了」)。

12月17日大坂在(『義演』「大坂御移徙惣礼之由(中略)小坂江申未刻着了」)。

慶長2年(1597)
【概要】
慶長の朝鮮出兵。秀吉は、正月を恐らく大坂で迎えたものと思われる。3月1日大坂着。8日醍醐へ、伏見還御。9日大坂着。21日大坂発伏見着。4月4日伏見発大坂へ。16日伏見ヵ。24日京都着。28日京都より伏見着。5月6日伏見発大坂へ。14日伏見着。22日伏見発京都着。23日大仏。27日大仏。29日大仏。6月25日京都着。27日伏見在。7月12日京都在。28日大仏。29日京都着。8月9日伏見ヵ。13日伏見在。26日京都着。9月4日伏見在。25日伏見発京都着。30日伏見着。10月1日京都着。8日伏見着。10日京都着12日伏見着。11月、12月は伏見在。

【詳細】
3月1日大坂着(『義演』「太閤秀吉公大坂江御越云々、御息秀頼彼ニ御座故也」)。8日醍醐へ(『義演』「太閤御所俄当寺花御覧御成」)。9日大坂着(『義演』「大様為御礼徳善院以愚札申候、今朝早々大坂へ御成云々」)。21日大坂発伏見着(『鹿苑』「今日太閤自大坂至伏見御成之故也、到伏見則太閤者午刻御成之由也」)。22日伏見在(『鹿苑』)。29日伏見在(『鹿苑』)。

4月2日伏見在(『義演』『鹿』)。4日伏見発(『義演』「太閤御所へ為礼、伏見へ発足、俄大坂へ御下」、『鹿苑』「則大相国御船出、大坂御成也」)。16日伏見か(『鹿苑』「斎日赴殿中、東西之御殿作、太閤之供奉一覧」)。24日京都着(『孝亮』『鹿苑』『義演』「今日太閤御所御上洛」)。26日京都在(『義演』「内裏ノ東、ワカゼカ池トカ池ト云所、太閤御所御屋敷ニ御沙汰云々、仍三条御屋敷普請最中ト云トモ被休了、町人迷惑」、『言経』「太閤早朝ニ屋敷被替也」)。27日京都在(『義演』『言経』)。28日京都より伏見へ(『言経』『孝亮』『鹿苑』『義演』「太閤御所伏見ヘ還御云々」)。

5月6日伏見発大坂へ(『舜旧』「太閤大坂渡御了」)。14日伏見着(『義演』「伏見城へ従大坂城、秀頼様御移徙、御舟云々」『言経』「太閤・同若公等伏見ヘ御上也云々」)。17日伏見在(『言経』『鹿苑』)。20日伏見在(『義演』)。22日伏見発京都着(『孝亮』「太閤有御上洛」『義演』「太閤御所御出京

云々」『鹿苑』「太閤者御入洛、為御屋敷御縄張也」)。23日大仏(『義演』「今日大仏ヘ太閤御所御成、本尊御覧」)。27日大仏(『義演』「太閤御所法事御聴聞云々」)。29日京都在(『義演』「大仏法事太閤御所御聴聞(中略)及晚御帰云々」、『言経』「大仏奥妙法院経堂ニテ(中略)太閤御聴聞ニ早朝ヨリ渡御也云々」、『鹿苑』「太閤妙法院御斎御見物(中略)未刻還御也」)。

6月25日京都着(「孝亮」「太閤御上洛、作事有御見物」)。27日伏見在(『義演』「伏見向島瓜見トシテ諸門跡中不残、従太閤御所御召請(中略)太閤御所ノ本ノ御茶屋ヘ御同道」)。28日伏見在(『義演』「今日公家中為瓜見、伏見にて御振舞云々」)。

7月12日伏見在(『言経』「太閤内府宅ヘ御成」)。28日大仏(『義演』8月1日条「大仏宝塔、一昨日始而太閤御所御覧」)。29日京都着(「孝亮」「太閤有御上洛、自大唐来象」)。

8月3日新城(『義演』「京都禁裏ノ東ニ今度新城太閤御所御沙汰、大方周備云々、又西南ヘヒロケラルト云々」)。9日伏見ヵ(『鹿苑』「今日大泥国返章清書、午刻到殿中備尊覧、於御前押金印(中略)自朝鮮国有御注進(中略)太閤即乗早船、可被赴朝鮮之御意也」)。13日伏見在(『鹿苑』「斎了、赴殿中於本丸御対面」)。26日京都着(「孝亮」「太閤上洛、作事有御見物」、『言経』27日条「太閤御方御上洛昨日也云々」)。28日京都発伏見着(『言経』「太閤今日伏見ヘ御帰也」)。

9月4日伏見在(『鹿苑』)。24日伏見在(『鹿苑』)。25日伏見発京都着(『義演』「太閤御所御上洛云々」、『鹿苑』「太閤今日御上洛、々々即御出洛」)。26日京都着(『兼見』「太閤父子御入洛(中略)午刻御上洛」)。28日京都在(『義演』『言経』『孝亮』『兼見』)。30日伏見着(「孝亮」「太閤御下向伏見」、『言経』「太閤伏見ヘ御帰之間」)。

10月1日京都着(『言経』「太閤上京御屋敷ニ逗留」、『鹿苑』2日条「太閤昨日於普請場以松葉突目、々医師□三人来、京之十乗坊着薬」)。6日京都在(『鹿苑』)。8日伏見着(『言経』「太閤伏見ヘ御帰之間」)。10日京都着(『鹿苑』「太閤今日可有御上洛之由也、於稲荷雖待太閤之御成、尤遅(中略)依太閤御成之遅(中略)予者出洛、晚間赴殿中」)。12日伏見着(『兼見』『言経』「太閤・同若公等伏見ヘ御下向之由有之」、『鹿苑』「太閤今日自洛御下向也」)。14日伏見在(『鹿苑』)。18日伏見在(『鹿苑』)。20日伏見在(『鹿苑』)。22日伏見在(『鹿苑』)。26日伏見在(『鹿苑』)。27日伏見在(『鹿苑』11月1日条)。

11月1日伏見在(『鹿苑』『義演』)。5日伏見在(『鹿苑』)。9日伏見在(『鹿苑』)。21日伏見在(『鹿苑』)。

12月10日伏見在(『鹿苑』)。11日伏見在(『鹿苑』)。15日伏見在(『鹿苑』)。17日伏見在(『鹿苑』)。19日伏見在(『鹿苑』)。

慶長3年(1598)1月～8月

【概要】

醍醐の花見。秀吉は、伏見で正月を迎える。2月9日以降しばしば醍醐に出かける。花見の準備か。16日、20日、23日、28日、3月3日、11日、14日に醍醐行。そして、15日醍醐行、花見。4月10日伏見在。12日醍醐行。15日京都着。18日京都在。5月1日伏見在。8日有馬着。6月13日伏見在。その後、8月18日に死去するまで伏見在。

【詳細】

　2月9日醍醐行、還御(『義演』「太閤御所頓当寺へ御成」)。16日醍醐行(『義演』「太閤御所門跡馬場へ直ニ御成」)。20日醍醐行(『義演』「太閤今日御成」)。23日醍醐行(『義演』「太閤御所御入寺」)。28日醍醐行(『義演』「太閤御所御成、先門跡へ渡御」)。

　3月3日醍醐行(『義演』「太閤御所渡御」)。11日醍醐行(『義演』「太閤御所渡御、先山上へ直ニ御成」)。14日醍醐行(『義演』「太閤御所渡御」)。15日醍醐行花見(『孝亮』「於ーー有御花見(中略)三宝院」、『義演』「今日太閤御所渡御、女中各御成、終日御遊覧」、『舜旧』「於醍醐太閤花御覧」)。

　4月10日伏見在(『言経』「太閤さま江戸内府へ御成也」)。12日醍醐行(『義演』「午刻太閤御所頓御成」)。15日京都着(『義演』「今日太閤御所出洛也(中略)後ニ伝聞、今日太閤幷中将殿後上洛云々」)。18日京都在(『お湯殿』『義演』『言経』『舜旧』)。

　5月1日伏見在(『言経』「太閤若公御上洛也」)。8日有馬着(『義演』7日条「明日太閤御所有馬後湯治」)。

　6月13日伏見在(『義演』「此中聊太閤御所御気不快時分之間」)。17日伏見在(同日付五もし宛秀吉書状「昨日きなくさみに、ふしんはへ出候てから」「多田厚隆氏所蔵文書」)。27日伏見在(『義演』「太閤御所御不例云々」)。

　7月3日伏見在(『義演』)。5日伏見在(『義演』)。10日伏見在(『義演』)。17日伏見在(『義演』)。18日伏見在(『義演』)。25日伏見在(『義演』)。29日伏見在(『言経』)。

　8月7日伏見在(『義演』)。12日伏見在(『義演』)。18日伏見死(『舜旧』「太閤御死去云々」)。

■典拠
【古文書】

『浅野』『上杉』『黄薇古簡集』『覚上公御書集』『賀茂』『吉川』『黒田』『高野山』『小早川』『真田』『信濃18』『島津』『大徳寺』『伊達』『政宗2』『談山神社文書』『徴古雑抄』『中川家文書』『閥閲録』『豊大閤』『松尾神社文書』『毛利』『歴代』『弘文荘待賈古書目』『古書逸品展示大即売会』『古典籍下見展観大入札目録』『思文閣古書』『宗家朝鮮陣文書』『東京古典籍会目録』『豊臣秀吉文書集』

「秋田家文書」「秋田藩採集文書」「蘆田文書」「安藤重寿氏所蔵文書」「井伊家文書」「斑鳩寺文書」「池田文書」「生駒家宝簡集」「石母田文書」「市立長浜城歴史博物館所蔵文書」「今井文書」「今出川勇子氏所蔵文書」「今村文書」「伊予新宮田辺文書」「潮田文書」「永泉寺文書」「近江水口加藤子爵家文書」「大賀文書」「大阪城天守閣所蔵文書」「大洲加藤文書」「太田文書」「小川文書」「荻野由之氏所蔵文書」「可睡斎文書」「加藤文書」「金井文書」「亀井文書」「河島亮太氏所蔵野田家文書」「紀伊徳川文書」「喜連川文書」「岐阜市歴史博物館所蔵文書」「京都上京文書」「慶応大学図書館所蔵文書」「古文書写」「小山文書」「佐藤亀之介氏所蔵文書」「佐藤行信氏所蔵文書」「三千院文書」「三宝院文書」「七条憲三氏所蔵文書」「島垣文書」「下郷共済会所蔵文書」「下坂文書」「称念寺文書」「成就院文書」

「成菩提院文書」「松花堂所蔵古文書集」「神応寺文書」「須田文書」「成簀堂古文書雑文書」「清見寺文書」「専光寺文書」「全昌寺文書」「泉涌寺文書」「尊経閣古文書纂」「高木文書」「多賀文書」「滝川文書」「多田厚隆氏所蔵文書」「立花文書」「楮井文書」「土田藤一氏所蔵文書」「徳富猪一郎氏所蔵文書」「土佐山内家史料」「長尾新五郎氏所蔵文書」「名護屋城博物館所蔵文書」「鍋島文書」「奈良文書」「西村文書」「新見貫次氏所蔵文書」「梅林寺文書」「一柳文書」「広田文書」「藤田文書」「豊国社祠萩原文書」「保阪潤治氏所蔵文書」「細川文書」「堀口堅一郎氏所蔵文書」「本願寺文書」「本能寺文書」「前田長雅氏所蔵文書」「益田孝氏所蔵文書」「松木文書」「松平基則氏所蔵文書」「三村文書」「宮城県図書館蔵文書」「村上大憲氏所蔵文書」「毛利家博物館蔵文書」「山田覚蔵氏所蔵文書」「吉田良正氏所蔵文書」「能松佐太郎氏所蔵文書」「吉村文書」「米沢元建氏所蔵文書」「立政寺文書」「龍造寺文書」「脇坂文書」

【日記】

『家忠』「宇野』『雲厳院内府公維公記』『お湯殿』『兼見』『義演』『北野社家』『北野目代』『駒井』『舜旧』『孝亮』『多聞院』『親綱』『言経』『時慶』『晴豊』『蓮成院』『鹿苑』

【記録】

「家忠追加」『景勝公御年譜』『華頂要略』『貝塚天満移住記』『吉川史臣略記』「九州御動座記」『治家記録』『宗国史』『太閤』『伊達政宗記録事蹟考記』『輝元公上洛日記』『当代』『姫路城史』『武家事紀』『武徳』『譜牒』中巻

「今井宗久茶湯書抜」「伊予古文」「上杉家記」「越佐史料稿本」「大友家文書録」「景勝公諸士来書」「加藩国初遺文」「己行記」「木島コレクション」「吉川家譜」「玉証鑑」「外宮引付」「古簡雑纂」「古今消息集」「御上洛日帳」「古文書纂」「薩藩旧記後集」「嗣封録」「常総遺文」「士林証文」「寸金雑録」「水月古鑑」「宗久茶湯日記」「増補筒井家記」「創業記考異」「豊臣秀吉九州下向記」「難波創業記」「編年史料稿本」(東大史料)「北徴遺文」「松井家譜」

【参考文献】

粟野俊之『織豊政権と東国大名』(吉川弘文館　1993年)

桑田忠親『豊臣秀吉研究』(角川書店　1975年)

小林清治『奥羽仕置と豊臣政権』(吉川弘文館　2003年)

曽根勇二『近世国家の形成と戦争体制』(校倉書房　2004年)

播磨良紀「羽柴秀吉文書の年次比定について」(『織豊期研究』16　2014年)

藤田達生編『小牧・長久手の戦いの構造』(岩田書院　2006年)

藤田恒春『豊臣秀次の研究』(文献出版　2003年)

豊臣秀次の居所と行動

藤田 恒春

【略歴】

　豊臣秀次は、三好吉房ととも(智)とのあいだに永禄11年(1568)に生まれた。

　父は、初め木下弥介と称し、また長尾氏とも称し、のちに三好吉房あるいは昌之と名乗り、実子秀次が秀吉の養子となるに及び羽柴氏と改姓し、天正18年(1590)、秀次の尾張転封とともに尾張国犬山城へ移り、同20年清須へ移った。犬山城時代には剃髪し、常閑あるいは一路と号し、法印に任ぜられ、三位法印と称した。武蔵入道とも称している。

　文禄2年(1593)12月11日、尾張国内で1万2200石を加増されたが、同4年7月、秀次事件により所領を没収され讃岐へ追放された。没年については、慶長5年(1600)とするもの、あるいは同17年8月15日とするものがあり明かではない。法号は建性院日海と言う(増訂再版『野史』5)。

　母は秀吉の姉でともと言う。没年から享禄4年(1531)ころの生まれと思われる。三好吉房に嫁し、秀次・秀勝・秀保の三子を儲けた。秀次・秀勝は、秀吉の養子となり、秀保は秀長の養子となったが、秀勝は天正20年9月9日、朝鮮唐島で病死し、秀保は文禄4年4月16日、大和十津川で横死し、秀次は同7月15日自殺するなど、三子をともに秀吉との関係で失っている。文禄2年出家得度をし、瑞龍院日秀と称した。寛永2年(1625)4月24日、94歳の高齢で亡くなっている(「孝亮」)。

　秀次は、初め次兵衛と称したが孫七郎と改めた。ただし、これは後の通称で幼名ではない。天正3年以降10年までのあいだに三好康長(長慶の叔父。詳しい経歴は不明)の養子として迎えられ、三好孫七郎信吉と名乗った。同10年までの居所と行動については不明である。

　小和田哲男氏は、秀次幼少時代のことにつき、天正元年(元亀4年、1573)、宮部継潤の養子となったこと、同2年、秀吉が今浜城へ移るころには秀吉のもとへ戻されていたことなど、言及されているが、不確定要素が多いうえに秀吉自身信長家臣時代のことゆえ、10歳未満のことについて検討することに積極的意味はあまりないように思われる(小和田哲男『豊臣秀次「殺生関白」の悲劇』)。

同10年6月、紹巴らと夢想百韻を賦したと指摘されている。10月、秀吉の根来攻めに浅野長吉らとともに秀次と三好康長も参陣している(10月22日付下間刑部卿法眼宛羽柴秀吉判物『浅野』)。こののち、三好康長のもとを去り秀吉のもとへ移った(明確な年次は未詳)。

　※　天正10年時点で秀次は、「秀次」とは名乗っていない。また、紹介された紹巴の連歌の会に天正11年以降、彼の名前が見られない事由の説明が必要ではないか。同名異人の可能性があるのではないだろうか(諏訪勝則「関白秀次の文芸政策」『栃木史学』9　1995年)。

【居所と行動】

秀次の居所と行動は、以下の4つの時期に分けて考えることが妥当である。
① 　天正13年(1585)7月まで、三好氏時代
② 　天正13年7月以降、近江八幡山城主時代
③ 　天正18年7月以降、尾張清須城主時代
④ 　天正19年12月、関白就任以降、文禄4年(1595)7月の失脚まで

1　三好氏時代

天正11年(1583)

1月、伊勢に瀧川一益を攻略のため近江愛知郡君畑口へ出陣したが(『豊臣記』)、1月・閏1月・2月の3か月間の行動を一次史料で確認することはできず、4月2日、秀吉は敵山路将監攻略につき連絡を待つよう秀次に指示している(「4月2日付三好孫七良宛秀吉判物」『思文閣古書』197)。このことにより秀次も秀長らとともに賤ケ岳の合戦には、参陣していることが判明する。5月25日付秀吉朱印状によって兵庫の「政道」を命じられ(「福尾猛市郎氏所蔵文書」)、7月には摂津の警固を命じられているが確定的ではない(『柴田退治記』)。なお、秀次は摂津の「警固」にかかり、川辺郡・武庫郡内に所領を晩年まで持っていたか、あるいは蔵入地を預かっていたと思われる。川辺郡米谷村(まいたに)の清澄寺は、文禄4年7月13日、秀吉の奉行から糺明を免除されていることからも米谷村をふくむ当該地域が秀次の所領であったことを窺わせる(「清澄寺」)。

この後、大坂に居住したようで天王寺屋(津田)宗及の茶会記に名前が散見する。

天正12年(1584)

3月11日付で木下半右衛門へ宛てた秀吉判物により小牧攻めのため美濃口へ派遣された中川秀政や高山右近ら1万3000人とともに近江野洲郡永原に陣取っていたことが判明する(「富田仙助氏所蔵文書」)。13日、江州永原に陣取る(同日付丹羽長秀宛秀吉書状『豊臣秀吉文書集』No.968)。

　※　『大日本史料』では、本文書を「岐阜県古文書類纂」から採り天正11年3月に比定している。

4月8日、初陣を飾るべく秀吉から池田恒興・森長可らの有能な武将をつけられたが(「豊臣記」)、翌日の岩崎口の合戦で池田・森などを失う失態を演じた(「尾張徳川文書」)。同11日には美濃大垣へ退き、6月下旬まで大垣に在陣していた(「伊木文書」)。その後、9月23日秀吉から「秀吉甥子之令覚悟、人にも慮外之躰、沙汰之限」と叱責を受けた(同日付某宛秀吉書状『豊臣秀吉文書集』No. 1215)。

年末には大坂へ戻っていたと思われ、11月29日と12月9日には天王寺屋宗及の茶会へ出ている(「宗及自会記」)。

※ 秀次の三好より羽柴への改姓、信吉より秀次への改名の時期について触れておきたい。羽柴姓への改姓は、同年4月23日付北条氏直書状写に「三好孫七郎」と見え(内閣文庫所蔵「古證文」)、6月21日付秀次書状には「羽孫七信吉」と署判しており、この間に改姓した可能性がある(「上坂文書」)。名前の方は6月21日に上坂八郎兵衛へ宛てた書状には、「羽孫七信吉」と署判しており、10月15日付知行宛行状には、「孫七郎秀次」と署判していることから、天正12年6月〜10月のあいだに改名したことが分かる(「賜蘆文庫文書」)。

以上のことから、秀次は、天正12年4月の長久手の戦いでの敗戦を契機に羽柴姓へ改姓をし、10月までに秀次と改名したものと推察される。

西洞院時慶の日記には、天正15年3月7日条に「三吉孫七郎」とあり、6月28日になって「羽柴宰相」と見え、改姓改名が直ちに受け入れられてはいなかったようである(『時慶』)。

2 八幡山城主時代

天正13年閏8月22日、近江で43万石(内23万石は年寄分)を宛行われ八幡山城に封ぜられてから、同18年7月13日尾張へ移封されるまでのあいだ約5か年の期間である。この期間、天正18年まで秀次は秀吉の天下一統事業に直接参画することは少なかった。京都にいることが多く、禁裏堂上社会との交流を深めていった時期のように推察される。この期間、秀次の行動は断片的にしか判明しない。

天正13年(1585)

2月には大坂に居たと思われ、天王寺屋宗及の茶会へ出ている(「宗及自会記」)。3月上旬、紀伊攻めに参陣し、和泉千石城を攻めている(「豊臣記」)。

6月20日には、羽柴秀長とともに四国攻めに参陣し、自らは摂津・丹波勢を率い明石より淡路島へ渡っている(「四国御発向並北国御動座事」)。四国攻めに動員された中川藤兵衛に対し秀吉より「美濃守(秀長)・孫七郎(秀次)ニ相尋可入精事肝要候」とあり、四国攻めが羽柴秀長・秀次を中心とするものであったことが分かる(6月24日付中川藤兵衛宛秀吉朱印状『中川家文書』)。

7月8日、阿波国勝浦郡へ入った秀次は、本庄村の丈六寺へ乱暴狼藉禁止の判物を発給している(『阿波国徴古雑抄』)。秀次は、この四国攻めで獅子奮迅の活躍をしたと言われ(山

本大『長宗我部元親』)、7月27日、阿波脇城在「其表取巻儀、(中略)懇従孫七郎申越候」(同日付堀秀政宛秀吉書状『豊臣秀吉文書集』No. 1517)。8月21日、田中吉政は秀吉の奉行宮城豊盛に対し、秀次へ兵粮米5日分を紀伊の湊で渡すよう頼んだ(「永運院文書」)。8月26日、阿波在「其国様子、先日孫七郎方へ遣候一書面を相守可申付事」(同日付某宛秀吉書状『豊臣秀吉文書集』No. 1538)。この論功行賞として帰陣後の閏8月21日、近江で43万石を宛行われ、八幡へ封ぜられた(「古文書纂」)。9月10日、八幡在「其地普請事、頓而我々相越、見可申候」(9月10日付秀吉書状『豊臣秀吉文書集』No. 1619)。9月ころには鶴翼山で城普請を急いでいたようである(「京大総合博物館所蔵文書」)。

閏8月には、5通の知行宛行状を発給し、10月には近江の諸職人へ法度を出すなど、一領主として、また秀吉一族大名として初めて領主らしき行動をとっている。

10月6日、少将に任ぜられ、以後の官位昇進のスタート地点に立った(『兼見』)。11月3日、本願寺に対して近江にある道場坊主の諸役を免除している(「永正寺文書」)。12月21日より上坂した小早川隆景らを饗応するために大坂城へ詰めた(「高橋義彦氏所蔵文書」)。

　※　この年12月10日、織田信長の四男で秀吉の養子となっていた羽柴秀勝(天正10年、丹波亀山城主、少将から権中納言従三位へのぼる)が18歳で死去した。同い年であっただけに秀次のその後に少なからず影響をもたらしたと推察される。

天正14年(1586)

1月9日、大和郡山へ下向したようである(『多聞院』)。2月8日、秀次使者、吉田兼見を訪ね。2月13日、当郷陣所につき秀次より別儀なき由申さる。同14日、京都在、吉田兼見、礼のため秀次を訪う。3月7日にも普請場へ秀次を見舞った(以上『兼見』)。5月5日、賀茂の競馬を見物す(「賀茂別雷神社文書」)。この月、中将へ昇進した(「芦浦観音寺文書」)。5月15日、秀吉、秀次へ普請の進み具合を尋ねる(同日付宰相(秀次)宛秀吉朱印状『豊臣秀吉文書集』No. 2192)。この日、賀茂競馬見物のため賀茂社を訪う(山本家文書)。

6月には、信長の「安土山下町中」へ宛てた定書にならい「八幡山下町中」へ13か条の定書を発給した(「近江八幡市所蔵文書」)。7月11日「先夜羽柴孫七郎躍禁裏へ参也」とあり、禁裏社会との交渉を持っていたことが知られる(『兼見』)。翌12日、秀次、相国寺で踊りを見物す(『兼見』)。同24日には、所領の野洲郡内での水論に裁決を下していることから、この頃は時折、八幡へ居住していたのではないかと思われる(『野洲郡史　全』)。

この年、秀吉の戦略は九州へと向かう。8月3日、「雖不及申候、無越度様厳重之動専一候、其方注進次第先勢申付、其上敵不退者、始秀長・秀次為相動、彼凶徒等可討果候」と、九州攻めの戦略には秀長とともに秀次も組み入れられていたことが判明する(8月3日付吉川駿河守宛秀吉朱印状「渡邊文書」『太宰府天満宮史料』)。9月12日、八幡在、秀吉、浅井郡小谷寺寺領につき別儀なく申しつけるよう秀次に命ず(同日付秀次宛秀吉朱印状『豊臣秀吉文書集』No. 1625)。10月13日、波多下野守宛秀吉朱印状でも「和州大納言・江州中納言・備前宰相被差越、唐国迄可被仰付候」とあり、秀次が九州攻めの構想に入っていたようだが、し

かし実際には九州へ動員されることはなかった(『小早川』)。

11月5日、秀吉の参内に従っている。月末の25日には従四位下に叙せられ参議に任ぜられた(『兼見』)。

天正15年(1587)

　元旦、山科言経とともに大坂で迎えた。正月4日晩、神屋宗湛の茶会(大坂)へ出る(『宗湛茶会日記』)。同10日頃、大和へ出掛けている。2月6日、参内、御太刀・折紙をもって御礼。2月18日、新宰相の秀次は礼のため京へ出、のち為礼出京、鷹野へ出られた。2月22日、吉田兼見秀次へ参礼(以上『兼見』)。2月28日、天王寺屋宗及のもとへ茶湯に出向いた(以上『言経』)。3月2日、早暁上洛し、7月上旬まで在京したようだ。同3日、秀吉の九州出陣に際し「大坂ノルスハ次兵衛也」と、秀次に大坂守衛が任された(『多聞院』)。3月7日、愛宕郡吉田郷へ押妨停止を触れる。賀茂社より御樽酒3荷が送られる(『賀茂別雷神社文書』)。3月10日、秀次「二十一代集」を書写のため吉田兼見から借用す(『兼見』)。4月8日、兼見の息侍従が秀次へお礼に伺候する(『兼見』)。同13日には禁裏へ「こもし一折」、5月5日には「うり」をそれぞれ献上している(『お湯殿』)。同8日、吉田兼治秀次へ参礼す(『兼見』)。

　※　天正13年6月、勅勘を蒙り、同24日出奔し、9月13日大坂中島に居を移した山科言経は、たびたび秀次へ対顔しており、秀次が大坂にいることを確認することができる。

　6月8日、陽明(近衛信輔、のち信尹)のもとで茶湯を催している。同20日、立庵の茶湯へ出た(以上『時慶』)。同27日、兼見の息侍従が秀次を見舞う(『兼見』)。同28日、能を見物。7月8日、禁中にて秀次躍る(以上『時慶』)。11日、京都在、先夜、秀次禁裏で躍る(『兼見』)。同15日、言経は帰坂した秀次へ伺候し飯を相伴する。同17日、上洛(以上『言経』)。同25日、秀次より二十一代集の書写のことが公家衆へ申し入れられる(『兼見』)。同29日、14日大坂へ凱旋した秀吉は、この日参内し、秀次も相伴した(『お湯殿』)。この月、賀茂社より桃を贈られた(「賀茂」)。

　8月2日、所領の浅井郡唐国と錦織両村へ出作分夫役について在り来り通りであることを命じている(滋賀県立図書館架蔵『市町村史沿革史採集古文書』「中村文書」)。同15日、「御たち」を進上す(『お湯殿』)。同17日ごろ、帰坂していたが、同25日再び上洛した(『言経』)。9月6日、吉田兼見、秀次へ伺候する。同17日、秀吉の聚楽第移徙に際し秀長は黄金10枚、秀次は同5枚、秀次の弟秀勝は同5枚を献ず。10月1日、北野大茶湯に際し秀長・秀次ともに見物にでる。11月15日、兼見、秀吉へ見舞に伺候したのち細川幽斎・秀次へ茶湯を申し入れる(以上『兼見』)。同22日には従三位に叙せられ権中納言に任ぜられ、公卿の仲間入りを果たし、近江中納言と称されるようになる。しかし、居城の八幡山城へは、行くことは少なかったようである。12月26日頃には帰坂している(以上『言経』)。

　※　秀次の中納言任官については11月22日とするが(『公卿補任』)、兼見は9月17日に「近江宰相殿」と記し、11月15日には「近江中納言殿」と記している(『兼見』)。この2か月

のあいだに任官したと考えられる。

天正16年（1588）

　元朝を大坂の言経のもとで迎え、6日早朝に上洛の途についている（『言経』）。

　4月14日、後陽成天皇の聚楽行幸に武家の公家の一人として従い、翌日、秀吉へ臣従の旨の起請文に織田信雄・徳川家康・秀長・宇喜多秀家・前田利家とともに連署をしている。秀長とともに秀吉へ臣従化したのである（「聚楽第行幸記」）。序で、5月5日には秀吉より織田信雄・徳川家康・前田利家・秀長とともに「内裏ノ儀永代可奉守護」き旨を命じられている（『多聞院』）。これは秀次の以後の行動からして相応しい適職であったと見ることもできる。

　閏5月21日、馬医橋本道派正家の法橋成について右大臣菊亭晴季へ取り次いでいる。橋本の経歴については明らかにできることは少ないが、地方の馬医が中納言秀次を介し猟官することは何ら不思議なことではなく、このことによって秀次自身が頼られる人物へと成長していったと見ることもできる（「秋田藩家蔵文書41　城下諸士文書2」）。

　7月24日、上洛した毛利輝元、聚楽にて秀次に謁す。同25日、輝元、秀次へ「御太刀一腰・金覆輪鞍置馬一疋」などを献ず。同26日戌刻、輝元聚楽の秀次へ謁す。同27日、秀次より輝元へ御音信として「樽廿・御肴□折大被進」る。同晦日、豊臣秀長の屋敷へ輝元招かれる。「御座配次第」関白様・聖護院・菊亭弁大臣・尾州内大臣・勧修寺・中山大納言・日
（道澄）　　　　　　　　（晴季）　　（織田信雄）　　（晴豊）　　　　（親綱）
野大納言・駿河大納言・大和大納言・近江中納言・備前宰相・越後宰相・安藝宰相など。
（輝資）　（徳川家康）　　　　　　　　　　　　（宇喜多秀家）（上杉景勝）（毛利輝元）
8月2日、秀次、輝元を招く。同14日、辰刻、秀次、輝元を御茶に招く（以上「輝元公御上洛日記」）。

　この年の後半は、古記録類には全く現れない。発給文書は三通に過ぎないが、5月以降はない状態である。

天正17年（1589）

　この年は、居所および行動ともにほとんど不明である。

　2月23日、秀次は新陰流伝授につき疋田分五郎へ三か条の起請文を書いている。当時、新陰流を学んでいたものと思われるが、このことが後年、殺人鬼のような誤伝を生むきっかけとなったのではないだろうか（熊本県文化財調査報告集第29集『細川家近世古文書目録』）。秀次は、「甚ダ射術ヲ好メリ、駆術ハ大坪流荒木志摩守元清入道・安志ト号ス、射術ハ洛陽山科ニ住シ切磋琢磨スル所ノ片岡平右衛門家次・吉田源八重氏ヲ始メ六人ヲ徴テ其術ヲ試ミル」とあり、武芸に関心を寄せ、なかでも剣術には相当な嗜みを持っていたようである（『武徳』）。3月23日、禁裏普請の奉行となる（『華頂要略』）。9月13日、秀吉、秀次へ「月瀬久三郎親類不残成敗」したことを賞す（同日付近江中納言宛秀吉朱印状『豊臣秀吉文書集』No.2705）。10月17日、秀吉や宇喜多秀家等とともに郡山へ下向した（『多聞院』）。11月20日、「小田原陣立書」（『伊達家文書』）に秀次は1万3000騎と書き上げられた（『豊臣秀吉文書集』No.2906）。

※　疋田分五郎は、疋田流の祖豊五郎景兼の一族あるいは縁辺の者と思われるが不詳である(『国史大辞典』11)。

3　清須城主(尾張中納言)時代
天正18年(1590)
【概要】
　23歳となった秀次は、この年の大半を関東・奥羽仕置に従軍している。7月には尾張へ転封となり、一気に尾張を領する大大名へと転身した。北条氏滅亡後は、秀吉の奥羽仕置に従い、会津地方まで兵馬を進めた。
　ところが、翌年の第二次奥羽仕置の期間をも含め現地での秀次発給文書は天正19年7月の三通のみである。禁制などの発給があってもしかるべきであったが、伝わるものはない。これは、秀次事件後、最上義光や伊達政宗すら嫌疑がかかろうとしたことを慮り、秀次発給文書は処分された可能性がある。

【詳細】
　正月元日、京都在。秀吉参内。秀次・宇喜多秀家・上杉景勝扈従す(『光豊』)。28日、秀吉、秀次へ小田原出陣に際し「路次中御とまりおちつき振舞御法度」を与える(『豊臣秀吉文書集』No.2917)。2月20日、京出陣(2月18日付近江中納言宛秀吉朱印状『豊臣秀吉文書集』No.2966)。3月1日、駿河国蒲原着陣(3月6日付近江中納言宛秀吉朱印状『豊臣秀吉文書集』No.2981)。同29日、秀次が山中城を攻め崩し、城主松田康長を捕えたとの報が大坂留守居衆へ齎されているが(『本法寺文書』)、「江州中納言孫七郎人数事外関東にてそこね申候由、とり〴〵此さた也」との風聞も立っていたようである(『晴豊』)。真偽のほどは分からない。
　7月初旬、「中納言様ハ御本陣へ可被成御移之旨候」と、陣替えの予定である(7月4日付浅野長吉宛一柳可遊書状『浅野』)。北条氏が降伏をしたのち、秀次は奥羽仕置に出陣する。7月晦日、秀吉、秀次を会津へ遣わす(同日付羽柴土佐侍従他宛秀吉朱印状『豊臣秀吉文書集』No.3332)。8月6日、浅野長吉が伊達輝宗へ送った書状には、秀次は1日に会津黒川へ到着し、秀吉は白川へ着陣したとある(『治家記録』)。同9日、黒川へ着陣した秀次は直ちに仕置を実施し、会津地方周辺の勢力図を刷新した。大崎義隆・葛西晴信・石川昭光そして白河義親の所領を没収し、大崎・葛西氏のあとを木村吉清・清久へ、黒川・岩瀬・安積などを蒲生氏郷へ宛行った(『治家記録』)。
　秀吉は「会津之儀、松阪少将ニ被下候、検地之義、中納言被仰付候」と、秀次に対し会津での検地を命じた(8月11日付浅野弾正少弼宛秀吉朱印状『浅野』)。しかるのち同13日、秀吉は奥羽仕置を終え帰洛の途につく。
　その後、暫く秀次は会津地方に在陣している。同23日、伊達政宗は秀次へ大崎・葛西などの仕置をめぐり異義なきことを秀吉へ取りなしてくれるよう書状を送っている(『政宗1』)。9月20日、秀吉、遠江国城東郡内1万0800石を秀次蔵入地として遣わす(同日付渡瀬

繁詮宛秀吉朱印状『豊臣秀吉文書集』No. 3461)。

　秀次の行動は、こののち不明である。10月16日、大崎・葛西氏の一揆が蜂起すると会津地方の政情は俄然緊迫の度をます。この頃、秀次は会津を離れ尾張へ帰国していたのではないかと思われる。

　9月24日、秀次は藤堂嘉清・黒田孝高など9名へ知行を宛行い(「藤堂文書」)、10月には伯父にあたる秀長の病気本復のための祈禱を大和多武峰惣山中へ命じている(「談山神社文書」)。11月9日には、片桐貞隆と宮城豊盛へ尾張国で知行を宛行っている(「片桐文書」成箐堂文庫『武家文書の研究と目録』上)。これらのことは、秀次が帰国していたことを傍証するものである。

　ところが、11月下旬、伊達政宗に別心の兆ありとの情報が齎されると、蒲生氏郷を救援するために再び出陣した。しかし、事態は浅野長吉により終息されたためか、秀次は帰国している。

天正19年(1591)

　前年末関東より帰国した秀次は、元日、前年の大崎・葛西・一揆以降燻っていた奥羽地方の再仕置のためへ出陣することとなった(『武徳』)。1月14日には、武蔵府中で家康と会見しているが、そののち兵を引きあげ清須へ戻っている(『家忠』)。閏1月27日、上洛の途次にあった政宗は、清須へ鷹野に下っていた秀吉に謁見した。その時、秀吉は京都への伝馬を秀次に命じており、秀次の在国を確認することができる(『政宗1』)。その後、秀次は6月下旬まで在国している。

　6月20日、秀吉は、南部信直の一族九戸政実が引き起こした乱の鎮圧に徳川家康・上杉景勝とともに秀次を大将として派遣する「奥州奥郡為御仕置被遣御人数道行次第」を尾張中納言(秀次)に宛て差し出した(『古文書纂』)。これを承け秀次は、出陣より以前の7月5日には土民百姓向け三か条の法度、7日には5か条の禁制をそれぞれ発給している(「中尊寺文書」『平泉市史』史料編)。7月10日、奥羽再仕置のため出陣した(『武徳』)。

　※　なお、7月5日の法度は朱印の制札であった(『治家記録』)。しかし、冒頭に「札(朱印)」とあり、秀次発給文書のみならず当該期武家発給文書と照らしあわせても奇異の感拭えないものがある。制札を写したものと見るべきか検討を要するものである(「平泉経蔵文書」『岩手』)。

　　翌々7日、5か条の定書を発給した。「平泉経蔵文書」(現在は「中尊寺文書」と表記されている)は原本か写か判然としないが、「長井健一家文書」や「鯨岡文書」では誤記もなく原本と判断される(『福島』『小浜市史』諸家文書編1)。「平泉経蔵文書」や「南部叢書」3所収の「平泉雑記」では第一条「一、軍勢於味方地、乱妨狼藉之輩、可為一誅伐事」とあり意味不通であるが、「長井健一家文書」「鯨岡文書」では末尾を「可為一銭伐事」と読んでいる。

　8月2日に下野大田原に着き(『上杉』)、同6日には陸奥二本松へ着陣した。ここで蒲生

氏郷・伊達政宗と会見している（『伊達』）。佗言をした一揆勢の助命を伊達政宗が具申したところ、秀次の指図により「一揆ノ武頭二十余人」を斬り、その首を塩漬けにして京都へ送らせている。首を実見し京都へ送るなど秀次の嗜虐性を高める話である（『治家記録』）。同9日には、北奥の雄津軽為信に対し、奥羽再仕置のため蒲生氏郷・浅野長吉・堀尾吉晴を遣すので油断なく馳走するよう命じている。九戸城攻撃が開始される以前よりすでに平定後のことが構想されているのである（『弘前の文化財　津軽藩初期文書集成』）。

　これより先、8月5日、一柳直盛に検地を命じ、同20日「検地置目」を遣し、池田輝政へは「郡之絵図」などの差出を命じている（「伊予小松一柳文書」）。これは前年の大崎・葛西一揆鎮圧ののち、跡地を伊達政宗と蒲生氏郷に郡分する作業に関わってのものである。ところが、この郡分により伊達氏は「公御進代、内々ハ去年ヨリ唯今マテ御知行高ノ半分ニ成リ玉フ」有様で、関白(秀吉)の意向よりも過酷な宰領が現地の家康と秀次によってなされたのである（『伊達』）。

　9月1日より攻撃が開始され、2日には九戸城を包囲し、4日落城した。九戸政実らは、二本松の秀次本陣へ送られ斬首された。攻撃が開始された直後の2日には、伊達政宗へ検地を申し付けている（『伊達』）。さらに、江刺地域において「当地之儀者可令破却之旨、従中納言殿任御理之旨、立木壁儀者払申候、於家之儀者、不損様可申付候」と、石田三成をして伊達政宗へ戦後処理を命じさせている（『伊達』）。同28日、会津辺在。秀吉は「其許所々検地幷会津少将(蒲生氏郷)与伊達侍従(政宗)郡分境目等之儀、家康遂相談(中略)城々普請申付」るよう秀次に命ず（同日付尾州中納言宛秀吉朱印状『豊臣秀吉文書集』No.3834）。

　10月16日、徳川家康が田丸忠昌へ宛てた書状には「中納言殿、今日白川迄被成御立候由」とあり、秀次が会津を離れ白川へ出発したことを伝えている（「駿府博物館所蔵文書」『新修家康』）。

　※　なお、『仙台市史』では、従来天正18年10月22日付として知られる伊達政宗書状（『伊達』『治家記録』『史料綜覧』）を天正19年に比定し、従来の誤りを正したとあるが、「中納言様、岩瀬ニ今月中者可為御滞留候」との政宗の情報は、10月19日には宇都宮に帰陣している事実を考えると矛盾することとなる。秀次や家康の行動を把握していなかったと考えるのは困難ではなかろうか。10月22日付書状は、従来通り天正18年と考える方が整合的と考えられる。

　同月19日には下野宇都宮へ立ち寄り、足利学校の庠主三要元佶と謁見している。この時、秀次により足利学校の書籍が京都へ持ち出されたことは夙に知られたことである（結城陸郎『足利学校の教育史的研究』）。また、この奥羽仕置に際して、平泉中尊寺の「中尊寺経」を持ち出し、高野山興山寺へ施入したのも秀次と言われている（水原堯榮『高野山学志　第一篇　高野板之研究』）。戦場における書籍など略奪の歴史は、ここに始まったわけではないが、秀次の末路からして取り沙汰される逸話のひとつとなっている。

　※　なお平定後、秀次は家康とともに高館・平泉・衣川まで足を伸ばしている。この時、

藤原清衡発願の紺紙金銀字交書一切経を始めとする多くを持ち出した。また、信憑性に問題を残すが、最上義光の娘のことを聞きつけ上洛させるよう強要している(今村義孝校注『奥羽永慶軍記』)。

　高野山興山寺は、天正18年、木食応其により創建され、文禄2年には秀吉が生母大政所の墓所として青巌寺を建立し、その住持として木食応其を招いた。秀次が「中尊寺経」を興山寺へ施入した直接の動機は不明だが、当時の高野山復興の気運に影響されたものと思われる(小野則秋『日本文庫史研究』上)。その応其により文禄4年7月15日引導を渡されることとなる。蓋し、巡り合わせと言うべきか。

　11月には、清須へ戻り、下旬には上洛している。この年の発給文書は、知行宛行を含め19通である。12月4日、京都在。秀次参内し銀百枚を進上(『光豊』)。12月20日、秀吉、秀次へ身の謹み方を諭す(同日付内大臣(秀次)宛秀吉朱印状『豊臣秀吉文書集』No.3857)。12月27日、京都在。秀次参内す(『光豊』)。

4　関白時代

　天正19年12月27日、関白に補任されて以降、文禄4年7月8日の剃髪し高野山へ落ちるまでの期間。中どし3年半余。秀次の居所と行動が面となって把握できる時期である。この間、1か月以上、聚楽を離れたのは、文禄2年9月の熱海湯治と同3年11月の尾張・遠江への鷹野の二度確認される。

天正20年・文禄元年(1592)

【概要】

　年頭を京都で迎えたようだ。5月27日より尾張へ下向している。目的と帰洛日は不明である。9月下旬には、秀吉の名護屋出陣を前に摂家・清華および門跡などと共に下坂している。これより先、9月9日、実弟羽柴秀勝が朝鮮(唐島)で病死しており、下坂はこのことに関するものであった可能性もある。

　10月12日には、実父の所労見舞のため尾張へ下向している。帰洛後、身心に支障を来し始めた兆候が現れる。10月29日より有馬湯治に出かけ11月14日に帰洛している。京都を離れたのは以上である。

【詳細】

　元朝、参内を済ませ、5日には諸家門跡衆の年賀をうけている(『光豊』)。同11日、秀次、毛利輝元居城の留守居加番として渡瀬左衛門佐に命ず(同日付佐世与三左衛門宛毛利輝元書状中村文書)。26日には、天正16年の前例に倣い後陽成天皇の聚楽行幸を迎えている。秀吉の戒飭(かいちょく)を守り秀次の申沙汰で天皇行幸を成功させたのである。5月6日、7月朔日、9月18日の三度参内をしている。1月29日～3月下旬までは、居所・行動ともに明確なことは不明である。

　4月9日、木食応其を介して東寺の重宝空海の「風信帖」のうち一枚を取得した。前年の

中尊寺や足利学校などでの行為の延長線上のことと看做すべきか(『国宝　風信帖』)。4月15日、京都在。秀次前田玄以亭へ御成(『光豊』)。5月6日、京都在。秀次参内す(『光豊』)。5月18日、秀吉、秀次へ来年2月頃の進発に備え陣用意を申しつける(同日付関白(秀次)宛秀吉朱印状『豊臣秀吉文書集』No.4097)。6月10日、尾張へ下向したとき、秀次領国である尾張へ9か条の「国中法度」を出しているのが注目される。不在領主としての秀次が「上様生国」をどのように経営しようとしたかを知るうえで、また文禄再検とも関わり重要な法度である(「竹中輝男氏所蔵文書」)。同23日、仙洞御所での御祈修を聴聞する(『華頂要略』)。

7月1日、京都在。秀次参内す(『光豊』)。同21日、生母大政所御煩の報に接した秀吉は、名護屋より上洛する旨を大政所へ伝えるよう秀次に命じた(「全昌寺文書」『大阪城天守閣特別展図録　五大老』)。10月27日「大仏辺御徘徊、弓ヲ被遊云々」とあり(『言経』)、翌々日より有馬湯治へ出かけるが、さしたる効果はなかったようである。11月中旬には帰洛した。

12月8日、改元の陣儀があり秀次も参画し文禄と改元された(「改元勅答部類」)。しかし、秀次は、翌日より「御不例」状態が暫く続く。

この年、秀次、水無瀬兼成へ大象戯354枚・大々象戯192枚を注文す(「水無瀬家文書」)。

文禄2年(1593)

【概要】

この年は秀次にとって大きな転機となる。8月3日、秀吉の実子お拾(秀頼)の誕生は、政権にも秀次にも重い影を落としていく。9月17日に熱海へ湯治に出かけ、10月11日帰洛する。閏月を含むため2か月の湯治行であった。

【詳細】

年末以来の「殿下御不例」は、快癒せず年を越す(『鹿苑』)。正月3日、関白殿より高麗の白鳥まいる(『光豊』)。公家たちの年頭の礼は、1月10日で、この間外出などはしていないようである。2月4日、秀次、五摂家・清華その他公家衆へその家々の学問を仰せつける(『光豊』)。2月～3月にかけ洛外へ遊猟に出かけていることから健康は回復したようである。2月17日の野瀬・大原への遊猟は、のちに秀次批判のひとつの原因となるものである(「賀茂別雷神社文書」)。

※　文禄2年卯月分「九番衆算用状」のなかに「関白様しゝかりに御成之時」と言う支出が計上されており、秀次が賀茂辺へ狩猟に出かけていたことは事実である。同3年2月も同様である。

4月1日、秀次参内す(『光豊』)。実子が生まれたが、6月7日には亡くなった。我が子を亡くした悲しみは見受けられず、服喪の考えすらないのか普段と変わりのない暮しぶりを続けている。6月2日、某社で張行の鞠の会で自らも加わった(「大津平野神社文書」)。7月、尾張中島郡の妙興寺仏殿再建の大檀越となっている。実子死去とは直接結びつかないが、秀次の寺社への関わりを知る数少ない記録である(「妙興寺文書」『新編一宮市史』資料編5)。

ところが、8月1日「殿下御気色甚以疾矣(中略)以御病無御対面」と言う状態となる(『鹿

苑』)。この頃には、すでに淀殿懐妊の話は聚楽第へも伝わっていたと思われる。秀次の病は、このことと無縁ではなく、精神的な病と見る方が妥当である。

　8月3日、淀殿がお拾を生むや次第に精神的なバランスを崩していく。9月4日、伏見で秀吉より日本分割案を示される(『言経』)。翌日、熱海へ湯治に旅立つこととなる。秀吉にとって実子誕生と言う予期せぬ事態を承けての秀次との妥協を探った揚げ句の提案であった。

　　※　曲直瀬玄朔の治療記録(「医学天正記」巻之上)に拠れば、秀次は喘息を患っており気鬱
　　　積により興奮上気する状態であったが、湯治と玄朔の投薬により験気を得たようである
　　　(大塚敬節・矢数道明『近世漢方医学集成』6　曲直瀬玄朔』)。

　秀次不在中の10月1日、「御ひろい様と姫君様御ひとつになさせられ候ハん由、被仰出由、関白様被成還御次第」と、お拾と秀次の娘との縁談が突如浮上する(『駒井』)。日本分割案同様に秀吉がとった苦肉の策である。実現は見ていないが、この時期の秀吉の心中を探るうえで興味ある事実である。

　秀次が京都を発ったのちの14日ころ、側室の一人賀茂殿が病死をした。彼女は、賀茂社の氏人岡本氏の娘であったため賀茂殿と呼ばれていた。公家の西洞院時慶と縁辺の関係にあったようである。もっとも、この死去は、2年後のことを思うと岡本氏にとっては幸いであったと思われる(『時慶』)。10月3日、清洲着(10月6日付関白宛秀吉朱印状写『豊臣秀吉文書集』No. 4764)。10月11日の帰洛後、年末12月20日までは病気の記録は見られない。11月19日、伏見で秀吉と会っているようだが、用件はもちろん不明である。

　この年、秀次、水無瀬兼成へ大将棋354枚・大々象戯192枚・摩訶大将棋192枚など合計7面1282枚を注文す(「水無瀬家文書」)。

　この年の文書発給数は、秀次在世中一番多い119通を発給している。

文禄3年(1594)

【概要】

　この年の秀次は、2月下旬には秀吉との吉野花見、11月下旬より12月上旬にかけての尾張三河への鷹野など、健康面での故障は少なかった。しかし、秀次の政治的活動に大きな変化が現れている。書状など文書発給数が激減する。年次が判明しているこの年の発給点数は、僅か20通しか残されていない。これは、秀次の豊臣政権内での政治的位置に何らかの変化が生じたためと考えざるを得ないのである。

【詳細】

　前年末より少し体調を崩したのか年頭の礼は1月12日まで見られない。正月26日、秀次参内(『光豊』)。27日、関白へ諸家の礼あり(同前)。
同29日より2月9日まで下坂、同16日伏見へ、20日には奈良へ、同25日より3月4日まで吉野花見、4月27・28日の両日下坂、このほかに聚楽第でも秀吉との対面の機会を得ている。この年は、秀吉との接触が多かったのが特徴的である。

10月18日には秀吉、翌日は北政所を聚楽へ招き饗応をしている。吉野花見と言い10月の饗応と言い、何が話され何が語られたかは不明であるが、この年の秀吉と秀次との接触回数から推し量られることは、秀吉継嗣すなわちお拾(秀頼)のことであったと考えることはさほど見当はずれではないだろう。

この秀吉・北政所饗応に際し秀次は、北政所の侍女こやへ書状を送り接待の指南を仰いでいる。世上に喧伝されている秀次のイメージとは少しく異なった、聊か小心翼々乎とした内面を覗かせているようである(大阪城天守閣『特別展戦国の女たち』)。

11月3日、伏見へ行き、5日に鷹野へ旅立つ。而して、21日お拾(秀頼)が伏見城へ移徙をする(『薩藩旧記』)。秀次の留守を見越しての行為と推察される。前年10月、お拾と秀次の7歳の娘との縁組みが決められたのも秀次が熱海湯治へ出ていた時であった。単なる偶然と考えるよりも寧ろ秀次不在のあいだを狙っての行動と見るべきであろう。同25日、鷹野で遠江国佐野郡中村にいた秀次は、家康へ所望した角鷹が届けられたことを謝している。秀次が家康へ送った貴重な史料である(『大阪城天守閣紀要』27)。12月17日早暁に帰洛した秀次は、なおも27日に近郊へ鷹野に出たりしながら越年をする。

なお、3月5日には、高野山青巌寺住持職を補任し、寺領250石を寄進した(『本光』)。さらに、4月に近江国栗太郡勝部村に鎮座する勝部大明神造営の大願主となっていることを付け加えておきたい。武神である物部布津命を祀り、勝軍地蔵を本地とすることから六角氏などの崇敬を集めたというこの神社造営の大願主となっているところに興味を惹かれるものがある。奉行は観音寺詮舜であることから単に頼まれただけかも知れない(『守山市史』下)。

文禄4年(1595)

青陽の壽を聚楽第で迎えたことと思われる。元日、参内を済ましている。天正20年以来のことである。3日には、諸家の年頭の礼をうけている(『光豊』)。ところが、11日より月末まで下坂する。この下坂の理由は不明であるが、1月15日付「高麗国動御人数帳」には「なこや関白殿御そは在之衆」7000人が決められ(『吉川』)、また1月16日付吉川広家宛秀吉朱印状に「来年関白殿有出馬、諸勢渡海被仰付」とあることから、秀次の渡海について協議がなされた可能性もある(『吉川』)。

2月より5月初めまでは京都を動いた形跡は認められない。2月29日、「関白様今日も猪狩」とあり洛中近辺で狩猟をしていたようである(『北野社家』)。3月以降、秀次は謡本の注釈書を公家や臨済僧などへ命じ書写させた。聖護院道澄は、5月か6月の23日付書状で、筆者の選出にあたり伏見宮邦房親王が機嫌が悪いと、西洞院時慶に伝えている。事実、伏見宮は撰ばれていない。時期が時期だけに秀次の身上に何らかの影響をもたらしたかも知れない(「三浦周行氏所蔵文書」4)。4月23日、大和宗恕は秀次が尋ねた武藝のこと6カ条に対し返答を注進した。渡海を意識し秀吉の求めに応えようとしたのだろうか(「大和宗恕入道家乗」)。5月4日、同21日より24日頃(何れも帰洛の日は不明)伏見へ赴いている。蒲生

跡職一件との関係が窺われる。すでに、秀頼移徙後の伏見へ行くこと自体、心穏やかならざるものがあったと思われる。6月9日、7日の大雨に対する秀次からの見舞に対し秀吉は、近日伏見で会いたいと返事をしており、この時点では両者に大きな亀裂が生じていたとは考えにくい（同日付関白宛秀吉朱印状「大阪城天守閣所蔵文書」）。同19日、秀次は伏見へ渡御したものの、翌日から煩っている（『お湯殿』『親綱』）。同28日、秀吉から勘当となった（『言経』）。6月中旬、政情に急転直下の大展開が企まれ自らその渦中に堕ちていったということになろうか。

　文書発給数は、年次が判明している限り僅か4通に過ぎない。3月1日、周寔西堂へ長寺住職を命じた公帖を発給している。現在知られる秀次最後の発給文書である（「天竜寺文書」）。

■典拠
【参考文献】
井村米太郎『秀次公』（米阪商店印刷部　1918年）
成澤邦正『悲運の関白　豊臣秀次』（近江八幡郷土史研究会　1976年）
荒木六之助『関白秀次評伝』（私家版　1981年）
小和田哲男『豊臣秀次「殺生関白」の悲劇』（PHP新書　2002年）
中川龍晃『豊臣秀次公一族と瑞泉寺』（瑞泉寺　2002年）
藤田恒春『豊臣秀次の研究』（文献出版　2003年）
同『豊臣秀次』（吉川弘文館　2015年）
同「関白秀次と文事策」（橋本政宣編『後陽成天皇』宮帯出版社　2024年）

徳川家康の居所と行動（天正10年6月以降）

相田文三

【略歴】

　徳川家康については多くの研究があるが、特に中村孝也氏の一連の成果、『徳川家康文書の研究』は、現在でも非常に大きな影響力を持っている。本稿においては、氏の成果に依拠しつつ、記録資料を中心に天正10年（1582）6月の本能寺の変以降における家康の動向の復元を試みた。なお、天正10年6月以前の動向を含めた藤井讓治氏の『徳川家康』（吉川弘文館　2019年）、および若林正博氏の「伏見における黎明期の徳川政権——家康はどこに居たのか——」（『京都学・歴彩館紀要』6号　2023年）もあわせて参照いただきたい。

　家康は天文11年（1542）12月26日、三河岡崎に生まれたとされる。父は松平広忠、母は水野忠政の娘（於大の方）である。幼少時代を尾張・駿河で人質として過ごし、弘治元年（1555）今川義元のもと元服し、同3年、関口氏純の娘を正室に迎えた。永禄3年（1560）、桶狭間の戦いで今川義元が討たれると、岡崎に戻って独立し、翌年には織田信長と同盟を結び、同8年頃にはほぼ三河一国を統一した。同11年、甲斐の武田信玄と結んで遠江攻略を開始し、翌年にはほぼ平定し、同13年には浜松へ居城を移した。翌年以降は武田家との抗争が天正10年（1582）の武田家滅亡まで続いた。この時恩賞として信長より駿河の支配を認められた。同年、本能寺で信長が討たれると、甲斐・信濃に領国を広げ、秀吉に対抗するが、同14年には上洛して服属した。また同年居城を浜松から駿府に移している。同18年、小田原攻めの後、旧後北条領国へ国替えとなり、江戸に居城を定めた。豊臣政権下の諸大名筆頭の位置にあり、慶長3年（1598）に秀吉が没すると、同5年に関ヶ原の戦いで対抗勢力の多くを排除し、同8年に征夷大将軍に任官した。同10年には同職を嫡子秀忠に譲り、同12年には駿府城を修築して、江戸から移った。同19年～20年に大坂城の豊臣秀頼を滅ぼし、元和2年（1616）4月17日、駿府で死去した。

　氏は当初松平を称したが、永禄9年12月に三河守に任官したさい、徳川に「復姓」し、以後徳川を称す。

　幼名は竹千代と言い、弘治元年元服したさいには、今川義元の一字をとって元信とした

が、永禄元年頃元康と改名し、永禄6年6月〜10月の間に家康と改名した。

　元服当初は次郎三郎と称し、永禄2年頃(5月〜11月ヵ)に蔵人佐と改めている。最初の任官は永禄9年12月29日、三河守である(実際の叙任は翌年正月3日)。以降同11年左京大夫、天正14年7月27日に従三位参議、11月5日正三位権中納言、同15年8月8日従二位権大納言となっている。当時の居城から、通称は「駿河大納言」「江戸大納言」「江戸亜相」などが確認される。また文禄5年(1596)5月11日正二位内大臣となったため、「江戸内府」と呼ばれている。慶長7年(1602)1月6日に従一位に叙位され、慶長8年2月12日、右大臣に任官し、征夷大将軍・源氏長者・奨学淳和両院別当・牛車兵仗等の宣下を受けた(10月16日には右大臣を辞している)。通称は「将軍」あるいはその別称「大樹」であった。慶長10年4月16日に征夷大将軍を辞して秀忠に譲った。通称は「前将軍」「前大樹」「(武家)大御所」「(武家)御所」などさまざまである。元和2年3月27日には病床で太政大臣に任じられている。以後「相国」の称も見られる。

【居所と行動】

天正10年(1582)6月〜12月
【概要】
　6月2日に本能寺の変が起こったさい、家康は堺にいたとされ、伊賀越えの後伊勢から海路で同4日に岡崎に戻った。14日には信長の弔い合戦のため鳴海まで出陣するも、光秀敗北のため21日には浜松へ帰った。7月3日に浜松を発し、9日には甲府に入った。8月に入ると北条勢が甲斐に侵入してきたため、6日より新府城付近で対峙した。10日には家康が新府に陣を移した。以後、10月29日に和議が成立し、12月初旬に浜松へ帰陣するまで、基本的には甲府か新府城を拠点としていたと考えられる。浜松帰城は16日である。

【詳細】
　6月2日堺→平野→阿部→「山ノ子キ」→穂谷→尊念寺→草地→宇治田原、3日宇治田原→山田→朝宮→小川、4日小川→向山→丸柱→石川→河合→柘植→鹿伏兎→関→亀山→庄野→石薬師→四日市→那古(「石川忠総留書坤」『愛知織豊1』)。同日大浜着(『家忠』)。5日・13日岡崎在(『家忠』)。14日岡崎→鳴海(同日付吉村氏吉宛家康書状「今日十四到鳴海出馬候」『愛知織豊1』)。21日浜松着(22日付有泉信閑等宛家康書写「将又尾濃口之事無異儀候間、昨日廿一日令帰陣候」『愛知織豊1』)。26日浜松在(『家忠』)。

　7月3日浜松発(同日付有泉信閑等宛家康書写「我等儀も、今日三日出馬候間」『家康』)。同日掛川着、4日田中在、5日江尻在、7日大宮在、8日「しやうし」在、9日甲府着(『家忠』)。8月8日甲府→新府(『家忠』「家康、古府中より新府へ物見ニ被移候て、相陣成候」)。10日甲府→新府(『家忠』「家康陣を新城江被寄候」)。20日新府→甲府(『家忠』「家康甲府見舞ニ被越候」)。9月2・29日新府在(『家忠』)。

　10月15・28日新府在(『家忠』)。29日新府在(『家忠』「氏直無事相済候てのき候、しち物ニ酒井小

五郎、敵よりハ大道寺山角越候」)。12月11日甲府在(『家忠』「古府へ出仕候、明日帰陣候へ之由被仰候」)。16日浜松着(17日付水野忠重宛家康書状写『新修家康』)。

天正11年(1583)

【概要】

　正月を浜松城で迎えた家康は、16日には岡崎に入り、18日に星崎で織田信雄と会見した。閏1月1日に浜松に帰った家康は、甲斐出陣の準備を進めている。浜松発と甲府着の日付は判明しないが、中村孝也氏は甲斐で数多くの知行宛行状が出されている3月28日には甲府に入ったと判断している(『家康』)。4月22日には信濃を含め一段落つき、5月4日には浜松に帰った。7月～8月には息女督姫が北条氏直に入興し、8月24日には再び甲府に向かっている。10月2日に甲府から江尻に移り、11月15日には駿府に入っているが、この間駿河国内への発給文書が多く見えることから、江尻に滞在していた可能性が高い(『家康』)。家康が浜松に帰るのは12月4日のことである。

【詳細】

　1月7日浜松在、16日岡崎在、18日星崎在、20日吉良在(『家忠』)。閏1月1日浜松着(『家忠』)。2月6・9日浜松在(『家忠』)。12日浜松在(同日付依田信蕃宛家康書状「近日至甲府出馬候間」『家康』)。14日浜松在(『家忠』「御訴訟事酒左御披露候」)。3月21日浜松在ヵ(同日付知久頼氏宛家康書状「我々も至甲府越山へ具可申付候」『家康』)。28日甲府在ヵ(同日付諏訪頼忠宛家康判物写『家康』)。

　4月3日甲府在(同日付飯田半兵衛宛家康書状写『家康』)。22日甲府在ヵ(同日付羽柴秀吉宛家康書状写「此方之儀も、信表悉属存分、隙明候間、頓而可納馬候」『家康』)。5月9日(甲斐)→浜松(『家忠』12日条「家康甲州より一昨日九日ニ浜松へ御帰之由候」)。

　7月5日浜松在(同日付北条氏直宛家康書状「先度御祝言之為、御使者河尻下野守被差越候間、委細御報申入候之処御祝着之由蒙仰候」『家康』)。19日浜松在(『家忠』)。8月3日浜松在(『家忠』「浜松へ越候使かへり候、縦御普請候共御赦免之由申来候」)。24日浜松発(『家忠』25日条「家康昨日廿四日ニ甲州へ御越候」)。9月28日甲府在(同日付屋代秀正宛家康書状写「就当表在陣之儀、度々飛脚被差越令為悦候」『家康』)。

　10月2日甲府→江尻(『家忠』「殿様甲府より江尻へ被納御馬候」)。5日江尻在ヵ(同日付(駿河富士大宮宛)家康判物『家康』)。11月15日(浜松発)(『家忠』13日条「殿様明後日十五日ニ駿州へ御越候由申来候」)。12月4日(駿河)→浜松(『家忠』8日条「殿様去四日ニ駿より御帰候由候」)。

天正12年(1584)

【概要】

　正月を浜松で迎えた家康は、秀吉と決裂した織田信雄を援助するため3月初旬に出陣し、7日に岡崎、13日には清洲に進み、28日に小牧へ移った。4月9日には岩崎筋(長久手)において、三好秀次・池田恒興等を破り、翌10日には小牧に戻った。その後は小牧の陣を固く守り、6月12日になって清洲へ移った。16日には、滝川一益が調略によって尾張伊勢国

境の蟹江城等を攻略したため出陣し、7月3日には蟹江城は開城して一益は伊勢に退いた。その後続いて伊勢に進んだ家康は、13日に清洲へ戻った。その後は清洲に在城したと考えられ、8月28日には秀吉の楽田出陣に合わせて岩倉へ移ったが大きな戦闘はなく、9月27日には清洲に戻った。10月11日には小牧に陣中見舞いに行っているが、17、8日頃には浜松へ向け清洲を発った。11月1日には再び浜松を発って9日に清洲に入った。秀吉と信雄の和議成立により16日に清洲を発って浜松に帰った。12月14日には信雄が浜松を訪れ、25日には越中の佐々成政が浜松を訪ねている。

【詳細】

　1月2日浜松在(『家忠』)。2月28日浜松在(『家忠』「正佐上より被下候、家康より茶かま御所望候て、浜松へ越候」)。3月3・4日浜松在、7日吉田→岡崎(『家忠』)。13日清洲在(25日付皆川広照宛家康書状「去十三日到尾州清須出馬」『家康』)。18日清洲在(『家忠』)。19日清洲在ヵ(同日付本多広孝等宛家康書状「当表構堅固在城候間、可心安候」『愛知織豊2』)。26日清洲在(同日付佐竹義重宛秀吉書状写「家康清須令居陣条、(中略)明日廿七日秀吉越河、清須近辺迄押寄候、自然家康於執出者、遂一戦可討果事」『愛知織豊2』)。28日清洲→小牧(『家忠』「小牧へ陣替候」)。29日小牧在(同日付木曽義昌宛秀吉書状『愛知織豊2』)。

　4月8・9日岩崎筋在(『家忠』)。10日小牧在(同日付亀井茲矩宛秀吉書状『愛知織豊2』)。5月1日小牧在(7日付香宗我部親泰宛織田信張書状『愛知織豊2』)。3・5日小牧在(『家忠』)。7日小牧在(同日付不破広綱宛織田信雄書状『愛知織豊2』)。9日小牧在(同日付毛利輝元宛秀吉書状『愛知織豊2』)。25日小牧在(『家忠』)。6月1日小牧在(『家忠』)。4日小牧在(同日付佐竹義重宛秀吉書状写『愛知織豊2』)。10日小牧在(同日付吉村氏吉等宛織田信雄書状「尚以此方へ申越候ほとの事ハ、小牧へも申遣候て可然候」『愛知織豊2』)。12日小牧→清洲(『家忠』「家康清須迄御馬入られ候、小牧城へハ酒左被移候」)。16日尾張在(『家忠』「かにへ、下嶋、お田城、滝川調儀にて取候、則家康かけつけられ、小口ヲとられ候」)。18日下嶋在、19日蟹江在(『家忠』)。21日蟹江在(同日付宛所欠家康書状『愛知織豊2』)。22日蟹江在(同日付高木貞利等宛家康書状『家康』)。23日前田在ヵ(『家忠』「前田城わたし候」)。

　7月3日蟹江在ヵ(5日付前野儀右衛門宛秀吉書状「滝左父子曖候て、去三日ニ楠まて悉人数召連取退候由」『愛知織豊2』)。5日伊勢在(『家忠』)。10日浜田在ヵ(同日付吉村氏吉宛家康書状「南辺深々令放火、浜田普請申付候」『家康』)。12日浜田在(同日付木造具政等宛家康書状『家康』)。13日伊勢→清洲(『家忠』「家康伊勢より清須迄御馬被納候」)。17日清洲在(『家忠』)。26日清洲在ヵ(同日付酒井忠次宛北条氏規書状「于今清洲御在陣ニ候哉」『愛知織豊2』)。8月18日小牧在ヵ(同日付上杉景勝宛秀吉書状「家康事、於于今小牧ニ在之由候条」『愛知織豊2』)。28日清洲→岩倉(『家忠』「羽柴こほり筋へ押出し所々放火候、家康も清須より岩くら迄御うつり候」)。9月7日重吉在(8日付不破広綱宛家康書状「昨日至当地茂吉寄陣候」『愛知織豊2』)。27日清洲着(『家忠』)。

　10月11日小牧在(『家忠』「家康小牧へ御見舞御越候」)。17日清洲発ヵ(『家忠』「家康御馬ヲ被入候」)。18日(清洲発ヵ)(17日付遠山佐渡守宛井伊直政書状「明日御馬を被納候間、御取紛之時分ニ候

条、我々より申越候、なさま遠州より重而可申入候」『家康』)。11月1日(浜松発)(10月29日付飯田半兵衛宛家康書状写『愛知織豊2』)。4日三河在(同日付諏訪頼忠宛家康書状写『愛知織豊2』)。9日清洲着(『家忠』「家康清須迄御出馬候」)。16日清洲発(『家忠』「御無事相済候て、家康御馬被入候」)。21日西尾→深溝→浜松(『家忠』「家康西尾より浜松へふかうす御通候」)。12月14日浜松在(『家忠』「信雄様浜松へ御越候」)。25日浜松在(『家忠』「越中之佐々蔵助浜松へこし候て、吉良ニ信雄様御鷹野ニ御座候御礼申候」)。

天正13年(1585)

【概要】

　正月を浜松で迎えた家康は、16日に岡崎へ行き、2月1日に浜松へ帰った。3月にかけて浜松にあった家康は、その後甲斐に行き、6月7日に浜松に帰った。浜松発の日付は不明だが、中村孝也氏は4月中としており(『家康』)、5月中には甲斐在が確認できる。7月初旬には体調を崩していたが、19日には駿府城普請および、信濃上田の真田昌幸攻撃のため駿府に移り、9月15日に浜松に帰った。9月下旬には吉田、西尾経由で30日に岡崎に入り、10月3日に浜松へ帰っている。10月28日には浜松に家臣を集め、秀吉へ人質を出すか否かが協議された。11月16日には石川数正出奔の動揺を抑えるため岡崎に入り、22日〜27日に西尾に行ったほか、そのまま12月まで在城しているが、年末には浜松に帰ったと考えられる。

【詳細】

　1月1・2日浜松在(『家忠』)。16日岡崎在(『家忠』「家康様岡崎へ御こし候」)。2月1日岡崎→浜松(『家忠』「家康様浜松へ御帰候」)。3月3・19日浜松在(『家忠』)。

　5月21日甲斐在(同日付尊祐宛山本為次書状「一両日中ニ甲州之旗本へも本弥八、新十まて両使被遣候」『愛知織豊2』)。27日甲斐在(同日付折井次昌宛家康判物写「右所宛行之所領、最前於遠州兼約候条、不可有相違」『家康』)。6月7日(甲斐)→浜松(『家忠』9日条「殿様甲府より一昨日七日ニ御帰城之由、浜松より申来候」)。12日浜松在(『家忠』)。26日浜松在(『家忠』「浜松殿様出物御煩候て、日かけニ御見舞ニこし候、城へいて候」)。27日浜松在(『家忠』)。

　7月1日浜松在(『家忠』)。7日頃三河在ヵ(「宇野」「越中国佐々内蔵助懇望ハ、家康達而被申ニ付而、其身ヲ御赦免、(中略)仍富田平右衛門、津田四郎左衛門両人三州へ下向也」)。10日浜松在(『家忠』)。19日浜松→駿河(『家忠』「殿様駿河へ御こし候」)。8月18日駿府在(『家忠』)。閏8月2・13・19日駿府在(『家忠』)。9月15日(駿河)→浜松(『家忠』17日条「家康一昨日十五日ニ駿州より浜松へ御帰城候由候、進上物こし候」)。20日浜松在(同日付祐明宛山本為次書状「抑御身上之儀七ケ寺共相済申之由、自浜松就案内註進被申候、(中略)尚々浜松之儀相召候て頓而御一礼候之様ニとの御事候」『愛知織豊2』)。22日浜松在、25日吉田在、26日西尾在(『家忠』)。30日西尾→岡崎(『家忠』「家康西尾より岡崎へ御越候」)。

　10月3日浜松着(『家忠』「殿様浜松へ御かへり候」)。28日浜松在(『家忠』「城へ出仕候、上へ御質物御出候て能候ハんか、又御出し候ハてよく候ハんかと之御談合にて候」)。11月1日浜松在、15

日吉田在、16日吉田→岡崎(『家忠』)。22日岡崎→西尾(『家忠』「城ニ鷹の鶴の御ふる舞候、家康者西尾へ御こし候」)。27日西尾→岡崎(『家忠』「家康西尾より御帰候」)。12月1日岡崎在(『家忠』「城へ出候、なへゆり候」)。

天正14年(1586)
【概要】
　前述の通り、家康は浜松で越年したと考えられる。1月10日、岡崎へ入った家康は、27日に岡崎に来た織田信雄と対面し、29日に浜松へ帰った。また、2月26日には浜松を発し、3月9日三島、11日沼津と2回に渡って北条氏政と対面した。浜松帰城は21日である。
　4月11日には秀吉妹朝日の輿入の情報が松平家忠に伝わっており、いったん28日祝言と決まるも家康の使者が秀吉の気に入らなかったことから延引となり、結局朝日は5月14日に浜松へ輿入れした。7月17日には前年に撃退された上田の真田昌幸攻撃のため駿府に進んだが、秀吉の仲介もあって断念し、8月20日に浜松へ帰陣した。9月11日、前年より普請中であった駿府城へ「屋渡り」を行い、拠点を移したが、13日には浜松へ入っている。
　同24日には秀吉からの上洛催促の使者下向にともない岡崎に入り、26日には上洛と決まったが、27日に一旦浜松へ戻っている。10月14日に上洛のため浜松を発した家康は、18日に岡崎で人質として下向してきた大政所を向かえ、そのまま上洛した。24日に京都に入り、26日に大坂へ下向、27日に秀吉と対面し、30日には再び京都へ向かった。11月5日に秀吉とともに参内し、8日に京都を発って帰国した。10日に大高に着いた家康は11日に岡崎に入り、19日まで滞在し、20日に浜松へ向かった。12月4日、浜松を発って駿府へ帰った。
【詳細】
　1月10日岡崎着(『家忠』「家康岡崎へ御越候」)。27日岡崎在(『当代』「秀吉公家康公為入魂、信雄岡崎まて来臨、家康自浜松出向対面給、双方快然、而廿九日ニ尾州江帰給」)。29日岡崎→浜松(「宇野」「廿九日ニ三州之岡崎より三介殿御帰、家康ハ其日浜松帰城云々」)。2月25日浜松在(『家忠』)。26日浜松→鎌田(『家忠』「家康相州氏政御見相ニ駿州へ御出候、かまた迄被越候」)。3月9日三島在(『当代』「於三島に家康公与氏政対面、入魂の礼也」)。11日沼津在(『当代』「又於沼津対面也」)。21日(相州)→浜松(『家忠』24日条「家康相州より去廿一日ニ浜松迄御帰城候由申来候」)。27日浜松在(『家忠』)。
　4月11日浜松在ヵ(『家忠』「羽柴筑前守妹家康へ御こし入候」)。5月2日浜松在ヵ(『家忠』「自浜松上方御祝之儀近日之由申来候、日限ハ重て可申越候由候」)。5日浜松在(『家忠』6日条「本平八清須迄御女房たち送り候て、昨日浜松へ被返候由吉田より申来候」)。14日浜松在(『家忠』「御こし浜松ニ入候」)。16日浜松在(『家忠』18日条)。24日浜松在(『家忠』)。6月6日浜松在ヵ(『家忠』「浜松へたうへの儀ニ使を越候」)。
　7月17日浜松→(駿府)(『家忠』19日条「一昨日十七日、家康眞田表働被仰候、駿府迄御出馬之由候」)。8月20日(駿府)→浜松(『家忠』22日条「家康様一昨日ニ駿府より浜松へ御帰之由申来候」)。9月7日駿府着(『家忠』「殿様来十一日ニ駿府御屋渡りニ今日七日ニ御越候間、こし候へ之由申来候

て馬出候」)。11日駿府在(『家忠』)。13日浜松着(『家忠』「浜松迄帰候、御屋敷様御越候」)。24日(浜松)→岡崎(『家忠』「浜松殿様岡崎へ御こし候、上方より御上洛候への御使者越候」)。26日岡崎在(『家忠』「岡崎へ越候、城へ出仕候、殿様御上洛ニ相定候」)。27日岡崎→(浜松)(『家忠』「殿様浜松へ御帰候」)。

10月14日浜松→吉田(『家忠』「御上洛ニ付而、家康様浜松より吉田迄御越候由」)。15日吉田→宇谷→吉良(『家忠』「家康様吉田より吉良へ御通候、宇谷にて懸御目候」)。17日岡崎在ヵ(『家忠』「秀吉御母大政所家康様御上洛候人質ニ明日十八日ニ岡崎迄御越候間、夜通御迎ニ越候へ之由本田作左衛門尉所より申来候、夜通岡へこし候」)。18日岡崎在ヵ(『家忠』「大政所御迎ニ知鯉鮒迄こし候、岡へ御うつり候、ふかうすかへり候」)。20日宇頭在(『家忠』)。24日京都在(『多聞院』25日条)。26日京都→大坂(『言経』「参河国得川左京大夫家康大坂へ下向了、殿下御妹婿也、嫁娶已後始而上洛間下向云々」)。27日大坂在(『多聞院』「今日大坂へ家康被出了、人数三千程在之云々」)。28・29日大坂在(『多聞院』29日条「昨日於宰相殿宿家康被申入、金春大夫能三番高砂、田村、金札仕了、今日ハ又次兵衛殿へ被申入云々」)。30日大坂→(京都)(『言経』「家康上洛ニ付而上洛了」)。

11月1日京都在(「宇野」『家康上洛」)。3日京都在(『兼見』)。5日京都在(『兼見』「徳川参内、関白御参也」)。7日京都在(『兼見』「此時有陣儀、関白、殿上人諸大夫各衣冠数人也、(中略)徳川黄門」)。8日京都発(『兼見』「今朝、徳川帰国云々」)。10日大高着(『家忠』「家康御下之御迎ニ智鯉鮒まてこし候、大たか迄御越候よし候」)。11日大高→岡崎(『家忠』「御迎ニ大たかきわまてこし候、懸御目、岡崎迄御とも申候」)。19日岡崎在(『家忠』「殿様明日御帰候由申来候」)。20日「むかひ野」在(『家忠』)。22日浜松在ヵ(『家忠』「浜松へ飛脚、今度之御礼ニ越候」)。12月4日浜松→(駿府ヵ)(『家忠』「殿様今日駿へ御座候由候」)。

天正15年(1587)

【概要】

駿府で越年した家康は7月末に上洛するまで、3月11日〜17日に遠江に行った他は、基本的に駿府にいたものと考えられる。7月29日に上洛のため岡崎まで進み、8月5日には京都に入り、8日に大納言任官、9日に参内し、12日には京都を発っており、上洛は非常に短期間であった。14日に岡崎に入った家康は、17日まで滞在して駿府へ向かった。

9月には田原へ鷹狩りに出掛け、19日に小松原へ進んだ。駿府帰城は10月3日である。11月23日には再び鷹狩りのため駿府を発し、三河の田中へ向かった。12月3日には岡崎にあり、9日〜18日にかけては西尾にあって鷹狩りを楽しんだようだ。19日岡崎を発って駿府へ向かった。

【詳細】

2月1・4日駿府在(『家忠』)。3月2日駿府在ヵ(『家忠』「家康様より江川酒給候」)。11日駿府→(遠州)(『家忠』「家康様遠州へ御越候」)。17日(遠州)→駿府(『家忠』「家康様自遠州御帰候」)。19日駿府在(『家忠』)。4月4日駿府在(『家忠』)。

7月29日掛川→岡崎(『家忠』「家康様御上洛として岡崎迄御着候、かけ迄御迎ニ参候」)。8月5

日(京都着)(『兼見』4日条「明日徳川家康上洛云々」)。9日京都在(『兼見』「家康参内云々」)。12日京都発(『兼見』)、13日田原着(『家忠』「家康様田原大津へ御舟にて御あかり之由ニて、人をつかハし候」)。14日田原→岡崎(『家忠』「酉刻ニ家康様岡崎へ御着被成候由にて子刻ニ岡より申来候、則越候」)。15日岡崎在(『家忠』)。17日岡崎→(駿府)(『家忠』「殿様駿州へ御帰候」)。9月19日(→小松原)(『家忠』18日条「家康様田原へ鹿狩ニ明日小松原迄被越候由」)。21日小松原→形原(『家忠』「家康様田原へ鹿狩ニ御出候て形原より渡海候へハ、風吹てはゝた崎より帰候」)。

10月3日(田原)→駿府(『家忠』「家康様田原より御帰城候」)。4・18日駿府在(『家忠』)。11月5・15日駿府在(『家忠』)。23日駿府→(田中)(『家忠』「家康様御鷹野ニ三州へ御こし候、田中也」)。12月3日岡崎在、9日西尾在(『家忠』)。10日西尾在ヵ(『家忠』「家康様より御鷹の雁給候」)。18日西尾→岡崎(『家忠』「家康様西尾より岡崎御帰候」)。19日岡崎→(駿府)(『家忠』「家康様するかへ御帰候」)。

天正16年(1588)

【概要】

　駿府で越年した家康は、1月29日に遠江中泉へ鷹狩りに出掛け、2月5日には駿府に帰った。3月1日に上洛のため駿府を発ち、6日には岡崎に入った。14日に岡崎を発った家康は22日には京都にあって大坂に下った。4月14日には聚楽第行幸に供奉し、27日に駿府に帰着した。6月中旬には大政所の病を見舞うため、朝日と前後して上洛し、23日には岡崎へ進んだ。7月2日には大政所回復の情報が三河深溝の松平に伝わっている。8月末まで在京し、大和郡山を経由し、9月1日～2日には奈良興福寺を訪問し、そのまま帰国した。4日には船で田原に着いているが、駿府着の日付は判明しない。11月22日には三河での鷹狩りのためか岡崎に入り、12月22日に吉良に鷹狩り出掛けた。24日に岡崎から駿府に帰った。

【詳細】

　1月3日駿府在(『家忠』「駿州へ御出仕聞ニ飛脚をつかハし候」)。5日駿府在(『家忠』「駿河酒左衛門督より来十五日已前ニ駿府御普請候へ之由申来候」)。29日中泉在(『家忠』)。2月5日駿府着、7・8・14日駿府在(『家忠』)。17日駿府在(『家忠』「家康様御上洛廿八日ニ相定候」)。28日駿府在(『家忠』「雨振候て御上洛相延候」)。3月1日駿府→中泉(『家忠』「家康様御上洛被成候、中泉迄御こし被成候」)。6日岡崎着(同日付羽柴侍従宛家康書状『愛知織豊2』)。9日(大野着)(1日付飯田半兵衛宛家康書状写『愛知織豊2』)。14日岡崎発(『家忠』19日条)。22日京都在(『家忠』28日条)。同日京都→大坂(『多聞院』「家康上洛、則大坂へ下了云々、関東一円無事ニ調、天下一同相摂云々」)。29日京都近郊(『家忠』4月16日条「去廿九日ニ関白様家康様御同道ニ御鷹野ニ被為出候」)。

　4月6日京都在(同日付最上義光宛家康書状写「則上洛候て、其表之様子関白様江申上候処」『家康』)。12日京都在(同日付正西御房等宛山本為次書状「御身上之儀被成御還住候へ之由自京都被申下」『愛知織豊2』)。14日京都在(『当代』)。15日京都在(『家忠』21日条)。27日駿府着(『家忠』)。5月5・12日駿府在(『家忠』)。閏5月23日駿府在ヵ(『家忠』「殿様より巣このり給候」)。6月22

日駿府発ヵ(『家忠』「殿様大坂大政所様御煩以外ニ而上へ御のほり候由申来候」)。23日→大平→岡崎(『家忠』「殿様御迎ニ岡崎へこし候て、大ひら迄にて御めにかゝり候、ふかうす帰候」)。

7月2日京都在(『家忠』)。14日京都在(同日付朝比奈泰勝宛家康書状写「此方逗留中上洛候ヘ者、仕合可然候間」『家康』)。24・25・30日京都在(「輝元上洛日記」)。8月1・2・8・20〜22日京都在(「輝元上洛日記」)。29日郡山在(『多聞院』「大納言様迎ニ木津マテ出了、家康郡山へ来了」)。9月1日奈良在(『多聞院』「家康成身院へ、豊後ノ屋形知足坊へ」)。2日奈良→笠置(『多聞院』「両人御帰了、笠置ニテ日中被申付之、ソレマテ大納言殿モ被送云々」)。4日田原着(『家忠』)。22日駿府在ヵ(『家忠』「駿川より上洛之儀そうしや方よりとのさま御きらいにて候間無用之由申来候」)。

11月22日岡崎着(『家忠』)。27日三河在(12月4日付家康宛秀吉朱印状「去廿七日之書中於京都加披見候、為鷹狩三州へ被相越」『愛知織豊2』)。12月21日岡崎在、22日吉良在(『家忠』)。24日岡崎→(駿府)(『家忠』「殿様御帰候」)。

天正17年(1589)

【概要】

　駿府で越年した家康は、1月29日に鷹狩りのため遠江中泉に向かい、駿府を発した。2月4日駿府に帰城した家康は、28日に上洛のため再び駿府を発し、3月初旬には京都に入ったと考えられる。6月初旬まで在京した家康は、7日に船で田原まで帰着し、翌日中泉に進み、岡崎には寄らずに駿府に向かったようだ。7月には大仏建立のため富士山麓で木材の切り出しが始まり、8月27日には家康自身が大宮を訪れ、翌日甲府に向かい興津へ進んだ。9月26日に甲府より沼津まで帰っており、駿府へ戻ったのであろう。11月には北条氏政に対する秀吉の宣戦布告状が公布され、家康は12月5日には岡崎を発って上洛した。10日に秀吉と対面したとされ(『家康』)、16日には西尾まで帰り、岡崎・吉田を経由して駿府へ向かった。

【詳細】

　1月1・2日駿府在(『家忠』)。29日駿府→久野→(中泉)(『家忠』「懸川迄こし候、殿様中泉へ御鷹野ニ御座候、久野前ニ而相申候」)。2月4日(遠州)→駿府(『家忠』「殿様遠州より御帰城候」)。6・14・16・24・26日駿府在(『家忠』)。28日駿府→田中(『家忠』「今日殿様御上洛、田中迄被成候」)。3月17日京都在(『鹿苑』)。

　5月22日京都在(『お湯殿』)。6月3・4日京都在、7日田原着、8日中泉在(『家忠』)。7月19日駿府在(『家忠』)。8月27日大宮在(『家忠』28日条)。28日大宮→興津→(甲府)(『家忠』「殿様甲府へ御通候、御迎ニ路次迄出候」)。9月26日甲府→郡内→長久保→沼津(『家忠』「殿様甲州より郡内を長久保沼津へ御出候て御帰候」)。

　10月24日駿府在ヵ(『家忠』「木引候、駿府より、当年中入候木計引候て普請衆あかり候へ之由申来候」)。11月2日駿府在、8日田中在(『家忠』)。14日駿府在(同日付藤堂高虎宛家康書状写「来十五日ニ上洛可申候由存候処、近日上様為御忍、為可被遣御鷹、吉良へ可有御成之由承候間、先令遅々候」『家康』)。12月3日吉田→岡崎(『家忠』「殿様吉田より岡へ御越候」)。4日岡崎在、5日

岡崎発(『家忠』)。13日京都在ヵ(『家忠』「酒井宮内より京よりの御ふれ相州御陣之事申来候、関白様ハ明三月朔日、尾州大府様ハ二月五日、家康様ハ正月廿八日御出馬之由候」)。16日(京都)→西尾(『家忠』「殿様京都より西尾へ御下之由候」)。17日岡崎在、18日吉田在(『家忠』)。

天正18年(1590)

【概要】

　駿府で越年した家康は、1月24日に遠江中泉で知行に関する指示を出している。駿府に戻った家康は2月10日に駿府を出て賀嶋に進み、24日には長久保に着陣した。3月20日には秀吉を迎えるため一旦駿府に行き、22日に長久保に戻った。29日には伊豆山中城を攻略し、翌4月1日に箱根を越えると、2日には小田原まで進んだ。以後家康は小田原落城まで基本的には小田原攻囲軍の陣中にいたと考えられる。

　7月5日北条氏直が滝川雄利の陣に投降し、6日には小田原城は開城となった。家康は10日に城内に入っている。これ以前に家康の関東国替えは決まっていたようで(本多2006)、16日には江戸へ向け、小田原を発って柳嶋へ向かい、18日には江戸に到着した。その後は江戸に滞在し、新領国の経営に乗り出すが、10月～11月には葛西大崎を始めとする各地での一揆と、伊達政宗と蒲生氏郷の確執により不安定となった奥州情勢への対応にあたった。政宗に異心ありとの報が秀吉に伝わったことから、12月初旬には家康自身の出陣も取沙汰されていた。

【詳細】

　1月1・2日駿府在(『家忠』)。19日中泉在ヵ(『家忠』「殿様来十九日中泉へ御座候、皆知行方亥年之五十分一高辻越候へ之由申来候」)。24日中泉在(『家忠』)。2月4～6日駿府在(『家忠』)。10日賀嶋在(『家忠』「殿様賀嶋迄御出馬候」)。24日長久保在(『家忠』「家康様長久保へ御出馬候」)。3月20日長久保→駿府(『家忠』「関白様駿府迄御成候て、殿様御こし候」)。22日駿府→長久保(『家忠』「殿様御帰候」)。29日山中城在(『家忠』)。

　4月1日箱根山付近(『家忠』「二里ほとをし候、箱根山近所ニ陣取候」)。3・4日小田原在(『家忠』)。5日小田原在(同日付浅野幸長宛家康書状「当手之儀、敵惣構向之山崎ニ陣取候」『家康』)。9日小田原在(『家忠』)。10日小田原在(同日付大樹寺宛家康書状写「仍此表之儀、俄敵城構限江押詰候、北条滅亡不可有程候」『家康』)。15日小田原在(『家忠』)。5月5日小田原在(『家忠』)。6月21日小田原在(『家忠』)。

　7月10日小田原城在(『家忠』)。16日小田原→柳嶋(『家忠』「江戸表へ立候、柳嶋迄こし候」)。17日片平在、18日江戸着、20日江戸在(『家忠』)。8月4日宇都宮在ヵ(同日付曽我尚祐宛家康書状写「仍内府御身上之儀、於宇都宮種々御取成申上候、上様御気色於可然候間、可御心安之旨」『家康』)。8・26日江戸在(『家忠』)。28日江戸在(同日付長尾顕長宛家康書状「就当城相移来翰」『家康』)。11月14日江戸在(同日付山川晴重宛家康書状写『家康』)。12月5・6・11日江戸在(『家忠』)。24日江戸在(同日付伊達政宗宛家康書状『家康』)。

天正19年(1591)

【概要】

　江戸で越年した家康は、1月5日蒲生氏郷を援助するため出陣し、岩付に着いた。しかし、同時期に伊達政宗と氏郷の和解が確認され、岩付で情勢を見ていた家康も13日に江戸へ帰城した。14日には武蔵府中で同じく氏郷援助のため下向していた羽柴秀次と対面した。閏1月3日、江戸を発って上洛し、途中尾張清洲で鷹狩り中の秀吉と対面し、22日に京都に到着した。3月まで京都に滞在した家康は、11日に京都を発って21日に江戸に帰城した。以後江戸にあって領国経営にあたったと考えられるが、奥州再仕置のため7月19日に江戸を発って岩付に進んだ。27日には白河へ進んだ家康は、8月7日に二本松で羽柴秀次・浅野長政らと会談した。家康自身は九戸までは行かず、10月にかけて各地で普請や検地に関わったようだ。10月27日には古河まで帰陣し、30日には江戸に戻っていた。11月23日には岩付に鷹狩りに出掛け、その後川越経由で忍へ向かう予定であったが、嫡子秀忠の帰国により予定を変更し、直接小田原へ向かうこととなった。秀忠は14日に小田原に到着し、玉縄、神奈川を経由し、17日に江戸に帰城した。家康も同道したのであろう。

【詳細】

　1月5日岩付在(『家忠』6日条「殿様岩付へ昨五日ニ御光儀候由」)。7日岩付在ヵ(『家忠』「松平玄番父子江戸へ出仕ニ越候て、岩付へ人をこし候、熊谷迄帰候」)。11日(古河着)(『家忠』8日条「関白様より奥州表へ御働候へ之由にて、殿様十一日ニこか辺迄御出馬之由候」)。13日(岩付→江戸)(『家忠』12日条「殿様御出馬止候て、岩付より江戸へ明日御帰候由候」)。14日江戸→府中(『家忠』「中納言殿武州府中迄御出陣候て、殿様江戸より御越候由候」)。19・22・25日江戸在(『家忠』)。閏1月3日江戸発(『家忠』5日条)。22日京都着(『晴豊』)。26日京都在(同日付伊達政宗宛家康書状『家康』)。2月3・4日京都在(『晴豊』)。6日以前清洲在(『家忠』6日条「殿様ハ関白様清須ニ為御鷹野として御座候て清須にて御見合候」)。11〜13・17日京都在(『晴豊』)。18日京都在(『時慶』)。20日京都在(『晴豊』)。28日京都在(『言経』「晩ニ家康卿大納言殿へ罷向、但他行之間帰了」)。29日京都在(『言経』「家康卿へ罷向、他行也云々」)。30日京都在(『言経』)。3月1〜3・5〜10日京都在、11日京都発(『言経』)。21日江戸着(『家忠』23日条)。25日江戸在(『家忠』)。

　4月5日江戸在(『家忠』)。6月7・15・19日江戸在(『家忠』)。7月13日江戸在(同日付中村一氏宛家康書状『新修家康』)。19日江戸→岩付(『家忠』)。27日白河在(同日付蒲生氏郷浅野長政宛家康書状『家康』)。8月7日二本松在(同日付施薬院全宗宛浅野正勝書状『伊達』)。18日岩出沢在ヵ(同日付実相寺同百姓中宛榊原康政判物写「当岩出沢領之在々百性宿人、如前々本屋敷江令還住」『家康』)。27日奥州在(『家忠』)。9月10日岩出沢在ヵ(同日付伊達政宗宛家康書状「近日者普請取紛、無音相過、本意之外候、仍佐沼之儀も、人数差遣候之間、普請定躰而可為出来候」『家康』)。15日三之関在(16日付関一政宛家康書状写『家康』)。

　10月16日高倉在(同日付田丸忠昌宛家康書状「然者我等為着陣之高倉検地等被仰付候由」『新修家康』)。27日古河着、30日江戸在(『家忠』)。11月23・25日岩付在(『家忠』)。12月3日(忍在)

(『家忠』2日条)。同日(岩付→小田原)(『家忠』「殿様此方御成之儀やミ候て、小田原西郡へ御こし候、若君様京都より御下向之由候て、にハかに御迎なから小田原へ御成候由」)。14日小田原在ヵ(『家忠』「若君御迎ニ湯本迄参候、小田原にて太刀折紙ニて御礼申候」)。15日玉縄在ヵ(『家忠』「若君様玉縄迄御こし候」)。16日神奈川在ヵ(『家忠』「若君様かぬ川迄、しな川迄越候」)。17・29日江戸在(『家忠』)。

天正20年・文禄元年(1592)
【概要】
　江戸で越年した家康は、2月2日に江戸を発って上洛し、24日に京都に到着している。3月17日、朝鮮侵略のため肥前名護屋へ向けて京都を発した。4月末の秀吉の名護屋着陣当初は自身が渡海する意志を示していたが、結局取りやめとなり、家康も朝鮮へ渡海することはなく、名護屋に在陣を続けて越年した。この間の名護屋での家康の動向については、朝鮮在陣衆への見舞いか、家康の名護屋在陣の見舞いへの返状が見える他は判然としない。

【詳細】
　1月1〜3・5・8日江戸在(『家忠』)。11日江戸在(同日付浅野長政宛家康書状『家康』)。17・20日江戸在(『家忠』)。2月2日江戸→日比谷→神奈川(『家忠』)。24日京都着、25・26・28・29日京都在(『言経』)。3月1〜3・5〜8・10・11・13〜16日京都在、17日京都発(『言経』)。

　4月28日名護屋在(同日付中村一氏宛家康書状「頓而御渡海可被成御模様候、当地之儀者御隠居所ニ罷成候」『家康』)。5月3日名護屋在(同日付松井康之宛家康書状写「将又浅弾一昨日被召出候、可心易候」『家康』)。6月4日名護屋在(同日付細川忠興宛家康前田利家書状写『家康』)。6日名護屋在(同日付某宛西笑承兌書状写『鹿苑』三十二文禄二年裏文書)。7月23日名護屋在(同日付不動院宛家康書状写『家康』)。8月15日名護屋在(同日付宛所欠家康書状『家康』)。

　10月10日名護屋在(同日付不動院宛家康黒印状写『家康』)。11月7日名護屋在(『家忠』)。8日名護屋在(同日付小早川隆景宛家康書状「仍来春太閤御渡海之事候間、以面談万端可申承候」『家康』)。12月25日名護屋在(同日付惣持院宛阿部正次書状『家康』)。29日名護屋在(同日付円覚寺宛阿部正次書状『家康』)。30日名護屋在(同日付鶴岡八幡宮宛家康黒印状『家康』)。

文禄2年(1593)
【概要】
　前年に引き続き名護屋に在陣した家康は、秀頼誕生のため8月中旬に名護屋を発って大坂へ向かった秀吉の後を追うように、22日には赤間関まで進み、29日に大坂へ帰還した。9月5日には伊豆へ湯治に向かった豊臣秀次を見送るため伏見に向かい、15日には大坂へ下向している。以後閏9月13・22日と伏見に行ったほか、京都に滞在し、10月14日に江戸へ下向した。22日に三島まで下向した家康は、24日に鎌倉見物に向かい、25日に江戸に帰城した。以後翌年にかけ江戸で過ごした。

【詳細】

　1月2日名護屋在(同日付相模二宮神主宛家康黒印状『家康』)。27日名護屋在(『家忠』)。2月8日名護屋在(同日付妙法坊宛家康書状『新修家康』)。21日名護屋在(同日付清見寺宛家康書状『家康』)。24日名護屋在(同日付浄国寺宛家康朱印状写『家康』)。3月10日名護屋在(同日付妙本寺・本明寺宛家康印判状写『家康』)。28日名護屋在(同日付龍園寺宛印判状写『家康』)。4月23日名護屋在(同日付武蔵六所神主宛家康黒印状『新修家康』)。5月22日名護屋在(同日付鹿島神主宛家康書状『新修家康』)。

　7月9日名護屋在(「大和田」「ヤカタ磯へ御出、御留守へ家康之使者ニ、城織部殿被参」)。8月9日名護屋在(『家忠』)。22日赤間関在(「大和田」)。29日大坂着(『家忠』9月16日条「江戸より飛脚越候、大納言様去廿九日ニ大坂迄御着之由板四郎右より申来候」)。9月5日京都→伏見(『言経』「江戸亜相へ参了、対顔了、伏見へ御出之間、門マテ送了」)。6日京都在(『言経』)。7日京都在(『言経』「江戸亜相へ罷向、前田羽柴筑前守へ茶湯へ御出也云々、則帰宅了、未刻ニ又罷向、種々雑談」)。8〜11・13・14日京都在(『言経』)。15日京都→大坂(『言経』「江戸亜相大坂へ下向之間、イトマコイニ罷向了」)。22・23・25〜28日京都在(『言経』)。閏9月1・3・4・6〜8・11日京都在(『言経』)。12日京都在(『言経』「江戸亜相へ阿茶丸同道罷向了、前田侍従へ御茶湯ニ御出也云々」)。13日伏見在(『言経』)。14・16・18・19・21日京都在(『言経』)。22日伏見在(『駒井』)。23・25・26・28・29日京都在(『言経』)。30日京都在(『言経』「江戸亜相へ罷向之処ニ、太閤へ御参也云々、則罷帰了」)。

　10月1・3・4日京都在(『言経』)。5日京都在(『鹿苑』)。6・8・10日京都在(『言経』)。11日京都在(『言経』「江戸黄門へ見舞ニ罷向了、亜相ハ　禁裏御能参了」)。12日京都在(『言経』)。13日京都在(『言経』「江戸亜相へ罷向、(中略)富田左近へ茶湯ニ御出」)。14日京都発(『言経』)。22日三島在(『家忠』)。23日小田原・一色在(『家忠』「大納言様小田原へ御着候、一色と云所ニ留候」)、24日「こい田」・鎌倉在(『家忠』「大納言様こい田迄御こし候、かまくらへ見物にこし候」)。25日江戸着(『家忠』)。12月28日江戸在(同日付某宛家康書状『家康』)。29日江戸在(『家忠』)。

文禄3年(1594)

【概要】

　江戸で越年した家康は、2月12日に江戸を発して上洛し、24日に京都に到着した。3月2日には秀吉に従い吉野へ花見に向かい、9日に京都に戻った。13日〜14日に伏見に行き、17日には秀吉の上洛に合わせて再び伏見に向かい、25日に一旦京都に戻り、三度伏見へ行き、4月1日に秀吉とともに京都に入った。5月中旬には大坂に下向し、18日に京都に戻っているが、この間京都近郊の各所を訪れている。6月1日に伏見に向かい、18日の夜に京都に戻った。7月5日〜12日に伏見に滞在し、8月1日には大坂に下向し、3日に京都へ戻った。

　9月1日に伏見に向かうと、この時期から伏見に拠点を移したのか、12日には山科言経が初めて伏見の屋敷を訪ねている。10月17日には京都滞在が確認でき、前日秀吉とともに

上洛したものと考えられる。以後秀吉とともに京都に滞在し、11月2日の秀吉伏見下向に合わせ、3日に伏見に向かった。30日、再び秀吉とともに上洛し、12月2日に伏見へ帰った。18日には聚楽第を訪れているが、その後は伏見で過ごし、越年した。

【詳細】

2月12日(江戸発)(『家忠』「大納言様ニ今日十二日ニ御上洛之由江戸より□(中略)十六日ニ□」)。18日中泉在(同日付浅野長政宛家康書状『家康』)。24日京都着、25日京都在(『言経』)。3月2日吉野在(『家忠』)。9日京都着、10日京都在(『言経』「江戸亜相昨日南方ヨリ上洛云々、今日罷向対顔了」)。12日京都在(『言経』「江戸亜相へ罷向、細川幽斎へ御出也」)。13日京都→伏見(『言経』「江戸亜相へ罷向、対談了、伏見へ御出也云々」)。14日伏見在(『家忠』)。15日京都在(『言経』「江戸亜相へ罷向、茶湯へ他行也云々」)。16日京都在(『言経』「江戸亜相罷向之処ニ、相国寺承兌長老へ御出之間、可同道由有之間、則乗物ニテ罷向了」)。17日京都→伏見(『家忠』「太閤様大坂ヨリ伏見へ御成候、大納言様も京より普請見舞ニ御越候」)。18日伏見在(『言経』)。25日伏見→京都(『家忠』「太閤様大津へ御□□、大納言様も京へ御帰候」)。28日伏見在(『言経』)。

4月1日伏見→京都(『言経』「江戸亜相へ礼ニ罷向、対顔了、先刻自伏見 太閤御供上洛了」)。2日京都在(『言経』「江戸亜相へ罷向了、近衛殿へ御出也、(中略)次細川入道幽斎へ」)。3・4・6・9・12・13・17・20・24・25・29日京都在(『言経』)。5月1日京都在(『言経』)。3日京都在(『言経』)。4日京都在(『言経』「江戸亜相へ罷向之処ニ、吉田三位所へ御出也云々、昨日ヨリ予可同道之有之間、跡ヨリ則罷向」)。5日京都在(『言経』「江戸亜相へ罷向之処、賀茂社競馬見物ニ御出也云々」)。6日京都在(『言経』「知恩院へ江戸亜相御出之間、(中略)私宅ヨリ直ニ罷向」)。8日京都在(『言経』「江戸亜相へ罷向之処ニ、早相国寺へ御出也云々、則罷向了」)。9日京都在(『言経』「江戸亜相南禅寺三長老へ御出也、兼日ヨリ予可参之由有之間、巳刻ニ罷向了」)。10日京都在(『言経』)。11日京都在(『言経』「江戸亜相了頓へ御出之間、可参由兼日相催之間罷向了」)。12日京都在(『言経』「江戸亜相柳原へ御出之間、可罷向之由有之間罷向了」)。18日大坂→京都(『言経』20日条「江戸亜相一昨夕大坂ヨリ御上洛之由」)。20日京都在(『言経』)。21日京都在(『言経』「江戸亜相相国寺普広院へ可有御出之由内々有之間罷向之処ニ、早御出也云々」)。23日京都在(『言経』)。25日京都在(『言経』「江戸亜相今日宗カツへ御出也」)。27日京都在(『言経』)。29日京都在(『言経』「江戸亜相竹田法印へ御出之間、可罷向之由兼日ヨリ法印申之間、早朝ニ罷向了」)。6月1日京都→伏見(『言経』「江戸亜相ニ辰刻ニ罷向、対顔了、後刻ニ伏見へ御出也」)。4日伏見在(『家忠』)。18日ヵ伏見→京都(『言経』19日条「江戸亜相昨夕伏見ヨリ上洛也云々」)。19日ヵ伏見→京都(『家忠』19日条「大納言様京へ御帰候」)。20日京都在(『言経』)。22日京都在(『言経』「殿下へ参了、江戸亜相、浅野弾正等被参了」)。23日京都在(『言経』)。24日京都在(『言経』「医師一欧宗悦へ江戸亜相被出之間、兼日ヨリ被申間罷向了」)。26日京都在(『言経』「江戸亜相御振舞、建仁寺内常光院ニテ有之、内々可来由有之間、早朝ヨリ乗物ニテ罷向了」)。27日京都在(『言経』)。28日京都在(『言経』「江戸亜相玄勝へ御出之間、可来之由兼日ヨリ催之間、(中略)罷向」)。

7月1日京都在(『言経』)。2日京都在(『言経』「江戸亜相東福寺内正統院哲長老振舞也、予内々

被申之間、早朝に罷向了」)。 4日京都在(『言経』)。 5日京都→伏見(『言経』「江戸亜相伏見へ御出也云々」)。12日伏見→京都(『言経』13日条「江戸亜相昨夕御帰給了」)。13・17・18・20日京都在(『言経』)。22日京都在(『言経』「江戸亜相巳上刻ニ来臨了」)。23日京都在(『言経』)。24日京都在(『言経』「殿下へ参了、御対顔了、未刻ニ退下之砌、銕之御門外ニテ江戸亜相　殿下へ御参之間、則同道了参了」)。26日京都在(『言経』)。29日京都在(『言経』「江戸亜相へ罷向、加賀中納言モ御出也云々、被宿了」)。30日京都在(『言経』)。 8月1日京都→大坂(『言経』「江戸亜相へ礼ニ罷向之処ニ、早朝ニ大坂へ下向也云々」)。 3日大坂→京都(『言経』6日条「江戸亜相へ罷向、対顔了、去三日夜大坂ヨリ上洛也云々」)。 6・7・9・10・12・13・16・20・21・24・26・28日京都在(『言経』)。 9月1日京都→伏見(『言経』「江戸亜相へ罷向、早朝ニ伏見へ被行也云々」)。 3・9日伏見在(『言経』)。 9日伏見在(『家忠』「大納言様へハ太閤様御成とて今日の出仕やミ候」)。12・13・19・20日伏見在(『言経』)。

　10月2・3・14・15日伏見在、17・18・19日京都在(『言経』)。20日京都在(『言経』「太閤殿下へ御成也、江戸亜相巳下衣冠ニテ馬上御供也」)。22～24・27～29日京都在(『言経』)。11月1・2日京都在(『言経』)。 3日京都→伏見(『言経』「江戸亜相伏見へ早朝ニ御出也云々」)。13・14・24日伏見在(『言経』)。25日伏見在(『言経』「江戸亜相へ　太閤様御茶湯ニ渡御也云々」)。30日伏見→京都(『言経』12月1日条「太閤昨日御上洛也、江戸亜相も御同道也云々」)。12月1日京都在(『言経』「暮々聚楽江戸亜相へ罷向了、　太閤へ出仕也、戌下刻ニ御帰了、則対顔了、種々雑談了」)。 2日京都→伏見(『言経』「江戸亜相へ罷向、(中略)細川幽斎、ツカル其外四十余人相伴了、日之暮ニ及テ亜相伏見へ御出也」)。12・13日伏見在(『言経』)。18日京都在(『鹿苑』「赴聚楽侍殿下、諸大名家康、築州、弾正在座」)。21・22・23・25日伏見在(『言経』)。27伏見在ヵ(『言経』「石河日向守へ罷向了、他行也云々、江戸亜相息女、池田三左衛門尉へ今夜嫁娶也云々、其見舞也云々」)。

文禄4年(1595)

【概要】

　伏見で越年した家康は、2月16日、3月11日に京都を訪れるもいずれも同日中に伏見に帰った。3月15日には京都に滞在しており、28日には家康邸に秀吉の御成があった。4月初旬まで京都に滞在した後伏見に帰り、11・20日と京都屋敷に病気の秀忠を見舞っている。27日に京都に上洛すると、5月3日まで滞在し、江戸へ下向した。江戸着の日付は不明だが、13日には小田原まで下向している。

　7月に秀次事件が発生したため、家康も急遽14日に江戸を発って上洛し、20日には遠江見附まで進んでいる。24日には伏見に到着し、秀吉と対面した。8月8日、上洛して京都屋敷に入り、23日まで滞在して伏見に帰った。11月4日には秀吉とともに京都に来ており、8日に伏見に帰った。その後、伏見で過ごし越年した。

【詳細】

　1月7・10・26・27日伏見在(『言経』)。 2月16日伏見→京都→伏見(『言経』「江戸亜相伏見ヨリ上洛之由有之間罷向之処ニ、玄勝所へ御出也云々、直ニ罷向了、(中略)薄暮ニ伏見へ亜相御帰

了｣)。20・21日伏見在(『言経』)。3月8日伏見在(『言経』)。11日伏見→京都→伏見(『言経』｢江戸亜相御上洛之由有之間罷向了、(中略)伏見ヘ四時分ニ被帰了｣)。15日京都在(『言経』｢江戸亜相ヘ冷同道罷向之処ニ、了頓所ヘ御出之由有之間、則予計罷向了｣)。17・19・22～24日京都在(『言経』)。25日京都在(『言経』｢医師一欧ヘ　江戸亜相早朝ヨリ御出之間予罷向｣)。26・27日京都在(『言経』)。28日京都在(『言経』｢太閤御方　江戸亜相渡御也云々、御能有之、御機嫌ヨキ云々｣)。29・30日京都在(『言経』)。

4月1・2日京都在(『言経』)。4日京都在(『言経』｢江戸亜相ヘ罷向、勧修寺亜相ヘ早朝ヨリ御出也云々｣)。11日伏見→京都→伏見(『言経』｢江戸亜相子息黄門腫物見舞ニ伏見ヨリ御上洛也云々、(中略)暮々伏見ヘ御帰了｣)。19日伏見在(『言経』)。20日京都在(『言経』｢江戸黄門腫物見舞ニ罷向了、申置了、伏見ヨリ亜相御出也、則対顔了｣)。27日伏見→京都(『言経』28日条｢江戸亜相昨日伏見ヨリ上洛也云々｣)。28・29日京都在(『言経』)。5月1・2日京都在(『言経』)。3日京都→(江戸)(『言経』｢江戸亜相早朝ニ御下向也云々｣)。13日小田原在(同日付浅野長政宛家康書状『家康』)。6月21日江戸在ヵ(同日付前田利家宛家康書状｢頓而可致上洛候条、万端期其節候｣『家康』)。

7月14日江戸発(7月18日付浅野長政宛水谷正村書状｢大納言様十四日ニ御出馬｣『武家手鑑』)。20日見附(遠江)在(同日付有馬豊氏宛家康書状『家康』)。23日石部在(『言経』)。24日伏見着(『言経』｢江戸亜相伏見ヘ御上也云々、　太閤御対顔也云々｣)。25日伏見在(『言経』)。29日伏見在(『言経』｢伏見ヘ冷同道発足、(中略)次　江戸亜相ヘ罷向、冷同道了、御城ヘ召ニテ御参也云々｣)。8月8日伏見→京都(『言経』｢江戸亜相今日聚楽南之私宅ヘ可有上洛之由必定也云々、毎日トイニ遣了｣)。9・11・13・15・17日京都在(『言経』)。18(京都→伏見)(『言経』17日条)。22日京都在(『言経』｢亜相在京之由有之間、則直ニ同道罷向了｣)。23日京都→伏見(『言経』｢江戸亜相早朝ニ伏見ヘ御出也云々｣)。9月3日伏見在(『言経』)。9日伏見在(『言経』｢江戸亜相ヘ今日礼ニ伏見ヘ冷泉殿、阿茶丸同道被罷向了、亜相ハ御城ヘ出頭也云々｣)。26日京都在(『言経』｢吉田ヘ辰刻ニ罷向了、　江戸亜相早朝ヨリ御出也云々｣)。

10月1日伏見在(『言経』)。2日京都在(『言経』｢江戸亜相東福寺正統院ヘ御出之由｣)。13・23・26日伏見在(『言経』)。11月2日伏見在(『言経』)。4日伏見→京都(『言経』5日条｢太閤様昨夕御上洛ニ付而、　江戸亜相上洛云々｣)。7日京都在(『言経』)。8日京都→伏見(『言経』｢江戸亜相ヘ罷向了、対顔了、(中略)八時分ニ伏見ヘ御帰了｣)。19・20・22・23日伏見在(『言経』)。12月1・12・13・24日伏見在(『言経』)。

文禄5年・慶長元年(1596)

【概要】

伏見で越年した家康は、2月12日には大坂に滞在しており、19日には伏見に戻っていた。30日には堺の今井宗薫を訪ねた。以後も伏見に滞在した家康は、5月9日に秀吉・秀頼とともに上洛した。13日に参内を済ませ、17日には三者とも伏見に帰り、25日には伏見で諸礼が行われた。7月25日にも秀吉の上洛に合わせて上洛し、26日に両者とも伏見へ帰った。閏7月13日の大地震での被害は比較的軽かったのか、8月20日には秀吉が茶湯に訪れてい

る。9月5日に伏見を発して江戸へ下向した。12月15日には早くも伏見に上洛し、翌日大坂へ下向した。17日に大坂での諸礼に参加し、18日に大坂から伏見へ戻ると、そのまま越年した。

【詳細】

　1月4・13・22日伏見在(『言経』)。2月12日大坂在、19日伏見在(『言経』)。25日伏見在(『舜旧』)。30日伏見→堺(『言経』「伏見へ冷同道発足了、(中略)次　亜相へ冷同道罷向了、対顔了、種々雑談了、次　亜相和泉堺ナヤ宗薫へ御対之由御対ニ御出也云々」)。3月16日伏見在(『言経』「江戸亜相へ冷、阿茶丸等罷越之処ニ、九鬼大隈守へ御出也云々、不及対顔了」)。21日伏見在(『言経』「伏見へ冷発足、江戸亜相へ見舞了、前田侍従へ御出也云々、不及対顔云々」)。25日伏見在(『言経』「伏見月斎マテ書状遣了、江戸亜相へ明日辺可見舞之由申遣之処ニ、明日杉原伯耆守へ御慰ニ御出也云々、返状有之」)。27日伏見在(『言経』)。

　4月6日(京都在)(『言経』5日条「明日大納言殿本願寺之真淨院へ御出也云々」)。7日伏見在(『言経』)。16日伏見在(『言経』「江戸亜相ヨリ可来之由、全阿弥ヨリ書状到来之間発足了、月斎ニテ改衣裳、午刻ニ罷向対顔了、一昨日太閤ヨリ江戸亜相可有任槐之由被仰也云々、然者装束之異文談合之間、家之紋葵之丸可然之由申了、大臣進退之事種々雑談了」)。17日伏見在(『言経』)。29日京都ヵ(『言経』5月2日条「一昨日従　太閤　禁中へ江戸内府、前田大納言両使ニテ、近衛殿、菊亭前右府等可召出之由被仰入之也云々」)。5月5日伏見在(『言経』)。9日伏見→京都(『言経』「太閤若公御上洛也云々、御コシ也、内府、以下七人ヌリコシ云々」)。10日京都在(『言経』)。11日京都在(『言経』「次内府へ罷向之処ニ早朝四郎二郎へ御出也、直太閤へ御出也云々」)。12日京都在(『言経』「内府へ早朝ヨリ太閤へ御出也云々、昨夜　内府陣　宣下有之云々」)。13日京都在(『言経』「太閤、若公　禁中へ御参也云々、□□長者町御殿ヨリ也、御車ニ　太閤、若公、前田大納言、御乳人、御局以上御同車也、次江戸内府車」)。14日京都在(『言経』「江戸内府へ罷向対顔了、後刻　太閤へ御見舞ニ御出之間退下了」)。16日京都在(『言経』「江戸内府へ罷向了、栄任へ御出也云々、門外マテ罷向トイへ共、謡稽古也云々、罷帰了」)。17日京都→伏見(『言経』「江戸内府へ未下刻ニ罷向了、対顔了、夕飡有之、相伴了、種々雑談了、晩ニ伏見へ御帰了、太閤、同若公以下、伏見へ還御了、見物了」)。25日伏見在(『義演』「於伏見城御拾御所幷太閤御所へ、諸家、諸門跡幷諸国諸大名不残御礼有之、(中略)次江戸内大臣」)。6月7日伏見在(『言経』)。19日伏見在(『言経』「伏見へ可罷向トテ冷泉同道発足了、(中略)次栄任伏見ヨリ帰洛之路ニテ相逢了、江戸内府ハ織田内府入道へ渡御也云々」)。26日伏見在(『言経』)。28日伏見在(『言経』「伏見へ冷同道罷向了、(中略)次内府へ罷向了、登城也云々、不及対顔了」)。

　7月4日伏見在(『言経』)。19日伏見在(『言経』「伏見へ発足了、江戸内府へ参之処ニ登城也云々」)。25日伏見→京都(『言経』26日条「太閤一昨日伏見ヨリ御上洛了、江戸内府昨日上洛也云々」)。26日京都→伏見(『言経』「先刻　太閤、　内府等伏見へ御下向也云々」)。29日伏見在(『言経』)。閏7月7日伏見在(『言経』「江戸内府へ冷被行也、登城也云々」)。11日伏見在(『言経』「後刻伏見へ発足了、江戸内府へ被行也云々、不及対顔了、云々、　太閤江戸中納言殿へ渡御也云々、ソレへ内府モ

御出也云々」)。13日伏見在(『言経』「去夜子刻大地震、(中略)伏見御城ハテンシュ崩了、大名衆家共事外崩了、江戸内府ニハナカクラ崩了、加々爪隼人佑死去了、雑人八十余人相果了」)。24日伏見在(『言経』)。8月9日伏見在(『言経』)。20日伏見在(『言経』23日条「去廿日ニ　江戸内府亭へ　太閤茶湯ニ渡御也云々」)。26日伏見在(『言経』)。29日伏見在(『舜旧』)。9月5日伏見→(江戸)(『言経』「早朝ニ関東へ内府下向也云々」)。

　10月12日江戸在(同日付富田知信宛家康書状「即草生津之湯を汲寄、於此方可致湯治候之間」『新訂家康』)。12月15日(江戸)→伏見(『言経』「江戸内府自関東伏見へ御帰宅了」)。16日伏見→大坂(『言経』「江戸内府大坂へ下向也云々」)。17日大坂在(『義演』「辰剋出仕、乗輿、御対面午剋、太閤并若公、(中略)次清花、内大臣家康、新公家」)。18日大坂→伏見(『言経』「江戸内府大坂ヨリ伏見へ御帰宅也云々」)。20・27・28・30日伏見在(『言経』)。

慶長2年(1597)
【概要】
　伏見で越年した家康は、3月8日には秀吉とともに醍醐寺を訪れ、17日には六条の本願寺光寿を訪問している。4月25日、秀吉の上洛に合わせて京都に入り亀屋栄任に滞在し、28日に秀吉とともに伏見に帰った。5月7・8日には吉田兼見邸を訪れ、13日に大坂に下ると、翌日伏見に上った。これは秀頼の伏見入りに合わせたもので、17日には伏見移徙の諸礼が行われている。8月26日、秀吉の上洛に合わせて京都に入り再び亀屋栄任に滞在し、28日には両者とも伏見へ帰った。9月26日には秀吉・秀頼とともに上洛し、今回は当初今立売の新四郎の屋敷に滞在し、29日からは亀屋栄任に移った。30日に秀吉とともに伏見へ帰っている。10月6日にも上洛して新四郎の屋敷に滞在し、8日秀吉とともに伏見に帰った。11日もう一度秀吉とともに伏見から上洛し、頂妙寺の宿坊を宿所とし、12日、秀吉・秀頼とともに伏見へ帰った。この間秀頼は京都に継続して滞在していたものと考えられる。11月17日には伏見を発って江戸へ下向した。

　この年、家康は上洛しても聚楽の屋敷に入った形跡がなく、何らかの変化が起きていると考えられる。なお、長者町の「江戸内府私宅」が確認されることから(『言経』4月6日条)、屋敷自体は存在していたと考えられる。

【詳細】
　1月14日伏見在(『舜旧』)。15日伏見在(『言経』)。2月24・25日伏見在(『言経』)。30日伏見在(『言経』「次伏見へ同道発足、(中略)江戸内府へ罷向処ニ、登城之砌庭中ニテ白地対顔了」)。3月8日醍醐寺在(『義演』)。17日京都在(『言経』「江戸内府本願寺隠居へ御出也云々、茶湯也云々」)。22日伏見在(『言経』)。24・25日伏見在(『鹿苑』)。

　4月3・6・7・10日伏見在(『鹿苑』)。13日伏見在(『言経』)。20・22日伏見在(『鹿苑』)。25日伏見→京都(『言経』「内府、御上了、罷向処ニ栄任所へ御出由有之間、先久河説会所ニテ休息、次罷向対顔了」)。26日京都在(『言経』)。28日京都→伏見(『言経』「江戸内府へ夜罷向、四条室町マテ発足之処、少将碁指宗桂対顔了、江戸内府早朝ニ伏見へ　太閤御供ニテ御帰也云々」)。5月6日

伏見在(『舜旧』)。7日京都在(『言経』「吉田二位へ　内府御出之間罷向了」)。8日京都在(『言経』「神龍院ニテ改衣裳、極﨟同道細川幽斎へ罷向了、吉田ニ小家有之、(中略)内府御出之間早朝ヨリ罷向了、昨日衆大略有之、少々京へ帰了、(中略)未刻ニ内府知恩院御出也」)。13日伏見→大坂(『言経』「内府ハ今日大坂へ下向也云々」)。14日大坂→伏見(『言経』「次内府へ罷向了、今朝大坂ヨリ上洛也云々、太閤同若公等伏見へ御上也云々、内府対顔了」)。17日伏見在(『義演』「於伏見年頭幷移徙ノ礼有之、勅使ヲ始トして、諸公家諸門跡諸国諸大名、不残一人、(中略)次江戸ノ内大臣」)。22日伏見在(『鹿苑』「予直到内府、々々者有馬中書迎請也」)。26日伏見在(『鹿苑』)。28日伏見在(『鹿苑』「内府来臨」)。6月8・9・16日伏見在(『言経』)。

7月11・12日伏見在(『言経』)。13日伏見在(『言経』12日条「明日　大閤内府宅へ御成ニ付而」)。27日伏見在(『鹿苑』)。8月1・9・10日伏見在(『鹿苑』)。18日伏見在(『鹿苑』「午刻到有馬中書、江戸内府請待也」)。26日伏見→京都(『言経』27日条「太閤御方御上洛昨日也云々、然者江戸内府御供ニ上洛也云々」)。27日京都在(『言経』)。28日京都→伏見(『言経』「次冷同道、江戸内府へ罷向了、栄任所ニ滞留了、対顔了、太閤今日伏見へ御帰也云々、然者内府可有御帰之由有之」)。9月12日京都在(『言経』「江戸内府南禅寺三長老へ早朝ニ御出也」)。14日伏見在(『言経』)。17・23日伏見在(『鹿苑』)。24日伏見在(『鹿苑』「早朝太閤発象駄於大谷刑部少輔華第、(中略)御相伴江戸内府、富田左近、有楽也」)。26日伏見→京都(『言経』「太閤、同若公等御上洛了、江戸内府御供也、今立売町新四郎所ニ御出也、則罷向了、対顔了」)。27日京都在(『言経』「江戸内府新四郎所へ御滞留之間、冷阿茶丸同道罷向了、(中略)内府へ、従　太閤之若公ヨリ御馬被参了、其ニ御礼ニ御屋敷へ御参也」)。28日京都在(『言経』「江戸内府、若公御参　内之御供也云々」)。29日京都在(『言経』「江戸内府、栄任へ早朝ニ御出也、相伴之事栄任申之間罷向了、(中略)内府　太閤へ被参也」)。30日京都→伏見(『言経』「江戸内府へ冷泉同道罷向了、栄任所ニ御滞留了、午刻ニ　太閤伏見へ御帰之間、内府同御供伏見へ御帰了」)。

10月5日伏見在(『鹿苑』)。6日伏見→京都(『言経』「江戸内府御上洛先刻也云々、罷向了、冷同道対顔了」)。7日京都在(『言経』「江戸内府へ罷向了、新四郎所ニ滞留了、蘭奢待二色進之、一色ハ後奈良院ヨリ　正親町院ヨリ拝領之分所望之間、進之」)。8日京都→伏見(『言経』「江戸内府へ罷向、新四郎所ニ滞留了、(中略)今日　太閤伏見へ御帰之間、内府同伏見へ御帰了」)。11日伏見→京都(『言経』「江戸内府上洛了、昨日　太閤御上洛云々、内府ハ頂妙寺御内一一坊御滞留由有之間、冷同道罷向了、対顔了」)。12日京都→伏見(『言経』「太閤、同若公等伏見へ御下向之由有之、然者　江戸内府モ御供ニテ御発足之間、イトマコイニ早朝ニ乗物ニテ罷向了、(中略)巳刻ニ伏見へ御出也」)。13日伏見在(『鹿苑』)。21日伏見在(『鹿苑』「午時赴江戸内府、與内府同道、於有馬中書有口切之茶湯」)。24・25日伏見在(『言経』)。28日伏見在(『鹿苑』)。11月9・11日伏見在(『言経』)。12日伏見在(『鹿苑』)。13日伏見在(『鹿苑』「内府赴大津宰相殿」)。16日伏見在(『鹿苑』)。17日伏見→(江戸)(『言経』19日条「江戸内府去十七日ニ武州へ御下向也云々」)。12月23日江戸在(同日付「中納言」宛家康書状「猶明春早々罷上可申進候間、不能審候」『新修家康』)。

慶長3年(1598)
【概要】
　江戸で越年した家康は、2月末には江戸を発したようで、3月6日に岡崎まで進み、15日に伏見に到着した。4月10日に伏見屋敷に秀吉の御成があり、15日には秀吉とともに上洛した。18日に秀吉・秀頼とともに参内し、22日に一旦伏見に戻った。再び上洛し、5月1日には秀吉・秀頼とともに伏見に帰った。以後秀吉の発病により伏見に詰めており、8月18日に秀吉が死去した後も伏見から動かず、わずかに12月10日に本願寺光寿を、18日に豊国社を訪れたのみで、翌年を迎えている。この間10月には後陽成天皇の譲位問題、11月には山科言経の勅勘が解かれたことなど、対朝廷政策への全面的な関与が認められる。

【詳細】
　1月21日江戸在(同日付前田玄以等宛家康書状「尚近々令上洛候間、不能一二候」『新修家康』)。30日江戸在(同日付太田一吉宛家康書状「然者旧冬御暇被下、令下国、于今逗留候」『家康』)。3月6日岡崎在(同日付福島正則宛家康書状『家康』)。15日伏見着、17日伏見在(『言経』17日条)。22・24・25・27・28・30日伏見在(『言経』)。

　4月4・7日伏見在(『言経』)。10日伏見在(『言経』「伏見ヘ発足、(中略)今日　太閤さま江戸内府ヘ御成也、昨日ナレトモ今日也云々、則帰京了」)。11〜13日伏見在(『言経』)。15日伏見→京都(『言経』「太閤、内府等御上洛也云々、未下刻也云々」)。16日京都在(『言経』「江戸内府ヘ冷同道罷向了、対顔了、(中略)後刻　内府ハ　太閤ヘ御参了」)。17日京都在(『言経』)。18日京都在(『言経』「江戸内府ヘ指貫新調進了、冷ニ言伝了、則御参　内之御供也云々」)。20・21日京都在(『言経』)。22日京都→伏見(『言経』「江戸内府ヘ冷被行対顔也云々、今日伏見ヘ御帰也云々」)。5月1日京都→伏見(『言経』「江戸内府ヘ冷見舞ニ伏見ヘ発足也、対顔也云々、此間上洛也、今朝伏見ヘ被帰也云々、此中者太閤若公御上洛也、今朝被帰之御供也云々」)。14日伏見在(『言経』)。29日(京都在)(『言経』28日条「東福寺内正統長老ヨリ、明朝　江戸内府請用之間、相伴ニ可来之由書状有之、所労之間故障了」)。6月5・14・15日伏見在(『言経』)。21日伏見在(『言経』「江戸内府ヘ冷、阿茶丸等同道罷向了、対顔也云々、御登城之砌也云々、毛詩講尺今日ハ無之」)。28日伏見在(7月1日付石田三成宛伊達政宗書状写『政宗2』)。

　7月3日伏見在ヵ(『舜旧』「伏見ヘ罷越、(中略)次江内府家康為見舞罷、依留主罷帰也」)。5・9・11日伏見在(『言経』)。13日伏見在(『舜旧』)。17・20・24・25・27・29日伏見在(『言経』)。8月7日伏見在(『言経』「江戸内府ヘ冷被行了、対顔也云々、内府ヨリ公武大体略記作者又一覧スヘキ由承了」)。11日伏見在(『言経』「江戸内府ヘ冷同道ヘ罷向了、町屋休息了、次罷向了、対顔暫令雑談了、公武大体略記進了、先日御尋之間、持参申入了」)。21・24日伏見在(『言経』)。9月1・3日伏見在(『言経』)。4日伏見在(『義演』)。8・15・20日伏見在(『言経』)。

　10月1日伏見在(『言経』)。3日伏見在(『言経』「江戸内府ヘ冷、阿茶丸等罷向了、対顔也云々、御登城也云々、頓而帰宅了」)。14日伏見在(『言経』「早朝ニ伏見ヘ発足、(中略)次内府ヘ罷向了、他行也、池田三左衛門尉ヘ御茶湯トテ早朝ヨリ御出之由也」)。16日伏見在(『言経』)。24日伏見在

(『言経』「伏見江戸内府ヨリ雨中ニ早々早々可来之由有之、午刻時分申来了、談合子細有之云々、馬来トイヘトモ乗物ニテ罷向了、大津宰相殿ニテ内府へ御振舞有間、直ニ可罷向之由有間、罷向了、対顔了、次 帝王御脳ニ付而御相談之事相論明、其談合ニ内府内々談合了」)。25日伏見在(『言経』「早々内府へ罷向了、種々談合間有之、(中略)次 禁中ヨリ御相談ニ付而、伝奏三人、勧修寺大納言、久我大納言、中山中納言等也、 御脳之間、先之院へ御移、御弟八条殿へ可有之御譲之由仰也、摂家已下勅問之様子等被仰下之由也」)。27日伏見在(『言経』)。11月3日伏見在(『言経』「江戸内府へ冷被行了、□予勅勘之事江戸内府ヨリ 禁中執奏ニヨリテ可有 勅免之由、以勧修寺大納言被仰遣也云々、但ヲモテムキヲ徳善院ノ可有之由有之、此由内府ヨリ予ニ可申由冷ニ承了」)。4・14・17日伏見在(『言経』)。19日伏見在(『言経』「伏見へ発足、(中略)内府ハ鷹野也、晩ニ御帰也、入夜対顔了」)。20日伏見在(『言経』)。24日伏見在(『言経』23日条「江戸内府明日御他行否之由安部伊与守へ山口勘兵衛等書状遣了、相尋了、織田上野殿へ御出云々」)。25日伏見在(『言経』「伏見へ発足、(中略)次内府へ罷向対顔了、(中略)及黄昏益田右衛門尉へ内府御出間、可同道之由有之間、罷向了」)。26日伏見在(『言経』「早朝ニ内府へ罷向了、対顔了、内府ハ宗我目へ御出也」)。27・28日伏見在(『言経』)。12月3日伏見在(『言経』「伏見へ罷向了、内府ハ新庄駿河守へ早朝ヨリ御出之由也、阿茶丸ハ令帰了、入夜内府に対顔了、事外機嫌也」)。4日伏見在(『言経』)。5日伏見在(『言経』「内府早朝ヨリ嶋津入道へ御出也云々」)。6日伏見在(『言経』)。9日伏見在(『言経』「伏見へ発足、(中略)江戸内府へ欲罷向之処ニ、細川幽斎へ御出之由有間、直ニ罷向了、対顔了」)。10日京都在ヵ(『言経』「江戸内府本願寺隠居へ御出也云々」)。15日伏見在(『言経』)。17日伏見在(『言経』「伏見へ発足、(中略)次江戸内府へ罷向了、有間法印へ御出也云々、(中略)次有間法印へ罷向了、内府へ対顔了」)。18日京都在(『義演』「大仏鎮守へ家康始テ諸大名参詣、今日太閤御所忌日歟、于今無披露故、治定不知」)。19・24・25日伏見在(『言経』)。30日伏見在(『言経』「伏見へ冷被行也、明朝江戸内府装束ニテ登城也云々、衣文之事被申間、如此」)。

慶長4年(1599)

【概要】

　伏見で越年した家康は、1月10日に大坂城へ移る秀頼に従い下向し、12日頃には伏見に戻った。2月29日には伏見の家康邸を前田利家が訪ね、3月11日には家康が大坂の利家邸を訪れて病気を見舞った。閏3月3日に利家が病没すると、大坂で加藤清正らによる石田三成襲撃事件が起こった。3月19日には伏見向島に移徙していた家康は、この騒動を三成の佐和山隠遁に落ち着け、閏3月13日には伏見城西丸に入った。6月22日には大坂に滞在しており、26日に伏見に戻っていた。8月14日には上洛して参内し、伏見に戻った。また18日、秀吉の命日には豊国社に社参している。

　9月7日、家康は大坂に下向するとそのまま大坂に滞在し、26日には大坂城西丸の北政所が京都新城に移り、代わって家康が西丸に入った。この間雑説の噂が連日京都の山科言経に届いており、家康暗殺計画があったとされる。以後翌年にかけて、家康は大坂城西丸に滞在している。

【詳細】

　1月1・2・6日伏見在(『言経』)。9日伏見在(『義演』)。10日伏見→大坂(『言経』「伏見ヨリ秀頼大坂へ御下向也云々、内府御供也云々」)。12日大坂→伏見ヵ(『言経』「伏見山口勘兵衛へ書状遣了、内府ハ大坂ヨリ御上リカト相尋了、今晩カ明日かトノ返状有之」)。17日伏見在(『舜旧』)。20～22・28日伏見在(『言経』)。2月5日伏見在(『舜旧』)。28日(伏見→大坂)(『言経』21日条「江戸内府京屋形留守之常見来了、(中略)来廿八日大坂へ内府御下向也云々」)。29日伏見在(『当代』「築州自大坂伏見家康公来臨」)。3月11日大坂在(『当代』「内府公大坂築州宿所江入御」)。19日伏見向島在(『当代』「三月十九日、家康公伏見之向島江仮に移徙、依為吉日也、同廿六日より向島に令居給」)。閏3月5日伏見在(同日付浅野幸長宛家康書状写『家康』)。8日伏見在(同日付藤堂高虎宛家康書状写『家康』)。9日伏見在(同日付福島正則等宛家康書状『家康』)。13日伏見在(『言経』「伏見御城へ内府御移也云々」)。16日伏見在(『北野社家』)。17日伏見在(『言経』「伏見へ冷同道発足了、次江戸内府へ罷向了、御城西ノマル也、則対顔了」)。20日伏見在(『言経』)。22日伏見在(『義演』)。24日伏見在(『舜旧』)。

　4月4・9・16・17日伏見在(『言経』)。19日京都在(『言経』「新社へ内府参詣也」)。28・30日伏見在(『言経』)。5月3・8・26日伏見在(『言経』)。6月2・3日伏見在(『言経』)。5日伏見在(『鹿苑』)。7・8日伏見在(『言経』)。21日大坂ヵ(『鹿苑』「早天斎了赴于大坂(中略)予点頭シテ帰吉吉、於途中社家迎之者ニ逢也、泉州内府様ヘノ一礼と云々、不知虚実」)。22日大坂在(住)(『鹿苑』「于時内府様、秀頼様へ為暇乞来過」)。26日伏見在(『鹿苑』「鴨新同途シテ赴于大坂、(中略)其次赴于木工頭殿、内府様為御見廻、今晨伏見へ御上卜云々」)。

　7月4・6・7日伏見在(『言経』)。8日伏見在(『舜旧』)。22日伏見在(『言経』)。8月14日伏見→京都→伏見(『言経』「禁中へ内府参　内間、(中略)次内府座敷へ予袴、肩衣ニテ罷向了、雨降之中ニ伏見へ御帰了」)。18日京都在(『舜旧』「内府家康社参」)。9月2日伏見在(『言経』)。7日伏見→大坂(『鹿苑』「斎了了頓、少兵同途シテ赴大坂(中略)于時内府御下向徳僧亦北之門迄御迎トシテ出頭」)。8日大坂在(『鹿苑』「斎前ニ赴石田木工頭殿伸一礼、十日ニ内府依出御忩々卜有之」)。10日大坂在(『鹿苑』「今日者朝者内府公鍬山法印ニ有御会、自午時者石田木工殿ニ小会有之」)。13日大坂在(『鹿苑』)。14日大坂在(『言経』)。17日大坂在(『義演』)。30日大坂在(『義演』)。

　10月1日大坂在(『義演』「内府小坂御城二丸へ入給云々」)。18日大坂在(『鹿苑』)。21日大坂在(『舜旧』)。11月17日大坂在(『義演』)。18日大坂在(『言経』)。20日大坂在(『鹿苑』21日条)。12月17日大坂在(『言経』)。20・21大坂在(『鹿苑』)。

慶長5年(1600)

【概要】

　大坂で越年した家康は、1月・2月と鷹狩りに出かけている。4月17日には伏見に入り、翌日には上洛して豊国社に社参し、施薬院に宿泊した。19日に参内、20日には京都新城に北政所を訪ね、21日には相国寺に西笑承兌を訪問し、22日に大坂へ下向した。5月19日には堺を通っているが、目的は定かではない。

6月16日、会津の上杉景勝攻撃のため大坂を発して伏見に入り、18日に伏見を発って江戸へ下向した。江戸着は7月2日である。21日に江戸を発って会津へ向かった家康は、24日に小山にいたり、25日には同地に諸将を集めて以後の方針につき協議したとされる(『家康』)。翌26日には上方衆が小山を発って西上した(同日付堀秀治宛家康書状写『家康』)。8月初めまで小山に留まった家康は、5日に江戸に戻った。8月中は江戸に留まり、岐阜落城の報を受けて、9月1日に江戸を発し、13日には岐阜まで進んでいる。翌日には赤坂で先発の諸大名と合流したものと考えられ、15日関ヶ原で石田三成らの軍勢を破った。20日には大津まで進み、大坂城開城の交渉を進め、25日に毛利輝元が大坂を出て木津に退くと(『言経』)、26日に大津を発して淀城に向かい、27日に大坂城に入城した。以後は大坂城西丸にあって、東北・九州の戦闘終結など戦後処理にあたった。

【詳細】

1月9日茨木在(『舜旧』「内府家康、茨木江鷹野被出、暮ニ帰城」)。10日大坂在(『舜旧』)。23日大坂在(『義演』)。2月17日大坂在(『義演』)。25日大坂在(『鹿苑』「斎了赴大坂、(中略)次ニ問平因、内府様御鷹野故ニ、平因亦御伴ト云々」)。3月28日大坂在(『北野社家』)。

4月14日大坂在(『言経』)。17日大坂→伏見(『義演』「内府家康、従大坂伏見城へ入給云々」)。18日伏見→京都(『言経』「内府八時分より已前ニ上洛、施薬院宿也間」)。同日京都在(『舜旧』「次内府参詣、太刀折紙神楽有奉幣(中略)自徳善院歩行也」)。19日京都在(『言経』「内府参 内、進物有之、(中略)次於儀定所又内府参了」)。20日京都在(『言経』「施薬院へ罷向、内府へ対顔了、(中略)次北政所へ御出之間」)。21日京都在(『言経』「施薬院へ罷向、内府へ対顔了、相国寺兌長老へ御出間、可罷向之由有之間、罷向了」)。22日京都→大坂(『言経』「内府大坂へ御下向也」)。5月17日大坂在(『言経』「大坂ヨリ冷、四、倉部等上洛了、禁中へ内府ヨリ唐朝ノ酒器種々有之、悉頗稠也、言語道断也、右ノ具 禁中へ可被参之由、冷、倉部等被仰渡了、則モタせ上洛了」)。19日堺在(『鹿苑』20日条「昨十九日、内府公堺へ御透之次ニ、奉行三員トモニ御伴也」)。21日大坂在(『言経』「大坂へ冷、倉部等発足了、禁中ヨリ内府へ先日ビイドロ御返事可申之由、如此了」)。28日大坂在(『義演』)。6月6・7日大坂在(『舜旧』)。16日大坂→伏見(『言経』「会津中納言逆心有間、内府可発向之由云々、大坂ヨリ伏見マテ御上了」)。17日京都在(『鹿苑』「午時者新太明神へ内府公御社参ナリ」)。18日伏見→醍醐寺(通過)→(江戸)(『義演』「内府家康出陣下国也、当所已剋被融了」)。

7月2日江戸着(『当代』)。21日江戸→(会津)(同日付松井康之等宛細川忠興書状写『家康』)。28日小山在(同日付芦名盛重宛家康書状「此方も小山令在陣」『家康』)。8月2日小山発ヵ(同日付森忠政宛家康書状写「先到于江戸帰陣申候」『家康』)。5日江戸着(7日付伊達政宗宛家康書状「一昨五日江戸致帰城候」『家康』)。同日江戸在(同日付福島正則等宛家康書状『家康』)。21日江戸在(同日付堀親良宛結城秀康書状写「内府も(中略)此四五日比ニ江戸可被罷立由ニ候」)。9月1日江戸→神奈川(同日付福島正則宛家康書状写『家康』)。2日藤沢在(同日付池田輝政宛家康書状『新修家康』)。3日小田原在(同日付加藤貞泰竹中重門宛家康書状『家康』)。4日三島在(同日付田中清六宛本多正純書状写『家康』)。5日清見寺在(同日付加藤貞泰宛家康書状『家康』)。6日島田在(同日付福島正

則宛家康書状写『家康』)。7日中泉在(同日付稲葉道通宛家康書状写『家康』)。8日白須賀在(同日付妻木頼忠宛家康書状『家康』)。9日岡崎在(同日付福島正則宛家康書状写『家康』)。10日熱田在、11日(一宮在)(いずれも10日付藤堂高虎宛家康書状写『家康』)。11日清洲在(日付欠片倉景綱宛伊達政宗書状写『政宗2』)。13日岐阜在(同日付丹羽長重宛家康書状『家康』)。15日赤坂在(『言経』)。17日佐和山在(『言経』)。18日近江八幡在(同日付福島正則黒田長政宛家康書状写『家康』)。19日草津在(『当代』)。20日大津在(『言経』)。24日大津在(『義演』)。26日淀城在(『言経』「内府淀城御出也云々」)。27日大坂在(『言経』「内府大坂へ御出也云々、秀頼卿和睦也云々」)。28日大坂在(『義演』「内府大阪城へ御入云々、輝元ハ本国へ帰云々、治定未聞」)。

10月3〜9・11日大坂在(『言経』)。11月2日大坂在(『言経』)。4・6日大坂在(『舜旧』)。13日大坂在(『言経』「巳刻ニ冷同道大坂西ノマル内府へ罷向了、予饅頭一包、折ニ入レ、冷ハ蜜柑等進上了、種々御雑談共有之」)。14日大坂在(『言経』)。12月13日大坂在(『言経』)。

慶長6年(1601)
【概要】
　大坂で越年した家康は年末より体調を崩していたが(『義演』慶長5年12月28日条)、15日には諸大名より年頭の礼を請け、29日には公家・門跡衆の諸礼を請けたが、後者では病と称して秀忠に代理を努めさせた。3月23日に大坂から伏見に移り、以後伏見を拠点としている。5月9日には上洛して施薬院に入り、11日に参内した。12日には門跡衆・摂家・堂上衆が施薬院を訪れているが、諸礼かどうかははっきりしない。16日には伏見へ戻った。以後8月16日に六条の本願寺光寿を訪ねているが、10月に江戸へ下向するまで基本的には伏見を動いていない。10月12日伏見を発し、道中鷹狩りを行ったのか、25日には駿河から獲物の鶴を禁中へ献上している。江戸到着は11月5日である。9日には江戸を発って忍・川越へ鷹狩りに出かけ、28日に江戸に戻った。また、12月4日にも岩付で鷹狩りを行っている。

【詳細】
　1月14日大坂在(『言緒』)。15日大坂在(『言緒』「内府へ罷向、一万石ヨリウヘノ地行トリノ武士衆、太刀折紙ニテ御礼有之、則対面有之」)。28日大坂在(『言緒』)。29日大坂在(『言緒』「次ニ公家、門跡悉内府へ御礼ニ御出、御煩之由候テ無御対面、御名代トシテ江戸中納言殿座敷へ御出候テ各御対面候テ御帰」)。3月23日大坂→伏見(『言緒』「内府、同江戸黄門伏見マテ御上了」)。24〜26日伏見在(『言緒』)。

　4月2・10日伏見在(『言経』)。5月3・5日伏見在(『言経』)。9日伏見→京都(『言経』「内府伏見城ヨリ御上洛也、(中略)内府直ニ施薬院御出也」)。10日京都在(『言経』)。11日京都在(『言経』「内府今日参　内也」)。12日京都在(『言経』「内府へ門跡衆、摂家、堂上衆、伏見殿等御出之間、各馳走了」)。13〜15日京都在(『言経』)。16日京都→伏見(『言経』「内府伏見へ御帰間、薬院マテ罷向了、此中施薬院ニ御滞留了」)。24日伏見在(『言経』)。6月13・17日伏見在(『言経』)。23日伏見在(『鹿苑』)。30日伏見在(『言経』)。

7月4・13・22日伏見在(『言経』)。8月9日伏見在(『言経』)。16日(京都在)(『鹿苑』15日条「十六朝内府君六条隠居ノ門跡ヘ有茶湯出御」)。9月10・18日伏見在(『言経』)。20日伏見在(『鹿苑』)。21日伏見在(『言経』)。23日伏見在(『鹿苑』)。26日伏見在(『鹿苑』「自朝未明ニ伏見ヘ下、(中略)午時登城、金法ヘ内府君出御御伴ト云々」)。

　10月1日伏見在(9日付茂庭綱元湯村親元宛伊達政宗書状『政宗2』)。5日伏見在(『鹿苑』6日条)。6日伏見→大坂(『鹿苑』「則今日内府君為御暇乞大坂エ御下向ト云々」)。7日伏見在(『鹿苑』)。11日伏見在(『言経』)。12日伏見発(『言経』「内府関東ヘ御下向也云々」)。同日長原在(15日付諏訪頼水宛本多正信書状「去十二日長原より以書状申入候キ」『新修家康』)。13日佐和山在、14日大垣在、15日岐阜在、16日加納在(『当代』)。25日駿河在(『言経』11月1日条「内府ヨリ　禁中ヘ鶴、鷹取之、駿河国ヨリ去廿五日状也」)。11月5日江戸着(26日付島津家久宛山口直友書状写『家康』)。9日江戸→忍・川越(『当代』「十一月九日、江戸より忍河越江内府公為鷹野出御」)。28日江戸着(『当代』)。12月4日岩付在(『当代』「十二月四日岩付辺所々又鷹野」)。

慶長7年(1602)

【概要】

　江戸で越年した家康は、1月19日に江戸を発って上洛し、2月14日に伏見に到着し、19日に伏見で公家・門跡衆の諸礼を請けた。3月13日には秀頼へ年頭の礼をするため大坂へ下向し、15日には伏見に戻った。4月28日、上洛して施薬院に入り、5月1日に参内した。2・4日には女院御所で能を催し、4日に伏見に戻った。以後伏見に在城し、10月2日に伏見を発って江戸へ向かった。11月11日には忍で鷹狩りを行っている。26日には江戸を発って上洛し、路次中鷹狩りを行い、12月21日には尾張熱田神宮に寄り、25日に伏見に到着した。

【詳細】

　1月13日(江戸発)(15日付島津家久宛山口直友書状写「然者内府様当月十三日ニ江戸被成御立、御上洛之儀候条(中略)到今日ニ無御上候」『家康』)。19日江戸発(『当代』)。2月9日草津在(『鹿苑』)。10日草津在ヵ(『鹿苑』11日条「内府君昨夜之御宿草津ト云々、雖然不知虚実」)。12日大津在ヵ(『鹿苑』「則和尚十日ニ自大津帰寺、今晨又被赴大津ト云々、大半内府君十四五日比可為帰城ト云々、不知虚実」)。13日大津付近在(『言経』「内府従関東御上洛之由有之間、冷、倉部、極﨟等大津マテ□□迎罷向了、今日ハ延引之由也、乍去逗留了、洛中衆迎ニ出云々、是モ皆帰也云々」)。14日大津在(『言経』)。同日伏見着(『当代』)。15日伏見在(『言経』)。16日伏見在ヵ(『鹿苑』「其以前自豊光一書来ル、被之見、則昨夜亜相之儀、内府公被仰出之間、此比有姿奏達之ト云々」)。17日伏見在(『言経』)。19日伏見在(『鹿苑』「未明ニ赴伏見、(中略)各々下向、(中略)皆々一礼了テ、予一礼ヲ伸」)。20・25日伏見在(『言経』)。3月2日伏見在(『鹿苑』「和尚者勅使依下向登城ト云々」)。5日伏見在(『慶長』)。7日伏見在(『言経』)。13日伏見→大坂(『鹿苑』「今日内府君大坂ヘ御下向ト云々」)。15日大坂→伏見(『当代』「三月十三日、内府公為年頭之礼大坂江下向、秀頼ヘ対面也、則十五日還御」)。18・28・30日伏見在(『言経』)。

4月26日伏見在(『言経』)。28日伏見→京都(『言経』「内府薬院ヘ上洛了」)。29日京都在(『鹿苑』)。5月1日京都在(『鹿苑』「則今晨内府公勧修寺殿ヘ御出、(中略)今日内府公御参内ト云々」)。2日京都在(『言経』「女院ニテ御能有之、従内府御申沙汰也」)。3日京都在(『言経』「内府相国寺豊光院御出之間、倉部召具罷向、則対顔了」)。4日京都→伏見(『鹿苑』「内府君大半今日伏見エ可有御下向、明日端午於伏見可有御祝儀ト云々、不知虛実、御能九番相済、則内府公御下向ト云々」)。8日伏見在(『当代』)。10・12日伏見在(『言経』)。6月10日伏見在(『言経』)。22日伏見在(『鹿苑』「未明ニ赴伏見、(中略)内府公金法ヘ出御躰自余所見之」)。27日伏見在(『言経』)。28日伏見在(『鹿苑』)。7月1・5・27日伏見在(『言経』)。8月2日(伏見発)(5月1日付島津家久宛山口直友書状写「内府様八月二日ニ関東ヘ御下向之儀候」『家康』)。9日伏見在(『言経』)。9月28・29日伏見在(『鹿苑』)。

10月2日伏見発→(江戸)(12日付島津家久宛福島正則書状写「随而内府様去二日ニ江戸ヘ被成御下向候」『家康』)。11月3日江戸在(同日付島津家久宛本多正信書状写『家康』)。9日江戸在(同日付島津家久宛家康書状写『家康』)。11日忍在(同日付島津家久宛本多正純書状写『家康』)。26日江戸発(『当代』)。12月20日石部ヵ(『鹿苑』「定而内相府亦今日者石部迄可為御動座者也」)。21日熱田在(『当代』「十二月廿一日、熱田宮に着御、路次中鷹野故上着遅々、少々不例也」)。25日伏見着(『言経』「内府自関東今日伏見城マテ御上了」)。26日伏見在(『言経』)。28日伏見在(『鹿苑』)。30日伏見在(『言経』)。

慶長8年(1603)

【概要】

伏見で越年した家康は、1月2日に諸大名から年頭の礼を請け、16日には公家衆の諸礼を請けた。21日には勅使広橋兼勝が伏見へ下向し、将軍任官の内意を伝えた。2月4日には秀頼へ年頭の礼をするため大坂へ下向し、翌日伏見へ戻った。12日に再び勅使広橋兼勝が伏見に下向し、将軍宣下がもたらされた。3月21日には上洛して二条城に入り、25日に参内し、27日に公家衆、29日に門跡衆より、それぞれ将軍宣下祝儀の諸礼を請けた。4月4・6・7には二条城で能を行い、16日に伏見に戻った。7月3日、再び上洛して二条城に入り、7・8と二条城で能を行い、15日相国寺豊光院に西笑承兌を訪ね、そのまま伏見へ下向した。10月18日、伏見を発って江戸へ下向した。江戸到着は11月3日とされる(『家康』)。以後江戸で過ごしたと考えられる。

【詳細】

1月2日伏見在(『当代』「慶長八年癸卯正月、伏見出仕之儀、元日は先秀頼公ヘ可有出仕之由、卅日に内府公仰有間、夜中に上方大名衆大坂ヘ着朔、朔日有出仕、元日未申刻伏見帰着、翌二日内府公江出仕也」)。8日伏見在(『言経』)。10日伏見在(『慶長』)。11日伏見在(『鹿苑』「未明ニ赴伏見、(中略)会了テ登城、内府公出座、(中略)予者態後ニ伸一礼」)。13日伏見在(『言経』)。16日伏見在(『言経』「伏見ヘ発足、全阿弥休息了、次登城了、(中略)各礼有之、申次大澤侍従也、各御太刀折紙也、披露之後、長井右近大夫取之」)。17日伏見在(『慶長』)。21日伏見在(『慶長』「今日、広橋大納言為勅

使伏陽内府許ヘ被向、家康公　征夷将軍ニ可被任之由、内々仰也、今日内府領掌ト云々」)。23日伏見在(『慶長』)。27日伏見在(『言経』)。2月1日伏見在(『慶長』)。2日伏見在(『言経』「伏見へ発足、(中略)次申刻令同道登城、ヤカテ内府出座、奥座敷也、(中略)東鏡被読了、将軍之儀共種々無量御談合了」)。4日伏見→大坂、5日大坂→伏見(『当代』「同四日内府公大坂江下給、翌五日帰城、秀頼公江為年礼也」)。11日伏見在(『言経』「伏見へ発足了、先全阿弥へ罷向之処ニ、山岡道阿弥へ内府御出之由有之間、則罷向了、七時分ニ御出也、大勢見舞有之」)。12日伏見在(『言経』「登城了、次改衣裳了、次奥座敷ニテ種々御談合了、次上卿已下被参之由有之、次烏帽子、香直垂之衣文予、冷泉、倉部等各奉仕了」)。13日伏見在(『鹿苑』14日条)。21日伏見在(『言経』)。3月3日伏見在(『鹿苑』「其内公家衆日野亜相、烏丸亜相、勧修寺宰相、広橋亜相、□鳥殿、藤宰相、侍従、此衆将軍御礼ニ下向」)。11・15日伏見在(『言経』)。21日伏見→京都(『言経』「大樹伏見ヨリ御入洛間、冷、四同道罷向了、午刻也、則対顔了」)。24日京都在(『鹿苑』「次ニ至豊光、登城ト云々、頃刻而帰院、明日於美晴天、将軍参内御用意ト云々、長者町□□蒔沙、掃除、近年将軍怠転故、今如此者」)。25日京都在(『鹿苑』「則入見物、且相待、午刻ニ出御」)。27日京都在(『時慶』「将軍珍重之御礼、親王摂家堂上不残出」)。29日京都在(『時慶』「将軍へ法中ノ御礼」)。

4月1・2・4～8・10・12・13・15日京都在(『言経』)。16日京都→伏見(『言経』「大樹伏見へ御下向也云々」)。5月5日伏見在(『言経』)。19日伏見在(『舜旧』)。26日伏見在(『言経』)。7月1日伏見在(『言経』)。3日伏見→京都(『言経』「大樹伏見ヨリ暮々上洛有之、予、冷、倉部等同道、四時分ニモ罷向了」)。4・6～8・10・11・13日京都在(『言経』)。15日京都→相国寺→伏見(『言経』「大樹相国寺豊光寺兌長老へ俄ニ御成云々、参了、(中略)従是スクニ伏見御城御還御也云々」)。21日(伏見→江戸ヵ)(『鹿苑』20日条「今日右府君御川猟有之、下向明日ト云々」)。8月1・22日伏見在(『言経』)。25日伏見在(『慶長』)。9月2日伏見在(同日付樺山久高鎌田政親宛比志島国貞書状写「今日二日致御目見、御前之御仕合、一段可然候て満足仕候」『家康』)。9日伏見在(『慶長』)。21日伏見在(『言経』)。10月1・7・13・16・17日伏見在(『言経』)。18日伏見→(江戸)(『言経』「大樹伏見ヨリ関東へ下向也」)。

慶長9年(1604)

【概要】

　正月を江戸で迎えた家康は、3月1日に江戸を発し、途中熱海に逗留し、29日に伏見に到着した。4月5日には諸大名より年頭の礼を請け、翌6日には秀頼の使者片桐且元からも年頭の礼を請けた。6月10日、伏見より上洛して二条城に入り、22日に参内し、23日には公家・門跡衆の諸礼を請けた。24・25日と二条城で能を行い、7月1日に伏見へ下向した。閏8月14日に伏見を発って江戸へ下向し、9月13日以前には江戸に着いたようだ。10月12日には鷹狩りのため川越から忍に移動しており、11月21日に江戸へ戻っている。以後も鷹狩りに出かけたようであるが、江戸で越年したと考えられる。

【詳細】

　3月1日江戸発、17日熱海在(『当代』)。29日大津在(『言経』「将軍自関東御上之間、大津舟付

マテ内蔵頭御迎ニ参、御対顔了」)。同日伏見着(『当代』)。4月1日伏見在(『言経』)。5日伏見在(『言経』「伏見早朝ニ罷越了、予、四条、六条、倉部等同道了、(中略)大樹各御対顔、長岡宰相、太刀持参了、御盃被下了、則小袖二タイニニスエテ被下了、次京極宰相、池田三左衛門尉、福島左衛門大夫等同上、(中略)百人ニ及フ也、次予、六条宰相等太刀申次披露也」)。6日伏見在(『言経』「大樹御出座、御肩衣袴也、先大坂内府ヨリ片桐市正、礼金子十枚也」)。10・14・19日伏見在(『言経』)。21日伏見在(『当代』「卯月廿一日、浅野左京大夫所へ将軍有御成、去十日時分可有之由之処、延引にて如此」)。22日伏見在(『言経』)。5月1・6日伏見在(『言経』)。8日伏見在(『鹿苑』7日条「明朝金法印へ将軍出御ト云々」)。18日伏見在(『言経』)。6月7日伏見在(『言経』)。10日伏見→京都(『言経』「大樹伏見ヨリ御上洛、巳刻也」)。11～13・15～18・20・21日京都在(『言経』)。22日京都在(『言経』「大樹御参　内也」)。23日京都在(『言経』「大樹群参了、早朝冷泉、内蔵頭等為衣文参了」)。24・25日京都在(『言経』)。30日京都在(『言経』)。

7月1日京都→伏見(『言経』「大樹早朝伏見城へ御帰也云々」)。13日伏見在(『慶長』)。17日伏見在(『当代』「同十七日於伏見、宰相秀康公、将軍御成相撲あり」)。18日伏見在(『言経』)。8月1日伏見在(『言経』)。3日伏見在(『慶長』)。8日伏見在(『言経』)。23日伏見在(『慶長』)。閏8月1・3・6・8・10・12日伏見在(『言経』)。14日伏見→(江戸)(『言経』「将軍関東御下向也」)。9月13日江戸在(同日付細川忠興宛徳川秀忠書状写「将軍も此地御着之事ニ候」『家康』)。

10月12日川越→忍(13日付茂庭綱元宛伊達政宗書状「将軍様御鷹野半にて候、おしへ昨日川越より御うつし之由候」『政宗2』)。11月21日江戸着(12月3日付伊達政景宛伊達政宗書状「将軍様去月廿一日ニ被成　御下着」『政宗2』)。12月2日江戸在(同日付茂庭綱元宛伊達政宗書状「くはうさま、一たん御きけんよく、二三日之内、御鷹野へ御出之事候」『政宗2』)。

慶長10年(1605)

【概要】

江戸で越年した家康は1月9日に江戸を発ったが、体調を崩して駿府に逗留し、2月5日に駿府を出発し、19日に伏見に到着した。4月8日に上洛して二条城に入り、10日に参内し、12日に公家・門跡衆の諸礼を請け、15日に伏見へ下向した。翌16日には前月21日に伏見に到着していた秀忠に将軍宣下がもたらされ、家康は大御所となった。秀忠は5月15日に伏見を発して江戸へ向かったが(『言経』)、家康は伏見に残った。7月5日には伏見城本丸の作事のため西丸に移り、21日には上洛して二条城に入り、8月22日まで滞在した。『当代』によれば、これは伏見城の作事のためであったとされる。京都滞在中の8月6日、家康は相国寺に西笑承兌を訪ねている。伏見に戻った家康は9月15日に伏見を発って江戸へ下向した。途中22日には美濃加納の普請を検分し、鷹狩りなども行ったのか、江戸到着は10月28日である。また11月17日に江戸を発して川越・忍へ鷹狩りに出かけ、12月26日に江戸に戻った。

【詳細】

1月9日江戸発(『当代』)。2月5日駿府発(『当代』「淋病気故駿府に暫有滞留、二月五日庚戌立

給」)。19日伏見着、20・26日伏見在(『言経』)。3月3・11・17・22・25日伏見在(『言経』)。4月1・4・6日伏見在(『言経』)。8日伏見→京都(『言経』「将軍二条御所ニテ御上洛了、冷、四、倉部等参了」)。9日京都在(『言経』)。10日京都在(『言経』「大樹巳刻ニ御参　内了」)。11日京都在(『言経』)。12日京都在(『言経』「殿中群参也、(中略)一番八条殿、伏見殿、其外摂家衆、披露大澤侍従也、(中略)次門跡衆菊亭是又送給了、次堂上衆大中納言等、太刀　奏者番衆披露、宰相衆以下持参了、□昵近衆御礼不申也、先日各申入了」)。13・14日京都在(『言経』)。15日京都→伏見(『言経』「将軍伏見へ御帰了」)。16日伏見在(『言経』「宣下之後ニ大御所へ参了」)。17日伏見→京都ヵ(『言経』「御方御所、当大樹御上洛了」)。23日伏見在(『言経』)。29日伏見在(『慶長』)。5月3・4日伏見在(『慶長』)。5・8・18日伏見在(『言経』)。6月1日伏見在(『言経』)。6日伏見在(『慶長』)。22日伏見在(『言経』)。

7月1日伏見在(『言経』)。5日伏見在(『当代』「五日晩、右府家康公伏見西の丸江御移、本丸屋作に付て如斯」)。7・9日伏見在(『言経』)。21日伏見→京都(『言経』「前大樹伏見ヨリ御上洛也云々」)。22・23・25〜28日京都在(『言経』)。8月1〜3・5日京都在(『言経』)。6日京都在(『言経』「相国寺兌長老ヘ将軍渡御了、可来之由板倉ヨリ申来了、則罷向了、御対顔了、種々振舞也、禁中御地破之事也」)。7・8・11・13〜21日京都在(『言経』)。22日京都→伏見(『言経』「前大樹伏見御城御帰也云々」)。28・30日伏見在(『言経』)。9月1・3・5・7・11日伏見在(『言経』)。15日伏見発(『言経』「将軍大御所関東御下向也云々」)。16日佐和山在、19日赤坂在、20・21日岐阜在(『当代』)。22日→加納→清洲(『当代』「廿二日朝、加納へ右府打寄給、城普請出来の間快気し給、及未刻立給、清須江御通、両日有逗留」)。25日岡崎在(『当代』)。

10月1日中泉着、15日中泉発、17日田中着、22日田中発、28日江戸着(『当代』)。11月17日江戸→川越・忍(『当代』「十一月十七日、右府家康公為鷹野川越をし江出御」)。12月26日川越・忍→江戸(『当代』「廿六日、右府自忍川越江戸江還御」)。

慶長11年(1606)

【概要】

江戸で越年した家康は、3月15日に江戸を発ち、20日駿府に入り、暫く逗留して25日に出発し、4月6日に伏見に到着した。14日には諸大名が年頭の礼を行い、28日には伏見より直に参内し、そのまま伏見へ帰った。7月27日、上洛して二条城に入り、8月1日には二条城で公家・門跡衆の諸礼が行われた。同6日には相国寺豊光院を訪れ、11日には義直・頼宣とともに参内し、12日に伏見に下向した。9月21日には伏見を発って江戸へ向かった。10月6日に駿府に入り、26日まで逗留し、11月4日に江戸に到着した。21日には鷹狩りのため川越へ出かけているが、12月末には江戸に戻っていたようだ。

【詳細】

2月8日江戸在(『当代』「大御所於江戸伊達政宗ヘ有御成」)。3月15日江戸発、20日駿府着、25日駿府発、26日中泉在、29日吉田在(『当代』)。4月6日伏見着、8日伏見在(『言経』)。11日伏見在(『慶長』)。14日伏見在(『慶長』「今日武家之衆御礼也」)。20日伏見在(『言経』)。28日

伏見→京都→伏見(『言経』「武家家康公、御参　内了、先勧修寺へ伏見御城ヨリ渡御也云々、(中略)次歩行ニテ御参　内如例年了、御供衆井右近大夫以下十人斗有之、(中略)次嶋津御対面也云々、次伏見御城へ御還御也云々」)。5月5日伏見在(『言経』)。7日伏見在(『言経』「伏見御城昵近御礼有之、夜前触有之、内蔵頭、冷、四条令同道参了、先□禁中、親王御方御礼トシテ両伝　奏被参了」)。17日伏見在(『言経』)。21日伏見在(『慶長』)。6月1・6日伏見在(『言経』)。9日伏見在(『慶長』)。12・14日伏見在(『言経』)。17・18日伏見在(『慶長』)。24・25日伏見在(『言経』)。

7月1・3日伏見在(『言経』)。7日伏見在(『慶長』)。27日伏見→京都(『言経』「大御所伏見ヨリ御上洛了」)。28・29日伏見在(『言経』)。8月1日京都在(『鹿苑』「今日諸公家諸門跡御礼」)。2〜5日京都在(『言経』)。6日京都在(『言経』「大御所相国寺豊光院御成也」)。9・10日京都在(『言経』)。11日京都在(『言経』「大御所、若公両人御参　内了」)。12日京都→伏見(『言経』「大御所、若公等伏見へ□□還御了」)。9月1・9・13日伏見在(『言経』)。15日伏見在(『慶長』)。21日伏見→(江戸)(『言経』「大御所関東へ御下向也云々」)。30日白須加在(『当代』)。10月6日駿府着、26日駿府発(『当代』)。11月4日江戸着(『当代』)。11日江戸在(同日付石川義宗宛伊達政宗書状『政宗2』)。21日江戸→川越(『当代』「廿一日、大御所従江戸川越江出御」)。12月23日江戸在(『当代』「廿三日、於江戸伊達の正宗息女を上総守嫁し給」)。

慶長12年(1607)
【概要】
　江戸で越年した家康は、年初に体調を崩したようだが1月半ばには回復に向かったようだ。2月29日には江戸を発って中原へ鷹狩りに出掛け、そのまま駿府に向かい、3月11日に到着し、本格的な普請が開始された。5月20日には江戸から帰国途中の朝鮮使節と、建設中の駿府城で対面している。7月3日には完成した御殿へ移徙し、8月15日には普請が一段落したようだ。10月4日には駿府を発って江戸へ向かい、14日に到着した。11月1日頃には浦和・川越・忍の諸所で鷹狩りを行った。12月12日には駿府に戻ったが、22日には火災により家屋が残らず消失し、家康は翌日、仮屋として二丸の小姓小伝次の屋敷に移った。
【詳細】
　1月17日江戸在(同日付寿命院宛伊達政宗書状「大御所様御寸白気、キ遣仕候へ共、能被成御坐候由、珍重候」『政宗2』)。2月2・3・5日江戸在(『慶長』)。13日江戸在(『当代』「二月十三日より江戸本丸と西の丸の間にて、観世今春勧進能在之、両御所桟敷あり」)。25日(江戸在)(20日付元鑑法限宛伊達政宗書状「来廿五日、拙宅へ　大御所様御成之事候条」『政宗2』)。26・28日江戸在(『当代』)。29日江戸→中原(『当代』「大御所江戸を御立、相模国中原に為鷹野、逗留し玉ふ処に」)。3月11日駿府着(『当代』)。5月20日駿府在(『当代』「高麗人自江戸帰上、今日於駿府大御所有対面」)。

　7月3日駿府在(『当代』「駿府城家屋漸出来の間、今日大御所移徙也」)。10月4日駿府発(『当代』「大御所家康公駿府より江戸へ下給、伏見居住の近習の輩、何も暇給て伏見へ上る、自関東駿府江帰城給はん比可致参上由也」)。14日江戸着、18・28日江戸在(『当代』)。11月1日江戸→浦和・

川越・忍、(『当代』「大御所為鷹野武蔵国浦半川越忍所々江御出」)。12月12日(関東)→駿府(『当代』「大御所家康公、従関東至駿河に着給」)。22日駿府在(『当代』「丑刻駿府城中失火、女房衆夜の物置所之局江手燭台を置、其火張付に移、家屋不残焼亡、大御所幷若君姫君、何も女房衆無恙」)。23日駿府在(『当代』「大御所小伝次と云小姓の屋敷江令移給、是は先年家康公駿府に在城の時伊井兵部少輔屋敷也」)。

慶長13年(1608)

【概要】

　火災のため駿府の仮屋で越年した家康は、1月2日、年頭の出仕を請け、大坂の豊臣秀頼、江戸の秀忠よりの使者も参じた。24日頃には田中へ鷹狩りに出掛けている。3月11日には再建された御殿へ移徙した。8月18日には江戸から秀忠が訪れて対面し、9月3日には江戸へ下向した。家康は12日に関東に鷹狩りに向かい、武蔵府中で秀忠と対面した。その後江戸に入ったようで、12月2日に江戸発して8日に駿府に帰城した。

【詳細】

　1月2日駿府在(『当代』「於駿府大御所江出仕、二日也、大坂秀頼公より使者、幷自江戸使者酒井左衛門尉を以、被遂年頭之礼を」)。24日以降駿府→田中→駿府(『当代』「大御所為鷹野、自駿府田中江御出、頓而駿府江令帰城給」)。2月駿府在(『当代』「二月従江戸為使者青山図書駿府江来る、為普請見廻□、大御所仰云、五月之比将軍駿府江可有光臨とヽ也」)。3月11日駿府在(『当代』「未刻大御所駿府城江移徙、亥刻、俄雷動揺、風雨烈、但頓に休止」)。

　5月駿府在(『当代』「伊賀国主筒井伊賀守被召下駿府、是彼臣下中坊飛騨守と有云者、彼か依讒言、大御所甚不快、則伊賀守を被下江戸」)。20日駿府在(『当代』)。

　8月9・12・15・17日駿府在(『舜旧』)。18日駿府在(『当代』「江戸将軍去十日に進発、十八日戌刻至て駿府着御、大御所則有対面」)。20・23日駿府在(『舜旧』)。25日駿府在(『当代』)。26〜28日駿府在(『舜旧』)。9月1・2・5・6日駿府在(『舜旧』)。12日駿府発ヵ(『当代』「九月十二日、大御所清須江御成あつて、彼国置目等可下知給由、自去比度々日しか、俄今日関東へ御下、江戸江は無御出、直に方々鷹野し給、将軍自江戸武蔵の府中へ出合、遂面上給」)。

　11月14日江戸在(同日付藤堂高虎宛徳川秀忠書状写『家康』)。15日以前越谷在(15日付宇田川定氏宛伊奈忠次書状「越ヶ谷御鷹野ニ而被仰出候」『家康』)。12月2日江戸発(『当代』「二日、大御所江戸御立」)。8日駿府着(『当代』「同八日駿府江御着、去十月自下向於関東鷹野し給」)。

慶長14年(1609)

【概要】

　駿府で越年した家康は、元日に例年通り年頭の出仕を請け、7日には鷹狩りのため駿府を発した。その後浜松を経由して20日岡崎に入り、23日に到着した徳川義直とともに25日には清洲に入った。2月4日、義直とともに岡崎に移り、翌日岡崎を発って11日に駿府に帰城した。3月頃には体調を崩したようだが、4月7日には大方回復した(『当代』)。10月26日には江戸へ下向のため善徳寺に進んでいるが、その後体調を崩した家康は、11月5日

に急遽三島から駿府に戻った。26日には回復したようで、そのまま駿府で越年した。

【詳細】

　1月1日駿府在(『当代』)。7日駿府→(遠江)(『当代』「大御所為鷹野遠州江御出、其上尾州迄可有御出と云々」)。13日中泉→浜松(『当代』「十三日、遠州中泉を御立、其日浜松」)。14日吉田在、15日「吉郎」在(『当代』)。20日「吉郎」→岡崎(『当代』「大御所自吉郎岡崎江御着」)。25日清洲着、27日清洲在(『当代』)。2月4日清洲→岡崎(『当代』「大御所清須御立、岡崎御泊、右兵衛主令同道給」)。5日岡崎発、11日駿府着(『当代』)。3月1日駿府在(『当代』)。26日駿府在(『当代』「古太閤御時より、猿楽共大坂に令詰番相詰、於向後者、大坂番を相止、駿河に可相詰由、今日大御所仰也」)。

　4月2・4日駿府在(『当代』)。6日駿府在(同日付前田利長宛家康書状写『家康』)。11・28日駿府在(『当代』)。5月28日駿府在(同日付舞坂宿宛大久保長安等連署状『家康』)。6月15日駿府在(『当代』)。7月14日駿府在(『当代』「従駿府京都江使者被遣、是は公家衆於禁中主上近習女房猥参会、無形儀故也」)。

　10月2日駿府在(『当代』)。26日善徳寺在(『当代』「大御所廿六日甲戌東江御下、今日善徳寺、彼地に一両日可有逗留と也」)。11月5日三島→駿府(『当代』「大御所従三島駿府江令帰城給、内々依不例也」)。26日駿府在(『当代』「廿六日、大御所不例なりしか、今日快気」)。12月26日駿府在(同日付島津家久宛本多正純書状写『家康』)。

慶長15年(1610)

【概要】

　駿府で越年した家康は、元日に上方大名等の出仕を請け、9日には田中へ鷹狩りに出掛けた。当初はそのまま名古屋へ向かう予定であったが、13日桐良から急遽駿府に戻った。19日に再び田中へ鷹狩りに出掛けた家康は、24日には遠江中泉に進み、2月4日には駿府に帰城した。24日に秀忠が江戸より到着し、3月5日に江戸へ下向するまで、三河田原での鷹狩りを催すなどしているが、家康が同行したかどうかは不明である。以後も7月1日に瀬名へ川遊びに出掛けたほか、10月まで駿府を動いていないと考えられる。10月14日江戸へ向けて駿府を発ち、21日には武蔵某所で秀忠と対面し、各地で鷹狩りを行った後、11月18日に江戸に入ったようだ。27日には江戸を発って駿府に向かい、12月10日に帰城し、そのまま越年した。

【詳細】

　1月1日駿府在(『当代』)。9日駿府→田中(『当代』「大御所自駿府至田中為鷹野御出、其より尾張国名護屋江御越、縄張仰付、二月より可有普請と云々」)。11日田中→「桐良」、13日「桐良」→駿府(『当代』「十三日、大御所一昨日自田中桐良江御出、中泉江昨日可有御越由被相定処、俄自桐良駿府江御帰、今日十三日夜節分也」)。19日田中在(『当代』)。24日田中→中泉(『当代』「大御所田中より、遠州中泉江御出」)。2月2日中泉→田中(『当代』「大御所自中泉田中江御帰」)。4日駿府着(『当代』)。24日駿府在ヵ(『当代』「将軍駿府江着給、此比節々雖雨降、大御所任仰如斯」)。閏2月

2日駿府在(『当代』「越後国堀監物同丹後於駿府城本丸に及対決」)。 3月5日駿府在(『当代』「将軍駿府御立、江戸江下向也、従大御所曰、右兵衛主常陸主儀頼思給間、大御所逝去後、別而可被引立由也」)。19・20・22～26日駿府在(『義演』『大日本史料』)。

4月1日駿府在(『義演』『大日本史料』)。19日駿府在(『当代』)。 5月15・23日駿府在(『当代』)。6月25日駿府在(『当代』)。 7月1日瀬名在(『当代』「大御所為河狩、瀬名之谷江出給」)。 8月10日駿府在(『本光』)。14日駿府在(『当代』「琉球人出仕、去十日に着駿府、今日対面し給、自是江戸江下る、駿府逗留中、琉球王之弟病死」)。18日駿府在(『当代』)。 9月9日駿府在(『当代』)。19日駿府在(『本光』)。29日駿府在(『当代』)。

10月4日駿府在(5日付本多正純宛金地院崇伝書状写『本光』)。14日駿府→清水(『当代』「午刻大御所東へ下給、今日清水」)。15日清水→善徳寺(『当代』「大御所従清水至善徳寺給」)。19日善徳寺→三島(『当代』「従善徳寺至三島大御所着給」)。21日武蔵在(『当代』「大御所鷹野場至武州□□着給、此所へ将軍従江戸有光儀、被遂面上、将軍は則江戸へ有帰城、大御所は自是方々有鷹野、さて江戸へ可有光儀との儀なり」)。11月18日(江戸着)(14日付円光寺堂上大和尚宛金地院崇伝書状写「御所様、来ル十八日、此地へ御成と申候間」『本光』)。20日江戸在(21日付本多正純宛金地院崇伝書状写「昨夕者仕合能 御目見仕、忝満足仕候」『本光』)。23日江戸在(『本光』)。27日江戸発(『当代』「大御所立江戸駿河へ上給」)。30日中原在(12月3日付彦坂九兵衛宛金地院崇伝書状写『本光』)。12月10日駿府着(『当代』「大御所此間路次中有鷹野、今日駿府着給」)。11日駿府在(12日付本多正純宛金地院崇伝書状写「昨日者　御前御取成、毎度之義奉忝存候」『本光』)。12日駿府在(『舜旧』)。13日駿府周辺在(『当代』「大御所鷹野え出給之処、秘蔵の大鷹被見失」)。18日(駿府在)(17日付後藤庄三郎宛金地院崇伝書状写「明十八日、円光寺同道申、 御城へ可罷出候」『本光』)。

慶長16年(1611)

【概要】

駿府で越年した家康は、元日年頭の出仕を請けると、7日には駿府を発して遠江に鷹狩りに出掛けた。9日遠江中泉にいたり、17日には駿府へ向かった。

3月6日、駿府を発った家康は、後陽成天皇譲位のため上洛し、17日に京都二条城に入った。23日に参内し、28日には二条城で豊臣秀頼と会見した。4月2日に公家・門跡衆の諸礼を請け、3日～5日は伏見に滞在した。12日には後水尾天皇の即位を見物し、同日諸大名から3か条の条書を提出させた。18日、京都を発し、駿府へ向かったが、23日に熱田から船に乗ったものの大荒れのため、25日に三河の室に上陸した。5月10日以前には駿府に到着し、以後10月まで基本的には駿府を動いていない。

10月6日に駿府を発った家康は、16日に江戸に到着した。26日には戸田に鷹狩りを行って帰り、29日には川越に鷹狩りに出掛け、そのまま忍・川越と進むが、11月12日、駿府の徳川頼宣が疱瘡との報を得、急遽駿府に向かった。しかし15日、稲毛において頼宣の病状回復との情報が入り、速度を落とし、23日に駿府に到着した。12月21日には田中へ鷹狩りに出掛け、26日に駿府へ帰城した。

【詳細】

　　1月1日駿府在(『当代』)。7日駿府→田中(『当代』「大御所為鷹野遠州江御出、今日田中迄出御」)。9日榛原郡→中泉(『当代』「大御所榛原郡鷹野し給、夫より中泉江御出也」)。17日中泉→(駿府)(『当代』「大御所自中泉駿河江御帰、今日□□御泊」)。3月6日駿府→田中(『当代』「五日、駿府大御所、今日上洛可有之由日処、雨故六日丙午立給、田中に今晩止宿し給」)。7日掛川在、8日浜松在、9日吉田在、10日岡崎在、11・12日名古屋在、13日岐阜在、14日赤坂在、15日彦根在、16日長原在(『当代』)。17日長原→京都(「光豊」「今日前大樹従長原御上洛」『大日本史料』)。20・21日京都在(「光豊」『大日本史料』)。23日京都在(「光豊」「今日前大樹参内」『大日本史料』)。24日京都在(「光豊」『大日本史料』)。28日京都在(29日付酒井忠世等宛本多正純書状写「秀頼様、昨廿八日大御所様江御礼被仰上候」『家康』)。

　　4月2日京都在(『義演』「巳刻二条亭へ参賀、僧俗別々御礼也、次第、先勅使、俗中(中略)次法中」『大日本史料』)。3日京都→伏見(『当代』「大御所伏見へ御越」)。5日伏見→京都(『当代』「家康公従伏見帰京し給」)。8・11日京都在(『義演』『大日本史料』)。12日京都在(「光豊」「即位也、大御所花頭にて御見物、(中略)御即位被済、大御所参内」『大日本史料』)。13〜15日京都在(「孝亮」『大日本史料』)。17日京都在(『当代』「大御所知恩院江仏詣し給」)。18日京都→永原(『当代』「大御所出京下給、此日永原」)。19日彦根在、20日柏原在、21日岐阜在(『当代』)。22日→加納→名古屋(『当代』「廿二日、家康公加納江御成、其日名護屋迄御出」)。23日名古屋→熱田→野間(『当代』「廿三日、大御所名護屋御立、熱田宮より舟にて下給、其日東風烈吹て、舟不任進退、稀有にして野間辺江よせけるか、言語道断不自由さ無云計」)。24日知多郡(『当代』「廿四日、今日も又東風、ちたの郡江御舟をよす」)。25日室在(『当代』「廿五日、三河国むろ江舟をよせ、俄の事なりけれは、人馬もなくして不自由也、下々の女房なとは、歩行にして吉田江行けると也」)。5月10日駿府在(同日付藤堂高虎宛大久保忠隣書状「大御所様、御上下御機嫌能　還御之儀、目出度奉存候、殊貴様吉田まて被成御供候仕合」『新修家康』)。29日駿府在(6月6日付永井直勝宛金地院崇伝書状写「五月廿九日之尊書、六月六日拝見仕候、(中略)御前御次も御座候はヽ、御取成万々奉頼存候」『本光』)。6月3日駿府在(18日付与安法印宛金地院崇伝書状写「六月三日之尊書、同十七日拝見仕候、(中略)御前具に被仰上候由、万々忝存候」『本光』)。15日駿府在(18日付本多正純宛金地院崇伝書状写「六月十五日之尊書、同十八日申刻拝見仕候、(中略)御前可然様に御取成万々奉頼存候」『本光』)。

　　7月17日駿府在(『本光』)。23日駿府在(8月1日付円光堂上大和尚宛金地院崇伝書状写『本光』)。8月1・13・20・23・24日駿府在(『駿府』)。9月1・10日駿府在(『駿府』)。11日駿府在(『当代』「将軍姫君至駿府着給」)。15日駿府在(『当代』「於駿府能有、姫君に見せ申さるへき為也」)。17日駿府在(『駿府』)。24日駿府近辺(『駿府』「今朝府中近辺、御初鷹野也」)。27・29日駿府在(『駿府』)。

　　10月1・2日駿府在(『言緒』)。4日駿府在(『駿府』)。6日駿府発(『言緒』)。7日善徳寺在(『当代』)。8日三島在(『駿府』)。9日小田原在(『当代』)。10日中原在(『当代』)。13日藤沢在(『言緒』)。14日神奈川在、15日稲毛(『駿府』)。16日江戸着(『言緒』)。17・18・20日江戸在、

21日江戸近郊在(『駿府』)。22・23日江戸在(『言緒』)。24日江戸在(『駿府』)。25日江戸在(『駿府』「大御所渡御増上寺」)。26日江戸→戸田(『駿府』)。29日川越在(『駿府』)。11月5・7日忍在(『駿府』)。9日忍在(11日付茂庭綱元宛ヵ伊達政宗書状『政宗2』)。13日忍→川越(『駿府』「今朝自忍至川越給、将軍家自鴻巣令出向給、有御対面」)。14日武蔵府中在(『駿府』)。15日稲毛在(『駿府』「今日宰相殿御疱瘡容易之由自駿府施薬院宗伯及宗哲法印言上之、是以有御喜悦、而途中緩々可有御鷹野之由被仰出、則令赴稲毛給云々」)。16日神奈川在(『駿府』「御放鷹、鶴雁鴨之類有物数、今晩御着于神奈川、幕下為御暇請渡御于此所、有御対面」)。18日藤沢在、19日中原在、20日小田原在、21日三島在、22日今泉在、23日駿府着、24・26日駿府在(『駿府』)。28日駿府在(『駿府』「於前殿大明人御覧之、大明商船、雖至何浦、悉於長崎可遂商売之由申請之、則賜、御印、長谷川左兵衛奉之云々」)。12月1日駿府近辺在(『駿府』「府中近辺御鷹野」)。2日駿府在(『駿府』)。4日駿府近辺在(『駿府』「府中近辺御鷹野云々」)。7日駿府在(『駿府』)。10日駿府近辺在(『駿府』「府中近辺御放鷹」)。11・14日駿府在(『駿府』)。15日駿府近辺在(『駿府』「府中近辺御放鷹」)。21日駿府→田中(『駿府』「為御放鷹令赴田中給」)。26日田中→駿府(『駿府』「申刻、自田中還御」)。27日駿府在(『駿府』)。

慶長17年(1612)

【概要】

　正月、駿府で年頭の出仕を請けた家康は、7日には三河吉良での鷹狩りのため駿府を発した。14日には吉良に着き、20日には岡崎に入った。27日には名古屋に入り、29日に岡崎に戻った。2月2日に岡崎を発して駿府へ向かい、11日に駿府に帰城した。3月17日には秀忠が江戸より駿府を訪れ、家康と対面し、4月10日まで滞在して江戸に帰った。

　閏10月まで基本的に駿府を動いていない。2日鷹狩りのため駿府を発し、12日に江戸に入った。20日は江戸を発して関東各地に鷹狩りに出掛け、11月26日に江戸に戻った。12月2日江戸を発して15日に駿府に帰城した。

【詳細】

　1月1・2・6日駿府在(『駿府』)。7日駿府→田中(『駿府』「今日於三河国吉良為御鷹野、御道途着御于田中云々」)。8日相良在、9日横須賀在、10日中泉在、12日浜名在、13日吉田在、14日吉良着(『駿府』)。20日岡崎在(『当代』)。26日岡崎在(『駿府』「大樹寺御参詣、是御祖父御菩提所」)。27日岡崎→名古屋(『当代』「廿七日、大御所岡崎より至名古屋着給、古平岩主計家に宿給、但新殿造作出来御座所とす」)。29日名古屋→岡崎(『当代』「廿九日、大御所従名古屋岡崎江御帰」)。2月2日岡崎発、3日吉田在(『当代』)。4日中泉在、9日掛川在(『駿府』)。10日田中在(『駿府』「依連日雨、大井河水増、而人馬不得渡之故、至金谷廻伊呂宇求浅瀬渡之御、其辺村邑水練者千余人来為河越供奉之御、女中方捧肩輿渡之云々、田中着御云々」)。11日駿府着、12日駿府在(『駿府』)。21日駿府近辺在(『駿府』「府中近辺御鷹野」)。26・28日駿府在(『駿府』)。3月1・3日駿府在(『駿府』)。17日駿府在(『駿府』「辰刻、幕府入御駿府西丸、(中略)午刻幕下渡御本城、御剣、有御雑談還御」)。19日駿府在(『駿府』「幕府渡御本城、御対面移刻而及御雑談云々」)。25・26日駿府

在(『当代』)。

　4月1・2日駿府在(『駿府』)。8・9日駿府在(『当代』)。10日駿府在(『駿府』「幕下早旦渡御本城大御所御対面、自是直還御云々」)。14・19日駿府在(『駿府』)。22日駿府在(『当代』)。28日駿府在(『駿府』)。5月1日駿府在(『駿府』)。2日駿府在(『駿府』「安居中於駿府、摠持院伊豆山般若院快運聚僧徒為真言論議、料米百石賜之、今日為御聴聞渡御」)。5・8日駿府在(『駿府』)。6月1日駿府在(『駿府』)。7日駿府在ヵ(『言緒』「両伝　奏ヨリ公家中学文可致由、従　駿河前大樹仰アリ、各状可致之由申来、則案文持来了」)。14・16・19・20日駿府在(『駿府』)。24日駿府在(『駿府』「於浅間之蓮池坊有真言論議、此比蓮花紅白交色、且為御聴聞、且為御納涼、渡御」)。26・28日駿府在(『駿府』)。

　7月1～7日駿府在(『駿府』)。11日駿府在ヵ(『言緒』「禁裏御冠一昨日右衛門佐取ツキ仕候間、今日近衛殿参、(中略)拙子駿府へ罷下、大樹ニ可申上之由申候処ニ、女御様、近衛殿種々仰留ラレ、(中略)駿府下向之儀ヤメ了」)。14・18・25日駿府在(『駿府』)。8月1・4・8・10日駿府在(『駿府』)。13日瀬名在(『当代』「大御所為川狩瀬名へ御出、及晩に御帰」)。14・15・19・21・23日駿府在(『駿府』)。9月13・15日駿府在(『当代』)。

　閏10月2日駿府→江尻(『当代』「大御所駿府より東へ下給、内々去月廿四日可下給由、同処腫物気付、至于今延引、一昨日と日しか依雨及今日、今日も依雨江尻迄出張」)。12日江戸着(『当代』)。18日江戸在(『当代』「大御所、於江戸従新城本丸へ入御」)。20日江戸発(『当代』「大御所為鷹野従江戸御出」)。11月26日江戸着(『当代』「大御所関東中鷹野し給、今日江戸迄御帰」)。28日江戸在(『当代』「於江戸新城、越前国年寄本多伊豆守と今村掃部清水丹後及対決、両御所直に聞之給」)。12月2日江戸発(『当代』)。15日駿府着(『当代』)。18・20・26日駿府在(『駿府』)。

慶長18年(1613)
【概要】
　駿府で越年し、正月に年頭の出仕を請けた家康は、7日に遠江で鷹狩りのため、駿府から田中に進んだが、鳥が少ないことから断念した。以後9月まで駿府を動かず、9月17日、鷹狩りのため駿府を発し、27日に江戸に入った。10月2日、葛西に鷹狩りに出掛けて帰り、20日には浦和に鷹狩りに出掛けた。23日には川越、11月4日には忍、19日には岩付、20日には越谷に進み、葛西を経由して29日に江戸に戻った。12月3日には駿府へ向け江戸を発ったが、13日、滞在中の中泉から急遽江戸へ引き返し、14日、江戸に到着した。24日には越谷・川越へ鷹狩りに出掛け、28日に江戸に帰り、そのまま江戸で越年した。
【詳細】
　1月1～4日駿府在(『駿府』)。5日駿府近辺在(『駿府』「巳刻御山鷹野、未刻還御云々」)。6日駿府在(『駿府』)。7日駿府→田中(→駿府ヵ)(『当代』「今日大御所為鷹野田中へ出給、従其遠州へ可有鷹野之由日しか、暖気故無鳥延引也」)。2月5日駿府在(『駿府』)。3月3日駿府在(『駿府』)。5日駿府在(『当代』)。11日駿府在(『駿府』)。28・29日駿府在(『当代』)。30日駿府在(『駿府』)。

4月4日駿府在(『駿府』)。5・6日駿府在(『当代』「五日六日、駿府能有」)。10・12日駿府在(『駿府』)。18日駿府在(『当代』)。26・27日駿府在(『駿府』)。5月2・4〜6・20日駿府在(『駿府』)。6月6・26日駿府在(『駿府』)。7月7・8・26日駿府在(『駿府』)。8月1・6日駿府在(『駿府』)。15日駿府在(『駿府』「巳刻増上寺観智国師駿府報土寺被居、大御所于此寺渡御」)。22日駿府在(『駿府』)。9月2・3・9・16日駿府在(『駿府』)。17日駿府→清水(『駿府』「巳刻為御鷹野駿府御動座、清水渡御云々」)。18・19日善徳寺在、20日三島在(『駿府』)。21日小田原在(『当代』)。22〜24日中原在、25日藤沢在、26日神奈川在、27日江戸着、28日江戸在(『駿府』)。

10月1日江戸在(『駿府』)。2日葛西在(『駿府』「卯刻葛西御放鷹」)。6日江戸在(『駿府』)。8日江戸在(『当代』)。18日江戸在(『駿府』「辰刻渡御御本城」)。20日江戸→浦和(『当代』「大御所為鷹野従江戸浦半へ御出、彼地より川越へ可有入御之由也」)。23・26日川越在(『駿府』)。29日川越→仙波→川越(『駿府』「巳刻、於仙波南光坊論議、大御所御参詣、(中略)論議申刻終、川越御旅館還御云々」)。30日忍在(『駿府』)。11月4日忍在(『駿府』)。19日忍→岩付(『駿府』「卯刻岩付御動座、路次中御鷹野、申刻渡御岩付、城主高力左近為御迎参向云々」)。20日岩付→越谷(『駿府』「岩付出御、未刻、渡御越谷」)。27日越谷→葛西(『駿府』「卯刻越谷出御、令赴葛西給、鶴令撃給、申刻渡御葛西云々」)。29日葛西→江戸(『駿府』「卯刻葛西出御、路次鶴雁数多令撃給、未刻江戸于新城還御云々」)。12月1日江戸在(『駿府』)。2日江戸在(『駿府』「巳刻、幕下渡御御新城御対面、御密談移刻」)。3日江戸→稲毛(『駿府』「未明幕下為御暇乞渡御新城、辰刻、大御所御動座、着御稲毛」)。6日中原在(『駿府』)。13日中原→稲毛(『当代』「此間中原に、大御所令逗留給、今日小田原迄可有御越とて、供之衆もはや出荷物迄出処に、俄於江戸可有越年旨日、稲毛迄御越」)。14日江戸着(『当代』)。15日江戸在(『駿府』)。24日江戸→越谷・川越(『当代』「大御所越谷川越為鷹野御出」)。28日越谷・川越→江戸(『当代』「大御所従越谷川越、江戸へ御帰」)。30日江戸在(『駿府』)。

慶長19年(1614)

【概要】

　江戸で越年した家康は、元日の秀忠を始め、年頭の礼を請け、7日には江戸を発って東金へ鷹狩りに向かい、9日に東金に着いた。16日には東金を発し、18日に江戸に戻った。21日には駿府へ向けて江戸を発ち、24日に小田原に入ると、大久保忠隣改易にともなう小田原城破却の様子を見届け、25日には後発の秀忠と対面した。27日には小田原を発し、29日に駿府に帰城した。

　以後10月に大坂へ出陣するまで、基本的に駿府を動いていない。8月に大仏殿の鐘銘文が駿府に届けられ、問題化すると、弁明のため片桐且元が19日駿府に入るも、家康と対面することなく、9月12日に大坂へ帰った。9月25には大坂に戻った且元より、淀の怒りを買って討たれるかという状況であるとの報が届き、10月1日には大坂攻めの意向を表明した。11日、駿府を発した家康は、23日に上洛して二条城に入り、28日には勅使を迎えた。11月4日には公家衆の諸礼を請け、12日には後発の秀忠が伏見より二条城に家康を訪ねた。

15日に二条城から出陣し、17日住吉に着陣した。29日には陣中見舞いの勅使を迎え、12月6日には天王寺の茶臼山へ陣を移した。14日、和議交渉のため阿茶局が呼び寄せられており、20日には和議が成立した。家康は25日に茶臼山を発って京都二条城に入った。28日には参内し、そのまま二条城で越年した。

【詳細】

1月1～3・5・6日江戸在(『当代』)。7日江戸→葛西(『駿府』「為御鷹野渡御葛西」)。8日千葉在、9日東金在(『駿府』)。16日東金→千葉(『駿府』「卯刻、東金御動座、申刻千葉着御」)。17日千葉→葛西(『駿府』「千葉御動座、路次御鷹野、未刻、葛西着御云々」)。18日葛西→江戸(『駿府』「申刻江戸新城還御」)。21日江戸→神奈川(『駿府』「巳刻江戸御動座、申刻、御止宿神奈河云々」)。22日藤沢在(『駿府』)。23日藤沢→中原(『駿府』「巳刻属晴、出御藤沢、申刻、着御中原御旅館云々」)。24日中原→小田原(『駿府』「中原出御、路次御鷹野、鶴雁数多令撃給云云、未刻、小田原着御」)。25日小田原在(『駿府』「未刻将軍家着御小田原、秉燭之後有御対面、御閑談移刻、佐渡守、藤堂和泉守在御前、余人不近之、将軍家還御二之丸、大御所仰曰、明朝自早天此城破却可有之云々」)。27日小田原→三島(『当代』「大御所小田原を出御、三島に着給ふ」)。28日善徳寺在、29日駿府着(『駿府』)。2月1・3・8日駿府在(『駿府』)。10日駿府近辺在(『駿府』「今日御山鷹野、宰相殿中将殿少将殿令供奉、御列率輩数百人、申刻還御云々」)。14・17・19・21・25日駿府在(『駿府』)。3月8・9日駿府在(『駿府』)。12日駿府在(『当代』)。21・30日駿府在(『駿府』)。

4月1・3・4日駿府在(『駿府』)。5日駿府在(『駿府』「群書治要、貞観政要、続日本紀、延喜式、自御前出五山衆、可令抜公家武家可為法度之所之旨被仰出、金地院崇伝道春承之」)。6日駿府在(『駿府』)。14・15日駿府在(『当代』)。20日駿府在(『駿府』「勅使広橋大納言兼勝、三条大納言実条、其外藪宰相□□、日野弁□□、広橋弁兼賢、高倉□□参向、今日登城」)。21日駿府在(『当代』)。22・28日駿府在(『駿府』)。5月3日駿府在(『駿府』)。8日駿府在(『当代』)。10・19～24・27・29日駿府在(『駿府』)。6月1・2・4・6日駿府在(『駿府』)。7日駿府在(『当代』)。16・18・19・22・24日駿府在(『駿府』)。

7月1・7・8・10・13・15・17・20・21・23・25～28日駿府在(『駿府』)。8月1・2・4日駿府在(『駿府』)。5日駿府在(『駿府』「今日大仏鐘銘棟札、片桐市正捧之、於御前金地院読之、中井大和守差上書付無相違、件鐘銘善悪之処、五山衆可致評判之旨、則善悪書記可捧之旨被仰出、為御使板倉内膳正可赴京都之旨被仰出」)。8日駿府在(『駿府』「今日南都東大寺上生院出御前、奈良大仏のみくし傾く由、直之度旨、真柱を取替、諸国勧進、銅を以鋳懸可直之由言上之処、御諾」)。12・13日駿府在(『駿府』)。17日駿府在(『駿府』「奈良興福寺南大門法隆寺、御持堂、聖霊院、法華堂等棟札写四通、中井大和守捧之、仍而令御覧給所、各大工棟梁姓名載之、然今度大仏棟札、大工名無之儀御立腹之内也」)。18日駿府在(『駿府』「今日板倉内膳正自京帰参、五山碩学長老七人、彼鐘銘趣批判捧之、則文箱開之令見給」)。20・22・24～26・28・30日駿府在(『駿府』)。9月1日駿府在(『駿府』「如例公家諸士出仕、今日阿蘭陀人御目見、献白糸二丸、龍脳二斤、丁子二嚢、大木綿段子等献之、やようす御出御前、虎子二匹引之来」)。3日駿府在(『当代』)。7・9日駿府在(『駿府』)。

12日駿府在(『駿府』「今朝片桐市正上洛、今度無御目見、大蔵卿も于大坂帰る」)。14～16・18・20・21・23日駿府在(『駿府』)。25日駿府在(『駿府』「今日大坂片桐市正飛脚参着、(中略)上野介達上聞之処、弥御腹立云々」)。28日駿府在(『駿府』)。

10月1日駿府在(『駿府』「京都自板倉伊賀守飛脚到来、(中略)本多上野介、板倉内膳正言上、依之御腹立甚、于大坂御出馬之由、近江伊勢美濃尾張三河遠江被仰触、又于江戸幕下被仰遣」)。2日駿府在(『当代』「大坂秀頼対家康公謀叛之間、被貯兵糧、自去八月近国遣金銀被相調、(中略)自大御所大坂江被遣使者、号大野壱岐守」)。6～8日駿府在(『駿府』)。11日駿府→田中(『当代』「大御所令出馬給、今日田中城に御着」)。12日掛川在、13日中泉在、14日浜松在、15日吉田在、16日岡崎在、17・18日名古屋在、19日岐阜在、20日柏原在、21日佐和山在(『駿府』)。22日長原在、23日京都着(『言緒』)。24日京都在(『言緒』「二条御所御目見へ二今日被出輩内大臣」)。25～27日京都在(『言緒』)。28日京都在(『言緒』「従 禁裏前大樹へ御太刀折紙、薫物被参、両伝奏持参也、両人長袴也」)。29日京都在(『駿府』)。11月1・2日京都在(『言緒』)。4日京都在(『言緒』「前大樹へ公家不残御礼アリ、太刀公卿ハ披、殿上人ハ持参也、近衛右大臣、一条大納言両人先御礼アリ、大澤少将披露也」)。5・6・8・9日京都在(『言緒』)。12日京都在(『当代』「此日自伏見将軍二条江参観し給、大御所有対面、頓而伏見江帰御」)。13・14日京都在、15日京都発(『言緒』)。16日木津→法隆寺(『当代』「大御所昨日木津、今日法隆寺着御」)。17日住吉着、18日茶臼山在(『当代』)。19日住吉在(『駿府』)。28日住吉在(『当代』)。29日住吉在(『駿府』「勅使広橋兼勝、三条実条御対面、日野唯心、飛鳥井雅庸、伝長老伺候」)。12月2日茶臼山→大坂城近辺(『駿府』「大御所渡茶磨山、(中略)則従此処唯一騎令赴城辺、敵之体令御覧給、将軍家被聞召自平野同令出合給」)。4日茶臼山在(『当代』)。5日住吉在(『言緒』)。6日住吉→天王寺(茶臼山)(『言緒』「武家大御所様従住吉天王寺へ御陣替也、茶臼山ニツケ城被成也」)。10日茶臼山在(『駿府』)。12日天満・備前島在(『駿府』「大御所自天満到備前島、為御覧出御」)。14日茶臼山(『当代』「大御所被召遣あちやの局、依召陣中茶磨山被参」)。15日茶臼山在(『駿府』「召後藤少三郎、和睦之事令問給」)。17日茶臼山在(『駿府』「為勅使広橋兼勝、三条実条被参向」)。25日茶臼山→京都(『駿府』「辰刻、大御所帰陣、茶臼山出御、申刻入御二条城」)。26・27日京都在(『言緒』)。28日京都在(『言緒』「今日武家大御所御参　内也」)。

慶長20年・元和元年(1615)

【概要】

京都で越年した家康は、1月2日に年頭の勅使を二条城に迎え、翌3日には京都を発って駿府に向かった。9日に岡崎に入り、19日まで逗留するなど、ゆっくりと進み、2月14日に駿府に帰城した。

4月4日には徳川義直の婚儀のためとして駿府を発して名古屋に向かったが、実際は大坂への出陣である。10日に名古屋に入り、12日の輿入れを見届け、15日に名古屋を発って京都へ向かった。京都到着は18日である。22日には上洛して伏見に入った秀忠が二条城を訪れ、以後も数度秀忠と二条城で会談し、5月5日、それぞれ出陣した。7日には茶臼山

に進み、8日には秀頼・淀等が自害して戦闘は終結し、同日中に二条城に戻っている。

以後8月まで二条城に滞在しており、6月15日に参内・院参し、7月7日伏見において秀忠が武家諸法度を公布したさいも二条城にあった。一方17日、二条城で能が行われたさいには、秀忠同席の場で二条昭実等に公家中法度を示した。8月4日には京都を発し、23日に駿府に帰城した。9月29日、駿府を発って江戸へ向かい、10月9日には神奈川で秀忠の迎えを受け、10日に江戸に入った。21日、江戸を出て戸田に進み、鷹狩りのため川越・忍・岩付・越谷と廻って11月15日に一旦葛西まで戻り、そこから東金に向かい、27日に江戸に戻った。12月3日には江戸を発って駿府に向かい、15日には三島近くの泉頭に隠居所を定め、16日に駿府に帰城した。

【詳細】

　1月2日京都在(『言緒』「武家大御所へ参ル、従　禁中両伝　奏被参、御礼アリ」)。3日京都→膳所(『駿府』「午刻二條御所出御、申刻到膳所着御」)。4日水口在、5日亀山在、6日桑名在、7日名古屋在、9日岡崎在(『当代』)。10日岡崎在(『当代』「大坂破却普請の礼とて安藤治右衛門佐久間河内を自将軍大御所江被遣、今日岡崎に着て、事の由を申、則彼両使を被為上」)。19日岡崎→吉良(『当代』「此日大御所従岡崎吉良江出御、此中鷹令遣給、鶴雁数多取」)。23日吉良在(『駿府』「従秀頼為御使吉田玄蕃允参」)。27・28日吉田在、29日浜松在、30日中泉在(『駿府』)。2月1・2日中泉在(『駿府』)。7日中泉在(『駿府』「辰刻、将軍家渡御中泉、先献御膳、暫有而於奥之間御対面」)。9日中泉在、10・11日相良在、12・13日田中在、14日駿府着、20・26・28・29日駿府在(『駿府』)。3月1〜3日駿府在(『駿府』)。15日駿府在(『駿府』「大御所南殿出御、従秀頼為御使青木民部少輔出御前、被進金襴十巻、并秀頼捧御書、(中略)秀頼御母儀之御妹常光院殿、二位局、大蔵卿局、正永尼御目見、秀頼御母儀御使也云云」)。16〜20・29日駿府在(『駿府』)。

　4月2日駿府在(『駿府』)。4日駿府→田中(『駿府』「午刻名護屋出御、申刻田中着御云々」)。6日中泉在、7日浜松在、8日吉田在、9日岡崎在、10日名古屋着(『駿府』)。12日名古屋在(『駿府』「戌刻宰相殿御内室従熱田御輿入」)。13・14日名古屋在(『駿府』)。15日名古屋→佐屋→桑名(『駿府』「巳刻那護屋出御、佐屋御乗船、申刻桑名着御」)。16日亀山在、17日水口在(『駿府』)。18日水口→矢橋→大津→京都(『駿府』「水口御動座、従矢橋到大津御乗船、(中略)未刻渡御御二条城」)。19〜28日京都在(『言緒』)。29日京都在(『駿府』)。30日京都在(『言緒』)。5月1・2日京都在(『言緒』)。5日京都→星田(『駿府』「巳刻大御所二条御所御動座、供奉士不可勝計、申刻星田渡御」)。6日星田→平岡(『駿府』「大御所星田御逗留旨被仰所、(中略)大御所俄御出馬、於須奈近所早打参申云、大坂表人数、先手つかへ申故、暫扣御輿御逗留之処、(中略)則大御所平岡御在陣、幕下御同所御在陣云々」)。7日平岡→茶臼山(『駿府』「寅刻将軍家大坂表御進発、大御所卯刻御動座、平野天神森、茶臼山辺巳刻合戦始る、大坂勢敗北、(中略)未刻大御所茶臼山、幕下御同所渡御」)。8日茶臼山→京都(『駿府』「申刻大御所茶臼山出御、京都御帰陣、戌刻二条御所着御云々」)。9・11〜15日京都在(『言緒』)。16日京都在(『言緒』「前大樹ヨリ萬御法度共被仰出間、禁中へ諸臣下参了」)。17〜21・23〜29日京都在(『言緒』)。6月1〜10・12〜14日京都在(『言緒』)。15日京都

在(『言緒』)「御参　内、早々前大樹へ冷泉中納言、予冠装束ニテ参、御対面、(中略)武家　院参」)。16日京都在(『言緒』「禁中カチヤウニ被召、武家へ参之間御理申入、次武家カチヤウニ被参衆(以下略)」)。17～29日京都在(『言緒』)。30日京都在(『駿府』)。閏6月1～4・6日京都在(『言緒』)。8日京都在(『駿府』)。9・10・14～17日京都在(『言緒』)。18日京都在(『駿府』)。19日京都在(『言緒』)。20日(『駿府』)。22・23・25～29日京都在(『言緒』)。

7月1～5日京都在(『言緒』)。7日京都在(『駿府』「出御前殿、南光坊僧正、日野唯心出仕、今日於伏見有御能、(中略)今日御能以前、早朝武家御法度十三箇条被仰出、諸大名伝長老読進云々」)。8・9日京都在(『言緒』)。10日京都在(『駿府』)。11日京都在(『言緒』)。12日京都在(『駿府』)。15日京都在(『言緒』)。16日京都在(『駿府』)。17日京都在(『言緒』「前大樹ニ今日御能アリ、(中略)将軍様モ御出也、御能以前ニ、二条殿、前右府両人奥間ニテ、前大樹、大樹公卿家法度被仰出、十七ヶ条也、衣服方者予書之也」)。18～24日京都在(『言緒』)。25日京都在(『駿府』)。26・27日京都在(『言緒』)。28日京都在(『駿府』)。29日(『言緒』)。8月1～3日(『言緒』)。4日京都→膳所(『駿府』「午刻大御所京都出御、申刻膳所御渡御云々」)。5日矢橋→水口(『駿府』「巳刻従矢橋御乗船、水口御止宿」)。6・8日水口在(『駿府』)。9日水口→亀山(『駿府』「卯刻水口出御、勢州亀山渡御云々」)。10日亀山→四日市→名古屋(『駿府』「未明亀山出御、今昼水谷九左衛門於四日市献御膳、従夫御乗船、申刻渡御名護屋」)。11・12日名古屋在(『駿府』)。13日名古屋→岡崎(『駿府』「巳刻名護屋御動座、岡崎着御云々」)。14日吉田在、15～19日中泉在、20日掛川在、21・22日田中在、23日駿府着(『駿府』)。9月8～11日駿府在(『駿府』)。14日駿府近辺在(『駿府』「従早天山鷹出御云々」)。15日駿府在(『駿府』)。16日駿府在(『言緒』「従板倉伊賀守有使札、従駿府　大御所様御かちの文添来、大御所様正月ニ御着用被成候御直垂可致由申来ル」)。17日駿府在(『駿府』)。18日駿府近辺在(『駿府』「早天御放鷹出御、雁令撃給、巳刻還御云云」)。21日駿府近辺在(『駿府』「自早天御放鷹」)。22・23・25～27日駿府在(『駿府』)。29日駿府→清水(『駿府』「午刻駿府城出御、(中略)申刻清水着御云々」)。

10月1・2日善徳寺在、3日三島在、4日小田原在、5～7日中原在、8日藤沢在(『駿府』)。9日神奈川在(『駿府』「神奈河着御、幕下従江戸為御迎神奈河着御、則御対面、大樹江戸還御云々」)。10日江戸着(『駿府』「大御所江戸新城着御」)。11日江戸在(『駿府』)。15日江戸在(『駿府』「大御所本丸渡御云々」)。21日江戸→戸田(『駿府』「卯刻江戸出御、午刻戸田御旅館渡御云々」)。25日戸田→川越(『駿府』「卯刻戸田出御、未刻川越着御云々」)。30日川越→忍(『駿府』「卯刻川越出御、未刻忍渡御云々」)。11月9日忍→岩付(『駿府』「大御所忍出御、岩付渡御云々」)。10日越谷在(『駿府』)。15日越谷→葛西(『駿府』「大御所越谷出御、葛西渡御云々」)。16日千葉在、17日東金在(『駿府』)。25日東金→船橋(『駿府』「大御所東金出御、未刻舟橋着御」)。26日葛西在、27日江戸着(『駿府』)。12月3日江戸在(『駿府』)。4日江戸→稲毛(『駿府』「辰刻太守所江戸御動座、午刻稲毛着御云々」)。5日稲毛在(『駿府』)。6日稲毛→中原(『駿府』「稲毛出御、従辰刻甚雪降、御供之疋夫、於路次五六輩凍死、未刻中原着御云々」)。7～9・12日中原在(『駿府』)。13日中原→小田原(『駿府』「中原出御、小田原着御云々」)。14日三島在(『駿府』)。15日三島→「泉頭」→善徳

寺(『駿府』「辰刻三島出御、近所泉頭為勝地之間、御隠居可被成之旨被仰出、来春御隠居云々、未刻善徳寺着御云々」)。16日善徳寺→駿府(『駿府』「善徳寺出御、申刻駿府還御」)。19・25日駿府在(『駿府』)。

元和2年(1616)1月～4月

【概要】

　駿府で越年し、年頭の出仕を請けた家康は、1月5日には駿府近辺に鷹狩りに出かけたものの、7日の鷹狩りは中止している。13日～19日ころには前年伊豆泉頭に定めた隠居所を駿府の竹腰山城守の屋敷に変更している。21日には鷹狩りのため田中へ行くも、夜半に体調を崩し、25日に駿府に戻った。以後病状は回復と悪化を繰り返していたようで、3月には山科言緒ら昵近の公家衆も見舞いのため駿府へ下向している。17日には見舞いの勅使と対面し、太政大臣任官の意志を伝え、使者往復の後27日に太政大臣の宣旨が家康に披露され、29日には祝儀の振舞いを行った。この振舞いの後気力を失ったのか、以後急速に衰弱し、4月17日他界した。遺体は翌日久能山に移され、19日に埋葬された。

【詳細】

　1月1日駿府在(2日付板倉勝重宛金地院崇伝書状写『本光』)。2・3日駿府在(4日付板倉勝重宛金地院崇伝書状写『本光』)。5日駿府近辺在(6日付板倉勝重宛金地院崇伝書状写「昨五日爰元近所へ御鷹野に被成出　御、御機嫌能還御候て」『本光』)。7日駿府在(8日付板倉勝重宛金地院崇伝書状写「昨七日、御鷹野にも不被成出　御候」『本光』)。13日駿府在(同日付板倉勝重宛金地院崇伝書状写「伊豆泉頭御普請之儀、(中略)泉頭は所も不可然候間、無用に可被成旨、被　仰出候而、相止申候、当地竹城州之屋敷を、今日十三日吉日に候間、清水出候かほらせ見可申由」『本光』)。19日駿府在、21日駿府→田中(いずれも同21日付板倉勝重宛金地院崇伝書状写「一昨十九日、山城殿屋敷被成御成、御縄張被遊候、(中略)大御所様今日廿一日為御鷹野、田中へ被成出　御候」『本光』)。22日田中在(同日付酒井忠世等宛金地院崇伝藤堂高虎書状写「大御所様田中へ御鷹野に被為成、廿一日之夜半時分、御虫指出候由、駿府ニ而承付、則廿二日早々御見廻に参上仕候、早速被成御本復、両人共に　御前へ被召出」『本光』)。25日田中→駿府(同日付酒井忠世等宛金地院崇伝書状写「今廿五日、従田中、当駿府へ八つ時分に被成還　御候」『本光』)。29日駿府在(『本光』)。2月3日駿府在(『本光』)。5日駿府在(同日付板倉勝重宛金地院崇伝書状写「大御所候御気色事之外被為得　御験気、三日之晩より御脈も直り申候而、御平脈に被為成候」『本光』)。7日駿府在(『本光』)。23日駿府在(同日付板倉勝重宛金地院崇伝書状写「昨廿二日ハ一段と御心六ケ敷相見候、(中略)今日廿三日甲子吉日ニ付而、伝奏衆へ奥にて被成御対面候、一段と御機嫌能、伝奏衆仕合無残所候」『本光』)。29日駿府在(『本光』)。3月3・5日駿府在(『本光』)。12・13・15・16日駿府在(『言緒』)。17日駿府在(『言緒』「登城申、両伝　奏被召、太政大臣ヲ可被申由被仰、則今日速水、木村両人ヲ被上之由承了」)。18・19・21～23・26日駿府在(『言緒』)。27日駿府在(『言緒』「於駿府太政大臣ノ宣旨両伝奏御本丸ニテ御披露有」)。29日駿府在(『言緒』「駿府登城申、於御本丸相国ノ御振舞トシテ伝奏両人広橋大納言、三条大納言ニ将軍御相伴ナサル、(中略)其以後相国御対面也、御烏帽子、直垂也、各馬、太刀

也、御煩之内キトクノ由各被申了」)。30日駿府在(『言緒』「前大樹ヨリ昨日御暇出候へとモ冷泉中納言、予ニハ逗留可仕之由被仰出了」)。

　4月4日駿府在(『本光』)。5・6・11・13・14日駿府在(『言緒』)。17日駿府在(『言緒』「前大樹今日巳刻ニ御他界也、御サウレイハ不可有之由承」)。18日駿府→久能山(『言緒』「寅刻ニ前大樹クノヘ収申、御供ノ衆、南光坊、金地院、神龍院、本多上野、松平右衛門、板倉内膳、アキモト但馬等也」)。19日久能山在(『言緒』「武家大御所様今日戌刻ニ久野ニオサメ申由承了」)。

■典拠
『家康』『新修家康』『新訂家康』『公卿』『愛知織豊1』『愛知織豊2』『家忠』「宇野」『当代』『駿府』『言経』『兼見』『多聞院』「輝元上洛日記」『鹿苑』『お湯殿』「晴豊」『時慶』『伊達』「大和田」『義演』『舜旧』『言緒』『慶長』『政宗2』『大日本史料』第12編『本光』『武家手鑑：付旧武家手鑑』(尊経閣善本影印集成；77)(八木書店　2021年)『北野社家』

【参考文献】
本多隆成『初期徳川氏の農村支配』(吉川弘文館　2006年)

松平(深溝)家忠の居所と行動

尾下　成敏

【略歴】

　16世紀後半の三河松平一族には、「家忠」の諱を有する人物が3人いる(後述)。ここでは、深溝松平家の当主家忠を他の「家忠」と区別するため、松平(深溝)家忠と表記した。

　彼の生年は弘治元年(天文24年、1555)であり、通称は又八郎、主殿助である。父は深溝松平家の当主伊忠(連忠)、母は三河上ノ郷の領主鵜殿長持の娘である。深溝松平家は、徳川家康を輩出した安城松平家の同族であり、三河深溝(深須)を本拠とする領主である。この点からすれば、家忠は同地の出身である可能性が高い。彼は、天正18年(1590)の主君家康の関東転封までは深溝城を本拠とし、関東へ移った後は武蔵忍城、下総上代城(桜井城)、同国小見川城を本拠とした。これらの城館を本拠とした時期の深溝松平家領(以下、自領)については、鈴木将典「三河国衆としての深溝松平氏」や、盛本昌広『家康家臣の戦と日常』を参照されたい。

　家忠は徳川領国を中心に多くの城普請を担った。また連歌・茶湯・鷹狩や川狩を楽しんだ人物でもある。慶長5年(1600)の伏見山城(木幡山伏見城)の攻防戦で、同城の留守居として籠城し、落城時に戦死した。享年46。なお、家忠の妻は水野忠分の娘である。忠分は尾張緒川(小川)を本拠とする水野一族の一人で、家康の生母於大の兄弟でもある。となれば、家忠の妻と家康は従兄妹の間柄となる(駒澤大学禅文化歴史博物館編集・発行『企画展　家康を支えた一門　松平家忠とその時代』、盛本前掲著書)。

　家忠は日記『家忠日記』(以下『家忠』)を残したことで知られる。『家忠』の記事のうち日付の判読が可能なのは、天正5年(1577)10月17日〜文禄3年(1594)9月23日である。本稿では、『家忠』の残存状況が良好なこの時期を中心に彼の居所を追うことにする。なお、出典は断りがない限り『家忠』である。

　※　肥前島原松平文庫が所蔵する連歌懐紙のなかに、天正5年6月18日付の賦山何連歌(ふすやまなにれんが)がある。ここには連衆として「家忠」という人物が見える。また彼以外にも連歌師昌叱や、「守隆」すなわち尾張の領主水野守隆のほか、「為緒」「来相」「春長」「長数」「道以」

「椿昌」「守秀」「為栄」「雖思」「知重」「寿筠」「閑与」「以俊」がいる。

　以前、筆者は、上記の懐紙に見える「家忠」を松平(深溝)家忠と判断し、天正5年に彼が尾張もしくは三河にいたと理解したが(『愛知県史通史編3　中世2・織豊』第5章第1節)、このような見方は要検討とせざるを得ない。それは、(ア)東条松平家や形原松平家にも「家忠」がおり、天正5年には両人とも存命していること(盛本前掲著書)、(イ)上に列挙した人物のうち、『家忠』に見えるのは昌叱のみであり、その昌叱も『家忠』の文禄2年(1593)以前の記事には見えないことによる。

【居所と行動】

1　深溝在住時代

元亀4年・天正元年(1573)

　『家忠』冒頭の13日(辛卯日)条～15日(癸巳日)条を検討した大嶌聖子は、従来、天正5年10月とされてきたこの記事が、同元年(元亀4年)の7月の記事であると主張する(大嶌「『家忠日記』の冒頭記事」)。この点を踏まえると、7月13日、家忠が遠江小笠山城に在城し、14日、同国懸川(掛川)近辺へ移った可能性が考えられる。

天正3年(1575)

　5月21日、長篠合戦が行われ、この日、父伊忠が三河長篠城付近で戦死した。家忠も参陣したが、父の命により別行動を取ったという(『寛永伝』)。

天正5年(1577)

　天正10年(1582)以前の家忠は遠江にたびたび在陣した。『家忠』の天正5年記は10月17日以降の記事が残り(大嶌聖子「『家忠日記』の冒頭記事」)、10月17日・18日は遠江の「白坂筋」へ赴いたこと、19日は同国の「西郷筋」へ赴いたことが知られる。21日は懸川から遠江浜松まで帰陣している。

　『家忠』の10月29日条と同月晦日条は欠損しているが、11月5日条に深溝の本光寺で家忠が法門を聴聞したと記されている点や、11月1日条～同月4日条に自領外にいたことを示す記述がない点からすれば、彼は10月29日か晦日に深溝に帰陣したと見られる。以後、翌年の元日までは、基本的には三河の自領(深溝や永良(長良))に滞在した。なお、自領外では、11月15日に三河岡崎へ赴き、同月28日～12月2日にも同地に滞在した。12月13日・14日は三河五井におり、同月17日もしくは18日には岡崎へ出向いた。

　※　『家忠』の記事のうち、家忠が「会下(えげ)」にいたと記す記述は、深溝在住期であれば、彼が同地の本光寺にいたことを示す。また忍在住時代であれば、同地の本光寺に、上代(「かしろ」)在住期であれば、同地の本光寺にいたことを示す。

天正6年(1578)

　1月2日、自領を発ち、同日中に浜松に到着した。深溝帰着の日にちであるが、『家忠』の1月4日条・5日条の双方に「深溝江かへり候」とあることから、両日のいずれかは不明

というしかない。

　『家忠』の1月の記事は欠損が多く、居所については不明とせざるを得ない点がある。1月5日は深溝、13日〜18日は岡崎にいた。20日にも岡崎へ赴き、以後、同地にいたと推測されるが、いつまで滞在したかは不明というしかなく、2月の記事からすれば、遅くとも2月2日までには深溝へ戻ったと考えられる。

　2月11日、深溝から某所へ赴いた。12日は深溝におり、13日は岡崎へ赴き、以後、3月3日まで同地に滞在した。こうした事実からすれば、少なくとも2月中旬から3月初頭までは在岡崎が基本と見られる。3月3日、深溝へ帰り、5日、三河二川まで出陣した。6日は浜松、7日は懸川まで進み、8日、大井川の川端に布陣した。9日、大井川を越えて駿河田中城を攻撃し、10日、遠江牧野(諏訪原・牧野原)城まで帰陣した。13日、遠江の「今城」(小山今城ヵ)を攻撃した。18日には牧野城を発って同日中に浜松に入り、3月19日、同地から岡崎へ戻った。

　3月20日〜6月29日は、基本的には岡崎にいたと推測される。なお、この間、3月24日〜晦日、4月6日〜13日、5月14日〜23日、6月8日〜16日、同月28日は三河の自領(深溝のほか、中島、永良、小美(「おい」))に滞在している。また4月9日には三河竹谷へ出向いた。6月16日には自領中島を発ち三河土呂と同国長井に赴いた。6月晦日、岡崎から深溝へ戻り、7月1日、二川まで出陣し、2日は浜松、3日は遠江横須賀に着陣した。16日、横須賀を発って三河吉田へ移り、17日、深溝に到着した。岡崎帰還は7月18日である。

　7月19日〜8月1日は岡崎におり、8月2日、深溝に戻った。5日、同地を発って出陣し浜松まで赴いている。6日は遠江天龍寺へ進み、7日、牧野城に入った。22日は遠江大谷で軍事行動を行っている。9月7日、牧野を発って懸川へ移り、8日、浜松を経由して遠江白須賀にいたり、9日、岡崎に戻った。なお、この間の9月5日、家康が家忠らに対し、岡崎「在郷」は無用との命を発した。

　岡崎帰還後であるが、9月は9日〜15日は岡崎、15日〜21日は深溝、21日以降は岡崎にいたことが知られる。そして、上記の家康の命を受け、27日、岡崎から深溝へ戻った。以後、10月24日まで自領にいた。

　10月25日、自領を発って同日中に浜松に到着し、晦日、同地を出て遠江見付まで進軍した。11月2日、遠江馬伏塚城近隣の「柴原」(遠江柴ヵ)まで進み、3日、横須賀城の城際に在陣した。その後、10日〜14日は遠江風吹に在陣し、14日、同国益田に移陣した。晦日は浜松まで引き上げ、12月1日は白須賀にいたり、2日、三河大岩を経由して深溝に帰還した。12月3日から翌年の元日までは、基本的には自領(深溝や永良)に滞在している。また20日〜22日は岡崎に滞在し、28日にも同地へ赴いた。

天正7年(1579)

　1月2日、自領を出て、その日のうちに浜松に到着した。3日、浜松を発ち、その日は遠江新居に泊まり、4日、吉田へ立ち寄った後、深溝に帰還した。1月5日〜2月18日は、

基本的には自領にいた。なお、1月14日・15日は岡崎に滞在し、19日にも同地へ赴いた。27日は三河の吉良大塚、29日は同国宇谷にいたことが知られる。

2月18日、自領を出て遠江浜名まで出陣し、19日、浜松に到着した。同地には17日間滞在し、3月6日、益田へ移り、7日、牧野城に入城した。26日、牧野から浜松に移り、27日、深溝に帰還した。3月28日～4月24日は自領(深溝のほか、中島、永良)に滞在している。

※ 『家忠』の記事のうち、深溝在住期の家忠が崇福寺(中島)や「松平権兵尉所」「松権兵尉所」(いずれも中島の松平権兵衛尉邸)、「大原一平所」(永良の大原一平邸)にいたことを示す記述は、家忠の在中島、在永良を示している。

4月25日、自領を発ち、同日中に浜松に入った。以後、遠江に在陣し、26日は見付、27日は袋井、28日は河合市場におり、29日、馬伏塚城へ赴いた後、浜松へ転進した。浜松滞在は5月上旬までと推測される。『家忠』の5月の記事に欠落があるため、深溝帰着日は不明とせざるを得ないが、5月15日は深溝にいる点や、5月6日条～同月14日条に自領外にいたことを示す確かな記述が見られない点から推して、5月6日には三河の自領にいたと見られる。以後、8月4日までは、基本的には三河の自領(深溝のほか、小美、保母(「ほぢ」)、永良)にいた。なお、6月1日と同月5日、7月7日は岡崎へ赴いた。

8月5日、いったん岡崎へ赴いた後、その日のうちに三河西尾城に入城した。10日、岡崎へ移り、11日、深溝に戻った。8月12日～9月1日は、基本的には自領にいた。なお、この間、陣触を受け、18日に竹谷まで出陣したが、出陣延期の報を受けて、その日のうちに自領へ引き返した。

9月2日、自領を発ち、同日中に浜松に着陣した。以後、11月20日までの間、遠江に在陣している。9月3日、懸川へ移り、4日、牧野城へ入城し、11月10日まで牧野に在陣した。なお、10月25日・同月27日・11月4日には駿遠国境に近い井籠崎へ赴き、7日は滝坂で戦闘に及んだ。11日、懸川の近隣へ移り、12日は河合市場、13日は横須賀、14日は諸井におり、15日、馬伏塚城に赴いた。その後、11月21日に帰陣し、同日中に深溝に到着した。しかし、自領滞在はわずか数日であり、出陣を余儀なくされている。同月25日、新居まで出陣し、26日は浜松へ、27日は見付へ移陣した。晦日、浜松まで引き返そうとしたが、途中から見付に戻っている。12月1日、浜名に移り、2日、深溝に帰陣した。

12月3日から28日までは、基本的には自領(深溝や永良)に滞在している。なお、14日は三河下ノ郷へ赴き、25日・26日は岡崎に滞在した。

天正8年(1580)

前年の12月29日、自領を発ち、その日は浜名で泊り、晦日、浜松に到着している。そして、1月3日、同地から吉田へ赴いた後、深溝に帰還した。1月4日～3月15日は、基本的には自領(深溝のほか、永良、中島)にいた。この間、1月17日・18日と2月14日・15日は1泊2日で岡崎に滞在している。2月18日にも岡崎へ足を運んだ。2日後の20日は尾張の桶狭間まで赴いた。

3月16日、自領を出て、同日中に浜松に到着し、閏3月8日まで遠江に在陣した。17日、浜松を発って鎌田へ移り、18日、大坂(相坂)に着陣している。25日は中村に移陣して、28日まで同地におり、29日は「相坂中村之中」、閏3月1日は「相坂・田中」、2日以降は大坂に在陣している。閏3月9日、同地を発って吉田にいたり、10日、深溝に戻った。

　閏3月11日～4月15日は自領(深溝のほか、中島、永良)に滞在している。4月16日、自領を発ち、同日中に浜松に到着した。17日は益田へ移陣し、18日、牧野城に入城した。5月3日、駿河に侵攻し田中で軍事行動に及ぶが、5日、牧野へ退いている。17日、同地から浜松まで引き返し、18日、深溝に戻った。5月19日～6月7日は自領(深溝のほか、小美、保母)にいた。

　6月8日、自領を発して、その日は吉田で泊り、9日は浜松、10日は鎌田まで進軍し、11日以降、遠江獅子ヶ鼻に在陣した。17日、同国高天神城を攻撃し、18日、同城付近で軍事行動に及び、その日のうちに浜松へ帰陣した。深溝帰着は19日である。6月20日～7月16日は自領(深溝のほか、中島、保母)に滞在している。

　※　『家忠』の記事のうち、深溝在住期の家忠が「松平孫十郎所」(保母の松平元勝邸)や、「松平九七郎所」「九七(郎)所」(いずれも保母の松平定広邸)にいたことを示す記述は、家忠の在保母を示している。

　7月17日、自領を発って二川まで出陣し、18日、浜松に到着した。19日は見付、20日は遠江山口、21日は井籠崎の河原におり、22日は遠江の「小山筋」で、24日は小山今城の近隣で、25日は「小山筋」で軍事行動に及んだ。27日、浜松まで戻り、28日は三河小松原に立ち寄ったのち、吉田で宿泊し、7月29日、深溝に帰陣した。8月1日～10月11日は、基本的には自領にいた。なお、8月6日、竹谷へ赴いている。

　10月12日、出陣し、その日のうちに浜松に入った。17日、鎌田まで進み、19日、大坂と「すか」に着陣し、22日、高天神城の城際まで陣所を寄せた。以後、同城陥落までの間、基本的には城の周辺に在陣した。なお、12月20日には遠江小笠へ赴いている。

天正9年(1581)

　3月22日、高天神城が陥落した。家忠も最後の戦闘に参加し、23日は残党狩りのため、付近の山々に出向いた。24日、浜松まで帰陣し、25日、深溝に戻った。3月26日～6月8日は、基本的には自領(深溝や中島)にいた。なお、5月8日は竹谷と下ノ郷へ、6月1日は岡崎へ赴いている。

　6月9日、自領を発って吉田まで進み、10日は浜松を経由して山口まで進軍した。11日には牧野城に入城している。晦日、牧野を発し、その日は馬伏塚まで進み、7月1日、遠江相良に着陣し、11日まで同地にいた。11日、相良を出て馬伏塚にいたり、12日は吉田に泊り、13日、深溝に帰陣した。7月14日～9月25日は、基本的には自領(深溝のほか、小美、保母、中島、永良)に滞在している。なお、9月21日には三河五井の松原へ赴いた。

　9月26日、自領を発ち、その日のうちに浜松に到着した。以後、10月14日まで同地にい

た。深溝帰着は15日である。10月16日〜12月14日は、基本的には自領(深溝のほか、永良、中島、保母)にいた。なお、この間の10月24日と11月4日には三河東条に出向き、11月14日は宇谷に赴いている。

　12月15日、自領を出陣して三遠国境の本坂峠を越え、その日のうちに浜松に到着した。16日は懸川へ移り、17日、牧野城へ入城した。18日には相良まで出向き、牧野城に戻っている。19日以降は同城に在城した。

天正10年(1582)

　1月7日、牧野を発って、遠江池田へ移り、8日、浜松に到着した。深溝帰着は9日である。1月10日〜2月16日は、基本的には自領(深溝や保母)に滞在している。なお、この間、1月15日・16日は岡崎に滞在し、19日と22日には竹谷に赴いた。

　2月17日、駿河・甲斐へ出陣する。自領を出、本坂峠を越えて遠江に入り、同日中に浜松に着陣した。18日は山口、19日は金谷へ移陣し、20日、駿遠国境を越え、田中で軍事行動に及んだ。21日、持船に着陣し、29日まで同地で戦闘を行っている。なお、26日は田中へ出向いた。29日、駿河久能(久野)へ赴き、3月5日は府中(駿府)、7日は興津まで進軍した。8日は駿甲国境を越え、万沢(「まんさ」)に着陣し、9日、身延の「法花寺」(久遠寺ヵ)まで進み、10日、市川に入った。14日、いったん甲府へ出向き、23日、市川から本栖へ移って、4月11日までの間、同地周辺(本栖・女坂峠)にいた。11日には駿甲国境を越えて大宮に入り、12日は駿府、13日は浜松にいたり、14日、深溝に帰還した。以後、5月3日までは自領にいた。

　5月4日、自領を出て吉田を訪れた後、遠江舞坂を経由して同日中に浜松に到着した。そして、6日、深溝に戻った。5月7日〜6月3日は、基本的には自領に滞在している。なお、12日は三河の「小ざか」へ赴いた。

　6月4日、岡崎へ赴いた。5日、同地から深溝へ引き返し、8日後の13日、尾張出陣のため、再び岡崎に入った。14日、尾三国境を越えて鳴海に着陣し、17日、津島まで進んだ。19日、同地から鳴海まで引き上げ、21日、鳴海から帰路に就き、22日、深溝に到着した。

　秋・冬は甲斐・信濃へ出陣した。6月26日、自領を発ち、同日中に浜松に入った。7月3日、同地から進軍を開始し、この日は山口、4日は牧野、5日は駿府、6日は駿河清水、7日は大宮の金之宮(金宮)におり、9日、駿甲国境を越え精進(「しやうし」)に着陣した。10日は善光寺に移陣している。17日は台ヶ原(大かはら)まで進み、18日、甲信国境を越え諏訪に入った。22日以降、信濃高嶋城周辺で軍事行動に及んだが、8月1日、甲斐白須まで退き、3日、信濃へ取って返し乙骨に布陣している。しかし、6日、またも甲斐へ退き、新府へ移陣した。以後、11月4日まで新府城やその近隣に在陣している。

　11月5日、新府の近隣から善光寺まで引き返し、6日は向山へ、7日は勝山へ移陣した。12月3日、左右口(うは口)へ陣替している。11日、いったん古府中(甲府)へ赴いた後、12日は駿河の大宮まで引き返し、13日は同国宇津ノ谷、14日は遠江芳川、15日は吉田にいた

り、12月16日、深溝に帰陣した。この日から翌年の1月5日までの間は自領にいた。

天正11年(1583)

　1月6日、自領を発ち、同日中に浜松に到着した。8日、同地を発って浜名まで赴き、9日、深溝に戻った。1月10日〜2月3日は自領(深溝のほか、中島、永良)に滞在している。

　2月4日、自領を出て吉田に入り、同地に泊まった。5日、浜松に到着した。同地から深溝に戻ったのは15日である。2月16日〜7月18日は、基本的には自領(深溝のほか、中島、永良、小美、保母)に滞在している。なお、この間の3月10日は下ノ郷へ、同月25日は吉田へ、4月26日は三河大津へ、27日は同国の形原へ赴いた。

　7月19日、浜松へ向かい、その日のうちに到着した。21日、浜松を発って白須賀まで進み、22日、深溝に戻った。7月23日〜9月23日は、基本的には三河の自領(深溝のほか、中島、拾石(広石))に滞在している。なお、7月28日は自領中島へ赴くため、三河野場を通過し、8月4日は宇谷(「うにや」)におり、9月13日は竹谷へ赴いた。

　9月24日、自領を出、その日は白須賀、25日は見付、26日は駿河島田まで進み、27日、同国江尻に入った。そして、10月3日まで同地に在陣した。4日、江尻から駿河興国寺へ移陣し、5日以降は同国長久保に在陣した。帰国の途に就いたのは15日のことである。同日は興国寺、16日は江尻、17日は島田、18日は浜松、19日は吉田まで進み、20日、深溝に帰還した。10月21日〜12月29日であるが、基本的には自領(深溝や永良)に滞在している。この間の12月14日、岡崎へ赴いた。

天正12年(1584)

　前年の12月晦日、自領を出て本坂峠を越え、その日のうちに浜松に到着した。1月3日、同地を発し、同日中に深溝へ帰還した。1月4日〜3月2日は、基本的には自領(深溝のほか、中島、永良)に滞在している。この間の1月7日は吉田へ、同月21日は岡崎へ出向いた。また同月26日は下ノ郷へ、2月3日は竹谷へ赴いている。3月3日、自領を発って舞坂を通過し、同日のうちに浜松に入った。5日、同地から深溝に戻っている。

　3月〜11月は尾張に在陣した。3月8日、自領を発ち、岡崎を経由して同日中に三河矢作に入り、9日、尾三国境を越え阿野に着陣した。以後、10日は鳴海、12日は山崎、13日は津島まで進んだ。14日、伊勢桑名に向かうが、礫江川(「いちへ川」)から引き返している。16日、落合へ移陣し、17日、羽黒で戦闘に及んだ(『家忠』・佐竹文書)。18日は清須へ赴き、24日は比良城に在城した。小牧移陣は28日である。以後、8月初頭までは同所もしくはその近隣にいたらしく、小牧山城や「外山」城(北外山砦もしくは南外山砦)、小牧山城の根小屋にいたことが知られる。この間、5月23日は岩倉、6月20日は青塚、7月15日は田楽(「たらか」)と岩倉におり、同月17日、清須へ出向いた。

　8月3日、深溝へ赴くが、同月8日、小牧に戻っている。以後、10月中旬までの間、基本的には小牧にいた。なお、9月1日と同月5日は楽田近辺で軍事行動に及んだ。その後、小幡城の城番となり、10月16日〜11月16日は同城の番を務めている。この間の10月23日は

清須、28日は柏井、11月1日は小牧山にいた。また10日・11日は清須、12日は守山(森山)にいたことも知られる。16日、小幡城を出て岡崎へ引き返し、11月17日、深溝に帰陣した。

11月18日～12月29日は、基本的には自領(深溝のほか、永良、中島、保母)に滞在している。なお、12月10日は岡崎へ出向き、同月25日は三河国内の某所に赴いた。

天正13年(1585)

前年の12月晦日、自領を出て本坂峠を越え、その日のうちに浜松に到着した。同地を発つのは1月3日のことで、本坂峠を経由し、同日中に深溝に帰着した。1月4日～3月1日は、基本的には自領(深溝や保母)に滞在している。この間の1月10日は吉田へ赴き、同月16日は竹谷へ出向き、同月29日は下ノ郷へ赴いた。

3月2日、自領を発ち、道中、船を用いて、その日のうちに浜松に到着した。8日、浜松を発ち、本坂峠を越えて同日中に深溝に到着した。3月9日～6月9日は、基本的には自領(深溝のほか、永良、中島)に滞在している。なお、この間、3月26日は三河柏原へ赴き、4月3日は海へ出向いて「浜あそひ」を行い、同月11日は竹谷を訪れている。同月15日は岡崎へ、5月15日は竹谷へ出向き、同月18日・19日は形原に1泊2日で滞在した。

6月10日、自領外の三河野田へ赴いた。12日に同地を発ち、その日のうちに浜松に到着した。深溝帰着は13日である。6月14日～25日は、基本的には自領にいた。この間の25日には竹谷へ赴いている。

6月26日、自領を出、その日のうちに浜松に到着した。7月1日、浜松から深溝に戻り、2日～9日は自領にいた。10日、再び自領から浜松へ赴き、同日中に到着した。11日、浜松を出、遠江今切や白須賀・二川を通り、深溝に戻った。7月12日～8月13日は、基本的には自領(深溝や保母)で過ごしている。この間の8月10日は竹谷へ赴いた。

8月14日、自領を発ち、その日は白須賀まで進み、15日は見付、16日は遠江堀越、17日は島田まで進んで、18日、駿府に到着した。そして、閏8月23日までの間、駿河長沼(長治)に在陣した。閏8月24日、駿府を発ち、その日は遠江岡本までいたり、25日、深溝に帰着した。翌26日～9月20日は自領に滞在し、その後、9月21日に自領を出、同日は白須賀まで進み、22日、浜松に到着した。深溝へ戻ったのは23日である。

9月24日～10月26日は、基本的には自領(深溝や中島)に滞在している。この間の9月26日は三河三谷に、同月晦日と10月1日は岡崎におり、同月26日は竹谷へ赴いている。10月27日、自領を出て浜松へ向かい、28日、到着した。11月2日、同地を出て、その日のうちに深溝に戻っている。以後、13日までは自領(深溝や永良)にいた。

11月13日、岡崎へ入った。16日、いったん深溝に戻るが、18日、再び岡崎へ赴き、この日から12月2日までの間は岡崎城の普請に従事した。それゆえ、在岡崎が基本と見られる。なお、11月23日～27日は深溝に戻っている。12月2日、岡崎から深溝へ戻ったが、4日、三河東部(「とうへ」)へ赴いて、25日まで東部城の普請に従事した。この間の22日は岡崎へ赴き、24日は深溝に一時帰還している。25日、深溝へ戻り、翌年の1月2日までは自領に

いた。
天正14年(1586)

　1月3日、東部城の普請が再開された。2月晦日、家忠は深溝に人足を返しているので、1月・2月は城普請が続いたと見られる。また2月23日に家忠は浜松へ赴くため、深溝に引き返している。これらの点からすれば、1月3日～2月23日は、基本的には東部に在陣していたと見られる。なお、普請最中の2月8日、深溝にいったん戻った。

　2月24日、自領を発ち、本坂峠を越え、その日のうちに浜松に到着した。26日、鎌田へ赴いた後、同日中に浜名へ向かい、27日、深溝に帰還した。28日、東部城へ赴いたが、同城在城は晦日までのことらしく、3月1日は深溝の本光寺へ赴いている。以後、同月25日までは、基本的には自領(深溝や中島)にいた。なお、3月12日は岡崎へ赴いている。

　3月26日、吉田を経由して浜松へ向かい、同日中に到着した。29日、浜松を出、白須賀を経由して同日中に深溝へ戻った。3月晦日～5月14日は、自領のほか三河の各所にいた時期である。3月晦日～4月2日は自領、4月の3日～6日は東部、7日～10日は自領、11日～13日は東部にいたことが知られ、14日は深溝に戻り、23日までは自領にいた。4月の24日は東部へ赴き、25日は深溝へ戻り、27日はまたも東部へ出向き、29日、深溝に帰還した。その後、5月8日までは自領にいた。

　5月9日、岡崎へ赴き、10日は三河本郷へ出向いて、近隣の妙源寺(ミやうけん寺)を見物した。11日、三河池鯉鮒へ出向いた後、岡崎へ入り、12日、同地を出て吉田に入った。5月14日、深溝に戻っている。

　5月15日～9月7日は、基本的には自領(深溝のほか、中島、保母)に滞在している。なお、この時期は、5月の19日、20日、22日～25日は東部にいたことが確認できる。また7月6日・7日と8月15日・16日は1泊2で竹谷に滞在し、8月25日は下ノ郷にいたことが知られる。

　9月8日、自領を発ち、この日は新居に泊まって、9日は懸川まで進み、10日、駿府に到着した。12日、同地を発し、その日は遠江日坂まで進み、13日は浜松にいたり、14日、深溝に帰還した。9月15日から年末までは、基本的には自領(深溝のほか、永良、保母)で過ごしている。自領外では、9月19日は竹谷におり、翌日は同地から三河西郡(上ノ郷)へ出向いている。同月26日は岡崎へ赴き、10月15日は宇谷、同月17日は岡崎、翌日は池鯉鮒にいたことが知られる。10月20日は深溝から三河宇頭(「うたふ」)へ赴いている。11月10日は池鯉鮒、同月11日は尾張大高と岡崎、同月24日は竹谷にいたことが知られる。12月12日・13日は1泊2で竹谷に滞在し、同月17日・18日は五井に1泊2で滞在した。

天正15年(1587)

　元日～1月25日は、基本的には自領にいた。この間、5日は吉田へ、7日と16日は竹谷へ赴いている。18日は岡崎へ出向き、20日は柏原へ、22日は下ノ郷へ出向いた。26日、自領を出、この日は浜名で泊り、27日は見付、28日は島田まで進み、29日、駿府に到着して

華陽院(花養院)に入った。4月26日、駿府を出て見付に泊り、27日、深溝に戻っている。

4月28日〜9月25日は、基本的には自領(深溝のほか、永良、中島、保母)に滞在している。自領外では、5月7日・14日と6月17日・25日に竹谷へ赴いた。7月29日は三河欠におり、8月8日は竹谷へ赴いた。同月14日・15日は岡崎にいた。9月21日、自領から形原へ出、同地から三河田原へ渡海しようとしたが、強風のために「はゝた崎」から引き返した。

9月26日、自領を出、この日は新居まで進み、28日は見付、29日は島田へ進んで、晦日、駿府に到着した。以後、11月29日までは在駿府が基本となる。なお、10月1日には「山か」へ赴いた。また11月28日にも駿府から某所へ出向いた可能性がある。11月晦日、駿府を出て駿河藤枝まで進み、12月1日は浜松で泊り、2日、竹谷へ立ち寄った。深溝帰着は同日のことである。12月3日から年末までは自領(深溝や永良)にいた。

天正16年(1588)

元日〜1月27日は、基本的には自領(深溝のほか、永良、中島)に滞在している。なお、9日は岡崎を訪れ、16日、竹谷へ出向いた。19日は下ノ郷と柏原へ赴いた。28日、自領を発ち、その日は吉田へ立ち寄り、新居まで進んだ。29日は見付、晦日は島田まで進み、2月1日、駿府に到着した。5月15日、同地を発って西へ進み、その日は見付で泊り、5月16日、深溝に帰着した。

5月17日〜12月25日は、基本的には自領(深溝のほか、中島、永良)で過ごしている。なお、この間、閏5月6日は三河来迎寺にいたことが知られる。同月24日・25日は1泊2日で竹谷に滞在し、25日は西郡へも赴いた。6月10日は三河の大津へ、同月17日は同国戸金へ、同月20日と同月22日は竹谷へ出向いている。同月23日は三河大平、7月6日は同国宮崎におり、同月17日・18日と8月4日は竹谷にいた。9月4日は自領を出て大津まで船で移動している。そして、5日、大津を発って陸路を進み、途中、竹谷へ立ち寄り、深溝に帰還した。9月8日は三河の「にしの野」、同月15日は竹谷、10月5日は吉田、同月6日は柏原にいたことが知られる。11月16日・17日は1泊2日で竹谷に滞在し、同月22日は岡崎におり、同月25日は竹谷に赴いた。11月28日・29日は1泊2日で形原に、12月7日・8日は1泊2日で竹谷に滞在している。同月22日は下ノ郷に、同月24日は三河「むらい」にいた。

天正17年(1589)

前年の12月26日、自領を発ち、その日は新居まで、27日は遠江亀甲まで進み、28日、駿府に到着した。1月5日、同地を発ち、この日は懸川、6日は新居まで進んで、7日、深溝に帰着した。1月8日〜27日は、基本的には自領(深溝のほか、永良、中島)に滞在している。この間の16日・17日は竹谷に滞在し、20日は西郡へ赴いた。

1月28日、自領を出、その日は二川を経て新居まで進んだ。29日、遠江久野の近隣を通過し、益田まで進んだ。晦日、駿河丸子を通過し、駿府に到着した。4月11日、同地を発って益田まで進み、12日は新居まで到り、13日、深溝に帰還した。4月14日〜5月21日は、基本的には自領にいたが、4月14日、同月19日・20日、5月9日・10日は竹谷におり、5

月19日は柏原へ赴いた後、竹谷へ出向いた。

5月22日、駿府へ向かい、その日は見付に入り、23日、藤枝を通って駿府に到着した。そして、26日に同地を発ち、その日は益田、27日は新居まで進んで、28日、深溝に帰着した。5月29日〜7月16日は、基本的には自領(深溝のほか、中島、永良)で過ごしている。この間の6月7日、船で三河大津まで赴いている。そして、8日、大津からの帰途、竹谷へ立ち寄った。同月19日は吉田へ、同月22日は岡崎へ赴いた。6月23日〜25日は2泊3日で竹谷に滞在している。7月11日は西郡へ赴いた。

8月〜11月は駿河国内で木引普請に従事した。7月17日、自領を発ち、その日は新居まで、18日は懸川まで進み、19日、駿府に到着した。同地には8月1日まで滞在し、2日、駿府を発って、興津まで進み、3日、駿河上出に到着した。以後、11月6日までの間、上出のほか、駿河国内の沼久保・吉原・大宮にいたことが知られる。11月7日、駿府に入った後、8日は懸川、9日は新居まで進み、11月10日、深溝に帰還した。

11月11日から年末までの間は、基本的には自領(深溝のほか、永良、中島)に滞在している。この間の11月14日・26日は竹谷へ出向き、12月2日〜5日は岡崎にいた。12月13日は土呂(「とう」)へ出向いている。同月17日、三河小牧へ出向いた後、岡崎へ赴いた。12月21日は竹谷へ、翌日は下ノ郷へ赴き、帰路、竹谷に立ち寄った。12月23日にも竹谷を訪れている。

天正18年(1590)

元日〜2月1日は、基本的には自領にいた。なお、この間、7日〜9日は岡崎におり、9日、岡崎から三河尾崎市場へ出向いた。

2月、関東へ出陣する。2日、自領を発ち、その日は新居まで進んだ。3日は中泉を経て、見付に入り、4日、駿府に到着した。7日、同地を発ち、この日は江尻の妙泉寺まで、10日は由比まで進み、15日、吉原に着陣した。同地在陣は3月1日までである。3月2日、惣ヶ原に移陣し、13日まで同地にいた。14日、吉原へ赴き、16日、惣ヶ原へ帰還した。23日は清見寺へ赴き、この日と翌日は清見寺の近隣にいた。27日は沼津へ赴いている。4月1日、駿豆国境を越え、箱根山の近隣に移陣した。2日も進軍し、3日には相模小田原城の近くにまで迫った。そして、4日、いったんは城の東北の多古城山台地の一角に陣取り、その後、9日、城の東側に移動した(盛本昌広『家康家臣の戦と日常』)。以後、7月9日までは城の近隣に在陣した。

7月10日、家忠は開城後の小田原城を見物し、16日は江戸に向かった。この日は相模柳島、17日は武蔵帷子(「かたひら」)まで進み、18日、江戸に到着した。20日、三河へ帰国することになり、21日、江戸から帷子へ移り、22日は小田原、24日は興国寺、25日は駿府まで進んだ。8月1日、同地から藤枝へ赴き、3日は益田、4日は新居まで進み、8月5日、深溝に到着した。三河の自領滞在期間は14日間であった。

2　関東在住時代

　この時期の本拠であるが、天正18年(1590)8月～同20年(文禄元年、1592)2月は忍城、同年2月～文禄3年(1594)11月は上代城、同年12月以降は小見川城である。

天正18年(1590)

　8月18日、自領を去り、この日は新居まで赴いた。19日は見付、20日は藤枝まで進み、21日は駿府を経由して江尻にいたり、22日は吉原、23日は小田原まで進んだ。24日は相模の「舟渡」(相模川付近ヵ)、25日は武蔵神奈川(かぬ川)まで進み、26日、江戸に到着した。28日、同地を発って、武蔵岩槻(岩付)の近所まで進み、29日、忍城に入城した。8月晦日～12月3日は忍にいたと推測される。

　12月4日、忍を発って武蔵野田に入り、5日、江戸に到着した。その後であるが、『家忠』の12月7日条と同月8日条の双方に「をしへ帰候」と記されていることから、7日か8日のいずれかには江戸を出、忍へ向かったと見られる。10日には忍城に在城する松平福松(のちの忠吉)の家臣らを振舞っているので、この日は忍にいたと見られる。こうした事実と、12月と翌年1月に忍城の留守居を務めた点から推して、12月10日～翌年1月22日は、基本的には忍にいたと見られる。なお、21日には武蔵長野へ赴いた。

　※　家忠の忍入城は、家康の四男で東条松平家の当主である福松が忍へ入部するまでのつなぎの措置とされる(盛本前掲著書)。それゆえ、福松の家臣も忍城に在城していた。

天正19年(1591)

　『家忠』の1月23日条には「江戸へこし候」とあり、同月24日条にも同様の記述が見られる。それゆえ、この両日のいずれかに忍を出て江戸へ向かったと見られる。24日は武蔵大門まで進み、25日、江戸に到着した。26日、同地を出て武蔵浦和に入り、27日、忍城へ帰還した。1月28日～3月24日は、基本的には忍にいたと推測される。この間、閏1月28日には武蔵熊谷へ赴いた。

　3月25日、忍を発し、同日中に江戸に到着した。そして、27日、江戸を発って浦和へ赴き、28日、忍城に帰還した。3月29日～6月14日は忍滞在が基本と推測される。なお、5月28日には「熊谷筋」へ赴いた。

　6月15日、忍を発ち、同日、江戸に到着した。17日、同地を発ち、同日中に忍帰城を果たした。6月～10月は忍城の留守居を務めている。それゆえ、6月18日～10月28日は在忍が基本と見られる。なお、7月7日には「知行方」すなわち新しい所領を巡見した。

　10月29日、忍城を出て武蔵鴻巣を経由し、この日、浦和に到着した。翌晦日には江戸に入っている。11月2日、同地を発って武蔵「大もう」まで進み、3日、忍城に帰還した。11月4日～12月8日は忍にいたと推測される。

　12月9日、忍を発って武蔵根岸へ赴き、10日は相模宅間、11日は同国大磯、12日は小田原まで進んだ。14日、いったん相模湯本へ出向いた後、小田原へ戻り、15日は相模藤沢、16日は武蔵品川にいたり、17日、江戸に到着した。19日、同地を発って浦和に入り、20日、

忍城へ帰城した。12月27日までは忍で過ごしたと推測される。

天正20年・文禄元年(1592)

　前年の12月28日、江戸へ向かい、その日は浦和まで進み、29日、江戸に到着した。1月3日、同地を発って浦和まで戻り、4日、忍城に帰城した。1月5日～14日は忍にいたのではないか。そして、15日、同地を発って浦和まで赴き、16日、江戸に到着した。2月2日、武蔵日比谷へ出向いている。3日、江戸を発ち、その日のうちに忍へ帰還した。2月4日～18日は同地にいたと推測される。

　2月19日、忍城を明け渡して、旧領の武蔵新郷から船に乗り、下総へ向かった。20日は下総矢作、21日は同国金江津(「かないと」)まで進み、2月22日、小見川(小海川)を経由して自領の上代に到着している。そして、3月19日までは自領にいた。

　3月20日、自領を発ち、この日は下総佐倉まで進み。21日、江戸に到着している。5月3日、江戸を発し、同日中には下総船橋(舟橋)に到着した。上代帰着は4日である。5月5日～7月4日は、基本的には自領にいた。なお、6月7日に下総堀川へ赴いている。

　7月5日、下総臼井に赴き、6日、同地から自領へ引き返した。5日後の7月11日、自領を出て佐倉まで進み、12日、船橋から乗船し、江戸に到着した。8月9日、江戸を発って佐倉まで戻り、10日、上代に帰還した。16日、またも自領を出て江戸に赴いている。同地到着は17日である。18日、自領へ戻ることになり、この日、江戸を発って佐倉まで進み、19日、上代に帰還した。

　8月20日～10月3日は、基本的には自領にいた。なお、9月24日には小見川へ赴いている。10月4日、自領を出て佐倉に入り、5日、船橋から乗船して江戸に入った。6日、武蔵大井まで出向いた後、江戸に戻っている。9日、同地を発って佐倉まで戻り、10日、上代に帰還した。10月11日～12月27日は、基本的には自領にいた。この間、10月28日は下総貝塚へ、11月4日と同月9日は同国の鏑木町へ赴いている。

文禄2年(1593)

　前年の12月28日、上代を出て江戸へ向かい、この日は自領の上総埴谷に到着した。29日は船橋まで進み、晦日、江戸に到着した。1月3日、下総の葛西へ出向いている。4日、江戸を発って船橋まで戻り、5日、上代に帰還した。1月6日～25日は、基本的には自領にいた。この間の20日、貝塚へ赴いている。

　1月26日、自領を出て佐倉まで進み、27日、江戸に到着している。以後、3月2日までは同地にいた。3日、江戸を出て佐倉まで戻り、4日、上代に帰還した。3月5日～6月22日は、基本的には自領(上代や下総小堀)に滞在している。なお、3月23日、小見川に入り、同地から乗船し常陸鹿島に赴いた。24日、帰途、自領小堀に立ち寄って宿泊し、25日は下総五郷内や貝塚へ赴き、その日のうちに上代に帰還した。5月8日にも貝塚へ赴いている。

　6月23日、自領を発って佐倉(作倉)まで進み、24日、江戸に到着した。7月27日、同地

を出て佐倉まで戻り、28日、上代に帰還した。7月29日～9月1日は自領にいた。

9月2日、自領を出て佐倉まで進み、3日、江戸に到着した。5日には増上寺(さうしやう寺)の近所へ出向いている。10日、江戸を出て下総市川へ進み、11日、上代に戻った。9月12日～23日は自領にいた。24日、自領を出て佐倉まで進み、25日、船橋から乗船し江戸に到着した。閏9月8日、同地を発って船橋まで戻り、9日、佐倉を経由して上代へ戻った。閏9月10日～29日は自領に滞在している。

閏9月晦日、自領を発して佐倉へ入り、10月1日、江戸に到着した。18日、同地を発って神奈川まで赴き、19日は帷子を経由して大磯まで進んだ。20日は小田原、21日は伊豆三嶋、22日は駿河沼津にいたことが知られる。23日、沼津から相模一色まで引き返し、24日には同国鎌倉に入った。江戸帰還は25日である。この日から晦日まで江戸に滞在した後、11月1日、同地を出て佐倉に入り、2日、上代に帰着した。11月3日～12月25日は自領にいた。そして、12月26日、上代から江戸へ向かい、この日は自領の埴谷に到着した。27日は船橋に入り、28日、江戸に到着している。

文禄3年(1594)

『家忠』のこの年の記事は欠損が多く、居所については不明とせざるを得ない点が多々ある。1月7日は本光寺へ赴いているので、上代にいたことは確かである。なお、日記の記事が残る1月8日～13日、同月21日～25日、2月1日は自領外へ出た形跡が確認できない。

この年、家忠は上方へ赴き伏見等の普請に参加した。2月2日、自領を出て江戸へ向かい、この日は佐倉まで進んだ。江戸到着は3日のことである。同月の4日・5日は江戸にいた。『家忠』の記事がない2月の6日・7日と、記事が残る同月の8日～12日の居所は断定できないが、8日に江戸へ飛脚を派遣した事実からすれば、江戸以外の地にいたことは確かであろう。そして、『家忠』の2月8日条に「江戸ゟふしミ御普請、来十六日ニ可被越由申来候」とある点を踏まえるなら、2月6日頃に一度所領に戻り、同月8日～12日は自領内にいたと推測される。

2月19日にはすでに自領を出て、上方へ向かっており、この日は小田原に泊まっている。そして、『家忠』の記事から、20日は三嶋、21日は清見寺、22日は島田で泊ったことや、3月2日には京都にいたことが判明する。伏見入りは3日のことである。以後、同地の普請に従事した。『家忠』の4月～7月の記事は欠損が目立つが、今残る箇所の記述から見て、4月5日には受け持ち区域の普請を終えたと見られる。しかし、その後も伏見の普請は続き、家忠はこれに従事した。なお、4月～7月は基本的には在伏見と推測されるが、彼が少なくとも6度入京した事実は見逃せない。『家忠』の記事からは、4月6日～8日、同月17日、5月2日、7月1日、同月14日、同月晦日の在京が確認できる。

『家忠』の8月・9月の記事も欠損箇所が多い。現存する記事から判断すると、8月の8日・9日は山城淀に、10・11・25・26日は同国槇島(真木嶋)にいたことが判明する。また8月23日や9月の9日・22日・23日は伏見の近隣にいたことも判明する。ほか、8月

23日と9月8日は伏見へ赴いた。また8月・9月は少なくとも3度京都へ赴いており、8月9日・同月24日・9月7日の在京が確認できる。

　9月24日以降であるが、『家忠』の末尾記事の断簡に拠れば、山城の「山崎筋」、京都の知恩院や一心院、山城愛宕社を訪れている。また上方から江戸へ戻ったことを示す記載も見られる。なお、『家忠』末尾の記事を検討した大嶌聖子は、10月4日に家忠が某所から伏見へ戻り、6日に「山崎筋」へ赴き、29日に知恩院と一心院を、晦日に愛宕社を訪れたとする。また家忠の江戸到着は11月14日としている（大嶌「『家忠日記』の末尾記事」）。

慶長5年(1600)

　7月、伏見山城の攻防戦が起こった。同月18日、徳川勢は同城に籠もり、城の留守居を務める家忠らは14日間戦ったが、8月1日、城は陥落した（『義演』『言経』『時慶』『真田家文書』）。『寛永伝』によれば、家忠の最期は自刃という。

　※　『寛政譜』は、家忠の伏見山城在番が慶長4年(1599)春に始まったとする。

■典拠
【日記】
『家忠』(増補続史料大成、臨川書店、なお、駒澤大学図書館ホームページの電子貴重書庫において原本の画像を閲覧した)『義演』『言経』『時慶』
【古文書】
『佐竹文書』(『愛知織豊2』所収)『真田家文書』(『図録　特別展　上杉景勝と関ヶ原合戦』〈米沢市上杉博物館　2023年〉所収)
【編纂物等】
「天正5年6月18日賦山何連歌」(肥前島原松平文庫蔵)『寛永伝』『寛政譜』
【参考文献】
白峰旬「『家忠日記』における城郭関係記事について」(『城郭研究室年報』12　2003年)
大嶌聖子「『家忠日記』の末尾記事」(『ぶい＆ぶい』16　2010年)
同「『家忠日記』の冒頭記事」(『ぶい＆ぶい』22　2011年)
久保田昌希編『松平家忠日記と戦国社会』(岩田書院　2011年)、同書は鈴木将典「三河国衆としての深溝松平氏」を収録する。
駒澤大学禅文化歴史博物館編集・発行『企画展　家康を支えた一門　松平家忠とその時代』(2019年)
盛本昌広『家康家臣の戦と日常』(角川ソフィア文庫　2022年、初出1999年)
『愛知県史通史編3　中世2・織豊』(愛知県　2018年)

徳川秀忠の居所と行動

福田　千鶴

【略歴】

　秀忠は、天正7年(1579)4月7日に遠江浜松で徳川家康の三男として生まれた。母は西郷愛。幼名は長(長丸)。『徳川幕府家譜』などの系譜類では、のちに竹千代に改めたとするが、秀忠の存命中に竹千代を名乗った形跡はない。天正18年正月に初上洛し、小田原の陣後、関東に入国した。天正18年12月29日に参内し、従四位下侍従に任じられたが、秀忠の名乗りは翌年1月に決定し、その際に天正18年12月29日付・豊臣姓で宣旨が遡及発給された。同年11月8日正四位参議、右近衛権左中将を兼任、文禄元年(1592)9月9日に従三位権中納言、慶長6年(1601)3月28日に源姓で権大納言、11月7日に右近衛大将、慶長10年4月16日征夷大将軍・正二位内大臣・源氏長者に叙任され、江戸幕府2代将軍となる。その後、慶長19年3月9日に従一位右大臣、元和9年(1623)7月27日に家光に将軍宣下があり、大御所と呼ばれるようになる。寛永3年(1626)8月18日従一位太政大臣に叙任され、寛永9年1月24日に江戸城西の丸で死去した。

　なお、『徳川諸家系譜』等では、天正15年8月8日に元服と同時に従五位下侍従に叙任などとするが、正保2年(1645)に家光の要請による遡及叙任なので、注意が必要である。

【居所と行動】

1　天正期

　天正期の秀忠の居所については、初めて上洛する天正18年(1590)以前はほとんど知ることはできない。

天正7年(1579)

　4月7日浜松城に誕生。8月29日築山没、9月15日長兄信康没(享年21)。

天正11年(1583)

　元日浜松城で家康とともに家臣から祝儀をうける(「台徳院殿御実紀」以下、『実紀』)。

天正14年(1586)

9月11日家康の本拠の移動とともに、浜松から駿府へ移る(「御屋渡之御祝言申候、(中略)御長様へ太刀折紙」『家忠』)。

天正17年(1589)

5月19日生母西郷愛没(享年38)。12月末、上洛途中より帰国(『新訂家康』中、『武徳大成記』)。

天正18年(1590)

1月3日駿府発、7日在岡崎、9日岡崎発(『家忠』)。13日京都着(『実紀』)。14日に上洛の礼として勧修寺晴豊から太刀・折紙を贈られ(『晴豊』)、15日豊臣秀吉・浅野寧夫妻に対面(『実紀』)。16日に勧修寺晴豊の来訪を受け、小袖を贈られ、21日浅野長政邸で秀吉養女「小姫」と婚約式(『晴豊』『多聞院』)。1月25日までに出京(『家忠』)。3月小田原に出陣後、江戸に入る(『寛永伝』青山氏の譜)。11月上洛(『寛永伝』高木氏・朝比奈氏の譜)。12月24日昇殿勅許、29日初参内(『お湯殿』『晴豊』)。

> ※ 『実紀』では、正月17日に京都を発ったとするが、21日に「小姫」との婚約式があったので誤りである。『家忠』同年1月25日条に「若君様京都より御下候」とあるが、どこに到着したのかは不明。

天正19年(1591)

1月6日在京、勧修寺光豊が来訪、礼を受ける。12日秀吉の参内に供奉(『時慶』『光豊』)。20日在京(『晴豊』)。26日秀忠の名のりが決定、昨年12月29日付で宣旨2枚(従四位下・侍従)が作られる。閏1月20日在京(『光豊』)。3月5日、20日、22日、24日、4月22日、24日、26日、5月1日、6月8日、10日、7月22日、29日、8月1日、7日、9月1日、9日、17日、10月1日、11日、14日、17日、22日、25日の在京が確認できる(『言経』)。11月1日参議に昇進、右近衛左中将を兼任、3日、10日、15日、21日、29日の在京が確認され、この日、京都発(『言経』)。12月13日伊豆三嶋、14日小田原、15日玉縄、17日江戸着(『家忠』)。

2 文禄期

文禄期は毎年、江戸と京都を往復している。文禄4年に有馬湯治に出かけた。

天正20年・文禄元年(1592)

1月は在江戸。1月20日、3月22日、4月5日、7月15日在江戸(『家忠』)。8月15日頃江戸発(『家忠』同年条「江戸板倉四右衛門所より、前関白様御母大政所御死去候て、関白様つくしより御帰被成候、宰相様御上洛候、早々御越候へ之由申来候」)。9月5日上洛。9月9日従三位権中納言叙任、12日大坂より上洛(『言経』)。13日在京、中納言成の参内、14日在京、18日在京、秀吉の参内に供奉(『光豊』)。9月17日〜21日在京、この後、京都発(『言経』)。10月5日神奈川泊、6日江戸着(『家忠』)。

文禄2年(1593)

1月3日武蔵葛西に鷹野、5月5日在江戸(『家忠』)。『家忠』5月23日条に「太閤様御帰

洛ニテ江戸中納言様(秀忠)近日御上洛之由」とあり、近日上洛が噂されたが、江戸を発ったのは9月5日(『家忠』同日条「中納言様御送りニさうしやう寺近所野迄出候」)。9月17日夕刻京都着(『言経』)。

　※　『実紀』は京都着を閏9月2日とするが、9月19日、20日の在京が確認できるので(『言経』)、誤りである。

　10月3日秀吉の参内に供奉(『言経』『時慶』『兼見』)。10月5日禁中能に出演(『駒井』)。10日、11日、14日在京、18日聚楽登城、22日、29日在京、11月1日に大坂下向、3日在京、以後、6日、11日、15日、19日、22日、26日、12月1日、3日、7日、12日、15日、12月19日の在京が確認できる(『言経』『時慶』)。

　〈『新訂家康』拾遺集では12月28日付家康書状を秀忠家臣宛、かつ文禄2年と推定した。しかし、家康は同書状で秀忠に「早々上洛可有候」と上洛を求めており、秀忠が文禄2年12月に在京し、翌年1月に京都を離れる事実と齟齬する。なお、秀吉在世中、秀忠が12月28日に江戸にいる年は慶長2年のみである。〉

文禄3年(1594)

　1月23日京都発(『言経』)。2月18日までに江戸着(2月18日付浅野長吉宛家康書状「中納言国もとニ有之儀」(『浅野』))。

　〈『徳川諸家系譜』は同年11月に「御入洛、聚楽ニ御越年」とするが、一次史料での確認はできない。〉

文禄4年(1595)

　1月在江戸。江戸発は不詳。3月5日伏見着。8日上洛、12日、17日、24日は在京、28日に聚楽屋敷に秀吉の御成、4月4日、11日(腫物を患う)、16日、5月1日、6日、13日、23日に在京、6月3日秀忠の京都屋敷に落雷、9日、13日、15日、19日、24日、7月1日は在京。その後、家康を迎えるため在伏見。7月15日豊臣秀次自害(享年28)。7月27日在京、8月1日伏見、6日在京、9日在京、その後、有馬湯治、8月30日頃に上洛。9月9日在伏見、9月17日浅井江と婚姻。『実紀』『御当家紀年録』は、場所を伏見とする。10月1日、13日、26日は在伏見、11月7日は在京、21日、23日、12月12日、24日は在伏見、伏見で越年(以上、出典のない記事は『言経』による)。

3　慶長前半期

　慶長元年(1596)から同10年まで。慶長3年8月に豊臣秀吉が没するまでは上方と江戸を往復して過ごしたが、死後は江戸に下って在国した。慶長5年は中山道を上る途中の上田城で足止めされ、関ヶ原合戦に間に合わなかった。9月27日大坂城二の丸に入り、翌6年に江戸に下ったのちは、基本的に江戸で過ごした。

文禄5年・慶長元年(1596)

　1月4日、13日、2月19日在伏見、25日伏見発、江戸下向(『言経』)。3月7日江戸着(3

月9日付金森法印宛秀忠書状「一昨日七日ニ下着仕候」(「高山郷土館所蔵文書」)。6月6日上洛、在伏見、7日、28日、7月19日、29日、閏7月7日在伏見、閏7月11日に伏見屋敷に秀吉を迎え、13日京都大地震、24日在伏見、8月22日伏見家康邸で秀吉を招き茶の湯、秀忠も茶壺拝領、25日は秀忠邸に秀吉を招き茶の湯の予定(実際は不明)。9月22日、11月24日は在伏見。12月13日には「陰居門跡真浄院」(本願寺光寿)へ茶の湯に出掛けた。12月20日在伏見。(『言経』)。

慶長2年(1597)

1月15日在伏見。5月10日長女千、伏見に誕生。6月8日在伏見、16日伏見発(『言経』)。以後、在江戸。12月4日伏見着、7日、26日在伏見(『言経』)。

※「幕府祚胤伝」等では12月27日に疱瘡のため放鷹先の稲毛から江戸に戻ったとするが、12月末は在伏見であり、検討を要する。〈慶長3年と比定される1月25日付浅野幸長宛秀忠書状(『浅野』)では「去年在国仕、長々相煩候」とあり、大病であった点は確認できる。〉

慶長3年(1598)

1月4日在伏見。2月1日、3月5日、17日、6月21日在伏見(『言経』)。8月8日五奉行へ誓紙提出(「竹中氏雑留書」)。8月18日豊臣秀吉没。8月19日伏見発(8月19日付氏家行継宛秀忠書状に「夜前者為御暇乞御出候所内府所へ参候て不懸御目(中略)頓而罷上候条不能具候」「石原健太郎氏所蔵文書」)とあり、18日は在伏見、19日は伏見を離れていることがわかる。江戸着は、『実紀』は9月2日、『徳川諸家系譜』は9月3日とする。

慶長4年(1599)

閏3月23日付黒田長政宛秀忠書状に「上洛之節万々可申述候」(『黒田家文書』)とあり、8月10日付上杉景勝宛秀忠書状に「御下国ニ付而、其筋被成御通由候、爰許程近之儀候間、可為御立寄と存候処」とあり(『上杉』)、9月9日付黒田長政宛秀忠書状に「去七月廿五日之御状令下国ニ付而於江戸披閲」とある(『黒田』)ことなどから、1年を江戸で過ごした。

慶長5年(1600)

7月2日大坂から下向してきた家康を品川に迎える(「板坂卜斎覚書」)。7月19日江戸発、21日下総古河着(7月22日付滝川雄利宛秀忠書状『新訂家康』中)。30日在宇都宮、8月12日在宇都宮(『伊達』)。24日宇都宮発、25日小県、28日上野松井田着(8月28日付黒田長政宛秀忠書状「然者此中宇都宮ニ有之而(中略)去廿四日彼地を罷立、今月八日上州至于松井田令着陣候」『黒田』)。9月1日信濃大門着(『池田家文書』)、2日信濃小諸着、5日小諸発、同日上田着(『浅野』)。この後、上田城攻め。11日上田発、12日「かちヶ原」(『森家先代実録』)、13日信濃下諏訪(『遠藤文書』)、17日妻籠、20日に草津に着き、この日、大津に着いた家康のもとに出向いた(『実紀』)。23日伏見着(『森家先代実録』)。27日大坂入城。

※ 大坂着は、『実紀』は9月27日、『徳川諸家系譜』は10月19日とする。しかし、10月13日付芝佐渡宛榊原康政書状(「榊原政春氏所蔵文書」)には、「九月廿七日父子共大坂之城へ被罷移」とある。康政は秀忠付として行動しているので、27日を採った。

11月16日大坂より上洛(『言経』)、18日参内(『お湯殿』)、19日豊国社参詣(『言経』)、20日在伏見(『義演』)、年末までに大坂城に入った。

慶長6年(1601)

元日、5日在大坂(『言緒』『義演』)、29日在大坂(『言緒』)。3月23日伏見着、28日上洛、権大納言任、29日参内(『言経』『お湯殿』)。4月10日伏見発(『言経』『義演』)。18日浜松着(『筑紫家資料』)。29日江戸着(5月10日付大久保忠隣書状「去月二十九日到于江戸御着候」「山岡家文書」)。9月20日頃、長男長丸が伏見に没(『言経』『鹿苑』)。

慶長7年(1602)

江戸で過ごした。『当代』正月条に「肥前者(前田利長)於江戸大納言秀忠公江出仕有之」とあり、在江戸が確認できる。

慶長8年(1603)

江戸で過ごした。2月12日家康、将軍宣下。5月在江戸(5月14日付毛利輝元書状「去七日江戸着候て、則御城罷出、大納言殿(秀忠)御懇意不及申候」「毛利三代実録考証」)、11月7日在江戸、右近衛大将任(『お湯殿』11月8日条「ゑとの大納言、大将になさるゝ。ちょくし、とうの弁、せんし、けきもちてまいる、くんとうへ下なり」)。12月2日に川越で鷹野(『見聞録案紙』)。

慶長9年(1604)

江戸で過ごしたが、前半については詳細不明。9月13日在江戸(『綿考』)。22日在江戸(9月26日付佐竹義宣書状「去廿二日に江戸参着候、翌日右大将様(秀忠)へ御目見得仕候処に」「渋江文書」)。10月16日江戸発、忍で鷹野、24日忍より下野蕨・浦和へ移動、11月10日江戸帰還(『見聞録案紙』10月16日条「右大将様忍江御鷹野、廿四日右大将様忍より蕨、浦和江被為成、十一月十日右大将様御鷹野より江戸江還御」)。

4 慶長後半期

慶長10年の将軍就任から、慶長19年大坂冬の陣まで。この間、上洛したのは慶長10年と慶長19年のみで、あとは基本的に江戸とその近郊で過ごした。慶長13・15・17年と隔年で駿府を訪ねた。

慶長10年(1605)

2月24日江戸発、25日藤沢泊、26日小田原泊、27日三嶋泊、3月2日三島発、蒲原泊、4日藤枝泊、5日懸川泊、6日浜松泊、8日浜松発、吉田泊、9日岡崎泊、10日清洲、12日清洲発、大垣泊、14日佐和山泊、16日佐和山発(『見聞録案紙』)。16日から20日永原(『義演』『言経』)、21日伏見着(『言経』)。3月29日上洛、去年の右大将宣下の礼のための参内後、伏見に戻る(『義演』『言経』)。4月1日、6日在伏見、16日伏見城で将軍宣下、17日上洛、26日将軍宣下の礼のため参内、27日伏見に帰還(『言経』)5月15日伏見発(『舜旧』)、20日清須着、24日清須発(『見聞録案紙』)、6月4日江戸着(「慶長日記」『当代』)。10月17日に川越へ鷹野(『実紀』)、12月には鴻巣へ鷹野に出掛け、20日頃江戸に戻った(『当代』)。

〈『実紀』は江戸発を11月25日とする。〉

慶長11年(1606)

在江戸。江戸城普請に大名を動員した。9月23日江戸城落成、西の丸より本丸に移る(『実紀』)。9月27日戸田で鷹野(『見聞録案紙』)。12月江戸より東筋に鷹野、古河・下妻・佐竹筋を廻見(『当代』)。

慶長12年(1607)

在江戸。1月に近衛信尹ら公家が秀忠への礼のため江戸下向(『言緒』)。10月14日家康、江戸着、秀忠に金子3万枚、銀1万3000貫を渡し、西の丸より本丸へ運ぶ(『当代』)。9月28日茶会、家康を饗応(『当代』)。

慶長13年(1608)

元日在江戸(『当代』)。6月には来月20日に駿河下向との情報が出たが延引し、7月にも来月10日まで延引との情報が出た。さらに、8月14から15日頃まで延引との情報が出たが(『朽木家』)、10日江戸発、18日駿府着(『当代』『舜旧』)。9月3日に駿府発(『舜旧』)、駿河清見関泊(『当代』)、江戸に戻った。

慶長14年(1609)

元日在江戸(『当代』)。1月10日頃、武蔵戸田・浦和・大宮筋へ鷹野(「慶長年録」)。

慶長15年(1610)

元日在江戸(『見聞録案紙』)。2月20日江戸発、24日駿府着、閏2月10日駿府発、三河田原に鹿狩り、駿河田中城泊、14日田原着、16日17日大久保山・蔵王山狩場にて鹿狩、24日田原発、27日駿府へ戻り、3月5日駿府発、江戸に帰った(『当代』)。

〈閏2月24日付木俣土佐宛井伊直孝書状に「今日駿府ヘ還御被成候」(「木俣文書」)とあり、『当代』の記事は検討の余地を残す。〉

10月16日伊達政宗の江戸邸に御成(『伊達』2)。10月23日に上総に鷹野に出掛けた(『見聞録案紙』)。10月25日付本多正信宛崇伝書状には「将軍様も下総ヘ御鷹野ニ被成出御由承及候」とあるのみで(『本光』)、行き先は定めがたい。

慶長16年(1611)

元日在江戸(『見聞録案紙』)。10月14日江戸に出向いた家康を神奈川で迎えた(『駿府』)。10月18日江戸城で山科言緒に対面、21日江戸城で能を催して公家を饗応し、11月2日も江戸城で公家を振舞う(『言経』)。11月6日鷹野のため江戸発、鴻巣滞在中に伊達政宗の訪問を受け(『政宗』2)、13日に鴻巣から鷹野途中の家康がいる川越に行く。14日川越発、江戸着。16日には家康を送るため、神奈川に赴き、金蔵寺に宿泊、17日は天候不良につき同地に滞在、18日江戸着(『駿府』)。12月6日江戸城にて茶会、伊達政宗を招く(『治家記録』)。

慶長17年(1612)

元日在江戸。3月11日江戸発(『当代』)。なお『駿府』『実紀』は江戸発を3月13日とする。14日小田原泊、15日三島泊、16日清水泊、17日駿府城西の丸に入る(『駿府』「長野文書」)。4

月10日駿府城本丸で家康と対面後、駿府発(『駿府』)。5月7日江戸城で上杉景勝を饗応(5月7日付直江兼続書状「今日七日於御城御振舞被進、即御暇被出候」「直江重光書簡留」)。10月22日江戸城で福島正則と対面、25日も福島正則を本丸書院にて振舞う(『三原市史』10月26日付福島正則書状)。閏10月10日江戸城で上杉景勝に対面。15日も登城した景勝と対面(『上杉家御年譜』)。18日江戸城本丸に家康を迎える(『当代』)。閏10月は鴻巣で鷹野(「大御所関東方々鷹野、(中略)将軍は鴻巣にて鷹野」『当代』)。11月9日在鴻巣(11月9日付直江兼続書状「将軍様へ進上候御鷹、今日こうのすへ差越申候」「直江重光書簡留」)。江戸帰還日は不明ながら、11月26日は在江戸。家康が鷹狩から江戸帰還したことを祝し、景勝が登城、家康・秀忠と対面(『上杉家御年譜』)。なお『実紀』『慶長年録』『見聞録案紙』『武徳』の記事は、家康の鷹狩と混同がみられるので注意が必要。12月3日江戸城に上杉景勝・佐竹義宣・福島正則らを招き茶の湯(「船崎昇誠氏所蔵文書」)。12月27日大久保忠隣邸に御成(『治家記録』)。

慶長18年(1613)

　新春を江戸で迎えた(『駿府』)。3月28日伊達政宗邸に御成(『政宗』2)。11月2日鴻巣へ鷹野に出掛けた(『駿府』)。11月2日付の中川久盛宛本多正信書状に「将軍様ハ鴻之巣にて御鷹被遣候」とある(『中川家文書』)。

慶長19年(1614)

　元日在江戸。1月大久保忠隣改易、25日小田原着。27日小田原発(「慶長年録」)、29日江戸帰還(2月2日付細川忠利宛忠興書状「公方様も小田原迄御跡より被成御座、両御所様御参会之上、去月廿九日江戸被成御帰座候こと」『細川家史料』)。3月9日従一位右大臣叙任。10月23日江戸発、神奈川泊(同日付本多正純宛秀忠書状「今日廿三日、神奈河まて出馬仕候」「和田文書」)。24日藤沢着(『本光』『駿府』)、25日小田原着、26日三島着、27日清水着、28日掛川、29日に吉田着、11月1日岡崎着、2日名古屋着、3日名古屋発、大垣着(『当代』)、4日柏原着、5日佐和山着(『当代』『慈性』)、7日に永原着(同日付林道春書状)、8日永原に逗留(「直江重光書簡留」)、9日膳所着、10日伏見着(『時慶』)。11日京都二条城の家康を訪ね、その日に伏見に戻った(「孝亮」)。11月15日伏見発、枚方着(「孝亮」11月15日条「江戸之将軍自伏見城平田迄御陣替」)。16日枚方発、本陣となる大坂の岡山に着(『駿府』)。ここで越年。

5　元和期

　慶長19年大坂冬の陣により大坂で越年して大坂城の城割を進め、その後、上洛して1月28日に京都を発ち、再び4月に上洛して、大坂夏の陣となる。その戦後処理を終えた7月19日に伏見を発ち、その後は基本的に江戸で過ごした。元和2年4月に家康が駿府に没しており、その前後の月に駿府に滞在した。

慶長20年・元和元年(1615)

　1月19日大坂発、伏見着(『義演』『泰重卿記』『言緒』)。24日京都着、26日参内、28日京都発(『言緒』)、瀬田着(『義演』、なお『駿府』では膳所宿とする)。30日亀山着(「公方様今晦日無事亀山

御著座候、(中略)明後日ニハ名古屋へ可被為成候、然者桑名より熱田迄御舟ニ被為召候」「竹腰文書」)。2月3日名古屋着(『源敬様御代御記録』)、2月4日岡崎着、6日浜松着、7日中泉、午刻中泉発、申刻掛川着(『駿府』)。14日江戸着(『伊達』2)。4月10日江戸発、神奈川着(4月10日付秀忠書状「今日十日江戸を罷立、神奈河まで参着仕候」「西尾松平文書」)、11日藤沢泊、12日小田原泊、13日三島泊、14日清水泊、15日田中泊、16日掛川泊、17日新居泊、18日岡崎泊、19日熱田泊、20日土山泊、21日伏見着(『言緒』『駿府』「御撰大坂記」)。翌22日、26日、29日に伏見城から二条城の家康を訪ね、その日に伏見に戻った(『言緒』『駿府』『舜旧』)。5月5日伏見発、砂(須奈)着、星田着陣の家康を訪ねる(『駿府』『言緒』)。6日枚岡着、7日枚岡発、大坂岡山に着陣(『駿府』)。8日大坂落城。家康のいる茶臼山に出向く。9日大坂(岡山)発、伏見着(『駿府』『言緒』)。11日二条城の家康を訪ね、伏見に戻る(『言緒』)。以後、18日(『義演』)、19日(『駿府』)、23日(『駿府』『舜旧』)、6月2日(『義演』)、20日(『駿府』『舜旧』)、28日(『駿府』「孝亮」『言緒』)、閏6月3日(『言緒』)、6日(『駿府』)、16日(『駿府』「孝亮」『言緒』)の在伏見が確認できる。20日上洛(『本光』)、21日参内・参院(『泰重卿記』『駿府』『言緒』)、以後在京して、27日二条城で舞楽(『駿府』)、7月1日二条城で能(『駿府』『義演』)。7日伏見城で武家諸法度発布後、能興行(『言緒』)。11日二条城に出向き、その日に伏見に戻った(『駿府』)、12日在伏見(『言緒』)。16日伏見に公家衆が暇乞いに来訪(『泰重卿記』)。17日二条城で禁中并公家中諸法度発布後、能興行(『言緒』)。19日伏見発、永原泊(『泰重卿記』『駿府』)、20日彦根着(「井伊年譜」)。その後の行程は、『実紀』では20日佐和山泊、21日赤坂泊、22日岐阜泊、23日名古屋泊、25日名古屋発、岡崎泊、26日吉田泊、27日浜松泊、28日掛川泊、29日田中泊、晦日清水泊、8月1日三島泊、2日箱根泊、3日藤沢泊とする(なお、『元寛日記』には別日程をのせ、江戸着を6日とする)。8月4日江戸着(8月4日付多正純宛秀忠書状「今日四日、致帰城候」「池田文書」)。10月30日江戸発、鷹野のため鴻巣に滞在。11月9日江戸着。16日江戸発、船橋泊。17日佐倉の土井利勝所領で鹿狩、23日佐倉より江戸に戻る。12月5日在江戸、崇伝と対面(『本光』『駿府』)。

元和2年(1616)

　元日在江戸(『東武』)。2月1日辰の刻に江戸発、2月2日申の刻に駿府着(『本光』)。4月17日徳川家康没。4月22日久能山参詣、4月24日駿府発、4月27日江戸着(『舜旧』『本光』『梅津』)。

元和3年(1617)

　元日江戸城、4月12日江戸発、16日に日光着、20日に日光発、22日江戸着(『本光』)。6月14日江戸発(『浅野』「黄薇古簡集」)、28日膳所着(『本光』6月28日条「膳所迄御迎ニ御出、御城にて御目見」)、29日伏見着(「孝亮」同日条に「大樹自関東今朝令着伏見城」)。

〈「元和年録」は6月12日神奈川着、13日藤沢泊、14日小田原泊、15日三島泊、16日蒲原泊、17日駿府、19日田中泊、29日伏見着とするが、検討の余地がある。〉

　7月21日上洛して参内、その後、伏見に戻った(『泰重卿記』同日条「将軍従伏見辰下刻着(中

略)其日伏見御帰」)。その後は在伏見。9月13日伏見発、江戸へ向かう(『本光』同日条「公方様伏見御立、江戸へ還御」)。9月14日彦根着(『慈性』)。江戸着は「元和年録」は9月27日とする。11月21日頃に上総東金に鷹野(『梅津』12月14日条「公方様去廿一日ニ藤金(東)へ御渡野ニ御座被成候」)。

元和4年(1618)

元日在江戸城。1月7日に葛西へ、2月3日に小杉筋に鷹野(「元和年録」)。10月29日には越谷・東金へ鷹野(『本光』「元和年録」)、11月11日江戸帰還(「元和年録」)。

元和5年(1619)

元日在江戸。5月8日江戸発(『義演』)、神奈川宿。9日藤沢泊、10日小田原泊、11日三島泊、12日蒲原泊、13日駿府泊、16日駿府発、田中泊、17日掛川泊、18日中泉泊、19日浜松泊、20日吉田泊、21日岡崎泊、22日名古屋泊、23日岐阜泊、24日水口泊、25日柏原泊、26日膳所泊、27日伏見着(『実紀』『本光』『泰重卿記』)。6月12日福島正則改易。7月25日参内、その日のうちに伏見帰還(『泰重卿記』)。

〈『梅津』7月26日条に「公方様伏見より御日帰ニ御参内有」とあるが、25日の誤記であろう。〉

8月1日在伏見、4日伏見城で能、9月7日大坂下向(『泰重卿記』)、8日摂津尼崎、9日大和郡山(『伊達』2)、10日奈良(「東大寺雑事記」)、11日伏見帰還(『義演』)。18日に伏見を発ち、いったん二条城に入り、その日は膳所泊(『言緒』同日条「将軍様二条へ御出、次ニ江戸御下向了」、「孝亮」同日条「今夜膳所城御宿云々」)。その後は、9月19日彦根泊、20日岐阜泊、21日名古屋泊、22日岡崎泊、23日吉田泊、24日浜松泊、25日中泉泊、26日掛川泊、27日田中泊、28日・29日駿府泊、10月1日蒲原泊、2日三島泊、3日小田原泊、4日藤沢泊、5日神奈川泊、6日江戸着(『実紀』『本光』)。

〈『梅津』9月23日条に「公方様きよすニ御逗留之由候て、先つかへ候間」とあり、若干の齟齬がある。また、「元和年録」によれば、この直後の10月13日に日光へ行き、16日に日光着、18日に日光発を記し、また『実紀』も同様の記事をあげているが、この日光行きは存在しない。〉

11月21日江戸発、上総土気・東金に鷹野、12月5日江戸に戻った(12月14日付の細川忠興宛崇伝書状に「上様十一月廿一日土気東金へ鷹野ニ被成御成、十二月五日ニ江戸へ被成還御候」『本光』)。

元和6年(1620)

江戸で過ごす。6月18日和子(五女)が入内したが、上洛していない。9月家光・忠長、元服。こののち、忠長、二の丸に移る。12月1日江戸発、武蔵葛西・武蔵仙波・上総東金で鷹野、12月11日江戸着(『梅津』12月24日条)。

元和7年(1621)

江戸で過ごした。1月3日崇伝が登城、年頭の礼(『本光』)。

〈「元和年録」は1月11日に葛西筋に鷹野に出掛けたとするが、当時江戸にいた崇伝はそ

のことを記しておらず(『本光』)、なお検討の余地がある。〉

11月11日頃鷹野、11月22日武蔵越谷に鷹野、12月3日江戸帰還(『梅津』)。

元和8年(1622)

4月に日光社参があったほかは、江戸で過ごした。1月3日崇伝が登城、年頭の礼(『本光』)。4月12日江戸発、岩槻泊、13日古河泊、14日宇都宮泊、15日今市泊、16日日光着、17日参詣、18日中禅寺、19日日光下山、今市発、壬生泊、20日岩槻泊、21日江戸帰還(『実紀』)。

> ※ 江戸出発日は、『梅津』や5月1日付細川忠興書状(『細川家史料』)で4月13日とする。帰還日も、『梅津』は4月22日夕夜半に秀忠が帰還し、佐竹義宣が登城したとしており(「公方様夕夜半ニ還御之由、次兵衛殿ゟ為御知御申ニ付、御登城被成候」)、いずれも『実紀』の記事は検討を要する。

5月1日江戸城で公家に馳走能、15日江戸城で門跡に馳走能、19日西の丸に移徙(『梅津』)、11月10日に西の丸より本丸に移徙(『東武』「元和年録」)。

元和9年(1623)

新年を江戸で迎えた。2月10日松平忠直改易。2月13日尾張徳川義直邸来訪(『源敬様御代御記録』)。5月20日江戸発カ。22日小田原着、6月1日三河吉田着、7日に膳所着(「忠利日記」)。3日熱田着、4日熱田発(『源敬様御代御記録』)6月8日二条城着(「幸家公記」『泰重卿記』『舜旧』)。7月6日京都発、大坂下向(『本光』)。10日堺南宗寺を来訪(「慶延略記」)。13日京都帰還(『泰重卿記』)。同日、家光上洛。23日家光、参内後に二条城に入る。27日家光、将軍宣下(伏見城)。8月6日家光とともに参内(『泰重卿記』)。閏8月14日参内(『慈性』『泰重卿記』)、21日京都発(『本光』)、22日彦根着(『慈性』)、23日・24日名古屋(『源敬様御代御記録』)、25日岡崎着、26日吉田着、27日浜松着、9月7日江戸着(「忠利日記」『本光』)。11月前半に東金で鷹野、14日江戸帰還(「忠利日記」11月20日条「御所様東金ゟ十四日ニ還御候」)。

> ※ 「元和年録」や『実紀』では、江戸発を5月12日、駿府着を同15日のこととする。しかし、5月14日付梅津憲忠宛佐竹義宣書状には「公方様御上洛御日限、来廿日と被仰出候、大納言様ニハ廿七日」とあり、14日にまだ出立していないことが判明する(『佐竹義宣書状集』)。よって、20日発と推定しておく。

6 寛永期

寛永元年から、没する同9年まで。その間、寛永3年に上洛、寛永4年に日光社参に出かけたのみで、あとは江戸とその近郊で過ごした。

元和10年・寛永元年(1624)

元日在江戸(『東武』)。1月3日江戸城本丸で大名らから礼を受ける(『梅津』)。1月9日鷹野、1月17日紅葉山参詣(「忠利日記」)。9月22日西の丸へ移る(「大内日記」「大御所様九月廿二日ニ西ノ丸へ御移徙」)。なお、『東武』は、西丸移徙を11月10日とするので注意が必要。

寛永2年(1625)

　元日在江戸城西丸(『東武』)。1月8日、1月11日、3月6日、3月9日に秀忠が鷹野(「忠利日記」)。いずれも日帰りか。2月12日尾張徳川邸に御成(『源敬様御代御記録』)。8月9日家光と鷹司孝子の婚礼。11月21日鷹野(『伊達』2)。

寛永3年(1626)

　元日江戸城西の丸(『東武』)。5月28日江戸発、神奈川着、6月5日駿府着、7日まで駿府に滞在、8日田中着、9日掛川着、10日浜松着、11日吉田着、12日吉田発、13日岡崎発、桑名着、14日桑名逗留、15日亀山着、16日水口着(『本光』「忠利日記」)、18日水口滞在、19日膳所着(『梅津』)、20日京都着。7月25日大坂下向、29日帰京(『泰重卿記』)。9月6日二条城行幸(『本光』)、9日淀城に出向き、家光と対面(『東武』)。13日太政大臣叙任(「秀忠公御請下書」)。15日浅井江没(享年54)。10月6日京都発(「孝亮」『佐竹古文書』224号)。11日吉田着、12日吉田発(「忠利日記」)、浜松着、13日浜松逗留(『梅津』)、10月21日江戸着(「江城年録」)。

寛永4年(1627)

　元日江戸城西の丸(『東武』)。11月から12月にかけて鷹野に出掛けた(『本光』11月22日条に「相国様遠鷹野ニ出御」、12月3日条に「相国様御鷹野より還御」)。

寛永5年(1628)

　元日江戸城西の丸(『東武』)。1月6日崇伝ら諸寺社が西の丸に礼(『本光』)。1月13日、2月5日、3月5日と鷹野に出掛けた(『忠利日記』)。3月12日伊達政宗邸御成(『伊達』2)。4月13日江戸発(『東武』)、4月16日日光着(『本光』「忠利日記」)。4月19日日光発(「孝亮」)、28日江戸着(「江城年録」)。

　〈「江城年録」には「十月大二日大御所様鴻巣江為御狩出御」「同八日還御」とあり、10月2日から8日まで秀忠が鴻巣へ鷹野に行ったとされているが、江戸に戻ったとされる10月8日に秀忠は佐竹義宣に大和柿を贈っており(『梅津』)、またこの間の日記に鷹野の記事を見出だせないこともあわせて、この鷹野の在否については検討が必要である。〉

　11月27日江戸発、忍・鴻巣・小茅に鷹野、12月5日帰還(『梅津』12月15日条)。

寛永6年(1629)

　元日江戸城西の丸(『東武』)。1月4日崇伝が西の丸の秀忠に礼(『本光』)。8月2日稲毛領に鷹野(『実紀』)、11月に忍・越谷へ鷹野(『東武』)。

寛永7年(1630)

　元日江戸城西の丸(『東武』)。11月22日江戸発、越谷・東金に鷹野(『梅津』)。12月4日江戸帰還(同日付細川忠興書状「相国様東金御鷹野、十二月四日ニ還御」、『細川家史料』、『梅津』同日条「大御所様東金ゟ還御」)。

寛永8年(1631)

　元日江戸城西の丸(「江戸幕府日記」)。1月4日西の丸で崇伝と対面(『本光』)。10日墨田川に鉄砲猟、2月11日葛西に鷹野、23日岩淵に鷹野、29日尾張徳川邸来訪(「江戸幕府日記」)。

寛永9年(1632)
　元日在江戸(「江戸幕府日記」)。1月24日江戸城西の丸に没す(享年54)。

■典拠
【史料】
『浅野』「井伊年譜」『家忠』「池田文書」「石原健太郎氏所蔵文書」「板坂卜斎覚書」『上杉』『上杉家御年譜』「梅津」「江戸幕府日記(姫路酒井家本)」「遠藤文書」「黄薇古簡集」『お湯殿』『寛永伝』『兼見』「寒松日記(内閣文庫)」『義演』「木俣文書」『公卿』「朽木家」「黒田」「慶延略記」「見聞録案紙」「慶長日記」「慶長年録」「源敬様御代御記録」「元和年録」『元寛日記」「江城年録」「御撰大坂記」『駒井』「榊原文書」『佐竹義宣書状集』「幸家公記」『時慶』『慈性』『実紀』「渋江文書」『舜旧』『新訂家康』『駿府』「孝亮」「竹中氏雑留書」「忠利日記(『豊橋市史』)」『伊達』「治家記録」「筑紫家資料」『当代』「東大寺雑事記」「藤堂文書」『東武』『言緒』『言経』「徳川諸家系譜」「直江重光書簡留」『中川家文書』「長野文書」『晴豊』「秀忠公御請下書」『武徳大成記』『武徳』『譜牒餘録』「船崎昇誠氏所蔵文書」『本光』「細川家史料」『政宗』「松平西尾文書」『光豊』「綿考」「毛利三代実録考証」「森家先代実録」「三原市史」「山岡家文書」「泰重卿記」『鹿苑』「和田文書」

〔付記〕
　本稿は、藤井讓治「徳川秀忠の居所と行動」(『近世前期政治的主要人物の居所と行動』京都大学人文科学研究所調査報告37、1994年)を基礎データとし、拙著『徳川秀忠』(新人物往来社、2011年)で得た知見を加えつつ、加筆・修正した。なお、藤井氏による考察には、〈 〉を付している。

足利義昭の居所と行動

早島 大祐

【略歴】

　義昭の事績については、奥野高広『足利義昭』に概略が提示されており、本稿も多くを学んでいる。

　義昭は天文6年(1537)11月3日京都に足利義晴の次男として生まれ(母は近衛尚通女)、天文11年11月には近衛稙家の猶子として一乗院に入室。のちに一乗院覚慶となる。永禄8年(1565)5月19日に将軍義輝が松永久秀らにより暗殺されたことを契機に南都を脱出。甲賀和田・近江矢島・若狭・越前金ヶ崎・一乗谷を流転するが、織田信長の助力を得て、永禄11年9月26日に上洛し、10月18日には征夷大将軍となる。しかし織田信長との二重政権は両者の軋轢を生み、義昭は元亀4年(1573)4月に挙兵、一旦和を結ぶも7月に再度挙兵し没落する。一時は紀州に身を潜め、堺にて帰京の交渉の席につくが、天正4年(1576)に備後の鞆へ落ちのびた。その後、内湾部の津郷に移り、政権の推移を傍観する。天正15年の秀吉の九州攻めを契機に帰京することになり16年1月には参内。出家して昌山道休と号す。居所は大坂城と山城国槇島にあった。文禄の役で名護屋に従軍。慶長2年(1597)8月28日に大坂で死去。

【居所と行動】

1　足利義輝暗殺後

　永禄8年(1565)5月19日に将軍義輝が松永久秀らにより暗殺され、覚慶は7月28日に南都を脱出、甲賀和田城に着(『多聞院』『歴代』)。11月21日には野洲郡の矢島に移る(「上杉家記」大覚寺義俊書状)。永禄9年2月17日には義秋に還俗してはじめて、禁裏に太刀・馬代を送っている(『お湯殿』)。8月3日には三好長逸が矢島の義秋を攻めるが失敗(『言継』)。その危機感もあって同月29日に若狭武田のもとへ身を寄せたが(『多聞院』閏8月3日条)、9月8日には越前敦賀に移り(『上杉』)、さらに11月21日には一乗谷へ向かう(「越州軍記」)。翌年も一乗谷在。なお永禄9年4月～6月のあいだに花押を改めたことが久保尚文氏により指摘さ

れている(久保尚文「和田惟政関係文書について」)。

2　上　洛

永禄11年(1568)

　2月8日には義昭元服の儀に関して越前から内々に奉行人諏訪が上洛(『言継』)。4月15日には一乗谷城で元服して名を義昭に改めた(『言継』)。30日には奉行人奉書で相国寺広徳軒領を安堵(「光源院文書」)。7月16日に義昭は近江浅井屋形へ移動し、22日に美濃へ移った噂が『多聞院』7月27日条に記されている。

　9月13日には義昭の上洛が近いことが噂され(『多聞院』)、20日・21日にはそれぞれ山城妙蓮寺、賀茂社が禁制を獲得した(「妙蓮寺文書」「上賀茂神社文書」)。21日に柏原、22日に桑実寺へ到着したことが『公記』に記されている。24日には三井寺光浄院に到着(「年代記抄節」)。26日には入京を果たし清水寺に在(『言継』)。27日には東寺へ寄った後に西岡寂照院、28日には山崎の竹内左兵衛邸、30日は芥川城に移り(『言継』)、摂津攻めの一角を担った。10月6日には勅使から慰労を受けている(『お湯殿』)。14日には芥川から六条本圀寺へ帰り、16日には細川邸に移動(『言継』)。18日には征夷大将軍・参議・左中将に任じられ(『公卿』)、22日に参内(『お湯殿』)。23日には信長をもてなし副将軍への任官などを薦めている(『言継』)。

　10月29日には公家や奉公衆とともに本能寺へわたるが(『言継』)、ここを在所とはせず、時期は不明ながらも結局、六条本圀寺が義昭御所となったようだ。11月22日には佐久間信盛・村井貞勝・丹羽長秀・木下秀吉ら5000ばかりを残して信長が岐阜へ帰国(『多聞院』)。

永禄12年(1569)

　元日に飛鳥井雅敦を通じて天皇へ献上品を贈る。5日には三好長逸・三好政康・石成友通ら三好三人衆に六条本圀寺を攻め込まれるが、翌日に辛くも撃退する。これに驚いた信長は10日に上洛し、将軍規式を定め、26日には義昭新御所造営のために真如堂に替え地を与えている。二条勘解由小路室町の新御所造営には「尾州・濃州・勢州・江州・伊賀・若州・城州・丹州・摂州・河州・和州・泉州・播州少々悉上洛」させ、数千人規模の動員がはかられた(『言継』『上杉』)。

　2月20日には近郊で放鷹し、播磨浦上宗景家臣宇野下野の娘を侍女としている(『言継』)。26日に参内(『お湯殿』)。3月27日には信長が媒酌となって、妹が三好義継のもとへ嫁いでいる(『言継』)。

　4月14日には義昭が完成した二条城へ移徙。それまで居住していた六条本圀寺の住坊は残らず近習へ与えられた。5月4日と19日には義晴忌月のために相国寺へ向かっている。5月5日には賀茂競馬を見物(以上『言継』)。6月12日付の奉行人奉書で松尾社境内などの当知行安堵(『松尾大社文書』)を行うなど執政も本格化し、22日には権大納言へ昇進する(『公卿』)。

　しかし義昭の執政意欲が裏目に出てか、10月19日には信長と最初の不和が噂される(『多

聞院』)。11月7日には鷹狩りに出ている(『言継』)。

永禄13年・元亀元年(1570)

　1月19日に御所で太元師法の本尊を拝し(『お湯殿』)、3月5日には上洛した信長・義弟三好義継と放鷹に出ている。17日には二条城の桜馬場で、徳川家康の馬を、4月5日にも信長と馬を見ている。19日には信長とともに禁裏普請を見物している(以上『言継』)。

　8月30日には親征して勝龍寺城まで出向き、9月2日に摂津中島の細川藤賢の城に入城(『言継』『多聞院』)。しかし20日には坂本の森可成が浅井・朝倉軍に敗れたために義昭も急遽、23日に帰京(『言継』『兼見』)。11月28日には信長と朝倉・浅井軍和与の斡旋のために三井寺に移動し、12月15日に京へ帰還している(『公卿』)。

元亀2年(1571)

　基本的に居所は二条城にあるので行動を中心に述べる。2月23日以降、大友宗麟や小早川隆景らに鷹を求め(「大友文書」『小早川』)、3月23日には石見の吉見正頼に出羽守官途を与えている(『吉見文書』)。4月3日には毛利・大友間の和平を斡旋(『小早川』など)。5月19日には亡兄光源院足利義輝および義晴室近衛氏の法会を行っている(『言継』)。7月25日には町組主体の風流踊を見物(『言継』)。9月30日には信長によって公武用途として山城国に段米が賦課され、朝廷と将軍家の財政に配慮が加えられた(『増訂信長』)。11月27日には山城平岡にて放鷹(『言継』)を行うなど政治活動が旺盛な一年である。なお年末に旧山門領という名目で曼殊院領などの門跡領を押領した明智光秀を譴責、両者に懸隔が生まれはじめていた(『細川家文書』)。

元亀3年(1572)

　1月18日に内々に三淵藤英邸に向かい、19日には真木島昭光を石清水八幡宮に代参させた(『兼見』)。閏1月13日には香川以下讃岐国牢人の還住を毛利勢に扶助させている(「考証論断」)。18日には近所で放鷹(『言継』)。

　2月10日には淀に新城を造るために洛中洛外に家並人足を命じ(『兼見』)、3月21日には信長の京館造営のために徳大寺公維邸を接収、普請は細川藤孝を奉行として27日にはじめられた(『兼見』)。

　5月9日には寵臣三井寺光浄院暹慶を山城上守護に任命(『兼見』)。7月7日には上杉謙信と武田信玄間の和平を斡旋(『歴代』)。7月以降、龍安寺や妙心寺に寺領安堵を行うなど執政意欲が旺盛である(「根岸文書」「妙心寺文書」)。

　8月13日に武田信玄を通じて信長・本願寺の和平を斡旋(「本願寺文書」)、15日には伊勢大河内氏娘小宰相との間に一子をもうけた。後の義尋である(『お湯殿』)。子息誕生をうけてか、武家御所修理のために18日には大覚寺・久我・日野・飛鳥井・高倉・松梅院・吉田らに人夫出仕を命じている(『兼見』)。

　しかしこのような政治意欲とはうらはらに、9月には信長から意見十七ヶ条を提出され(『増訂信長』)、両者の不和は決定的になる。12月には側近上野秀政や西岡の在地領主革嶋

秀存に宛行った旧松尾領が信長により召し返され(『松尾大社史料集』「松尾月読社文書」)、義昭は面目をつぶされたまま元亀4年を迎える。

3　没　落
元亀4年・天正元年(1573)
　2月26日には浅井・朝倉らと謀り、光浄院暹慶らを西近江に挙兵させる。この反乱は一旦、和解により収まるが、3月30日には京の村井真勝邸を囲む(『お湯殿』)。
　4月4日に信長は義昭を威嚇するために上京を焼き払うが、7日に勅命を受けて一旦和与。しかしその和議も破れ、7月3日に義昭は二条城を三淵藤英に任せて槙島へ向かい、18日には枇杷庄へ逃げる(『兼見』)。20日には普賢寺、そして山を越え津田へ向かい、21日には三好義継のいる若江に到着している。なお義昭の逃避行は上野秀政ら義昭方武将のほか、在地領主層をも巻き込み、南山城の狛郷では、在地領主狛氏の被官5名が上野に合力した結果、所領の約四割が闕所化されている(『増訂信長』)。
　その後、11月5日に若江から堺へ向かい、毛利家を挟んで帰京の道が模索されるが失敗。義昭は9日に堺を出て由良の興国寺に滞在する。12月には道成寺縁起絵巻を見て、奥に花押を据えている(奥野高広『足利義昭』)。

天正2年(1574)以降
　天正2年6月28日に紀伊由良から堺へ出たが(「年代記抄節」)、その後一年間の動静は不明で、鞆に移ったのは天正4年であることが奥野高広氏により指摘されている。鞆では最初現地の小松寺、ついで在地領主渡辺元の常国寺に移る(「常国寺文書」・奥野高広『足利義昭』)。天正6年1月25日には備後浄土寺にある足利尊氏以下四代の御教書を一覧して証判を加えている(「備後浄土寺文書」)。天正7年7月30日には毛利輝元が義昭滞在費用として防長両国に半済を課した(『史料綜覧』)。天正9年には夜間に鞆を通過したルイス=フロイスが「夜に入って備後国の鞆を過ぎた。同所には公方様が居住していたが、遅くであったために我らは気付かれなかった」と書翰に記している(『イエズス会』)。
　一般に義昭は鞆にいたといわれるが、備後滞在の後半期は津郷にいたようだ。同年8月15日付吉川駿河守宛御内書では「当所永々逗留之段、餘窮屈候。然者津郷可然由候条、至彼地移座度候。急度対輝元可加異見事、頼入候」とあり(『吉川』)、津郷への転居が義昭側の希望であったことがわかる。その直接の理由は「餘窮屈」とあるばかりで詳細は不明だが、年未詳卯月24日付吉川駿河守宛御内書では鞆で「物騒」があったと記されているから(『吉川』)、交通の要衝故の治安の悪さも背景にあったのかもしれない。天正15年7月15日に秀吉九州攻めのさいに細川幽斎が備後の公儀御座所であった「津郷」に立ち寄っているから(「九州道の記」)、この時に義昭が津郷にいたことは確実である。その後、天正16年1月13日には参内し、昌山と号している。おそらく15年末には帰京していたのだろう。
　7月24日に毛利輝元らが上洛したさいには9月10日に大坂で義昭と対面しており、大坂

にも屋敷を与えられていたらしい(「輝元上洛日記」)。槇島にも居宅のあったことについては『鹿苑』天正19年9月18日条などを参照。

天正20年3月20日には上洛して鹿苑院、26日には秀吉の名護屋出陣に帯同して出陣(『鹿苑』)。翌文禄2年(1593)8月25日に秀吉は大坂へ帰っているから、このころに義昭も帰国したと見られる。

文禄5年5月25日には伏見城の秀吉・お拾の下へ諸家・諸門跡・諸大名が列参する中で義昭も参城、12月17日の大坂城総礼にも参加(『義演』)。慶長2年(1597)には水無瀬兼成に象牙製将棋駒を発注していたが(「将棊馬日記」)、同年8月2日に義昭の危篤が伝えられ、駒の完成を見ることなく28日大坂城にて死去(『義演』)。

■典拠
【日記】
『お湯殿』『兼見』『義演』『多聞院』「輝元上洛日記」『言継』『鹿苑』
【古文書】
『上杉』「大友文書」「上賀茂神社文書」『吉川』「光源院文書」『小早川』「常国寺文書」『増訂信長』「根岸文書」「備後浄土寺文書」『細川家文書　中世編』(永青文庫叢書)「本願寺文書」「松尾月読社文書」(京都大学所蔵)『松尾大社文書』「妙心寺文書」「妙蓮寺文書」「吉見文書」
【編纂物等】
『イエズス会』「上杉家記」「越州軍記」(日本思想大系『蓮如・一向一揆』収録)「九州道の記」(群書類従)『公卿』『公記』「考証論断」「将棊馬日記」(水無瀬神宮所蔵)『史料綜覧』『大日本史料』「年代記抄節」『松尾大社史料集』『歴代』
【参考文献】
奥野高広『足利義昭』(吉川弘文館　1960年)
久保尚文「和田惟政関係文書について」(『山野川湊の中世史』桂書房　2008年、初出は1984年)
『福井県史』通史編2(福井県　1994年)

柴田勝家の居所と行動

尾下 成敏

【略歴】

　柴田勝家の略歴や居所・行動をみる場合、依拠すべき文献としてあげられるのは、『信長人名』と福井市立郷土歴史博物館編集・発行の図録『柴田勝家――北庄に掛けた夢とプライド――』(以下『図録』と称す)であろう。本稿もこれらの成果に依拠するところが多い。

　勝家の出身地については、『尾張志』の尾張国上社村とする説と、「尾張徇行記」の同国下社村とする説がある。また「柴田勝家始末記」は、尾張守護斯波家の流れを汲む柴田土佐守を勝家の父とした上で、越後を本国とする説をとるが、いずれも確かな根拠をもつ説とは言い難い。

　勝家死後に作成された豊臣(羽柴・木下)秀吉の自己宣伝文「柴田退治記」(以下「柴田」と称す)には「雖然勝家者、従将軍御幼年、晨夕尽武勇、献誠多矣、功被天下、名顕世上、殊賞罰厳重也」と記されている。主君織田信長の幼少時、すなわち天文年間(1532～55)から、勝家が相次ぐ合戦で武功をあげ次第に高名な武人となったことが読み取れるが、この史料は同時に、天文年間の彼が織田家に仕えていたことを示すものでもあろう。とすれば、尾張の出身である可能性は高い。

　天正11年(1583)4月21日、勝家はいわゆる賤ヶ岳合戦で秀吉に大敗し、3日後の24日、本拠越前北庄城で自刃した。法名は摧鬼院殿台岳還道大居士。享年について、「柴田勝家始末記」は62、「北畠物語」は58、「武家事紀」は57と記す。いずれが正しいかは、現段階では確定できない。なお、享年が定かではないため、生年についても不明とせざるを得ない。

　各年の居所と行動について記す前に、勝家の通称について述べておきたい。通称としては「権六」「修理進」「修理亮」が知られている。

　永禄8年(1565)に出されたと推定される7月15日付の連署状の写が存在する。差出は丹羽(惟住)長秀・佐々主知と勝家であり、「柴田修理進勝家」と署名している(「寂光院文書」)。また永禄11年10月1日付の連署制札写があり、ここでは「柴田修理亮勝家」の署名がみられる。なお、勝家のほか、坂井政尚・森可成・蜂屋頼隆・佐久間信盛が差出人となっている

(「杉山家文書」)。

　以上からすれば、信長入京の頃までには「修理進」「修理亮」と称したとみられる。付言すると、修理進や修理亮に任ぜられた確かな形跡は確認できない。

【居所と行動】

1　信長上洛以前——天文21年(1552)〜永禄4年(1561)

　永禄11年9月、すなわち信長上洛前の勝家の居所に関して、具体的な情報が残されているのは、天文21年から永禄4年までの間である。ゆえに、この期間を扱う。

　当該期の勝家に関しては史料が少なく不明な点が多い。

天文21年(1552)

　『公記』は、①尾張末森城主で勝幡織田家を率いる信秀が3月3日に死去したこと、②葬儀が同国万松寺で行われ、信秀の子信長・信勝(達成・信成)兄弟が参列したこと、③勝家が信勝の供をしていたこと、④葬礼が終わった後、信勝が末森城主となり、勝家や佐久間次右衛門らが信勝に付けられたことを伝えている。

　信秀の没年に関しては不明な点が多いが、天文21年3月の可能性が高いと指摘されている(『新修名古屋市史第2巻』、以下『名古屋』と称す)。

　さて、勝幡織田家は主筋に当たる清須織田家と対立していた。天文21年8月16日、信長・信勝兄弟と信秀の弟織田信光が連合し、尾張海津で清須方の軍勢を破った。勝家も従軍し、中条小一郎とともに坂井甚介を討ち取っている(『公記』)。

天文22年(1553)

　『公記』によると、7月、勝幡織田家が清須織田家攻めを開始している。同月18日、勝家らが清須城を目指し進撃、清須織田方の軍勢を三王口・乞食村・誓願寺前などで撃破し、清須城内へ追い込んだ。

　なお、これら一連の出来事は、天文22年に起こったと指摘されている(『名古屋』)。

天文24年・弘治元年(1555)

　6月、織田信次(信長・信勝兄弟の叔父)の家臣らが籠る尾張守山城を信長・信勝方の軍勢が攻囲した。この時、勝家は津々木蔵人とともに信勝方の軍勢を率い木が崎口へ迫ったとされる(『公記』)。なお、守山城攻めは、この年の出来事と指摘されている(『名古屋』)。

弘治2年(1556)

　この年、信長・信勝兄弟が対立を深め、遂には一戦を交えることになる。勝家は信勝方として参戦した。

　8月22日、信長は、信勝方の動きに備えて、尾張名塚城に佐久間大学率いる軍勢を入城させた。これに対し翌23日、勝家と林美作守率いる軍勢が名塚城を襲撃する。報せを受けた信長は、24日に居城清須城を発し、稲生の辺りで勝家や林と合戦に及んだ。この時、勝家は信長の家臣山田治部左衛門を討ち取ったが、林らを討たれて敗走し、末森城に立て籠

っている。

　兄弟の抗争は、産みの母たる信秀未亡人土田氏の仲介で一旦は終結した。信長が赦免の意を示し、信勝・勝家・津々木が剃髪、清須城へ出仕し礼を行っている(以上『公記』)。

弘治4年・永禄元年(1558)

　この頃、信勝の家中では津々木の台頭が著しく、勝家がないがしろにされていた。一方、信勝は尾張岩倉城の織田伊勢守と結んで信長への謀反を企てていた。こうした事態から勝家は、謀反の企てを信長に密かに告げたと伝えられている。

　信長が病の床についたとの報せがもたらされた。勝家は土田氏とともに、信勝に見舞いに行くよう勧め、信勝は清須城へ赴くことになる。そして11月2日、彼は兄信長によって暗殺された(以上『公記』)。勝家が名実ともに信長に属するのは、この時からである。

永禄3年(1560)

　5月19日、信長は駿河の今川義元と尾張桶狭間山で戦い、これを敗死させた。小瀬甫庵の著書「信長記」(以下「甫庵信長記」と称す)によれば、勝家もこの合戦に従軍している。

永禄4年(1561)

　5月13日、織田勢は美濃へ侵攻し、翌14日、斎藤龍興配下の軍勢を森部で破り、洲俣(墨俣)城を占拠した。その後、23日、織田勢は洲俣城を出撃し、美濃十四条・軽海で斎藤勢と衝突している。「甫庵信長記」は、勝家がこれらの合戦に従軍していたと伝えている。

2　信長上洛から越前侵攻前まで——永禄11年(1568)～天正3年(1575)7月

　ここでは、永禄11年の信長上洛から天正3年8月の越前侵攻前までの居所を扱う。

　この時期、五畿内・近江・越前・美濃・伊勢へ赴いたことが確認できる。また元亀元年(1570)5月以降は近江長光寺城、天正2年3月以降は大和多聞山城の城将を務めた。

永禄11年(1568)

　9月下旬、足利義昭を奉じた信長は、入京し上洛に成功した。同月26日、山城勝龍寺城へ織田勢が押し寄せている。攻撃軍の指揮を執っていたのは、蜂屋頼隆・森可成・坂井政尚と勝家であった。同城の開城は29日のことである(『言継』『公記』)。

永禄12年(1569)

　2月11日、将軍義昭の上使の一人として堺に滞在し、同地の商人津田宗及らの饗応を受けたと伝えられている(「宗及自会記」)。堺へ赴いたことは、宣教師ルイス・フロイスの著書『日本史』からも知られ、同書によると、春、勝家は和田惟政とともに、同地でフロイスと会見している。

　なお、この年の4月1日付で佐久間信盛・蜂屋頼隆・森可成・坂井政尚とともに、堺南北両庄の惣中へ連署状を出し、「今度之御用脚一円難渋無是非候、依之為催促可罷下旨被仰出候、一両日中可令下着候、早々用意肝要候」と述べたが(『増訂信長』補遺18)、実際、堺へ再度赴いたかどうかは不明というしかない。

4月21日には在京しており、信長の使者として朝山日乗とともに烏丸光康邸へ赴いている。そして禁裏修理のことで公家衆と談合した（「兼右卿記」）。

1569年7月12日付のフロイス書簡によると、5月下旬頃、京都を発って岐阜へ戻り、同地を訪れていたフロイスを饗応している。また信長とフロイスの会見にも立ち会った（『イエズス会』）。なお、同様の記述は『日本史』にも存在する。

8月、信長は伊勢へ出陣した。敵は北畠具教・具房父子である。勝家も従軍し、同月下旬には北畠父子の本拠大河内城攻囲戦に加わった（『公記』）。

永禄13年・元亀元年（1570）

4月20日に京都を出陣した信長は、若狭・越前へ軍勢を進め、朝倉義景らの打倒を図ったが、同月下旬、浅井長政の寝返りにより、京都へ退却することになった。「朝倉始末記」は、勝家がこの合戦に従軍したことを伝えている。

5月9日、信長は京都を発ち岐阜城を目指した。13日、近江永原城へ入った信長は、勝家に長光寺城の守備を委ねている。

当時の近江では、反信長方の六角義賢（承禎）・義治父子や浅井長政が勢いを増し、信長方を圧迫していた。そのため、6月4日、勝家は永原城将佐久間信盛とともに出陣し、六角父子らを野洲川近くの落窪・小浜などで撃破している（以上『言継』『公記』）。

6月19日、信長は北近江へ出陣する。敵は小谷城による浅井氏であった。勝家もこれに従い、21日、丹羽長秀・秀吉、そして勝家らが小谷周辺に火を放っている。28日、野村・三田村近辺で、織田信長・徳川家康の軍勢と朝倉義景・浅井長政の軍勢が一戦を交えた。世にいう姉川合戦であり、勝家も合戦に参加したと伝えられている（『大日本史料』）。

その後、8月に信長は京都を発ち、細川六郎（後の信良）や三好長逸・石成友通らを討つべく摂津へ出陣している。この合戦は、当初は細川・三好一党との合戦であったが、9月に入ると、大坂本願寺が反信長方に加わり、また朝倉・浅井両軍が京都を目指して軍勢を進めていた。信長方は苦境に立たされたのである。こうしたなか、摂津出兵に参戦していた勝家は、朝倉・浅井勢の進撃を受けて、9月21日、明智（惟任）光秀・村井貞勝とともに入京し、将軍義昭の居館二条御所の警固に当たった。そして22日、京都の東方の「様躰」、すなわち朝倉・浅井勢の動向を確認した上で摂津へ戻っている（以上『言継』『公記』）。

9月23日、信長は細川・三好一党や大坂本願寺を破ることのないまま、摂津から京都へ撤退した。殿軍を務めたのは和田惟政と勝家である。そして24日、信長は京都から西近江へ進み、延暦寺周辺に布陣する朝倉・浅井勢と対峙した。25日、攻撃体制がととのえられ、勝家は美濃三人衆（稲葉良通・氏家直元・安藤守就）とともに、近江の田中に布陣している（『公記』）。

元亀2年（1571）

5月、信長は岐阜を発し、伊勢長島による一向一揆討伐に向かった。この時、勝家は美濃三人衆らとともに大田口から押し寄せている。織田勢は長島周辺に火を放って威嚇を加

えた後、撤兵を開始した。同月16日のことである。勝家は殿軍を務めたが、一揆勢の襲撃に遭って負傷し退くことになった。

　8月18日、信長は岐阜城を出陣し北近江へ出兵した(以上『公記』)。「浅井三代記」によれば、勝家もこの合戦に加わっている。28日、信長は、近江横山城から同国佐和山城へ陣を移し、軍勢を南下させている。そして翌9月1日、近江志村城を攻略した。この時、寄せ手を務めたのは、佐久間信盛・丹羽長秀・中川重政と勝家である(『公記』)。

元亀3年(1572)

　3月5日、岐阜城を出陣した信長は、北近江へ軍勢を進めている。この合戦には勝家も参陣したと伝えられている(「浅井三代記」)。

　4月16日、勝家は、佐久間信盛・明智光秀・細川(長岡)藤孝・三淵藤英らとともに京都を発ち、河内へ出陣している。信長と対立する河内の三好義継や大和の松永久秀・久通父子の動きに対処するためであった。勝家らは三好・松永両軍を交野で撃退し、5月11日、河内から京都へ帰還している(『兼見』『公記』)。

　7月19日、信長は、浅井長政を攻撃すべく北近江へ出陣した。21日、勝家は、丹羽長秀や秀吉らとともに小谷城下で浅井勢を破っている。そして美濃三人衆(稲葉良通・氏家直通・安藤守就)とともに同城攻撃の先手として布陣した(『公記』)。なお、8月下旬頃にいたっても、小谷城近辺に在陣している(「島記録」)。

元亀4年・天正元年(1573)

　春、将軍義昭と信長が対立、2月20日、信長は軍勢を出し、義昭方の近江今堅田城・同国石山城攻略に着手した。24日、勢田を渡河した丹羽長秀や勝家らが石山城に籠る山岡光浄院・伊賀衆・甲賀衆を攻撃、26日、同城を開城させ破却している。そして29日には今堅田城を陥落させた(『大日本史料』)。

　3月25日、信長は義昭を攻撃すべく岐阜城を発し、29日、知恩院に本陣を置いた。そして4月2日から4日にかけ、洛中洛外に火を放っている。この合戦には勝家も加わっていた。1573年5月27日付のルイス・フロイス書簡は、3日の洛外放火のさい、勝家が佐久間信盛・蜂屋頼隆・明智光秀・細川藤孝・荒木村重らを指揮したことを記す(『イエズス会』)。

　一旦は義昭と和解した信長は、六角義治の籠る近江鯰江城攻略に着手する。勝家や長秀らが攻城戦の指揮を執った。なお、信長勢が同城近辺の百済寺に放火するのが4月中旬頃のことなので(『公記』)、この頃には攻撃が開始されていたとみられる。

　5月29日、勝家は、秀吉や伊賀衆とともに小谷城を攻撃した(「中村不能斎採集文書」)。なお、6月4日付の勝家書状には「随而江北為番手令出陣候、漸明隙候条、近日至長光寺可罷帰候」とある(『増訂信長』上巻636頁)。この日まで北近江に在陣していたことは確かであろう。

　7月3日、義昭が二条御所を出陣し山城槇島城へ入城した。佐和山城にいた信長は同月7日に入京、二条御所へ迫った。10日、勝家が御所へ入り、同所を守る三淵藤英を説得す

178

る。その結果、12日に二条御所は明け渡され、三淵は山城伏見城へ退去した(以上『兼見』『公記』)。

在京中、信長は京都屋敷の築造を企て、7月14日、候補地選定のため、長秀・秀吉や勝家らが吉田に邸宅を構える吉田兼和(兼見)のもとを訪れた(『兼見』)。

7月16日、織田勢は槇島城へ向け出陣、18日には同城を開城させ、義昭を追放している。勝家も参戦した(『公記』)。

8月8日、信長は岐阜城を出陣し北近江へ軍勢を進めた。敵は朝倉義景と浅井長政である。10日、勝家は信盛とともに山田山を占拠し、北近江から越前への通路を封鎖した。その後、長秀や信盛・秀吉らとともに高月に布陣し、朝倉勢と対峙している(『公記』『当代』)。13日夜、朝倉勢の退却を察知した信長は、直ちに追撃を開始、近江・越前国境で朝倉勢を撃破した。この時、勝家ら高月在陣の諸将が先陣を務めることになっていたが、戦闘参加が遅れ、信長の叱責を蒙っている。

越前へ乱入した織田勢は、同国の占領を推し進めた。8月18日頃、勝家は美濃三人衆とともに平泉寺口を進撃し朝倉勢を追い詰めている(以上『公記』)。

朝倉氏が滅亡すると、信長は北近江へ取って返し、9月1日、小谷城を攻略、浅井長政を滅亡させた。この合戦のおり、勝家は前田利家とともに先陣を務めたと伝えられている(『大日本史料』)。

9月4日頃、勝家は鯰江城攻めを再開し、同城に籠る六角勢を退去させた。

9月24日、信長は岐阜を発し、長島一向一揆を攻撃する。勝家も従軍し、滝川一益とともに伊勢さか井城を攻撃した。そして10月6日には同城を、その後は伊勢ふかやべ城を降伏・開城させている(以上『公記』)。

谷口克広氏は、勝家が11月の河内若江城攻撃に参加した可能性を指摘している(『信長人名』)。11月、信長が同城による三好義継を滅ぼした点(『公記』)、天正元年11月28日付で勝家が同国の貴志寺内へ出した判物に「当寺内之事、得御意相拘之条、陣取・放火・乱妨・狼藉以下堅令停止畢、若於違犯之族者、速可加成敗者也」と記されている点を踏まえると(「喜志宮文書」)、その可能性が皆無とはいえない。

天正2年(1574)

1月、甲斐の武田勝頼による美濃明智城攻撃を受け、2月5日、信長・信忠父子が同城救援に向かった。しかし明智城は武田勢の手に落ち、信長父子は同月24日に帰陣している(『公記』)。勝家も美濃へ出陣した。大和の国衆十市遠長が2月27日付で出した書状の写には、「仍信長岐阜へ被打入由候、定柴修(勝家)濃州可為在陣候」と記されている。

3月9日、軍勢を率いて大和へ入国し、多聞山城の守備に当たった。そして翌10日、同城を訪れた大乗院門跡尋憲の使者と対面している。11日~14日・16日にも、尋憲の使者と多聞山城で対面し(以上「尋憲」)、その後、17日には十市をともなって上洛した。

3月27日、信長が多聞山城へ入った。正親町天皇から東大寺所持の名香蘭奢待(らんじゃたい)を与えら

れたためである。この日までには、勝家も多聞山へ帰城したとみられ、27日、十市が同城の勝家のもとへ夕飯を持参している(以上『多聞院』)。28日、東大寺で蘭奢待の切り取りが行われた。勝家は丹羽長秀らとともに奉行を務めている(『公記』)。

　5月16日、多聞山城の城番として同城に在城していた(『増訂信長』補遺143)。

　7月13日、信長は岐阜城を出て伊勢へ向かう。長島一向一揆を攻撃するためである。勝家も参戦し、佐久間信盛らとともに賀鳥口を進撃、松之木の渡で一揆勢を破り、稲葉良通・同貞通・蜂屋頼隆とともに大鳥居城を攻撃した。そして8月2日には同城を陥落させている(『公記』)。

　11月頃、勝家は河内へ出陣した可能性がある。天正2年発給と推定される、勝家の家臣柴田勝定の11月23日付の書状に「此表ニ致在陣候、随而従天野寺(金剛寺)、修理亮元(柴田勝家)へ御樽壱荷被遣候、則御報被申候」とあることに注目するなら(『金剛寺』)、そうした可能性が浮上する。河内金剛寺は勝家の同国出陣に対応する形で、酒1荷を勝家のもとへ贈り届けたのではなかろうか。勿論、現段階では断定は差し控えたほうがよかろう。

天正3年(1575)1月〜7月

　4月6日、信長は河内へ出陣し高屋城の三好康長を攻撃した。丹羽長秀や勝家らが河内国内の各所に火を放ち、苗麦を薙捨てている(『公記』)。

※　勝家へ出された4月22日付の信長朱印状には「和泉一国一揆寺内之事、悉可令破却之旨、今度於陳中、根来寺惣山・松浦かたへ雖遣朱印、猶以自其方検使差下、各相談、何之分領候共可引崩候、聊不可有用捨之状如件」と記されている(『増訂信長』補遺94)。①信長が和泉の根来寺と松浦氏に対し、同国内に構えられた一揆の寺内を破却するよう命じたこと、②信長が勝家に対し、寺内破却の件で検使を出し、任務を遂行するよう命じたことが知られる。

　　奥野高広氏は、天正5年に信長が和泉・紀伊へ出兵した出来事と関連づけ、この文書の年代を同年と推定するが、天正3年9月以降、勝家は越前支配を任されるため(後述)、天正5年とみなす見解は疑問とせざるを得ない。勝家が畿内近国で活動した天正3年以前の発給文書ではなかろうか。なお、日付に留意するなら、勝家が多聞山城にいた天正2年、あるいは彼が河内へ出陣した同3年が該当年代かもしれない。

3　越前侵攻以後——天正3年(1575)8月〜同11年4月

　ここでは、対越前一向一揆戦後の居所を扱う。具体的には、天正3年8月以降が対象となる。

　この時期は、越前・加賀・能登・越中のほか、京都・尾張・近江にいた事実が確認できる。また天正3年9月以降は北庄城を本拠としていた。

天正3年(1575)8月～12月

　8月14日、越前敦賀へ着陣した信長は、同国の一向一揆壊滅に着手した。15日、勝家・秀吉・丹羽長秀らが越前国中を目指して侵攻を開始、18日、勝家・長秀と信長の甥津田(織田)信澄が鳥羽城を陥落させた。その後、勝家・長秀は、19日に朝倉与三の籠る城を攻略し、21日までに数多の一揆勢を殺害したと伝えられている(『増訂信長』『公記』)。なお、「朝倉始末記」は、8月頃、勝家が長秀・秀吉らとともに越前長崎付近に在陣していたと記す。

　9月2日頃、信長は勝家に、越前八郡の支配と北庄城の守備を委ねた(『公記』)。同月8日、尋憲が越前豊原寺にいた勝家のもとを訪れ、「能々御領之儀御入魂可然之由」を申し入れている。この頃の尋憲は、大乗院の所領であった同国河口・坪江両庄還付を実現するため、信長やその近臣たちに働きかけていた。それゆえ、勝家のもとを訪れたのである。なお、9月3日、「御領之儀ハ柴田修理ニ可申渡候」とした信長の決定が尋憲に伝えられているので(「越前国相越記」)、この日までに勝家の越前八郡入部が決まったと判断できよう。

天正4年(1576)

　『当代』によれば、この年、越前・加賀の一揆と合戦に及び、打撃を与えている。

天正5年(1577)

　8月8日、勝家を大将とする軍勢が加賀へ出陣した。敵は同国の一向一揆である。従うのは、滝川一益・羽柴秀吉・丹羽長秀・斎藤新五郎・美濃三人衆・不破光治・前田利家・佐々成政・原政茂・金森長近・若狭衆らであった。

　越前・加賀国境を越えた織田勢は、小松・本折・阿多賀・富樫などに火を放ち、作物を薙捨てた(以上『公記』)。また同国の御幸塚城占拠に成功したとみられる。

　※　天正5年8月頃、御幸塚城には一向一揆方の軍勢が入城していた(『上越別1』)。しかし同年10月には、勝家配下の佐久間盛政が守将を務めている(『公記』)。それゆえ、同城は織田勢の手に落ちたと判断した。

　この年の9月10日付で勝家・武藤舜秀・滝川一益・丹羽長秀4名による連署状が堀秀政へ出された。加賀・能登の戦況を記した上で、信長への披露を依頼したものである。そこには、①能登末森城救援が困難であること、②明日11日、織田勢が加賀宮腰の川辺まで進軍する予定であること、③越後の上杉謙信(輝虎)の軍勢が一向一揆とともに加賀高松に布陣したことなどが記されている(「宮川文書」)。かかる点からすれば、一向一揆攻撃のほか、能登の織田方救援も北国出兵の目的であったと判断できよう。

　当時、謙信が能登へ侵攻し七尾城などを攻撃していた。9月15日付で出された謙信の書状には「此度モ信長雖令出勢候、両越之諸勢、賀国ヘ依差使、不堪凶徒敗北」、あるいは「能州心安収候了、重衆々賀・越ハ従去年申付候間、北国越前計ニ候」と記されている(『上越別1』)。事実ならば、15日以前に末森城は陥落し、勝家ら織田勢は退却したことになろう。

※　9月23日、加賀湊川で織田勢は謙信に大敗したと伝えられている。典拠は、9月29日付で長尾和泉守へ出された謙信書状の写であり、『歴代』のほか、「謙信公御書集」「謙信公御年譜」に収録されている(『上越別1』)。
　これらは、みな文書の写であり、しかも、すべて謙信の末裔たる米沢藩のもとで編纂された文献である。ほかの古文書あるいは古記録では、この合戦に関する記述が確認できない。加えて9月15日以前に織田勢が退却した可能性も否定しきれない。とすれば、同月23日の湊川合戦の存在は疑問となるのではないか。
　『公記』によると、10月3日、織田勢は帰陣している。そのさい、御幸塚城・大聖寺城の普請が行われ、勝家配下の軍勢が入城した。

天正6年(1578)
　この年、越前国内にいた可能性はあるが、そのことを明示する史料を見出せなかった。

天正7年(1579)
　『公記』によれば、8月9日、加賀へ侵攻し、阿多賀・本折・小松町口で放火・苅田を行い帰陣している。

天正8年(1580)
　閏3月5日、信長の命を受け加賀一向一揆攻撃を開始している。まず同国宮腰に陣を進めて北加賀の各所に放火し、野々市城・木越寺内を陥落させた。ついで能登へも侵攻、同国末森城による土肥親真を破り、各所に火を放っている。この時、長連龍ら能登・越中の織田方も、勝家に応じる形で軍勢を出した(『公記』『増訂信長』865・補遺208・補遺209)。
　一向一揆や能登の反織田方は追い詰められ、能登では、8月までに土肥が降伏、9月までに温井景隆・三宅長盛らも降っている(『増訂信長』)。
　付言すると、11月17日、安土城下の松原町西において、加賀一向一揆を主導する若林長門ら19名の首級がさらされた。いずれも勝家から進上された首級である(『公記』)。この頃までには加賀をほぼ制圧したのであろう。

天正9年(1581)
　2月、養子の柴田勝豊・同勝政とともに上洛し、24日、本能寺屋敷に宿泊中の信長のもとへ出仕した(『公記』)。翌25日も同所へ赴き、信長が催した茶会に出た。この時、「姥口の釜」の下賜を信長に願い出、許されたと伝えられる。なお、「姥口の釜」は、もともとは織田信秀所持の釜であった(『当代』)。
　同月28日、信長は京都で馬揃を挙行した。この行事には信長配下の主だった武将が参加している。越前在国の武将、すなわち勝家・勝豊・勝政のほか、不破光治・前田利家・金森長近・原政茂らも馬場を行進した(『公記』)。
　馬揃終了後、摂津有馬へ湯治に出かける予定となっていたが(『増訂信長』下巻576頁・577頁)、上杉景勝の越中出兵により取り止めとなる。景勝は、越中にいた佐々成政・神保長住や、越前在国の信長家臣団が上洛の途に就いたおりを狙い、3月9日、織田方の小出城

を攻撃した。

　3月15日、上杉勢出兵の報を受けた信長は、佐々・神保らを帰国させ、勝家・不破・前田・金森・原らに、その援助を命じた。これにより、24日、景勝は小出城攻略を諦め、兵を退いている。なお、勝家を始めとする越前の将兵は、夜を日に継いで越中へ着陣した（以上『公記』）。

　4月中旬、ルイス・フロイスが越前を訪れている。キリスト教布教のためであった。1581年5月19日および同月29日の日付を持つフロイス書簡によれば、4月中旬から下旬にかけ、彼は北庄城へ登城し、勝家やその嗣子権六（勝敏）と会見している。そして布教を許可され、勝家が統治する加賀への南蛮船来航を要請された（『イエズス会』）。

天正10年（1582）

　3月、越中では、上杉景勝方の小島職鎮・唐人親広らが一揆を結成し、同国富山城による神保長住を捕らえて同城を占拠した。これを受け、勝家や能登の前田利家が越中へ出陣し、佐々成政と合流して一揆と戦闘を交えている。同月24日、勝家らは富山城を包囲していた。同城陥落はそれから間もなくのことらしい。

　富山城を奪い返した織田勢は、越中魚津城・松倉城近辺に迫り、4月上旬頃、魚津城を包囲する。上杉方は景勝自身が越中へ出陣し、天神山に本陣を置いて魚津城救援を図ったが、勝家らは守備を堅固にして、景勝を寄せ付けなかった。5月26日、景勝や松倉城に籠る上杉勢が越後へ退いたことで、魚津城は孤立する。そして同城は勝家ら織田勢の手に落ちた。6月3日の出来事である（以上『富山・近世』『上越別2』『公記』）。その後、勝家らは越中黒部を通過し、6月5日には越後国境に近い越中境城（宮崎城）を占領した（高岡2015）。

　以上のように、勝家らは上杉勢を追い詰めつつあったが、事態は急変する。6月2日、京都で本能寺の変が勃発し信長・信忠父子が横死したのである。これにより、勝家ら織田勢は国許へ撤退した。6月6日のことであり（『増訂加能古文書』補遺389）、勝家の北庄帰城は同月9日のことである（高岡2015）。

　その後、国許を発った勝家は、6月下旬には清須城へ入り、秀吉・丹羽長秀・池田恒興との会談に臨んだ。世にいう清須会議である。その結果、信忠の子三法師の織田家家督継承が決まった（「惟任退治記」『秀吉』）。なお、この年の6月27日付で勝家ら四宿老の連署状が発給された。そこには「今度　御両殿様（織田信長・信忠）不慮之儀付而、城介殿若子様（三法師）為御宿老中奉守、天下之儀被仰付候」とある（『秀吉』）。会談が6月27日頃に行われたことは間違いなかろう。

　会議では、秀吉支配下の北近江三郡（坂田・浅井・伊香）を勝家が支配することも決定されている（『多聞院』7月7日条『秀吉』）。そして、これにより柴田勝豊が長浜城へ入り、三郡の統治を開始した（「柴田」『菅浦文書』）。

天正11年（1583）1月～4月

　この年、勝家・滝川一益らと織田（北畠）信雄・秀吉らの対立が頂点に達し、勝家・滝川は信雄・秀吉打倒のための軍事行動を起こすことになる。

２月上旬、長浜城の柴田勝豊が信雄・秀吉方に降るや(『大日本史料』)、勝家自身が北近江へ出陣することになる。同月28日以降、越前・加賀・能登・越中の軍勢が北近江を目指し南下を開始した。

　３月７日、勝家勢を始めとする北国勢は、近江余呉・木ノ本に放火し、10日にも北近江の地で火を放った。しかし３月中旬、北伊勢で滝川と戦っていた秀吉が、北近江へ軍勢を進めると、柳瀬・椿坂まで退き守備を固めている(以上『新修七尾市史３　武士編』、以下『七尾』と称す)。その後、４月５日、勝家が出撃、堀秀政の守る近江左禰山城を攻撃している。

　４月16日、岐阜城で挙兵した織田信孝を攻撃すべく、秀吉が美濃大垣城へ入城するや(以上『大日本史料』)、戦局は大きく動き出した。1584年１月20日付のルイス・フロイス書簡などによると、20日、勝家とその嗣子権六が堂木山城・左禰山城に、佐久間盛政が賤ヶ岳城・岩崎山城・大岩山城に迫って、中川清秀・高山右近を破り、中川を戦死させている。そして同日、今度は秀吉が美濃から北近江へ進軍し、翌21日未明、北国勢撃退に乗り出した。数刻にわたる激戦ののち、正午頃には北国勢惨敗・勝家敗走という結末を迎えている(『イエズス会』「柴田」)。

　４月23日、勝ちに乗じた秀吉は北庄城攻撃に着手し勝家を追い詰めている。そして24日、勝家は同城の天主へ上り割腹して果てた(『七尾』「柴田」)。

■典拠
【日記】
「越前国相越記」(『福井中・近世１』に収録)『お湯殿』「兼右卿記」(影写本)『兼見』「尋憲」「宗及自会記」『多聞院』『言継』
【古文書】
「喜志宮文書」(『富田林市史』４に収録)『金剛寺』「寂光院文書」(『愛知織豊１』に収録)『菅浦文書』(滋賀大学日本経済文化研究所叢書)「杉山家文書」(京都大学総合博物館所蔵)『増訂加能古文書』(名著出版)『増訂信長』『秀吉』「宮川文書」(『金沢市史資料編　中世２』に収録)
【編纂物等】
「浅井三代記」(改定史籍集覧)「朝倉始末記」(『日本思想大系　蓮如・一向一揆』に収録)『イエズス会』『尾張志』(歴史図書社)「尾張徇行記」(名古屋叢書続編)『公記』「惟任退治記」(続群書類従)「柴田退治記」(続群書類従)『上越別１』『上越別２』『新修七尾市史３　武士編』「信長記」(古典文庫)『大日本史料』(「北畠物語」「柴田勝家始末記」「島記録」「中村不能斎採集文書」「武家事紀」などを収録)『当代』『富山・近世』『日本史』
【参考文献】
『信長人名』
『柴田勝家──北庄に掛けた夢とプライド──』(福井市立郷土歴史博物館編集・発行　2006年)
『新修名古屋市史第２巻』(名古屋市　1998年)

高岡徹「本能寺の変前後の越中松倉・魚津城」(『富山史壇』176　2015年)

丹羽長秀の居所と行動

尾下 成敏

【略歴】

　丹羽長秀の略歴や居所・行動を明らかにしようとする場合、依拠すべき文献としてあげられるのは『信長人名』であろう。本稿もその成果に多くを依拠している。

　「丹羽家譜」第2（以下「家譜」と称す）は、天文4年(1535)9月20日に尾張児玉村で誕生したと記す。幼名は万千代丸、父は尾張守護斯波家に仕えた丹羽長政と伝わる。

　織田信長の許へ出仕した後、次第に頭角を表し、信長出頭人の一人と目されるようになった。イエズス会の宣教師ルイス・フロイスは、1584年1月20日付の書簡のなかで、長秀のことを「いとも裕福で信長がもっとも寵愛した家臣の一人」と記している（『イエズス会』）。

　天正10年(1582)6月2日の本能寺の変後、羽柴（豊臣・木下）秀吉と提携した長秀は、信長死後の政局において重要な役割を担い、秀吉の覇権確立に一役買うことになる。

　死去したのは、秀吉関白任官のおよそ3か月前に当たる天正13年4月16日であった。享年51、法名は総光寺殿大隣宗徳大居士（「総光寺回答書」「顕本寺旧蔵丹羽長秀画像」）。

　各年の居所と行動について記す前に、長秀の名字と通称を述べておきたい。まずは名字。『公記』によると、天正3年7月3日、信長は長秀に惟住名字を与えている。通説は、この記事に基づき、この日以降の名字を惟住とする（『信長人名』など）。しかし、そう断定してよいかとなると、現時点では難しいといわざるを得ない。なぜなら、天正3年7月2日以前に惟住名字を称した可能性が排除できないからである。

　「多賀大社文書」のなかに長秀が多賀社家中へ宛てた書状が存在し、3月2日という日付の脇に「天正弐」と付年号が記されている（『彦根市史　古代・中世史料編』751、以下『彦根』と称す）。この長秀文書に関し、『大日本史料』の編者は、年未詳文書とした上で、後に付年号が記されたとするが（『大日本史料』11-14、474頁）、天正2年発給とする説もある（『彦根』718頁）。それゆえ、この付年号についての慎重な検討が必要となろう。惟住名字の初見時期に関しては、現時点では不明というしかない。

　※　山鹿素行の『武家事紀』上巻には、晩年の長秀が秀吉から羽柴名字を与えられたとの

記述が登場する。しかし一次史料をみる限り、長秀がこの名字を用いた形跡は確認できない。また死去直前に当たる天正13年の4月14日付の長秀書状の差出書には「惟住越前守　長秀」と記され(「丹羽家譜伝」)、その5日前の4月9日付の秀吉書状にも「惟住越前守」と記されている(「東京国立博物館所蔵文書」)。長秀は羽柴名字を使用しなかったのではなかろうか。

つぎに通称。永禄6年(1563)閏12月9日付で尾張笠寺に判物を出し、観音修理田を安堵した。差出には「丹羽五郎左衛門尉長秀」と記されている(「笠覆寺文書」)。長秀発給文書の初見であり、この時期までには、通称を「五郎左衛門尉」、諱を「長秀」としていたことが知られよう。

その後、天正11年冬ないしは翌12年春から、「越前守」が通称となる。天正11年11月5日付で越前の商人橘屋三郎左衛門へ宛てた文書の差出書には「五郎左衛門尉　長秀」と記されているが(「橘文書」)、翌年の3月13日付で長秀へ出された秀吉書状写の宛名書には「惟越」(「加能古文叢」)、天正13年の4月9日付の秀吉書状の文中に「惟住越前守」と記されているので(「東京国立博物館所蔵文書」)、このように判断できよう。なお、左衛門尉や越前守に任ぜられた確かな形跡はない。

【居所と行動】

1　尾張時代——天文18年(1549)〜永禄9年(1566)

永禄11年9月の信長上洛前、すなわち長秀が尾張・美濃にいた時期の居所に関し、具体的な情報が残されているのは、天文18年頃から永禄9年までの間である。ゆえに、この期間を対象とする。

当該期の長秀に関しては史料が少なく、尾張・美濃で活動したことが確認できるという以外は、不明な点が多い。

天文18年(1549)

「家譜」は、天文18年に信長の許へ出仕したと伝える。一方、『寛永伝』は、翌19年に出仕したと記す。いずれにせよ、信長は当時那古屋城にいたので、同城へ入ったとみられる。

天文21年(1552)

8月16日、信長は、尾張海津で清須織田家方の軍勢を撃破した。長秀も従軍し戦功をあげたと伝えられている(「家譜」)。

永禄3年(1560)

この年の5月19日、信長は駿河の今川義元と尾張桶狭間山で戦い、これを敗死させた。「家譜」は、長秀も従軍し戦功をあげたと伝えている。

永禄4年(1561)

5月13日、織田勢は西美濃へ侵攻した。「家譜」は、長秀がこの戦いに従軍したと伝えている。

永禄8年(1565)

　従兄弟の織田信清と対立していた信長は、居城を清須城から小牧山城へ移し、信清の居城尾張犬山城を攻撃目標に据えた。攻撃で重要な役割を担ったのは長秀であり、「信長公記」には「或時犬山の家老　和田新介是は黒田の城主也中嶋豊後守是は於久地の城主也此両人御忠節として、丹羽五郎左衛門(長秀)を以て申上、引入、生か城になし、四方鹿垣二重・三重丈夫に結まハし、犬山取籠、丹羽五郎左衛門警固にて候也」と記されている。なお、この記事には、犬山城攻防戦の時期が記されていない。

　横山住雄氏の研究によれば、犬山落城は永禄8年2月である(横山2012)。ゆえに、この年の長秀は同城の攻撃を行ったとみられよう。

　※　横山氏は、犬山城陥落後、長秀が同城の主になったとする(横山1985)。しかし『公記』の前掲記事をみる限りでは、そうした点は確認できない。

永禄9年(1566)

　信長は、永禄8年7月から翌9年9月27日までの間に東美濃の猿はみ城を、永禄8年9月28日ないしは翌9年9月28日に堂洞城を攻略した(後述)。『公記』によれば、長秀もこれらの合戦に参陣し、猿はみ城攻めでは、城の水の手を断ち、堂洞城攻めでは、城の「天主構」まで攻め込んでいる。

　※　猿はみ・堂洞両城の陥落時期を述べる。まずは行論の前提として、信長と東美濃の国衆佐藤氏の関係について言及したい。永禄8年7月10日付の信長文書の写が存在する。宛所は佐藤右近衛門尉、「先度以誓紙如申候、三郡之儀、反銭・夫銭共一切可被召置候、其上手入次第可有知行者也、仍状如件」とある(『増訂信長』)。永禄8年7月頃、佐藤父子は信長に味方したのである。なお、右近衛門尉は佐藤忠能の子息であり、父子は東美濃の加治田城にいた(『公記』)。

　『公記』では、佐藤父子が信長方に属した経緯が語られている。「去程に、美濃国御敵城宇留摩の城・猿はみの城とて押並二ヶ所、犬山の川向に在之、是より五里奥に山中北美濃之内、加治田と云所に佐藤紀伊守(忠能)・子息右近右衛門と云て父子在之、或時崖良沢使として差越、上総介信長公偏憑入之由、丹羽五郎左衛門(長秀)を以て言上候、内々国之内に荷担之者御所望に思食折節之事なれハ、御祝着不斜、先兵粮調候て蔵に入置候へと御諚候て、黄金五十枚、崖良沢に渡し被遣候」とある。時期は明記されていないが、内容から考えて、永禄8年7月頃の状況を記すものとみられる。ここから、父子が信長に降った頃、猿はみ城が反信長方に属していた事実が判明し、同城陥落時期の上限は永禄8年7月頃となる。

　今少し『公記』の記事をみよう。某年9月28日、信長は佐藤父子を救援すべく美濃へ侵攻し、堂洞城を攻め落とした。しかし翌29日、稲葉山城の斎藤龍興が織田勢を襲撃するという報を受けるや、軍勢を撤収させている。この事実に留意するなら、堂洞城陥落時期の上限は佐藤父子が信長に味方した後、具体的にいえば、永禄8年9月28日

と考えられる。

　堂洞陥落時期の下限を確定する。稲葉山城が陥落し斎藤氏が美濃を退去するのは、永禄10年9月である(勝俣1980)。そして9月29日、信長が斎藤勢進撃の報をうけ退却した事実を重くみると、永禄10年の陥落とは考えにくい。下限は永禄9年9月28日であろう。

　つぎに猿はみ城陥落時期の下限を確定する。小牧山からみると、堂洞は猿はみよりも奥に位置するため、尾張から美濃へ侵攻するさい、猿はみ城のほうが攻撃し易い。加えて『公記』では、堂洞陥落記事の前に猿はみ城陥落記事を置いている。こうした点から、堂洞陥落の前に、猿はみ城が攻め落とされたと考えられる。より具体的にいえば、猿はみ落城は遅くても永禄9年9月27日となろう。

　以上から、永禄8年7月から翌9年9月27日までの間に猿はみ城が、永禄8年9月28日ないしは翌9年9月28日に堂洞城が陥落したと考える。

2　信長上洛から本能寺の変直前まで──永禄11年(1568)～天正10年(1582)5月

　ここでは、信長が上洛した永禄11年から本能寺の変直前の天正10年5月までを対象とする。

　この時期の長秀は、五畿内・近江・丹波・播磨・紀伊・若狭・越前・加賀・尾張・美濃・三河・伊勢・伊賀・信濃・甲斐・上野へ赴いたことが知られる。また元亀2年(1571)2月以降は佐和山城、天正8年以降は大坂城の城将を務めている。

永禄11年(1568)

　9月7日、信長は岐阜城を発して上洛の途に就き、近江の六角義賢(承禎)・義治父子の軍勢と交戦した。12日、長秀・秀吉らは、六角氏の本拠観音寺城に程近い箕作山城を攻略している(『公記』)。その後、信長とともに入京したとみられ、10月12日には明院良政とともに信長の使者として禁裏へ赴いた(『お湯殿』)。

　10月から11月にかけ、長秀は村井貞勝とともに近江国内の指出徴収を担当している(『増訂信長』132・同書上巻225頁)。この頃、同国へ赴いたのであろうか。

　10月26日の信長帰国後も(『公記』)、長秀は在京していたらしく、『多聞院』11月22日条には「京ニハ尾州ヨリ佐久間(信盛)・村井(貞勝)・ニワ五郎左衛門・明印(良政)・木下藤吉(秀吉)五千計ニテ残置了」と記されている。しかし11月27日までには京都を離れたとみられ、同日付の竹内秀勝書状には「丹五左(長秀)下国候条」と記されている(『増訂信長』上巻209頁)。

永禄12年(1569)

　1月10日に入京した信長は、4月21日まで在京し、この間、唐物の名物を買い求めた。その任に当たったのが松井友閑と長秀である(『公記』)。長秀も信長に従い在京していたのであろう。

　信長が岐阜へ戻った頃、長秀も同地へ戻り、8月12日には山科言継の訪問を受けている。

しかし眼病を煩ったため、対面は叶わなかった(『言継』)。

　8月、信長は伊勢へ出陣し北畠具教・具房父子を攻撃した。長秀も従軍し、同月下旬には北畠父子の本拠大河内城を攻撃している。9月8日夜、稲葉良通・池田恒興とともに城の西搦手を襲撃した(『公記』)。

永禄13年・元亀元年(1570)

　2月30日に入京した信長は、4月20日まで京都に滞在し、そのおり、堺の商人津田宗及たちから名物を強制的に買い取った。使者を務めたのは、松井友閑と長秀である(『公記』)。

　4月、信長は、若狭・越前を目指し軍勢を進めた。敵は朝倉義景らである。そして同月下旬には越前敦賀郡へ侵攻したが、浅井長政の挙兵により京都へ退いた。「朝倉始末記」は、長秀がこの合戦に参戦したと伝える。同月晦日頃、信長の命を受けた長秀は、明智光秀とともに若狭へ赴き、武藤友益の母を人質として受け取った。またその城郭を破却している。針畑越を経て入京したのは5月6日であった。なお、若狭滞在中、将軍足利義昭の側近一色藤長と会い、同国のことを談合している(『大日本史料』)。

　6月19日、信長は北近江へ出陣した。敵は小谷城による浅井長政である。長秀もこれに従い、21日には長秀・秀吉・柴田勝家らが小谷周辺に火を放った(『公記』)。そして28日、朝倉勢・浅井勢と戦闘を交えることになる。世にいう姉川の合戦であり、長秀は徳川家康・池田恒興とともに朝倉勢を破った(『増訂信長』)。

　朝倉勢・浅井勢に打撃を与えた信長は、7月1日、浅井の家臣磯野員昌が籠る佐和山城へ軍勢を進め、同城攻略に着手した。城の周辺に鹿垣を廻らし、彦根山の付城に河尻秀隆、北の山の付城に市橋長利、南の山の付城に水野信元、百々屋敷の付城に長秀を入れたのである。以後、およそ8か月にわたる佐和山城攻城戦が始まった。

　9月、信長は近江坂本周辺で朝倉・浅井両軍と戦闘を交えた。この戦いは12月まで続き、近江横山城を守り対浅井戦を担っていた秀吉のほか、長秀や河尻も動員されることになる。長秀・秀吉は、近江の建部・箕作・観音寺などの一揆を破った後、近江勢田へ着陣した。そして11月16日、長秀は信長の命を受け勢田に舟橋を架けている(以上『公記』)。

元亀2年(1571)

　2月、佐和山城は開城となり、磯野員昌は近江高島郡へ退去した。代わって同城の守将となったのが長秀である。

　9月1日、信長は近江志村城を攻略するが、この時、長秀や柴田勝家らが寄せ手となっている。21日、信長は長秀と河尻秀隆に命じ、高宮右京亮の一党を佐和山へ招き寄せ殺害させた(以上『公記』)。

元亀3年(1572)

　3月11日、信長は近江木戸城・田中城を攻撃した。両城の近くには付城が築かれ、長秀・明智光秀・中川重政が守備を任されることになった。

　7月19日、信長は、浅井長政攻撃のため北近江へ出陣した。長秀も参戦し、21日には長

秀・秀吉・柴田勝家らが小谷城下で浅井勢を破っている。そして24日、秀吉とともに近江大吉寺を夜襲した(以上『公記』)。

元亀4年・天正元年(1573)

　春、将軍義昭と信長が対立、2月20日、信長は軍勢を出し、義昭方の近江今堅田城・同国石山城攻略に取りかかっている。24日、勢田へ到着した柴田勝家や長秀らは、石山城に籠る山岡光浄院・伊賀衆・甲賀衆を攻撃し、26日、同城を開城させ破却した。そして29日には今堅田城を攻め落とし帰陣している(『公記』)。

　3月25日、信長は義昭攻撃のため岐阜を発し、29日に知恩院へ陣を進めた。長秀も従軍し、同日中には蜂屋頼隆とともに洛外の聖護院に布陣している(『兼見』)。

　その後間もなく、信長は義昭と和議を結び、六角義治の籠る近江鯰江城攻略に着手する。攻城戦を指揮したのは、長秀・勝家のほか、佐久間信盛・蒲生賢秀であり、4月中旬頃、攻撃が始まっている。

　5月15日頃、信長は、長秀の守る佐和山城に在城し大船の建造を行っている。これは義昭再挙のさい、軍勢を琵琶湖経由で移動させるための船であった(以上『公記』)。『当代』は、長秀が建造の任に当たったとする。佐和山近辺で建造が行われている以上、事実と判断したほうがよいだろう。そして7月上旬、義昭の山城槇島城入城の報を受けるや、信長は大船に乗って琵琶湖を渡り入京している。

　在京中、信長は京都屋敷の築造を計画し、7月14日、候補地選定のため、長秀・秀吉・勝家らが吉田に邸宅を構える吉田兼和(兼見)の許を訪れた(『兼見』)。

　7月16日、槇島城へ向けて出陣した織田勢は、18日に同城を開城させ、義昭を追放している。長秀も参戦した。

　8月8日、岐阜を発した信長は、北近江へ軍勢を進め、朝倉義景勢と対峙する。長秀も従軍し、秀吉や勝家・佐久間らとともに高月に布陣した。13日夜、朝倉勢が国許へ向けて退却を開始すると、信長は追撃を開始、近江・越前国境で朝倉勢を撃破した。この時、長秀ら高月にいた諸将が先陣を務めることになっていたが、戦闘参加が遅れ、信長の叱責を蒙っている。その後、義景は越前大野で自刃し、その母と嫡子阿君丸は捕らわれ殺害された。処刑を担当したのは長秀である(以上『公記』)。「朝倉記」によると、26日、越前帰ノ里の堂舎で両人は最期の時を迎えている。

　9月、長秀は若狭の長源寺と遠敷滝村へ禁制を発給した(「長源寺文書」「若狭彦姫神社文書」)。義景滅亡後、同国へ入国したのかもしれない。

　※　この年、信長は近江の大部分を制圧し、7月下旬頃には木戸・田中両城を、9月上旬頃には鯰江城を陥落させた(『公記』)。前述のごとく、長秀はこれら三城の攻略を担当していたが、遅くとも落城時までには、その任を解かれたとみられる。

　9月24日、信長は岐阜を発し、伊勢長島による一向一揆討伐に向かった。長秀も従い、26日、秀吉らと同国西別所城を攻略している。そして10月、同国白山城を開城させた。

11月、信長は河内若江城による三好義継を滅ぼした(以上『公記』)。「松井家譜」によれば、この合戦のさい、長岡(細川)藤孝・佐久間信盛と長秀が河内貝堀城を攻め落としている。11月13日の出来事であった。

天正２年(1574)

　1月、越前で一揆が発生し、同国は混乱状態に陥った。これに備えるため、秀吉や長秀らが同国敦賀へ派遣された。

　3月27日、大和多聞山城へ入った信長は、正親町天皇から東大寺所持の名香蘭奢待を与えられる。28日、同寺で蘭奢待の切り取りが行われ、長秀は柴田勝家らとともに奉行を務めた。

　7月13日、岐阜城を発した信長は、長島一向一揆の打倒に踏み切った。長秀も参戦し、木下(羽柴)長秀らと、はやお口を進撃する。そして尾張小木江村・こだみ崎の一揆を破って長島の東推付郷に陣を進め、長島城を圧迫した(以上『公記』)。

　10月、三好康長の籠る河内高屋城を攻撃すべく、長秀・秀吉らが出陣した。同月下旬、彼らは根来寺在陣衆中に対し、同城の攻撃開始予定日を21日と伝えている(『大日本史料』)。

　その後、長秀は大和へ出陣した可能性がある。11月18日付で長秀が同国の薬師寺へ宛てた書状には「当寺之儀、陣執・濫妨狼藉等於仕輩者、可被加御成敗之旨、被成下御朱印之条、我等手之者以下自然不相届儀在之者可申付候」と記され(「薬師寺史料」)、発給年代として天正２年の可能性が指摘されているためである(『大日本史料』10-25、123頁)。かかる判断が正しければ、11月中旬、大和に在陣していたことになろう。

　天正元年ないしは同２年、長秀は若狭小浜へ出向いた可能性がある。12月16日付で若狭の白井政胤へ宛てられた長秀書状は「丹五左長秀」の署名を持つ文書だが、そこには「如仰今度者在浜中種々御馳走共、不始于今儀御礼不申得候」と記されている(「白井文書」)。宛所が若狭の国衆であり、文中に「在浜」とある点から、小浜へ赴いたと考えられる。書状の日付からは、12月を遡る時期に訪れたと判断できよう。

天正３年(1575)

　3月3日に入京した信長は、翌月6日まで京都に滞在している。長秀もこの間在京しており、3月25日、信長の使者として、松井友閑らと三条西実枝の許へ赴いている(「宣教卿記」、以下「宣教」と称す)。また同月、信長が徳政令を発し、由緒のある土地すべてを公家・門跡に取り戻させようとしたさい、長秀は村井貞勝らとともに実務を担当していた(下村1996)。

　4月6日、信長は河内へ出陣し高屋城による三好康長を攻撃する。長秀・柴田勝家らが河内国内の各所に放火し苗麦を薙捨てた。

　5月13日、岐阜を発した信長は三河へ入り、18日、同国極楽寺山に陣を進めた。敵は甲斐の武田勝頼である。この日、長秀は秀吉・滝川一益とともに、あるみ原に布陣し武田勢と対峙した。そして3日後の21日、合戦に及ぶ。世にいう長篠の戦いである。

8月、信長は越前一向一揆討伐に着手した。同月15日、長秀らが越前国中を目指して侵攻を開始、18日には勝家や信長の甥津田(織田)信澄とともに鳥羽城を陥落させている(以上『公記』)。その後、勝家とともに、19日に朝倉与三の籠る城を攻め落とし、21日までに数多の一揆勢を殺害したと伝えられている(『増訂信長』)。なお、「朝倉始末記」は、8月頃、長秀が勝家・秀吉らとともに越前長崎付近に在陣したと記す。

　9月14日、信長が北庄足羽山に陣を構えた。そのさい、滝川一益・原田(塙)直政と長秀が陣所の普請を担当している(『公記』)。

　10月13日、入京した信長は、11月14日まで京都にいた。この頃、長秀も在京していたらしく、11月2日には「右京職」のことで朝廷から申し渡しを受け、同月5日には山城賀茂の神光院に関わる事で中御門宣教の訪問を受けている(「宣教」)。

天正4年(1576)

　1月中旬、信長は安土築城を決意し同城の普請を長秀に命じている。そして翌2月23日、安土城へ入り、普請の褒美として長秀に名物の「周光茶碗」を与えた。4月、長秀は秀吉・滝川一益とともに石垣普請に従事している。

　5月7日、信長は大坂本願寺の軍勢を摂津天王寺で撃破した。この時、長秀や秀吉も従軍している(以上『公記』)。

　6月23日、滝川と長秀の両人が信長の使者として入京した。興福寺別当をめぐる相論に関し信長の意向を伝えるためである(『言継』24日条「宣教」24日条)。

　7月1日、信長は安土城普請を再開する。長秀も普請に従事したらしく、信長から名物の「市絵」を拝領している(『公記』)。

天正5年(1577)

　2月、信長は和泉・紀伊両国の一揆討伐に乗り出した。同月下旬、長秀や滝川一益らが海岸沿いから和泉・紀伊国境を越え、軍勢を紀伊国内に侵攻させている。そして3月1日、一揆の重鎮鈴木重秀の居城を攻撃し降伏に追い込んだ。21日、信長は軍勢を撤収させ、この日、和泉佐野城の築城を長秀・秀吉らに命じている。

　8月8日、柴田勝家を大将とする軍勢が加賀へ出陣した。長秀も参陣している。加賀・越前国境を越えた織田勢は南加賀の各所に放火し作物を薙捨てた(以上『公記』)。そして9月10日、長秀や勝家らは、宮腰の川辺を目指して、兵を進めようとしている(「宮川文書」)。

　10月3日、北国から帰陣したが、大和の松永久秀・久通父子討伐を命じられ、大和へ出陣している。10日、信長の長男織田信忠を大将とする軍勢が、松永父子の籠る大和信貴山城を攻撃し、父子を滅亡へ追いやった。長秀も秀吉とともに城攻めに加わっている(『公記』)。

天正6年(1578)

　元日、長秀は安土城へ登城し、織田信忠や秀吉らとともに信長の茶会に招かれている。そして3日後の4日、秀吉らとともに信忠の茶会に出た。場所は安土の万見重元邸である

(『公記』)。

　3月、長秀は、滝川一益・惟任(明智)光秀・長岡藤孝とともに、波多野秀治のよる丹波八上城を攻撃したと伝えられている(「細川家記」)。

　4月4日、信忠を大将とする軍勢が大坂本願寺攻撃へ向かった。長秀も出陣している。5日・6日の両日にわたって織田勢は大坂近辺に在陣し麦苗を薙捨てた(『公記』)。

　同月10日、長秀は、光秀・滝川とともに丹波へ出陣する。敵は同国園部城による荒木氏綱であった。城を包囲し水の手を断ち切った長秀らは、荒木を退城させ、26日には京都へ帰陣している(『公記』「清水寺文書」)。

　同月27日に上洛した信長は、播磨上月城を取り囲む毛利輝元・宇喜多直家の連合軍と決戦を企てたが、長秀や佐久間信盛らに諫止され、出陣を取り止めることになった。そして29日、長秀・光秀・滝川が播磨へ出陣し、秀吉や荒木村重とともに毛利・宇喜多連合軍に当たることになった。その後、信忠率いる大軍も加勢するが、上月城救援は困難を極め、結果、織田勢は撤退して播磨国内の制圧を目指すことになる。6月26日のことであった。退却のさい、長秀・光秀・滝川は播磨三日月山に軍勢を布陣させ殿軍を務めている。

　6月27日、信長の二男北畠信意(後の織田信雄)率いる軍勢が播磨志方城を攻撃した。長秀も参戦し西の山に布陣している。その後、彼らは播磨神吉城攻撃に加わり、信忠の指揮のもと東の口から城を攻撃することになった。7月16日、長秀は滝川とともに城を陥落させている。

　織田勢が志方城を開城させて、別所長治のよる播磨三木城へ押し寄せると、長秀らは三木城の周辺に付城を築いて在陣した。

　11月、信長は摂津を目指し軍勢を進めた。敵は同国を支配する荒木である。同月10日、長秀・滝川らが摂津芥川・糠塚・大田村・猟師川辺に陣を進め、茨木城による荒木方の軍勢と対峙した。この時、織田勢は大田郷の北の山に付城を築いている。14日、長秀・秀吉らは荒木のよる伊丹城を目指して軍勢を進め、付近に放火した上で貝野郷に陣を置いた。28日、長秀と滝川は西摂津を目指して侵攻している。西宮・いばら住吉・あし屋の里・雀が松原・三陰ノ宿・滝山・生田森に軍勢を進め、荒木方の摂津花隈城を押さえるための軍勢を配置し、兵庫を攻撃して放火と殺戮を繰り広げた。須磨・一谷にも火を放っている。その後、軍勢を撤収させ、12月4日、摂津塚口に布陣した。同地に付城を築き、伊丹城攻城戦に参加したのである(以上『公記』)。

天正7年(1579)

　「池田本信長記」には「江州安土御山ニて被成　御越年訖、歴々御衆、摂州伊丹表数ヶ所之御付城、各御在番之儀に付て、御出仕無之」とあるので、長秀は安土へは赴かず、塚口の付城で元日を迎えたとみられる。

　4月10日、長秀と筒井順慶・山城衆が播磨へ出陣した。具体的な行き先は不明だが、同国へ出陣した信忠が12日に三木城付近に迫り、付城を築いた事実を考慮するなら、三木へ

出陣したのかもしれない。また前田利家らと播磨淡河城へ向けて軍勢を進め、押さえの城を築いた。そして4月晦日までに摂津古池田へ軍勢を撤収させ、信長に拝謁している。

5月1日、信長は帰陣するが、長秀は蜂屋頼隆らとともに塚口の付城に在番して、伊丹城攻城戦に再び参戦した。6月20日、信長は長秀や滝川一益に対し、鶉・小男鷹(はいたか・このり)を下賜し労をねぎらっている。9月21日、信長は京都の二条屋敷を発して摂津へ向かい、27日には伊丹城攻撃を担う家臣たちを見舞った。塚口城へも赴き長秀の陣所で休息している。なお、伊丹開城はこの年の11月19日であった。

この年、信長は二条屋敷を儲君誠仁親王へ献上した。親王が新邸へ移るのは11月22日のことである(以上『公記』)。「池田本信長記」によれば、長秀や村井貞勝らが奉行として、この行事を執り行っている。

12月13日、摂津七松において荒木一党の妻子が処刑された。執行の任を担ったのは、長秀・滝川・蜂屋である(『公記』)。

天正8年(1580)

2月27日、山城山崎に陣を置いた信長は、長秀・織田信澄・塩川長満に摂津出陣を命じた。命を受けた長秀らは、3月上旬頃までに花隈城攻撃のための付城を築き、池田恒興・同元助・同照政(後の輝政)を置いて帰陣している。

閏3月、信長は安土城下の普請を行ったが、これに長秀や信澄も従事したらしく、普請終了後の5月7日、両人は信長から暇を賜っている。信澄は近江大溝城へ、長秀は佐和山城へ帰城し、用事を申し付けてから安土へ戻ることになった。とすれば、両人は、平時は安土にいた可能性が高いことになろう。

8月2日、本願寺教如が大坂御坊を退去した。堂舎は炎上したが(以上『公記』)、翌3日、信長は信澄を御坊址へ派遣し、大坂の占拠に乗り出した(『兼見』)。

谷口克広氏は、この頃、長秀や蜂屋頼隆も大坂城に在城していたと述べる(『信長人名』)。11月26日に蜂屋が大坂にいた事実(『宗及他会記』)、あるいは、この年の10月12日付の信長文書において、長秀・蜂屋の両人に対し、上方見物中の能登の国衆土肥親真の接待が命じられた事実を考慮するなら(『増訂信長』)、大坂入りは8月3日から10月12日までの間となろう。なお、ルイス・フロイスは、1582年(天正10)度日本年報追信のなかで、天正10年6月上旬頃の長秀を「(大坂城)城の第二の部将」と説明しているので(『イエズス会』)、信長死去直後まで城の守備や大坂の支配に当たったとみられる。

天正9年(1581)

1月23日付の信長文書の写によれば、この頃、長秀は大坂に在城している(『増訂信長』)。2月28日の馬揃では、長秀は一番手を務め、軍勢を指揮して馬場を行進した。

3月9日、信長は堀秀政を和泉へ派遣し同国から指出を徴収した。この時、槇尾寺は指出提出に抗ったため、5月10日、堀のほか、長秀・織田信澄・蜂屋頼隆ら大坂在番の諸将や堺代官の松井友閑が同寺へ派遣され、堂舎を破壊し火を放った(以上『公記』)。

『公記』によると、6月11日、越中の国衆寺崎盛永・喜六郎父子が長秀の守る佐和山城に幽閉され、7月17日に切腹させられている。一方、「上杉家文書」のなかの5月6日付の田中尚賢等連署状によれば、盛永はこれ以前に能登で自刃している(『上杉』)。6月の幽閉以前に父の方は死去したのである。『公記』と「上杉家文書」のどちらが信用できるのかという問題が浮上しよう。ただ、6月11日以前に喜六郎が死去したことを確認できる史料は見あたらない。ゆえに、喜六郎が佐和山に幽閉され自刃した点は否定できないだろう。
　7月6日、近江へ入った越中の国衆石黒成綱を同国長浜で殺害した。
　9月3日、信長は、二男北畠信雄を大将とする軍勢を伊賀へ侵攻させた。織田勢は甲賀口・信楽口・加太口・大和口の四方向から伊賀を目指し、長秀は信雄に従って甲賀口を進撃している。6日、信雄は伊賀のみだい河原に軍勢を進め、長秀らもこれに続いた。そして11日以降、名張郡へ軍勢を進めて同郡を制圧し(以上『公記』)、10月11日、小畑に陣所を構えた(『福智院家古文書』、以下『福智院』と称す)。
　10月9日、信長は、織田信忠・同信澄を従えて安土を発し伊賀見物に出かけた。12日には小畑の長秀の許を見舞っている。この時、信長の御座所が造営された(『公記』『福智院』)。

天正10年(1582)1月～5月

　3月5日、信長は安土を発し信濃・甲斐へ軍勢を進めた。両国平定のためである。長秀は織田信澄とともに従軍し、19日には信濃上諏訪に陣を構えている。そして4月3日には甲斐古府中へ入り、ここで暇を賜って上野草津へ湯治に赴いた。堀秀政・多賀常則も同道している。
　その後、4月中に長秀は佐和山城へ帰城し、同所に茶屋を建て、同月21日、安土へ帰城しようとする信長に一献進上した。
　5月、家康と穴山信君(梅雪)が上洛し、長秀はその饗応に追われた。14日、長秀は近江番場に宿所を設けて両名を宿泊させ、また同日、番場を通過した織田信忠に一献進上している。20日、長秀は堀秀政・長谷川秀一・菅屋長頼とともに、安土の高雲寺御殿で家康饗応の役目を務め、21日、信澄とともに大坂城へ戻り、大坂見物に訪れる家康をもてなすことになった(以上『公記』)。
　5月29日、信長の三男織田信孝は摂津住吉に着陣し、四国出陣の準備をととのえた(「宇野」)。「惟任退治記」は、長秀が蜂屋頼隆とともに従軍する予定であったと伝える。

3　本能寺の変以後——天正10年(1582)6月～同13年4月

　天正10年6月2日早朝、京都にいた信長・信忠父子が惟任(明智)光秀の軍勢に襲われ最期を遂げた。ここでは、この月以降を対象とする。
　この時期の長秀は、山城・摂津・近江・紀伊・若狭・越前・尾張・美濃へ赴き、天正10年6月下旬の清須会議後は、坂本城・北庄城を本拠としていた。

天正10年(1582) 6月～12月

　本能寺の変当日、長秀が上方にいたことは確かとみられるが、それが堺か大坂城かは不明とせざるを得ない。秀吉が大村由己に記させた「惟任退治記」によれば、この日、長秀は堺に在陣している。一方、1582年(天正10) 11月5日付の同年度日本年報追信の記事、すなわち6月3日頃、長秀が織田信澄とともに大坂城に在城し、織田信孝の大坂入りを助けたとの記事に注目するなら(『イエズス会』)、6月2日に長秀が同城にいた可能性も排除できない。

　信長父子を死に追いやった光秀だが、畿内近国を制圧することは遂にできなかった。彼に反発する信長遺臣たちが動き始めたのである。長秀もその一人であった。6月5日、長秀は信孝や蜂屋頼隆とともに、光秀の女婿であった信澄を襲撃して、これを討ち取り、大坂城を完全に占拠した(『多聞院』『イエズス会』)。また同月上旬ないしは中旬頃、松井友閑とともに信孝の使者として紀伊鷺森の本願寺へ赴いている。この年の6月18日付で下間頼廉が近江の蒲生賢秀・賦秀(後の氏郷)父子へ宛てた書状に「三七様(織田信孝)此方へ深重可被仰通之旨、宮内卿法印(松井友閑)・惟住五郎左衛門殿(長秀)為御使被仰越候」とある点(「興敬寺文書」)、松井が6月16日に入京し、それ以降在京した事実から(『日々記』)、そのことは明らかであろう。本願寺に助勢を求めたのであろうか。

　光秀謀反の報を受け急遽東上した秀吉と信孝・長秀は連携することになった。6月13日昼頃、信孝が摂津高槻に着陣し、秀吉・池田恒興・堀秀政・高山右近・中川清秀らと合流している。またこれを受け、長秀・秀吉の両名が同日付で大和の筒井順慶に連署状を出し、出兵を促した(『秀吉』)。長秀もこの日高槻に到着したとみられる。かくして反光秀連合軍が結成された。

　6月13日晩、長秀ら連合軍が山城山崎へ進撃し、光秀方の軍勢を撃破した。そして同国勝龍寺城へ逃げ込んだ彼らを包囲した。14日、城は陥落したが、光秀はその前に城を出ている。しかし逃げ切れず殺害された(以上『兼見』『秀吉』「惟任退治記」)。

　山崎の合戦後、近江へ入った長秀は、光秀方に占拠されていた佐和山城を奪い返し(「惟任退治記」)、美濃へ進んだ。6月24日付で長秀・秀吉の連署状が同国関惣中に発給されている(「梅竜寺文書」)。その後、清須城へ入り、秀吉・池田・柴田勝家とともに談合に及んだ。世にいう清須会議であり、信忠の子三法師の織田家家督相続が決定された。これは27日頃の出来事である。

　清須会議のさい、長秀が坂本城へ入ることも決まった。そしてこれにともない、大坂城は池田へ、佐和山城は堀へ引き渡された(『多聞院』7月7日条『秀吉』)。坂本入城は7月7日以前とみられる。『兼見』8日条に「坂本へ下向、丹五左(長秀)下向佐和山也」とあることに注目するなら、そう判断してよいのではないか。付言すると、この記事からは、同月8日、長秀が佐和山へ下向した事実が判明する。

　7月14日・9月16日・22日、坂本城で吉田兼和と対面している。9月17日、吉田の邸宅

へ入り、18日に同所で秀吉や堀・長谷川秀一と談合に及んだ。19日には方々からの見舞いも受けている。そして20日、今度は三条の伊藤吉次邸で秀吉と談合し、同日、吉田邸へ戻った。坂本帰城は21日のことである(『兼見』)。

10月28日、入京し、六条の本圀寺で秀吉・池田と談合に及び(『蓮成院』)、北畠信雄の織田家家督継承を決定した(尾下2006)。

10月29日、秀吉・堀・金森長近(素玄)らと吉田で会談し、今度は「世上無事之談合」を行っている(「宇野」)。

11月10日、坂本城を出て再び入京し秀吉と談合に及んだ。翌11日には坂本城へ戻っている。また12月4日にも入京し、この日は三条の伊藤吉次の邸宅で、翌5日は徳雲軒全宗の邸宅で秀吉と会談している。坂本城へ帰還するのは、6日のことであった。なお、9月の入京と同様、在京中は吉田の邸宅に滞在している(『兼見』)。

12月、秀吉が近江へ向けて出陣し、同月11日、佐和山城に到着した。敵は北近江の勝家勢と岐阜城による信孝である。この年の12月17日付で家康が三河の水野忠重へ宛てた書状の写に「羽柴(秀吉)・惟任(惟住の誤り、長秀)佐和山迄出陣之様子慥被示越、得其意候」と記されているので(『譜牒』中巻)、長秀も11日頃には佐和山城へ入ったとみられる。

秀吉は近江そして美濃へ向けて軍勢を進め、12月16日、美濃大垣城へ入城した。長秀や池田らも秀吉とともに軍勢を進めている(「柴田退治記」、以下「柴田」と称す)。そして12月21日付で長秀・秀吉・池田の三宿老が連署状を出し、美濃の国衆に対し、織田家新当主信雄の許へ出仕するよう命じた(『秀吉』)。なお、この年の12月23日付の森長可書状写によれば、この頃、三宿老は西美濃に在陣している(「阿子田文書」)。

信孝が降伏し三法師を引き渡すのは、12月下旬のことである(尾下2006)。これを受け、27日頃に長秀・秀吉らが兵を退いた(『兼見』)。

天正11年(1583)

1月20日、坂本城で吉田兼和と対面した(『兼見』)。

閏1月、柴田勝家・滝川一益打倒が決まり、北近江や北伊勢へ軍勢が出されることになった。この合戦のさい、長秀は越前の勝家らの押さえを務めている(『多聞院』27日条「柴田」)。

2月27日、若狭佐柿城に在陣し、柴田勝豊・堀秀政とともに越前・近江国境や越前・若狭国境の守備に当たっている。また3月の下旬には若狭から越前敦賀へ侵攻し、勝家方の武藤康秀・柴田勝政・金森長近と合戦に及び、各所に火を放った(『大日本史料』『新修七尾市史3 武士編』)。当時、勝家らの軍勢が北近江へ出陣していた事実を踏まえると、その背後を脅かそうとしていたことは明らかであろう。なお、『太閤』によれば、4月20日に近江賤ヶ岳城へ入城し、翌21日の賤ヶ岳の合戦に参戦している。

北近江の戦闘で勝家らを破った秀吉は、4月下旬までに越前・加賀・能登・越中をほぼ制圧した(『大日本史料』)。北国平定にともなって、長秀には越前と南加賀の支配が委ねら

れている(「柴田」)。

4月、長秀は越前国内の寺社・村落に禁制を出している(「大連彦兵衛家文書」「法興寺文書」)。ゆえに、入国は同月の出来事である可能性が浮上しよう。なお、「家譜」によれば、勝家の本拠北庄城へ入城している。

天正12年(1584)

3月、秀吉と織田信雄・徳川家康が武力衝突することになった。世にいう小牧・長久手の合戦である。長秀は秀吉方に属した。

3月下旬は在国していたとみられ、同月29日付で秀吉へ出された長秀書状には「随而北国何方迄も静謐候間、聊被成御機遣間敷候、就其前又左(前田利家)人数此比早々相立申由候、則返札令進覧候、佐々木陸奥守かたへも持遣候、定而不可有油断候、其分別ニ同名平左衛門参陳(佐々成政)申付之由也、此地罷通候」と記されている(「前田利為氏所蔵文書」)。

8月19日、出陣し尾張へ向かったが(『多聞院』28日条)、およそ1か月後の9月28日、国許へ帰陣している。秀吉に抵抗していた越中の佐々成政に備えるためであった。10月、北加賀へ入った長秀配下の軍勢が、佐々の侵攻を防ぐため、城普請を行い、城番を務めた(『大日本史料』)。

天正13年(1585)1月～4月

4月上旬、長秀は国許で重い病の床に就いていた。『兼見』4日条には「越州出羽守書状飛脚罷上、惟住越前守相煩、近日殊更煩也(長秀)」と記されている。この年の4月9日付の秀吉書状に「惟住越前守所労于今不然候付而、其方之儀申上候間、乍造作来十二・三日比下向尤候、永々煩之間(長秀)」とあることを踏まえるなら(「東京国立博物館所蔵文書」)、急な病ではなかったと判断できよう。

4月9日、長秀は秀吉に書状を出し、養生のため上洛すると申し送ったが、数日後には病状が悪化し、北庄出発を延期した。そして同月14日付で秀吉に書状を出し、跡目相続を秀吉の意向に委ねると伝えた(「丹羽家譜伝」)。

4月16日、長秀はこの世を去った(「顕本寺旧蔵丹羽長秀画像」)。『多聞院』25日条には「惟住長秀ハ煩大事、大ニハン必死ト覚悟シテ、病死無念トテ、去十四日ニ腹ヲ切り、終二十六ニ死了」と記されている。

■典拠

【日記】
『お湯殿』『多聞院』『言継』『兼見』「宗及他会記」「宇野」「日々記」「宣教卿記」(影写本)

【古文書】
「阿子田文書」(『岐阜古代中世補遺』に収録)「上杉」「清水寺文書」(『兵庫中世2』に収録)「信長公記」(『愛知織豊1』に収録)『増訂信長』「梅竜寺文書」(『岐阜古代中世1』に収録)『秀吉』『福智院家古文書』(花園大学福智院家文書研究会編)「宮川文書」(『金沢市史資料編2 中世2』に収

録)「笠覆寺文書」(『愛知織豊1』に収録)

【編纂物等】

「朝倉始末記」(『日本思想大系　蓮如・一向一揆』に収録)『イエズス会』「池田本信長記」『寛永伝』『公記』「惟任退治記」(続群書類従)「柴田退治記」(続群書類従)『新修七尾市史3　武士編』『太閤』『大日本史料』(「朝倉記」「加能越古文叢」「顕本寺旧蔵丹羽長秀画像」「興敬寺文書」「白井文書」「総光寺回答書」「東京国立博物館所蔵文書」「丹羽家譜伝」「前田利為氏所蔵文書」「松井家譜」「薬師寺史料」を収録)『当代』「丹羽家譜」(写本)『彦根市史　古代・中世史料編』『福井中・近世1』(「橘文書」「法興寺文書」を収録)『福井中・近世2』(「大連彦兵衛家文書」を収録)『福井中・近世7』(「長源寺文書」「若狭彦姫神社文書」を収録)『武家事紀』(山鹿素行先生全集刊行会)『譜牒』中巻「細川家記」(写本)『蓮成院』

【参考文献】

『信長人名』

横山住雄「犬山落城・永禄八年説」(『郷土文化』40-1　1985年)

同『織田信長の尾張時代』(戎光祥出版　2012年)

勝俣鎮夫「織田信長の入城と城下」(『岐阜市史通史編　原始・古代・中世』岐阜市　1980年)

下村信博『戦国・織豊期の徳政』(吉川弘文館　1996年)

尾下成敏「清須会議後の政治過程」(『愛知県史研究』10　2006年)

明智光秀の居所と行動

早島 大祐

【略歴】

　生年については近年二つの説が出されている。一つは享禄元年(1528)説。これは『明智軍記』・『綿考』などが享年55とすることによる。もう一つは永正13年(1516)説。これは『当代』が享年67とすることによる。両説は丁度、一回りの違いなので子歳生まれである点では一致するが、いずれも同時代史料にもとづくものではなく、生年についての判断は保留せざるを得ない。

　出自については、通説通り、美濃国周辺の出生と見られる。『兼見』元亀3年(1572)12月11日条に親類が美濃にいるとの記事があり、また、天正2年(1574)2月4日に多聞山城留守番のさいに、同所で石清水八幡宮領美濃国生津庄を巡る相論を裁許しているから(『石清水』)、具体的内容は不明ながら、同国を管領する立場にあったことがわかる。家柄については、吹聴していたらしく、「尊氏公御直書等」所持という話(「戒和上昔今禄」)、「ときの随分衆」(「立入左京入道隆佐記」)、「濃州土岐一家」(「遊行三十一祖京畿御修行記」)などの伝聞が残されている。

　初期の動静を探る上で参照すべき史料は、これまであまり活用されてこなかった次の記事である。すなわち信長暗殺後に書かれた『多聞院』天正10年6月17日条に、「細川ノ兵部太夫カ中間ニテアリシヲ引立之、中国ノ名誉ニ信長厚恩ニテ被召遣之、忘大恩致曲事天命如此」とあり、光秀が細川(長岡)藤孝の中間であったことが当時の人々に知られていたのである。

　「永禄六年諸役人附」として知られていた「光源院殿御代当参衆并足軽以下覚書」の後半部分が永禄10年(1567)頃の作成であることが明らかにされたが(黒嶋敏「『光源院殿御代当参衆并足軽以下覚書』を読む」)、その後半部分に足軽衆として「明智」の名が記されている。この史料では細川藤孝は御供衆としてあげられているから、家格上、両者には大きなひらきがあり、光秀は藤孝の下で働くことも多かったのだろう。このような実態が上記の藤孝中間という評言を呼んだのかもしれない。

また、「米田文書」に残された『針薬方』奥書に、「右一部、明智十兵衛尉高嶋田中籠城之時口伝也」との記述があることが確認された。同書は光秀の口伝を筆録した沼田勘解由左衛門から、永禄9年10月20日に米田貞能が近江坂本で写したものであり、ここに光秀の史料上の初見が更新された(村井祐樹「幻の信長上洛作戦」)。

ここからいえるのは①光秀は医学の知識を有していたこと、②近江湖西にすでに地理観を有していたことの2点である。また「高嶋田中籠城之時」として可能性が高いのは永禄8年5月9日の義輝暗殺直後だろうが、この点については後考を期したい。

義昭入京直後から足軽衆以上の働きを見せ、織田方武将と連署で、時に信長の意向を受けた文書を発給している。元亀元年末までには、戦死した森可成のかわりに近江宇佐山城の守備を任される。

光秀が義昭・信長に両属的なあり方から信長寄りの姿勢をとるのは、元亀2年の叡山焼討のさいの功として近江国志賀郡と洛中の旧山門領を信長から給与・委託されてからである。元亀3年には約1年をかけて坂本に天守を擁する壮麗な城を築き足場を固めた。義昭と信長の不和のさいに信長方としての旗幟を鮮明にしたのも、以上のような信長から与えられた財政基盤を直接の根拠としていた。

義昭追放後は、越前朝倉・一向一揆攻めや摂津本願寺攻め、長篠合戦などの戦歴を重ねると同時に、天正3年7月頃まで村井貞勝とともに京都代官として庶政にあたり多忙を極めた。それらの功績で同月3日に惟任の名字を与えられ日向守に任官する。惟任日向守光秀の誕生である。

同年6月に示唆されていた丹波侵攻を10月に開始、以後、天正7年10月に丹波拝領まで4年がかりで丹波攻撃に従事する。丹波国拝領以後も坂本城は光秀の領有のままであり、細川藤孝が丹後拝領後に勝龍寺城から手を引いたことからすれば異例である。西国攻めのために同国の経営を推し進め、天正10年には甲斐武田攻めにも参戦する。同年6月2日に本能寺で織田信長を殺害するが、その後の羽柴秀吉との戦いに敗れ13日に逃亡中に上醍醐・山科付近で死去。

なお、典拠の丸囲い数字は、藤田・福島編『明智光秀』所収「明智光秀文書集成」の文書番号をあらわす。

【居所と行動】

1　永禄年間——牢人時代

「ときの随分衆」(「立入左京入道隆佐記」)、「濃州土岐一家」(「遊行三十一祖京畿御修行記」)として美濃国在住。その後、牢人して越前朝倉義景を頼り、永禄元年前後より長崎称念寺門前にて10年間の浪人生活を送る。永禄8年ごろに、近江国高島田中城に足利義昭方として参戦。その功績を認められてだろう、永禄10年、越前一乗谷で足利義昭家臣団に足軽衆として加えられる。牢人時代の終焉である。

2　永禄11年(1568)〜同12年──中間・足軽衆時代

永禄11年(1568)

　9月の将軍義昭上洛に従い入京。当初の動静は判然としないが、光秀が細川藤孝の中間といわれていたことを想起すれば、たとえば10月10日の大和攻めのさい(『多聞院』)、公方方大将として出陣した細川藤孝と和田惟政に従軍していた可能性がある。

永禄12年(1569)

　1月5日に、三好長逸・政康、石成友道の三好三人衆が六条本圀寺の義昭を攻めたさいに光秀も防戦したことが『公記』に見える。その翌月から文書発給に携わりはじめ、2月29日は光秀・村井貞勝・日乗上人連署で、4月16日には、丹羽長秀・木下秀吉・中川重政と連署。18日には丹羽長秀・木下秀吉・中川重政とともに信長の朱印状を受けて文書を発給している(『増訂信長』)。入洛後は村井貞勝・日乗朝山とともに京都の庶政にあたっており、同年2月以降、将軍足軽衆という立場を越えた光秀の活動が確認できる。

3　永禄13年・元亀元年(1570)〜元亀2年──宇佐山城主

永禄13年・元亀元年(1570)

　この年、光秀は宇佐山城主になる。3月6日には信長の命を受け、日乗とともに公家衆の知行地一覧を提出させている(『言継』)。21日には連歌に参加(土田将雄『続細川幽斎の研究』、以下『続幽斎』と略記)。22日には木下秀吉・丹羽長秀・中川重政とともに曇華院領山城大住庄の相論の裁許を行っている(『増訂信長』)。

　なお、同年4月10日には義昭の命で山城下久世庄の一職支配を認められている(「東寺百合文書」)。光秀の経済基盤が確認できる最初の事例である。

　4月の越前朝倉攻めに帯同したかは明らかでないが、浅井長政の裏切りにより撤退の後、光秀を若狭に派遣した旨が『公記』に見える。8月の三好・本願寺攻めのさいには、信長に帯同していたらしく、このことは9月の朝倉・浅井軍が坂本まで進軍した際、京都の護衛のために21日に村井貞勝・柴田勝家とともに光秀が入洛していたことからわかる(『言継』)。24日の信長の坂本出陣に帯同し、26日には一旦、帰京(『言継』)。その後、光秀は勝軍城に詰めており、時折、風呂をかりるために麓の吉田兼和邸を訪れている(『兼見』)。12月には足利義昭の調停もあって信長は朝倉・浅井軍と和睦。同年末には9月の朝倉・浅井戦で戦死した森可成の代わりに宇佐山城に入城したと推測される。宇佐山城時代の始まりである。

元亀2年(1571)

　1月6日には光秀使者として赤塚・寺内・寺元・赤利の四名が吉田兼和邸を訪れ、21日には吉田兼和が宇佐山城の光秀を見舞っている(『兼見』)。2月19日には、兼和に25人の人足を求めているから、この頃に城の修復・改修を行っていたのかもしれない。

　7月3日には宇佐山城の光秀は上洛しており、同晩に帰城、翌日も上洛したことが「元亀二年記」に記されている。

9月12日に叡山焼き討ちのさいに光秀は宇佐山城主として参戦し仰木谷から侵攻したことが、9月2日付和田秀純宛光秀書状から判明する(「和田頴一氏所蔵文書」今谷明『言継卿記』、⑬)。焼討後、山門領が光秀に与えられたことから相当の軍功をあげたと見られる。その後、休む間もなく24日には摂津高槻に出陣(『言継』)。晦日には嶋田秀満・塙直政・松田秀雄らと公武用途調達のために段別一升の段米を洛中に賦課。また10月15日には同じメンバーで禁裏賄料として洛中貸し付けにあたっている(『増訂信長』、⑭、⑲、⑳)。そのさいに出された発給文書では光秀はいずれも日下に署判を加えており、後述の連署署判のあり方からすれば、光秀が実務担当の責任者であった可能性は高い。

　上述の通り、叡山焼き討ち直後に光秀による旧山門領知行が開始されたが、それは『公記』に記される滋賀郡だけではなかった。10月の甘露寺経元宛女房奉書には光秀が山門末寺と号し廬山寺領を押領する旨が見える(「廬山寺文書」)。その後も12月10日には、光秀が山門領と号して青蓮院・妙法院・曼珠院門跡領を押領していたことが『言継』に見える。

　これら一連の天皇家領の押領行為によって将軍義昭の譴責をうけ、20日には義昭側近曽我助乗へ下京壺底分地子銭や鞍を与えて取りなしを依頼している(『細川家文書』)。廬山寺領や三門跡領が具体的にどこを指すかは不明だが、曽我助乗に礼として提示した下京地子銭の存在から、滋賀郡に加え洛中地子銭の一部も光秀が知行していたことが判明する。光秀は比叡山の東西の麓の旧山門領を領有していたのである。なおこの点については早島大祐「織田信長の畿内支配」を参照。義昭から譴責を受けたさい、光秀は「かしらをもこそけ」(「神田孝平氏所蔵文書」)と謝罪の意を表明していたが、焼討以降、信長から山門領の一部を給付され、居城宇佐山城も得ていた光秀にとって、義昭と距離を置くのに必要な経済的条件は十分に整っていた。12月29日には信長のいる岐阜におり、細川藤孝とともに信長から茶席に呼ばれている(『言継』)。

4　元亀3年(1572)——坂本城主

元亀3年(1572)

　この年は光秀が坂本城主になった年である。おそらく年始も信長のいる岐阜で過ごしたと考えられる。1月19日に吉田兼和に光秀使者が年頭の礼にきているから、このころ帰陣したと見られる(『兼見』)。

　閏1月6日以降、光秀は坂本城の建設に取りかかり、同年12月24日に落成する。坂本城主光秀の誕生である。その間、3月の朝倉攻めで光秀は湖西の和邇に詰めている(『公記』)。4月に反旗を翻した三好義継・松永久秀への攻撃のために、16日に河内へ転戦(『兼見』『増訂信長』)。5月9日には義昭昵懇の光浄院暹慶を「上山城守護職」に任命するなど戦後処置を行い、11日には光秀を含む出陣衆全員が帰陣した(『兼見』)。

　7月に江北攻めを再開。湖西から進軍し浅井郡の天台系寺院大吉寺を焼き討ちしたさい、光秀は湖上で水上戦を展開している(『公記』)。9月に戦況が小康を見たのか、15日に光秀

は上洛して医師徳雲軒全宗(のちの施薬院全宗)のところに逗留している。その後に坂本城へ帰城したのだろう。12月22日に兼和が坂本の光秀の見舞いに向かっている(以上『兼見』)。

5　元亀4年・天正元年(1573)～天正3年——京都代官兼任
元亀4年・天正元年(1573)

　2月、将軍義昭が信長に反旗を翻し、それに呼応して6日に山城岩倉の山本・渡辺・磯谷も光秀から離反する。29日に光秀は、近江今堅田の城を攻め、落城させたが(『兼見』)、この合戦で光秀軍も18名の犠牲者を出した(「西教寺文書」『明智光秀と丹波・亀岡』)。

　3月30日には賀茂に陣を布き、翌月2日に一帯を焼き払っている。4月27日付で信長と義昭は和与。28日に光秀は、今堅田攻略の軍忠として大津の船大工三郎三衛門に諸役免除特権を与えており(『増訂信長』)、和与の翌日には帰城していたとみられる。5月24日付で大津西教寺に先の今堅田攻めで戦没した配下の霊供を寄進しているから(「西教寺文書」、㉛)、大津にいたと見られる。6月28日には兼和が坂本へやってきて「天主之下」に建てた小座敷で連歌を行っている(『兼見』)。坂本城にはこの時までに天主ができており、それは前年末の大改修のさいに築かれたのだろう。

　7月3日に義昭が再度蜂起したさい、7日未明に信長は大津に着き、12日に東寺が信長と光秀に音信をしているから、光秀は信長と行動を共にしていたことがわかる(『教王護国寺文書』)。18日に義昭が槙島城から没落した後は転戦し、24日には静原郷の山本対馬守を攻めている(『兼見』)。なお『公記』同月22日条は光秀に近江の木戸・田中城が与えられたことを記している。

　8月10日に信長は浅井・朝倉攻めに出馬し、20日に朝倉義景は敗死。浅井も陥落し、信長に帯同した光秀は28日には越前織田大明神に羽柴秀吉・滝川一益らとともに当知行安堵を行っている(『増訂信長』補遺137)。この三名の安堵状は9月19日付のものが残されているから(「瀧谷寺文書」)、光秀もこの時まで越前に在陣していたことがわかる。

　その後、9月中には坂本城に帰城したと見られ(下記補論参照)、同月中には村井貞勝と両名で京都代官として職務を執りはじめたと考えられる。両者による京都行政は、光秀が丹波攻略に赴く天正3年7月まで続く。天正元年9月以降、光秀は、坂本城主・京都代官・軍事指揮官としての立場から、坂本・京都・戦場を頻繁に往復することになる。

天正2年(1574)

　1月11日に松永久秀開城後の多聞山城に留守番として入城し(『多聞院』)、2月4日までは多聞山城で相論の裁許に当たっていたことが確認される(『石清水』)。武田勝頼の東美濃岩村城侵攻を受けて、2月6日に信長は出陣し、その陣容を18日に光秀が多聞山城にいた細川藤孝に伝えているから、美濃国へ出陣していたことがわかる(「尋憲」)。信長は24日に岐阜に帰陣しているから(『公記』)、その前後に光秀も坂本へ帰ったと見られる。

　7月6日に坂本城で自害した三淵藤英・秋豪親子の検死に光秀が関与したと思われる

(「年代記抄節」)。また8日には尾張美濃の商人司伊藤宗十郎に坂本辺の「百姓之商人」以下の役銭を与えており(「寛延旧家集」、㊾)、坂本城で執政していたことがわかる。

本願寺光佐の蜂起以降、7月に信長は伊勢長島の一向一揆攻めに向かうが、摂津方面軍も編成され、光秀は8月3日には、その後詰めとして、鳥羽近辺に在陣している(『増訂信長』)。あいまをぬって東寺から提出された訴訟関係文書をチェック(「東寺百合文書」)、9月には藤孝と摂津河内を連戦し、18日には河内大和国境に位置する飯盛山城で一揆を討ち取っている。10月19日には藤孝が摂津へ着陣するが、その軍には光秀も帯同したと考えられる。11月13日には「信長人数」が河内より大和へ来たことが確認できるが(『多聞院』)、同月14日付光秀書状(「光源院文書」)に「和州表在陣之事候」とあるので、光秀も大和入りしていたことがわかる。その後16日に「信長衆」帰陣とあるので、光秀もこの日に坂本へ帰陣したと見られる(『多聞院』)。

その後、12月21日付で村井と連署で賀茂社領の安堵状を出しているから、京都代官として働いていたことが確認できる。

天正3年(1575)

この年は織田軍の畿内支配戦略の変更により、光秀が京都代官の職務から離れる時期である。

前年来の一向一揆攻めは続き、4月4日にはその一角である三好康長攻めの先駆けとして河内へ出陣。河内陣では信長に帯同しており、14日の青蓮院への信長書状を光秀が伝達している(『増訂信長』)。河内高屋城陥落後、28日に信長は上洛。光秀もおそらく帯同したと見られる。5月13日には再度侵攻してきた武田勝頼を迎え撃つため信長は岐阜城を出立。光秀も帯同するが出陣は若干遅れ、14日には上洛していた島津家久一行を坂本城でもてなし、三畳敷の部屋がある座敷船で琵琶湖遊覧などをしている(「中務大輔家久公御上京日記」)。17日に大和国衆が鉄砲衆として奈良を出立しているから、この頃までに光秀も長篠に向かっていたと見られる。21日の長篠の合戦後、24日には坂本に帰城。吉田兼和の見舞いを受け、信長からの感状を見せている(『兼見』)。7月3日に信長の推挙で惟任へ改姓し、日向守に任官。以後、惟任日向守光秀となる。

7月10日に信長は越前一向一揆攻めに出陣。この時、光秀は信長より遅れて出陣したようで、8月14日には兼和と坂本で音信している(『兼見』)。光秀参陣は翌15日のことである(『増訂信長』)。16日に越前一向一揆を平定し、信長自身は24日に越前より帰ったが、光秀は戦後処理を担当し、23日に降伏した加賀国「面々」の引き受けに同国へ向かい、9月16日には越前豊原に在陣。同日付小畠左馬進宛光秀書状では直接、丹波入りすることを記しているが(以上「小畠氏旧蔵文書」『大阪青山短期大学所蔵文書図録』1輯、㊷)、24日に一旦大津へ帰っている(『増訂信長』補遺163)。

10月1日には、6月に示唆されていた光秀を大将とする丹波攻めが開始。光秀は8日には丹波に着陣したようで、戦況を信長に伝えている(『増訂信長』)。以後、正月をまたいで

在陣していたようで、『言継』天正4年1月15日条に旧冬以来在陣していた旨が記されている。おそらく出陣準備のためか、この間、京都奉行の職も遂行しにくかったようであり、7月10日付で村井貞勝単署の安堵状が出された後、光秀は遅れて14日付で安堵状を発給している。

※　光秀京都代官の下限

　光秀の京都代官就任の下限については、従来、下記文書の年次をもとに天正3年末までと考えられてきた。

「若宮八幡宮文書」(『増訂信長』619)

　当所縄内若宮八幡宮領年貢地子銭、任当知行之旨、可有社納候、於無沙汰者、可令鑓責者也、仍如件、

(貼紙)
「天正三年」

　　極月廿九日　　　　　　　村井
　　　　　　　　　　　　　　　貞勝(花押)

　　　　　　　　　　　　　　明智
　　　　　　　　　　　　　　　光秀(花押)

　　　　西九条
　　　　　名主百姓中

　本文書は貼紙の記載から『増訂信長』で天正3年に比定されている。この年次比定は、今谷明『言継卿記』、下村信博『戦国・織豊期の徳政』などでも踏襲され、後者では、この史料をもとに「天正三年十二月の時点では、光秀の丹波平定は相当な進展を見せていたのであって、同方面の戦いを指揮するかたわらで、依然として京都代官の職務を果す(注で本文書が典拠とされる――早島)など、天正四年以降とは相違した余裕のある戦いぶりと思われる」(同書59頁)と光秀の丹波攻めが評価されている。

　しかし本文書を天正3年と判断すると、同年7月以降に光秀が惟任ではなく明智を名乗った点に齟齬が生じる。この点に関して奥野高広氏は「明智は旧姓を慣用したと解する」と判断しているが、実は光秀は天正3年12月以降、丹波波多野氏の反乱鎮圧のために翌年1月まで在陣しており(『兼見』天正4年1月15日条)、京都の村井と協議を持つ余裕はなかったと見られる。よって本文書は天正元年～同2年のものと比定できる。

　さらに義昭と信長の対立が頂点に達した元亀4年7月1日には下京の地子銭すべてが織田政権に収公され、義昭没落後に当知行分が還付されたことを踏まえると(「饅頭屋町文書」『増訂信長』)、当知行安堵を命じた本文書の年次は天正元年である可能性が高い。

※　京都代官としての明智光秀

　「愛宕山尾崎坊文書」年未詳9月29日付細川藤孝書状によれば、山城国外畑領有を巡り、尾崎坊と細川藤孝のあいだで相論が起こっている。

「愛宕山尾崎坊文書」(京都大学総合博物館蔵)
　　当所之事、為山城国之条、雖可申付、聊有分別加遠慮之処、京都御代官両人以折
　　紙被申付之由、如何子細候哉、限桂川西地、一円被仰付任御朱印之旨、可存知間、
　　年貢・諸公事賜(物)如先々可令納所、若於他納者、可為二重成者也、仍折紙状如件、
　　　　九月廿九日　　　長岡
　　　　　　　　　　　　　　藤孝(花押)
　　　　名主百姓中

　年次比定をすると、まず藤孝が同地を知行するのは天正元年から八年までのことであり、このような担当地域の分担に関わる問題は、長岡管領初期に見られるものと考えられる。
　次に「京都御代官両人」の文言から考察すると、「京都御代官両人」と呼ぶに相応しいのは、天正元年11月〜同3年7月ころまで両名連署で京都行政を取り仕切っていた明智・村井の両名である。天正3年6月以降に光秀が丹波攻めを行ってからは、村井のほか、塙直政・武井夕庵・松井友閑らが当たっており、「京都御代官両人」と呼ぶには相応しくない。以上から本文書は天正元年かその翌年のものといえ、所領の管轄という問題からすれば、細川が長岡の地を宛行われたばかりである天正元年の可能性が高い。またこの分析からは、明智光秀と村井貞勝が「京都代官」と呼ばれていたことが同時代史料より判明する(今谷明『言継卿記』)。すなわち、越前朝倉攻めより帰京した天正元年9月以降、光秀は村井貞勝とともに京都代官として、京都および周辺地域の安堵・検断などを担当していたのである。
　軍事司令官として転戦も重ねた光秀がどのように京都代官の職を果たしたかについては、(天正2年)11月14日付明智光秀書状(「光源院(光源院)文書」)に「随而彼寺之儀、村民入魂被申候由、尤候、於令帰陣者、遂相談不可有疎意候」とあるので、両名相談の上で文書が出されたことがわかる。
　この相談は、双方とも多忙を極めていたから、京都あるいは坂本城で落ち合ったさいに行われたのかもしれない。村井の居宅は東洞院三条、本能寺前町にあったらしい(『公記』『信長人名』)。一方の光秀の京都代官としての拠点は、『兼見』元亀3年9月15日条には光秀の京都宿所として徳雲軒全宗邸が見え、天正5年9月14日にも上洛したさいにも宿泊所となっているので、同所が在京拠点の一つであったことは確かである。そこで訴訟の受付や村井との談合が行われた可能性がある。京の村井邸・徳雲軒邸、あるいは近江の坂本城で「遂相談」げつつ、連署の文書が出されたと判断しておきたい。このように考えると、連署文書が出された日付は光秀の在京、あるいは在坂本の徴証たりえることが確認できる。
　なお、両者の連署順であるが、光秀(日下)／貞勝(奥)も貞勝(日下)／光秀(奥)もいずれの場合も見られ、一定していない。ただ、この時期の連署状の日下書判の意味を考

える上で、参考になるのが次の史料である。

「瀧谷寺文書」(『大日本史料』10-18　23頁)
　　其方寺領分之事、任当知行之旨、年貢諸済物可有収納候、仍如件、

　　　　　　　　　（天正元年）　　明智十兵衛尉
　　　　　　　　九月十九日　　　　　　　光秀(花押)

　　　　　　　　　　　　　　　羽柴藤吉郎
　　　　　　　　　　　　　　　　　　　秀吉

　　　　　　　　　　　　　　　瀧川左近
　　　　　　　　　　　　　　　　　　　一益(花押)

　　　　　　湊
　　　　　　　瀧谷寺
　　　　　　　　　床下
　　　　　（包紙ウハ書）
　　　　　「瀧谷寺へ
　　　　　　　　打渡　明智十兵衛」

包紙ウハ書から、日下書判者が文書の送り主であることがわかる。その上で順路を逆算すると、日下書判者が安堵依頼や訴訟を受け付けたものであると考えられる。室町幕府奉行人連署奉書の場合も別奉行(訴訟の担当奉行)が日下に書判を据えるから、それと同じ形式である。光秀・貞勝の連署順も同じ法則であったと推定でき、日下の人物が訴訟を受理したのである。

6　天正4年(1576)〜同6年──京都代官離任と丹波国侵攻

天正4年(1576)

1月14日に波多野秀治の反乱により光秀は敗戦。21日に白川を経て坂本へ帰陣する(『兼見』)。2月18日に再び丹波へ下向し(『兼見』)、「氷上表」での曽根村百姓の働きを褒して諸役を免除しているが(『思文閣墨蹟』60『新修亀岡市史』、㊾)、本格的な軍事活動再開にはいたらなかったらしい。信長は4月には本願寺の再蜂起を受けて、3日までに光秀・藤孝らを大坂攻めに派遣。光秀は14日に坂本を発し河内平野に在陣している(『兼見』)。大坂城攻めでの大和「守護」の原田備中守直政戦死後、筒井順慶が大和を管轄する旨を5月3日に万見仙千代とともに大和へ来て伝達している(『多聞院』)。しかし相次ぐ激戦の故か23日に所労を理由に帰京、曲直瀬正盛邸で療養している(『兼見』)。7月14日には兼和が坂本へ見舞いに向かったから、この頃には帰城していた(『兼見』)。その後の動向は不明だが、坂本にて療養を続けていたと見られる。10月27日には「女房衆所労」のために光秀も上京し、11月2日まで在京していた(『兼見』)。

天正5年(1577)

2月に信長は雑賀攻めを開始し、その先陣として長岡藤孝、荒木村重とともに根来表まで出陣している(『増訂信長』)。22日には浜方・山方と軍を分ける中、光秀と藤孝および筒井順慶らが海上から雑賀に迫ったことが『公記』に見える。そのさい、「長尾」にて藤孝が軍

功をあげたことが23日付信長黒印状に記されている(『増訂信長』)。年未詳6月12日付雑賀五郷・土橋平尉宛光秀書状で光秀は信長への謁見を求めているから、この時まで雑賀攻めの戦後処理を行っていた様子である(『増訂信長』)。7月27日に雑賀衆が再び蜂起したさいには、光秀に軍勢を添えるべきと現地から報告されているから、光秀は南和泉に駐屯していた可能性が高い(『増訂信長』)。8月15日に筒井順慶が和泉久米田寺に到着して佐久間信盛軍に合流している。このあいだ、駐屯を続けていたのかどうかは判然としないが、9月14日に光秀が上洛し、徳雲軒邸に逗留していたことが確認できる(『兼見』)。27日には近江来迎寺に寺領を寄進(「来迎寺文書」、⑫)。同日には松永久秀が反乱を起こし信貴城に籠城したが、10月1日には信貴城で松永久秀と合戦。10日に同城を落城させた。その後29日には丹波籾井城へ向かう(『兼見』)。11月18日に信長が突如上洛して鷹狩りを行うが、そのさい分国大名が帯同しており、その中に光秀が含まれた可能性は高い(『兼見』)。12月2日には里村紹巴邸にて連歌会の予定も信長から大和への下向命令が出たために延期。3日、光秀は坂本へ戻り、大和へは飛脚を送る。4日には坂本の藤田伝五郎邸にて興福寺僧らに東大寺との裁判の勝訴を言い渡す(「戒和上昔今禄」)。

天正6年(1578)

　元日に安土で年賀に参加(『公記』)。1月11日に茶会を催す(「宗及他会記」)。同月29日には湖西の伊藤同名中に鵜川の開作を命じている(「伊藤晋氏所蔵文書」、⑭)。3月9日に藤孝と坂本で面会、おそらく丹波出陣の打ち合わせだろう(『兼見』)。4月10日に滝川一益らと丹波へ出陣。4月下旬には播磨上月城の援護のために播磨へ向かっている(『公記』)。5月には明石着陣(⑮)。8月には長岡忠興に娘を嫁がせている(「細川家記」)。

　9月7日・11日には坂本で兼見と連歌を催している(『兼見』)。11日の兼和への返礼には「直ニ令下向丹州」とあり、年未詳9月13日付津田加賀守宛光秀書状には明日14日に亀山着陣と記されているから、『新修亀岡市史』の比定通り、この書状は天正6年のもので14日に亀山入りしたと見られる。その後、9月日付で禁制を発給したことが確認できる(「円通寺文書」、⑱)。

　10月17日には荒木村重が反乱を起こし、光秀は丹波の情勢も睨みつつ、25日には長岡藤孝ら摂津方面軍の援軍として派遣される(『増訂信長』)。10月26日付で信長から阿波在陣中の長宗我部弥三郎への使者として派遣される(「土佐国蠹簡集」)。内容は荒木攻め出陣の賞として弥三郎に「信」の一字を与え、「信親」とするというものである。また11月6日には荒木村重と対峙していた滝川一益のもとへ信長の使者として訪れている(『増訂信長』)。年未詳11月3日付佐竹出羽守宛光秀書状(「尊経閣文庫所蔵文書」、⑳)には、信長が12日に摂津に着陣するために前日11日に光秀も摂津入りすると述べられている。30日まで長岡藤孝の後詰めとして相談している(『増訂信長』)。11月中は丹波方面は家臣に任せており、丹波に駐屯していた小畠氏などに付城の守備などを指示している(「小畠文書」『新修亀岡市史』、㋒)。

　12月8日から有岡城で万見仙千代が戦死する激戦があった。光秀は羽柴秀吉・佐久間信

盛・筒井順慶らと有馬三田城に入り、摂津方面へ出陣すると同時に、三木城への攻撃用意も行っていた(『公記』)。12月22日付奥村源内宛光秀書状(「御霊神社文書」『福知山市史』、⑧4)には「我等者有馬郡へ相動、三田付城四ヶ所申付隙明候条、昨日至多紀郡罷越候」とあり、21日に八木城のある多紀郡へ入っていたことがわかる。その後光秀は八木城へ向かい攻城戦の陣をしく(『公記』)。

7 天正7年(1579)～同10年――丹波国知行

天正7年(1579)

八木城城攻めの布陣以降、在陣衆を残しながら光秀自身は2月一杯まで坂本にいたと見られる(『兼見』)。この間、書状にて遣り取りをしており、「境舜祥氏所蔵文書」には1月28日付光秀書状(宛名欠)、2月2日付光秀書状(荒木藤内宛、使者高山次右衛門)が残され、それぞれ「千籠山(千丈寺山ヵ)」の攻防での「明越前」の討死と「黒井面」での褒賞について触れている。両者は年欠書状だが、いずれも黒井城攻めに関する内容から、本年のものと推定できる。光秀が丹波亀山に出陣したのは2月28日であり(『兼見』)、4月4日付光秀書状(丹後の和田弥十郎宛)では「はや籠城之輩四五百人も餓死候」と戦況を記した上で、八木城陥落後、即座に丹後へ攻め入る旨が述べられている(『増訂信長』補遺199)。なお、5月20日付三宅弥平次俊泰書下(須知九大夫、山内一揆中宛)では氷上討入の勲功に付き、新村以外の地を道祖六郎左衛門に与えるとしており(「古文書纂」)、この三宅俊泰が丹波攻めの現地指揮官の一人であったことがわかる。ちなみに本文書には「天正十年」の付年号が付されているが、付年号に「年」はつけないので年号部分は後筆で、内容から天正7年と見るのが妥当である。

しかし実際には6月2日の落城後、連続しての行軍はせず、22日には坂本へ帰っていたことが確認できる(『兼見』)。20日に信長が上洛していたから、おそらくそれにあわせて一旦帰城したのだろう。その後、同月24日には大和吉野に出陣。帰陣の時期は不明だが、『公記』には7月19日に丹波宇津城を落としたと記され、また7月24日付小畠左馬進宛光秀書状では26日に桐野河内に着陣予定と記されるなど(「大東急記念文庫蔵小畠文書」『新修亀岡市史』、(91))、7月中旬には丹波・丹後攻めを再開していた。8月9日には黒井城も陥落(『公記』)、24日付で黒井城主赤井五郎忠家成敗につき、氷上郡の寺庵以下の還住を命じている(「富永家文書」『兵庫県史史料編』中世3、(92))。9月22日には国領城を陥落させ(「雨森善四郎氏所蔵文書」)、10月12日は丹波加伊原にて新城の造作にあたっていた(『兼見』)。24日には光秀が丹波拝領の礼に安土の信長を訪れたことが『公記』に見える。なお11月22日の誠仁親王の二条御所移徙には細川藤孝らと警固にあたっていたらしい(『綿考』)。

天正8年(1580)

本年は丹波経営・坂本城改修に加え、上山城も宛行われ、大きく飛躍した年である。

年始の動静はよくわからないが、1月24日に坂本城にて大和での布教許可を求めてきた遊行上人の使者梵阿と面会(「遊行三十一祖京畿御修行記」)。2月13日付で天寧寺に諸役免除

を与えているから、この時には丹波入りしていた可能性が高い(「天寧寺文書」、⑮)。閏３月13日から坂本城の普請をはじめ(『兼見』)、出陣に向けて領国の富国化と城郭の改修を行っていた。

　４月６日付柏木左九右衛門ほか宛判物写では、山城賀茂荘の在地領主らに年貢1200石並夫役負担と引き替えに知行安堵を行ったことが確認できる(『増訂信長』)。これだけだと本文書の位置づけは明らかでないが、９月に光秀が滝川一益と大和一国指出を行い、翌年の馬揃では光秀麾下として筒井・上山城衆・大和衆が登場していたことを踏まえれば(『公記』)、４月の段階で上山城が光秀の下に軍団配置されていた可能性は高い。そして必要な軍資として以上のような徴収を行ったのだろう。このように見ると、大和一国指出以前に興福寺が何かと光秀に連絡をとった理由もよく理解できる(『多聞院』)。高柳光寿氏は丹波・近江坂本・南山城をまたにかけた光秀の活動をもって、この時の光秀を「近畿管領」と表現している(高柳光寿『明智光秀』)。

　７月日付で宮田市場に喧嘩・口論・押買や国質・所質・請取沙汰を禁止し、市日を４・８・12・17・21・26日に定めた禁制が「丹波誌」13巻に引き写されている(⑱)。写された花押は、左上部が欠けている点を除けば光秀花押と類似しており、光秀禁制である可能性が高い。

　８月に細川藤孝が丹後国を拝領してからは、その補佐として光秀は同道しており、17日に光秀・藤孝・忠興連署で禁制を発給し(「成相寺文書」『細川幽斎と丹後』『新修亀岡市史』、⑲)、また22日付信長朱印状では長岡藤孝と光秀が丹波の「吉原西雲」を討ち果たしたことが賞賛されている(『増訂信長』)。９月２日に藤孝が丹後拝領の礼のために安土を訪れているから、光秀もこの時までに亀山城か坂本に帰陣していたと見られる。９日に井尻助大夫に船井郡内250石４斗余りを新恩として給与しており、この時には丹波にいたことがわかる(『世界の古書店目録』『新修亀岡市史』、⑩)。その後、25日には大和国へ下向して滝川一益とともに一国指出を行い、27日には今井郷の土居を崩すなど、大和国支配の整備をしている(「称念寺文書」)。11月２日に大和から帰っている(『多聞院』「保井家文書」など、⑩、⑩)。11月14日には兼和の見舞いを受けているから(『兼見』)、以後、基本的に坂本にいたのだろう。

天正９年(1581)

　１月６日には坂本で連歌興行をし、それに細川藤孝も参加(『続幽斎』)。２月28日の京都馬揃の代官に任命されており、出仕人数などを事細かく記した１月23日付信長朱印状案が残されている(『増訂信長』)。当日は三番衆として大和・山城衆を引き連れ参加(『公記』)。

　その後４～６月にかけては領国経営に勤しんでいたようで、４月12日に細川藤孝らと天橋立での連歌を楽しんだ後(『続幽斎』)、宇津へ向かい、17日には宇津から城井戸を掘るために河原者の派遣を兼和に依頼(『兼見』)、翌18日付で亀山城普請に関して指示を送っている(「片山家文書」『新修亀岡市史』、⑩)。５～６月にかけて丹波衆から指出を提出させ、出陣可能人数を把握している(「片山家文書」『新修亀岡市史』)。同年３月５日付細川兵部大輔宛信

長朱印状には丹後国一国指出を行うよう指示が出されているから(『増訂信長』)、丹波の指出もこれと連動したものといえるだろう。

　６月２日には十八ヶ条に及ぶ詳細な明智光秀軍法を制定(「御霊神社文書」『新修亀岡市史』、⑩、⑱、⑲)、21日には法度に違反した土豪を成敗している。８月６日ころには信長側室だった妹「御ツマキ」の死去に落胆する中、17日に郡山城普請見舞いに奈良へやってきて、21日に帰国(『多聞院』)。９月４日付で丹後国一色氏旧領分を預け置かれているから、帰国先は丹波だろう(『増訂信長』)。12月４日には家臣にもめごとをおこさぬようさとす旨の光秀家中法度を作成し(『中世法制史料集』)、また同日付で宇津領内年貢の請取を自身で発給しているから、丹波で領国経営に細心の注意を払っていた様子がうかがえる(「中島寛一郎所蔵文書」『新修亀岡市史』、⑪)。

天正10年(1582)

　１月６日に安土城に参上し(「蓮成院記録」)、20日に兼和が坂本城へ向かったさいには、光秀の機嫌の良さが記されている。２月９日には信濃出陣用意が命じられたことが『公記』に記され、３月５日に信濃に出立したらしい(『多聞院』)。４月７日には東国出陣衆が帰国したから光秀もこの頃に東国から帰陣しただろう(『多聞院』)。23日には信長から長岡藤孝への書状の使者としての動向が見えるから(『増訂信長』)、あるいは東国から直接、坂本へ帰らず一旦、安土に滞在していたために書状の使者を任されたのかもしれない。５月14日には安土に逗留する徳川家康の馳走を命じられ、15日から17日まで饗応している(『兼見』『公記』)。26日には中国出陣のために坂本から亀山に移動、27日に愛宕山へ参籠して28日に亀山帰城(『公記』)。その後６月１日夜に丹波から京都へ向かい、２日未明に本能寺にて織田信長を討ち取る。その際、光秀は鳥羽にて指示を出していたとの証言もある(萩原『異聞本能寺の変』)。翌日には近江に入り、その次の日に安土に向かい、９日に上洛して上鳥羽へ出陣。11日には淀城を普請し、翌日、白川・浄土寺・聖護院の人足を求めている。12日に勝龍寺近辺で鉄砲戦があり、13日には山崎にて合戦。敗れて山科・上醍醐付近で死去(以上『兼見』など)。

■典拠
【日記】
『兼見』「尋憲」「宗及他会記」『多聞院』「中務大輔家久公御上京日記」『蓮成院』
【古文書】
「愛宕山尾崎坊文書」(京都大学所蔵)「雨森善四郎氏所蔵文書」「伊藤晋氏所蔵文書」『石清水』「神田孝平氏所蔵文書」『教王護国寺文書』「光源院文書」「古文書纂」「境舜祥氏所蔵文書」「称念寺文書」「尊経閣文庫所蔵文書」「瀧谷寺文書」「天寧寺文書」「東寺百合文書」『細川家文書　中世編』(永青文庫叢書)「保井家文書」「来迎寺文書」「廬山寺文書」
【編纂物等】

『明智軍記』(新人物往来社)『明智光秀と丹波・亀岡』(亀岡市文化資料館)『大阪青山短期大学所蔵文書図録』1『新修亀岡市史資料編　第2巻』「寛延旧家集」「元亀二年記」『公記』『増訂信長』『大日本史料』第10編「丹波誌」13巻『中世法制史料集』『当代』『言継』「年代記抄節」『福知山市史史料編1』「細川家記」『細川幽斎と丹後』(京都府立丹後郷土資料館)『綿考』

【参考文献】

今谷明『言継卿記』(そしえて　1980年)

黒嶋敏「足利義昭の政権構想」(『中世の権力と列島』高志書院　2012年、初出2004年)

下村信博『戦国・織豊期の徳政』(吉川弘文館　1996年)

高柳光寿『明智光秀』(吉川弘文館　1958年)

谷口克広『検証本能寺の変』(吉川弘文館　2007年)

土田将雄『続細川幽斎の研究』(笠間書院　1994年)

萩原大輔『異聞本能寺の変』(八木書店　2022年)

早島大祐「織田信長の畿内支配」(『日本史研究』565　2009年)

平井上総「長宗我部元親の四国信仰と外交関係」(平井編『長宗我部元親』戎光祥出版　2014年)

藤田達生・福島克彦編『明智光秀』(八木書房　2015年)

村井祐樹「東京大学史料編纂所所蔵『中務大輔家久公御上京日記』」(『東京大学史料編纂所紀要』16　2006年)

同「幻の信長上洛作戦」(『中世史料との邂逅』思文閣出版　2024年、初出2014年)

『史跡　黒井城跡保存管理計画策定報告書』(兵庫県春日町　1993年)

谷口克広『織田信長家臣人名辞典』(吉川弘文館　1994年)

『新修亀岡市史』本文編第二巻(亀岡市　2004年)

細川藤孝の居所と行動

早島大祐

【略歴】

　細川藤孝の居所と行動を執筆するにあたり、その文芸活動については土田将雄『続細川幽斎の研究』(以下『続幽斎』と略記)に多くを依拠している。また略歴執筆にあたっては『国史大辞典』項目および稲葉継陽・徳岡涼編「細川幽斎年譜」(以下「年譜」と略記)も参照した。

　天文3年(1534)に将軍直臣三淵晴員の次男として生まれ(実母は清原宣賢女。なお実祖父宣賢は吉田家所縁の人物)、和泉守護細川元常の養子になった、というのが通説だったが、最近、和泉守護家との関わりについて山田康弘氏により疑義が提出されている(「細川幽斎の養父について」)。そこでは、通説の起点となった『綿考』編者小野武次郎が否定した「細川伊豆」、「細川刑部少輔」を細川伊豆守高久と細川刑部少輔晴広親子に比定、その上で両者がそれぞれ幽斎の養祖父と養父であると指摘している。なお細川伊豆守流は、管領細川家と同族関係がまったくなく、佐々木大原氏の一族政誠が義政に寵愛され、細川淡路家の養子になるかたちで細川姓を授与された一族である(設楽薫「足利義晴期における内談衆の人的構成に関する考察」)。

　山田氏が課題とした熊本藩主細川家文書に和泉守護細川家関係文書が残されている点については高浜州賀子氏の指摘が参考になる(「細川幽斎・三斎・忠利をめぐる禅宗文化」)。すなわち、延宝元年(1673)に細川丹後守行孝が永源庵に立ち寄ったさいに、同庵が所持していた和泉守護細川家関係の文書が譲られたことが同庵所蔵文書により明らかになる。以上の点も踏まえると、細川藤孝の出自は、三淵晴員の息として生まれ、細川伊豆家に養子として養育されたというのが、現在、提起されている藤孝の出自理解である。

　天文10年に足利義晴に出仕、天文16年に近江に逃れた義晴は19年に死去し、息義藤(義輝)に仕えた。藤の一文字は義藤の偏諱である。義輝とともに、天文21年に帰京を果たすが、その義輝も永禄8年(1565)5月19日に暗殺された。義輝の弟で松永久秀に軟禁されていた一乗院覚慶(後の義昭)を脱出させ、以後、永禄11年に帰京するまで近江・越前・美濃を流転する。

永禄11年に帰京後は勝龍寺城の守備を任され、元亀3年(1572)までには伏見城を守る兄三淵藤英とともに城南の守備を固める。元亀4年の義昭没落後は桂川以西の山城国を宛行われ、勝龍寺城を中心に信長の代官として支配を進める。天正8年(1580)8月には丹後を宛行われ、宮津に城を構えた。

　天正10年5月の本能寺の変では惟任(明智)光秀に誘われたが、これを拒否して剃髪し幽斎玄旨を名乗り田辺城へと移る。天正13年10月に二位法印の号を、14年には在京料として西岡に3000石を与えられた。九州、小田原の征伐や文禄の役にも従軍するなど秀吉の長征の多くに帯同した。

　慶長5年(1600)の関ヶ原の合戦では田辺城を囲まれ死を覚悟するも持ち堪え、同年のうちに新領国豊前へ下るが、慶長7年には三条車屋町に通称「車屋敷」を建てるなど在京指向が強かった。慶長14年10月に豊前から上洛し、翌15年8月20日に「車屋敷」にて死去。享年77。

　なお、慶長5年から寛永18年(1641)までの細川忠興・忠利・光尚の居所と行動の概況については増田孝編「細川忠興・忠利・光尚の動向(表)」(『書状研究』10)、また幽斎の歌論については大谷俊太『和歌史の「近世」』などがある。

【居所と行動】

1　足利義昭上洛以前

　天文10年(1541)1月12日に養祖父細川高久に連れられて将軍義晴に出仕(『鹿苑』)。幼名は熊千代である可能性が高い(前掲山田論文)。天文16年に義晴は近江へ逃れたから、藤孝もそれに帯同したと見られる。天文21年4月12日に将軍義輝が三好長慶と講和して入京したのを受けて、従五位下に叙される(『歴名土代』)。弘治元年(1555)11月には「湯山三吟百韻」、翌弘治2年6月には「宗牧連歌集」を書写・奥書している(『続幽斎』)。9月10日には近衛稙家らと坂本で連歌興行(『続幽斎』)。永禄2年(1559)1月4日に山科言継邸に正月返礼に赴いている(『言継』)。

　永禄5年9月15日に伊勢貞孝知行分である西京七保内などを御料所として一色藤長と半分ずつ知行することが命じられ(「一色家古文書」)、同年1月には御供衆として将軍義輝邸(『言継』)、21日には聖護院殿で和歌御会始に参加している(『言継』)。永禄6年2月25日、淀にて細川氏綱千句に参加(『言継』)。同年11月13日に忠興が「一条之御館」にて誕生(『綿考』)。藤孝の京での拠点が一条にあったことが判明する。

　永禄8年5月19日に将軍義輝が殺害され、弟一乗院覚慶も松永久秀に幽閉されるが、7月28日には脱出。藤孝は10月28日には近江和田から、島津家にも助力を求める書状を執筆している(『島津』)。以後、基本的に義昭の側にいたと考えられる。

　※　永禄9年11月に細川藤孝が米田貞能と美濃国にむかった事が、『独見集』奥書(「米田文書」)に見える。

2　足利義昭上洛後

永禄11年(1568)～同12年

　永禄11年1月27日付で清水某へ出張のさいに馳走するように命じている(「志水家文書」『綿考』)。9月23日に和田惟政とともに上洛(『多聞院』)、10月10日には和田とともに公方方大将として大和攻めを行っている(『多聞院』)。15日には本圀寺に入った義昭の申次をつとめており、永禄12年4月15日にも申次として見えるから(『言継』)、以後、基本的に義昭の側に仕えたと見られる(『言継』)。『公記』によると11年に石成友通が勝龍寺城を落城させた後、同城にはいったという。なお永禄11年に娘「伊也」が誕生したことが『綿考』に記されている。

永禄13年・元亀元年(1570)

　1月2日に藤孝が幕府申次として働いたことが見える(『言継』)。13日には美濃で連歌を興業しており(『綿考』)、25日には美濃の信長からの進上物を禁裏へ届けているから、この時帰京したと見られる。27日には飛鳥井雅教邸で和歌。2月2日には義昭参内に供奉、5日に将軍主催の石清水八幡宮初卯法楽連歌に参加している(以上『言継』)。なお同年3月1日に実父三淵晴員が死去したことが『綿考』に見える(同書には異説として元亀四年説も併記)。

　4月14日には二条城にて能(『綿考』)。5月28日には姉川合戦の状況を京都の義昭に披露するように信長から依頼されている(『増訂信長』)。その後、8月30日に義昭が勝龍寺城に出陣したさい、留守衆に藤孝の名前がないことから帯同したと見られる。その後も義昭に従い、摂津中島の細川藤賢の城にはいったのだろう。

　9月20日に浅井・朝倉軍が南近江へ南下、宇佐山城主森可成の敗死をうけて、義昭は24日に帰京し、藤孝も随伴したと見られる。10月22日には三好三人衆攻めで木下秀吉と宇治方面へ出陣(『綿考』)。11月23日には姉婿米田求政邸で安産祈願のための連歌興行に参加(『続幽斎』)。28日に義昭が信長と浅井・朝倉の和与のために三井寺に向かい翌月15日に帰京するが、それに帯同していた可能性は高い。

元亀2年(1571)

　『綿考』には1月に岐阜の信長の許にいたと記す一方、文芸史料には1月3日には北野社での連歌興行に参加したことが記されている(『続幽斎』)。年始の移動については後考に委ねたい。

　5日に藤孝は吉田兼和邸を訪れ、29日には大覚寺、2月5日に西岡大原野勝持寺で千句連歌を興行し(『言継』『勝持寺文書』『続幽斎』)、9日に勝龍寺城に帰城している(『兼見』)。16日にも連歌、17日に兼和が紹巴邸に出向いたところ、三淵藤英・細川藤孝とも鉢合わせしているから、16日までにまた京へ出たことがわかる(『兼見』)。30日には兼和邸にいた(『兼見』)。3月15日には「細川兵部大輔所」で奉公衆が手猿楽を催しているが(『言継』『兼見』)、その場所が京か勝龍寺城かは不明。4月中旬は洛西をめぐり、16日には太秦真珠院・臨江斉紹巴邸で和漢連句(『続幽斎』)、18日には松尾社にて奉公衆らとともに能を興行している

(『言継』)。

　5月1日には山城普賢寺城に籠もる松永久秀を攻め(『元亀二年記』)、5日に帰陣(『言継』)。9日に「藤孝邸」で乱舞。14日には兄藤英とともに四条道場で勧進(以上『元亀二年記』)。

　7月23日には三淵藤英と摂津へ出陣(『尋憲』)、池田城を攻撃して8月2日に勝龍寺城に帰陣し、3日には上洛しているが(『元亀二年記』)、4日の大和信貴城での松永久秀との合戦に参加したらしく、7日には奈良から松永方の首級をあげている(『元亀二年記』『多聞院』)。なお8日に山科言継は粟津・伏見間でおこった魚振売相論を藤孝に訴えたさいには、奏者野村又助がこれを受理している(『言継』)。

　8月28日には摂津の合戦で和田惟政が討死。茨城兄弟ら300人も戦死と緊迫した局面を迎える(『言継』)。9月12日の延暦寺焼き討ちのさいの藤孝の動向は不明だが、摂津方面の状況がこのようなものであった以上、勝龍寺城を離れられなかった可能性が高い。24日・25日にかけて明智光秀・奉公衆一色式部・一色駿河・上野中務大輔が摂津に派遣され、10月14日には勝龍寺城普請のための「桂川より西在々所々」の人夫役徴収を信長から許可されている(『増訂信長』)。勝龍寺城が摂津方面の守備の要として強化されたのである。11月28日には明智・三淵とともに吉田社へ使者として訪れており、12月27日には信長のいる岐阜へ参り、29日には明智光秀とともに信長から茶湯に呼ばれている(『言継』)。

元亀3年(1572)

　『綿考』に1月18日に上野秀政と口論になり鹿ヶ谷に蟄居した旨が記されるが、その真偽は不明である。動向が判然とするのは閏1月10日の『兼見』の記事からで、そこでは義昭の淀新城普請人足賦課の窓口となったり、3月27日には兄三淵藤英とともに信長屋敷の築地奉行となったことが記されている。

　4月16日には松永久秀攻めのために河内表に出陣、5月11日には帰陣している。14日に信長が尾張へ下向したさいには見送りに向かい、そのあとに兼和邸を訪れている(以上『兼見』)。その後は基本的に京―勝龍寺城間にあったようで、7月14日には大坂通路の者の改めが信長より命じられている(『増訂信長』)。

　7月に再開された江北攻めに出陣したらしく、9月14日には近江北郡より上洛、信長から褒賞をうけたといわれている。その後、17日までに勝龍寺城へ帰城していたらしく、翌日には兼和に応対している(以上『兼見』)。文芸史料では9月28日には醍醐の無量寿院にて三淵藤英らと連歌を興行した旨が見えるが(『続幽斎』)、『綿考』は9月中旬から11月末まで三好義継攻めのため摂津河内に出陣していたとしている。また、9月には勝龍寺城で紹巴による源氏物語講釈が行われている(『続幽斎』)。12月5日には三条西実澄邸で最初の古今伝授を受け、7日と16日には藤孝邸、18日には三条西邸、21日には再び藤孝邸で伝授が続けられている(『続幽斎』)。

　なお10月には義昭の命で殺害された竹内季治の久我庄跡職を藤孝が知行している。義昭による闕所地宛行の事例である(『久我家文書』)。

3　足利義昭没落後——西岡拝領時代

元亀4年・天正元年(1573)

　1月から三条西邸で古今伝授(『続幽斎』)。2月の義昭蜂起のさいには、領内の引き締めをはかり、16日付で革嶋秀存から「無二忠節」の起請文を徴している(「藤孝事記」)。3月29日の信長上洛のさいは逢坂山まで出迎えている。4月27日に信長と義昭の和与が結ばれた後、6月5日には勝龍寺城で連歌を興行(『続幽斎』)。

　7月3日の義昭再蜂起のさいには、7日に坂本で信長の到着を待ち、10日には山城国のうち桂川以西の地を一職に宛行われている(『増訂信長』)。27日には淀城の石成友通を攻め、8月2日に同城は陥落。この8月2日のほか、9月14日・29日、10月16日付で安堵状がまとまって発給されることから(『大日本史料』)、この時の勝龍寺城での執務が確認できる。8月22日・27日には場所は不明だが三条西実澄から古今伝授を受けている(『続幽斎』)。

　8月10日から行われた越前朝倉攻めの参加について明証はないが、信長が出陣した10日から浅井が陥落した20日までのあいだには、上記のとおり比較的まとまって残されている安堵状の日付がないことを考えると、この間、信長に帯同して越前に出陣していた可能性がある。

天正2年(1574)

　1月に岐阜の信長へ年頭の賀を述べ(『綿考』)、大和多聞山城番であった光秀が2月5日ころに武田軍を攻略するために美濃へ向かうと、その後に多聞山城留守番として入城(「明智光秀の居所と行動」参照)。21日以降、三条西実枝より同所や春日社にて古今伝授をうけている。3月9日に柴田勝家が交替に現れ(『多聞院』)、その後は勝龍寺城へ帰城したと見られる。6月17日には同所で三条西実枝より古今集切紙の伝授を受けている。

　7月23日には本願寺攻めの摂津河内方面軍として出陣(『綿考』)。明智光秀・塙直政・蜂屋頼隆・羽柴秀吉・丹羽長秀・柴田勝政・佐久間信盛と10月下旬まで同地を転戦し、11月13日に河内方面軍は羽柴・丹羽・明智の大和転戦組と柴田・塙の河内組に分かれるが(以上『大日本史料』)、そのさいの藤孝の動向は判然としない。

天正3年(1575)

　2月～3月にかけて相次いで書籍の写本を作成しており(『続幽斎』)、春は勝龍寺城での政務・文芸と練兵が中心だったと見られる。信長は3月22日には来秋の本願寺攻めに向け、藤孝に丹波国船井・桑田両郡の諸侍を与力として附属させている(『増訂信長』)。4月5日には信長が河内高屋城へ出陣。藤孝の動静は記されていないが、随行したと見るのが妥当だろう。21日に信長は帰陣、28日には美濃へ帰国しているから、藤孝もこの頃には帰城したと見られる。5月1日には連歌(『続幽斎』)。

　5月は長篠合戦の補給部隊として活動し、自身は出陣しないながらも鉄砲打ちを派遣している。これは本願寺攻めに用いた丹波国諸侍のことかもしれない。9日には細川家奉行人が連署で革嶋家の境目相論を調停している(「革嶋家文書」)。

8月の越前進攻にも藤孝は帯同、帰陣はおそらく戦後処理にあたった光秀と同じく9月25日ころだろう。藤孝出陣時に蜂起した物集女疎入を10月ころに殺害している(「天龍寺文書」『信長・秀吉と西岡』『増訂信長』)。10月9日には秀吉らと連歌興行。11月27日には岐阜より上洛しているが、これはおそらく武田方秋山信友攻めに加わっていたためだろう。12月2日には勝龍寺城に帰城(以上『兼見』)。なお同日の三条西公条十三回忌和歌に名前がある(井上宗雄「室町後期歌書伝本書目稿」『中世歌壇史の研究』収録)。

　※　「武田方秋山信友攻め」(美濃国岩村城)に関して、金子拓氏は同攻城戦が織田信忠配下を中心に進められたために、藤孝参加の可能性は低く、岐阜の信長への挨拶にすぎないとしている(金子拓「長岡藤孝と織田信長」)。

　上述の境目相論で細川家奉行人の活動が確認できるが、その様式は起請文の体裁であったことから、十分な強制力ではないことがうかがえる。また、物集女の反乱を鎮圧するなど桂川以西一職支配の過渡期といえる一年だった。

天正4年(1576)

　1月9日に兼和邸を訪れ、2月10日の東大寺南大門猿楽に原田直政・筒井順慶とともに見学に訪れている(「中臣祐磯記」『続幽斎』)。4月の本願寺攻めでは明智光秀・原田直政・荒木村重・筒井順慶らと出陣し、5月12日には天王寺に詰めていた(『兼見』)。7月～9月にかけて大坂に在陣していたようだから(『増訂信長』)、4月以降、長期にわたり寄せ手として大坂にあったと見られる。9月10日の段階であと4、5日の逗留を信長より求められており(『増訂信長』)、その後の9月下旬には一旦、帰陣したのかもしれない。10月16日には安土から上洛、17日に一度勝龍寺城へ帰り、翌日にはまた上洛している。27日には勝龍寺城におり、11月3日には信長の上洛にあわせて上洛している(以上『兼見』)。なお10月12日付で実澄より古今伝受証状を送られている(「年譜」)。

天正5年(1577)

　2月に信長は雑賀・根来の一向一揆征伐に出陣。藤孝・明智光秀・荒木村重に13日までに河内に在陣するように命じている(『増訂信長』)。在陣は長引き、3月15日の時点でも惟住(丹羽)長秀・滝川一益らとともに信長から督励をうけている(『増訂信長』)。藤孝の雑賀在陣については不明な点が多いが、4月5日には光秀らと連歌を催しており、5月18日には有馬山で荒木田守平に和歌・連歌について伝授していたことが確認できる(『続幽斎』)。光秀が2月から8月まで長期対陣していたらしいこと、そして9月の松永久秀の反乱鎮圧に光秀とともに動いたことを想起すると、藤孝も基本的には河内あたりに在陣していたのかもしれない。

　閏7月5日には信長上洛を迎えに山科まで出ている(『兼見』)。9月の松永久秀の反乱のさいには、織田信忠・明智光秀とともに大和へ進軍、多くの被害を受けながらも落城させた(『兼見』)。『綿考』は、その後の丹波進攻にも帯同したとするが、高柳光寿氏の指摘の通り、この記事は「あてにならない」(高柳光寿『明智光秀』116頁)。11月8日には兼和邸を訪問

して勝龍寺城へ帰城している(『兼見』)。同月18日の分国諸大名を集めた信長の鷹山に出席した可能性は高く、在所は不明ながら(坂本ヵ)12月2日には明智光秀も交えて連歌、11日には勝龍寺城の「新造之御殿」にてやはり連歌を興行している(『続幽斎』『綿考』)。

天正6年(1578)

　元日は越年して安土で迎えたことが『玄旨公御連歌』に見え(『続幽斎』)、『綿考』にも安土城で信長から茶湯の歓待を受けた旨が記されている。3月4日には丹波出陣のさいの多紀郡への路地整備を20日までに行うよう命じられている(『増訂信長』)。丹波攻め大将である光秀と相談のためか、8日に坂本へ出向き(『兼見』)、10日にはおそらく同所にて家臣米田求政や光秀家臣斉藤利三とともに連歌を興行(『続幽斎』)。両家の重臣も参加した連歌は出陣に向けて一体感の演出を意図したものといえる。23日には信長上洛の出迎えに参っており、4月9日にも在京が確認できるから(『兼見』)、出陣は『公記』の記述通り10日でよいだろう。なお『綿考』は4月8日に亀山城で光秀興行の連歌に参加したとするが、以上の考察から誤りである。

　毛利輝元・宇喜多直家らを相手とする播磨進攻の苦戦が伝わると、信長は4月24日付信忠宛朱印状で「諸勢早々京都まて呼上候て可然候」(『増訂信長』)と諸方面軍を京都へ集結させ、播磨へ転戦させる。明智・細川の丹波方面軍も播磨へ投入されたようで、藤孝は5月には播磨で荒木村重と狂歌を贈答し、6月3日には刀田寺にて和歌会を催している(『続幽斎』)。8月17日には織田信忠とともに岐阜へおもむき(『公記』)、25日には東寺で連歌興行(『続幽斎』)。同月には息忠興と明智光秀娘が結婚している(『綿考』)。なお同書には9月に藤孝が丹波攻めに加わったとするが、光秀の出陣は確認できるものの(「明智光秀の居所と行動」参照)、高柳氏の表現を再び借りればこの点に関する『綿考』の記載は「あてにならない」。

　10月8日～11日には勝龍寺城で囲碁興行が行われるが、その最中に佐久間信盛が南方へ下向するとの一報が流れる。17日には荒木村重の反乱が起こり、藤孝は以後、12月8日の有岡攻めまでの間、摂津方面に出陣することになる(『増訂信長』)。

天正7年(1579)

　荒木村重との対陣のために、有岡城攻めの陣や勝龍寺城での後詰めが基本的動向だったと見られるが、1月には三条西実枝の危篤もあって頻繁に上洛していた(『兼見』、なお実枝は24日に死去)。3月5日の信長摂州進発のさいに褒賞をうけ、勝龍寺へ帰城を許されたと『綿考』にあるが真偽は不明。5月18日に関東より三甫が上洛したさいに藤孝は「有岡の御陣」で対面しており、その後7月12日に勝龍寺城へ帰城。18日に同所で連歌。19日に天龍寺地蔵院(西山地蔵院のことヵ)で、8月20日は天龍寺で和漢連歌を行っている(以上『続幽斎』)。なお『綿考』「松井家譜」には7月に光秀とともに丹後弓木城攻めに加わったとあるが、そうだとすると、それは7月19日から8月20日までのこととなる。有岡城陥落は11月だから、丹後進攻以後は「有岡の御陣」か勝龍寺城にいたと推測される。11月22日には、誠仁親王の二条御所移徙のさいに、光秀らとともに警固にあたったことが『綿考』に見える。

4　丹後拝領時代

天正8年(1580)

　元日にはおそらくは安土入りし、2月5日には兼和邸を訪れ、4月3日にまた兼和邸を訪れた後に勝龍寺城へ帰城している(以上『兼見』)。1月から2月までは京と勝龍寺城を往復していたのだろう。

　2月21日の信長の大坂攻めにも従軍したと見られる。4月3日には兼和邸に寄った後、勝龍寺城へ帰城し(『兼見』)、4日には尼崎での「矢留」を中川瀬兵衛とともに命じられている(『増訂信長』)。尼崎番詰だったのだろう。なお5月17日付で波々伯部貞弘から弓の印可状を受けている(『綿考』)。

　7月17日の本願寺降伏後は一旦、勝龍寺城へ帰城したらしく、7月付で三条西公国に古今伝授をしたり、『椿葉記』写本の奥書を行っている(『続幽斎』)。

　8月4日には丹後国を拝領し下向(『兼見』)。光秀の協力を得て、領国経営を展開し、21日には天野橋立を見渡せる宮津に拠点城郭を築くことを信長に報告している(『増訂信長』)。その後、8月17日付で惟任光秀・息忠興と連署で禁制を発給し(「成相寺文書」『細川幽斎と丹後』)、9月2日には信長に丹後拝領の礼のため安土へ赴き、8日まで京都(旅宿小笠原所)に滞在。その後、勝龍寺城へ帰城している(以上『兼見』)。25日には忠興と連署で天橋立の智恩寺に所領安堵、9月日付で成相寺に禁制を発給しており(以上『細川幽斎と丹後』)、再び丹後へ向かい、宮津築城・領国経営に当たっていたことがわかる。12月22日には兼和が勝龍寺城に藤孝を訪れているから、年末に一旦、勝龍寺城へ帰っていた(『兼見』)。『綿考』に同月、安土へ参勤とあるので、安土へ分国の仕置を報告後、勝龍寺城に戻ったのだろう。

　なお年末の動向から8月以降も藤孝が勝龍寺城へ立ち寄ったことが確認できるが、丹後拝領以降、「桂川以西」一職支配の権限は失っていたと見られる。8月日付で信長は「天龍寺領物集女所々散在諸公事」の知行を「当年」より認めており、この物集女所々散在とは、おそらく天正3年に藤孝が成敗した物集女氏の旧領であり、その後、闕所地として藤孝が知行したと推測される。それが今回、信長の朱印状で天龍寺に返付されているから、藤孝所領は丹後国替後に信長の所管になったと見られる。

天正9年(1581)

　『公記』には他国衆の正月安土出仕を御免とあるが、文芸史料には安土にて越年したとの記載がある(『続幽斎』)。いずれの史料も決定的ではないが、御免にもかかわらず安土に出仕、というほうが藤孝の動向としては相応しいように思える。さておき5日には光秀の坂本での連歌興行に参加。1月23日付光秀宛信長書状では「兵部大輔(藤孝)は丹後有之間(以下略)」とあるので、丹後にいたようだが(『増訂信長』)、馬揃には参加衆として記載されていないながらも光秀とともに馬揃の準備に奔走していたことが『兼見』に散見する(2月23日条など)。2月28日の馬揃では藤孝でなく息忠興が馬を出したようだ(『綿考』)。

　その後は領国丹後に帰国したようで、3月5日付信長朱印状では、一国指出を行うよう

に命じられている。なお3月25日に勝龍寺城詰番として矢部善七郎・猪子兵介が請取にきている(『公記』)。

4月12日には光秀らと天橋立に遊び(『続幽斎』)、5月は指出の確認に忙殺されていたと推測される。5月には娘「伊也」が一色義有と最初の結婚(『綿考』)。

7月には一度安土に出仕し、12日にその帰路に上洛している(『兼見』)。7月28日付信長書状では藤孝からの八朔の返礼で「遠路懇志不易之段、旁悦入候、次丹州面賊船事申出候(以下略)」とあるから、その後、丹後に帰国し領国経営にいそしんでいたことがわかる(『増訂信長』)。8月11日付の藤孝袖判金剛心院所領目録が残されており(「金剛心院文書」『細川幽斎と丹後』)、一国指出をうけて所領安堵を行っていた。

9月には安土へ出仕、その帰路上洛して兼和に「丹後国験地之分悉被仰付由」を雑談している(『兼見』)。8日まで在京。9月10日付で藤孝・光秀宛信長朱印状が残されているから、10日頃までには丹後に帰国していたと見られる(『増訂信長』)。なお同月16日付信長黒印状を見ると、息忠興らが伯耆に出陣していることがわかる(『増訂信長』)。『綿考』によると、8月23日に援軍として家臣松井康之を鳥取城攻めの秀吉に派遣しており、忠興の出陣もこの時であった可能性が高い。10月末に鳥取城は陥落し、11月3日付で忠興・藤孝連署で寺領安堵を行っている(「観音寺文書」『細川幽斎と丹後』)。

5 本能寺の変後
天正10年(1582)

正月は安土に列参(『綿考』)。1月5日に入京、同日紹巴邸で連歌を興行し、8日に坂本へ下向。10日に坂本から上洛した。13日には山崎へ下向と在京生活を続けている(『兼見』)。なお『綿考』に7日に信長と甲州攻めの軍議とあるが、上記の通り藤孝は在京していたのでこれは疑問。2月9日には忠興が信濃に出陣しているが、藤孝には留守が命じられている(『増訂信長』)。同月にも九条稙通らと連歌を催しているが、4月には一色五郎と連名の宛名で信長の朱印状を得ているからこのころには宮津へ帰っていたらしい(『増訂信長』)。5月12日には再度上洛し安土へ向かっている(『兼見』)。19日に実母船橋氏死去(『綿考』)。6月2日の本能寺の変のさいは宮津へ帰国していたらしく、変の一報は代理として信長の迎えに出ていた米田求政からもたらされた(『綿考』)。この時剃髪して幽斎と号す。

本能寺の変後、7月5日には美濃より上洛し(『兼見』)、15日に信長追善の連歌興行(『続幽斎』)。8月11日付で丹後智恩寺に袖判安堵をしているから在宮津(「智恩寺文書」『細川幽斎と丹後』)。10月15日に大徳寺での信長葬儀のため上洛し(『晴豊』『兼見』)、20日には妙喜庵にて秀吉と茶会、11月17日には横浜一庵邸を宿所としている。27日には丹後から兼和に書状が到来しているから、この時には帰っていたらしい(『兼見』)。12月13日には忠興とともに近江へ出陣している(『兼見』)。

天正11年(1583)

　元日に試筆和歌、20日に和歌会初を行っているが(『続幽斎』)、『綿考』によると１月８日に安土へ赴き三法師・秀吉に謁見、12日に丹後へ帰ったとするから、文芸活動は丹後でのものだろう。３月28日には娘「伊也」が兼和息兼治と再婚したが、その際には上洛はしていなかった(『兼見』)。

　４月21日の賤ヶ岳の合戦には出陣せず、５月25日に上洛、26日に坂本へ向かっている(『兼見』)。上洛はおそらくは６月２日に大徳寺で行われた信長一回忌のためだろう。６月８日〜15日まで大坂へ逗留、16日に京都の吉田盛方院邸に逗留している。娘が再婚した縁によるのだろう。18日には出京し愛宕山へ寄ったあと帰国。それと入れ替わりに20日〜22日に忠興が上洛し、やはり盛方院に宿を取っている(以上『兼見』)。帰国時期は不明だが８月３日付で丹後桂林寺の寺領安堵を行っており(「桂林寺文書」)、９月28日に再び上洛。11月５日に秀吉が丹波亀山経由で大坂へ帰っているから、その時には幽斎は供応のために帰国していた可能性がある(『兼見』)。

天正12年(1584)

　２月２日に上洛し、横浜一庵邸に泊まっている(『兼見』)。11日に「宗及自会記」に出席との記録があり(『続幽斎』)、27日には少相院で能見物。３月９日に帰国している(『兼見』)。８月は丹波での文芸活動が散見(『年譜』)。10月２日に秀吉が坂本から上洛し少将に任官、４日に院御所造営を決定したさいに連歌が興行され、その中に幽斎が見える。秀吉上洛に帯同したのかもしれない。その後横浜一庵邸に滞在して11月４日に帰国(『兼見』)。

天正13年(1585)

　１月24日に三条西実枝の七回忌に上洛、その後、兼和と諏訪社縁起を閲覧。また前田玄以邸で連歌を催し、２月２日〜14日に大坂に行き、帰京。21日に帰国している(『兼見』)。なお今回の京の宿所は真如堂東陽坊であった(『舜旧』)。大坂では「経厚注愚問賢注」を書写(井上宗雄『中世歌壇史の研究　室町後期』)。

　５月12日に宗及茶会に出席したことが「宗及自会記」に見え(『続幽斎』)、17日〜翌月２日の間に帰国(『兼見』)。９月２日に再び上洛し、10月15日に帰国(『兼見』)と頻繁に京―丹後を行き来していた様子がうかがえる。10月には法印となった。

天正14年(1586)

　１月22日に兼和を通じて近衛家から「廿一代集外題」を取り寄せているから、この時には京都にいたことがわかる(『兼見』)。同月14日の秀吉参内にあわせて上洛していたのかもしれない。27日には秀吉連歌興行のために坂本へ下向。２月５日には建仁寺の茶湯に出かけるなど帰京していた。３月３日には出発の日時は不明だが大津より帰京。４月３日には大坂下向。17日には京都にいた(『兼見』)。帰国時期は不明だが５月19日に丹後より幽斎書状が届いたとあるので、このころまでには帰国していたらしい(『兼見』)。なお４月１日付で秀吉から勝龍寺城・神足・上植野・石見など西岡の3000石を与えられている(『細川家文

書』)。

　8月11日夜に再度上洛し横浜一庵の所に宿をとる。この時、眼病を患っていたらしく『兼見』13日条に「眼病散々之躰也」と記されている。30日には今度知行分を秀吉から与えられたことにともない、勝龍寺城へ下向している。8月下旬には「詠歌大概」を作成(「高松宮家文書」)。10月15日に兼和をともない丹後田辺へ帰国。24日には忠興の居城を訪れ、26日には宮津へ帰城している。兼和は30日に帰京している(以上『兼見』)。

　11月26日に幽斎はまた上洛している。同月25日に即位の儀があったからそれにあわせてのことだったのかもしれない。12月9日には西岡へ知行のために向かい、そのまま帰国(『兼見』)。

天正15年(1587)

　1月20日に上洛し、2月24日に大坂、3月1日には兼和とともに帰京の途につき、勝龍寺城で一泊、それから7日に帰国している(『兼見』)。

　3月26日に再度上洛(『兼見』)。30日には聖護院にて連歌興行(『時慶』『続幽斎』)。4月5日〜8日は宇治に逗留。4月19日から7月23日まで秀吉に従って九州に下向し(「九州道の記」)、その帰路に幽斎は備後津之郷の義昭と面会している(鶴崎裕雄「細川幽斎の紀行」)。7月25日には上洛、帰国時期は不明だが、8月25日には田辺城にて連歌を興行している(『続幽斎』)。

　9月にまた上洛し、8日に兼和が、中院通勝が書写し濁点を振った『公事根源抄』を幽斎邸で見ているから、この時までに幽斎も上洛していたらしい(『兼見』)。10月1日の北野大茶湯の用意であったと見られる。23日には大坂から上洛との記事があるので時期不明ながら大坂にも出ていたのだろう。11月25日・28日には秀吉の連歌に出仕。年末まで在京していたようだ。

天正16年(1588)

　同年と翌年は『兼見』が現存しておらず、幽斎の動静は少しわかりにくい。1月19日に秀吉が幽斎邸を訪問、25日には聚楽にて和歌会なので年末以来在京していたと見られる。2月は不明だが、3月1日に秀吉参加の場で連歌(『続幽斎』)。

　4月2日には石田三成とともに島津家へ使者として派遣され(『島津』)、16日には聚楽行幸のさいの和歌に参加しているから、この時までに帰京していた(『続幽斎』)。素然也足軒(中院通勝)奥書の『百番歌合俊成卿』に5月5日付で署名している(『続幽斎』)。この時、素然は丹後で蟄居していたから、幽斎も帰国していたと見てよいだろう。閏5月8日の和漢連句でも素然が参加していることより、この時も在国。6月6日付島津義弘書状には閏5月28日段階で在国の幽斎上洛を待つ旨が見え、義弘は6月2日に大坂入りしたさいに幽斎に会ったと記されるから、この間に上洛したと見られる(『島津』)。5月に帰国し、6月2日頃上洛という動向である。6月11日に丹後一如院での能楽に参加するとあり、この時には帰国していたらしい(『続幽斎』「衆妙集」)。8月15日には聚楽第にて御会、したがって在京

(『続幽斎』)。9月の動向は不明だが、10月10日には三条西実枝邸で会初を行っているから、この時には在京(『続幽斎』)。11月1日以降は宮津で能楽を行っているから帰国。11月28日に素然也足軒(中院通勝)に古今伝授を行っている(『史料綜覧』)。12月5日に日野輝資・烏丸光宣・広橋兼勝・前田玄以らと連歌を催しているから、この時には京都にいたかもしれない(『続幽斎』)。

天正17年(1589)

『玄旨公卿連歌』には河内国高屋で発句とあり、大坂城にいた秀吉に従っていたらしい(『続幽斎』)。2月7日には自邸で和歌会。秀吉の名も見える(「叢塵集」『良恕聞書』井上『中世歌壇史の研究』889頁)。2月には『花鳥余情』を書写するなど文芸活動にいそしんでいる。3月12日には前田玄以・広橋兼勝・飛鳥井雅継らと連歌を興行しているから、在京していた可能性がある(以上『続幽斎』)。5月19日には相国寺光源院にて島津義弘から饗応を受けているのでこの時には在京(『鹿苑』)。5月から8月にかけて「歌仙解難抄」、「河海抄」、「和歌読方秘伝抄」、「三十六人家集」を書写・整理しているが、これも京都で行っていたのかもしれない(『続幽斎』「高松宮家文書」)。秋以降の所在はあまり明らかではないが、10月17日には秀吉の大和行きに供奉(『多聞院』)。11月14日には松井佐渡邸で能楽とある。これが家臣松井だとすると在丹後の徴証となるが詳細は不明(『続幽斎』)。

天正18年(1590)

年頭には秀吉邸での連歌興行に出席、「吾妻路も手にとる春の霞かな」(『綿考』『多聞院』1月19日条)。9日には兼和邸を訪れ、12日は琉球人上洛の返礼を兼ねて詩歌の会が催されている。18日に帰国(以上『兼見』)。

2月22日には秀吉の後北条攻めに帯同し、7月末まで関東に在陣(「東国陣道の記」『続幽斎』鶴崎「細川幽斎の紀行」)。この時、はじめて富士山を実見したこともあってか、陣中では「名寄和歌」四冊を書写するなど文芸活動も旺盛である(『続幽斎』)。8月2日には下国(『兼見』)。20日には家臣米田宗堅追悼和歌連句を丹後で行っている(『続幽斎』)。

8月26日には再度上洛し、9月18日の秀吉の毛利邸御成では配膳をつとめている。10月1日・21、11月26日には危篤の羽柴秀長を見舞いにたびたび大和へ向かっている。12月2日には聚楽にて茶会(『続幽斎』)。5日にはまたもや大和へ向かい、11日には丹後へ帰国。26日にはふたたび上洛している(『兼見』)。

天正19年(1591)

年始も帰国せずに在京しており、禁中四方拝の見物に出ている(『続幽斎』)。14日の聚楽での諸家群参では秀吉御前に控えており(『兼見』『時慶』)、その準備もあって年末から在京していたのだろう。22日には羽柴秀長が死去し、29日にその葬儀のために大和へ向かっている。閏1月2日には東寺へ行き3日に帰京。13日に帰国し(『兼見』)、19日には田辺にて月次会を催している(『続幽斎』)。

2月7日は再度上洛。16日には歌会を興行するなど、以降旺盛な文芸活動を展開するが、

注目すべきは『兼見』同月23日条の記事で、そこには幽斎が屋敷普請を行ったことが記されている。在京文芸活動の基盤を強化したのだろう。『綿考』には2月28日の千利休生害に関連して、大徳寺長老を聚楽にて尋問したことが記されている。3月7日には聖護院道澄のもとで伊達政宗の供応が行われたさいに幽斎も参上している(『時慶』)。4月22日は木食応其を訪ねる(『言継』)。

6月6日には兼和邸を訪問(『兼見』)。その後、19日には丹後で月次会を行っていたからこの時までに帰国していたことがわかる(『続幽斎』)。なお『兼見』同日条に「幽斎邸」で蹴鞠が行われた旨が見えるが、これは長岡玄蕃が張行したものである。

8月11日に再度上洛、頻繁に兼和邸を訪れた後、11月7日に下国(『兼見』)。12月14日にまた上洛し(『兼見』)、由己邸で歌会(『言経』)。島津義久へ来年3月の高麗攻めを命じた12月28日付秀吉朱印状の宛先に幽斎の名も記されているから、年末には九州の義久のもとへ派遣されたらしい(『島津』)。

天正20年・文禄元年(1592)

元日に「日の本の光を見せて遙かなる　もろこしまても春やたつらん」という和歌をうたいあげ(『多聞院』2月1日条)、19日には石田三成とともに島津家へ使者として向かっている(『島津』)。2月8日には唐入進発の用意のために一旦、丹後へ帰国(『兼見』)。3月5日には丹後出奔中の也足軒中院通勝らと餞別会を行っているから上旬には出陣したのだろう(『続幽斎』)。なお同年三月日付で三条家本枕草子を書写しているが、これは出陣前に書き写したものだろう(『続幽斎』)。九州行きの行程を文芸史料によりたどると、4月11日に温泉津、25日に益田、5月2日に長門国豊田と日本海側をゆっくりと行軍している(『続幽斎』)。おそらく同月中旬には名護屋入りしたものと見られる。

6月には名護屋にて直江兼続たちと連歌会を催していたが、6月15日に島津家中の梅北国兼が反乱を起こしたことをうけ(梅北一揆)、7月10日までには島津義久への使者として薩摩入りしている(『島津』)。11月28日には日向志布志にて詠歌を行い(『続幽斎』)、12月7日には島津よりの書状とともに幽斎書状が兼和のもとへ届けられており、薩摩にいたことがわかる(『兼見』)。

文禄2年(1593)

「たび衣春をうらやむことしかな」の発句の通り、九州在陣は続き、2月3日には柳川で連歌。この間の動静は不明だが、6月22日には平戸法性寺で連歌。7月には観世与左衛門に「太鼓秘伝抄」を与えている。4月に猿楽衆が名護屋へ召されているから(以上『多聞院』)、これはおそらく同地でのやりとりだろう。

帰国の時期は不明だが、8月25日に秀吉が大坂へ帰陣しているので、その前後の時期に幽斎も帰国したと見られる。9月19日に佐世与三左衛門の振る舞いを受けて詠歌を残しているが(『続幽斎』)、これは帰国途上のことかもしれない。閏9月5日には三条実条興行の当座和歌に出席しており、この時には在京か(『続幽斎』)。10月4日には徳川家康邸で金森

長近・有馬則頼らと碁を囲んでおり(『言経』)、5日には禁中にて能楽の太鼓をつとめている(『三藐』)。14日には毛利輝元邸で相伴をつとめ、31日には伏見、11月13日には飛鳥井中将邸で和歌会(『続幽斎』)。

文禄3年(1594)

2月27日の秀吉の吉野花見に帯同し、3月5日に秀吉は大坂城へ帰城しているから動向もそれに従ったものだろう。12日には家康が聚楽の幽斎邸に赴き将棋を指しているから、帰国せず在京していたと見られる。確実な在京徴証は5月4日まである(『言経』)。

8月16日には丹後田辺で連歌(『続幽斎』)。10月までは三条西実条や木下勝俊らを丹後で歓待しているから(井上『中世歌壇史の研究』632頁など)、このころまでに在国。12月2日に京都の家康邸で将棋に興じているからこのころには再度上洛。22日は山科言経から所労見舞いを受けている(『言経』)。

文禄4年(1595)

年末年始の動向は不明だが、2月16日には伏見から上洛した徳川家康に参向しているから在京(『言経』)。3月22日には毛利元康が参内したさいの連歌会に参加しており、この時までは在京していたらしい(『続幽斎』)。『増補駒井日記』169号に高橋元程への使者として派遣されているから、4月下旬には九州へ向かっていた。5月から10月にかけて「人麿集」「古今和歌六帖」「伊勢集」「公事五十番歌合」「詠歌大概抄」など精力的に典籍の奥書をしているが(『続幽斎』)、これは薩摩で行われたと見られる。11月12日、12月2日に日野輝資や飛鳥井中納言らと連歌を催しているから(『続幽斎』)、この時には在京していた可能性が高い。

文禄5年・慶長元年(1596)

2月15日に智仁親王に「伊勢物語」を講釈(「高松宮家文書」)。3月5日には梵舜が幽斎邸を訪れ、20日には同所で茶会が開かれている(『舜旧』)、翌21日には新宮様(智仁)に伊勢物語の講釈を行っている(「智仁親王御記」『続幽斎』)。その後、5月5日に梵舜が幽斎と対面(『舜旧』)。25日には伏見城お拾御所で諸家諸門跡諸国大名が参列しているから(『義演』)、おそらくこの時に幽斎も参列していたと見られる。

9月2日には大坂城の秀吉に命じられて明使に接見(『続幽斎』)。9日には在所吉田から伏見に下り、10月1日には名所案内をするために吉田から伏見にいたっている(「玄与」)。同月13日には伏見から三井寺へ向かい(「玄与」)、19日には梵舜の下へ訪れている(『舜旧』)。11月28日には伏見の幽斎邸で玄与が「伊勢物語」を写しており、伏見邸の存在が確認できる。12月9日に丹後へ下向。なお玄与は伏見の「幽斎老御屋形」で越年している(以上「玄与」)。

慶長2年(1597)

1月23日に田辺城で能楽を催し(『続幽斎』)、28日に上京。29日に伏見へ向かっている(「玄与」)。2月には黒田如水の餞別連歌を興行するなど在京が続く。4月4日には田辺城で能楽を催しており(『続幽斎』)、このころには一旦帰国するも、25日には梵舜のもとへ訪

れているからこの時には再上洛していたらしい(『舜旧』)。5月17日に伏見での年頭移徙の礼で秀吉のもとへ諸公家以下列参していたから、このために再上洛したのだろう。いつまで在京していたかは徴証に乏しいが、6月15日には智仁親王参加の連歌会や、8月7日の徳善院・日野輝資参加の連歌会などは京都で行われた可能性が高い。同日には大坂へ昌山足利義昭の見舞いに訪れている(以上『続幽斎』)。9月12日には徳川家康の南禅寺行きに相伴している(『言経』)。

10月20日には田辺城で能楽。一旦帰国していたようだが(『続幽斎』)、11月27日に幽斎邸で茶湯が催されているから、このころまでには上洛(『舜旧』)。12月20日には田辺城で能楽が催されていたから年末には再び帰城していたらしい(『続幽斎』)。

慶長3年(1598)

1月29日に上洛(『舜旧』)。3月9日に実弟梅印元冲のいる南禅寺語心庵で和漢連句を開催(『続幽斎』)。15日には秀吉醍醐の花見に供奉したらしい(『綿考』)。4月には田辺で也足軒中院通勝らと能について雑談しており、このころに帰城(『続幽斎』)。5月には梵舜のもとで乱舞興行に参加(『舜旧』)。6月1日には智仁親王御殿での御会に参加(『続幽斎』)。それから7月中旬までの所在はわからないが、19日には梵舜と面会(『舜旧』)。8月18日の秀吉死去のころには吉田の家に閑居し12月までいたと『綿考』にあるが、厳密には9月13日に一旦帰国している(『舜旧』)。12月5日以降、烏丸光広や徳川家康らが幽斎邸を訪れているから、同月初頭には再上洛していたらしく(『言経』「耳底記」)、24日には伏見で烏丸光広と歌論を行っている(「耳底記」)。

慶長4年(1599)

2月3日に烏丸光広が丹後から伏見へ上洛途中の幽斎と同道していたことから、年頭は丹後に帰国していたことがわかる(「耳底記」)。2月15日には伏見、3月1日・14日・16日には吉田、閏3月9日には伏見「ぶっそう」、13日に吉田に在(「耳底記」)。そのほか『舜旧』により4月中の在京が確認できる。

『綿考』によると5月上旬に丹後へ帰国していたと言い、烏丸光広は6月15日以降、丹後において幽斎と歌論を行っているので、この時も在国(「耳底記」)。8月27日に再び上洛(『舜旧』)。9月16日には摂津国で烏丸光広と歌論(「耳底記」)。12月には家康の摂津鷹狩に供奉している(『綿考』)。なお同年12月7日に也足軒中院通勝が勅免される。

6 関ヶ原合戦後

慶長5年(1600)

2月24日に烏丸光広が吉田に幽斎を訪問しているからこの時には在京(「耳底記」)。3月19日以降には智仁親王に古今伝授が行われる(『続幽斎』)。25日には幽斎主催で石清水法楽百首を催し(「勧修寺家文書」1977「慶長五年御月次和歌」井上『中世歌壇史の研究』891頁)、4月中には歌書類を精力的に書写、校正している。5月7日には実弟のいる南禅寺語心院で振舞

(『舜旧』)。29日には出陣用意のために帰国(『舜旧』)。

　7月27日には家康方として田辺城が攻められるが(『義演』)、9月2日には田辺城を開城(『島津』)。19日には丹波亀山城に入ったという(『綿考』)。10月5日には丹波亀山城にいた幽斎を梵舜が見舞っている(『舜旧』)。11月29日には烏丸光広を訪問(「耳底記」)。その後一度丹後に帰国したらしく、12月15日付で丹後から松井康之へ書状を書いている(『綿考』「松井家文書」)。24日には上洛して梵舜に脈をみてもらっている(『舜旧』)。なお12月に忠興が豊前一国と豊後国国東郡・速見郡を拝領し、入国した。

慶長6年(1601)

　元日は療養のためにそのまま吉田にいたようである(『続幽斎』)。吉田邸は神龍院の前にあり、随神庵あるいは風車軒と称していたという(『綿考』)。2月23日に容態が一時悪化するも3月8日には回復。4月までは在京が確認できる(以上「智仁親王御記」)。5月10日には梵舜のもとを訪問することからやはり在京(『舜旧』)。その後も在京中に多くの交流を持つが、閏11月26日には細川家の新領国豊前へ下国する(『舜旧』)。

慶長7年(1602)

　3月21日に豊前より上洛、在所は吉田(『舜旧』「耳底記」)。3月には忠興が小倉へ城替えをしているから(『細川家史料』〈細川忠興文書〉)、その間の普請を厭っての上洛かもしれない。23日付忠興書状によると、「上方」で知行地を宛行われたらしい(『細川家史料』〈細川忠興文書〉)。その後智仁親王らと文芸交流を行い、「古今清濁之昌聞書」奥書には5月1日付で「洛陽東麗隠士幽斎玄旨」と署名しているから(「高松宮家文書」)、吉田にいたのだろう。9月27日には三条車屋町に居宅を新たに構えている(『舜旧』)。ただ烏丸光広は幽斎への歳暮の礼に吉田へ赴いているから、こちらの邸宅も存続していたようだ。

慶長8年(1603)以降

　1月22日に智仁親王邸で当座歌会に参加(「智仁親王御記」)。その後も在京しており、慶長9年1月には松永貞徳が三条車屋の幽斎邸を訪問している。5月11日には也足軒中院通勝に古今伝授(「中院文書」)。慶長10年3月3日には豊前国上野村で花見をしており、この時までに帰国(『続幽斎』)。なお7月24日には南禅寺語心院の実弟梅印元沖が死去(『綿考』)。『綿考』には慶長14年10月に上洛したとあり(「智仁親王御記」)、同年11月29日条は「幽斎来、老耄之躰也」と記す。慶長15年8月20日に京都の三条車屋町の通称「車屋敷」にて没。

■典拠

【日記】
『兼見』『義演』「元亀二年記」「玄与」『三藐』『舜旧』「尋憲」『多聞院』『言経』『言継』『時慶』「智仁親王御記」『晴豊』『鹿苑』

【古文書】
「一色家古文書」「勧修寺家文書」「草嶋家文書」『久我家文書』「桂林寺文書」『島津』「志

水家文書」(『長岡京市史資料編』2収録)「高松宮家文書」「中院文書」(京都大学所蔵)『細川家史料』(大日本近世史料)『細川家文書　中世編』(永青文庫叢書)「松井家文書」

【編纂物等】

「九州道の記」(群書類従)『公記』「耳底記」(『日本歌学大系』)『史料綜覧』(東京帝国大学文学部史料編纂所)『増訂信長』『大日本史料』『信長・秀吉と西岡』(向日市文化資料館)「藤孝事記」(古典文庫)『細川幽斎と丹後』(京都府立丹後郷土資料館)「松井家譜」『綿考』『歴名土代』(続群書類従完成会)

【参考文献】

井上宗雄『(改訂新版)中世歌壇史の研究　室町後期』(明治書院　1987年)

稲葉継陽・徳岡涼編「細川幽斎年譜」(森正人・鈴木元編『細川幽斎』笠間書院　2010年)

大谷俊太『和歌史の「近世」』(ぺりかん社　2009年)

金子拓「長岡藤孝と織田信長」(『(図録)信長からの手紙』2014年)

設楽薫「足利義晴期における内談衆の人的構成に関する考察」(『遙かなる中世』19　2001年)

高浜州賀子「細川幽斎・三斎・忠利をめぐる禅宗文化」(『熊本県立美術館研究紀要』1　1987年)

高柳光寿『明智光秀』(吉川弘文館　1958年)

土田将雄『続細川幽斎の研究』(笠間書院　1994年)

鶴崎裕雄「細川幽斎の紀行」(上掲『細川幽斎』)

増田孝編「細川忠興・忠利・光尚の動向(表)」(『書状研究』10　1991年)

山田康弘「細川幽斎の養父について」(『日本歴史』730　2009年)

谷口克広『織田信長家臣人名辞典』(吉川弘文館　1994年)

『高松宮家伝来禁裏本目録』(国立歴史民俗博物館　2009年)

前田利家の居所と行動

尾下成敏

【略歴】

　前田利家の伝記として最も優れているのは、岩澤愿彦氏の『前田利家』であろう。利家の略歴や居所と行動を明らかにするさい、この伝記に多くを依拠した。

　利家は、天文6年(1537)に尾張で誕生した。幼名は犬千代、父は同国荒子城主前田利昌(利春)、母は竹野氏である。死去したのは、慶長4年(1599)閏3月3日、享年は63歳、法名は高徳院殿桃雲浄見大居士であった。なお、同月7日付で出された鍋島直茂の書状は、閏3月4日に利家が逝去したと記す(「鶴田家文書」)。

　利家の存命中、嫡男利長(初名は利勝)は主君織田信長の娘玉泉院を、二男利政は蒲生氏郷の娘で信長の孫娘にも当たる籍を室に迎えた、また四女豪・六女菊は豊臣(羽柴)秀吉の養女となり、このうち豪は宇喜多秀家の室となっている。三女加賀殿(麻阿)は秀吉の室の一人、五女与免は浅野長政の嫡男で、北政所の甥でもある幸長の許婚、七女千世は長岡(細川)忠興の嫡男忠隆の室である。利家の権勢は、かかる姻戚関係を背景としたものであろう。

　利家の名字としては、前田名字と羽柴名字が知られる。羽柴名字の確かな初見は、天正15年(1587)3月ではなかろうか(『多聞院』3日条)。通称としては、「孫四郎」「又左衛門尉」「筑前守」が知られている。うち「筑前守」の初見は、天正14年5月とされ、同月24日付の秀吉朱印状の写には「前田筑前守」と記されている(『増訂加能古文書』、以下『増訂加能』と称す)。左衛門尉や筑前守に任ぜられた確かな形跡はない。

　最後に利家の官位を述べる。天正14年3月22日、利家は公家成を遂げ、近衛府の少将に任ぜられた(『お湯殿』20日条・22日条)。天正16年4月15日付で利家が認めた起請文の写には「右近衛権少将豊臣利家」と記されているので(「聚楽第行幸記」、以下「聚楽」と称す)、右近衛権少将に任官したのであろう。その後、翌17年8月2日までに近衛府の中将に昇進した。この日を日付とする秀吉の直書に「羽柴加賀中将」と記されたことは(『青森中世1』)、そうした事実を示唆するものであろう。なお、「柳原家記録」巻36によれば、右近衛府の中将で

あったことが知られる。

　天正18年1月21日には正四位下・参議、文禄3年(1594)1月5日には従三位、同年4月7日には権中納言となり、文禄5年5月までに権大納言に昇進した(『公卿』『上杉』『言経』2日条)。なお、「本藩歴譜　高徳公記」(以下「高徳公記」と称す)などは、従二位に昇進したと記すが、一次史料では確認できない。

【居所と行動】

1　荒子城入城以前——天文19年(1550)～永禄12年(1569) 9月

　永禄12年9月の尾張荒子城入城前までを扱う。具体的には、天文19年頃の那古屋城出仕から永禄12年8月の伊勢出兵までが対象となる。なお、天正9年(1581)の能登入国前の居所に関しては具体的な情報が少ないため、動向の判明しない年や月が多く存在することを最初に断っておく。

　この時期は、尾張・美濃・近江・伊勢を転戦し、上洛したと伝えられている。

天文19年(1550)

　信長に仕えた時期について、「乙卯集録」は天文19年1月とし、「高徳公記」は同20年とする。どちらが正しいかは現時点では確定できない。なお、この頃の信長は那古屋城を居城としているので、利家が出仕したのは同城であろう。

天文21年(1552)

　清須織田家と対立していた信長は、8月16日、尾張の海津で清須織田勢と戦い、これを撃破した。この合戦は利家の初陣であり、敵の首をあげて武功を飾ったと伝えられている(「高徳公記」)。

弘治2年(1556)

　8月24日、信長は弟織田信勝(尾張末森城主)方の軍勢と尾張稲生の辺りで一戦を交え、これを破った。「高徳公記」は、利家が傷を負いながらも、信勝の小姓宮井勘兵衛を討ち取ったと伝えている。

弘治4年・永禄元年(1558)

　7月12日、信長は尾張浮野で岩倉織田家の軍勢を破った。利家も従軍し武功をあげたと伝えられている(「高徳公記」)。

永禄2年(1559)

　「村井長時筆記」によると、この年の6月、利家は信長に仕える同朋拾阿弥を清須城内で斬り、出仕停止処分を受けている。以後、暫くの間、流浪の身をかこつことになった。

永禄3年(1560)

　5月19日、信長は駿河の今川義元と尾張桶狭間山で戦い、これを敗死させている。浪人であった利家も織田方として参戦し、敵の首をあげたが、帰参は許されなかった(『公記』)。

永禄4年(1561)

5月13日、織田勢は西美濃侵攻を開始する。翌14日、信長は、斉藤龍興配下の軍勢を森辺で撃破し洲俣(墨俣)城を占拠した。この時、利家は織田勢に加勢して足立六兵衛らを討ち取り、ようやく帰参を許されている(『公記』)。

5月23日、洲俣城を出撃した織田勢は、斉藤勢と美濃十四条・軽海で交戦した。「高徳公記」によれば、利家もこの合戦に参戦している。

永禄6年(1563)

5月の美濃洲股(墨俣)の合戦に参戦し、武功をあげたと伝えられている(「高徳公記」)。

永禄11年(1568)

足利義昭を奉じて岐阜城を発した信長は、9月12日、近江観音寺城主六角義賢(承禎)・義治父子の軍勢と戦闘を交えることになり、この日、織田勢が観音寺城に程近い箕作山城を攻略した。「高徳公記」によれば、利家も箕作山城攻略戦に参戦し、武功をあげている。そして9月下旬には信長が入京する。この時、利家も従軍したと伝えられている(「三壺記」)。

永禄12年(1569)1月～9月

8月、信長は伊勢へ出陣し北畠具教・具房父子を攻撃した。そして同月下旬、北畠父子の本拠大河内城に迫り、四方に鹿垣を結い、通路を封鎖した。この時、利家は弟佐脇藤八郎らとともに鹿垣の廻番を務めている(『公記』)。

2　越前入国以前――永禄12年(1569)10月～天正3年(1575)7月

ここでは、越前入国前までを扱う。具体的には、荒子城へ入城した永禄12年10月から越前入国直前の天正3年7月までが対象となる。

この時期の本拠は荒子城、尾張・美濃・伊勢・三河・近江・河内・大和・摂津・越前にいたと伝えられている。

永禄12年(1569)10月～12月

「高徳公記」によれば、10月、利家は、兄利久から前田家の家督を譲られ、荒子城へ入城した。これは信長の命によるものとされる。

永禄13年・元亀元年(1570)

4月20日、京都を発した信長は、若狭・越前へ向かった。敵は朝倉義景らである。そして同月25日に越前手筒山城、翌26日に同国金ヶ崎城を攻略した。「高徳公記」によると、利家もこの合戦に従軍している。

6月、信長は北近江へ出陣し、同月28日、朝倉義景勢と浅井長政勢を撃破した。世にいう姉川の合戦である。この時、利家も参戦し使番を務めたと伝えられている(「高徳公記」)。

8月25日、信長は摂津へ出陣した。当初は細川・三好一党との合戦であったが、9月に入って、大坂本願寺が反織田方に加わり戦闘は激化した。同月14日、春日井堤で合戦があ

り、利家は織田方の二番手を務めている(『公記』)。

　信長の摂津在陣中、朝倉・浅井両軍が西近江を席巻し、京都に迫ろうとした。このため、9月23日、信長は京都へ戻り、翌24日、西近江へ出陣、連合軍と対峙した。この時、利家らは敵方を攻撃し、勝利をおさめたと伝えられている(「高徳公記」)。

元亀2年(1571)

　9月3日、信長は近江金森城に籠る一揆を攻撃し、これを降伏させた。「高徳公記」によれば、利家も従軍し武功をあげている。

元亀3年(1572)

　7月22日、秀吉が浅井方の近江山本山城を攻撃した。この時、利家も参戦したと伝えられている(「高徳公記」)。

元亀4年・天正元年(1573)

　8月10日、信長は近江山田山へ陣を進め、朝倉義景勢と対峙した。13日夜、朝倉勢が越前へ退却するや、信長は夜襲を敢行し、近江・越前国境で朝倉勢を破った。この合戦で利家らが織田勢の先を駆け、朝倉勢へ突撃したと伝えられている(『当代』)。

　8月20日、義景を自刃に追い込み越前を制圧した信長は、直ちに北近江へ取って返し小谷城を攻撃、9月1日、浅井氏を滅亡させた。この合戦で利家は柴田勝家とともに織田勢の先陣を務めたと伝えられている(「加賀金沢前田家譜」、以下「家譜」と称す)。

　11月、信長は佐久間信盛を派遣して河内若江城を攻撃させ、同城による三好義継を滅ぼした(『公記』)。「高徳公記」は、利家がこの合戦に従軍したことを伝えている。

天正2年(1574)

　元日、岐阜城で年頭の礼が執り行われた(『公記』)。利家も参列したと伝えられている(「三壺記」)。

　3月、信長は、正親町天皇から東大寺所持の名香蘭奢待を与えられ、同月28日、蘭奢待の切り取りが執り行われた。この時、利家も柴田勝家らとともに立ち会ったと伝えられている(『大日本史料』)。

　7月、信長は伊勢長島の一向一揆打倒に乗り出した。同月13日、利家は佐々成政・不破光治・同直光らとともに、はやお口を進撃し合戦に加わっている(『公記』)。

天正3年(1575)1月〜7月

　5月18日、信長は三河極楽寺山に陣を進め、武田勝頼の軍勢と対峙した。そして3日後の21日、合戦に及んだ。世にいう長篠の戦いである。この時、利家は佐々成政らとともに鉄砲足軽を指揮し、武田勢を撃破した(『公記』)。

3　能登拝領以前——天正3年(1575)8月〜同9年7月

　天正9年の能登拝領前を扱う。具体的には、天正3年8月の越前入国から同9年7月までを対象とする。

この時期の本拠は越前府中城で、越前・加賀・越中・摂津・播磨にいたこと、上洛したことが確認できる。

天正3年(1575) 8月〜12月

8月14日、信長は越前一向一揆討伐に着手し同国敦賀城へ入った。18日、利家は越前土橋で一向一揆と戦闘を交えたと伝えられている(「高徳公記」「朝倉始末記」)。そして2日後の20日、菅屋長頼らとともに、ひなかたけに籠る一揆勢を撃破した(『増訂信長』)。

9月、一向一揆に圧勝し越前・南加賀を制圧した信長は、利家・佐々成政・不破光治に越前府中二郡の支配を委ねた(『公記』)。なお、利家は府中城、佐々は小丸城、不破は竜門寺城へ入城したと指摘されている(『前田利家』)。

※　小丸城址から出土した丸瓦は、①某年5月24日、一揆が発生したが、利家により鎮圧されたこと、②彼が一揆1000人ばかりを捕らえ、磔・釜煎の極刑に処したことを記している(「武生市味真野史跡保存会蔵文字瓦」)。瓦が小丸城址から出た点や、利家が登場する点から、この一揆は越前国内で起こったと考えてよいだろう。一揆が起こった年について、井上鋭夫氏は天正4年とし(井上1968)、小泉義博氏は同8年とする(小泉1999)。いずれが正しいかは、現時点では確定できない。

天正5年(1577)

8月8日、信長は柴田勝家らを加賀へ出陣させた。敵は一向一揆であり、利家や越前在国の佐々成政・不破光治らが参陣している。加賀・越前国境を越えた織田勢は、南加賀の各所に火を放ち作物を薙捨てた。織田勢が帰陣したのは、10月3日とされている(『公記』)。

天正6年(1578)

11月9日、信長は軍勢を摂津へ進めている。同国伊丹城による荒木村重を討つためであった。利家も出陣している。10日、利家・佐々成政・不破直光(光治の子)らは、信長の長男織田信忠の指揮のもと高槻城攻撃に向かい、城攻めのための付城天神山城の普請に取りかかった。そして同月中旬頃、高槻城将高山右近が信長に降るや、茨木城攻撃のための付城大田郷の城へ入城し、同月18日、今度は惣持寺へ陣を進め、同寺寺中を城郭化した(『公記』)。

天正7年(1579)

3月、利家・佐々成政・不破直光らは、伊丹城攻めに参陣した後、4月8日、播磨へ出陣した。そして同国淡河城攻めに備えて付城を普請し、信長本陣のある摂津古池田まで軍勢を退いている。ここで彼らは信長から暇を与えられ、越前へ帰国した。4月下旬頃の出来事とみられる。

12月頃、上洛したらしく、同月16日、京都六条河原で荒木村重の妻子らが処刑されたさい、利家・佐々・不破らへ執行の任が委ねられた(以上『公記』)。

天正9年(1581) 1月〜7月

2月28日、信長は京都で馬揃を挙行した。利家もこの行事に参加し馬場を行進している。

さて、当時越中にいた佐々成政・神保長住や、越前在国の信長家臣団が上洛の途に就いたおりを狙い、上杉景勝が越中へ進撃、織田方の小出城を攻撃した。このため信長は、3月15日、佐々と神保を帰国させ、利家や柴田勝家らに越中出陣を命じた。これにより、24日、景勝は小出城攻略を断念し兵を退いている。なお、利家らは夜を日に継いで越中へ着陣した(以上『公記』)。

- ※ 『加賀藩史料』1は、「菅家見聞集」「漸得雑記」を典拠に、天正8年6月25日、利家が秀吉とともに因幡鳥取城を攻撃したとする。しかし、この年の6月19日付の秀吉書状写によれば、同日以前に鳥取城は秀吉に降っている(『秀吉』)。そして同年9月までは織田方に属していた(『吉川』)。ゆえに、「菅家見聞集」と「漸得雑記」の記事は疑問といわざるを得ず、当然のことながら、『加賀藩史料』1の見解にも従えない。

4　金沢城占領まで――天正9年(1581)8月～同11年4月

天正9年の能登拝領から同11年の金沢城占領までを対象とする。この時期の本拠は能登七尾城で、能登・加賀・越中・越前・近江におり、上洛したことが確認できる。

- ※ 天正10年に七尾城から能登小丸山城に本拠を移した可能性がある(善端2022)。

天正9年(1581)8月～12月

8月17日から9月8日までの間に、信長は利家に能登一国の支配を委ねた(『公記』)。これを受け、天正9年9月8日付で利家は能登の道下之内百姓中に黒印状を発給し、逐電した者たちを還住させるよう命じている(『新修七尾市史3　武士編』、以下『七尾』と称す)。9月8日段階で能登支配に携わっていたことは明白であり、この頃までには入国していたのであろうか。

- ※ 「池田本信長記」には「八月十七日、高野聖尋捜、搦捕て、安土へ数百人万方より被召寄、悉被誅候、(中略)能登国四郡、前田又左衛門(利家)被下、忝次第也」とあり、8月17日の高野聖成敗の記事の後に能登拝領の記事が登場する。道下之内百姓中へ出された黒印状の日付は天正9年9月8日付である。とすれば、利家の能登一国拝領は8月17日以降、9月8日以前となろう。
- ※ 「高徳公記」や『加賀藩史料』1収録の「前田創業記」「温故集録」によると、利家の能登拝領前の段階では、利家・菅屋長頼・福富秀勝の3名が同国の支配を担当し、利家は飯山(のち菅原)、福富は富来に駐留したとされている。

  しかし上記の史料はいずれも後世の編纂物である。信頼し得る編纂物や古文書を見る限りでいえば、菅屋が能登支配を担ったことは確かだが、天正9年8月16日以前に利家が能登支配を担当した事実は確認できない。また福富秀勝と能登との関わりも確認できない。それゆえ、「高徳公記」や「前田創業記」「温故集録」の上記の記述は疑問といわざるを得ない。

10月頃、利家は能登を発ち、安土城へ赴いている。これは、能登拝領の礼を言上するた

めであった(『七尾』)。

天正10年(1582)

　3月、上杉景勝方の小島職鎮・唐人親広らによる越中富山城占拠を受け、利家や柴田勝家が同国へ進軍、佐々成政と合流し、小島・唐人らと戦闘を交えた。同月24日、利家らは富山城包囲の最中である。同城陥落はそれから間もなくの出来事ではなかろうか。

　富山城を奪還した織田勢は、越中魚津城・松倉城近辺に迫り、4月上旬頃、魚津城を包囲した。このため、景勝自ら出陣し城の救援を図ったが、利家らは備えを固め、景勝を寄せ付けなかった。5月26日、景勝は国許へ退き、松倉城の上杉勢も越後へ引きあげている。

　景勝撤兵後も、利家らは魚津城を包囲し続け、6月3日、同城を攻略した(以上『富山・近世』『上越別2』『公記』)。しかし前日の本能寺の変によって、信長・信忠父子が死去したため、織田勢は6日には国許へ撤退している(『増訂加能』補遺389)。

　本能寺の変後、能登国内の情勢は不穏となり、利家ら織田方は、かつて能登国内に勢力を有していた温井景隆・三宅長盛や能登石動山衆徒らを攻撃することになる。そして7月下旬までに利家が石動山を、勝家の配下佐久間盛政が能登荒山城を攻略した(『七尾』)。

　さて、信長逝去の後、織田一門・重臣たち、こと秀吉と織田信孝(信長の三男)・勝家の対立が深まる。こうしたなか、10月20日、利家が能登を発し上洛の途に就いた。勝家と秀吉を和解させるための上洛であり、金森長近(素玄)・不破直光も同行していた(「高徳公記」「柴田退治記」、以下「柴田」と称す)。同月29日、山城吉田で金森が秀吉・丹羽(惟住)長秀・堀秀政や「其外歴々」と「世上無事之談合」を行っている(『宇野』)。同行者の金森が山城にいたことから、「其外歴々」には利家や不破が含まれていた可能性は高いだろう。なお、11月中旬までに勝家と秀吉の和解が一旦は成立したようである(「明性寺文書」)。

　※　「高徳公記」『太閤』は、11月2日、秀吉と利家らが「摂州宝寺」で会見して和議が成ったとする。しかし秀吉は、10月27日に山城山崎から上洛し、11月3日に離京するので、2日の時点では在京していたとみられる。ゆえに、11月2日の会見が事実かどうかは検討を要する。

　11月以降の動静をみよう。「高徳公記」によれば、同月4日、京都の信長の墓所に参拝している。8日には京都を発ち、10日に越前北庄城へ入り、勝家へ秀吉の意向を伝えている。その後、嫡男利勝のいた府中城へ赴いた。

天正11年(1583)1月～4月

　この年、秀吉と柴田勝家の対立が激化し、両者の武力衝突が起こる。2月、勝家が近江出兵を開始すると、利家・利勝父子も軍勢を率い南へ向かった(「高徳公記」「本藩歴譜　瑞龍公記」、以下「瑞龍公記」と称す)。

　3月7日、利家ら北国勢は近江余呉・木ノ本に火を放ち、10日にも北近江の地で火を放っている。しかし3月中旬、北伊勢で滝川一益と戦っていた秀吉が北近江へ軍勢を進める

と、北国勢は柳瀬・椿坂まで退き、守備を堅固にして決戦を避けた。3月25日付の利家書状写には「此通之様子、柳瀬・椿坂上ニ取出仕候、過半出来仕申候、羽筑(秀吉)近々とおしかけ陣取候へ共、不苦候、陣所丈夫ニ令覚悟可申事候、可有御心易候」と記されている(『七尾』)。

4月、戦局が動く。21日、秀吉が勝家勢を攻撃し勝利を収めた。「高徳公記」や「瑞龍公記」によれば、勝家らの敗戦により、利家・利勝父子も退却、近江の塩津越、越前の疋田・木目峠を経て、利勝の本拠府中城へ帰城している。なお、「村井重頼覚書」の「柴田しゆり殿(勝家)はい軍ノ時、大なこん様(利家)又左衛門殿ノ時、無本(謀反)被成候由申儀」とは、利家父子の退却をさした表現かもしれない。

4月22日、勝ちに乗じた秀吉の軍勢が府中城に迫り、利家・不破直光・徳山則秀はその軍門に降った(『柴田』)。秀吉方へ寝返ったのである。

府中を押さえた秀吉は、23日、北庄城へ迫り、翌24日、勝家を自刃へと追い込んだ。「家譜」によれば、利家もこの合戦に従軍している。その後、利家らは加賀へ進み、25日、小松城を接収し、26日、宮腰に着陣した。そして27日、金沢城の開城を受け、これを占拠している(『七尾』)。

5　金沢在住期——天正11年(1583)4月～同17年

天正11年4月28日の金沢城占領直後から同17年までを対象とする。なお、天正17年までは金沢城、そして同年冬以降は京都屋敷が本拠である。主に加賀・能登・越中・摂津におり、大坂・京都に赴いたと伝えられている。

天正13年までに前田父子(利家・利勝)は、能登のほか、加賀半国・越中半国を領有している(『前田利家』)。

天正11年(1583)4月～12月

9月17日、本願寺の坊官下間頼廉が大坂の秀吉を訪ねたさい、その場にいたことが知られている(「宇野」)、また10月5日、織田長益(有楽)とともに、大坂で行われた秀吉の茶会に招かれている(「宗及自会記」)。

なお、「高徳公記」は、この年、金沢城へ本拠を移したと伝える。

天正12年(1584)

3月、秀吉と織田信雄・徳川家康との間で戦端が開かれた。世にいう小牧・長久手の合戦である。利家は秀吉方に属した。そして信雄・家康に呼応する形で、越中の佐々成政が秀吉に反旗を翻し、8月28日に加賀侵攻を開始すると(「宇野」)、その防戦に追われることになる。

※　6月上旬、尾張国内に在陣する秀吉の許へ見舞いに出向こうとしたらしく、その旨を秀吉へ申し入れている。これに対し秀吉は6月7日付で書状を出し、利家次第と返答した(『七尾』)。なお、実際に尾張へ赴いたかどうかは不明である。

3月頃は金沢城に在城していたらしい。同月13日付で越前の丹羽長秀へ宛てられた秀吉書状の写に「自然加賀表一揆なと催をこり候共、又左(利家)合戦に不被及、彼金沢之惣構を相抱、丈夫之覚悟於在之者」と記された事実から、そのことが判明しよう。
　9月9日、加賀と能登を繋ぐ要衝末森城が佐々に包囲された。この報を受けるや、利家は金沢城を出陣、11日、佐々勢に攻めかかり、撃退に成功している(以上『七尾』『多聞院』22日条)。そして13日頃、金沢城へ帰陣した。
　10月頃、再び能登へ入り城普請を行っている(以上『七尾』)。

天正13年(1585)

　「高徳公記」によれば、3月21日頃、佐々成政と加賀鷹巣城近辺で戦闘を交え、これを破っている。また4月8日には同国鳥越城を攻略している。
　5月頃、上方へ赴き秀吉に拝謁、越中出兵について談合し、6月上旬に帰国している。6月6日付で家臣青木信照・大屋勝重へ宛てられた利家書状の写には「如御申越今度上洛、仕合無残所下着候、殊近日可為御出馬之旨候間、越中平均に可申付事、不可有程候」と記されているので(『七尾』)、そのように判断して誤りはなかろう。
　8月8日、秀吉は越中出兵のため京都を発した。「高徳公記」によれば、金沢城到着は18日のことである。「四国御発向並北国御動座事」(以下「四国北国」と称す)によると、利家は懇切を尽くして出迎えている。20日、秀吉は加賀・越中の境目に当たる倶利加羅峠に軍勢を進めた。利家も従軍している。
　8月26日、佐々は倶利加羅峠の秀吉本陣に出頭し、その軍門に降った。これを受け、秀吉は越中国内へ軍勢を進め、閏8月2日、富山城を望む御服山へ陣を進めている。翌3日、御服山で利家が秀吉に茶を立てた(以上『七尾』「四国北国」)。

天正14年(1586)

　春は上方に滞在しており、3月中旬は大坂にいたようである。1586年10月17日付の宣教師ルイス・フロイス書簡から、そのことが判明する(『イエズス会』)。
　3月22日には在京していた。この日、信長の弟織田信包とともに参内している(『お湯殿』20日条・22日条)。
　4月5日、豊後の大友宗麟(義鎮)が大坂城へ出仕し、秀吉の謁見を受けた。この時、利家も列座している(「大友家文書録」)。
　その後、国許へ戻り、5月28日には加賀森下近辺にいたことが知られている。これは上杉景勝を出迎えるためであった。景勝は大坂城へ出仕すべく国許を発ち、利家や石田三成の出迎えを受けている。この日、一行は金沢へ到着し、翌29日、利家が金沢城内で景勝を饗応した(『上越別2』)。
　8月中旬は国許に滞在していたらしく、天正14年8月16日付で能登の大呑北南百姓中へ出された印判状の写には「於京都御屋敷被仰付、其普請ニ上候、北南之内より人夫三人申付、すき・鍬を持せ、来廿三日尾山(金沢)ニてそろひ候様早々可越、(中略)我らも近日上洛候へ

共、其時ハ加州の人夫を可召供候、今度ハ能州頼候也」と記されていた（『七尾』）。近日中に上洛すると伝えたのである。なお、岩澤氏は、利家は8月末から9月にかけて上洛し、そのまま上方滞在を続けて越年したとみる（『前田利家』）。

天正15年（1587）

　春は在京しており、秀吉の九州出陣にさいし、京都の留守居を務めることになった（『多聞院』3月3日条）。秀吉の離京は2月8日、入京は7月25日である。それゆえ、約4か月半の間、留守居を務めたことになろう。

　7月23日には京都にいたことが知られる（『兼見』）。そして29日の秀吉参内のさい、供を務めた（『お湯殿』）。なお、岩澤氏は、8月半ばまで在京していたとする（『前田利家』）。

　9月上旬は国許にいたらしく、天正15年9月5日付の家臣山口次右衛門・野崎新六へ宛てた黒印状で「来十八日上洛候之間、五千石之内より人夫五人申付、十六日ニ至尾山可相越候」と命じている（『七尾』）。18日に金沢城を発ち上洛すると伝えたのである。そして10月1日、利家は、京都北野で秀吉が催した茶会に参加した（「北野大茶湯之記」『多聞院』4日条）。

　「高徳公記」によれば、この年、京都に屋敷を構えている。岩澤氏は、聚楽第の北方に利家邸が設けられたと推定している（『前田利家』）。

天正16年（1588）

　春は京都に滞在しており、1月13日には、秀吉に従って参内している（『お湯殿』）。2月24日、秀吉が洛北で鷹狩を行ったさい、これに従い和歌を詠んでいる（「竜安寺文書」）。3月10日、中山親綱の訪問を受けた（「親綱卿記」、以下「親綱」と称す）。

　4月14日、後陽成天皇が秀吉の居城聚楽第に行幸した。この時、利家は織田信雄・徳川家康・豊臣（羽柴）秀長・豊臣（羽柴）秀次・宇喜多秀家とともに聚楽第へ出仕し、起請文を認め、秀吉の命令に服従することなどを誓約している（「聚楽」『多聞院』5月4日条）。

　7月21日、秀吉の使者として院御所へ参内し、正親町上皇を見舞っている（「院中御湯殿上日記」）。翌22日、毛利輝元・小早川隆景・吉川広家が入京し、24日に聚楽第へ出仕した。この時、利家も列座している。29日、輝元・隆景・広家は、京都滞在中の利家・利勝父子を訪問した（「輝元上洛日記」）。なお、岩澤氏は、その直後に帰国し、11月頃には国許に滞在していたとする（『前田利家』）。

天正17年（1589）

　「高徳公記」によれば、4月6日、京都の邸宅に秀吉を迎えている。また岩澤氏は、同月、浅野長政とともに、千利休の茶会に招かれたと指摘している（『前田利家』）。

　5月・6月頃は摂津有馬へ湯治に赴いたらしい。この頃、出羽庄内の大宝寺義勝が上洛の途上、金沢を通過し、利家に馬を1疋進呈している。金沢帰城は6月22日ないしは23日であった。兼ねてから病を患っていたらしく、同月25日付の上杉景勝宛て書状のなかで「随而自湯治二・三日以前罷帰候、一段令相当平復躰候間、可御心安候」と述べている。ま

た「就中今度若君様被成御誕生、諸国之各罷上御礼被申上候、拙子も近日可致上洛候条」とも記し、秀吉の子鶴松の誕生を祝うため、近日中に上洛することを伝えた(『上越別2』)。なお、岩澤氏は、8月半ば頃、利家が在京していたと指摘する(『前田利家』)。

　8月20日付で利家は陸奥南部の南部信直へ書状を出した。その追而書には「将又、今度御理共浅野弾正少弼方具被申上候、一段馳走被申候間、於向後も御入魂尤候、我之事ハ京都程遠候間、浅野方畢竟御頼肝用候」と記されている(『青森中世1』)。かかる点に注目するなら、この日は京都にはいないと考えたほうがよい。

　12月5日頃は在京している。同日付で陸奥会津の伊達政宗へ宛てた書状には「就中今度高松斎被指上、御覚書之条目両三通幷口上、御存分通逐一承届候、尤与存事候、拙子上洛遅候間、使者相添、浅弾正少弼・富左近将監方へ申遣候処、則被達　上聞候、然処ニ義広連々得　上意、勿論常州之儀累年守　御下知候ニ付而、様々鬱憤之御理申立、被成御納得候上、雖　御逆鱗之様候、某罷登、浅弾令相談、重而右様子不残御心服申上候処ニ、御内証宜罷成候条、珍重存候」と記され(『伊達』)、上洛し政宗の取り成しに当たったことが判明する。そして『多聞院』9月1日条に「諸国大名衆悉以聚楽ヘ女中衆令同道、今ヨリ可在京ノ由被仰付トテ」とある点、すなわち秀吉が諸大名に京都在住を命じた事実を踏まえると、利家の上洛は在京強制と関連していたことも判明する。

　取りあえず、天正17年冬以降、京都屋敷が利家の本拠になる事実を確認しておきたい。

6　上方在住期——天正18年(1590)〜慶長4年(1599)閏3月

　天正18年から慶長4年閏3月3日の逝去までを対象とする。文禄4年(1595)6月までは京都屋敷、慶長4年1月までは伏見屋敷、そして同年閏3月3日までは大坂屋敷が本拠である。

　この時期は京都・伏見・大坂、そして加賀・越中にいたことが確認できる。また天正18年は関東・奥両国(陸奥・出羽)を転戦し、同20年・文禄2年は肥前名護屋に在陣していた。文禄3年は大和・紀伊・摂津へ、慶長3年は上野・越後・飛騨へ赴いたと伝えられている。

　なお、文禄4年以降、前田父子(利家・利長・利政)は加賀半国と能登・越中を統治することになった。

天正18年(1590)

　1月21日、秀吉が浅野長政邸を訪問したさい、随行している(『晴豊』)。翌22日には参内した(『お湯殿』)。

　天正17年冬、関東の北条氏政・氏直父子攻撃命令が出され、利家はその準備のため金沢城へ向かう。1月20日付の徳山秀現書状には「筑前守も従信州口、直至上野可致出張之旨、依　御諚、近日京都罷立、下国之由申来候」とあるので、1月下旬以降に京都を発った可能性が浮かび上がる。

　2月上旬には金沢にいたとみられ、同月2日付で伊達政宗へ宛てた書状では「依之拙者

も加州・能州・越中之人数召連、十日ニ先勢相立、我等者廿日ニ致出馬候、信州通上野へ可押入候」(以上『伊達』)、すなわち利家が2月20日に出陣することが報じられている。

「高徳公記」によると、金沢城出陣は16日とされる。木曽路を通過して(『当代』)、信濃楢井に着陣したのが3月中旬頃らしく、天正18年3月13日付で楢井在住の原孫右衛門へ宛てた朱印状には「今度当町陣取付而、宿之儀造作共候、令祝着候」と記されている(『七尾』)。

利家らは信濃から碓氷峠を経て上野へ侵攻し、同国松井田の上之山もしくは同国狩宿に着陣した。その時期は4月上旬頃とみられる。同陣していた信濃の真田昌幸が同月7日付で出した書状に「此表之儀、上野国中悉放火仕、其上松井田之地、根小屋撃砕、致詰陣、仕寄申付候」と記した点(「長国寺殿御事蹟稿」)、同月11日に氏政の弟北条氏邦が出した書状に「臼井越山之敵ハ松井田上之山ニ陣取、又かり宿近辺へ打散而、放火働一理ニ候」(碓氷峠)(狩)と記されている点は(「片野文書」)、そうした理解を生じさせるものである。

利家・利長父子や真田、そして上杉景勝が最初に攻撃した北条方の城郭が、北条氏の重臣大道寺政繁の籠もる松井田城であった(『真田』)。同城は4月20日に降伏している。そして2日後の22日、利家は大道寺と伊達氏の使者守柏斎意成を連れ、小田原城を包囲する秀吉の許へ赴いた。拝謁が無事に済むと、4月27日に小田原を発ち、5月1日、松井田城へ帰還している(『伊達』『上越別2』『増訂加能』)。なお、松井田から小田原へ向かう途中、大道寺直英(政繁の養子)が守る武蔵川越城を開城させ同城を請け取ったとする見解があること(黒田2013)を付け加えておく。

※ 松井田城開城後、北関東の北条方の城郭が次々に開城した。例えば4月24日頃までには川越城のほか上野前橋城・同国箕輪城が、同月29日までに上野金山城・同国館林城が、6月2日までに上野桐生城が開城している(黒田2013)、利家の軍勢はそのうちの7・8城を占領した。そのなかには金山城・桐生城が含まれている(「山中山城守文書」)。

6月3日、利家は、武蔵松山城(同国国衆上田憲定の本拠)と同国鉢形城(北条氏邦の本拠)の攻撃を図り、松山城の西に当たる武蔵石橋村の上之野の古城には、利家の陣城が構えられていたが(『上越別2』『七尾』)、同月上旬、彼は戦列から一旦離れて再び小田原へ向かい、7日まで小田原に居た。5日、伊達氏の当主政宗が小田原に到着し、浅野とともに彼の「指南」を務めるよう命じられたため(『政宗1』)ではないか。

6月8日、利家は小田原を発ち武蔵忍城(武蔵国衆成田氏長の本拠)攻めに取りかかった。これは利家と上杉勢に同城攻撃が命じられたためである(「小幡文書」)。しかし同城攻めに参戦したのは、わずか数日間であったらしく、忍を発って鉢形城攻めに加わったようだ(黒田2013)。同城を守る北条勢が利家らに降るのは6月14日であった(「徴古雑抄」)。付言すると、鉢形城陥落の頃には松山城なども開城したと見られる(黒田2013)。

鉢形城占拠の後、氏政の弟北条氏照の本拠武蔵八王子城を攻め、6月23日、同城を陥落させた(『増訂加能』『七尾』)。

7月5日、氏直が降り小田原城が開城すると、利家は北上し、同月17日には下野鹿沼城に入城した(『浅野』)。小林清治氏は、壬生氏の所領を収公するため、利家が鹿沼へ向かったと指摘している(小林2003)。そして8月17日付で、木村常陸介・大谷吉継とともに、出羽仙北の戸沢光盛へ連署状を出し、「仍羽州表為御仕置各被指向候間、其地へも罷下候、被仰含候様子以別紙一書申達候、被聞届可然候様御才許専一候、近日至其面可令着候条、以面謁諸事可申談候」と報じている(『秋田藩家蔵文書』)。この史料の写から、小林氏は、8月17日時点で利家らは出羽上浦郡近辺にいたと指摘している。

　9月頃、陸奥津軽郡に到着したとされる(以上、小林2003)。翌19年の閏1月23日付で利家へ宛てられた政宗書状に「抑旧冬者津軽表御在陣之刻、節々使者以飛脚雖申述候」と記されている点や(『政宗1』)、8月17日に上浦郡近辺に到着していた事実は、かかる推定を裏づけるものとされる(小林2003)。

　「新羅之記録」によれば、9月15日頃、蝦夷地に勢力を有する蠣崎慶広が津軽へ赴き、利家・利長父子と会見している。

　10月10日、津軽郡を発ち、津軽為信を同道して上洛の途に就いた。途中、出羽仙北・庄内・由利の一揆を鎮めながら、18日までに出羽赤宇津に着陣している(『増訂加能』『伊達』)。また同月23日付の利長書状写に「利家明日至仁賀保可有陣替旨ニ候」と記されている点から(『増訂加能』)、24日には同国仁賀保へ到着する予定であったことが知られる。

　11月、金沢城へ到着するが、滞在期間は短く、12月5日には入京している(『伊達』)。同月下旬には在京し、吉田兼見の使者の訪問を受けた(『兼見』29日条)。また岩澤氏は、この月、千利休の催す茶会に出たと指摘する(『前田利家』)。

天正19年(1591)

　1月12日、秀吉に随行して参内した。この日、利家は清華成を遂げている(『時慶』)。15日、吉田兼見の音信をうけた(『兼見』)。在京していたのであろうか。なお、岩澤氏は、1月中に千利休の茶会に招かれたと指摘する(『前田利家』)。

　「高徳公記」によれば、6月、暇を与えられて金沢へ向かい、8月6日、重臣村井長頼の屋敷を訪問している。しかし「家譜」や一次史料には、こうした記述は見当たらない。

　※　小林氏は、6月頃、利家が陸奥へ出陣したとするが(小林2003)、前田氏側の史料で、このことを確認することはできない。

　この年の9月23日付の「御はなしの衆番之次第」によると、利家が秀吉の御咄衆となっている。利家は三番詰とされていた(『増訂加能』)。この時は京都にいたのであろう。

　11月は国許にいたようである。この月に帰国したと「家譜」が記す点、同月15日付で滝川忠征へ宛てた書状に「将亦尾濃為御鷹野、上様(秀吉)去三日被成御下国候由、是又被入御情被仰聞儀、令満足候、随而去年いまた之仕合、最前於　御前懇申上候、様子有楽(織田長益)御存ニ候、爰許隙明候て、近日可令上洛候間、其節以面拝可申述候」と記されている点から(「滝川文書」)、このように推定されよう。

天正20年・文禄元年（1592）

　2月、軍勢を率いて金沢城を発ち上洛したとされる（「高徳公記」「家譜」）。いうまでもなく、秀吉の大陸侵攻に従軍するためであった。そして3月16日、京都を出陣し西へ軍勢を進めている（『言経』）。「高徳公記」は、名護屋着陣を4月12日と伝え、「伊達日記」は、利家の陣所が名護屋城の北に構えられたと記す。

　6月、名護屋の陣中において、家康とともに秀吉に対し、朝鮮渡海を延期するよう言上している（「中外経緯伝」「等持院文書」）。

　7月22日、名護屋在陣中の秀吉が上方へ帰還した。このため、11月の秀吉の名護屋帰還までの間、家康・利家の両人が名護屋城の留守居を務め、軍務を預かることになる（中野2006）。

　11月13日および15日、名護屋の陣所で茶会を開いた（「宗湛」）。

文禄2年（1593）

　5月15日、明の使節と称する人物らが名護屋に到着し（「大和田」）、23日、秀吉と対面した（「益田孝氏所蔵文書」）。そのおり、利家や家康らがその場に列座していたと伝えられている（『太閤』）。

　9月7日は京都におり、自邸に家康を招き茶を立てている（『言経』）。それゆえ、この日以前に京都へ帰還したことは確かであろう。なお、名護屋出発の時期であるが、岩澤氏のごとく、8月中旬頃とみなすのが（『前田利家』）、妥当ではなかろうか。秀吉の名護屋出発が同月15日である点、利家が8月以前に在京した形跡が確認できない点から、そのように考えられよう。

　閏9月の居所を述べる。22日、伏見城内で行われた秀吉の茶会に家康とともに招かれた後、秀吉の使者の一人として聚楽第へ赴くことになった。17日に逝去した信濃の毛利秀頼の跡目問題を処理するためである。28日、伏見から上洛した秀吉は利家邸に入り、ここに晦日まで宿泊した。なお、この日は利家や家康らが能を演じている（『駒井』『言経』）。

　10月の居所をみる。3日朝、秀吉は施薬院全宗邸へ御成した。そのさい、利家と富田一白が供を務めている（『時慶』『駒井』5日条）。ついで同日午前、秀吉は参内したが、そのさい、利家や家康らが随行している（『時慶』）。また同月5日・7日・11日の3日間、禁裏で秀吉や家康らが能を演じたさい、利家も加わり、5日には能と狂言を（『時慶』「禁中猿楽御覧記」）、7日には狂言を（「小鼓大倉家古能組」）、11日には能を演じた（『時慶』）。12日、聚楽第にいた関白豊臣（羽柴）秀次の許に出仕し（『鹿苑』）、14日、在京中の博多の商人神谷宗湛に招かれ、彼が催した茶会に出ている（「宗湛」）。29日、聚楽第で能が演じられたさい、利家は織田秀信らとともに見物した（『鹿苑』）。

　「高徳公記」によれば、11月、国許へ向かったとされる。『駒井』閏9月晦日条には「御能過候ハヽ、家康・羽筑（利家）・忠三（蒲生氏郷）可為下国由」と記されているので、下国は事実である可能性が高いだろう。

文禄3年(1594)

　岩澤氏は、「亜相公御夜話」などを典拠に、1月は国許にいたと推定している(『前田利家』)。

　2月の居所をみよう。20日には関白秀次の許へ礼に赴いている。この日、秀吉は、翌日茶会を催すことを決め、関白秀次・利家・織田有楽らを招いている。21日、伏見城で茶会が行われた。秀次の参加は確認できるが、利家が参加したかどうかは確かめられない。29日、秀吉は、秀次・家康らを従え、吉野で花見を行ったが、そのさい、利家も随行している。

　3月の居所をみる。3日、秀吉は紀伊高野山に参詣した(『駒井』)。利家もこれに従ったと伝えられている(「高徳公記」)。28日、秀吉は山城宇治に赴くが、そのさい、利家らが供を務めることになっていた(『駒井』27日条・28日条)。

　4月の居所を述べる。3日、秀吉が家康らを従え参内したさい、利家も随行している(『兼見』)。6日、秀吉が利家邸に御成し宿泊している。8日、秀吉の式正御成(しきしょうおなり)が行われた。訪問先は利家邸である。家康ら諸大名や中山親綱らの公家衆も利家邸を訪れた(『駒井』『七尾』)。なお、「高徳公記」によれば、9日、式正御成の礼を行うため、伏見城の秀吉の許へ赴いたとされ、また同日、自邸で中山から御成の礼をうけている(「中山家記」)。10日、秀吉が利家邸に御成し宿泊している。15日、聚楽第で能が演じられ、利家は秀次や家康らと能を演じた(『駒井』「能之留帳」)。19日、自邸に家康が来訪し(『兼見』)、25日、今度は京都の家康邸に行き、山科言経らと会っている(『言経』)。

　5月4日頃、秀吉に従い有馬へ湯治に赴いていた。同日付で本願寺准如へ出された利家書状の写には「御湯治為御見廻早々御使被参下候、就其我等へも帷二・湯脚三つ被懸御意候儀、御懇志之段別而本懐不浅候、上様(秀吉)御湯相当仕候義、大かたならず候、可御心易候」と記されている(『増訂加能』)。

　7月29日、京都の自邸に家康の訪問を受けた(『言経』)。

　10月の居所をみる。14日、伏見の家康邸を訪問している(『言経』)。23日、秀吉が利家邸を訪れている(『兼見』)。25日、京都の蒲生氏郷邸において、秀吉の式正御成が行われ、利家は家康らとともに随行した(「小西伝左衛門文書」)。27日、自邸に秀吉が逗留している(『言経』)。28日、秀吉が京都の上杉景勝邸に御成し、利家も家康らとともに供をしていた(『上越別2』)。なお、この月、伏見に屋敷を与えられたと伝えられている(「高徳公記」)。

　11月は京都以外の地にいたことが知られている。同月17日付で家臣鶴見彦介へ宛てられた利家覚書の写に「一、今度二条より引候家、何程相立候哉、片時も急可申付候、来月はやがて可上洛候間、可被成其心得候事」と記されているためである(『増訂加能』)。ただし、どこにいたかは確定できない。

　12月18日、聚楽第の秀次の許に、家康らとともに出仕している(『鹿苑』)。

文禄4年(1595)

　3月の居所をみる。7日、秀吉が伏見から上洛し利家邸に入っている(『言経』)。26日、関白秀次の病を見舞うため、聚楽第へ出仕した(「能之留帳」)。27日、秀吉が参内したさいは供を務め(『兼見』)、28日、秀吉が京都の家康邸へ御成したおりも供をしている(「文禄四年御成記」)。

　4月2日、聚楽第で能が演じられた。これについて「能之留帳」は「加賀大納言殿(利家)御所望ニて、能組も大納言殿御好也」と記す。ゆえに、この日、利家が聚楽第に出仕したことは確かとみてよいだろう。

　5月21日および同月24日、伏見城内で能が演じられ、利家も演者として参加した(「能之留帳」)。

　「親綱」6月22日条によれば、この日、中山親綱が伏見の利家邸を訪問し「移徙ノ礼」を行っている。とすれば、6月下旬頃、利家は伏見の屋敷へ移住したことになろう。以後、およそ3年半の間、伏見屋敷が利家の本拠となる。

　7月、秀次が謀反の疑いで捕らえられ、高野山へ追放された後、自刃した。これにともなって諸大名が起請文を認め、秀吉・拾(秀頼)父子への忠誠を誓った(『前田利家』)。利家もその一人であり、文禄4年7月20日付で宮部継潤らへ宛てられた利家起請文には「御ひろい(拾)様へ対し奉り、御もりに被仰出候上者、聊表裏別心を不存、我等実子よりも大切ニ存、諸事無疎略、御為可然様ニもり奉るへき事」、あるいは「不断致在京　御ひろい(拾)様へ御奉公可申候、私として下国仕ましき事」と記されている(「大阪城天守閣所蔵文書」)。利家は拾の守役となり、伏見滞在を続けることになったのである。

　※　この時期、すでに伏見に移転していることから、起請文の「在京」は伏見滞在を意味すると考えられよう。

　8月、いわゆる御掟・御掟追加が発令される。この法令は、徳川家康・宇喜多秀家・上杉景勝・毛利輝元・小早川隆景、そして利家の名のもとに出されたものであった(『上越別2』)。この事実からすれば、法令が出された頃は上方に滞在していたのではないか。

　11月21日は伏見にいたらしく、病中の家康を見舞うため、伏見の家康邸に赴いている(『言経』)。なお、この頃には、伏見の旧秀次邸を与えられている(『イエズス会』)。

文禄5年・慶長元年(1596)

　1月13日、伏見の家康邸で茶会が開かれ、これに加わっている(『言経』)。

　4月27日、秀吉が伏見の長宗我部元親邸に御成した。利家は家康らとともに随行したと伝えられている(「元親記」)。

　5月の居所を述べる。1日、家康とともに秀吉の使者として参内し、近衛信輔(後の信尹)と菊亭晴季を帰洛させるよう申し入れている(『言経』)。9日、秀吉と拾が上洛し、利家や家康らが供を務めた(『兼見』)。13日、秀吉父子参内のさいは、利家らが随行している。17日、禁裏で能が演じられ、秀吉・拾・家康、そして利家らが見物した(『言経』)。25日、

伏見城内で御礼が執り行われ、利家や家康らが秀吉・拾父子に対し礼を行っている(『義演』)。

6月の居所をみよう。上旬は伏見にいたとみられる。同月3日付で富田一白へ宛てられた家康・利家の連署状には「今日者御番御大儀共ニ候、然者主計使佐野甚左衛門尉帰朝仕候、彼口上之様子被聞召届由候、御気色様うかヽい候て様子卒度可申上尤ニ候、主計も一両日之内可有帰朝との事候、今日御透も無之候ハヽ、明日筑前御番事候間、可申上候」と記されており(『大阪青山歴史文学博物館蔵文書』)、4日は利家が「御番」を務めることになっていた事実が浮かび上がる。ゆえに、伏見にいたと推定しても差し支えはないだろう。（加藤清正）（利家）

夏頃、浅野長政・幸長父子に謀反の疑いが持ち上がった。ルイス・フロイスが執筆した1596年12月28日付の「1596年度年報補遺」によれば、秀吉の命をうけ、利家と家康が真相糾明に当たっている(『イエズス会』)。

閏7月の居所をみよう。13日、畿内で大地震が発生し伏見城が倒壊した(『義演』)。「1596年度年報補遺」は、地震発生直後、利家や家康らが秀吉・拾父子の許へ伺候したと伝えている(『イエズス会』)。26日、中山親綱が利家に折を贈っている(「親綱」)。この日も伏見にいたのであろうか。

9月1日、大坂城内で秀吉が明使と対面した。「1596年度年報補遺」によると、この時、徳川家康・毛利輝元・上杉景勝・小早川秀俊(後の秀秋)と「中納言」(宇喜多秀家ヵ)、そして利家らがその場に居合わせている(『イエズス会』)。

「征韓録」は、明使が9月2日・3日も大坂城に登城したと記す。なお、「景勝公御年譜」は、3日、秀吉が明使を饗応したさい、徳川家康・宇喜多秀家・毛利輝元・上杉景勝・小早川隆景・同秀俊、そして利家がその場に列座していたと伝えている。

冬、秀吉が伏見の伊達政宗邸を訪問し、利家も随行したと伝えられている(『治家記録』)。

慶長2年(1597)

3月の居所をみる。24日、伏見の自邸で茶会を開いている(「宗湛」)。25日、伏見城内で秀吉が茶会を催したが、そのさい、家康とともに招かれた(『鹿苑』)。26日、伏見の自邸で神谷宗湛らを振る舞っている(「宗湛」)。

4月2日、秀吉が伏見の利家邸へ御成した。20日、家康とともに伏見城へ出仕し、西笑承兌と会っている(『鹿苑』)。

5月9日、秀吉が大坂の鍋島直茂邸を訪問し、利家も随行したと伝えられている(「直茂公譜考補」)。27日、秀吉に従い参内した(「孝亮」)。

6月9日頃は国許にいたらしい。同日付で上杉景勝へ宛てた書状には「就令下国早々預飛札、本望至存候、如仰御暇出罷下候、以使者可申入処、久々ニ御暇被下被存、即刻罷出候にて不能其儀候シ、爰元用所共相積、申付聞候、軈而明隙可罷上候条、万緒期其節候」と記されているので(『上越別2』)、このように推定されよう。

8月の居所を述べる。1日、家康らとともに伏見城へ出仕している。9日、家康・景勝

248

とともに同城へ出仕するよう命じられるが、病のため、叶わなかった。21日、伏見城へ登城している。

　9月の居所をみよう。20日、飛騨の金森素玄の病を見舞うため、伏見の金森邸に赴いている（以上『鹿苑』）。28日、秀吉・秀頼父子の参内に従った。そのさい、利家は秀頼と同じ車に乗っている（『兼見』）。なお、「高徳公記」によれば、この月、秀吉が伏見の利家邸で饗応を受け、4、5日の間、逗留している。

　10月の居所をみる。2日、秀頼の使者として京都を発ち、伏見城の秀吉の許を見舞っている。6日、家康とともに京都新城へ出仕した。21日、伏見の自邸で承兌の見舞いを受けている。22日、秀吉・秀頼父子が伏見の利家邸に御成した。28日、家康とともに伏見城へ出仕している（『鹿苑』）。なお、「高徳公記」は、同月の頃、宇治川の川普請を担当し、自ら畚(もっこ)を担いだと伝えている。

　11月の居所を述べる。17日、伏見城へ出仕し秀吉の側近くに伺候している。21日も同城へ出仕している。また29日は、本来は出仕の日であったが、病を煩ったため、登城できなかった。

　12月は、3日と15日、伏見城へ登城したことが知られている（以上『鹿苑』）。

慶長3年(1598)

　「三壺記」によれば、2月下旬、伏見で火災が発生している。この時、利家は家臣を指揮し、長岡忠興邸の炎上を防いだと伝えられている。

　3月の居所を述べる。15日、秀吉が醍醐寺で花見を行った。世にいう醍醐の花見である。3月21日付の南部信直書状に「此十五日に、たいこと云所(醍醐)にて御花見候、おひたゝ敷御もよほしに候、其に御まきれ候て、利家さまわれら御ふしんの御朱印御とりなく候」と記されている点（『青森中世1』）、この時に詠まれた和歌が残されている点から（「醍醐寺三宝院所蔵短冊」）、利家も花見に参加したとみられる。20日は伏見にいたらしく、さきの南部の書状には「昨日としいへ(利家)へ参候へ者、今明日中ニ御朱印御取可有と被仰候」と記されている（『青森中世1』）。

　「高徳公記」によると、4月、上野草津に湯治へ赴いている。慶長3年5月7日付で、草津行きの見舞いとして請け取った銀子の覚書を発給しているので（『増訂加能』）、「高徳公記」の記述は事実とみてよいだろう。

　5月8日頃は草津にいたらしく、同月19日付で出された西笑承兌の書状案には「去八日之尊書昨日十九日拝見候、一、御湯治御煩ニ致相当之由目出存候」と記されている（『西笑』）。病を癒すため、湯治に出かけたことが知られよう。

　「高徳公記」によれば、草津を発って上洛するのは、5月21日のことである。25日には越後荒川にいたことが知られ（『上杉』）、6月19日には、飛騨高原を経て、富山城へ入った。同月20日付の利家書状には「湯治為見廻、飛脚幷祈禱之御祓札幷肴到来、於飛州高原披見候、湯治一段令相当、昨日十九日至富山帰着候」と記されている（『増訂加能』）。付言すると、

5月25日付で上杉景勝へ宛てられた書状には「加州ニ人馬少休申候て、無程可令上洛候」とあるので(『上杉』)、富山から金沢へ赴き、その後、伏見へ帰還したのではなかろうか。

　7月は伏見にいたようである。同月15日付で利家・家康宛ての起請文案が作成された事実、22日、秀吉の病を見舞うため、家康らとともに伏見城へ登城した事実から(『西笑』)、そのように考えてよいだろう。

　8月も伏見にいたとみられる。5日、重病の床にあった秀吉は、幼い秀頼の将来を、徳川家康・上杉景勝・毛利輝元・宇喜多秀家、そして利家らに託し(『毛利』)、利家は、慶長3年8月5日付で前田玄以らに対し、秀頼への忠誠などを誓う起請文を認めている(『増訂加能』)。18日、秀吉が伏見城内で逝去した。「高徳公記」や『太閤』によれば、秀吉の遺物配分が利家邸で執り行われたという。

慶長4年(1599)1月〜閏3月

　元日、諸大名が伏見城へ出仕し、秀頼に対し年頭の礼を行った(『義演』)。「関原始末記」は、この日、利家が幼い秀頼を抱いていたと伝えている。10日、秀頼が伏見城から大坂城へ移り(『言経』)、利家もこれに従ったとされている(「高徳公記」)。以後、閏3月3日の逝去までの間、大坂屋敷が本拠となる。

　※　秀吉遺言の覚書は「大坂ハ　秀頼様被成御座候間、大納言殿(利家)御座候て、惣廻御肝煎候へと被成　御意候、御城御番之儀ハ、為皆々相勤候へと被　仰出候、大納言殿てんしゆまても御上り候んと被仰候者、無気遺上可申由、被成　御意候事」と記すので(『浅野』)、利家の大坂移転は予め定められていたとみるべきであろう。

　1月19日、家康と毛利輝元・上杉景勝・宇喜多秀家・前田玄以・浅野長政・増田長盛・石田三成・長束正家、そして利家との政治的対立が表面化するが、武力衝突にいたることはなく、20日には和解が目指されていた(『言経』24日条)。そして2月29日、利家が伏見の家康を訪問し、3月11日、今度は家康が大坂の利家邸を訪問している(『当代』『増訂加能』)。

　閏3月上旬、大坂屋敷で病により死去した。3日に亡くなったとする記載と(「高徳公記」『増訂加能』補遺495)、4日に亡くなったとする記載がある(「鶴田家文書」)。前年12月の段階ですでに病状は悪化していたが(『義演』慶長3年12月3日条)、遂に持ち直すことはなかったのである。

■典拠

【日記】
「宇野」「大和田」『お湯殿』『兼見』『義演』「禁中猿楽御覧記」(『三藐』に収録)『駒井』「宗及自会記」「宗湛」「孝亮」「多聞院」「親綱」「院中御湯殿上日記」(『禁裏・公家文庫研究』第八輯収録)「輝元上洛日記」『言継』『言経』『時慶』「中山家記」(影写本)『晴豊』『鹿苑』

【古文書】
「秋田藩家蔵文書」(『秋田古代中世』)『浅野』『上杉』「大友家文書録」(『増補訂正編年大友史料』

27巻に収録）「小幡文書」「片野文書」（『戦国遺文　後北条氏編』第5巻に収録）『吉川』「小西伝左衛門文書」（『日野町志　上巻』に収録）『西笑』『真田』『増訂加能古文書』（名著出版）「醍醐寺三宝院所蔵短冊」（岩澤『前田利家』に収録）「滝川文書」（「名古屋大学文学部所蔵滝川文書（史料紹介）」〈『名古屋大学文学部研究論集』〉史学23に収録）『伊達』「微古雑抄」（『新横須賀市史資料編』古代・中世Ⅱに収録）「鶴田家文書」（『佐賀古文書7』）「等持院文書」（影写本）「益田孝氏所蔵文書」（影写本）「明性寺文書」（『蒲生町史4　史料』に収録）「毛利」「山中山城守文書」（天理大学附属天理図書館所蔵）「竜安寺文書」（影写本）

【編纂物等】

『青森中世1』「朝倉始末記」（『金沢市史資料編　中世2』に収録）『イエズス会』「池田本信長記」「加賀金沢前田家譜」（写本）『加賀藩史料』（「亜相公御夜話」「乙卯集録」「三壺記」「関原始末記」「村井重頼覚書」「村井長時筆記」を収録）「景勝公御年譜」（『上杉家御年譜』に収録）『金沢市史資料編　近世1』（「本藩歴譜　高徳公記」「本藩歴譜　瑞龍公記」を収録）「北野大茶湯之記」（群書類従）『公卿』『公記』「小鼓大倉家古能組」（「江戸初期能番組七種（その三）」として『能楽研究』24に収録）「古文書纂」（影写本）「四国御発向並北国御動座事」（続群書類従）「柴田退治記」（続群書類従）「聚楽第行幸記」（群書類従）『上越別2』『新修七尾市史3　武士編』「新羅之記録」（『中世蝦夷史料』に収録）「征韓録」（『島津史料集』に収録）『増訂信長』『太閤』『大日本史料』「武生市味真野史跡保存会蔵文字瓦」（井上『一向一揆の研究』に収録）「伊達日記」（群書類従）『治家記録』「中外経緯伝」（改定史籍集覧）「長国寺殿御事蹟稿」（『信濃17』に収録）『当代』『特別展　五大老』（大阪城天守閣「大阪青山歴史文学博物館蔵文書」「大阪城天守閣所蔵文書」を収録）『富山・近世』「直茂公譜考補」（写本）「能之留帳」（能楽資料集成）『秀吉』「文禄四年御成記」（群書類従）『政宗1』「元親記」（『四国史料集』に収録）「柳原家記録」（謄写本）

【参考文献】

岩澤愿彦『前田利家』（吉川弘文館　1966年）

井上鋭夫『一向一揆の研究』（吉川弘文館　1968年）

遠藤珠紀「『院中御湯殿上日記』（天正一六年七月、八月記）の紹介」（『禁裏・公家文庫研究』第八輯　思文閣出版　2022年）

小泉義博「石山合戦と文字瓦」（小泉『越前一向衆の研究』法藏館　1999年、初出1985年）

黒田基樹『敗者の日本史　小田原合戦と北条氏』（吉川弘文館　2013年）

小林清治『奥羽仕置と豊臣政権』（吉川弘文館　2003年）

善端直「七尾城」（向井裕知編『北陸の名城を歩く　石川編』吉川弘文館　2022年）

中野等『秀吉の軍令と大陸侵攻』（吉川弘文館　2006年）

宇喜多秀家の居所と行動

大西泰正

【略歴】

　宇喜多直家(三郎右衛門尉・和泉守)の子として、元亀3年(1572)に誕生(『義演』等)。幼名は八郎(「浦上宇喜多両家記」等)。出生地は判然としないが、直家の勢力圏内、備前国内であろう(なお、直家は元亀3年以前に岡山に本拠地を定めている。森2006・畑2008等)。天正9年(1581)11月から翌年正月以前に直家が没すると(森2003・大西2019等)、天正10年(1582)正月に家督を継承(「信長公記」等)。天正7年(1579)以降、宇喜多氏と共同戦線を張っていた羽柴秀吉の後援と、複数の有力家臣による集団指導(補佐)のもと、大名宇喜多氏当主としての活動を開始する。天正10年(1582)6月、本能寺の変にともなう織田(羽柴)・毛利両氏の停戦後、秀吉の養女樹正院(前田利家の娘「ごう」。19世紀以降「豪」表記が現れるが信をおきがたい。大西2021a・b)と婚約(婚礼は天正16年(1588)正月以前まで下る。大西2012・2019)、秀吉陣営の有力大名としてその事業に協力する。

　※　樹正院との縁組の年代は大村由己「天正記」(天正11年11月跋)の記事(「直家遠行後嫡男召出賞翫君」)によって、直家死没以降、天正11年(1583)11月以前ということが確定的である。前田利家の近習村井勘十郎の覚書(「利家公御代之覚書」)に、賤ケ岳合戦以前、彼女がすでに秀吉の養女であったことを示す逸話(「御幼少より御養子にて御座候」)が確認できるし、同人による寛永18年(1641)9月23日付の覚書にも、(賤ケ岳合戦の数日後、越前府中において利家に降服を求めた折)秀吉が「むかしゟ別而御知音故御息女養子ニいたし、今度西国ニ而浮田八郎殿をむこニ取候致契約、これ西国大形おさまり如此」云々と(当該時点までの)西国の形勢を伝えたとある(「村井重頼自筆覚書」)。以上に依拠すれば、天正11年(1583)4月以前、恐らく他の伝承(「浦上宇喜多両家記」「政春古兵談」)の主張通り、縁組の時期は前年6月の織田(羽柴)・毛利両氏の停戦後まもなくと見るのが穏当である。したがって、秀吉・樹正院との養女縁組も上記天正11年ではありえず、柴田勝家方に与した利家との関係上、天正10年(1582)12月の柴田・羽柴間の開戦以前、さらにいえば上記秀家との縁組時(天正10年6月頃)かそれ以前と考えるのが妥当であろう(な

お、樹正院とは別に、「きく」という利家の娘が秀吉の養女に入ったという伝があるが、比較的確かな根拠が寛文12年(1672)成立の「壬子集録」程度に過ぎず、養女縁組の時期等も不明である)。
　天正13年(1585)3月の紀州根来・雑賀攻め以降、同年の北陸平定を除き、慶長2年(1597)の第二次朝鮮出兵(慶長の役)にいたる、豊臣政権の主要な戦役にみずから軍勢を率いて出陣した(紀州根来・雑賀攻めが初陣と見られる。大西2019)。

※　岡山藩士土肥経平の著作「備前軍記」(安永3年(1774)自序)は、九州平定戦を秀家の初陣とするが、この理解は、確かな徴証を欠くため、俗説の域を出ない。ただし、北政所や樹正院等に宛てた私信を除く秀吉発給文書において、この人物を指すに、天正15年(1587)2月8日を最後に「羽柴八郎」「八郎」が消え、以後はすべて「羽柴備前少将」「備前宰相」等の官職名に変化する(2月8日付黒田孝高宛朱印状『黒田』・2月8日付志賀太郎宛朱印状写「志賀文書」等)。九州平定戦の時期、秀家の身上に何かしらの変化があって、秀吉がこの人物に対する何らかの認識を改めたのは確かであろう。

　本稿では、非在国徴証の初見を(天正12年)9月6日付秀吉消息(東京大学史料編纂所所蔵文書)と見なし、以降長時日の在国徴証が確認できないことから、同年以降、秀家は基本的に上方(大坂・京都ないし伏見)を居所としたと仮定する大西2019の理解に従い、同年以降の居所を概括する(すなわち、これ以前の秀家は基本的に在国と見なす)。秀家の邸宅は大坂・京都および伏見いずれにも存在したが、文禄3年(1594)の式正御成に用いられるなど、秀家は大坂屋敷を重視していた形跡がある。

※　上方の秀家邸は、上記の通り三か所に存在し、そのうち京都・大坂屋敷は少なくとも天正16年(1588)秋以前には相応の体裁を整えていたと考えられる。同年秋に上洛した毛利輝元が、7月25日に京都の秀家邸を訪れて進物を贈り、さらに9月10日には大坂の秀家邸への秀吉の御成に合わせて同地を訪問した(「輝元上洛日記」)。伏見の秀家邸には、大坂・京都に比べると、よるべき史料が多くない。ただし、伏見城の造営にあわせて天正20年(文禄元。1592)以降に整備されたことは確かである。第一次朝鮮出兵において、秀家より若干早期に帰国したらしき伊達政宗は、秀吉と対面した文禄2年(1593)閏9月25日、「しゆらく屋敷」の他、(恐らく伏見城下に)屋敷地を拝領している(閏9月25日付屋代景頼宛伊達政宗書状写「政宗君記録引証記」)。また、同年11月1日、伏見城への総登城の際、秀吉は諸大名に対し、早急に(伏見城下に)屋敷を造営するよう命じたという(『兼見』同日条)。文禄2年(1593)10月3日、秀家は秀吉に従って参内しているので、これ以前の帰国である(『時慶』同日条)。以上に照らして、朝鮮半島から上方に戻った文禄2年(1593)10月初旬以降、総登城の翌月11月1日以前に、秀家が伏見城下に屋敷地を賜ったと推定しておく。

　天正13年(1585)10月、従五位下・侍従に叙任(『兼見』)、以降、同15年(1587)11月、正四位下・参議(「今出川晴季武家補任勘例」)、同16年(1588)4月、従三位(同)、文禄3年(1594)10月、権中納言(「久我家文書」等)へ累進。秀吉最晩年の慶長3年(1598)7月頃、いわゆる「五大老」

の一人に選任された(『毛利』等)。なお、秀吉の後援を梃子に領国支配を進めていた秀家は、秀吉の死後、その大名当主としての求心力を低下させ、慶長4年(1599)末の御家騒動(宇喜多騒動)を招いている(『鹿苑』等。大西2010・2021b等)。

慶長5年(1600)9月の関ヶ原合戦では、石田三成らいわゆる「西軍」に与して敗北、美濃から畿内、ついで九州南部への潜伏を経て、同8年(1603)8月、伏見に出頭。翌9月、徳川家康は秀家を助命し、駿河へ移送する(「旧記」等)。同10年(1605)、八丈島へ配流(大西2022・2023)。明暦元年(1655)11月、同地にて没(大西2020a・2023)。

　※　以下、大西2019の叙述をもとに整理した大西2020b(天正16年～慶長5年の動向)、大西2021a(天正15年以前の動向)および大西2021b(天正12年～慶長5年の動向)の内容を一部改訂の上、再掲する。また、秀家受発給文書の検索には、殊にしらが1996を参照したことを明記しておく。

【居所と行動】

天正12年(1584)

5月初旬、在岡山ヵ(秀家の見舞状に対し、秀吉、東海地方の戦況を返報。5月12日付秀家宛秀吉朱印状「藤田文書」)。9月初旬、樹正院とともに在大坂ヵ(9月6日付「いわ」宛秀吉消息「東京大学史料編纂所所蔵文書」)。以降の動向は定かでない。

天正13年(1585)

(2月、「中国国分」完了)。3月21日ヵ、根来・雑賀攻めのため和泉国堺を行軍(『イエズス会』3-7)。本戦役が秀家の初陣と推測される(大西2019)。以降、太田城陥落の4月下旬頃まで在紀伊と見られる。6月16日ヵ、四国攻めのため出陣(居所・出陣地点不明。岡山ヵ。6月8日付宇喜多忠家他宛秀吉朱印状「太陽コレクション所蔵文書」)。7月6日、在阿波(木津城周辺。7月6日付伊藤掃部助宛秀吉朱印状写「阿波国徴古雑抄」)。8月4日、在四国(秀吉、秀家に阿波・讃岐の諸城を接収次第帰陣するよう指示。8月4日付羽柴秀長宛秀吉朱印状写「毛利家旧蔵文書」)。10月6日、在京(秀吉に従って参内。従五位下侍従叙任。『兼見』)。10月8日、在京(秀吉に従って参内。侍従叙任の御礼。『兼見』)。12月30日、在備中福林寺ヵ(小早川隆景・吉川元長を饗応。「小早川隆景吉川元長上坂記」)。

天正14年(1586)

正月14日、在京ヵ(秀吉に従って「旧冬内昇殿之衆」参内。『兼見』)。4月6日、在大坂(秀吉、大坂城にて大友宗滴〔宗麟〕を引見。秀家・忠家同席。卯月6日付古荘丹後入道他二名宛大友宗滴書状写「大友家文書録」)。6月初旬、在大坂ヵ(秀家、キリスト教の領内布教を許可。『イエズス会』3-7等)。以後の動向は定かでないが、上方にいたと推測される。

天正15年(1587)

正月25日、在大坂ヵ(秀家の軍勢1万5千、九州へ向けて出陣。大坂からの出陣と推定される。「至九州御動座次第」「大阪城天守閣所蔵文書」等)。3月15日、在豊後(府内の島津勢を破る。卯月

3日付菊亭晴季他宛秀吉書状「伊藤文書」等)。ついで日向へ進み、4月6日以降、在高城周辺(高城包囲陣に加わる。3月21日付黒田孝高・蜂須賀家政宛秀吉朱印状『黒田』・卯月15日付黒田孝高宛秀吉朱印状『黒田』)。5月8日の島津義久降伏後、6月中旬頃まで戦後処理に従事(6月11日付安国寺恵瓊・石田三成宛秀吉朱印状『小早川』)。9月17日、在京(同月13日、秀吉の聚楽第移徙にともない、御礼のため聚楽第に出仕、黄金10枚を献上。『兼見』)。(11月22日、正四位下参議叙任(「今出川晴季武家補任勘例」))。以後の動向は定かでないが、上方にいたと推測される。なお、7月10日、「姫君様」が備前岡山にて九州からの帰途にあった秀吉を迎え、翌々日まで饗応しているが、この「姫君様」は樹正院と考えてよい(大西2019。「九州御動座記」)。

天正16年(1588)

　正月以前、樹正院と婚礼か(『イエズス会』3-7。大西2012・2019)。2月25日、在大坂(天満の下間少進邸にて観能。「能之留帳」)。(4月8日、従三位昇進(「今出川晴季武家補任勘例」))。4月14日〜18日、在京(聚楽第行幸に供奉。「聚楽第行幸記」・『お湯殿』)。閏5月24日、在上方(秀吉御成。閏5月24日付千利休書状「高橋清作氏所蔵文書」)。7月24日、在京(秀吉、聚楽第にて毛利輝元らを引見。秀家同席。7月26日付花房正幸宛花房秀成書状案「湯浅家文書」)。7月25日、在京(毛利輝元ら秀家邸を訪問。「輝元上洛日記」)。7月晦日〜8月2日、在京(「輝元上洛日記」)。8月15日、在京(聚楽第における観月和歌会に参加。「聚楽亭観月和歌会和歌」『吉川』)。8月22日、在京(秀吉、聚楽第にて北条氏規を引見。秀家同席。「輝元上洛日記」)。9月10日、在大坂(秀吉御成。「輝元上洛日記」)。11月10日、在大坂(下間頼廉邸にて観能。「能之留帳」)。以降も上方にいたと推測される。

天正17年(1589)

　恐らく大坂で越年。正月元日、在大坂(正月3日付伊地知重秀宛島津義弘書状写「旧記」二)。5月4日、在上方(「南方録」)。5月22日、在京(参内。『お湯殿』)。10月、秀吉に従い大和へ赴く。10月17日、在南都(『多聞院』)。10月18日、在郡山ヵ(『多聞院』)。以降、京都ないし大坂へ戻り、そのまま上方にいたと推測される。なお、同年に秀家の長男誕生(早世。大西2015b・森脇2016)。

天正18年(1590)

　恐らく上方で越年。2月30日、小田原へ向け京都から出陣(『お湯殿』『兼見』『晴豊』)。小田原開城(7月5日)後の8月頃、陸奥白河近辺へ移動し、検地に携わる(8月12日付浅野長政宛秀吉朱印状『浅野』)。11月3日、在京(秀吉に従い参内。『兼見』)。11月7日、在京(『晴豊』)。11月11日、在京ヵ(「利休百会記」)。以降も上方にいたと推測される。

天正19年(1591)

　恐らく上方で越年。正月12日、在京(秀吉に従い参内。『お湯殿』『晴豊』『時慶』)。閏正月、在京ヵ(閏正月9日付秀家宛千利休書状「開善寺所蔵文書」・『イエズス会』1-1)。2月8日、在備前(2月8日付白川義親宛花房秀成書状「結城神社所蔵文書」)。3月18日、在京(「十三日之御状、十八京着、拝見申候」。3月18日付吉川広家宛秀家書状『吉川』)。4月9日、在上方ヵ(「四日之御折紙、

昨日八日到来、令拝見候」。卯月9日付吉川広家宛秀家書状『吉川』）。5月10日、在京ヵ（5月10日付伊達政宗宛秀家書状『伊達』）。5月23日、在京（『北野社家』）。6月15日、在京（北野社参詣。『北野社家』）。9月〜10月、在京の秀家正室病む。秀家も在京と推測される。なお、同年7月に秀家の次男（嫡男）孫九郎秀隆誕生（『北野社家』大西2015b 森脇2016）。

天正20年・文禄元年(1592)

　恐らく上方で越年。朝鮮半島出陣までの動向は総じて不明確。秀吉の軍令では2月20日の出陣（『浅野』）や対馬在陣（『小早川』）が予定されている。4月22日、釜山移動の指示あり（「備前宰相至而釜山海可相渡之由、被仰遣候条」。卯月22日付宗義智宛秀吉朱印状「宗家朝鮮陣文書」）、すでに対馬に渡っていたと考えてよい。5月6日〜7日、軍勢を率いて朝鮮の都漢城に入り、以後そのまま同地に留まる（「吉野甚五左衛門覚書」・6月付等持院宛西笑承兌書状「等持院文書」）。秀吉が6月13日付朱印状をもって、漢城からの秀家出陣を許可するが、実現したか否かは未詳（6月13日付長谷川秀一他宛秀吉朱印状「成仏寺文書」）。以降も漢城に駐留したと推測される。なお、漢城の秀家の陣には「天シユ」が構築されたらしい（「朝鮮日々記」）。

文禄2年(1593)

　朝鮮半島（恐らく漢城）で越年。2月12日、漢城近郊の京畿道幸州山城攻撃戦にて負傷（2月18日付長束正家・木下吉隆宛秀家書状「山崎家文書」）。4月11日、在漢城（漢城にて明使節と対面。「昨日宰相様・三奉行衆へ遂御礼候」。卯月12日付島津義弘宛大友吉統書状写「旧記」二）。4月14日、宇喜多勢、漢城からの撤退を開始（同月19日までに秀家も漢城を出立ヵ。卯月15日付任世宛大炊左衛門尉貞豊書状写「旧記」二・5月9日付虎哉宗乙宛伊達政宗書状『伊達』）。5月頃、在釜山（5月27日付「ふく」宛秀吉書状「葉上文書」）。6月15日、一両日中に慶尚道晋州城周辺に進出予定（「我等事一両日可罷越候」。6月15日付島津義弘宛秀家書状写「旧記」二）。7月8日、慶尚道昌原へ進出（「今日昌原迄打入申候」。7月8日付島津義弘宛秀家書状『島津』）。10月初頭以前に帰国（10月1日付樹正院宛秀吉書状「大阪城天守閣所蔵文書」）。10月3日、在京（秀吉に従い参内。『時慶』）。10月7日、在京（秀吉に従い参内。禁中能に参加。『時慶』「禁中猿楽御覧記」）。10月12日、在京（『鹿苑』）。以降も上方にいたと推測される。

文禄3年(1594)

　恐らく上方で越年。2月1日、在大坂（「能之留帳」）。2月9日〜10日、在大坂（『駒井』）、2月末〜3月初頭、在大和国吉野（秀吉の吉野の花見に随行）。2月29日、在吉野（歌会に参加。『駒井』）、3月1日、在吉野（能に参加。「大倉三忠氏蔵文書」『駒井』）、4月8日、在京（秀吉の前田利家邸御成に随行。「豊太閤前田亭御成次第」）。4月20日、在大坂（秀吉御成。『駒井』）。（10月22日、権中納言叙任。在京ヵ。後陽成天皇口宣案「久我文書」）。10月25日、在京（秀吉の蒲生氏郷邸御成に随行。「小西伝左衛門氏文書」）。以降も上方にいたと推測される。ただし、惣国検地（9月以前に完了。森脇2009）の対応のため、一時的に在国した可能性もある。

文禄4年(1595)

　恐らく上方で越年。正月1日、在京（権中納言任官の御礼のため参内。『お湯殿』）。3月28日、

在京(秀吉の徳川家康邸御成に随行。「文禄四年御成記」)。6月4日、在上方(『お湯殿』)。7月20日、在上方(在伏見ヵ。豊臣政権への忠誠を誓う起請文を作成・提出。文禄4年7月20日付秀家血判起請文「木下家文書(大阪城天守閣所蔵)」)。8月3日、在上方(在伏見ヵ。御掟・御掟に連署。『浅野』等)。以降も上方にいたと推測される。また、在大坂の正室樹正院の不例(「以外御煩」『兼見』)によって10月以降、基本的に大坂で過ごした可能性が高い。

文禄5年・慶長元年(1596)

恐らく上方で越年。正月19日、在大坂(『義演』)。4月14日、在上方ヵ(大西2017。「就御参内我等京にての宿之事」卯月14日付秀家書状写「諸家所蔵文書写」)。4月16日、在上方(「仍御参内ニ付而、立かミの馬入候間」。卯月16日付岡越前守他宛秀家書状「備前遠藤家文書」)。5月25日、在伏見(『義演』)。8月、在大坂ヵ(『イエズス会』1-2)。9月1日、在大坂(秀吉、大坂城にて明国使節を引見。秀家陪席。『イエズス会』1-2)。11月20日、在上方(11月20日付増田長盛他宛秀吉朱印状「渡辺守隆氏旧蔵文書」)。その他の時期は不明ながら、伏見ないし大坂にいたと推測される。

慶長2年(1597)

恐らく上方で越年。6月下旬～7月初旬、上方から朝鮮半島へ出陣(『義演』)。7月15日、在朝鮮(巨済島の海戦に参加。「朝鮮日々記」)、7月24日、巨済島着(「備前中納言殿井小撰、今日申剋此浦ニ着津被成候」。7月24日付島津忠恒宛島津義弘書状写「旧記」三)、8月15～16日、朝鮮全羅道南原城周辺在(8月15日南原落城。同16日、秀家の陣を島津忠恒訪問。『鹿苑』「面高連長坊高麗日記」)。9月、全羅道在ヵ(慶長2年9月付「日本備前中納言秀家」全羅道海南定榜文写『島津』)。以降も朝鮮半島南部に在陣。なお、同年11月以前に秀家の末子小平次誕生(『義演』大西2015b 森脇2016)。

慶長3年(1598)

朝鮮半島で越年。3月以前、在朝鮮(3月13日付秀家他宛秀吉朱印状「鍋島家文書」・3月18日付秀家他宛秀吉朱印状「鍋島家文書」)。5月以前、朝鮮から帰国。5月3日～5日・7日、在大坂(「能之留帳」)。7月15日、在伏見(秀吉の形見分けとして初花肩衝を受領。秀頼への忠誠を誓う起請文を提出ヵ。『西笑』)。8月9日、在伏見(8月19日付内藤元家宛内藤周竹書状写「閥閲録遺漏」)。9月2日以前、在伏見(毛利輝元邸を複数度訪問。9月2日付内藤元家宛内藤周竹書状写「閥閲録」)。9月3日、在伏見(9月3日付西笑承兌宛秀家書状『西笑』)。これ以降も伏見ないし大坂にいたと推測される。

慶長4年(1599)

恐らく伏見で越年。正月10日、豊臣秀頼に従って伏見から大坂に移るヵ(『義演』)。正月21日、在伏見(『北野社家』)。4月7日、在大坂。自邸に北政所を迎えて演能(「能之留帳」)、4月10日～11日、在大坂(「能之留帳」)。4月22日、在京ヵ(豊国社に黄金三枚を寄進。「豊国社旧紀」)、5月15日～16日・22日～23日、在大坂(「能之留帳」)。7月2日・4日、在大坂(「能之留帳」)。9月11日、在大坂(『北野社家』)。9月中旬、大坂から伏見へ移る(9月13日付毛利

秀元宛毛利輝元書状「長府毛利家所蔵文書」「看羊録」)。上記以外は不明ながら正月10日頃から9月中旬までは在大坂、それ以降は伏見にいたと推測される。なお、同年歳末、大坂城下において戸川達安・浮田左京亮・岡越前守・花房秀成らの有力家臣が武装して左京亮邸に立て籠もり、秀家に反抗した(宇喜多騒動)。この騒動は翌年初頭、徳川家康の裁定によって収束が図られる。

慶長5年(1600)

　恐らく伏見で越年。正月23日、在大坂と推定される(大西2020a。『義演』)。4月19日、在京(参内。『時慶』)。5月10日、在大坂(『お湯殿』)。6月8日・11日、在備前(『義演』)。7月5日、在京(豊国社参詣。『舜旧』)。7月15日、在大坂ヵ(7月15日付上杉景勝宛島津義弘書状写「旧記」三)。7月22日、京都・大坂間に軍勢を展開・伏見城攻撃に参加(『時慶』『言経』)、7月23日、在京(豊国社参詣。『舜旧』)。7月26日、醍醐・山科・大津に軍勢を展開(7月26日付中川秀成宛前田玄以・増田長盛・長束正家連署状「中川家文書」)。8月1日、伏見落城後、大坂へ移動(『時慶』8月19日付戸川達安宛明石掃部書状「備前水原岩太郎氏所蔵文書」)。8月15日、醍醐を通過して東下(『義演』)。8月19日頃、在草津ヵ(8月19日付戸川達安宛明石掃部書状「備前水原岩太郎氏所蔵文書」)。9月1日以前、美濃大垣城(大垣)に入る(「仍大柿治部少輔・島津・備前中納言・小西摂津守籠居候」。9月朔日付真田信幸宛徳川家康書状「真田家文書」等)。9月15日、在美濃(関ヶ原)。それ以降は不明ながら、敗戦後、しばらくは美濃国山中村等に潜伏、のち上方へ戻り越年したと推測される(大西2015b等。(慶長6年)5月朔日付難波秀経宛秀家書状「備前難波文書」等)。

慶長6年(1601)〜明暦元年(1655)

　恐らく上方で越年。慶長6年4月〜5月初頭まで在上方と推測される(大西2015b等。(慶長6年)4月20日付春香院宛芳春院書状写「村井文書」・(慶長6年)5月朔日付難波秀経宛秀家書状「備前難波文書」「難波経之旧記」)。以後海路をとって九州南部に向かったと思しく、6月初頭、薩摩山川に上陸((慶長6年)6月6日付島津忠恒宛島津義弘書状写「旧記」三)、この前後の時期、「成元」次いで「休復」と号し、以後、慶長8年8月まで島津領(大隅国牛根)に所在((慶長6年)6月29日付島津忠恒宛休復書状『島津』・(慶長8年)8月5日付島津忠恒宛島津義弘書状写「旧記」三)。慶長8年8月6日、大隅牛根を発し、伏見へ向かう(「休復事必明日六日、牛禰発足在之由」。(慶長8年)8月5日付島津忠恒宛島津義弘書状写「旧記」三)。8月27日、伏見着、山口直友屋敷に入る(「先月廿七日ニ伏見へ被成御着、拙者所ニ御宿申候」。(慶長8年)9月2日付島津義久宛山口直友書状『島津』)。9月2日、伏見の徳川家康、秀家を助命し、駿河久能への移送を命じる。同日、秀家、伏見発(「休復老御進退之事御侘言罷成、駿河之内くのと申所へ可有御堪忍(久能)由被仰出候」。(慶長8年)9月2日付樺山久高・鎌田政近宛比志島国貞書状写「旧記」三・「御身上之儀別条無御座、今月二日ニ東へ御下にて候、御落着之地、駿河国くのと申所にて御座候」。(慶長8年)9月2日付島津義久宛山口直友書状『島津』)。ただし、実際の移送先は、久能ではなく、駿河国駿府城(二ノ丸)であったと推測される(大西2015a。(慶長8年)9月7日付島津忠長・樺山久高・

鎌田政近宛比志島国貞書状写「旧記」三）。以後、八丈島配流以前の動向は定かでないが、駿府から翌慶長9年12月以前に伊豆国下田近辺に移されたらしい（大西2015a。「慶長年中卜斎記」）。慶長10年4月～10月以前、嫡男孫九郎・末子小平次らと八丈島へ配流。なお、八丈配流の年代は、通説では「八丈実記」等の編纂史料をもとに慶長11年4月とされるが、大西2017・2022が新出史料（「村井文書」）に基づき、本土における秀家の終見史料を（慶長10年）4～5月頃の発給と見られる芳春院消息写、さらに八丈在島の初見史料を（慶長10年）10月某日付芳春院消息写と目したことによって、上記の配流年代が導かれる。以後、在八丈島。明暦元年（1655）11月20日、同地にて没（大西2020a・2023。「久福様去冬御遠去之由」。（明暦2年）7月21日付村田助六宛今枝近義書状写「八丈実記」「宇喜多氏旧記」等）。

■典拠
【日記】
『お湯殿』『兼見』『北野社家』『義演』「禁中猿楽御覧記」『駒井』『舜旧』『多聞院』「輝元上洛日記」『言経』『時慶』『晴豊』「小早川隆景吉川元長上坂記」（『大日本史料』11-24に収録）『鹿苑』

【古文書】
「政宗君記録引証記」（『仙台市史』資料編11・伊達政宗文書2に収録）「志賀文書」（『豊臣秀吉文書集』に収録）「藤田文書」（影写本）「東京大学史料編纂所所蔵文書」（『豊太閤真蹟集』に収録）「太陽コレクション所蔵文書」（『大信長展』に収録）「阿波国徴古雑抄」（『豊臣秀吉文書集』に収録）「毛利家旧蔵文書」（『豊臣秀吉文書集』に収録）「大友家文書録」（影写本）「大阪城天守閣所蔵文書」（『豊臣秀吉文書集』に収録）「伊藤文書」（『豊臣秀吉文書集』に収録）『黒田』『小早川』「高橋清作氏所蔵文書」（桑田忠親『定本　千利休の書簡』に収録）「湯浅家文書」（『山口県史』史料編中世3に収録）「吉川」「旧記」（『鹿児島県史料旧記雑録後編』2・3に収録）「浅野」「開善寺所蔵文書」（桑田忠親『定本　千利休の書簡』に収録）「結城神社所蔵文書」（『白河市史』資料編二古代・中世に収録）「宗家朝鮮陣文書」（『豊臣秀吉文書集』に収録）「等持院文書」（北島万次『豊臣秀吉朝鮮侵略関係史料集成』1に収録）「成仏寺文書」（『豊臣秀吉文書集』に収録）「山崎家文書」『伊達』「葉上文書」（『豊臣秀吉文書集』に収録）『島津』「大倉三忠氏蔵文書」（天野文雄『能に憑かれた権力者──秀吉能楽愛好記──』に収録）「木下家文書（大阪城天守閣所蔵）」「諸家所蔵文書写」（大西泰正「前田家編輯方収集にかかる宇喜多氏関係史料について」に収録）「備前遠藤家文書」（『岡山県古文書集』4に収録）「渡辺守隆氏旧蔵文書」（『豊臣秀吉文書集』に収録）「鍋島家文書」（『佐賀県史料集成古文書編』3に収録）『西笑』「閥閲録」「閥閲録遺漏」（『萩藩閥閲録遺漏』に収録）「長府毛利家所蔵文書」（『特別展　五大老』に収録）「中川家文書」（『中川家文書』に収録）「備前水原岩太郎氏所蔵文書」（『岡山県古文書集』3に収録）「真田家文書」（『長野県宝真田家文書（1）』に収録）「村井文書」（大西泰正「宇喜多孫九郎秀隆の基礎的考察」・同「前田家編輯方収集にかかる宇喜多氏関係史料について」・同「宇喜多秀家の配流年代」、『宇喜多氏関係史料集成』八丈島篇一等に収録）「備

前難波文書」(影写本。『岡山県史』家わけ史料に収録)

【編纂史料】

「天正記」「利家公御代之覚書」「村井重頼自筆覚書」「浦上宇喜多両家記」「政春古兵談」『イエズス会』「能之留帳」(能楽資料集成)「南方録」(『茶道古典全集』4に収録)「九州御動座記」(『近世初頭九州紀行記集』に収録)「朝鮮日々記」(史籍集覧)「看羊録」(『海行摠載』1に収録)「吉野甚五左衛門覚書」(続群書類従)「面高連長坊高麗日記」(史籍集覧)「文禄四年御成記」(群書類従)「聚楽第行幸記」(群書類従)「利休百会記」(『茶道古典全集』6に収録)「豊太閤前田亭御成次第」(『前田利家関係蔵品図録』に収録)「久我文書」(『久我家文書』三に収録)「小西伝左衛門氏文書」(『日野町志　上巻』に収録)「豊国社旧紀」(『新編八坂神社記録』に収録)「難波経之旧記」(影写本。『久世町史』資料編一・編年史料に収録)「慶長年中卜斎記」(史籍集覧)「八丈実記」(『八丈実記』に収録)「宇喜多氏旧記」(『宇喜多氏関係史料集成』一・八丈島篇上に収録)

【参考文献】

しらが康義「宇喜多氏関係史料目録」(深谷克己編『岡山藩の支配方法と社会構造』早稲田大学文学部　1996年)

森俊弘「年欠三月四日付け羽柴秀吉書状をめぐって――書状とその関係史料を再読して――」(『岡山地方史研究』100　2003年)

森俊弘「宇喜多直家の権力形態とその形成過程――浦上氏との関係を中心に――」(大西泰正編『備前宇喜多氏』岩田書院　2012年、初出は2006年)

畑和良「織田・毛利備中戦役と城館群――岡山市下足守の城郭遺構をめぐって――」(『愛城研報告』12　2008年)

森脇崇文「豊臣期宇喜多氏における文禄四年寺社領寄進の基礎的考察」(『年報赤松氏研究』2　2009年)

森脇崇文「文禄四年豪姫「狐憑き」騒動の復元と考察」(『岡山地方史研究』138　2016年)

大西泰正『豊臣期の宇喜多氏と宇喜多秀家』(岩田書院　2010年)

大西泰正「豪姫のことども」(同『「大老」宇喜多秀家とその家臣団』岩田書院　2012年、初出は2010年)

大西泰正「宇喜多秀家の処分をめぐって」(同『宇喜多秀家と明石掃部』岩田書院　2015年a、初出は2014年)

大西泰正「宇喜多孫九郎秀隆の基礎的考察」(同『論文集　宇喜多秀家の周辺』私家版　2015年b)

大西泰正「前田家編輯方収集にかかる宇喜多氏関係史料について」(『岡山地方史研究』143　2017年)

大西泰正『「豊臣政権の貴公子」宇喜多秀家』(角川新書　2019年)

大西泰正『宇喜多秀家――秀吉が認めた可能性――』(平凡社　2020年a)

大西泰正「宇喜多秀家の居所と行動」(『宇喜多家史談会会報』76　2020年b)

大西泰正「天正十五年以前の宇喜多秀家」(『宇喜多家史談会会報』77　2021年a)

大西泰正『宇喜多秀家研究序説』(私家版　2021年b)

大西泰正「宇喜多秀家の配流年代」(木越隆三編『加賀藩研究を切り拓くⅡ』桂書房　2022年)

大西泰正編校訂『宇喜多氏関係史料集成』一・八丈島篇上(私家版　2023年)

上杉景勝の居所と行動

尾下 成敏

【略歴】

　上杉景勝の略歴や居所と行動を明らかにしようとする場合、『上越市史通史編2　中世』（以下『上越通史』と称す）や、『上越別1』『上越別2』の年ごとの動向解説、『増補改訂版上杉氏年表　為景・謙信・景勝』（以下『年表』と称す）が依拠すべき文献としてあげられる。本稿も、これらの成果に多くを依拠した。なお、諱としては、「景勝」のほか、「顕景」も知られるが、ここでは、便宜上「景勝」と呼んで説明を進めることにしたい。

　景勝は、弘治元年(1555)11月27日の誕生である。幼名は卯松とされる。父は越後上田を本拠とする長尾政景、母は同国春日山を本拠とした長尾為景の娘仙洞院であった。「景勝公御年譜」（以下「御年譜（景勝）」と称す）は、永禄2年(1559)に元服し、「喜平次」を通称、「顕景」を諱としたと伝える。

　死去したのは元和9年(1623)3月20日、享年69歳、諡号は覚上院殿権大僧都宗心法印である。

　景勝の名字・官途名・諱をみるさい、母仙洞院の弟上杉謙信（輝虎・長尾景虎）が出した2通の書状が目を惹く。日付は1月11日で、宛所はいずれも景勝。1通は「上杉弾正少弼」と名乗らせた書状、いま1通は「景勝」と名乗らせた書状である（以上『上杉』）。素直に読むなら、謙信の命によって、「上杉弾正少弼」と称し、諱を「景勝」と改めたことになろう。なお、弾正少弼は、謙信がかつて任ぜられた官職であり、彼の名乗りでもある。

　『新潟中世1』630頁・631頁は、この2通を天正3年の発給としながらも、筆跡などは元和年間(1615-24)の景勝書状と同じとする。すなわち謙信在世中の作成ではない可能性が浮上しているのである。それゆえ、上杉名字を称した時期や、官途名「弾正少弼」、諱「景勝」の使用開始時期については再検討が必要となろう。

　この点に関しては、櫻井真理子氏や片桐昭彦氏の研究がある。櫻井氏は、さきに紹介した2通の謙信書状を景勝が創作した文書と断じた上で、彼が「弾正少弼」となるのは謙信死後の出来事とする。ただし、謙信の在世中、諱を「景勝」、名字を「上杉」に改めたことは否

定していない(櫻井2003)。一方、片桐氏は櫻井説に批判を加え、天正3年1月頃、謙信は景勝に対し、官途名「弾正少弼」を譲り、諱を「景勝」、名字を「上杉」に改めさせたと指摘する(片桐2004)。

櫻井説・片桐説のいずれが正しいのかは、現時点では不明とせざるを得ない。そこで、謙信在世期の諱と名字を確認し、「弾正少弼」以外の通称についても述べておきたい。

最初に諱、天正3年2月9日付で景勝が提出した軍役指出では、「景勝」の署名がみられる(『上越別1』)。ゆえに、謙信在世期、諱を「顕景」から「景勝」に改めたことは確かであろう。

つぎに名字、ここでは、1月20日付で景勝へ宛てられた椎名康胤書状写と、謙信家臣団の軍役負担を記す「上杉家軍役帳」(以下、「軍役帳」と称す)に注目する。

まずは椎名の書状写、この文書の宛名書は「長尾喜平次殿」で、元亀4年(1573)の発給とみられる(『上越別1』)。名字が「長尾」であり、「上杉」ではないことを示すものである。かかる点を踏まえるなら、元亀4年段階では、謙信の甥でありながらも、上杉一門としての待遇は受けていないことになろう。

「軍役帳」をみる。『新潟中世1』558頁によると、「軍役帳」は、上杉氏が天正5年までに作成した帳簿である。ここでは、景勝は「御中城様」と呼ばれ、諸将の筆頭に位置する。「様」の敬称を付されたのも彼一人である。山浦国清(後の村上景国)・上杉景信・上条政繁・琵琶島弥七郎・山本寺定長ら上杉一門は景勝よりも後に記され、「殿」の敬称を付されている(『新潟中世1』)。「軍役帳」作成段階の景勝は、上杉家中において高い政治的地位を有し、春日山の中城に居住していたのであろう。

※ 「軍役帳」には、謙信の養子景虎(北条氏康の実子)や、上野・越中などに城将として派遣された者たちは登場しない。

以上を踏まえると、元亀4年から天正5年までの間に景勝は上杉一門に列せられ、春日山へ入った可能性が高いとみられる。とすれば、遅くとも天正5年までには上杉名字を称していたのではなかろうか。

通称としては、まずは「喜平次」があげられよう(『上越別1』)。また「謙信公御年譜」(以下「御年譜(謙信)」と称す)の永禄6年4月20日の記事に「長尾下総守顕景」なる人物が登場する。名字と諱から推して、景勝を指すと考えるが、この官途名を用いたことを示す一次史料が確認できないため、「下総守」と称したかどうかは、疑問とせざるを得ない。

ついで謙信逝去後の通称・官位・名字について言及する。最初に通称。この時期は「弾正少弼」のほか(『上越別2』2585など)、「越後守」を用いている(『上越別2』2900など)。なお、弾正少弼や越後守に任ぜられた形跡は確認できない。自称ではないだろうか。

官位は、天正14年6月22日付で従四位下・左近衛権少将に叙任され、同16年5月23日、いったんは従四位上・参議に昇進した後、同日中に正四位下・参議となった(尾下2008)。そして同年8月までに右近衛府の中将を兼ねたらしく、同月15日に詠んだとされる和歌に

は「参議右近中将景勝」と記されていた(『吉川』)。その後、文禄3年(1594)1月5日、従三位昇進を果たし、同年10月28日には権中納言に任ぜられている(矢部2001)。

　最後に名字。豊臣政権期には上杉名字と羽柴名字が用いられている。後者は天正16年6月から同年12月までの間に使用され始めた名字とみられる。そのことは、景勝宛て豊臣(羽柴)秀吉文書の変化から読み取れよう。天正16年6月15日付の領知判物は、宛名書を「越後宰相とのへ」と記すのに対し、同年の12月9日付の直書は、宛名書を「羽柴越後宰相中将殿」と記している(『上越別2』)。

【居所と行動】

1　謙信在世期——永禄2年(1559)～元亀3年(1572)

　叔父謙信在世中の景勝の居所に関して、具体的な情報が残されているのは、永禄2年から元亀3年までの間である。そこで、ここでは当該期を扱う。

　この時期の本拠は、恐らくは上田の坂戸城であり、越後・下総・下野にいたことが確認できる。また下総・上野へ出陣した可能性がある。

永禄2年(1559)

　「御年譜(景勝)」の永禄2年の記事には、「上田ヨリ三条ヘ御引トリ、謙信公ノ御側ニ近侍シ玉フ」とある。すなわち謙信の許に引き取られ、側近くに近侍したと記すのである。

　一方、「御年譜(謙信)」は、永禄4年7月5日の父政景死去の記事に続けて「其節景勝公ハイマタ幼稚ニヲハシマシテ、春日山ノ城辺中ノ城ニ招キヲカレ、家ノ老臣宮嶋三河守ヲ以テ保衛セシム」と記している。謙信の本拠春日山の「中ノ城」に景勝を住まわせたとするのだが、これはさきに引用した「御年譜(景勝)」の記事と矛盾しよう。なぜなら、謙信の許へ移ったという点では共通するものの、その年代が異なるためである。景勝の春日山入りの時期に関しては、慎重な検討が必要ではなかろうか。

永禄9年(1566)

　3月、謙信が下総臼井城を攻撃した(『戦国遺文　後北条氏編』)。「御年譜(謙信)」は、同城攻撃を永禄6年の出来事とするが、同9年の誤りであろう。

　さて、この年の4月20日付で景勝が広居又五郎に感状を出し、「今度臼井之地被為攻候処、最前ニ責入相動之段、粉骨無比類候」と述べている(『上越別1』)。また「御年譜(謙信)」の臼井城攻撃の記事にも景勝が登場する。彼はこの合戦に参陣していたのではなかろうか。

永禄11年(1568)

　11月から翌12年3月頃までの間、謙信は越後下郡の本庄繁長を攻撃した。

　この合戦には下平右近亮ら景勝の家臣も参陣する。永禄12年1月9日、彼らは本庄村上で本庄勢と一戦を交え、同年の6月7日付で景勝が下平に感状を出した(以上『上越別1』)。かかる事実を踏まえるなら、景勝自身も参戦した可能性があるのではないか。

永禄13年・元亀元年(1570)

1月頃、謙信は下野飯守城を攻撃した。

「御年譜(謙信)」によれば、この合戦には景勝も参陣している。2月2日付で広居忠家に宛てた彼の感状が残っているので(以上『上越別1』)、合戦に加わったのは事実とみてよいのかもしれない。

元亀3年(1572)

この年の7月23日付で謙信が景勝の家臣栗林政頼へ宛てた書状には「倉内(沼田)江移、倉内在城之者共令談合、早々厩橋付力肝心候、油断候てハ曲有間敷候、猶喜平次(景勝)可申付候」と記されている。栗林を始めとする景勝勢を上野沼田城へ入れようとしたことが判明する。また「猶喜平次可申付候」に注目するなら、軍勢を指揮していたのは、栗林ではなく景勝であった可能性が浮上しよう。実際、8月に景勝勢は沼田城へ入ったようである。

その後、9月18日になり、景勝は春日山の留守居を命じられた。武田信玄(晴信)の越後侵攻に備えるためである(以上『上越別1』)。

2 春日山実城入城～上洛前──天正6年(1578)～同13年

春日山の実城を本拠と定めた天正6年から、大坂出仕の前年に当たる天正13年までを対象とする。

越後国内におり、同国のほか、越中・信濃へ出陣した事実が知られている。

天正6年(1578)

3月13日、叔父謙信が49歳の生涯を終えると(『上越別2』)、上杉家臣団は二派に分裂し、一方は景虎を、一方は景勝を擁立して御館の乱と呼ばれる内戦に突入した。

「御年譜(謙信)」によると、3月15日、謙信の葬儀が行われ、その遺骸が春日山の不識院内に埋葬された。この時、景虎・景勝も参列している。その後間もなく、景勝は春日山の実城を占拠した。3月24日付の景勝書状では「去十三日、謙信不慮之虫気不被執直遠行力落令察候、因茲、遺言之由候而、実城へ可移之由、各強而理候条、任其意候」、すなわち謙信の「遺言」とその遺臣たちの要請に基づき実城へ入ったと主張している。

景勝の実城占拠からおよそ1か月半後の5月13日、景虎は越後府内の御館(元関東管領上杉憲政の居館)を本拠とし景勝打倒を目指した(以上『上越別2』)。これに対し景勝は、御館攻略のため、府内周辺で景虎方と戦闘を交えている。6月11日・12日・7月27日の出来事であった(『上越別2』「御年譜(景勝)」)。

その後の経過をみよう。8月19日頃、景勝は景虎と和議を結んだ。しかし、これはすぐに破棄され、9月上旬頃、両者は戦闘を再開した。そして10月24日、景勝が府内へ出陣し景虎方の軍勢を破っている(『上越別2』)。

天正7年(1579)

1月16日から20日までは府内近辺の高津で、2月1日・2日と11日には府内で、景勝は

景虎方と戦闘を交え敵を圧倒しつつあった。

3月17日、景勝は遂に御館を攻め落とし、景虎を越後鮫ケ尾城へ追った。そして7日後の24日、同城を陥落させ、景虎を自刃に追い込んでいる(以上『上越別2』)。

景虎自害の後も、越後中郡では反景勝方の抵抗が続き、これらの勢力の一掃が課題となっていた。そうしたなか、景勝は武田勝頼との提携関係を深め、10月20日、勝頼の妹大儀院(菊)と春日山で婚礼をあげている(『上杉』)。

天正8年(1580)

「御年譜(景勝)」によると、正月三箇日を春日山で過ごしている。そして閏3月26日、府内へ出陣した。向かう先は中郡である。

4月上旬に柿崎を経て、同月14日、敵を三条城へ追い詰め、地蔵堂に陣を進めている(以上『上越別2』)。また「御年譜(景勝)」によれば、15日には栃尾城を攻撃し、21日までに蔵王堂・大面にも攻撃を加えた。さらに22日、栃尾城の根小屋に火を放っている(『上越別2』)。

5月18日付の景勝書状写によると、この日、越後川辺に陣を置き、近日中に帰陣する予定であったことが知られる。実際、6月4日付の景勝書状写をみる限り、この日は春日山近辺にいたとみられるので、一旦帰陣したことは確かとみられる。

6月、三条城が落城した。同月中旬頃の出来事であった(以上『上越別2』)。「御年譜(景勝)」によると、7月2日に景勝が出陣し、中郡へ兵を進めている。そして同月12日までに三条城の普請を終えた。またこの頃までには栃尾城も落城したらしく、13日に栃尾入城を果たし、17日までに同城の普請を終えている。かくして中郡の反景勝方が壊滅した。

織田信長の軍勢に抵抗する越中の河田禅忠(長親)ら上杉勢を救うべく、景勝は西へ軍勢を動かした。10月1日には越後能庄、8日から10日までは同国市振に在陣し、越中境(宮崎)まで兵を進めている(以上『上越別2』)。

天正9年(1581)

「御年譜(景勝)」によれば、正月三箇日を春日山で迎えている。

3月1日、出陣し、軍勢を越中へ進めた(『上越別2』)。そして9日までに河田禅忠の軍勢と合流し、織田方の越中小出城を攻撃している。この頃、越中の佐々成政と神保長住は京都馬揃に参加するため、上洛の途に就いていた(『公記』)。

3月15日、景勝出陣の報を受けた信長は、佐々と神保を帰国させ、越前の柴田勝家・前田利家らに越中出陣を命じている。こうした事態から、24日、景勝は小出城攻略を断念し兵を撤収させた(『公記』『上越別2』)。しかし、その後も越中国内に留まり、4月15日頃には同国東部の仕置を行っている。帰陣はその後のことであろう。5月4日付の景勝書状には「仍越中表仕置申付令納馬之条」とあるので(『上越別2』)、この日までには帰還していたとみられる。

天正10年（1582）

「御年譜（景勝）」によると、正月三箇日を春日山で過ごしている。

柴田勝家や能登の前田利家らの軍勢が越中へ進み、佐々成政の軍勢と合流して上杉方と戦闘を交えた。そして４月上旬頃、越中魚津城を包囲した。こうした事態を受け、景勝は越中出陣を決意する。この年の５月３日付の景勝書状には「明日四日無二無三出馬、北国弓箭之是非を可付候ニ相定、打立候」と記されている。

越中へ入った景勝は、５月15日までに魚津城を望む天神山に本陣を置き、勝家らと一戦を交えようとしたが、織田方の軍勢は備えを固めて、景勝らを魚津城へ寄せ付けなかった（以上『上越別２』）。そして同月26日、景勝は国許へ撤退することになる。そのさい、越中松倉城に籠る上杉勢も帰国した。

孤立した魚津城は、６日後の６月３日に陥落している（以上『富山・近世』）。

６月２日の信長・信忠父子横死の報をうけると、景勝は北信濃四郡（高井・水内・更科・埴科）の占領を開始する。同月22日、景勝は越後関山に着陣した。27日以前には信越国境を越えたらしく、重臣の一人直江兼続が北信濃の国衆原豊前守らへ宛てた６月27日付の書状写には「幸当地着馬之儀候間、急度有参陣、始終之様子被　仰上尤候」と記されている（『上越別２』）。そして翌７月には、四郡の占領にほぼ成功した（『上越別２』『上杉』）。

８月２日、北信濃に在陣していた景勝は、８日までには帰国し、９日、府内を出陣した。敵は下郡の新発田重家とその妹婿五十公野信宗である。

８月18日に出雲崎、20日に三条へ着陣し、25日、五十公野の居城近辺にまで迫った。26日には同所周辺に火を放っている。そして29日、安田から上野にいたり、９月上旬頃には新発田の本拠新発田城近くまで兵を進め、周辺に放火した。

※　新発田重家の本拠を新発田城ではなく浦城とする見方もある（水澤2009）。

本拠近くまで攻め込んだものの、新発田・五十公野両氏を滅ぼすことはならず、景勝は帰陣することになった。10月４日には篠岡まで退いている（以上『上越別２』）。

天正11年（1583）

「御年譜（景勝）」によれば、正月三箇日を春日山で迎えている。

２月19日、春日山を出陣し軍勢を動かした。下郡の反景勝方攻撃のためとされる。

５月１日、府内を発し下郡へ向かった。この日は柿崎、７日には新潟に着陣している。７月17日、新潟の陣を引き払い、18日、三条に到着している。８月18日、赤谷で合戦が行われたが、新発田重家勢を破ることはできなかった。そして同月下旬頃、本拠春日山へ向け軍勢を撤退させている（以上『上越別２』）。

天正12年（1584）

「御年譜（景勝）」によると、正月三箇日を春日山で過ごしている。

３月、新発田重家攻撃のため出陣したが、北信濃の国衆屋代秀正が離反し、徳川家康に味方したため、途中から引き返して、屋代討伐に向かったと伝えられている（『上杉』）。

4月上旬頃、北信濃へ出馬し、5月上旬頃まで同地に在陣して仕置を行っている。そして越後へ引きあげ、5月23日には府内へ入り、新発田攻撃を企てた。しかし正親町天皇の勅使が越後に到着したため、出兵を延期している。その後、8月にも北信濃へ出陣した。

　8月28日、越中の佐々成政が加賀へ侵攻し、前田利家と合戦に及んだ。これを受け、9月、上杉勢が越中へ侵入し境城を攻撃した。そして10月頃には景勝自身が越中へ出馬し、同月26日、境城を陥落させている。なお、景勝は11月24日までに越後へ帰国した(以上『上越別2』)。

天正13年(1585)

　「御年譜(景勝)」によれば、正月三箇日を春日山で迎えている。8月頃、越中へ出陣し境城へ入った。そして閏8月12日までに帰国している。これは秀吉の越中出兵に呼応した動きである(『上越別2』『上杉』)。

3　上洛〜会津国替以前——天正14年(1586)〜慶長3年(1598)1月

　天正14年1月1日から慶長3年1月9日までを扱う。上洛直前から会津国替直前までが対象となる。なお、春日山の実城や京都屋敷・伏見屋敷がこの時期の本拠である。

　天正14年、秀吉の許へ初めて出仕した後は、国許のほか、京都・伏見・大坂や山城・大和・紀伊両国にいた事実が判明する。また天正17年には佐渡、同18年・19年には関東・奥両国(陸奥・出羽)へ出陣し、天正20年4月から文禄2年(1593)6月頃までは肥前名護屋に在陣したと伝えられている。そして文禄2年6月頃、朝鮮へ侵攻した。

　付言すると、会津国替直前の景勝領国は、越後・北信濃4郡・佐渡・出羽庄内3郡(田川・櫛挽・遊佐)と近江3郡(蒲生・野洲・高島)内の在京賄料(まかないりょう)である(『上越通史』)。上洛後、佐渡・出羽・近江へ領土を拡げた。

天正14年(1586)

　「御年譜(景勝)」によると、正月三箇日を春日山で過ごしている。

　5月20日、景勝は府内を発った。大坂城の秀吉の許へ出仕すべく、西へ向かったのである。この日は能庄まで進み、同地に宿泊した。そして21日には糸魚川へ進み、大雨のため、翌22日まで同地に逗留している。23日は姫川を渡河し、市振に到着した。

　5月24日、越中へ入国する。この日は黒部川を渡り、村椿に野陣を張った。なお、同日には佐々成政からの音信をうけている。25日は西岩瀬まで進み、洪水のため、翌26日まで同地に逗留した。27日、中田を経由して、木船まで進んでいる。

　5月28日、木船を発ち倶利伽羅峠を越えた。すなわち加賀へ入ったのである。そして森下近辺で前田利家・石田三成の出迎えを受け、同日中に利家の本拠金沢に到着した。翌29日、景勝は金沢城で利家の饗応を受けている。晦日、金沢を発ち、松任を経て、小松に到着、6月1日には、同地を発って大聖寺へ入った。

　6月2日、大聖寺を発ち、加賀・越前国境を越え、金津・金津川・九頭竜川を経て、北

庄城へ入った。そして同城にいた堀秀政の饗応を受けている。3日、北庄を発ち、浅水を通過した。ここでは東郷城を本拠とする長谷川秀一の饗応を受けている。なお、この日は府中まで進み、同地を支配する木村常陸介の饗応を受けた。4日、府中を発ち、木ノ芽峠を越え、敦賀へ入った。そして同地を本拠とする蜂屋頼隆の饗応を受けている。翌5日も同地に滞在した。

6月6日、敦賀を発ち、越前・近江国境を越え、大溝へ入った。ここでは、同地を支配する生駒親正の饗応を受けている。7日、大溝を発ち、夜、入京した。宿所は六条の本圀寺である。8日・9日は同寺に滞在し、10日は百万遍、11日は六角堂を訪れた。また11日には、木村清久から風呂を振る舞われている。

6月12日、京都を発ち大坂へ赴いた。そして18日まで同地に滞在している。宿所は増田長盛邸であった。14日には秀吉の許へ出仕し、15日には石田や木村清久の饗応を受け、16日には秀吉や羽柴(豊臣)秀長が催した茶会に招かれている。

6月18日、上洛の途に就いた。途中、石清水八幡宮に参詣し、同日夜、入京している。宿所は本圀寺で、24日まで在京した。22日、秀吉に随行して初めて参内し、ついで院御所を見物している(以上『上越別2』『兼見』)。

6月24日、京都を発って帰国の途に就いた。そして同日中には近江へ入り、堅田に宿泊した後、25日には今津、26日には近江・越前国境を越えて敦賀へ入り、蜂屋の饗応を受けた。27日は鯖江、28日は金津、29日は越前・加賀国境を越えて小松、7月1日は宮腰にいた。2日、倶利伽羅峠を越えて越中へ入り、木船に宿泊した後、3日には木船から岩瀬まで進んで、同地から乗船し、4日には越後国内へ入り市振に上陸した。5日は能庄に泊まり、6日、帰城している(『上越別2』)。

8月、景勝は、下郡の新発田重家・五十公野信宗攻撃に乗り出した。同月上旬頃に出陣し、新発田近辺まで進軍したものの、9月10日頃には帰陣している。なお、9月中には新潟にも在陣したと伝えられている(『上越別2』「景勝一代略記」、以下「略記」と称す)。

天正15年(1587)

「御年譜(景勝)」によれば、正月三箇日を春日山で迎えている。

4月4日、新発田重家・五十公野信宗を攻撃すべく、下郡へ出陣した(『上杉』)、5月1日には新潟にいたり、同月13日には水原城を攻略したとされ(『年表』)、その後、6月下旬頃には帰陣したと伝えられている。

8月、再び下郡へ向け出陣した(以上『上杉』「略記」)。そして9月7日には加治城(『年表』)、同月14日に赤谷城を陥落させた(『新潟中世1』)。

10月、新発田・五十公野近辺に在陣し、同月24日に五十公野城を、25日に新発田城を攻め落として、新発田・五十公野両人を討ち取っている(『上越別2』)。かくして景勝は越後統一を果たした。なお、帰陣は11月と伝えられている(「略記」)。

天正16年(1588)

「御年譜(景勝)」によると、正月三箇日を春日山で過ごしている。

4月20日、上洛の途に就いたと伝えられ(「略記」)、5月6日ないしは7日に入京した(『上越別2』)。宿所は本圀寺とされる(「略記」)。そして12日、聚楽第の秀吉の許へ出仕した(『上越別2』)。

5月17日頃、勧修寺晴豊と対面し、26日、参内した。なお、前田玄以・増田長盛と晴豊の子息勧修寺光豊が同行している(「勧修寺家文書」『お湯殿』)。

閏5月20日、奈良へ赴き、この日は密かに春日社を見物している。そして一泊の後、翌日、奈良を発って紀伊金剛峯寺(高野山)へ向かい、高野参詣を行った((「大宮家文書」『多聞院』「略記」)。

6月15日および16日、聚楽第の秀吉の許へ出仕したと伝えられている(「御年譜(景勝)」)。

7月22日、毛利輝元・小早川隆景・吉川広家が入京し、24日に聚楽第の秀吉の許へ出仕した。この時、景勝も列座している。29日、輝元・隆景・広家は、京都滞在中の景勝を訪ねた。7月晦日、京都の豊臣秀長邸に秀吉が御成し、輝元・隆景・広家の饗応が行われ、また8月1日、聚楽第の秀吉の許に輝元が出仕した。2日には、京都の豊臣(羽柴)秀次邸に秀吉が御成し、輝元・隆景・広家の饗応が行われている。なお、晦日・1日・2日の饗応や出仕の場には、景勝も招かれている。

8月3日、景勝は、輝元の宿所妙顕寺を訪ねたが、不在のため、対面は叶わなかった。15日、聚楽第に景勝・輝元・隆景・広家らを招いて歌会が行われている(以上「輝元上洛日記」『吉川』)。同月中には清華成を遂げ、17日に御礼として禁裏へ馬・太刀を進上している。しかし後陽成天皇の病により、拝謁は叶わなかった(『お湯殿』)。8月22日、聚楽第の秀吉の許へ輝元・隆景・広家が出仕している。この時、景勝も列座していた(「輝元上洛日記」)。26日、京都を発ち帰国の途に就いている(『上越別2』)。

在京中、景勝は京都に屋敷を与えられている。「輝元上洛日記」によれば、聚楽第の東南に位置し、右側には輝元邸が存在していた。

天正17年(1589)

「御年譜(景勝)」によれば、正月三箇日を春日山で迎えている。

「略記」によれば、4月上旬、越後出雲崎まで出陣している。佐渡出兵のためとされる。なお、同月16日頃、同国の羽茂高秀に佐渡出兵を表明し参戦するよう要請した。

5月12日は府内にいたらしく、同日夜、出羽庄内の大宝寺義勝と対面している。

6月12日、佐渡へ渡海し、16日、同国内で本間三河守らと一戦を交え、彼らを滅ぼすことに成功した(以上『上越別2』「略記」)。そして9月下旬までに佐渡を離れたようである。9月29日、景勝は「霜葉凱旋錦」と詠んでいるので(『上越別2』)、そのように推定されよう。

「略記」によると、佐渡から越後へ戻るや、すぐに軍勢を率いて三条へ向かっている。これは陸奥会津の伊達政宗の動向に備えるためで、10月下旬頃まで在陣したと伝えられてい

12月は在京していたらしい(『上越別2』)。25日、禁裏へ白鳥3羽を進上している(『お湯殿』)。この月以降の京都滞在は、秀吉の在京強制と関わるものである。『多聞院』9月1日条によれば、秀吉は「諸国大名衆悉以聚楽へ女中衆令同道、今ヨリ可在京」と命じていた。

天正18年(1590)

　元日、秀吉参内に従っている(『兼見』)。1月上旬は大坂にも滞在していたらしく、8日、大坂下向中の勧修寺晴豊から音信をうけた(以上『晴豊』)。

　天正17年冬、関東の北条氏政・氏直父子攻撃命令が出され、景勝は前田利家・利長父子らとともに、関東へ侵攻することになった。

　「略記」は、碓氷峠を越え上野へ侵入したと記す。越後から北信濃へ入った後、碓氷峠を経て上野へ向かったのである。その時期は4月上旬頃であろう。同月7日付の真田昌幸書状写に「此表之儀、上野国中悉放火仕、其上松井田之地、根小屋撃砕、致詰陣、仕寄申付候」と記されたことは(「長国寺殿御事蹟稿」)、そうした理解を生じさせる。なお、同月11日に氏政の弟北条氏邦が出した書状には「臼井越山之敵ハ松井田上之山ニ陣取、又かり宿近辺へ打散而、放火働一理ニ候」とあるので(「片野文書」)、景勝らが着陣したのは、上野松井田の上之山もしくは同国狩宿と見られる。（碓氷峠）（狩）

　上野へ入国するや、北条氏の重臣大道寺政繁の籠もる松井田城を攻撃し(『真田』)、20日、大道寺を降伏させた(『伊達』)。付言すると、大道寺降伏後、北条方の城郭が次々に開城した(黒田2013)。

　6月上旬、秀吉は武蔵の忍城(武蔵国衆成田氏長の本拠)攻めについて指示を出し、同城攻撃が利家と上杉勢に命じられたが(「小幡文書」)、上杉勢が忍城攻めに参戦したのは、わずか数日間であったらしい(黒田2013)。

　その後、景勝は利家とともに北条氏邦が守る武蔵鉢形城を攻撃し、6月14日に氏邦らを降して(「徴古雑抄」「略記」)、氏政の弟北条氏照の本拠武蔵八王子城に迫った。上杉勢・前田勢らの激しい攻撃により、同城が陥落したのは6月23日のことである(『上越別2』『増訂加能』)。

　八王子落城の後、小田原城攻撃に参戦することになったが、7月5日、氏直が降伏し小田原城が開城したため、武蔵忍城攻めに向かうことになった(『上越別2』)。なお、忍城陥落は同14日の出来事である(「簗田家文書」)。

　「御年譜(景勝)」や「略記」によれば、8月には出羽仙北まで進軍し、大森城に入城している。9月7日付で景勝へ出された秀吉の朱印直書に「出羽永々在国辛労候」と記されているので(『上越別2』)、事実ではなかろうか。北条氏滅亡後、奥両国へ向かったのである。

　上杉勢侵攻後、仙北や出羽由利では一揆が蜂起したようである。「御年譜(景勝)」によれば、9月下旬、一揆勢の拠点益田城を攻撃し、これを攻略している。また「略記」によると、10月上旬、一揆勢の籠る鍋倉城を陥落させ、20日、仙北・由利から出羽庄内に入るため、

三崎山に軍勢を進めている。これらの出来事が事実であれば、小林清治氏が指摘するように、9月下旬から10月中旬までの間、景勝は仙北・由利の一揆と合戦に及んだとみるべきであろう（小林2003）。

庄内へ入ってからの動向をみよう。「略記」によれば、10月20日、三崎山にいたったところを、一揆勢に襲われ合戦に及んでいる。そして彼らを菅野城まで追撃し、同城を攻略した。21日頃、酒田まで陣を進め、庄内の仕置を行い、24日、尾浦城周辺で一揆勢を破っている。なお、11月14日、越後岩船に着陣しているので（『上越別2』）、小林氏が指摘するごとく、同月上旬までに庄内の一揆を鎮圧したのであろう（小林2003）。

11月14日、岩船までいたった後、同月下旬、ようやく春日山に到着したと伝えられている（「略記」）。

春日山滞在は短かったらしく、12月下旬にはすでに入京していた。同月29日、勧修寺から小袖を贈られた事実は（『晴豊』）、そのことを示唆するものであろう。

天正19年（1591）

1月2日、勧修寺晴豊の訪問を受けている（『晴豊』）。12日は秀吉に随行し参内した（『時慶』）。

閏1月6日、勧修寺の許を訪れ、茶会に臨んでいる。19日、勧修寺から茶会に招かれたが、病のため、これを断った（『晴豊』）。

6月、秀吉は奥両国の再仕置に着手し、豊臣秀次・徳川家康、そして景勝らに出陣を命じた（『上越別2』）。このため、景勝は一旦帰国し、その上で奥両国へ軍勢を進めることになる。出陣の日について、「御年譜（景勝）」は7月19日、「略記」は同月13日と伝える。

7月晦日、出羽米沢周辺に着陣した後（『上越別2』）、陸奥二本松に赴き秀次らと会談した可能性が、小林氏により指摘されている（小林2003）。8月2日付の景勝宛て秀次書状に「今日於下野大田原令着陣候、無程以面可申述候」と記されていること、同月7日までに秀次が二本松に着陣したことを踏まえるなら（『伊達』）、その可能性がないとはいえない。

その後の動きだが、小林氏は、米沢を発って、出羽山形の最上義光領を通過し、陸奥葛西へ進んだと指摘する（小林2003）。また「御年譜（景勝）」は、最上領を通り、仙北の大森城へ入ったと記す。天正19年6月20日付で奥両国出兵を命じた秀吉朱印状の写に「一、羽柴
（景勝）
越後宰相幷出羽衆最上通可相越候事」とある点を踏まえると、米沢を発ち、最上領・大森城を通過した可能性は高いだろう。そして8月22日までに葛西へ入り、柏山城の普請に当たった。

国許への帰陣は10月上旬である。そして春日山で越年することになった。来春の唐入りに備え、上洛を延引するよう、秀吉から指示を受けたためである（以上『上越別2』）。

天正20年・文禄元年（1592）

「御年譜（景勝）」によると、正月の三箇日を春日山で過ごしている。

3月1日、軍勢を率いて国許を発し、上洛の途に就いたと伝えられている（「略記」）。な

お、入京の日について、「御年譜(景勝)」は３月12日、「略記」は同月13日と記す。17日、京都を発ち、肥前名護屋へ向かった(「御年譜(景勝)」)。『家忠』によれば、陸奥岩出山の伊達政宗らとともに、徳川家康に附けられる形で出陣している。名護屋到着は４月上旬とされる(「御年譜(景勝)」)。６月頃、同地に在陣していた事実が、同じ頃に出された政宗の消息から判明する(『政宗２』)。

なお、『上越別２』666頁は、鍋島報效会所蔵の「名護屋古城之図」をもとに、景勝や直江兼続の陣所が名護屋浦の浜沿いに設けられたと指摘する。

文禄２年(1593)

１月10日、名護屋の陣所で連歌の会を開いている(『年表』)。

５月15日、明の使節と称する人物らが名護屋に到着し、23日、秀吉と対面した。景勝もその場に列座していたと伝えられている(『太閤』)。同月下旬、景勝は秀吉の「御代」として朝鮮へ渡海し、熊川倭城の普請に当たることになった。同月28日付で景勝の重臣泉澤久秀が出した書状の写には「こも海与申候所御普請御座候て、上様(秀吉)之為御代、屋形様(景勝)の御渡海も間廿日・卅日程之御隙ニて可有之候間」と記されている(『上越別２』)。かくして６月６日、景勝は名護屋を発ち出船しようとしたが、風波により、同地へ押し戻された(「大和田」)。

その後、海を渡った。文禄２年７月29日付で秀吉が山崎家盛・宮木豊盛に、上杉勢などの帰国に関し指示を出した事実を踏まえるなら(「山崎家文書」)、７月には朝鮮へ侵攻していたのであろう。そして熊川倭城の普請を済ませると、名護屋へ帰還した。９月８日の出来事とされる。

９月29日付で秀吉は景勝に「直有上洛、則被帰国、用所等申付、可被相甘候」と命じた(以上『上越別２』)。すなわち入京した上で帰国し休息せよと指示したのである。これを受け、景勝は京都へ向かい、10月３日、秀吉の参内に従った(『時慶』)。そして同月中には国許へ帰国したと伝えられている(「略記」)。

文禄３年(1594)

「御年譜(景勝)」によると、正月三箇日を春日山で迎えている。

３月、上洛の途に就いたとされる。「略記」は日付を記さないが、「御年譜(景勝)」は、これを23日の出来事と記している。そして４月中旬、大坂城の秀吉の許に出仕したと伝えている。

６月18日、大坂へ赴いた。この日、秀吉も大坂に到着しているので、その供を務めたのではなかろうか。

10月28日、秀吉が諸大名や公家衆を引きつれ、京都の上杉邸へ御成し、景勝を権中納言に昇進させた(以上『上越別２』)。29日、景勝は金春大夫らを招き、能を演じさせている(『上越別２』「小鼓大倉家古能組」)。また参内し、権中納言昇進の礼を行ったと伝えられている(「御年譜(景勝)」)。そして晦日、家中に対し振舞いを行った(『上越別２』)。

文禄4年(1595)

「御年譜(景勝)」によると、元日を京都屋敷で迎えている。そして同日、秀吉に随行し参内した(「光豊」)。

3月28日、秀吉が京都の徳川家康邸へ御成したさい、随行している(「文禄四年御成記」)。

7月8日、関白豊臣秀次が謀反の疑いで捕らえられ失脚した(『お湯殿』)。かかる重大事の発生を受けてか、国許にいた景勝は、同月中には上洛の途に就き(「略記」)、8月4日以前に入京し、ついで伏見城の秀吉の許へ出仕した(『兼見』)。なお、この年の8月、いわゆる御掟・御掟追加が発令される。この法令は、徳川家康・宇喜多秀家・前田利家・毛利輝元・小早川隆景、そして景勝の名のもとに出されたものであった(『上越別2』)。

9月、伏見の景勝邸普請が開始された。そして12月、景勝が京都屋敷から伏見屋敷に移ったと伝えられている(「略記」)。

文禄5年・慶長元年(1596)

「御年譜(景勝)」によると、新春を伏見屋敷で過ごしている。

4月27日、秀吉が伏見の長宗我部元親邸に御成した。景勝も供を務めたと伝えられている(「元親記」)。

5月25日、伏見城内で御礼が執り行われ、景勝は、秀吉・拾(後の豊臣(羽柴)秀頼)父子に拝謁した(『義演』)。

閏7月13日、畿内で大地震が発生し伏見城が倒壊した。この時、伏見の景勝邸も被害を受けたと伝えられている(「御年譜(景勝)」)。

9月1日、大坂城内で秀吉が明の使者と対面した。宣教師ルイス・フロイスが執筆した1596年12月28日付の「1596年度年報補遺」によれば、この時、徳川家康・前田利家・毛利輝元・小早川秀俊(後の秀秋)と「中納言」(宇喜多秀家ヵ)、そして景勝らがその場に列座している(『イエズス会』)。

「征韓録」によれば、明使は9月2日・3日も大坂城へ登城している。「御年譜(景勝)」は、3日、秀吉が明使を饗応したさい、徳川家康・前田利家・宇喜多秀家・毛利輝元・小早川隆景・同秀俊、そして景勝がその場にいたと記す。

慶長2年(1597)

「御年譜(景勝)」は、元日を伏見屋敷で迎えた後、大坂城へ向かい、秀吉・秀頼父子に年頭の礼を行ったと伝えている。

3月23日、伏見の自邸へ博多の商人神谷宗湛と山岡道阿弥(景友)、「大名衆両人」らを招き、振る舞っている(「宗湛」)。

7月27日、来日中の呂宋(ルソン)国の使者を饗応するため伏見城内で能が演じられた。景勝は徳川家康・前田利長とともに、その場に列席している。8月9日、秀吉の命により、家康とともに伏見城へ出仕した。秀吉の朝鮮渡海計画のことで召されたようである(『鹿苑』)。

12月下旬は上方に滞在しており、西笑承兌へ小袖を贈っている。同月28日付で出された

承兌書状の案文には「昨日者預御使、殊御小袖弐被贈下候、(中略)今日も以参上御礼雖可申入候、御取紛之中如何と存捧愚札候」と記されている(『西笑』)。

慶長3年(1598)1月

「御年譜(景勝)」は、新春を伏見屋敷で迎えたと伝える。

4　会津城時代──慶長3年(1598)1月〜同6年7月

慶長3年1月10日から同6年7月24日までの期間を扱う。すなわち会津城を居城とした時期が対象となる。

この時期は、伏見・大坂のほか、陸奥・下野にいたと伝えられている。

なお、会津国替後の景勝領国は、従来の佐渡、出羽庄内3郡、近江3郡内の在京賄料と、陸奥17郡(稲沼・河沼・大沼・山・猪苗代・南山・伊南伊北・白川・石川・岩瀬・安積・二本松・田村・安達・伊達・信夫・苅田)、出羽長井郡である。

慶長3年(1598)1月〜12月

1月10日、秀吉は景勝に、陸奥17郡と出羽長井郡を与え、越後と北信濃4郡は収公した(『当代』『上越別2』『三公外史』)。「御年譜(景勝)」によると、1月11日、景勝は伏見を発って大坂へ赴き、秀吉へ国替の礼を行い、12日、伏見屋敷に帰還した。

その後の動きをみよう。「御年譜(景勝)」は、3月3日、大坂城の秀吉の許へ出仕した後、6日、伏見を発ち、19日、会津城へ入城したと記している。しかし3月3日、秀吉が山城醍醐にいた事実を踏まえるなら、かかる記述は要検討といわざるを得ない。なお、2月29日付の直江兼続書状写には「仍景勝当国被罷移ニ付而、為御祝儀御使札、則可申聞処、堺目山中深雪故、未当地不被罷着候条」と記されているので(『上越別2』)、この日、会津には未だ到着していないと考えられる。

8月5日、重病の床にあった秀吉は消息を認め、幼い秀頼の将来を、徳川家康・前田利家・毛利輝元・宇喜多秀家、そして景勝らに託し(『毛利』)、18日に死去した。こうした情勢を受け、9月、景勝は上洛の途に就く。同月中旬には会津城を出発したらしい。景勝の会津出発について、『当代』は16日、「略記」は翌17日の出来事と伝える。同月29日付の景勝宛て増田長盛書状に「一、十九日ニ那須大田原迄御着座之旨、御書中之通、尤存候」(『上杉』)、すなわち同月19日、景勝が下野の那須大田原まで進んだとある点から、9月中旬に会津を離れたとみても差し支えはないだろう。

10月2日付の景勝宛て家康書状は「仍御仕置等被仰付、早速御上洛之段、御大儀共候、何様御上之時可申承候間」と記し(『上杉』)、景勝が伏見にいないことを示唆する文面となっている。ゆえに、伏見到着はこの日以降であろう。なお、「略記」は、伏見到着を10月7日と伝える。

慶長4年(1599)

「御年譜(景勝)」によれば、元日を伏見屋敷で迎えたとされる。

1月10日、秀頼が伏見城から大坂城へ移った。景勝は供を務め、移徙を終えた後、伏見に帰還したと伝えられている(「御年譜(景勝)」)。

　1月19日、家康と前田利家・毛利輝元・宇喜多秀家・前田玄以・浅野長政・増田長盛・石田三成・長束正家、そして景勝との政治的対立が表面化するが、武力衝突にいたることはなく、20日には和解が目指されていた(『言経』24日条)。そして閏3月上旬、今度は石田・増田と加藤清正らが対立し、石田が失脚した。この時、景勝は輝元と談合し、事態の収拾に関与している(『義演』『看羊録』「山陽小野田市立厚狭図書館所蔵文書」)。これらの動向からみて、この年の春、景勝が上方にいた可能性は高い。

　その後の動静をみよう。8月10日付の景勝宛て徳川秀忠書状には「御下国ニ付而、其筋被成御通由候、爰許程近之儀候間、可為御立寄と存候処、直ニ御下之由、一段御残多存知候」と記され(『上杉』)、8月10日よりも前に徳川領国を通過した事実が判明する。とすれば、8月上旬以前には伏見を離れ、関東へ入ったと理解すべきだろう。

　※　この年、秀忠は江戸にいた(藤井1994)。

　9月14日付の景勝宛て家康書状をみる。そこには「遠路御札本望之至候、路次中無何事御下国之儀珍重候、然者此間大坂へ罷下、仕置等申付候」と記されている(『上杉』)。大坂・会津の距離を考慮に入れるなら、遅くとも9月上旬には国許へ到着していたと考えねばならない。

　以上から、8月上旬以前に伏見を発ち、9月上旬までに国許へ到着したと理解しておきたい。なお、「略記」によると、7月28日、秀頼に暇乞をするため、伏見屋敷から大坂城へ赴いている。そして8月3日、伏見を発ち、同月22日、会津に到着した。一方、「御年譜(景勝)」は、8月上旬、伏見から大坂へ出向き、秀頼への暇乞を済ませた後、同地を発ち、9月上旬に会津へ入ったと記す。

慶長5年(1600)

　「御年譜(景勝)」は、正月三箇日を会津城で迎えたと伝える。

　『当代』は「此三月の比より、会津長尾景勝と内府(家康)公不快」と記すので、3月頃には景勝と家康の対立が表面化したらしい。景勝が未だ上洛しないことが要因であったらしく、4月8日付の九州の島津維新(義弘)書状写は「乍去景勝致出仕間敷よし被申候ニ付、増田右衛門佐(長盛)殿・大谷刑部少輔(吉継)殿、度々雖被成御暖候、不事済候条、伊那図書頭(令成)殿来十日ニ打立、奥羽(会津)あいつへ下向候」と記す(『薩藩旧記』)。

　※　フェルナン・ゲレイロ編「イエズス会年報集」は、景勝が、3年の間は在国してもよいとの許可を秀吉から得たと唱えて、上洛を拒み、家康と対立したと記す(『イエズス会』)。類似した記述は、慶長6年に毛利一門の一人吉川広家が作成した覚書の案文にもみられる。そこには「今度景勝上洛延引之儀者、太閤様(秀吉)依御諚、国之仕置申付被候、○故、如此候三年役儀御免被成候」とある(『吉川』)。三年間は在京を免除されていたということか。

　6月16日、家康は景勝攻撃のため大坂城を発し東へ軍勢を進めた。そして7月下旬、下

野小山に着陣したが、石田三成らの動向に対処すべく、同地から引き返した(『当代』)。このように家康自ら上杉領国へ侵攻することはなかったものの、伊達政宗・最上義光、越後の堀秀治ら徳川方大名との軍事衝突は回避できなかった。7月以降、上杉勢と彼らの軍勢が陸奥・出羽・越後3か国で戦闘を交えたのである。結果、上杉領国は縮小し、苅田郡を伊達氏に、庄内3郡を最上氏に、佐渡を家康に奪われることになった(『仙台市史通史編3近世1』『新潟県史通史編3　近世1』)。

石田らの挙兵も失敗に終わり、反徳川方は惨敗した。これを受け、11月中旬までに景勝は家康との停戦に踏み切っている(『政宗2』)。そして翌年2月上旬までには景勝の上洛が決定した(『島津』『覚上公御書集』、以下『覚上』と称す)。

なお、この年は1月以降も在国していたとみられる。会津を離れた形跡は見出せない。

慶長6年(1601)1月～7月

「御年譜(景勝)」によると、正月三箇日を会津城で迎えている。

7月1日、景勝は、会津を発って上洛の途に就き(『当代』『上杉』)、同月24日、直江兼続らを従え伏見に到着した(『薩藩旧記』『当代』)。

5　米沢城時代——慶長6年(1601)7月～元和9年(1623)3月

慶長6年7月24日の上洛後の時期を扱う。この時期の本拠は米沢城であり、また伏見や江戸に屋敷を有していた。

国許のほか、京都・伏見・大坂・江戸・駿府にいたこと、武蔵・相模・下野へ赴いたことが知られている。また慶長19年・同20年には大坂の秀頼攻撃のため、畿内へ出陣し、元和3年・同5年には秀忠の上洛に随行している。

慶長6年8月の減封処分後は、出羽の長井郡と陸奥の伊達・信夫両郡が領国となる(『覚上』)。

慶長6年(1601)7月～12月

入京後の動向をみよう。「御年譜(景勝)」によると、7月26日、大坂へ赴き、秀頼に拝謁している。島津氏の家臣鎌田政近が8月2日付で出した書状の写は、景勝上洛を伝えるものだが、そこには「内府様(家康)江景勝御礼之事、いつとなき由候、先大坂へ被差通、秀頼様へ御礼可有由相聞得候」と記されている(『薩藩旧記』)。とするなら、伏見到着から間もなく、大坂城の秀頼のもとへ向かったのであろうか。7月26日、景勝は再び伏見へ入り(『鹿苑』27日条)、8月10日以前には伏見城の家康のもとへ出仕した(『薩藩旧記』)。

「御年譜(景勝)」をみる。8月16日、伏見で減封処分を受けたとある。そして10月3日、再び大坂城に登城し秀頼に拝謁した。同月20日頃までは上方に留まっていたらしく、『言経』には「近日景勝下向也云々」とある。とするなら、上方を離れるのは21日以降であろう。

11月頃、江戸城を訪れた後、米沢城へ入城したらしい。同月20日付で発せられた直江兼続書状の写に「今月三日御状、同十九日披見候、仍江城(江戸城)江之御仕合、様子委以書状申入候

間、近日長井江(米沢)可被成御着候、可御心易候」と記されていること(『覚上』)、すなわち江戸城訪問の事実や、近日中の米沢入城を報じた事実から、そのことは明らかであろう。なお、「略記」によれば、11月末に米沢へ到着している。

慶長7年(1602)

　この年、領国外へ赴いた形跡はない。「御年譜(景勝)」によれば、正月三箇日を米沢城で過ごし、3月15日、出羽成嶋の八幡宮へ参拝している。

慶長8年(1603)

　「御年譜(景勝)」によれば、正月三箇日を米沢城で過ごし、10月20日、同地を発し上方へ赴いている。11月1日には江戸上杉屋敷、同月19日には大坂城、その後は伏見上杉屋敷にいた。なお、同月19日、大坂城内で秀頼に拝謁している。

　『実紀』は、2月、江戸へ参勤したと記す。しかし「御年譜(景勝)」には、かかる記事は登場しない。ゆえに、2月の参勤については検討を要しよう。なお、『実紀』「御年譜(景勝)」の双方とも、江戸桜田に上杉屋敷が築かれた時期をこの年の2月とする。

慶長9年(1604)

　「御年譜(景勝)」によると、新春を伏見上杉屋敷で迎えた後、その日のうちに大坂城へ登城し、秀頼に拝謁している。また8月16日にも大坂城へ赴き、秀頼の謁見を受けている。そして同月21日には伏見上杉屋敷を発ち、一旦は江戸上杉屋敷へ入り、閏8月上旬、米沢城へ帰城している。

　ただし、「略記」は米沢帰城を7月と記す。ゆえに、「御年譜(景勝)」の帰城時期に関する記事は検討を要しよう。

慶長10年(1605)

　「御年譜(景勝)」には、新年を米沢で迎えたとある。しかし「定勝公御年譜」は「景勝公ニハ伏見邸ニ於テ新陽ヲ迎玉ヒ」と記す。新年を米沢で迎えたのか、伏見で迎えたのかは確定できない。

　この年の4月、家康が征夷大将軍を辞官し、嫡子秀忠が将軍に任ぜられたが、これに先立つ2月24日、秀忠が江戸城を発し、西上の途に就いている(藤井1994)。そのさい、景勝が先陣の五番手を務めた(『当代』)。なお、「御年譜(景勝)」は、2月22日に江戸上杉屋敷に到着し、同月下旬には江戸を出発したと記す。一方、『実紀』は、同月19日に江戸を発したと記している。この場合、どちらが正しいかは不明というしかない。

　※　以上の事例を踏まえるなら、「御年譜(景勝)」から居所を断定することは、非常に難しいと判断できよう。

　3月21日、秀忠が伏見に到着する(藤井1994)。『当代』には「右大将(秀忠)伏見に御着、先陣・後陣之衆同之」と記されているので、この日、景勝も伏見に入ったとみられる。そして8日後の29日、秀忠に随行し参内した(『言経』『慶長』)。

　「御年譜(景勝)」によれば、4月16日の秀忠将軍任官のさいは、登城し賀詞を述べている。

また同月26日の秀忠参内のさいは供を務めた(『慶長』)。

　5月11日頃、伏見を離れ米沢へ向かった。『実紀』には「この日こたび御上洛の供奉したる前田中納言利長卿・上杉中納言景勝卿をはじめ、関東・北国の諸大名、さきだちて帰国の暇を給ふ」とあり、『当代』にも「此比今度上洛之関東衆依将軍仰、先立て思々下国」と記されている点から、帰国の途に就くのは、11日頃と判断してよいだろう。

　帰国後の7月、江戸へ参府したと伝えられている(「略記」)。また10月29日には、江戸城へ登城し、家康・秀忠父子に拝謁したと伝えられている(「御年譜(景勝)」)。

慶長11年(1606)

　「御年譜(景勝)」によると、新年を伏見で迎え、1月中旬に大坂城へ登城し、秀頼の謁見を受けている。その後、伏見・江戸を経て、2月14日、米沢城へ帰城した。

　10月には江戸へ赴いている。まず14日、米沢城を発ち、途中、陸奥福島城へ入り、19日、同城を発っている。そして26日、江戸上杉屋敷へ到着した。

慶長12年(1607)

　「御年譜(景勝)」によると、元日を江戸で迎えた後、6月21日に江戸を発し、7月1日、米沢城へ帰城している。

　『当代』によると、10月18日、家康が江戸城内で開いた茶会に臨んでいる。この席には秀忠のほか、陸奥仙台の伊達政宗、出羽久保田の佐竹義宣もいた。

慶長13年(1608)

　「御年譜(景勝)」によると、正月三箇日を米沢城で過ごしている。1月26日、同城を発し、一旦は福島城へ入った。そして暫く滞在した後、江戸へ向かい、2月15日、江戸上杉屋敷に到着している。

　11月15日、江戸城内で法華宗と浄土宗の法論が行われた(『当代』)。「浄土日蓮宗論記」は、景勝がその場に列座していたと記す。

慶長14年(1609)

　「御年譜(景勝)」によれば、新年を江戸で迎えている。そして8月4日、江戸を発って帰国の途につき、同月13日に帰城した。8月21日付の景勝書状の写には「道中無異儀、去十三令帰城候」と記されている(「上杉編年文書」)。ゆえに、13日の米沢到着は事実とみてよいだろう。

慶長15年(1610)

　まずは「御年譜(景勝)」をみよう。正月三箇日は米沢城で過ごし、4月25日、同城を発って、5月3日、江戸上杉屋敷へ入っている。

　5月6日、秀忠の上使本多正信が訪れ、景勝邸御成の意向を伝えた。そして翌7日、江戸城へ登城し秀忠に拝謁した。また同月14日に江戸を発って駿府へ赴き、家康にも拝謁している。なお、江戸帰還は5月25日のことであった。

　12月24日、本多正信が江戸上杉屋敷を巡見し、翌25日、秀忠の御成が行われた。景勝は

7歳の嫡子玉丸(後の上杉定勝)とともに門内まで出迎えている。

「御年譜(景勝)」以外の史料をみると、駿府訪問に関しては、『当代』や『実紀』にも記事が存在する。ゆえに事実と考えてよいだろう。すなわち5月21日、駿府へ到着し、同月23日、駿府城内で家康の饗応を受け、2日後の25日、江戸へ帰ったのである。

また12月25日の秀忠御成については、『実紀』や『上杉』にも記載がみられるので、これも事実と断定して差し支えなかろう。

慶長16年(1611)

「御年譜(景勝)」は、新年を江戸で迎えたとする。その後、米沢城へ帰城したらしい。なお、同書は、4月18日に江戸を発ち、同月25日に米沢へ帰還したと記すが、『治家記録』に、5月9日、景勝が江戸城へ登城したとあること、すなわち5月上旬段階で江戸に滞在していたことをうかがわせる史料も存在するので、「御年譜(景勝)」の記事が正しいかどうかは不明といわざるを得ない。

9月晦日は米沢に居たらしく、この日、イスパニアの使節セバスティアン・ビスカイノが米沢を訪れた。『ビスカイノ金銀島探検報告』1611年11月4日の記事によると、この時、ビスカイノは景勝に会見を申し入れたが、対面は叶わなかった。理由は「着後訪問し其手に接吻する許可を請ひしが、少しく不快なりとの返答あり」と、会見の作法に関して景勝の不興を買ったことにあったらしい。

10月以降の居所をみる。「略記」によると、11月に江戸へ参府している。また同月16日、相模神奈川で家康に拝謁した(『駿府』)。

慶長17年(1612)

1月は江戸にいたのではなかろうか。その根拠は以下の通り。①慶長17年1月5日、幕府は東国大名に三箇条の誓紙を提出させた。この時、景勝も伊達政宗・佐竹義宣らとともに誓紙を上げ、秀忠の法度を堅く守ることなどを誓った(「諸法度」)。②この年に作成された直江重光(兼続)の書状留である「上杉家書状認」(以下「書状認」と称す)には、1月24日の日付を有する書状の控があり、「爰許拙子聞合候而可罷下候、大略屋形様(景勝)御下可在之様ニ八郎右物語候」と記されている。すなわち景勝の米沢帰城予定について報じられている。③前年の11月16日、相模神奈川にいた。

さて、「御年譜(景勝)」によると、5月14日に江戸を発し、同月22日に米沢へ到着している。一方、「書状認」をみると、5月13日付の書状控に「景勝今日被罷下候」とあるので、江戸出発の日時は13日となる。また6月2日付の書状控には「道中無異儀、屋形様(景勝)御帰城、珍重此事候」と記されている。それゆえ、出発日は確定できないものの、5月中旬に江戸を離れ、同月中に米沢へ到着したと推測されよう。

6月以降の居所をみよう。「御年譜(景勝)」によれば、閏10月3日に米沢を発ち、同月10日に江戸へ参府している。そして同月12日、武蔵芝で家康に拝謁し、3日後の15日、江戸城へ登城して、家康・秀忠父子の謁見を受けている。一方、「書状認」をみると、閏10月19

日付の書状の控に「去十二、大御所様(家康)江戸御着、屋形様(景勝)芝迄為御迎御出、同十五為御礼御出仕、両度之御仕合、無残所由被仰越候事」とあるので、12日の居所は芝、15日の居所は江戸と断定してもよいのではないか。

慶長18年(1613)

「御年譜(景勝)」によると、元日を江戸上杉屋敷で迎えている。そして7月11日、江戸を発し、同月22日、米沢城へ帰城した。

この年の10月24日付で発せられた直江重光の書状は「来春於越後御普請故、当年御参府御無用之段、御触状下着、上下先以満足候」と記す(『上杉』)。ゆえに、10月に景勝が米沢にいたことは確かであろう。

慶長19年(1614)

「御年譜(景勝)」によれば、正月三箇日を米沢城で迎えている。さきに引用した直江重光の書状に「当年御参府御無用之段」とあることを踏まえるなら(『上杉』)、これは事実と断じてよかろう。

10月4日、秀忠は秀頼を攻撃すべく、関東・奥両国の諸大名に陣触を発した(『当代』)。景勝はこのことを知らぬまま、10月初頭に米沢を発し江戸へ向かっている。「御年譜(景勝)」は2日、「上杉家大坂御陣之留」(以下、「御陣之留」と称す)は3日の出来事とする。なお、江戸到着は9日と伝えられている(「御年譜(景勝)」)。

この年に記された直江の書状留「直江重光書翰留」には、10月16日の日付を有する書状の控が存在し、そこには「仍十二日御出仕御仕合能候由珍重候」と記されている。同月12日、景勝が江戸城へ登城した事実が知られるのである。その後、彼は軍勢を率いて西上した。「御年譜(景勝)」および「御陣之留」は同月20日、『実紀』は翌21日の出来事と記している。

11月6日、山城木津に着陣し、同月9日、同国玉水に軍勢を移動させたと伝えられている(「御年譜(景勝)」)。そして11日には同国山科から同国淀へ移り(「御陣之留」)、12日、家康に拝謁した(『駿府』)。この日出された以心崇伝の書状写に「今十二日、景勝なと二条之御殿へ出仕候」と記されているので(『本光』)、場所は二条城であろう。その後、23日には河内飯森山麓、24日には摂津天神森、25日には同国鴫野へ軍勢を進めている(「御陣之留」)。

11月26日、摂津今福および鴫野において合戦があり、上杉勢は佐竹義宣勢とともに秀頼方の軍勢を破った(『当代』『駿府』)。その後、12月に入って、家康・秀忠父子と秀頼との間で和議がととのい、徳川方の諸大名は撤兵することになった。

慶長20年・元和元年(1615)

「御年譜(景勝)」によれば、元日を大坂表で迎えている。その後、1月中に同地から撤兵したらしく(『上杉』)、江戸上杉屋敷を経由して、2月29日に米沢城へ帰城したと伝えられている(「御陣之留」「御年譜(景勝)」)。

4月、大坂攻撃の命令が再び下り、同月10日、景勝は米沢を発して上方へ向かった(「御年譜(景勝)」)。5月5日付の細川忠興書状には「東国衆不残被上候」と記されている(『細川家

史料』細川忠興文書、以下『細川(忠興)』と称す)。景勝を含む多くの東国大名が上方に向かって出陣したのである。なお、「御年譜(景勝)」は、4月下旬、山城玉水に在陣したとする。一方、『実紀』は、5月4日、二条城に登城して家康に拝謁し、山城八幡の守備を命じられたと記す。大坂夏の陣のさい、景勝がどこにいたかは確定できない。

大坂の秀頼が滅亡してから間もない6月25日頃、景勝は帰国を許されたらしく、京都を離れ米沢へ戻っている。同日付の細川忠興書状の写には「佐竹・景勝なとは近日御暇被下、下向之由ニ候事」と記されている(「細川家記」)。閏6月14日にはすでに帰城していたらしく、同日付で嫡子千徳(後の定勝)へ出した書状には「いかさまよなさわより可申候」(米沢)と記されている(『上杉』)。

元和2年(1616)

「御年譜(景勝)」によると、正月三箇日を米沢城で過ごしている。1月4日付の細川忠興書状に「政宗・景勝・佐竹・南部・もかみ(最上)、いつれも奥衆へ越年御免にて在所ニ被居候事」とあるので(『細川(忠興)』)、「御年譜(景勝)」の記述は事実であろう。

2月中旬、米沢を発ち江戸へ向かったようである。これは『梅津』の記事から判明する。1日条の「やかた様御上之義、景勝・政宗御のほり次第ニ御のほり候て可然由、佐渡殿御(佐竹義宣)(本多正信)意候由、次兵衛殿ヨリ被仰越候」、14日条の「又爰元ヨリ被付置候御飛脚、せんたいヨリも(嶋田重次)(仙台)米沢ヨリも不罷帰候間、此者共罷帰次第ニ、御上リ有へき由、被成御意候」、18日条の「窪田御立被成」から、景勝の米沢出発後、佐竹義宣が居城久保田城を発ち江戸へ向かった(久保田)ことが判明するが、このことは、景勝が佐竹よりも早い時期、具体的にいえば、2月中旬頃に江戸へ向かったことを示唆するのではないか。

3月4日、病床にあった家康を見舞うため、江戸上杉屋敷を発し駿府へ向かったとされる、2日後の6日、駿河江尻に到着し、翌7日に駿府城へ登城、家康・秀忠に拝謁した(「御年譜(景勝)」「歴代」)。その後、江尻を離れ、同月21日に江戸上杉屋敷に戻ったとされる(「御年譜(景勝)」)。5月13日には米沢城へ帰城した(「直江状留」)。なお、家康がこの世を去るのは4月17日のことである。

元和3年(1617)

「御年譜(景勝)」によれば、正月三箇日を米沢で迎えている。だが、「略記」に「正月廿日、御下」と記されている点、すなわち1月20日に帰国したとの記述に留意するなら、新春を江戸で迎えた可能性もあるのではないか。

4月下旬、米沢を発ち、5月上旬に江戸上杉屋敷へ入ったとされる(「御年譜(景勝)」)。

6月29日、秀忠は諸大名を率いて上洛し、伏見城へ入った(藤井1994)。佐竹義宣の家臣須田盛秀の5月7日付書状の写は、伊達政宗を一番手、景勝を二番手、義宣を三番手とする上洛軍が編成されていたこと、政宗と景勝は秀忠とともに伏見へ入る予定であったことを伝えている(「秋田藩採集文書」)。これが事実とすれば、景勝の伏見入りも6月29日であった可能性が浮上する。

8月6日、伏見城において秀忠に拝謁し(『元和年録』)、同月23日には粟田口尊勝院の僧慈性の見舞いを受けている(『慈性』)。そして9月13日、秀忠が伏見を発って江戸に下向すると(藤井1994)、間もなく伏見を離れ、17日には近江高宮を通過している(『慈性』)。江戸へ向かったのであろう。

　10月27日頃、江戸に在府していたことは確かである。この年の11月29日付で細川忠興が嫡子忠利へ宛てた書状に「景勝・佐竹・正宗(伊達政宗)于今在江戸、南部信濃(利直)も参上候由候」と記されている点や(『細川(忠興)』)、この書状が10月27日付の忠利書状に対する返書であった点から、そのことが明らかとなろう。

元和4年(1618)

　元日を江戸で迎えたとされる(「御年譜(景勝)」)。その後、国許へ下向した。「御年譜(景勝)」は、5月15日に江戸を発って、同月22日に米沢へ到着したと記し、「略記」は、3月に帰国したと記す。

元和5年(1619)

　「御年譜(景勝)」によると、正月三箇日を米沢で迎えている。その後、米沢を発し、3月22日に江戸へ到着している(『梅津』)。

　5月8日、秀忠は上洛のため江戸を発した(藤井1994)。この時、景勝も上洛している。4月27日に江戸を発ち、5月2日に駿河丸子、5日に遠江掛川、9日に尾張熱田、12日に美濃今須、16日に近江野洲にいたことが知られている(『梅津』)。

　9月18日、秀忠が伏見城を発って江戸へ下向した(藤井1994)。景勝も江戸へ向かったとみられる。「略記」には「十月、江戸迄御下」とある。これが事実であれば、江戸到着は10月となろう。

元和6年(1620)

　「御年譜(景勝)」によれば、新春を江戸で過ごしている。1月19日付で出された以心崇伝の書状写に「景勝・政宗・南部・佐竹殿、各連々当地ニ御詰候」とあることから(『本光』)、「御年譜(景勝)」の記述は事実である可能性が高い。

　その後、江戸を発ち米沢へ下向したようである。4月27日付の景勝書状の写に「仍爰所へ廿七日ニ着候之間、可心易候」と記されているので(「上杉編年文書」)、到着は4月27日と考えられる。

元和7年(1621)

　「御年譜(景勝)」によると、正月三箇日を米沢城で迎えている。1月23日、江戸で火事が発生し上杉屋敷が炎上した(『梅津』)。これにより、景勝の江戸参府は延期されたらしい。この年の3月7日付で幕府年寄酒井忠世らが景勝へ宛てた連署状の写には「仍就今度火事御参勤候而も、爰許可為不自由と思食、御上可有御延引之旨被仰出候」と記されている(「上杉古文書」)。

　8月15日、米沢を発し、同月22日、江戸へ参府したと伝えられる(「御年譜(景勝)」)。9

月12日、江戸城内で能が演じられたおり、伊達政宗・佐竹義宣とともに登城し、秀忠の饗応を受けた。同月15日付で出された以心崇伝の書状写には「上様(秀忠)御機嫌能被成御座候、景勝・政宗・義宣しかと御詰候、九月十二日御能被仰付、右之御三人へ御振舞被成候」とある(『本光』)。また10月14日にも登城し、政宗・義宣・日野唯心(輝資)とともに、秀忠が催した茶会に列席していた(『梅津』)。

元和8年(1622)

「御年譜(景勝)」によれば、新春を江戸で過ごしている。前年の12月23日付の細川忠利の書状に「東衆何も越年被仕候」と記されているので(『細川家史料』細川忠利文書、以下『細川(忠利)』と称す)、「御年譜(景勝)」の記述は事実であろう。

『梅津』4月27日条に「す(雀宮)めの宮ニ而景勝様御使者ニ参候、千坂伊豆を以申上候」とあることを考慮すると、この日、景勝は下野雀宮にいたとみられる。4月13日、秀忠が日光東照社へ赴いた事実を踏まえるなら(藤井1994)、景勝はその供を務めたのではなかろうか。

10月15日、江戸を離れ、22日には米沢城へ到着したとされる(「御年譜(景勝)」)。この年の10月21日付の細川忠利の書状に「東衆何も御暇ニ而帰国候」とあるので(『細川(忠利)』)、この日以前に江戸を発ったのは確かであろう。

元和9年(1623) 1月～3月

「御年譜(景勝)」によると、正月三箇日を米沢で迎えている。3月9日には病の床にあり、法音寺・極楽寺宛てに遺言状を認めている(『上杉』)。そして同月20日、米沢城内でその生涯を終えた。享年69歳(「御年譜(景勝)」『東武』)。

■典拠

【日記】

『家忠』『梅津』『お湯殿』『兼見』『義演』『慶長』『慈性』『宗湛』『多聞院』「輝元上洛日記」『言経』『時慶』『晴豊』『本光』「光豊」『鹿苑』

【古文書】

『浅野』『上杉』「上杉家書状認」(影写本)「小幡文書」「片野文書」(『戦国遺文　後北条氏編』第5巻に収録)『覚上公御書集』(臨川書店)「勧修寺家文書」(『史林』91-5に収録)「大宮家文書」(『新潟史学』75に収録)『吉川』『西笑』『真田』「山陽小野田市立厚狭図書館所蔵文書」(『特別展　五大老』『特別展　秀吉お伽衆』に収録)『島津』『伊達』『微古雑抄』(『新横須賀市史資料編』古代・中世Ⅱに収録)「直江重光書翰留」(影写本)『細川家史料』(大日本近世史料)『毛利』「築田家文書」(『千葉県の歴史資料編』中世4に収録)『歴代』

【編纂物等】

『イエズス会』「上杉家大坂御陣之留」(国立公文書館架蔵写本)『上杉家御年譜』(「景勝公御年譜」「謙信公御年譜」「定勝公御年譜」を収録)「景勝一代略記」(写本)『看羊録』『元和年録』『公記』「小鼓大倉家古能組」(『能　研究と評論』15に収録)『薩藩旧記』『実紀』『信濃17』(「長国寺

殿御事蹟稿」を収録)『上越別1』『上越別2』『駿府』「征韓録」(『島津史料集』に収録)『戦国遺文　後北条氏編』(「東京堂出版」)『増訂加能古文書』(名著出版)『太閤』『大日本史料』(「秋田藩採集文書」「上杉編年文書」「浄土日蓮宗論記」「諸法度」を収録)『治家記録』『当代』『東武』『富山・近世』『成羽町史　史料編』(「山崎家文書」を収録)『新潟中世1』『ビスカイノ金銀島探検報告』(異国叢書)「文禄四年御成記」(群書類従)「細川家記」(写本)『政宗2』『元親記』(『四国史料集』に収録)『山形巻1』(「三公外史」を収録)『山形巻2』(「上杉古文書」「直江状留」を収録)

【参考文献】

『上越市史通史編2　中世』(2004年)

池享・矢田俊文編『増補改訂版上杉氏年表　為景・謙信・景勝』(高志書院　2007年)

櫻井真理子「上杉景虎の政治的位置」(『武田氏研究』28　2003年)

片桐昭彦「上杉謙信の家督継承と家格秩序の創出」(『上越市史研究』10　2004年)

片桐昭彦「春日社越後御師と上杉氏・直江氏」(『新潟史学』75　2017年)

尾下成敏「『上杉加級宣旨案』の紹介」(『史林』91-5　2008年)

矢部健太郎「豊臣『公儀』の確立と諸大名」(『史学研究集録』26　2001年)

黒田基樹『敗者の日本史　小田原合戦と北条氏』(吉川弘文館　2013年)

小林清治『奥羽仕置と豊臣政権』(吉川弘文館　2003年)

藤井讓治「徳川秀忠の居所と行動」(藤井編『近世前期政治的主要人物の居所と行動』京都大学人文科学研究所　1994年)

水澤幸一「越後国加地荘の城館(下)」(『新潟考古』20　2009年)

『仙台市史通史編3　近世1』(2001年)

『新潟県史通史編3　近世1』(1987年)

毛利輝元の居所と行動(慶長5年9月14日以前)

中野　等

【略歴】

　輝元は毛利隆元の長子として天文22年(1553)1月22日、安芸国吉田郡山城に誕生。母は内藤興盛の女で大内義隆の養女となった尾崎局(妙寿夫人)。幼名を幸鶴丸と称した(『毛利元就卿伝』)。父隆元は永禄6年(1563)8月4日に急逝。翌7年2月16日吉田郡山城内で元服、将軍足利義輝の偏諱をうけ、少輔太郎輝元と名乗った。永禄11年11月、かねてから婚約のあった宍戸隆家の三女と婚姻。ちなみに、安芸国甲立五竜城主宍戸隆家は毛利元就の長女を正室としており、輝元の岳父となることで宍戸氏は毛利家のなかでさらに重きをなすにいたる。

　元亀2年(1571)6月14日吉田郡山城で元就が没すると、19歳の輝元が元就の後継となる。この時叔父吉川元春42歳、小早川隆景39歳であり、以後輝元は彼らの輔佐をうけながら出雲・備前方面へ勢力を拡大する。天正2年(1574)閏11月から天正3年6月頃までの間に名を少輔太郎から右馬頭に改めている。天正4年織田信長に追放された足利義昭が領内備後鞆に逃れて来ると、これを奉じて信長と対立。同年7月毛利水軍は大坂の木津川口で織田方の水軍を破って、石山本願寺に兵粮を入れ、救援に成功する。その後、織田方の摂津国荒木村重や播磨の別所長治なども自陣に引き入れて優勢を保った。しかしながら、羽柴秀吉が播磨に進出、備前の宇喜多家が織田方となるに及んで、毛利方は劣勢を余儀なくされる。天正8年閏3月には石山本願寺が開城し、翌9年10月25日には因幡鳥取城も陥落する。

　天正10年5月には備中高松城が包囲され、6月織田方との講和にいたる。その直後に信長の横死を知るが、輝元は誓約をまもって羽柴勢を追撃することはなかった。以後しばらくの間、織田家では内紛状態が続く。織田家の内擾は、秀吉が織田信孝・柴田勝家を滅ぼし織田信雄を服従させる事で終息するが、輝元は小牧の役に対して援兵を出す。また、この間輝元は秀吉側との境界交渉を進める。交渉の過程で毛利氏側からは元春の子経言(のちに広家)、隆景の養子元総(のちの秀包)が秀吉のもとに人質として遣わされている。強硬に領土割譲を要求する秀吉方と、その緩和を求める毛利側とで交渉は難航するが、天正13

年春にいたってようやく両者は合意に達し、結果的に輝元は備前・美作両国と備中・伯耆の一部を割譲。

　天正13年6月、四国平定戦に出動。翌14年から15年にかけて、九州平定戦にも従う。天正16年肥後一揆の鎮圧後、小早川隆景・吉川広家らを従えて上洛して、聚楽を訪問。ついで参内し、従四位下侍従ついで参議に叙任された（口宣案の日付はともに天正16年7月25日）。このとき「豊臣」の姓と「羽柴」苗字を授けられており、以後「羽柴安芸宰相」などと称される。天正17年4月から広島城の築城を開始。同19年1月頃、本拠を吉田郡山から広島城に移す。同年3月13日付、「羽柴安芸宰相殿」充て秀吉朱印知行目録で、安芸・周防・長門・石見・出雲・備後・隠岐一円と伯耆国内三郡、備中国内で112万石の領知を与えられる。

　文禄の役にさいしては、3万の軍役を賦課されて渡海。漢城に向けて北上するがその途次に罹病し、慶尚道開寧にとどまって毛利勢を指揮する。文禄2年（1593）釜山を経て帰国。文禄4年1月早々に権中納言に任官し、「安芸中納言」と称される。秀次事件の後には豊臣家大老となり、秀吉没後の豊臣政権を支える。慶長5年（1600）の関ヶ原の合戦にさいしては「西軍」の総大将となって大坂城にはいる。敗戦によって隠居、剃髪して宗瑞と称する。諸般の事情から、天正10年から関ヶ原合戦が起こった慶長5年の間を限って、輝元の居所と行動を見ていきたい。輝元に関する信頼しうる伝記としてはすでに『毛利輝元卿伝』（以下『卿伝』と称す）があり、ここでもこれに大きく依拠して作業を進めている。

【居所と行動】

天正10年（1582）

【概要】

　東から迫る織田信長の勢力に圧倒され、山陽路に展開する織田家部将羽柴秀吉と戦うため、自ら出陣。その後秀吉と和睦し、吉田郡山に戻る。

【詳細】

　5月頃秀吉の備中侵入に対抗し前線の指揮をとるため、輝元は吉田郡山城を発して備中猿懸城に入ったようである（「陰徳記」）。6月高松城主清水宗治の自刃により、攻め手の織田方部将羽柴秀吉と講和が成立。6月5日羽柴勢・宇喜多勢の撤収をうけて、吉川元春・小早川隆景が高松から兵を退く。輝元自身は6月10日以後、猿懸城を発し、吉田へ向かう。7月13日までに吉田に帰陣。同日付の書状で厳島神社の棚守野坂左近大夫元行に帰陣を報じている。その後は基本的に吉田にあったと考えられる。12月23日棚守家家督の房顕から元行への移譲を承認している（『広島古代中世Ⅱ』「厳島野坂文書」）。

天正11年（1583）

【概要】

　秀吉との間に領土確定交渉を持ちつつ、同盟関係が維持されており、結果的に信長没後の織田家内部で秀吉が台頭していくことを支持することとなった。

【詳細】

　吉田郡山城で越年と見られ、閏1月6日付で棚守房顕へ直会以下の礼を述べている。また、同月9日・12日付で房顕の手継に任せ、棚守野坂左近大夫元行に神事諸法度の取り沙汰を申し渡したことを社家中・大願寺に伝えている(『広島古代中世Ⅱ』「厳島野坂文書」)。2月13日に吉田を出てどこかへむかっているが、移動先は不明(『山口中世3』「井原家文書」)。輝元は3月13日付で「厳島中掟之事」を発する(『広島古代中世Ⅱ』「厳島野坂文書」)。4月20日柴田勝家と羽柴秀吉との抗争に対応するため、福原貞俊を安芸坂に派遣して、元春・隆景との談合を行わせている。27日、秀吉は金沢から書状を発し柴田勝家の滅亡を告げるが、ここで太刀・馬・銀子の礼を述べており、これに先だって輝元は秀吉に戦勝の祝詞を送った事がわかる(『毛利』)。5月29日輝元は野坂左近大夫元行に書状を発し、このたび羽柴秀吉へ礼儀として吉平の刀を申し受けたことを謝し、その礼として領知20貫と太刀を下している(『広島古代中世Ⅱ』「厳島野坂文書」)。ここから秀吉に贈った刀が「吉平」銘であったことがわかる。9月、秀吉に対する人質として吉川経言(のちの広家)・小早川元総(のちの秀包)の上坂が決定。経言・元総は10月中に堺へ到着し、11月1日大坂城で秀吉に拝謁している。12月毛利家と秀吉側との間に領土交渉成立する。

天正12年(1584)

【概要】

　この年も秀吉との関係を比較的安定的に保ちつつ、基本的に吉田郡山城およびその周辺によって、領内の政務をみていたものと考えられる。

【詳細】

　1月長宗我部勢の伊予侵入に対するため出雲衆を四国へ渡海させる。3月10日秀吉は織田信雄・徳川家康と対戦するため大坂城を出発、秀包もこれに供奉。3月13日輝元は山内隆通に人質の差しだしを命じるが、これをうけた4月20日付の熊谷信直書状には「御分別之御返事候者、軈而吉田へ可申候、輝元御一覧之候様、被成其御心得被遊候て可被下候」とある(『閥閲録』「山内縫殿家文書」)。7月18日には伊予の河野氏救援のため警固船の増派を命じる(『閥閲録』「粟屋縫殿家文書」)。8月上旬には山陰方面に出勢か(『山口中世3』「湯浅家文書」)。この年9月から12月にかけて、伊予攻めに関する書状を桂兵部丞広信に充てて発するが、一連の指示も吉田郡山から発せられたとみられる(『閥閲録』「桂五郎左衛門家文書」)。11月秀吉が信雄・家康と和睦し、12月には輝元養女(実家不明)と秀吉養子秀勝(御次、信長四男)の婚儀が大坂城で催行される。

天正13年(1585)

【概要】

　四国平定戦を指揮するため、6月に備後三原ついで安芸の草津に出陣。10月には開陣となるが、その前後は基本的に吉田郡山城にいたものと考えられる。

【詳細】

　1月17日輝元養女と秀勝の婚儀のため大坂に赴いていた使者口羽春良が大坂城内で秀吉に拝謁。ここで秀吉は秀包の帰国と備中高松・伯耆八橋の両城返還を伝えた。『卿伝』は信雄・家康との対戦にさいして、毛利勢が一貫して秀吉を支持したことを徳としたものと述べている。3月秀吉の紀伊平定戦を助けるため、輝元は警固船を派遣。ついで、6月には四国平定戦に従うため、小早川勢が伊予へ渡海。同じ月、輝元も吉田郡山城を出て、備後三原にいたり、ここを本陣とする。7月、四国出兵の虚をついて南条元続が伯耆の瓦山城を攻めたため、出雲の毛利(末次)元康が急行、これを鎮定する。同月下旬、長宗我部元親降伏。伊予国内で反抗をつづける大津城の攻略を支持するため、閏8月18日を期して安芸国佐伯郡草津に陣を移すことを表明(『閥閲録』「桂勘右衛門家文書」)。23日に先だって厳島神社からの音信をえているが、これは草津の陣所であった可能性が高い。また、草津の陣では25日に月次連歌の催行もあったようである(以上『広島古代中世Ⅱ』「厳島野坂文書」)。その後10月12日に草津の陣を撤収し、16日に吉田へ帰城(『卿伝』)。

天正14年(1586)

【概要】

　10月の九州出陣以前の居所が判然としないものの、吉田郡山城にあって政務をみていた可能性が高い。年の後半は、既述のように、九州への出勢とそれにいたる準備に費やされたようである。

【詳細】

　秀吉は4月10日付で朱印状を発し九州平定の準備を進めさせた(『毛利』)。ここには大仏の用材調達も令されており、これをうけてこの年のものと考えられる5月8日付吉見広頼充て輝元書状に「仍十日上洛儀定候処、大仏之木肝要ニ被思召候条、今少相延之可致其調之旨、御下知候間、其分ニ候」とある(『閥閲録』「毛利伊勢家文書」)。ここから、四国平定を終えた段階で輝元に上洛の予定があったことがわかる。しかし、この予定は方広寺大仏殿作事の用材調達が優先されることで延期されることとなった。ついで、6月5日付の「従北浦、大仏之材木漕上而掟条々」に輝元が袖判を据えている(『閥閲録』「福嶋幾次郎家文書」)。

　7月に入ると、北九州方面へ軍事的な指示が発せられるようになる(『閥閲録』「仁保太左衛門家文書」・『閥閲録』「渋谷九右衛門家文書」)。島津勢が岩屋城を落とし立花山城の包囲を開始したことをうけ、輝元は自身の関門海峡渡海の準備を進める。8月16日に吉田を発足する予定だったようである(『山口中世2』「長井家文書」)。9月1日付で「渡船諸浦申付法度事」に袖判を据えて発令(『閥閲録』「内藤弥兵衛家文書」)。秀吉から派遣された黒田孝高が同月5日に吉田を発して9日に下関に入ったことをうけ、輝元も吉田郡山を発し陣を防府に進め、ついで下関に転じた(『閥閲録』「内藤弥兵衛家文書」)。10月3日輝元、吉川元春・元長、小早川隆景らを率い九州に上陸し、4日小倉城を制圧し、毛利勢の本営とする(『吉川』)。麾下の諸将は豊前国内に展開するが、輝元と病身の元春は小倉にとどまる。11月15日元春陣没。

12月29日秀吉の親征に備え、毛利領内の宿所準備を令する(『閥閲録』「河北孫左衛門家文書」)。この年は小倉城で越年。

天正15年(1587)

【概要】

　この年の前半は九州平定に費やされる。九州平定ののちは毛利家が北部九州を充行われる計画もあったが、結局は叔父小早川隆景が筑前他を与えられることとなった。国分け終了後輝元は一旦吉田郡山に帰陣するが、その後勃発した肥後その他の国衆一揆の鎮圧に従うため下関、ついで豊前国内に出陣している。

【詳細】

　小倉で越年した輝元は秀長が2月26日に岩国に来着したことをうけ、これを迎えるために長府に赴く(『閥閲録』「志道太郎右衛門家文書」)。輝元は3月8日付の書状で10日を期して長府を発し豊前広津に転陣する旨を報じるが(『閥閲録』「仁保太左衛門家文書」)、実際にはその後もしばらく長府に滞陣。同月16・17日頃に長府から豊前広津に転陣したようである。その後は秀長に従って豊日路を南下。4月21日には日向高城・根白坂の戦いで島津勢を破る(以上『広島古代中世Ⅱ』「厳島野坂文書」)。

　5月9日付で安国寺恵瓊が隆景麾下の鵜飼元辰に書状を発し、九州国分けについて輝元・隆景に秀吉の提案を申し入れている(『広島古代中世Ⅳ』「不動院文書」)。小早川隆景はその後も6月上旬まで日向野尻に在陣するが、輝元もほぼ同様に行動をとったものと考えられる。同月18日付の一安斎書状に「一、輝元様・隆景様御陣屋之事、大形少被入御精相調候、自座所二町計中間御座候」とあり、大谷吉継の差配で博多・箱崎に輝元・隆景の陣所が設営されていることがわかる。また、この文書には輝元の兵糧米が赤間が関から博多へ廻着したことが告げられている(『広島古代中世Ⅳ』「不動院文書」)。こうしたことから、輝元も程なく秀吉が本陣を構える筑前箱崎へ凱旋したものと考えられる。ここで九州の国割りが進められ、筑前一国と北筑後・東肥前の一部が小早川隆景に与えられることとなった。

　7月には輝元も九州から帰還、途次下関で秀吉を饗応し、吉田へ凱旋する。同月15日付で厳島神社の棚守左近将監元行に太刀を寄進し上洛の祈念を依頼していることから、この時までには吉田に帰還したものと考えられる。その後は基本的に吉田郡山にあったものと考えられる。9月にはいると、肥後国衆一揆の拡大にともない、輝元の九州下向が決定。上洛の予定は延期される。輝元が吉田を発向する期日は19日と定められた。実際の出陣期日は不詳であるが、輝元は28日に下関に着陣する(「新編会津風土記」)。12月初め頃、下関を発して豊前に渡り豊前馬ヶ嶽城に入る。ここで、豊前一揆の掃討を指揮。その後肥後に出勢の予定であったが、それにはいたらず年末には下関に戻って形勢をみることとなった。ただ、12月17日付の恵瓊充て書状に「将亦我等上洛候者」とあり、引き続き上洛の意思は堅持されている(『山口中世2』「吉敷冷泉文書」)。

天正16年(1588)

【概要】

　肥後一揆平定の後、吉田郡山に凱旋。その後小早川隆景・吉川広家らとともに初めての上洛。「豊臣」の姓と「羽柴」苗字を授けられて、従四位下侍従ついで参議に叙任された。聚楽の偉容に影響された輝元は新城の建設を決したと伝えられる。

【詳細】

　豊前馬ヶ嶽城で越年した輝元は１月初め下関ついで長府に帰陣する。しばらくここにとどまる。３月中旬再び九州渡海。筑前博多に入って隆景を後援する。肥後一揆の平定により撤収、輝元は閏５月13日に安芸吉田郡山に凱旋する。その後は吉田にあって、24日足利義昭の使者を吉田にむかえる(『毛利』)。

　６月にはいると具体的な上洛準備を開始、また同月26日付で城下町吉田に掟を発令する。７月７日輝元は諸将を率いて吉田郡山城を発向。可部を経て草津海蔵寺に到着し、同寺に一宿。以下、上洛に関わる記述は「輝元上洛日記」による。翌８日厳島に渡り神前に詣でる。ここに吉川広家が合流、さらに見ノ島で叔父穂田元清父子が合流。10日大三島の大山積神社に参詣、午後三原糸崎に入港。ここに小早川隆景が参会。尾道宿泊。11日三原城より隆景が合流、尾道出帆。鞆宿泊。12日塩飽到着、13日も滞島。14日塩飽出帆、牛窓に着岸。ここに黒田孝高の使者と安国寺恵瓊の使者を迎える。15日室津着津。16日兵庫津到着、翌日はここで休養。ここに秀長の使者藤堂高虎を迎える。18日もここに滞在。翌19日兵庫発向、大坂に到着。

　同月22日に入洛、妙顕寺に宿す。24日に聚楽訪問、25日参内して従四位下侍従に叙任。28日再び参内、参議に任官する。８月に入ると豊臣氏一族と交歓し、洛中の諸所を訪ねる。この間「於聚楽御屋敷被仰付之候」と、京に屋敷を与えられている(『山口中世３』「湯浅家文書」『閥閲録』「湯浅権兵衛家文書」)。29日妙顕寺を発して近江遊覧。９月３日大和郡山に秀長を訪ねるため、離洛。宇治を経て４日郡山城に到着。６日奈良遊覧。８日大坂城に秀吉を訪う。12日も大坂城に上り、翌13日大坂を発する。海路、兵庫・明石・室津・牛窓・塩飽・鞆を経て尾道に上陸。18日尾道を発し、安芸椋梨を経て19日正午吉田郡山到着。その後の居所は定かではないが、恐らく吉田にあって政務をみたと考えられる。

天正17年(1589)

【概要】

　吉田郡山城は毛利氏の根拠地として狭隘にすぎると考えた輝元は新城地として太田川河口の五箇村を選定、のちの広島である。輝元はここに新たな城郭・城下町の建設を開始する。

【詳細】

　輝元自ら吉田を出て、２月20日五箇村の北にいたり、新城建築予定地を眺望している。４月15日に福島元長による鍬始めが催行され、二宮就辰が縄張りを行う。この地は「広島」

と命名される。この時の輝元の在所は不明であるが、7月17日付の井原元尚充ての書状に「頓而上国候て」とあることから、在国していた可能性が高い。その後は7月27日・8月2日には北野社に連歌を注文していることから(『北野社家』)、この頃は在京か。8月28日吉田を出て広島下向し、普請の進捗状況を実見。12月関東平定にさいし、秀吉は輝元に京都警衛を委ねる。これをうけて、同月18日輝元は麾下の諸将に出勢の準備を命じる。この年は吉田郡山で越年したと考えられる。

天正18年(1590)
【概要】
　秀吉が関東平定に出勢することをうけ、輝元には京都警護が委ねられた。同時に小早川隆景は尾張清洲、吉川広家には同じく尾張の星崎での後詰を命じられたため、2月に上洛。輝元は9月に秀吉が凱旋するまで、京都を守った。11月以降の居所が不明であるが、広島城の竣工が間に合わなかったため、そのまま在洛を継続し、京で越年した可能性が高い。

【詳細】
　1月28日水軍の将冷泉元満に警固船の用意を命じる(『閥閲録』「冷泉五郎家文書」)。2月上旬、輝元、隆景・広家他の諸将を率い海路上洛。これに先立って、輝元夫人宍戸氏および女房衆は2月9日に入京。やがて輝元らの一行も入京。21日輝元、隆景・広家とともに勧修寺晴豊を接待(以上『晴豊』)。3月1日、秀吉の出陣にともない、秀長が聚楽の留守をまもり、輝元が京都警固にあたる。4月19日秀長病気快癒の祈願として北野社に銀子・太刀献上(『北野社家』)。秀長の罹病により、輝元が聚楽の留守を兼ねる。以後、在京の輝元はしばしば『晴豊』に登場。

　9月1日、秀吉凱旋。18日、京の毛利邸に秀吉を招く。翌19日には公卿・諸大夫らを毛利邸に招く(以上『晴豊』)。10月1日付の棚守元行充て書状に「やかて令下国候間」なる文言がみえる(『広島古代中世Ⅱ』「厳島野坂文書」)。10月4日付の書状で安国寺恵瓊が「宰相様御下向之儀、此四五日之比、京都を被成御立候、御台様者京ニ御逗留ニて候、我等事も少令休息、軈而其許罷渡可申述候」と述べている(『広島古代中世Ⅱ』「厳島野坂文書」)。しかしながら、その後も『晴豊』によると10月下旬ころまでの在洛が確認される。未だ広島城の竣工にはいたっていないため、下国を延期して在洛を継続した可能性が高い。12月25日付の棚守氏充て佐世元嘉書状に「来正月八日広島被成御下向候条」と見えており(『広島古代中世Ⅱ』「厳島野坂文書」)、そのまま京で越年したと考えられる。

天正19年(1591)
【概要】
　秀吉の参内に供奉したのち、輝元は下国。新たにできあがった広島城に入った。その後はここで城下町の整備などに尽くすことになるが、6月以降に上洛が取り沙汰され、実際に7月には在洛が確認される。この度の上洛は、きたるべき「唐入り」に備えるものと考えられ、輝元は京で越年。渡海直前の天正20年1月まで京にあって秀吉の諮問に応じた。

【詳細】

　前年末の佐世元嘉書状によると、改年早々に下国の予定であったが、1月12日の秀吉参内に供奉していることから(『お湯殿』『時慶』)、下国はこれ以降のこととなる。小早川隆景が閏1月7日付で繁沢元氏に充てた書状には「輝元御気色あしく候ハヽ、広嶋遂参上可申分候、其段可御心安候」とあり(『山口中世3』「阿川毛利文書」)、同月初旬までに輝元は新たになった広島城に入っている。4月隆景・広家は広島城に赴いて、輝元に拝謁している(『吉川』)。しかしながら、6月13日隆景が広家に充てた書状には「輝元近日御上洛之由、肝要候」とあり、程なく輝元が上洛すると述べている(『吉川』)。『時慶』7月11日条には「又従聖門モ輝元へ可被召連之由候」と、聖護院道澄の来訪が云々されており、この段階での輝元の在洛が確認される。このときの在洛は翌年1月にまで及ぶものであり、輝元は京で越年した。

天正20年・文禄元年(1592)

【概要】

　秀吉の「唐入り」に従うため出陣。しかしながら、朝鮮半島で罹病し慶尚道開寧にとどまって、朝鮮各地に展開した毛利勢を統括した。

【詳細】

　京で越年した輝元は2月2日養嗣子秀元(穂田元清実子)に重代の系図を譲り、8日朝鮮半島への侵攻に従うため下国(『山口中世3』「湯浅家文書」『閥閲録』「湯浅家文書」)。程なく広島に帰城したと考えられる。すなわち、11日には留守中の国政を委ねる佐世元嘉に条々を下す。28日肥前名護屋にむけて広島発向。3月12日には周防恒富に到着、18日吉川広家と合流ののち恒富を発向。4月13日輝元、広家名護屋着陣。19日輝元、釜山上陸(以上『毛利』)。

　5月6日頃、竹島を経て霊山に着陣。7日霊山を出立して北上。8日に玄風に着陣。15日玄風を発向。16日星山の渡河地付近で発病。18日渡河、星州入城。21日安国寺恵瓊を星州に迎える。27日星州を発し、若木に移る。若木には6月4日まで滞陣。4日若木を発向、5日に金山入城。金山には10日まで滞陣。10日、小早川隆景と会談を行うため、善山に移動。12日善山から開寧に移動し、ここから慶尚道経略を指揮する(「朝鮮陣留書」)。その後病状が悪化。11月頃曲直瀬正紹の診療をうける。年内はやや回復に向かうが、未だ全快にはいたらず、引き続き開寧にとどまりここで越年。

文禄2年(1593)

【概要】

　開寧から釜山に南下、そこで城郭(いわゆる釜山倭城など)構築に従うが、8月には後事を秀元に託して日本へ帰還。病床の快復をまって広島から京へのぼって秀吉に事態の報告を行っている。

【詳細】

　2月11日に毛利元康に充てた書状で「我等事釜山海可罷下之間候」とあり、すでに釜山へ

移動する心算であり、24日漢城から下向した安国寺恵瓊とともに開寧を退く。善山を経由して28日に釜山に到着(『山口中世3』「厚狭毛利家文書」)。4月3日にも釜山にいたことが確認される(『毛利』)。輝元の病状を案じた秀吉は帰還を勧めるが、7月中旬の段階では「九月十月へ入候者、とのさま御帰朝候へく候」と、9・10月頃まで釜山在陣を継続する所存であった(『三浦家文書』)。ところが、秀吉が名護屋から大坂へ戻ると、輝元も帰還を決意し、8月(時日未詳)秀元に後事を託して日本へ戻り、23日には広島へ帰城している(『日御碕神社文書』)。帰国後は湯治を行って鋭意療養に努めた。快復をまって閏9月下旬に、秀吉への挨拶のため上洛。27日西洞院時慶邸に使者を派遣(『時慶』)、10月3日には秀吉の参内に供奉している(『兼見』)。また、同月5日禁裏御能番付に輝元の名が確認され(『駒井』)、さらに14日ころまでの在洛が確認される(『時慶』)。この年に比定しうる12月19日付の繁沢元氏充て小早川隆景書状によると、輝元の京での越年予定と改年早々の広島下向が報じられている(『山口中世3』「阿川毛利文書」)。

文禄3年(1594)

【概要】

　文禄3年の輝元は領国と上方の間を往来しているようであるが、史料的に明確なのは小早川家の婚儀に関わる在国と年末の上洛に関する事実のみである。後考を待ちたい。そのまま越年し、輝元は京で文禄4年を迎える。

【詳細】

　既述の文禄2年(推定)12月19日付の繁沢元氏充て小早川隆景書状の記述に従うと、3年正月には広島に戻っているようである。三原にいた小早川隆景が広島に輝元を訪ね、吉川広家を交えて朝鮮出兵以来の案件について細々と談合をもつことになっている。その後3月には上方にいるようであるが、6月中旬には広島に戻っている。11月13日羽柴秀俊が隆景の養嗣子として三原に入城。16日輝元の養女(重臣宍戸元秀の女)との婚儀をあげる。輝元は広島から秀俊の出迎えに出て、三原城内での饗応に尽力。24日秀俊の帰洛に当たっては糸崎まで見送っている(『小早川』)。12月に上洛するが、権中納言任官の奏薦が勅許されたことをうけたものである。上洛した輝元はそのまま越年。

文禄4年(1595)

【概要】

　1月早々権中納言に任官し、同時に従三位に叙せられた(「今出川晴季武家補任勘例」などによると従三位への叙位は文禄3年1月5日とある)。まもなく帰国するが、養嗣子秀元の婚儀を報告するために上洛。また帰国するが、秀次事件の頃には上方にいたようである。また、この年実子松寿丸(秀就)が誕生する。

【詳細】

　文禄4年1月2日年頭の御挨拶として太刀・折紙・馬代を禁裏に献上、取次は勧修寺晴豊である(『お湯殿』)。1月5日権中納言に任官。翌6日御礼として太刀・白銀を献上。『お

湯殿』に「もり中納言なりの御れい、しろかね廿まいまいる、御たちまいる、申つき、きくてい、くわんしゆ寺、中山、こか」とある。ちなみに、同日秀元も参議に任ぜられ、従三位に叙された。ほどなく輝元は下国。2月25・26日頃秀元の婚儀報告のため上洛、その後一旦帰国したようであるが、7月秀次事件の頃は在京しているようである。案であるが家康・隆景とともに起請文に署名しており（『毛利』）、また8月2日付の「御掟」「御掟追加」にも署名している。まもなく輝元は帰国した模様であり、京都本法寺にのこる同月20日付の三沢摂津守充て書状は広島から発せられたものとみなされる（『本法寺文書』）。10月18日広島城内で長子松寿丸が誕生。のちの秀就。この頃も在広島と考えられ、同月28日付で厳島社頭掟を発する（『広島古代中世Ⅱ』「厳島野坂文書」）。後述のように、翌年1月には在京しているようであり、どこで越年したのかは判然としない。

文禄5年・慶長元年（1596）

【概要】

この年の1月には在京しているようであるが、その後については居所も判然としない。帰国して広島城にあったものと考えられる。具体的時期は定かではないが、秀吉から淀川堤防の構築を命じられて上洛。小早川隆景・吉川広家とともに工事を指揮した。大坂城で行われた秀吉の明使謁見ののち、帰国。

【詳細】

1月13日義演から音信をうける。15日にも大蔵卿を使いとして義演から音信。20日輝元を施主として大元帥法を修す（以上『義演』）。5月23日付で「人沙汰之事」発令（「長府毛利家文書」）。在国していたと考えられるが、淀川堤防の構築を命じる秀吉の命に従って上洛、工事を督す（『卿伝』）。閏7月の畿内大地震にも遭遇しており、見舞いをうけた厳島社に8月3日付で返書を送っている（『広島古代中世Ⅱ』「厳島野坂文書」）。9月1日大坂城で行われた明使の引見に同席する。その後広島へ下向したようである。10月頃には小早川秀秋の疱瘡を見舞うため筑前名島へ下向（『毛利』）。

慶長2年（1597）

【概要】

慶長の役に出陣する秀元を支えるが、この年の後半にはみずからも朝鮮再渡海を期して出陣する。しかし秀吉の命により壱岐から帰還。その後上方にあり、病気の療養に努めているようである。

【詳細】

1月14日義演に祝儀として賀札、太刀・馬代を進上。23日輝元を施主として理性院堯助大元帥法を修す（以上『義演』）。5月16日赤間が関および博多駐在の奉行衆に船舶準備のための「定」を発給（『閥閲録』「福原対馬家文書」）。6月10日慶長の役で毛利秀元が広島を海路出陣。この間輝元は広島に在城。12日備後三原で小早川隆景が急逝。輝元は後事の処理に忙殺される。8月4日付で秀吉が朱印状を発し「此方へ上洛候ても不入事ニ候条、名護屋成

共、博多成共、其方次第ニ被相越、彼表之儀、早船を以切々可有注進候」と述べる（『毛利』）。

　この朱印状を得た輝元は朝鮮出勢を決意、9月9日付の書状で「吾々事も可令渡海候条」と述べている（『山口中世3』「熊谷家文書」）。その後実際に広島を発向して西下。九州を経て、釜山への出陣を企図。途次秀吉に畳表などを進上、これをうけた秀吉は10月5日付で朱印状を発し、「朝鮮働平均ニ申付候条、其方渡海無用候」と告げる（『毛利』）。輝元はこの朱印状を壱岐で受け取り、ここから帰国。同月23日付の書状で「我等事も壱岐嶋迄渡海候得共、被成下御朱印、帰国可申候由御諚候」と述べている（『山口中世3』「宍戸家文書」『山口中世3』「井原家文書」「閥閲録」「中川与右衛門家文書」「閥閲録」「井原藤兵衛家文書」）。

　一旦広島に戻った輝元は12月に入って上洛。『兼見』17日条には「毛利黄門内義へ当社奉加之義、最前西ノ口—遊後室ニテ申遣、黄門帰朝之節、可被相調之由返事也、今度上洛也」とあり、この日に輝元も入京か。23日伏見城で秀吉に拝謁。同月25日付の榎本元吉充ての書状に「一昨日御めミヘニ上様種々忝御諚候」とあり（「閥閲録」「榎本織衛家文書」）、この書状で壱岐出陣以来また病気に罹り、このころには漸く快方に向かいつつあることを述べている。したがって、伏見あるい在京して越年したと考えられる。

慶長3年（1598）
【概要】
　京ないしは伏見での越年が想定される。この年は秀吉の病状が次第に重篤となり、8月には病没するので、そのまま上方にとどまった可能性が高い。秀吉没後は他の大老らとともに、朝鮮側との交渉、朝鮮半島にのこる将兵の日本帰還に腐心しており、そのまま伏見あたりで政務に関わったものと考えられる。

【詳細】
　1月14日義演が大蔵卿を使者として輝元へ巻数を送る。20日輝元を施主として理性院堯助大元帥法を修す。25日義演へ馬代進上（以上『義演』）。ところで、「去冬十二月廿五日方々唐人相集、当陣取懸之候、節追崩」と蔚山籠城戦に言及していると見られることから、慶長3年に比定しうる1月22日付の粟屋元種充ての書状で輝元は「大坂罷上之由祝着候、太閤様御上国之刻御懇被成御意候由、先以忝之儀共候、爰許之儀相易事無之候」「気分之儀道三渡海之故、少験候間、可心安候」と述べており（「閥閲録」「粟屋帯刀家文書」）、記述内容からは在国を感じさせる。必ずしも前後に整合的ではなく、ひとまず後考を待ちたい。

　2月22日朝聖護院道澄を訪ねている。3月5日には聖護院道澄・西笑和尚と酒宴。7日には殿中へ伺候する予定であった（以上『西笑』）。4月20日近衛信尹と飲酒（『三藐』）。7月12日在伏見。秀吉は家康・輝元以下諸大名に遺物を分かって後事を託す。15日も在伏見、家康・前田利家に起請文を提出（『毛利』）。8月1日在伏見、秀吉を慰める能興行に招かれ、秀吉に世嗣秀就（松寿丸）との対面を求められる（「閥閲録」「内藤小源太家文書」）。8月18日、秀吉逝去の折は在伏見。同月28日付で増田長盛・石田三成ら奉行衆に起請文を提出しており、

在伏見と考えられる。同日、宇喜多秀家・前田利家・徳川家康らと在朝鮮将兵の撤退に関する連署状を発す(『黒田』)。ちなみに、上洛の途次にあった嗣子松寿丸は備後鞆で訃報を受け、ここから引き返し9月1日に広島に帰城。

9月2日付の内藤元家充て内藤隆春書状に「宇喜多事、日々殿様へ参之由、家中者共之悦候事非大形之由風聞候」とあり、秀吉の遺志に基づき宇喜多秀家が毛利邸をしばしば訪れて輝元と交誼を結んでいる(『閥閲録』「内藤小源太家文書」)。9月5日にも宇喜多秀家・前田利家・徳川家康らと連署で在朝鮮将兵に充てて和議交渉に関する書状を発している(『黒田』)。ここでは家康・秀家とともに博多へ下向することも表明されているが、程なくこの計画は沙汰やみとなった。9月10日安国寺恵瓊の東福寺入寺につき西笑承兌から書状をうる予定があり、在伏見が継続している(『西笑』)。10月15日、11月2日・25日にも他の大老ととも連署状を発しており(『黒田』『島津』)、在伏見を継続した模様である。12月10日北野社で松寿丸(秀就)祈念の連歌興行、翌11日清書された連歌到来(『北野社家』)。そのままこの年は伏見で越年か。

慶長4年(1599)
【概要】
　秀吉没後の政権を担う大老職の一員として、基本的に伏見にあって家康らとともに政務をみた。9月には実子秀就が元服しており、養嗣子であった秀元が別家をたてることとなる(のちの長府毛利家)。

【詳細】
　1月9日他の大老と連署で島津忠恒(のちに家久)に泗川合戦の感状を与え(『島津』)、越前北庄の小早川秀秋を筑前・筑後に再封する充行状を発する(『毛利』)。現存する文書はいずれも写しであるが、前後の状況から輝元は伏見にいたと考えてよかろう。20日伏見毛利邸に諸大名が集まり談合、21日北野社からの挨拶をうける(『北野社家』)。23日秀元への国割について増田長盛・石田三成から連署奉書を得、同日この事案について秀元へ書状を発する(「長府毛利家文書」)。24日他の大老と家康が秀吉の遺命に違背をすることを責める(『言経』)。2月1日内藤六右衛門を使者として北野社へ遣わす。9日北野社へ初穂進上。3月25日北野社へ祈念料進上(以上『北野社家』)。閏3月3日付で大老連署の知行充行状を発する(『毛利』)。

　同じ閏3月3日に前田利家が没するとほどなく、家康が伏見城に入る(すでに大老連署状では利家に代わって前田利長が加わっていた)。これをうけ輝元は同月21日付で家康と起請文を交わし、義兄弟の契りを結んで政権の安定を図ろうとした(『毛利』)。この間同月8日北野社からの見舞いをうける(『北野社家』)。4月1日他の大老と「ばはんニ罷渡族可有之候之間、堅可被停止候」の連署状を発する。15日には西笑和尚を訪い、酒宴(『西笑』)。19日には豊国社へ社参(『義演』)。輝元重臣の堅田元慶が端午の祝儀として秀頼へ拝謁するため5月3日から大坂へ下っており、あるいは輝元も一緒か(『広島古代中世Ⅱ』「厳島野坂文書」)。

25日北野社へ祈念料進上(『北野社家』)。その後秀元への国割りに言及した6月12日付内藤元家充て内藤隆春(周竹)書状に、「内々殿様御下向とこそ申候処、結句御むつかしき事共出来候、無申計候」とみえており(『閥閲録』「内藤小源太家文書」)、輝元は一時帰国を考えたようであるが、結局は果たせなかったようである。6月15日輝元は秀元へ知行充行状を発し、同日付で秀元に領内仕置に関する法度を与えている(「長府毛利家文書」)。25日北野社へ祈念料進上(『北野社家』)。同月26日付で秀元へ起請文を発する(「長府毛利家文書」)。これらの措置も伏見でなされた可能性が高い。7月25日北野社へ祈念料進上(『北野社家』)。8月7日付で大老連署の知行充行状を発する(『毛利』『西笑』)。同月25日北野社へ祈念料進上(『北野社家』)。

9月7日嗣子松寿丸が大坂城に出仕、秀頼に拝謁している。このときは輝元も大坂城にのぼり、速やかな元服を乞うている。秀頼はこれを許して元服の儀を執り行い、偏諱を与えて「秀就」と名乗らせた。同月25日北野社へ祈念料進上。28日には北野社で松寿(秀就)祈禱の連歌催行(以上『北野社家』)。10月1日付の内藤元家充て内藤隆春(周竹)書状は大坂城内の為体を嘆息し、「兎角若衆計伺候被申候へハ、無正儀事ニて候間、家康・輝元ハ大坂ニ御座候ハてハ不可然候、伏見にハ三河守殿・秀元御座候て尤可然之由、被仰談之由候」とあり(『閥閲録』「内藤小源太家文書」)、ここから逆に輝元の在伏見が類推される。同月24日北野社へ祈念料進上。11月25日北野社へ使者を遣わす。12月25日北野社へ祈念料進上(以上『北野社家』)。後述のような理由(慶長5年の項参照)から、この間在伏見が継続し、伏見で越年したものと考えられる。

慶長5年(1600)
【概要】

輝元は慶長2年12月から国元を離れ、秀吉没後は大老の一員として政務をみた。とりわけ前田利家没後は家康に伍しうる重鎮として、その責を果たしている。6月に下国するが、家康打倒を画策する安国寺恵瓊らの招請をうけて大坂城に入り、反家康陣営の総帥となる。しかしながら、美濃関ヶ原での自軍敗北をうけ大坂を退き、程なく家督を秀就に譲って隠居、剃髪して「宗瑞」と号す。

【詳細】

『時慶』から1月16日の在伏見が確認され、18日輝元から藤七郎(秀就)の祈禱料が北野社に送られている(『北野社家』)。また、『北野社家』19条には「伏見へ参、芸中納言へ礼申」と輝元の在伏見が判明。25日北野社へ祈念料進上(『北野社家』)。2月14日には、大坂に下ってきた西洞院時慶と面会している(『時慶』)。3月24日北野社へ祈念料進上(『北野社家』)。4月5日も伏見にあって近衛前久と会っている(『時慶』)。25日北野社へ祈念料進上(『北野社家』)。5月5日長束正家が慶長4年12月1日付、慶長5年4月8日付の輝元・秀家・家康の三大老連署知行充行状に輝元の加判を求めており(以上『毛利』)、ここでも在伏見が継続していたと考えられる。5月25日北野社へ祈念料進上(『北野社家』)。また、同日に本願

寺准如を訪ねている(『鹿苑』)。『お湯殿』6月8日条に「あきのもりちうなこん、くにへくたりのよし申されて、くわんしゆし大なこんまて、しまのかみ御つかいにて、しろかね甘まい、おのみちの御たる十しん上申」とあり、8日北野社から暇乞い。『北野社家』同日条に「輝元へ暇乞ニ参、国へ御下也、大折進物」とある。なお、同じく『北野社家』6月25日条に「輝元下国故、毎月之御初穂不来也」とあり、毎月24・25日頃の初穂料・祈念料献上の記事は輝元在京の証と考えられる。

6月上旬に下国。14日洞春寺で元就の三十三回忌を執行し、17日厳島神社に参詣、同日夜広島に帰城(「毛利家三代実録」)。7月14日安国寺恵瓊の使者が広島城に到着。急遽輝元の上坂を乞うた。これに応じて15日輝元は「俄に大坂上国」(『広島古代中世Ⅱ』「厳島野坂文書」)。17日恵瓊・増田長盛らの要請をいれて家康討伐軍の盟主たることを承諾、大坂城西の丸に入った。『北野社家』17日条には「大坂御城へ御奉行衆悉被籠由申来、輝元も上洛在之由、申来」とある。8月2日、里神楽(さとかぐら)執行(『舜旧』)。11日西洞院時慶から祓札を送られる(『時慶』)。24日北野社へ初穂献上。9月5日大津城請け取りのため軍勢を派遣(『時慶』)。

9月15日関ヶ原で「西軍」の敗北。『北野社家』18日条には「○元と内府とハ同心之由也」(ママ)とある。19日福原広俊に書状を発して、ひとまずの無事を伝えている(『閥閲録』「福原対馬家文書」)。『北野社家』23日条に「大坂あつかいニ成申由申来候也、内府様と輝元ノ事也」と家康との和議にふれる。これをうけ、25日大坂城を退去し(『言経』)、摂津国木津の毛利邸に移った。そこで敗北の責任をとり、恭順をしめすため隠居。10月10日家康から防長二国への減転封を命じられる。同月下旬家督を秀就に譲って剃髪し、「宗瑞」と号する。11月5日転封を受諾。同月領国の割譲をうけ、留守居佐世元嘉に命じて広島城を福島正則に渡す。12月11日北野社で輝元祈念の連歌催行。25日北野社に毎月の祈念料献上(以上『北野社家』)。

■典拠
【日記】
『お湯殿』『兼見』『義演』『北野社家』『駒井』『三藐』『舜旧』「輝元上洛日記」『言経』『時慶』『晴豊』
【古文書】
「今出川晴季武家補任勘例」(『上杉』)『吉川』『黒田』『小早川』『西笑』『島津』「長府毛利家文書」「日御碕神社文書」『本法寺文書』(京都府古文書等緊急調査報告)『三浦家文書』『毛利』
【編纂物等】
「陰徳記」「新編会津風土記」「朝鮮陣留書」(吉見元頼著)『閥閲録』『広島古代中世Ⅱ』『広島古代中世Ⅳ』「毛利家三代実録」『山口中世2』『山口中世3』
【参考文献】
三卿伝編纂所編・渡辺世祐監修『毛利輝元卿伝』(六盟館　1944年、マツノ書店再刊　1982年)

毛利輝元の居所と行動（慶長5年9月15日以降）

穴井綾香

【略歴】

　慶長5年(1600)の関ヶ原合戦後、毛利家は周防長門2か国へ減封となる。輝元(48歳)は剃髪して「幻庵宗瑞」と号し隠居の形をとるが、実権を持ち続ける。同8年まで上方に滞在し、5月に江戸へ下向したのち、帰国を果たす。それから寛永2年(1625)に死去するまでの間は、在国が基本であり、出国が確認されるのは慶長10年上洛、同12年結城秀康死去のため越前北ノ庄訪問、同15年名古屋城普請にともなうと思われる尾張出向、同19年大坂冬の陣への出馬、元和5年(1619)上洛である。

　一方で、家督を相続した長男藤七郎(7歳、のち秀就)が慶長6年より実質的な人質として在江戸を続ける。同16年、輝元の二男就隆が江戸に下向することになり、秀就は初帰国を許される。それ以後は、秀就と就隆が交代で在江戸を務めていくこととなる。この間の事情については、田中1989に詳しい。

　さて、当該期における輝元の居所と行動については、すでに渡辺世祐『毛利輝元卿伝』がある。よって本稿は、その成果に倣いつつ、詳細を補っていくことで責めを塞ぎたい。なお以下、典拠となる史料は『毛利』『閥閲録』『当代』『駿府』を除いて、『毛利三代実録考証』に所収である。

【居所と行動】

慶長5年(1600)

　9月15日に関ヶ原で西軍が敗戦した後、輝元は22日付で池田輝政らに対して大坂城西丸を引き渡す旨などを記した誓紙を提出し(『毛利』)、まもなく大坂城を退去して摂津木津に移住(「島村淡路守覚書」)。10月19日以降11月5日の間に剃髪して「幻庵宗瑞」と号することとなる(「御系譜引書」『毛利』)。

慶長6年(1601)

　4月23日付の益田元祥宛輝元書状写に「爰元相易儀無之候、伏見有付候間可御心安候」と

あり、このころ伏見に移ったようである。

慶長 7 年（1602）

　6月26日に藤七郎と結城秀康女の縁組の御礼として、家康のいる伏見城に登城した（27日付毛利元政宛輝元書状写）。8月27日付の元政宛輝元書状写には「爰元御無事候、大方様御煩火急候、御取直中々難成之由候、就其内府様江戸御下も相延申候」とあり、家康と同様に上方にいることをうかがえる。

慶長 8 年（1603）

　4月16日伏見を発ち、近江石部泊、17日近江土山、18日雨天のため同所に逗留、19日鈴鹿を越えて伊勢四日市、20日尾張熱田、21日三河岡崎、22日遠江白須賀、23日遠江見付、24・25日雨天のため同所に逗留、26日遠江金屋、27日駿河府中、28・29日同所に逗留、30日駿河清見寺、5月1日伊豆三島、2日同所に逗留、3日相模小田原、4日相模鎌倉、5日武蔵狩野川、6日同所に逗留、7日江戸着（『秘府明和抄書』）。

　まもなく江戸城の秀忠に謁見した（5月14日付益田元祥宛輝元書状写）。同22日江戸を発ち、同日武蔵鴻ノ巣、23日武蔵本城、24日上野松井田、25日信濃岩村田、26日信濃和田、27日信濃下諏訪、28日雨天のため同所に滞留、29日信濃奈良井、6月1日信濃上松、2日信濃妻籠、3日美濃大井、4日尾張内津、5日尾張清須、6日美濃大垣、7日近江佐和山、8日近江草津、9日伏見に到着した（『秘府明和抄書』）。その後、同12日付椙杜元縁宛輝元書状写に「去月廿一日之書中於ふしミ昨日披見候」とあり、在伏見を確認できる。国元に向けて伏見を出発した日付は明確でないが、9月14日付国司元蔵宛輝元書状写に「廿一日に下国候」、同15日付国司元蔵・児玉景唯宛輝元書状写にも「爰元廿一日ニ罷下候」とあり、10月4日周防山口に入っている（10月17日付国司元蔵・児玉景唯宛輝元書状写）。なお、まだ新たな城地が決まっておらず、その選定が済むまでは周防山口に滞在したと思われる。

慶長 9 年（1604）

　2月頃に城地が長門萩に決定した（『毛利』）。その後、7月16日付毛利元政宛輝元書状写に「萩之普請かい〴〵敷にあらす候へ共、我等事もかミへ罷上候へは、弥人の見かけ人なく見苦候条」とあり、在国しているが上方行きを予定していることを確認できる。8月6日付益田元祥宛輝元書状写に「天気能候而今日罷出候」とあるように萩を出発したようである。しかし、大風で船が破損しており（23日付毛利元政・宍戸元続宛輝元書状写）、同25日付で輝元は児玉元兼宛に「順次第明日出船候条於上ニ面可申聞候」、毛利元政宛に「日和よく候条明日者罷上候」、と書き送っているように、まだ領内にいる。

　その後は不詳であるが、家康が閏8月14日江戸に向けて伏見を発っている（『当代』）ので、それまでに輝元は伏見で家康への謁見を済ませ、まもなく帰国の途についたと思われる。11月11日には萩城本丸に移徙（同月18日付国司元蔵宛輝元書状写「井原元歳覚書」）、越年している（翌年1月21日付国司元蔵宛輝元書状写）。

慶長10年（1605）

　正月を萩で過ごし、4月1日付毛利元政宛輝元書状写に「上洛之儀明日と存候、気分ちと昨日より悪候、此分ニ候ハ、明日者成かたく候」とあるが、まもなく出立したとみてよいだろう。同月23日には、伏見城の家康に謁見したのち出京して秀忠に謁見、そのまま25日も京都に滞在している（同月25日付毛利元政宛輝元書状写）。

　※　典拠とした史料には「一、此表無事候、我等事廿三日出京候て于今有之事候、大御所様（徳川家康）へ於ふしみ去廿三日御目見申、廿三日出京候而若御所様（徳川秀忠）御目みへ申、何も悉御詑とも無残所仕合候、可御心安候、今日御参内之由候処ニ、天気悪候而相延、其御隙明候而伏見へ御還御候而、将軍御成之御礼各申上之由候、さ候て御能共候之由候、此外珍事無之候」とある。また、秀忠は4月16日に伏見城で将軍宣下を受け、17日上洛、26日参内、27日伏見に戻る（藤井1994）。そうしたことからすると、23日に輝元が秀忠に謁見した場所は二条城であろう。

　5月15日江戸に向けて伏見を発った秀忠を近江大津まで見送り、まもなく帰国したようである（同16日付毛利元政他2名宛輝元書状写）。

慶長11年（1606）

　6月2日付で輝元が毛利元政宛に「我等上洛之儀先無用、可致休息之由御詑之通、従上州承候条相延候」と書き送っている。その後、年内における上洛の有無を確認することはできない。

慶長12年（1607）

　秀就の許嫁の実父である結城秀康の訃報を受けて、閏4月18日に萩を出発して山口で一泊、周防三田尻より海路で大坂に到着（5月2日ヵ）、翌日も逗留（5月3日ヵ）、その後伏見藤森着（5月4日ヵ）、5日伏見藤森逗留、6日伏見を発ち近江大溝着、7日越前今庄着、8日越前北ノ庄に到着して焼香を終え安用寺泊、9日越前上田着、近江を経て、12日伏見着、22日山口着、5～6日間逗留して萩に帰った（後4月17日・5月5日・同月10日・同月12日・同月27日付益田元祥宛輝元書状写「井原元歳覚書」）。

慶長13年（1608）

　不詳。

慶長14年（1609）

　不詳。

慶長15年（1610）

　萩を出発した時期は不明であるが、6月5日に名古屋城普請がすすむ尾張にいる（同日付児玉元忠宛輝元書状写）。同9日には上方に到着した（同13日付児玉元忠宛輝元書状写）。帰国した時期も不明である。

慶長16年（1611）

　10月に輝元の二男就隆が江戸に下り、秀就が江戸から初入国することとなった。輝元は

11月晦日付で毛利元倶宛に「各為迎可有御出候、三田尻迄可然存候、自彼地爰許へ着候様子如何候而能候ハんや」と書き送っており、萩で秀就の到着を待つ様子がうかがえる。12月26日に秀就が萩城に入ると、同28日その祝儀として輝元は家臣に振舞・進物を与えた(「無尽集」)。

慶長17年(1612)

輝元はひき続き在国して過ごしたと思われるが、その居所を示す史料に恵まれない。同17年3月6日付福原広俊書状に「今度御在国中ニ御馳走過候て御心のまゝニ被召□ハゝ、殿様(輝元)も若殿様(秀就)の御気を御ためらひ候やうニ御座候て、御上国候ハ、重而何事も〳〵はつれ申儀迄たるへく候(中略)此段ハいつれも又御校了入申御事迄と乍恐奉存候」などとあって、輝元には秀就がともに在国する間、その素行を戒めるよう期待された様子が知れるばかりである。なお、秀就は同年12月中に萩を発ったようで、翌18年1月9日江戸に到着している(2月7日付福原広俊他4名宛輝元書状写)。

慶長18年(1613)

不詳。

慶長19年(1614)

輝元は大坂冬の陣にさいし、11月11日に萩を発ち(「新撰雑彙」)、15日までには備前下津井を通過(同15日付益田元祥他1名宛輝元書状写)、17日未明に摂津兵庫着(同17日付平川孫兵衛宛輝元書状写)、24日摂津西宮へ陣替した(25日付三七郎他6名宛輝元書状案)。

12月5日秀就が江戸より伏見着(同6日付益田元祥宛輝元書状写)、7日家康・秀忠との謁見を済ませて夜前に西宮に来着(「年紀考引書」)すると、輝元は10日摂津茶臼山にいる家康に謁見し(『駿府』)、翌11日摂津平野にいる秀忠に謁見した(同12日付毛利元景宛輝元書状写)。それより帰国の途につき、同18日朝に周防三田尻着、1〜2日間逗留したようである(同18日椙杜元縁宛輝元書状写)。萩城に入った日付は不明である。

慶長20年・元和元年(1615)

3月12日付で椙杜元縁宛輝元書状写に「我等事ハ不及上洛之由、上州内儀候間相甘候」とあり、在国しているようである。なお、大坂夏の陣にさいしては、秀就や一門毛利秀元が上坂することとなる(『閥閲録』「井上宇兵衛家文書」『閥閲録』「中澤九郎左衛門所持文書」)。

元和2年(1616)

益田元祥に対し、4月17日付で家康の容体を案じて「自身罷上候ても可然儀ニても可有之候哉、(中略)於于今者罷上儀ニても候ましく候」と書き送っている。また間もなく娘が岩国の吉川広正に嫁ぐ。また元祥に7月13日付で「爰元祝言十九日調候、取紛可有察候」と書き送っており、在国を続ける様をうかがえる。

元和3年(1617)

秀就とともに上方より帰国の途にある毛利秀元が9月6日付で江戸の益田元祥に宛てた書状に「院御所様(後陽成上皇)崩御付而、従宗瑞様天奏衆へ御使者被進之候て可然候、萩被聞召翌日(伝)

被仰上、日限御校量候て御状御調尤候、為御心得従萩之御書進之候、崩御以前之儀者不入候」とあり、輝元の在萩が確認される。

元和4年(1618)
　不詳。

元和5年(1619)
　8月に萩を発ち、11日周防上関より夜五つ頃には備後鞆を経て、13日大坂着、16日京都着、25日二条城で秀忠に謁見した後、9月1日大坂着、8日山口まで帰着した(8月11日付祖式元信宛・同16日付福原広俊他2名宛・9月1日付毛利元倶宛輝元書状写および「新撰雑彙」)。その後、萩着の日付は不明である。

元和6年(1620)
　5月26日付で三田尻の香川景貞と山口の佐武元真の両名に宛てた毛利元倶・柳沢景祐連署書状に「此飯田八右衛門事、女御様御京着之儀ニ付而、寺田殿・楠加兵衛殿ヨリ、萩様へ被仰入儀候(中略)無夜白到萩可被差遣候」(『閥閲録』「飯田七郎右衛門家文書」)、9月26日付秀就書状(『毛利』)に「萩様我等間、縦いか様之儀申者有之共」とあり、「萩様」つまり輝元の在萩を推し量れる。

元和7年(1621)
　不詳。

元和8年(1622)
　不詳。

元和9年(1623)
　不詳。

元和10年・寛永元年(1624)
　9月1日より輝元は秘結となる。病状は一進一退を繰り返していたが(「大記録」)、翌寛永2年4月27日に死去した(5月8日付益田元祥他6名宛就隆書状写)。行年73歳であった。

■典拠
【史料】
『毛利三代実録考証』(『山口近世1下』)『毛利』『閥閲録』『当代』『駿府』
【著作】
田中誠二「萩藩の本・支藩関係をめぐって」(『山口県地方史研究』61　1989年)
藤井讓治「徳川秀忠の居所と行動」(『近世前期政治的主要人物の居所と行動』京都大学人文科学研究所　1994年)
渡辺世祐『毛利輝元卿伝』(マツノ書店　1982年)

小早川隆景の居所と行動

中野　等

【略歴】

　小早川隆景は天文2年(1533)毛利元就の三男として安芸国吉田郡山城内で出生。母は吉川氏(妙玖)。幼名は徳寿丸と称した。天文13年11月、13歳にして安芸国の国衆竹原小早川家を継承する。ちなみに、その2年後天文15年父元就は家督を嫡男隆元に譲り隠居する。渡辺世祐・川上多助『小早川隆景』によると、隆景は竹原小早川家継承後の天文16年5月から同17年10月の間に元服したとされる。ここで徳寿丸を改め、又四郎隆景と称する。さらに天文19年10月沼田小早川家の前当主故詮平の女子を妻として、安芸国豊田郡高山城に入る。

　渡辺世祐・川上多助『小早川隆景』は隆景の生涯を三期に分け、それらをつぎのように特徴づけている。

　　第一期　天文2年〜元亀2年(1571)
　　　　　　元就の部将として活躍した時代：誕生から元就の卒去にいたる時期
　　第二期　元亀3年〜天正12年(1584)
　　　　　　毛利氏の中心となって活躍した時代：豊臣政権との分国国境確定まで
　　第三期　天正13年〜慶長2年(1597)
　　　　　　秀吉の節度に服して活躍した時代：卒去まで

大方において、承認される内容であるが、ここで試案としてさらに細分化すると、第一期は小早川家の継承、永禄6年(1563)8月の長兄隆元死去によってさらに三つの時期に分けて考えることが出来よう。

　　Ⅰ　竹原小早川家継承前
　　Ⅱ　隆元存生期　　　　　芸備平定　　天文24年9月厳島の戦い
　　　　　　　　　　　　　　防長経略　　弘治3年(1557)4月大内氏滅亡
　　　　　　　　　　　　　　雲石経略
　　Ⅲ　永禄6年8月の隆元死去　雲石経略　　永禄9年11月尼子氏降伏

伊予侵攻
九州侵攻

　既述のように小早川家の本宗である沼田小早川家を継いだ隆景は天文22年に高山城の西、沼田川の右岸に新たに城郭を築いて、本拠を移す（従前の高山城と区別して新高山城と俗称）。
　さて、隆元存生期の永禄4年（推定）閏3月12日付の将軍足利義輝御内書は「小早川中務大輔」を充所としており（『小早川』）、これ以前に隆景の「中務大輔」任官が確認される。これについては、「任官中務大輔可然候」とする2月20日付の「又四郎隆景」充て義輝御内書が存在している（『小早川』）。大日本古文書はこの御内書を永禄3年に比定しているので、ここでもそれに従っておく。ところが、その後も隆景は「中務大輔」を名乗るのは稀であり、文書の署名などには引き続き「又四郎」を用いている。たとえば、永禄6年（推定）閏12月24日付書状包紙上書には「又四郎隆景」の署名がある（『広島古代中世Ⅴ』「長府毛利家文書」）。隆元没後、永禄も末年となると元就のもと、隆景は「御四人」体制の一翼を担うにいたる。「御四人」とは、隆景のほか、次兄の吉川元春・福原貞俊・口羽通良からなる。
　さて、隆景の官途は永禄7年までに「左衛門佐」と改まるようであり、永禄7年7月25日付の大友宗麟起請文写には充所のなかに、「小早川左衛門佐殿」がみえる。しかしながら、「中務大輔」同様しばらくはこの官途も用いられず、引き続いて自らは「又四郎」を名乗っている。すなわち、隆元没後山陰の尼子氏を降したさいの永禄9年11月21日付連署起請文（「佐々木文書」）でも、「又四郎隆景」と署名している。自らの署名にも「左衛門佐」が用いられるようになるのは、管見の限り元亀年間に入ってからのようである。
　元亀2年6月、父元就が没すると、隆景の人生も第二期にはいる。第二期の隆景も基本的には毛利輝元を支える「御四人」体制の一員であることによって特徴づけられる。元就没後の毛利氏は東から迫る織田勢力との対抗関係によって律せられるため、隆景の位置づけも織田勢力の消長によって、さらに三分することが可能となる。

　Ⅰ　緩衝勢力が存在する時期（三村・浦上・宇喜多等）
　Ⅱ　天正4年7月本願寺救援戦の前後から織田勢力との直接対峙の時期
　Ⅲ　天正10年6月本能寺の変以後、織田勢力の内紛期

　この時期、隆景は主に山陽道諸国の経略に従いまた瀬戸内水軍を率いて信長の軍勢と争う。こうした状況のもと、隆景は各方面からの情報を速やかに捕捉し、それに即応した命令を発する上で、従前の居城高山では不便を感じるようになり、次第に三原に居住することが多くなっていく。また、隆景には実子がなかったため、天正7年頃末弟藤四郎元総を養子として迎えいれている。
　備中高松城を信長の部将羽柴秀吉に包囲されるなか、本能寺の変をむかえる。これを期に毛利氏は秀吉と和睦するものの、次兄元春は必ずしもこれをよしとせず、天正10年12月20日をもって家督を長子元長に譲り隠退してしまう。これによって、毛利家における隆景の地位はさらに大きなものとなる。一方その後もしばらくは、織田勢力の側でも内紛状態

が続く。織田家の内擾は羽柴秀吉が織田信孝・柴田勝家を滅ぼし、織田信雄を服従させて終息するが、この間毛利家は秀吉側との領界画定交渉を進める。交渉の過程で毛利氏側からは元春の子経言（のちに広家）、隆景の養子元総（のちの秀包）が秀吉のもとに人質として遣わされている。強硬に領土割譲を要求する秀吉方と、その緩和を求める毛利側とで交渉は難航するが、天正13年春にいたってようやく両者は合意に達する。

　この同盟関係の成立によって、実質的に毛利氏は秀吉の麾下に属すこととなり、隆景の生涯も第三期をむかえる。すなわち、隆景は豊臣政権の下、はじめ伊予を与えられ、九州平定ののち領知は筑前とその周辺に移される。伊予一国の充行にさいし、隆景は秀吉から直接給付される事を嫌い、伊予を一旦毛利の分国とし、その上で改めて輝元から遣わされるというかたちをとった。筑前および北筑後・東肥前については秀吉からの領知充行というかたちをとっているが、その後も隆景は引き続き毛利領内にも知行を有しており、いわば両属の形態をとる事となる。このように、第三期にあっても隆景は毛利家の宿老という側面を持ち続けるが、豊臣政権内の位置づけによって細分される事が妥当であろう。すなわち、試案ではつぎの四期が想定される。

　　Ⅰ　天正13年紀州征伐への動員から伊予領有期
　　Ⅱ　天正14年九州征伐への動員から筑前・北筑後・東肥前充行
　　Ⅲ　天正20年からの大陸侵攻期
　　Ⅳ　文禄4年秀秋の名島領継承以後死去まで

これまでの第一期・第二期については、渡辺世祐・川上多助『小早川隆景』にも詳述されているので、この「居所と動向」では、この第三期以降について具体的に述べていく事とする。

【居所と行動】

天正13年（1585）

　2月26日の前後は「此間中、吉田令逗留」とあって安芸吉田への逗留が確認される（『宮窪町史』「村上文書」）。3月秀吉は紀州征伐の兵をおこし、毛利氏にも動員を要請する。これに応じ輝元・隆景は麾下の水軍を徴し、3月21日までに軍勢を和泉岸和田にいたらしめた。ただし、隆景自身の出馬は確認されない。

　つづく四国平定戦にさいして、隆景は秀包とともに5月20日進発の予定であったが、実際には6月27日に伊予上陸。隆景への伊予給付は四国平定戦の以前に既定であり、この進軍もそれにそったものと考えられる。7月2日新居郡丸山城にいたり、7月13日から新居郡高尾城への攻撃を開始、同17日に落城させる（『小早川』）。8月初旬には宇摩郡仏殿城付近への展開が確認される。渡辺世祐・川上多助『小早川隆景』は、長宗我部元親の降伏をうけ秀長の指示に従って8月21日頃から漸次撤兵したとするが、9月3日付の禁制が大善寺（大禅寺）、9月13日付の禁制が禹門山竜沢寺に残っている（渡辺世祐・川上多助『小早川隆景』）。

９月24日付の秀長書状から、これにさきだって正式に伊予拝領が決定した事がうかがわれる（『小早川』）。
　11月28日秀吉に拝謁するため、安芸（吉田ヵ）を出発。12月19日吉川元長とともに堺到着（『宇野』）。21日元長とともに大坂城で秀吉に拝謁、22日は秀長邸での茶会に、23日には秀吉の茶会に臨んでいる。24日は秀次の能催行に招かれ、25日未明大坂を発つ（『石見吉川』）。

天正14年（1586）

　１月５日安芸吉田へ帰着（渡辺世祐・川上多助『小早川隆景』）。３月５日隆景は伊予支配の詳細を乃美宗勝に指示する書状を出しているが（「浦家文書」）、そこには「当城」といった記述もみられ、この前後には伊予の湯築に在城していたようである。ちなみに、ルイス・フロイス書簡によれば、この年の夏副管区長ガスパル・コエリュが隆景を伊予に訪ねている（『イエズス会』）。伊予領有後も隆景は備後三原に留守居をおいていたが、７月30日ここに兵3000を率いた黒田孝高を招き、九州攻めについての談合を行う（『黒田』）。ついで８月６日吉田において輝元と談合（『黒田』）。九州攻めに従うため輝元・隆景は同月17日に進発の予定であったが、結果的には遅延して輝元は９月８日に吉田を進発。隆景もその前後に吉田を発したと考えられる。24日下関で輝元とともに後発の吉川元春と談合。元春はすでに退隠し家督を元長に譲っていたが、秀吉たっての乞いによって従軍した。10月３日輝元は孝高とともに九州へ渡海、豊前門司に上陸。隆景も同行したとみられる。翌４日隆景は小倉城を落とす（『黒田』）。その後11月７日に豊前国京都郡松山を発した隆景は同郡宇留津城にいたって、その日のうちに同城を攻略（『黒田』）、さらに11月15日障子岳城を落として、20日から豊前香春岳城の包囲を開始する。豊前香春岳城は12月24日に陥落するが、この間小倉で兄吉川元春が陣没している。

天正15年（1587）

　豊前香春岳で越年した隆景は１月５日ここを発って南下、３月には豊後国内に展開。４月６日には日向の耳川を越えて高城にいたる（『小早川』）。17日からの根白坂の戦いで、隆景は島津義弘の軍勢を破る。その後島津氏は降伏するが、隆景は６月５日まで日向野尻に在陣している（『広島古代中世Ⅱ』「厳島野坂文書」『山口中世２』「熊毛吉見文書」）。６月薩摩から凱旋した秀吉は博多津充ての禁制を発する。その後隆景も凱旋。６月中に筑前箱崎において、筑前一国および北筑後・東肥前を充行われる（『佐賀県史料集成』28「筑紫古文書」）。この時、養子秀包も筑後国内で三郡（御井・御原・山本）を与えられて、久留米城に入った。
　７月に入ると輝元は安芸に帰還するが、隆景はそのまま筑前に在留する。同月23日、事を構えた隈部氏の成敗を告げ、京都にいた秀吉から入念に城普請を続けるようにとの朱印状を得ている（『小早川』）。なお、翌24日付の隆景書状には「当時立花普請取乱」とあり、秀吉の朱印状で言及された「其城普請」が居城立花山城に関わるものであったことがわかる（『宮窪町史』「村上文書」）。
　九州国分けの直後に肥後で国衆一揆が勃発。秀吉は９月８日付の直状で小早川秀包を総

大将とする鎮圧軍の組織を指示、隆景には筑後久留米城での後詰めを命じた(『小早川』)。しかしながら、隆景の久留米着陣は９月５日の事と判断され(「去五日書状幷安国寺住進之旨、加披見候、然者其方久留米へ相移、先勢至南関着陣候之処、城中入相之由」『小早川』)、隆景は秀吉の命に先行して兵を動かしたようである。隆景の久留米在城は少なくとも同月末までに及ぶ(『黒田』)。その後10月上旬には肥後に入り、有動付城へ兵糧を納め(『小早川』)、11月15日には田中(和仁)城を包囲している(『小早川』)。12月５日田中城が陥落、翌６日付の冷泉元満充て書状に「当城之事、和仁父子其外彼一類之者共、悉被討果之由」とある(『福原家文書』「毛利家感状」)。12月15日には城村城も開城され、肥後の国衆一揆は鎮圧された(『小早川』)。

この間、領国では10月頃から家老井上春忠・鵜飼元辰らによる寺社領の打渡しが進められている(『福岡市史　中世１』「崇福寺文書」)。一方、国衆一揆の鎮圧後も隆景の肥後在陣は継続して、肥後国内で越年した可能性が高い(『小早川』)。なお、１月２日付の冷泉元満充て毛利輝元書状には「隈本之儀従此方相抱可然之通、従西堂(安国寺恵瓊)被申越候、左候条、御方之儀今少当城在番可為祝着之候」とあり(『山口中世２』「吉敷冷泉文書」)、佐々成政の居城隈本城にも毛利勢の冷泉元満が入っている。

天正16年(1588)

肥後へ秀吉の奉行衆が派遣される事はすでに改年直後の１月５日付の直状において披瀝されていた(『小早川』)。ただしこの段階での表現は「御先勢」というもので、秀吉親征軍の先遣という位置づけだったようであるが、一揆勢力による組織的抵抗の終息をうけ、19日付の直状では「御上使」という表現に変化し、さらに２月に入ると「検使」という言い方になっていく(『小早川』)。いずれにせよ、隆景は彼らを出迎え、事前の談合を行うため、２月16日長府に入っている(『山口中世２』「吉敷冷泉文書」)。その後２月29日付の隆景書状写に「長府罷上、一昨日令帰城候、上衆も小倉御渡海ニ候、安国寺も可有案内者之由候而、従路次各御同道候」とあり(『山口中世２』「吉敷冷泉文書」)、２月27日に長府から「帰城」した事がわかる。帰った先が備後三原である可能性も残るが、ここではひとまず筑前立花山城と考えておく。しかし隆景の在城は短期間であった。３月16日までに隆景は肥後南関にいたっている。すなわち、４月２日付の隆景充て秀吉朱印状に「去月十六日書状、今日於聚楽遂披見候、肥後表差越人数付、如被仰出、南関在陣旨聞召候、浅野其外者共、可為無聊候間、相談候而、念を入無由断可被申付候」とあり(『小早川』)、隆景は浅野長吉以下上使衆の相談に応じるため、再び肥後に入ったことがわかる(『小早川』)。上使衆による肥後国の検地は２か月間ほどであったと考えられている。浅野長吉ら豊臣軍諸将も閏５月頃に帰洛したとし、ただ隆景のみはやや凱旋が遅れ、同月18日頃にはまだ岩屋城にあった(『山口中世２』「吉見文書」)。

隆景の立花城への帰還時期は明らかではないが、渡辺世祐・川上多助『小早川隆景』は立花城に戻った隆景は上洛の準備を進めるため程なく筑前を発向し、この閏５月中には安芸に入ったとする。

309

ところで、博多商人神屋宗湛の茶会記「宗湛」は、「一、名嶋御城取之事、戊子二月廿五日御普請始也」と、名島城の普請が天正16年2月25日から開始された事を伝えており、従来の研究もこの史料に沿って進められてきた。しかしながら、既述のように隆景が長府から立花城に戻るのが27日の事であり、「宗湛」によれば領主不在の間に居城の普請が開始されたことになる。また、隆景はその後慌ただしく肥後へ下向しているようであり、肥後から帰還ののちは上洛の準備にかかっている。したがって、ここに名島城の普請を想定するのはいささか不自然ではなかろうか。
　7月10日隆景は上洛の途次にある毛利輝元・吉川広家の一行を備後三原の糸崎港に迎える。翌11日隆景は輝元らとともに尾道を発って鞆にいたり、12日塩飽到着。14日塩飽を発って16日兵庫着。19日兵庫を発って同日巳刻大坂に到着。22日大坂を出発し、その日のうちに京着。京では本法寺に滞在する。25日に参内して従五位下侍従に叙任され、豊臣の姓を許された。さらに28日にも参内して従四位下に叙せられた。ここまでの記述を含め、この間、隆景在京の詳細については「輝元上洛日記」を参照されたい。その後隆景は8月29日参内して、帰国の挨拶を済ませた隆景は翌29日近江に遊び、大津・石山・三井寺をめぐる。その後一旦帰洛し、9月3日京を発し宇治へ。翌4日大和郡山に到着。6日秀長とともに奈良周遊、7日郡山を発して大坂に入る(『多聞院』)。9日大坂城で秀吉に拝謁し、11日再び登城して秀吉に別辞を告げ、12日大坂を発する。輝元・広家らは帰途に就くが、隆景は彼らと別れ紀伊高野山に向かう。その後隆景は罹患したようであり、10月5日と10日には有馬での湯治が確認できる(『吉川』)。10月20日頃には下国したようである。帰還先が備後と筑前のいずれかであるのかは承知されないが、後述のようにこの年隆景は再び上国して、京坂のいずれかで越年する。在国期間が最大でも2か月間ほどと短期間であり、この間の滞在先は備後ではなかろうか。すなわち、「自関白様御用に付、大坂之奉行衆御一人吉田江被差下候、我等同道ニて罷越候条、(中略)正月出仕候者、頓御暇可被下之由候条、廿日之内三原可為下着候」という内容の12月26日付の隆景書状があり(山口県文書館「毛利家文書」「乃美譜録」)、ここから12月下旬の在坂と越年の心つもりを知る事が出来る。
　もとより、この間も家老衆による地域支配は進展をみせており、志摩郡・朱雀文書の『自天正寛文年間古記』天正16年の記事として、

　　筑前国惣検地アリ
　　　　志摩郡之郡代 金山孫兵衛殿
　　　　　　　　　　望月内蔵助殿
　　　　板持村 田畠数七拾三町
　　　　　　　高三百三拾石ニナル　　竿頭　神保源右衛門

とある。また、「奈良崎文書」の7月7日付奈良崎備前守充て、友常之丞等四名連署筑肥境目注文には「就今度筑前国検地被申付、肥筑両国境目之事」とあり、さらに宗像社は11月21日付で桂景種充てに社家分の注進状を提出している(「宗像家文書」)。ちなみに、ここでは畠数を「分古銭」額(「分銭古」と表記される場合もあり)で表記する形態をとっている。

天正17年（1589）

　1月2日大坂城山里丸の茶亭で秀吉に饗されており、隆景は京ないし大坂で越年したようである（『薩藩旧記』）。その後は前述した史料にもあるように暇を得て、備後ついで筑前に下国したものと判断してよかろう（山口県文書館「毛利家文書」「乃美譜録」）。7月20日付の島津義久充て書状（『薩藩旧記』）に「当夏中者、京都御暇被下候条、切々可得貴意候処、就無題目、無音慮外之至候」とあり、この年の夏にはしばらく筑前に在国していたとみられる。同じ書状で隆景は「此節致上洛候之間、年内中於御京着者、必遂参上可得御意候」と述べており、程なく上洛するという予定を告げている。おそらく一旦三原に入り、そこから安芸吉田などに伺候するのであろう。年未詳ながら、「広島普請」に言及する10月29日付の剣持氏充て、隆景書状には「如仰之、至吉田罷登候、筑前普請取乱之条、雖理申候、上国之儀切々輝元被申下候間、上洛被指急儀に候之条、爰元上着候」とあり、普請で多忙であるにも関わらず、輝元の要請によって上洛を余儀なくされた隆景が吉田にいたったようである（『山口中世2』「都濃剣持文書」）。

　宗像神社文書や英彦山文書によると、11月5日付で宗像郡内の宗像社領、11月10日付で上座郡内の英彦山社領に関する検地目録が作成されており、この年少なくとも宗像郡、上座郡において検地が実施されたことがわかる。しかしながら、この間隆景自身は在国していないようである。やはり年未詳ながらこの年に推定される11月22日付の博多の神屋宗湛・小山田寿才充ての隆景書状に「上国以後相過無音候」とあり（東大史料影写本「神屋文書」）、この頃には上方のどこかにいるようである。

　その後、関東出兵を告げる12月4日付の秀吉朱印状には「為越年上洛無用に候、二月中旬必京着肝要候」とあり（『小早川』）、12月上旬までには下国していたようである。この間の在所が備後・筑前のいずれであったのかは不詳であるが、清洲在番を命じる秀吉の軍令をうけ、隆景は同月13日付の書状で伊賀家久に対し人数その他の指示を下している。伊賀が筑前にいる事を前提とすると隆景の在所は備後の可能性が高い。一方、筑前名島では桂景種・手嶋景繁・粟屋景雄らによって、出勢の準備が進められる。

天正18年（1590）

　前年12月の秀吉朱印状に従って、隆景は毛利輝元・吉川広家らとともに上洛の準備を進める。小田原攻めに臨む秀吉の命により、後詰めを勤めるためである。繁沢元氏に充てた2月2日付の隆景書状に「拙者事来八日乗船之覚悟候」とある（『山口中世3』「阿川毛利文書」）。20日の京都着から考えて（『晴豊』）、2月上旬の在所は備後である可能性が高い。しばらく在京した後、3月中旬には尾張清洲城に入り、在番を勤める。その後秀吉の招請に応じて、相模小田原へ下向。5月25日には隆景の部将乃美景宗が伊勢の御師村山武慶に充てて「隆景此表為御見廻、被遂参上候処、小田原一途滞留被仕之由」とあり（渡辺世祐・川上多助『小早川隆景』）、このころに小田原への参陣を果たしたものと考えられる。

　※『小早川』には、「星崎　清洲」の羽柴筑前侍従、「岡崎」の羽柴新城侍従に充てた6月

15日と7月5日の秀吉朱印状が収められているが、隆景・広家ともに小田原に下っているようであり、これらの文書はそれぞれ家中を想定して充てられたものと判断しておく(『小早川』)。

小田原城の陥落は7月6日であるが、その後も隆景は同月16日頃まで小田原の付近に滞在しており、秀吉も隆景の陣所を訪れたりしている(山口県文書館「村山家蔵証書」)。その後は秀吉に従って奥州に下る(『広島古代中世Ⅱ』「厳島野坂」)。秀吉の京都凱旋は9月1日であり、隆景もこれに従ったと考えられる。この間京の留守居を勤めた輝元は、戦勝を祝って18日秀吉を毛利邸に招き、隆景もその饗応に従う(『毛利』)。その後、輝元は10月上旬には離洛帰国する。隆景や吉川広家らの動向は必ずしも明らかではないが、この年に比定される12月3日付の伊賀家久充ての隆景書状から11月16日の広島到着が確認できる(『閥閲録』「飯田与一左衛門家文書」)。この文書には「拙者事去十六日広島迄雖下向候、天下以御下知、中国衆知行割等被改候条、大篇之調不隙明、于今逗留候、漸及下国候」とあり、京ないし大坂から広島に入ったことがわかる。政権の指示する毛利領国の知行割りを進めるため、広島に滞在した隆景はその責を果たし、12月3日にいたってようやく筑前への下国が可能となったのである。

また、時期は未詳ながら、この年筑前国穂波郡で検地が行われた徴証を見る(『大宰府・大宰府天満宮』「満盛院文書」)。

天正19年(1591)

隆景は前年末に筑前に戻り、名島で越年した可能性が高い。しかしながら、親交が深かった豊臣秀長の病状悪化の知らせを受け、大和郡山へ向かう。秀長の臨終は1月22日であるが、隆景は閏1月7日付の繁沢元氏充て書状で「拙者事も大納言殿御煩ニ付、差急罷上候条、(中略)来廿日爰元可罷立候」と述べている(『閥閲録』「毛利宇右衛門家文書」)。

3月13日付で秀吉から30万7300石の知行高をともなった充行状が発給される(『小早川』)。この数値が小早川家領の天正御前帳高となる。なお、同日付の秀吉朱印状で隆景は毛利領国の中でも6万6000石を給される(『毛利』)。さらに、このうち1万石については「無役」として輝元の「近所」、すなわち広島に隣接して充行うように指示されている。隆景は秀吉から直朱印を与えられる大名であると同時に、毛利輝元の筆頭家臣としてその領国支配を支えるという、いわば「二重の封臣」的な位置づけを与えられる。なお、ここで安国寺恵瓊にも筑前国内で3000石が給付されている(『広島古代中世Ⅳ』「不動院文書」)。

4月には輝元に拝謁するため広島城に赴いている。より具体的には4月6日付の広家充て書状に「広島参上之儀、預御尋候、明後日しかと可罷出候」と述べており(『吉川』)、隆景が4月8日には輝元に拝謁するため、広島城を訪れる予定であった。広島登城を明後日に予定していることから、4月6日の居所は備後の三原ではないかと推察される。さらに、4月21日にも三原にいた事が確認できる(『石見吉川』)。

その後しばらくの間は動静がつかめないが、一旦上洛して、11月頃下向、しばらく広島

にいたようである(『広島古代中世Ⅴ』「渡辺譜録」)。その後、この年12月20日付で、家老が連署して国貞甚左衛門尉に対し知行の打ち渡しを行っており(『閥閲録』「国貞平左衛門家文書」)、こうした措置は隆景の在国を前提とするものであろう。

天正20年・文禄元年(1592)

　「唐入り」に備えるため、名島で越年したと考えられる。唐入りの実施にあたり、秀吉は1月24日付の朱印状で、隆景に対し継船(次船)・継飛脚(次飛脚)といった海陸逓送体制の整備を促している(『小早川』)。翌25日には黒田長政が名島城に到着し、ここから筑後の諸将に対し兵粮米に関する指示を発している(『福岡柳川上』「立花家文書」)。さらに、2月27日には秀吉自らの出馬をうけ、領内に乗り掛け馬(駄馬)の準備を命じた(『小早川』)。

　3月に入ると、にわかに上洛を命じられた(『山口中世3』阿川毛利家文書)。3月13日付で秀吉は陣立てを発令する。ここで隆景には1万人の軍役が課され、養子秀包(久留米)・立花宗茂(柳川)・高橋直次(三池江浦)・筑紫広門(上妻福島)らを率いる「第六軍」の将となる(『小早川』)。ところで、隆景の出陣については『考証論断』は3月20日に肥前名護屋到着とするが、この理解には問題がのこる。この年に比定される3月22日付の内藤元家充て内藤隆春書状には「景様御事近日爰元御出之由候間」とある(『閥閲録』「内藤小源太家文書」)。この文書の冒頭には「高麗渡之儀、弥手堅被仰催候、御人数三万之辻、何と御短息候ても不足候」とあり、この段階における内藤隆春の在所は安芸広島である可能性が高い。したがって、隆景は3月下旬の段階で安芸にいた可能性が高い。これは上方からの帰路であろう。

　さらに、『梨羽紹幽物語』によれば隆景は名護屋を経由せず、領内の今津から直接壱岐に渡ったとしている。また『梨羽紹幽物語』によると、隆景以下8000程度の軍勢であったとする。重臣として隆景に従ったのは、井上春忠(又右衛門尉)・鵜飼元辰(新右衛門尉)・桂景種(宮内少輔)らである。

　さて、『梨羽紹幽物語』は隆景は名護屋を経由せず、領内の今津から直接壱岐に渡ったとしている。4月18日ないし19日に釜山に上陸(『毛利』)。5月6日か7日には漢城(現在のソウル)に入った。同月10日頃漢城から臨津江まで出るが、20日には漢城へ戻る(「田尻日記」)。漢城での決定に基づき、全羅道経略に従うため南下。6月9日善山到着。翌10日善山で毛利輝元と談合(下瀬頼直「朝鮮陣留書」)。7月7日までには全羅道に入っている。9日から10日にかけて全羅道錦山で朝鮮側と衝突。その後漢城に召還され、さらに北上。10月には京畿道開城に入ったと考えられるが、11月23日以降の開城駐在は下瀬頼直「朝鮮陣留書」によって確実となる。12月9日諸将と談合のため漢城に赴くが、この間隆景は基本的に開城での在陣を継続しており、越年も開城であった。

　隆景以下の出勢後、領国の支配は手嶋景繁(東市助・市介)・宗近長勝(新左衛門尉)・高尾盛吉(又兵衛尉)・横見道貞(太郎右衛門尉)らが担う(東大史料影写本「黄梅院文書」など)。文書の中で彼らは「名嶋留守居」「名嶋御留守居衆」などと呼称されている。また、本営となった肥前名護屋城には真田(新田)孫兵衛が派遣され、朝鮮半島や小早川領との間を調整した(「吉

川家中井寺社文書」)。

文禄2年(1593)

　1月21日開城発。23日までには漢城に到着。26日漢城をうかがう明・朝鮮軍と漢城の北碧蹄館で戦い、これを撃破する(『山口中世2』「清水家文書」『閥閲録』「浦図書家文書」など)。その後は他の軍勢とともに漢城にとどまる。大量の軍勢が漢城に集中することで、兵站諸物資が欠乏する。隆景は博多の神屋宗湛・嶋井宗室に命じ、津内の蔵を兵粮備蓄に供するように命じている(『福岡町方1』「嶋井家文書」)。

　その後、日明両軍の間に一時的な休戦が成立し、日本勢は4月17日頃から漢城を撤退して、続々と南下を開始。5月初めには梁山で浅野長吉と面談の予定であったことが確認できる(吉敷毛利家文書)。この間、隆景は6月7日付で碧蹄館合戦に関わる感状を家臣に発している。同月下旬頃から小早川勢も晋州城包囲に参加する(参謀本部編『日本戦史　朝鮮役』)。6月29日には晋州城も陥落し、小早川勢はさらに南下し、釜山の北に位置する亀浦城普請に従事する。この間、秀吉は体調を崩した隆景を案じて頻々と帰国を促すが、隆景はこれに応じず、普請の目処がつくのを待って日本への帰還を決意(『小早川』)。ただし、小早川勢の一部は亀浦城の在番を継続しており、筑後柳川の立花宗茂や久留米の小早川秀包らが小早川勢を指揮した(『小早川』)。

　『駒井』閏9月21日条に、「一、小早川・吉川も舩にて帰朝候」とあり、この頃の名護屋着が判明する。10月5日には出雲富田で吉川勢の留守を守っていた吉川経安に返信を送り、広家の快癒を喜びつつ、朝鮮における自らの辛苦を語っている(『石見吉川』)。その後はほどなくして名島から備後三原に動いたと考えられ、11月の段階では三原にあった可能性が高い。この年11月14日付の乃美新介・乃美新二郎充ての書状で、隆景は改年早々の上洛をつげ、この上洛に供奉する新二郎には年末までに「爰元」へ「上着」するよう命じている(『熊本市史　史料編』2「乃美文書」)。したがって、乃美新二郎の在所は隆景の近辺にないこととなる。ここから乃美新二郎が筑前、隆景が三原にあったことがうかがえる。この隆景書状には鵜飼元辰の副状をともなうが、これによると乃美宗勝(兵部丞、のち備前守)が生前に慈しんでいた鷹を隆景が所望していたようである。これは隆景の上洛にともなって秀吉に鷹を進上するよう豊臣家の奉行衆から促されたためであった。なお、この年11月17日付で、井上春忠・包久内蔵丞・鵜飼元辰ら老臣が三原法常寺に充てて寺領に関する連署状を発しており(『広島古代中世Ⅳ』「法常寺文書」)、彼らについては隆景に近侍していたものと判断される。

　隆景は一旦上洛して秀吉・秀次に拝謁した後、ふたたび朝鮮半島に渡海する心算であった。これにともない、隆景とともに日本に帰還していた部将たちにも番替にて再渡海が予定されることになるが、彼らには隆景に先立って朝鮮に赴くべく準備を進めるよう命じられている(『熊本市史　史料編』2「乃美文書」)。

文禄3年(1594)

　1月秀吉・秀次に拝謁のため上洛。『駒井』同月27日条に「小早川罷登御礼申上」とある。その後筑前に戻っているようであるが、3月1日には再び上洛が予定されている。すなわち、同日付繁沢元氏充て隆景書状(『山口中世3』『阿川毛利文書』)に「此比者広島可遂参上所存候処、重而可□上洛之通、御奉行衆預御内証候之間、不図可罷上覚悟候間、先以広島へ延引仕候」とある。なお、この文書の袖書きには「猶以頓而下向可申候条、広島参上之節、万々可申承候」とあり、上洛ののち広島を訪れる事を述べている。6月4日隆景は輝元とともに、毛利秀元(輝元養嗣子)生母に秀元と秀吉養女との婚姻について説得しており、離洛ののちは広島に赴いた事がわかる(三卿伝編纂所編・渡辺世祐監修『毛利輝元卿伝』所引「教行寺文書」)。

　また、この頃隆景自身も北政所の甥にあたる羽柴秀俊(のちの秀秋、当時は官途の唐名あるいは領知の所在地から「金吾」「金吾中納言」あるいは「丹波中納言」と称されている)を養嗣子とする縁組みが具体化する。秀俊は北政所の実兄木下家定の五男で、天正10年の生まれ、この年14歳である。3歳の時に秀吉の猶子となって北政所にあずけられ、一時期は秀吉の後継者とも目された人物であった。秀俊の小早川家継承が決定すると、毛利家として一族の女性を秀俊に配するよう、秀吉に懇請したといわれる。これは秀吉の容れるところとなり、毛利家重臣宍戸元秀女が輝元の養女として迎えられ、これが秀俊室となる。ちなみに、元秀の母は毛利元就の女であり、五竜と称された女性である。隆景は秀俊を迎えるための普請を進めており、広島の毛利家中に対しても助勢を頼んでいる(『山口中世3』『湯浅家文書』)。この間の隆景の在所は備後三原とみられるが、秀俊の下向は当初の計画から遅延したようであり、史料上でもこの間の経緯には混乱が見られる(東大史料影写本「神屋文書」)。

　10月1日隆景は三原から名島の桂景種(宮内少輔)に書状を発して、年内は秀俊の筑前下向もない予定を告げ、博多の年寄たちは三原で秀俊に祝言を述べるように命じている(「神屋文書」)。結局秀俊は11月13日備後三原にいたり、ここで輝元養女との婚儀が催された。この間の詳細は「秀秋三原下向・賞翫日記」(『小早川』)に詳しい。婚儀をおえた秀俊は11月24日、京都にもどる。隆景は輝元とともに糸崎まで秀俊を見送り、その後は三原に戻ったようであり、12月5日付で筑前在住の家臣に祝儀の礼状を書き送っている(『閥閲録』「飯田与一左衛門家文書」)。

文禄4年(1595)

　『お湯殿』1月22日条に「こはいかわししゆう、さい将になしくたされ候へのよし、大かうより御申」とあり、隆景の参議任官が確認される。ただし、この年の前半に関しては、隆景の動静も定かではない。夏頃には安芸に滞在しているようであり、6月中旬吉田から名島の家臣に書状を発している(『福岡町方1』「瀬戸文書」)。そこで隆景は朝鮮半島に築いた亀浦城(「甘洞浦之城」)の破却決定にともなって、ここの兵粮米廻漕について指示を下している。具体的には博多の商人たちに廻漕を指示するものであった。この書状で隆景は程な

く帰城する旨を述べているが、おそらくは三原への帰還であろう。その後は上方へのぼったようであり、いわゆる秀次事件の頃には京坂の間にいたようである。案であるが７月12日付の起請文に署名が確認され、さらに８月３日の「御掟・御掟追加」にも署名しており、秀次事件ののち隆景は豊臣家の大老の一人として位置づけられることとなる（『毛利』）。

そののち、袖書きに「中納言殿初而御下向之儀候間」とある８月５日付の神屋宗湛充て書状には「此度中納言殿御供申、其許下向候、然者至三原御迎船、従津内可遂馳走候」とあり、隆景が秀俊をともなって筑前に下向するにあたり、博多から迎船を仕立てて三原まで上ってくるように命じている（「神屋文書」）。その後同月14日に隆景は「津内之者共、爰許不能上着候、於其許祝儀可相調候」と、改めて指示を下している事から（「嶋井文書」）、この頃までは京都ないし大坂にいたと考えられる。

秀俊をともなった隆景は９月16日頃に筑前名島に入った。すなわち、島津義弘に充てた同月18日付隆景書状には次のようにある（『薩藩旧記』）。

先度者委細之御懇報畏入候、仍中納言殿御供申、一両日以前致下着候、遠路乍御造佐、御一人差出、御入国之御祝儀被仰上候て、可然存候、何篇御心安可申談之通、治少内証候間、得御意候、来月中旬ニハ中納言殿も、先以可為御上洛候、山口玄蕃御供候、為御心得候、

さきに示した８月14日付隆景書状にも「今度中納言殿十日之御滞留にて、其地可有御下向之由」とあり、秀俊の筑前初入国は当初から10日程度のものと定められていた。10月中旬における秀俊の上洛はこうした予定を踏まえていたものである。しかしながら、これによって領国の引き渡しは完了し、肥前国基肆・養父郡では山口宗永（玄蕃頭）指揮の下、９月下旬から竿入れ検地が実施されている（鳥栖市立図書館『基養精細録』）。

10月18日、隆景は秀秋のために甲冑その他を伊勢神宮に奉納している（「村山家蔵証書」）。一連の領国検地を経て、11月下旬には新旧家臣団の間で領国支配の移譲が一応完了するようである。聖福寺・宗勝寺などには、同月25日付の隆景書状が残されており（『福岡市史　中世』「聖福寺文書」『福岡市史　中世』「宗勝寺文書」など）、そこで隆景は山口宗永との「相談」の結果として、それぞれの寺領保証を行っている。また、隆景の重臣鵜飼元辰（新右衛門尉）は、12月朔日付で山口玄蕃頭と連署状を発し、志賀海神社・宗勝寺・観世音寺などの社領・寺領預けを行っている。ところで、これら預け状の末尾には「領知都合之儀者、於伏見可被仰出候」とあるように、最終決定は伏見、つまり豊臣政権の中枢においてなされることとなっていた。

本年のものと考えられる11月22日付の書状で隆景は三原在住の国貞神左衛門尉景氏に対し、「二十五・六日ニハ可為上着」と11月末の三原上着を告げている（『閥閲録』「国貞平左衛門家文書」）。この書状で隆景は普請の進捗状況に言及するが、これは隆景の三原における居所に関わるものであろう。ただし、既述のような11月25日付の書状が残されている事から、筑前を発つのはそれ以降のことと判断され、三原への帰還はここでの予定から数日遅れた

ものと考えられる。

　隆景が三原に本拠を移すのにともなって井上春忠(又右衛門尉)・鵜飼元辰(新右衛門尉)らの主な家臣たちも筑前を離れ、山口宗永を筆頭とする秀俊家臣団がこれに代わることとなる。ただし、筑前国内にも引き続き隆景領が設定され、ここを支配するため宗近長勝(新左衛門尉)・高尾盛吉(又兵衛尉)・横見道貞(太郎右衛門尉)らは引き続き筑前にのこる。筑前国内の隆景領は、のちに鞍手・宗像両郡と御牧郡(遠賀郡)の一部となるが(『小早川』)、当初は宗像郡と穂波郡であった(『広島古代中世Ⅴ』「千葉諭吉文書」)。

文禄5年・慶長元年(1596)

　三原で越年したと考えられるが、その後伏見に上ったようである。領国の移譲を無事果たした旨を秀吉に告げるためであろう。ついで4月25日付の隆景書状(『広島古代中世Ⅳ』「千葉諭吉文書」)に「先度蔵田太郎右衛門尉差上せ候、我々下向海上にて行違、伏見□候う新ニ令対談候而、下向候」(鵜飼新右衛門尉元辰)とあり、これ以前に伏見から三原へ戻った事がわかる。しかしながら、程なく再び上方に戻ったようであり、5月25日には伏見城に出仕している(『義演』)。8月6日付で仏通寺の普請について書状を発しているが、これは伏見からの発信であろう。9月1日大坂城における秀吉の明使謁見の場に臨む。すなわち、同月7日付の島津義弘充ての書状で、「先度者此地御下向ニ付而、不計御見廻懸御目候て、千万大慶候、然者官人衆申様悪敷候て、高麗御無事俄相破、毛利壱・加主計・小西急度被指渡之由候、年明候ハ、四国・中国之衆可罷渡之由御触候」と講和の破綻と再派兵について述べている(『薩藩旧記』)。また、隆景はこの書状のなかで「随而拙者事、昨日御暇被下、早々罷下心安可致養生之由候間、忝存候、些気分共取繕候て、十四五日比可致乗船と存候」と、9月6日に暇を得、14・15日頃には海路大坂を離れ三原に帰る予定を述べている。10月1日までには三原に戻っているようであり、同日付で桂宮内少輔景種に「中納言殿名島下向、年内者相延候」と秀俊の筑前下向が延期された事を告げている(「神屋文書」)。講和交渉の破綻にともなって予定されていた秀俊の筑前入部が変更になったものであろう。その後も三原にあって、ここで越年したと考えられる。

慶長2年(1597)

　3月1日付の内藤又二郎元家充て内藤隆春書状に、小早川秀秋と家老山口玄蕃の不仲に触れ「隆景様にハ御養生之事候間、夏中ニ可有御上洛旨、被仰付候」とあり、当時は三原にいたことが推察される(『閥閲録』「内藤小源太家文書」)。その後6月12日、備後三原にて急逝。それはまさに頓死であり、『梨羽紹幽物語』によると「遺言」ものこしていなかったという。訃報に接した吉川広家は堅田元慶に充てた書状で「就隆景さま御他界、世上聞方々被　仰聞候通、寔無御余儀奉存候、さて〳〵いかほど御存命ニ候ても、其限ハ無御座候へとも、取分今五六ヶ年者何と様ニ候ても御勇建を社、願申候つる、於于今ハ不及是非御事、誠ニ御心底之処奉察候」と述懐している(『広島古代中世Ⅴ』「毛利家文庫新整理分」)。

■典拠
【日記】
「宇野」『お湯殿』『義演』「駒井」「宗湛」「田尻日記」『多聞院』「輝元上洛日記」『晴豊』
【古文書】
『石見吉川』「神屋文書」「吉川」「吉川家中幷寺社文書」(岩国徴古館所蔵)『黒田』『小早川』「佐々木文書」「嶋井文書」『福原家文書』(渡部翁記念文化協会)『毛利』「吉敷毛利家文書」(山口市歴史民俗資料館所蔵)
【編纂物等】
『イエズス会』『熊本市史　史料編』2『考証論断』『薩藩旧記』「朝鮮陣留書」『梨羽紹幽物語』『閥閲録』巻1・巻2・遺漏『広島古代中世Ⅱ』『広島古代中世Ⅳ』『広島古代中世Ⅴ』『福岡町方1』『福岡柳川上』『宮窪町史』『山口中世2』『山口中世3』
【参考文献】
三卿伝編纂所編・渡辺世祐監修『毛利輝元卿伝』(マツノ書店　1981年)
参謀本部編『日本戦史　朝鮮役』(1924年、村田書店復刊　1978年)
渡辺世祐・川上多助『小早川隆景』(三教書院　1939年)

前田玄以の居所と行動

藤井 譲治

【略歴】

　前田玄以は、『寛政重修諸家譜』によれば天文8年（1539）美濃に生まれたとする。生年を天文9年とする説もある。出自や父母については明確ではない。『寛政重修諸家譜』などは藤原利仁流の斎藤季基の末裔とする。天正12年（1584）初めまで半夢斎、その後一時、策勝軒を称するが、同年2月12日法印に任じられ、以降民部卿法印を通称とす。文禄5年（1596）5月に朝廷から徳善院の称号を授けられて以降、徳善院を称した。室は村井貞勝の女。

　玄以の姓については、『言経卿記』天正11年9月12日条に「織田半夢斎玄以」とみえるが、本人が「前田」と記した例はない。ここでは通例に従い前田姓を用いる。

　天正7年6月頃「是は濃州に玄仁と曰人のひさつ也、此句又あしし、其故は玄仁は君に奉公のみして時にあへる人也、其心を道うるやと也」（「紹三問答」）とみえる「玄仁」は玄以のこととされている。

　『信長記』天正7年に織田信忠の家臣だったことがみえる。天正10年6月の本能寺の変後、諸将が会合して織田信長の遺領の配分を定めた清洲会議の際に、信忠の遺児三法師（のちの織田秀信）の守役となる。

　翌11年5月21日に織田信雄によって「京都奉行職」に補せらるが、同時に信雄より「然上公事篇其外儀、以其方覚悟難落着仕儀有之者、相尋筑前守（羽柴秀吉）、何も彼申次第可相極事」（「古簡雑纂」）と羽柴秀吉の判断に従うよう命じられた。また、『お湯殿の上日記』同年6月11日条に「ちくせん（筑前・秀吉）申しつけ、きよう（京）をしり候物とて、けんと（玄以）と申物にまきもの（巻物）くたさるゝ」とみえ、実態は秀吉による補任ともいえる。

　天正11年5月の上賀茂社の算用状に「所司代玄以へ初而御礼」（『賀茂別雷神社文書』Ⅱ）とみえ、人々は玄以を所司代と捉えていた。

　「京都奉行」となった当初の屋敷は織田信長の「所司代」村井貞勝の旧宅であったが、同年末には妙顕寺に移る。この妙顕寺については、「宇野主水日記」天正13年7月6日条に「玄

以宿所号民部卿法印／三条也、元妙願寺ト云寺也、ソレニ要害ヲカマヘ、堀ヲホリ、天主ヲアゲテアリ、秀吉御在京之時ハ、ソレニ御座候也、常ハ玄以ノ宿所ナリ」とみえる。

天正12年２月12日、民部卿法印に任じられ、これを機に玄以が朝廷との交渉の任に本格的に預かったようである。

天正15年10月３日ころそれまでの「二条民部卿法印屋敷(妙顕寺)」から聚楽へ居所を移したようだ。

天正17年９月29日に浅野長吉が、「洛中之所司代」として玄以に添えられるが、天正20年正月までには、その任は解かれたようである。11月６日、聚楽より旧蜂屋頼隆宅に移る。

文禄４年(1595)８月、「京中之儀」は石田三成と増田長盛に命じられたため、玄以はそれに預からなくなるが、「公家・門跡・諸五山申次」「禁裏、其外公家・門跡・寺々の事」は引き続き担当し、また主要な居所を伏見に移し、豊臣政権の奉行の一人として、石田三成・増田長盛・長束正家らとともに、重要な役割を担った。この時丹波亀山城を秀吉より与えられる。

文禄５年５月、朝廷より徳善院の号を授かる。

慶長４年閏３月、石田三成が佐和山へ逼塞したあと、玄以は増田長盛とともに京都市政にもかかわりを持つようになったようである。

慶長５年の関ヶ原の戦いにあたっては、徳川家康を弾劾する檄文に、増田長盛・長束正家とともに連署するが、その直後に中風を患った。家康が大坂城に入城した９月28日には、天野山へ引き籠もる。そして10月15日、天野山より大坂へ戻る。

家康によって改易はされなかったが、それまで持っていた職権はすべて否定され、慶長６年３月20日に京都に移り、以前から京都での居所の一つであった豊国社近くの大仏に住した。そして翌７年５月７日、この地で死去した。

【居所と行動】

天正６年(1578)
　２月28日京都在(「連歌・演劇・雅楽データベース」、以下「連歌」)、８月25日東寺在(「連歌」)。

天正７年(1579)
　５月22日美濃在(同日玄以掟書「真長寺文書」)。７月19日岐阜在(『公記』「岐阜にて津田与八・玄以・赤座七郎右衛門両三人して井戸才介御生害」)。

天正９年(1581)
　３月12日京都在(「連歌」)。

天正10年(1582)

【概要】
　織田信忠に仕え、本能寺の変の時には在京、６月２日に岐阜、そして清洲へ行くか。

【詳細】

　1月京都在カ(「宇野」1月条に「取次衆事、上様□宮内卿法印、城介ヘハ玄以半夢斎トモ云」)。6月2日岐阜へ(『太閤』「城介殿御切腹之時、前田玄以斎を召して宣ひける、汝は急岐阜へ参じ、妻子共を清洲へめしつれ、長谷川丹後守と令相儀可守立」)。

天正11年(1583)
【概要】

　5月安土在。5月21日、織田信雄から京都奉行職を命じられる。以降、在京が主である。8月30日に大坂に、10月23日にも大坂にいくが、一次的なものと思われ、大半は在京。この時期の居宅は妙顕寺であった。またこの時期は多く半夢斎を名乗る。さらに『賀茂別雷神社文書』職中算用状の天正11年6月の記載「四斗此延壱斗ひた壱貫文所司代玄以へ初而御礼」は、玄以を「所司代」と呼ぶ初見である。なお、『言経卿記』同年8月19日条に「織田玄二」へ、21日条に「織田玄二」、9月12日条に「織田半夢斎玄以」とみえる。玄以の姓を前田としているが、本人が「前田」と記した例はなく、この記事が誤記でなければ、これらの記事は注目される。

【詳細】

　5月安土在(「正法寺妙心禅寺米銭納下帳」「参貫文　同人板物、玄以江遣之」)。21日京都在(同日付玄以宛織田信雄判物「京都奉行職事申付之訖、然上公事篇其外儀、以其方覚悟難落着仕儀有之者、相尋筑前守、何も彼申次可相極事」、「古簡雑纂」)。
　6月11日京都在(『お湯殿』「ちくせん申しつけ、きようをしり候物とて、けんにと申物にまきものくたさるゝ、御つかいくわんしゆ寺大納言との、かたしけなきよし申」)。22日・23日・25日〜27日京都在(「玄以下知状」)。
　7月7日京都在(「玄以下知状」「三雲文書」)、21日同(同日付松田政行・尾池定政連署状「玄以具承候」「天龍寺真上院文書」)、22日京都在(「玄以下知状」)。
　8月6日・12日・15日・16日京都在(「玄以下知状」)、19日京都在、村井貞勝旧宅(『言経』「織田玄(以)へ地行分事可申間、先家中磯部李斎ニ罷向、申談了、本能寺向、村井春長軒旧宅也」)。20日京都在(「玄以下知状」)、21日・23日同(『言経』)。30日大坂在(『兼見』「巳刻下着大坂(中略)筑州被出砌、玄以、烏丸進物ヲ披露」)。
　9月11日京都在(玄以書状『醍醐寺文書』)、12日同(『言経』「織田半夢斎玄以へ罷向」)。13日同(「玄以下知状」)、23日本國寺在(『言経』「玄以へ罷向、本國寺ニ普請之由有之間、罷向了」)。
　10月3日京都在(『言経』「半夢斎玄以」)。4日同(『兼見』)。5日妙顕寺(『兼見』「普請場妙見寺へ罷向(中略)玄以面会」)。6日京都在(『兼見』)、12日同(「玄以下知状」「光源院文書」)、13日同(『兼見』「玄以下知状」)。15日・18日同(『言経』)、19日同(『言経』「玄以へ罷出」、『兼見』「玄以へ罷出」、「玄以下知状」)、22日妙顕寺在(『兼見』「玄以普請妙見為見舞罷向」「玄以下知状」)。23日京都より大坂へ(『言経』22日条「明日大坂下向」)。24日・25日有馬在(「天正十一年・十二年日次記」三丁紙背文書)、その後大坂在(同)。28日京都在(「玄以下知状」)。

11月2日京都在(「玄以下知状」)、4日同(『言経』)、5日・6日同(「玄以下知状」)、7日同(『言経』「玄以へ罷向、地行分事申、対顔了」、「玄以下知状」)。9日同(『兼見』「(秀吉)今度玄以致普請妙見寺宿所云々」)。15日同(「玄以下知状」)、18日同(玄以書状「鹿王院文書」)、27日同(玄以書状「佐藤行信氏所蔵文書」)。

　12月9日京都在(『兼見』「玄以へ為見舞罷向」)。18日・19日同(「玄以下知状」)、20日同(「玄以下知状」「長福寺文書」他)、22日同(『兼見』「玄以下知状」「吉田文書」)。23日同(『兼見』「玄以下知状」「賀茂別雷神社文書」他)。29日同(玄以書状「羽賀寺文書」)。

天正12年(1584)

【概要】

　正月は京都で迎える。1月7日、いずれかから上洛。2月12日、民部卿法院に任じられる。5月13日もいずれかから上洛し、すぐに淀に行き、14日には上洛。12月25日に坂本へ、ついで淀に行き、26日までには京都に戻っている。

【詳細】

　1月1日京都在(『松永貞徳の研究』「松永永種試筆」「策勝軒玄以天下の職あつかり給ひて始ての年の元日」)、2日同(玄以書状「賀茂別雷神社文書」)、7日上洛(『兼見』8条「玄以(中略)夜前上洛之由申来」)、11日妙顕寺(『兼見』「予先向玄以、妙見(顕)寺也」「玄以下知状」)、18日京都在(「玄以下知状」)、21日・29日同(『兼見』)。

　2月12日京都在(「壬生家四巻之日記」「法眼玄以(中略)奉勅件人宜叙法印者」「玄以下知状」)。15日同(「玄以下知状」)、28日同(「何路百韻」)。

　3月13日京都在(「玄以下知状」)、15日同(「玄以下知状」「羽倉文書」)、16日同(『兼見』「玄以為見舞罷向(中略)即対面」)。18日同(『兼見』)。19日阿弥陀寺(『兼見』「玄以今朝阿弥陀寺斎ニ被出之由申云々」)。20日京都在(「玄以下知状」)、24日建仁寺(『兼見』「今日玄以建仁寺へ藤見」)。

　4月2日京都在(『兼見』)。5日同(「玄以下知状」)、7日同(「玄以下知状」「妙心寺文書」他)。

　5月13日上洛、淀へ(『兼見』「玄以上洛也、直ニ淀へ下向也」)。14日上洛(『兼見』「入夜玄以上洛」)。15日・17日～19日京都在(『兼見』)、20日同(『兼見』「玄以へ罷向(中略)対面」)、22日同(『北野目代』「廿二日ニけん以しやうけん院ニ御居候て丁〳〵のあらため候て御座候砌」)。

　6月23日京都在(『兼見』『北野目代』)。26日同(玄以書状『久我家文書』)。

　7月18日・20日・25日京都在(玄以書状「知恩院文書」)。

　8月1日京都在(『兼見』7月30日条「玄以へ明日拝礼罷向」)、3日同(玄以書状『南禅寺文書』)、6日同(「玄以下知状」「川端道喜文書」)、15日相国寺(『時慶卿集』)、17日同(『兼見』)、19日同(「玄以下知状」「醍醐寺文書」)、20日同(『兼見』)。

　9月1日・3日京都在(玄以書状『妙法院史料』)、6日同(玄以定書「妙顕寺文書」他)、7日・8日相国寺(『兼見』8条「自昨日相国寺ニ滞留云々」)、13日京都在(『連歌』)、15日同(『兼見』「玄以へ為見廻罷向」)。19日同(玄以書状「手鑑」)、20日金閣寺(『時慶卿集』)。

　10月6日京都在(「宇野」「玄以へ音信」)、8日～10日同(「里村昌休三十三回忌千句連歌」)。

322

11月2日院御所(『言経』「院御所御屋敷普請始有之云々、民部卿法印玄以奉行由云々」、『兼見』「仙洞御普請初、京上下罷上、民部卿法印罷上」)、7日京都在(『兼見』、玄以書状「霊洞雑記」)。10日同(玄以書状「離宮八幡宮文書」)、13日同(「玄以下知状」「永養寺文書」)。

12月2日相国寺(『兼見』「民部卿法印へ為見廻罷向、於相国寺公事之糺明在之而罷出」)、5日京都在(『兼見』)、6日同(「玄以下知状」「賀茂別雷神社文書」他)、8日同(『兼見』)、9日同(『兼見』「玄以下知状」「広隆寺文書」)、13日同(玄以書状「天龍寺文書」)、23日同(「玄以下知状」「阿弥陀寺文書」)、25日京都より坂本、淀へ(『兼見』「民部卿法印へ為歳暮罷向、今朝三州人質ヲ召具坂本へ下向、淀マテ送ニ被出也、玄以折紙「阿弥陀寺文書」)、26日京都在(「玄以下知状」「川端道喜文書」)、27日同(『兼見』「玄以へ罷向、酉面会」)。

天正13年(1585)
【概要】

1月13日に上洛、大坂からか。2月22日大坂へ下向、4月27日紀伊の秀吉の陣より京に戻る。6月末から7月初めにかけて大坂在。閏8月18日ころから坂本在、19日も坂本在。10月20日淀へ、22日には在京、11月2日大坂へ下向ヵ、5日には淀へ、6日7日8日淀在、10日大坂在ヵ、16日以降23日までは大坂在。12月2日には京都在。27日大坂へ下向。この年は、禁裏・院の作事に関わり、禁中の作事場にしばしば滞在。

【詳細】

1月13日上洛(『兼見』14日条「自是玄以へ罷向、夜前上洛」、「晴豊」)、14日京都在(『兼見』『北野目代』)、15日同(『言経』「民部卿法印へ当年礼ニ罷向」)、17日禁裏(『兼見』「今日玄以 公義各為御礼被罷出之由」)、17日京都在(『言経』)、19日禁裏(「晴豊」「院御所東にてちよのはしめあり、玄以法印各見物出也」)、20日京都在(『兼見』)、21日同(「宇野」)、24日同(『兼見』「玄以へ罷向(中略)即対面」)。26日同(「連歌」)、28日同(「連歌」)。

2月1日京都在(『兼見』「於玄以宿所連歌張行」)、4日〜6日同(『兼見』)、20日同(『北野目代』)、22日京都より大坂へ(『兼見』「「玄以大坂へ下向云々」)、29日京都在(『兼見』)。

3月5日京都在(「玄以下知状」「報恩寺文書」)、10日同(玄以書状「大徳寺文書」)、24日禁裏(『兼見』「玄以為見舞罷向、仙洞御屋敷罷出也、直罷向、禁裏東ノ門ニ於テ面会」)。

4月7日京都在(「中御門宣光記」「今夕食に玄以、御方被来」)、8日同(『兼見』、「中御門宣光記」)、27日紀伊より京着(『兼見』「今夕玄以・南豊軒御陣(紀伊)ヨリ上洛云々」)、29日京都在(『兼見』)。

5月7日禁裏(「中御門宣光記」「玄以子屋へ行向」)、11日京都在(「中御門宣光記」)、13日同(「玄以下知状」「浄幅寺文書」)、14日禁裏(『兼見』)、22日京都在(『兼見』)、27日同(「連歌」)、29日同(『兼見』『北野目代』)。

6月19日京都在(『兼見』「国司(織田信雄)・玄以近衛(信輔)殿へ御参之由承」)、20日同(玄以折紙「妙顕寺文書」他)、この後、大坂在(「羽柴秀吉関白宣下次第」)。29日京都在(『兼見』「玄以へ為見舞罷向(中略)対面了」)。

7月5日相国寺(『兼見』)、6日京都在(『兼見』)、12日禁裏(『兼見』「参内了(中略)及深更玄以

祇候」)、13日同(『兼見』「玄以(中略)昇殿」)、14日京都在(『兼見』、玄以書状「勧修寺文書」)、20日同(玄以書状「頂妙寺文書」)、21日禁裏(『兼見』「玄以へ為見舞罷向、禁裏御作事所在之」)、25日京都在(玄以書状「頂妙寺文書」)、29日同(『兼見』)。

　8月8日坂本へ(『晴豊』「法印坂本くたり」)、13日京都在(『北野目代』)、17日同(『兼見』「法印へ罷向」)、19日院作事所(『兼見』「院之作事所ニ玄以在之」、『北野目代』「作事所にて赤つふさに玄以へ御申候て」、「天正十二年両宮正遷宮前後申分」「天正十三年八月十九日、於院之御屋敷対決、御公家衆同御人数、目代玄以法印」)、20日院御所屋敷(『兼見』「玄以院之御屋敷ニ在之、直ニ罷向、近衛殿御歌之会祇候也」)、21日東寺(『兼見』「玄以東寺へ斎ニテ罷出也」)。

　閏8月1日京都在(『言経』)、4日院作事所(『兼見』)、12日京都在(玄以書状「曇花院文書」)、15日同(玄以書状「妙顕寺文書」)、17日同(『兼見』)、18日坂本在(『兼見』、玄以書状「下郷伝平氏所蔵文書」)、19日同(『兼見』「在坂本(中略)玄以法印へ罷向」)、25日・26日京都在(『兼見』)、27日小御所(『兼見』「民法・宗易小御所へ礼祇候」)、28日院御所作事所(『兼見』、玄以書状「鳥居大路良平氏所蔵文書」他)。

　9月11日京都在(『兼見』「出京、玄以へ罷向、在城也」)。

　10月2日京都在(『兼見』)、4日同(「玄以下知状」「上下京町々古書明細記」他)、7日同(『北野目代』「爰元けん地在之(中略)玄以」)、10日・19日同(『兼見』)、20日淀へ(『兼見』「民部卿法印淀へ下向云々」)、22日・25日京都在(『兼見』)。

　11月2日大坂へ下向ヵ(『兼見』「民部卿法印今明日中大坂へ下向之由也」)、5日淀へ(『兼見』「民部卿法印至淀下向云々」)、6日～8日淀在(『兼見』)、10日在大坂ヵ(『兼見』「両人差下大坂了、玄以へ書状」)、16日～18日・20日・22日・23日大坂在(『兼見』)。

　12月2日京都在(『兼見』)、9日北野(『北野目代』「其日奉行民部卿殿御出候」)、13日京都在(玄以書状「大通寺文書」他)、15日同(『兼見』「玄以へ罷向、一条烏丸宿ニ在之」、玄以書状「光源院文書」)、21日～24日京都在(『兼見』)、27日大坂へ(『兼見』「玄以大坂へ下向」)。

天正14年(1586)
【概要】
　1月3日大坂より上洛、20日大津在(「連歌」)、以降は京都在、12月27日大坂へ下向。
【詳細】
　1月3日大坂より上洛(『兼見』4日条「昨夜民部卿法印上洛」)、4日京都在(『兼見』)、5日京都在(『兼見』)、9日同(『北野目代』)、17日同(『兼見』)、20日大津在(「連歌」)。

　2月2日院御所(『兼見』「民部卿法印見舞罷向、院御所へ被罷出之間」)、10日・24日京都在(『兼見』)、26日(「連歌」)。

　3月1日京都在(『兼見』)、3日同(「近衛信尹覚書」「三月三日ニ民法へ礼之儀」)。

　4月2日京都在(『兼見』)、7日院御所(『兼見』「院御所作事」、『中御門宣光記』)、8日京都在(『中御門宣光記』)、22日禁裏(『お湯殿』「けんい(玄以)かたよりなかはし(長橋)して御ひろう」)、26日～28日京都在(『兼見』)、29日同(『お湯殿』)。

324

前田玄以の居所と行動

5月1日京都在(『兼見』)、4日紫宸殿(『中御門宣光記』)、6日京都在(『兼見』「民部卿法印自早々大院(大聖寺)へ出頭」)、7日同(『兼見』『中御門宣光記』)、11日同(『兼見』)、19日院御所(『兼見』「玄以為見舞出京、院御所ニ在居」)。

6月8日京都在(『兼見』)、15日・16日同(『お湯殿』)。

7月4日京都在(『お湯殿』)、6日同(『兼見』「民部法印へ罷向、内野御屋敷ニ在之、即罷向於作事所面会」)、8日同(『お湯殿』)、11日・12日院御所(『兼見』)、21日京都在(『お湯殿』)、24日同禁裏(『お湯殿』)。

8月4日・25日京都在(『兼見』)。

11月4日京都在(『兼見』)。

12月9日・16日・24日京都在(『兼見』)、27日大坂へ(『兼見』「民部法印大坂へ下向云々」)。

天正15年(1587)

【概要】

1月4日には在京、10月22日秀吉に供し嵯峨へ、12月21日大坂へ下向か。それ以外は京都在。10月3日ころそれまでの「二条民部卿法印屋敷(妙顕寺)」から聚楽へ居所を移した。

【詳細】

1月4日京都在(『時慶』)、5日同(『兼見』)、7日近衛邸(『時慶』「陽明へ参候、玄以法印祗候候」)、10日京都在(『兼見』『時慶』)、12日・15日同(『兼見』)、16日禁裏(『時慶』「節会見物」)、24日京都在(『北野目代』)、25日同(『北野目代』「境内大名衆御屋敷ニ関白様(秀吉)ヨリ玄以法印・あさの大将(浅野長吉)(中略)号五人奉行ニ御立候テ打渡也」)、25日院御所(『時慶』「院御所へ法印被参由候間」)。

2月1日院御所(『時慶』「院御所へ法印被参候」)、5日京都在(『時慶』「玄以法印煩」)、7日聚楽(『時慶』「民部卿法印矢蔵ニテ」、『兼見』)、16日京都在(『言経』「京都民部卿法印へ書状共」)、17日聚楽(『時慶』「聚楽法印ノ亭」)、17日京都在(『言経』)、18日聚楽(『時慶』「聚楽へ行、法印ニ対面」)、18日京都在(『お湯殿』)、22日聚楽(『時慶』「民部卿法印ヨリ文有、聚楽へ可参由也、則行」)、25日同(『時慶』)、28日・29日京都在(『兼見』)。

3月3日京都在(『時慶』)、6日禁裏(『時慶』「禁中花見ニ両人斗行也、然ニ民部卿法印竊ニ僕一人ニテ花本へ来義」)、7日清水寺(『時慶』)、9日禁裏(『時慶』)、13日・19日・26日京都在(『時慶』)、30日聖護院(『時慶』「聖門ニ連哥」、「連歌」)。

4月4日烏丸邸(『時慶』「烏丸へ連歌会(中略)玄以法印」)、8日禁裏(『時慶』「護摩へ花頭衣ニテ参候、法印・久我殿・飛中ナトモ参候」)、18日禁裏(『時慶』「禁番ニ参候、御台所ニ法印被居候」)、21日京都在(『お湯殿』)、29日烏丸邸(『時慶』「烏丸屋敷へ出数刻立談ス、法印ニ逢」)。

5月2日禁中(『時慶』「民部卿法印へ用所候テ於禁中逢テ申渡也」)、4日京都在(『兼見』「法印禁中之辺在之」)、4日飛鳥井邸(『時慶』「民部卿法印飛鳥井中将鞠興行ニテ見物ニ被行」)、5日・10日同(『時慶』)、11日相国寺(『時慶』)、20日禁中(『時慶』「法印へ禁中ニテ逢也」)。

6月1日・9日京都在(『時慶』)、12日同(『お湯殿』)、21日近衛邸(『時慶』「陽明(近衛)へ参候(中略)玄以被参候」)、26日・27日京都在(『兼見』)。

325

7月1日京都在(『時慶』)、6日同(『兼見』「於仙洞女申楽希代也、民部卿法印馳走也」)、7日同(『兼見』『時慶』)、13日同(『お湯殿』)、24日同(『兼見』民部卿法印法厳院へ」)、27日禁裏(『お湯殿』)。

　8月4日京都在(『兼見』「法印所労也」)。

　9月10日京都在(『兼見』「(秀吉)二条法印屋敷ニ御座也」)、15日同(『兼見』「民部法印・浅野弾正(長吉)忠加判折紙到来」)、16日同(『兼見』「玄以殿主(摩阿)へ今日出頭」、『時慶』)、18日同(『時慶』)。

　10月2日京都在(『兼見』)、3日同(『兼見』「民部法印移徙也」)、20日聚楽(『時慶』「聚楽民部卿法印へ飛中与同心シテ行」)、22日嵯峨(『時慶』「嵯峨へ御成也、民部卿法印紅葉見興行」)。

　11月9日京都在(『時慶』「二条民部卿法印屋敷へ行」)、22日聚楽(『時慶』「於聚楽法印問入眼」)、25日京都在(『兼見』「関白連歌」)、28日京都在(『兼見』「玄以法印連哥」、『時慶』「今日於民部卿法印、関白殿御成ニテ連歌会在之由也」、「連歌」)、29日同(『時慶』)。

　12月1日京都在(「連歌」)、9日同(『時慶』)、12日聚楽(『兼見』「民部法印為見舞、罷向聚楽、城中宿所ニ在之」)、21日大坂ヘヵ(『兼見』19日条「法印玄以明日大坂へ下向之由」、『兼見』20日条「(玄以)大坂へ明日廿一日下向治定之由」)。

天正16年(1588)

【概要】

　この年については、玄以の居所を確認できる史料が極めて少ない。1月7日には京都在、5月19日奈良に下る。それ以外は京都在と思われる。

【詳細】

　1月6日京都在(『お湯殿』)。

　3月1日・11日京都在(「連歌」)。

　4月25日禁裏(『お湯殿』「(関白・秀吉)くわんはく殿よりほうゐん御つかいにて」)、26日同(『お湯殿』『晴豊』)、27日同(『お湯殿』)。

　5月19日奈良在(『多聞院』「大供指南以下為尋決、京ヨリ玄以・山口次左衛門来了」)。6月21日京都在(『お湯殿』)。

　7月26日京都在(「輝元公上洛日記」「玄以御出候」、『晴豊』)。

　8月2日京都在(「輝元公上洛日記」「御膳奉行民部卿法印玄以」)、21日同(「輝元公上洛日記」)、28日同(「輝元公上洛日記」「民部卿法印玄以へ御脇指一銀子廿枚」)。

　9月2日京都在(「輝元公上洛日記」「民部卿法印御出候(妙顕寺)」)。

　12月10日禁裏(『お湯殿』「ほうゐんもちてまいる」)、23日京都在(「連歌」)。

天正17年(1589)

【概要】

　年頭は大坂在か。1月3日、大坂より上洛、以降在京。8月26日に大坂へ行くが、28日には在京。9月29日、浅野長吉が玄以に添えられ「洛中之所司代」となる。11月6日、聚楽より旧蜂屋頼隆宅に移る。

【詳細】

1月3日大坂より上洛（『鹿苑』1月4日条「昨夜民部卿法印自大坂上洛、今日粥罷、赴法印之殿」）、16日京都在（『鹿苑』）、18日禁裏（『お湯殿』「御てんの御しゆり候はんとて、ほうゐんみなみ へまいり」）、28日京都在（「連歌」）、30日同（『鹿苑』）。(修理)

2月18日京都在（『お湯殿』）、20日同（「連歌」）。

3月8日鹿苑院（『鹿苑』「玄以法印於鹿苑聞公事云々」）、12日京都在（「連歌」）、29日同（『鹿苑』）。

4月14日・15日・21日・24日・27日京都在（『北野目代』）。

5月1日京都在（『北野目代』）、21日同（『お湯殿』）。

7月11日・19日京都在（『鹿苑』）、24日同（『北野社家』「時之所次第玄以へ参」）。29日同（『北野社家』）、30日同（『鹿苑』『北野社家』）。(司代)

8月1日京都在（『北野社家』）、4日同（『北野社家』『お湯殿』）、5日同（『北野社家』）、6日同（『鹿苑』『北野社家』）、13日・14日・16日・20日同（『北野社家』）、24日禁裏（『お湯殿』）。26日京都発大坂へ（『鹿苑』27日条「民部卿法印自昨日被赴大坂」）、28日京都在（『鹿苑』）。

9月14日京都在（『鹿苑』）、16日禁裏（『お湯殿』「ほういんなかはしまてまいりて」）、17日法住院（『鹿苑』）、19日京都在（『鹿苑』）、25日同（『鹿苑』「洛中之所司代、以若州太守浅野少弼殿、被添玄以法印」）。(長橋)

10月20日北野（『北野社家』「今日玄以法印北野あたりけん地有也」）、21日京都在（『北野社家』）。(検)

11月3日京都在（『北野社家』）、7日同（『鹿苑』「早天赴玄以法印、々々者自昨日移蜂屋宅」）、19日京都在（『鹿苑』「赴民部卿法印、検地之儀談之」）、26日〜28日京都在（『鹿苑』）、29日同（『北野社家』）。

12月2日京都在（『鹿苑』3日条）、4日同（『鹿苑』）、15日禁裏（『お湯殿』）。

天正18年（1590）

【概要】

1年を通じて在京。禁裏作事のために禁裏作事所にしばしば滞在。

【詳細】

1月12日京都在（『兼見』）、25日禁裏（『お湯殿』、『晴豊』「民部卿玄以法印馬太刀両御所へ御礼」）。

2月17日京都在（『兼見』）、19日同（『兼見』、『晴豊』「民部卿玄以法印馬太刀、両御所へ御礼）、25日・27日同（『兼見』）。

3月3日京都在（『晴豊』）、20日同（『お湯殿』）、29日同禁裏（『晴豊』）。

4月4日禁裏（『お湯殿』）、22日京都在（『晴豊』）、24日禁裏（『晴豊』「新殿之つねの御所にて法印ニーツ申候也」）、26日京都在（『晴豊』「民部卿法印所へ茶湯ニ」）、28日同（『北野社家』）。(常)

5月5日禁裏（『兼見』4日条「明日為礼民部法印へ罷向、禁中作事所ニ在之」）、7日京都在（『北野社家』）、16日同（『兼見』）、24日同（『北野社家』25日条）。

6月5日・13日・16日京都在（『晴豊』）。

7月6日京都在(『お湯殿』)、7日同(『兼見』)、13日禁裏(『晴豊』)、14日・16日京都在(『兼見』)、17日禁裏(『お湯殿』)。

　8月1日京都在(『兼見』『晴豊』)、12日同(『晴豊』)「新殿之つね(常)の御所にて法印ニ一ツ申候也」、『兼見』)、16日同(『お湯殿』)、20日京都在(『お湯殿』『晴豊』)、28日同(『兼見』)。

　9月1日京都在(『兼見』)、6日同(『お湯殿』)、8日・12日・14日同(『晴豊』)、15日同(『兼見』)、22日同(『兼見』『晴豊』)、25日同(『兼見』)、26日禁裏在(『晴豊』)「法印こ屋にて伯両人、法印ふるまい也」)、30日京都在(『北野社家』)。

　10月19日禁裏(『晴豊』)「法印小屋にて」)、25日京都在(『晴豊』『お湯殿』)。

　11月5日京都在(『晴豊』)、16日聚楽(『兼見』)、25日京都在(『お湯殿』)。

　12月2日京都在(『晴豊』)、6日同(『お湯殿』)、8日同(『晴豊』)「早天ニ法印所へ参候」)、15日同(『兼見』『晴豊』)、22日同(『晴豊』)、27日同(『兼見』)、29日同(『晴豊』)。

天正19年(1591)
【概要】
　6月11日河内へ、17日までに帰洛。8月12日より以前に摂津へ、この日上洛。これ以外は京都在と思われる。

【詳細】
　1月2日京都在(『晴豊』)、8日禁裏(『お湯殿』『晴豊』)、11日京都在(『光豊』)、13日・16日・18日同(『兼見』)、25日同(『時慶』)、29日・30日同(『北野社家』)。

　閏1月1日京都在(『北野社家』『北野目代』『時慶』)、2日禁裏(『晴豊』、『北野社家』)、4日本願寺(『晴豊』『兼見』)、5日・6日京都在(『晴豊』)、11日同(『北野社家』)、12日禁中小屋(『時慶』)、16日大覚寺門跡(『晴豊』)「大覚寺門跡江民部卿法印(中略)茶湯」)、18日〜20日京都在(『兼見』『北野社家』)、22日同(『晴豊』)、24日同(『北野社家』『時慶』)、26日同(『北野社家』)「今日玄以法印ニ連哥有也」、「連歌」)、27日・28日同(『北野社家』)。

　2月7日京都在(『時慶』)、8日・11日同(『晴豊』)、18日同(『晴豊』「連歌」)、19日北野(『北野社家』)、29日京都在(『北野社家』)、30日禁裏(『北野社家』)。

　3月1日京都在(『時慶』)、2日同(『晴豊』)、3日同(『時慶』)、4日同(『北野社家』)、5日同(『晴豊』『北野社家』)、10日同(『鹿苑』)、14日同(『時慶』)、15日同(『鹿苑』『北野社家』)、16日同(『北野社家』『時慶』『鹿苑』)、20日同(『北野社家』)、22日同(『光豊』)、26日同(『鹿苑』)。

　4月1日・4日・27日〜29日京都在(『時慶』)。

　5月3日京都在(『兼見』)、4日同(『時慶』)、5日同(『晴豊』)、6日同(『時慶』)、6日鹿苑院(『鹿苑』)、8日京都在(『鹿苑』)、13日同(『時慶』『鹿苑』)、23日同(『鹿苑』「赴玄以」)、28日・29日同(『鹿苑』)。

　6月3日・5日京都在(『鹿苑』)、7日禁裏小屋(『時慶』)、10日京都在(『北野社家』)、11日京都発河内へ(『北野社家』「民法かわち(河内)の国へ御越也」)、17日京都在(『鹿苑』)、21日京都在(『北野社家』)、23日北野(『北野社家』)、24日京都在(『北野社家』)、28日院御所(『時慶』)。

328

7月7日京都在(『時慶』『兼見』6日条)、13日同(『鹿苑』『時慶』)、19日・29日同(『時慶』)、30日(『兼見』『北野社家』)。

8月1日京都在(『鹿苑』『北野社家』『時慶』『晴豊』『光豊』)、6日東福寺在(『兼見』『鹿苑』)、12日摂州より上洛(『兼見』「民法今度摂州ヨリ上洛之由」)、12日京都在(『晴豊』)、13日同(『鹿苑』)、16日同(『時慶』)、19日同(『鹿苑』「遣案書於玄以」)、22日妙心寺(『鹿苑』)、23日京都在(『北野社家』)。

9月1日京都在(『時慶』)、4日同(『北野社家』『北野目代』)、8日北野(『北野社家』「民部法印会所之地うちニ御出也」)、10日京都在(『北野社家』)、13日・19日同(『兼見』『北野社家』)、23日・25日鹿苑院(『鹿苑』)、25日京都在(『北野社家』)、26日同(『鹿苑』)。

10月3日京都在(『鹿苑』)、4日鹿苑院(『鹿苑』)、5日・10日・14日京都在(『鹿苑』)、18日同(『兼見』)、19日・22日～24日同(『北野社家』)、25日同(『鹿苑』)、27日同(『北野社家』)。

11月4日・5日京都在(『北野社家』)、7日同(『鹿苑』『光豊』)、8日同(「連歌」)、9日同(『北野社家』)、17日同(『兼見』「連歌」)、23日・24日同(「連歌」)。

12月6日京都在(『鹿苑』)、7日同(『三藐院』)、9日同(「連歌」)、16日同(『三藐院』)、18日同(『鹿苑』『北野社家』)、19日同(『兼見』)、20日同(『兼見』『鹿苑』)、22日同(『光豊』)、26日同(『兼見』)、28日同(『鹿苑』)、29日同(『光豊』)。

天正20年・文禄元年(1592)

【概要】

1月4日京都在。3月26日、秀吉の名護屋出陣にあたって向日明神に出向き、公家衆を饗応する。9月2日、一旦名護屋からもどった秀吉を迎えるため大坂在。その後帰洛。26日まで京都在が確認されるが、28日には大坂在。10月6日までに帰洛。年内は京都在。

【詳細】

1月4日京都在(『鹿苑』)、5日聚楽(『鹿苑』「殿中玄以法印」)、9日京都在(『光豊』)、10日・11日同(『鹿苑』)、18日聚楽(『鹿苑』)、19日・30日京都在(『鹿苑』)。

2月27日京都在(『兼見』)、30日院御所(『光豊』)。

3月26日西岡向日明神(『晴豊』「西岡むかふの明神かりや打、民部卿法印御ふるまい也」、『光豊』)。

4月12日聚楽(『鹿苑』)、13日京都在(『鹿苑』)、15日同(『鹿苑』『光豊』)。

5月4日・5日京都在(『兼見』)。

6月1日京都在(『光豊』)、8日同(「連歌」)、21日同(『光豊』)、25日同(『鹿苑』)。

7月3日京都在(『鹿苑』)、4日同(『光豊』)、6日・25日同(『兼見』)、26日天瑞寺在(『鹿苑』)、28日京都在(『鹿苑』)。

8月1日京都在(『兼見』、『光豊』「民部卿法印大閤様之御帰陣の御迎ニヨッテ各供花衆民部法印ヘノ礼ナシ」)、2日同(『鹿苑』)、6日同(『鹿苑』「玄以法印聚光仁居住」)、7日大徳寺(『鹿苑』)、7日禁裏(『兼見』)、8日大徳寺(『晴豊』「大政所御つふらい二伝奏衆四人両御所より大徳寺早天参候

(中略)法印ふるまい也」(『晴豊』、『鹿苑』))、9日京都在(『兼見』)、22日禁裏(『兼見』)。

9月6日在大坂(「晴豊」「とうりう(逗留)(大坂)法印なと種々談合申候」)、13日・19日京都在(『兼見』)、20日～24日・26日京都在(『鹿苑』)、28月大坂在(『兼見』「巳刻参城(大坂城)中(中略)自民部法印以書立」『晴豊』)。

10月6日聚楽(『鹿苑』)、9日京都在(『鹿苑』)。

11月11日禁裏能(『兼見』)、18日仙洞能(『兼見』)、24日京都在(「連歌」)。

12月2日京都在(『兼見』)、11日京都在、この日付で秀吉から名護屋下向を命じられる(同日付豊臣秀吉消息「正月五日すき候ハゝ、十日より内に其方をたち候て、こし可申候、此方にハ五日のとうり(逗留)たる可候まゝ、其心候て、いそきこし可申候」『秀吉文書集』4345)。14日・24日・27日同(『鹿苑』)、29日同(『鹿苑』、『兼見』「正月五日民法名護屋へ下向」)。

文禄2年(1593)

【概要】

正月から8月ころまで肥前名護屋に滞在。11月ころから豊臣氏奉行人としての活動がみられるようになる。1月2日京都在。7日に名護屋へ向け京都を発つ。9日播磨大窪。名護屋到着の日時は不明であるが、4月7日、5月11日の名護屋在が確認できる。8月24日大坂着。29日まで大坂在。9月1日には京都在。6日伏見へ、9日大坂へ下向か。12日京都在。閏9月19日まで京都在。22日には伏見在、夜聚楽へ。26日伏見在。10月2日京都、11月25日大仏、26日京都在、12月18日まで京都在。18日大坂へ。大坂で年越。

【詳細】

1月2日京都在(『時慶』)、3日同(『鹿苑』)、3日西洞院時慶宅(『時慶』「民部卿法印礼ニ来義候」)、4日聚楽(『鹿苑』)、4日京都在(『兼見』)、5日禁裏(『時慶』『兼見』)、6日聚楽(『鹿苑』『兼見』)、7日名護屋へ(『時慶』「民部卿法印名護屋へ下向ヲ送」、『兼見』「民部法印至名護屋下向云々」)、9日播磨大窪(正月九日付駒井重勝宛玄以書状「今日播磨之内大窪まで参候」「駒井文書」)。

2月2日名護屋在(同日付豊臣秀吉朱印状「猶民部卿法印可申候」『豊臣秀吉文書集』4404)。

4月7日名護屋在(同日付松田政行宛玄以書状「面打に醍醐之角坊、名護屋江早々可罷下候旨被仰出候」「角坊文書」)、13日京都留守(『時慶』「民部卿法印留守へ見廻」)。29日名護屋在(同日付豊臣秀吉朱印状「猶民部卿法印可申候」『豊臣秀吉文書集』4545)。

5月11日名護屋在(『時慶』21日条「従名護屋民部卿法印折紙者十一日日付、今日到来」)、14日名護屋在(『時慶』「兌長老(中略)明日名護屋へ発足(中略)民部法印・孝蔵主(川添氏女)へ文遣候」)。

6月10日(同日付玄以書状「大閤様へ御音信」『賀茂別雷神社文書』1-372)。29日名護屋在(同日付玄以書状写「当御陣中ニテハ」『紀伊続風土記編纂史料』)。

7月26日京都留主(『北野目代』「法印様頓而御帰り候はん間」)、29日同(『時慶』「民部卿法印留守ヲ見廻」)。

8月22日京都留主(『時慶』「法印ノ宿ヲ尋候、未知由也」)、24日大坂着(『兼見』「民部法印至大坂罷上(上リヲ)云々」)、26日大坂在(『時慶』『兼見』)、27日同(『時慶』)、29日同(『兼見』)。

9月1日京都在(『鹿苑』『時慶』)、6日禁中(『時慶』)、6日伏見へ(『兼見』7日条「民法昨夕至伏見被罷出也」)、9日大坂へヵ(『時慶』「民部法印但梅軒へ文ヲ遣候処、大坂へ被越候由候」)、12日京都在(『兼見』「向民部法印」)、26日禁中(『時慶』「民部卿法印御作事見廻ニ被参候、於庭上逢候」)。

閏9月6日京都在(『時慶』)、14日・19日同(『時慶』)、22日伏見在(『駒井』「於伏見口切(中略)民部法印」)、22日聚楽(閏9月22日寿命院宛書状「唯今夜ル五刻被仰出候、一筑州・民法・浅弾・長束を御使として聚楽へ被仰遣候」『駒井』)、26日伏見在(寿命院・延命院宛木下半介書状「今日惣之屋敷割浅弾・民法・増右・長大・山橘我躰ニ被仰付候」『駒井』)。
（前田利家）
（浅野長吉）（増田長盛）（長束正家）（山中長俊）

10月2日禁中楽屋(『兼見』「民部法印へ可罷向所存之処、禁中御能之楽屋へ被来之由」)、5日禁裏(『三藐院』「禁中御能(中略)民部卿法印」、『時慶』「禁中御能(中略)民部卿狂言」、『駒井』)、6日京都在(『駒井』)、11日禁裏(『兼見』「民部法印狂言」)、12日聚楽(『駒井』「従大閤様御使民部法印・長束・木下・山中御参」)、13日京都在(『駒井』)、14日同(『兼見』「大閤民部法印へ御成」)、15日同(『時慶』)、16日同(『兼見』「於民法大閤御能在之」)、17日同(『兼見』「今日も於民法大閤御能」、『時慶』「大閤御能於民部卿在之」)。
（秀吉）

11月4日・12日京都在(『時慶』)、25日大仏木食(『時慶』「大仏へ木食興山上人興行連歌、民部卿法印被越候」)、26日京都在(『時慶』「民部法印へ礼ニ行」)、28日同(『兼見』『時慶』)。

12月1日京都在(『時慶』「民部法印ヨリ書立ニテ被触候」)、3日同(『駒井』、「於民部卿法印　御能有之」『時慶』)、4日・5日同(『時慶』)、11日京都在ヵ(『駒井』)、14日京都在(『兼見』「小屋ニ在之」)、16日同(『時慶』「民部法印へ行、留主」)、17日同(『時慶』「民部法印へ行」)、18日同(『駒井』「伊賀・甲賀江被遣御奉行白江備後(中略)民部法印へ令同道」)、18日大坂へ(『兼見』「民部法印至大坂下向云々、廿三日比上洛之由申畢」)、29日大坂在ヵ(『駒井』「御参内之事、来七日八日比可被成由、民部法印方江申遣候、就御諚、早道遣」)。

文禄3年(1594)

【概要】

大坂で年越し。1月4日大坂より京都へ。14日に再び大坂へ、24日大坂より京都着。28日三度大坂在、2月12日まで大坂在。14日の秀吉の伏見移徙に従ったとすればこの日伏見。2月10日、秀次の伏見屋敷の留守居を命じられ、19日以降は伏見。4月5日以降京都在、13日の京都在が確認される。15日伏見在(『駒井』)、7月5日・6日京都在ヵ、12日は伏見在、13日伏見より京都へ。以降年末まで京都在。ただしこの期間、伏見在を確認できる史料はないが、伏見にいた可能性は高い。

【詳細】

1月1日大坂在(『駒井』)、3日同(『駒井』「大坂へ元日申刻ニ遣飛脚、只今巳ノ刻ニ罷上、民部法印・孝蔵主・木大膳書中(中略)民部法印御暇之儀未出由」)、4日大坂より京都(『駒井』「民部法印大坂ゟ被罷上、未刻早道七条にてあひ候由」)、6日京都在(『光豊』「民部卿法印へ公家礼有之」)、7日同(『鹿苑』『晴豊』『光豊』)、8日同(『駒井』)、12日同(『駒井』)、14日大坂へ(『駒井』「民部法

331

印大坂へ被罷下ニ付、尾州方之帳共」）、16日大坂在（『駒井』）、19日同（『駒井』20日条「民法ゟ十九日之書中、一大坂江御下向之事」）、22日同（『駒井』）、23日同（『駒井』「従大坂民法辰刻書状、未刻早道着」）、24日大坂より京都（『駒井』「従大坂民法被罷登」）、28日大坂在（『駒井』）。

2月4日・9日大坂在（『駒井』）、10日同（『駒井』「民部法印伏見御屋敷留守居ニ可被為置由申渡」）、12日同（『駒井』「中山家記」）、19日伏見在（『兼見』「今日民法印伏見へ罷出之由申詑」、『駒井』）、23日伏見在ヵ（『駒井』）。

3月7日伏見在（『駒井』「太閤(秀吉)様於民法四座立相の能有之也」）、8日同（同日付草野次郎右衛門宛益庵・駒井書状「民法伏見ニ御入候間」、『駒井』）、10日伏見在ヵ（『駒井』「京都其外唱閑尾州荒地おこしニ被遣候様ニと民法被申上、上意ニハ陰陽(声聞師)師書付上意第ニ尾州へ可遣由民法へ申遣」）、11日同（『駒井』）、14日同（『駒井』「民法ゟ作事方算用之儀被申越」）、20日伏見在（同日付駒井重勝・益庵宛長束正家・増田長盛・玄以連署状「太閤様御蔵入算用」『駒井』）、21日同（『駒井』「民法・増田・長束(中略)御蔵納方之儀覚書相調伏見江相越、右両三人ニ申渡」）、22日同（『駒井』「民法江為御使伏見へ相越」）、28日同（『駒井』「関白(豊臣秀次)様伏見江　御成御無用之由、民法・木大膳(木下吉隆)ゟ被申上」）、29日同（駒井重勝宛玄以書状「明日者弥可被成御上洛候」『駒井』）。

4月1日伏見在ヵ（4月1日付玄以宛駒井重勝書状「伏見向島桜植木之儀」『駒井』）、5日京都在（『駒井』「太閤様施薬院ゟ民部法印江御成」、『兼見』「今日ヨリ民法へ大閤渡御也」）、7日同（『駒井』「大閤様為御諚民部法印、拙者方迄書付被申上」）、9日同（『鹿苑』）、10日同（『駒井』「今朝民法江数寄ニ被成御座候」）、12日伏見在（『駒井』「尾州荒地江所々陰陽師割符候帳面伏見江持遣、民法江相渡」）、13日禁裏へ（『駒井』「近衛(信輔)殿儀ニ付而禁中様江従大閤様御一書之覚、御使民部卿法印・木下大膳」）、15日伏見在（『駒井』）、22日同（『駒井』「民法江太閤様為御諚」）。

7月5日同（『言経』）、6日同（『鹿苑』）、12日伏見在（治部卿書状「東寺長者雑自記裏文書」）、13日伏見より京都へ（『兼見』「民部法印自伏見帰京云々」）、20日東寺（『晴豊』「東寺江(中略)民部卿法印も被参」）、26日鹿苑院（『鹿苑』「民法於鹿苑曲事可被聞云々」）。

8月1日京都在（『鹿苑』「自鹿苑玄以仁綿子三把」、『光豊』）。

9月23日京都在ヵ（『鹿苑』）。

10月20日聚楽（『鹿苑』「赴聚楽、太閤公御成見物(中略)玄以法印」）、24日京都在（『兼見』「民部法印俄相煩也、各為見舞御出也」）。

11月11日京都在（『兼見』「民部法印へ侍従見舞罷向」）、23日同（『兼見』「民部法印為見舞罷向、去月已来不例也」）。

12月29日京都在（『兼見』「侍従民部法印へ為歳暮罷向」）。

文禄4年（1595）

【概要】

　秀次事件の年。京都で年を越す。8月石田三成・増田長盛が「京中の儀」を「奉行」するよう命じられたことで、玄以は「京中の儀」を扱う立場はなれるが、禁裏・公家・門跡・寺社等については引き続き担当するとともに、文禄2年以降の豊臣氏奉行人の一人としての

役割が大きくなった。正月、7月、8月、9月としばしば京都在が確認できるが、多くは伏見にいたと思われる。

【詳細】

　1月3日聚楽（『鹿苑』「赴聚楽(中略)民法曲事云々」）、4日京都在（『鹿苑』「往民法、講年頭之礼」）、8日伏見在（『兼見』「民部法印諸家礼未無之、是又相尋之、先日伏見へ被罷越、未帰宅之由畢」）、11日北野（『北野社家』「民部卿法印へ当坊礼ニ御出也」）、12日京都在（『兼見』「民部法印諸家礼」、『光豊』「民部卿法印へ諸家礼有之」）、13日禁裏（『お湯殿』）。

　2月27日伏見在（『光豊』「大納言殿民法見舞、伏見へ伝奏衆御□」）。
　　　　　　　　　　　（勧修寺晴豊）

　3月2日京都在カ（『兼見』）。

　4月1日〜4日・15日伏見在（『駒井』）。

　5月23日京都在カ（「連歌」）。

　7月4日聚楽へ（4日付梅宗匂軒書状「民部法印(中略)為御使今朝聚楽被参候ていまに此地ハにて無御座候」『東寺百合文書』り154）、12日禁裏（『お湯殿』「だいかうよりほうゐん御つかゐにて」、『兼
　　　　　　　　　　　　　　　　　　　　　　　　　　　　　（太閤・秀吉）
見』13日条「夜前民部法印為御使出京」）、24日伏見在カ（『兼見』25日条「昨日民法・石田治部折紙到来
　　　　　　　　　　　　　　　　　　　　　　　　　　　　（三成）
也」）。25日禁裏（『お湯殿』「大かうよりほうゐん・いしたしふのせう御つかゐにて」）。
　　　　　　　　　　　　　　　　　（石田三成）

　8月1日伏見在（『兼見』「民部法印へ礼之事、伏見隙入也、近日出京次、諸家一度可有礼之由」、『光豊』）、5日禁裏（『お湯殿』「ほうゐんまいり候て」）、15日京都在（『兼見』「今朝民部法印へ八朔之礼諸家被申之畢」）、16日同（『お湯殿』）。

　9月14日伏見より京都へ（『兼見』「此砌民法へ令入魂(中略)今夕出京之由申訖」）。

文禄5年・慶長元年(1596)

【概要】

　伏見で年を越す。1月29日大坂へ下向するが、伏見に戻った日は不明。4月初めには京都在、5月13日禁裏より徳善院の号を授かる。25日以降は伏見在。閏7月13日伏見大地震。

【詳細】

　1月3日伏見在（『義演』）、6日同（『光豊』「民部卿法印ヘノ礼ニ諸公家伏見へ参」、『兼見』「直ニ伏見民部法印へ罷向了」、『義演』「今日民部法印玄以へ諸家参賀云々、仍尋ニ伏見遺之」）、10日同（『鹿苑』「往伏見(中略)民法午刻対顔」）、11日同（『義演』）、15日同（「壬生家四巻之日記」「於伏見民部卿法印所江御摂家為御礼御成也」、『義演』）、19日伏見在カ（『鹿苑』）、27日京都より大坂へ（『鹿
　　　　　　　　　　　　　　　　　　　　　　　　　　　　　　　　　　　　（秀吉）
苑』28日条「昨日玄以法印入内云、可建立新御殿、以指図下向于大坂、可備太閤相公台覧云々」）。

　4月1日伏見在カ（『義演』「玄以法印へ早蕨遣之」）。

　5月6日京都在（『義演』「民部卿法印玄以昇殿」）、13日禁裏（「壬生家四巻之日記」「民部卿法印是
　　　　　　　　　　　　　（素絹）
又忠節仕トテ被下成官、則徳善院□ソケンノ着シテ禁裏初而参内云々」）、15日同（『義演』「従禁裏、生幌猿楽者共悉被下之、奉行徳善院玄以事也」）、23日伏見在（『兼見』「自民法案内云々、民法今度授院号、徳善院権僧正、毎度為昇殿云々」）、25日同（『兼見』「未明至伏見罷出了(中略)徳善院へ罷向了」）、30日同（『兼見』「侍従伏見へ罷向、徳善院権僧正之礼在之」）。

333

7月4日禁裏(『壬生家四巻之日記』「今夜徳善院僧正親王(政仁)御方参内云々」)、9日伏見在ヵ(『義演』「徳善院へ修法為案内書状遣之」)、18日京都在ヵ(『義演』「禁裏御楽屋、徳善院僧正へ借渡」)、22日京都在ヵ(『義演』「禁裏ノ楽屋ヲ徳善院ヘ申借用」)、25日京都在(『義演』「今夜徳善院玄以御楽屋ヘ及深更逗留云々」)、28日同(『義演』)。

　閏7月9日伏見在ヵ(『義演』「徳善院呪願之事仰遣了」)、12日伏見在(『兼見』「侍従夜中伏見へ(中略)徳善院へ諸卿出頭也」)、29日同(『義演』)。

　8月12日伏見在ヵ(『義演』)、17日・18日伏見在(『兼見』)、18日同(『舜旧』「今日御霊会、増田右衛門尉下奉行与玄以法印与依申事ニ還幸延引也、於伏見ニ及沙汰云々」)、19日同(長盛)(『兼見』「及晩罷伏見(中略)改衣服向徳善院」)、20日同(『兼見』「於特善院前予申次第也」)、22日伏見在ヵ(『鹿苑』「自徳善院殿被仰云々、諾矣、雖然無来駕」)。

　10月7日伏見在ヵ(『兼見』「徳善院被申子細在之、来十一日式日」)、7日・11日同(『義演』)。

　11月25日伏見在ヵ(『義演』)。

　12月9日伏見在(『義演』)、10日同(『義演』『兼見』)、29日同(『兼見』「徳善院へ為礼侍従伏見へ罷越」)。

慶長2年(1597)

【概要】

　伏見で年を越す。大仏、禁裏など京都に出向くが、基本的には伏見在。

【詳細】

　1月12日伏見在(『義演』「徳善院権僧正伏見ノ宅へ罷向了」)、21日禁裏(『光豊』「徳善院御しゆり(修理)御見廻参也」)、23日上洛(『言経』24日条「昨日奉行衆徳善院(中略)上洛了」)。

　2月11日禁裏(『光豊』「徳善院参内」)、11日京都在(『孝亮』「今日徳善院諸家御礼云々」)、12日伏見在(『孝亮』「今日徳善院方参、昨日之礼戌刻両度大地震」、『義演』『光豊』)、20日伏見在ヵ(『義演』)、21日・24日伏見在ヵ(『義演』)。

　3月9日・25日・27日伏見在(『義演』)、28日伏見在ヵ(『義演』)、28日鹿苑院(『鹿苑』「午時徳善院来臨、於上之屋敷木屋、進一盃」)。

　4月1日伏見在(『鹿苑』「玄以徳善院・増右(増田長盛)・長大(長束正家)ニ理之」)、3日同(『義演』「伏見へ越候て、徳善院へ談合」)、8日禁中(『兼見』「徳善院　禁中楽屋ニ在之」)、13日伏見在ヵ(『義演』)。

　5月4日伏見在(『義演』)、6日同(『義演』「徳善院婦死去、今日葬礼」)、8日同(『鹿苑』)、19日・21日・22日同(『義演』)、24日同(『義演』「伏見徳善院へ」)。

　6月1日・5日・16日伏見在ヵ(『義演』)。

　7月1日・3日～5日・7日伏見在ヵ(『義演』)、12日伏見より京都へ(『兼見』「徳善院自伏見出京、大閤御屋敷作事被申付之云々、然間近日切々出京云々」)、25日伏見在(『鹿苑』断簡「徳僧者御城ニ有之」)、26日～28日同(『鹿苑』断簡)。

　8月1日伏見在(『義演』)、8日伏見在ヵ(『義演』)、12日同(『孝亮』「徳善院僧正八朔之礼也」)、15日同(『鹿苑』)。

9月2日京都在ヵ(『鹿苑』「赴徳善院木屋(中略)於徳善有晩炊」)、8日禁裏(『孝亮』「徳善院僧正参内(中略)当時徳善院為権勢之人」)、13日伏見在ヵ(『義演』)、18日京都在(『鹿苑』「早天出洛、午刻赴徳善院」)、23日・25日伏見在ヵ(『鹿苑』)。

10月22日伏見在(『鹿苑』「夜間到徳善」)、23日同(『鹿苑』「於徳善喫斎」)。

11月5日・6日伏見在ヵ(『義演』)、11日伏見在(『鹿苑』「午後帰伏見(中略)到徳善院」)、24日伏見在ヵ(『義演』)、27日京都在ヵ(「連歌」)。

12月6日・11日伏見在ヵ(『義演』)、16日伏見在(『鹿苑』「到御番所、与増右・徳善・石治(石田三成)・長大相会」)、17日同(『鹿苑』「先到徳善」、『義演』)、20日・21日同(『鹿苑』)、22日伏見在(『義演』「徳善院御前へ参、仍留主」)、24日伏見在(『兼見』「竹村兵部、一庵、徳善院折檻云々」)、28日伏見在(『兼見』「伏見徳善院為歳暮礼罷向了(中略)徳善院者出頭」)。

慶長3年(1598)

【概要】

8月17日秀吉没す。伏見で年を越す。醍醐、大仏、禁裏などへ出向くが、基本的には伏見在。

【詳細】

1月3日伏見在ヵ(『義演』)、7日出京(『義演』8日条「徳善院為年頭用意、先尋遣候処、昨晩出京之由申来」)、8日禁裏(『お湯殿』「とくせんゐん御れゐ申」)。

2月2日京都在(『お湯殿』)、5日伏見在ヵ(『義演』)、9日三宝院(『義演』「徳善院・増田衛門(長盛)・長束大蔵大輔以下門跡へ来(正家)」)、13日伏見在ヵ(『義演』)、15日醍醐寺(『義演』「徳善院・増田衛門・長束大蔵大輔来」)、17日伏見在ヵ(『義演』)、22日醍醐寺(『義演』「徳善院(中略)御花見仮屋伊藤加左衛門申付ニ来」)、27日伏見在ヵ(『義演』)。

3月1日醍醐寺(『義演』「徳善院来臨」)、8日同(『義演』「徳善院入来」)、17日醍醐寺ヵ(『義演』)。

4月4日伏見在ヵ(『義演』)、23日禁裏(『義演』)。

5月3日京都在(『お湯殿』)、7日伏見在(『義演』「徳善院等為見舞、伏見へ罷向」)、26日伏見在(『義演』)。

6月4日伏見在ヵ(『義演』)、8日京都在(『お湯殿』)、13日伏見在(『義演』「其以前御城へ徳善院参」)。

7月3日伏見在ヵ(『義演』)、7日伏見在(『義演』)、14日同(『義演』)、16日京都在(『お湯殿』)。

8月1日伏見在(『義演』)、6日伏見在ヵ(『義演』『お湯殿』)、7日伏見在(『義演』「浅野弾正・増田右衛門尉・石田治部少輔・徳善院・長束大蔵大輔五人ニ被相定、日本国中ノ儀申付了、昨日右五人縁辺ニ各罷成云々、是御意也」)、10日同(『義演』)、13日同(『お湯殿』「伏見へししやつかはさるゝ、すなはちとくせんゐんより(使者)」)、16日同(『義演』)、20日同(『義演』)、24日同(『義演』「伏見御城へ罷向了(中略)徳善院ニテ振舞」)。

9月4日伏見在（『義演』）、6日大仏東山（『義演』7日条「大仏東山仁八棟作ノ社頭建、如北野社云々、徳善院昨日罷越ナワハリ云々」）（縄張）、7日仁和寺（『義演』「徳善院直ニ仁和寺御室ナワハエリニ越云々」）、17日～19日禁裏（『お湯殿』）、20日伏見在ヵ（『義演』）、22日同（『義演』）、26日・27日同（『お湯殿』）、29日（『義演』）。

10月1日伏見在（『北野社家』「伏見ニて徳善院ニ懸御目」）、2日醍醐寺（『義演』「徳善院入来」）、9日妙心寺（『北野社家』「稲兵庫殿とふらい妙心寺ニて有、徳善院御出也、北野を御とおり也」）、16日上洛（『北野社家』17日条「昨夜徳善院上洛と承」）、17日禁裏（『お湯殿』「とくせんゐん御みまい申さる」）、18日同（『お湯殿』、『北野社家』「徳善院内裏様へ御出」）、20日伏見在ヵ（『義演』）、21日同（『お湯殿』）、22日伏見在（『北野社家』）、23日同（『北野社家』「伏見ニ参、徳善院公事ニ参」）、26日同（『北野社家』）、27日醍醐寺（『義演』「徳善院当門跡作事ニ付、終日逗留」）、30日伏見在（『北野社家』）。

11月2日伏見在（『義演』）、3日同（『言経』）、5日同（『北野社家』）、12日同（『言経』「江戸内府所ニテ徳善院被申上」）、17日京都在ヵ（『お湯殿』）、18日仁和寺・妙心寺、亀山へ（『北野社家』「徳善院仁和寺・妙心寺へ御出也、亀山へすくニ御出也」）、20日京都在（『言経』「徳善院相尋之処、在洛也云々、帰城次第ニ可同道之由也」）、25日伏見在（『義演』）、26日同（『言経』「他行」）、27日同（『北野社家』「伏見徳善院ヘ礼ニ参」）。

12月1日伏見在ヵ（『義演』「徳善院今日入来延引」）。2日同（『義演』）、4日伏見在（『義演』『北野社家』）、5日～7日同（『言経』）、8日同（『義演』「早天徳善院宅へ罷向了」）、13日伏見在ヵ（『義演』）、17日伏見在（同日付松田政行書状「徳善御城ニ居申候間」、『南禅寺文書』）、18日新八幡（『北野社家』「徳善院・増右衛門尉殿皆々御共にて内府様新八満へ御出也」）（幡）、19日伏見在（『北野社家』「隠居出入之儀、五奉行へ徳善院御尋之由」）、23日同（『義演』）、24日京都在ヵ（『北野社家』）、28日京都在（『義演』慶長4年1月8日条「仁和寺御室ヨリ来、雑談云、旧冬廿八日日二宮御入室、御九歳云々、徳善院御供云々」）。

慶長4年(1599)

【概要】

伏見で年を越す。6月16日まで伏見在。20日には大坂在。7月3日には大坂在、12日には伏見、京都在。7月晦日大坂在。8月9日には伏見在。この月末まで伏見・京都在。9月4日には大坂在。11月26日ころ上洛。伏見、大仏を居所とする。12月25日までは京都在。29日には大坂在。

【詳細】

1月3日伏見在（『義演』1月2日条「明日徳善院江礼之義」）、5日同（『義演』「伝聞、五人御奉行衆本結ヲ払云々、大閤御所御遠行、旧冬迄ハ隠密之故ニ無其儀」）（秀吉）、8日同（『北野社家』「伏見へ参、徳善院百疋」）、15日伏見在ヵ（『北野社家』）、21日・23日同（『義演』）、24日同（『お湯殿』『義演』『言経』）、27日同（『北野社家』）。

2月8日京都在（『北野社家』）。

3月6日・8日伏見在ヵ(『義演』)、16日伏見在留守(『義演』)、17日伏見在ヵ(『義演』「徳善院へ花枝贈之、近日可有入寺由也」)、23日醍醐寺(『義演』「早天徳善院来」)、24日伏見在ヵ(『義演』)。

閏3月16日伏見在(『北野社家』「伏見へ参(中略)徳善院へ」)、19日伏見在ヵ(『義演』)、24日・26日同(『お湯殿』)、27日吉田社(『舜旧』「徳善院二位所江来」)、29日禁裏(『お湯殿』「とくせんゐんことしの御れいにまいる」)。
（吉田兼見）

4月7日大仏(「連歌」)、13日伏見在ヵ(『義演』)、14日同(『お湯殿』)、24日同(『義演』)、30日京都在(「智仁」「晩ニ秀頼卿より豊国大明神(中略)徳善院を使ニシテ金子三枚賜」)。
（豊臣）

5月3日伏見在(『言経』『鹿苑』)、7日同(『言経』)、10日伏見在ヵ(『鹿苑』「徳善院へ上目安持参、且宴遊」)、11日伏見在(『鹿苑』「自社家伝兵衛・助十郎為使赴于伏見、予与新家ノ公事也、徳善院エ訴訟ト」)、13日同(『北野社家』)、14日伏見在ヵ(「智仁」)、18日同(『言経』)、26日京都在(「智仁」「徳善院正月礼とて馬太刀也」)。

6月1日伏見在(『鹿苑』「徳僧於長速算用有之故留主也」)、2日〜6日同(『鹿苑』)、7日京都在(「智仁」「於徳善院連歌興行アリ」、『鹿苑』「徳僧連会」)、8日同(智仁「徳善院礼ニ来」)、8日禁裏(『お湯殿』「とくせんゐんまいる」)、11日伏見在(『鹿苑』「徳僧・浅野弾正殿ニ相逢」)、12日・13日・15日・16日同(『鹿苑』)、20日大坂在(『鹿苑』「赴于大坂(中略)徳僧様・長束大蔵殿御下向候而、廿一日之御奉行衆之参会者有間敷ト云々」)、21日同(『鹿苑』「自徳僧(中略)早々可参ト云々」)、22日・24日・26日・27日同(『鹿苑』)。
（束）（長政）

7月1日大坂在(『鹿苑』)、3日同(『鹿苑』「赴大坂(中略)徳僧へ同途」、『義演』「徳善院大坂ニ為御在番逗留」)、12日京都在(『舜旧』)、19日同(『鹿苑』「赴徳僧一礼」)、20日同(『鹿苑』21日条「昌叱昨徳善ト連歌了テ宴遊」)、22日伏見在(『鹿苑』「僧正者在伏見也」)、22日伏見より大仏へ(『鹿苑』「及暮鴉西尾、徳僧者被赴大仏」)、23日京都在(『鹿苑』「徳僧尾在京」)、25日大仏へ(『鹿苑』「徳僧問下向也、今日大仏迄下向ト云々、不知実虚」)、晦日大坂在(『義演』「徳善院大坂へ為御礼下云々」)。
（里村）

8月7日、9日伏見在ヵ(『義演』)、14日禁裏(『言経』「内府参内(中略)徳善院」)、18日京都在(『お湯殿』)、21日伏見在(『北野社家』「伏見へ参(中略)徳善院様」)。
（徳川家康）

9月4日大坂在(『鹿苑』「明日予赴于大阪可然ト云々、於其席如水之状徳僧へ被参」)、5日同(『義演』「徳善院小坂御番」)、6日同(『鹿苑』)、7日同(『鹿苑』「先至徳僧、登城故不逢(中略)自其徳僧至広間、数刻相待、其内三十郎来、向予日、極楽橋之矢倉ニテ徳僧只今公事ヲ被聞之間」)、10日・13日・14日同(『鹿苑』)、18日同(『北野社家』)、19日同(『鹿苑』)、26日同(『義演』)。
（黒田孝高）

10月10日大坂在(『鹿苑』「赴大阪、先至徳僧伸一礼」)、11日・12日・14日〜21日・24日〜晦日同(『鹿苑』)。

11月1日大阪在(『鹿苑』「赴于徳僧」、『義演』「徳善院へ為見舞樽遣之、在小坂也」)、3日同(『北野社家』)、10日同(『義演』「於大坂城、大般若可転読由、徳善院ヨリ申来了」)、12日・15日同(『義演』)、17日同(『鹿苑』「至大阪(中略)赴徳僧」、『義演』「徳善院へ間可向」)、19日〜22日同(『鹿苑』)、22日上洛ヵ(『北野社家』「今日か明日徳善院上洛と申」)、23日大坂在(『鹿苑』)、24日同(『鹿苑』「赴

徳僧、則上洛之用意」)、26日伏見着(『北野社家』「徳善院伏見ヘ御上也、御煩也」)、27日伏見在(『義演』「徳善院不例」)。

12月6日大仏在(『北野社家』「大仏徳善院御見舞申」)、9日伏見在(『北野社家』)、10日同(『鹿苑』「至伏見(中略)先赴于徳僧」)、12日同(『北野社家』「伏見徳善院ヘ」)、13日上洛(『北野社家』14日条「徳善院夜前御上洛有之(中略)徳善院御宿ハ重喜所也」)、14日伏見ヘ(『北野社家』「今夜徳善院伏見ヘ御帰之由也」)、16日伏見在(『北野社家』)、16日伏見より京都ヘ(『鹿苑』「逢徳僧、(中略)徳僧上洛アリ」)、17日・18日・20日伏見在(『北野社家』)、22日同(『義演』)、23日同(『北野社家』)、25日北野(『北野社家』「徳善院(中略)御出也」)、29日大坂在(『鹿苑』「赴于大阪(中略)至徳僧」)。

慶長5年(1600)
【概要】
　大坂で年を越し、正月7日に伏見着。25日までの間、伏見を主な居所とするが、参内、大仏の自坊で年頭の礼を受け、また、豊国社に社参。2月7日までに大坂に下り、22日に醍醐、大仏、清水などを訪れ、26日大坂に下る。3月16日から26日ころまで京都在。4月15日ころより21日ころまで京都在。5月7日には大坂在。その後6月13日までは大坂在。17日は伏見、豊国社、19日に伏見、7月17日までに大坂ヘ。その後9月末まで大坂在。28日には天野山へ引き籠もる。10月15日、天野山より大坂ヘ戻る。11月17日上洛。その後22日の京都在は確認できるが、その後の居所は12月25日大坂在まで確認できない。

【詳細】
　1月4日大坂在(『鹿苑』「赴任大阪(中略)先至徳善院」)、5日同(『鹿苑』「徳僧御城エ公家衆与御出之節」)、7日上洛ヵ(『義演』8条「徳善院昨日上洛由風聞」)、8日伏見着(『時慶』「徳善院上洛ノ沙汰アリ、但伏見迄上ト後ニ聞」)、10日上洛(『時慶』「徳善院礼ニ上洛ト」、『北野社家』「今晩徳善院伏見ゟ上洛」)、11日禁裏(『孝亮』「徳善院僧正相添参内」、『義演』「従秀頼様、為御名代京極宰相参内、徳善院僧正被相副云々」、『時慶』「午過徳善院参内」)、12日伏見在(『時慶』「徳善院ハ城ヘ御礼ニ滞留ノ由候」)、14日大仏坊(『義演』「辰剋徳善院為年頭罷向了、大仏坊ニ逗留」)、16日大仏在(『北野社家』「徳善院大仏ニ御入て、大仏にて当年ノ礼申」)、20日伏見在(『言経』「徳善院豊国社ニ私宅滞留之由有之間、罷向了、未伏見ニ被居也云々」)、21日伏見在ヵ(『義演』)、22日同(『北野社家』)、25日豊国社(『舜旧』「於豊国社連歌百韻、民部(玄以)興行」)。

　2月7日大坂在(『義演』「大坂徳善院ヘ差遣了」、『北野社家』「来十五日ニ於大坂秀頼様ヘ寺社悉御礼有之由、徳善院ゟ葛西殿ヘ被仰出」)、9日同(『義演』)、10日同(『言経』)、12日同(『義演』)、13日同(『義演』、『時慶』「大坂ヘ下向(中略)徳善院ヘ御云伝」)、14日同(『時慶』)、15日同(『鹿苑』「赴于大阪(中略)徳僧者石川肥前殿有会」、『義演』)、19日同(『智仁』「大坂徳僧ヘ人を下ス」)、20日同(『鹿苑』「先至徳僧」)、22日大坂より醍醐(『鹿苑』「徳僧者堤湖(醍醐)花見故上都也、於庭拝顔」)、24日伏見在ヵ(『義演』「徳善院(中略)但近日大坂ヘ罷下之由返答」)、25日京着大仏(『時慶』「徳善院□□(大仏ヵ)迄上洛」)、25日大仏ヘ・清水(『北野社家』「徳善院大仏ヘ御出之由(中略)徳善院・紹巴(里村)各清水上人ヘ」)、26日京より大坂ヘ(『時慶』「左近丞ハ徳善院ヘ遣状、大仏ヘ遣候、早大坂ヘ下向ト」)、

338

3月1日大坂在(『鹿苑』「赴大坂、先至徳僧」、『時慶』)、3日同(『時慶』「喜蔵上洛大坂ヨリ上候、徳善院返事」、『鹿苑』「徳僧登城次第ニ可有来駕ト云々」)、4日同(『義演』)、5日同(『鹿苑』「至徳僧」、『時慶』)、8日同(『義演』)、9日・11日同(『義演』)、12日同(『時慶』)、16日大仏着(『時慶』17日条「徳善院ハ昨日大仏迄被□ト」、『北野社家』「増田右衛門尉殿(上家)・徳善院・長束殿(正家)大坂ゟ今日上洛ト承」)、19日大仏在(『時慶』)、20日同(「北野行事帳」「三月廿日大仏ニテ徳善院ヘ遣」)、21日同(『時慶』「徳善院大仏ニ滞留」)、25日京都在(『時慶』)、28日大坂在(『北野社家』「秀頼様へも(中略)御礼申上、徳善院・片主膳御取次也」、『義演』)、29日同(『時慶』)。

4月1日・3日大坂在(『お湯殿』)、4日大坂在(『北野社家』「所司代徳善院申付候者(中略)大坂徳善院」)、12日(『北野社家』「徳善院・増右衛門尉殿所司代ニテ候ヘハ」)、15日吉田社(『舜旧』「徳善院神社へ罷越」)、15日北野(『北野社家』「徳善院北野内会所御修理被遊候、今日御覧じ御出也」)、16日京都在(『お湯殿』)、17日大仏在(『北野社家』「大仏ゟ徳善院我等をよひニ給」)、17日豊国社(『舜旧』「戌刻始徳善院社参」)、18日同(『義演』『時慶』)、18日上洛(『北野社家』「徳善院御上洛ニて懸御目」)、19日同(『言経』「徳善院屋敷可相渡之由有之、内府(徳川家康)ヨリ御キモ入也」)、22日北野(『北野社家』「徳善院会所作事見廻ニ御出也」)、23日大仏在(『北野社家』「大仏へ徳善院へ参」、『時慶』25日条「大仏ニ徳善院一昨日ヨリ滞留ト」、『義演』「金堂為見舞徳善院入寺、依雨延引」)。

5月10日大坂在(『お湯殿』「ひてより中納言へ(中略)とくせんゐんへ」)、16日・18日同(『北野社家』)、20日同(『鹿苑』)、28日同(『義演』「徳善院ヘハ早朝ニ先向」)。

6月3日大坂在(『鹿苑』「赴大坂(中略)至徳僧」)、5日同(『北野社家』7日条「内府様御前ニテ去五日ニと徳善院内府様ヘ被申候て」、『義演』)、7日同(『北野社家』、『舜旧』「徳善院ヘ(中略)音信、次大坂宿へ」)、8日同(『義演』「徳善院曝卅端」)、10日同(『北野社家』「惣宮仕徳善院ニ」)、11日・13日同(『時慶』)、17日伏見在(『北野社家』「伏見徳善院へ参」、『時慶』)、17日豊国社(『鹿苑』「午時新太明神へ内府公御社参ナリ、此故ニ徳僧亦社参」)、18日同(『舜旧』「徳善院社参」、『北野社家』「今日徳善院殿豊国(大坂)へ御出間参」、『時慶』)、19日伏見へ(『北野社家』「徳善院今夕伏見へ御帰」)。

7月17日大坂在(『北野社家』「大坂御城へ御奉行衆悉被籠由申来」)、18日同(『お湯殿』「大さかのていは、もりしたいにて候ま丶、御心やすくおほしめされ候へと、とくせんゐん御返事申(毛利輝元)」)、19日同(『言経』「伏見城内府内衆鳥彦右衛門尉已下四五人侍有之、其外人数多有之云々、大坂ヨリ猛勢ニテ被責之、城ヨリ出テ近所之益田右衛門尉・徳善院已下家共放火了(次第)」、「孝亮」「伏見丸之内徳善院幷右衛門尉家焼払(増田長盛)」)、22日同(『時慶』「大坂へ□向(中略)秀頼公へハ徳善院(下)シテ可申入」)、23日同(『時慶』「徳善院所労トテ相待」)。

8月1日大坂在(『北野社家』)、4日同(『お湯殿』「とくせんゐんにか〲しくわつらい(煩)のよし御心もとなく覚しまし候よし、くわんしゆ寺へ仰いたさる丶」)、11日・12日・14日・21日同(『時慶』)。

9月1日大坂在(『北野社家』)、5日同(『お湯殿』「とくせんゐんわつらひ大事なるにつきて、はうはうへさらしなとくはり候とて」)、6日同(『時慶』「徳善院ヨリ袖中抄遺物トテ被贈候」)、9日同(『義演』「徳善院ヨリ大般若転読可下由申来」)、13日大坂在(『時慶』「大坂へ徳善院見廻ニ」)、20日

大坂在ヵ(『時慶』「德善院ハ大略無別義由候」)、21日同(『時慶』「德善院無異儀候間、珍重申遺候」)、28日天野山(『義演』「德善院河内天野山ニ居云々」)。

10月7日天野山(『北野社家』17日条「去七日德善院天野山ニらう人シテ御入候を見廻申」)、8日同(『義演』「德善院為見舞、河内天野使者遣之」)、15日大坂へ(『北野社家』17日条「德善院去十五日ニ大坂へ御上、内府様御前相済也」)、16日大坂在(『時慶』「大坂へ德善院見舞ニ左近丞□□遺候」)、18日同(『時慶』「左近丞大坂ヨリ上洛、德善院返事在之」)。

11月6日大坂在(『舜旧』)、14日同(『時慶』)、16日同(『義演』)、17日上洛(『時慶』「德善院上洛」)、18日禁裏(「孝亮」「德善院僧正等参内也」、『時慶』、『言経』)、19日大仏(『義演』「中納言豊国大明神社参、德善院ニテ振舞云々」、『北野社家』「今日中納様豊国へ御社参、德善院御振舞也」、『時慶』「江戸中納言豊国社参ノ次ニ德善院ノ寺ニテ振舞被申ト」、『言経』)、22京都在(『北野社家』)。

12月25日大坂在(『時慶』「德善院へ□七入桶(中略)真木ヲ使ニ候、大坂迄□」)、27日同(『時慶』「大坂ヨリ真木上洛、德善院□□□」)。

慶長6年(1601)

【概要】

大坂で年を越し、3月20日に京都に移り、豊国社近くの大仏を居所とした。

【詳細】

1月8日大坂在(『義演』「大坂へ(中略)德善院へ音信」)、14日同(『義演』「大坂德善院ヨリ」)、14日同(『舜旧』)、16日同(『義演』)、17日大坂在ヵ(「連歌」)、19日大坂在(『鹿苑』「午時赴德僧」)、26日同(「智仁」「德善院より秀頼へ御礼と也」)、29日同(「孝亮」「於大坂(中略)德善院参礼」)。

3月1日大坂在(『義演』「秀頼卿初桜一枝・同折進上之、德善院同桜・折遺之」)、20日上洛(『舜旧』「德善院上洛付」)、21日京都在(『北野社家』「德善院へ見廻申」)、22日大仏(『義演』24日条「德善院一昨日閑談、大仏德善院寺、御室へ去年進上」)。29日大仏在(『鹿苑』「今午前大仏慈照和尚問德僧」)。

4月4日大仏(『北野社家』「大仏德善院見廻申」)、6日京都在(『義演』)、16日京都在大仏ヵ(「智仁」「豊国大明神へ参詣(中略)德善院所ヘモ」)。

5月10日・19日京都在ヵ(『義演』)、20日京都在(『北野社家』「德善院へ見廻ニ参」)。

6月12日京都在(『北野社家』「德善院へ参」)。

9月16日大仏在(『鹿苑』「赴松勝右、早大仏エ越ト云々、追従シテ行、頃刻至德僧」)、26日京都在(『北野社家』)。

10月3日大仏(『北野社家』「大仏德善院ノ女中と中直有之故」)。

12月26日京都在(『北野社家』)。

慶長7年(1602)

【概要】

死去する5月7日まで、京都大仏の自坊にあった。

【詳細】

　1月10日京都在(『義演』「徳善院へ樽代遣之」)、15日同(『時慶』)、19日同(『鹿苑』「今日豊光斎了東山妙門並照高院殿・徳善院尋訪アツテ」)、21日同(『義演』)、24日同(『北野社家』)。

　3月10日京都在(『時慶』)、14日同(『時慶』「徳善院見舞、不例以外也、今日ハ少験ト」)、16日同(『時慶』)、17日同(『義演』「徳善院煩為見舞樽遣之」)、18日同(『時慶』「豊国社へ詣、次ニ一徳善院見舞、煩同篇ト」(ママ))。

　5月7日京都在(『舜旧』「徳善院於豊国罷帰」、『時慶』「徳善院煩以外ノ由候、則行、巳刻斗ニ遠行ト(辰)」、『義演』8日条「昨日巳剋徳善院法印玄以死去、仍弔ニ遣了、去々年大乱以来風風起、威勢無比者也、如夢」、『智仁』「徳善院四時分ニ死去(中)」)、11日妙心寺葬礼(『義演』「徳善院妙心寺ニテ葬送」、『時慶』「徳善院葬礼妙真寺ニテ在之、巳刻ト(心)」、『鹿苑』「未明ニ赴妙心寺、徳僧葬礼ニ逢」)。

■典拠
【日記】
「宇野」『お湯殿』『兼見』『義演』『北野社家』『北野目代』『駒井』『舜旧』『三藐』「智仁」「孝亮」『多聞院』『言経』『時慶』「中御門宣光記」「晴豊」「晴豊」「光豊」「壬生家四巻之日記」『鹿苑』

【記録】
「上下京町々古書明細記」「玄以下知状」『公記』「古簡雑纂」「里村昌休三十三回忌千句連歌」『信長記』『太閤』「手鑑」「輝元公上洛日記」「時慶卿集」「霊洞雑記」「連歌・演劇・雅楽データベース」

【古文書】
『賀茂別雷神社文書』『久我家文書』『醍醐寺文書』『南禅寺文書』『妙法院史料』「阿弥陀寺文書」「永養寺文書」「角坊文書」「賀茂別雷神社文書」「川端道喜文書」「勧修寺文書」「光源院文書」「広隆寺文書」「近衛信尹覚書」「駒井文書」「佐藤行信氏所蔵文書」「下郷伝平氏所蔵文書」「浄福寺文書」「正法寺妙心禅寺米銭納下帳」「真長寺文書」「大徳寺文書」「醍醐寺文書」「大通寺文書」「知恩院文書」「頂妙寺文書」「天正十二年両宮正遷宮前後申分」「天龍寺真上院文書」「天龍寺文書」「東寺百合文書」「鳥居大路良平氏所蔵文書」「曇花院文書」「羽賀寺文書」「羽倉文書」「報恩寺文書」「三雲文書」「妙心寺文書」「妙顕寺文書」「鹿王院文書」「吉田文書」「離宮八幡宮文書」

【参考文献】
伊藤真昭『京都の寺社と豊臣政権』(法蔵館　2003年)
伊藤真昭「前田玄以発給文書集成(一)」(『歴史文化研究』5　2016年)
伊藤真昭「前田玄以発給文書集成(二)」(『歴史文化研究』7　2018年)
伊藤真昭「前田玄以発給文書集成(三)」(『西山学苑研究紀要』17　2022年)
宇野日出生「大中院文書について」(『京都市歴史資料館紀要』21　2007年)

遠藤珠紀「消えた前田玄以」(山本博文・堀新・余禰勇二編『偽りの秀吉像を打ち壊す』柏書房　2013年)

木藤才蔵『連歌史論考』下　増補改訂版(明治書院　1993年)

小高敏郎『松永貞徳の研究』(臨川書店　1988年)

谷　徹也「豊臣氏奉行発給文書考」(『古文書研究』82　2016年)

谷　徹也編『石田三成』(戎光祥出版　2018年)

藤井讓治「「所司代」石田三成・増田長盛と前田玄以」(『東京大学史料編纂所研究紀要』35掲載予定　2025年)

石田三成の居所と行動

中野　等

【略歴】

　三成は永禄3年(1560)に近江国坂田郡石田に生まれたとされる。幼名は「佐吉」で、父は石田郷の土豪藤左衛門(または十左衛門)正継(為成ともいう)。兄に弥三正澄がいる。父正継は北近江の戦国大名浅井氏に仕えていたと推定される。浅井氏滅亡後、秀吉が論功行賞として浅井の旧領湖北三郡を与えられ今浜(のち長浜)にはいって程なく、三成は秀吉に仕えたと考えられるが、詳細は不明。

　三成の活動が史料的に確実となるのは天正11年(1583)以降である。この年1月23日、秀吉に対して謀反した淡路国の菅平右衛門の鎮圧に関し広田蔵丞に書状を発している。なお当時の実名は「三也」であり、この文書にも「佐吉三也」と署名している。「宇野」7月4日条には「浅野弥兵・石左吉・羽柴久太郎・羽柴美濃守イズレヘモ御書、御音信ハ無之」とみえており、すでに浅野長吉(のち長政)・堀秀政・羽柴秀長らと名を連ね、「筑州家中出頭面々」として知られている。また賤ヶ岳合戦の直後から木村吉清・増田長盛らとともに上杉家との交渉にあたっている。この頃の三成は、秀吉の御前に伺候する「御広間御詰衆」の一員であった。ちなみに、天正12年(推定)8月12日付「なかはま町人中」充ての秀吉朱印状に「鋤鍬取寄候為奉行石田弥三遣候」とみえており、兄正澄も相前後して秀吉に臣従したと考えられる。

　天正13年7月13日、秀吉の従一位関白叙任にともなって、従五位下治部少輔となる。この前後に実名も「三成」と改めたものか、同年に推定される12月28日の上杉景勝充て書状には「三成」と署名している(『上杉』)。翌14年、小西隆佐とともに堺の政所(奉行)に任じられる。天正15年には九州平定戦に従い、以後政権と島津氏との取次に任じられる。16年には堺政所の役を兄正澄に引き継ぎ、18年からの関東平定戦にのぞみ、武蔵国忍城の水攻めなどを行う。この時城の南側に築かれた長堤は「石田堤」として知られている。関東平定後は蒲生氏郷・浅野長吉・大谷吉継・木村常陸介らとともに奥羽仕置きを命じられる。

　三成が近江佐和山城主であったことは知られているが、その入封時期については天正18

年とするものと文禄4年(1595)とするものがある。前者とすれば、後北条氏の滅亡をうけた東海・東山・関東・奥羽諸国の知行割りに連動して、三成も北近江に領知を得、佐和山を城地としたことになる。ちなみに天正19年(推定)4月10日に三成の老臣安宅三郎兵衛秀安が島津義弘に充てた書状に「関白様大津へ御動座ニ付治部少定大津ニ逗留、治部少帰京之刻ニ可罷上と存、延引申候、明後日十二日ニ佐和山を罷立、十三日ニ必京着可仕候」とある。前半は秀吉に同行して大津に滞在している三成の事を告げているが、後半それにともなって自らの京着が遅れたことを詫びている。ここで安宅秀安は佐和山からこの書状を発しているようであり、文書の末尾には「明日十一日中ニ、此方用所を相叶可罷上候」とある。三成の老臣が佐和山にしばらくとどまって用所を弁じているわけで、この段階ですでに佐和山を本拠とした何らかの支配領域が成立していたと考えられる。これが大名領を意味するのか、三成が代官として湖北の支配に当たっていたのかはにわかに判断できない(文禄四年説については、「居所と行動」の文禄4年の項を参照)。なお、佐和山領有に先立って、三成は丹波亀山ついで美濃神戸辺りに領知を得ていた可能性がある。

　天正20年からの朝鮮出兵にさいしては、秀吉に代わって朝鮮半島に渡海し、増田長盛・大谷吉継らと「三奉行」として現地の軍勢に指示を与えた。講和・休戦期に入ると日本へ帰還し、その後は島津領・佐竹領の検地を指揮する。いわゆる「秀次事件」にさいしては、文禄4年の6月、秀吉の命のもと増田長盛・前田玄以とともに秀次糾明のため聚楽へ赴き誓詞を求めた。周知のように、秀吉の晩年にはいわゆる「五奉行」の一人に数えられた。

　慶長3年(1598)8月秀吉が亡くなると、朝鮮半島の軍勢を撤収させるため博多に赴き尽力。しかしながら、慶長4年にはいるとまもなく三成に不平・不満をもつ武将たちに圧迫され、閏3月佐和山へ引退。家督は嫡子隼人正重成に譲られた。慶長5年徳川家康討伐の兵を挙げ、9月15日美濃関ヶ原で敗北。その後近江国内でとらえられ、10月1日小西行長・安国寺恵瓊とともに京都六条河原で処刑される。享年41。

【居所と行動】

天正11年(1583)

　略歴において述べたように、この年1月23日、秀吉に対して謀反した淡路国の菅平右衛門の鎮圧に関し広田蔵丞に書状を発している(「広田文書」)。2月7日越後西雲寺に充て木村吉清・増田長盛とともに連署状を発しているが、居所の詳細は不明(『上越別2』)。3月13日柳瀬の状況を伝えた浅井郡称名寺に書状を発している(「称名寺文書」)。このころは賤ヶ岳の合戦に関わって、北近江にいたものと考えられる。6月28日上杉家の狩野秀治・直江兼続に書状を発している(『上越別2』)。この年の後半には「宇野」に散見される。居所の特定はできないが、おおむね秀吉に近侍していたと考えられる。

天正12年(1584)

　「宇野」に秀吉への年頭挨拶の取次として増田長盛とともに登場。3月22日木村吉清・増

田長盛とともに上杉家の狩野秀治に連署状を発する(『上越別2』)。秀吉への音信の礼状であり、この頃も秀吉に近侍していたものと判断される。「宇野」4月20日条に「筑州陣所(中略)浅弥兵・石左・増仁ヘハ帷ヲ被遣」とあり、この時期秀吉の陣所(尾張小牧)にあった。7月11日には直江兼続に充て木村吉清・増田長盛とともに証人の上洛を告げる連署状を発し(『上越別2』)、8月16日には増田長盛ととも兼続に充て上杉領の境域確定にかかわる書状を発している(『上越別2』)。

　11月27日の日付をもつ「江州蒲生郡今在家村検地帳」がのこっており、これに先だって蒲生郡内の検地に関わっていた可能性が高い(『彦根市史史料編　古代・中世』「石田三成関係史料」、以下「三成関係史料」と略記)。

天正13年(1585)

　前年に続き本願寺から年頭の祝儀をうけており、秀吉に近侍して越年したものか(「宇野」)。3月下旬から始まる秀吉の雑賀攻めに従ったようであり、「宇野」3月25日条に「秀吉ヘ御礼銀五十枚御小袖十、十合十荷披露事、取次ノ石田左吉存分アリテ二三日延引、サレドモ相済、廿六日七時ニ石田披露ニテ御礼進上」とある。同25日開陣の時も三成(三也)は太田の秀吉陣所にあった(「宇野」)。

　9月10日貝塚本願寺へ赴く。「宇野」には「後刻、石田治部少輔御礼ニ被参」とあり、名が「左吉」から「治部少輔」へとかわっている。同月14日秀吉の有馬湯治に従う(「宇野」)。この年に推定される12月28日付の上杉景勝に充てた歳暮の書状を発しているが、ここには「三成」と署名している(『上杉』)。

天正14年(1586)

　1月18日付で木村吉清・増田長盛とともに越後の上杉氏に充て連署状を発している(『上越別2』)。ここには「委細以　御直書、雖被　仰出」とあり、日付は先行するが1月9日付の秀吉判物をうけた副状であることがわかる。内容は関東の情勢に関わるものであり、秀吉の居所が大坂であることから、三成も大坂で秀吉に近侍していたものと判断される。ついで3月11日にも下野の宇都宮国綱をして、上杉景勝の上洛を督促している(「宇都宮文書」)。5月16日付で、やはり上杉家の直江兼続に木村吉清・増田長盛との連署状を発する(『上越別2』)。ここで秀吉と家康が縁者となったこと(秀吉実妹と家康の婚儀)を踏まえて景勝の上洛を促し、日程が決定すれば越中まで迎えに出向く旨を奉じている。これも秀吉の意を受けたものと判断されるので、この年前半の居所は基本的に秀吉の近辺と想定される。

　果たして、三成は上杉景勝の上洛を迎えるため北陸道を北上。5月28日には加賀森本で景勝主従を出迎えている(『上越別2』)。これ以降三成は景勝と同道することとなり、以下の動向は上杉博物館所蔵『御上洛日帳』(『上越別2』)による。6月7日に景勝と三成は近江大溝を経て、夜五つ過ぎに入京。この日は一旦坂本に一泊する案もあったが、三成の意見に従ってそのまま入京した。6月10日には秀吉の使者として改めて京都百万遍に出向いて景勝と会っている。景勝は12日大坂へ下向し、三成は15日に大坂の屋敷に景勝一行を招き、

饗宴をはった。上杉景勝は6月24日に離洛、7月6日に越後春日山に戻る。無事帰国の使者を受け、三成は8月3日付で増田長盛と景勝充ての連署状を発し、秀吉への使札披露を報じ、真田への対応、佐渡仕置きの件などを告げている(『上越別2』)。

なお、6月に信長の時代から堺政所を勤めていた松井友閑が罷免された後を襲って、三成は堺奉行に就任、その在職は16年の末にまで及ぶ(今井林太郎『石田三成』)。9月6日付で秀吉は景勝に敵対する新発田重家へ対応するため木村清久を越後に下す事を告げるが、同日付で三成もその副状を発している(『上越別2』)。同時に、三成は同月11日付で木村清久・増田長盛らと新発田重家に充てて連署状を発し、景勝への敵対を不届きとして、服従を要求している(『上越別2』)。その後も増田長盛との連署状を同月25日付で上杉景勝と直江兼継に発し、新発田攻めの経緯を確認し、真田への対応を指示している(『上越別2』)。こうしたことから、この年の三成は上杉景勝出迎えの使者として北陸に発った以外は基本的に秀吉の近辺にいたものと考えられる。

天正15年(1587)

1月19日付で島津義久は秀長・三成に対し秀吉に抗する意思のないことを告げるが(『薩藩旧記』)、3月1日秀吉は島津氏を討つため大坂を発向。三成もこれに従ったと考えられる。秀吉麾下の軍勢は4月19日肥後八代に入るが、翌20日三成は肥後願行寺に禁制を下している(「願行寺文書」)。さらに、同月23日付で大谷吉継・安国寺恵瓊と連署状を発して、博多町人の還住を勧める(「原文書」)。また、陣中見舞いをうけた三成は同月26日付で書状を発し、この陣中から堺南北惣中に礼を述べ、戦況を報じている(『島津』)。5月3日秀吉は薩摩川内に入り、泰平寺に陣をおく。8日島津義久は剃髪して泰平寺に秀吉を訪れて降伏する。これをうけて、三成は鹿児島に入って人質を催促し(『薩藩旧記』)、さらに安国寺恵瓊と共に秀吉への敵対を続ける島津家中北郷氏への対応をはかるため、使者として日向庄内へ赴いたとされる(『薩藩旧記』)。5月18日秀吉は大口方面へ軍をすすめるため泰平寺を発するが、三成はいまだ不穏な動きをみせる島津歳久(義久三弟)を抑えるため、19日伊集院忠棟(のちの幸侃)とともに祁答院に派遣される(『薩藩旧記』)。その後も伊集院忠棟とともに大口行軍の指揮をとり、24日には曽木にいたり、川内川の渡河地点あたりに達しているようである(『薩藩旧記』)。また、三成は細川幽斎とともに日向飫肥の伊東氏への引渡しを進めているが、島津側の対応が悪く不快を感じる(『薩藩旧記』)。その後筑前箱崎に凱旋。6月25日には細川幽斎とともに、上洛のため博多まで北上してきた島津義久を訪ねている(『薩藩旧記』)。程なく義久をともなって西上、6月29日下関を経て、7月10日堺に到着(『薩藩旧記』)。

8月肥後一揆が勃発すると、秀吉は伊集院忠棟を薩摩に下して島津家の対応を指示するが、三成も10月21日付で幽斎と連署で新納忠元充てに書状を発し、由断なく忠棟の指示に従うべき事を報じる(『薩藩旧記』)。また、越後平定の報せをうけた秀吉が11月21日付で上杉景勝充てに朱印状を発するが、同日三成も増田長盛と連署状を発する(『上越別2』)。従

って、九州から帰陣したのちは基本的に秀吉の側近に仕えていたものと考えられる。

天正16年（1588）

　2月11日付島津義弘・北郷時久ら充て秀吉朱印状に取次として登場しており、秀吉に近侍していたと考えられる（『薩藩旧記』）。内容は肥後一揆にともない島津勢肥後境到着の報せに応じたものである。また、義弘からは2月19日付の戦況を報じる書状をうけている（充所は三成と長岡兵部入道『薩藩旧記』）。長岡兵部入道玄旨（細川幽斎）と連署で新納武蔵守忠元に充てた4月23日付の書状は肥後一揆の平定を目出、義弘の上洛を促すものであったが、冒頭には「二月五日之御状、於京都令拝披候」という書き出しがあり、この時点での在京が確認される（『薩藩旧記』）。5月3日付の島津義弘充て秀吉朱印状、同月5日付の島津義久充て朱印状はいずれも端午の祝儀に関わるが、それぞれに三成が取次として登場（『薩藩旧記』）。ついで5月11日の長岡玄旨（細川幽斎）の新納充て書状にも「石治少令相談」という文言がみられ、この頃も在京を継続していたとみられる。5月25日に近江国高島郡百姓目安上候付書出条之事を発しているが（『駒井』）、現地に下った可能性は低い。すなわち、5月27日には上洛してくる島津義弘を迎えるため大坂にいる（『薩藩旧記』）。

　8月10日には播磨に設定された島津領のことで義久に指示を与えているが、秀吉の近辺から発したものであろう（『薩藩旧記』）。8月12日島津義久・義弘が連署して三成・長岡玄旨（細川幽斎）に書状を発し、日向南郷を伊東氏に与えられると島津の領国支配に大きな支障を来すため、従前通り伊集院幸侃に領知させるよう取りなしを依頼している。その後も9月8日・10日には在坂が確認される（『薩藩旧記』）。11月、三成は琉球への使者派遣の件で義弘を促す。12月に入ると、出羽庄内をめぐる最上義光と本庄繁長の争いに関する上杉景勝充て秀吉朱印状に、増田長盛とともに奏者として登場し（『上越別2』）、島津氏に充てた歳暮の秀吉朱印状にも取次として名を見せている（『薩藩旧記』）。

天正17年（1589）

　大仏の材木調達を命じる1月20日付の島津義久充て秀吉朱印状において、長岡玄旨（細川幽斎）とともに取次として指名され、同日付で長岡玄旨（細川幽斎）との連署副状を発しており（『薩藩旧記』）、秀吉の側近にあったことがうかがえる。2月末秀吉は本願寺光佐が抱えた牢人の引き渡しを命じ、その奉行として増田長盛と石田三成が3月1日に本願寺に出向き（『言経』）、9日には大坂天満に験使として遣わされた（『鹿苑』）。13日、増田長盛と連署で本願寺坊官にあてて「条々」を発する（青木忠夫『本願寺教団の展開』）。

　5月中旬、出羽庄内問題を釈明するため、上洛をもとめられていた本庄繁長に代わって千勝丸が上洛。千勝丸は6月28日に入京を果たし、7月4日に秀吉に拝謁する。三成は増田長盛とともにその奏者を勤め、その引き廻しを行っており（『上越別2』）、ここから少なくとも7月中旬までの在京が確認される。さらに、上杉景勝の佐渡平定を了解する同月16日付秀吉朱印状に増田長盛とともに取次として三成の名がみえる。

　やや前後するが、三成は3月24日付で芦名義広（佐竹義重次男、義宣弟）の速やかな上洛を

求める富田美作守充て書状を発しており(「新編会津風土記」)、その後も一貫して芦名氏との交渉を担う。7月1日・12日には三成を意を体した素休・徳子らが連署して芦名義広重臣金上平六郎盛実に書状を発して伊達氏に対する抗戦を励まし、兵粮の手立てなどを講じている(「新編会津風土記」)。この間、秀吉が上杉景勝に芦名氏援助と伊達氏討伐を命じた書状にも増田長盛とともに取次として登場しており(『千秋文庫佐竹古文書』)、7月26日には三成みずからが金上盛実に充てて書状を発し、やはり芦名義広の上洛を求めている。ちなみにこの書状には「去六日之書状今日廿六日京着」とあり、この段階でもやはり在京している(「新編会津風土記」)。9月28日付の上杉景勝充て判物で秀吉は伊達政宗が会津から退かないなら派兵する用意があることを述べ、ここにも三成と増田長盛が取次として登場する(『上杉』)。

10月6日付で、三成は丹波国氷上郡佐治に宛てて「定」を発する(「平沼伊兵衛収集文書」国立歴史民俗博物館『日本の中世文書』)。10月16日には増田長盛と連署で近江国伊香郡富長荘に裁許状を発給する(『東浅井郡誌』)。また、天正17年11月11日付で秀吉が伊木清兵衛尉に対して美濃国内で5000石の充行状を発するが、これをうけ三成は浅野長吉と連署で11月14日付の知行打渡状を発給している(「伊木文書」)。11月16日付でもやはり美濃国内で300石を南宮領として打ち渡しを行う(「蒲生文書」)。今井林太郎『石田三成』によれば、三成は浅野とともに天正17年の美濃国検地の奉行を命じられ、その家臣を派遣して同地の検地を行うとあるが、上記の領知給付はこれに関わるものであろう。

さらに、11月25日付島津義久充ての書状で、三成は「先日ハ於御前御仕合、目出度ちんてうニ御座候、我等ハ其日もくれ申候まて、御前ニ候て、御いとまこひさへ不申候」と述べており、この時期における秀吉への近侍がうかがわれる(『薩藩旧記』)。なお同日付で、三成は浅野長吉・増田長盛とともに尾張聖徳寺に寺領打渡状を発する(『愛知織豊2』)。12月26日付で佐竹義宣は直江兼継・木戸寿三に書状を発するが、ここで「自　殿下様御懇切仰出共ニ候、就中、石田方内意之旨共一々令得心候」と述べている(『上越別2』)。

天正18年(1590)

前年11月28日・12月5日付の三成書状は関東出兵に触れるものであったが(「相馬文書」「法雲寺文書」)、この年は関東・奥羽平定に費やされた。『伊達』所収の秀吉陣立書によると、三成は人数1500を率いて出陣。小田原まで島津家の継嗣久保(義弘の長子で義久の養嗣子・娘婿)と同行しているようである。『薩藩旧記』所収「久保公御譜」によると、2月28日に京都を発ち、2月30日近江栢原着。3月29日に駿河三枚橋を経て伊豆山中にいたり、4月3日小田原付近に到着。以後は秀吉の陣所にあったものと判断され、秀吉発給の判物・朱印状に取次として石田治部少輔の名がみえる(『薩藩旧記』『神奈川』『上越別2』『上杉』『黒田』等)。5月16日付の文書に「去月廿三日書状、今日十六於小田原早雲寺到来」とあり、具体的な居所が早雲寺と知れる(「岩城文書」)。その後も佐竹義宣の平塚到着をうけて、三成は5月25日に佐竹中務太輔(東義久)に充てて「明日　殿下御本陣へ被成御越、可然存候」と述べており、

秀吉に近侍しているようである。ちなみに、三成はこの書状で「義宣御進物等之事、見苦敷候てハ、更に御為不可然候」などとさまざまな指南を行うが、具体的な指示を行うため島左近が使者として義宣のもとに派遣されている（「秋田藩家蔵文書」）。佐竹義宣が参陣を果たす翌26日頃まで、三成は秀吉の陣所にいたと考えられる（『浅野』『愛知織豊2』「佐竹家譜」所収5月26日付佐竹東義久充て三成書状など）。その後、上州館林に移動しており、館林城を攻め30日には開城させている。6月4日には館林を発って武蔵忍へ。5日以降は忍城を囲む（『神奈川』）。6月13日、三成は浅野長吉・木村常陸介に書状を発し、忍城を水攻めにする戦略を報じる（『浅野』）。小田原の北条氏は7月5日に降伏するが、忍の籠城はその後も続き、7月16日にいたってようやく落城。

その後三成は浅野長吉・大谷吉継らと奥羽仕置きを命ぜられ、三成は海道筋（相馬通り）を北上したと考えられる。7月25日、恐らく宇都宮で鹿島社の大宮司則興に社領において乱妨狼藉を行う者は罪科に処す旨の文書を手交する（「鹿島神宮文書」）。8月10日付で秀吉から奥羽仕置きに関する定を与えられ（「大阪市立博物館所蔵文書」）、相馬領・岩城領の検地を担当した。『伊達日記』（「成実記」）などによると、三成は8月20日頃、葛西氏旧居城登米にはいって浅野長吉と合流。ともに大崎・葛西氏旧領の仕置きに従事した（小林清治『奥羽仕置の構造』）。

天正18年9月15日には、増田長盛家臣永原平左衛門尉・山中藤太と三成家臣瀧本太郎左衛門尉の三名が太山抱之内田中郷3か村に禁制を発している（「秋田藩家蔵文書」）。三成は9月29日付で「岩城殿家中衆中」へ書状を発しているが、その内容からこの頃まではまだ奥州にいたと判断される（「白土文書」）。

帰途は不詳であるが、11月30日島津義久・義弘を茶席に招いているようであり（『薩藩旧記』所収「御日記」）、この頃には在京が確認される。その後もこの「御日記」には12月3日・5日に「石田殿」が登場し、その在京を確認できる。ところが、16日条に「武庫様御上洛、（島津義弘）俄の事ニて、其故ハ東国方一キ起由候て、中納言殿・石田殿・真下殿可被立由聞得候て、（豊臣秀次）（増田長盛）御立なり、此日大雪也」とあり、一揆の勃発によってにわかに奥州へ発向したことがわかる。

天正19年(1591)

1月10日に相馬着。1月17日付の大町三河守充て伊達政宗書状にも「石田治部少輔可為下向之様其聞候間」とある（「木村一是氏所蔵文書」「政宗卿伝記史料」）。しかしまもなくここから引き返しており、閏1月4日付の佐竹義宣充て書状で三成は「仍明日可致伺公旨、必々以参可申入候」と述べており、この頃は常陸国内にいたようである（『千秋文庫佐竹古文書』）。ついで、閏1月12日には武蔵岩槻に到着。同日付の浅野長吉充て伊達政宗書状に「石田治部少輔も上洛之由申候、今日当岩付へ被相着之由申候」とある（『伊達』）。その後『時慶』2月15日条に「石田治部少輔本門へ一礼アリ」とあり、2月中旬までには帰京していたようである。

4月中旬秀吉の大津行きに従ったようであり、三成家臣安宅秀安の4月10日付書状には「関白様大津へ御道座に付き治部少定大津に逗留」とある(『薩藩旧記』)。なお、三成は4月27日付で近江国内犬上・坂田郡と美濃の蔵入地代官を命じられており(『三成関係史料』)、上記の近江行もあるいはこれに関連するものか。天正19年5月3日付で小畑助大夫に美濃国内で255石の領知充行を行っている(『谷森健男氏所蔵古文書』)。5月11日秀吉は喜連川氏女房衆の宿送りを沿道の諸将に命じている。必ずしも三成の居所を示すものではないが、そこには「佐和山　石田治部少輔」とある(『三成関係史料』)。

　6月20日秀吉は収まらない奥羽の争乱を鎮めるため新たな派兵を指示するが、そこには「相馬筋石田治部少輔被遣候」とある。7月15日、三成は島津義久・義弘から贈られた盆の祝儀を大津で披露しており、この時は秀吉ともに大津にいるようである(『薩藩旧記』)。この大津行と奥羽遠征との関係は詳らかではないが、三成は7月末には岩城に下着。その後相馬を経て北上する。9月22日奥州黒石着。この日までに気仙・大原両城の修築を終え、それらを伊達政宗の家中に引き渡している(『伊達』)。黒石を発した三成は恐らく10月6日に蒲生氏郷ともに米沢にいたり、8日三春を経て、10日岩城平に到着して仕置きを行っている(『秋田藩家蔵文書』『佐藤文書』『岩城文書』『福島県史』)。こうした経緯から小林清治氏は三成の京着を10月末以降であろうと推察されている(『奥羽仕置と豊臣政権』)。

天正20年・文禄元年(1592)

　1月22日付で島津義久・義弘充てに細川幽斎と連署状を発して出水島津家の処遇を述べ、琉球との交渉を島津家に委ねること、肥前名護屋への出陣などを指示する(『島津』)。1月28日下間仲孝の能興行に増田長盛とともに招かれている(『史料綜覧』)。この間、在京して出兵の準備に当たっていたものと考えられ、2月20日「唐入り」に従うため大谷吉継とともに京を出陣(『言経』)。途次、3月4日付で大谷吉継・増田長盛と連署で過書の発給を行っており(『五十嵐文書』)、肥前名護屋への下向は単なる行軍ではなく、侵攻体制を構築しながらのものであったようである。すなわち、3月13日付で発給される「陣立書」において三成は大谷吉継・岡本宗憲・牧村俊貞らとともに名護屋駐在の船奉行に任じられている。翌3月14日付の島津義弘充て書状に「去月廿一日御状、今月十四日□於関戸拝見」と書いており、同日までには関戸に到着(『薩藩旧記』)。まもなく名護屋に先着して、秀吉の到着を待つ。3月29日付の書状で相良頼房(長毎)に速やかな渡海を促していることからみて、少なくともこの時までには名護屋へ入ったものと考えられる(『相良』)。秀吉の名護屋入城は4月25日であるが、大谷吉継とともに早速同日付の秀吉朱印状に取次として登場(『黒田』)。5月5日・6日と島津家の「御日記」に登場し、名護屋在陣が確認される(『薩藩旧記』)。その後も大谷吉継・増田長盛・長束正家らとともに秀吉の直状に取次として名がみえており、名護屋での在陣を継続していた。

　渡海延期を決定した秀吉に代わり、6月6日早朝名護屋から出船(『薩藩旧記』)。7月16日大谷吉継・増田長盛とともに漢城着(『西征日記』同日条に「石田治部少輔・増田右衛門尉・大

谷刑部少輔、三人入洛」とある)。以後基本的に漢城にあって、在朝鮮の諸将に秀吉の軍令を伝えていく。

文禄2年(1593)

　漢城で越年。在漢城は4月中旬まで継続。謝用梓・徐一貫ら偽りの明使節を受け入れることで、日本勢は漢城からの撤退を開始。三成も漢城を離れるが、増田長盛・大谷吉継・小西行長ととも日本に向かう明使に同行する。5月6日までには釜山に到着している模様である(「秋田藩家蔵文書」)。さらに、一行は5月13日名護屋に到着(「大和田」)。5月24日石田三成・増田長盛・大谷吉継は名護屋を発って朝鮮に戻る(「大和田」)。再渡海後の三成の居所は定かではないが、文禄2年に推定できる相良頼房(長毎)充ての書状に「拙者も一両日中、先こもかい迄罷越可申候」と熊川訪問を告げており(『相良』)、あるいは構築中の各要害(いわゆる「倭城」)を具に検分していた可能性がある。まもなく帰還する明使を迎えるため再び名護屋へ戻っている。「今日刑少・治少・摂津頭彼唐人召しつれ、釜山海へ被罷候」とあるように、7月18日明使節をともない、大谷吉継・小西行長とともに名護屋を発ち、釜山へ発向(『薩藩旧記』)。この間、三成は増田長盛・大谷吉継とともに越後検地を命じられ、寺田忠左衛門尉らの家臣を現地に派遣している(『上越別2』)。三成自身はしばらく朝鮮の釜山にあって、在朝鮮の諸将にさまざまな指示を与えている(『上越別2』『薩藩旧記』)。9月10日には島津又一郎久保(義弘長子で、義久の婿養子となり家督を継承する予定であった)の死没をうけ、島津家中に対して善後策を指示している(『薩藩旧記』)。これにさきだって、三成の重臣安宅秀安が島津領の支配に関して、詳細な指示を与えている(『薩藩旧記』)。

　その後、講和交渉にともなう撤兵計画に従って、三成も日本へ帰還。9月25日付の三成書状に「我等事、当月廿三日至名護屋着岸候、則明日大坂へ罷上候事」と見えており、9月23日名護屋着岸、26日には名護屋を発って上坂の予定であった(『薩藩旧記』)。閏9月には大坂に到着しているようであり、閏9月13日付の木下半介吉隆書状に「浅弾・増右・石治・大形少も一両日中可参着候」とみえる(『駒井』)。その後まもなくして上洛したものと考えられる(『駒井』閏9月23日条)。閏9月30日付の安宅秀安書状からも三成の在京が推定される(『薩藩旧記』)。その後も基本的には京坂の間にあったものと考えられ、11月7日には、前田玄以・浅野長吉とともに諸国の陰陽師を京都に集める指示を発している(『上越別2』)。12月15日に三成は13日海路大坂に到着した島津又八郎忠恒(のちの家久)と参会している(『薩藩旧記』)。

文禄3年(1594)

　前年末の忠恒の上坂は朝鮮で客死した兄久保に代わって島津家の継嗣として秀吉に拝謁する事を目的とする。三成はこの忠恒に指南を行う立場であり、そのため京・伏見と大坂の間を行き来している。この間、2月17日に秀吉の使者として山内一豊の所ヘ遣わされた。具体的な記事を『駒井』によってみてみると、「山内対馬　太閤様御折檻被成、高麗へ可被

遺由、石田治部少輔・増田右衛門尉・山中山城御使参」とある。一豊の赦免は即日なされたようであるが、三成の伏見・聚楽間の往来が確認されよう。

さて、忠恒は３月20日伏見で秀吉に目見え、同26日聚楽で秀次に拝謁しており（『駒井』）、三成は少なくとも伏見の拝謁には立ち会ったと考えてよかろう。５月２日付の島津家年寄伊集院幸侃書状から、この前後三成は在京していたと判断されるが、この書状から幸侃の三成に対する絶大な信頼が看取される（『薩藩旧記』）。

７月には島津領検地が開始される。７月16日付で「薩州奉行中」充ての11か条におよぶ検地掟書案を作成するが（「長谷場文書」）、三成自身は上方にあり（『上越別２』）、現地へは家臣大音新介らが派遣されて実務をすすめる。この間に発給される７月27日付・８月５日付の島津義弘書状はいずれも在京する又八郎忠恒が三成の指南に預かる事に言及しており、三成の在京（あるいは伏見）をうかがわせる。

９月３日三成は母の葬儀を京都大徳寺三玄院で執行。その後10月の前半には伏見にいたことが明らかである（『上杉』『薩藩旧記』）。なお、10月から年末にかけて、佐竹領の検地が実施される。これも三成を惣奉行とはするものの、上述のように三成自身は在京しており、藤林三左衛門・山田勘十郎といった家臣を奉行として下向させている（茨城大学附属図書館蔵「常陸国那賀郡上河内村検地帳」茨城県立図書館「松蘿館文書」「常陸国那珂郡石神村検地帳」）。12月12日には、長束正家・増田長盛ら他の奉行衆とともに、若狭の組屋に対して京都で売却したルソン壺代金の請取状を与えている（「組屋文書」）。

文禄４年（1595）

１月17日付で重臣安宅秀安が島津義弘・忠恒に充てた書状から、三成は上方のどこか（恐らく伏見）にいると考えられる（『薩藩旧記』）。また、２月23日には相良頼房（長毎）から送られた漆を秀吉御前に披露しており、秀吉への近侍が知られる（『相良』）。４月１日付で島津忠恒に発給した書状は、冒頭に「去二月十日之御使札、今日至伏見参着、拝見仕候」とあり、この段階における在伏見が確認できる。５月12日、家臣大橋甚右衛門尉が近江坂田郡の上平寺に従来通りの特権付与を認める書状を発する（「三成関係史料」）。

前年来の佐竹領検地の結果、６月19日付の秀吉朱印「佐竹知行割之事」で、佐竹領に割り込むかたちで3000石の知行を与えられる。同じく増田長盛も3000石を与えられるが、同時に設定された１万石の秀吉蔵入地の代官を、三成・長盛の両名で勤めることとなる（「佐竹文書」）。また、６月29日付で島津領の支配目録が秀吉から発給されるが、ここでも三成は旧来の島津領内で6200石の領知を与えられ、同時に島津領に楔を打ち込むように設定された秀吉蔵入地の代官に任じられる（『島津』）。

いわゆる「秀次事件」にいたる政治的緊張状態の中で、三成は秀次糾明のため聚楽に赴くなどきわめて枢要な役を負っている。７月12日には増田長盛と連署で秀頼に忠誠を尽くす旨の起請文を捧げ、秀次自害の後は７月20日付で出された前田利家・宇喜多秀家らの起請文の充所に名を連ねている。したがって、この間基本的に伏見にあったものとみてよかろ

う。また、この7月20日付でまとめられた「今度御知行御取候かた〴〵事」は秀次没後の知行地再配の案であるが、ここで三成には秀次の旧地尾張清洲で21万石を与えられる計画があったことがわかり、興味深い(「佐竹家旧記」)。ちなみに、ここで増田長盛は15万石の領主として大和郡山を与えられ、近江佐和山には京極高次が入る予定であった。確かに、こののち増田は郡山に入るようであるが、三成の清洲入封は確認されない(周知のように、秀次後の清洲城主は福島正則である)。

　文禄4年(推定)8月16日付の安宅秀安書状に「将又今度治部少御知行一かと拝領申候、御前仕合無残所候、可御心安候、京都所司代、増田殿・治部少ニ被　仰付候」とあり(『相良』)、ここで三成に知行が与えられ、増田長盛とともに「京都所司代」に任じられたことがわかる。史料前半がはじめに述べた三成の佐和山領有を文禄4年とする説の根拠である。ちなみに領知高について『多聞院』は「石田治部少輔ヘハ、江州ニテ卅万石ノ知行被与之」と伝えている。

　8月の後半からは大和国内の検地を自ら指揮している。すなわち、相良頼房(長毎)充ての9月8日付安宅秀安書状に「然者、和州御検地ニ付、治部少彼地逗留候」とある(『相良』)。ちなみに、三成は9月9日付で家臣に近江国内での知行充行を行っているが(「三成関係史料」)、その段階の三成の居所は大和であって、近江ではない。ついで9月29日三成は京の町衆に対し秀次の与党および妻妾の遺物提出を求め、11月26日には他の奉行衆と連署で三井寺公文帥らの屋敷家財を закрыт している(「三成関係史料」)。「京都所司代」へ任じられたこともあり、秀次没落後は基本的に在京していたものかと考えられる。

文禄5年・慶長元年(1596)

　1月23日増田長盛・長束正家・前田玄以らとともに秀頼に忠誠を誓う起請文を提出(大阪城天守閣所蔵文書『木下家文書』)。3月1日には領内の村々に掟書を下し、3月25日付で知行充行状を発給している(「三成関係史料」)。あるいは、この間近江へ下っていたものかと推定される。

　6月16日付の相良頼房(長毎)充て安宅秀安書状には「伏見治部少方へ可被成御出」とあり、この頃には伏見にいるようである(『相良』)。ここで明からの講和使節を迎える準備にあたる(「三渓園所蔵文書」)。ちなみに、従来「三郎兵衛尉」を名乗っていた重臣安宅秀安はこの頃から「三河守」を名乗り始める。7月4日三成は島津義久・義弘と連署して、島津領内に対し当給人への年貢収納を命じる書状を発している(『薩藩旧記』)。7月12日佐竹領内所替えの件で、佐竹家臣佐藤大隅守に書状を発している。この時の在所は京都と考えられる(「秋田藩家蔵文書」)。閏7月には講和交渉を進めるため明・朝鮮の使節が堺に到着。三成もその接待に従ったようである(『相良』)。同月13日畿内地方を大地震が襲い、その後は三成もその復旧にあたっている(「神屋文書」)。9月1日大坂城で行われた明国使節応接の場には三成も臨んでいたものと考えられる。9月17日、領国への帰還を前にした島津義弘に書状を発して、領国内の支配について細々とした指示を与えている(『薩藩旧記』)。その後も基

本的には伏見にあって秀吉に近侍し、朝鮮再派兵の準備を進めている(『相良』)。また、この年と考えられる11月11日付の加藤清正充て豊臣家奉行連署状(増田長盛・長束正家・石田三成・前田玄以)で文禄4年算用分の年貢運上を督促している(『今井文書』)。

慶長2年(1597)

　1月24日秀吉京屋敷造営のために入京している(『言経』)が、基本的には伏見にあったものか。旧冬壱岐への着陣を報せてきた相良頼房(長毎)に2月2日付の返書を発し、「此方珍敷事も無之候」と報じている(『相良』)。また、2月23日付島津義弘充て安宅秀安書状に「正月廿五日之御状、二月廿二日至伏見参着候、則三成致披露候処(後略)」とみえ、やはり在伏見が確認される(『薩藩旧記』)。3月7日他の奉行衆と連署で「御掟」を発給し、4月2日には田方麦年貢の賦課を命じる奉行衆連署状に名を連ねている。これらの政策執行もやはり伏見で行われたものと考えるべきであろう。5月「源平盛衰記」の書写を神竜院梵舜に依頼しているのは有名なエピソードであるが(『舜旧』)、やはりこの時期に京・伏見あたりを居所としていたことが前提となろう。

　5月28日日本へ帰還の予定であった島津又八郎忠恒に対し、途次にあっても朝鮮へ戻るように指示を与えている(『薩藩旧記』)。7月中旬には慶長の役にさいしての島津勢の体制について、義久と相談を重ねている(『薩藩旧記』)。『西笑』所収の7月28日付長束正家充て書状案に、相国寺内の施設営繕につき三成へもことわるべしとの内容が見え、これを踏まえ8月3日付で石田三成に充てた書状が残っている。したがって、この時期もやはり京・伏見あたりにいた可能性が高い。

　朝鮮半島では7月15日夜半に唐島沖で海戦が行われ、翌16日付でこの戦いの顛末を知らせる連署注進状が発せられる。この報せが8月9日に秀吉のもとに到着。また、南原城陥落を報せる8月16日付の連署注進状は9月13日に到着する。それぞれの内容をうけた秀吉の朱印状に、増田長盛・長束正家・前田玄以らとともに取次として三成の名前がみえる。なお、この11月下旬には近江佐和山領内の寺社に充行状が発せられているが(『三成関係史料』)、三成自身の居所は不明である。

慶長3年(1598)

　1月10日上杉景勝は秀吉から奥州会津への国替を命じられている。蒲生秀行の宇都宮への転封をうけたものである。早くもその日の『言経』には「鳥飼道脈来了、診脈了、近日二奥州ヘ石田治部少輔下向ニ付而、供ニ罷向了」とあり、三成の奥州発向の予定が知られる。2月16日三成は上杉家老臣直江兼続と連署して、会津領に禁制などを発給している(『上越中2』)。兼続とともに上杉家の会津転封を進めた三成は5月3日佐和山に帰着し(『義演』4日条に「石田治部少輔至佐保山城昨日参着」とある)、5日には入京したようである(『言経』)。『西笑』所収5月23日付石田三成充て書状案に「先日者遂拝顔本望之至候」とみえ、これにさきだって在京していたことがわかる。

　小早川秀秋の北庄転封をうけ、旧小早川領国は石田三成が代官として支配にあたる事が

決定する。5月26日付で福原長堯・垣見一直・熊谷直盛が連署して島津義弘・忠恒に充てた書状には「最前者、筑後・筑前石治へ可被下と被仰出候つるが、石治関東ヨリ被罷上候て、被仰聞候ハ、右之国可有御扶助と思召候へ共、左候へは金目ニ思召、沢山ニ可被為置別人無之候、但御国被下度思召候ても、明所無之候へハ、今迄之体候間、両国之明候社、幸ニ候間、可致拝領かと、御たつね被成候、治少被申上様者、御諚承候へは、拝領仕同前候間、如今迄江州ニ有之而、御奉公申度候、於其分者、不相替沢山ニ有之而、彼両国御代官可仕、御諚候、至于一両日、名嶋へ可被罷下由候」とあり、秀吉は当初三成に旧小早川領を充行う意向であったことがわかる(『薩藩旧記』)。

三成は九州下向を在近江の家臣に報じ(「大阪城天守閣所蔵文書」)、嶋井宗室に充てて嶋井邸を博多での宿所とすることを告げる(「嶋井家文書」)。三成は5月29日に京を発して筑前に下向する(「是斎重鑑覚書」)。三成は筑前と北筑後を巡るが、この間7月3日付で島津又八郎忠恒に充てた書状に「両筑為御代官就下国、早々之御使札(中略)昨二日至博多到来」にあることから、7月3日に三成は博多にいた(『薩藩旧記』)。この書状には「四五日中伏見へ可罷帰覚悟ニ候」とあり、三成は7月10日以前には筑前を発つ予定であった。三成の上方帰還の時期は確定できないが、中旬には一旦京へ戻ったようであり、さらに大坂へ下向して大坂城普請を指示している。すなわち、7月20日付岩坊充て書状案に「大坂御普請ニ付、二三日以前浅弾・増右・石治下向候、定而今明日可為上候」とみえる(『西笑』)。しかし、7月24日付小河土佐守充て書状案に「浅弾・石治・増右過し夜大坂へ可為下向之由候」とあり(『西笑』)、三成の在京はほんの数日だったようである。

8月4日付で浅野長政(長吉から改名)充ての筑前御蔵入目録が発給される(『浅野』)。これは筑前国内九郡を対象としたものであるが、同時に三成にも御蔵入目録が発給されたとみてよい。状況から考えて、三成が管轄したのは筑前の怡土・志摩・早良・那珂および下座郡と筑後の御井・御原・山本・竹野・生葉郡とみられる。実際、今日石田三成による代官支配の徴証が残るのは、怡土・志摩・早良・那珂・下座の各郡であり、上の推察をうらづけている。浅野充ての目録には遠賀郡も見えないが、同郡については毛利秀元が代官支配した可能性も否定できない。すなわち、『西笑』所収の書状案によると、7月下旬には秀吉の遺物分けが進められており、秀吉の死はすでに現実の問題と想定されているようである。したがって、石田三成に続いて浅野長政が筑前・筑後を代官支配するのは、朝鮮半島からの撤兵を支えるという意味合いが想定される。

8月18日の秀吉臨終にさいしては、石田三成・浅野長政ともに伏見にいたと考えられる。8月23日付で家臣前野右衛門尉に近江浅井郡内で知行充行状を発給する(「三成関係史料」)。9月3日の五大老・五奉行連署起請文に三成も署名している。秀吉没後の豊臣政権にとって最優先課題となったのが、朝鮮半島で戦闘をつづける将兵の日本への撤退問題である。大老徳川家康らは毛利秀元・浅野長政・石田三成を博多に差し向け、撤兵の差配を命じた。三成は嶋井宗室に充てて書状を発し、9月末には博多へ下向するであろうと、告げている

(「嶋井家文書」)。その後浅野・石田両名は筑前に入り、博多・名島城において実務を進める。11月2日には撤退を告げる使者として朝鮮にわたる徳永寿昌・宮木豊盛の両名を名島に迎えている。朝鮮から戻ってくる将兵の世話に当たる三成の筑前駐在は12月10日頃まで続き、この間の状況は『西笑』所収12月19日付山口玄蕃充て書状案にもみえる。朝鮮からの軍勢撤退を見届けた三成は筑前を発ち、12月24日には島津忠恒らをともなって大坂に到着している(『薩藩旧記』)。12月26日他の奉行衆と連署して園城寺(三井寺)への寺領充行を行う(『三成関係史料』)。

慶長4年(1599)

　1月14日、三成と浅野長政が豊臣家蔵入地となった越前府中領大井村の百姓に条規を与える(『福井中・近世4』)。同19日には前田利家を擁し、他の奉行衆とともに、家康が秀吉の遺命に背いたことを責める(『言経』)。また、同日付で筑前国内に慶長3年産米の年貢について指示を発している(「朱雀文書」)。2月2日秀吉の遺命により伏見で剃髪。閏3月4日大坂で反三成派の諸将に襲撃され、伏見へ逃走する。閏3月10日家康の勧告を容れて、佐和山へ引退(『言経』『北野社家』)。以後基本的に佐和山を居所としたと考えられる。細かな動静は明らかではないが、10月18日に長浜の船方中へ炭を佐和山に運ぶように命じ(「三成関係史料」)、また12月27日には相良頼房(長毎)に進物の礼状を発するが、これも佐和山からであろう(『相良』)。

慶長5年(1600)

　徳川家康が上杉景勝を討つため奥州へ出撃すると、家康討伐を期して挙兵。7月29日佐和山を出て、伏見城攻撃に参加。30日大坂入城。8月5日大坂城を出て佐和山に戻り、8月9日美濃垂井に出陣。10日大垣城に入る。その後一旦佐和山へ戻り、9月初め再び大垣に到着。9月15日関ヶ原の合戦。敗北後、近江伊吹山中に逃走。9月21日伊香郡古橋村で捕縛。24日大津の陣所へ護送。10月1日、京都六条河原で処刑。

■典拠

【日記】

「宇野」「大和田」『義演』『北野社家』『駒井』『時慶』『西征日記』『多聞院』『言経』『鹿苑』

【古文書】

「秋田藩家蔵文書」『浅野』「五十嵐文書」「伊木文書」「今井文書」「岩城文書」「上杉」「大阪城天守閣所蔵文書」「大阪市立博物館所蔵文書」「鹿島神宮文書」「神屋文書」「蒲生文書」「願行寺文書」「組屋文書」『黒田』「江州蒲生郡今在家村検地帳」『西笑』『相良』「佐藤文書」「嶋井家文書」「白土文書」「朱雀文書」「相馬文書」『島津』『千秋文庫佐竹古文書』『伊達』「谷森健男氏所蔵古文書」「長谷場文書」「原文書」「法雲寺文書」「平沼伊兵衛収集文書」

【編纂物等】

『愛知織豊2』『神奈川』「佐竹家譜」「佐竹家旧記」『薩藩旧記』『上越別2』『史料綜覧』（東京帝国大学文学部史料編纂所）「新編会津風土記」「是斎重鑑覚書」（『九州史料叢書　近世初期九州紀行記集』収録）『東浅井郡誌』『彦根市史史料編　古代・中世』『福井中・近世4』「政宗卿伝記史料」

【参考文献】

青木忠夫『本願寺教団の展開』（法藏館　2003年）

今井林太郎『石田三成』（吉川弘文館　1961年）

小林清治『奥羽仕置と豊臣政権』（吉川弘文館　2003年）

同『奥羽仕置の構造』（吉川弘文館　2003年）

中野等『石田三成伝』（吉川弘文館　2017年）

谷徹也編著『石田三成』（シリーズ織豊大名の研究7　戎光祥出版　2018年）

太田浩司編『石田三成』（宮帯出版社　2022年）

浅野長政の居所と行動

相田文三

【略歴】

　浅野長政について、その生涯全般を俯瞰した研究として、黒田和子著『浅野長政とその時代』があげられる。本稿では同氏の成果にも依拠しつつ、同書では積極的に利用されていなかった、広島藩浅野家の正史「済美録」の内容を他の史料で確認しつつ、長政の居所と行動を確認していきたい。

　長政は天文16年(1547)に尾張に生まれた。父は安井五兵衛重継、母は浅野又兵衛長詮の女とされる。後叔父にあたる浅野又右衛門長勝の養子となった(「太祖公済美録」)。

　当初は養父浅野長勝と共に弓衆として織田信長に仕えたとされ、後相婿の関係(秀吉正室浅野寧子と長政室浅野彌々は姉妹。ただし共に養女)である豊臣秀吉に仕えた。秀吉の血縁者として豊臣政権の初期から奉行人として活躍したが、徐々に後発の石田三成らと対立した。政権末期にはいわゆる「五奉行」の一人に数えられるが、秀吉死後の政局においては、積極的な役割を果たすことなく、嫡子幸長とともに徳川家康による石田三成らの打倒に協力する形となった。その後は家康の碁の相手を務めるなど御噺衆のような立場であったと考えられる。慶長10年(1605)ころからは江戸に居を移し、将軍秀忠の周辺にあったようである。慶長16年4月6日に療養先の下野塩原で死去した。

　当初の諱は「長吉」であり、文禄5年(慶長元年)頃を境に「長政」と改めている。「長吉」が最後に確認できるのは文禄5年(1596)5月6日(「北里文書」)、「長政」の初見は慶長元年(1596)12月26日(「西教寺文書」)とされる(谷2016)。本稿では長政とする。

　※　上記の「西教寺文書」と思われる文書は、写が『西教寺雑記』に収められている(同日付小嶋清右衛門宛長政書状写)。また、写ではあるが、同年12月1日付の発給文書に「長政書判」とあり(慶長元年12月1日付浄興寺宛長政書状写『山梨近世1』)、もう少し遡る可能性もあろう。

　通称は当初「弥兵衛」を称した。「太祖公済美録」は天正13年(1585)に「弾正少弼」に任官したとする。「柳原家記録」によれば、長政の諸大夫成は天正20年1月18日とされているが

(下村1993)、「弾正少弼」の称はそれ以前から見られる。

「弥兵衛」の称が最後に確認できるのは天正13年閏8月21日(同日付長政宛秀吉判物『浅野』)、「弾正少弼」の初見は同14年4月5日(同日付一柳直末宛秀吉朱印状『愛知織豊2』)である。

※　なお、『家忠』では、同14年5月11・12日、9月26日の各日条で長政を「あさの弥兵衛」「朝野弥兵衛」としているが、記主の松平家忠が長政の称の変更を知らなかった可能性がある。

なお、天正19年末に秀吉子息鶴松の法事に関わったためか、同時期から翌20年にかけては「入道」の称が散見される(『言経』天正20年2月26日条、(天正19年)12月21日付立花宗茂宛長政書状写(天正20年)8月5日付立花宗茂宛長政書状写『福岡柳川上』ほか)。また、秀吉死後に奉行衆が誓を絶った前後にも同様の表記が見られる((慶長4年)2月16日付杉原長房宛長政等書状『兵庫中世2』ほか)ほか、文禄期の文書にも見られるとされる(谷2016)。

【居所と行動】

1　天文16年(1547)～天正15年(1587)8月——若狭拝領まで

「太祖公済美録」を含め、天正年間にいたるまでの長政の居所と行動は、ほとんど確認できない。前述のように、養父浅野長勝が弓衆として織田信長に仕えたことが、『公記』巻首より確認できるが、長政自身の出仕時期やその後豊臣秀吉の配下となった時期については明確にはならない。

元亀4年・天正元年(1573)

当時秀吉配下にあった長政は、信長による近江小谷城攻めに参加したとされる(「太祖公済美録」)。同年12月には秀吉から120石を扶持された(同日付長政宛秀吉判物『浅野』)。これは加増分と考えられるが、当時の長政の知行全体は不明である。なお、秀吉が旧浅井領を領した翌天正2年9月11日付で、長政は秀吉から近江国伊香郡持寺郷において同じく120石を宛行われており(同日付長政宛秀吉判物『浅野』)、所付のない宛行状は約束手形であろう。

天正2年(1574)

この年、秀吉は拠点を小谷から長浜へ移すが、長政は秀吉出陣のたびに長浜の留守居を務めたとされる(「太祖公済美録」)。

天正4年(1576)

5月吉日付の竹生嶋奉加帳に「浅野弥兵衛」の名が見える(『豊臣秀吉文書集』1)。

天正5年(1577)

長政は6月5日付の秀吉判物で、「てんしゆてつたいの衆」にあげられており、安土城天守の普請への参加が命じられている(同日付長政等宛秀吉判物写「太祖公済美録」)。

しかし、秀吉が中国攻略を命じられたことにより、普請衆からは外れたのか、10月には安土を発した秀吉軍の第二陣として従軍したとされる。直前の9月11日には秀吉から焔硝の手配を命じられており、出陣の準備にあたっていたのであろう(同日付長政宛秀吉判物写

「太祖公済美録」)。

　※　「太祖公済美録」は秀吉の安土発を10月23日とするが、秀吉は22日に京都に入り、23日には摂津方面へ進んでいる(『兼見』)。長政も同道と考えられる。

　11月には播磨佐用(福原)・上月の両城攻めに参加している(「太祖公済美録」)。『公記』によれば秀吉は11月27日に上月城を攻撃しており、この時期であろう。

天正6年(1578)

　3月7日、長政は秀吉の播磨三木城攻めに従い加古川へ進んだとされる(「太祖公済美録」)。秀吉は2月23日に播磨書写山に着陣しており、加古川も押さえている(『公記』)。続いて4月3日には秀吉の野口城攻めに参加し、3日間の合戦の後城主長井四郎左衛門は降伏し、長政が同城を請け取ったとされる(「太祖公済美録」)。

天正7年(1579)

　1月11日、長政は秀吉から近江北郡郷福永において300石を宛行われている(同日付長政宛秀吉判物『浅野』)。5月に秀吉が毛利勢の籠る丹生寺城を攻めたさいには、長政は「先登」(先乗ヵ)を果たしたとされる(「太祖公済美録」)。

　ついで秀吉は弟秀長に淡河城を攻略させ、9月には三木城へ兵糧を搬入しようとした毛利勢と秀吉勢が平田城付近で合戦となった(『兵庫県史』第3巻)。長政はこの両合戦に参加していた可能性がある。

　※　「太祖公済美録」には天正6年秋のこととして、長政が秀長に従って高砂城を攻め落としたとあるが、高砂城は三木城落城後まで攻略されておらず、淡河城同様三木城の兵糧輸送に重要な役割を持っていた。また、「太祖公済美録」は先の高砂城攻めの記載に続き、播磨平山において、秀吉とともに三木勢と戦い、別所治定を敗死させたとしている。治定が敗死したのは天正7年9月の平田城付近での合戦であり(『兵庫県史』第3巻)、「太祖公済美録」は天正7年の一連の内容を同6年の内容と誤記していると考えられる。

　9月15日には、秀吉から屋根の葺板の輸送と三木城への兵糧通路を遮断するようにとの命を受けており(同日付長政宛秀吉書状『浅野』)、三木城への兵糧輸送ルート上に在陣していたと考えられる。

天正8年(1580)

　前年後半には三木城の補給ルートは完全に封鎖されており、城主別所長治は1月15日付で長政に書状を送り、自分を含めた三名の守将の自害を条件に降伏を願い出た(同日付長政宛別所長治等書状写『公記』)。秀吉はこれを受け入れ、17日に落城となった(「太祖公済美録」『公記』)。また3月には、宇喜多直家弟忠家らの籠る備前児島の蜂浜城が毛利方の小早川隆景の攻撃を受け、直家の救援依頼を受けた秀吉は、長政を大将として援軍を派遣したとされるが(「太祖公済美録」)、他の史料では確認できない。同年中に長政は播磨国内で4600石の知行を宛行われている(天正9年3月18日付長政宛秀吉判物「知行方之儀、去年申付候分四千

六百石」『浅野』)。

天正9年(1581)

　3月18日、長政は前年の4600石に1000石加増され、播磨揖東郡において都合5600石を宛行われた(同日付長政宛秀吉判物『浅野』)。また、この春には姫路城の普請に携わったとされる(「太祖公済美録」)。6月末には鳥取城攻めに向かう秀吉に従い、姫路を出陣している(「太祖公済美録」)。7月12日に鳥取城に着いた長政は、中村一氏・黒田孝高・蜂須賀正勝とともに田間袋川沿いに陣を構えた(山県長茂覚書『石見吉川』)。徹底した糧道封鎖の結果、10月25日に城主吉川経家以下3名の自害と引き換えに、鳥取城は開城した。この時、城方は使者福光小三郎を長政の陣に送り、長政が秀吉に披露したとされる(「太祖公済美録」『太閤記』)。10月28日、秀吉の伯耆方面への進軍にあたり、長政は姫路留守居を命じられ、姫路に帰ったとされる(「太祖公済美録」)。なお、この間11月の淡路侵攻に関わる、10月23日付秀吉直状の添状を出している(10月日付(宛所欠)長政書状『兵庫中世3』)。

天正10年(1582)

　この年の前半、備中出陣から本能寺の変後の京都出陣にかけて、長政は一貫して姫路城の留守居を務めたとされる(「太祖公済美録」)。

　秀吉による明智光秀打倒後、7月には山城山崎の木津荘の指出検地に代官として関わっている(『多聞院』8日条)。24日には甌原で多聞院英俊からの音物を受け取っている(『多聞院』)。清洲会議を経た8月7日、桑原次右衛門に代わり、長政は杉原家次とともに京都奉行に任じられた(同日付桑原次右衛門宛秀吉書状写『大日本史料』)。13日には京都の吉田兼見に両人の就任が伝えられた(『兼見』)。「両人奉行浅野弥平衛尉、杉原孫左衛門両人之使者、至白川令滞留候」とあることから、長政は京都と一定の距離がある所にいたと考えられる。

　10月19日には上記の検地を受けてか、山城国内で3060石の加増を受けた(同日付長政宛秀吉判物『浅野』)。後に瀬田城へ移ったさい、多聞院英俊が「槙島城浅野弥兵衛相抱之処、瀬田ノ山岡城へ移之」と述べており(『多聞院』天正11年5月25日条)、この時点で槙島城を預けられていたと考えられる。22日には、近況と根来攻めの意向を本願寺の下間頼廉に告げる秀吉書状の添状発給者として現れており(同日付下間頼廉宛秀吉書状『浅野』)、山崎にいる秀吉の近辺にいたと考えられる。長政は本願寺から秀吉への「取次衆」あるいは「筑州家中出頭面々」と位置づけられており(「宇野」表紙見返)、10月16日には秀吉らへ使者が送られたさいには、別に「羽柴取次」として音物を贈られている(「宇野」)。

天正11年(1583)

　正月、長政は秀吉とともに京都に入ったとされる(「太祖公済美録」)。「太祖公済美録」は姫路からとしているが、当時の拠点山崎からであろう。

　閏1月25・26日ころ本願寺から秀吉へ年頭の使者が送られたさい、杉原家次とともに長政へ音物が用意されており、京都近辺の秀吉周辺にいた可能性もある(「宇野」)。

　その後伊勢に出陣した秀吉に従い、長政も転戦したとされる(「太祖公済美録」)。秀吉は

2月3日に長浜に進み、桑名・亀山と伊勢方面を転戦し、柴田勝家出陣の報を得た3月には長浜へもどり、柳ヶ瀬へ出陣し、岐阜の織田信孝が挙兵したため、3月末にはまた長浜に戻っている(『新修大津市史』3)。長政は2月13日に「雪山」(北伊勢ヵ)の布陣について指示を受けており(同日付長政等宛秀吉書状『三重近世1』)、先行していたと考えられる。以後、基本的には秀吉と行動をともにしていると考えられ、岐阜城攻め・賤ヶ岳の戦いに参加し、敗走する勝家を追い、越前府中から北庄へ進んだ(「太祖公済美録」)。4月24日に北庄城が落城すると、秀吉は加賀へ向かうが、長政が従ったかどうかは不明である(「太祖公済美録」)。5月には柴田勝家息権六と佐久間盛政の首が六条川原に晒されたが、両者を預かって手配したのが長政とされる(「太祖公済美録」『大日本史料』)。

　※　権六は5月6日頃佐和山で斬られ、14日には盛政の首が入京していることから(『兼見』)、それぞれ別の場所で斬られ、首だけが晒されたと考えられる。

5月25日には、山城狭山郷の石清水社領に関わる文書にその名が見える(同日付田中秀清宛杉原家次書状『石清水』)。これは京都奉行の一人としての活動であろう。しかし同日には多聞院英俊が、長政が槇島城から瀬田城へ移るとの情報を得ており(『多聞院』)、8月1日には、近江下甲賀・栗本郡内で2万300石を宛行われた(同日付長政宛秀吉判物『浅野』)。このさい多羅尾四郎兵衛が与力として付された(同日付長政宛秀吉判物『浅野』)。

7月4日に本願寺から大坂の秀吉へ使者が派遣されたさいは、下間頼廉の状を添えて銀5枚が長政に贈られた。11日には返礼の使者が来ており、この間長政は大坂にいたと考えられる(「宇野」)。8月11日、河内金剛寺の寺僧が、瀬田に滞在中の長政と寺領についての談合のため面会している(同日付金剛寺三綱同宿中宛宥□書状「弥兵衛殿せたに御座候間、それまて罷越候て可然様ニおほせられ候間、せたまて罷こし候、其子細者、各々弥兵衛殿之内儀き、申たきよし申され候ニより、其ため迄ニこし申候」『金剛寺』)。同7日付と9月9日付で近江の諸職人の大坂城普請動員を免除を告げている(天正11年8月7日付近江諸職人中宛長政書状・同9月9日付江州諸職人中宛長政書状『新修彦根市史』第5巻)ほか、蒲生郡の長命寺に9月14日付で山林・坊・屋敷の安堵状(同日付長命寺寺家中宛長政書状)、21日付で進物の礼状を出し(同日付長命寺宛長政書状　いずれも『近江蒲生郡志』第3巻)、同24日付で下坂元の西教寺に寺領を安堵している(同日付西教寺宛長政書状『大日本史料』11-5)。10月24日に本願寺の使者が有馬湯治中の秀吉に使者を送ったさいには、長政への音物が用意されている(「宇野」)。あるいはいったん大坂に戻り、有馬に同行したのかもしれない。ただし、11月2日付で蒲生郡名主百姓中に対して検地に関わる指出を催促しており、引き続き近江にいた可能性もあろう(同日付蒲生郡名主百姓中宛長政書状『近江蒲生郡志』第3巻)。

12月12日、長政は琵琶湖の水運・漁業に大きな影響力を持つ堅田四方に対して、従来の特権を認めた(同日付堅田四方宛長政掟書『新修大津市史』3)。続いて14日には坂本城の城下町に対して定書(同日付坂本町中宛長政掟書『新修大津市史』7)を出している。11月20日に、8月の知行割で坂本城を預けられた杉原家次の狂気が伝えられており(『多聞院』)、この時期に

は長政が替わって坂本城主として活動していると考えられる(『新修大津市史』3)。ただし、長政自身がどの程度坂本に滞在していたのかについては判然としない。

12月28日、大坂で越年予定の秀吉へ、本願寺から歳暮の使者が派遣され、石田三成・増田長盛とともに長政への音物も用意されている。しかし翌年正月の年頭の使者のさいは長政以外の2人分の音物しか用意されておらず(「宇野」)、当時は大坂にはいなかった可能性がある。坂本在城の可能性も含め検討されよう。

天正12年(1584)

3月6日、根来・雑賀攻めの風聞の中、本願寺から大坂の秀吉へ使者が派遣され、長政には秀吉への執り成しが依頼されている(「宇野」)。

同年3月～6月にかけて、長政は秀吉に従って小牧長久手の戦いに参加している(「太祖公済美録」羽柴秀吉陣立書『浅野』)。3月13日、秀吉が坂本から丹羽長秀に送った書状の中で、伊勢方面に先行している面々の中にその名が見える(同日付丹羽長秀宛秀吉書状写『愛知織豊2』)。18日には近江千野・苗鹿(なふか山)両村の「立場」について(同日付千野・苗鹿村宛長政判物写「太祖公済美録」)、23日には近江諸職人の諸役免除についての手配をしているが(同日付蜂屋五郎助宛長政書状写『大日本史料』)、いずれも陣中から手配していると考えられる。坂本城主としてのものであろうか。27日に秀吉が犬山に着いたさいには、合流していたのであろう。

以後、4月9日の長久手への出陣(池田勢の援軍)、翌10日の小松寺山への陣替に従ったとされる(「太祖公済美録」)。4月20日に貝塚の本願寺顕如に届いた書状には長政の添状があり、また秀吉陣所への使者に長政への音物が託されており(「宇野」)、秀吉の周辺にいたことがわかる。5月に入ると、長久手の戦い後、膠着した楽田から美濃に移動した秀吉に従い、加賀井城(6日落城)・竹鼻城(6月10日落城)を攻略したとされる(「太祖公済美録」『愛知織豊2』特集「小牧・長久手の戦い」)。

その後の長政の動向は不明だが、6月中にいったん大坂へ引き上げた秀吉に従い、畿内へ戻ったのではないだろうか。8月には近江日吉社に比叡辻分の社領を安堵している(8月日付日吉総社家中宛長政判物写・同日付比叡辻中神田百姓中宛長政判物写『大日本史料』)。9月24日、近江西教寺に対し寺領を安堵し、その旨を志賀郡の代官に伝達している(同日付西教寺宛長政判物・同日付志賀郡代官中宛長政判物『大日本史料』)。10月16日、秀吉から阿波土佐泊にいる十河存保配下の将らへ、播磨飾磨津において兵糧200石を渡すようにとの命を受けている(同日付長政宛秀吉判物『大日本史料』)。11月6日、近江蒲生郡の百姓中に対して、検地漏れの糾明を指示している(蒲生郡名主百姓中宛長政判物写『大日本史料』)。比較的近江での発給文書が多く、長政が同年の近江再検地に関わって坂本に来ていた可能性もあろう。

12月24日、本願寺から大坂の秀吉へ歳暮の使者が派遣され、長政にも音物と書状が用意されている(「宇野」)。

天正13年（1585）

　1月3日、本願寺から大坂の秀吉へ年頭の使者が派遣され、長政へ音物と書状が贈られた。5日、長政は中村一氏をともなって貝塚を訪れ、顕如と対面している（『宇野』）。

　3月21日に秀吉が紀州攻めのため岸和田城に入ると、長政もこれに従い、羽柴秀次とともに岸和田近辺の仙石城・堀城を攻撃したとされる（「太祖公済美録」）。その後、長政の行動は詳細にはわからないが、引き続き従軍したものと考えられる。4月25日に雑賀で「開陣」となり、秀吉と本願寺顕如らが対面したさいの記事に、「浅弥兵ハ雑賀ニノコラル」とあり（『宇野』）、大坂へ帰還する秀吉と離れ、戦後処理に携わったと考えられる。

　5月13日、秀吉から近江高島郡の長政知行の一部を「留守居者」へ扶持するようにとの判物を受けているが（同日付長政宛秀吉判物『浅野』）、長政の居所は不明である。

　「太祖公済美録」では、8月〜閏8月にかけて秀吉の越中攻めに長政も従軍したとされるが、他の史料からは確認できない。

　※　秀吉が越中から大坂に戻った直後の9月11日付で、前田利家に羽柴姓を与えることなどを告げた自筆書状の写には、「猶浅野弥兵衛口上ニ可申候」とある（同日付前田利家宛秀吉書状『富山・近世』）が同文書の信憑性には疑問がある（岩澤1966）。

　閏8月21日には秀吉から近江高島郡において、7200石の加増を受けた（同日付長政宛秀吉判物『浅野』）。この時期秀吉は坂本にあり、同地で発給されたものであろう（『兼見』19日条）。

天正14年（1586）

　長政はこの年、徳川家康との間で秀吉妹朝日の輿入れの交渉にあたったとされる（「太祖公済美録」）。他の史料より経緯を追うと、4月5日、三河へ向かう朝日の宿所についての指示が大垣城主の一柳直末に出されており（同日付一柳直末宛秀吉朱印状『愛知織豊2』）、添状発給者の一人に長政の名が見える。同11日には徳川家側の松平家忠が家康と朝日の婚儀の情報を得ており、13日には同月28日が祝言と決まった（『家忠』）。しかし19日になって家康の使者が秀吉の気に添わず延期となり、代わりの使者本多忠勝が帰還した後、5月14日に朝日が浜松城に入り、祝言となった。長政は5月11日に朝日と共に岡崎まで下向している（『家忠』）。なお、朝日の大坂発は4月28日で（『言経』）、長政も同様であろう。

　※　「太祖公済美録」は『武徳』を典拠として、2月下旬に長政が三河・遠江に下向しての交渉が行われたとする。また、黒田和子氏も『改定三河後風土記』を典拠として「太祖公済美録」とほぼ同様の理解をしている（黒田2000）。しかし家康は2月26日に浜松を発し、伊豆三島へ向かい、3月9・11日と北条氏政と会見している（『当代』）。長政が何らかの形で交渉に関わっていた可能性はあるが、直接的には1月27日〜29日に岡崎で家康が織田信雄と会見した（『当代』）あたりで固まったと考えるのが妥当であろう。

　5月27日には家康から今回の入輿の件の礼と、秀吉への披露を依頼する書状が出されており（同日付長政宛徳川家康書状『浅野』）、このころには帰京していたものと考えられる。

　※　同文書は『浅野』では年次比定がされていないが、「太祖公済美録」では本年に比定さ

れている。宛所の長政が「弾正少弼」とあること、文中の「榊原小平太」(康政)が同年11月の家康上洛時に式部少輔と称を改めることから、「太祖公済美録」の判断を支持する。

7月8日、上方から越後に帰国した上杉景勝より長政への書状に「下国之砌参可申述之処、路次中相急候付而無其儀」とある(同日付長政宛上杉景勝書状『上越別2』)。景勝は帰国のさい6月24日～26日に堅田・今津を通行しており(天正十四年上洛日帳『上越別2』)、同時期に長政が坂本あるいは大津にいた可能性もある。

9月26日、家康上洛催促の使者として、長政は岡崎で家康と対面している。24日には松平家忠が「浜松殿様岡崎へ御こし候、上方より御上洛候へ之御使者越候」と述べていることから、岡崎到着はこの前後であろう(『家忠』)。26日の時点で「殿様御上洛ニ相定候」と、上洛の方針が決まるが、10月14日に浜松を発った家康は、18日に岡崎で秀吉の人質、大政所を迎え、そのまま上洛した(『家忠』)。家康の上方滞在中、長政は秀吉から家康の供応役を命じられたとされる(「太祖公済美録」)。

天正15年(1587) 1月～8月

2月16日、長政は大津百艘船に対する定書を出しているが(『新修大津市史』3)、大津にいたのかどうかはわからない。

3月1日、秀吉の九州攻めに従い、長政も大坂を出陣した。長政は竜造寺政家の名代として上洛し秀吉とともに九州入りした鍋島直茂の取次を務めており(「直茂公譜」5坤『佐賀近世1』)、豊前から筑前・筑後・肥後と進んだ秀吉の周辺にあったと考えられる。4月5日、秋月城で秀吉と対面した立花宗茂が長政の下につけられたとされる(「豊前覚書」)。5月には太平寺から前田利長・竜造寺政家とともに大隅方面へ出陣し、5月7日(実際は8日)に島津義久が降伏すると、秀吉から戦後処置を命じられたとされる(「太祖公済美録」)。28日、肥後佐敷において、箱崎宮座主と立花宗茂配下の城戸清種と面会した(「豊前覚書」)。

6月15日、秀吉から肥前の深堀純賢改易にともなう指示を受けているが、「右趣竜造寺ニ能々申聞」とあることから、引き続き竜造寺政家と行動をともにしていたのであろう(同日付長政等宛秀吉朱印状ヵ写「深堀文書」『佐賀古文書4』)。27日夜には長政は、25日付で領知朱印状を受け、箱崎の秀吉へ礼に行く立花宗茂に同道し、柳川に着いた(6月□8日付大鳥居信寛宛立花宗茂書状『福岡柳川上』)。

※ 上記の文書の日付は「6月□8日」と、一部破損しているが、「立花家文書」に25日付で宗茂宛の領知朱印状が残されていることから(『福岡柳川上』)、28日付と判断した。なお、立花家中の柳川入りを6月半ばとする説もある(「豊前覚書」)。

その後、7月から8月にかけて、筑前に転出した小早川隆景旧領の伊予の検地のため、現地に向かったとみられ、7月18日に奈良谷竜沢寺に禁制を出しているほか、8月18日には百姓らに大唐稗の刈取を命じる書状を出している(天正15年7月18日付奈良谷竜沢寺宛長政禁制・(天正15年)8月18日付ありま総中宛長政書状『愛媛県史』資料編近世上)。また、この間、能島を根拠とする村上武吉・元吉親子の身上に関わる「海上賊船之儀」に、増田長盛、西伊予

の新領主戸田勝隆とともに携わっている。伊予下向中と思われる7月8日時点では処罰対象の人物が家中にいない旨、長政も承知しているとのことだったが(同日付村上武吉・元吉宛浅野政勝書状「則弾正殿へ具申聞候、御家中ニ清右衛門尉与申者無之旨、長吉被聞届候」)、8月22日には伊予郡内で村上氏に近い人物と談合しており(同日付村上元吉宛林勝成書状)、秀吉への報告のためか、9月4日以前に増田長盛とともに上洛(行先は大坂か)している(9月4日付村上元吉宛戸田勝隆書状「浅弾少・増右上洛儀候間、御耳へ可被立之由被申候」いずれも『山口中世3』)。

2 天正15年(1587)9月～文禄2年(1593)——甲斐拝領まで

天正15年(1587)9月～12月

9月5日、長政は若狭一国を宛行われる(同日付長政宛秀吉判物『浅野』)。続いて28日付で近江志賀郡下坂本の2500石を扶持されており(同日付長政宛秀吉朱印状『浅野』)、引き続き大津城主としての役割も担ったと考えられる(『新修大津市史』3)。晦日、長政配下と思われる人物から能島の村上元吉へ、「海上賊船之儀」に関わる報告が長政から秀吉になされたことが伝えられており、長政は秀吉とともに京都にいたと考えられる(同日付村上元吉宛山岡貞綱書状『山口中世3』)。

10月14日、長政は7月に起こった肥後一揆鎮圧に関する秀吉の指令を伝える連署状を、石田三成・増田長盛とともに発給している(同日付安国寺恵瓊・小早川秀包宛長政等連署状『新熊本市史』史料編3)。秀吉の命令を報ずる内容から見て京都の周辺にいたと考えられる。

なお、10月(10月日付長政禁制『小浜市史』社寺文書編)、11月(11月16日付某宛長政判物『小浜市史』社寺文書編)と若狭国内での発給文書が見え、村落宛の条目も残されているが(10月20日付遠敷郡宮川之内本保村宛長政判物『小浜市史』諸家文書編4)、入国したかどうかは判断を保留したい。

※ 「太祖公済美録」は前領主丹羽長重改易にともなう国替えのため、即座に入国したと判断しているが、注記には浅野家臣の家系史料の中に、入国を天正16年としているものがあることもあげている。

12月27日、蒲池鎮連に対して、長政は秀吉と自身に対する歳暮の礼を述べており、大坂の秀吉の周辺にいたと考えられる(同日付蒲池鎮連宛長政書状写『福岡柳川上』)。

※ 同書状には「来春為上使、拙者九州へ罷下候条」とあり、肥後一揆を受けて上使として肥後に下る天正16年の前年と判断した。

天正16年(1588)

1月5日、秀吉は小早川隆景宛の朱印状で、肥後一揆の後処理と検地のため、長政を派遣するとしており(『小早川』)、大坂の秀吉の周辺にいたと考えられる。長政の出発予定は20日であったが(19日付秀吉朱印状『小早川』)、27日付の秀吉朱印状の添状発給者として名前が見える(『小早川』)。

2月20日には、秀吉から肥前の竜造寺政家に対して、兵糧を熊本まで届け、長政ら上使衆へ渡すようにとの指令が出ており(同日付竜造寺政家宛秀吉朱印状『新宇土市史』史料編3)、上使らは熊本を拠点に活動していたようである。また、長政が検地を担当したのは、肥後14郡のうち山本・飽田・託摩・川尻の4郡である(相良統俊肥後国検地覚書『新熊本市史』史料編3)。

3月16日、秀吉は肥後南関にいた小早川隆景へ、同地の長政との談合を指示しており(4月2日付小早川隆景宛秀吉朱印状『小早川』)、熊本か、いずれにしても隆景の近辺にいたと考えられる。

4月3・5日、長政は吉川広家の肥後小代城の修復の労をねぎらっている(4月3日付・4月5日付吉川広家宛長政書状『吉川』)。

5月15日付で肥後にいた毛利吉成が上方の増田長盛に送った書状には、「肥州御検地相済、去年之御年貢米少々申懸納次第、至隈元城差遣、浅野弾正少弼奉行ニ相渡候」とあり、長政は検地を済ませて熊本にいたのであろう(『新熊本市史』史料編3)。同日には上使衆9名の連名で逃亡した肥後一揆残党の成敗が指示されており(同日付新納忠元宛長政等連署書状写『新熊本市史』史料編3)、肥後の仕置が一段落していたとも考えられる。18日には戸田勝隆とともに長崎に関する条規を定めており(同日付戸田勝隆長政連署条目写「編年史料稿本」)、長崎へ向かった可能性もある。

※　この間「太祖公済美録」は4月14日の聚楽第行幸にさいし、長政が前田玄以と共に奉行を努めたとするが、肥後から京都に戻っているとは考えられない。

肥後から上方へ戻った時期は判然としないが、6月6日に幡磨揖保郡石見郷福井庄に対して、井水争いの裁定を伝える書状を、肥後に下っていない増田長盛とともに出し(『兵庫中世3』)、16日には島津義久宛の秀吉朱印状に、同じく長盛とともに添状発給者として名が見え(『島津』)、この頃には秀吉の周辺(大坂ヵ)に戻っていたと考えられる。

7月5日には、秀吉の命により石清水八幡宮の「八幡一社山上中」宛に1万石を寄進する旨、増田長盛との連署で伝えた(『石清水』)。同日、伊勢神宮の両宮にも同様の寄進がなされている(同日付町野左近助宛蒲生氏郷書状「今度御立願之儀、増田右衛門尉・浅野弾正より折紙之旨則持遣候、此書状急両宮社人衆へ御届被上之様可申付候」『近江蒲生郡志』第3巻)。9日、多聞院英俊は長政と増田長盛の判のある書状を受け取っており、「京ヨリ」とあることから、長政は京都にいたと考えられる(『多聞院』)。22日には上洛してきた毛利輝元を淀で迎え、23日には京都妙顕寺滞在中の輝元へ、秀吉の使者として訪れ、24日には聚楽で秀吉と対面する輝元一行を迎えに行っている。また26・30日と輝元自身が聚楽の長政邸を訪ね、8月2日には聚楽に出仕した諸大名の取次を務め、5日には輝元を茶湯に招いた(「輝元上洛日記」)。8月12日、若狭で一斉に領知宛行を行っており(同日付浅野重吉宛長政判物写ほか「太祖公済美録」)、検地を受けての領地確定と考えられるが、京都で発給されたということになる。27日には帰国する毛利輝元へ暇乞いに行っている(「輝元上洛日記」)。

11月5・6日と国内での文書発給がある(若狭国中本願寺末寺宛長政禁制 一宮神主宛長政判物『小浜市史』社寺文書編)ことから、若狭に下った可能性もあるが、判然としない。

天正17年(1589)

1月28日、木材の運搬について美濃の諸将に指示した秀吉朱印状に添状発給者としてその名が見える(同日付一柳直末等宛秀吉朱印状写『岐阜古代中世1』)。

2月26日、上洛してこの日京都で秀吉と対面した波多親を連日接待しており(同日付有浦高宛波多親書状『改訂松浦党有浦文書』)、3月1日に親を茶に招き、5日時点でも京都に滞在している(いずれも5日付有浦高宛波多親書状『改訂松浦党有浦文書』)。27日に三河守に任官した波多親は長政の引き立てに感謝し、帰国が近いと伝えた(30日付有浦高宛波多親書状『改訂松浦党有浦文書』)。

※　上記の3通の波多親書状は、『改訂松浦党有浦文書』では天正16年に比定されている。しかし前述のように、天正16年の長政は上使として肥後に下っており、2月20日には熊本在が確認できる。また、3月5日付の波多親書状には「上様今程大坂へ御座候、十日比しゆらくへ可被成光御之由候」とあり、天正17年の秀吉の動き(2月29日大坂着、3月13日大坂→京都、『言経』)と符合する。よって天正17年のものと判断した。

3月28日、宗義調に対する秀吉朱印状に添状発給者としてその名が見える(『豊臣秀吉文書集』4)。

※　「太祖公済美録」は3月～4月にかけて、前田利家から依頼を受け秀吉の御成を実現させたとしているが、同時期利家は在国中であり(岩澤1966)、信憑性が低い。また6月5日のこととして、秀吉が禁裏などへ金銀を配ったさいに、前田玄以とともに取次を努めたとされる(「太祖公済美録」)。実際に金銀が配られたのは鶴松誕生の直前、5月20日であり、長政は聚楽でこれに関わった可能性もある。

7月11日、上洛していた大宝寺義勝が、帰国に際して長政へ太刀と馬を贈っており、京都にいたと考えられる(「大宝寺義勝上洛日記」『上越別2』)。

8月2日、南部信直に対する朱印状に、前田利家とともに添状発給者として長政の名が見える(大坂在 『盛岡市史』戦国期)。黒田和子氏によれば、利家はこの時期に南部氏への「取次」を長政に譲ったとされる(黒田2000 20日付南部信直宛前田利家書状写『盛岡市史』戦国期)。これは南部氏に限ったことではなかったようで、以降長政は伊達政宗との交渉にも全面的に関わっており、翌年の小田原攻め出陣まで秀吉周辺で活動していたと考えられる。

9月3日、伊達政宗側近より政宗の上洛延期が告げられている(同日付長政宛上郡山仲為書状写『伊達』)。25日に前田玄以に加えて京都所司代となり、10月1日には聚楽で所司代就任の礼を受けており(『鹿苑』)、以後は主に京都にいたのであろう。

11月10日(同日付伊達政宗宛長政富田知信連署状『伊達』)、20(同日付伊達政宗宛長政書状・桑折宗長等宛和久宗是等書状『伊達』)と、伊達政宗に上洛を促している。13日、京都相国寺の領知目録の提出を前田玄以とともに受け(同日付長政・前田玄以宛維那琴材書状『西笑』)、14日、

池田輝政配下の伊木忠次へ、石田三成とともに領知目録を発給している(『岐阜古代中世4』)。23日には聚楽で木下吉隆らとともに北条氏政に対する檄文の草稿の起草に関わっている(『鹿苑』)。26日、伊達政宗の上洛を促す和久宗是書状に「浅弾少肝煎不常事候」とあり、交渉に力を入れていたことがわかる(同日付片倉景綱宛和久宗是等書状『伊達』)。27日、前田玄以とともに公家・門跡・大名衆屋敷検地の指示を出すが、翌28日には五山等有力寺院は免除としている(『鹿苑』)。

12月4日、翌年の小田原攻めを告げる秀吉朱印状に添状発給者として長政の名が見え(同日付小早川隆景宛秀吉朱印状『小早川』)、5日には伊達政宗に対して小田原攻めを告げ、上洛を促している(同日付伊達政宗宛長政前田利家連署書状『伊達』)。いずれも京都からであろう。

天正18年(1590)

同年の長政に関する史料は多数に及ぶため、概略と詳細を分けて記述する。

【概略】

長政は1月～2月にかけて、対伊達政宗交渉や京都所司代としての活動が見え、京都にいた。2月28日に小田原攻めのため京都を発ち、秀吉と合流して4月初旬には小田原に着いたと考えられる。19日には小田原在陣が確認できる。26日には小田原を発し玉縄へ、翌27日には江戸城を請け取った。その後川越、松井田へと進み、途中徳川家康配下の本多忠勝らとともに北関東の諸城を請け取り、5月10日には土気・東金の2城を請け取っている。

5月21日には岩付城攻めの陣中にあり、22日には落城させた。同月中に鉢形城の攻囲に加わったが、伊達政宗が小田原に参陣したため、6月5日には小田原へ召還された。7日に政宗の詰問と処分の決定があり、長政はすぐに出陣したようだが、鉢形城はまもなく開城し(6月日付加藤清正宛榊原康政書状写『埼玉6』)、長政は城請け取りについての条目を出している(6月日付長政等連署条目『埼玉6』)。7月1日には忍城攻めの陣中にあり、14日に同城を攻略すると、奥州仕置のためそのまま奥州へ向かった。

8月9日には八丁目、9月13日には平泉の高館にあり、南部領の和賀稗貫へ進んだ。10月には一段落着いて上洛したようだが、葛西大崎一揆蜂起の報を受け駿河から奥州へ戻った(11月29日付南部信直宛長政書状『青森近世1』)。途中11月10日頃に江戸に寄っており、徳川家康と善後策を協議したものと考えられる。14日ころには江戸を発ち、28日には蒲生領内の岩瀬、12月17日には大森にいることが確認できる。翌天正19年2月28日、南部に代官として派遣されていた浅野家臣の書状に「弾正二本松ニ越年ニ付而」とあり(2月28日付色部長実宛浅野忠政等書状『青森近世1』)、二本松で越年した。

【詳細】

1月8日京都在(同日付木下家定等宛増田長盛・長政書状「御蔵入免相之事、御代官衆　上様へハ過分ニ遺置候様申上、下にて免少遺、百姓迷惑させ候之由、上様被聞召候之間」『兵庫中世2』)。20日京都在(同日付伊達政宗宛浅野幸長書状「御状拝見候(中略)度々被達　上聞候、御身上儀弾正少弼不被存疎意候間」・片倉景綱宛徳山秀規書状『伊達』)。21日京都在(『晴豊』)。22日京都在(『お湯

殿」)。2月2日京都在(同日付伊達政宗宛前田利家書状「御逆鱗雖不浅候、浅野弾正少弼方令相談、多重御理申上候」『伊達』)。13日京都在(『晴豊』)。21日京都在(同日付伊達政宗宛長政書状「仍被仰上之始末、伺御機嫌毎度令達　上聞之処」『伊達』)。28日京都発(『お湯殿』『晴豊』)。

4月19日小田原在(20日付伊達政宗宛長政書状「去月十五日御札、当月十九日於小田原表拝見候」『伊達』)。26日小田原→玉縄(7月1日付伊藤民部大輔宛長政書状写「拙者茂奥関東仕置之事被仰付、四月廿六日ニ小田原表罷立」『日向記』25日付長政宛徳川家康書状写「仍明日玉縄へ可越之由御辛労候」「太祖公済美録』)。27日江戸在(28日付長政宛秀吉朱印状『浅野』)。5月1日以降(江戸→川越→鉢形)(5月1日付長政等宛秀吉朱印状『豊臣秀吉文書集』4)。5月10日土気・東金在(12日付長政等宛秀吉朱印状写「難波創業録」小林1994)。13日下総在ヵ(同日付簗田晴助宛長政書状「尚々貴所之事、唯今御入候所、破却之間そのまま可有御居住候」『千葉県の歴史』資料編中世4)、16日富岡在ヵ(同日付富岡新三郎宛長政判物写「富岡文書」「編年史料稿本」)。21日岩付在(22日付本多忠勝等宛秀吉朱印状『埼玉6』)。22日岩付在(6月日付加藤清正宛榊原康政書状写『埼玉6』)。25日岩付在(同日付長政等宛秀吉朱印状『浅野』)。28日岩付在(同日付長政宛伊達政宗書状「貴辺武州口御在陣之由候条」『政宗1』)。29日鉢形在ヵ(同日付長政等宛秀吉朱印状「鉢形面へ執詰陣取候哉、四五日者其表之儀、何共注進不申」『浅野』)。6月5日鉢形→小田原(6日付白石宗実宛伊達政宗書状「併浅弾利家沙鉢形表ニ在陣候ヲ、従関白様昨日迎ヲ御越、此陣へ被招指南ヲ可被仰付之由候」『政宗1』)。13日鉢形在ヵ(同日付長政等宛石田三成書状「忍之城の儀以御手筋、大方相済ニ付而(中略)御報待入候」『浅野』)。

7月1日忍在(3日付長政秀吉朱印状『浅野』)。5日忍在(10日付長政寺西正勝書状『浅野』)。13日忍在(同日付長政宛得井通年書状『浅野』)。14日忍在(同日付長政宛織田信雄書状『浅野』)。17日忍在(同日付長政宛七曲ふく書状『浅野』)。23日忍在(同日付長政宛榊原康政書状『浅野』)。26日忍→古河、27日仲善在、28〜30日田郷在(「太祖公済美録」)。8月1・2日下橋在、3日「瀧山」在、4日「中川」(那可川ヵ)在、5・6日「にしかい」在(いずれも「太祖公済美録」)。6日白河ヵ(同日付伊達政宗宛長政書状「今日六日白川迄御成候、然者ここ元之様子可被仰聞候条、至于会津、早々可有御参之旨　御意候」『伊達』)。7・8日郡山在(「太祖公済美録」)。9日八丁目在(「太祖公済美録」11日付伊達政宗宛長政書状『伊達』)。10日八丁目在、11日桑折在(「太祖公済美録」)。12・13日宮在(12日付白川義親宛伊達政宗書状写『政宗1』)。14日岩沼在、15日「北石」在、16・17日「宮代」在、18日黒川在、19日〜22日「中井」(長井ヵ)在、23日「高品」在、24日葛西着(いずれも「太祖公済美録」)。9月13日高館在(10月7日付長政宛秀吉朱印状写『青森近世1』)。27日(稗貫発)(29日付長政宛伊達政宗書状写『政宗1』)。

10月5日頃(大森着)(9月29日付片平親綱宛伊達政宗書状『政宗1』)。7・8日(大森着)(6日付伊達成実宛伊達政宗書状『政宗1』)。11月10日頃江戸在(10日付蒲生郷成宛蒲生氏郷書状、高橋1997)。14日頃江戸発ヵ(14日付山川晴重宛徳川家康書状写「奥州葛西表一揆等差起付而、今度浅野弾正少弼被下候」『越前山川文書』『結城市史』1)。28日岩瀬在(同日付中村一氏宛長政書状『浅野』)。12月10日二本松在(天正19年1月2日付松井康之宛千宗易書状写「松井家譜」『新修家康』)。12日「藤山」→大森(同日付大条実頼宛伊達政宗書状『政宗1』)。17日大森在(同日付伊達政宗宛長政書状

『伊達』)。29日二本松在(同日付原田旧拙斎宛伊達政宗書状「此通之足弱、二本松へのほせ候へと、浅弾御理ニ候」『政宗1』)。

天正19年(1591)

同年も前年に引き続き、概略と詳細を別に記述する。

【概略】

前年に引き続き、奥州一揆の対応のため8月初旬まで二本松に滞在している。この間江戸の徳川家康と連携し、関係の悪化していた蒲生氏郷と伊達政宗をそれぞれ上洛させ、秀吉の裁定を仰いだ。5月には両者ともに奥州に下り、長政は20日に帰国した政宗と会っている。ついで政宗は早速葛西大崎の一揆勢を制圧するが、長政は引き続き二本松に滞在している。7月には奥州再仕置のため、羽柴秀次と徳川家康が下向し、8月6日、両者を二本松に迎えて対面すると、翌7日に南部へ向け出陣した。27日には蒲生氏郷とともに九戸城攻めの陣中にあり、9月4日には同城が落城し、14日ころまでは南部領の戦後処理に関わっていたと考えられる。10月4日には大崎まで上っており、9月末には南部領の仕置を終えたと考えられる。その後体調を崩して白石に滞在した後、11日頃には二本松城を蒲生氏郷に引渡し、岩瀬に移った。

その後28日以前には下野芦野を発っているが、上方に居るのは12月で、直に高野山へ登り、鶴松の法要を行い、18・19日ころに入京した。同月14日付の秀吉朱印状の添状発給者としてその名が見えることから、同日大津にいた秀吉に会った可能性もあろう。

【詳細】

1月1日二本松在(2月28日付色部長真宛浅野忠政等書状「弾正二本松ニ越年ニ付而、当春も爰元へ被及音信候」『上越別2』)、19日二本松在(同日付浅野正勝宛八島増行書状『伊達』)。26日二本松在(同日付伊達政宗宛長政書状『伊達』)。30日二本松在(同日付長政宛徳川家康書状写「然者二本松ハ余ニ程遠候儀候間、此地か小田原迄御越尤候」『家康』)。閏1月3日二本松在(同日付長政宛伊達政宗書状『伊達』)。2月9日二本松在(同日付長政宛伊達政宗書状『伊達』)。3月21日二本松在(同日付長政宛伊達政宗書状『政宗1』)。

4月14日二本松在(同日付東政勝宛長政書状写『青森近世1』)。27日二本松在(同日付伊達政宗宛長政書状『伊達』)。5月20日二本松在ヵ(同日付湯目景康宛進藤信政書状『伊達』)。6月5日頃米沢在ヵ(6日付某宛伊達政宗書状「今般霜台俄御越故、取分而不調法、沙汰之限ニ候つれ共、機嫌能候而御帰候」『政宗1』)。15日二本松在(同日付八戸直栄宛長政書状『青森近世1』)。17日二本松在(同日付伊達政宗宛長政書状『伊達』)。18日二本松在(同日付伊達政宗宛長政書状『伊達』)。26日二本松在(同日付長政宛伊達政宗書状『政宗1』)。

7月10日(平泉着)(12日付野田内匠宛南部信直書状『青森近世1』)。15日二本松在(同日付伊達政宗宛長政書状『伊達』)。17日二本松在(同日付東直義宛長政書状『青森近世1』)。19日二本松在ヵ(同日付山川晴重宛長政書状『結城市史』第一巻)。22日二本松在(同日付野田内匠宛南部信直書状『青森近世1』)。25日(二本松発)(15日付伊達政宗宛長政書状『伊達』)。8月2日二本松着(3日付伊達

政宗宛長政書状『伊達』)。5日二本松在ヵ(同日付伊達政宗宛蒲生氏郷書状『伊達』)。7日二本松発(同日付施薬院全宗宛浅野正勝書状『伊達』)。18日伊沢郡内在(同日付長政書付写「治家記録引証記」小林2003A)。27日九戸城(二戸)付近在(同日付蒲生郷成宛蒲生氏郷書状写「蒲生家系図由緒書」高橋2000)。9月1日姉帯・禰曽利在、2日九戸城(二戸)在(いずれも14日付長束正家宛長政書状写『浅野』)。10日南部在(同日付長政蒲生氏郷書状写『浅野』)。13日南部在(同日付浅野幸長宛長政書状案『浅野』)。14日南部在(同日付長束正家宛長政書状写『浅野』)。

※　小林清治氏は、9月10日付の蒲生氏郷書状に「今朝懸御目候而、本望事候、四時分罷着候」とあることから、長政は九戸城から100km前後の鳥谷ヶ崎(後の花巻)あたりにいたと推測している(小林2003A第5章)。

10月4日大崎発(8日付蒲生郷成等宛蒲生氏郷書状写「蒲生家系図由緒書」高橋2000)。5日〜7日白石在(7日付屋代景頼宛仙石増繁書状「一昨五日至白石参着候、少霜台御煩敷候間、今少御逗留候」『伊達』)。11日頃二本松→岩瀬(11日付蒲生郷成等宛蒲生氏郷書状写「二本松之城可相渡由、(中略)弾正次第ニ被申付、源左衛門者彼城ニ残候而、左近者浅弾供ニて岩瀬ヘ可被相越候」「蒲生家系図由緒書」高橋2000)。28日以前芦野発(28日付伊達政宗宛仙石曽繁書状「拙者事霜台為御送、芦野まで罷越候」『伊達』)。12月14日大津在ヵ(同日付島津義久宛秀吉朱印状「猶浅野弾正少弼、石田木工頭、木下半介可申候也」『島津』)。18・19日高野山→京都、21日京都在(いずれも21日付立花宗茂宛長政書状「拙者事令帰陣、直ニ高野へ罷登、若君様御仏事仕、二三日以前ニ上洛候て、源右ニ逢申」『福岡柳川上』)。

天正20年・文禄元年(1592)

1月4日、長政は五山衆より正月の礼を請けるが、その場で所司代から外れる旨を伝えた(『鹿苑』)。その後11日には徳川家康より歳暮の礼などにつき書状をもらい(同日付長政宛徳川家康書状『浅野』)、2月26日にはその家康邸を訪れるなど(『言経』)、京都で活動しており、3月26日に秀吉とともに名護屋へ向け出発した(『鹿苑』)。名護屋での長政の陣所は「二丸」であった(名古屋御陣場之次第「直茂公譜」6『佐賀近世1』)。

5月3日、徳川家康が松井康之に送った書状に、「浅弾一昨日被召出候」とあり(『綿考』)、長政はなんらかの理由で秀吉の不興を蒙り、1日に出仕を許されたことがわかる。

6月18日には肥後佐敷で起こった梅北一揆鎮圧のため、嫡子幸長とともに派遣される方針が発表され(同日付隈本留守居中宛秀吉朱印状『新熊本市史』)、短期間での一揆制圧の報を得た19日時点でも父子ともに肥後へ下る予定であった(同日付島津義久宛長政書状写『薩藩旧記』)。名護屋発の日付は不明だが、肥前→熊本→八代→宇土→佐敷の経路をとったようで(井上弥一郎梅北一揆始末覚『新熊本市史』)、23日には八代にいた(同日付島津久保宛島津義久書状『島津』)。

7月25日には唐津の有浦高に対し、4月24日に行われた秀吉の唐津御茶屋御成の件などを申し送っており(同日付有浦高宛長政書状『改訂松浦党有浦文書』)、また、8月5日には朝鮮在陣中に死去した蒲池鎮連の跡職について国許と在陣衆に子息源十郎への安堵を告げてお

り(同日付蒲池吉弘宛長政書状 同日付立花宗茂宛長政書状『福岡柳川上』)、この頃には名護屋に戻っていたと考えられる。

9月には朝鮮在陣中の増田長盛が、現地の惨状を訴える書状を長政に送っており(9月11日付長政宛増田長盛書状写「太祖公済美録」)、引き続き名護屋に在陣していたのであろう。

10月15日、大政所死去のため大坂に戻った秀吉が博多に下向してくるにあたり、息幸長を迎えに出しており、長政は名護屋に留まっていたと考えられる(同日付嶋井宗室宛長政書状「態申越候、 大閤様為御迎、左京大夫罷越候間、其地にて宿之儀馳走可仕候」『新修福岡市史』資料編中世1)。

12月14日、竜造寺政家宛秀吉朱印状の添状発給者として、長政の名が見える(「直茂公譜考補」8『佐賀近世1』)。29日には27日付の秀吉朱印状の添状を発給しており、名護屋在陣が確認できる(27日付吉川広家留守中宛秀吉朱印状 29日付山形九左衛門等宛長政等連署状『吉川』)。

文禄2年(1593)
この年については、再び概略と詳細を分けて記述する。

【概略】
前年に引き続き名護屋に在陣した長政は、朝鮮侵略軍の城米奉行として2月23日には壱岐風本から釜山へ渡海予定であった。渡海した長政は釜山を拠点として、在番体制の再構築に関わるが、4月18日～20日には蔚山、5月1日には梁山へと進んでいる。6月の晋州城攻めにも嫡子幸長とともに加わり、29日にはこれを攻略した。その後は釜山に戻ったと考えられ、8月初旬までは朝鮮で活動していたと考えられる。帰国の時期は判然としないが、閏9月9日大坂へ帰還した。その後は秀吉周辺にいたと考えられ、たびたび秀吉の使者として聚楽を訪れている。

11月20日には長政と嫡子幸長との両者宛の秀吉朱印状で、甲斐一国を宛行われた(『浅野』)。朝鮮で病死した前領主加藤光泰は死の直前に、長政の甲斐領有を前提に後事を託している(8月28日付長政宛加藤光泰書状『山梨近世1』)。合わせて長政は聚楽の屋敷を幸長へ譲り、伏見に拠点を移す意向であった(11月25日付屋代景頼宛伊達政宗書状写『政宗2』)。

【詳細】
1月18日名護屋在(同日付蒲池十右衛門宛長政書状『福岡柳川上』)。2月5日名護屋在(同日付吉川広家留守中宛秀吉朱印状『吉川』)。9日名護屋在(同日付島津義弘宛秀吉朱印状『島津』)。16日名護屋在ヵ(同日付毛利輝元宛秀吉朱印状『毛利』)。23日壱岐風本在(26日付長政宛秀吉朱印状『浅野』)。30日釜山在ヵ(同日付毛利輝元宛秀吉朱印状「其方事、釜山浦江可相越之由、従都衆申之由候、彼地へハ浅野弾正被差遣候」『毛利』)。3月10日(釜山在)(同日付覚(秀吉朱印状)『浅野』)。15日釜山在ヵ(同日付秋保直盛等宛伊達政宗書状「兵根米御賦之御代官浅野弾正殿御渡し候」『政宗2』)。19日釜山在(同日付小早川隆景宛秀吉朱印状『小早川』)。23日釜山在(4月22日付長政宛秀吉朱印状『浅野』)。

4月11日釜山在ヵ(同日付小早川隆景宛秀吉朱印状「尚浅野弾正可申候也」『小早川』)。12日釜山

在ヵ(同日付長政等宛秀吉朱印状『毛利』)。14日釜山在ヵ(同日付毛利元康宛長束正家書状「右之御馬者、於釜山浦浅弾可被相渡候間、可有其御得候」『山口中世3』)、18日蔚山在(5月9日付虎哉宗乙宛伊達政宗書状写『政宗2』)。21日蔚山在ヵ(同日付伊達政宗宛徳川家康書状『伊達』)。28日釜山在ヵ(4月28日付林左兵衛宛加藤清正書状写『新熊本市史』)。5月1日梁山在(同日付鍋島直茂宛長政書状写「直茂公譜」8『佐賀近世1』)。18日釜山在(同日付長政判物『浅野』)。6月29日晋州在(8月9日付長政等宛秀吉朱印状『浅野』)。

7月27日釜山在ヵ(同日付小早川隆景宛秀吉朱印状「猶石田、増田、浅野、大谷かたへ被仰遣候也」『小早川』)。8月6日釜山在ヵ(同日付長政等宛秀吉朱印状『浅野』)。閏9月9日大坂着、10・11日大坂在(いずれも『駒井』12日条)。20日京都在(『言経』)。23日伏見在(『駒井』22日条)。26日伏見在、29日(京都在)(いずれも『駒井』26日条)。

10月2・5日京都在(『駒井』6日条)。14日京都在(『言経』)。11月7日京都在(『時慶』)。7日京都在(同日付上杉景勝宛前田玄以・石田三成・長政書状「仍日本国之陰陽師京都へ被召集候、然者、御分国中一人も不残妻子共ニ被仰付、急度被副御使者、可被指上候、畢竟、豊後国ニ居住候様ニ可被仰付候旨候」『上越別2』)。23日京都在ヵ(同日付上杉景勝宛浅野長政書状「越後・佐渡両国之内、銀子・鉛出可申由、此者申立ニ相越候間、其方よりも奉行被仰付、可有御覧候」『上越別2』)。12月6日京都在(同日付中川秀成宛浅野長政・増田長盛・長束正家・前田玄以書状「仍三木雲龍寺之儀、まへ破滅之処を、杉原再興申、則太閤様へ申上領知被成御付候」『兵庫中世2』)。7日京都在(『駒井』)。12日京都→伏見(『駒井』「太閤様為可懸御目、民部法印、浅野弾正ニ為持被遣」)。

3　文禄3年(1594)〜慶長4年(1599)10月——家康暗殺騒動による江戸下向まで
文禄3年(1594)

1月15日、大坂から聚楽第の豊臣秀次へ秀吉の意向を伝えている(『駒井』)。20日、帰国の許可を得た徳川秀忠が、その旨を長政に伝えており、秀吉周辺にいたと考えられる(同日付長政宛徳川秀忠書状『浅野』)。

> ※　同文書は『浅野』では年次比定されていないが、同書には「二三日候而可罷下候」とある。秀忠この23日に江戸へ向け京都を発っており(『言経』28日条)、同年のものと判断した。

2月4日には長政・幸長帰国にともなう人夫供出が指示され(同日付新庄直頼等宛秀吉朱印状写「太祖公済美録」)、16日には甲府に到着した(18日付長政宛徳川家康書状『浅野』)。

3月4日、長政・幸長の連署で甲斐国中の九筋へそれぞれ奉行が派遣された(同日付伴武左衛門尉等宛長政浅野幸長連署判物『浅野』)。5日には聚楽第の豊臣秀次が甲斐の長政・幸長へ見舞いの使者を送っており(4月4日帰還『駒井』)、3月中は甲斐にいたと考えられる。

> ※　甲斐における長政発給文書は3月28日を最後に(同日付岡野弥右衛門等宛長政判物写「太祖公済美録」)、文禄5年までの間ほぼ見られなくなる。例外の文書はいずれも写であり、「御判」「御印」とあるのみのため(『山梨近世1』)幸長発給であった可能性もある。

甲斐を出発した時期は不明だが、4月13日には上洛して聚楽第の秀次を訪ね、21日には秀吉から徳川家康とともに能師の道具などを預けられており、大坂にいたと考えられる(『駒井』)。28日、朝鮮での振る舞いから改易の危機にあった波多親が、弁明にあたり指南役の長政が一緒だと国元に告げており、秀吉の居所から大坂在とわかる(同日付有浦高宛波多親書状「弾さま此地へしかと御上儀候間、何と成共、彼御分別」『佐賀古文書6』)。

5月19日には山中長俊とともに立花宗茂宛秀吉朱印状の添状発給者として名が見え(『福岡柳川上』)、秀吉周辺(大坂ヵ)にいたと考えられる。

6月22日、長政は聚楽第を、28日には京都の徳川家康邸を訪れている(『言経』)。7月30日には再び家康邸を訪れている(『言経』)。

8月1日には、八朔の礼のため大坂へ下向した伊達政宗と会っている(同日付某宛伊達政宗書状『政宗2』)。この8月〜10月にかけて長政は、和泉(8月28日付長滝村宛長政判物写「太祖公済美録」)、摂津(9月5日付摂州芥川郡富田村百姓中宛長政判物 10月3日付摂州芥川郡はしら本村百姓中宛長政判物『高槻市史』第4巻、文禄3年10月5日付摂州矢田部郡多井畑□□□(百姓中ヵ)宛長政書状『兵庫中世1』など)に関わっており、この間長政が現地に下った可能性もある。

11月7日には吉川広家に対し陰陽師の尾張移住について指示しており(同日付吉川広家宛長政等書状『吉川』)、秀吉周辺(大坂ヵ伏見ヵ)にいたと考えられる。

※ 『吉川』では同文書の年次を確定していないが、陰陽師の尾張移住の内容から文禄3年と判断した。

12月3日、秀吉馬廻組の中嶋左兵衛に対し、他の奉行とともに、算用について催促している(同日付中嶋左兵衛宛長政・長束正家・増田長盛書状、谷2014B、53〜54頁)。18日、徳川家康・前田利家とともに聚楽第を訪れている(『鹿苑』)。21日、山中長俊とともに前日付の立花宗茂宛の秀吉朱印状に添状を発給し(同日付立花宗茂宛長政山中長俊連署状『福岡柳川上』)、25日には木下吉隆とともに吉川広家に書状を送り、虎肉献上の労をねぎらっている(同日付吉川広家宛長政木下吉隆連署状『吉川』)。いずれも秀吉周辺(大坂ヵ伏見ヵ)にいたものと考えられる。

文禄4年(1595)

1月15日、立花宗茂へ書状を送って歳暮の披露と上方の情勢を告げており、秀吉周辺(大坂ヵ伏見ヵ)にいたと考えられる(同日付立花宗茂宛長政書状『福岡柳川上』)。17日、越後佐渡の金山に関する秀吉の命を、上杉景勝に伝えるよう石田三成に告げている(同日付石田三成宛長政書状『上越別2』)。2月21日、前年に伊達領で起きた金山一揆の証人に対して、上洛の労をねぎらう書状を発しており(同日付藤沢十郎兵衛等宛長政書状写「藤沢町及川延夫氏蔵文書」小林2003B第2編第5章)、伏見にいたと考えられる。2月28日、上記の越後の金山の件につき上杉家の直江兼続から書状が送られている(『上越別2』)。3月15日、京都で家康と碁を打っている(『言経』)。

4月11日、聚楽第の駒井重勝へ書状を送っており、伏見にいたと考えられる(『駒井』)。

17・19日には秀吉の使者として聚楽第を訪れている(『駒井』)。22日、木下吉隆とともに同日付の吉川広家宛秀吉朱印状に添状を発給している(同日付吉川広家宛長政等書状『吉川』)。5月16日、豊臣秀次が伏見の長政邸を訪れている(「能之留帳」「編年史料稿本」)。6月3日、蒲生領の仕置についての秀吉朱印状に添状を発給しており(同日付毛利輝元宛長政等書状『毛利』)、これ以後伏見から会津へ下向したと考えられる。

7月4日、長政は多賀谷三経に宛てた書状の中で「拙者事、二三日江戸ニ令逗留、一両日中ニ結城へ可越候条」と述べており(『多賀谷文書』『結城市史』1)、会津へ向かう道中江戸に滞在したことがわかる。

※ 同文書の長政の名乗は「浅弾少長吉」であり、「長政」を名乗る慶長元年(1596)以前と判断できる。このうち長政が関東から奥州方面に行った可能性があるのは、天正18 (1590)・同19 (1591)・文禄3 (1594)・同4 (1595)の4つの年である。天正18年は7月4日時点で忍に在陣(同16日落城)、19年は奥州在陣中(帰還は10月頃)、文禄3年は4月に甲斐から上洛し、上方で活動しているため、いずれも該当しない。同4年は6月～7月に会津仕置に下向しており、時期的にも矛盾がないため、同年の文書と判断した。

7月16日には、伊達政宗が甲斐の幸長に対して、自分が15日に大崎に到着したことに加え、長政と伏見から宇都宮まで同道したことを告げており(同日付浅野幸長宛伊達政宗書状『政宗2』)、長政の会津入りはこれ以前であろう。21日には蒲生家年寄へ領内仕置についての条目を発給しており(同日付蒲生郷成等宛長政書状写「梁田文書」「編年史料稿本」)、会津での活動が見られる。しかし、18日付で、常陸下館の水谷正村が、秀次の高野山入りと14日に家康が(江戸を)立って上方へ向かった旨会津にいたと思われる長政に知らせている(『武家手鑑：付旧武家手鑑』)。29日には伊達政宗が秀次事件のため先に上洛していた幸長へ、白河で長政と合流して上洛する旨を告げており、会津から上洛中であった(同日付浅野幸長宛伊達政宗書状『政宗2』)。

8月25日には伊達政宗が、長政ともども身上が無事済んだことを告げており(同日付長政宛ヵ伊達政宗書状『政宗2』)、秀次事件の糾明は一段落つき、伏見にいたと考えられる。9月26日、徳川家康らとともに吉田兼見邸を訪れ、12月12日、伏見の家康邸で碁を打っている(いずれも『言経』)。

文禄5年・慶長元年(1596)

1月13日、伏見の徳川家康邸の茶湯に参加している(『言経』)。2月～4月初頭にかけては、前田利家・佐々正孝らとともに、秋田氏と浅利氏の出入りに関わっており、上方、おそらくは伏見にいたものと考えられる。2月25日には佐々正孝へ両氏へ「矢留」をさせるよう指示し(同日付佐々正孝宛長政書状『青森近世1』)、3月23日には秋田実季から浅利を「家中」として扱う旨書状を受け(同日付長政佐々正孝宛秋田実季書状案『青森近世1』)、4月3日には、浅利頼平へ秋田氏への人質について指示している(同日付浅利頼平宛長政書状写『青森近世1』)。

4月10日、長政の身上に関わる事件により、伏見で騒動が起きた(『言経』)。

※　これにともない嫡子幸長が領国を取り上げられ、長政も政治的な影響力を失ったとされる（1596年（9月18日付、都発信）12月28日付、長崎発信、ルイス・フロイス年報補遺『イエズス会』）。『加賀藩史料』にはこのさいのものと考えられる幸長能登行きの準備に関する文書が2通収められている（6月16日付三輪藤兵衛宛前田利家書状写 同月18日付三輪藤兵衛宛前田利政書状写）。従来幸長の能登行きは文禄4年の秀次事件に連座したものとされており、『加賀藩史料』も両文書を文禄4年に比定している。しかし、秀次事件は7月に起きており、それにともなう幸長能登行きの準備が6月に行われているのは不自然であり、翌年の4月の事件に関わるものと判断できる。

　7月11日には甲斐の検地条目を発給しているが（同日付長政判物写「太祖公済美録」）、甲斐に下向したとは考えにくい。甲斐の領国経営を担っていた幸長蟄居による暫定的処置であろう。13日以降には伊達政宗より、13日におきた木下勝俊家人との出入りの扱いを依頼されており（8月14日付長政宛伊達政宗書状写『政宗2』）、伏見にいたと考えられる。

　閏7月13日の畿内大地震では、いち早く伏見城の秀吉のもとへ駆けつけた（上記「ルイス・フロイス年報」）。このためか、4月の事件後能登に蟄居していた幸長が召還され、8月1日には黒田孝高よりその祝いと伏見の新屋敷についての書状を受けている（同日付長政宛黒田孝高書状『小浜市史』諸家文書編1）。同14日には伊達政宗より絶縁を告げられているが（同日付長政宛伊達政宗書状案『政宗2』）、この間も伏見にいたものと考えられる。

　11月15日には秀吉側近の暮松新九郎が大坂の様子を長政に告げており（同日付長政宛暮松新九郎書状『小浜市史』諸家文書編1）、伏見にいたと考えられる。また24日には伏見の徳川邸に秀忠を訪ねている（『言経』）。

※　11月25日以降翌年5月まで、長政の居所を確定する史料は見つけられていない。一方でこの間若干ではあるが、甲斐における長政の発給文書が見えることから（『山梨近世1』）、甲斐に下向した可能性も否定できない。

慶長2年（1597）

　4月18日、朝鮮へ渡海する幸長の船割符について前田玄以に問い合わせているが（同日付前田玄以宛長政書状写「太祖公済美録」）、前述の通り、上方からか甲斐からかは確定はできない。5月1日、近江の小谷山実西庵の跡目について、前田玄以らと連署で書状を出しており、このころには伏見に戻っていたと考えられる（同日付京極高次宛長束正家・増田長盛・長政・前田玄以書状『東浅井郡志』第4巻）。28日には徳川家康らとともに西笑承兌を訪ねている（『鹿苑』）。

　6月には甲斐善光寺の大仏を京都に運ぶため、御迎えに長政が派遣されることとなった（15日付秀吉朱印状『山梨近世1』）。長政は6月末に甲斐へ下向し、7月18日の大仏入洛に騎馬で供奉した（『鹿苑』）。

　8月10日には島津義弘・家久宛秀吉朱印状の添状を発給しており（同日付島津義弘家久宛長政等連署状写『薩藩旧記』）、伏見にいたと考えられる。9月7日、代官を務める蔵入地の

蔵米の処理や算用について、増田長盛等から通達されており、彼らとともに伏見にいたのであろう(同日付長政宛増田長盛・長束正家・石田三成・前田玄以書状　谷2014B、52頁)。10月1・5日には伏見の家康邸を訪ねている(『鹿苑』)。

この後長政は蒲生家の宇都宮転封の監督として宇都宮に下るが、10月7日には宇都宮国綱の改易と長政が遣使として下向する情報が伏見で伝わっており(同日付佐竹義重宛佐竹義宣書状『秋田近世上』)、実際の下向は11月8日以前のことである(同日付真田昌幸宛秀吉直状「宇都宮跡職事、浅野弾正令相談、相共百姓前能入念遂礼明、所務等之儀令取納、可運上候也」『豊臣秀吉文書集』7・(慶長3年)1月7日付山中長俊宛浅野幸長書状案「去十一月八日之御状、今月六日令拝見候(中略)尚々弾正宇都宮へ為御使被罷下候由、御知を畏入候」『浅野』)。

※　11・12月にはまた若干ながら甲斐での発給文書が確認でき(『山梨近世1』)、宇都宮下向の前後に甲斐に入った可能性もあろう。

慶長3年(1598)

1月25日、徳川秀忠が朝鮮在陣中の幸長に宛てた書状の中で、長政の様子に触れており(同日付浅野幸長宛徳川秀忠書状『浅野』)、秀忠とともに伏見にいたものと考えられる。また、4月3日、伏見で徳川秀忠より幸長帰朝の祝いと明後日の来訪についての書状を受けている(同日付長政宛徳川秀忠書状『浅野』)。

5月26日、長政が「奉行」に加えられたことが、島津義弘・家久に告げられている(同日付島津義弘等宛福原長堯等書状『島津』)。

7月7日、秀吉の病平癒の祈禱を醍醐寺三宝院へ依頼し、14日にはその報告が行われている(いずれも『義演』)。17日には島津義弘に対し、秀吉の病状回復を伝えている(同日付島津義弘宛長政等書状『島津』)。7月17日頃、大坂城普請視察のため、石田三成・増田長盛とともに大坂へ下向し、22日に伏見に戻り、23日に秀吉に報告した(7月24日付小川祐忠宛西笑承兌書状「大坂御普請之儀十七日候哉、□□□□ニ付下向候、廿二日之夜船各被罷上、昨日廿三日御前へ被召候、(中略)□弾(浅)・石治・増右過し夜大坂へ可為下向之由候」・7月20日付岩坊宛西笑承兌書状「大坂御普請ニ付、二三日以前浅弾・増右・石治下向候、定而今明日可為上候」いずれも『西笑』)。24日には近江神崎郡において蔵入地1万石の管理と、5000石を加増する旨の秀吉朱印状を受けた(『浅野』)。8月4日には筑前の旧小早川秀秋領のうち18万石余の蔵入地の代官も命じられている(『浅野』)。また、8月1日付で発給された甲斐の知行目録では、22万5000石のうち5万5000石が長政分とされた(『浅野』)。

8月6日、「五奉行」連署で、蔵入地代官の石川光元へ蔵米の処理について指示を出しているが「御煩ニ付て　御朱印不相調候」とあり、秀吉の病状の悪化が読み取れ、伏見に詰めていたと考えられる(『兵庫中世9』)。7日、伏見の秀吉が危篤となり長政らに後事を託したとの噂が三宝院義演の耳に入っている(『義演』)。17日、「五奉行」連署で、「下々雑説」による各家中の武装(伏見においてか)を禁止する旨、真田信之宛に書状を出している(『真田』)。18日の秀吉死去にともない、25日には「五奉行」連署で朝鮮との和議についての書状が発給

されている(同日付徳永寿昌等宛長政等書状案『島津』)。9月3日には「五大老」「五奉行」連署で秀頼を守り立てる旨の起請文が出され(『浅野』)、4日、長政は石田三成らとともに筑前へ下向する旨、黒田長政に告げている(同日付黒田長政宛長政等書状写「黒田家文書」「編年史料稿本」)。

伏見出発は9月10日とされ(「太祖公済美録」)、10月14日には小倉に着いたことを杉原長房に告げている(15日付杉原長房宛長政書状写「楓軒文書纂」「編年史料稿本」)。26日には上座郡、28日には穂波郡の所務について指示を出しており(26日付戸田六左衛門等宛長政判物写 28日付関市兵衛等宛長政判物写「太祖公済美録」)、27日には江戸の徳川秀忠側近に宛て、自身の筑前下向を報せている(同日付内藤修理等宛長政書状写「太祖公済美録」)。

11月2日、長政は筑前名島で朝鮮から帰還した徳永寿昌・宮木豊盛と会った(3日付島津義弘等宛徳永寿昌等書状『島津』)。14日には祐筆に宛てて算用(筑前についてか)について申し送り(同日付長井助兵衛宛長政書状『小浜市史』諸家文書編1)、15日には毛利秀元の宿所を訪ね、神谷宗湛の振舞いを受けている(同日付神谷宗湛宛長政書状写「神谷文書」「編年史料稿本」)。24日には甲府にいる幸長側近に対し、近々上洛の予定であると告げている(同日付浅野孫左衛門宛長政書状写「太祖公済美録」)。しかし、25・26日に名島で神谷宗湛と茶席をともにしており(「宗湛」)、12月19日の時点でも「浅弾・治少ハ大半当節廻可為上洛存候」(同日付山口宗永宛西笑承兌書状『西笑』)と筑前に留まっており、伏見着は28日とされる(「太祖公済美録」)。

慶長4年(1599)1月〜10月

1月10日に豊臣秀頼が伏見から大坂へ移った後も、他の奉行らとともに、基本的には伏見におり、当番などの際には大坂に下向したと考えられる。

1月9日、島津家久に対する加増目録を「五奉行」連署で発給している(『島津』)。18日、同じく「五奉行」連署で伊達政宗に対して、大坂での鉄砲使用を制限している(『伊達』)。19日、伏見において他家との縁辺の問題で家康を詰問した(『言経』)。

2月2日、秀吉の死の公表に伴い、伏見城において他の奉行とともに出家した(『言経』)。12日、縁辺問題が一段落し、徳川家康と他の「大老」「五奉行」の間で、誓詞が取り交わされた(『毛利』)。16日(『兵庫中世2』)、18日(『兵庫中世3』)と「五奉行」連署で播磨三木の蔵入地代官である杉原長房宛の文書が見え、他の奉行とともに伏見にいたのであろう。

3月11日には家康が大坂の前田利家を見舞う予定があり、幸長、加藤清正、細川忠興がその旨を長政に告げている(同9日付長政宛細川忠興等書状写『綿考』)。

閏3月9日、伏見の徳川家康が、幸長等7将と石田三成との騒動の顛末を長政等に報せている(『浅野』)。23日、蟄居した石田三成を除く「四奉行」連署で、竹中隆重に対して、妻子は伏見において御番や普請の際は大坂へ行くようにと指示している(『岐阜古代中世1』)。

4月8日、同日早暁の伏見火災の報を受けている(同日付長井助兵衛宛長政書状『小浜市史』諸家文書編1)。京都にいた山科言経も日記に記している火事で(『言経』)、「書状披見候、今夜三河守・金山侍従殿両所家事有之由、早々申越候」と述べていることから、この時は大

坂にいたのかもしれない。

　4月29日(同日付溝江長氏宛長政等書状『福井中世』)、5月11日(同日付長政等宛徳川家康等書状『毛利』)、6月1日(同日付増田長盛宛長束正家・長政・前田玄以書状『広島古代中世4』)、6日(同日付宮木長次宛長政等書状『浅野』)、8月20日(同日付竹中隆重宛長政等書状『岐阜古代中世1』・同日付伊達政宗宛長政等書状『伊達』)と、「四奉行」連署、および全員の名がある発給文書があり、基本的に伏見にいたのであろう。

　なお、この間、住吉大社寺家と慈恩寺の住持鶴峯宗松の訴訟審理が「四奉行」を中心に伏見で行われており(谷2014A)、6月1日、6日、11日、16日と伏見在が確認される。24日に宗松が大坂の前田玄以を訪ねた際は、長政は増田長盛とともに「上洛」とのことで、伏見か京都にいたと考えられる(『鹿苑』各日条)。

　9月、重陽の礼のため伏見から大坂へ下向した徳川家康の暗殺騒動に巻き込まれ、10月には大坂を発したとされる(「太祖公済美録」)。

　　※　家康は9月7日に大坂へ下向し(『義演』)、12日には雑説の報が京都に伝わっており(『言経』)、10月1日頃には北政所に代わって西丸に入った(『義演』ほか)。「太祖公済美録」は長政が10月5日に大坂を発って関東へ下ったとする。

4　慶長4年(1599)11月～同16年4月——長政死去まで

慶長4年(1599)11月～12月

　関東へ下向した長政は12月4日には江戸に滞在しており(同日付小河久介宛小河越中書状写「太祖公済美録」)、10日には甲府に帰った(14日付小河久介宛小河越中書状写「太祖公済美録」)。

慶長5年(1600)

　4月12日再び江戸に下っている(16日付小河久介宛小河越中書状写「太祖公済美録」)。6月23日には幸長の甲府到着を家臣に告げているが(同日付藤井某等宛長政書状写「太祖公済美録」)、8月10日には甲府へ戻る予定であったことから(8日付小河久介宛小河越中書状写「清光公済美録」)、江戸に滞在していたのであろう。

　8月24日には徳川家康より、中山道を進む秀忠を助けるよう依頼され(同日付長政宛徳川家康書状『浅野』)、9月3日には諏訪へ向け甲府を発し、13日には諏訪で秀忠を待っている(いずれも13日付小河久介宛小河越中書状写「清光公済美録」)。この間秀忠より上田の戦況を報せる書状を受け取っている(9月5日付長政宛徳川秀忠書状『浅野』)。

　その後秀忠と合流して上洛したものと考えられ、10月20日には国許の家臣へ幸長の紀伊拝領と上方の情勢を告げている(同日付岡野九介宛長政書状写「太祖公済美録」)。

慶長6年(1601)

　5月12日、京都滞在中の松前守広が国許に送った書状に「浅野弾正は碁之御相手ニ而御座候」とある(同日付松前慶広宛ヵ松前守広書状写『青森近世1』)。同日家康は参内のため京都にあったが(『言経』)、この前後は伏見城を拠点としており、長政も伏見で活動していたと考

えられる。

慶長8年(1603)

1月3日、長政は豊国社に参詣した(『舜旧』)。7月7・8の両日、長政は二条城で家康と碁を打ち(『言経』8日条)、15日には相国寺豊光院で家康と碁を打った(『鹿苑』)。

慶長9年(1604)

5月18日、長政は豊国社に参詣し、8月18日の豊国祭にも幸長とともに参詣した(『舜旧』)。

慶長10年(1605)

4月18日、豊国祭のため豊国社へ参詣し、5月13日、関東下向の祈禱のため、再び豊国社に参詣した(『舜旧』)。翌14日には神龍院梵舜が暇乞いのためか、長政を訪ねており、これは伏見の屋敷であろう(『舜旧』)。

　※　伏見の屋敷は同年12月26日に有馬豊氏邸の火事で類焼しているが(『時慶』)、これに触れた某書状には「伏見　長政様御屋敷」とあり(27日付今中勘右衛門宛小塚兵部大輔書状写「太祖公済美録」)、浅野家の屋敷というよりも、長政の屋敷とされていた。また「太祖公済美録」によれば、長政は同年に江戸外桜田に屋敷地を拝領したとされる。長政の関東下向は9月まで伏見に滞在した家康ではなく、5月15日に伏見を発した秀忠に従ったものであり(『言経』)、この年を境に秀忠の周辺に活動の場を移していったと考えられる。

8月14日には紀伊新宮の浅野家臣へ(同日付石井三丞宛長政書状写「太祖公済美録」)、16日には熊野の浅野家臣へ(同日付竹腰甚右衛門宛長政書状写「太祖公済美録」)、それぞれ自身の病気本復を告げ、江戸普請に関する指示する書状を送っており、江戸にいたと考えられる。12月10日にも和歌山の幸長側近に対して、歳暮の礼を申し送っており(同日付浅野孫左衛門宛長政書状写「太祖公済美録」)、江戸にいたと考えられる。

　※　上記の書状には「来春此地普請ニ其方も可被下候由」とある。宛所の浅野孫左衛門高勝は慶長11年に幸長とともに江戸城普請に参加している(「清光公済美録」)ことから、同書状は慶長10年のものと判断した。

慶長11年(1606)

2月4日、常陸真壁・筑波において、秀忠より隠居料5万石を与えられた(同日付秀忠朱印状写「太祖公済美録」)。

4月17日には和歌山に下向し、5月14・15日ころには田辺経由で熊野本宮へ参詣する予定であった(5月7日付伊藤九郎次郎宛浅野氏吉書状写「太祖公済美録」)。ところが長政はその後予定を変更して伏見に行っており、再び和歌山へ下り次第、熊野へ参詣することになっていた(6月5日付桜井惣兵衛宛岸重政書状写「太祖公済美録」)。

8月6日、上洛中の徳川家康とともに相国寺を訪れて碁を打ち(『鹿苑』)、29日には豊国社に参詣し、関東下向の祈禱をしており(『舜旧』)、程なく江戸へ下向したと考えられる。

慶長12年(1607)

4月16・29日と江戸から駿府で普請中の幸長へ米を廻す手配をしている(慶長12年御普請用所共之覚書写「太祖公済美録」)。閏4月18日、前日江戸に届いた幸長への仕官斡旋の依頼の書状に返事を書き、これを断わっている(同日付井上春忠宛長政書状写「太祖公済美録」)。6月21日にも再び上記の仕官斡旋を断っており、合わせて秀忠の近況に触れており、江戸にいたことがわかる(同日付疋田右近宛長政書状写「太祖公済美録」)。

慶長13年(1608)

2月24日、徳川義直と幸長息女の婚姻の礼を家康へするため、幸長と駿府で落ち合うための指示を出しており(同日付辻藤兵衛宛長政書状写「清光公済美録」)、江戸にいたと考えられる。

4月9日、長政は一足先に駿府に入った(同日付浅野左衛門佐宛原勘兵衛等連署状写「清光公済美録」)。12日に到着した幸長とともに14日、徳川家康へ礼を済ませ、17日には駿府を発って江戸へ向かう予定であった(15日付浅野左衛門佐宛原勘兵衛等連署状写「清光公済美録」)。5月2日には幸長とともに小田原付近で、秀忠の使者大久保忠隣・鵜殿氏長の出迎えを受けた(同日付浅野左衛門佐宛植木小右衛門書状写「清光公済美録」)。

5月21日には伏見に上洛し(25日付浅野孫左衛門宛浅野幸長書状写「清光公済美録」)、27日・6月18日と豊国社に参詣した(『舜旧』)。9月22日(同日付浅野孫左衛門宛浅野幸長書状写「清光公済美録」)・25日(同日付浅野孫左衛門宛浅野幸長書状写「清光公済美録」)と伏見の長政屋敷への滞在が確認できる。28日頃に妻長生院(浅野彌々)をともない江戸へ向けて伏見を発った長政は、近江土山で幸長の見送りを受け(10月7日付浅野幸長宛稲富一夢書状写「清光公済美録」)、10月10日頃には江戸に着いたようだ(『当代』)。

慶長14年(1609)

2月10日に江戸から幸長の側近へ書状を送っている(同日付浅野孫左衛門宛長政書状『浅野』)。

5月3日、木下家定の遺領相続につき、江戸から北政所の侍女へ書状を送った(同日付孝蔵主等宛長政書状『特別展　高台院』)。

慶長15年(1610)

3月25日、木下家定の旧領備中足守を与えられた次子長晟に対して、長文の意見状を出している(同日付浅野長晟宛長政書状『浅野』)。幸長や北政所の意見を聞くようにと忠告しており、長政は江戸にいたのであろう。7月12日、和歌山で幸長へ新たに仕官した家臣からの進物に礼状を出している(同日付井上太郎兵衛宛長政書状写「太祖公済美録」)。10月15日、翌16日の徳川秀忠の伊達政宗邸(江戸)への御成に同道する旨、政宗に告げている(15日付伊達政宗宛長政書状『伊達』)。11月27日、和歌山の幸長が、江戸・駿府と参勤した南部利直へ送った書状には、駿府で家康から暇を与えられ、茶器を拝領したことを、利直が幸長同様長政にも申し送ったとの内容があり(同日付南部利直宛浅野幸長書状写『青森近世1』)、長政は江戸にいたと考えられる。

慶長16年(1611)1月～4月

4月6日、療養先の塩原において死去した(『当代』)。真壁の照明寺(後の伝正寺)に葬られ、高野山にも分骨された(黒田2000ほか)。

■典拠
【日記等】
『家忠』『言経』『兼見』『多聞院』「宇野」「輝元上洛日記」『鹿苑』『晴豊』『お湯殿』『駒井』『時慶』『義演』「宗湛」「舜旧」

【古文書】
『浅野』『吉川』『石清水』『島津』『小早川』『改訂松浦党有浦文書』(清文堂出版　2001年)『伊達』『毛利』『金剛寺』『『西教寺雑記』史料集』(天台真盛宗総本山西教寺　2022年)『西笑』『武家手鑑：付旧武家手鑑』(尊経閣善本影印集成；77)(八木書店　2021年)『豊臣秀吉文書集』1(吉川弘文館　2015年)、4(2018年)、7(2021年)

【編纂物】
「太祖公済美録」巻1～8「清光公済美録」巻1～8(いずれも東大史料写真帳)『公記』『大日本史料』第11・12編『当代』「日向記」(宮崎県史叢書　宮崎県　1999年)『綿考』『イエズス会』『加賀藩史料』1(清文堂出版　1980年)『薩藩旧記』「編年史料稿本」(東大史料DB)『博多・筑前史料豊前覚書』(文献出版　1980年)

【研究書・論文】
小林清治『秀吉権力の形成』(東京大学出版会　1994年)

小林清治『奥州仕置と豊臣政権』(吉川弘文館　2003年A)

小林清治『奥州仕置の構造』(吉川弘文館　2003年B)

高橋充「大崎・葛西一揆に関する一考察」(『国史談話会雑誌』37　1997年)

高橋充「『蒲生家系図由緒書』所収の古文書について」(『福島県立博物館紀要』15　2000年)

谷徹也「秀吉死後の豊臣政権」(『日本史研究』617　2014年(谷2014A))

谷徹也「豊臣政権の算用体制」(『史学雑誌』123-12　2014年(谷2014B))

谷徹也「豊臣氏奉行発給文書考」(『古文書研究』82　2016年)

三鬼清一郎『豊臣秀吉文書目録』(1989年)

『家康』

『新修家康』

『特別展　高台院――天下人秀吉に連れ添った伴侶――』(大阪城天守閣　2024年)

【自治体史】
『青森近世1』『愛知織豊2』『福岡柳川上』『三重近世1』『新修大津市史』3(1980年)『新修大津市史』7(1984年)『富山・近世』『上越別2』『佐賀古文書4』『新熊本市史』資料編3(1994年)『小浜市史』社寺文書編(1976年)・諸家文書編1・4(1987年)『新宇土市史』資料編

３（2004年）『岐阜古代中世１』『盛岡市史』２（1951年）『埼玉６』『政宗２』『結城市史』１（1977年）『佐賀近世１』『山梨近世１』『秋田近世上』『愛媛県史』資料編近世（1986年）『近江蒲生郡志』第３巻（弘文堂書店　1980年）『岐阜古代中世１、４』『佐賀古文書６』『新修福岡市史』資料編中世１（2010年）『新修彦根市史』第５巻史料編古代・中世（2001年）『千葉県の歴史』資料編中世４（県外文書）（2003年）『東浅井郡志』第４巻（日本資料刊行会　1975年）『兵庫中世２、９』『広島古代中世４』『福井中世』『結城市史』第１巻（古代中世史料編）（1977年）『山口中世３』

【参考文献】

岩澤愿彦『前田利家』（吉川弘文館　1966年）

黒田和子『浅野長政とその時代』（校倉書房　2000年）

下村效「天正・文禄・慶長年間の公家成・諸大夫成一覧」（『栃木史学』７　1993年）

戸谷穂高「天正・文禄期の豊臣政権における浅野長吉」（『遥かなる中世』21　2006年）

梯弘人「豊臣期関東における浅野長政」（『学習院史学』49　2011年）

津野倫明「宇都宮氏改易の理由」（『戦国史研究』81　2021年）

増田長盛の居所と行動

相田文三

【略歴】

　増田(ました)長盛については、一生を通観するような先行研究はなく、山本博文氏執筆の『国史大辞典』(1992年)の記述のほか、斎藤司氏の「豊臣期関東における増田長盛の動向」(『関東近世史研究』17、1984年)、石畑匡基氏の「増田長盛と豊臣の「公儀」——秀吉死後の権力闘争——」(谷口央編『関ヶ原合戦の深層』高志書院、2014年)に大きく学ぶとともに、谷徹也氏の一連の「奉行」研究にも多くを依拠して本稿をまとめた。

　増田長盛の出生地は、尾張国中島郡増田村と近江国浅井郡増田村の2説があって確定できない。生年については、長盛の子孫である江戸の菓子屋金沢丹後の『金沢丹後江戸菓子文様』(青蛙房、1966年)に載る「金沢家(増田氏)略系図」に没年が「元和元(中略)七一才」とあることから逆算して、天文14年(1545)とされている。ただ、死没時の年齢を77歳とする文献もある(『新編武蔵風土記稿』)。

　秀吉に仕えたのは元亀4年(天正元年・1573)に近江湖北の旧浅井領を与えられて以降と考えられており、動向が判明するのは中国攻めに関わる天正7年(1579)以降である。当初の所領は200石あるいは300石とされ、天正12年の小牧・長久手の戦いで戦功を立て、2万石を拝領したとされる(山本1992・「古今武家盛衰記」巻之六ほか)。ただしこれらに関わる同時代史料は見つけられていない。

　動向が判明する初期から奏者として活動しており、天正13年頃からは、秀吉の領国拡大にともない各地の蔵入地に関わる訴訟や算用、検地のほか、本願寺や高野山ほか寺社との交渉など、幅広い分野に携わっている。軍陣においては兵站を担当することが多く、天正13年の紀州攻めでは「舟奉行」、天正15年の九州攻めでは下関(赤間関・関戸)の守衛にあたった。天正16年頃からは訴訟対応に頻出するようになり、第一次朝鮮出兵期を挟んで、同役割を継続している(谷2015)。天正18年の関東・奥州攻めにも従軍し、北条氏降伏後は宇都宮へ先行してそのまま留まり、安房里見家をはじめとする徳川領国以外の関東諸領主の「指南」にあたった。また、同年頃から蔵入地の算用を長束正家らとともに専任で担当する

ようになったとされ、こちらも秀吉死後まで継続して担っている(谷2014B)。同年、中村一氏の駿河府中転出にともない近江水口を拝領しており、領地高は５万石とされる。なお、豊臣秀長の死去により、天正19年から前田玄以・長束正家・木下吉隆とともに東山大仏殿造営を管轄したとされる(登谷2020)。

　天正20年からの朝鮮侵略においては、６月に石田三成・大谷吉継とともに渡海し、いわゆる「朝鮮三奉行」のなかでは筆頭との評価もある(谷2022A)。翌文禄２年(1593)９月末の帰国後は秀吉の側にあって、伏見城普請、文禄検地、明・朝鮮との講和交渉とやはり幅広い職務を担っており、文禄４年の秀次事件を経て徐々に固まっていく主要な奉行人の一人と考えられる。なお、秀次事件後の文禄４年８月頃に大和郡山20万石を与えられた(谷2022B)。慶長３年(1598)８月の秀吉死後においては、前田玄以・浅野長政・石田三成・長束正家とともに「五奉行」として政権運営の実務を担った。同４年に三成・長政が相次いで排除されると、徳川家康主導のもと引き続き実務を担った。翌年の「関ヶ原合戦」においては、反家康方として総大将毛利輝元とともに大坂城に留まっていたが、輝元の大坂退城にあわせ、高野山に上ったと考えられる。

　のちに助命が決まり武蔵岩槻の高力家に預けられたが、大坂の陣後の元和元年(1615)５月27日に自害した。理由は長子兵太夫盛次が大坂の陣において大坂方について討死したことにより切腹を命じられたため(『駿河土産』)、あるいは秀頼に殉じたともいわれる(『明良洪範』)。

　「増田」は複数の史料から「ました」と読むことがわかり、実名は「長盛」のみ確認されている。当初は「仁右衛門尉」、天正13年11月頃に「右衛門尉」に改めたとされるが、諸大夫成は確認できない。天正16年４月の聚楽第行幸に参列していることからすれば、その前には諸大夫成していた可能性が高い。なお、文禄４年郡山城主となった際に従四位下侍従に叙任されたともいわれるが、これについても史料では確認できていない。

　なお、本稿では、連署状の発給や宛先として長盛とともに頻出する「五奉行」について、史料名ではそれぞれ苗字のみの表記に統一する(増田長盛→増田、前田玄以→前田、浅野長政→浅野、石田三成→石田、長束正家→長束)。

　また、秀吉直状(判物・朱印状含む)の末尾に、「猶増田右衛門尉可申候也」のように記載されている場合は、添状を発給するなどしてやり取りの窓口となる「奏者」と捉え、史料名は「秀吉直状奏者増田」と略す。この場合の居所は、基本的に秀吉の近くにあったものと判断するが、石田三成・大谷吉継とともに朝鮮に渡海していた天正20年(1592)６月から翌文禄２年９月については、個別に判断した。

【居所と行動】

1　天正10年(1582)まで

　文献上、初めて長盛の活動を確認できるのは、秀吉の中国攻めに際してである。天正7年(1579)6月27日付亀井茲矩宛秀吉直状に「猶増田仁右衛門尉可申候」とあるのが管見の限り最も早く、秀吉とともに播磨淡河城攻めの陣中にあったと考えられる(『豊臣秀吉文書集』1(以下『秀吉1』))。

天正8年(1580)

　4月24日付安積将監・田路五郎左衛門宛秀吉直状・7月20日付亀井茲矩宛秀吉直状(いずれも『秀吉1』)に奏者として名前が見える。また、8月25日付で伯耆羽衣石城の南条元続の元に援軍として送られていた福屋彦太郎へ、同24日付の秀吉直状の添状を送っている(「阿波古文書(東大史料謄写本)」「中条文書(東大史料影写本)」にもあり)。いずれも播磨を転戦中の秀吉の側にいたものと考えられる。

　※　8月25日付の秀吉直状は、名乗りが「藤吉郎」となっていることから天正7、8年と推定され(播磨2014)、羽衣石城主の南条元続の織田方への転向が天正7年9月であること(『兵庫県史』第3巻(1978年)など)から、天正8年と判断した。なお、管見のかぎりこれが最も早い長盛の発給文書とされる(谷2016)。

天正9年(1581)

　『太閤』巻二に、10月25日の鳥取城落城後、伯耆羽衣石城・岩倉城へ吉川元春軍が来襲した際、秀吉から後巻の出陣の先触れを長盛が命じられたとの記事があるほか、一次史料では行動が確認できない。

天正10年(1582)

　本能寺の変当日にあたる6月2日に、備中吉備津神社の門前である「宮内惣中」へ、龍安(庵)・安威了佐との連署で「判銭」を催促する書状を出している(『岡山県古文書集』第2輯)。3月に秀吉が「宮内御社家中」宛に出した禁制の対価と見られ(小林1992)、長盛も備中高松城攻めの陣中にいたと考えられる。

　7月12日付で、本能寺の変とその顛末を報じる7月11日付秀吉直状の添状を肥前の鍋島直茂に送っており、秀吉とともに姫路に戻っていたのであろう(『佐賀古文書3』)。8月12日付の宮崎次郎七郎宛秀吉直状に奏者として名がみえ、秀吉の居所から山崎にいたと考えられる(『秀吉1』)。10月7日付の書状で、播磨の田路四郎次郎へ秀吉への目通りを指示しており、秀吉とともに姫路にいたと考えられる(『兵庫中世3』)。同19日には山城山崎にて、吉田兼見の秀吉への対面を取り次いでおり、龍庵とともに「今度初而奏者也」とある(『兼見』)。

　12月20日には、近江浅井郡の称名寺に対して、越前、柴田勝家領の情報収集についての書状を出している(称名寺宛増田書状『東浅井郡志』第4巻)。「此表一篇ニ被仰付御存分のごと

く罷成候、可御心安候、近日御帰陣たるべく候」とあることから、美濃に出陣中の秀吉の側にいたと考えられる。

2　天正11年(1583)〜17年(1589)
天正11年(1583)

　1月23日付の石田三成書状に、淡路の広田蔵丞の手柄を長盛が秀吉へ披露したとあり、当時山崎を拠点としていた秀吉の近辺にいたと考えられる(『兵庫中世3』)。閏1月17日には、吉田兼見が奏者の長盛・龍庵を通して京都滞在中の秀吉へ進物を送っている(『兼見』)。2月6日付で、上杉景勝の重臣直江兼続へ書状を送り、翌日付では石田三成・木村清久との連署で、上杉家の使者西雲寺宛の書状を送っている(『上越別2』)。いずれも同7日付の秀吉朱印状の添状であり、長浜から伊勢方面へ転戦中の秀吉の側にいたと考えられる。なお、兼続宛の書状には「如仰未申通候処」とあることから、これが初めての書状だったようだ。

　4月16日、吉田兼見が、柴田勝家と対峙し「江北」(北近江)に在陣中の秀吉へ使者送った際、奏者の長盛にも進物を用意している(『兼見』)。

　6月28日付で上杉家の狩野秀治へ書状を送り、姫路に派遣された同家の大石元綱の様子を伝えている。7月1日付の木村清久書状には「姫地へ御供をも不申候、差者仁右衛門(長盛)・左橘(石田三成)御馳走申由候」とあり、清久は不在で長盛と三成が対応したことがわかる(いずれも『上越別2』)。

　なお、この7月から記載が始まる「宇野」の表紙見返しに「筑州家中出頭面々」とあり、杉原家次・浅野長政・石田三成・羽柴秀長・堀秀政・蜂屋頼隆・津田信張らとともに長盛の名が記されている。

　8月10日付の近江長命寺宛伊藤秀盛書状に、検地役人からの要求については自分と長盛を頼るようにとある(『近江蒲生郡志』第3巻)。天正11年と思われる同11日付の書状には、高野山金剛寺の寺領に関わって大坂に行った際、長盛が不在だった旨が記されており(同日付金剛寺三綱所同宿衆宛宥□書状『金剛寺』)、この頃は大坂を離れていた可能性もある。同16日付で、上杉家の直江兼続・狩野秀治へ、出羽・陸奥・佐渡の取次を上杉へ委ねることなどについて、石田三成と連署の覚書を送っており、秀吉の居所から大坂にいたと考えられる(『上越別2』　年次比定は中野2017による)。

　同19日、摂津有馬で湯治中の秀吉と石田三成・長盛へ、本願寺が音物を送っており(「宇野」)、17日から27日にかけて秀吉とともに有馬にいたと考えられる。

　9月14日、近江国蒲生郡の長命寺に対し、同年の近江検地にともなう違乱から山林・寺屋敷を安堵する旨書状を送っている。同22日に、長命寺から秀吉への進物を披露していることから(いずれも『近江蒲生郡志』第3巻)、この間は秀吉とともに大坂にいたと考えられる。

　12月28日、本願寺から秀吉へ歳暮の祝儀が送られ、長盛へも「御書なし増田仁右衛門五

百疋」とあり、秀吉とともに大坂で越年したのであろう(「宇野」)。

天正12年(1584)

　1月16日付の書状とともに本願寺から秀吉へ年頭御礼の使者が大坂へ向かっており、長盛と三成へも進物を用意している(「宇野」)。3月には織田信雄が徳川家康と手を結んだため美濃に出陣した秀吉に従っており、石田三成・木村清久とともに22日付で上杉家の狩野秀治に送った書状には「俄出陣ニ付而、書中不能巨細候」と、急な出陣だった様子がうかがえる(『上越別2』)。

　4月23日には、本願寺から秀吉へ陣中見舞の使者が派遣され、浅野長政・石田三成とともに、長盛へ帷子が贈られている(「宇野」)。この間は楽田を中心に美濃・尾張を転戦する秀吉の側にいたと考えられる。4月末には戦線の膠着により岐阜へ移った秀吉に従い、加賀井・竹鼻城攻めにも従ったと考えられる。その後はいったん大坂へ戻った秀吉に従ったと考えられ、7月2日、丹波国寺村と春日部の井水相論の裁定を伊藤秀盛らとの連署で下している(『新修亀岡市史』資料編2　年次比定は谷2015による)。同11日には近江坂本にいた秀吉のもとから、上杉家の証人上洛について、秀吉直状の添状を石田三成・木村清久とともに直江兼続に送っている(『上越別2』)。

　8月以降の動向を示す史料は少ないが、9月22日付の近江長命寺宛の秀吉朱印状に奏者として名が見え、近江にいた秀吉とともに行動していた可能性が高い(『秀吉2』)。

　12月24日に本願寺が秀吉へ送った歳暮の使者には、長盛への進物も託されており、このころには秀吉とともに大坂に戻って、そのまま越年したと思われる(「宇野」)。

天正13年(1585)

　1月3日に本願寺が送った年頭の使者には、浅野長政・石田三成とともに長盛への進物が用意されており(「宇野」)、2月13日付溝江長氏宛秀吉直状に奏者として名がみえ(『秀吉2』)、いずれも秀吉とともに大坂にいたと考えられる。

　その後も基本的に秀吉とともに行動していたと考えられるが、行動が確認できるのは3月下旬からの紀伊の雑賀攻めの際である。4月14日付の本願寺宛秀吉朱印状に奏者として名前が見える(『秀吉2』)ほか、雑賀衆の籠る太田城の落城により4月25日に「開陣」となって本願寺光佐父子が秀吉と対面した際には「増田仁右衛門ハ御用アリテ、舟奉行トヤランニテ、サキヘノボラル、」と、大坂へ帰還の途にあった(「宇野」)。

※　なお、大村由己の記した「紀州御発向之事」(『新訂増補史籍収覧』第17冊　臨川書店1967年)には、「殊今度須磨・明石・兵庫・西宮・尼崎・堺津、其外以所舟運兵粮、増田右衛門長盛為兵粮奉行、紀湊置之、一日八木千俵・大豆百俵、相渡者也」とある。

　6月2日には溝江長氏宛秀吉直状の奏者として名がみえ、坂本に滞在中の秀吉の側にいたのであろう(『秀吉2』)。7月6日、京都本能寺の寺家衆宛の書状で、彼らが求める同寺への還住につき、近日上洛して申し渡すと述べており、同日大坂から上洛した秀吉に従ったと考えられる(『史料京都の歴史』)。その後、8月2日に大坂を出陣した秀吉とともに越中

の佐々成政攻めにも従軍したが、8月27日付の脇坂安治宛の秀吉直状に「昨日増田仁右衛門尉差遣候間、様子可申聞候」とあり、越中から、脇坂安治の領国(転出の準備中か)伊賀へ向かった。目的は伊賀の国衆の持城の破却で、閏8月7日付の安治宛秀吉直状で「先度以増田仁右衛門尉、国之者共へ被仰出候、御返事儀、何とて延引候哉、急度様子可申上候」と、催促をしている。なお、これに関わる閏8月9日付秀吉直状は安治に加え、長盛が宛所になっており、「去五日之書状、於越前北庄到来、加披見候」とあることから、少なくとも5日以前に長盛も伊賀の安治のもとに到着し、秀吉への報告を認めたと考えられる。同12日付安治・長盛宛秀吉直状では軍勢の派遣も検討されていたが、同日付の別の安治・長盛宛秀吉直状に「人数之儀雖仰付候、何様ニも如御詫と御請申上候□、免置候、今朝中村式部少輔雖差□人数にて候、不遣候」とあり、国衆が破却に応じ、軍勢の派遣は取りやめになった(いずれも『大日本史料』11-19)。

9月5日には、紀州攻めの際に秀吉へ服属した高野山の木食応其へ書状を送っており(『高野山』)、郡山から大坂に戻った秀吉の近くにいた可能性が高い。同11日には越後の上杉景勝と抗争中の新発田重家宛に、石田三成・木村清久とともに、対立を収めるよう書状を送っている(『上越別2』 年次比定は谷2016による)。同13日には、播磨太山寺の寺屋敷年貢のことについて、明石城主となった高山重友へ書状を送っている(『兵庫中世2』)。同14日には、秀吉が有馬へ湯治に向かう途中に、大坂天満の本願寺に立ち寄っており、長盛も従っている(「宇野」)。同26日、近江八幡山に移った羽柴秀次配下の田中吉政に、蒲生郡の長命寺の寺領安堵について書状を送っている。「先日者卒度懸御目本望候」とあり大坂で対面したのであろう(『近江蒲生郡志』第3巻)。

11月15日には亀井茲矩宛、22日には里見義康宛の秀吉直状に奏者として名が見え(いずれも『秀吉2』)、また同じ22日付で河内金剛寺に対し、算用についての折紙を発給しており(『金剛寺』)、いずれも秀吉(大坂在ヵ)の側にいたと考えられる。

天正14年(1586)

1月11日付の本願寺宛秀吉直状に奏者として名がみえ(『秀吉3』)、また18日付で、石田三成・木村清久と連署で、上杉景勝へ書状を送っている(『上越別2』)。後者は秀吉直状の添状で、景勝から年頭の使者到着と進物披露の旨が述べられており、長盛も秀吉とともに大坂で越年したと考えられる。2月14日付の脇坂安治・加藤嘉明宛秀吉直状に、大坂城普請用の石材運搬のため、兵庫から尼崎の間の船を長盛から受け取るようにとあり、兵庫に行っていた可能性がある(『秀吉3』)。3月2日、河内金剛寺より長盛と尾藤知定宛に罪人の探索に関わる連判状が出されているが、現地に行ったかは不明(『金剛寺』)。

4月13日、摂津武庫郡の森部村と大嶋村の井水相論に対する条目を出しているが(『尼崎市史』第6巻)、淀から京都に移動した秀吉に従っていたのであろう。5月16日付で、石田三成・木村清久と連署で、徳川家康との和議成立と秀吉の妹朝日の輿入れを伝え、上杉景勝の上洛を促す書状を、直江兼続へ送っている(『上越別2』)。また、同25日には、石田三

成との連署で下野佐野家の継承についての秀吉直状の添状を、近隣の宇都宮家の塩谷義綱へ送っており、近江坂本にいた秀吉の側にいたと考えられる(『栃木中世3』)。6月7日に入京して12日に大坂に入った上杉景勝の宿が長盛の屋敷となっており、滞在中(18日に上洛し、24日に京都から帰国)は景勝の接待役を務めたと考えられる(「天正十四年上洛日帳」『上越別2』)。

7月12日には、大友義統宛秀吉直状の奏者として名前があり(『秀吉3』)、秀吉とともに京都にいたと考えられる。8月3日には、帰国した上杉景勝からの使者の披露について、石田三成と連署で秀吉直状の添状を送っている(『上越別2』)。9月1日には大坂の大村由己邸での連歌に参加している(『言経』)。同22日には「増右・石治御返事之儀ハ、関白様御供にて京都ニ在之事候条、御返事をも於京都可相渡之由候」(同日付直江兼続宛素休書状『上越別2』)と、秀吉の供で京都に行っていたが、25日には再び大坂の大村由己邸で連歌に参加している(『言経』)。同日付で石田三成との連署で、当時京都にいたと考えられる秀吉直状の添状を上杉景勝(『上越別2』)と直江兼続(『群馬県史』史料編7)に送っており、一時的に大坂へ戻ったのかもしれない。10月3日付でも直江兼続に宛て、三成とともに秀吉直状の添状を送っており(『上越別2』)、この時は秀吉とともに京都にいたのであろう。

10月13日には生駒親正宛秀吉直状(大坂在)、同16日には那須資晴宛秀吉直状(大坂在)、11月4日には、家康の服属を告げる上杉景勝宛秀吉直状2通(京都在)に、それぞれ奏者として名前が見え、秀吉の近くにいたと考えられる(いずれも『秀吉3』)。

12月19日、長宗我部家の嫡子信親が戦死した豊後戸次川合戦に際しての、同家の香川親和宛の秀吉直状には、「一左右被為聞召度、両人指下(中略)猶藤堂与右衛門・増田右衛門尉可令演舌者也」とあり、土佐に派遣された可能性もある(『秀吉3』)。

※　香川親和は、天正13年に長宗我部元親が降伏した際に人質として上方に来ており、翌14年正月に元親が上洛した際に帰国が許されたとの説と、不明との説があり(『土佐国編年紀事略』下)、大坂に滞在していた可能性も考えられる。

天正15年(1587)

2月21日付書状で、摂津国武庫郡の浜田村と大嶋村の井水出入について、両村の百姓に、下された裁定に従うように命じている(『兵庫中世1』　年次比定は谷2015による)。同24日付の上杉景勝宛秀吉直状(大坂在)に、石田三成・木村清久とともに奏者として名を連ねている(『秀吉3』)。

3月には秀吉とともに九州へ出陣した。秀吉の祐筆楠長譜の「楠長譜九州下向記」によれば、1日に大坂を発ち、鳴尾・西宮を経由して兵庫まで進んだ。25日に赤間関(下関)に着いた秀吉は28日には小倉へ渡るが、「要害御留守、増田右衛門尉、宮部藤左衛門尉両人也」とあり、長盛は赤間関城(関戸城)の守将として留まった。記者の長譜は、病を得て4月23日まで下関に留まり、結局そこから京都に帰ることになったが、長盛の滞在中の親切に感謝し、別れに際して長盛と右歌のやり取りをしている。さらに、秀吉に降伏し、上洛する

島津義久が６月29日に下関に到着した際、「当城警衛之将増田右衛門尉有佳招之儀」と、長盛に迎えられており(『薩藩旧記』)、３月末から一貫して下関に滞在していたのであろう。７月２日には秀吉が下関に戻っているが、後述する能島村上氏の海賊行為の件に関わっていることから、大坂へ戻った秀吉には従わず下関に留まった可能性が高い。

　　※　この間、４月２日付前田利長宛の秀吉直状に、奏者として名前があるが(『秀吉３』)、添状を手配したとすれば下関から手配したのであろう。

　７月27日と８月22日に、九州攻め後に伊予半国を与えられた戸田勝隆との連署で、能島を根拠地とする村上元吉宛に海上の「賊船之儀」について書状を出している。９月４日、戸田勝隆単独の元吉宛書状では、ともにこの件に関わってきた浅野長政と長盛が上洛した(「浅弾少・増右上洛儀候間」)と述べている(いずれも『山口中世３』)。岸田裕之氏によれば、これは服属後に上洛した島津義久の人質らの通行に関わって発生した事件とされ(岸田2001)、下関にあった長盛は、こうした海上通行の関係でこの件に関わったものと推察される。なお、岸田氏は長盛が下関に留まっていたとするが、新領国へ入国したと考えられる戸田勝隆、伊予の検地を担当した浅野長政とともに活動していることから、７月末までに下関から伊予に入り、９月初旬まで滞在し、４日以前に上洛(大坂ヵ)したと判断する。同晦日付の村上元吉宛長盛書状には「仍海上賊船之儀、惣別被　聞食上、曲事之旨、　御意候、輝元・隆景へ以御朱印被仰出候キ」とあり、京都にいた秀吉からの決定が毛利輝元・小早川隆景宛に下されたこと伝えている(『山口中世３』)。

　10月14日には、佐々成政の新領国となった肥後での一揆鎮圧の指令を、石田三成・浅野長政と連署で安国寺恵瓊・小早川隆景に送っている(『小早川』)。現地に下向したのは浅野長政のみで、長盛は京都から大坂に移動した秀吉(13日京都在、21日大坂在)とともに行動していたと考えられる。

　11月15日、近江国筒井公文所に宛てて、国内の諸商売の権利を安堵している(『福井中近世５』)。同18日付、22日付の上杉景勝宛、同26日付の直江兼続宛の秀吉直状に、石田三成とともに奏者として名が見え(いずれも『秀吉３』)、22日付で三成とともに添状も送っている(『上杉』)。いずれも秀吉とともに京都にいたと考えられる。同25日、近江の蔵入地に対し、年貢収納時の礼物などにつき条目を出している(『近江愛智郡志』第２巻)。12月15日には、直江兼続宛の秀吉直状の奏者として名前がみえるので、秀吉とともに大坂にいたと考えられ、そのまま大坂で越年したのであろう(『秀吉３』)。

天正16年(1588)

　１月〜２月の動向は不明。３月８日、大徳寺の古渓宗陳に寺院建立費用の返却を求めた際の算用状を、前田玄以・石田三成と連署で出しており、恐らく京都にいたと考えられる(宮内庁書陵部所蔵「玉林院算用状」谷2018、33〜34頁)。

　４月14日の聚楽第行幸には天皇を出迎える秀吉の直臣の左列先頭で供奉している(「聚楽行幸記」)。５月15日には、肥後一揆の鎮圧に下っていた毛利吉成が長盛へ報告の書状を出

している(『新熊本市史』資料編3)。同25日には、石田三成との連署で近江国高島郡百姓中宛の条目を発給しており(『駒井』文禄2年閏9月25日条)、次いで、閏5月11日、再び石田三成とともに摂津の三ヶ牧と嶋村の井水相論の裁定として条目を出し(同日付三ヶ牧百姓中宛増田・石田条目『神安水利史』史料編上)、同26日付の白土右馬助宛の秀吉直状の奏者として名が見える(『秀吉3』)。この間は京都・大坂を往復していた秀吉の側で行動していたと考えられる。

6月5日には播磨揖保郡の石見郷・福井庄の用水をめぐる相論の裁許状を、浅野長政との連署で発給している(『兵庫中世3』)。同16日には、漆喰塗の職人の差出を命じる島津義久宛の秀吉直状に、同じく浅野長政とともに奏者として名が見える(『秀吉3』)。いずれも秀吉とともに大坂にいたと考えられる。

7月5日には、秀吉の命により石清水八幡宮の「八幡一社山上中」宛に1万石を寄進する旨、浅野長政との連署判物を発給している(『石清水』)。同日、伊勢神宮の両宮にも同様の寄進がなされている(同日付町野左近助宛蒲生氏郷書状「今度御立願之儀、増田右衛門尉・浅野弾正より折紙之旨則持遣候」『近江蒲生郡志』第3巻)。同9日には、奈良の多聞院の院主英俊が、秀吉からの1万石の寄進について、長盛と浅野長政の連署判物を受給している(『多聞院』)。上記の記事に「京ヨリ」とあることから見て、石清水・伊勢も含め京都にて長盛・長政によって発給された可能性が高い。同26日には初めて上洛した毛利輝元が長盛の屋敷を訪ね、長盛は晦日には羽柴秀長亭(「御翠簾役」)、8月2日には羽柴秀次亭への秀吉の御成(「御座敷奉行」)に供奉している。同28日の帰国の際には浅野長政・石田三成等とともに銀子20枚の餞別を送られており、この間は京都にいたと考えられる(いずれも「輝元上洛日記」)。

9月16日には小早川隆景宛(大坂在)、同18日には佐賀の龍造寺政家宛(河内道明寺在)、11月1日には安房の里見義康宛(京都在)、同11日には佐賀の深堀純賢宛と再び龍造寺政家宛(大坂在)、12月9日の上杉景勝宛(京都在)と、秀吉直状に奏者として名前が見える(いずれも『秀吉3』)。

12月28日、出羽庄内の大宝寺家をめぐる最上家との相論に関して、上杉景勝が麾下の本庄繁長に送った書状で、「両人之奏者(石田三成・増田長盛)」から、一刻も早く上洛すべしと意向が示されたと述べており、秀吉の側に(京都ヵ)いたと考えられる(『上越別2』)。

天正17年(1589)

1月19日付で天徳寺宝衍(佐野房綱)が上杉景勝へ宛てた披露状で、秀吉への取り次ぎを依頼し、石田三成・増田長盛へ書状を送るように求めており、在京中の秀吉の側にいたと考えられる(『上越別2』)。同28日(一柳直末宛『秀吉4』)、2月27日(藤堂高虎宛『秀吉8』)の、木曾・飛騨の木材輸送についての秀吉直状に浅野長政とともに奏者として名がみえ、引き続き在京していたと思われる秀吉のもとにいたのであろう。

3月1日、大坂天満の本願寺へ、寺内の牢人衆引き渡しを命じる秀吉の使者として、石田三成とともに下向した(『言経』)。2日には門跡本願寺光寿が長盛と三成宛に起請文を提

出し(『言経』3月14日条)、4日には「殿下ヨリ今度奉行ハ益田右衛門尉・石田治部少輔等也、門跡御別儀ナキ之由誓紙有之」(『言経』)と、寺内にあった山科言経にも伝わっている。さらに、13日付で長盛・三成連名で本願寺の寺内掟が示され(『言経』3月18日条)、19日には寺内の検地が長盛・三成の手代と本願寺側の奉行の下代とで行われた(『言経』)。なお、3月9日付の加藤嘉明宛秀吉直状に浅野長政とともに奏者として名がみえ(『秀吉8』)、この間は大坂にあって差配したのであろう。

4〜6月の動向は不明。

7月4日、伊達政宗の会津侵攻について、上杉景勝と佐竹義重へ支援を命じる秀吉直状に、それぞれ奏者として名が見える(いずれも『秀吉4』)。同日、出羽庄内の大宝寺義勝が上洛して聚楽第にて秀吉に謁見し、長盛は石田三成とともに奏者を務めた。10日には聚楽の長盛邸で義勝を饗応し、11日、帰国の途についた義勝から餞別を受けている(いずれも「大宝寺義勝上洛日記」『上越別2』)。同16日、佐渡国の仕置についての上杉景勝宛秀吉直状の奏者として、三成とともに名が見える(『秀吉4』)。同17日には三成との連署で、会津を追われた芦名旧臣等へ、上杉景勝の支援を受けて伊達に対抗するよう指示している(同日付金上盛実等宛増田・石田書状『上越別2』)。いずれも京都にいたものと考えられる。

9月13日付羽柴秀次宛秀吉直状(大坂在)に浅野長政・石田三成とともに、同26日付福島正則宛秀吉直状(京都在)に長政とともに、同28日付上杉景勝宛秀吉直状(京都在)、10月1日付那須資晴宛秀吉直状(京都在)に三成とともに、それぞれ奏者として名が見え(いずれも『秀吉4』)、この間は秀吉とともに行動していたのであろう。

10月13日付の美濃国本巣郡仏生寺村の検地帳に「奉行増田右衛門督(ママ)」とあり(『本巣郡志』上)、検地に関わったようだが、現地に赴いたかは不明。同16日、関東・奥州への出陣を告げる那須資晴宛秀吉直状に奏者として名が見え(『茨城県史料』中世6)、引き続き京都にいたと考えられる。

11月19日、伊藤秀盛の美濃国の知行を毛利広盛へ渡すように指示している(『愛知織豊2』)。同21日、加藤清正宛の秀吉直状に、浅野長政とともに奏者として名前が見え(『秀吉4』)、この間は秀吉とともに京都にいたと考えられる。同25日、尾張国の正徳寺の寺領の朱印につき、浅野長政・石田三成との連署で書状を出しており、京都にいたと考えられる(『愛知織豊2』)。

12月5日、翌年の北条攻めに際しての指令を伝える秀吉直状にそれぞれ奏者として名が見える(加藤嘉明宛(浅野とともに)・来島通泰宛・宛先不明)。同24日、陸奥の津軽為信へ鷹献上の礼を伝える秀吉直状に、木村清久とともに奏者として名が見える(いずれも『秀吉4』)。いずれも秀吉の居所から京都にいたと考えられる。同26日、佐竹義宣より、芦名氏支援のため在京中の上杉景勝に出兵の指示を依頼する旨、石田三成と長盛に書状が送られている(石田・増田宛佐竹義宣書状「楓軒文書纂」『編年史料稿本』)。

3 天正18年(1590)～慶長5年(1600年)

　天正18年～慶長5年の長盛に関する史料は多数に及ぶため、概略と詳細を分けて記述する。

天正18年(1590)
【概略】

　正月に京都の三条大橋を落成させるなど(「京都三条土橋擬宝珠銘」『編年史料稿本』)、1～2月は京都にて秀吉の側で活動していたと考えられる。2月28日に秀吉とともに関東へ出陣。4月3日に小田原に入った秀吉とともに7月17日まで在陣し(7月6日小田原開城)、7月24～26日には、宇都宮に入ったと考えられる。宇都宮城の城番を命じられて留まり、8月15日に宇都宮に戻った秀吉とともに、同日古河に移った。上方へ戻る秀吉と別れ、長盛は古河に留まった。具体的な居所は不明だが、9月には宇都宮・小山など下野国内の領主の仕置、また石田三成とともに常陸の佐竹領の仕置にも関わっている。10月7日付で安房の里見義康領で複数の知行宛行状を発給しており、検地(指出)を主導した。天正19年に比定される7月25日付安房総持院宛里見義康書状(『千葉県史料』中世篇諸家文書)に、「去年上洛已後、関白様以御下知、増田右衛門尉方来国、々中之寺社何も没倒」とあり、現地に赴いた可能性もある。里見領の検地後上方へ向かったと考えられ、同時期に上洛していた里見義康の書状に「増右御帰宅候」とあることから(『千葉県史料』中世篇県外文書)、同21日には京都に戻っていたと判断する。なお、この前後の10月18日付と11月5日付で出された奥州の検地に関わると思しき秀吉直状に、上方に戻っていない浅野長政とともに宛所となっていることは一考を要する(いずれも『秀吉4』)。

　その後は京都にいたと考えられ、12月16日頃には、奥州で一揆が蜂起し、石田三成らとともに長盛も奥州に下向したとの風聞があるが(『薩藩旧記』)、秀吉の軍令に長盛の名は見えず(12月15日付宛所欠秀吉直状『栃木中世3』)、長盛は京都に留まってそのまま越年したと考えられる。

【詳細】

　1月6日京都在(同日付浅野源八等宛増田・浅野書状『兵庫中世2』)、16日京都在(同日付津軽為信宛秀吉直状奏者増田・木村清久『秀吉4』)、17日京都在(『多聞院』「同十七日関白様江年頭御礼自寺門使節与而予拝学乗房得業両人罷上畢(中略)増田右衛門へ弐百疋」)。

　2月1日京都在ヵ(同日付小野寺縫殿宛増田書状『岐阜古代中世1』)、23日京都在(同日付秋田実季宛秀吉直状奏者石田・増田)、26日京都在(同日付金剛寺三綱宛秀吉直状奏者増田 いずれも『秀吉4』)、28日京都→草津(「義久公御譜中」「天正十八年二月廿八日、先于　殿下秀吉公、午時久保進発於京都赴向於東国(中略)今日雖雨雪剛風、而往于江州草津宿焉(中略)増田右衛門尉長盛、各率或千人或五百人而進発焉」『薩藩旧記』)。

　3月12日三河在ヵ(同日付九鬼嘉隆宛秀吉直状奏者増田・石田『秀吉4』)。

　4月1日箱根峠着(同日付大関晴増宛秀吉直状奏者石田・増田)、7日小田原在(同日付鍋島直

茂宛秀吉直状奏者増田)、16日小田原在(同日付上杉景勝・前田利家宛秀吉直状奏者浅野・増田)、23日小田原在(同日付宛先不明秀吉直状奏者増田)、27日小田原在(同日付上杉景勝宛秀吉直状奏者増田・石田　いずれも『秀吉4』)。

　5月11日小田原在(同日付本願寺宛秀吉直状奏者増田・石田)、13日小田原在(同日付加藤清正宛秀吉直状奏者増田)、15日小田原在(同日付那須資晴宛秀吉直状奏者増田　いずれも『秀吉4』)、17日小田原在(同日付山川晴重宛浅野書状「関白様江為一礼御越尤候(中略)雖然薬院幷石治少・増右方江、懇ニ申遣候間、馳走可被申候」『茨城県史料』中世3(以下『茨城中世3』))、18日小田原在(同日付白土右馬助宛秀吉直状奏者増田)、20日小田原在(同日付加藤清正宛秀吉直状奏者増田　いずれも『秀吉4』)、24日小田原在(同日付佐竹義宣宛石田・増田書状「明日国綱御同心ニて此方へ御越奉待存候」『秋田近世上』)、26日小田原在(「久保公御譜中」「今日久保登于本営、大谷刑部少輔吉隆・増田右衛門尉長盛以奔走謁殿下」『薩藩旧記』)、27日小田原在(佐竹義宣小田原参陣次第「義宣より、石田殿へ金二十、馬一疋、増田殿、金十」『秋田近世上』)。

　6月2日小田原在(同日付鞍馬寺宛秀吉直状奏者増田)、23日小田原在(同日付上杉景勝宛秀吉直状奏者増田)、28日小田原在(同日付加藤清正宛秀吉直状奏者増田　いずれも『秀吉4』)、29日小田原在(同日付佐竹義久宛増田書状「上様へ為御音信白鳥二・鶴一・味噌二駄・御樽桶二御進上候、即令披露候処」『茨城中世5』)。

　7月1日小田原在(同日付伊達政宗宛増田書状『伊達』)、6日小田原在(同日付佐野房綱宛増田書状『秋田近世上』)、7日小田原在(同日付(浅野宛)湊通季書状「仍昨日南部殿御礼被申上候、一段御仕合、近比之我等式迄本望候、供仕候而罷上候得共、増田右衛門尉殿御かへを以、御礼不申上候」『浅野』)、10日小田原在(同日付高橋元種宛秀吉直状奏者増田『秀吉4』)、16日小田原在(同日付佐竹義宣覚『茨城中世4』)、17日小田原発(同日付鎌倉佐兵衛督宛秀吉直状奏者増田・山中長俊『秀吉4』)、24日宇都宮在ヵ(同日付西門院宛休意書状「従右衛門尉飛脚被遣候間、一筆令申候、仍此面へ可被成御越之由候、御大義共候(中略)宇都宮より」『千葉県の歴史』資料編中世5)、26日宇都宮在(天正18年11月27日付中臣則興覚「関白様も宇都宮江七月廿六日ニ御着候、奥口へハ石田・増田・浅野御代官、人数計被指越候」『茨城中世1』)、30日宇都宮在(同日付本願寺宛秀吉直状奏者増田・石田『秀吉4』)。

　8月5日宇都宮在(同日付高野山西門院宛増田書状「我等事、宇都宮城ニ、御番被仰付在之事候」『栃木中世4』)、9日宇都宮在ヵ(同日付和田昭為宛佐竹重書状「増田殿与申合可引詰候、石田殿御直談ニ此儀被仰候」『茨城中世4』)、16日古河在ヵ(同日付白土摂津守・岡本顕逸宛増田・石田書状「白土文書」中野2017、124～126頁)、22日古河在(同日付増田宛秀吉直状「古河城破却之儀申付候由」『秀吉4』・増田宛山中長俊書状「従古河為御礼御局御越條、幸便故令啓候」『茨城中世6』)。

　9月12日宇都宮領在ヵ(同日付寺崎広良宛増田書状「貴所之儀も御用候ハヽ、先我等所迄可有御出候」『茨城中世5』)、21日小山領内ヵ(同日付多賀谷政広宛増田・牧村利貞書状「其方知行分相渡目録事(中略)小山領内　大宮」『栃木中世3』)、28日佐竹領内ヵ(同日付佐竹義久宛佐竹義重書状「一、増田方其元江被罷越候哉」『茨城中世4』)。

10月1日安房在ヵ(板倉昌察宛日侃書状「増田殿今般国中之御仕置被仰付候間」『千葉県史料』中世篇諸家文書)、7日安房在ヵ(同日付正木道俊宛増田知行目録『千葉県の歴史』資料編中世3ほか)、21日京都在(同日付山中長俊宛里見義康書状「殊増右御帰宅候て、於于愚満足此時候」『千葉県史料』中世篇県外文書)。

11月3日京都在(「利休百会記」「霜月三日朝　富左近・柘左京・蜂阿波守殿・増田右衛門尉殿・中村式部少輔殿」『茶道古典全集』第6巻)、11月11日ヵ21日ヵ京都在(11月□1日付南美作守宛増田書状「猶御上洛之節可得貴意候、此由可有御披露候」『茨城中世6』)。

12月5日京都在ヵ(同日付太田又助等宛増田等連署条目『東浅井郡志』第2巻)、11日京都在(同日付増田宛喜連川頼淳書状「愚息国朝致上洛候、殊娘之儀上置申候上者、国朝同前ニ御膝下ニ被閣候者、弥々可為治悦候、以此旨宜被達　高聞候」『茨城中世6』)、16日京都在(「天正年中日々記」「東国方一キ起由候て、中納言殿・石田殿・真下(増田)殿可被立由聞得候て、御立なり」『薩藩旧記』)、21日京都在ヵ(同日付松下之綱宛長束・増田書状「遠州西楽寺為御訴訟被罷上候」『静岡県史料』第4輯)、24日京都在ヵ(同日付石川光吉宛大谷吉継書状「将亦、大仏寺屋敷之儀、増右へ申遣候へヘ、彼地へ被相越砌、貴所相談候て、可被相渡之由候間」『岐阜古代中世1』)、28日京都在ヵ(同日付堀尾吉晴宛長束・増田書状「遠州鴨江寺(中略)為御訴訟被罷上候」『静岡県史料』第5輯)、29日京都在ヵ(同日付石川備後守宛長束・増田算用状『熊本県史料』中世篇2)。

天正19年(1591)

【概要】

正月の動向を示す史料はないが、閏1月8日(グレゴリウス暦1591年3月3日)に、インド(ゴア)副王の使者として来日した巡察師ヴァリニャーノ一行を、聚楽第で秀吉に面会させており(谷2022A)、この間は京都にいたと考えられる。同13日には近江の検地奉行に任じられたが、古河公方家の氏姫と喜連川国朝の婚約問題に関わるなど、2月中は京都に留まっていた可能性が高い。

3月初旬には近江に入ったと思われ、4月12日付の伊達政宗宛書状では上洛していた政宗に会えないことを詫びている。同じ書状で4、5日中には上洛との見通しを述べていたが、実際には4月中は近江に留まったと思われ、5月3日、7日と喜連川国朝の所領問題や婚姻問題に関わる書状を出しているので、このころには京都に戻っていたのであろう。

5～6月は京都の秀吉の近くにいたと思われ、7月10日前後の大津行きにも従ったと考えられる。8月5日に秀吉の子鶴松が亡くなるが、淀城に駆け付けた秀吉に従ったと考えられ、傷心の秀吉とともに東福寺・清水寺を経て9日には有馬に入って、18日には大坂に戻った。その後も秀吉と基本的に行動をともにし、京都・大坂にいたのであろう(11月の三河吉良への鷹狩に同行したかは不明)。越年は京都と考えられる。

【詳細】

閏1月2日京都在ヵ(同日付堀尾吉晴宛長束・増田書状『静岡県史料』第5輯)、3日京都在ヵ(『兼見』「増田右衛門尉折紙、使者持来云」)、4日京都在(『兼見』「増田右衛門尉方へ以書状菓子、一

折、以左馬允持遣了」)、5日京都在(同日付本願寺宛秀吉直状奏者増田『秀吉5』)、8日京都在(1592(天正20)年10月1日付1591・92日本年報「すなわち四旬節の第一日曜日(三月三日)(閏1月8日)になると、(巡察)師を待った。(中略)まず増田仁右衛門は関白殿のもとに伺候する人数が、司祭たちを除いて(ママ)(総勢)二十六名であることを確かめ」『十六・七世紀イエズス会日本報告集』第Ⅰ期第1巻)、9日京都在ヵ(『兼見』「増田右衛門尉折紙写之、可罷皈之由申之間」)、13日京都在ヵ(「上坂記録」「太閤様御代天正十九年閏正月十三日御検地被仰付候御検地奉行　増田右衛門尉殿　長束大蔵殿」『近江国坂田郡志』第2巻)。

2月3日京都在(同日付長宗我部元親宛秀吉直状奏者増田『秀吉5』)、12日京都在(同日付一色右衛門佐等宛増田書状「古河姫君様御知行分御被官百姓之事(中略)達上聞可被加御成敗候」『茨城中世6』)。

3月1日京都在ヵ(同日付御連判衆・芳春院宛佐野房綱書状「御屋敷之替之事、永仙院増右へ有談合御調候」『茨城中世6』)、4日近江在ヵ(同日付成菩堤院宛増田書状「為御見廻青銅百疋、送給候、御懇意之至、令祝着候」『近江国坂田郡志』第6巻)、20日近江在ヵ(同日付正直屋宗与宛増田書状「備中手前ニ在之地子銭弐百七拾貫文、此者ニ相渡、舟を申付上せ可被申候、上様へ上候間、よく念を入、ふうを付上せ可被申候」『兵庫中世1』)、23日近江在(同日付柏原村検地帳「増田右衛門尉打口」『近江国坂田郡志』第2巻731頁掲載写真)。

4月12日近江在(同日付伊達政宗宛増田書状「乍去今度御在京中、当国ニ在之故、何之御馳走も不申、所存外候、爰元も漸隙明候之間、五三日中ニ可罷上候」『伊達』)、13日近江在ヵ(同日付青名・八日市村百姓中宛増田等書状「編年史料稿本」)、29日近江在ヵ(同日付東草野いたなみ三郷百姓中宛増田書状『東浅井郡志』第4巻)。

5月3日京都在ヵ(同日付南美作守・佐野大炊頭宛増田書状「ふはさミ村四拾石餘之事(中略)国朝御領分ニ候間、無異議可被成御知行旨、可有御披露候」『茨城中世6』)、7日京都在(同日付古河御奉公人中宛増田書状「先度早々御返事可申上処、永仙院在京ニ付て令延引候」『茨城中世6』)、14日京都在(同日付鎌倉鶴岡八幡宮社僧中宛秀吉直状奏者増田・片桐且元・山中長俊・徳川家康宛秀吉直状奏者増田いずれも『秀吉5』)。

6月28日京都在ヵ(同日付勧学院宛須藤権右衛門尉書状「唯今此地罷下候(中略)右衛門尉殿よりも御理候つる、様躰我等ニ被相尋候間」『岐阜古代中世1』)。

7月11日京都在(『鹿苑』「駿河増田衛門尉方エ帳ヲ持参ニ上洛」)、13日大津在ヵ(同日付堅田猟師中宛早崎家久書状「上様明日当浦にて羅を引せ、可被成御覧旨(中略)増右衛門殿事も書札つかはされ候」『東浅井郡志』第4巻)。

8月3日淀在ヵ(同日付木本上人宛増田等書状「浄信寺文書」福田2023、21頁)、4日淀在ヵ(『多聞院』「若君御煩付従関白殿被仰出トテ、増田以下五人ノ連判にて、別而可有懇祈」)、5日淀在ヵ(同日付鹿島神社宛増田等連署状『東浅井郡志』第4巻)、5日淀→東福寺、6日東福寺在、7日東福寺→清水、8日清水在、9日清水→有馬(同日付田中吉政・宮部宗治宛増田書状「去ル五日ニ被成御他界候、聚楽へ還御ニてハ弥可被成御愁傷由にて、すくニ東福寺へ被仰成、其より清水へ御

成にて何茂一両日宛被成御逗留、今日九日ニ有馬へ被成御湯治候事」『駒井』拾遺)、18日大坂着(同日付上杉景勝宛秀吉直状奏者増田『秀吉5』)。

9月18日京都在(同日付寺沢広政宛秀吉直状奏者増田『秀吉5』)。

10月16日京都在ヵ(同日付吉川広家宛増田書状『吉川』・江州伊香郡冨長庄百姓中宛石田・増田書状『東浅井郡志』第4巻)、23日京都在ヵ(同日付吉川広家宛小嶋元清書状「当国御前帳之儀、六郡相揃上可申之旨、増田右衛門尉方より以書札被申入候条」『吉川』)。

12月25日大坂在ヵ(同日付宛所欠長束・増田算用状『東浅井郡志』第4巻)、28日京都在ヵ(同日付善福寺等宛長束・増田算用状『兵庫中世1』)、29日京都在ヵ(同日付正直屋宗与宛増田算用状2通(兵庫地子銭・兵庫町諸座公事銭)『兵庫中世1』)。

天正20年(文禄元年・1592)

【概要】

京都で越年した長盛は、1〜3月はそのまま京都にあって「唐入」へ向けての実務を進め、秀吉とともに3月26日に京都を発したと考えられる。4月13、15日にはともに広島在が確認できるが、25日に名護屋に入った秀吉に先行した可能性もある。

その後は名護屋にあったが、秀吉の渡海延期を受けて、石田三成・大谷吉継とともに6月6日に名護屋を発って壱岐に向かった。朝鮮入のタイミングは不明だが、7月16日には3人揃って漢城に入った。陣所は鋳字洞とされる(中野2017)。以降同年中は基本的に漢城で現地の経営を担ったと考えられる。

【詳細】

1月3日京都在ヵ(同日付観音寺等宛長束・増田書状『新修彦根市史』第5巻)、28日京都在(「能之留帳」『史料綜覧』)。

2月6日京都在ヵ(同日付観音寺宛秀吉直状『近江国坂田郡志』第7巻)、8日京都在(「宗湛」)、9日京都在ヵ(同日付宛先不明黒田長政書状「一、増右より之御状之趣、御使者口上ニ申含候事」『大分県史料』34)、12日京都在ヵ(同日付駒井重勝宛秀吉直状奏者増田『秀吉5』)、15日京都在ヵ(同日付増田宛中川秀政書状『兵庫中世1』)、19日京都在ヵ(叡与上人宛増田書状『甲賀郡志』下)。

3月27日兵庫在(『大かうさまくんきのうち』「廿七日、ひやうごにて、ましたゑもんのせうところ、御とまり」)。

4月13日広島在(「豊臣秀吉九州下向記」「十三日、晴、広島ニ御逗留、朝飯之後俄ニ御茶之湯(中略)御茶被下御人数(中略)五-竹田、道三、右衛門尉、長束」)、15日広島→厳島→安芸小方→周防玖珂(「豊臣秀吉九州下向記」「十五日、晴、御船ニ被召厳島へ御参詣、即又御船へ被召、安芸小方へ御着陣、広島ヨリ八里小方ト二時ハカリ御逗留アツテ周防玖珂へ御着陣(中略)増右・長束半介・山橘」)、20日名護屋在ヵ(同日付立岩喜兵衛宛直江兼続書状「其元へ着岸八艘之米三千石之分、太閤様へ自此方御進上候、即於此地増田殿へ相渡可申候」『上越別2』)。

5月3日名護屋在(同日付小西行長宛秀吉直状奏者増田・石田『秀吉5』)、6日名護屋在(同日付前田利家宛長束・増田・大谷吉継・石田書状『古案』乾 東大史料謄写本)、7日名護屋在(「宗湛」

「増田右衛門殿　御振舞」)、18日名護屋在(同日付御ひかしさま・御きやくしんさま宛山中長俊書状『小浜市史』諸家文書編1)、29日名護屋在(同日付高来善三郎宛秀吉直状奏者石田・大谷吉継・増田『秀吉5』ほか)。

　6月3日名護屋在(同日付増田等宛秀吉直状・加藤清正宛秀吉直状奏者石田・大谷吉継・増田いずれも『秀吉5』ほか)、6日名護屋在(同日付宛先不明西笑承兌書状『鹿苑』)、6日名護屋→壱岐(「新納忠元日記」「一、六日、此朝壱岐嶋江渡海之衆石治少・大谷刑・増田右・木村常・羽柴殿・今両人以上七人」『薩藩旧記』)、9日朝鮮在カ(同日付脇坂安治宛秀吉直状)、13日朝鮮在カ(同日付増田等宛秀吉直状)、18日朝鮮在カ(同日付増田等宛秀吉直状)、23日朝鮮在(同日付脇坂安治宛秀吉直状　いずれも『秀吉5』)。

　7月2日朝鮮在(同日付加藤清正宛秀吉直状)、15日朝鮮在(同日付毛利輝元宛秀吉直状　いずれも『秀吉5』)、16日漢城着(「西征日記」「石田治部少輔、増田右衛門尉、大谷刑部少輔、三人入洛」)、20日漢城在(「西征日記」)、21日漢城在カ(同日付宛所不明増田・大谷吉継・石田書状「御状令拝見候、爰□□□□(御出カ)幸之儀候条、懸御目諸事可□□存候処ニ、早々御帰不及是非候」「八代市立博物館所蔵文書」谷2018、54頁)、22日・30日漢城在(「西征日記」各日条)。

　8月2日・3日・5日漢城在(「西征日記」各日条)、25日朝鮮在(同日付吉川広家宛秀吉直状『秀吉5』)、28日漢城在(同日付石田正澄宛増田書状「一、当国之儀、先衆ほト御注進達を被申上、又行もあとしらすに被罷通候ニ付而、只今おさまりかね申候」福井県立図書館松平文庫所蔵、三鬼1974、13～14頁)。

　9月11日漢城在(同日付浅野宛増田書状「一、洛中ニハ町人六七万人も可在之候哉、□町人共今ニも一揆おこし可申由切々申越候、番之者共□夫とらへ申候間江籠へ入置糺明仕候事」「太祖公済美録」第6巻)。

　10月30日漢城在(12月6日付増田等宛秀吉直状「十月晦日書状、今月六日加披見候、一、其国之様子申越候通、具被聞食届候」『秀吉5』)。

　11月10日漢城在(同日付加藤光泰宛秀吉直状「都之儀は要害丈夫に仕、備前宰相慎み在城候而、増田・石田・加藤・大谷・前野、此五人者共は、一人宛替々小西手前へ見廻候而」『秀吉5』)、26日漢城在(同日付黒田長政宛増田・大谷吉継・石田書状「郡文書」中野2017、173頁)。

　12月10日漢城在(同日付百々綱家等宛秀吉直状「都　増田右衛門尉とのへ」『秀吉5』)。

文禄2年(1593)

【概略】

　漢城で越年した長盛は、1月26日、漢城に迫った明・朝鮮軍を退けた碧蹄館の戦いにも加わった。その後戦線は膠着し、4月には本格的な講和交渉が始まり、17日に明の「勅使」が漢城に到着すると、翌18日には長盛等「三奉行」をはじめ、諸将の軍勢全体が「勅使」とともに漢城から撤退した。中野等氏によれば、石田三成が釜山に入ったのは5月6日とされており(中野2017)、恐らく長盛も同行したものと思われる。

　その後、三成・大谷吉継とともに13日(早朝のためか12日説もあり)に明の使いをともなっ

て名護屋に戻り、24日には名護屋を発して再度朝鮮へ向かった。6月15日に吉川広家を訪ね（東萊ヵ）、7月8日には昌原で宇喜多秀家等と会談をもったとされる（中野2017）。同29日以降は基本的には釜山にあって、兵粮・武具差配、名護屋と朝鮮を行き来する諸将の調整を行っている。

9月頃に長盛等「三奉行」は帰朝となり、石田三成は9月23日に名護屋に戻ったが（『薩藩旧記』）、長盛は兵粮受け取りの算用のため10日ほど遅れ、閏9月3日前後に名護屋に着いたと考えられる。同14・15日頃には大坂に戻り、その後は秀吉の側にいたと考えられ、同月21～26日にかけては伏見在、10～11月は大坂在、同月末の尾張清州の鷹狩にも同行し、大坂に戻って越年したのであろう。

【詳細】

1月9日漢城在（「義久公譜中」「文禄二年正月九日、増田氏・石田氏・大谷氏裁連署之書遣金化日、使薩摩士持之到于咸鏡道達清正」『薩藩旧記』）、11日漢城在（同日付長束・石田正澄宛増田等書状「一、都有人数、宰相殿・前但・加遠・治部少輔・刑部少輔・右衛門尉此人数壱万七千之高にて御座候」「富田仙助文書」中野2017、175～178頁）、12日漢城在（同日付黒田長政宛増田等書状「大明と取あつかい手切ニ付而、彼面之様子示預候（中略）於様子者隆景へ申入候条、御相談肝要候」『新修福岡市史』資料編中世1（以下『福岡市中世1』））、13日漢城在（同日付鍋島直茂宛増田書状「態可申入処ニ、生運逗留候て被相越候間、令啓候」『佐賀古文書16』）、19日漢城在（同日付黒田長政宛増田・大谷吉継・石田書状「御人数被残置候て、先早々隆景同道候て御出待申候」『福岡市中世1』）、23日漢城在（同日付長束・山中長俊・木下吉隆宛増田等書状「一、都之兵粮去年改置候内、各着陣之刻、扶持方卅日分相渡」『兵庫中世9』）、26日漢城在（4月5日付小早川隆景宛秀吉直状「去正月廿六日、大明人数都近辺寄来処、其方致先懸、碎手即時追崩、数千人討捕之由、手柄共候（中略）尚石田治部少輔・増田右衛門尉・大谷刑部少輔可申候也」ほか『秀吉6』）。

2月2日漢城在（同日付伊東祐兵宛増田・大谷吉継・石田書状「従　関白様之御使丹羽五平次殿帰朝候、人数拾九人小荷駄壱疋さきへ送之儀、被入御念使夫ニ可有御申付候」『広島古代中世4』）、16日漢城在（同日付毛利輝元宛秀吉直状「都ニハ隆景と増田右衛門尉可為留守居候」ほか『秀吉6』）、18日漢城在（同日付宇喜多秀家宛秀吉直状ほか『秀吉6』）、27日漢城在（同日付増田他16名連署状『吉川』）。

3月4日漢城在（天正21年3月4日付日本・高麗所々人留御奉行中宛大谷吉継・石田・増田書状「菊家文書」東京大学史料編纂所ボーンデジタル、谷2022A、749～750頁）、15日漢城在（「是より先、明の提督李如松、講和せんとし、遊撃沈維敬等をして、小西行長と京畿道龍山に会せしむ、又、加藤清正、使を遣し、維敬に会せしむ、是日、宇喜多秀家、石田三成・増田長盛・大谷吉継・小早川隆景等と議し、講和の条件を定む」「朝鮮陣記抜書」ほか『史料綜覧』）。

4月12日朝鮮在（同日付増田等宛秀吉直状『秀吉6』）、17日漢城在（同日付長束・石田正澄宛増田等書状「ゆうげき将軍去九日に、小西陣所へ罷越候て、逗留仕、今日十七日に、大明より日本へ相渡候勅使両人罷越候」『原富太郎所蔵文書』中村1969、180～181頁）、18日漢城在（同日付島津義弘等

宛増田・大谷吉継・石田書状「一、大明国惣大将より無事之儀申越、最前之ゆうげき小摂陣所ニ逗留仕、日本へ渡候勅使、昨日十七日ニ罷越候、即無事旨を以、此面打入候事」『毛利』)、26日朝鮮在(同日付黒田長政等宛増田・大谷吉継・石田書状「此地ニ兵粮大豆雑穀等有之事候由ニ存候ハ、あとより之御使衆両人、爰元迄定可罷出候条」『薩藩旧記』)。

5月6日釜山着ヵ(同日付佐藤大隅守宛石田書状「我等も至釜山浦罷出候」『茨城中世4』)、12日名護屋着(5月18日付花厳院宛小野寺義道書状「依之小西摂津増右石治大刑去十二日帰朝被申候」『紀伊続風土記』第5輯)、13日名護屋着(「大和田」「暁三奉行着岸」)、19日名護屋在(同日付小早川隆景宛長束書状「一、朝鮮御仕置之様子、条々被仰含、石治、大刑、小摂両三人、一両日中被差遣候、増右ハ勅使渡海之砌迄、被為留置候」『小早川』)、23日名護屋在(同日付小早川秀包宛秀吉直状「猶以、増田右衛門尉・石田治部少輔・大谷刑部少輔両三人ニ被仰含候条、成其意、可被入情候」『秀吉6』)、24日名護屋発(「大和田」「治少さま増右さま大刑さま御渡海」)。

6月2日朝鮮在(同日付島津豊久宛秀吉直状奏者石田・増田・大谷吉継ほか『秀吉6』)、15日東莱在ヵ(同日付吉川広家宛増田書状「懇示預本望候、先日可懸御目処、兎角かけちかい不申承、御残多存候」『吉川』)、20日朝鮮在(同日付毛利秀頼宛毛利重政書状「大明国より勅使弐人致進上、就其御扱之様子、増長・大刑・石治被申越承候」『岡山県古文書集』第4輯)、22日朝鮮在(7月6日付山崎家盛・宮木長次宛秀吉直状「去月廿二日書状披見候、一、増田・大谷・石田・小西並越後宰相渡海之様子、申越候通被聞召候」『秀吉6』)。

7月2日釜山在ヵ(同日付島津義弘宛浅野平右衛門書状「御手前之御城米、我等参候て可渡申と存候へ共、志摩守於釜山浦ニ用所申付候間、代之者一人遣候、御奉行被仰付候(中略)増田右衛門尉殿、早川主馬頭殿はんの升を以、前かきニ可渡と申付候」『島津』)、8日昌原付近在(同日付島津義弘宛宇喜多秀家書状「今日昌原迄打入申候、石治少・大刑少・増右も定可有到来之条」『島津』)、13日朝鮮在(7月27日付小早川隆景宛秀吉直状「去十三日書状幷城所絵図到来(中略)猶石田・増田・浅野・大谷かたへ被仰遣候也」『秀吉6』)、29日釜山在(同日付山崎家盛・宮木長次宛秀吉直状「いつれも釜山浦に置候て、右人数豊崎迄増田右衛門尉・早川主馬首・毛利兵橘奉行仕こさせ可申事」『秀吉6』)、29日釜山在(同日付小早川隆景宛長束等書状「則御朱印幷浅弾・増右・石治・大刑被仰遣之候」『閥閲録』)。

8月6日釜山在ヵ(同日付鍋島直茂宛秀吉直状「其城へ被為入置候武具幷兵粮・塩噌・雑子以下、以帳面被遣候、増田右衛門尉・早川主馬首自手前請取、蔵へ可入置候」ほか『秀吉6』)、6日朝鮮在(同日付浅野・増田・石田・大谷吉継宛秀吉直状「熊谷半次、垣見弥五郎令帰朝、其元仕置城々普請由断躰令言上、被聞召届候」『秀吉6』)、9日釜山在ヵ(同日付立岩喜兵衛宛直江兼続書状「仍其元江相着候五艘之舟積候米三千石之分、太閤様江従此方御進上候、即於其表増田殿江相渡首尾に、爰元御両人江申定」『上越別2』)、18日釜山在ヵ(同日付人数改御番中宛増田・毛利重政・早川長政書状「越後宰相殿内高梨薩摩守者三十人、尼ヶ崎物左衛門船而帰朝候間、無異儀可有御通候也」『上越別2』)、19日釜山在ヵ(同日付島津義弘宛増田書状「又釜山海ニ請取被置候八木之儀者、御蔵へ被入置連□御とりよせある□□□」『島津』)、21日釜山在ヵ(同日付島津義弘宛増田書状「其地御城米之分者、此方

にても相渡」『島津』)、22日釜山在ヵ(同日付島津義弘等宛石田・大谷吉継書状「従名護屋之御朱印到来、則増右使者持参候(中略)重而之兵糧米・諸道具被請取候奉行人、いそき釜山浦へ可被差越候」『薩藩旧記』)。

9月2日釜山在ヵ(同日付吉川広家宛増田書状「御札両通拝仕候(中略)尚御使者へ申渡候条、不能巨細候」『吉川』)、6日釜山在ヵ(同日付増田等寺沢正成書状「嶋津兵庫頭殿舟四拾七艘ニ(中略)慥ニ積渡候、早速ニ御請取候て、則請取可被下候」『薩藩旧記』)、12日釜山在ヵ(同日付島津義弘宛増田書状「爰元為御見舞罷渡候条、以参可申入内々存候処、又一郎殿御仕合承及候間、中々可為御取紛と、先直ニ罷戻候、御心底之程令察候、先以使者申入候」『島津』)、17日釜山在ヵ(同日付立岩喜兵衛宛石田・大谷吉継・増田書状『上越別2』)。

閏9月8日名護屋在ヵ(『駒井』「石田治部少輔・増田右衛門尉・大谷刑部少輔名護屋迄帰朝之由」)、9日名護屋在ヵ(同日付駒井重勝宛木下吉隆書状「高麗より過半帰朝候、いまた御目見之衆者無之候、浅弾も近日可上洛との事候、石治部・大刑少・増右も其分候、増右ハ十日もおそく可帰朝由、昨日書状到来候、是ハ兵粮請取申候御算用等之事にて候」『駒井』閏9月12日条)、13日名護屋→大坂(移動中)(同日付寿命院宛木下吉隆書状「浅弾・増右・石治・大刑少茂一両日中可参着候」『駒井』閏9月14日条)、21日伏見在(同日付寿命院宛木下吉隆書状「増田事一段　御前江具御座候間、御気遣被成間敷候」『駒井』閏9月23日条)、25日伏見在(同日付小早川隆景宛秀吉直状奏者増田・石田・大谷吉継『秀吉6』)、26日伏見在(同日付寿命院宛駒井重勝書状「御家割人分已下之事、民法・長束・半介・橘内・右衛門尉・治部少輔・刑部少輔なと、をよそ書立を仕候て、得御諚申旨候事」『駒井』)。

10月22日大坂在ヵ(同日付増田宛喜連川頼淳書状『茨城中世6』)。

11月11日大坂在(同日付鍋島直茂宛秀吉直状奏者増田『秀吉6』)、24日清州在ヵ(同日付増田・石田宛穂井田元清書状「被成下　御朱印、謹而致頂戴、面目之至、忝次第候」『相良』)。

12月6日大坂在(同日付中川秀成宛浅野・増田・長束・前田書状『兵庫中世2』)、14日大坂在(同日付松浦鎮信宛秀吉直状奏者増田・石田『秀吉6』)。

文禄3年(1594)

【概要】

大坂で越年した長盛は、1月中は大坂におり、2月14日に秀吉とともに伏見に入ったと考えられる。その後、2月下旬に奈良の吉野・高野山へ向かった秀吉の供をしたのかは不明で、伏見で普請の監督にあたった可能性もある。3月20、21日には関白秀次の蔵入地の算用についての糾明があり、伏見で、前田玄以・長束正家とともに駒井重勝らの説明を受けている。

4月13日、長盛は、秀次配下との小者の主取について、秀吉が大坂に下向した後に糾明する意向を示しており、14日に大坂へ下向した秀吉と異なり、伏見に残ったと考えられる。その後、伏見に戻った秀吉は大坂を経て29日に有馬へ向かい、長盛も恐らく同道したと考えられる。秀吉が有馬から大坂へ戻るのは5月12日であり、長盛も同様であろう。

6～9月も大坂・伏見を行き来する秀吉と行動を共にしていたと考えられ、10月16日に

は秀吉とともに京都に入り、20日の聚楽第への御成、28日の上杉家の聚楽屋敷への御成にも同行したと考えられる。29日には兵庫の正直屋宗与の使者と京都で会っているが、この以前に検地のために河内に赴いていたとされる(『兵庫中世１』)。

秀吉は11月初めに伏見に戻り同月末に再度京都に入るが、長盛もこれに従ったと考えられる。12月20日付の吉川広家宛木下吉隆書状に「大坂にて可有御越年由候」とあることから(『吉川』)、秀吉はその後大坂へ下向し、越年したと考えられ、長盛もこれに従ったのであろう。

【詳細】

2月17日伏見在(『駒井』「山内対馬　太閤様御折檻被成、高麗へ可被遣由、石田治部少輔・増田右衛門尉・山中山城御使参」)、23日伏見在ヵ(『駒井』「甲賀御材木右衛門尉手前残有木分、従水保上之分帳面民法江相渡」)。

3月8日伏見在ヵ大坂在ヵ(『駒井』「長野右近小者増右所より相咲之儀ニ付而、増右書中之写、幷長右近申分書付之写」)、20日伏見在ヵ(同日付駒井重勝・益庵宛長束・増田・前田書状「太閤様御蔵入御算用方之儀、被聞召候、就其　関白様御蔵入御算用之儀、如何様ニ被仰付候哉、被聞召度候」『駒井』)、21日伏見在(『駒井』「従　太閤様　関白様御蔵入方彼是御尋之儀、民法・増田・長束ヲ以、被仰出付而、此方より為御使益庵・拙者相越御蔵納方之儀、覚書相調伏見江相越、右両三人ニ申渡」)。

4月13日伏見在(同日付駒井重勝宛増田書状「一両日中　太閤様大坂江御下向候事候条、左候ハ、此方之者をも召寄、民法其外爰許御作事ニ被居候衆様子被聞候様ニ奉て御究尤ニ候」『駒井』)、15日伏見在ヵ(『駒井』「伏見江御ひろひ様御わたまし来廿一日ニ付而(中略)　御意之由、民法・長大・石治少・増右より書状到来」)、22日伏見在(『駒井』「増右へ田兵太方迄是茂　太閤様明後日廿四日有馬へ御湯治之由」)。28日大坂在(同日付有浦高宛波多親書状「面むき御礼等之儀者、大友殿御前之由にて候、是ハ増田殿御きも入にて候、未落着候、増田殿、山城殿同前ニ被仰含候て、大友殿御前にとの御拵にて候」『佐賀古文書６』)。

5月3日有馬在ヵ(同日付増田宛喜連川頼氏書状「端午之御祝儀察入候、□□見廻可申候得共、□中気相不勝候間、無其儀候」『茨城中世６』)、7日有馬在ヵ(同日付生駒親正宛長束・増田・石田・前田書状『新編香川叢書』史料編２)、19日大坂在ヵ(同日付山内一豊宛増田・長束・石田書状『東浅井郡志』第４巻)。

7月17日大坂在ヵ(同日付富田知信等宛前田・長束・石田・増田書状「来月朔日より十五日迄之間ニ、太閤様聚楽御城へ御成候」『大坂城天守閣文書』中野2017、230頁)。

8月21日伏見在ヵ(同日付山中長俊・有馬豊氏・織田長益条目「伏見たい長老寺之作勧進(中略)
一、同増田ゑもんのせう　(拾石)花押」『近江蒲生郡志』第３巻)。

9月2日伏見在ヵ(同日付二宮就辰宛小早川隆景書状「中納言殿御下候事安藤・増右・石治・山玄被相伺、霜月まて可被差延ニ相定候故」『広島古代中世５』)、18日伏見在(同日宛所欠長束・増田・石田・前田書状「今月廿日より廿五日迄之間、天気次第ニ聚楽へ可為御成旨候」『豊臣時代』)、22日伏見在(同日付毛利輝元宛秀吉直状奏者増田)、23日伏見在(同日付鍋島直茂宛秀吉直状奏者増

田・石田ほか　いずれも『秀吉6』)、24日伏見在(同日付島津義弘宛増田・石田書状『島津』ほか)。

　10月9日大坂在(同日付上杉景勝宛石田・増田書状「明日　太閤様可被成御上洛旨候、然者、惣構ほりのきわにて、御目見なされ、尤存候」『上杉』)、13日伏見在ヵ(同日付正直屋宗与宛兵庫地子銭幷諸座公事銭算用状『兵庫中世1』)、16日伏見→京都(17日付増田宛上杉景勝書状「昨日、御上洛之由承候、自御両所何共不被仰越、無心元存候」『上杉』)、28日京都在ヵ(上杉邸御成帳『上越別2』)、29日京都在(10月24日付里斎・笠井与介宛正直屋宗与書状案幷覚書「(折紙裏丁に記しあり)」「此時分、河内へ御検地江被出候、雖然　太閤様江御用之有由候て、長盛様京都江候て、以法順御礼寿閑申上候、十月廿九日之儀也」・同日付正直屋宗与宛増田書状、いずれも『兵庫中世1』)。

　11月27日伏見在(同日付毛利輝元宛秀吉直状奏者増田・石田『毛利』ほか『秀吉6』)。

　12月3日京都在ヵ(同日付毛利輝元宛秀吉直状奏者増田・石田『毛利』ほか『秀吉6』)、11日京都在ヵ(同日付組屋甚四郎宛駒井孫五郎等書状「請取るすん壺京都にて売代金之事」『福井中近世7』)、28日大坂在ヵ(同日付(有馬湯山宛)長束・増田算用状『兵庫中世1』)。

文禄4年(1595)

【概要】

　大坂で越年した長盛は、明との講和交渉などもあり、3月にかけて、京都、大坂、伏見を移動する秀吉の側にいたと考えられる。

　4月、大和十津川で急病に倒れた豊臣秀保の元へ、9日・17日と見舞に遣わされるが、16日に秀保は死去する。その後、6月3日には会津の蒲生氏郷領の継承に関わる秀吉直状に石田三成等との連署の添状を出しており、引き続き伏見の秀吉の側にいたと考えられる。

　7月3日、石田三成等とともに秀吉の使者として聚楽の秀次の元に派遣されたとされる。8日に秀次が高野山へ向かうと、10日、朝鮮在陣中の諸将へ秀次追放の顛末を報じる秀吉直状が発給され、長盛等の添状も確認できる。13日、秀次に連座させられた内衆の処刑(於京都三条河原)に、前田玄以・石田三成とともに検使として立ち会った。なお、この10～12日頃から8月5日にかけて(秀次は15日に高野山で切腹)、秀吉は生死に関わる重篤な病床にあったとされ(藤井2022)、長盛は基本的に伏見から動いてはいないと考えられる。

　8月16日、石田三成とともに京都所司代に任じられ、主に上京を管轄したとされる(中野2017)。17日からは新領国となった大和での惣国検地が行われた。同13日に青蓮院宮尊朝法親王が大和に下向して長盛に会っていることから、郡山に下向したと考えられる。小早川隆景が23日付の書状で、養子秀俊の筑前下向に関わって長盛と石田三成の意向に触れており、28日付の朝鮮在陣衆への秀吉直状に奏者として名が見えることなどから、短期間で伏見に戻った可能性が高い。9月19日には、伏見の長盛の元に、検地に関わる交渉のため大和興福寺から寺僧が派遣された。

　10～12月も秀吉の側にあって在伏見を基本に行動していたと思われ、京都所司代としての職務についても同様と考えられる。12月3日には興福寺から伏見の長盛のもとへ、知行の礼に使者が派遣された。秀吉は12月18日に大坂へ下向し、そのまま越年しており、長盛

もこれに従ったと考えられる。

【詳細】

1月19日大坂在ヵ(同日付鍋島直茂宛秀吉直状奏者増田『秀吉7』)。

2月22日伏見在(同日付真木蔵人宛前田・長束・石田・増田・浅野書状「早稲田大学図書館所蔵文書」中野2017、234～235頁)。

4月9日伏見→十津川(『駒井』「大和中納言様とつ川にて御煩出被成由、注進ニ付而(中略)従太閤様増田右衛門尉・孝蔵主被遣」)、17日伏見→十津川(『駒井』「太閤様より金子壱万枚可被進由ニ付而、為御使浅弾・増右進」)、28日大坂在ヵ(同日付鍋島直茂宛秀吉直状奏者増田『秀吉7』)。

5月3日伏見在ヵ(同日付長束・増田・浅野・前田宛秋田実季書状・秋田実季宛長束・増田・浅野・前田書状『秋田古代中世』)。

6月3日伏見在ヵ(同日付毛利輝元宛長束・増田・石田・浅野・前田書状『毛利』)、28日伏見在(同日付鍋島直茂宛秀吉直状奏者増田)、30日伏見在(同日付小早川隆景宛秀吉直状奏者増田・石田 いずれも『秀吉7』)。

7月3日京都在(「是日秀吉。石田三成及増田長盛等ヲ聚楽ニ遣シ。之ヲ詰問ス」『太閤』)、10日伏見在(同日付島津義弘宛秀吉直状奏者前田・石田・増田・長束ほか『秀吉7』・同日付吉川広家宛長束・増田・石田・前田書状『吉川』)、12日伏見在(同日付豊臣秀頼宛石田・増田起請文　石田1986、122～123頁)、13日京都在(『大かうさまくんきのうち』「七月十三日、くみつかまつり候あくぎやう人、御せいはひ。御けんし、みんぶけうほうゐん、ましたゑもんのせう、いしたぢぶのせう」)、20日伏見在(同日付増田等宛上杉景勝等起請文『上越別2』)、28日伏見在(同日付佐藤方政宛富田知信・増田・石田・前田書状「京都市立歴史資料館所蔵「燈心文庫」」中野2017、260～261頁)。

8月2日京都在(『太閤』「秀次公御若君幷御寵愛之女房達生害之事(中略)右之奉行は前田徳善院、増田右衛門尉、石田治部少輔にてぞある。同八月二日の事なるに」)、3日伏見在ヵ(同日付長束・増田・前田起請文『古文書時代鑑』続編下)、5日伏見在ヵ(同日付(宛所欠)増田等書状『新修彦根市史』第5巻「石田三成関係史料」(以下『三成関係史料』))、6日伏見在ヵ(同日付前田・増田・石田・長束宛宗義智等起請文『豊臣時代』)、8日伏見在ヵ(同日付木食応其宛前田・長束・増田・石田書状「日下文書」中野2017、263頁)、13日大和在(「青蓮院宮日記抄」「十三日、和州下、増田右衛門尉ニ遂礼節馬太刀、対顔吸物二献有之」谷2022B、40頁)、14日大和在ヵ伏見在ヵ(同日付嶋井宗室・神谷宗湛宛小早川隆景書状「松原茶屋之事、可為肝要之由、増右・石治少内儀候之間、馳走専用候」『福岡市中世1』)、16日大和在ヵ伏見在ヵ(同日付相良頼房宛戸川秀安書状「京都諸司代、増田殿治部少ニ被　仰付候」『相良』)、17日大和在ヵ伏見在ヵ(『多聞院』6(7)月8日条「則八月十七日ヨリ惣国ノ験知之」)、20日大和在ヵ伏見在ヵ(同日付大和国添上郡楢村検地帳写・同和爾村検地帳写『天理市史』資料編5)、23日伏見在ヵ(同日付立花宗茂宛小早川隆景書状「然共一両日以前鵜新罷下候、増右・石治少より御内儀ニ候」『福岡柳川上』)、24日伏見在ヵ(同日付大和国添上郡櫟本村検地帳『天理市史』史料編5)、28日伏見在(同日付島津忠恒宛秀吉直状奏者増田・石田・山中長俊ほか『秀吉7』)。

9月3日伏見在(同日付島津忠恒宛石田・増田書状「今度京都之儀、取々其方へ可相聞候、以御朱印如被仰出候、弥静謐ニ被仰付候間、不可有御気遣候」『島津』)、5日伏見在(同日付鍋島直茂宛秀吉直状奏者増田・山中長俊)、7日伏見在(同日付毛利輝元宛秀吉直状奏者石田・増田 いずれも『秀吉7』)、19日伏見在(『多聞院』6(7)月8日条「九月十九日伏見へ寺僧廿人登リ取ニ被出了、一門様北院ハ自身被越了云々」)、21日伏見在ヵ(同日付内山寺宛増田寄進状『天理市史』史料編1)、28日伏見在ヵ(同日付福原清左衛門宛増田知行宛行状・同日付安部井久介宛増田知行宛行状『因幡誌』下)。

10月4日伏見在ヵ京都在ヵ(同日付稲荷社人中宛石田・増田書状「大西文書」中野2017、268～269頁)。

11月12日伏見在(同日付島津忠恒宛島津義久書状「太閤様御假屋許ニ可罷成在所を、於洛中可被見合之由、其以法印・増田殿・石田殿・長束殿此御人衆へ被仰付候へハ」『薩藩旧記』)、26日伏見在(同日付三井寺上使中宛前田・石田・増田・宮部継潤書状「三成関係史料」)。

12月2日伏見在(同日付薄田兼相宛長束・増田・石田・浅野書状『豊臣時代』)、3日伏見在(『多聞院』「寺内ヨリ増田ヘ知行幷祭礼無事ノ礼ニ、十人計伏見へ被越了」)、15日伏見在ヵ(同日付観音寺宛長束・増田・前田算用状「三成関係史料」)、20日大坂在ヵ(同日付萩原船頭中宛長束・増田・石田・前田書状『一宮市史』新編 資料編6)。

文禄5年(慶長元年・1596)

【概要】

大坂で越年したと考えられる長盛は、23日に伏見で長束正家・石田三成・前田玄以とともに、秀吉・秀頼への忠節を誓う起請文を上げ、その後湯治に向かった後、28日に郡山で興福寺ほかの年頭礼を請けた。

2月の動向がわかる史料がないため郡山滞在の期間は不明だが、3月中旬には伏見に戻っていたと考えられる。4月15日、他の奉行らと伏見の長宗我部元親邸への御成に関わる書状を出しており、27日の当日も秀吉に従ったと考えられる。

4～6月にかけて、講和交渉や明の使節受け入れに関わる書状がいくつか見え、7月11日には伏見在が確認でき、この間も伏見にいたと考えられるが、閏7月13日の大地震により指月伏見城は倒壊する。早々に同14日に伏見山に再建する方針が示されたためか、8月前半までは秀吉とともに伏見におり、同月後半には大坂城に変更された明使受入れ準備のため大坂へ下ったと考えられる。

9月1日に大坂城で秀吉と対面した明使一行の見送りか、長盛は7日に秀吉の使者として堺に下った。いったん大坂に戻り、土佐浦戸に漂着したスペイン船サン・フェリペ号の検分のため、浦戸に向かい、22日には到着した。秀吉の命により積荷をすべて接収し、10月7日に大坂へ向け浦戸を発し、11、12日頃には大坂に着いたと考えられる。

その後年内は大坂の秀吉の元にあって、伏見城普請の指示や蔵入地の算用に関わっている。11月28日に秀吉が伏見山の御殿に移徙している((慶長元年)極月13日付島津義弘宛永雪・

喜斎書状「伏見山之御殿へハ去十一月廿八日ニ上様・政所様御移徙にて御座候(中略)太閤様御越年ハ伏見にて御座候」『薩藩旧記』)ことから、11月末からは伏見に移り、越年も伏見と考えられる。

【詳細】

1月13日大坂在ヵ郡山在ヵ(同日付戸津川組中宛増田書状「郡山普請、去十日より申付候処、未相越候由、油断之至候、早々可罷越候也」『十津川宝蔵文書』)、23日在伏見(同日付長束・石田・増田・前田起請文「木下文書」中野2017、272〜273頁)、28日郡山在(『多聞院』「廿八日、増田右衛門尉湯治ヨリ帰テ、郡山へ来トテ、両門・良家衆・自類中悉年頭礼ニ被下了」)。

3月13日伏見在(同日付吉川広家宛増田書状『吉川』)、23日伏見在ヵ(『兼見』「増田右衛門尉方より、昨日申刻男子誕生、勘文事申来」)。

4月15日伏見在(同日付吉川広家宛長束・増田・石田・前田書状「為　御意申入候、今度土佐侍従方へ御成付而、可有供奉旨被　仰出候」『吉川』)、23日伏見在(同日付小西行長宛前田・長束・石田・増田書状「大明勅使一人相違候へ共、今一人之儀、早々渡海之儀、被仰遣候」『島津』)、27日伏見在(『兼見』「於伏見土佐長曽我女太閤御成申入云々」)。

5月7日京都在ヵ(同日付相良長毎宛小西行長書状「則増右、石治よりの御状持参申候へ共、不慮ニ勅使壱人走申付而、延引候」『相良』)。

6月15日伏見在(同日付宛所欠前田・長束・増田・石田書状「為　御意申入候、遊撃伏見へ被召寄候」『三渓園所蔵文書』東京大学史料編纂所ボーンデジタル、中野2017、305〜306頁)。

7月11日伏見在(『鹿苑』「駿河増田右衛門尉方エ帳ヲ持参ニ上洛之次」)。

閏7月14日伏見在(同日付増田宛喜連川頼氏書状「仍一昨夜之地震□□無之候哉無御心元存候」『茨城中世6』)、29日伏見在ヵ大坂在ヵ(同日付鳥小路経孝宛増田書状「為八朔之御祝儀、昨日此地迄御下向之由候処、　御前深入候而不能□面、所存之外御座候」『武家手鑑：付旧武家手鑑』)。

8月10日伏見在(同日付吉川広家宛増田書状「如仰今度之大地震大風雨打続無正躰候、就其堤御普請之儀、無御油断之由、尤存候」『吉川』)、15日伏見在(同日付小早川隆景宛秀吉直状奏者増田・石田『秀吉7』)、22日伏見在ヵ大坂在ヵ(同日付伊集院忠棟宛長束・増田・前田書状「但、文禄四年之免目録、上様未被成御覧候間、御目ニかけ、相違之儀候ハヽ、追而可申入候」『島津』)、26日大坂在ヵ(同日付藤堂高虎・高吉宛前田・長束・増田・石田書状「来一日於大坂大明人ニ被成御対面候いつものことく御装束にて晦日ニ至大坂可被罷下旨被仰出候」『高山公実録』上)、30日大坂在(同日付増田宛上杉景勝書状「昨晩此方へ被下候、仍大明人之御対面之儀、明日治定ニ候哉、承度候」『上越別2』)。

9月1日大坂在(「義弘公譜中」「秀吉召清正・石田・増田・大谷曰、大明遣使封我、我甚雖不満意、而先姑忍之」『薩藩旧記』)、7日堺在ヵ(「秀吉増田長盛ヲシテ明使ニ金銀進物ヲ賜フ」『編年史料稿本』)、8日大坂在(同日付宗西堂宛増田書状「昨日、能御次候て、伯州銀山之儀申上候、即被成御朱印候」『吉川』)、22日浦戸着・23日浦戸在(「遭難報告書」(和暦9月22日)「十二日になって奉行が到着し、十三日の十時に彼は乗組員のところへ姿を現わし」松田1972、226〜227頁)、27日浦戸在(「遭難報告書」(和暦9月27日)「こえて十七日(中略)日本人らは皇帝太閤の命令だといって、都に運ぶために「サン・フェリーペ号」

408

の船貨を船に積み込み」松田1972、228頁)。

　10月6日浦戸在(同日付阿波国・紀伊国・淡路国・和泉国・摂津国諸浦中宛増田書状「南蛮船主荷物被召上、則積にミし之条」『高知県史』古代中世史料編)、7日浦戸発(「遭難報告書」「奉行が伴ってきた約二百名もの兵卒、及び長宗我部が領内から招集したほぼ同数の兵卒とともに、二十六になって引き揚げていった」松田1972、228頁)、18日大坂在ヵ(同日付(増田ヵ)宛長宗我部元親書状「早速御帰京之由珍重存候」『高知県史』古代中世資料編)、28日大坂在(同日付鍋島直茂宛秀吉直状奏者増田『秀吉7』)。(和暦10月7日)

　11月4日大坂在ヵ(同日付毛利輝元宛秀吉直状奏者増田・石田『秀吉7』)、20日大坂在ヵ(同日付増田等宛秀吉直状「伴天連門徒之事、被成御停止候処、相背付而、此廿四人於長崎はたものニ可懸置旨被仰出候、就其右廿四人事、至名護屋被遣候間、町送ニ慥可運送候也」『秀吉7』)。

　12月28日伏見在ヵ(同日付善福寺等宛長束・増田・前田算用状『兵庫中世1』)。

慶長2年(1597)

【概要】

　伏見で越年した長盛は、正月23日に前田玄以等とともに京都の新屋敷の縄張りのため上洛した。その他、正月から5月14日に秀頼が伏見に移徙するまでの間、秀吉は頻繁に大坂に下ったが、これにすべて従ったのかは定かでない。前田玄以・石田三成・長束正家との連署状が数多く見られるため、少なくとも4人の奉行はある程度近くで行動していたと考えられる。2月28日には領国の郡山に関わる条目を出しているが、これも恐らく伏見か大坂においてであろう。

　上記5月14日の秀頼の伏見移徙後は、秀吉とともに基本的に伏見にいたと考えられる。7月8日、伏見で太泥国(パタニ王国)への返書につき西笑承兌と相談しているほか、7月以降第二次朝鮮侵略に関して、秀吉直状の奏者として頻出している。8月9日(伏見在)、10日(伏見在)、16日(伏見在)、21日(伏見在)、9月13日(伏見在)、22日(伏見在)、10月5日(京都在)、17日(伏見在)など、添状が確認できる例も多く、基本的に秀吉の側に控えている。12月25日付の毛利輝元書状には、秀吉・秀頼と対面した際、同席したのは石田三成と長盛のみだったとあり、そのまま秀吉とともに伏見で越年したのであろう。

【詳細】

　1月11日伏見在ヵ大坂在ヵ(同日付観音寺大野木殿宿所宛長束・増田・石田・前田書状「三成関係史料」)、16日伏見在ヵ大坂在ヵ(同日付鍋島直茂宛秀吉直状奏者増田『秀吉7』)、23日京都着(『言経』24条「太閤京都御屋敷、昨日奉行衆徳善院僧正・増田右衛門尉・石田治部少輔等上洛了」)、29日伏見在ヵ大坂在ヵ(同日付今井兵部宛長束・増田・前田算用状『今井町近世文書』)。

　2月15日伏見在ヵ大坂在ヵ(同日付上坂八右衛門宛前田・長束・石田・増田書状『近江国坂田郡志』第7巻)、20日伏見在ヵ大坂在ヵ(同日付高橋元種宛秀吉直状奏者増田)、22日伏見在ヵ大坂在ヵ(同日付鍋島直茂宛秀吉直状奏者増田　いずれも『秀吉7』)、27日伏見在ヵ大坂在ヵ(同日付三浦元忠・国司元蔵宛石田・大谷吉継・増田書状「去年雖被仰觸、依再命言上、抑朝鮮征伐等之事、

伏見御馬来月下旬治定候」『閥閲録』)、28日伏見在ヵ大坂在ヵ(同日付増田条目「諸給人在々法度之事、一、給人つめ夫召仕候儀、一切停止之事、付御陣之時ハ陣夫召連候儀、追而可申出事」『郡山町史』)。

3月7日伏見在ヵ大坂在ヵ(同日付越後中宛長束・増田・石田・宮部継潤・前田書状『上越別2』ほか)、10日大坂在ヵ(同日付前田・宮部継潤・石田・増田・長束宛徳川秀忠書状「中村不能斎文書」中野2017、319頁)、25日伏見在(同日付小出吉政宛長束・増田・前田算用状「東大史料所蔵史料DB」)、26日伏見在(同日付青木一矩宛増田・石田・前田書状『佐賀古文書21』)。

4月2日伏見在(上坂正信宛増田・長束・石田・前田書状『三成関係史料』)、22日伏見在(『鹿苑』「増田右衛門尉有使者赴之」)。

5月1日伏見在(「同日付京極高次宛長束・増田・浅野・前田書状『東浅井郡志』第4巻」)。

6月18日伏見在ヵ(同日付西門院宛里見義康書状「又下々より増右殿へ内々之御詫言申候共、御合点有間敷、御書物一通申請度候」『千葉県史料』中世篇県外文書)。

7月8日伏見在(『鹿苑』「大泥国御返事之料紙来。即赴増右。様子談之」)、16日伏見在ヵ(同日付毛利輝元宛秀吉直状奏者増田・石田ほか)、27日伏見在(同日付毛利輝元宛秀吉直状奏者増田・長束 いずれも『秀吉7』)。

8月4日伏見在ヵ(同日付毛利輝元宛秀吉直状奏者増田・石田『秀吉7』)、9日伏見在(同日付島津忠恒宛秀吉直状奏者前田・増田・石田・長束ほか『秀吉7』・同日付島津忠恒宛長束・増田書状『島津』)、10日伏見在(同日付毛利輝元宛秀吉直状奏者増田・石田『秀吉7』・同日付島津義弘・忠恒宛長束・増田・滝川雄利・浅野書状『島津』)、16日伏見在(同日付山口正弘宛秀吉直状奏者増田・長束『秀吉7』・同日付山口正弘宛長束・増田書状『福岡市中世1』ほか)、21日伏見在(同日付藤堂高虎宛増田書状「御同太郎左衛門被差越御注進之趣具遂披露候」『高山公実録』上)、25日伏見在(同日付鳴尾村百姓中宛長束・増田・前田書状『兵庫中世3』)、29日伏見在(『鹿苑』「斎了。到殿中。先赴増右」)。

9月3日伏見在(同日付佐世元嘉・堅田元慶宛長束・増田書状『閥閲録』)、7日伏見在(同日付浅野宛増田・長束・石田・前田書状「竹内恒三氏所蔵文書」東京大学史料編纂所架蔵写真帳、谷2014B、52頁)、9日伏見在(同日付山内一豊宛長束・増田・石田・前田書状「山内家文書」中野2017、341頁)、11日伏見在(同日付奥村永福宛長束・増田・前田書状『松雲公採集遺編類纂』第140(古文書部 第41下)砺波図書館協会ほか 1965年)、13日伏見在(同日付島津義弘・忠恒宛秀吉直状奏者増田・長束・石田・前田ほか『秀吉7』・同日付島津義弘・忠恒宛長束・増田書状『島津』)、16日伏見在ヵ(同日付前田・増田・石田・長束宛宇喜多秀家等書状『島津』)、18日伏見在ヵ(同日付増田・石田・長束・前田宛藤堂高虎等書状『大分県史料』26)、22日伏見在(同日付毛利秀元等宛秀吉直状奏者前田・増田・石田・長束ほか『秀吉7』・同日付毛利秀元等宛長束・増田書状『佐賀古文書3』)、26日京都在(同日付前田・石田・長束・増田宛伊達政宗書状「明後日御参内付而、辻固之義、尤心得存候、如御書面之、七人可申付候」『政宗2』)。

10月2日京都在ヵ(同日付増田・長束宛西笑承兌書状「先度申入候人足之儀、従去月廿五日到今

日一人も不来一段致迷惑候」『西笑』)、5日京都在(同日付毛利輝元宛秀吉直状奏者増田・石田『秀吉7』・同日付毛利輝元宛増田書状『毛利』)、15日伏見在(同日付毛利高政等宛秀吉直状奏者増田・石田・長束『秀吉7』)、17日伏見在(同日付毛利高政等宛増田・長束・石田・前田書状「具以　御朱印被　仰出候」『兵庫中世9』)、24日伏見在ヵ(『鹿苑』「増右之内老女明日小志之由也。懺法所望也。諾矣」)。

11月9日伏見在ヵ(同日付宇都宮朝勝宛宇都宮国綱書状「然者、西国備前岡山へ可罷下由御詫候間、即罷下、岡山近辺号鷹辺山家ニ指入居候、増・石治内存少も不相替懇切候間」『栃木中世3』)、11日伏見在ヵ(同日付加藤清正宛増田・長束・石田・前田書状「今井文書」中野2017、339頁※年次比定は谷2018による)、22日伏見在(『鹿苑』「即平茸一折贈増右」)、27日伏見在ヵ(同日付前田・石田・増田・長束宛秋田実季算用状・同請状『秋田古代中世』)。

12月5日伏見在(同日付山中長俊宛秀吉直状奏者増田・長束)、6日伏見在(同日付黒田長政宛秀吉直状奏者前田・石田・増田・長束ほか　いずれも『秀吉7』)、7日伏見在ヵ(同日付上坂八右衛門宛長束・増田・前田書状『近江国坂田郡志』第7巻)、8日伏見在(同日付黒田長政宛長束・増田・石田・前田書状「此方御前珍敷儀無之候、御両殿様一段御息災候間、可御心安候」『福岡市中世1』)、9日京都在ヵ(『兼見』「医者各御折檻也、御尋之処、当番已下退出、以外御気色、私宅知行京都三奉行ニ被仰付、被押置云々」)、17日伏見在ヵ(同日付真田信之宛長束・増田・石田・前田書状『真田』)、23日伏見在(12月25日付榎本元吉宛毛利輝元書状「一昨日御めミへに上様種々系御詫候(中略)御前ニハ治少・増右はかりにて候」『閥閲録』)、25日伏見在ヵ(同日付浅野宛長束・増田・石田・前田算用状『浅野』)、28日伏見在(同日付増田宛喜連川頼氏書状『茨城中世6』)、29日伏見在ヵ(同日付観音寺宛長束・増田・石田・前田算用状「三成関係史料」)。

慶長3年(1598)

【概要】

正月を伏見で迎えた長盛は、蔚山城への明・朝鮮軍来襲を報じた1月1日付の注進を受け、毛利輝元とともに渡海の命が下ったが、同4日の注進で明・朝鮮軍の退却の報が届き、中止となり、伏見にとどまった。

2月9日、秀吉とともに醍醐寺を訪れ、15日、22日、23日、3月1日、9日とたびたび訪れている。長盛は前田玄以・長束正家とともに花見に関わる普請・作事を担当し、15日の花見本番では、長盛の御茶屋で秀吉と秀頼が花見をしている(『大かうさまくんきのうち』)。以降6月にかけて秀吉とともに、基本的に伏見にいたと考えられる。

6月25日、病状が悪化した秀吉が、徳川家康とともに長盛と前田玄以を奥へ呼び寄せている。その後7月7日、9日と醍醐寺などへ秀吉の病気平癒の祈禱が指示されているが、15日、17日付の島津義弘宛書状で、長盛等はいったん回復したと述べており、17日頃に浅野長政・石田三成とともに大坂城普請のために下向し、22日に伏見に戻った。

8月に入ると5日、8日、11日の日付でいわゆる五大老・五奉行が起請文を取り交わし、18日に秀吉は死去した。同25日には、大老・奉行の連署で早々に朝鮮在陣の諸将撤退へ向

け、徳永寿昌・宮城豊盛を派遣している。9月には、領地、あるいは蔵入地代官を務める紀伊国日高郡山地地域で起きた一揆に対処しているが、この間も含めて一貫して伏見にいたと考えられる。

　10月末、後陽成天皇が秀吉の猶子八条宮への譲位を表明すると、26日に長盛は長束正家とともに京都に入り、伝奏衆や摂家衆から意見聴取を行っている。以後、長盛は基本的に伏見にあって、他の奉行、大老らとともに朝鮮からの諸将撤退、蔵入地の算用などに関わり、そのまま越年した。

【詳細】

　1月4日伏見在(同日付真田信之宛長束・増田・石田・前田書状『真田』)、11日伏見在(同日付毛利秀元等宛秀吉直状「去朔日注進状、今日到来、加披見候(中略)就其安芸中納言・増田右衛門尉・因幡衆・大和衆・紀伊国衆・但馬衆、九鬼大隅を始、御人数追々可被差遣候之条」『秀吉7』)、17日伏見在(同日付加藤清正等宛秀吉直状「去四日注進状、今日十七日到来、加披見候、大明人雖取懸候、依尽粉骨、堅固ニ相抱、敵手負死人不知其数付而、即引退之由、被聞召届候、然者後巻衆より注進申ニ付而、従此方安芸中納言・増田右衛門尉・因幡・但馬・紀伊国・大和衆・九鬼父子已下、可被差遣旨、被仰付候之処、右之通ニ候間、不及是非候(中略)猶徳善院・増田右衛門尉・長束大蔵大輔可申候也」ほか『秀吉7』)、20日伏見在(同日付前田・浅野・増田・石田・長束宛秀吉直状「醍醐御普請之覚」『秀吉7』)、21日伏見在(同日付前田・増田・長束宛徳川家康書状『新修家康』)、25日伏見在(同日付宍戸元続等宛秀吉直状奏者増田・石田『秀吉7』)、26日伏見在ヵ(同日付石田・長束・増田・前田宛宇喜多秀家等書状『島津』)、27日伏見在(同日付島津義弘・忠恒宛秀吉直状奏者増田・前田・長束ほか『秀吉7』)、30日伏見在(同日付島津義弘・忠恒宛長束・増田・前田書状「其表之儀付而、被成　御朱印候」『島津』)。

　2月2日伏見在(同日付藤堂高虎宛増田書状「上様御筋いたませられ候儀、すきと御平癒にて近日者一段と御息災にて御膳なともよくあかり申候、御気遣有間敷候」『高山公実録』上)、9、15日醍醐在(『義演』各日条)、17日伏見在(『義演』「増田右衛門尉・長束大蔵大輔為礼、各杉原十帖・縮一巻遣之、懇之返答也」)、18日伏見在ヵ(同日付新七郎宛藤堂虎高書状「右衛門尉殿も内儀へ状とも御遣被仕候而強而以面談其元之様子可承候」『高山公実録』上)、21日伏見在ヵ(同日付増田宛(西笑承兌)書状『西笑』)、22日醍醐在(『義演』)、23日醍醐在(『義演』「太閤御入寺(中略)門跡寝殿ハ増田右衛門尉奉行被仰出了」)、24日伏見在ヵ(同日付長束宛(西笑承兌)書状「将又人足之儀右衛門尉殿へも先度令申候」『西笑』)、28日醍醐在ヵ(同日付増田宛(西笑承兌)書状『西笑』)、29日伏見在ヵ(同日付御牧景則宛(西笑承兌)書状「右衛門尉殿・大蔵殿へも被仰、家ハ安堵仕候様ニ奉頼候」『西笑』)。

　3月1日醍醐在(『義演』「徳善院来臨、假屋幷ヤリ山見舞也、増田・長束同前」)、9日醍醐在(『義演』「三奉行衆来、花漸咲、御花遊覧于今不治定」)、13日伏見在ヵ(同日付島津義弘・忠恒宛長束・増田・前田書状『島津』)、15日醍醐在(『大かうさまくんきのうち』「四番、御ちや屋、ましたゑもんのぜう」)、18日伏見在(同日付島津義弘宛秀吉直状奏者増田・前田・長束ほか『秀吉7』)。

　4月2日伏見在ヵ(同日付吉川広家宛毛利輝元書状「秀元よりよき時分念之書中到来候而、増右

被見、於　御前可然被申上、一段御気色よく、悉御諚之由候」『吉川』)、3日伏見在ヵ(同日付長束宛(西笑承兌)書状「徳善・増右へ被仰入相済申様ニ御馳走所希候」『西笑』)、4日伏見在ヵ(『義演』「山下衆、三奉行衆来之由風聞故、不及登山」)、6日伏見在ヵ(同日付上坂八右衛門宛増田・長束・前田書状『近江国坂田郡志』第7巻)、26日伏見在ヵ(『義演』「和州内山仏教院、同徳蔵院ト先達相論、去年以来有之、双方申入、雖然徳蔵院理運之由、既増田右衛門折紙也」)。

5月2日伏見在(5月3日付石田宛福原長堯書状「昨日二日ニ於伏見御目見へ仕処ニ一段仕合能候(中略)去共増右申談罷出、右之仕合ニ候」『福岡市中世1』)、3日伏見在(同日付八十島左衛門尉宛柏原彦右衛門等書状「秀吉様御船入之御殿ニ被成御座候、右衛門尉殿・大蔵殿・掃部殿・備前殿□番なされ御詰候」『兵庫中世2』)、22日伏見在(同日付寺沢正成宛秀吉直状奏者前田・増田・石田・長束『秀吉7』)、26日伏見在(同日付島津義弘・忠恒宛福原長堯等書状「右之様子、彼者共方へ奉行三人、弾正相加、可申遣旨被仰出候」『島津』)。

6月9日伏見在ヵ(『義演』「増田右衛門尉へ曝五端遣之、但依他行空罷帰」)、12日伏見在(『義演』「増田右衛門尉へ為音信、曝布五端遣之、使演照律師」)、25日伏見在(7月1日付石田宛伊達政宗書状「五日以前、江戸内府・増右・徳善院、奥へ召候而、御煩たへ今度御本復候共、自然不慮も御さ候時のためにて候間、被　仰出由候」『政宗2』)。

7月7日伏見在(治部卿宛前田・増田・浅野書状「太閤様就御不例、為御祈禱黄金五枚、北政所様より被進之候」『義演』)、8日伏見在(同日付島津義弘宛増田・浅野・前田書状「太閤様御霍乱ニ御座候て、此程被成御不食候故」『島津』)、9日伏見在(同日付本宮別当宛増田書状「太閤様御不例ニ付而仰秀頼様為御立願」『紀伊続風土記』第3輯)、15日伏見在(同日付島津義弘宛増田・浅野・前田書状「先書ニ如申入候、　上様御霍乱気ニ御座候つれ共、盛法印御薬にて被成御快気候、昨今ハ尚以一段と御験気ニ候」『島津』)、17日伏見在(同日付島津義弘宛増田・浅野・前田書状「上様御煩透と被成御快気候間、不可有御気遣候」『島津』)、17日ヵ伏見→大坂(7月24日付小川土佐守宛(西笑承兌)書状「(徳善院ヵ)□□□・増右御前にて被加御詞、其後一段入魂ニ候、是又珍重之儀候、大坂御普請之儀十七日候哉、□□□□ニ付下向候」『西笑』)、20日大坂在(同日付岩坊宛(西笑承兌)書状「大坂御普請ニ付、二三日以前浅弾・増右・石治下向候、定而今明日可為上候」『西笑』)、22日大坂→伏見、23日伏見在(7月24日付小川土佐守宛(西笑承兌)書状「廿二日之夜船各罷上、昨日廿三日御前へ被召候」『西笑』)。

8月5日伏見在(同日付前田・浅野・増田・石田・長束宛徳川家康起請文・徳川家康・前田利家宛前田・浅野・増田・石田・長束起請文『家康』)、6日伏見在(同日付石川光元宛前田・長束・増田・石田・浅野書状『兵庫中世9』)、7日伏見在(『義演』「伝聞、太閤御所御不例不快□云々、珍事々々、祈念之外無他事、浅野弾正・増田右衛門尉・石田治部少輔・徳善院・長束大蔵五人ニ被相定、日本国中ノ儀申付了、昨日右五人縁辺ニ各罷成云々、是御意成」)、8日伏見在(同日付前田・浅野・増田・石田・長束宛徳川家康起請文『家康』)、11日伏見在(同日付徳川家康・前田利家・宇喜多秀家宛長束・石田・増田・浅野・前田起請文『家康』・同日付島津義弘・忠恒寺沢正成宛書状「太閤様御本復之旨、徳善院・増右・浅弾より書状以後、被成　御朱印候条、則持進之候」『島津』)、13日伏見在(同日付前田・浅野・増田・石田・長束宛石川一宗・石川光吉・石田正澄・片桐且元起請文「慶長三年

誓紙前書」福田2023、35頁)、17日伏見在(同日付真田信之宛長束・石田・増田・浅野・前田書状『真田』)、19日伏見在(同日付石川貞清宛前田・長束・石田・増田・浅野書状『因幡誌』下)、22日伏見在(同日付佐竹義久宛長束・石田・増田・前田書状『茨城中世4』ほか)、25日伏見在(同日付徳永寿昌・宮城豊盛宛長束・石田・増田・浅野・前田書状、同日付島津義弘宛増田書状『島津』)、28日伏見在(同日付増田・石田・長束・前田宛毛利輝元起請文『毛利』)。

9月2日伏見在(同日付内藤元家宛内藤隆春書状「太閤様御事、去廿三日被成御遠行之由候、然は五人之奉行と家康半不和之由ニて、当家御操半之由候」『閥閲録』)、3日伏見在(同日付毛利輝元・上杉景勝・宇喜多秀家・前田利家・徳川家康宛長束・石田・増田・浅野・前田起請文『毛利』ほか)、4日伏見在(同日付黒田長政宛長束・石田・増田・浅野・前田書状「八月十八日増右・長(大)□へ御状、今日四日到来、令拝見候」『福岡市中世1』)、5日伏見在ヵ(同日付宛所欠(玉置山笹山坊宛)増田書状「今度山地村之百姓共企一揆之由、其聞候条、為成敗人数遣候」『十津川宝蔵文書』)、23日伏見在ヵ(同日付浄楽寺長訓宛増田書状「去十九日、於山地村山さかし仕十津川組中へ首弐十三討取到来」『紀伊続風土記』第3輯)、24日伏見在(同日付荻野孫五郎宛増田書状「今度山地谷之儀被入御精候故、早速被討果(中略)各奉行衆・年寄衆へも御粉骨之通具申入候、何も満足之由候」『兵庫中世3』)、25日伏見在ヵ(同日付浄楽寺長訓宛増田書状『三重近世1』)、29日伏見在(同日付上杉景勝宛増田書状「此方弥別条無御座候、各別而御入魂候て、無残所静謐候」『上杉』)。

10月4日伏見在(同日付仙光院・玉置小平太宛増田書状「山地谷悉隙明候付而、去月廿四日ニ田辺、諸勢被打出候由、尤候」『和歌山県史』中世史料2)、8日伏見在(同日付高麗在陣衆中宛長束・増田・前田書状『高山公実録』上)、15日伏見在ヵ(同日付増田宛喜連川頼氏書状『茨城中世6』)、16日伏見在(同日付島津義弘宛増田書状「此方、出羽・奥州ニ至まて、一段と静謐候、国之衆何も在伏見候」『島津』)、19日伏見在(10月ヵ19日付藤堂高虎宛徳川家康書状「委細者増田右衛門尉可被申候間不能具候」『三重近世1』)、20日伏見在(同日付小山式部宛増田書状「足弱衆御同心候而船にて御上候由尤候、日和悪敷候而和泉ニ被成御逗留候由御苦労共候、頓而御上待入申候」『紀伊続風土記』第3輯)、25日伏見在(10月26日付安国寺恵瓊宛徳川家康書状「増右昨夜被越候而、御雑談申候、禁裏之儀も、殿奏口をも御聞候はんために、増右・長大両人被罷越候、定而被罷帰候ハヽ、其理承、従是可申入候」『家康』)、26日伏見→京都(「九条兼孝日記」「就御譲位之儀増田右衛門、長束大蔵来云、先日五人之大名、ゑとの内府、安芸大納言、加賀大納言、金吾殿、景勝等へ、右之以勅使八条宮へ可有御譲位云々、就之右衛門幷大蔵を令上洛、諸家へ尋申処云」「編年史料稿本」)、27日京都在(「九条兼孝日記」「昨日自伏見来候両人之処へ、一条殿、二条殿、鷹司殿、予以下より遣使者」「編年史料稿本」)。

11月3日伏見在(同日付島津義弘・忠恒宛長束・増田・前田書状「十月二日竜伯老へ之注進状、昨日二日到来、令拝見候」『島津』)、18日伏見在ヵ(同日付浄楽寺長訓宛増田書状『三重近世1』)、25日伏見在(『言経』「伏見へ発足(中略)及黄昏益田右衛門尉へ内府御出間、可同道之由有之間、罷向了」)。

12月5日伏見在((慶長4年)正月3日付島津義弘・忠恒宛義久書状「十二月六日ニ入御候事、付徳善院・増田殿・長束殿へ、御案内申候、ました殿・長束殿よりハ、前之日ニ御音信ニ預候事」『島津』)、

18日京都在(『北野社家』「徳善院殿・増右衛門尉殿皆々御供にて内府様新八幡へ御出也」)、23日伏見在(『義演』「増田右衛門・長束大蔵両人へ、同一束・一巻遣之」)、26日伏見在ヵ(同日付三井寺宛長束・石田・増田・浅野・前田領地目録『家康』)、29日伏見在ヵ(同日付前田・浅野・増田・長束宛秋田実季算用状『秋田古代中世』)。

慶長4年(1599)
【概要】
　長盛は伏見で越年し、正月5日、醍醐寺三宝院の義演が「五人御奉行衆本結ヲ払云々」との風聞を耳にしているが、山科言経は、2月2日伏見城で秀吉の遺言に従い出家したと記している。この間の正月19〜20日、伏見において徳川家康の縁辺問題を他の大老と長盛等奉行が詰問している。
　閏3月3日、秀頼とともに大坂に下った前田利家が死去すると、翌日に石田三成と三成に反目する武将らの対立が武力衝突に及ぶ事件が起こり、三成は佐和山に隠遁する。この際、長盛も三成同様の反感を受けていたとされるが、奉行の座に留まっている。そのため引き続き伏見で活動しているが、6月22日と7月7日には大坂へ下向している。
　9月、秀頼へ重陽の礼をするため、7日に大坂へ下った徳川家康に対する暗殺計画があったとされ、騒動となった。この計画を家康にいち早く伝えたのが長盛とされる。なお、暗殺計画に関わったとされる大野治長と土方雄久はこれに激怒し、長盛の居城郡山へ軍勢を差し向けたが、家臣らが守り切ったとされる(馬場1999)。この間、3月以来続く、島津家の日向都城の伊集院氏を巡る騒動に、家康とともに関わっており、籠城する伊集院忠真へ降伏を勧めさせるため、9月28日以前に鞍馬の忠真の母・兄弟の元を訪れている。
　家康は、北政所に代わって大坂城西丸に入りそのまま滞在、10月1日には長束正家・前田玄以と長盛の連署で「今度　秀頼様御番御置目等被相改、被仰付候」との書状が出されている。この後は大坂で家康主導のもと、他の奉行とともに引き続き訴訟などに関わっており、そのまま大坂で越年した。

【詳細】
　1月5日伏見在(『義演』「伝聞、五人御奉行衆本結ヲ払云々」)、9日伏見在ヵ(同日付島津忠恒宛長束・石田・増田・浅野・前田知行目録『家康』)、18日伏見在(同日付伊達政宗宛長束・石田・増田・浅野・前田書状『伊達』)、19日伏見在(『言経』24日条「去十九日ニ江戸内府へ縁辺之儀ニ付テ申分有之、加賀大納言・備前中納言・毛利中納言・会津中納言・徳善院・増田右衛門尉・浅野弾正少弼・石田治部少輔・長束大蔵大掾等ニテ使有之、然共廿日ニ大略相済了」)、23日伏見在(『義演』「増田右衛門尉へ杉原十帖・扇一包遣之、返礼在之」)。
　2月2日伏見在(『言経』4日条「去二日ニ太閤遺言トテ浅野弾正少弼・増田右衛門尉・石田治部少輔・長束大蔵大掾等出家云々、伏見之御城ニテ也云々」)、5日伏見在(同日付前田利家・宇喜多秀家・上杉景勝・毛利輝元・前田・浅野・増田・石田・長束宛徳川家康起請文・同日付徳川家康宛長束・石田・増田・浅野・前田・毛利輝元・上杉景勝・宇喜多秀家・前田利家起請文『家康』)、7日伏

見在ヵ(同日付永原市左衛門宛(西笑承兌)書状「先日申入候殿村長兵衛事、右衛門尉殿へも御詫言申儀ニ候」『西笑』)、12日伏見在(同日付長束・増田・前田・浅野・石田・宇喜多秀家・上杉景勝・毛利輝元・前田利家起請文『毛利』)、16日伏見在(同日付杉原長房宛増田・長束・石田・浅野・前田書状『兵庫中世2』)、17日伏見在(同日付島津忠恒宛長束・石田・増田・浅野・前田書状『島津』)、18日伏見在(同日付杉原長房宛長束・石田・増田・浅野・前田書状『兵庫中世3』)、27日伏見在ヵ(同日付増田宛喜連川頼氏書状「態以脚力申達候、旧冬以来令在洛候処ニ、乍不始事、御取成故、則御礼申上、殊以御意得、早々罷下候、誠忝次第候」『茨城中世6』)。

閏3月7日か8日伏見在(日付無毛利元康宛毛利輝元書状「増右もミなゝ種々申候へとも、治少一人にて可澄と内意候、さ候とも増右者其まゝにてハ被居候ましく候条、可為同然候、是ほとニ澄候へ者可然候」『山口中世3』)、18日伏見在(『北野社家』19日条「杉越後殿昨日増右衛門尉へ礼ニ御出と承」)、23日伏見在(同日付竹中重隆宛長束・増田・浅野・前田書状『岐阜古代中世1』)、24日伏見在(同日付野里五郎右衛門宛増田書状「鍬拾丁到来、祝着之至候」『兵庫中世2』)、26日伏見在(同日付片桐且元宛徳川家康書状「先度大野修理御代官所之儀ニ付、預御折紙候、其趣浅野・増右・長大へ申渡候」『家康』)、27日伏見在ヵ(同日付増田宛喜連川頼氏書状『茨城県史料』中世6)。

4月3日伏見在(同日付豊永藤五郎宛福田源次郎書状「従右衛門尉御煩為御見舞岩田喜太郎被進候」『土佐国編年紀事略』下(巻之十))、19日伏見在ヵ(同日付増田宛喜連川頼氏書状『茨城県史料』中世6)、23日伏見在(同日付長宗我部元親宛増田書状「先刻被成御登城由尤存候、如仰右衛門太郎殿久々御出候而様子懇ニ承候」『土佐国編年紀事略』下(巻之十))、29日伏見在(同日付溝江長氏宛長束・増田・浅野・前田書状『福井中世』)。

5月11日伏見在(同日付前田・浅野・増田・長束宛前田利長・毛利輝元・上杉景勝・宇喜多秀家・徳川家康書状「御禁制条々」『毛利』)。

6月1日伏見在(同日付増田宛長束・浅野・前田書状『広島古代中世4』)、5日、6日、11日、16日伏見在(『鹿苑』各日条)、22日大坂在(『鹿苑』「泉州昨夜ヨリ大坂ト云々(中略)増右へも伸一礼ト云々」)、24日伏見在ヵ(『鹿苑』「其次予徳僧様へ相問、餘之三人之御奉行衆へ予未不伸一礼、如何可有之ヤト云々、弾正・増右上洛之間、不及是非」)。

7月7日大坂在(『鹿苑』「赴于大坂、欲伸増右へ一礼」)、26日伏見在(『鹿苑』「今日者奉行衆雖悉参会(中略)増右ニ於途中相逢一笑、伸一礼、想意不浅也」)、27日伏見在ヵ(『鹿苑』「□□(増右ヵ)・大長へ八朔之礼如何ト勝右ニ問、無用ト云々」)、28日(伏見在)(26日付増田宛(西笑承兌)書状「明後日廿八日内府御出之由、早天罷下御□(見)廻可申入候」『西笑』)。

8月20日伏見在(同日付竹中重隆宛長束・増田・浅野・前田書状『岐阜古代中世1』ほか)。

9月7日大坂在(「板坂卜斎覚書」「家康公九月七日、大坂秀頼公へ九月九日の礼に御下候、大坂にての御宿備前嶋に御座候、家康公九日に御出仕の所を討可申とたくミ、うちての太刀ハ土方河内守とさたまり、大野修理其外番頭ともと沙汰候、増田右衛門尉内証申上のよし」「編年史料稿本」)、8日大坂在(『鹿苑』「則赴増右。西之マルへ御用有之故参勤ト云々」)、10日、13日大坂在(『鹿苑』各日条)、14日大坂在(『鹿苑』「赤了頓同途して赴于大坂。先増右ニ至。極楽橋之矢倉御番也」)、19日大

坂在(『鹿苑』)、20日大坂→京都(『北野社家』「増右衛門尉殿へ御見廻申、御機嫌也、大坂ゟ京へ上申」)、25日大坂在(『鹿苑』「先退出而赴右衛門尉殿」)、26日大坂在ヵ(『義演』「高野山理徳院、従興山上人□害ニ付、彼弟子増田右衛門尉ヲ頼、内府へ訴訟」・馬場長正宛増田書状「今度其元相騒候処、妻子城中へ入置、無二之覚悟神妙候」馬場1999)、28日大坂在ヵ(同日付島津忠恒宛義弘書状「即増右くらまへ被仰候へは」『島津』)、30日大坂在ヵ(同日付(島津忠恒宛ヵ)伊那昭綱書状案「伊集院儀、菟角可被成御成敗ニ相究候キ、然共、鞍馬居候兄弟共方へ、右衛門尉殿を以理り被仰遣候処ニ」『島津』)。

10月1日大坂在(同日付伊達政宗宛長束・増田・前田書状「今度　秀頼様御番御置目等被相改、被仰付候」『伊達』)、10日、11日大坂在(『鹿苑』各日条)、16日大坂在ヵ(同日付島津義久・忠恒宛山口直友書状「右衛門尉殿よりも使者被指下之由候之間」『島津』)、17日、19日、20日、21日大坂在(『鹿苑』各日条)。

11月2日大坂在ヵ(4日付年預御房宛文殊院勢誉書状「長盛公も被申付候間、一昨日申上事ニ候」『高野山』)、11日大坂在ヵ(同日付年預御房宛文殊院勢誉書状「是非不罷成御事ニ候ハヽ、其通　長盛公へも可申上候」『高野山』)、17日大坂在(『義演』「内府家康小袖一重、増田右衛門長盛・長束大蔵大輔・徳善院へ罷向、方々札相調」)、23日大坂在(『鹿苑』)、24日大坂在(『鹿苑』「宗色押折紙予ニ渡之、被而見之、則三判アリ、日下長大、其次増右、奥ハ徳僧也」)。

12月17日、18日、22日、25日大坂在(『鹿苑』各日条)。

慶長5年(1600)

【概要】

　大坂で越年した長盛は、徳川家康のもと、前田玄以・長束正家とともに、訴訟や蔵入地の算用等に携わっている。また、秀頼の意向か、京都の寺社の修理や再興、及び方広寺の縄張りのため、3月17〜18日に上洛した。以後、「関ヶ原合戦」後まで、基本的に大坂にいた。

　4〜5月には家康による会津の上杉景勝征討の動きが具体化し、6月15日には三奉行連署で会津攻めの軍令を出し、17日には長盛は出陣する家康等を見送るため伏見に行った。

　7月12日、安芸広島にあった毛利輝元へ大坂入城を求める書状を三奉行連署で出すとともに、長盛単独で徳川家康の近臣永井直勝へ大坂での「雑説」について知らせている。17日には毛利輝元の養子秀元が大坂城西丸に入城、三奉行連署で家康を弾劾する「内府ちかいの条々」を各地の大名らへ一斉に送った。

　8月1日、伏見城が落城。美濃・伊勢方面へ軍勢が派遣されるが、長盛は大坂に留まった。大坂城西丸には毛利輝元がおり、長盛は本丸にいたとの情報もある。9月3日からの大津城攻めには長盛の軍勢も加わったが(「関ケ原御合戦之時大津城責之覚」『福岡市中世1』)、自身は大坂に留まっていた。同15日に「関ヶ原」で家康方が勝利収め、19、大坂城西丸の毛利輝元が、福島正則と黒田長政に対して和議について前田玄以、長盛と相談するとしており、城内に留まっていたのであろう。22日付の家康方の認識では長盛の処分は輝元と一緒という認識であった。同25日に輝元が大坂城を出て木津に退くのにあわせ、長盛は剃髪

して高野山に上ったと考えられる。行先は西門院で12月27日までは滞在していたようだ。
【詳細】

1月4日大坂在(『鹿苑』「徳僧・公家衆者増右ニ有会」)、13日大坂在ヵ(同日付田中清六宛長束・増田・前田書状「住友史料館蔵」藤井2012、121頁)。

2月4日大坂在ヵ(同日付真田信之宛長束・増田・前田書状『真田』)、7日大坂在ヵ(同日付細川忠興宛長束・増田・前田知行目録『家康』)、8日大坂在ヵ(同日付増田宛喜連川頼氏ヵ書状『茨城県史料』中世6)、15日大坂在ヵ(『鹿苑』「早晨斎受用して赴大坂(中略)徳僧者石川肥前殿ニ有会、奉行衆・生駒雅楽殿・石田木工殿此衆ト云々」)、27日大坂在(同日付田丸直昌宛長束・増田・前田書状『岐阜古代中世4』)。

3月5日大坂在ヵ(同日付九州彦山宛長束・増田・前田禁制『福岡県史資料』8)、9日大坂在(同日付鍋島生三宛鍋島直茂書状「藤八祝儀も大坂ニ而可相調由、増右承候間」『佐賀古文書11』)、16日大坂→京都(『北野社家』「増田右衛門尉殿・徳善院・長束殿大坂ゟ今日上洛と承」)、17日京都在(『義演』「三奉行上洛云々」)、18日京都在(『義演』「伝聞、大仏ニ七重塔并講堂・廻廊以下ノナワハリ、今日三奉行衆被致之云々」)、27日大坂在ヵ(『鹿苑』「申尾ニ疎庵来訪、向予日、今日久兵衛儀相済、増右へ一礼ト有風聞ト云々」)、28日大坂在(『北野社家』)。

4月4日大坂在(『時慶』「増田右衛門尉へ初而礼ニ行」)、5日大坂在(『鹿苑』「則赴増右(中略)自其三奉行衆者同途ニテ登城也」)、8日大坂在(同日付島津忠恒宛島津義弘書状「都今ほと御無事候、乍去景勝致出仕間敷よし被申候ニ付、増田右衛門祐殿・大谷刑部少輔殿、度々雖被成御噯候」『薩藩旧記』)、18日大坂在(同日付島津忠恒宛島津義弘書状「先札ニも申入候景勝御噯之儀ニ付、伊那図書頭殿去十日ニ爰元打立、会津へ下向候、毛利殿・増田殿・大谷殿使者同心ニて罷下候」『薩藩旧記』)。

5月7日大坂在(同日付徳川家康宛長束・増田・前田・中村一氏・生駒親正・堀尾吉晴書状「迚も秀頼様御取立之儀ニ御座候間、上方ニ御座候而、尤下静謐ニ被仰付、遠国ニ出入候ハ、各被差遣□仰付候やうに存候事」『編年史料稿本』)、10日大坂在(同日付増田宛喜連川頼氏書状『茨城中世6』)、12日大坂在(『鹿苑』「於長束殿、形少其外御奉行衆有参会有之」)、19日堺在(『鹿苑』20日条)、28日大坂在(『義演』)。

6月8日大坂在(『義演』)、15日大坂在(同日付萩野源五郎宛増田・長束・前田書状『兵庫中世3』)、17日伏見在(『時慶』「諸侍衆参会候、一礼申候衆ハ桑山法印・増田右衛門尉・東条紀伊守・朽木河内守・山口玄蕃・佐竹等也」)、20日大坂在ヵ(同日付増田宛喜連川頼氏書状『茨城中世6』)、25日大坂在ヵ(同日付新庄東玉等宛長束・増田・前田書状「今度東海道金松又四郎出陣、人数四拾人・馬三匹事、如帳面兵粮・馬飼料慥可被計渡候」『柳川市史』史料編II田中吉政・忠政関係史料)。

7月10日大坂在ヵ(同日付溝江長晴宛長束・増田・前田書状『福井中世』)、12日大坂在(同日付毛利輝元宛長束・増田・前田書状「大坂御仕置之儀付而、可得御意儀候間、早々可被成御上候」「松井家譜」「編年史料稿本」・同日付永井直勝宛増田書状「今度於樽井大形少両目次候而、両目滞留、石治少出陣之申分候而、爰元雑説申候、猶追々可申入候」「板坂卜斎覚書」「編年史料稿本」)、15日大坂在(同日付長束・増田・前田連署条目「大坂番手之事(中略)右手前々々ニ番所を被立番衆慥ニ有候而、妻子

418

なと出る事をは堅可被停止候、往還ハ無滞可被通候」「慶長見聞書」「編年史料稿本」）、17日大坂在（『義演』18日条「伝聞、昨夕大坂西丸へ毛利宰相為御守護入云々、此中家康住宅ノ丸ナリ、徳善院・増田右衛門・長束大蔵大輔三人、家康へ■■■■条数ニ〆江戸へ遣之云々」）、17日大坂在（同日付長束・増田・前田連署条目「内府ちかひの条々」『家康』ほか）、23日大坂在（『時慶』）、29日大坂在（同日付真田昌幸宛長束・増田・前田書状「大坂之事西の丸へ輝元被移、長大・徳善・増右丸々へ移り」『真田』）、30日大坂在ヵ（『義演』「三奉行衆制札来」）。

　8月1日大坂在（同日付筑紫広門宛長束・増田・石田・前田・毛利輝元・宇喜多秀家書状「伏見城、今日未刻乗崩候」『佐賀古文書28』）、2日大坂在（同日付真田昌幸宛長束・増田・石田・毛利輝元・宇喜多秀家書状『真田』）、4日大坂在（同日付松井康之宛長束・石田・増田・前田書状『綿考』）、10日大坂在（同日付真田昌幸・信繁宛石田書状「大坂ニハ増田被居候、輝元在城候」『浅野』）、11日大坂在（『時慶』「祖神へ祈念祓、秀頼卿・輝元卿・徳善院・増田右衛門尉へ遣候、状共遣候（中略）増右ヘハ助丞状ヲ遣候」）、12日大坂在（『時慶』「平野ノ御祓進上候、秀頼公、輝元卿・増田右衛門尉・徳善院ヘモ同」）、13日大坂在（同日付宇喜多秀家宛毛利輝元・増田書状「古今消息集」「編年史料稿本」）、14日大坂在（『時慶』「増田右衛門尉ヨリハ取紛ニテ無一報」）、20日大坂在ヵ（同日付林助右衛門宛増田書状「今度伏見之城乗崩候刻、手柄共無比類候」『豊臣時代』）、22日大坂城本丸在（同日付秋田実季宛佐々正孝書状「大坂本丸右衛門尉、西丸輝本居申之由候」『柳川市史』資料編Ⅱ　田中吉政・忠政関係史料）、25日大坂在ヵ（同日付堅田元慶・増田宛安国寺恵瓊注文状「討取頸之注文」『毛利』）、26日大坂在ヵ（同日付吉川広家宛増田書状「今度津之城、被乗崩候刻、御手柄之段、無其隠候」『吉川』）、27日大坂在ヵ（同日付福原清左衛門宛増田知行宛行状『因幡誌』下）。

　9月3日大坂在ヵ（同日付天野元信等宛増田書状「各之儀当城（大津城）為加勢御在番之事候」『閥閲録』）、12日大坂在（同日付増田宛石田書状「増右内府へ被仰含筋目有之、とても妻子なと一人も成敗之義有ましきと申なし候」「古今消息集」「編年史料稿本」）、17日大坂在（同日付西門院宛増田書状「大津之儀、早速相済珍重存候、先手之儀何角申候へ共、実説不相聞候」『千葉県の歴史』資料編中世5）、19日大坂在（同日付福島正則・黒田長政宛毛利輝元書状「以御肝煎、内府公別而御懇意之段、忝候、殊分国中不可有相違之通、預御誓紙、安堵此事候、増右、徳善申談候条」『毛利』）、22日大坂在（同日付本多正純宛某書状「増右手前之儀者、輝元一具ニ相済通、御尤と奉存候」『福岡市中世1』）、25日大坂→高野山（同日付伊達政宗宛今井宗薫書状「毛利ハ帰国仕候、増右ハカミをそり、高野之住居ニて候」『伊達』）、26日高野山在（『義演』「増田右衛門尉ハ高野ノスマイト云々」）。

　10月9日（大坂在ヵ）（同日付桑折宗長等宛伊達政宗書状「増右も髪をそり、高野へ入山可仕由、御侘言被申之由候、聊尓ニ大坂を出候て者、自然切腹之処、危存候而、于今籠城之由候」『政宗2』）。

　12月10日高野山在（同日付西門院宛正木時茂書状「仍長盛高野へ御上、貴院ニ御逗留万端御取紛察入候、併内府様御前長盛御仕合、無御相違様ニ承満足存候」『千葉県史料』中世篇県外文書）、27日高野山在ヵ（同日付西門院宛里見義康書状「長盛様貴院ニ長々御座候て、御気遣之事候、乍去長盛様御仕合無御相違之様ニ承候ヘハ、義康ニも満足被申候」『千葉県史料』中世篇県外文書）。

4　慶長6年(1601)以降

慶長6年(1601)

　長盛がいつまで高野山にいたのかは不明だが、1月晦日付の島津義弘宛船越景直書状に「増右事も、我等御使申候、関東岩つきに御置被成、知行方追而可被下旨候、増右事者、自余之謀叛人より御存分深候つれ共、我等才覚申、御前済申候事」(『島津』)とあることから、これ以前に岩槻の高力清長の元に移っていたことがわかる。

　なお、(年不詳)12月21日付玉林院宛中村吉照書状(『埼玉18』)によれば、「御手前之米事ハ、増長入御ふちニ渡候重可遣候間、江戸へ御届御用ニ候」とある。解釈が難しいが、岩槻領の浦和筋から扶持米を受けていたことがわかる(『新編埼玉県史』通史編2、1988年)。

元和元年(1615)

　5月27日、武蔵国岩槻にて没(「平林寺増田長盛墓碑文」)。

■典拠

【日記】

「宇野」「大和田」『兼見』『義演』『北野社家』「楠長譜九州下向記」(『九州史料叢書』18　九州史料刊行会　1967年)『駒井』「聚楽行幸記」(『戦国史料叢書』第1　人物往来社　1965)「征西日記」(『続々群書類従』第三　1985年)「宗湛」『大かうさまくんきのうち』(汲古書院　1975年)『多聞院』「輝元上洛日記」『言経』「時慶」「豊臣秀吉九州下向記」(『九州史料叢書』18　九州史料刊行会　1967年)『鹿苑』

【古文書】

『浅野』「阿波古文書」(東大史料謄写本)『家康』『今井町近世文書』(新人物往来社　1972年)『石清水』『上杉』『岡山県古文書集』第2輯・第4輯(思文閣出版　1981年)『吉川』『高野山』『小早川』『古文書時代鑑』続編下(東京帝国大学文学部史料編纂掛　1917年)『金剛寺』『相良』『真田』『島津』『新修家康』『西笑』『伊達』『十津川宝蔵文書』(中南芳春　1981年)『豊臣秀吉文書集』1〜7(吉川弘文館　2015〜2021年)、8(2023年)『武家手鑑：付旧武家手鑑』(尊経閣善本影印集成；77)(八木書店　2021年)『毛利』

【編纂物】

『高山公実録』上(清文堂出版　1998年)『薩藩旧記』『史料綜覧』「太祖公済美録」第6巻(東大史料写真帳)『太閤』『大日本史料』第11「東大史料所蔵史料DB」「閥閲録」「編年史料稿本」(東大史料DB)「明良洪範」(『武士道全書』第8巻　時代社　1943年)『綿考』「利休百会記」(『茶道古典全集』6　淡交新社　1958年)

【研究書・論文】

石田多加幸『石田三成写真集』(新人物往来社　1986年)

岸田裕之「能島村上武吉・元吉と統一政権──「海賊」の停止をめぐって──」(同著『大名領国の経済構造』岩波書店　2001年)

石畑匡基「郡山発展の立役者　増田長盛」(『ならら』2022年9月号)

小林清治「秀吉と禁制」(『福島県歴史資料館研究紀要』14　1992年)

佐藤博信「古河氏姫に関する一考察」(『古河市史研究』6　1981年)

谷徹也「秀吉死後の豊臣政権」(『日本史研究』617　2014年(谷2014A))

谷徹也「豊臣政権の算用体制」(『史学雑誌』123‐12　2014年(谷2014B))

谷徹也「豊臣政権の訴訟対応――畿内・近国の村落出訴を中心に――」(『史林』98‐2　2015年)

谷徹也「豊臣氏奉行発給文書考」(『古文書研究』82　2016年)

谷徹也「総論　石田三成論」(『石田三成』戎光祥出版　2018年)

谷徹也「「朝鮮三奉行」の渡海をめぐって」(『立命館文学』677　2022年(谷2022A))

谷徹也「「秀次事件」ノート」(『織豊期研究』24　2022年(谷2022B))

津野倫明「朝鮮出兵に関する豊臣秀吉文書の年代比定：豊臣秀吉文書の集成にむけた基礎的分析」(2016年度〜2018年度科学研究費補助金(基盤研究(C))(課題番号16K03016)研究成果報告書　2019年)

登谷伸宏「秀吉政権と東山大仏殿の造営」(『日本史研究』698　2020年)

中野等『石田三成伝』(吉川弘文館　2017年)

中村栄孝『日鮮関係史の研究』中(吉川弘文館　1969年)

馬場敬一郎「刈谷市文化財　京極高秀書状増田長盛感状について」(『郷土研究誌　かりや』20号　1999年)

播磨良紀「羽柴秀吉文書の年次比定について」(『織豊期研究』16　2014年)

福田千鶴「小出秀政に関する基礎的研究」(『九州文化史研究所紀要』66　2023年)

藤井讓治『近世史小論集』(思文閣出版　2012年)

藤井讓治『近世初期政治史研究』(岩波書店　2022)

松田毅一『秀吉の南蛮外交――サン・フェリーペ号事件――』(新人物往来社　1972年)

三鬼清一郎「朝鮮役における国際条件について」(『名古屋大学文学部研究論集』史学21　1974年)

【自治体史・地誌類】

『愛知織豊2』『秋田古代中世』『秋田近世上』『尼崎市史』第6巻(資料編3　近世・下1977年)『一宮市史』新編　資料編6(1970年)『因幡誌』下(山本文林堂　1904年)『茨城県史料』中世1(1970年)、3、4(1991年)、5(1995年)、6(1996年)『近江愛智郡志』第2巻(弘文堂書店　1981年)『近江蒲生郡志』第3巻(弘文堂書店　1980年)『近江国坂田郡志』2巻(日本資料刊行会　1971年)、6巻、7巻(1975年)『大分県史料』26(1974年)、33(1980年)、34(1981年)『小浜市史』諸家文書編1(1979年)、4(1987年)『神安水利史』史料編上(1972年)『鎌倉市史』史料編第一(1958年)『紀伊続風土記』第3輯、第5輯(歴史図書社　1970年)『岐阜古代中世1、4』『熊本県史料』中世篇2(1963年)、5(1966年)『甲賀郡志』(1926年)『高知県史』古代中世史料編(1977年)『郡山町史』(1953年)『埼玉18』『佐賀古文書3、6、11、16、21、28』『静岡県

史料』第4輯、第5輯(1966年)『上越別2』『史料京都の歴史』(平凡社　1984年)『新修亀岡市史』資料編2(2002年)『新熊本市史』資料編3(1994年)『新修彦根市史』第5巻史料編古代中世(2001年)『新修福岡市史』資料編中世1(2010年)『新編武蔵風土記稿埼玉編』(千秋社　1981年)『新編香川叢書』史料篇2(1981年)『天理市史』史料編1(1977年)、5(1979年)『千葉県史料』中世篇諸家文書(1962年)、県外文書(1966年)『千葉県の歴史』資料編中世3(2001年)、中世5(2005年)『土佐国編年紀事略』下(臨川書店　1974年)『栃木中世3、4』『東浅井郡志』第2巻、第4巻(日本資料刊行会　1975年)『兵庫中世1、2、3、9』『広島古代中世4、5』『福井中世』『福井中近世5、7』『福岡柳川上』『福岡県史資料』第8輯(1937年)『政宗2』『三重近世1』『本巣郡志』上(1937年)『柳川市史』資料編Ⅱ(2013年)『山口中世3』『和歌山県史』中世史料2(1983年)

【その他】

「古今武家盛衰記」巻之六(『国司叢書』黒川真道編、国史研究会　1914年)『駿河土産：望月本』(駿河古文書会　1976年)『豊臣時代』(大阪城天守閣　2021年)

長束正家の居所と行動

藤田　恒春

【略歴】

　豊臣政権の五奉行の一人として知られる長束正家は、他の四人と比べ個人的情報は極端に少ない。まず出生地は、尾張国中嶋郡長束村(現愛知県稲沢市)とするものと近江国栗太郡長束村(現滋賀県草津市)とする二説があるが、何れも確証をえたものではない。前者は「張州府志」に記載があるが(『新修稲沢市史』資料編５)、後者は『近江栗太郡志　巻参』に「長束村に生る其先を詳にせず」とあるのみである。草津市の長束家に幕末編集された大部の覚書に「一長束村者往々古より比叡山領ニして圓静坊長束家代々領之する所なるへし、後ニ大蔵太輔正家ハ圓静坊之末緒也」との記述がみられるだけで長束正家の当地出生を窺える史料ではない(「長束時次郎家文書」)。生年は不明で没年月日は記録により異なる(後掲)。なお、肖像画のようなものも伝わらない。

　※　五奉行の一人、増田長盛も尾張国中嶋郡増田村出身の説があり、近江出生説もある(「張州志略」『新修稲沢市史』資料編５、本書「増田長盛の居所と行動」)。同郡長束村とごく近くの村である。丹羽長秀にも尾張国出生説があり、両者が丹羽に仕えた可能性はあるようだ。天正18年以降、豊臣政権内で両者の連署状が多く見られることと関係があるようにも思われるが、両者の尾張出生か近江出生か、決定づける根拠は何もない。

　　大正４年(1915)９月30日、滋賀県から大蔵省へ長束の贈位申請が出されており、長束はすでに近江出身者という諒解ができていたように思われる(国立公文書館内閣文庫所蔵「大正大礼贈位内申書　巻三十四」)。

年齢は不詳だが、元亀２年(1571)に丹羽の側近として太田又介とともに現れ、慶長５年に亡くなること、「長秀ノ老臣」との記述も見られることから50歳は越えていたのではなかろうか(「丹羽家譜」)。

　長束の経歴で①出自・出身地、②天正13年、丹羽長秀没後、秀吉に仕えたこと、③検地等理財の術に長けていたなどとする諸説、いずれも後世の編纂物により、その根拠疑わしいものが多い。

423

※　「長束正家ハ初メ丹羽長秀ニ仕ヘ経済ノ術ニ長シ長秀ヲシテ巨万ノ富ヲ累ネシム、秀吉之ヲ聞キ召シテ租税会計ヲ掌ラシム、蓋シ豊臣氏ノ富裕ナルハ職ラ斯人ノ力ニ是レ由ル、天正ノ季年ヨリ文禄ニ亘ル検地ノ如キ皆其献策ニ基クト云フ、小田原ノ役糧食ノ事ヲ掌リテ功アリ、従五位下ニ叙シ大蔵大輔ニ任シ近江水口城五万石ヲ食メリ」という出典を記さない、この記述を無批判に引用するものが多い(参謀本部編『日本戦史　朝鮮役』村田書店、1924年、同『同　関原役』1893年)。

　長束の経歴について辞書類や自治体史の多くは信憑性に問題がある。『普及新版日本歴史大辞典』(7、河出書房新社、1985年)・『国史大辞典』(7、吉川弘文館、1988年)・『日本歴史大事典』(5、平凡社、1993年)・『日本近世人名辞典』(吉川弘文館、2005年)・『戦国人名辞典』(吉川弘文館、2006年)・『関ヶ原合戦人名事典』(東京堂出版、2021年)及び『甲賀市史』(3、2014年)は、何れも記名あるもので取りあげたが、そのほとんどは「丹羽歴代年譜附録」・「古今武家盛衰記」・『常山紀談』・「盈筐録」・『野史』など後世の編纂物と上記『日本戦史』に拠っている。『関ヶ原合戦人名事典』は、新説をあげているが滑稽にちかい。ただ、『戦国人名辞典』で執筆した曽根勇二氏と『甲賀市史』では天正17年(1589)までの不明確な部分については記述せず良心的である。しかし、小田原北条氏攻めの折の兵粮奉行に関する記述は『名将言行録　4』(岩波文庫、1943年)や『日本戦史　小田原役』(参謀本部編、1893年)などによっている。特に、「長秀家譜」や「丹羽歴代年譜附録」で説く長束が理財の術に長けていたという点については、鵜呑みにすることなくまづ一つひとつ検証していくことこそ五奉行の一人、長束の研究に裨益することと思われる。

　「長束家譜」(東京大学史料編纂所架蔵謄写本)は通称を新三郎と称するが、利兵衛とするもの(「野史」34)、藤兵衛とするもの(「長秀年譜」1)がある。父母や妻子を含めた家族関係についても記述はない。子供は4人いたことになっている。四男はのちに浅野氏に仕えたとする。ただ、実の弟と言われる藤三直吉の記載はない。

　さて、長束は元亀年間から天正13年(1585)までは丹羽長秀に仕え、太田又介牛一と行動を共にしていたようだ。元亀2年(1571)2月、長秀は信長から近江犬上郡佐和山城を与えられ江北の支配を命じられた。長束が近江出身と仮定した場合、この時に兄弟で仕えた可能性はあるだろう。長束の居所と行動は信長の命により動く長秀と行動をともにしたと推察される。

　永禄11年(1568)9月、信長は上洛する。この後、信長の上洛に丹羽も従っていた。丹羽が近江で所領を得たとき、「千石」となるとの記述もある(「丹羽歴代年譜附録」)。「賀茂別雷神社文書」には、信長が社参などをした際、賀茂社から進物を贈ったことを記した「職中算用状」などが多く残されている。信長に従った丹羽に長束も同行し、元亀3年4月の算用状に「二百文　長束新三郎」と初めてその名を現す。同年10月の算用状には、「丹羽殿内衆三人」(太田又介・村上新六郎)として記されている。以後、丹羽が亡くなる天正13年

(1585)までは太田又介と行動を共にしていたようだ。同11年5月の「御陣見舞」では、太田へ1貫文だが長束へは300文に過ぎず、2人の立場に違いが生じたようである。賤ケ岳の合戦後、丹羽が越前へ移封のとき、長束は鯖江城で3万5000石を拝領したことになっているが真偽のほどは疑わしい(「丹羽歴代年譜附録」)。同13年正月の年頭祝儀に太田は名を現すが、長束はみえない。4月に長秀が亡くなり、相続した長重に仕え越前府中へ移ったものと思われるが、天正15年5月頃まで長束の消息は不明である。太田も長秀没後、同17年後半まで消息は不明となる(拙稿「上賀茂神社所蔵　太田牛一発給文書について」『古文書研究』63 2007年)。

　その後、長束が再び京都に現れる理由は、「太閤佐々成政を征伐のとき、長重が従士等軍令を犯せしことによりて、越前・加賀両国の領地を削られ、十五年太閤筑紫進発のとき、長重が従士また軍法をそむく、太閤いよ〳〵怒りて若狭国を除き、加賀国松任を与えられ、四万石を領」する、とあるように長重が減封にあったため、主家を去り秀吉に仕えたのではないかと思われる(『寛政譜』11)。

　さて、発給文書は単独は少なく、後に五奉行の一人となる増田長盛との連署のものが多い。単独文書の残り方をみると小早川氏の取次的立場にあったようにも思われる。増田との連署は、天正18年12月21日、遠江の鴨江寺へ宛てたものが初見である(「鴨江寺文書」)。五奉行の一員として連署の初見は文禄4年6月3日、毛利輝元へ宛てたものである(『毛利』3)。天正19年と推定できる8月10日付堀尾吉晴宛書状は唯一印章を用いたものが残されている(「桑原文書」)。

【居所と行動】

　長束の居所と行動については、古記録類には殆ど現れないため前者はほとんど不明であることを最初に断っておきたい。一定期間、伏見あるいは大坂を離れたことがあるのは、天正13年4月～同14年まで越前、同15年前半は九州、同18年夏から冬、北条攻め、同19年近江検地、文禄2年前半九州、慶長3年春から夏、越前検地で伏見・大坂を離れていたことを確認できるが、月日を追っての居所は不明である。

1　丹羽長秀・長重家臣時代　元亀2年～天正14年まで

　信長の作戦行動に従い丹羽長秀も同様に動いており、丹羽に仕えた長束もまた主君長秀と行を共にしていたと考えられる。長秀が佐和山城へ入ってから天正10年7月までは佐和山に居宅をおき、その後は坂本へ移った。

元亀2年(1571)

　2月、丹羽長秀、近江佐和山城へ城代として入る(角川文庫本『信長公記』)。この時、長束は1000石を知行したと伝える(「丹羽歴代年譜附録」)。12月、賀茂別雷神社(以下、賀茂社と略す)より丹羽へ綿代800文、長束へ100文贈る(『賀茂』I-5-741、以下文書番号のみ記す)。

12月、丹羽長秀家臣「長束新三郎(正家)」が古文書に初出す。

元亀3年(1572)

　4月、賀茂社へ社参した信長に従った丹羽長秀の従者として同行した長束へ太田又介と同額の銭300文が贈られた（Ⅰ-1-282）。5月には、「長束新三郎・太田又介・寺西・お竹」へ肩衣代として508文が贈られた（Ⅰ-1-283）。9月には太田又介・村上・長束へ柿150個が贈られ、更に小鯛□枚が贈られた（Ⅰ-1-298）。10月22日には「丹羽殿内衆三人」へ餅が贈られている（Ⅰ-1-299）。

元亀4年・天正元年(1573)

　正月、賀茂社より年頭祝儀として太田・村上・長束の3人へ扇代が贈られている（Ⅰ-1-303）。

天正2年(1574)

　3月、賀茂社より長束と村上小六郎へ米2斗宛贈られている（Ⅰ-5-194）。4月10日頃、餅30が贈られ、20日には米1斗を贈っている（Ⅰ-5-195）。10月、音信として筆6対を太田・長束・村上へ贈り、長束・村上へは200宛と餅をあわせて贈っている（Ⅰ-5-199）。11月にも長束・村上・太田へ200宛を贈っている（Ⅰ-5-200）。12月、長束・太田へ俵2つ分が贈られた（Ⅰ-1-317）。

天正3年(1575)

　この年の消息は不明。

天正4年(1576)

　5月、信長が賀茂社へ競馬見物のため社参したとき、長束・太田・村上へ粽10把宛贈られた（Ⅰ-1-334）。

天正5年(1577)

　正月、賀茂社より年頭祝儀として丹羽へ1石3斗代・長束へ2斗5升代遣わす（Ⅰ-5-401）。

天正6年(1578)

　2月、賀茂社より祝儀として中銭1貫文代が贈られている（Ⅰ-1-343）。4月、信長による播磨攻略のため織田信忠を総大将として瀧川一益・明智光秀・丹羽長秀らが派遣された。17日、長秀とともに出陣した長束は、村上頼家とともに別所重棟（別所長治の叔父）へ遠路の懇札を謝すとともに長井城を取り詰めたことを報じた。丹羽長秀家臣として発給文書の初見である（「播州　清水寺文書」）。11月、賀茂社より「太田殿・長束・村上」へ餅米代として3斗遣わす（Ⅰ-1-402）。

天正7年(1579)

　4月、賀茂社より長束へ筆代20文が贈られた（Ⅰ-1-357）。8月、長束の上洛に際し音信として2斗贈られた（Ⅰ-1-361）。9月、長束直吉へ摂津御陣見舞として300文贈った（Ⅰ-5-406）。12月、伊丹攻めから丹羽長秀の帰陣に際し長束・太田へ300宛贈られた（Ⅰ-1-263）。

天正8年(1580)

　正月、賀茂社より年頭祝儀として長束直吉へ200文遣わした(Ⅰ-5-406)。8月、永年の石山本願寺攻めも遂に門跡の雑賀退出を承け一向宗との講和が成立した。上様御陣見舞に際し長束へも300文が贈られた。丹羽長秀も大坂攻めには参陣しており、長束も大坂へ下っていた可能性は大である(Ⅰ-1-373)。10月、長束および直吉へ鐚銭200宛と正家へ筆代4升が贈られた(同前)。

天正9年(1581)

　正月、賀茂社より太田和泉守と長束へ鐚銭1貫文宛、直吉へ200文が贈られた(Ⅰ-1-373)。長束と太田へ200宛贈っている(Ⅰ-1-384)。

天正10年(1582)

　この年、信長は兵を東に進め武田氏との一戦にのぞみ、かたや織田信孝を始めとする明知・丹羽など多くが四国阿波への発向に臨んでいた。5月、織田信孝の四国発向の後見を命じられた長秀は、21日の大坂につき渡海を待っていたが、長束も同道していた。6月2日の事件後は、長秀とともに動いていたと考えられる。7月1日、長秀は佐和山城を転じ坂本城へ移る(「長秀年譜」)。

　正月、賀茂社より年頭祝儀として太田和泉守へ1貫文、長束へ200文が贈られた(Ⅰ-1-385)。3月、御陣見舞として太田へ1貫文、長束へ300文、直吉へ200文を贈っている。6月、本能寺の変後、丹羽が賀茂社へ社参すること多く、この月、太田へ500文、長束・直吉へ200宛贈られた(Ⅰ-5-202)。7月、太田と長束へ300文宛、直吉へ200文が贈られた(Ⅰ-5-203)。9月22日、坂本城に丹羽を訪ねた吉田兼見は、名塚藤三(長束直吉)へユカケ一具・名塚新三郎へユカケ一具・中井以足へユカケ一具をそれぞれ持参している(『兼見』2)。同月、長束へ鐚銭300文、直吉へ200文が贈られた(Ⅰ-1-393)。10月、丹羽の上洛に際し太田・長束へ茶子入り台二つが贈られ(Ⅰ-5-205)、11月には太田・長束へ祝儀として200宛贈られ(Ⅰ-5-206)、12月、太田・長束へ300宛、直吉へ200文を贈っている(Ⅰ-5-207)。

天正11年(1583)

　5月、賤ヶ岳の合戦では、丹羽長重の初陣の後見として7千余の兵を率い柴田の大軍をやぶり柴田国丸を生け捕りにし、恩賞として鯖江城3万5000石を拝領したとするが、個々に検証が必要だろう(「丹羽歴代年譜附録」)。

　正月20日、坂本城に丹羽を訪ねた吉田兼見は、名塚新三郎(長束正家)へ30疋、名塚直吉へ30疋をそれぞれ持参している(『兼見』2)。この月、賀茂社より長束と太田へ年頭祝儀として1貫文宛贈られた(Ⅰ-1-396)。ついで5月には、賤ヶ岳勝利の御陣見舞として賀茂社より太田へ1貫文、長束へ300文、直吉へ200文贈っている(Ⅰ-1-400)。12月21日、美濃の崇福寺へ加藤光泰と一柳末安の使をする(「崇福寺文書」)。

天正12年(1584)

　この年の消息もほとんど不明である。

9月、賀茂社よりの長久手の合戦へ秀吉御陣見舞に際し丹羽長重へ1貫文、長束へ300文が贈られており、長束も参陣していたものと思われる（Ⅰ-1-414）。

天正13年（1585）

　4月16日、長秀が亡くなり家督を継いだ長重に仕え越前へ下ったようだ。僚友であった太田又介牛一も行動をともにしたようであるが、弟藤三直吉は秀吉に仕えたようである。

　豊臣の奉行となったのち、越前国内への発給文書が僅かながら残されていたり、慶長3年越前国の検地総奉行となったのは丹羽に仕えたことがある所縁であろう。この月、病床の長秀は、成田道徳・長束を使として秀吉へ遺書と遺物などを遣わした（「長秀年譜」）。

天正14年（1586）

　この年の消息は今のところ全く不明である。

2　豊臣秀吉家臣時代　天正15年～文禄4年

天正15年（1587）

　月日は不明だが丹羽長重から離れ秀吉に仕えたようだ（前年の可能性もある）。春から九州攻めに参陣した。九州攻めに備え秀吉は、前年12月以降、1年間の糧秣を兵庫・尼崎辺に集積し、石田三成・大谷吉継と長束へその管理にあたらせた。6月11日より博多町の建設を企図し翌12日より町割を実地、奉行は瀧川雄利・長束正家・山崎片家・小西行長等が担当した（『日本戦史　九州役』、以下『日本戦史』の記述は出典を明記しない場合が多く検討を要す）。

　4月、「肥薩役ニ付渡米目録」によると米20石2升6合を「長束新三へ　但ミなまたにて舟頭ゟ直ニ渡」とあり、肥後国水俣まで従軍していたことが知られ、また6月晦日附「豊臣秀吉馬廻衆給米書上」を宮城豊盛とともに作成している（「永運院文書」）。

　7月、秀吉の九州攻めから帰陣御礼のとき、賀茂社より石田へ500文・長束正家へ300文贈られた（Ⅰ-5-223）。10月10日、豊田竜介とともに筑前筥崎宮座主坊へ遷宮成就につき秀吉より沈香2斤進上されたことを披露したと伝える（『豊臣秀吉文書集』No.2341の副状、『筥崎宮史料』）。秀吉家臣として連署だが長束新三郎署名の初見文書である。

天正16年（1588）

　7月、上洛した毛利輝元は長束を訪ね進物を贈っている。政権内部での長束の地位がすでに上昇していたように思われる。毛利・小早川・肥前の有浦などへの単独書状が残されているのは、長束が彼らの取次的立場にあったことを窺わせるものである。

　7月27日、上洛した毛利輝元は長束新三郎を訪ね「御太刀一・金覆輪・銀子十枚」を進上した（「輝元上洛日記」）。8月21日、大聖寺城主溝口秀勝へ領分での刀脇指など武具類の取り集めを命じた（「溝口文書」）。同28日、輝元は都を去るにあたり饗応担当者へ以下の様な進物を贈った。「浅野弾正少弼江銀子五十枚、同子息江御腰物一ノシ付、石田治部殿江御脇差一被進、一廉之物ナリ、蜂屋出羽殿江御脇差一、被進御秘蔵物、長束新次郎殿江御脇指一ノシツケ、増田右衛門殿江銀子二十枚、長岡玄旨江右ニ同シ、薬院江右同シ、民部卿

(三)

428

法印玄以江御脇差一・銀子廿枚被進」と、いまだ長束は無位無官の新三郎のままだが、ここで後にみる五奉行の原型ができあがったようである(「輝元上洛日記」)。

天正17年(1589)

　この年、長束の居所は政権の一吏僚として秀吉の近くにいたものと思われる。

　5月6日、増田・石田とともに19・20・21日の3日のうちに聚楽第で振舞がある旨、吉川廣家へ伝える(『吉川』2)。5月21日、摂津国桑津両村と中村との取水をめぐる相論につき2日2夜は桑津両村、1日1夜は中村が取るよう小嶋若狭守とともに桑津百姓中へ命ず(「高嶋香和家所蔵文書」)。11月8日、西笑承兌は、大坂の長束正家のところで一礼を述べている(『鹿苑』2)。

　　※　長束の叙任について
　　　　長束大蔵大輔の初見は、天正17年5月6日付吉川広家宛増田・石田との連署状である。自身の発給文書では同18年7月14日のものである。記録類では『鹿苑』天正17年11月8日条「長大」が初見である。天正16年8月以降、天正17年5月ころまでと思われる。

天正18年(1590)

　天正18年春の北条攻めにあたり「糧食ノ事ハ長束正家之ヲ掌」るとある(『日本戦史　小田原役』)。年末ころまで駿河辺にいたようだ。

　4月、「是ニ於テ秀吉ハ麾下若干ヲ率キ石垣山ニ上リ逈ニ小田原城ヲ下瞰シ本営ヲ是地ニ経営ツ(中略)増田長盛・長束正家等ヲシテ工事ヲ督セシム」とあり、小田原へ出陣していたようである(『日本戦史　小田原役』)。5月27日、「石田三成・大谷吉継・長束正家等ニ命シ(中略)館林及忍城ヲ攻略セシム」とあり、「長束ノ隊(中略)六千八百余人ハ城東(搦手)下外張口ニ向ヒテ陣」したとあり、忍城攻めでは東北部長野口に結城晴朝・水谷勝俊とともに布陣している(同前)。7月14日、小早川隆景・吉川広家へ明15日、淀殿の上洛につき人足添馬の用意を命じた(『小早川』1、427号)、また浅野長吉・木村常陸介へ検地につき百姓前改めるよう家康へも仰せ出されたことを伝えた(『浅野』34)。

　8月22日、富田政澄とともに甲斐国久遠寺へ朱印が調ったこと、上洛については其方次第であることを伝えていることから甲斐国あたりへ出陣していたようだ(「久遠寺文書」1)。9月19日、織田有楽・冨田知信・増田とともに真田信幸へ津川義近と徳川家康両名が会津へ遣わされたので小荷駄20疋と人足50人を出すことが命じられたことを報じる(『真田家文書』上)。12月5日、前田・増田等6名で浅井郡の代官衆(太田又介など4人)へ牢人停止、田畠を作らざる侍を払うことなど4カ条の触書を申し入れた(「平埜荘郷記」)。同21日、増田とともに浜松城主堀尾吉晴へ遠州鴨江寺などが訴訟のため上洛したので諸事御申捨するよう申し入れた(「鴨江寺文書」)。同28日、増田長盛とともに駿河府中城主中村一氏へ「富士村山神領、同百姓并参銭等之事、前々より辻坊・池西坊兼対ニ知行」は有来りの通りと伝える(「葛山文書」)。同29日、増田長盛と石川貞通へ「山城国所々御算用状」を受取り、上様へお目に掛けることを伝える(「石川文書」)。

天正19年(1591)

　この年、近江国北郡内で検地を実施しているが、居所について明らかにする情報はない。

　正月19日、家康、関東より返す見廻の者につき切手2通にするよう長束等3人へ頼む(『新修家康』)。閏正月2日、増田とともに堀尾吉晴へ遠江国内の寺社領は家康の判形に任せ引き渡す様命ず(「鴨江寺文書」)。同8日、長浜の吉川三左衛門へ伊香郡の御米を大舟3艘に積み大津へ廻送するよう伝える(「南部文書」3)。3月11日、吉川三左衛門へ検地にあたり浅井郡の絵図の用意を命じた(「南部文書」3)。同26日、浅井郡小谷寺村を検地し(「小谷寺文書」)、4月6日には、浅井郡田根庄谷口村を検地した(「谷口共有文書」)。同13日、増田長盛などと浅井郡青名・八日市村と中野村との井水相論につき八日市村を曲事とす(「南部文書」2)。同16日、長浜の吉川三左衛門へ米を急ぎ上せたいので舟を廻すよう頼む(同前)。この月、浅井郡尊称寺(勝)郷内称名寺領を検地する(「称名寺文書」)。5月3日、前田・石田・増田とともに御国々御知行・御前帳を調え10月までに差し出すようにとの仰せを脇坂安治と加藤嘉明へ伝える(「脇坂家文書」、「春日神社文書」)。

　8月10日、浜松城主堀尾吉晴へ「四拾六所神領」につき家康も別儀ないとのこと、神領200石を渡すよう申し入れた(「桑原文書」)。9月14日、浅野長吉、長束へ九戸を攻め、九戸政實などを捕らえ中納言(豊臣秀次)様へ進上したことなど奥羽仕置が済んだことを言上するよう伝え(『浅野』61)、同24日には前田・石田等とともに上杉家の松本伊賀守等へ九戸や藤島一揆の残党がいるとのこと、早々に退治するよう命じる(『歴代』1-107)。12月25日、増田長盛とともに近江蔵入地の算用状を作成する(「称名寺文書」)。12月28日、増田とともに摂津国有馬温泉の善福寺・池之坊・掃部へ天正18年分の湯山御蔵入算用状を下す(『有馬温泉史料』上)。

天正20年・文禄元年(1592)

　この年、朝鮮出兵に際し長束は、「財政糧秣運輸等ノ計画処置ハ尽ク正家ノ手ニ成リシト云フ」と伝えるが、真偽のほどは検証の余地がある(『日本戦史　朝鮮役』)。

　正月3日、増田とともに江州諸浦の水主の徴発を観音寺などへ命ず(「芦浦観音寺文書」)。同20日、長束より早崎長政・石川光元・観音寺へ近江国内で舟頭20人のうち吉川三左衛門を除外するよう申し入れると、23日には早川・石川・観音寺連署にて吉川を免除したことを長束へ伝える(「南部文書」2)。3月2日、増田とともに堀尾吉晴の所領遠州二諦坊へ置目三カ条を遣わしているが、この事情は不明である(「武州文書」3)。同26日、秀吉出陣し、長束等は後備として続いた(『日本戦史　朝鮮役』)。同29日、最上義光へ出羽領国より召し上げた舟10艘、どこの浦々へ立ち寄るとも異議なきことを申し入れた(「二木文書」)。5月14日、南禅寺へ御陣見舞への返礼と去二日高麗の都が落去したことなどを伝える(『豊臣秀吉文書集』No.4085の副状、「下郷共済会所蔵文書」)。6月5日、上賀茂社より太閤様への御陣見廻への返礼を送る(「賀茂社文書」)。

　9月2日、石田正澄・寺沢重政とともに波多信時留守中へ分領より残る大工を出すよう

に命じ(『改訂松浦党　有浦文書』214)、翌3日、増田とともに佐世与左衛門と堅田兵部少輔へ上様渡海に備え三原に3疋、長門国府へ3疋置いておくよう命じた(『小早川』1)。11月5日、石田正澄とともに島津義久と細川幽斎へ「つき鐘御用」につき両国の寺社にある分を書付け送るよう命じた(『島津』4)。

　12月10日、鍋島直茂の人足と荷物を送り届けるよう朝鮮在陣衆中へ命じる(『佐賀古文書3』)。同21日、高麗より虎進上について関白様へ進上されること、および戦況を前田玄以と駒井重勝へ報ず(尊経閣文庫所蔵「古蹟文徴」11)。25日には、木下吉隆・寺沢重政とともに「国々加古数・船数書付進上」することなどを関白へ披露するよう駒井重勝へ言上し(尊経閣文庫所蔵「駒井文書」)。同29日、浅野長吉等とともに山形九左衛門・尾坂越中守へ太閤は来年3月、渡海の予定であり、そのため吉川広家の母およびその方たちの妻子を早々京都へのぼすこと、輝元女房衆の側に置かれる予定であることを伝える(『吉川』1、786号)。

文禄2年(1593)

　前年6月3日、朝鮮奉行として渡海した石田・増田・大谷(文禄2年5月15日帰朝)及び在朝鮮の武将たちからの書状は長束・木下吉隆・山中長俊に宛てられたものが多く長束の在名護屋を確認できる。8月には肥前国松浦郡波多野氏領分の検地を山中長俊とともに実施した。

　正月11日、在朝鮮の前野長泰・加藤光泰および朝鮮奉行の3名は小早川・小西・黒田など諸将の詳細な戦況10カ条を認め披露するよう長束と石田正澄へ申し入れる(「冨田仙助氏所蔵文書」)。同13日、浅野とともに臆病を構えた島津又大郎忠辰の母・女房その他留守居の者共妻子悉く書き立てるようにとの御諚を水野重次と瀧川忠征へ伝える(『豊臣秀吉文書集』No.4387の副状、「堀江滝三郎氏所蔵文書」「滝川文書」)。2月8日、木下吉隆とともに秀次家臣駒井重勝と益庵へ「去々年関白様へ被参候三十万石」につき当代官衆より百姓前未進を済まし皆済するよう命ず(尊経閣文庫所蔵「駒井文書」)。同30日、前田玄以の取次にて長束は西洞院時慶へ「源氏物語蜻蛉巻」の書写を注文した。この注文は名護屋にいた長束より京都の玄以を介してのものであった(『時慶』1)。4月14日、毛利元康へ比類なき御動御手柄を賞し、ご褒美として御召馬が遣わされることを伝える(「厚狭毛利文書」1)。5月14日、在朝鮮の蜂須賀家政等6人、大明御詫言官人両人等を召し連れ石田等が帰国したことなどの披露を長束・木下・山中へ頼む(尊経閣文庫所蔵「征韓文書」)。同19日には、小早川隆景へ「大明之勅使有御同道、日本江被差渡候事御手柄不及是非候、大閤様御機嫌御推量之外候」と、朝鮮での働きを賞す(『小早川』1、416号)。この月、賀茂社より名護屋御陣見廻として浅野・前田へ1貫文宛、・長束へ500文贈り(Ⅰ-5-412)、また音信として帷子25端(内太閤へ20・前田へ3・長束へ2端)を贈った(Ⅰ-5-413)。

　6月3日、長束、西洞院時慶へ「源氏物語」の書写を急ぐよう求める(『時慶』1)。7月7日朝、名護屋において石田木工とともに神屋宗湛の会へ招かれ、同9日朝には宗湛の振舞へ招かれる(『宗湛』乾)。同14日、山中・木下とともに小早川隆景へ「御帰朝候て可被成御

甘之由　御意」を伝える(『閥閲録』11)。同18日、長束が注文した「源氏物語」が来たる(『時慶』1)。同22日、寺沢重政とともに在朝鮮の小早川隆景等へ「高麗国之儀、各御請取之国之御代官所御入渡ニて可有所務」ことなどを伝える(『小早川』1、423号)。同29日、木下・山中とともに小早川隆景へ御普請出来次第帰朝するよう仰せだされたことなどを伝え(『小早川』1)、さらに隆景自ら兵糧貯蓄を考案したことにつき秀吉が喜んでいることを伝える(同前)。8月1日、秀吉は「肥前国松浦郡波多三河守知行分」の検地にあたり長束・山中へ「検地条々」を与えた(「伊達弥助氏所蔵文書」)。6日には、輝元・隆景へ帰朝するようにとの御意を伝える(『小早川』1)。

閏9月4日、秀次、熱海湯治で快気を得たことを木下・山中・長束などへ報ず(『駒井日記』)。7日には、秀吉の有馬湯治へ同行した木下・山中・長束より聚楽の駒井へ書状が到来した(同前)。同15日、木下・山中とともに七条門跡が大坂へ来られたことなどを聚楽の駒井へ報じた(『駒井日記』)。同17日、本願寺の教如光寿、本願寺留守職は准如光昭であること納得したことを秀吉へ披露してくれるよう長束等4人へ依頼し、准如光昭より本願寺留守職を継職する旨を秀吉へ披露してくれるよう長束等4人へ願う(『本願寺文書』)。同20日、伏見へ赴いた駒井重勝は、木下・山中・長束へ会い、26日には浅野・前田・増田・山中とともに「惣之屋敷割」を駒井へ命じた(『駒井日記』)。

10月4日、木下・山中等とともに秀吉の近況や京都の様子などを熱海湯治より帰洛の途にあった秀次のもとへ書状を遣わした。12日には七条門跡のことにつき秀吉の使として前田・木下・山中とともに聚楽へまいる(以上『駒井日記』)。10月14日、大仏殿作事奉行であった木食応其より前田・増田・長束・木下吉隆へ天正19・20年2年分の算用状が差出された(東京大学史料編纂所蔵「天正拾九年同廿年大佛殿御算用事」)。

賀茂社より秀吉上洛の御礼として浅野・前田へ1貫文宛、長束へも500文贈られた(Ⅰ-5-411)。11月10日、木下吉隆とともに東萊城御番衆中へ長々の在番を犒う御朱印がなされたことなどを伝える(『豊臣秀吉文書集』No.4786の副状、『吉川』1)。12月6日、前田・増田・浅野とともに播磨三木の雲龍寺への寺領がつけられた旨、中川小兵衛へ伝える(「雲龍寺文書」)。

文禄3年(1594)

大坂を拠点として動いていたものと思われる。

2月19日、豊後臼杵城主太田一吉へ豊後に知行替えになった中川秀成へ「別而御入魂」を頼む(『中川家文書』)。3月3日、有馬湯舟の御用として杉の大割板40枚を大津町人に六地蔵まで届けるようにとの仰せを京極高次へ申しつけ(「堀田璋左右氏所蔵文書」)、6日昼、伏見で神屋宗湛の振舞へ招かれた(『宗湛』坤)。同20日、前田・増田とともに関白様御蔵入の算用はどのようになっているのかとの思召ゆえ、秀次の御諚を得、様子を説明するようにと駒井と益庵へ命ず。4月15日、前田・石田・増田とともに来21日、お拾の伏見への御移徙につき、その用意と宇治までは代官為心が出るようにとの御意を駒井へ命じた(以上『駒

井日記』)。5月12日、前田・石田・増田とともに大水で尾州所々の堤が切れたところを前々から担当してきた在々へ普請させるよう福島正則へ命じた(「早稲田大学図書館所蔵文書」)。19日、山内一豊へ伏見御殿作事用の足代(足場)を徴収すべきところ、長浜城御門普請に入用とのことで山内からは徴収しないことを伝える(「橋本氏文書」『山内家史料』1)。

7月17日、増田・石田・前田とともに来月朔日より15日までのあいだ秀吉が聚楽第へ御成の予定。このため各騎馬にて供奉するよう富田一白等3人へ命じた(「大阪城天守閣所蔵文書」)。8月21日、伏見大光明寺勧進へ5石を寄進した(『西笑』)。10月16日、木下・山中とともに夜前仰せ出された知行割について御沙汰下さるよう増田へ頼む(「佐藤信行氏所蔵文書」)。12月7日、立花宗茂へ11月21日にお拾が伏見へ移徙されたことを報じた(「立花家文書」)。12月28日、増田とともに摂津国有馬温泉の善福寺と池之坊へ文禄2年分の湯山御蔵入算用状を下す(『有馬温泉史料』上)。

文禄4年(1595)

7月の秀次事件が長束の身上に何らかの影響をもたらしたかどうか現在のところ不明であるが、政権内部では秀頼への忠節が求められるようになる。

2月10日、嶋津義弘へ呉服を送り長々の在陣を犒う旨の御意を伝える(『島津』2、976号)。同22日、浅野・増田・石田・長束・前田の五奉行連署にて在聚楽衆・在伏見衆・在大坂衆へ勤番の作法についての5カ条を真野助宗へ申し渡す(『早稲田大学 荻野研究室収集文書』286)。

※ 本連署条目は、五奉行揃っての初めての発給文書である。五人の序列は決まっている訳ではないが、長束は5番目の場合が多い。

3月26日、島津義弘・同家久へ朝鮮での仕置や城御普請について朱印状を遣わされることなどを伝える(『島津』4)。6月3日、五奉行として蒲生氏郷跡目につき子息鶴千世へ仰せつけられたことを毛利輝元へ伝える(『毛利』3、966号)。

7月10日、前田・石田・増田・長束の4人、鍋島直茂へ「関白、今度不慮之儀」につき高野山へ遣わされたことを報ず(『豊臣秀吉文書集』No.5216の副状、『佐賀古文書3』)。また、輝元御人数や小早川へ「関白殿今度不慮之御覚悟」につき高野山へ遣わされたことを報ず(「天野毛利文書」2、「中牟田文書」)。同20日には、宇喜多秀家よりお拾への忠誠、太閤様御法度・御置目に背かざることなど五カ条の血判の霊社上巻起請文を宮部・前田・冨田・長束・石田・増田へ差し出し(「木下家文書」)、また織田信雄等30名、同旨の血判の霊社上巻起請文を宮部・前田・冨田・石田・長束へ差し出した(同前)。この月、知行替があったようで、それまで近江水口城にいた増田長盛が大和郡山へ移封となり、その跡へ5万石で長束が入封したようだが、史料の信憑性において確定できるか留保せざるを得ない(『豊臣秀吉文書集』No.5228)。

8月3日、五大老連署の「御掟 追加」の「秀頼様御前江不依何時可有祇候衆」五大老・五奉行の一人として名を連ねた(「朝鮮征伐備割」)。同日、前田・増田とともに御蔵入御算用

のことなどにつき7カ条を取り決め「天罰霊社起請文」に署判した(「木下家文書」)。5日、前田・宮部・富田・石田・増田とともに「秀次幷木村常陸舟之事、江州諸浦被相改」めるよう某へ命じ(『楓軒古文書纂』中)、翌6日、加藤清正等22名、お拾への御奉公を誓う旨、血判霊社起請文を前田・増田・長束・石田へ差し出した(「木下家文書」)。8日、石田・増田・前田とともに秀次より雀部淡路妻子に下賜された金子3枚を請取るよう木食応其へ命ず(「聚古真蹟帖」)。10月19日、立花宗茂と高橋直次の2人、上洛のうえ17日に御礼を済まされ扶助を加えられ、伏見で御屋敷を拝領されたことなど、および両国検地について分別肝要であることを山口正弘へ報ず(「立花家文書」)。12月20日、一昨日上様大坂へ還御なされたことなどを立花宗茂へ申し入れた(「立花家文書」)。

3　五奉行時代　慶長元年〜同5年

　この年以降、奉行人連署状に署判することが多くなるが、居所については殆ど不明である。慶長3年、越前国検地での下向と同5年の関ヶ原の戦いへの参陣以外で大坂を出た形跡は確認されない。

文禄5年・慶長元年(1596)

　閏7月13日、畿内で大地震。伏見城天守など倒壊。以後、復興復旧にかかわるようになる。

　1月23日、家康、秀吉ご本復の知らせを受け長束へ謝す(「善通寺文書」2)。同23日、前田・石田・増田とともに太閤様・御拾へ御奉公する旨、血判の霊社上巻起請文に署判する(「木下家文書」)。3月4日、播磨国揖東郡家島村庄屋・肝煎より増田・石田・長束・前田へ小成物指出がだされた(奥山芳夫『中世の家島』)。4月15日、長宗我部元親方へ御成につき供奉が仰せつけられたこと、御装束騎馬の用意をするよう前田玄以等とともに吉川広家へ伝える(『吉川』2、986)。同23日、増田・石田・前田とともに小西行長へ大明勅使今一人着かず、在朝鮮衆帰朝のことなど申し遣わす(『島津』3)。5月16日、石田とともに明日秀吉・秀頼様御移徙の御祝儀御礼を申しあげる。例のごとき装束にて早々御参あるよう浅野長政へ伝える(「蓮生寺文書」)。6月22日、石田・増田・前田とともに秀吉が「遊撃伏見へ被召寄」につき結構な乗鞍を置いた馬などの用意を某へ命ず(「秋元興朝氏所蔵文書」)。

　8月26日、石田・増田・前田とともに「来一日於大坂大明人ニ被成御対面」ため例式御装束にて晦日に大坂へ来るよう杉原長房へ命じ(「新野文書」)、また藤堂高虎と同高吉へ晦日に大坂へ来るよう命ず(『宗国史』)、9月9日、有浦宗珊等4人へ「大明之勅使出舟付而各も御地ゟ御下候由御残多存候」と、労を犒う(『改訂松浦党　有浦文書』241)。10月15日、前田とともに検地のうえ山門領2000石を施薬院・観音寺をして寄附せしむ(「芦浦観音寺文書」)。12月28日、増田・前田ともに摂津国有馬温泉の善福寺・池之坊・掃部へ文禄4年分の湯山御蔵米算用状を下す(『有馬温泉史料』上)。

慶長2年(1597)

　長束の居所は不明だが、大坂・伏見を拠点に動いていたものと思われる。

　正月11日、前田・石田・増田とともに「御本丸大御台所」などへ使用する小竹150本を坂本で渡すよう観音寺詮舜と大野木へ命ず。地震で倒壊した本丸の復興に関わるものであろう(「芦浦観音寺文書」)。同29日、前田・増田とともに今井兵部へ文禄3年分の摂州闕郡御蔵米算用状を下す(『大和古文書聚英』)。2月2日、前田・増田とともに曲直瀬正紹へ秀頼附御医者に加えられたことを伝える(曲直瀬文書)。同15日、増田・石田・前田とともに諸国百姓の日用取りに出ることを禁止することなど3カ条を上坂八右衛門尉へ命じた(「上坂文書」)。中旬、「(前略)急度御仕置可被仰付旨、増田右衛門尉・石田治部少輔・大僧正徳善院・浅野弾正少弼・長束大蔵大輔、右五人に被仰渡」とあり、5人による仕置体制が講じられた(「大坂口実」)。3月7日、五奉行、辻切・すり・盗賊などの取締に関する「御掟」7カ条を常陸侍従・松下石見守・上坂八右衛門尉与え、また常陸侍従へ「御家中侍五人、下人十人組之連判」を仰せつけるよう命じ(『千秋文庫　佐竹文書』、「吉田亀之助氏所蔵文書」、「上坂文書」1、「佐竹文書」2など)。また、五奉行連署で宮木豊盛へ「御掟ニ被書立候侍・下人自今已後他之家中へ不可出」など3カ条を命じた(「承天寺文書」)。同13日、博多の年寄衆16人、博多の繁栄を願い秀吉・秀頼・政所（淀殿）・御うゑ様（北政所）をはじめ石田・増田・前田・長束・施薬院・山中などへそれぞれ進物を贈る。この日、山口正広より博多年寄の柴田宗仁と原道哲へ請取が送られた(「歴世古文書」3)。同25日、相国寺の西笑承兌、長束を訪ね増田・石田に会っている(『鹿苑』2)。

　4月1日、地震で壊れた石懸の取り除けにつき奉行衆より玄以・増田・長束へ断りがあり(同前)、翌2日には、前田・石田・増田とともに「在々麦年貢事、田方三分壱納所可被申付」ことを上坂八右衛門尉へ命ず(「上坂文書」1・「日下文書」など)。同13日、吉田兼見の孫娘たつが正家の甥へ嫁ぐこととなり、この日、水口より迎えの人足70人余が上洛(『兼見』9)。5月3日、承兌へ長束より生絹と白布帷が贈られた(『鹿苑』2)。また、増田長盛とともに松丸御局れんたい御用のため7寸の竹5本の調達を観音寺へ命ず(「芦浦観音寺文書」)。さらにまた、安威守佐へ来13日、お拾が8～10日の3日のあいだに参内のために上洛される。このため伏見より京都へ装束騎馬の用意を命じた(「佐藤信行氏所蔵文書」4)。6月15日、秀吉、善光寺如来を京大仏殿へ迎えるため各路次の担当を定める。長束は伊勢亀山より江州土山までを受け持つ(『豊臣秀吉文書集』7)。6月8日、大坂「西の御所くろた」より摂津国三田の地獄谷開鑿は無用との秀吉の仰せを前田・石田・増田・長束へ伝える(『有馬温泉史料』上)。

　7月16日、島津義弘等6名、朝鮮から「日本之通船渡海一切不罷成」状況を前田・増田・石田・長束へ報ず(『島津』2、967号)。翌17日、五奉行、相良長毎へ家来深水左馬介の曲事(高麗より勝手に帰朝)に対し成敗するよう仰せ出されたことを伝える(『相良』2、851号)。さらに19日、増田とともに9寸の竹23本を坂本で一柳大郎右衛門へ渡すよう観音寺(詮舜)へ

命じ(「芦浦観音寺文書」)。8月4日には、増田とともに観音寺へ7寸の竹5本を小堀正次へ渡すよう命じた(同前)。9日には、「今日大泥国返章清書、午後到殿中備尊覧、於御前押金印、即被遣長大」とあり、長束が外交文書作成に関与していたことが窺われる(『鹿苑』2)。更にまた、9寸の竹21本を一柳太郎右衛門尉へ渡すよう観音寺へ命じた(「芦浦観音寺文書」)。翌10日、浅野・瀧川・増田とともに「大明人朝鮮之都を過、」此方へ進出してきたことなどを島津義弘・家久へ報じた(『豊臣秀吉文書集』No.5643の副状、同前)。11日には、増田とともに某へ朝鮮での働きを賞し、秀頼へ江戸内府・加賀中納言・越後中納言が附け置かれたことなどを報じた(「木島文書」)。同27日、伏見寺屋敷で被災した屋敷を壊す(『鹿苑』2)。同13日、増田とともに島津義弘・家久へ「赤国之内南原之城」を即時に責め崩したことへ御朱印なされたことを伝え(『島津』2、『豊臣秀吉文書』No.5664の副状)、16日には、在朝鮮の宇喜多秀家等15名、戦況を5カ条にわたり前田・増田・石田・長束へ報じた(同前、988号)。同22日、増田とともに在朝鮮の毛利輝元等14名へ8月16日注進の旨を披露したことを伝えた(『佐賀古文書3』)。

10月1日、前田・増田とともに「今度 秀頼様御番御置目等被相改」たことを佐竹義宣へ申し入れた(「佐竹文書」2)。翌2日、西笑承兌は人夫の調達を増田と長束へ依頼した(『西笑』)。6日には、島津家久へ「今度赤国先々御動、無残所被仰付、悉平均罷成之由、御手柄無是非」を賞す(『島津』3、1230号)。同9日、増田とともに御舟入・御学問所御用として3寸の竹150本を新庄東玉へわたすよう観音寺へ命じた(「芦浦観音寺文書」)。11月24日、津八兵衛と長束正家内儀の縁者と婚姻を結んだ(『鹿苑』2)。同29日、島津義弘へ朝鮮人捕虜のうち「ぬいくはん・手のきゝ候女・細工仕者於有之」は、進上するようにとの仰せを伝える(『島津』4)。

12月7日、前田・石田・増田とともに某へ秀吉本復につき上洛は無用とのことを伝える(「本誓寺文書」)。同16日、西笑承兌、大坂を訪い奉行衆より呼ばれ番所にて増田・玄以・石田・長束と会う(『鹿苑』2)。21日には西笑承兌、再度番所にて増田・玄以・石田・長束と会う(同前)。12月29日、五奉行連署で摂津国有馬温泉の善福寺・池之坊・掃部へ慶長2年分の湯山御蔵米算用状を下す(『有馬温泉史料』上)。

慶長3年(1598)

この年、越前国の検地総奉行として検地を実施し、7月20日帰京した。

正月4日、在蔚山の浅野幸長、去年12月22日に蔚山着後の戦況を報じ秀吉へ披露するよう取りなしを長束・前田に依頼した(『浅野』)。同26日、在朝鮮の宇喜多秀家等13名、戦況を石田・長束・増田・前田へ報じた(『島津』3)。晦日、前田・増田とともに日々物見を出され蔚山へ取り掛るとのこと油断なきよう島津義弘・忠恒へ伝えた(『豊臣秀吉文書集』No.5749の副状、『島津』2)。2月5日、五奉行連署で中村三平へ越前国大野郡内にて900石を宛行う(『野洲郡史』)。同18日、同じく五奉行連署にて某へ播磨三木郡御蔵米1300石を去々年福原右馬助が詰められた御蔵へ入れ置くよう申し渡した(「村上大憲氏所蔵文書」)。4月6日、

前田・増田とともに「火用心之儀ニ付被　仰出条々」3カ条を上坂八右衛門尉へ伝えた(「上坂文書」)。

5月3日、加藤嘉明へ朝鮮での手柄を賞され、伊予国内で加増されることを伝えた(『豊臣秀吉文書集』No.5801の副状「水口加藤文書」2)。6月5日、石田・増田とともに藤堂高虎へ「るすんつほ」10日のうちに運上するよう命じた(「沖森文庫文書」)。同16日、秀吉、大坂城で嘉祥の御祝に浅野・石田・増田・長束・大谷・冨田・小出・片桐・前田に御菓子を賜う(『戸田左門覚書』)。7月13日、西笑承兌は越前にいる長束へ昨日秀吉より諸大名・諸奉公衆へ御遺物が遣わされた旨を報じた(『西笑』)。同15日、越前国の検地で滞留中(7月15日付嶋津義弘宛前田等連署状『島津』4)。同17日、越前福井の橘屋へ居屋敷について今度の検地からは除外される旨の御詫を伝え(「橘屋文書」)。20日には、検地奉行長束正家等、越前国検地を終え帰京す(7月24日付小河土佐守宛承兌書状案『西笑』)。8月5日、家康、五奉行へ秀頼様への御奉公などを誓約する旨の霊社起請文前書を差し出し、また五奉行も家康と利家に対し同旨の霊社起請文前書を差し出した(『歴代』3、『武家事紀』)。翌7日には、病床の秀吉「浅野弾正・増田右衛門尉・石田治部少輔・徳善院・長束大蔵大輔五人ニ被相定、日本国中ノ儀申付了、昨日右五人縁辺ニ各罷成云々、是御意也」と、浅野長政等5人に後事を託した(『義演』1)。ついで8日、五奉行連署で五大老へ秀頼様への奉公を誓う旨の霊社上巻起請文前書を差し出し(『歴代』3)、前田利家も同旨の起請文を五奉行へ差し出した(『武家事紀』)。20日、五奉行連署で東寺役者中へ対し北政所様仰せにて堂舎御建立なされる、委細は木食応其に申し渡した旨を伝え(「東寺文書」)、また、藤堂高虎へ大仏本尊御用として「からかね壱万貫目」を調達のうえ木食応其へ渡すよう命じた(『一話一言』)。25日、五奉行、鍋島直茂へ「長々御在番御苦労不及是非」と、秀吉の死を隠しその労を犒う(『佐賀古文書3』)。また、五奉行連署にて朝鮮との「内儀之覚」三カ条を徳永寿昌と宮木豊盛へ伝える(『島津』2)。さらにまた五奉行、朝鮮よりの和議のための進物品を示す(同前)。ついで同25日、五奉行連署で徳永寿昌と宮木豊盛を渡海させたこと、秀吉御快気なされたことを島津家久へ伝えた(『豊臣秀吉文書集』No.5961の副状、『島津』2)。さらに、越前北庄の諸寺庵へ寺地を除地とする免許状を与えた。7月20日に帰京していることから伏見で発給したものであろう(「前沢甚兵衛家文書」)。同28日、毛利輝元は秀頼へ無二の奉公を誓う起請文を増田・石田・長束・前田へ対し差し出した(「毛利博物館所蔵文書」)。

9月3日、五大老・五奉行の面々、「秀頼様御為」霊社上巻起請文前書に署判した(『浅野』)。翌4日、五奉行連署で黒田長政へ各迎えの舟、秀吉より新舟200艘、その他諸浦の舟200艘遣わされるとの仰せなどを伝える(『黒田』1)。10月1日、前田・増田とともに佐竹義宣へ秀頼様御番御置目等改めて仰せつけられたこと、御法度置目を守り忠節を抽ずれば身上引き立てられ恩賞にあずかれることを申し入れる(『千秋文庫　佐竹文書』)。11月3日、前田・増田とともに在朝鮮の島津義弘と忠恒よりの注進状に応え博多在陣衆も一左右次第渡海の予定であることを伝える(『島津』2、990号)。同25日、前田・増田・長束3名をして

島津義弘と同忠恒へ「諸城早々釜山浦へ被引取、其より可有帰朝」と伝えた(『島津』2、992号)。

慶長4年(1599)

　五奉行の一人として大坂と伏見を中心に動いていたようだ。年末病床にあった。

　正月10日には、五大老・五奉行連署で秀頼への祇候順および宿直のことについて定める。同18日、五奉行連署で伊達政宗へ御屋敷其外所々で鉄炮を猥りに打つことを停止し、稽古は「狼谷之道南滝谷幷山科本願寺古屋敷」で行うよう命じた(『伊達』)。同24日、太閤遺命に背いた家康につき前田利家・宇喜多秀家・毛利輝元・上杉景勝および徳善院・増田・浅野・石田・長束などより使あり(『言経』9)。2月4日、太閤遺言とて浅野・増田・石田・長束等、伏見城にて出家(同前)。翌5日、四大老・五奉行連署で「縁辺之儀」や「太閤様御置目」などにつき霊社上巻起請文を内大臣家康へ差し出し、家康もまた同旨の起請文を四大老・五奉行の面々へ差し出した。同12日、縁辺のことなどにつき指弾された家康は、太閤様御置目や十人連判起請文の筋目を守る旨の霊社上巻起請文を長束や宇喜多など五奉行・四大老へ差し出した(「毛利博物館所蔵文書」)。20日、小早川秀秋の北庄から筑前へ国替えにつき大坂御普請役は120人当役にて堀普請を勤めるよう溝江長氏へ伝えた(「大阪城天守閣所蔵文書」10)。閏3月23日、五奉行、筑紫茂政・宮部長熈・竹中源介へ伏見に妻子を置き、大坂御番御普請の節は、太閤様御置目のとおり参上するよう伝えた(「筑紫家文書」、「宮部文書」、「市田靖氏所蔵文書」)。5月11日、五大老、博奕禁制など5カ条の遵守を前田・浅野・増田・長束へ誓約す(『毛利』3)。

　6月6日、前田・浅野・増田らとともに宮木豊盛へ「大坂御蔵詰米之内五百石」を伏見所々御作事入用のため石川貞清へ渡すよう命じた(『浅野』)。ついで16日、鹿苑院の有節瑞保、伏見に長束を訪う。20日「徳僧様・長束大蔵殿御下向」。22日、長束在大坂。24日、長束一人大坂にあり。そして26日、大坂の生駒親正の会に長束・桑山重晴などが招かれた(以上『鹿苑』3)。8月7日、前田・浅野・増田とともに池田勝吉へ美濃国池田郡片山村内にて1000石を宛行う(『黄薇古簡集』)。

　10月1日、前田・増田とともに秀頼様御番御置目が改められたこと、法度置目に背く者は傍輩といえども成敗される旨、伊達政宗へ伝えた(『伊達』2)。同6日、尾崎十郎左衛門へ蒲生郡日野鎌懸村内で150石を宛行う(「紀伊続風土記編纂史料」)。同20・21日、有節瑞保、伏見の長束を訪う(『鹿苑』3)。11月3日、前田・増田とともに「順天・蔚山表敵於引取者、各有御相談、諸城釜山浦へ被引取、其より可有御帰朝」と、島津義弘・家久へ命じた(『島津』2)。同17日、義演、大坂へ下り増田・長束・前田と会す(『義演』2)。同23日、長束在伏見。12月17日、長束大坂在(『鹿苑』3)。ところが18日には、有節瑞保が長束へ赴いたところ、病床ゆえ会えず。煩っていたようだ(同前)。

慶長5年(1600)

　8月上旬ころまで大坂城に居たようだが10日までに伊勢口方面へ出陣している。

正月5日、前田・増田とともに大坂城中勤め方11カ条を定めた(「天城文書」)。5月5日、堅田元慶へ継目の判物へ輝元の御加判がなされた旨を伝え(『毛利』)、7日には、堀尾・生駒・中村・前田・増田等とともに直江兼続の所行の非を責め(「古今消息集」6)、また堀尾・生駒・中村・前田・増田とともに井伊直政へ天下静謐第一で、家康が下向した場合、秀頼を見放した様にも思われ下向の遠慮など5カ条を申し入れた(『歴代』4、1283)。同12日、宇喜多秀家のことで大坂の奉行たちを訪ねた豊光寺元佶に同行した相国寺の有節瑞保は長束等と面会している(『鹿苑』3)。6月6日、相国寺の有節瑞保は、長束が大坂にいることを記している(『鹿苑』3)。同15日、前田・増田とともに伊丹甚太夫・萩野孫五郎・兼松又四郎へ7月10日以前に会津へ出陣することを禁じ、「先陣法之儀、何様ニも　内府様御下知次第ニ可被相働」ことなど三カ条の軍令を申し渡した(『黄薇古簡集』・「萩野文書」・「名古屋市清正記念館所蔵文書」)。同25日、前田・増田とともに動員された兼松又四郎へ40人と馬3疋の兵粮と馬飼料を路次中で請け取れるよう命じた(「兼松文書」)。

　7月10日、前田・増田とともに寺西是成へ御普請御扶持方として米大豆35石6斗余を渡し(「本間美術館所蔵文書」)。12日には、前田・増田とともに輝元へ「大坂御仕置」のことにつき上坂を求めた(「松井家譜」)。15日には、前田・増田とともに「大坂番手之事」を定め(「慶長見聞記」)、ついで17日、前田・増田・長束の3人、立花宗茂・筑紫広門・島津義弘等へ家康の罪科13カ条を書き上げ、秀頼への忠節を求め(「筑紫古文書」)、さらに前田・増田とともに「上巻之誓紙幷被背太閤様御置目、秀頼様被見捨出馬」した家康に対し秀頼への忠節を真田昌幸へ求めた(「真田宝物館所蔵文書」)。また前田・増田とともに金森長近・堀尾吉晴へ太閤様御恩を忘れず秀頼へ忠節を求める(「金森穣家文書」「古案」)。翌18日、前田・増田・長束の3人、家康の非を条数にして江戸へ遣わした(『義演』2)。22日、また、前田・増田とともに真田昌幸へ秀頼への忠節を求めた(『真田』上)。

　8月1日、宇喜多・毛利と前田・石田・増田ととも木下利房・木下勝俊へ一緒に北庄への加勢を命じ忠節を求める(「木下家文書」)。翌2日、宇喜多・毛利と前田・石田・増田とともに真田昌幸へ上方での戦況を報じ、秀頼への忠節を求める(「真田宝物館所蔵文書」)、また前田・増田とともに鍋嶋勝茂と毛利吉政へ伏見城攻略を賞した(『佐賀古文書3』)。ついで4日、前田・増田・石田とともに松井康之へ丹後田辺城の落居間近いことを報じ、秀頼への忠節を求める(「松井家譜」)。また醍醐三宝院の義演は、長束の持ち場が伊勢口で、1000人詰めていたことを記録している(『義演』2)。翌5日、大老宇喜多・毛利および前田・石田・増田の連署で伊丹甚太夫へ去々年以来の家康の非を責め、伏見城での比類なき働きに秀頼より銀子2枚と知行200石宛行われたことを伝える(『黄薇古簡集』)。また、川口久助へ伏見城での比類なき働きに秀頼より銀子10枚と知行1000石宛行われたことを伝える(「古文書」3)。同10日、「長大勢州ニ在陣候」(8月10日付真田安房守等宛石田書状『浅野』113)。25日、上杉景勝、太閤様御置目に背く家康の非を責め秀頼への忠節が肝要であることなどを宇喜多・毛利・前田・石田・増田・長束へ申し入れた(『真田』)。

9月7日、今度、伊勢津城で安村藤十郎討死、遺領は安村忠次郎へ宛行う。家臣への遺領宛行であると同時に長束が伊勢へ出陣したことを確認できる史料である(『近江神崎郡志稿』上)。15日には長宗我部盛親や安国寺恵瓊等とともに南宮山へ陣を置いた。関ヶ原の戦へ長束は1500人（100石に付3人）を動員したとあるが、その戦ぶりについて同17日に認めたと推定される吉川広家自筆の長文の書状案が物語ってくれる。「長大蔵殿、山中合戦悪敷候由到来候へ者、即とゝけなしニ如伊勢路被引退候」と、算勘理財に長けた長束だが矢張、戦上手ではなかったようだ。また翌6年のものと推定される自筆覚書案にも「九月十五日南宮山にて合戦、只今各如被申候、其程被見懸候者、幸大将之長大蔵・長老両人被罷出候（安国寺恵瓊）間、福式我等ニハ不被構候、各被仰談、則時ニ一戦可被仕儀ニ候処、臨其期ハ長束・安国（福原広俊）寺不被相進候」と、長束・安国寺両人が戦力にはならなかったことを指摘している(『吉川』2)。

　関ヶ原から敗走した長束は、4日後、水口の岡山城へ戻ったものの、既に城は池田長吉の軍勢により落城していたため弟直吉とともに日野の方へ落ち延びた。蒲生郡中之郷村の中西孫左衛門屋敷で弟とともに自害した。村の安乗寺本堂に安置された位牌には「慶長五年庚子九月十九日　大心院速成居士　霊位」とあるとのことだが、同時代のものか断定はできない(『東櫻谷志』)。なお、長束の亡くなった日にちについては、9月30日「長束大蔵於江州日野生害」(『舜旧』1)、10月1日「今度謀反衆三人、石田治部少輔・安国寺・小西摂津守、洛中之大路越、於六条河原首刎、三条橋江梟了、次大蔵頭梟」(『孝亮』)、同2日、「長束兄弟昨日生害ト」(『時慶』2)、さらに同3日「長束大蔵大輔生害ノ由風聞」(『義演』2)などとあり、亡くなった日も特定できない。

【参考文献】

参謀本部編『日本戦史　九州役』(1911年)

参謀本部編『日本戦史　朝鮮役』(1924年)

参謀本部編『日本戦史　小田原役』(1893年)

東櫻谷志編集委員会編『東櫻谷志』(1984年)

甲賀市史編集委員会編『甲賀市史』3 (2014年)

曾根勇二「五奉行連署状について――秀吉在世中を中心に――」(『法令・人事から見た近世政策決定システムの研究』東京大学史料編纂所研究成果報告2014-7　2015年)

谷徹也「豊臣氏奉行発給文書考」(『古文書研究』82　2016年)

谷徹也編『シリーズ・織豊大名の研究　石田三成』(戎光祥出版　2018年)

片桐且元の居所と行動

藤田恒春

【略歴】

　弘治2年(1556)、片桐且元は、近江国浅井郡で生まれた。父は肥後守直貞、母は某氏、はじめ助作、のち直盛と称した。天正2年(1574)、羽柴秀吉が今浜城へ入ったころ、秀吉に仕えたものと思われる。同11年6月5日、賤が岳の合戦の恩賞として3000石を宛行われた。同13年10月6日、従五位下東市正に叙任された。宛名は「豊臣直盛」とある。文禄4年(1595)8月17日、5800石を加増され、摂津茨木城主となった。

　慶長3年(1598)8月14日、秀吉病死直前に定められた「大坂御番之次第」により大坂城詰めとなった。同5年9月の大津城攻めには参陣したものの活躍の場はなかったようだ。同6年1月28日、1万8000石余の加増を得た。伊勢と播磨の所領は大和平群郡内へ移され合計2万8000石を領有し、大和龍田に陣屋をおいた。2月3日、豊臣家の家老となる。

　これ以降、亡くなるまでの15年間、且元は豊臣家の家老として、秀頼養育掛として、はた近世初期にみられた非領国地域における国奉行の一人として摂津・河内・和泉3か国の国奉行として国絵図の作成・知行割・幕令の伝達・蔵米の管理など幕府の一員としての支配システムに取り込まれることとなった。就中、慶長19年の大仏鐘銘一件をめぐり大坂方を代表して徳川との粉骨砕身の折衝にあたったことは、まさに命を削ることとなった。

　これより先、開眼供養への天台宗と真言宗との着座の席をめぐっての軋轢は、この大仏開眼供養が円滑にすすまぬことを暗示していたようである。鐘銘へのクレームについては、有節瑞保が周旋依頼を受けながら文英清韓を推していたとするならば、そこには相国寺・東福寺そして南禅寺金地院、京都五山内での内部抗争のようなものを看取せざるを得ないところがある。このことは兎も角もとして、慶長19年9月18日以降、且元は淀殿・秀頼をはじめ大坂方より裏切り者として我身を危険に曝さねばならなくなった。

　同20年4月、且元は駿府へ下っている。理由は定かではない。大坂夏の陣の余燼消えやらぬ5月28日病死した。死亡した場所については、京都とする説、駿府とする説などあるが、最も新しい成果にしたがい京都としておく。

且元の居所と行動は、今回は慶長3年以降にかぎった。居所については、大坂⇔京都（あるいは伏見）間は一日で十二分に移動できることから大坂か京都か判然としない場合が多い。慶長10年代、且元は伏見に自己の屋敷を持っていたようで、記録類がいう「上洛」とは大坂より伏見へのぼることであったようだ。

　時間の制約上、居所と行動の史料は古記録類を中心とせざるを得なかった。且元発給文書や関係文書を博捜することはできず、遺漏の大きなものとなったことを予め断っておきたい。また、片桐の駿府への下向について幕府側史料にはほとんど言及するところがない。

【居所と行動】

慶長3年(1598)
　3月15日、秀吉の醍醐花見へ従う(『義演』)。

慶長4年(1599)
　閏3月26日、徳川家康、大野修理御代官所のことにつき委細は中村一氏・堀尾吉晴より申し入れらると、片桐且元へ伝える(同日付片桐市正宛徳川家康書状「長尾文書」『新訂家康』)。9月7日、西笑承兌、下坂す。徳川家康の御供にて且元のところへ行く(『鹿苑』)。

慶長5年(1600)
　1月5日、三奉行(徳善院・増田・長束)より小出吉政とともに大坂城内営繕関係の責任を命じられた(「天城文書」)。11月16日、三宝院義演、寺領山役の儀につき宰相(未詳)を大坂へ遣わし、徳善院・片桐且元・小出吉政へ書状を遣わした。同24日、寺領山役につき義演へ片桐・小出より異議なき旨の折紙が到来(以上『義演』)。

慶長6年(1601)
　1月28日、1万8014石余を加増され、2万8000石を領有す(『譜牒』中)。2月28日、摂津豊嶋郡の内千里山山論につき熊野田・桜井村へ入会山を開き届ける(『豊中市史』)。4月17日、片桐且元・彦坂元正・大久保長安・加藤正次連署にて松井康之に対し豊後国速水郡のうち1万7166石余分を当座預けおくことを申し付ける(「松井家文書」)。5月23日、義演、片桐・小出へ先度の礼として書状を遣わす(『義演』)。

慶長7年(1602)
　この年、近江国検地に従事す。

　1月15日、義演下坂し、片桐且元・小出吉政へ太刀などを遣わす(『義演』)。同24日、鹿苑院主下坂し、且元を訪ねたのち登城す(『鹿苑』)。同30日、西洞院時慶、家臣真木を秀頼卿への御礼に大坂へ遣わし、且元へ桶樽2を遣わす。3月21日、前日下坂した西洞院時慶は、礼のため片桐兄弟と会った。4月23日、時慶、片桐兄弟へ平野社御奉加のことにつき書状を遣わす(以上『時慶』)。5月15日、且元、伏見へのぼる(『義演』)。

　7月1日、吉田兼見、小出・且元へ七夕の礼として使者を大坂へくだす(『兼見』)。同23日、豊国社領1万石より200石を智積院領とす(同日付吉田二位宛板倉・加藤・片桐連署状写

『舜旧』)。9月15日、義演下坂し、且元・小出に挨拶する。同17日、義演、石山寺御供養の日程につき決まったものか否かを且元へ尋ねに侍をくだした(『義演』)。同19日、且元伏見へ上着。同20日、石山寺御供養につき且元より徳川家康へ伺う。同22日、且元、石山寺へ至る。

10月16日、且元、法隆寺律学衆行人方との異論につき律学行人方知行を学侶衆中へ分け与える(「法隆寺文書」)。12月11日、且元、摂津多田庄甘露寺へあて地子・諸公事免除を伝える(「甘露寺文書」『川西市史』)。同24日、義演、当寺仁王門のことにつき且元へ問い合わせる(『義演』)。

慶長8年(1603)

この年、3月下旬煩っていた。

1月10日、吉田兼見、年頭礼のため豊後守を大坂の片桐且元・小出吉政のもとへ下す。今夜帰り、「市正礼義法度」の由。伏見へのぼる予定とのこと(『兼見』)。同12日、鹿苑院主、大坂へくだり且元宅を訪ねる(『鹿苑』)。同15日、三宝院義演、大坂へ下り且元へ馬・太刀を遣わす(『義演』)。2月20日、大坂において近衛信尹が茶会を催し西洞院時慶もお伴をする。客には桑山重晴と片桐兄弟であった(『時慶』)。同25日、義演、秀頼へ花一枝を進上し、且元へも遣わす(『義演』)。

3月23日、兼見、且元へ礼返に行ったが、煩いとのことであった(『兼見』)。

4月20日、日向米良山・椎葉山出入につき黒田長政とともに裁定す(「歴代参考」『大日本史料』)。5月1日、小出・片桐連署で河内国高安郡玉祖宮(たまおや)へ山手銭を寄進す(「玉祖神社文書」)。同15日、義演下坂し、片桐兄弟へ帷子1重を遣わす。且元より天野酒進上あり(『義演』)。

7月3日、兼見、且元と小出へ帷2を遣わす(『兼見』)。8月3日、明日、秀頼と秀忠娘(千姫)の祝言につき左兵衛(吉田兼治)が御礼に下坂する。片桐と小出へ八朔の礼を遣わす(『兼見』)。同11日、大坂へ諸礼のため公家衆下坂す。少納言(西洞院時直)も下向するので且元へ言伝をする(『時慶』)。同13日、舟橋秀賢、長印の案内にて且元を訪う。ついで、且元の案内にて登城する(『慶長』)。同16日、鹿苑院主、大坂にて黒田如水・豊光寺(西笑承兌、以下承兌と略す)・片桐らと会席する。同17日、鹿苑院主、且元を訪い礼を伸べる(以上『鹿苑』)。同18日、秀頼名代として且元豊国社へ社参す(『舜旧』)。9月10日、伊勢神宮遷宮につき昨日朱印が出た旨を伝える(同日付いせ、けいくわういん宛かたきりいちのかミ書状「慶光院文書」)。同23日、鹿苑院主、伏見へ行く。先に承兌と会い且元へ同道していく(『鹿苑』)。

10月16日、且元、黒田如水の病気を見舞う(「歴代参考」)。12月7日、時慶下坂す。片桐兄弟へ先に状を遣わす(『時慶』)。同16日、鹿苑院主、下坂し承兌と会い、同道して且元を訪うたが、登城していた。同17日辰刻、鹿苑院主、承兌と同道し且元を訪い礼を伸べる(以上『鹿苑』)。同22日、義演、秀頼へ巻数・折などを、且元へも折を遣わす(『義演』)。同24日、兼見、且元へ小袖1、小出へ板物を遣わす(『兼見』)。

慶長9年(1604)

　この年8月、秀吉7回忌の臨時豊国祭につき奔走。

　1月10日、片桐且元、板倉勝重とともに上洛す(『舜旧』)。また、今日より淀川の堤修築始まる。板倉勝重と且元が担当する(『当代』)。同27日、西洞院時慶、大坂の且元を訪ねるも登城の由(『時慶』)。2月3日、三宝院義演、仁王門のことにつき去晦日大坂へ仰せ遣わしたところ、未だ決らずとのこと。内証より申し入れるべきと、且元より指南あり(『義演』)。同24日、夜半時分大坂へ下着。

　3月10日、義演、大坂へ下着。且元へ杉原3束遣わすも請けとらず(『義演』)。同24日、舟橋秀賢、秀頼より職原抄外題の執筆が仰せ出され且元より書状が到来す(『慶長』)。

　4月6日、豊臣秀頼、家康へ礼金10枚を且元を使として贈らせる(『言経』)。同15日、下坂した舟橋秀賢は、且元宅を訪う。暫くして城より帰った且元と対顔した。同16日、且元宅の書院で朝食の振舞あり。同17日、且元へ昨日の礼状を遣わす(以上『慶長』)。同23日、且元、伏見に滞在中(『言経』)。5月15日、義演大坂へ下着。片桐兄弟へ帷1重を遣わす(『義演』)。6月11日、梵舜下坂し、臨時祭のことにつき且元と談合す。同12日、梵舜、臨時祭のことにつき且元の案内にて御前へ出る(以上『舜旧』)。

　7月11日、臨時祭のことにつき且元伏見へ上洛す(『舜旧』)。同25日、鹿苑院主下坂し、且元と対顔す(『鹿苑』)。8月4日、梵舜、伏見城へ伺候。豊国臨時祭につき13日と仰せ出さる。板倉・片桐・梵舜三人奥の間に召されてお尋ねあり。同7日、豊国の桟敷や騎馬路次につき梵舜へ板倉と且元より申し付けあり(以上『舜旧』)。同9日、加藤清正、豊国祭騎馬につき「鞭之儀」式正の鞭であるかどうかを問い合わせる(同日付片桐且元宛加藤清正書状『思文閣墨蹟』236)。同10日、梵舜、楽人のことを談合するため伏見の板倉・且元を訪う。同11日、且元、梵舜を訪ね上賀茂騎馬装束100人前渡す。同15日、豊国祭。且元奉行。同16日、且元と梵舜、伏見城へ家康を訪ね、臨時祭が無事に済んだことを申しあげる。同20日、梵舜、臨時祭が無事に済んだお礼として且元へ単衣物を持参す(以上『舜旧』)。この月、且元、江戸城築城の石運送を賦課される(『実紀』)。

　閏8月3日、鹿苑院主、伏見へ赴き且元に逢う(『鹿苑』)。9月5日、梵舜下坂し、且元へ御倉の礎のことを申し入れる。同6日、梵舜、且元に朝食を振る舞う。のち上洛す(以上『舜旧』)。同15日、三宝院義演下坂し、且元へ杉原3束を遣わす(『義演』)。同22日、鹿苑院主下坂し、片桐兄弟を訪う。且元は登城とのことであった(『鹿苑』)。

慶長10年(1605)

　この年、三宝院義演は片桐且元を「執事」と記している。

　1月5日、大坂名代として豊国社へ且元社参す(『舜旧』)。同7日、義演、大蔵卿法橋をくだし秀頼へ年頭馬代300疋などを贈り、且元へ杉原30帖遣わす。同15日、義演下坂し、秀頼へ杉原5束などを贈り、執事且元へは樽2荷・折1合を遣わす(以上『義演』)。同16日、北野社松梅院禅昌下坂し、片桐兄弟の肝煎にて秀頼へお礼を申しあげる(『北野社家』)。同

21日、鹿苑院主下坂し且元を訪うたところ、辰刻に登城とのことであった(『鹿苑』)。同26日、中山寺寺領分の諸役を用捨す(同日付中山寺中宛片桐且元判物「中山寺文書」)。同28日、日野輝資、明日諸家お礼、秀頼御目見につき且元に執りなしを請う(「輝資卿記」)。同29日、舟橋秀賢下坂し、大坂城へ入り、且元を訪う。沈酔により対面なし(『慶長』)。3月4日、梵舜、伏見城へお礼。且元へ枝柿と折を持参す(『舜旧』)。

4月18日早朝、大坂御名代として豊国社へ且元社参す(『舜旧』)。5月9日、義演、大坂へ護摩巻数・蒸竹子を進上し、且元へ糒袋20を遣わす(『義演』)。6月3日、且元より義演へ蠟燭200挺進上(『義演』)。

7月4日、梵舜下坂し、片桐兄弟へ糒を贈る(『舜旧』)。同14・15日、宝塔材木につき崇伝へ書状をおくる(『南禅寺文書』)。同19日、醍醐寺仁王門建立につき秀頼公より建立されると、義演へ且元より申し来たる。同20日、醍醐寺南大門のことにつき演賀少僧都と経紹法橋を且元へ遣わす。同22日、義演「二王門地ワリ幷材木注文」を京都で且元にみせる(以上『義演』)。8月8日早朝、梵舜、在京中の且元を見舞う。同14日、且元、吉田兼見へ秀頼へ書状を見せたことなどを報ず(同日付吉田兼見宛片桐且元書状「萩原文書」)。同18日、且元、御名代として豊国社へ社参す。同20日、「御城出、片桐市正談合了」(以上『舜旧』)。9月15日、義演、卯刻大坂へ下着。且元幷大蔵卿局は伏見逗留中とのこと(『義演』)。同23日、鹿苑院主下坂し、且元を訪ね対顔す(『鹿苑』)。

10月1日、義演、仁王門のことにつき且元と作事奉行建部内匠助へ大蔵卿法橋を遣わす。同3日、大坂より使者上洛し、南大門につき且元の返事を伝える(以上『義演』)。同7日、去5日下坂した舟橋秀賢は、この日且元を訪ね蜜柑150を遣わし、且元と同心して秀頼公へ参る。同9日、午前秀頼公へ参る。晩湌は且元が振る舞う(以上『慶長』)。11月3日、義演、門柱立のお礼として使をくだし、且元へは樽2荷と両種を遣わす(『義演』)。同10日、且元、河内平岡社社務水走左近へ先規のごとく社務進退を命ず(『枚岡町史』)。同22日、豊国石燈爐につき且元より折紙到来、伏見へ行く。同28日早朝、前日下坂した梵舜は且元を訪ね、蜜柑1折を贈る(以上『舜旧』)。12月2日未明、鹿苑院主、且元を訪ね広間にて待つ。巳刻出座あり一語を通ず。同途して登城。秀頼へ一礼を伸ぶ。同5日未明、大坂へ下着し且元をたずね対顔す(以上『鹿苑』)。

慶長11年(1606)

1月4日、豊国社へ大坂名代として片桐且元社参す。同12日、前日下着した梵舜は、早旦に且元を訪ね、朝食を振る舞われた(以上『舜旧』)。同15日、義演下坂す。且元より樽2荷を進上された(『義演』)。同20日、大坂源七郎、且元の返事を持ち帰る(『舜旧』)。同25日、今日諸公家諸門跡、秀頼公へお礼。過ぎてのち、諸公家諸門跡、且元へ出御(『鹿苑』)。また、前日下坂した舟橋秀賢は、衣冠にあらため登城す。のち、且元を訪う(『慶長』)。同27日、鹿苑院主、未明に大坂へ下着。衣裳を改め且元を訪ね対顔す。のち同途して登城す(『鹿苑』)。2月1日、鹿苑院主、未明に大坂へ下着。且元を訪ね対顔す。また、前日下坂

した近衛信尹、且元へ棗2・巻物1・馬太刀を遣わしたところ、法度にて棗のみ請け取る。同2日、信尹、且元と同道して唐物数多みる(以上『三藐』)。同3日、鹿苑院主、未明に大坂へ下着。且元を訪ね訴訟のことを相談す(『鹿苑』)。同4日、近衛信尹、且元の所より八尾へ向かう(『三藐』)。同23日、梵舜、且元上洛により早旦伏見へ見舞に行く。早々下坂とのこと(『舜旧』)。3月4日、一昨日、山上伽藍再興訴訟のため学侶3人下坂。且元へ御書遊ばされる由とのこと(『義演』)。同18日、前日下坂した鹿苑院主、且元へ赴き承兌と同途して登城す。同25日、鹿苑院主、未明に大坂へ赴き且元を訪ね対顔す。一件について相談す(以上『鹿苑』)。

4月18日早旦、豊国社へ御名代として且元社参す(『舜旧』)。5月1日、鹿苑院主、伏見へ赴き且元を訪ね対顔す(『鹿苑』)。同13日、大坂の且元より義演へ書状到来。同14日、義演下坂す。且元より進上物あり(『義演』)。同20日、鹿苑院主、伏見へ赴き、先に承兌に会い、ついで且元へ至る(『鹿苑』)。6月5日、五月雨が晴れたので築地普請を急ぐようにと且元より申し付けられる(『義演』)。同12日、鹿苑院主、三平を大坂へ遣わし且元を訪ねさせたところ、10日に伏見へのぼったとのこと(『鹿苑』)。同13日、梵舜、伏見へ行き且元と会う(『舜旧』)。同27日、義演、山上学侶が伽藍指図を持ち大坂へ下向したことを且元へ報ず(『義演』)。

7月5日、梵舜、伏見へくだり且元と対面す(『舜旧』)。同7日、北野松梅院禅昌、大坂へくだり、片桐兄弟の馳走にて大坂城千帖敷で秀頼へお礼を申しあげる(『北野社家』)。同11日、鹿苑院主、大坂で且元と山口左馬允を訪ねる。且元は二日酔にて正体ないとのこと(『鹿苑』)。同26日、河内太子山につき百姓と叡福寺出入、執りなしを乞う(同日付片桐且元宛円光寺元佶・豊光寺承兌連署状「叡福寺文書」)。

8月16日、東寺供養、近日将軍御下向につき延引すべきよし、且元より話がある(『義演』)。同27日、梵舜、且元上洛につき伏見城へ行く(『舜旧』)。同29日、義演、東寺金堂供養につき且元へ使者を遣わす(『義演』)。9月2日、且元、三宝院義演へ来21日東寺金堂供養につき出座を乞う(同日付大蔵卿宛片桐且元書状写『義演』)。同4日、梵舜、伏見にいる兌長老(西笑承兌)へお礼に行き、帰りに且元を訪う。兌長老もやってきて神宮寺領のことを懇ろに且元へ物語る(『舜旧』)。同12日、鹿苑院主、未明に伏見へ行く。且元を訪ね対顔す。住吉一件について相談す(『鹿苑』)。同13日、且元・大久保長安・板倉勝重、伏見城へ登城し豊国社の社頭石燈籠などのことを言上す(『舜旧』)。同27日、昨26日且元より使者来訪。同29日、鹿苑院主、未明に且元を訪ね対顔。住吉建立一件につき相談する(以上『鹿苑』)。

10月2日、鹿苑院主、未明に住吉より大坂へ出、承兌にて衣裳をあらため登城。片桐兄弟と相談する。同4日、未明に且元を訪ね対談する(以上『鹿苑』)。同13日、梵舜、且元の取次にて秀頼公へお礼を申し入れる(『舜旧』)。

11月11日、梵舜、且元伏見へ上洛につき俄に向かう(『舜旧』)。同13日、義演、山下築地幷仁王門修理、山上堂舎再興のお礼として且元へ樽・折を遣わす(『義演』)。同20日、鹿苑

院主、未明に大坂へ赴き且元を訪ね対顔。ついで殿中へ赴き秀頼公へ拝謁(『鹿苑』)。同22日、前日下坂していた梵舜、且元へ蜜柑1折などを持参す(『舜旧』)。

12月3日、義演、北村主水を使として下醍醐寺伽藍再興のことを且元へ訴える(『義演』)。同13日、前日下坂していた梵舜、早朝且元を訪ねる(『舜旧』)。

慶長12年(1607)

この年、1月眼を煩う。9月14日、駿府へ下向す。12月上旬帰坂。また、北野社造営の奉行を勤める。

1月4日、豊国社へ大坂御名代として片桐且元社参す。同13日、前日下坂していた梵舜、且元へ扇10本を持参。朝食の振舞いあり(以上『舜旧』)。同15日、義演、未剋大坂へ至り執事且元へ太刀1腰・馬代300疋を遣わす(『義演』)。また、鹿苑院主、未明に大坂へ赴く。且元を訪ねるも「眼中病」とのことで対顔なし。同20日、鹿苑院主、大坂へ至り且元を訪ねるも「眼中所労」にて対顔なし。同24日、片桐内荒木勝太、住吉社社頭伽藍見繕に来るとのこと。同25日、鹿苑院主、大坂へ赴き且元を訪ね、昨日の礼を申し伸べたところ、「眼気」ゆえ対顔なし(以上『鹿苑』)。同28日、武家伝奏勧修寺光豊、大坂の且元・貞隆へ年頭の祝儀を贈る。且元にて振舞いあり(「光豊」)。また、山科言緒、秀頼公へのお礼ののち且元を訪う(『言緒』)。同29日、且元のもとより大工与衛門来たり三千仏の指図をする(『鹿苑』)。

2月1日、鹿苑院主、大坂へ赴き且元を訪ね、昨日の礼を伸べる。同3日、鹿苑院主、大坂へ赴き且元を訪ね対顔す(以上『鹿苑』)。同9日、下醍醐伽藍再興のことを旧冬より執事且元へ訴えていたところ、今日年預下坂す。同11日、下醍醐伽藍再興のことにつき且元より返事あり(以上『義演』)。同12日、鹿苑院主、大坂へ赴き且元を訪ね、西向堂柱以下念を入れられたことへ一礼す。同29日、鹿苑院主、大坂へ赴き且元を訪ね対顔す(以上『鹿苑』)。

3月15日、「片主来駕延引ト云々、其子細者、明朝江戸へ自片市殿有御見廻之使者、其故ニ延引ト云々」とあり、且元より江戸へ見廻の使者が遣わされた(『鹿苑』)。

同17日、秀頼よりお礼の使者として且元上洛す(『お湯殿』)。同18日、禁裏よりお使として勧修寺光豊、且元のもとへ参る(「光豊」)。また、北野殿御造営目録を見るため大工を遣わす旨を伝える(同日付松梅院宛片桐且元書状『北野古文書』)。

4月2日、和州柘植大炊領と御当所百姓共山出入につき成敗のことを本多若狭守・佐々淡路守へ報ず(同日付本若狭守・佐淡路守宛片桐且元書状『片桐文書』)。同5日、鹿苑院主、大坂へ赴き且元を訪ねるも未だ表へ出座なく、片桐貞隆を訪ね対顔する。のち且元を訪ねたところ登城とのこと。同6日、鹿苑院主、大坂へ赴き且元を訪ね対顔す。同19日、鹿苑院主、大坂へ赴き且元を訪ね対顔す。同22日、鹿苑院主、大坂へ赴き且元を訪ねるも登城とのこと。同23日、鹿苑院主、大坂へ赴き且元を訪ね仏殿のことを相談す(以上『鹿苑』)。

閏4月20日、鹿苑院主、大坂へ赴き且元を訪ね対顔す(『鹿苑』)。同27日、山出入につき我等の方で済す旨を伝える(同日付本若狭守・佐淡路守宛片桐且元書状「片桐文書」)。

5月2日、今日社家(未詳)、且元を見廻うとのこと。同10日、鹿苑院主、大坂へ赴き且元を訪ね対顔す(以上『鹿苑』)。同13日、義演、上醍醐伽藍本尊のことにつき且元へ書状を送る。同15日、義演、下坂し且元へ帷一重を遣わす(以上『義演』)。同29日、前日下坂した梵舜は、早朝且元を訪う(『舜旧』)。同晦日、義演、山上三堂御本尊幷壇以下諸道具のことを右大臣(豊臣秀頼)へ訴う。年預俊長法印帰り且元へ申し渡したとのこと(『義演』)。

　6月5日、鹿苑院主、大坂へ赴き且元を訪ね対顔す(『鹿苑』)。同10日、且元、瓜3個進上。勧修寺披露(『お湯殿』)。同13日、梵舜、且元上洛により罷り越す(『舜旧』)。同23日、鹿苑院主、大坂へ赴き豊光と同伴して登城。且元と逢う。今夕は且元の振舞あり。同29日、鹿苑院主、大坂へ赴き且元を訪ね対顔す。造営の一礼を済ます(以上『鹿苑』)。

　7月5日、鹿苑院主、大坂へ赴き且元を訪ね対顔す。朝食ののち登城(『鹿苑』)。同19日、梵舜、且元上洛により伏見へ罷り越す。同20日、大蔵知行分につき且元より申し来たる(以上『舜旧』)。同21日、今日板倉殿にて且元・西笑承兌・一斎・我等(松梅院禅昌)に振舞あり(『北野社家』)。同25日、北野御造営の儀、近日取りかかるよう奉行・大工を督励するよう松梅院へ執りなしを願う(同日付下間兵部卿宛片桐且元書状『思文閣古書』155)。

　8月1日朝、松梅院禅昌、且元へ罷り出る(『北野社家』)。同2日、且元より豊国社の額できたとのこと申し来たる。同13日、梵舜、舞殿の奉行のことを大坂の且元へ申し遣わす。同20日、市正奉行に二位局より袷1つ遣わされる(以上『舜旧』)。

　9月11日、鹿苑院主、未明に伏見へ赴き承兌へ至る。のち且元を訪ねるも未だ上洛なし(『鹿苑』)。同13日、秀頼公の御沙汰により北野社造営。且元奉行となる(「孝亮」)。同14日、且元関東下向につき伏見へ上洛。梵舜、罷り出、松茸20本持参(『舜旧』)。同15日、今晨且元駿府へ下向。12月5日、鹿苑院主、大坂へ赴き且元を訪ね対顔す(以上『鹿苑』)。

慶長13年(1608)
　この年、8月8日駿府へ下向、9月23日上洛。
　1月4日、豊国社へ大坂御名代として片桐且元社参(『舜旧』)。同15日未刻、義演、大坂へ着き先に且元へ太刀・折紙などを遣わす。登城にて留主とのこと(『義演』)。

　2月11日、前日、年頭のお礼のため下坂した梵舜は、且元へ扇2本・匂香などを持参したところ「腫物気」にて対面はなかった(『舜旧』)。同19日、三宝院義演、上醍醐寺本尊、道具のことにつき且元へ礼状を遣わす(『義演』)。3月5日、右大臣(豊臣秀頼)様疱瘡御祈念のため神宮寺において大般若経六百巻転読御祈禱を且元より梵舜へ申しつけるける(『舜旧』)。同10日、大坂へお見舞いのため前日下坂した義演は、早朝片桐兄弟の案内にて巳刻登城す。千畳敷にて食の振舞あり(『義演』)。

　4月8日、「ひてより(秀頼)こんとのわつらひ、みかくらな(御神楽)と色々御きも入ゆへ、ほんふくにてかたしけなきとて、御礼にいちのかみ(市正)のほせらるゝ」(『お湯殿』)。同9日、梵舜、且元上洛につき筍3把持参し伏見へ罷り越す(『舜旧』)。

　※　4月10日条にも「片桐市正依上洛、伏見へ罷、筍三束持参」とあり、梵舜の勘違いの

448

可能性もある。

5月15日、下坂した義演は、夕景且元のもとへ樽２荷・折を進上したが、留主であった。同19日、山上御影堂供養のことにつき寺家より且元へ訴える(以上『義演』)。同21日、梵舜、且元上洛により伏見へ見舞いに赴く(『舜旧』)。6月17日、且元より使者来る。豊国社馬場廻の内青木紀伊守殿屋敷・台所下さる。梵舜より申し入れていたことである(『舜旧』)。同18日、「一のかみより二こんしん上申」。同22日、勅使を大坂へ遣わし秀頼へ掛袋を賜う。片桐兄弟へも下さる。且元より瓜３個進上す(以上『お湯殿』)。
（市正）

7月1日、梵舜、大坂の秀頼公へ御礼に罷り出る。片桐兄弟へも糒10袋を進上す(『舜旧』)。8月8日、且元、駿府へ御礼に下向のため伏見へ着(『義演』)。

9月23日、且元、駿府より上洛す(『義演』)。同29日、梵舜下坂し、且元の取次にて秀頼へ御礼を申しあげる(『舜旧』)。

10月13日、義演、伽藍建立につき且元へ礼状を送る(『義演』)。11月21日、梵舜、俄に伏見の且元のもとへ赴くも留守により帰宅。同22日、伏見の且元を訪う(『舜旧』)。

12月25日、吉田兼見、大坂の且元へ歳暮を遣わす(『兼見』)。

慶長14年(1609)

この年、11月ころ癰を煩う。

1月4日、秀頼より年頭御礼に片桐且元のぼる(『お湯殿』)。同8日、昨日大蔵卿法眼を大坂へくだす。且元へ杉原30帖遣わす(『義演』)。同16日、豊臣秀頼、義演を大坂城へ招き、大般若経を転読させる。且元以下参向蹲踞で丁寧であった(『義演』)。同18日、今日内大臣秀頼公へ惣公家・門跡より礼あり。のち且元を訪う(『言緒』)。また、源(五辻)之仲、秀頼への礼ののち、四辻中将と異体にて且元へ礼に行く(「源之仲記」)。同25日、秀頼、徳川義利(義直)の清須城入りを祝う使いとして且元を遣わす(『見聞録案紙』)。3月24日、西宮神人の夫役を免除す(片桐且元宛広橋・勧修寺連署案「勧修寺光豊公文案」)。同28日、秀頼、出雲杵築大社を造営す。奉行は堀尾帯刀吉晴と且元(「出雲大社棟札」)。
（右）

※　『見聞録案紙』は、且元を「大坂惣奉行也」としている。

5月8日、島津家久、且元へ硫黄を送る(同日付羽柴陸奥守宛片桐市正且元書状案『薩藩旧記』)。同24日、杵築大社遷宮につき且元へ進上の太刀・馬などは返す旨を伝える(同日付国造千家宛片桐且元書状「千家文書」)。6月18日、女院(勧修寺晴子)より片桐兄弟へ薫衣香を賜る(同日付片桐且元宛勧修寺光豊書状案「勧修寺光豊公文案」)。

7月5日、且元、瓜３個・諸白３箇進上す(『お湯殿』)。同19日、大仏殿(方広寺)造営に杉は使われないことを報ず(同日付山対馬宛片桐且元書状『土佐国蠹簡集残編』)。同23日、勧修寺光豊、宮女処分につき且元に右府公(秀頼)への執りなしを頼む(同日付片桐市正宛勧修寺光豊書状案「勧修寺光豊公文案」)。同27日、勧修寺光豊、且元へ右府公よりの言葉を披露す(同日付片桐市正勧修寺光豊書状案「勧修寺光豊公文案」)。

10月10日、且元、河内八尾寺内村の大信寺へ年貢直納などを定める(「大信寺文書」)。同

22日、且元摂津今宮社へ社領を寄進す(「廣田神社文書」)。11月10日、癰を煩った且元のため延寿院(曲直瀬正紹)が下坂した(『時慶』)。同15日、且元煩いの由、女院御所が聞かれ心もとなく思し召され女房奉書が出された(同日付片桐且元宛勧修寺光豊書状案「勧修寺光豊公文案」)。同16日、西洞院時慶、且元煩いにつき日比野半右衛門まで状を遣わす(『時慶』)。同19日、三宝院義演、且元の腫物見廻のため蜜柑1折・巻数を遣わす(『義演』)。同21日、曲直瀬道三より状あり。且元の煩い大験を得たとのこと(『時慶』)。12月4日、義演、且元の煩い平癒を賀すべく折を遣わす(『義演』)。同5日、腫物平癒につき女院御所より薫物を賜る(同日付片桐且元宛勧修寺光豊書状案「勧修寺光豊公文案」)。同15日、且元、煩本復につき蠟燭100挺と蜜柑2籠を進上す(『義演』)。

慶長15年(1610)
　この年、2月駿府へ下向。8月秀吉13回忌のため臨時豊国祭に奔走す。
　1月4日、豊国社へ大坂御名代として片桐且元社参す(『舜旧』『兼見』「光豊」)。同6日、鹿苑院主、新九郎を大坂へ遣わし且元を訪ねさせる。昨日京より下向とのことであった(『鹿苑』7日条)。同11日、神龍院梵舜、大坂の且元へ扇10本、社中より扇10本を贈る(『舜旧』)。同15日、鹿苑院主、大坂へ赴き且元を訪ね対顔す(『鹿苑』)。同18日、今日右府(豊臣秀頼)へ惣礼なり。秀頼のお供をし登城。のち且元へ礼に行く(『慶長』)。同24日、鹿苑院主、大坂へ赴き且元を訪ね対顔す(『鹿苑』)。
　2月1日、親王御方(政仁親王)疱瘡見舞として勧修寺光豊を訪ねる。振舞い後、登城す(「光豊」)。この日、円光寺元佶、法隆寺学侶衆と堂衆との会式につき先例のとおりであることを報ず(同日付片桐且元宛円光寺元佶書状「法隆寺文書」)。同12日、「片桐市正駿州下向」(『舜旧』)。閏2月18日、梵舜、且元上洛につき山科まで迎えに出る(『舜旧』)。同24日、且元、法隆寺学侶と堂方申分につき先規のとおり執行あるべき旨申し渡す(同日付片桐且元宛円光寺元佶・板倉伊賀守勝重連署状「法隆寺文書」)。3月4日、且元、22日の絵式(会)に「律学方罷り出ること無用、余仁御雇のうえ御勤め然るべし」と命ず(同日付法隆寺学侶御衆中・阿弥陀院宛片桐且元書状「法隆寺文書」)。同15日、鹿苑院主、大坂へ赴き且元を訪ね対顔す(『鹿苑』)。
　4月10日、円光寺元佶、法隆寺学侶の儀につき仙学法印の仕置により執行すべき旨を且元へ伝える(同日付片桐且元宛円光寺元佶書状「法隆寺文書」)。同25日、且元より年代記のこと申し来たる。書写のうえ下す(『舜旧』)。同29日、且元より吉田家蔵の「藤氏大系図」を秀頼公が御覧になりたいとのこと、豊後守(未詳)が大坂へ持参す(『舜旧』)。
　5月17日、摂州西生郡今宮村在所の庄屋・年寄来社。往古より免許の事、且元へ申し入れたいとのこと(『舜旧』)。同29日、禁裏より「秀頼御袋・姫君・市正・主膳」へ掛袋賜る(『お湯殿』)。6月3日、大仏地鎮の儀、左大臣殿(右)より仰せ出さる。且元へ両使をもって申し入れる。同8日、且元、大仏へ釿始のところなどを下見す(『舜旧』)。同10日、大仏まで行き、音信として真桑瓜2籠・諸白2樽を勧修寺光豊へ贈る(「光豊」)。同11日、義演、大仏へ行く。且元へ使者を遣わす(以上『義演』)。また、この日、且元、来12日大仏地鎮の時

の入用につき仰せ下さるよう執りなしを依頼す（6月3日付大蔵卿宛片桐且元書状写「三宝院文書」）。同12日、大仏殿地鎮、釿始、立柱あり（「三宝院文書」）。また、梵舜、且元へ礼に行く（『舜旧』）。同15日、且元、大仏地鎮の済んだこと、御礼申しあげるよう仰せられたことを伝える（同日付大蔵卿宛片桐且元書状写「三宝院文書」）。同16日、且元より大坂の瓜2籠給う。同29日、前日下坂した梵舜、且元へ団扇2本持参す（以上『舜旧』）。

　7月2日、親王御方お見舞として伏見までのぼる（「光豊」）。同19日、且元、大仏見廻に越す。同24日、大仏の中井大和守小屋において板倉・且元・榎田（米津親勝）三人参会。同25日、梵舜、伏見へ行き且元と談合す（『舜旧』）。8月10日、前日、今度臨時御神事につき神官衆の装束料願いのため下坂した梵舜、且元へこのことを申し入れる。銀子6貫目・同鳥目392貫文下行され、請取ったうえ上洛す（『舜旧』）。同12日、勧修寺光豊、豊国祭楽人供奉につき申し入れる（同日付片桐且元宛勧修寺光豊書状案「勧修寺光豊公文案」）。同15日、梵舜、伏見へ且元を訪ね、楽人のことにつき申し入れる。同16日、梵舜伏見より帰る。且元、伏見より楽屋へ越さる。同17日、政所殿御参詣。「ツキ湯一釜在之、依片桐市正銭ニ勤之」。同18日、豊国社へ大坂御名代として且元社参し、楽屋に逗留につき罷りでる（以上『舜旧』）。同19日、豊国臨時祭。武家奉行且元（「孝亮」『舜旧』）。同21日、神事常のごとし。奉行且元（『舜旧』）。同22日、大仏柱立につき市正・大和（中井正清）越さると（『時慶』）。同30日、前日下坂した梵舜、早朝且元を訪ね、神事の礼を申し入れる（『舜旧』）。9月12日、且元上洛につき、梵舜伏見を訪う（『舜旧』）。同21日、且元、摂津薬仙寺などへ屋敷などを安堵す（同日付薬仙寺惣中宛片桐且元判物「薬仙寺文書」）。同27日、前日下坂した梵舜、早朝且元を訪う。今度萩原（兼従）江戸駿府下向につき、銀5貫目借用す（『舜旧』）。

　10月3日、女院御所より薫物を賜る（同日付片桐且元宛勧修寺光豊書状案「勧修寺光豊公文案」）。同8日、且元、梵舜へ西土川の代官を勤めるよう命ず。同10日、且元、大仏へ見廻に越さる。同11日早天、且元を見廻うため伏見へ罷る。蜜柑1籠持参す（以上『舜旧』）。11月5日、女院御所（勧修寺晴子）へ橘柑籠2・綿30把進上す（「光豊」）。同9日、且元、大仏普請を見廻う。同11日早天、伏見へ且元を訪う。宝憧坊息少三郎を同道し、且元へ礼を申し入れる（以上『舜旧』）。12月16日、下坂した勧修寺光豊、且元・貞隆の案内にて巳刻に登城し、禁裏より秀頼への贈り物を届ける（「光豊」）。同28日、昨晩駿府より上着した崇伝、且元へ帰洛の挨拶を申し入れ、蜜柑1折200を贈る（『本光』）。

慶長16年（1611）

　この年、5月中旬駿府下向。8月～11月、摂津・河内・和泉の検地に従事す。

　1月12日、秀頼公より年頭御礼の使として上洛す（「光豊」）。同15日、義演下坂す。片桐且元より賄料2石持参、樽1荷と両種を進上す（『義演』）。同27日、寅刻大坂へ下着した勧修寺光豊は、且元へ折紙をもって知らせる（「光豊」）。同28日、勅使諸礼あり。のち且元のもとにて振舞あり（「光豊」）。2月11日暁、大坂へ下着した日野輝資、昼過ぎ秀頼様へ御礼を申しあげる。片桐兄弟へ中杉原10帖などを贈る（「輝資卿記」）。同24日、大御所様来月5

日駿府御出立の由、着御次第、上洛されるよう申し入れる(『本光』)。同25日、輝資上洛す。且元より料紙一梼到来(「輝資卿記」)。3月3日、今度忠兵衛(金地院良西堂の兄)煩いにつき存生のうち且元へ御礼を申しあげさせたい(『本光』)。同28日、家康、秀頼を二条城に迎える。「秀頼様御供に織田有楽・片桐市正・同主膳・大野修理、其外御番頭衆、御小姓衆三十人斗ニ而御座候事」(『見聞録案紙』)。「右府(豊臣秀頼)竹田をへて市正且元が邸に立よられ、こゝにて肩衣袴を着せられ、二条の城にまからる」とあり、且元の屋敷が伏見にあったことが判る(『実紀』)。この月、家康、禁裏造営を諸大名へ命ず。「三万石　片桐東市正、一万石同主膳正」(「禁裏普請帳」)。

4月25日、秀頼公より御使として上洛す(「光豊」)。5月3日、伝奏両名下坂、申下刻下着し、且元・貞隆を訪ねる。明日登城の予定(「光豊」)。同4日、院御所より且元へ御馬1疋・薫衣香20、主膳へ毛馬1疋贈られる(「光豊」)。同15日、義演下坂す。且元息釆女より樽1荷・両種到来。且元は駿府へ下向にて留守(『義演』)。同17日、駿府着。同18日、御目見を済ます。同24日、江戸着。同25日、秀忠へ御礼(5月28日付朽木元綱宛片桐市正且元書状写『朽木家』)。8月23日、河内渋川郡検地の由、拙老知行の亀井村真観寺は先代検地のときも用捨されたのでこの度も御用捨を願う(『本光』)。

10月4日、駿府の崇伝、貞隆への返書に且元への状を言伝る(『本光』)。11月19日、駿府の崇伝へ11月5日付且元書状到来。返書をのぼす。同晦日、崇伝、且元へ状を出す(以上『本光』)。12月2日、駿府の崇伝へ11月26日付且元書状到来。同13日、崇伝、且元へ状をのぼす。同29日、崇伝、且元へ状を遣わす(以上『本光』)。

慶長17年(1612)

この年、8月5日駿府、江戸へ下向、9月14日上洛。10月河内で検地に従事す。

1月4日、大坂御名代として社参す。同12日早朝、片桐貞隆へ杉原10帖・扇5本、片桐且元へ諸白樽1荷持参す(『舜旧』)。同26日、駿府滞在中の金地院崇伝、1月13日付且元の書状を披見す。2月1日、崇伝、且元へ返書を出す。同22日、崇伝、且元・貞隆へ書状を送る(以上『本光』)。また、豊国社瓦葺土を且元より申し遣わし人足50人ばかり合力す。同24日、当社瓦土を且元奉行衆、舞殿において赤飯・酒以下のことを申し付ける(以上『舜旧』)。3月8日、2月29日付且元の書状到来。返書を出す。同26日、崇伝、片桐兄弟へそれぞれ飛脚にて書状を遣わす。同晦日、且元へ書状遣わす(『本光』)。

4月12日、梵舜、神事のことを且元へ書状で申し遣わす(『舜旧』)。6月2日、且元、伏見より大仙見廻のため来られ、会所のことを談合す。同3日、萩原兼従と梵舜、清右衛門(米津親勝)上洛につき伏見へ礼に行く。且元へ萩原より諸白2荷・塩引2尺、梵舜より細麦麺20把持参す。同21日、天王寺楽装束のことを且元より申しつけらる(以上『舜旧』)。

7月1日、崇伝、且元へ返書を遣わす(『本光』)。同5日、梵舜、且元へ諸白樽1荷進上す(『舜旧』)。同11日、崇伝、片桐兄弟へ船のことを申し遣わす。同23日梵舜、片桐兄弟・小浜光隆へ状を遣わす。8月5日早朝、梵舜、且元駿州へ下向につき伏見へ罷り越す(『舜

旧』)。同6日、7月晦日付且元状到来(『本光』)。同15日、且元・古田織部正、御前へ出る。且元、銀30枚・羽織1領・鳥子紙6束など献上す。同18日、且元・古田織部正、駿府を発ち江戸へ赴く。薬を賜う(以上『駿府』)。9月14日、且元書状到来。同16日、崇伝、且元へ返書遣わす(以上『本光』)。同19日、梵舜、且元駿州より上洛につき山科まで迎えに越す(『舜旧』)。

10月7日、崇伝、大仏棟札の事、上意の様子などにつき且元へ書状を遣わす(『本光』)。同22日、前日下坂した梵舜、早朝片桐兄弟を訪ね、のち秀頼様へ御礼に出る(『舜旧』)。閏10月5日、崇伝、八尾常光寺方丈庫裏門幷橋以下仰せつけられたこと、渋川郡亀井村検地にて打出分を真観寺留守居の堪忍分に仰せつけられるよう且元へ依頼す(『本光』)。同13日、梵舜、且元伏見へお上りにつき見廻に罷り越し対面す。豊国舞殿敷石のことを申し入れる(『舜旧』)。同21日、八条宮(智仁親王)様より秀頼公への御見廻、且元懇ろに披露す。委細は且元より申し入れる(同日付弾正大弼宛片桐貞隆書状『古典籍下見展観大入札会目録』1971年)。11月晦日、三宝院義演、大仏明春御供養呪願につき且元へ書状を遣わす(同日付片桐且元宛義演書状案「三宝院文書」)。12月3日、梵舜、且元上洛につき伏見へ越す。大仏餅30持参す(『舜旧』)。同21日、且元より返書案到来(『本光』)。同24日、梵舜、且元へ歳暮として踏皮一足を贈る(『舜旧』)。

慶長18年(1613)

この年、8月下旬駿河へ下向。

1月4日、片桐且元、大坂名代として社参す(『舜旧』)。同7日、三宝院義演、大蔵卿法眼を下し、且元へ杉原20帖・かいき1巻を遣わす(『義演』)。同10日、梵舜、且元へ諸白樽1荷を遣わす(『舜旧』)。同12日、前日下坂した鹿苑院主、且元宅を訪ね杉原10帖などを遣わす(『鹿苑』)。同13日、駿府在留中の金地院崇伝、片桐兄弟へ状を遣わす(『本光』)。同15日、且元、前日下坂した義演へ樽1荷3種を進上す(『義演』)。同25日、前日下坂した日野資勝、明日公家衆御礼につき且元へ指南を頼む(「資勝卿記」)。同28日、且元、大仏見廻のため上洛す(『舜旧』)。2月3日、前夜下坂した梵舜、片桐兄弟を訪う。登城し巳刻に対面す(『舜旧』)。また、登城後、日野資勝、且元宿所へ参る(「資勝卿記」)。同4日、1月22日付且元返書来たる(『本光』)。同19日、梵舜、大坂へくだる。「御城鎮守豊国社之遷宮」につき且元と内談す。同26日、大坂にて新調の神宝など且元へ申し入れ調える。同27日、大坂豊国社へ秀頼御参詣の由、且元へ申し入れる(以上『舜旧』)。3月1日、崇伝、且元へ八尾柿の礼を申し遣わす(『本光』)。同6日、大坂登城。片桐兄弟へ各杉原1束宛など進上(「知足菴随筆」『大日本史料』)。同12日、崇伝、且元の状の案写してのぼす(『本光』)。同25日、3月10日付且元状到来(『本光』)。

4月18日、豊国社祭礼、大坂御名代として且元社参す(『舜旧』)。同27日、且元使者下り、4月18日付書状到来。同28日、片桐兄弟へ返書を使者に渡す。5月3日、片桐兄弟へ書状遣わす(以上『本光』)。

7月1日、梵舜、宮花(土産)として単物1・帷1を且元へ進上す。秀頼様へ糒20袋進上(『舜旧』)。同10日、崇伝、且元へ「七八月之間ニ可有御下府之由、以面上万々可得貴意候」と、且元の駿府下向が予定されていた(『本光』)。同24日、崇伝、重ねて且元の下府を来月であることを望む(『本光』)。同26日、日野資勝、秀頼様へ御目見の指南を且元へ頼む(「資勝卿記」)。8月13日、梵舜、大坂の鎮守豊国社へ神宝新調につき奉納す。御矢26筋・鉾2つなどは当社(京都の豊国社)より奉納するよう且元の指示である(『舜旧』)。同18日、崇伝、高野山文殊院御暇のことや御鷹野時分には上洛するつもりであることを且元へ報ず(『本光』)。9月3日、且元、駿府着。御前へ出る。1万石を加増される(『駿府』)。

　※　先に秀頼より加増されていたもので、家康の勧めにより改めて拝領す。

　10月25日、梵舜、且元との上洛につき山科まで罷り出、面会す(『舜旧』)。11月3日、在京の崇伝、且元へ咳気にて禁中和漢は断り、下坂も延引したことなどを報ず(『本光』)。同4日、且元、出京す(『本光』)。同19日、崇伝、服部川藤右衛門曲事の件につき拙老へ預けられ赦免できないか且元へ書状にて依頼す(『本光』)。同21日、且元、崇伝へ宛て服部川藤右衛門曲事の件につき書き物取り写し嵯峨真乗院まで遣わしたがご覧になったか不審に存ずることなどを報ず(『本光』)。同26日、崇伝、夜舟にて片桐兄弟へ書状を遣わす。27日、崇伝、且元へ飛脚を送る。今日付の返書到来。大坂へ下向とのこと(以上『本光』)。同29日、前日下坂した梵舜、早朝且元を訪う(『舜旧』)。12月22日、禁裏新殿移徙の御礼あり。秀頼公より且元をして御馬・太刀・銀子100枚進上(『言緒』)。また、西洞院時慶、且元を茶湯に招く(『時慶』)。同28日、崇伝、去12日駿府へ着き、同21日に江戸へ着いたことを且元へ報ず(『本光』)。

慶長19年(1614)

　この年、片桐且元にとり人生最大最高のピンチを迎える。太閤殿下恩顧の大名の一人として苦渋の選択を迫られる一年となった。4月24日駿府へ下向、5月28日上洛。8月13日駿府下向、9月17日上洛。

　1月4日、大坂名代として豊国社へ参詣す。10日、前日下坂した梵舜、早朝に且元を訪い、諸白1荷、萩原より太刀・折紙など進上す(以上『舜旧』)。15日、三宝院義演、下坂し且元へ杉原50帖を遣わす(『義演』)。23日、前日下坂した西洞院時慶は、且元へ使者を遣わす(『時慶』)。同25日、且元上洛し、二条宿へ入る。梵舜、見廻う(『舜旧』)。

　2月2日、且元、一切経のことにつき御袋様(淀殿)御同心の由、崇伝へ折紙を送る(『本光』)。同20日、崇伝、秀頼への執りなしを頼む書状を且元へ送る(『本光』)。

　3月18日、且元、大仏鐘鋳につき諸国鋳物師衆へ来10日まで罷り登るよう命ず(「芥田文書」)。

　4月14日、三宝院義演、大仏洪鐘鋳につき且元を見廻う(『義演』)。15日、梵舜、二条の宿へ滞留の且元を見廻う。16日巳刻、大仏殿の鐘鋳あり。奉行且元。板倉勝重見物す(以上『舜旧』)。また、且元は大仏回廊の上、板倉伊賀守も同所、群集のゆえ見廻らず(『時慶』)。

19日、義演、且元駿府下向につき餞別として帷を遣わす(『義演』)。20日、「大仏鐘鋳十六日に執行候旨承候、今四五日過候而ほり出し、猶成就の様子、市正殿下府ニ而可被仰上旨承候」と、大仏鐘鋳あがり次第、且元は駿府下向の予定であったことが判る(『本光』)。21日、且元、義演へ帷を返し、呪願の儀の御執りなしを申し入るとのこと(『義演』)。24日、大仏洪鐘、掘り起こす。且元、大仏の鐘ができ駿府へ下向す(『舜旧』『義演』)。28日、大仏供養の儀、且元より呪願、予(義演)治定の由、導師妙法院宮(『義演』)。

　5月3日、且元、駿府着。家康へ御礼(『駿府』)。8日、且元、御目見。干飯3盆・白炭3箱献上し拝謁す(『駿府』)。また、「片市殿下著鐘鋳成就之様子をも、則拙老具ニ申上候」(『本光』)。11日、「市正可被罷上候条、様子可被聞召候」(『本光』)。20日、且元、御前へ出、御暇下され、巣鷹・御馬拝領(『駿府』)。21日、駿府出立。「昨廿一日御上洛之事候」(『本光』)。28日、今朝上着(同日付大蔵卿宛片桐且元書状写「三宝院文書」)。また、梵舜、山科まで迎えに罷り出る(『舜旧』)。

　6月6日、出雲国造、五月祈禱の巻数を大坂ならびに且元へ贈る(「北島文書」)。16日、且元、大仏見廻のため大坂より上洛。17日、梵舜、且元京都滞留により宿へ見廻う。大仏餅30進上す。18日、梵舜、臨時神事注文を片桐の京宿所へ持参す。留守につき小姓衆へ申しおく(以上『舜旧』)。20日、且元、来8月3日の大仏供養につき天台宗と真言宗列座の人数について高野山衆徒へ案内す(『高野山』)。また、豊臣秀頼、大仏棟札につき文章のことなどの周旋を且元をして慈照院(有節瑞保)へ依頼す(「摂戦実録」『大日本史料』)。21日、且元使者、駿府の崇伝を訪う(『本光』)。25日、大仏の鐘「ツキタメシ」のことにつき且元より書状到来(『舜旧』)。27日、大仏供養来月3日と決まる。それにつき中井正清をのぼすようにと且元より申し来たる(『本光』)。28日、大仏殿撞鐘を鐘楼へ吊りあげる。撞き初めの儀式はなし。且元撞き初め(『舜旧』)。晦日、大仏供養前棟上等の儀につき正清を上洛させるようにとの且元の折紙到来。本多正純へ申し談ず(『本光』)。

　7月3日、崇伝・本多正純、大仏本尊開眼師につき仁和寺御門跡へ仰せ入れらる由、上意を得た旨を且元へ報ず(『本光』)。8日、大仏供養につき仁和寺御門跡と天台門跡と座論あり。且元尋ね遣わす(『駿府』)。10日、崇伝・本多正純、大仏本尊開眼供養につき天台宗は左座か右座か、天台宗は左座でなければ出ないとのことを板倉勝重と且元へ報ず(『本光』)。11日、且元より駿府の崇伝へ飛脚来たる(『本光』)。12日、7月6日付且元状到来(『本光』)。14日、崇伝・本多正純、大仏本尊開眼供養着座衆の書立てを上覧に入れた旨、且元へ返書す(『本光』)。この日、大坂へ下る(「大阪城天守閣所蔵文書」)。15日、且元使者山田兵三郎下り、7月10日付且元書状到来(『本光』)。18日、崇伝・本多正純、大仏供養に秀頼公上洛の儀につき心次第との上意を且元へ報ず(『本光』)。22日、大仏殿へ板倉・片桐両人談合のため御出。23日、梵舜、大仏舞台へ且元滞留により罷り出る(以上『舜旧』)。25日、梵舜、且元へ葡萄1折進上す。26日、楽屋において板倉・片桐・広橋大納言兼勝以下内談あり(以上『舜旧』)。また、大仏供養、本尊開眼来月3日同日執行は余りに閙敷様に思し召

され、棟札や鐘銘のこともあり、開眼堂供養延期されるよう仰せ出された(『本光』)。28日、且元より下行方につき減らすと申し来たる(『本光』)。29日早朝、且元より使いにて大仏供養延引の由、申し来たる(『舜旧』)。また西洞院時慶、大仏へ行き且元へ一礼を申す(『時慶』)。

　8月2日、且元、仰せにより大仏開眼供養を延期した旨を崇伝へ返事する(『本光』)。5日、且元、鐘銘棟札銘文写を駿府へ送る(『駿府』)。6日、大坂の且元を見廻うため萩原兼従より使者勘七を差し下す。梵舜、神事のことなどを書状にて申しいれる(『舜旧』)。また、大仏鐘銘につき家康は不審に思召しの由(『本光』)。9日、且元より長文箱(諷誦願文・呪願文)来たる(『本光』)。11日、梵舜、俄に且元を見廻うため淀より夜舟で下ろうとしたところ、且元上洛につき船着きで対面し、のち上洛す(『舜旧』)。12日、且元、明日上洛し駿府へ下向とのこと(『義演』)。梵舜、二条の宿所にて且元と面会す(『舜旧』)。13日、且元、僧文英清韓(大仏鐘銘作者)を伴い駿府へ下向する(『舜旧』『時慶』)。14日未刻、鐘銘につき善後策を講ずべく片桐貞隆へ連絡す(同日付片桐貞隆宛片桐且元書状「片桐文書」)。17日、丸子へ参着。徳願寺へ泊まる(『本光』)。18日、且元、駿府参着を言上す。本多正純、清韓を糺す(『駿府』)。19日夕、丸子を出、駿府へ着す(「紀年録」)。また「片市殿十九日之晩著府被申候」(『本光』)。20日、本多正純・崇伝、鐘銘棟札のことや諸牢人召し抱えなど不審の旨を且元へ伝える(『駿府』)。

　9月1日、義演、且元見舞のため飛脚を遣わす。3日、義演、且元の様子を尋ねに人を遣わす(以上『義演』)。7日、本多正純・崇伝御使として且元の宿所へ参り、それより大蔵卿殿へも参り、一緒に上意を申し渡した(『本光』)。12日、且元・大蔵卿殿、12日に罷り登られる(『本光』)。13日、駿府より飛脚帰る。且元の返事あり(『義演』)。17日、梵舜、且元上洛につき山科まで迎えに罷り出る(『舜旧』)。18日、且元、今朝大坂へ帰る。21日、且元、状を梵舜へ言伝る。明日下向とのこと(以上『時慶』)。22日、梵舜、早天より下坂す。未刻大坂着。且元へ書状にて申し入れる(『舜旧』)。23日、織田常真、今日の出仕を取りやめるよう且元へ申し入れる(同日付片桐且元宛常真書状写『譜牒』中)。24日、9月20日付、且元書状到来(『本光』)。25日、豊臣秀頼、且元へ書状を送り起居を聞き談合したい旨を伝える(同日付片桐且元宛豊臣秀頼直書写『譜牒』中)。今日、且元駿府へ越さるとの風聞(『時慶』)。また、「今日大坂片桐市正飛脚参着、其状云、去十八日自駿河大坂上着、御意之旨申上、末々将軍家不和奈何、然間秀頼在江戸歟、御母儀在江戸歟、不然者大坂城被退、御国替可然之旨申、依之秀頼幷御母儀不快、市正可被殺之内存依有告知者、止出仕引籠之由、上野介達上聞之処、弥御腹立云々」と、且元は豊臣秀頼母子より疎んじられるようになった(『駿府』)。26日、淀殿、且元へ書状を送り起居を聞き、出仕を懇望する旨を伝える。また、淀殿、且元へ血判起請文を入れる(同日付、片桐且元宛淀殿直書写『譜牒』中)。また「今度片桐市正供養之儀、別不審之事申別被下大坂へ、上洛駿府之義御返事雖申入、御承引、却而反逆之由被仰出、種々雖申御理、終不相届、重テ起請文雖申、猶無御同心之體也」と、且元と豊臣秀
(無脱ヵ)

頼母子との関係が決裂した(『舜旧』)。このため「大坂物忩、片市正・同主膳可被切腹云々、珍事〰〰」との風聞が京でも囁かれた(『義演』)。27日、「昨日大坂ニハ市正へ被仕懸候処、扱有之而先無事ト、大野修理・有楽ト一身ト、種々雑談在之ト、大坂ニハ下屋敷へ出ト、片主膳ハ茨木越ト、以外物忩ト」と、且元は二の丸屋敷へ、貞隆は茨木へ立ち退いた(『時慶』)。また、「大坂片桐市正、秀頼公ノ前大樹へ使仕リ悪由候テ、御意ニ背由也」(『言緒』)。義演、見舞のため使者をくだす。同29日、「大坂ヨリ主水帰、市・主両返状アリ、未宿所二丸ニ居、色ハハタト立由」と、大坂城中が色めきだって来ている(以上『義演』)。また、「片桐市正・片桐主膳兄弟、身躰ハテ被申事、不及言上」との風聞が流れている(「東大寺雑事記」)。

10月1日、片桐兄弟、妻子・御家中衆を引き連れ大坂の屋敷を出、茨木へ退去す(『義演』『本光』『舜旧』)。「大坂本丸衆と片市正と出入出来之由候、様子ニより　大御所様従是可被成　御上洛との御内証ニ候」(『本光』)。4日、梵舜、茨木へ片桐兄弟を見廻う。諸白1樽市正殿へ、主膳正へも1樽持参し、面会す(『舜旧』)。「於大坂、片桐市正と大野修理申分有之由候」と開戦間もないことが報じられる(同日付秋田城介宛土井大炊助・酒井雅楽頭連署状写『譜牒』中)。6日、「片市正・主膳、何も大坂を取りのき、茨木之城へ被籠候由」(『本光』)。7日、「御兄弟、御妻子、御家中衆、不残茨木へ御退出之由」(『本光』)。また、徳川家康、且元の茨木退城を賞す(同日付片桐且元宛徳川家康書状「片桐文書」)。8日、大坂方の同心を得られず朔日に茨木へ立ち退いたことを中井正清へ報ず(同日付中大和守宛片桐且元書状『大工頭中井家文書』)。10日、且元、駿府よりの御意として大坂へ米を入れること停止となった旨を土佐の山内忠義へ伝える(『山内家史料』)。13日、徳川秀忠、且元の茨木への退去を賞す(同日付片桐且元宛徳川秀忠書状「片桐文書」)。14日、崇伝、片桐兄弟より下された使者に伊勢の庄野にて逢う(『本光』)。15日、大坂方より茨木を攻めるとの沙汰あり。且元救援のため京都より加勢を差し下す(『時慶』『言緒』『本光』)。16日、崇伝、昨日京着。且元内存、家康様へ毛頭表裏はない(『本光』)。18日、「大御所様御上著迄ハ、茨木ニしかと御座候様ニと被　仰出之旨尤存候」と家康上洛までは茨木にとどまるよう伝える(『本光』)。20日、「市正殿・主膳殿御子息両人つ、為質板倉伊賀守殿へ被進置候、(中略)市正殿人質出雲殿・吉助殿、主膳殿質松千代殿四歳・女子六歳」と、片桐兄弟より実子が家康へ人質とされた(『本光』)。21日、本多正純、片桐兄弟の大坂退城につき世上疑わしく言っているが、家康は左様に思っておられないことを片桐兄弟へ起請文をもって申しいれる(『譜牒』中)。24日、家康昨23日京著。且元、今日御前へ召し出され、大坂の様子お尋ねなさる(『本光』)。25日、藤堂高虎・且元を御前へ召し、大坂城中取巻き人数の先手を仰せつけられる(『駿府』)。

11月1日、且元、小豆島年寄中へ塩薪鯣など残らず尼崎へ積み登すよう命ず(「御用船加古旧記」『大日本史料』)。3日、且元、諸軍大坂城を囲んだことを言上す(『駿府』)。4日、且元、大坂の地図を献ず(『駿府』)。徳川秀忠、且元・貞隆らへ江州柏原より近日中上洛する旨を伝える(10月7日付片桐且元宛徳川家康書状「片桐文書」)。また、徳川秀忠より書状を賜る

(同日付片桐且元等宛徳川秀忠書状写『譜牒』中)。5日、且元、召されて城攻のことを仰せつけらる(『駿府』)。6日、且元の使者、崇伝を訪ねる(『本光』)。7日、片桐兄弟・石川貞政など摂津国一津屋に陣取る(『本光』)。9日、且元・貞隆・石川貞政・宮木丹波(宮城豊盛)など摂津一ツ屋・べふ(別府)の辺りに陣取る(『本光』)。10日、且元、摂津国塚口村への禁制を家康側室御あちゃ(神尾氏)へ頼む(「興正寺文書」)。12日、片桐兄弟伏見へのぼる。音信返事あり。貞隆は落涙とのこと(『義演』)。24日、且元、本多忠純(上野介正純弟)に会う(「大坂冬陣記」)。晦日、且元、鰯300俵・炭5荷を献ず(「大坂冬陣記」)。

12月2日、両御所、片桐兄弟・三枝式部少輔の備前島の仕寄を巡検す(「大三川志」)。17日、且元、咳病を煩う。片山与安法印を遣わされる(『駿府』「大坂冬陣記」)。20日、大坂御陣扱いとなり、且元・貞隆逼塞を願い出る。家康、これを許さず(『譜牒』中)。26日、且元・板倉勝重、二条城に至り御前へ出る。27日、且元、将軍秀忠へ伺候す(以上『駿府』)。

慶長20年・元和元年(1615)

1月10日、「片市・片主、今之時分先茨木ニ被罷居候」と茨木滞留が確認される(『本光』)。20日、「片市・片主、茨木をも被退、当時和州法隆寺ニ被罷居候、与力衆もはし〴〵扶持を被放」と、茨木より大和法隆寺へ退いたことが判る(『本光』)。29日、28付片桐且元書状到来(『本光』)。

2月16日、且元、法隆寺より京都へ移る(『本光』)。26日、崇伝家臣、且元より崇伝へ音信の銀1貫290目を請取る(『本光』)。

3月13日、崇伝、大津より板倉・中井・片桐兄弟へ書状を遣わす(『本光』)。27日、且元、駿府下向の途次、桑名を通る(「田中文書」『大日本史料』)。28日、3月13日付且元よりの返書来たる(『本光』)。4月2日、且元、同子息幷石川貞政、徳川家康へ今日お礼申しあげる(『本光』)。5月7日晩、且元、病中ではあったが城の案内者として乗物にて城へ入る(「慶長見聞書」)。翌8日、秀頼・淀殿母子は大坂城で自刃し、ここに豊臣三代の栄華も果て、大和の知行所へ退いた且元であったが、病気療養のためか京屋敷に移り、5月28日、亡くなった。豊臣氏の擡頭から衰亡までを見つづけた生涯であったが豊臣氏に殉じたようなものであった。歳60(曾根勇二『片桐且元』)。6月4日、大徳寺で葬礼が営まれた(『舜旧』)。

■典拠

【参考文献】

曽根勇二『片桐且元』(吉川弘文館　2001年)

福島正則の居所と行動

穴井綾香

【略歴】

　福島正則の居所と行動については、全体を通して黒田1998が参考になる。また、福田2003が慶長14年(1609)～同18年および元和3年(1617)～同5年、福田2006が慶長17年～元和5年の居所を詳説している。以下、それらの成果によりながら、あるいは必要に応じて補足するという形で叙述をすすめる。

　正則は、永禄4年(1561)に福島市兵衛正信の長男として尾張国海東郡二寺村に生まれ、母は秀吉の伯母木下氏とされる(「福島家系譜」。以下「系譜」、特に断らない限り略歴はこれによる)。

　幼少より秀吉に仕え、市松と称し、知行は始め200石、天正10年(1582)に300石を加えられる。11年賤ヶ岳合戦で名を顕し、その功により近江・河内国のうち5000石を賜る。13年、平姓で従五位下・左衛門大夫に任ぜられる(「書肆渡辺氏待買文書」)。15年、九州征伐での功により伊予国の内に配され、11万3000石余の地を領する。始め湯築城(湯月城)、のち国分城(別名、国府山城・国府拝志城・唐子山城)に入ったとされる(「伊予日記」)。文禄4年(1595)、豊臣秀次の旧地のうち、清須城を含む尾張国南半分に24万石の領地を与えられる。慶長2年(1597)には、秀吉直臣出身の大名としては異例の「羽柴」名字を授けられ、「豊臣」姓で侍従に任官する(黒田1997)。以来、元和元年(1615)まで、名字を要する署名には基本的に「羽柴」を用いていくことになる(黒田1998)。

　慶長5年、関ヶ原合戦では東軍に属して勝利したことにより、安芸・備後2か国を与えられ、広島城に入る。7年3月7日に従四位下・左近衛権少将に叙任されると「大夫」「左衛門大夫」と「少将」を併用するようになり(黒田1998)、元和3年6月11日に参議に任官されると「宰相」と従来の「大夫」「左衛門大夫」を併用した(福田2006)。

　元和5年、6月2日付で江戸年寄連署奉書が出されて、安芸・備後2か国の召し上げと津軽への替地を命じられ(『東武』)、のち越後・信濃のうち4万5000石を与えられることになり、信濃国高井郡高井野村に入る。6年3～12月の間に法体して「高斎」と号し、名は

「正印」と改める(黒田1998)。寛永元年(1624)7月13日に死去、享年64歳であった。

【居所と行動】

1　伊予拝領まで

永禄4年(1561)～天正14年(1586)

　まず、誕生から伊予拝領前までを対象にしたいが、この間の正則については発給文書が伝存しないこともあって特に詳らかでない。したがって、「系譜」や「福嶋氏世系之図」(以下「世系」)によってみていくことになるが、そこに彼の行動が記されるようになるのは天正6年からである。

　天正6年の播磨三木城攻めの時に「魚住源太」を討ち取り、8年には播磨広瀬城、9年には因幡鳥取城を攻めて戦功をあげ、10年備中山崎に従軍して明智光秀の家来「進士作左衛門」の組頭を討ち取り、11年には賤ヶ岳合戦に従軍、12年には尾張小牧でも高名をあげたとされる(「系譜」「世系」)。ただし、小牧戦の陣立書などには「福島市兵衛」と父正信の名がみえる(「前田家所蔵文書」など)。13年閏8月以降、播磨龍野城に入っている(「四国御発向並北国御動座之事」)。

2　伊予時代

天正15年(1587)

　天正15年5月8日島津義久が秀吉に降伏、九州国分で小早川隆景が筑前に移されるのにともない、伊予は正則と戸田勝隆に分け与えられることになった。この時に作成された8月8日付の「長安村検地帳」が、正則発給文書の初見となる。9月5日付で秀吉から朱印状が出されて東予5郡で11万3200石の大名となる(「系譜」)。ほかに代官所9万石を預けられたとされる(『伊予日記』)。入国の時期は不明だが、9月晦日には伊予在(「村上家文書」)。

天正16年(1588)

　前年に勃発した肥後一揆は、秀吉が筑後・肥前の諸将を動員して12月にはおおむね終息するが、領主佐々成政は改易となり、正則は「上使」の一人として派遣される(『新熊本市史通史編第三巻近世Ⅰ』)。

　3月22日、肥後への途次にあり、近日佐敷に到着する予定である(『薩藩旧記』附録2)。4月7日には肥後におり、すでに検地に着手している(『吉川』)。4月16日、検地は概ね終了している(「系譜」)。ちなみに『新熊本市史通史編第三巻近世Ⅰ』は正則を「八代郡の城」の番とするが典拠は不明である。

　その後、5月15日付で浅野長吉らと9名の連署で新納忠元に宛てて「肥後国悪徒等」を追討すべき旨の書状を発し(『薩藩旧記』)、21日付で加藤清正・浅野長吉との連署で「伯耆次郎三郎北退候処(中略)被討果」と嶋津義弘宛に書き送っており(『薩藩旧記』附録2)、この頃までは肥後に滞在していたかもしれない。閏5月15日付秀吉朱印状で肥後は加藤清正と小西

行長に分け与えられ、行長は6月27日に宇土に入城している（鳥津2007）ので、正則の肥後出立はこれ以前ではあろう。

天正17年（1589）

1月18日付で秀吉から材木供出を命令される（「松林寺文書」）ということがあるが居所は不明。

天正18年（1590）

前年11月、秀吉は「四国」を含む諸大名に対し、北条氏討伐のため2月上旬の「臼井・箱根発向」を命じた（『小田原市史史料編原始古代中世Ⅰ』）。正則は、3月29日頃、韮山城を包囲（『同』）。6月1日申の刻に韮山城を攻めて放火している（「系譜」）。その後は不詳であるが、『多聞院』10月20日条に「関白殿昨日見廻ニ御越也、則当社ヘ五千石幷御使福嶋左衛門大夫自分ニテ百石可進之旨一札仕帰了」とある。

天正19年（1591）

不詳。

天正20年・文禄元年（1592）

朝鮮出兵を命じられる。渡海については3月13日付の陣立書に五番とある（『小早川』）。5月3日の漢城陥落後には京畿道の経略を担当し、竹山付近に陣城を設ける（中野2008）。

文禄2年（1593）

2月26日漢城着（「朝鮮陣留書」）。5月14日、城普請が済み次第「赤国」への進軍を予定している（「徴古雑抄」）。閏9月後半までには唐島内松真浦城に在番（中野2008）。

文禄3年（1594）

時期は不明だが一時帰国し、5月24日秀吉より城米奉行に任ぜられて、再び朝鮮に渡る（『駒井』1月22日条「系譜」）。7月26日には巨済島在（『薩藩旧記』）。9月11日（巨済島より？）釜山浦に行って戻ってくる（「立花文書」）。同16日には明日に釜山浦行きを予定している（「島津家文書」）。29日から10月4日にかけて、場門浦・永登浦で海戦（『乱中日記』「立花文書」）。14日釜山浦着（「島津家文書」）。11月3・5・6・18日、12月26日に在朝鮮を確認できる（『薩藩旧記』『薩藩旧記』附録2）。

文禄4年（1595）

7月15日、秀次の切腹にさいし高野山に赴く（『大かうさまくんきのうち』）。8月頃、尾張清須24万石の領地を拝領する（加藤1990『小松寺文書』）。ただ残念ながら、入国の時期は不明である。

3　尾張清須時代

ここでは、尾張清須に移ってから安芸・備後を拝領する年までみていく。第2次出兵には参加しないようであるが、この間の動向ははっきりしない。

文禄5年・慶長元年(1596)

不詳。

慶長2年(1597)

7月11日付で朝鮮にいる島津家久に宛てた書状の本文には「竹中貞右・松井藤介此両人為御使被罷渡候間、一書申入候(中略)太閤様・秀頼様弥御息災ニ御機嫌能御座候間」、尚々書には「高麗已後ハ不懸御目(中略)何も御帰朝之節」(『薩藩旧記』)とあり、国内にいることはうかがえる。その後、『北野日記』8月28日条に「福島大輔殿と仙石殿と太閤様屋敷へ被参」とあり、在京している。

慶長3年(1598)

不詳。

慶長4年(1599)

上方におり、2月29日頃には家康より藤堂高虎への伝言を請け負っている(『高山公実録』)。閏3月4日、石田三成を襲撃して伏見の屋敷に追い込む(「慶長年中卜斎記」笠谷2000)。

慶長5年(1600)

周知のように、正則は家康による上杉討伐軍に加わり会津に向かうが、上方不穏の報に接して小山より引き返し、東軍として関ヶ原合戦を迎えることとなる。しかし、この間の正則の行動を直接示す史料はそれほど多くない。

正則は家康率いる上杉討伐軍に加わり、7月25日の小山の評定(『朝野』)ののち、西上して清須に入る(『伊達』)。福島勢は、22日に木曽川の萩原渡・尾越渡を越え、23日岐阜城を攻略して尾張まで退いたのち、佐和山表への進軍を予定している(『系譜』)。その後、大垣城周辺に陣を構え(『大洲加藤文書』)、9月14日になって大垣より関ヶ原に軍勢を進め、15日決戦に勝利したのちは、山科に在陣(「福島太夫殿御事」)。晦日頃までは、家康と毛利家との講和交渉で仲介を務めている(『毛利』)。

　※　8月から9月にかけて、正則は多数の禁制を発している。黒田1998によると、正則単独署名5点、池田輝政との連署29点、池田輝政・浅野幸長との連署5点で、軍勢の動きにともなって関ヶ原での決戦前は美濃、後は畿内の村落や社寺に与えたものが多い。

4　安芸・備後時代

慶長6年(1601)

安芸・備後をめぐって旧領主毛利氏との調整が続くなか、2月28日頃に一旦上方より尾張に下っている(『福原家文書上巻』)。4月10日付尾関隠岐宛に「我等儀来月五日㕝内ニ其元可相下候間、猶、普請等無油断可被申付候儀専一候」と書き送っている(「福島家御書写」『三原市史6』)。尾関隠岐は、前年12月4日付で正則より「あつくる代官所之事」を出されており(「黄薇古簡集」『三原市史6』)、ここで「普請等」について指図されていることからも広島に

462

いると思われる。したがって、正則は5月5日以前に広島に入ることを予定している。

慶長7年(1602)

　家康の上洛にともなって、2月に広島より大坂に上る(『綿考』)。3月8日少将に任ぜられ、9日参内(『言経』)、5月以降に上方から広島に帰ったようである(「島津家文書」)。7月9日付の島津義弘宛正則書状には「内府様八月十日比ニ、江戸へ御下向之様ニ、従上方申来候間、我等事、任御書中、今月廿七日ニ罷上、於上方御同名図書頭殿、山勘兵、本多上野介致談合」(「島津家文書」)とあるが、実際に広島を発ち上方に到着した時期は不明である。10月12日大坂発(「同」)。14日兵庫で島津忠恒を出迎え(「同」)、同道して16日に大坂着(「同」)。12月28日、伏見で家康と忠恒が対面するのを仲介している(「伊勢文書」)。

慶長8年(1603)

　1月2日豊国社参詣(『舜旧』)。3月25日家康に供奉して参内(『同』)。4月末に広島に下るが、7月初めに広島を出発して上洛することを予定している(「島津家文書」)。7月18日豊国社参詣(『舜旧』)。広島に下る途中、9月7日頃に大坂着(「島津家文書」)。12月4日付島津義弘宛正則書状に「我等なとハ　将軍様御上洛を承候而ら可罷上覚悟」(「島津家文書」)とある。家康が上洛のため江戸を出発するのは翌年3月1日であり(『当代』)、正則は広島で越年したのではないだろうか。

慶長9年(1604)

　家康の上洛にともなって上方にいることを確認できるのは、4月18日豊国社参詣(『舜旧』)のみである。『当代』6月2日条によると秀忠を見舞うため江戸に下っており、8日条には「河手に泊」(現在地不明)とある。8月18日ふたたび豊国社参詣(『舜旧』)。

　※　この年、秀忠は鷹野に出掛けたほかは江戸で過ごし(藤井1994)、家康は3月1日江戸発、29日伏見着、閏8月14日江戸に向けて伏見発(『当代』)。

慶長10年(1605)

　2月20日伏見在(「島津家文書」)。4月18日豊国社参詣(『舜旧』)。その後、上方より下った時期は不明であるが、8月1日には広島に在国している(「島津家文書」)。

慶長11年(1606)

　4月14日付の尾関隠岐守他5名宛正則書状(「福島家御書写」『三原市史6』)に「我等も御暇被下候間、今明(日)内ニ令帰国候」とあり、上方で家康より帰国を許されたとみてよいだろう。

　※　家康は、4月6日に伏見城に入り(『舜旧』)、9月21日に江戸へ向けて伏見を発つ(『当代』)。

　5月8日には正則の在国を確認できる(「福島家御書写」『三原市史6』)。

慶長12年(1607)

　2月13日に江戸に着き、秀忠より15日に饗応、22日に御茶を下され、家康よりも2月中に饗応を受けている(「水野家文書」)。5月27日付島津家久宛正則書状に「来十日より内ニハ爰元を可罷立覚悟」(「島津家文書」)とある。

慶長13年(1608)

　『当代』2月条には、「此比、大坂秀頼公疱瘡令煩給事甚危急也、西国中国衆密々有見廻、是被憚家康公前歟、中にも福島左衛門太夫急大坂江参上と云々」とある。

慶長14年(1609)

　春に端城普請の問題で家康の機嫌を損ねるが、端城の破却を申し出て許され、その御礼に向かうため7月11日に出船して備前牛窓にいたったところで、本多正純より駿府への伺候は秋まで延期との旨を伝えられ、広島に引き返した(「島津家文書」)。前後して丹波篠山に赴いている(『譜牒』中巻)。

　その後は、10月10日付で島津家久に宛てた正則書状(「島津家文書」)には「今程せがれ為御礼可指上其用意を申付候」とあり、「せがれ」を遣わして自らは在国を続けるつもりとも受け取れる。しかし『当代』によれば、11月に「安芸国より福島左衛門大夫江戸江可被下にて、今日十日大坂江被着」、「廿五日、福島左衛門大夫伏見を被立、関東江被下、路次は木曽筋也」、翌15年2月21日条に「福島左衛門大夫自旧冬在江戸、此比駿河江被上、廿四日立駿河被上、遠州三川大水付、路次逗留」とあり、10月10日以降に国元を発ち、11月10日に大坂着、25日に伏見発、江戸で越年したのち、2月21日頃に駿府着、24日駿府を発ったことになる。そうだとして、これが「せがれ」をともなったものだったかどうかは詳らかでない。当初、正則の東上は家康への御礼が目的であったのに、家康のいる駿府より先の江戸まで下るのは不審である。

　※　正則の男子は、①「系譜」、②「世系」には正之・正友・忠勝・正利、③『寛政譜』には正友・正之・忠勝・正利とある。正之は①では正則の勘気を蒙ったのち知れず、②には関ヶ原以後の記述がなく、③には慶長十二年乱行により殺害、とある。正友は①②には慶長13年3月25日死、③には早世とのみある。忠勝・正利は①～③ともそれぞれ慶長4・6年生まれで、当時数えで11歳と9歳である。

　※　『当代』によれば、この頃江戸に向かったのは正則だけではない。10月29日条に「中国西国北国大名衆、何も関東江十二月下て、於江戸可有越年催也、是併自駿河内々依御諚也」。11月7日条には「自江戸本多佐渡年七十一、駿府江参上、大御所関東下向を相止、自三島令帰給間、急江戸を立、今日府中江着、江戸将軍駿府為見廻可有御越旨、先般大御所江有内証、先々此度可有延引由大御所日」。「十二月下旬、美濃三川衆為越年駿府江下る、清須衆も右兵衛主駿府に居給間、同駿府江下、上方衆於江戸可有越年とて、国を被立けれとも、自江戸被上之」とある。これらの解釈について、二木1986は徳川政権が江戸および駿府参賀を企図したものとしながら大名による越年の実態に触れないのに対し、丸山2007は江戸参勤の対象を豊臣系大名に拡大したもので越年はあったと指摘するように意見の一致をみていない。たしかに、諸大名において江戸での越年が取り沙汰されていたことは、10月15日付西藤兵宛蜂須賀至鎮書状案に「次上方各為越年江戸へ被罷下様ニ下々取沙汰申候、丹州之御普請も相隔、徒ニ罷在

事候条、拙子式も自余ニも不相構、越年ニ罷下可然候ハん哉」、23日付西藤兵宛至鎮書状案に「先書ニも如得御意候、上方衆為越年江戸へ被罷下御沙汰者無御座候哉、我等式罷下可然候ハん哉」とある(「蜂須賀家文書」)。しかし、12月27日付山内対馬守(康豊)宛本多正信書状(「山内家文書」)には、

> 駿府・当地へ参上可被成ためニ伏見迄御着被成候処ニ、各五畿内・四国・西国衆来春御参府被成候ニ付而、御一人ハ如何候と被思召、伏見ゟ御帰城之由御尤ニ候、其趣　将軍様へ申上候処ニ、誠御心付御造作御苦労ニ被　思召之旨御諚ニ而、一段と御懇なる御仕合共ニ御座候、其様子御前ニ伺公之衆被承、誠ニ御名誉なる御事と被申候、来年於御下ニハ、其節積御事共可申承候条、不能一二候、恐惶謹言、

とある。この年次は、まず康豊が慶長10年7月1日に従五位下対馬守に任ぜられ、同11月13日に就封してより、15年閏2月18日に松平名字を賜り従四位下土佐守に叙せられる以前に絞られる(『寛政譜』)。本文を見ていくと、康豊は駿府・江戸に参上するため伏見まで着いたが、「各五畿内・四国・西国衆」の参府は来春になったので、一人東上するのはどうかと思い、引き返して帰城したとある。こうした康豊の動向の前提として、当初「各五畿内・四国・西国衆」に年末の江戸着が指図されていたとみてよいだろう。これは、慶長14年の状況にほかならない。すなわち、「各五畿内・四国・西国衆」の江戸越年は実現されなかったのである。

慶長15年(1610)

閏2月6日、4月28日に豊国社参詣(『舜旧』)。この年、正則は尾張名古屋城普請に動員されており(『蓬左遷府記稿』)、7月には普請場にいる(『薩藩旧記』)。9月に普請は一旦終了したが、江戸より下ってくるはずの島津家久に対面しようと上方に滞留するうちに体調を崩して帰国した(「島津家文書」)。

慶長16年(1611)

3月28日に二条城で豊臣秀頼と家康が会見するが、それに立ち会うことになる加藤清正の25日付竹中重利宛書状には「大夫殿御煩拙者見廻申儀、秀頼様御上洛前遠慮仕可然候ハン由承候」(大阪城天守閣所蔵史料)とある。このように正則が二条城会見を前にして上方に滞在しながら患っていたことは、25・28日付松井康之宛細川忠興書状にもみえ(『松井文庫所蔵古文書調査報告書 三』)、4月22日には『義演』に「広島少将煩、祈禱巻数大坂へ進上」とあり、『当代』6月24日条には「福島左衛門太夫、去春より被煩、存命不定の間、継目判形依所望、息男駿河江戸江被下」とある。

※　福田2003は、上記3月25・28日付忠興書状・『義演』・『当代』および下記10月26日付正則書状(「不動院文書」)の経緯から「一六年三月の二条城会見後に正則は帰国し、翌一七年一〇月までは病気療養のため在国していたとみるのが自然であろう」と述べている。時期不詳ながら帰国したことに異論は持たないが、下記『舜旧』9月29日条によって国元を出発した時期は10月より早くなる。

慶長17年(1612)

9月29日朝に豊国社を参詣(『舜旧』)。10月13日駿府に到着、14日家康に謁見したのち16日駿府発、21日江戸着、22日に秀忠に謁見、25日晩には江戸城で饗応を受けている(「不動院文書」)。

慶長18年(1613)

17年よりそのまま江戸で越年したようで、1月3日に駿府の家康には名代で「献御太刀御馬」を済ませている(『駿府』)。24日には、同じく江戸にいる木下延俊の訪問を受けている(『木下延俊慶長日記』)。

　※　越年について、福田2003が12月2日付宛所欠正則書状(船崎昇誠氏所蔵文書)と『本光』3月16日条(「羽柴左衛門太夫殿ゟ三月十三日之御状来。山城宮内。大壱岐。竹中采女ヨリ被届」)をもとに説明するのを、『駿府』1月3日条・『木下延俊慶長日記』同月24日条によって補うことができる。

その後は、娘・孫を江戸に差し出す島津義弘に宛てた12月14日付正則書状に「御息女様幷御孫子様此表へ御伺公、先以目出度存候、拙者事于今此表ニ罷在候」「来年当地御普請(中略)何茂御普請致出来於帰国仕者、国本ゟ可得御意候」(「島津家文書」)とあるように、ひき続き江戸に滞在し、翌年江戸城普請が終わって帰国する心積もりである。

慶長19年(1614)

江戸城普請は10月初めまでには一旦終了をみている(『本光』10月2日条)が、間もなく大坂冬の陣が起こる。『当代』10月8日条に「福島左衛門大夫黒田筑前守加藤左馬助是三人被残江戸」、『駿府』10月13日条に「福島左衛門大夫正則使者従江戸参着」とあり、また11月1日付松井興長宛細川忠興書状には「羽左太・黒筑・加左馬、小性二三人之躰にて、江戸　御留守之由候」(ママ)(『松井文庫所蔵古文書調査報告書　三』)とあるように、諸大名が大坂へ出陣するなか、正則のほかに黒田長政・加藤嘉明が江戸に留め置かれている。同じく江戸に残る平野長泰に宛てた12月4日付浅野長晟書状の「其元御番きひしく御苦労之由、御迷惑成儀と申事候、左衛門大夫殿、左馬殿御きうくつニ相見え候由」(『浅野』)にも正則らの様子をうかがえる。

慶長20年・元和元年(1615)

江戸滞留が続くさまは、正則みずから3月20日付で伊勢貞昌宛に「我等儀も未在江戸仕候」(「伊勢文書」)、4月24日付で福島丹波守宛に「我等事か様ニ江戸ニつめ候へヽ、はや死申たる同前ニ候」(『早稲田大学所蔵荻野研究室収集文書下巻』)と書き送っている。5月8日に豊臣家が滅亡した後も、閏6月1日・12日と在江戸を確認できる(「島津家文書」)。正則は島津家久に宛てた書状で、8月14日付には「定而当年者拙者も御暇可被下候哉、於罷上ハ国本より可得御意候」(「島津家文書」)と期待のようなものを示したが、9月24日付には「拙者事、いまた江戸ニ罷在候」(「島津家文書」)と述べており、12月25日付には同月1日に江戸で家康に謁見して帰国の暇も出されたが「年内者余り無御座ニ付て、御年頭申上可罷上覚

悟」(「島津家文書」2171)と記しているように、結局江戸で越年することになる。

> ※ 「島津家文書」2171は、『薩藩旧記』に収められ「朱カキ」「慶長十四年」と付されている。しかし、差出書に「福島左衛門大夫正則(花押)」、宛所に「嶋津陸奥守様御報」とあり、書中に「本佐渡守殿」がみえる。正則・家久が「羽柴」名字を改めるのは大坂夏の陣以降であり(黒田1998)、本多正信が死去するのが元和2年6月7日であるから、当史料は元和元年である。

元和2年(1616)

家康の病気を見舞うため、秀忠が江戸より駿府へ向かうと、正則も2月20日に江戸を発ち、23日駿府着、24日秀忠に謁見したのち、家康の寝所に召し出されて謁見を果たす(「福島家御書写」『三原市史6』)。3月29日に帰国の暇を出される(4月2日付寺沢志摩守宛正則書状『甲子夜話巻十五』)が、4月2日も駿府におり、出立の時期をうかがっている(「島津家文書」)。

> ※ 福田2006は、『本光』5月17日条(「一五月十七日　福島大夫殿卯月廿七日之状来。相国様御他界咲止成由申来候。使牧主馬。則返書遣ス」)より「四月末までに広島に戻った」とする。同日、江戸の崇伝の下に5月8日付の興福寺書状も届いており、4月27日付の正則書状がその西方より出されたことは確かである。

その後について、福田2006が12月13日付大橋茂右衛門宛正則書状(「大橋文書」『広島近世Ⅱ』)により「正則がいつ広島を出発したかは不明だが、同年十二月までには江戸滞在が確認できる」と指摘している。

> ※ 同史料に関しては、『広島近世Ⅱ』が元和3年、黒田1998が元和4年とするが、ともに根拠は不明である。福田2006は、「大橋文書」のうち元和期分について、諸所の作事・普請を主な内容とすることから、それぞれの進捗状況によって年次比定を行っており、そのなかで同史料を元和2年とする。同史料自体に正則の在江戸を直接示す記述はないが、大橋茂右衛門に対して京都に上り半井蛛庵と相談して建仁寺内の屋敷の作事を行うようになどと指図しており、正則が京都にはおらず、かつ大橋より遠方にいるとうかがえることから、在江戸が導かれているようである。なお、以下についても、「大橋文書」の年次は福田2006による。

元和3年(1617)

この年は秀忠の上洛が予定されており、正則も暇が出され次第、上方に向かうつもりである。6月10日木曽奈良井着、14日朝に信濃大田渡、同日午刻に岐阜、16日に近江番場(以上「大橋文書」『広島近世Ⅱ』)、18日に京都建仁寺にいたり、23日勅使広橋兼勝・三条公広より口宣を賜り宰相に任ぜられ、26日に参内、28日に上着した子忠勝とともに、29日秀忠を「追分」まで迎えに出て謁見し、帰国の暇を出されている(『厳島野坂文書』『広島古代中世Ⅱ』)。したがって、間もなく帰国したと思われるが、7月6日までは京都在を確認できる(『慈性』)。

元和4年(1618)

　閏3月4日京都(『慈性』)、27日に江戸着、4月3日秀忠に謁見し、「若君様」(家光)への御礼も済ませた(「福島家御書写」『三原市史6』)。11月21日朝、江戸城で秀忠より御茶を下される(「大橋文書」『広島近世Ⅱ』)。

元和5年(1619)～同10年・寛永元年(1624)

　前年より秀忠の上洛が取り沙汰され、正則は再三御暇次第帰国すると述べている(「大橋文書」『広島近世Ⅱ』)。しかし、当年に入っても2月1日付黒田蔵人宛正則書状に「やかて御暇可被下候様ニ取沙汰候間、我等帰国、程有間敷候」(「三奈木黒田家文書」)とある。

　結局、正則に暇が下されることはなく、上洛した秀忠によって6月2日付で年寄連署奉書が出され、安芸・備後2か国の召し上げと津軽への替地を命じられた(『東武』)。その後、7月24日付尾関右衛門太郎宛正則書状に「最前ハ、津軽へ可被遣と被　仰出候へとも、程遠思召、信濃河中嶋之内、又、越後之内にて、つかるのかはりほと御知行可被下と重而被　仰出候」(「福島家御書写」『三原市史6』)とあり、越後国魚智郡のうち2万5000石、信濃川中島に2万石、計4万5000石を与えられる(「系譜」)。10月初旬に川中島に入った(「大願寺文書」『広島古代中世Ⅲ』)。「系譜」によれば、住居は信濃国高井郡高井野村となっている。以後、寛永元年7月13日に死去するまで、詳細は不明である。

■典拠

【古文書】

「松林寺文書」(香川県歴史博物館収蔵)「立花文書」(柳川古文書館収蔵)「徴古雑抄」(国文学研究資料館史料館所蔵)「蜂須賀家文書」(国文学研究資料館史料館所蔵)「三奈木黒田家文書」(九州大学附属図書館付設記録資料館九州文化史部門所蔵)「村上家文書」(山口県文書館収蔵)「島津家文書」(マイクロ版集成)「山内家文書」(九州大学附属図書館付設記録資料館九州文化史部門写真帳)

『浅野』「伊勢文書」(『宮崎中世1』)「厳島野坂文書」(『広島古代中世Ⅱ』)　大阪城天守閣所蔵史料1002(『大阪城天守閣紀要』25)「大洲加藤文書」(『岐阜古代中世4』)「大橋文書」(『広島近世Ⅱ』)『小田原市史史料編原始古代中世Ⅰ』『甲子夜話巻十五』所収正則書状『吉川』「黄薇古簡集」(『三原市史第六巻資料編三』)「小早川」『薩藩旧記』「小松寺文書」「書肆渡辺氏待買文書」(『大日本史料』11-17 104頁)「大願寺文書」(『広島古代中世Ⅲ』)「伊達」「長安村検地帳」(『今治郷土史二』)「福島家御書写」(『三原市史第六巻資料編三』)『福原家文書上巻』「不動院文書」(『広島古代中世Ⅳ』)「前田家所蔵文書」(『長久手町史資料編六』)「松井文庫所蔵古文書調査報告書三」「水野家文書」(『大阪市立博物館研究紀要』9)「毛利」『早稲田大学所蔵荻野研究室収集文書下巻』

【日記】

『義演』『木下延俊慶長日記』『駒井』『慈性』『舜旧』『多聞院』『言経』『本光』『乱中日記』

【記録】

「伊予日記」（伊予史談会所蔵）「福嶋氏世系之図」（京都大学総合博物館所蔵）「慶長年中　卜斎記」（『改訂史籍集覧』）『高山公実録』『寛政譜』『北野日記』「四国御発向並北国御動座之事」（『続群書類従』）『駿府』『大かうさまくんきのうち』「朝鮮陣留書」（山口県文書館所蔵）『朝野』『当代』『東武』「福島家系譜」（『広島近世Ⅱ』）「福島太夫殿御事」（『改訂史籍集覧』）『譜牒』中巻「蓬左遷府記稿」（『大日本史料』12-6　1040〜1041頁）『綿考』『山内家史料第二代忠義公記　第一篇』

【著作】

笠谷和比古『関ケ原合戦と近世の国制』（思文閣出版　2000年）

加藤益幹「福島正則の入部」（『新修稲沢市史本文編上』新修稲沢市史編纂会事務局　1990年）

黒田基樹「慶長期大名の氏姓と官位」（『日本史研究』414　1997年）

同「福島正則文書の基礎的研究（上・下）」（『芸備地方史研究』210・211　1998年）

鳥津亮二「小西行長の生涯と八代」（八代の歴史と文化17『小西行長』八代市立博物館未来の森ミュージアム　2007年）

中野等『文禄・慶長の役』（吉川弘文館　2008年）

福田千鶴「三奈木黒田家文書中の福島正則書状について」（『九州文化史研究所紀要』47　2003年）

同「戦争の終焉と城郭――福島正則の改易をめぐる三つの疑問――」（『近世成立期の大規模戦争　戦場編　下』岩田書院　2006年）

藤井譲治「徳川秀忠の居所と行動」（『近世前期政治的主要人物の居所と行動』　1994年）

二木謙一「江戸幕府正月参賀儀礼の成立」（同『武家儀礼格式の研究』吉川弘文館　2003年　初出1986年）

丸山雍成『参勤交代』（吉川弘文館　2007年）

『新熊本市史通史編第三巻近世Ⅰ』（熊本市　2001年）

伊達政宗の居所と行動

福田千鶴

【略歴】

　伊達政宗は、永禄10年(1567)8月3日に伊達輝宗の長男として米沢城に生まれた。母は山形城主最上義守の娘義(のちの保春院)。幼名は梵天丸、天正5年(1577)11月15日に元服し、藤次郎政宗と称した(11歳)。実名は、伊達家中興の主とされる大膳大夫政宗(1353-1405)を襲名したものという。天正7年三春城主田村清顕の娘愛(めご、のちの陽徳院)と婚姻、12年10月に家督を相続し、米沢を居城とする(18歳)。天正13年3月20日付で政宗を美作守に任ずる口宣案が伝来するため(『伊達』)、『治家記録』をはじめとして政宗の美作守任官が通説となっていたが、これは辞退したものらしい。実際に政宗が美作守を自称する文書も皆無で、天正13年9月12日付の綸旨には「伊達左京大夫」(従四位下相当)とある(小林清治『伊達政宗の研究』)。

　天正19年に侍従兼越前守、羽柴名字を名乗り、慶長2年(1597)従四位下右近衛権少将、13年陸奥守となり、松平名字を許される。20年正四位下参議、寛永3年(1626)従三位権中納言に進み、13年5月24日江戸桜田邸で死去。享年70。法名は瑞巌寺殿貞山禅利大居士、墓は仙台瑞鳳寺瑞鳳殿にある。

【居所と行動】

　伊達政宗の居所と行動については、『治家記録』の目次、および『仙台市史』資料編10～13・伊達政宗文書1～4の年次別解説・「伊達政宗略年譜」によって概略を把握できる。ただし、前者は史料内容のすべてを項目化した目次であるため、政宗の居所と行動を簡便に知りたいという目的に照らすと繁雑であること、また後者は概略を知ることができて便利だが、網羅的に居所と行動が押さえられているわけではないこと、という長短がある。そこで本稿ではこの二書の成果に大きく依拠しながら、現段階で確定しうる伊達政宗の居所と行動についての全体像を示すことにしたい。

永禄10年(1567)から天正13年(1585)まで

【概略】

　伊達氏と相馬氏との対立が続くなか、天正９年に政宗が初陣した後は、ほとんど父輝宗と行動をともにした。同12年10月に家督を継ぎ、小手森城・二本松城・小浜城攻略に成功し、11月には畠山義継の遺子国王丸を支援する佐竹・葦名・岩城・石川・白河氏と対峙し、仙道人取橋の合戦で勝利した。

【詳細】

天正５年(1577)　　１月７日信夫郡杉目城(祖父晴宗の居城)で七種連歌興行(『治家記録』)。

天正９年(1581)　　５月上旬、輝宗・政宗父子、相馬と戦う。政宗は15歳で初陣(『治家記録』)。

天正10年(1582)　　３月下旬、父子は会津・磐瀬・田村和睦の斡旋のため、杉目城に滞在。４月１日政宗は梁川亀岡八幡宮に参詣、梁川城に滞在、３日梁川城より杉目城に帰る。８月父子ともに角田城より金津へ出馬、20日間在留ののち矢目へ陣を移す(『治家記録』)。

天正11年(1583)　　２月６日父子出陣、伊具郡金山・丸森両城を攻める(『治家記録』)。

天正12年(1584)　　４月父子、伊具郡小斎に出陣。５月下旬、相馬と和睦。７月上旬父子は境目仕置をすませたのち、米沢に帰還。10月米沢城にて父の譲りを請け家督を継ぐ(18歳)。米沢城にて越年(『治家記録』)。

天正13年(1585)　　元日、米沢城にて祝儀。葦名氏との交戦を開始し、５月３日会津耶麻郡檜原へ出馬。６月５日上杉景勝に檜原在陣を告げるも(「向会津号檜原之地令在陣候」『政宗１』)、葦名攻略をあきらめ、28日には檜原城代に後藤孫兵衛信康を城番に命じ(同日付後藤孫兵衛宛書状『政宗１』)、米沢に戻った。

　閏８月12日米沢城を出陣、杉目城に着陣。17日伊達郡川股に陣を移す。24日安達郡小手森城攻略開始、27日小手森城本丸を攻め落とし、新城・樵山・かち内館・常陸館などを落城させる(８月27日付最上義光宛書状『政宗１』)。29日樵山に陣を移し、９月２日に築館に陣を移した(９月２日付資福寺宛書状『政宗１』)。22日に築館を出馬、田村領黒籠城に陣を移す。24日政宗、大場野内の城を攻める。25日岩角城近辺を巡見、この夜、大内定綱が小浜城を脱出したため、26日政宗は小浜城へ出馬。

　10月６日輝宗が小浜城を訪れ、二本松城畠山義継の進退について政宗と談合。７日畠山氏との和議なる。８日輝宗の陣所宮森にて畠山義継が輝宗を拉致し逃走、高田原にて二人とも撃殺された。この間の政宗の居所と行動については、政宗は鷹狩に出ており、輝宗が捉えられたことを聞き高田原に馳せ参じたが、すでに父の死後であったとする説(『治家記録』「成実記」)と、射撃は高田原において政宗自身が命じたものする俗説がある。９日政宗は父の仇をうつためすぐに二本松攻略を主張したが、老臣に諌められ未明に小浜城に戻った。同夜小浜城に父の遺骸を迎えた。15日に二本松城を攻めるが、籠城戦となる。16日から18日にかけて大雪が続き、21日に小浜城に戻った。11月10日頃に佐竹・葦名・岩城・石

川・白川氏の連合軍3万余が中村城を攻め落としたとの注進があり、政宗も岩角城へ出馬。16日敵が前田沢南ノ原に野陣を設けたことから、政宗は岩角より本宮へ陣を移す。17日本陣を観音堂山に備える。18日本宮へ出馬。21日岩角より小浜城へ入って越年(『治家記録』)。

天正14年(1586)から同18年まで

【概略】

　天正14年は畠山氏との小競り合いを続けたが、7月に二本松落城を成功させた。15年は10月に鮎貝城の叛逆を阻止するため出陣。16年は前年末から計画した大崎出兵を実行に移し、2月に大敗を喫するも6月より郡山において佐竹・葦名氏と争い、7月に講和。続いて大崎・最上氏とも講和する。17年は黒川・大崎両氏を麾下に属させて、5月から6月にかけて相馬・葦名攻略を進めて駒ケ峯城・新地箕頸山城を落とし、6月11日に黒川城に入った。政宗の勢力が拡大する一方で、7月には豊臣秀吉が上杉・佐竹氏に政宗討伐を命じ、同月に政宗は白川氏を麾下に属させた。10月26日には須賀川城を落として二階堂氏を滅亡させ、11月に岩城氏と講和して12月1日に黒川城に帰った。18年になると豊臣秀吉から小田原への参陣を勧告され、4月7日に政宗暗殺未遂により弟小次郎を殺害、5月9日に小田原参陣のため出立、6月5日小田原に到着するも、遅延を責められ会津・岩瀬を没収され、9日に秀吉に対面したのち、25日に黒川城に戻り、7月上旬に米沢城に移った。その後、秀吉の奥羽仕置のなかで所領没収の苦境に立たされ、10月には葛西・大崎一揆が勃発し、その鎮圧のため10月26日に米沢城を発ち、各地で転戦したのち飯坂城で越年。

【詳細】

天正14年(1586)　元日は小浜城で祝儀。4月まで動きはない。4月上旬に二本松へ出馬、そこに人数を留めて政宗は小浜城へ帰還。7月16日に二本松城主国王丸が本丸を自焼し、会津に逃げたため、伊達成実に城受取を命じた。27日に政宗は二本松城を視察し、小浜城に戻った。8月上旬に小浜城より米沢城に戻り、越年(『治家記録』)。

天正15年(1587)　元日は米沢城で祝儀。2月7日館山に出かけて地割、日暮に米沢に戻る。4月3日竜宝寺にて能五番を見物、暮に戻る。4月7日信夫郡八丁目城着、栖安斎を見舞う(16日没)ため杉目城に入り、8日杉目城発、米沢城着。10月14日鮎貝城へ出馬、15日鮎貝城発、米沢城着。米沢城にて越年(『治家記録』)。

天正16年(1588)　元日は米沢城で祝儀。1月17日大崎氏攻撃のため陣代派遣を決定(政宗は在米沢)。2月に伊達勢は敗退。5月15日米沢城発、石川弾正攻略に向かう。21日信夫郡大森城発、塩松築館城着。22日小手森城攻め。23日出陣中止。26日大森城に入る。閏5月5日在大森、11日安積表高倉辺へ行く。6月12日宮森発、本宮上ノ山着。佐竹・葦名氏と争う。13日本宮近辺に出馬、14日在本宮、16日本宮発、福原着。28日窪田着。7月21日佐竹・葦名氏と和睦、宮森城着。この頃、大崎・最上氏とも講和。9月17日三春発、大森城着。18日米沢城着ヵ。12月24日愛宕参詣(『治家記録』)。

天正17年(1589)　元日は米沢城で祝儀。3月27日湯治のため置賜郡上長井荘小野川へ行く。

4月1日小野川発、米沢城着。22日米沢城発、板屋着。23日大森城着。5月3日大森城発、本宮城着。4日安達郡阿子島城へ移る。5日安達郡高玉城を攻め、夜に本宮城へ戻る。7日本宮城発、大森城着。18日大森城発、伊具郡金山城へ着陣。19日宇多郡駒嶺(峯)城を攻め、杉目近辺に野陣。20日～22日在宇多郡新地箕頭山。23日亘理に行き、金山城着。24日駒嶺城着。25日駒嶺城発、金山城着。26日金山城発、大森城着。6月2日大森城発、本宮城着。晩方、片倉景親と談合後、安達郡中山まで出馬、阿子島を経由し本宮城着。3日本宮発、中山近辺まで出馬、安子島着。4日申刻安子島発、子刻猪苗代着。7日三橋着。11日三橋発、黒川城着。13日黒川城西館(「政宗母居所、米沢より本日移り住む」)に趣く(『治家記録』)。

7月1日黒川城。10月20日須賀川城(二階堂氏)攻略のため黒川城発、21日片平城着陣(『治家記録』)。24日片平発(「政宗片平表就被打着、明日廿五可被出御馬」『千秋文庫』)。25日片平城発、今泉着。26日須賀川北の野山着。12月1日黒川城着(『治家記録』)。

天正18年(1590) 元日は会津黒川城で祝儀。4月5日黒川城西館〈保春院(政宗母)による暗殺未遂事件〉。15日黒川城発、大地着。5月9日小田原参陣のため出馬(どこからかは不明)(「公、関白殿御陣所相州小田原表へ御参陣」『治家記録』)。16日越後国弥彦着(「今十六日屋彦迄無相違」『政宗1』「越後国屋彦ニ御宿陣」『治家記録』)。6月5日小田原着、底倉に在陣(「昨日五日、当陳へ参着候」『政宗1』「公小田原へ御着陣、此由関白殿ノ上聞ニ達シ、底倉ト云フ山中ニ御宿所ヲ命セラル」『治家記録』)、9日在小田原(「今日九日巳刻出仕候而(中略)関白様直々種々御入魂之義共、絶言句候」『政宗1』「関白殿御陣所普請場ニ於テ公御目見アリ」『治家記録』)、10日在小田原(「明日十日ニ可有御茶湯ニ候」『政宗1』「政宗公唯今御尋之事外聞忝次第候」『伊達』「関白殿御陣所御園ニ於テ、公ヘ御茶ヲ賜ヒ」『治家記録』)。11日在小田原(「扨々爰元仕合之事、今五日当御陣所へ参上、同九日御礼仕、翌日御茶湯ニ而致参上候(中略)何事も一両日中ニ可為下国候」同日付石母田景頼宛書状『政宗1』「爰元仕合之事、一昨日九日出仕及御礼候、(中略)昨日十日者御茶湯(中略)一両日中ニ可為下国候」同日付黒木宗元宛書状『政宗1』)。12日在小田原(「関東ヲ直ニ一、両日中ニ下向落着候」同日付佐藤為信宛書状『政宗1』同日付中島宗求宛書状『政宗1』)。14日小田原発、藤沢着(「今日従小田原当藤沢へ相着候」『政宗1』)。25日黒川城着(「今日廿五令下向候」『政宗1』)。

7月9日～15日黒川近辺発、米沢城着(「米沢御移リノ日、此月九日以後、十五日以前ナリ(中略)去三、四日比、黒川御本城許リ先ニテ彼両人(木村清久・浅野正勝)ヘ明渡サレ、近辺ニ御座シテ、諸事相調ラレ、十日前後ニ至テ会津中不残御明渡シ、米沢へ移住シ玉フ」『治家記録』)。15日在米沢城(「先々米沢へ相移候」『政宗1』)。23日秀吉を迎えるため米沢城発、大森着(「明日廿三為御迎打出候」『政宗1』「為御迎明日廿三日大森之訖令発足候」『政宗1』「為御迎明日廿三打立候」『政宗1』「明日廿三其口へ出張候」『政宗1』「明日廿三関白様御迎、其口へ出張候」『政宗1』「関白様会津へ御下向ニ付、昨日此方へ出張候」『政宗1』「昨廿三打出候」『政宗1』「関白殿御迎ヒトシテ米沢御発駕」『治家記録』)。27日宇都宮近くの川辺で野陣ヵ(「宇津宮罷出候日ハ、殊外洪水ニ候而、川辺ニ野陣ニて夜をあかし、翌日も川ふかく候へとも、馬をおよかせとおり申候キ」『政宗1』)。28日宇都宮着(「伊達政宗、下野宇都宮に到りて、秀吉に謁す」『史料綜覧』)、その後米沢帰城(日時不詳)。

8月11日米沢城発(「今度関白殿ヨリ奥郡御仕置トシテ(中略)公御案内トシテ今日米沢御出馬」『治家記録』)。18日在加美郡城生(「公御案内トシ加美郡城生ニ御在陣」『治家記録』)。 9月28日奥郡発、米沢城着(「昨暮当地ヘ令参着候」9月29日付浅野長吉宛書状『政宗1』「上洛支度ニ昨廿八日帰宅候」同日付片平親綱宛書状『政宗1』「公奥郡ヨリ今日米沢ヘ御帰城ナリ」『治家記録』)。

 10月26日米沢城発(「大崎葛西一揆御退治トシテ、米沢御出陣」『治家記録』)。11月5日宮城郡利府着(「昨日五日当号宮城令着馬候」『政宗1』「宮城郡利府ヘ御着陣」『治家記録』)。10日利府発、黒川郡下草城着(「利府ヨリ黒川郡下草城ヘ御陣ヲ移サル」『治家記録』)。13日在黒川(「政宗黒川江御陣替之由」浅野正勝宛蒲生氏郷書状『伊達』)。14日在下草城(「公ノ御陣所下草城」『治家記録』)。16日下草城発、志田郡松山城着(「先ツ遠藤出羽高康居城志田郡松山ヘ御馬ヲ納ラル」『治家記録』)。

 12月4日黒川着(「政宗去四日ニ黒川ヘ陣替候而会津二本松無通路様に候段」松井康之宛宗易書状『千利休の書簡』)。17日高清水城発、松山城着(「此時節公ハ高清水城ニ御在陣ナリ(中略)高清水ヲ打出ラル(中略)其夜ハ松山城ニ御宿陣」『治家記録』)。18日松山城発、黒川・杉目城を経由して飯坂城着(「黒川ヘ御出、其ヨリ信夫郡杉目城ニ御着、(中略)公同郡飯坂城ヘ御出、逗留シ玉フ」『治家記録』)。同月末信夫郡飯坂城(「信夫郡飯島城ニ於テ御越年」『治家記録』)。

天正19年(1591)から慶長3年(1598)まで

【概略】

 中央政権との関係維持のため在京期間が長く、かつ朝鮮出兵による名護屋・朝鮮在陣により、在国できたのは天正19年1月、同年5月〜20年1月、文禄4年4月〜7月のみである。天正19年は飯坂城で新年を迎えたが、1月19日に秀吉から上洛命令書が到着し、30日に米沢をたち京都に向かう。閏1月27日清須で秀吉に謁し、そのまま上京。5月20日に米沢に帰り、6月に大崎・葛西一揆と対決。その結果、大崎・葛西地方を得るが、長井・信夫・伊達・田村・刈田・塩松・小野・小出といった本貫地を失い、徳川家康の指南をうけて岩出山城に移った(岩手沢を岩出山と改称)。天正20年(文禄元年)は1月5日に岩出山を出て上京し、朝鮮出兵のため肥前名護屋に赴き越年。文禄2年2月に朝鮮出兵を命じられ、3月22日に名護屋出船、9月12日に釜山発、帰国の途につき、閏9月中旬に京都着。そのまま3年も在京し、4年4月に帰国のため京都発。7月秀次事件の釈明のため上京、8月上旬大坂で秀吉に釈明。5年(慶長元年)は在京し、伏見城修築課役を務める。慶長2年朝鮮出兵ながら、政宗は在京。3年8月18日に秀吉死去。この年も在京。

【詳細】

 天正19年(1591)　元日は信夫郡飯坂城で祝儀(『治家記録』)。1月7日飯坂城発、二本松の浅野長吉(長吉)を訪ねて飯坂城着(「浅野弾正少弼殿ヘ御見廻トシテ二本松ヘ御出アリ(中略)暮時公二本松ヲ御立、飯坂ニ御帰」『治家記録』)。9日飯坂城発、米沢城着(『治家記録』)、30日米沢城発、湯原通を経由(「公御上洛トシテ米沢御発駕(中略)刈田郡湯原通ヘ御廻リ登ラセラル」『治家記録』)。閏1月1日刈田郡下関着(「今日朔日当下関程令着馬候」『政宗1』「刈田郡下関ニ御寓」『治家記録』)、2日信夫郡杉目着(『治家記録』)、3日在杉目(「杉目ニ御逗留」『治家記録』)、4日二本松着(「二

本松へ御越シ、弾正少弼殿へ対談シ玉ヒテ御登リナリ」『治家記録』）、12日岩槻着（「今日十二日当地岩付迄参候」『政宗１』）、15日小田原着（「一昨日十五日当地小田原ニ着馬候」『政宗１』「相州小田原御寓」『治家記録』）、16日在小田原（『治家記録』）、19日駿府着（「今日十九日当地駿河府中へ着馬候」『政宗１』）、21日掛川着（「今日廿一遠江之内懸川へ相着候」『政宗１』）、22日浜松城（「昨日廿二日当地遠州浜松之城へ令上着候」『政宗１』）、23日在浜松（同）、25日三河岡崎着（「今日廿五日所岡崎江罷着候」『政宗１』「参州岡崎御寓」『治家記録』）、26日尾張清洲着（「公尾州清洲ニ御着」『治家記録』）、27日在清洲城（「昨日廿七日当清洲参着候、上様折節御鷹野へ御出、酉刻被成御還候（中略）今朝御前へ被召出、御食被下候（中略）明日は先へ急申候」『政宗１』「関白殿御前へ召出サレ、御料理ヲ賜フ」『治家記録』）、28日清洲発（「清洲御立」『治家記録』）。

２月４日京都妙覚寺着（「たて今日上洛也」『晴豊』「伊達上洛遅々（中略）去四日与風令上洛、京都弥御静謐」16日付新納忠元宛島津義弘書状『薩藩旧記』『治家記録』）、６日在京都（「篠屋へ人ヲ遣候、伊達就上洛為入魂也」『時慶』）、12日在京都（「侍従・従四位下叙任、参内」『史料綜覧』）、13日在京都（「伊達公家成、上卿之礼太刀馬代三百疋請取」『晴豊』）。

３月１日在京都（「伊達政宗へ一礼、馬太刀ヲ遣候、所労由ニテ不逢、遠藤文七郎奏者也」『時慶』）、７日在京都（「早より伊達めし御しやうはんニ参候、帰り有之也」『晴豊』）、15日宇治着（「宇治へ去十五日御成候而、宇治ニ而御茶被下」『政宗１』「関白殿宇治へ御成、公供奉シ給フ」『治家記録』）、21日在京都ヵ（「今朝、山里ノ御茶屋へ被召、御手前にて一服被下候」『政宗１』）。

４月３日在京都（「于今御在京之由、一入御苦労」徳川家康書状『伊達』）、12日在京都（「五三日中ニ可罷上候、其迄於御逗留者」増田長盛書状『伊達』）、24日京都発、今道通を下る（「明日政宗御下国（中略）明日今道通御下之由」23日付薬院宛新荘直頼書状『伊達』）、４月末京都発（「此月末、公京都御発駕」『治家記録』）。５月20日頃米沢城着（「此日比、公米沢城ニ御着」『治家記録』）。６月14日米沢城発（「大崎葛西一揆御退治トシテ米沢御出陣」『治家記録』）、この間、在刈田郡白石城（「此後、公、刈田郡白石城ニ四五日御逗留、御川猟アリ」『治家記録』）、21日黒川着、そののち宮崎近所まで陣を寄せる（「大崎境黒川ノ地御着陣（中略）此日、公、宮崎近所マテ御近陣」『治家記録』）、24日宮崎城近辺で戦闘（「公、宮崎城へ押寄セラル」『治家記録』）、26日在宮崎（「当地宮崎之事、夜前亥刻ニ責敗（中略）明日者高清水へ馬ヲ相移、佐沼へ調義」『政宗１』）、27日宮崎発、佐沼城近辺着陣（「公、宮崎ヨリ栗原郡佐沼城へ御働キナリ」『治家記録』）、６月28日〜７月３日在佐沼城近辺、佐沼城攻め（『治家記録』『政宗２』）。

７月４日佐沼発、登米郡登米着（「公、佐沼ヨリ登米郡登米へ御陣ヲ移サル」『治家記録』）。８月６日二本松着（「二本松へ御出アリ」『治家記録』）。９月10日在高清水城（「此節、公ハ高清水ニ御座シ、御病気ナリ」『治家記録』）、23日岩出山城着（「明日者いはて山へあひうつし候」『政宗１』「当地岩手山居城ニ付而、去廿三日相移候」『政宗１』「今日岩手沢城ニ御移徙アリ」『治家記録』）。

天正20年・文禄元年（1592）　元日は岩出山城で祝儀（「岩手山城ニ於テ御祝儀アリ」『治家記録』）。１月５日岩出山城発、黒川郡着（「いわて山五日ニ相たち」『政宗２』「御上洛トシテ岩出山御発駕、今夜黒川郡ニ御着」『治家記録』）、６日在黒川（「六日にハくろかわにて」『政宗２』「黒川郡七森へ御

出、鹿狩アリ」『治家記録』)、7日黒川発、小泉着(「今日七日当地小いつミニとゝまり候」『政宗2』「黒川郡御発駕、宮城郡国分荘小泉ニ御寓」『治家記録』)、8日四保着(「明日ハ四のふへうちこすへく候」『政宗2』「柴田郡四保ニ御寓」『治家記録』)、12日在丸森(「伊具郡丸森ニ御寓」『治家記録』)。2月13日京都聚楽着(「此月十三日ニじゆらくまて参つき候」『政宗2』「去十三京着候」『政宗2』「京都聚楽御屋形ニ御着」『治家記録』)、3月17日京都発(「今日十七日、京都を令出陣候」『政宗2』「去月十七日京ヲ相立候」『政宗2』「去月十七日京都打立」『政宗2』)。

4月9日周防花岡着(「今日九日防州号花岡ニ着陣候」『政宗2』)。18日博多着(昨)(「時九州はかたノ浦ニ着陣候」『政宗2』)。5月5日在名護屋(「去五日太閤様御前ヘ被召出、御筒服・御帷拝領仕候」『政宗2』)。6月11日在名護屋(「大閤様ヘ御茶湯なと種々御入魂ニ候」『政宗2』)。

文禄2年(1593)　元日は名護屋で祝儀(『治家記録』)。2月10日在名護屋(「大閤様弥御甚深(中略)日々方々茶之湯又陣所ヘ各申請」『政宗2』)、11日在名護屋(「日々各々ヘ打越遊山」『伊達』)。3月15日名護屋発、名護屋ヘ戻る(「朝鮮御渡海トシテ名護屋御出船(中略)日和悪シテ(中略)公ハ陸地ニ御上リ」『治家記録』)、22日名護屋発、壱岐国風本着(「今日追風能キニ就テ御船ヲ発セラレ、壱岐国風本ヘ着岸」『治家記録』)。4月13日以前、壱岐国風本発、対馬府中着(「風本ニ四五日御逗留、其後対馬国ヘ御着船(中略)十四五日滞留」『治家記録』)、13日朝鮮国釜山浦着(「かうらひヘ四月十三日ニ参つき候」『政宗2』「今日始テ朝鮮国釜山浦ヘ御着岸」『治家記録』)、18日釜山浦発、蔚山攻めに向かう(「釜山浦ヲ御出陣、蔚山表ヘト出張」『治家記録』『政宗2』)、21日蔚山表着(「釜山浦ヨリ三夜ヲ経テ蔚山ヘ今日御着陣」『治家記録』)、23日梁山城着(「御陣ヲ梁山城ヘ移サル」『治家記録』)。

6月20日～28日晋州城攻め(「公諸将ト同ク朝鮮国晋州城ヘ押寄セ給ヒ、今日遂ニ攻落サル」『治家記録』)。

9月12日釜山浦発(「今日釜山浦ヲ出船」『治家記録』「九月十二日にふさんかいをまかりいて、十八日ニなこ屋まて参つき候」9月22日付おちやこ宛書状『政宗2』『伊達』)、18日名護屋着(「名護屋ニ御着船」『治家記録』)。閏9月11日備後井原着(「今日備後ノ内、号井原相着候、当月十七八頃は可為京着候」『政宗2』「備後国井原ニ御寓」『治家記録』)、20日頃在京都聚楽(「無異義帰朝」『政宗2』「京都聚楽御屋形ニ御着」『治家記録』)、23日在伏見城(「昨日十三日於伏見御茶被下」『政宗2』「大閤伏見ニ於テ公ヘ御茶ヲ賜フ」『治家記録』『駒井』)、25日在伏見、登城(「今日廿五日、伏見ニて御目見え申候(中略)屋敷をも被下候、爰元しゆらく屋敷も身の事者無相違候」『政宗2』「伏見ニ於テ大閤ヘ御目見、其上伏見御城下ニ御屋敷御拝領」『治家記録』)、30日在京都(「政宗四品望ニ而黒装束ニ成申候」『駒井』)。

文禄3年(1594)　元日は京都聚楽で祝儀(『治家記録』)。2月25日吉野茶会、政宗も同行(『治家記録』)。29日吉野歌会(「大閤様御仮屋形ニ而御歌之御会(中略)侍従政宗」『駒井』)。

4月3日京都(「明後五日御茶可被下(中略)雖然五日ニハ御城御女中衆御振舞之儀被仰出」政宗宛前田玄以書状『伊達』)。5月23日在京都ヵ(「家康公御内ニ御坐候欤、刻後御見廻仕度」同日付加々爪政尚宛書状『政宗2』)、29日在京都ヵ(「大閤様明日伏見ヘ御上洛之由申承候」『政宗2』)。6月16

日京都聚楽屋敷にて正室田村氏が女児(五郎八)を出産。

　8月1日京都発、大坂城着(「京ヘ聞得申候間、即刻罷出、終夜、船にて参申候ヘ共、やう〳〵唯今参着仕候」8月1日付政宗書状『政宗2』)、12日在伏見(「唯今伏見ヘ罷出候条」『政宗2』)。

文禄4年(1595)　元日は京都聚楽で祝儀(『治家記録』)。5月～6月頃京都発(『治家記録』)。7月15日大崎着(「昨日十五日大崎ヘ参着仕候」『政宗2』)、日付不詳ながら岩出山着(『治家記録』)。この間、京都で秀次事件。7月下旬岩出山城発(「岩出山御発駕、京都ニ赴キ玉フ」『治家記録』)、29日以前に白河を経由して上洛(「大崎不罷出、白河より弾正様御供仕、折角急罷上事候(中略)俄上洛取紛無其義」同日付浅野幸長宛書状『政宗2』)。

　8月11日京都または伏見着(「我等罷下事、方々早々下向候ヘと承候、利家も其分ニ候ヘとも、御意ニ候間、延引仕候、大坂より左右も候者可申承候」『政宗2』)、8月上旬摂津大坂城着(「摂州大坂ヘ御着、直ニ施薬院法印全宗ノ宅ニ入リ玉フ」『治家記録』)、9月9日在伏見ヵ(「去九日御目見相済」『政宗2』「御気遣後、始テ大閤ヘ御目見」『治家記録』)。12日伏見着(「唯今伏見ヘ参候、屋敷之事山城殿ヘ宗薫を以申候」『政宗2』)。19日京都聚楽発、伏見着(「此地ヘ聚楽之家共移申ニ付而、一両日在洛仕、唯今下向仕候」『政宗2』「聚楽ヨリ伏見ヘ御出」『治家記録』)。11月15日在伏見(「今朝者御城ヘ罷出候キ、今日者御機色一段能御さ候由」『政宗2』)。

文禄5年・慶長元年(1596)　元日は伏見屋敷で祝儀(『治家記録』)。2月10日大坂城で秀吉に目見え(『治家記録』)、11日聚楽屋敷着(「昨日御礼相澄候而、夜前罷上候、(中略)唯今上洛申候」『政宗2』「聚楽御屋敷ヘ御出」『治家記録』)。3月27日在伏見(「大閤様去廿七日舟ニ而御下向候刻、普請場ニ相待申候」『政宗2』「大閤御船ニ召シ玉ヒ、聚楽ヨリ伏見ニ赴セラル、時ニ、公、向島御城普請場ヘ御出、待居玉フ」『治家記録』)、29日在伏見(「一昨日御普請場ヘ出御候条、罷出(中略)御手前にて御茶(中略)終夜御前ニ相詰」『政宗2』『治家記録』)。4月27日伏見新宅に移徙(「昨日新宅移徙仕候」『政宗2』)。閏7月24日京都着(「京ヘ参候間、晩ニハ自是もたせ可進候」『政宗2』)。

慶長2年(1597)　元日は伏見屋形で祝儀(『治家記録』)。9月26日在京都(「御参内付而辻固之義尤心得候」『政宗2』)。12月京都にて従四位下右近衛権少将に昇進。

慶長3年(1598)　元日は伏見屋形で祝儀(『治家記録』)。3月15日醍醐の花見。4月27日伏見発、京都着(「明日廿八秀頼様此地御下向ニ付而為供奉今夜より罷上御事」『政宗2』)。12月8日大坂屋形に男児(虎菊丸、のちの忠宗)誕生。

慶長4年(1599)～同20年・元和元年(1615)

【概略】

　秀吉死後の政宗は、慶長4年1月に長女五郎八と家康7男松平忠輝(一説6男)との婚約を取り結ぶなど徳川氏への接近策をとるが、上方にいるためか居所と行動は不詳。5年正月は大坂屋形で迎え、6月に伏見を通って帰国、9月の関ヶ原合戦となる。6年1月は在国、9月に江戸を通過して上京。この間、江戸屋敷と久喜の鷹場を拝領し、以後は江戸に滞在する機会が多くなる。7年1月は伏見、10月に上京、8年1月は江戸、8月に帰国。9年は10月に江戸参勤。10年は秀忠が将軍に就任し、2月これに供奉して上京し、6月に

江戸着、7月に帰国。11年11月に江戸参勤、12年は在江戸、13年は2月に帰国、14年は在国、15年は4月に江戸参勤、5月に家康を見舞うため駿府滞在、その後江戸で越年。16年は家康と秀頼の二条城会見があるが、政宗は在江戸。17年一旦帰国するが、日時は不詳。12月に江戸参勤。18年は4月に駿府を訪れ、江戸に戻り、7月に宇都宮を経由して帰国。19年3月に仙台を出て江戸を経由して高田城普請に向かい、7月に成就後仙台に戻り、10月に大坂の陣触により江戸を経由して上洛、京都で越年。20年は摂津仙波陣所で新年を迎え、2月は在京、3月に京都を発し、駿府に立ち寄ったのち在江戸。5月夏の陣により大坂に向かい、陣後は7月まで在京、江戸を経由して9月に帰国。

　なお、慶長年間の『治家記録』は年によって記事に濃淡があるため、政宗の居所と行動については多くの課題を残すことになった。他日に期したい。

【詳細】

慶長4年（1599）　元日の居場所は不詳。1月20日以前に今井宗薫の取り次ぎで五郎八が家康の7男松平忠輝と婚約（「公ノ御息女ヲ大神君ノ第七男松平上総介殿忠輝へ御縁約」『治家記録』）。

慶長5年（1600）　元日は大坂屋形にて祝儀（『治家記録』）。6月14日大坂発、伏見着、15日伏見逗留、16日伏見発、7月12日北目城着（『治家記録』）。21日白石城攻略のため北目城発、名取郡岩沼城宿陣、22日在岩沼城、23日岩沼城宿陣（『治家記録』）。24日白石城攻略（「昨日廿四日白石表相動候」『政宗2』）。この間、在白石城。8月11日白石城普請（「此普請中（中略）五六日も此方にかたくおき候て可然候」『政宗2』）。14日白石城発、北目城着（『治家記録』）。9月15日在北目城、最上義光の嫡男義康が援軍要請のため北目城着（「よしあき御子そく修理殿（中略）山かたより（中略）此地まて御越候」『政宗2』）。10月5日北目城発、申刻白石城着、12月24日在千代城、普請縄張り始め、26日北目城着（『治家記録』）。

慶長6年（1601）　元日は北目城で祝儀（『治家記録』）。4月14日仙台城本丸に移る（「去十四日此地仙台へ相移申候」『政宗2』）。9月3日仙台城に戻る（「他行仕、昨夜中帰宅」『政宗2』）。10日岩出山城発（「去十日在所を罷出」『政宗2』『治家記録』）。16日古河着（「今日当地こがまて相着候」『政宗2』「昨日十六日下総之古河へ上着仕候」『政宗2』）。18日江戸着、19日江戸発、藤沢着（『治家記録』）。20日小田原着（「昨日此地小田原へ参着」『政宗2』）。30日伏見屋敷着（「去晦日伏見へ相着」『政宗2』）。10月1日伏見城出仕、家康に面談（「朔日御城へ出仕」『政宗2』）。5日伏見城出仕（「今月五日御城ニて御茶被下」『政宗2』）。この年、近江国5000石の知行を安堵され、江戸屋敷および武蔵国久喜に鷹場を与えられる。

慶長7年（1602）　元日は伏見屋敷で祝儀。10月上旬伏見発、江戸に向かう（『治家記録』）。

慶長8年（1603）　元日政宗は在江戸。1月正室田村氏と世嗣虎菊丸（のちの忠宗）が伏見より江戸に下る。8月江戸発、仙台城着（『治家記録』）。

慶長9年（1604）　元日在仙台。2月領内巡見。10月10日頃仙台城発、江戸着（『治家記録』）。

慶長10年（1605）　元日在江戸、2月16日秀忠上洛に先立ち江戸発（『治家記録』）。3月8日大津着（『治家記録』）、19日在大津（「大津ニ于今逗留候」『政宗2』）。23日伏見屋敷着（『治家記

録」)、30日在京都(「長途無何事上着候」『政宗2』)。5月29日京都発、6月14日江戸着(「唯今参着仕候、今日御城へ可罷出候へ共」『政宗2』)。7月上旬江戸発(『治家記録』)。10日在郡山(「御使札於郡山参着候」『政宗2』)。8月15日松島で月見、仙台で越年(『治家記録』)。

慶長11年(1606) 元日在仙台(『治家記録』)。3月3日に常陸国内1万石加増。8月25日在仙台(「于今在国仕候」『政宗2』)。10月仙台城発、晦日宇都宮着(「今日晦日此地宇都宮へ相着候」『政宗2』)。11月11日在江戸(「両御所様御目見申」『政宗2』)、12月24日在江戸、松平忠輝と五郎八の婚姻、江戸で越年(『治家記録』)。

慶長12年(1607) 元日在江戸。閏4月より江戸城堀普請。閏4月26日在江戸(「一両日已前登城仕候」『政宗2』)、29日在江戸(「拙子も近日中に御普請可仕候条」『政宗2』)。6月9日在江戸(「御普請場之外何方へも不参候」『政宗2』)。7月13日在江戸(「于今御普請場に居申候」『政宗2』)。江戸で越年(『治家記録』)。

慶長13年(1608) 元日在江戸、晦日在江戸(「明日在所へ罷下」『政宗2』)。帰国時期は不明。

慶長14年(1609) 在仙台(『治家記録』)。

　　※　慶長13年冬に政宗は秀忠より松平名字を与えられ陸奥守に任じられたことにより慶長14年4月頃仙台発、江戸着、7月6日江戸発、仙台着(明石治郎「伊達政宗慶長十四年の参府」)。

慶長15年(1610) 元日在仙台。1月16日在仙台(「于今在国仕候、来月者江戸江可参候」『政宗2』)。4月2日～6日在江戸(「四日拙宅へ可被為成候」『政宗2』「四日の御成にて候」『政宗2』)。5月10日在江戸、11日江戸発(「今日も御城へ罷出(中略)駿府へ明日罷上」『政宗2』)、14日駿府着、25日駿府発、江戸に向かう(『実紀』)。7月5日在江戸(「御城ニて御留守」『政宗2』)。10月14日在江戸(「明後十六日御成相定」『政宗2』)。

慶長16年(1611) 元日在江戸。3月6日～7月10日江戸城西丸造営。3月28日在江戸(「今朝上様御出」『政宗2』)。5月9日在江戸(「俄御暇被下、帰国之事に候へ共、是非一服可申候」新庄直定宛書状『政宗2』)。14日江戸発(『治家記録』)。11月7日久喜着、9日忍着、家康に対面、10日鴻巣着、秀忠に対面、11日江戸着(「今月七日此方くきへ相着(中略)九日ニおしへ参(中略)又鴻巣へ将軍様御鷹野ニ而御座候間、おしゟ直ニ夜通参(中略)今日十一日江戸へ可相着候」『政宗2』)。その後帰国か。

慶長17年(1612) 元日在仙台(『治家記録』)。12月10日仙台発(「昨日在所を罷立」『政宗2』)。11日福島着(「今日当地福島迄参候」『政宗2』)。13日白河着(「今日於白川御使者ニ行合『政宗2』」「今日十三日至白河罷着」『政宗2』)。15日宇都宮着(「今日十五、当地於宇都宮披見候」『政宗2』)、16日久喜着(「十六日当地久喜へ参候」『政宗2』)。21日江戸着(「昨夕此方へ罷上候」『政宗2』)。

慶長18年(1613) 元日在江戸。1月15日在江戸(「御城ゟ御帰宅已後頭痛ニて臥候て不懸御目」『政宗2』)。3月28日秀忠、政宗邸御成(「今日廿八日(中略)いつの御成ゟ御機嫌」『政宗2』)。4月5日江戸発、9日駿府着(『治家記録』)。19日駿府発、21日江戸着(「十九日駿府を罷出、此方廿一日ニ帰宅仕候」『政宗2』)。7月10日江戸発(『治家記録』)、12日宇都宮着(「今日十二至宇都

宮」『政宗2』)、17日仙台着(『治家記録』)。

慶長19年(1614)　元日在仙台。3月16日越後高田城普請のため仙台発白石城着、17日八丁目着、18日白河着、19日宇都宮着、20日久喜着、21日江戸屋敷着、4月1日江戸発、鷹巣着、2日高崎着、3日坂本着、4日信州笛吹峠を越え、小室着、5日佐加喜着、6日善光寺着、7日荒井着、8日越後府中富岡仮屋着、14日より普請場(高田)へ毎日出る(『治家記録』)。18日在高田(「御普請はか行申」『政宗2』)。5月20日在高田(「来月中ニハ悉成就可仕」『政宗2』)。6月14日在高田(「昨日ハ少将様被成御出」『政宗2』)。7月5日高田城普請成就につき普請奉行衆は帰府、政宗は病気のため逗留(『治家記録』)。11日在高田(「近日下向之儀候間」『政宗2』)。17日高田発ヵ(「俄下向仕候」『政宗2』)。19日在柏崎(「今日十九日越国之内於柏崎令披見候」『政宗2』)。

　※　「引証記」には7月21日「富岡罷立」とあり、『治家記録』も「廿一日壬申富岡御発駕、柏崎御寓」とする。

22日出雲崎着、23日新潟着、24日黒川着、25日出羽小国着、26日小松着、27日夏苅を通り、性山(輝宗)の墓へ名代を派遣し、刈田郡下関着、28日下関発、小原に立ち寄り、仙台着(『治家記録』)。10月10日仙台発(「大坂之御陣触(中略)則十日ニ罷出」『政宗2』)、白石城着。11日白石城発、15日下野小山着(『治家記録』)。16日江戸着(「我等事ハ十六日江戸江参着」『政宗2』)。17日江戸城で秀忠に目見え(『治家記録』)。20日江戸発(「今日廿日罷立候」『政宗2』)。馬上700余騎総人数18000人、神奈川着、21日神奈川逗留中、酒井次次と対面、22日神奈川発(『治家記録』)。藤沢着(「今日者藤沢まて陣替候」『政宗2』)。23日小田原着、24日三島着、25日蒲原着(『治家記録』)。26日江尻着(「明日ハ我等泊江尻にて候」『政宗2』)。28日見付着(「只今此地見つけ江罷着候」『政宗2』)。29日御油着(『治家記録』)。

11月1日熱田着(「昨日朔日ニ此地あつたへつき候」『政宗2』)。2日墨股着、3日今洲着、4日四十九着、5日大津着(『治家記録』「此地大津ニ在之候」『政宗2』)。10日大津発、伏見にて秀忠に会い、京に向かう(『治家記録』「公方様唯今此方伏見江御通之事、拙者儀者為御目見只今ニ条江参候事」『政宗2』)。11日京都で家康に目見え後、宇治着、16日宇治発、橋本へ陣を移し、17日平岡に野陣(『治家記録』)。18日在八尾川端(「申刻此方やほ近所ニ陣取」『政宗2』)。20日家康の命により、木津今宮に陣を移す(「今日木津口江陣越仕事」『政宗2』)。23日住吉の家康陣所へ京極忠高・京極高知・山内忠義・堀尾忠晴・池田忠雄・蜂須賀至鎮・藤堂高虎とともに訪ね、29日仙波へ移り、12月4日岡山の秀忠陣所を訪ねて対面、11日茶臼山陣所を訪ね家康と対面、21日大坂方と和睦、秀忠より2万人分の扶持を与えられ、23日大坂城の堀埋開始、家康陣所へ祝儀に出、28日秀宗(政宗長男)に伊予宇和島10万石を与えられる(『治家記録』)。

慶長20年・元和元年(1615)　元日は摂津仙波陣所で祝儀、23日普請場成就、24日大坂発、京都三条屋敷着、2月1日在京、土御門泰重と初対面、17日在京、大文字屋左兵衛宅で饗応、19日在京、飛鳥井雅胤邸で饗応、28日秀宗、伊予宇和島に向けて京都発、29日在京、

石川昭光旅宿にて饗応、3月6日京都発、17日駿府で家康に対面、駿府発、21日江戸屋敷着(『治家記録』)。

　4月9日大坂へ向け江戸発、13日江尻着、15日掛川着、17日御油着、21日京都三条屋敷着、28日京都発、井出に着陣、30日井出出陣、木津着陣、5月3日木津を出陣、奈良着陣、6日大坂方と合戦、7日道明寺口を出陣、難波に着陣、9日難波発、京都三条屋敷着、10日二条登城、12日石川伝左衛門宅で饗応、14日伏見登城、18日二条登城、19日小原検校を来訪、6月5日伏見登城、6日伏見登城、閏6月6日二条登城、19日正四位下・参議に叙任、20日昇進の礼のため二条登城、21日秀忠の参内に供奉、23日二条登城、家康に定家自筆本を持参、28日大原で川猟、7月23日京都発、8月3日三島着、7日江戸屋敷着、28日仙台に向け江戸発、9月5日仙台着(『治家記録』)。

元和2年(1616)～同9年まで

【概略】

　元和2年正月は仙台で迎え、2月に家康を見舞うために江戸を経由して駿府着、目見えをすませて江戸を経由し、5月11日に仙台に戻る。9月24日に仙台を発し、久喜の鷹場に立ち寄って11月1日に江戸屋敷着。その後も久喜の鷹場に出かけ、江戸で越年。3年は2月に帰国し、5月日光東照宮に参詣して江戸に参勤し、6月～9月に上洛供奉、江戸に戻り越年。4年は閏3月に帰国、領内巡見。5年は3月に参勤、4月から9月まで上洛供奉、江戸にて越年。6年は3月に帰国、7年は8月に江戸参勤。8年は10月に帰国、9年は4月に江戸参勤、5月～9月に上洛供奉。時期は固定していないが、ほぼ隔年の在府・在国であり、元和3・5・9年の将軍上洛にいずれも供奉して在京した。元和期の居所と行動は、いずれも『治家記録』による。

【詳細】

元和2年(1616)　元日は仙台城にて祝儀。2月10日家康を見舞うため駿府へ向け仙台発、15日宇都宮着、16日久喜着、18日久喜発、江戸屋敷着、19日江戸発、22日駿府着、大黒屋某所に旅宿、数日後感応寺へ宿替、4月4日駿府発、9日江戸屋敷着、5月4日江戸発、11日仙台着、10月24日仙台発、30日久喜着、11月1日江戸屋敷着、12月1日久喜の鷹場に向け江戸発、春日部着、2日久喜着、14日久喜より江戸屋敷着。

元和3年(1617)　元日は江戸屋敷にて祝儀。2月18日江戸発、25日仙台着、5月16日仙台発、日光山経由、24日江戸屋敷着、6月6日秀忠の上洛供奉のため江戸発、21日京都着。7月18日在伏見、9月18日京都発、30日江戸屋敷着、12月2日久喜の鷹場へ向け江戸発、10日久喜より江戸屋敷に帰り、12月13日秀忠養女振と忠宗の婚礼。

元和4年(1618)　元日は江戸屋敷にて祝儀、閏3月26日帰国のため江戸発、4月3日白石城着、4日仙台着、18日領内奥筋巡見、5月6日伊沢郡水沢城滞在、8日磐井郡平泉辺旧跡巡見、14日玉造郡岩出山滞在、22日仙台城着。在国の間、領内の鷹野・川猟などに頻繁に出る。

元和5年(1619)　元日は仙台城にて祝儀、3月18日仙台発、25日江戸屋敷着、4月26日秀忠の上洛供奉のため江戸発、5月16日京都着、9月1日伏見で秀忠に対面、28日京都発、10月7日金屋駅着、13日江戸屋敷着。

元和6年(1620)　元旦は江戸屋敷にて祝儀、2月11日江戸城二の丸大手口升形幷石垣普請を命じられ、4月16日帰国のため江戸発(4月20日より二の丸普請開始)、21日郡山着、24日仙台城着、11月21日付で普請成就の秀忠内書を得る。

元和7年(1621)　元日は仙台城にて祝儀、4月13日在松島、8月20日仙台発、28日江戸着、11月24日上屋敷造営成就、移徙の祝儀、12月10日在久喜鷹場、20日久喜より帰府。

元和8年(1622)　元日は江戸屋敷にて祝儀、2月10日在久喜鷹場、19日頃久喜より帰府、8月21日に最上領受取の人数派遣を命じられ、名代として伊達成実・伊達定宗を派遣、10月16日江戸発、24日仙台着。

元和9年(1623)　元日は仙台城にて祝儀、4月17日仙台発、25日江戸屋敷着、5月16日上洛供奉のため江戸発、17日箱根着、18日三島着、6月8日京都着、25日参内、政宗供奉、閏8月24日在大坂、27日在堺、9月3日忠宗とともに京都発、13日駿府着、20日江戸屋敷着、10月24日在武州府中鷹場、11月7日在久喜の鷹場、12月21日秀忠、政宗邸御成。

元和10年・寛永元年(1624)から寛永13年まで

【概略】

　元和10年正月は江戸で迎え、4月に帰国。2年正月は仙台で迎え、4月に江戸参勤。5月には世嗣忠宗が入れ替わりに帰国(初入国)、以後は政宗と忠宗は入れ替わりに在国・在江戸を繰り返すようになる。3年正月を江戸で迎え、5月に上洛供奉、従三位権中納言に叙任され、10月に江戸に戻り、11月に帰国。

　4年正月を仙台で迎え、12月に参勤。5年正月を江戸で迎え、3月には秀忠、ついで家光の政宗邸御成があり、5月は日光に参詣した。9月に江戸城石垣普請を命じられるが、政宗は11月に帰国。新造の若林館に入った。6年正月を仙台で迎え、閏2月に家光の病気見舞いのため郡山まで上るも帰国を命じられ、12月に江戸に参勤。7年は正月を江戸で迎え、4月に家光、続いて秀忠が政宗邸に御成、11月に帰国。8年は正月を仙台城で迎え、秀忠病状を見舞うため2度出国するも、途中で帰国を命じられ、11月にようやく江戸参勤をはたす。9年正月は江戸で迎え、4月に日光参詣、7月に江ノ島・八王子・青梅周遊、10年正月は江戸で迎え、3月に帰国。

　11年正月は仙台城で迎え、3月江戸参勤、6月〜8月上洛供奉、その間、近江知行地の判物を得る。江戸にて越年。12年正月は江戸で迎え、12月に帰国。13年正月は江戸で迎え、4月日光参詣、そのまま江戸参勤。5月24日江戸で死去。

【詳細】

元和10年・寛永元年(1624)　元日は江戸屋敷にて祝儀。4月15日帰国のため江戸発。22日仙台着(『治家記録』「廿二日ニ者仙台へ可参候」『政宗3』)。

寛永 2 年(1625)　元日は仙台城にて祝儀、4月11日仙台発、16日宇都宮着、20日江戸屋敷着(『治家記録』)。

　※　『政宗 3』の「寛永二年の動向」では「7月13日には日光へ参詣」とあるが、『治家記録』では家光の日光参詣(「公方野州日光山へ御参詣アリ」)とあり、他の記録でも政宗の日光参詣への同行を確認できないので要検討。

　8月23日江戸発(「明後二十三日ニ立候」『政宗 3』)。24日常陸龍ヶ崎着(「一昨日二十四日ニ此方へ参着」『政宗 3』)、昨年拝領の領地を検分。28日追原着(「追原と申所へ今日移申候」『政宗 3』)。9月1日鹿島見物のため板久着、鷹場によったのち、7日晩江戸着(「七日晩に従龍ヶ崎帰宅仕候」『政宗 3』『治家記録』)。10月10日西の丸にて茶湯(「今朝於西丸御茶」『政宗 3』)、17日紅葉山参詣(『治家記録』)。11月19日鷹野のため江戸発(「明日より泊鷹野ニ参候」『政宗 3』)、20日久喜着(「一昨日此方久喜へ参候」『政宗 3』)。12月17日久喜発、越谷駅着(「今日越ヶ谷迄参候」『政宗 3』)、18日江戸屋敷着(「唯今帰宅仕候」『政宗 3』)。

寛永 3 年(1626)　元日は江戸屋敷にて祝儀。2月20日久喜の鷹場着、3月6日久喜より江戸着。5月20日上洛供奉のため江戸発、6月4日近江武佐駅着、光済寺に寄宿、14日洛外山科へ移り(『治家記録』)、19日京都三条塩屋町屋敷着(「今月十九日令上着候」『政宗 3』)。

　7月12日秀忠参内に供奉。8月4日淀に出かけ家光に拝謁後、京都屋敷に帰宅(「淀へ御目見ニ参、唯今帰宅」『政宗 3』)。19日従三位権中納言に叙任。27日淀城へ行き、京都帰宅(『治家記録』)。9月6日二条城行幸、迎えのため家光に供奉、10日二条城より還幸、家光に供奉。10月16日京都発、20日鳴海着、30日江戸屋敷着(『治家記録』)。11月10日帰国のため江戸発、11日久喜にて鷹野、13日久喜発、栗橋着、14日小山着(「江戸十日ニ出候而、於久喜二三日鷹遣、今日当地小山へ参着候」『政宗 3』)、20日仙台着ヵ(「廿日比者到仙台」『政宗 3』)。

寛永 4 年(1627)　元日は仙台城にて祝儀。1月26日京都にて政宗の発願による夢想連歌興行(ただし、政宗は在仙台)、11月14日政宗三女と一門伊達宗実の婚儀、12月13日参勤のため仙台発、白石城着、14日福島着、21日江戸屋敷着(『治家記録』)。

寛永 5 年(1628)　元日は江戸屋敷にて祝儀。2月中旬久喜へ鷹野(『治家記録』)、23日江戸着(「只今帰宅仕候」『政宗 4』)。3月12日秀忠、政宗邸御成(「昨日、御前ニ而数盃被下」『政宗 4』)、21日浅草にて金春大夫勧進能見物(「浅草へ能見物ニ参、只今帰宅仕候」『政宗 4』)、26日家光、政宗邸御成(「昨廿六日将軍様御成」『政宗 4』)。5月10日すぎ日光参詣のため江戸発(5月10日付幸若小八郎宛書状『政宗 4』)、14日久喜滞在(「於久喜令披見候」『政宗 4』)、17日日光参詣(『治家記録』)、22日江戸へ戻る(「日光へ参候而、昨日致帰宅候」『政宗 4』)。

　9月24日江戸石垣普請を命じられる。11月1日帰国のため江戸発、久喜着、6日久喜発、7日喜連川着、8日白川(河)着、9日郡山着(『治家記録』)、12日仙台着(「十二日ニ仙台へ罷着候」『政宗 4』)、16日若林館成就、移徙の祝儀(「十六日ニ彼屋敷江罷移候」『政宗 4』)。12月30日若林より仙台城へ(『治家記録』)。

寛永 6 年(1629)　元日は仙台城にて祝儀、晩には若林に帰る。閏2月7日牡鹿郡遠島に鹿

猟のため仙台発、桃生郡深谷荘小野に滞在、9日桃生郡名振仮屋滞在、10日横川へ立ち寄り、17日名振発、深谷着、18日若林着(『治家記録』)。21日家光見舞いのため若林発、郡山着、26日在郡山(「こほり山まてまいり候へ共、江戸御としよりしゆよりとめ候文まいり候ま丶、これよりあすハかへり申候」『政宗4』)、29日若林着。3月23日仙台城に出て花見(「当城仙台之花盛」『政宗4』『治家記録』)。11月29日参勤のため夜半過ぎに若林発、30日白石城着、12月1日福島着、8日久喜発、越谷着、9日江戸屋敷着(『治家記録』「今月九日着府」『政宗4』)。

寛永7年(1630) 元日は江戸屋敷にて祝儀。29日在久喜鷹場、2月13日久喜発、江戸着(『治家記録』)。4月6日政宗邸に家光御成、11日政宗邸に秀忠御成(「此月六日ニ将くんさま御なり、十一日に大御所さまならせられ」『政宗4』)。11月13日江戸発、久喜着、24日久喜発、晦日若林着、12月29日若林発、仙台城着(『治家記録』)。

寛永8年(1631) 元日は仙台城にて祝儀。3月6日仙台城西曲輪で歌舞伎(「今日、かふき之衆みな／＼にしのやしきへよひ候」『政宗4』)。7月22日名取郡秋保へ川猟に出、26日柴田郡砂金に移り、29日秀忠不例の報告をうけ、刈田郡白石まで出るが(『治家記録』)、土井利勝より無用の旨の奉書が届き、8月5日白石より若林へ帰る(「去月廿九日白石迄打出(中略)今月五日に若林へ先帰候」『政宗4』)。21日秀忠見舞いのため若林発、宇都宮着(「今廿一日上候、宇都宮辺迄も参、弥御吉左右承候而帰可申候」『政宗4』)。22日福島着、23日福島発、郡山着(「昨晩於福島参着(中略)今日郡山江打越」『政宗4』)。27日酒井忠世・土井利勝より早々帰国すべき旨の書状により、喜連川発(「今日当地従喜連川帰候」『政宗4』)。9月3日若林着(『治家記録』)。11月12日参勤のため若林発、岩沼城着、22日江戸屋敷着(『治家記録』)。

寛永9年(1632) 元日は江戸で祝儀。1月24日秀忠没。同年は家康17年忌のため、4月17日家光が日光参詣(服喪のため今市まで)、21日帰府後の26日に政宗は江戸発、久喜から壬生を通過して、28日に日光参詣、今市に一泊、再び壬生から久喜を通って5月1日江戸着、7月9日江戸発、神奈川(金沢)に行き、木下小別当所に寄宿、10日江島弁財天に参詣、11日は厚木着、12日は厚木で鷹野、13日は宮箇瀬着、14日は鳥屋箇瀬着、15日は八王子着、16日〜21日は青梅に滞在し、その間19日は箱根崎に野宿、21日に青梅を出て箱根崎を経て江戸着、秀忠一周忌のため在府越年を願い出て許可される(『治家記録』)。

寛永10年(1633) 元日は江戸で祝儀。3月19日に帰国が許され、24日江戸発、同日久喜の鷹場に立ち寄り、4月3日仙台着、領内で狩猟を楽しみ、8月13日白石城着、14日若林館へ帰り、12月29日に若林より仙台城へ移り越年(『治家記録』)。

寛永11年(1634) 元日は仙台城で祝儀。2月10日若林城で初卯祝儀、3月19日江戸参府のため若林発、27日に江戸着(『治家記録』)。6月2日家光の上洛供奉のため江戸発(「ゑとを此月二日にたち候」『政宗4』)。同日戸塚駅着、3日小田原着、4日三島着、7日掛川着、14日武佐着、18日草津着(『治家記録』)、19日京都屋敷着(「十九日に京へまいり候」『政宗4』)。8月2日近江国蒲生郡・野洲郡内に5000石の知行を与えられ、4日61万5000石の領知判物を得て、19日京都発、28日掛川着、29日は大井川洪水のため西坂に逗留、9月4日江戸屋敷着。

11月12日久喜鷹場へ出かけ、28日久喜発、江戸着。江戸にて越年(『治家記録』)。

寛永12年(1635)　元日は江戸で祝儀。4月6日は娘千菊が京極高好に入輿、8日に京極邸にて饗応をうけ、12日には高好を迎えて饗応、6月27日に帰国を許され、29日江戸発、久喜鷹場に立ち寄り、7月4日福島着、5日刈田郡小原で川猟、8日白石城着、9日若林館着、8月15日松島で月見、12月晦日に若林より仙台城へ移り、越年(『治家記録』)。

寛永13年(1636)　元日は仙台城で祝儀。領内で狩猟を楽しみ、4月20日に若林発、白石城着、21日福島駅着、22日郡山駅着、23日白河駅着、24日船生着、25日今市着、家康21回忌につき日光参詣、26日椽木着、27日久喜着、28日江戸屋敷着、4月19日より体調不良であったが、その後も回復せず、5月24日没。遺骸は仙台に送られ、6月23日に葬礼(『治家記録』)。

■典拠
【史料】
『千秋文庫所蔵佐竹古文書』(『千秋文庫』)『駒井』『治家記録』『政宗1』～『政宗4』『伊達』『時慶』『晴豊』『実紀』

【著作】
明石治郎「伊達政宗慶長十四年の参府——松平賜姓・陸奥守転任の時期の問題にからめて——」(『市史せんだい』17　2007年)

小林清治『伊達政宗』(人物叢書28　吉川弘文館　1959年)

同『伊達政宗の研究』(吉川弘文館　2008年)

桑田忠親『定本千利休の書簡』(東京堂出版　1971年)

島津義久の居所と行動

中野　等

【略歴】

　島津義久は相州家島津貴久の長男として天文2年(1533)2月9日に、薩摩伊作において誕生。母は薩摩の国衆入来院重聡の女で、通称「雪窓夫人」と称された。幼名は虎寿丸、仮名は又三郎。天文15年2月18日に元服、烏帽子親は北郷忠相。実名ははじめ「忠良」、天文21年6月に将軍足利義輝の偏諱を得て「義辰」を称し、さらに「義久」と改める。

　天文19年(1550)島津貴久は、守護所があった鹿児島に「御内」(内城)を築き、ここを居城とする。この「御内」は貴久の孫忠恒(家久)が鹿児島(鶴丸)城を新たに築いて移るまで島津家の居城として機能する。

　永禄7年3月、父貴久が「陸奥守」に任じられた折り、義久も従五位下「修理大夫」に叙任。その唐名により「匠作」とも称される。義久誕生の2年後、天文4年(1535)7月23日に貴久の次男として義弘が誕生する。さらに、その2年後貴久の三男歳久が生まれる。この三兄弟は生地・生母とも同じである。ついで、天文16年に貴久四男で義久の末弟となる家久が誕生する。家久の母は通称を「橘姫」と称す。永禄9年2月、父貴久の出家をうけて、義久が家督を継承する。

　義久は同13年正月に薩摩、天正2年(1574)には大隅を平定し、同5年12月には日向の伊東義祐を豊後に退去させる。同6年11月日向高城・耳川の合戦で大友宗麟の軍勢を破る。この戦勝を機に、隣国肥後の国衆も多くが島津家への接近を計る。肥後へ進出した義久は肥前の龍造寺隆信と対立、天正12年3月、義久の末弟の家久が沖田畷の戦いで、隆信を敗死させる。この年の夏頃、義久は次弟義弘を「名代」と定める。その後、島津家は豊後・筑前の大友領国に侵攻するが、同15年5月豊臣秀吉に敗れる。義久は入道し「龍伯」と号す。秀吉への服従によって、義久は薩摩、義弘は大隅、義弘の嫡子(又一郎)と家久には日向の一部を与えられる。

　文禄・慶長の役では実弟の義弘が島津勢を率いて渡海し、義久は国元・上方・名護屋の間にあった。慶長の役ののち、義久は日本に戻った忠恒(義弘の次男)に家督を譲る。

慶長5年7月、石田三成が挙兵すると義弘はこれに与するが、義久と忠恒は国元にあって静観する。「関ヶ原」合戦ののち、義弘が国元で蟄居するため、義久が主導して徳川家との和睦交渉がすすめる。同16年正月、義久は大隅の国分新城で没する。法名は「貫明存忠」。

【居所と行動】

1　三州(薩摩・大隅・日向)統一過程における義久の動向

　まず島津義久による薩摩・大隅・日向平定(三州統一)の過程を概観する。永禄9年(1566)2月島津義久が貴久から家督を継承する。貴久は出家し「伯囙」と号す。当時の島津家(本宗)の支配領域は薩摩の南半国と大隅の北部および日向諸県郡の一部(真幸院西部)であり、北薩摩・南大隅・日向など周辺諸勢力との緊張関係が継続している。同年10月義久・義弘は日向真幸院へ出陣し、15日から真幸院東部の三之山城を攻めて敗退。翌10年(1567)飯野城で孤立する義弘救援のため、義久は11月に隠居の貴久と三弟歳久を飯野へ出陣させる。貴久らは近接する薩摩菱刈氏の馬越城を攻め、菱刈隆秋は肥後相良氏の支城たる薩摩大口城に籠もる。相良頼房は大口に援軍を送り、以後2年に亘る大口籠城戦が開始される。

　この間、永禄11年6月に日向の伊東氏が飫肥の島津忠親(庶流・豊州家)を下す。8月19日伊東氏は菱刈・相良氏と呼応して飯野城の南に進出。これをうけて、義弘が大口から飯野に戻る。8月末貴久・義久が相良氏と和睦。しかし同12年(1569)正月には相良氏と手切れ、大口籠城戦が再開。5月義久・義弘・家久が戸神尾で相良・菱刈勢を破る。9月菱刈氏と和睦成立、相良勢が大口城から退去。

　永禄13年(元亀元、1570)正月5日東郷・入来院氏を服属させ、島津義久は薩摩一国を平定。7月6日義久は相良氏と講和。元亀2年(1571)6月23日加世田において貴久(伯囙)没。11月肝付・伊地知・禰寝・伊東の兵船が桜島・鹿児島を襲う。元亀3年(1572)2月20日義久は大隅廻(めぐり)・市成を攻め、肝付勢を破る。5月4日伊東勢が日向加久藤城を攻め、飯野城の義弘が木崎原で伊東勢を破る(「木崎原の戦い」「覚頭合戦」)。9月27日義久は家久に伊地知方の大隅小浜城を攻略させる。ついで島津方日向庄内の北郷時久が肝付方秦野を略取。

　元亀4年(天正元、1573)正月島津方北郷時久らが肝付勢を破り(「住吉原の戦い」)、2月26日義久は禰寝氏を下す。3月肝付・伊地知勢を破る。天正2年(1574)4月伊地知・肝付両氏が服属、義久が大隅を平定する。ちなみに天正3年(1575)の薩隅平定をうけ、義久の三弟歳久と末弟家久が相次いで上洛する(後者については「中書家久公御上京日記」が知られる)。9月20日近衛前久が鹿児島下向のため京都発。義久は年末に薩摩入りした前久を迎える。前久来薩の目的は、島津家と伊東・相良両家との和睦にあったようである。義久は相良家との和睦には応じるものの、伊東家に対する警戒は解いていない。天正4年(1576)6月前久が鹿児島を発つとまもなく義久は伊東攻めを決し、8月23日に伊東方の日向高原城を降して真幸院の制圧を果たす。10月20日近衛前久のすすめで相良氏と講和する。天正5年(1577)11月伊東方野尻城主の福永祐友(丹後守)が島津義久に内応、義弘は飯野から出陣し

野尻城に入城。その後伊東方で裏切りが相次ぎ、伊東家当主義祐は密かに居城佐土原を脱出。12月18日義久・義弘・歳久・家久は都於郡城に入る。県の土持親成をはじめとする日向国内の国衆が島津義久への服従を申し出る。

2　三州平定後における義久の動向

天正6年(1578)

　義久以下は都於郡で越年。義久3月16日都於郡発、18日鹿児島着(『薩藩旧記1』952)。9月大友勢の日向南下をうけ、義久13日鹿児島発、17日野尻着陣、19日飯野より義弘着陣。10月4日義久野尻発、飯野城に入り、9日飯野をたって鹿児島に帰陣(『薩藩旧記1』952)。この頃大友勢耳川を越えて、島津家久・山田有信らが籠もる高城を包囲。10月25日救援のため義久鹿児島発、高津浜より乗船、浜之市に上陸、高原を経て27日紙屋着、11月1日あるいは2日に佐土原着(『薩藩旧記1』952)。ここを本陣とする。

　11月12日大友勢を撃破(「高城・耳川合戦」)。同日義久は財部(のちの高鍋)に移動、14日義弘・家久が財部に参陣。16日義久は財部から佐土原に移動。17日佐土原にて義弘と談合する。義久は26日に佐土原発、27日紙屋、28日高原発、日霧島社を経て、29日浜之市から乗船し、同夜鹿児島着(『薩藩旧記1』1056)。11月14日には県(のちの延岡)から大友勢が撤退し、日向全域が支配下に入った(三州統一)。

天正7年(1579)

　この年義久は在鹿児島を基本とする。3月肥後の天草鎮尚が帰順、11月には肥後隈本の城親賢が帰順。

天正8年(1580)

　この年も義久は在鹿児島を基本とする。10月15日島津勢は肥後矢崎城・網田城などを降す(『薩藩旧記1』1144)、11月23日肥後合志城を攻略(『薩藩旧記1』1145)。島津勢は12月13日隈本から川尻に入り、14日川尻を出船し、薩摩出水に上陸(『薩藩旧記1』1190)。

天正9年(1581)

　5月3日義久従四位下に昇進。8月に豊後大友家との間に和睦が成立(「豊薩和平」)。8月義久は肥後の相良氏を討つため鹿児島発(『薩藩旧記1』1222)。18日大口を発し、小川内に着陣、20日小川内を発って芦北に入る(『薩藩旧記1』1217)。水俣城攻めの八景尾の陣には義弘・歳久・家久も同陣(『薩藩旧記1』1219)。9月末頃相良義陽が佐敷で義久に降参、服従する。

天正10年(1582)

　この年義久は在鹿児島。前年12月に相良義陽が討ち死にしたことをうけ、義久は正月旧相良領の肥後八代・芦北二郡を接収し、この両郡を義弘に与えることを決する(『薩藩旧記1』1258)。

天正11年(1583)

　この年も義久は在鹿児島を基本とする。正月中旬鹿児島の義久は「虫気」を煩う(『上井覚兼日記』)。閏1月中旬義久の「虫気」未だ癒えず。23日義久の「虫気」快癒(『上井覚兼日記』)。3月上旬「虫気」再発、4日上井覚兼を引見、11日「虫気」癒えず、家中には伴天連宗派が鹿児島にいることで、諸神が心証を害し、これが「虫気」の原因ではないかとの風評が拡がる(『上井覚兼日記』)。11日義弘を引見、義久は談合の協議事項を提示する。13日義弘・上井覚兼と寄合、15日義弘を引見、17日家中のいさこざに裁定を下す。18日家久を引見、19日歳久を引見、20日相良忠房を引見、22日「虫気」に苦しむが、祈禱をおこなう一乗院を引見、23日「虫気」が酷くなる。29日上井覚兼の暇乞いをうける(『上井覚兼日記』)。30日相良忠房を引見(『上井覚兼日記』)。7月17日大風が吹いて、義久屋敷も被害をうける(『上井覚兼日記』)。8月24日家久・伊集院忠棟・上井覚兼を八代に派遣(『上井覚兼日記』)。10月1日鹿児島から老中に指示を下す(『上井覚兼日記』)。

天正12年(1584)

　正月11日吉書始めの三献、12日家久を引見、13日伊集院忠棟を訪問、25日月次の連歌に出座(『上井覚兼日記』)。2月4日上井覚兼の上申を聞く、5日上井覚兼の意見を聞く(『上井覚兼日記』)。肥前有馬氏の救援決定をうけ3月10日過ぎに義久も鹿児島発、3月15日に水俣着。16日肥後佐敷に着陣(『上井覚兼日記』)。ここから前線を指揮する。19日着陣した歳久を引見、20日着陣した義弘を引見、21日相良忠房・頼房兄弟を引見、23日佐敷太郎峠に上り、肥前方面を遠望(『上井覚兼日記』)。24日家久率いる島津勢が肥前沖田畷で龍造寺隆信を敗死させる(「沖田畷の戦い」)。25日勝報をうけ酒宴。26日義久は義弘・歳久らとともに佐敷において隆信の首実検。27日義久は八代に移動(『上井覚兼日記』)。しばらく八代に滞陣。4月19日八代発(『上井覚兼日記』)、鹿児島に帰陣したようである。6月中旬ころ、鹿児島の義久は「虫気」を煩う。6月18日義久の諮問に基づき談合開始、今後の肥後・肥前島原の支配について協議(『上井覚兼日記』)。21日「法華千部」を聴聞(『上井覚兼日記』)。29日「法華千部」成就(『上井覚兼日記』)。11月29日肥後に出陣していた伊集院忠棟が鹿児島に戻ったので、その宿所を訪ねる(『上井覚兼日記』)。12月2日義弘・歳久らとともに鷹狩りのため桜島に向かうが、順風がなく吉野に上陸。3日には鹿児島に戻っている。4日鹿児島で寄合。6日蔭涼軒留守職と談合のため宿所を訪ねる(『上井覚兼日記』)。7日義弘・歳久らとともに鷹狩りのため桜島、8日肥後の小代親泰を引見、9日一昨日の談合の件について報告をうけ、琉球に渡る船頭を見参し盃を与える(『上井覚兼日記』)。10日島津忠長宿所での酒宴に臨む。11日飯野に戻る義弘から暇の挨拶をうける(『上井覚兼日記』)。

天正13年(1585)

　この年も義久は在鹿児島を基本とする。2月1日鹿児島に出仕した上井覚兼を引見、2日談儀所に参詣(正月10日参詣が通例であるが、「虫気」のためこの年は延期)、4日夢想の連歌に出座、9日本田親貞邸を訪ねる(『上井覚兼日記』)。15日足利義昭の使者柳沢元政の宿所を

訪ねる。上井覚兼・本田親貞らに対し、島津家の後継問題について、内密の談合を命じる（『上井覚兼日記』）。16日上井覚兼邸を訪ねる。18日柳沢元政を接待、24日柳沢元政と寄合、29日肥前の有馬晴信の宿所を訪ねる（『上井覚兼日記』）。3月1日薩摩伊作の八幡宮に詣でる（『上井覚兼日記』）。17日市来で狩りをおこなう（『上井覚兼日記』）。4月24日義久は上井覚兼らを引見、義弘を「名代」とし肥後八代にあって「国家之儀等御裁判」に当たるよう命じる（『上井覚兼日記』）。25日「虫気」により月例の連歌会を欠席、義弘次男（忠恒、のちの家久）元服に際し、刀を与える（『上井覚兼日記』）。27日桜島に渡海し馬追をおこない、その後酒宴に臨む。29日城内で柳沢元政と寄合。5月5日端午の節句の祝言（『上井覚兼日記』）。6日暑中見舞いに来た「福島道場」を引見、7日雪窓院（貴久室・義久母の菩提寺）の挨拶をうける。10日福昌寺の開山忌に参加、12日談合参加の面々に琉球焼酎を下賜（『上井覚兼日記』）。10月7日肥後・筑後方面平定の報をうけ、夜は談合衆と酒宴、11日談合の報告をうけ、豊後攻めの方針を示す。13日城内で「能」興行、その後酒宴。17日東郷重虎（家久次男）と覚兼女の婚姻を承諾（『上井覚兼日記』）。

天正14年（1586）

この年の前半も義久は在鹿児島。正月3日談合のため義弘や老臣らを鹿児島に招集。7日上井覚兼を引見。10日義弘を饗応。13日義弘邸を訪ねる。21日町田久倍在所を訪ねる。22日豊後攻めの方策を決定（『上井覚兼日記』）。2月19日談合衆に協議事項を示す。20日谷山にて遊猟、22日谷山から鹿児島に戻る（『上井覚兼日記』）。6月7日上井覚兼を引見。9日豊後討伐の命を発す（『上井覚兼日記』）。26日鹿児島発（『上井覚兼日記』）、7月2日に八代着（『薩藩旧記2』147・150）。義久は義弘とともにここから肥前・筑前の前線に指示を送る。8月11日筑前で負傷して戻った上井覚兼を引見、12日八代の義弘の陣を訪ねる。16日末秀吉軍の先遣が九州に上陸したことをうけ、善後策を定める。18日「虫気」を発症する。26日家久を饗応する。8月25日義弘の陣中で連歌張行、発句をつとめる。30日義弘とともに談合に臨む（『上井覚兼日記』）。9月8日八代正法寺にて能張行、義弘らと見物。11日八代発鹿児島へ向かう（『上井覚兼日記』）。豊後攻めを指揮するため再び10月14日に鹿児島を発し、日向塩見城に到着し、ここを本陣とする（『薩藩旧記2』206）。島津勢は日向口・肥後口から豊後へ侵攻する。

3　豊臣政権への服属後における義久の動向

天正15年（1587）

義久は日向で越年。島津勢の豊後撤退をうけ、3月20日に日向都於郡で義弘・家久らと軍議をもつ。4月17日の根城坂の合戦で島津勢は豊臣秀長に大敗。日向から薩摩に戻った義久は5月8日薩摩川内の泰平寺に出向いて秀吉に降参する。6月15日、義久は上洛するため鹿児島発。16日帖佐発、17日高田発、18日肥後佐敷着、19日八代着、21日三角を出船、22日高瀬発、大津山着。23日南関を過ぎて高良山着、24日高良山発、25日未明に筑前博多

着、26日秀吉に拝謁し、27日箱崎を出船し、29日に下関着、30日下関発、7月2日厳島着、7月10日堺に到着(『薩藩旧記2』354・410)。9月6日義久近衛信輔へ御礼(『時慶』)、10月8日近衛信輔興行和歌の会席に出座(『時慶』)、10月14日飛鳥井雅継の蹴鞠興行に参加(『時慶』)。義久は在上方のまま越年。

天正16年(1588)

義久は上方で越年し、9月まで在上方。閏5月25日堺で義弘と対面(『薩藩旧記2』469・471)。9月3日に京都発、5日大和から戻った義弘と歓談、8日秀吉と大坂城にて対面、11日秀吉の茶会に招かれ、14日堺を出立し国元にくだる。同日兵庫着津、16日出船、17日室津着、19日室津出船日比着津、20日日比出船鞆着、21日鞆出船、22日上関着、10月4日上関発、5日に日向細島に到着(『薩藩旧記2』510)。6日細島発、14日鹿児島着(『薩藩旧記2』533)。

天正17年(1589)

この年前半は在国。8月20日鹿児島発、9月24日大坂に到着(『薩藩旧記2』607)。義久はそのまま越年。このころ、女「亀寿」が義弘の嫡子久保と婚姻。男子のなかった義久は婿となった久保に島津家の家督を譲る意図があったという。

天正18年(1590)

正月1日義久北野社参詣(『薩藩旧記2』627)、久保が2月22日に大坂着、28日小田原に向かう久保を見送る(『薩藩旧記2』633・630)。3月1日粟田口にて秀吉の出陣を見送る(『薩藩旧記2』715)。3日近衛前久を迎える。4日近衛前久と東山に遊ぶ、9日里村紹巴来訪、29日青蓮院を訪ねる。4月2日鳥羽から大坂へ向かう、同日着坂14日住吉にて能をみる(『薩藩旧記2』656)。29日大坂発京都へ、同日着京。5月5日賀茂足揃え、7日紹巴の連歌会、20日東山に近衛前久を尋ねる(『薩藩旧記2』660)。6月7日紹巴と祇園社参詣、10日前田玄以宅、13日西方寺、14日東山に近衛前久を訪ねる(『薩藩旧記2』665)。18日清水参詣、20日たたす宮参詣(『薩藩旧記2』667)。21日紹巴宅で連歌、21日京都発大坂着、7月13日天王寺参詣、14日天満、17日大坂発京都着(『薩藩旧記2』672)。22日大徳寺にて朝鮮使節を見る。25日紹巴宅。28日大徳寺にて再び朝鮮使節を見る。29日毛利輝元邸に赴く(『薩藩旧記2』677)。8月8日昌叱と連歌、24日愛宕山に遊ぶ(『薩藩旧記2』683・686)。9月22日細川幽斎来訪、東山の近衛前久を訪ねる。25日清水参詣、27日京都発大坂着(『薩藩旧記2』693)。10月2日義弘と歓談。4日に上京、8日に義弘を招いて茶事、10日近衛前久の来訪をうける(『薩藩旧記2』695)。24日清水参詣、29日青蓮院において議論(『薩藩旧記2』699)。11月4日鞍馬寺参詣(『薩藩旧記2』706)、13日義弘とともに京都発、14日大和郡山秀長を訪ね、帰京、義弘とともに堀池弥次郎邸を訪問、24日舞孫三郎邸訪問、27日東山近衛邸訪問、30日石田三成邸の茶事(『薩藩旧記2』706・710)。義久12月2日清水参詣、3日北野社参詣、4日に義弘とともに細川幽斎の京都屋敷に招かれる。この場には石田三成も同席(『薩藩旧記2』707)。5日近衛前久・石田三成・吉田兼見らに帰国の挨拶(『薩藩旧記2』707『兼見』)、6日鳥羽か

ら乗船して京都を発ち、同日大坂着、8日住吉社参詣、19日大坂発(『薩藩旧記2』715)。27日に日向細島に到着(『薩藩旧記2』707)。「虫気」で体調を壊し、鹿児島入りは改年後となる。

天正19年(1591)

義久正月14日鹿児島着(『薩藩旧記2』727)。10月義久は名護屋城普請のため鹿児島発。船待ちの間に隈城で体調を壊し引き返す(『薩藩旧記2』784・801)。義久に替わって義弘が肥前名護屋へ向かう(『薩藩旧記』附録2、66)。

天正20・文禄元年(1592)

5月8日に鹿児島発、6月5日に名護屋に到着。梅北一揆をうけ、秀吉が細川幽斎を薩摩に下すと、義久も案内者としてこれに同行、7月5日に鹿児島に到着(『薩藩旧記2』888)。

文禄2年(1593)

正月20日名護屋へ向けて義久が鹿児島発(『薩藩旧記2』1045)、義久の朝鮮半島渡海は実施されず、名護屋にとどまる。5月中旬における義久の名護屋在陣が確認される(『薩藩旧記2』1120)。9月8日に巨済島で女婿の久保が没。9月頃には国元に戻っているようなので(『薩藩旧記2』1206)、この間に名護屋から帰還したのであろう。

文禄3年(1594)

3月5日頃上洛(『薩藩旧記2』1285)。8月11日吉田兼見を訪ねる(『兼見』)。

文禄4年(1595)

義久は上方で越年。正月27日吉田兼見の来訪をうけるが、生憎他出(『兼見』)。2月7日吉田兼見を訪ねる(『兼見』)。10月には国元に戻っている(『薩藩旧記2』1608)。この年のうちに、義久は大隅浜之市(富隈)に居城を移す。

文禄5・慶長元年(1596)

この年、義久は一貫して在国。7月11日帰洛する近衛信輔を大隅富隈に迎え和歌の会(『三藐』「阿蘇墨斎玄与近衛信輔公供奉上京日記」)。こののちもしばしば近衛信輔と面会(『三藐』)。

慶長2年(1597)

2月には鹿児島を発って大坂へ入っており、3月2日に薩摩へ戻る玄与の来訪をうけている(『三藐』「阿蘇墨斎玄与近衛信輔公供奉上京日記」)。その後入京し、4月16日は在伏見(『舜旧』)。5月28日に伏見で秀吉に拝謁(『薩藩旧記3』210・254)。11月12日在伏見(『舜旧』)。そのまま上方で越年。

慶長3年(1598)

この年も義久在上方を継続。正月20日近衛信輔の連歌会に出座(『薩藩旧記3』365)。9月11日在伏見(『舜旧』)。10月14日近衛信輔の連歌会に出座(『薩藩旧記3』524)。24日は近衛前久邸へ伺候(『舜旧』)。12月6日家康が義久を訪問の予定(『言経』慶長3年12月5日条)。

慶長4年(1599)

伏見で越年。2月5日義久在伏見(『舜旧』)。2月20日伏見の島津屋敷で、家督を忠恒に

譲る。2月28日義久大坂を発し、3月13日国元着(『薩藩旧記3』664)。3月9日忠恒が伏見屋敷で伊集院幸侃を謀殺。その後忠恒は高尾に蟄居。3月25日義久は在富隈、幸侃殺害への対応を指示する。6月伊集院幸侃の子忠真の乱(庄内の乱)鎮圧に出陣。

慶長5年(1600)

3月11日徳川家康の仲介により庄内の乱終結、14日忠恒とともに富隈(浜之市)で伊集院忠真を引見(『薩藩旧記3』1067・1074)。10月3日関ヶ原から敗走してきた義弘を居城富隈に迎える(『薩藩旧記3』1196)。11月16日義久・義弘・忠恒が富隈で談合(『薩藩旧記3』1287)。

慶長6年(1601)

この年義久は在国。

慶長7年(1602)

この年も義久は在国。

慶長8年(1603)

この年も義久は在国。

慶長9年(1604)

義久は上洛を促されるが、この年も在国を継続。11月27日居城を富隈(浜之市)から、大隅の国分に移す(『薩藩旧記3』1970)。

慶長10年(1605)

この年義久は3月頃の上洛をほのめかしつつ(『薩藩旧記4』5)、結果的には在国を継続。

慶長11年(1606)

この年も義久は在国。4月上旬に義弘と鹿児島で琉球・大島渡海の談合をもつ(『薩藩旧記4』183・190)。

慶長12年(1607)

この年も義久は在国。

慶長13年(1608)

この年も義久は在国。12月に家久が駿府の家康に琉球出兵を願い出で許される(『薩藩旧記4』530)。

慶長14年(1609)

この年も義久は在国。2月26日付で義久・義弘・家久連署の「琉球渡海之軍衆法度条々」を発令(『薩藩旧記4』544)。

慶長15年(1610)

この年も義久は在国。

慶長16年(1611)

正月21日、大隅の国分城で没する。

■典拠

『薩藩旧記1～4』『上井覚兼日記』上・中・下巻 『舜旧』『三藐』『時慶』『言経』「阿蘇墨斎玄与近衛信輔公供奉上京日記」(『鹿児島大学教育学部研究紀要』人文・社会科学編68巻)

参考文献

三木靖『薩摩島津氏』戦国史叢書10(新人物往来社　1972年)

山本博文『島津義弘の賭け』(読売新聞社　1997年)

新名一仁『島津四兄弟の九州統一戦』(星海社新書　2017年)

中野　等「文禄・慶長の役と諸大名の動向(一)」(『佐賀県立名護屋城博物館研究紀要』第26集　2020年)

新名一仁『現代語訳　上井覚兼日記』1～3(ヒムカ出版　2020～23年)

新名一仁『「不屈の両殿」島津義久・義弘』(角川新書　2021年)

中野　等「関白秀吉の九州一統」(吉川弘文館　2024年)

島津義弘の居所と行動

中野　等

【略歴】

　島津義弘は相州家島津貴久の次男として天文4年(1535)7月23日、薩摩伊作において誕生。母は長兄義久と同じく薩摩の国衆入来院重聡の女で、通称「雪窓夫人」と称された。仮名は又四郎、義久と同じ頃(天文15年頃)に元服、程なく北郷忠孝(忠相の子)の女を室に迎える。初名は「忠平」を名乗るが、天正14年(1586)8月に足利義昭の偏諱を得て「義珍(義玠)」と称し、同15年8月までに「義弘」と改めている。官途名は永禄六年頃から「兵庫頭」を名乗り、それによる唐名の「武庫」とも呼ばれる。

　ちなみに、この2年後の天文6年(1537)7月に貴久の三男歳久が生まれる。仮名を又六郎と称し、のちに左衛門督を名乗ることから、「金吾」と称される。ついで、天文16年に四男家久が誕生する。母は通称を「橋姫」と称す。仮名は又七郎で、のちに中務少輔・中務大輔を称すことから、「中書」と呼ばれている。

　初陣は、義久・歳久と同じく天文23年9月の大隅岩剱合戦とされる。永禄3年3月頃、日向の伊東義祐に圧される島津豊州家および北郷家(北郷忠相の子忠親が豊州家を継いでいた)を支えるため、飫肥城に入る。義弘の立場は豊州家忠親の継嗣を想定したものともいわれる。その後、豊州家が伊東義祐に属すこととなり、永禄4年に義弘は北郷忠孝の女を離縁し、飫肥を退去する。一旦薩摩に戻るものの、同5年には日向の要衝真幸院の飯野城に入る。永禄9年に家督を継いだ長兄義久を支え、島津家の三州(薩摩・大隅・日向)統一に尽くす。この間、同12年頃に相良義陽の妹を継室に迎えるが、程なく義陽が龍造寺隆信と結んで島津家と対立することとなり、離縁を余儀なくされる。間もなく、広瀬助宗養女(園田清左衛門の女)を正室に迎える。「宰相殿」と通称される女性で、天正元年(1573)に久保(万寿丸、又一郎)、同4年に忠恒(米菊丸、又七郎、実名はのちに「家久」と称する)を産む。

　天正10年(1582)、義久は服属した相良忠房(義陽の子)に球磨郡のみを安堵し、八代郡・芦北郡を接収する。これをうけて義弘は肥後八代に移ることを前提に、同年11月肥後に出陣する。しかし、年末にいたって義弘は八代への移封を拒否する。

天正12年(1584)の夏頃、義久の「名代」と定められる。この年、「宰相殿」との間に女が産まれる(長じて伊集院忠棟・幸侃の嫡子忠真に嫁す)。同15年5月豊臣秀吉に服従すると、義弘は大隅(肝付郡を除く)を与えられる。同時に嫡子の久保には日向真幸院が与えられたので、義弘は引き続き飯野を居城とする。同16年6月上洛して、従五位下侍従に叙任され(間もなく従四位上に陞叙)、豊臣姓と羽柴苗字を許される。以後「羽柴薩摩侍従」などと称されるようになる。位階は当主義久に並ぶが、家督継承はなかったようである。帰国ののち同17年に居城を日向から大隅栗野に移す。これは政権の指示とされる。

文禄の役では島津勢を率いて渡海するが、文禄2年9月長子久保が巨済島で客死する。翌3年久保の実弟忠恒が朝鮮に渡る。忠恒は講和・休戦期も朝鮮半島にとどまり、慶長の役に際しては、再び義弘が出勢する。慶長4年(1599)2月20日、島津家の家督が忠恒に譲られる。慶長5年7月、石田三成が挙兵すると義弘はこれに与するが、義久と忠恒は国元にあって静観する。9月15日の「関ヶ原」本戦に際しては、石田方総崩れのなか戦場を離脱し、帰国後は国元で蟄居する。この間、義久が主導するかたちで徳川家との和睦交渉がすすめられ、慶長7年12月、忠恒が伏見で家康に拝謁し、島津家は本領を安堵される。義弘は慶長13年11月居城を大隅帖佐から加治木に移す。以後在国のまま、元和5年(1619)に加治木で没する。法名は「松齢自貞」。以下、島津家による三州(薩摩・大隅・日向)統一後における義弘の動向についてみていく。

【居所と行動】

天正5年(1577)

11月伊東方野尻城主の福永丹後守が島津義久に内応、義弘は飯野から出陣し野尻城に入城。その後伊東方で裏切りが相次ぎ、伊東家当主義祐は密かに居城佐土原を脱出。12月18日義久・歳久・家久らとともに都於郡城(とのこおり)に入る。日向国内の国衆が島津家への服従を申し出る。

天正6年(1578)

日向都於郡で越年。一旦飯野へ帰還した後、9月の大友勢日向南下をうけ、飯野発、19日に野尻着陣。10月大友勢耳川を越えて、島津家久・山田有信らが籠もる高城を包囲。救援のため日向高鍋に移動。11月12日大友勢を撃破(「高城・耳川合戦」)。14日家久とともに、義久が本陣をおく財部(のちの高鍋)に着。16日義久が財部から佐土原に移動し、17日佐土原にて義久と談合。18日義弘は佐土原から飯野へ帰還。11月14日には県(のちの延岡)から大友勢が撤退し、日向全域が支配下に入った(三州統一)。

天正7年(1579)

この年在国し、鹿児島と飯野の間にあったものと推察される。5月下旬には在鹿児島か(『薩藩旧記1』1090)。

天正8年(1580)

　この年も在国し、鹿児島と飯野の間にあったものと推察される。三弟歳久は居城を大隅吉田から薩摩祁答院に移す(『薩藩旧記1』1115)。

天正9年(1581)

　この年の前半は在国し、鹿児島と飯野の間にあったものと推察される。3月19日米菊丸(のちの忠恒、家久)の罹病をうけ、一乗院に祈禱を依頼、在飯野か(『薩藩旧記1』1194)。8月肥後の相良氏を討つため、義久に従って出陣。18日大口を発し、小川内に着陣、20日小川内を発って芦北に入る(『薩藩旧記1』1217)。水俣城攻めの八景尾の陣には義久のもと副将として同陣(『薩藩旧記1』1219)。9月末頃相良義陽が佐敷で義久に降参、服従する。

天正10年(1582)

　11月肥後八代に出陣。11日八代で上井覚兼らの訪問をうける。16日宿所にて談合。21日談合の開催。28日談合(『上井覚兼日記』)。12月2日談合、9日談合、10日上井覚兼の陣所を訪問、20日天草の大矢野種基を引見、22日日比良城攻めの報告を聞く、23日陣中にて終日談合、30日予定されていた八代への移封を拒否、八代在陣のまま越年(『上井覚兼日記』)。

天正11年(1583)

　正月1日宿所にて酒宴、4日島津義虎の宿所訪問、夜は酒宴。5日寄合ののち酒宴。8日島津忠長のもとを訪問。11日朝飯野城へ戻るため八代発(『上井覚兼日記』)。3月10日夜義弘鹿児島着(『上井覚兼日記』)。11日義久に拝謁、13日義久・上井覚兼と寄合、15日義久に謁見、その後島津朝久を訪ねる、17日義久の命で義弘の宿所に寄合中が参集、26日「虫気」に悩む義久に代わり、「名代」をつとめる。30日「名代」として相良忠房の宿所を訪ねる(『上井覚兼日記』)。9月下旬在飯野(『上井覚兼日記』)。

天正12年(1584)

　2月上旬在飯野(『上井覚兼日記』)。肥前島原の有馬晴信を支援するため飯野発、3月20日に佐敷着陣し義久に拝謁。23日佐敷太郎峠に上る義久に従う(『上井覚兼日記』)。24日家久率いる島津勢が肥前沖田畷で龍造寺隆信を敗死させる(「沖田畷の戦い」)。25日勝報をうけ義久らと酒宴。26日義久・歳久とともに佐敷において隆信の首実検。その後もしばらく八代在陣を継続(『上井覚兼日記』)、義久に代わり前線を指揮する(『薩藩旧記1』1415)。その後の飯野への帰還については不詳。飯野に戻っていた義弘に肥後出勢の命がくだり8月29日飯野発、9月1日馬越での軍議に参加(『上井覚兼日記』『薩藩旧記1』1437)。2日早朝馬越出立(『上井覚兼日記』)、佐敷から海路4日に八代着岸(『上井覚兼日記』『薩藩旧記1』1441)。海路八代を発し10日に隈本着(『上井覚兼日記』『薩藩旧記1』1445)、13日隈本発吉松に陣替え(『上井覚兼日記』)。以後21日頃にかけて連日談合(『上井覚兼日記』)。23日玉名郡山北に陣替え、24日高瀬に到着(『上井覚兼日記』)。ここで筑後の田尻鑑種・肥前の龍造寺政家らの帰順をうける。28日高瀬の陣中で談合、夜酒宴(『上井覚兼日記』)。10月2日義弘の陣所で談合、4日合志親重の陣所を訪問、饗応する。9日島津征久の陣所で談合、13日征久の陣所

を訪問、14日城一要の陣所を訪れ、そののち伊集院忠棟の陣所にまわる。15日龍造寺家からの和睦の使者を迎える、義弘の陣所で終日談合。19日夜満潮に乗って征久とともに高瀬発(『上井覚兼日記』)。11月30日には鹿児島で上井覚兼の来訪をうけている(『上井覚兼日記』)。12月2日義久・歳久らとともに鷹狩りのため桜島に向かうが、順風がなく吉野に上陸。3日には鹿児島に戻っている。4日鹿児島で寄合(『上井覚兼日記』)。7日義久・歳久らとともに鷹狩りのため桜島へ向かう(『上井覚兼日記』)。10日島津忠長宿所での酒宴に臨む。11日義久に暇の挨拶をおこなう(『上井覚兼日記』)。

天正13年(1585)

2月3日鹿児島で上井覚兼の来訪をうける(『上井覚兼日記』)。29日在日向飯野(『上井覚兼日記』)。4月24日義久は義弘を「名代」とし、肥後八代にあって「国家之儀等御裁判」に当たることを命じる(『上井覚兼日記』)。5月17日在飯野、上井覚兼の来訪をうける(『上井覚兼日記』)。「名代」の件を告げられる。8月22日肥後八代に向けて飯野発(『上井覚兼日記』)。閏8月10日肥後の益城郡小川に着陣、ここを本陣に11日に隈庄攻め、13日宝連寺之尾に登る。14日堅志田城の麓に到着、15日御船城に入る(『上井覚兼日記』『薩藩旧記2』60)。20日御船の陣中に城一要を迎える。21日隈部親泰を迎える。25日終日談合、湯漬けにて寄合(『上井覚兼日記』)。9月9日麾下の諸将を引見し、酒で寄合、16日有馬晴信の陣所で寄合、21日晴信陣所に挨拶、22日早朝御船から帰陣(『上井覚兼日記』『薩藩旧記2』88)。11月下旬には在飯野(『上井覚兼日記』)。12月下旬も在飯野が確認(『上井覚兼日記』)されるので、飯野で越年と考えられる。

天正14年(1586)

正月3日義久から談合の招集をうける。8日鹿児島の屋敷で上井覚兼の来訪をうける。10日義久の饗応をうける。11日島津忠長・上井覚兼の訪問をうける。12日重臣たちを饗応する。13日義久の来訪をうける。15日豊後からの密使が帰還したことをうけ、上井覚兼から報告をうける(『上井覚兼日記』)。2月上旬には飯野に戻っているようである(『上井覚兼日記』)。4月・5月中の在飯野が確認される(『上井覚兼日記』)。6月28日島津勢は筑紫攻めを開始(『薩藩旧記2』143)、7月2日に八代着(『薩藩旧記2』147・150)。義久とともにここから肥前・筑前の前線に指示を送る。8月17日上井覚兼に対し、足利義昭から偏諱をうけ、実名を「義珎」と改めた旨を告げる(『上井覚兼日記』)。25日義弘の陣中で連歌張行。30日義久とともに談合に臨む(『上井覚兼日記』)。9月3日談合に参加、4日も談合に参加、6日家久を饗す、8日八代正法寺にて能、義久らと見物。11日義久は鹿児島へ帰陣するが、義弘は八代に残留する(『上井覚兼日記』)。10月肥後口の大将として北上、21日に肥後阿蘇郡野尻を攻め、24日に豊後栂牟礼城を囲む(『薩藩旧記2』204)。11月24日に朽網に入り、12月6日から岡城を攻めはじめる(『薩藩旧記2』209)。28日家久がおさえた豊後府内への移動を試みるものの、岡城の志賀親次の攻撃にさらされて叶わず、朽網あたりで越年。

天正15年(1587)

　豊後府内から家久を呼び寄せ、自身は玖珠郡野上へ出陣。3月15日義弘は豊後府内へ向け野上発。18日頃日向へむけて撤退。20日に日向都於郡で義久と対面。4月17日の根城坂の合戦で豊臣秀長の軍勢に大敗。5月7日居城日向飯野城に戻る。その後、義弘は籠城の構えにはいる。5月16日飯野城を出て、日向高原の桑山重晴の陣を訪れ降伏を申し出る(『薩藩旧記2』314)。19日に日向野尻で秀長に拝謁(『薩藩旧記2』323)、ついで5月22日薩摩鶴田で秀吉に拝謁。25日付で大隅一国(伊集院幸侃の肝属郡を除く)を宛行われる。その後は在飯野城。肥後一揆の勃発にともない、12月20日飯野から薩摩大口に出張る(『薩藩旧記2』413)。

天正16年(1588)

　2月まで大口に在陣し、その後飯野城へ帰還。上洛するため5月26日に飯野城発、30日佐土原着、閏5月3日徳之口出船、5日細島、5日豊後佐伯の蒲江着、8日蒲江出船、18日塩飽着、19日塩飽発、牛窓を経由して、23日に堺に到着、25日義久と対面(『薩藩旧記2』469・471)。6月2日大坂城で秀吉に拝謁。6月6日大坂城山里丸で千宗易の茶席に招かれる。6月15日義弘侍従任官(『薩藩旧記2』471)。9月5日義久と歓談。その後義弘は上方で越年。

天正17年(1589)

　正月1日義弘大坂登城、2日は山里丸の茶事(『薩藩旧記2』566)。6月9日承兌の歌舞に招かれる(『鹿苑』)。8月10日国元に下るため大坂発(『薩藩旧記2』604)。飯野城に戻った後、義弘は居城を大隅栗野に移す。

天正18年(1590)

　この年前半は在国。9月下旬に大坂着(『薩藩旧記2』696)。10月2日義久と歓談。3日義弘上洛(『薩藩旧記2』715)。8日義久の茶事に招かれる。13日義久とともに京都発を発して14日大和郡山秀長を訪ねる。帰京ののち義久とともに堀池弥次郎邸を訪問。12月4日義久とともに細川幽斎の京都屋敷に招かれる。この場には石田三成も同席(『薩藩旧記2』707)。その後大坂に下り、16日に帰京(『薩藩旧記2』710)。

天正19年(1591)

　秋頃まで在京。秀長葬儀のため正月28日大和郡山着(『薩藩旧記2』724)。2月4日に上洛(『薩藩旧記2』741)。3月7日飛鳥井雅継の蹴鞠興行見物(『時慶』)、4月16日飛鳥井雅継邸の蹴鞠張行を見物(『三藐』)。7月18日吉田兼見に「七ヶ条」を伝授される(『兼見』)。29日近衛前久とともに神龍院を訪ねる(『兼見』)。

　9月19日に下国(『薩藩旧記2』970、『旧記雑録』附録2、66号)。罹病した義久に替わって肥前名護屋へ向かう(『旧記雑録』附録2、66号)。名護屋城普請から義弘が一旦帰国した時期は不明。

天正20・文禄元年(1592)

　2月27日名護屋に向け、居城栗野発(『薩藩旧記2』823)。3月3日薩摩大口に着陣、翌4日に久保と合流。5日肥後久木野、湯之浦を経て7日に佐敷着陣。14日に筑後瀬高、16日に肥前寺井、19日に牛津から唐津に入り、20日に名護屋着陣。4月7日久保ともに名護屋を発って、壱岐に上陸、21日壱岐発対馬着。5月3日朝鮮半島金海に上陸(『薩藩旧記2』881・1019)。5月29日久保ととも在熊川。ここから朝鮮半島を北上して、6月24日に漢城に入る。6月中に久保とともに漢城を発して江原道に向かう。7月には江原道に入り、10月頃から永平を拠点として江原道経略に従う。12月26日金化へ陣替(『薩藩旧記2』1019)し、久保とともにここで越年。

文禄2年(1593)

　6月下旬から晋州城攻略に参加。7月21日夜巨済島(唐島)に入る(『薩藩旧記2』1448)。翌22日一旦熊川に移動。その後義弘は在巨済島。9月8日巨済島で久保没。義弘は巨済島で越年。

文禄3年(1594)

　この年も巨済島での在番を継続。客死した久保に代わり、忠恒の朝鮮渡海が決定。忠恒は久保の室であった義久の女「亀寿」を娶る。8月30日巨済島に忠恒を迎える。

文禄4年(1595)

　忠恒とともに朝鮮半島の巨済島に駐留。5月10日巨済島発、一旦釜山に入り、14日夜釜山発。6月3日播磨室津にいたり、6月6日大坂あるいは堺に着岸。12日上洛(『薩藩旧記2』1537)。その後伏見で秀吉に拝謁。7月17日に京を発ち、19日に大坂を出船、24日日向細島に着岸、28日居城大隅栗野に入る(『薩藩旧記2』1574)。この間に朝鮮半島では巨済島内の城郭を破却することが決定し、8月末に島津勢の陣所も加徳島へ移動する。この年のうちに、薩摩の帖佐に居城を移す。12月19日、義弘は上方へ向け帖佐発(『薩藩旧記3』16・21)。

文禄5・慶長元年(1596)

　正月に筑前金屋を出船、17日大坂上着(『薩藩旧記3』16・21)。2月25日には在伏見(『舜旧』)。以後、義弘は在上方。9月12日秀吉に拝謁、朝鮮半島への再渡海を命じられる(『薩藩旧記3』115・117)。9月23日義弘大坂出船、10月10日大隅浜之市(富隈)に到着(『薩藩旧記3』120・126)。義弘は恐らく帖佐で越年。

慶長2年(1597)

　2月上旬朝鮮半島へ向け帖佐発(『薩藩旧記3』174)。2月21日に川内に入り、その後天草・平戸を経て、4月6日頃壱岐に上陸(『薩藩旧記3』219)。4月19日対馬小浦に着岸(『薩藩旧記3』221)。30日に加徳島に到着する(『薩藩旧記3』226)。7月12日朝鮮水軍の動きを封じるため、忠恒とともに巨済島方面へ移動。7月28日忠恒とともに巨済島を発し、全羅道南原を目指す。8月1日に固城、5日に河東を経て、12日頃に南原付近に着陣。15日夜から南原城を攻撃、陥落させる。19日全州に入り、24日に全州で開かれた諸将の談合に参加、

27日全州を発って各地を転戦、9月15日に井邑に入り、18日井邑を発って25日に海南に到着、以後しばらく海南にとどまって域内の制圧に従う(『薩藩旧記3』346)。10月10日康津を発し、28日泗川に到着。泗川の「古城」にあって、「新城」の普請を開始する。12月21日から「新城」への移駐を開始。ここで越年(『薩藩旧記3』347)。

慶長3年(1598)

忠恒とともに朝鮮半島の泗川に駐留(『薩藩旧記3』355)。9月27日明・朝鮮軍が泗川を攻撃、10月1日明・朝鮮の大軍を撃退(泗川の戦い)。11月17日小西行長を救うため順天に向かう。18日行長の救出に成功(『薩藩旧記3』641)。11月21日巨済島発、25日釜山発、同日対馬豊崎着。26日壱岐勝本着、12月9日勝本発、10日博多着。12月29日伏見着(『薩藩旧記3』174)。

慶長4年(1599)

義久とともに伏見で越年。正月7日に家康の茶事に招かれる(『薩藩旧記3』645・647)。17日在伏見(『舜旧』)、この年一貫して在上方。2月20日伏見の島津屋敷で、義久が家督を忠恒に譲る。義弘も陪席し、このころ出家し「維新」ないし「惟新」と号す。3月9日忠恒が伏見屋敷で伊集院幸侃を謀殺。その後忠恒は高尾に蟄居。三成の失脚をうけて、閏3月5日頃忠恒は伏見に戻る。義弘は7月8日在伏見(『舜旧』)。

慶長5年(1600)

この年も義弘の在上方は継続。正月27日在伏見(『舜旧』)、2月29日義弘在伏見、西洞院時慶の来訪をうける(『時慶』)、30日在洛(『西笑』)。4月5日義弘在伏見(『薩藩旧記3』1087)。5月18日義弘在伏見(『薩藩旧記3』1112)。5月12日伏見に到着していた佐土原の島津忠豊が帰国のため6月5日大坂着。6月10日義弘は西洞院時慶の訪問をうける(『時慶』)、7月11日義弘は佐土原の忠豊とともに伏見城への入城をもとめるが、伏見城在番の鳥居元忠(徳川家中)によって拒絶される。20日義弘在伏見(『薩藩旧記3』1140)。8月1日伏見落城後、宇喜多秀家らと大坂へ向かう(『時慶』)。4日在伏見、西洞院時慶の来訪をうける(『時慶』)。15日に義弘は忠豊とともに近江佐和山、16日には美濃垂井に着陣(『薩藩旧記3』1155)。17日も義弘は垂井に在陣(『薩藩旧記3』1157)。22日も義弘は垂井に在陣(『伊達』699号)。24日美濃大垣に移動(『薩藩旧記3』1167)。14日夜大垣城を出て西に移動。9月15日関ヶ原合戦当日。忠豊は討ち死、戦場を離脱した義弘は9月20日に大坂住吉に到着。西宮で立花宗茂と再会、しばらく海路をともにする。9月29日日向細島に上陸(『薩藩旧記3』1170・1180)。30日高鍋、10月1日佐土原から日向八代、2日大隅の大窪を経て、3日に義久の居城富隈に到着して義久と対面(『薩藩旧記3』1196)。その後居城帖佐に戻る。10月30日大隅蒲生で城普請を見舞う(『薩藩旧記3』1409)。11月16日義久・忠恒とともに富隈で談合(『薩藩旧記3』1287)。11月19日、11月27日も蒲生で城普請を見舞う(『薩藩旧記3』1409)。

慶長6年(1601)

この年は在国。4月4日以降に桜島(向之島)藤野村に蟄居(『薩藩旧記3』1495)。6月初め

に山川に着岸した京衆に宇喜多秀家が含まれており、桜島の義弘との談合を求める。義弘は忠恒に対し、山川に使者を派遣するように指示(『薩藩旧記3』1513)。これをうけて秀家(名は「成元」からこの頃「休復」に改めている)から忠恒に連絡あり(『薩藩旧記3』1516)。4月12日鹿児島の福昌寺参詣(『薩藩旧記3』1597)。

慶長7年(1602)

　　この年も在国。7月義弘は「上之山」城普請を見舞う(『薩藩旧記3』1660)。この「上之山」城が近世島津家の居城「鶴丸」城となる。

慶長8年(1603)

　　この年も在国。4月12日福昌寺にて貴久法事を催行。8月6日大隅牛根の宇喜多秀家(休復)を見舞う(『薩藩旧記3』1847)、秀家は同日牛根発(『薩藩旧記3』1848)、27日伏見着(『薩藩旧記3』1854・1856)。

慶長9年(1604)

　　一貫して在国。

慶長10年(1605)

　　この年も在国。

慶長11年(1606)

　　この年も在国。4月上旬に義久とともに鹿児島で琉球・大島渡海の談合をもつ(『薩藩旧記4』183・190)。

慶長12年(1607)

　　この年も在国。

慶長13年(1608)

　　この年も在国。

慶長14年(1609)

　　この年も在国。2月26日付で義久・義弘・家久連署の「琉球渡海之軍衆法度条々」を発令(『薩藩旧記4』544)。

慶長15年(1610)

　　この年も在国。

慶長16年(1611)

　　正月21日、義久が大隅国分城で没する。義弘は在国。

慶長17年(1612)

　　この年も在国。

慶長18年(1613)

　　この年も在国。

慶長19年(1614)

　　この年も在国。家久も在国であったが、10月25日付の徳川家重臣連署状をにより、大坂

出兵を命じられる(『薩藩旧記4』1187)。11月11日大坂出陣にむけての談合(『薩藩旧記4』1188)。家久は11月17日鹿児島発、その後日向細島で船待ち(『薩藩旧記4』1191・1202)。12月2日義弘が家久の元に到着、6日義弘は加治木へ移動、21日義弘再び家久を来訪、22日義弘帰還。

慶長20・元和元年(1615)

一貫して在国。

元和2年(1616)

在国。

元和3年(1617)

在国。

元和4年(1618)

在国。家久は2月中に江戸上りの予定であっが、義弘の中風が悪化したため、在国する(『薩藩旧記4』1492・1509)。

元和5年(1619)

7月21日居城加治木にて死去。

■典拠

『薩藩旧記1～4』『上井覚兼日記』上・中・下巻『舜旧』『三藐』『時慶』『言経』「阿蘇墨斎玄与近衛信輔公供奉上京日記」(『鹿児島大学教育学部研究紀要』人文・社会科学編68巻)

参考文献

三木靖『薩摩島津氏』戦国史叢書10(新人物往来社　1972年)

山本博文『島津義弘の賭け』(読売新聞社　1997年)

新名一仁『島津四兄弟の九州統一戦』(星海社新書　2017年)

中野　等「文禄・慶長の役と諸大名の動向(一)」(『佐賀県立名護屋城博物館研究紀要』第26集　2020年)

新名一仁『現代語訳　上井覚兼日記』1～3(ヒムカ出版　2020～23年)

新名一仁『「不屈の両殿」島津義久・義弘』(角川新書　2021年)

中野　等『関白秀吉の九州一統』(吉川弘文館　2024年)

立花宗茂の居所と行動

穴井 綾香

【略歴】

　立花宗茂の居所と行動に関する文献には、中野等『立花宗茂』、中野等・穴井綾香『近世大名立花家』があり、その典拠の多くは『柳川市史史料編Ⅴ』に収録されている。以下、これらの成果によりながら、適宜、補足するという形で叙述をすすめる。

　宗茂は永禄10年(1567)、大友家家臣吉弘鎮種(のちの高橋紹運)の長男として、豊後国国東郡筧(かけい)に生まれた。母は同じく大友家家臣斉藤鎮実の女(のちの宋雲院)。幼名は千熊丸。元服して弥七郎に改め、実名は大友義統の偏諱をうけて統虎を名乗る。

　天正9年(1581)、戸次道雪の女誾千代(ぎんちよ)の婿に迎えられ、道雪の養嗣子となり、筑前立花城に入る。翌10年11月、名字を戸次から立花に改めた。同14年、大友の麾下を離れて秀吉に従軍、翌年6月25日に筑後国山門(やまと)・三潴(みづま)・下妻3郡を与えられ、柳川を城地と定めた。この頃までに、官途は左近将監を称するようになる。同16年7月5日、従五位下侍従に任ぜられた。実名は文禄元年(1592)の朝鮮渡海に先立って宗虎、やがて宗厈(むねとら)と改め、同2年後半には正成、同3〜4年前半までに親成となる。

　慶長5年(1600)、西軍に与して敗れ、柳川を開城すると実名を政高と改め、ほどなく尚政を名乗った。浪牢生活を送るなか、同10年頃には俊正と改めている。同11年、奥州南郷に領知を与えられた。同15年、加増され領知高3万石となり、これを機に実名を宗茂に改めた。大坂両度の陣に従軍、特に夏の陣では秀忠に供奉した。元和3年(1617)、秀忠の御咄衆に選ばれる。

　元和6年、筑後柳川への再封が決定し、翌年、入国した。領知は山門一郡と上妻・下妻・三潴・三池各郡のうちで10万9000石余となる。同8年、嗣子忠茂の元服にともない、飛騨守に任ぜられた。寛永6年(1629)「内儀」に隠居し、忠茂への権限移譲をすすめていくとともに、家光への近侍に専心するようになる。同15年、家光より正式に隠居を許され、法体となり立斎と号す。同19年11月25日、江戸で死去した。享年76。

　なお、以下の記述では、本稿の対象人物の呼称を「宗茂」に統一する。

【居所と行動】

1　柳川拝領まで　永禄10年(1567)～天正15年(1587)6月

　永禄10年、誕生。同11年、実父吉弘鎮種が高橋家を継承したことにともない、宗茂も吉弘家の本拠である豊後国国東郡筧から筑前岩屋城あるいは宝満城に移ったと考えられるが、幼年期の動向は詳らかでない。

天正9年(1581)

　8月18日、戸次道雪の養嗣子となり、10月25日、筑前立花城に入った(「立花公室略譜」柳河藩政史料)。道雪や紹運とともに出陣し、11月6日に穂波郡潤野原において秋月種実と戦い、同13日には清水原において秋月・宗像連合軍と戦った。両合戦に関し、道雪・宗茂の連署による感状が多数残っている(「米多比家文書」19-2ほか)。

　※　宗茂の生年については、寛永15年(1638)に比定される11月19日付立花宗茂書状写に「我等七十二多年之存命」(「柳河藩政史料」5402)、また延宝2年(1674)に比定される3月8日付立花忠茂書状に「亡父七十六ニ而死去ニ候」(「富士谷家文書」15-2)とある。宗茂の没年から逆算すると、永禄10年がその生年にあたる。

　※　宗茂の立花入城については、天正9年10月25日付で高橋紹運が道雪の家中に対し、宗茂の入嗣に関する5箇条の「覚」を発している(「柳河藩政史料」中43)。

　※　道雪・宗茂連署の感状は、他に3月8日付で「前十六於吉原口防戦之砌」(「薦野文書」)、10月20日付で「前之廿二於宗像表」(「米多比家文書」19-3ほか)で始まるものなど残るが、年代は不詳である。なお、道雪が各地を転戦する間、宗茂は主に立花城の留守に当たったともされる(「筑紫良泰筑紫家由緒書」)。

天正10年(1582)

　11月18日、立花城の「御本丸西ノ城」において、宗茂の「御旗・御名字」の祝いが催された(『豊前覚書』)。これにともない、宗茂は戸次から立花に名字を改めたとみられる。

天正12年(1584)

　7月26日、道雪・紹運らとともに、立花城近隣の筑前国三笠郡に在陣している(「五条家文書」262)。その後、道雪・紹運は筑後へ軍勢を展開していくが、宗茂は立花城を守ったとみられる。

天正13年(1585)

　9月11日、道雪が病により筑後国御井郡北野で陣没、翌日、宗茂の実弟高橋直次が籠る宝満城が筑紫広門によって落城した。宗茂の動向は詳らかでないが、大友方の情勢は厳しく、立花在城が続いたと考えられる。

　※　立花城については、『上井覚兼日記』10月11日条に「秋月より橘城未落去候間、彼城へ一御行被成」とあり、秋月種実が島津義久に立花城攻めを進言している。

天正14年(1586)

　島津勢の北上により、7月27日に岩屋城が落城して実父高橋紹運が戦死、8月6日には実弟直次の宝満城が落城し、やがて宗茂が拠る立花城も包囲された。同24・25日に島津勢が立花城の包囲から撤兵すると(『上井覚兼日記』)、同25日のうちに宗茂は島津方の星野氏がいる糟屋郡高鳥居城を攻めて落城させた。この合戦の感状を同27日付で発している(「薦野文書」9ほか)。その後、岩屋城・宝満城を奪回した(『豊前覚書』)。こうした軍功を賞する秀吉判物が9月9日・10日付で宗茂宛に出されている(「立花」45・40)。10月18日、島津方の豊前国田川郡香春岳城を包囲する毛利輝元ら中国勢の陣を訪れ、黒田孝高に面会し、翌日立花城に帰った(『豊前覚書』)。

　※　島津勢の立花城包囲では、『上井覚兼日記』8月16日条に「立花之事、于今相支候へ共、当時曖之懸引共候」などとあり、立花城内の内応者への計略も行われている。

天正15年(1587) 1月～7月

　秀吉に従って島津攻めに出陣する。『豊前覚書』によると、4月3日午の刻に立花城を発って金出に着陣した。4日に秋月庄山、5日秋月里城に着陣し、秋月城で秀吉に謁見した。8日に山下城受取りのため陣替、11日に大津山城、小代城を受取り、12日高瀬、13日安楽寺、14日隈本、16日木山、17日宇土、19日里城、20日八代、21日田浦、22日佐敷、23日水俣、24日出水、27日出水原、28日滝、29日川内、5月3日百次、11日伊集院、12日小野河内、15日伊集院、20日吉田村、21日祁答院、23日「子捨の峠」、25日大口、その後、佐敷に着陣した。以後の行程は記されていないが、秀吉が6月7日に博多に入り数日逗留する間、「節々御見廻ひ」に出仕したという。

　同25日付の領知朱印状で筑後国山門郡以下3郡を与えられると、6月27日夜、浅野長政とともに柳川に入った。同29日、秀吉への御礼言上のため箱崎に戻り、「一両日中」に柳川へ帰ったようである(6月□8日付大鳥居信寛宛立花宗茂書状『福岡柳川藩初期上』274)。

2　柳川時代　天正15年(1587)8月～慶長5年(1600)

天正15年(1587) 8月～12月

　柳川拝領後の動向は不詳であるが、領国支配の体制整備のため在国したと見られ、8月中旬から9月にかけて重臣への支城主任命や家臣への知行給付を行っている(「佐田家文書」B6、「米多比家文書」20ほか)。肥後一揆が勃発すると、9月7日付で出陣の命を受け(「立花文書」52)、10月上旬までの間に「有動付城」への兵粮補給に際し戦果をあげた(「立花文書」53)。その後、小早川秀包・安国寺恵瓊に従って田中城を包囲し、12月5日に落城させた(『福原家文書』、『小早川』444・488)。

　※　宗茂の肥後一揆への対応については、9月21日付秀吉朱印状に「肥後面之儀、無是非次第候、然者去五日迄、其方不罷立之由申越候、如何候哉、在所ニハ慥留守居申付、早々相動、藤四郎・安国寺申談、可及行候」(「立花文書」71)とあり、同5日時点で柳川

を出立していなかったことを詰問されている。

天正16年(1588)

肥後一揆鎮圧後の柳川帰還は不詳であるが、正月27日付の秀吉朱印状で「永々在陣」を労われている(「立花文書」64)。また、一揆の棟梁とされた隈部親永を預かる。5月27日、親永は家臣を率い、宗茂のいる柳川城に向かう途中、城下黒門で立花家中により討ち取られた(「小野文書」中世82)。7月5日付で従五位下、侍従、同28日付で従四位下に叙任されており(「立花文書」635)、これにともない上洛し、同24日、毛利輝元が聚楽第で秀吉に謁見した際、列席している(「輝元上洛日記」)。帰国時期は不明である。

※ 天正16年7月5日付で従五位下とする口宣案・位記、同日付で侍従に任ずる宣旨、従四位下とする同年7月28日付の口宣案・位記が伝わる。このうち位記・宣旨は、万治元年(1658)に立花忠茂が勧修寺大納言家を通して遡及的に申し請けたものであるが、7月8日付秀吉朱印状は「羽柴柳川侍従」宛になっており、叙任は上記日付で行われたと推量される(『近世大名立花家』)。

天正17年(1589)

1月13日朝、実弟直次とともに神屋宗湛の茶事に招かれており、場所は博多あるいは名島と考えられる(『宗湛』)。

天正18年(1590)

小田原攻めの見舞いとして6月14日に柳川を出立、8月に帰国、9～10月頃に妻子を連れ上坂した(「大鳥居文書」「柳河藩立花家文書」38)。

天正19年(1591)

10月8日付の宗茂宛蒲生氏郷書状に「近日可致上洛候間、其刻萬々可申達候」とあり、この頃、上方にいる(「立花文書」684-11)。前年より大坂滞在を継続している可能性も考えられる。その後、帰国したとみられ、肥前名護屋城の普請に従事した。12月中旬までに、名護屋の普請はおおよそ出来上がったようである(12月11日付宗茂宛八嶋増行書状「立花文書」684-18、同21日付宗茂宛浅野長吉書状「立花文書」684-17)。

天正20年・文禄元年(1592)

「唐入り」にあたり、3月13日付の「陣立書」で小早川隆景を将とする第六軍に組織される(『小早川』501)。隆景が4月18日ないし19日に釜山に上陸しており、宗茂も同じ頃に釜山に入ったと考えられる。第六軍は、5月6日か7日には漢城(現在のソウル)に入り、同10日頃臨津江に出て、20日には漢城に戻り、7月7日までには全羅道に入り、同9・10日全羅道錦山で朝鮮側と衝突した(「小早川隆景の居所と行動」)。その後、隆景は漢城へ召還されるが、宗茂は全羅道に残留した(「立花文書」91)。8月9日梁丹山、同18日錦山で戦ったが、9月中旬、全羅道を放棄して漢城方面に転進、10月23日開寧着、同28日開寧発、11月17日頃漢城着、同23日頃開開城着、12月5日「へうほん」城着、同9日漢城で隆景らと談合している(下瀬頼直『朝鮮渡海日記』)。

文禄2年(1593)

　1月21日開城発、同22日漢城着、同26日碧蹄館で明・朝鮮軍と衝突、撃破した(下瀬頼直『朝鮮渡海日記』、2月2日付宗茂宛安国寺恵瓊書状「立花文書」685-1-5)。その後、龍山に在番したとされる(『日本戦史　朝鮮役』)。4月18日、日本の軍勢は漢城から釜山方面へ撤退を開始、6月29日、晋州城を陥落させた。立花勢もこの攻城戦に参加している(『島津』955)。その後、隆景の下で「かとかい」城および端城の普請・在番にあたった(日下寛編『豊公遺文』)。閏9月、隆景が日本に帰還するが、宗茂らは「かとかい」城の在番を継続していくこととなる(『小早川』341)。

文禄3年(1594)

　「かとかい」城在番を継続する。

　　※　長期在番については、12月7日付の宗茂宛長束正家書状に「其表相替儀無之由、珎重存候、御普請御番之儀無御由断被仰付候由、尤存候、永々御苦労無是非次第ニ候」などとある(「立花文書」684-1)。

文禄4年(1595)

　講和の準備が進む中、在番諸将に帰還命令が出され、宗茂も遅くとも9月には日本へ帰還したとみられ、10月16日に伏見着、翌日には秀吉に謁見して伏見城下に屋敷地を与えられ、聚楽の「御殿一軒」を拝領した(「立花文書」683-15、「立斎旧聞記」)。11月5日付で重臣らに宛てた書状で、11月中旬には大坂を出船し、同25・26日頃には柳川へ戻るつもりであることを伝えている(「十時正道家文書」9)。12月4日付で長束正家に領国の状況を報じており、この頃までに柳川へ戻っている(「立花文書」684-7)。

慶長元年(1596)

　文禄検地にともない、家中に対し4月28日付で知行宛行状を一斉に発給した(「小野文書」中世65」ほか)。知行給付を終えて、5月17日付で重臣小野鎮幸を柳川の留守居とし、上洛した(「小野文書」322)。

慶長2年(1597)

　第2次出兵にともない、2月21日付で出された「陣立書」により、両筑の軍勢は浅野幸長とともに釜山城以下の在番に当てられ、宗茂は「あんこうらいの城」の守衛を命じられる(「立花文書」137)。7月14日、重臣の一部とともに朝鮮へ渡海した(「佐田家文書」A12)。釜山城に入っていたが、9月16日付で日本の長束正家らに宛てた宇喜多秀家ら連署による書状に「釜山浦之儀、最前ハ羽柴左近可致在城之旨、雖被仰出候」「嶋津・鍋嶋城之間ニ一城取拵、被致在番候へ」などとあり、宗茂に対し釜山から別の「一城」に移って在番するよう指示が出されている(『薩藩旧記3』312)。「嶋津・鍋嶋城之間」がどこであるかは不明であり、これ以降の宗茂の動向も詳らかでない。

慶長3年(1598)

　3月13日付の秀吉朱印状で、小早川秀包らとともに固城の在番を命ぜられた(「立花文書」

75)。秀吉没後であるが、8月25日付の秀吉朱印状により他の諸将同様に釜山への集結を命ぜられ(『島津』983)、同28日付で四大老より宗茂宛に日本への帰還命令が出された(「亀井文書」『家康中巻』326頁)。ただし、これらの命令が宗茂らのもとに届くのは10月に入ってからのことで、10月晦日に宗茂ら諸将は「南海瀬戸」で談合し、撤退の段取りを決定した(『島津』1499)。その後、巨済島(唐島)に兵を引き、島津義弘らとともに順天城の小西行長の救援に向かった(『島津』974)。小西は撤退に成功し、朝鮮に残っていた諸将は漸次日本へ帰還する。12月12日、元小早川家家臣で牢人の問註所政連の来訪を受けており、それまでには宗茂も博多へ戻っていたとみてよいだろう(12月13日付問註所小兵衛尉宛宗茂書状「問註所文書」)。同26日に大坂に到着し、後続の島津義弘・忠恒・小西行長らを待って、伏見へ上った(12月27日付島津忠恒宛宗茂書状『薩藩旧記3』623)。

慶長4年(1599)

1月7日朝、島津忠恒・小早川秀包らとともに家康の茶事に招かれた(「家久公御譜中」『薩藩旧記3』647)。閏3月8日、島津義弘・忠恒、寺沢正成らと起請文を交わす(『島津』1500)。4月1日付で「ばはん」への渡海を禁じる五大老連署状を受け(「柳河藩立花家文書」24)、5月11日付の「新公家衆御法度御請之連判」とされる「御禁制条々」に福島正則ら29名とともに名を連ねている(『薩藩旧記3』741)。その後、5月末から7月にかけては知行宛行状を発給しており(「問註所文書」ほか)、5月中旬から下旬の間に帰国し知行給付を行ったとみられる。9月20日までに再び上洛した(『島津』1950・1951)。その後、帰国したが時期は不明である。

※ 翌年の正月11日付島津義久宛宗茂書状に「拙者事、早々可罷上覚悟」「在国申事候」などとあり(『薩藩旧記3』1008)、9月の再上洛後に一旦帰国したことが推量される。

慶長5年(1600)

家康による上杉景勝討伐には参加せず、7月17日付の「内府ちかいの条々」に応じて西軍方として東上する。8月22日には島津勢とともに垂井付近にいる(『伊達』699)。東軍に応じた京極高次の大津城包囲に加わり、9月6日から本格的に城攻めを開始した(『史料綜覧』)。同15日早朝に高次が大津城を出た後、同城の守りにつくが、関ヶ原での西軍の敗報に接し、一旦大坂城に入った。毛利輝元らに大坂籠城を説いて容れられず、同18日大坂を出船したという(「立斎旧聞記」)。同26日に安芸日向泊で島津義弘と会談して別れ(『薩藩旧記3』1170・1190)、10月2日までに柳川城に入っている(『浅野』115)。同10日付で家臣に対し、大津城攻めの感状を一斉に発給した(「十時正道家文書」ほか)。

柳川帰城後、豊前の黒田如水・肥後の加藤清正、肥前の鍋島氏らと敵対することになり、実際10月20日に三潴郡江上・八院で鍋島勢と衝突して大打撃を受けた(「小野文書」312)。同25日、東軍との和睦が成立し、島津攻めの先鋒を命じられた(「米多比家文書」22-4)。11月、島津攻めの軍勢は佐敷・水俣付近まで展開するが、この間東軍諸将と島津方の交渉が進められ、宗茂も降伏勧告に努めた(『薩藩旧記3』1296・1297)。島津方が和睦の使者を派遣することになると、11月22日頃から撤兵が開始されたが、宗茂率いる軍勢は肥後高瀬に集結し

たようである(『史料綜覧』)。12月2日付で江上・八院合戦の感状を発した(「十時正道家文書」ほか)。また同日付で、安東連直・佐田成景を高瀬に残る家臣団の「奉行」に任じた(「佐田家文書」B1)。12月12日頃には大坂に到着し、黒田長政と面談した(『黒田』)。

3　浪牢・奥州時代　慶長6年(1601)～元和6年(1620)

慶長6年(1601)

　立花氏の旧領を含む筑後一国が田中吉政に与えられることになり、宗茂は肥後高瀬に戻って仮寓した(「立斎旧聞記」)。7月、身上回復のため上方に上り、家康に謁見した(「立花文書」679-7)。しかし浪牢の身のまま、在京を続けることとなる。

慶長7年(1602)～慶長9年(1604)

　京・大坂に逗留した。慶長9年の立花新右衛門宛宗茂書状写には、4月5日付で「将軍様も前晩日御上洛之儀候、肥州も頓而可為御上候間、いか様にも身上之儀共可相済と存事候」、8月2日付で「雖然牢人長々敷躰ニ候、此方手前不事成時者、いか様ニも可在之候、当分者肥後殿よりも少少つゝ、合力も在之事候間」などとあり、上方での浪牢生活が継続していることをうかがえる(「立花新右衛門家文書」A1-7・A1-8)。

　※　立花家の京都呉服所を勤めた富士谷千右衛門の由緒書き上げに「翌丑秋御上京、同八卯年迄京・大坂江御逗留、五畿内諸所被遊御遊覧、同冬江戸江被遊御越候」とあり、また京では大徳寺大慈院や小河彦次郎宅(のち富士谷氏)、大坂では住吉屋や鍋屋に逗留したという(「京都伏見大坂町人御扶持方調」)。ここでは上方での浪牢生活を慶長8年までとするが、実際には同10年まで継続する。また『寛政譜』が、同8年10月15日に家康・秀忠の御前で陸奥棚倉1万石を与えられたとするが、これも当たらない。

慶長10年(1605)

　居所と行動は不詳。上方で浪牢生活を継続したと思われる。

慶長11年(1606)

　9月、江戸で将軍秀忠に謁見した(「十時正道家文書」28)。11月11日付で家臣に知行宛行状を発給しており(「十時(強)家文書」Gイ1-6-2ほか)、この間、奥州南郷に領知を与えられたとみてよいだろう。ただし、奥州時代の動向は断片的にしか判明しない。

慶長15年(1610)

　2月、秀忠の駿府行きに従う(「大鳥居文書」)。7月25日、加増を受けて領知高は3万石となった(「立花新右衛門家文書」A2-5)。9月下旬に南郷に下るが(「東京太田文書」)、10月中旬には江戸に戻ったようである(『西国武士団史料集問注所文書』50)。

慶長19年(1614)

　大坂冬の陣に従う。11月19日付で家中宛に陣中法度を出した(「吉田家文書」14)。同25日、家康に「御目見」している(「大坂冬陣記」『大日本史料』12-16)。

慶長20年・元和元年（1615）

大坂夏の陣に従う。4月10日、秀忠に供奉して江戸を出発した（「谷屋家文書」4、「徳川秀忠の居所と行動」）。秀忠麾下として大坂城下の南に展開したが（『日本戦史　大坂役』）、「御旗本御前備」を命ぜられていたため前線に出ることはなかった。その後も秀忠に従い、8月頃まで上方に逗留したようである（「十時正道家文書」32）。

元和2年（1616）

秀忠が駿府の家康を見舞いその死を看取る間、江戸城大手の守衛に当たった（5月11日付賢賀宛立花宗茂書状写『福岡柳川藩初期上』208）。12月、秀忠の「御咄衆」に選ばれる（『本光』元和3年1月5日条）。以後、秀忠に近侍するため、基本的には江戸に詰めていたと考えられる。

元和6年（1620）

筑後一国を領した田中家が無嗣断絶により改易され、11月27日に筑後柳川への再封が決定する（『寛政譜』）。これを受けて、12月1日付で肥後の旧臣に宛てた書状で「年明緩々と可罷下と被　仰出候間、正月末三月始比可為入国候」と書き送っている（「小野文書」148）。また同21日付の京都の富士谷紹務宛書状にも「来正月罷上令入国候」とあり、年明けに出立し、柳川に入国するつもりでいる（「富士谷家文書」1-27）。

4　再封柳川時代　元和7年（1621）以降

元和7年（1621）

1月21日江戸発、2月1日に三河吉田着（『本光』2月4日条）、同5日に近江膳所着、本多康俊の病床を見舞った（「富士谷家文書」1-5）。同日、京都の富士谷の屋敷に入り、同10日には大坂土佐堀の鍋屋の屋敷に入り、同14日出船した（「京都伏見大坂町人御扶持方調」）。同26日筑後国着、同28日柳川城に入った（『本光』3月18日条）。そのまま在国、越年した。

※　在国については、宗茂としては年内の江戸帰還を準備していたが、国元の仕置きに専念すべきとの指示が出されたことによる（「富士谷家文書」1-16）。また、寛永11年（1634）の宗茂覚書に「一、翌年いぬノ年九月ニ為御礼罷上候事」とあり、元和8年9月まで在国を継続する（「立花文書」149）。

元和8年（1622）

柳川を出発した日は不明だが、9月20日富士谷紹務宛書状に「唯今伏見迄罷着候、頓而可令出京候」とあり、伏見到着とやがて出京する旨を伝えている（「富士谷家文書」1-21）。10月21日には江戸で将軍秀忠への拝謁を済ませた（『細川家史料　九』115）。また12月27日、数えで11歳の嗣子忠茂が秀忠の御前で元服した。

元和9年（1623）

秀忠の上洛にともない、先行して江戸を発ち、5月16日には三島着（「富士谷家文書」1-25）、やがて京に入った。秀忠・家光が京に揃い、7月27日に家光が征夷大将軍に任ぜられると、帰国を許され、その途次、大坂城普請に従事する小野茂高に「今度大坂御普請中

法度之事」を発したのち、閏8月18日に下関を経て、同27日までには柳川城に入ったようである(「小野文書」151・174・176)。

元和10年・寛永元年(1624)

　5月3日に柳川を発ったが、豊前大里で「霍乱気」となり、漸く同6日晩に下関を出船、同8日「向嶋」を通過、10日「宇野嶋近辺」に到着した(「十時(強)家文書」Dイ1、「矢島文書」24)。同13日大坂着(「富士谷家文書」1-3)、その後、江戸着は不詳である。秀忠の西の丸移徙までには参府しており、10月14日付の国元の重臣ら宛書状に「大御所様前廿二西之丸へ御移徙、霜月三日将軍様御本丸へ御移徙之由候、年内中者か様之御祝儀彼是ニ相過候」とある(「柳河藩政史料」1752)。

寛永2年(1625)

　正月を江戸で迎え、秀忠・家光の「御成御供」の日々が続いた(4月10日付柳川留主衆宛宗茂書状「伝習館文庫文書」『福岡柳川藩初期下』646)。その後も帰国の暇は出されず、在府して過ごす。

　　※　帰国の暇が許されないことについては、5月23日付で大坂の小野茂高に宛てた書状に「御譜代衆いまた一人も御暇出不申候、此なミニて候はん哉と申候」とあり、譜代並の処遇だと自負している(「小野文書」166)。また、7月25日付で京都の富士谷六兵衛に宛てた書状にも「御暇相待申候へ共、尓今何共不被　仰出候」とある(「富士谷家文書」3-24)。

寛永3年(1626)

　江戸を発った時期が不明だが、上洛供奉の前に一旦帰国した。国元から京都の富士谷六兵衛宛に何度も書状を送って上洛の準備を細かに指示し、5月13日国元を出立、同19日夜大坂に到着した(「富士谷家文書」9-28)。9月6日に後水尾天皇の二条城行幸が行われた後、家光は同26日、秀忠は10月6日に京を出立するが、宗茂は例によって秀忠に従い江戸に帰還したようである(「米多比家文書」46)。

　これ以降、秀忠・家光から頻々と江戸城に召され、また御成にともなわれるなどして、多忙な日々を送ることになる(『実紀』「江戸幕府日記」)。

寛永4年(1627)

　在江戸。秀忠・家光に近侍。

寛永5年(1628)

　在江戸。秀忠・家光に近侍。4月25日、家光に従い、日光に社参した(「富士谷家文書」4-2)。

寛永6年(1629)

　在江戸。秀忠・家光に近侍。7月末頃、上屋敷を忠茂に譲り、下屋敷へ移った(「富士谷家文書」7-4)。

　　※　下屋敷への転居については、5月8日付十時惟益宛書状に、幕府に隠居の相談をし

たが、将軍の許可を得がたく「内儀之隠居」ということにして、年貢や家臣を忠茂と引き分けることにしたと述べている（「十時(強)家文書」Dア2）。

寛永7年(1630)～寛永8年(1831)

在江戸。秀忠・家光に近侍。

寛永9年(1632)

在江戸。1月24日に秀忠が死去するが、前後の宗茂の動向は詳らかでない。家光への近侍は変わらない。

寛永10年(1633)

在江戸。家光に近侍。

寛永11年(1634)

正月を江戸で迎え、家光に近侍。6月17日家光の上洛供奉を命ぜられ、7月18日家光に従い忠茂とともに参内した（「江戸幕府日記」）。閏7月16日、諸大名とともに二条城で家光より領知宛行状を受けたとみられる（『史料綜覧』）。閏7月25日より家光の大坂行に従っており、同28日に京に戻る予定という（「富士谷家文書」2-9）。8月5日、家光に従って出京したとみられ、家光と同じく同20日に江戸着、翌日より出仕している（「富士谷家文書」8-1）。9月13日家光の日光社参に従い、同20日江戸に戻った（「富士谷家文書」3-12）。10月11日に江戸城二の丸の能に招かれる（「立花文書」176）など、頻りに家光の御前に召し出される。

寛永12年(1635)

在江戸。家光に近侍。

寛永13年(1636)

在江戸。家光に近侍。4月6日、家光の日光社参に供奉した（「富士谷家文書」4-16）。5月14日、忠茂とともに江戸城に登城した（「江戸幕府日記」）。この時、忠茂に帰国の暇が出され、宗茂は在江戸を続ける。

寛永14年(1637)

閏3月12日に忠茂が江戸参府すると、同19日付で什書類を返還した（「立花文書」487）。これは前年、忠茂の国元下向にともない、宗茂が預かったものである。10月に天草・島原で一揆が蜂起すると、立花家は忠茂が出陣し、宗茂は在江戸を続けた（「大津山家文書」2-5ほか）。

寛永15年(1638)

1月12日、宗茂にも一揆討伐の命が下り（「江戸幕府日記」）、2月6日に原城包囲に着陣した（『史料綜覧』）。同28日に原城が落城すると、3月4日に柳川に帰陣した（「伊藤家(本陣)文書」）。4月5日、出陣した諸大名一同が小倉に召集され、家光の労いの言葉などを伝えられた（『史料綜覧』）。その後、宗茂は江戸へ戻ったと見られ、5月13日家光に謁見している（「江戸幕府日記」）。8月9日に青山幸成屋敷、9月3日に酒井忠勝下屋敷へ家光の御成に従い、再々の御諚を受け、同5日に自らの下屋敷に初めて家光を迎えた（「富士谷家文書」

8-2)。10月20日、家光より隠居を許され、剃髪して号を「立斎」とする(『史料綜覧』)。その後も、引き続き家光に近侍する。

寛永16年(1639)

　在江戸。2月1日、家光に従って酒井忠勝の下屋敷を訪れ、頭巾を賜り御前での着用を許される。7月18日に下屋敷に家光を迎え、同20日には江戸城二の丸の茶会に相伴した(『史料綜覧』)。年末より所労が見え始める(「江戸幕府日記」12月22日条)。

寛永17年(1640)

　在江戸。1月7日、家光に従って酒井忠勝の下屋敷を訪問した。以後、病気がちになり、家光よりたびたび見舞いの使者を受けるようになる。10月15日、忠茂をともない江戸城に登城した(「江戸幕府日記」)。

寛永18年(1641)

　正月を江戸で迎える。養生のため一時鎌倉に滞在、5月22日には江戸に戻る予定だったが、霍乱を起こすなどして帰還は7月上旬までずれ込んだ(「富士谷家文書」6-13)。8月頃には眼病も悪化し、以後たびたび書状にローマ字印を用いるようになる(「富士谷家文書」6-3ほか)。

寛永19年(1642)

　6月25日より吐逆が続き、閏9月に小康を得るが、10月に入って容体悪化、11月25日申の刻に死去、江戸下谷の広徳寺に葬られた(「木付帯刀日記」)。

■典拠

【日記】

「江戸幕府日記」『上井覚兼日記』「宗湛」『朝鮮渡海日記』『本光』「木付帯刀日記」(『旧柳川史話』)

【古文書】

「伊藤家(本陣)文書」「大津山家文書」「小野文書」「五条家文書」「薦野文書」「佐田家文書」「立花新右衛門家文書」「立花文書」「谷屋家文書」「東京太田文書」「十時(強)家文書」「十時正道家文書」「米多比家文書」(以上『柳川市史史料編V前編』所収)「富士谷家文書」「問註所文書」「柳河藩立花家文書」「柳河藩政史料」「吉田家文書」(以上『柳川市史史料編V後編』所収)『福岡柳川藩初期上・下』『黒田』『福原家文書』『浅野』『小早川』『島津』『伊達』『細川家史料』「筑紫良泰筑紫家由緒書」(『佐賀』古文書編28巻66号文書)「大鳥居文書」(『大宰府・太宰府天満宮史料』)「亀井文書」(『家康』)『西国武士団史料集問注所文書』

【編纂物等】

「立花公室略譜」(伝習館文庫「柳河藩政史料」、柳川古文書館収蔵)「立斎旧聞記」「京都伏見大坂町人御扶持方調」(藩政史料叢書一『柳河藩政史料一』)「輝元上洛日記」『博多・筑前史料豊前覚書』『薩藩旧記3』『寛政譜』『史料綜覧』『豊公遺文』『日本戦史　朝鮮役』『日本戦史

大坂役』『実紀』

【参考文献】

中野等『立花宗茂』(吉川弘文館　2001年)

中野等・穴井綾香『柳川の歴史4　近世大名立花家』(柳川市　2012年)

近衛前久の居所と行動

松澤克行

【略歴】

　近衛前久は天文5年(1536)に京都で生まれた(「近衛家譜」)。父は関白の近衛稙家。母は久我通言養女。「近衛家譜」は誕生の月日を記さないが、「兼右」永禄11年正月25日の条には「自　近衛殿下(前久)御書到来、明日御母儀(前久生母、久我慶子)御忌日也、雖然、為正御誕生之間諸社可有御参詣、不苦哉否事」という記事が見え、正月26日が前久の誕生日であることがわかる。前久の祖父近衛尚通の日記『後法成寺関白記』の天文5年同日条を見ると「亥刻若公誕生、祝着此事也」という記事があるので、この日が前久の誕生日であり、この記事の「若公」は後の前久であると確定できる。彼は天文9年12月30日に元服して晴嗣と名乗り、同日正五位下に叙されている。翌10年2月27日には早くも従三位に叙されて公卿に列し、以後累進して同23年3月2日に関白となる。その翌年、前嗣と改名する。

　関白任官以前の前久は、京都と近江国坂本の間をしばしば往返している。当時、室町幕府の12代将軍足利義晴と13代将軍足利義輝は管領の細川晴元と対立し、坂本への退去と帰京を繰り返していた。前久の父稙家は、妹が義晴の室、娘が義輝の室であったことから、彼らと行動をともにしていた。そのため、前久も父に従い京都と坂本の間で居を転じることとなった。もっとも、関白に任官してからの前久は、朝議を主催するため、専ら在京するようになる。

　前久は関白在職中、永禄3年(1560)9月に長尾景虎(後の上杉謙信)を頼り越後へ下向し、以後2年間、京都を離れ越後や関東に居住している。現官の関白が在国するのは極めて異例のことであるが、前久は同2年4月に上洛した景虎と意気投合し、彼の助力で京都の政治状況を刷新することを目論み、その一環として越後に下向し、景虎の関東攻略に協力したのではないかとされている。越後から京都に帰るのは永禄5年8月であるが、以後基本的に京都にいる。この年、彼は諱を前久と改めている。彼は亡くなるまでに晴嗣—前嗣—前久—龍山と数度に及ぶ改名歴をもつが、最もよく知られた諱であるので、本稿では前久の称で統一する。

永禄11年9月、足利義昭を奉じた織田信長の軍勢が入京した。義昭の仇敵である松永久秀との関係を疑われた前久は、同月23日に京都を出奔。11月16日には関白職を解かれた。その後七年間にわたり、いわゆる信長包囲網を頼って大坂や丹波などを流浪することになる。永禄12年から元亀3年(1572)までは大坂におり、その間、元亀2年か3年に、越前へ一時下向している。元亀4年8月、朝倉氏が滅亡して信長包囲網が崩壊すると、前久は大坂を離れ、妹の嫁ぎ先である丹波黒井城主赤井氏のもとへ遷座したようである。

　天正3年(1575)6月28日、織田信長の取り成しで帰洛の勅許を得、7月9日に参内を果たすが、座を温める間もなくその年の9月20日に京都を発って薩摩へ下向する。この前久の薩摩下向については、信長の意を受けて島津氏と伊東氏との和睦を調停するためのものであったとする説のほか、南九州における足利義昭勢力の形成を阻止するためのものであったとする説などがある。鹿児島に到着した直後、豊後へ馬10匹を返却しているので(『相良』)、途中、豊後の大友氏のもとに立ち寄ったものと思われる。その後、肥後八代の相良氏のもとに滞在し、12月21日付の書状でその間のことを謝しているので、この日かその前日あたりに八代を後にしたものと思われる。12月25日に薩摩の出水に着くが、島津義久に下向を訝られて鹿児島に入ることが叶わず、しばらく同地に留まることとなる。翌4年3月29日にようやく鹿児島に入るが、間もなく信長から上洛を促され、6月26日に同地を発つ。肥後八代・豊後府内に立ち寄り、長宗我部元親に馳走された船で豊後を後にし(『蜷川』)、土佐浦戸を経由して同5年2月24日に兵庫着。26日に帰洛した。

　前久は帰洛後も、天正8年に石山本願寺や大和超昇寺の退城を扱い、同10年3月には信長の武田勝頼攻めに従軍して甲斐へ下向するなど、軍事面で信長に奉仕している。こうした立ち働きにより信長から厚い信任を得、朝廷でも同6年正月に准后、同10年2月には太政大臣に昇っている。

　天正10年6月2日、信長が本能寺の変で横死する。前久は弔意を表して出家し龍山と号するが、信長の三男信孝や羽柴秀吉に変への関与を疑われ、6月14日に洛中を出奔。当初は嵯峨や醍醐に逼塞したが、10月下旬か11月初頭に京都を離れ、徳川家康を頼って遠江国へ向かい、11月13日浜松に下着する。

　翌11年9月4日、徳川家康の取り成しで帰洛を果たし、10月上旬には新屋敷の普請を始める。しかし、間もなく羽柴秀吉と家康との関係が緊張すると、身の危険を感じて12年3月には奈良へ下向。翌13年3月から4月初旬の間に帰京するまで一年程、奈良に逼塞する。同年7月11日、秀吉が前久の猶子となり、関白に任官。その直後、同月22日に再び奈良へ下向。その後、秀吉の陣中を見舞うため、8月21日に大乗院門跡尋憲とともに奈良を発ち北陸へ下向し、閏8月8日に奈良へ帰着する。同月24日に上洛し、以後、没するまで基本的に京都にいる。京都では当初洛中に住まいしていたが、天正13年に前田玄以の斡旋で、京都東山の浄土寺村にある慈照寺(銀閣寺)を住居とするようになる(「取調書」〈近衛文書〉)。ただし、時折、洛中の近衛家本邸に滞留している様子が、当時の記録類に見える。

慶長17年(1612) 5月8日薨去。享年77歳。法名は東求院龍山空誉。

【居所と行動】

天文 5 年(1536)
　正月26日誕生(『後法成寺関白記』「兼右卿記」永禄11年正月25日条)。

天文 6 年(1537)～同 8 年
　この間の居所と行動は未詳。

天文 9 年(1540)
　この年の居所は未詳。
　12月30日元服。晴嗣と名乗る。聴禁色・昇殿、叙正五位下(「近衛家譜」『お湯殿』1月9日条)。

天文10年(1541)
　この年の居所と行動は未詳。
　1月3日任左少将。5日叙従四位上。2月24日任左中将。27日叙従三位。3月27日兼伊予権守(以上「近衛家譜」)。

天文11年(1542)
　1月5日叙正三位(「近衛家譜」)。2月2日坂本→京都。参内し中納言に任ぜられる(『言継』『お湯殿』)。

天文12年(1543)
　この年の居所は未詳。

天文13年(1544)
　この年の居所は未詳。
　1月6日叙従二位(「近衛家譜」)。

天文14年(1545)
　1月20日京都在。父稙家亭の和歌会始に出座(『言継』)。
　12月23日任権大納言(「近衛家譜」)。

天文15年(1546)
　1月6日任右大将(『言継』8条)。「近衛家譜」は3月13日に右近衛大将を兼ねるとする。8日参内し任大将の御礼。18日京都在(以上『言継』)。
　8月29日参内し後奈良天皇の猶子となる御礼(『お湯殿』)。12月19日任左近衛権大将(「近衛家譜」)。

天文16年(1547)
　1月5日叙正二位。2月17日任内大臣(以上「近衛家譜」)。25日坂本在(『言継』)。6月14日禁裏へ七夕の祝儀献上(『お湯殿』)。

天文17年(1548)

1月22日参内(『言継』『お湯殿』)。3月21日坂本→京都(『言継』23日条)。24日京都在。25日京都在(以上『言継』)。27日参内し任内大臣の拝賀(『言継』『お湯殿』)。4月4日京都在(『言継』)。5日京都→坂本(『言継』4日条)。

7月9日参内し生見霊の祝儀(『お湯殿』)。

天文18年(1549)

この年の居所と行動は未詳。

天文19年(1550)

1月23日禁裏へ年頭の祝儀献上(『お湯殿』)。

9月25日参内。ついで慈照寺へ赴く(『お湯殿』『言継』26日条)。26日京都在(『言継』)。

天文20年(1551)

この年の居所と行動は未詳。

天文21年(1552)

1月28日坂本→京都。将軍足利義輝が三好長慶と和睦して帰京。前久も父稙家とともに坂本から京都へ帰ったものとみられる(『言継』)。

12月17日自亭にて連歌会(『言継』)。

天文22年(1553)

この年の居所は未詳であるが、おそらく京都にいたものと思われる。

1月26日任右大臣(『言継』「近衛家譜」)。30日辞左近衛大将(「近衛家譜」)。

天文23年(1554)

春日社祭礼に出座するため9月から10月にかけて奈良へ下向するほかは、基本的に京都にいる。

1月10日参内(『お湯殿』『言継』)。20日父稙家の和歌会始に出座。29日参内し和漢聯句御会に出座(以上『言継』)。3月2日関白宣下(『お湯殿』「近衛家譜」)。4月14日任左大臣(『お湯殿』)。ただし「近衛家譜」は11日とする。

7月7日京都在。19日自亭にて風流あり。9月14日・17日京都在(以上『言継』)。23日京都発。春日社神楽列座のため南都へ下向する(『お湯殿』)。26日・29日・30日奈良在。10月1日～3日奈良在(以上『言継』)。8日奈良→京都(『言継』9日条)。

この年、前嗣と改名する(「近衛家譜」)。

天文24年・弘治元年(1555)

京都にいる。

1月10日京都在(『言継』)。13日叙従一位(「近衛家譜」)。15日京都在。20日自亭にて和歌会始。2月1日京都在(以上『言継』)。

10月23日年号の勅問を受ける(『お湯殿』)。

弘治2年(1556)

　京都にいる。

　1月10日年頭御礼に参内(『お湯殿』)。12日京都在。20日自亭にて和歌会始。2月1京都在。所労(以上『言継』)。

弘治3年(1557)

　京都にいる。

　8月16日参内(『お湯殿』)。9月2日辞左大臣(「近衛家譜」)。12月10日官位の勅問を受ける。12日参内。25日禁裏より物を賜る(以上『お湯殿』)。

弘治4年・永禄元年(1558)

　京都にいる。

　2月28日改元。年号の選定をする。

　7月13日禁裏へ燈籠献上(『お湯殿』)。9月16日京都在。26日参内し陣儀に出座(以上「兼右卿記」)。

永禄2年(1559)

　上洛した長尾景虎に面会するため4月・6月・10月に近江坂本へ下向するほかは、基本的に京都にいる。

　1月1日参内し節会に出座(「兼右卿記」)。10日禁裏へ年頭の祝儀献上。27日禁裏へ祝儀献上。28日参内(以上『お湯殿』)。4月21日近江坂本へ赴き長尾景虎を見廻う(『歴代』)。6月11日京都在。坂本の景虎へ将軍足利義輝の起請文を送り届ける(『上越別1』)。12日京都在。坂本の景虎に足利義輝の書状を届け、管領職就任要請の内意を伝える。21日坂本へ赴き景虎に越後下向のことを相談する(以上『上杉年譜』)。この月、越後下向のことにつき景虎と血書起請文を取り交わす(『上杉』『上越別1』)。

　7月7日禁裏へ七夕の祝儀献上(『お湯殿』)。14日足利義輝より遺留され当年の越後下向を断念する。8月24日長尾景虎に『詠歌大概』を贈る(以上『上杉年譜』)。9月21日禁裏へ祝儀献上(『お湯殿』)。10月25日日帰りで坂本へ赴き景虎の帰国を見廻う(『上杉年譜』)。12月1日吉野奉幣につき勅問を受ける(『お湯殿』)。

永禄3年(1560)

　この年の前半は京都にいるが、9月に越後へ下向する。

　1月4日京都在。5日京都在(以上『言継』)。9日禁裏へ年頭の祝儀献上。10日参内(以上『お湯殿』)。14日京都在(「兼右卿記」)。15日～19日・21日～24日京都在。27日正親町天皇の即位式を申沙汰す。2月1日京都在。7日将軍家の和歌会始に出座。13日京都在。16日京都在。鷹狩に出る。3月19日鞍馬寺参詣(以上『言継』)。

　7月7日禁裏へ七夕御会の懐紙を進上(『お湯殿』)。26日生母(久我通言女、慶子)没す(『兼見』永禄11年正月25日条、「兼右卿記」同3年8月1日条)。9月18日参内し越後下向の暇乞(『お湯殿』)。19日京都発。越後へ下向(「近衛家譜」)。この月、越後春日山に着し至徳寺を宿所と

する(『上杉年譜』)。

永禄4年(1561)

　この年は5月中旬ないし下旬に越後を発って関東へ下向し、下総古河に滞城する。

　5月6日春日山在。上杉政虎(閏3月に長尾景虎から改名)に書状を送り、小田原城攻囲の首尾と関東管領就任を祝す(『上杉年譜』)。6月10日上野厩橋在。関東を転戦する政虎に、同地の様子を書状にて報ず(『上越別1』)。

　10月5日下総古河在。越後にいる政虎へ書状を送り、古河城周辺の情勢を報ず(『上越別1』)。15日古河在。簗田政信へ書状を送り、古河城周辺の様子を報ず(『上越別1』)。12月10日古河在。横瀬雅楽助に書状を送り、古河城につき苦労の段を労う(『上越別1』)。

永禄5年(1562)

　この年の前半は関東・越後に在国するも、8月に帰京する。越後をあとにして帰洛の途についた日は未詳。

　3月14日以前、上野厩橋に移る(『越佐史料』)。

　8月2日京都在。参内し帰洛の御礼。11月23日禁裏へ物を献ず(以上『お湯殿』)。

　この年、前久と改名する(「近衛家譜」)。

永禄6年(1563)

　京都にいる。

　1月9日京都在。11日自亭にて夢想法楽和歌会。20日自亭にて和歌会始。3月1日京都在(以上『言継』)。7日参内(『お湯殿』『言継』)。26日上杉輝虎へ書状を認め、在国中の世話を謝す(『上越別1』)。5月1日賀茂へ社参。6月1日京都在(以上『言継』)。

　8月1日京都在(『言継』)。11日上杉輝虎へ書状を認め、在国中の馳走を謝す(『上越別1』)。9月3日禁裏へ法華経一部を献上。11月7日禁裏へ鷹の雉を献ず(以上『お湯殿』)。

永禄7年(1564)

　京都にいる。

　1月3日京都在。20日自亭にて和歌会始。25日京都在。28日自亭にて和歌会。2月7日飛鳥井亭にて島津義俊興行の蹴鞠会に出座。3月1日京都在、鷹野に出る(以上『言継』)。4月1日参内。29日禁裏へ物を献ず(以上『お湯殿』)。5月7日京都在。15日相国寺にて猿楽見物(以上『言継』)。

　7月6日京都在(『言継』)。9月12日禁裏へ物を献ず(『お湯殿』)。26日京都在。12月22日父稙家亭へ赴き河鰭公虎(後の西洞院時慶)の元服に出座(以上『言継』)。

永禄8年(1565)

　3月に所領の宇治五ケ庄へ下向するほかは、基本的に京都にいる。

　1月7日禁裏より物を賜う。10日禁裏へ樽を献ず(以上『お湯殿』)。20日自亭にて和歌会始(『言継』)。28日参内(『お湯殿』『言継』)。2月5日京都在(『言継』)。3月20日五ケ庄へ下向する(『言継』23日条)。4月11日京都在。24日京都在。25日自亭にて和歌会。6月17日京都

在(以上『言継』)。

7月1日京都在(『言継』)。7日参内。9月12日禁裏へ物を献ず(以上『お湯殿』)。12月18日京都在。鷹野に出る。21日～28日京都在(以上『言継』)。

この年、嗣子となる明丸(後の近衛信尹)誕生。

永禄9年(1566)

京都にいる。

1月6日禁裏へ物を献ず。10日禁裏へ物を献ず(以上『お湯殿』)。11日京都在。22日この日より自亭にて『論語』講釈(講師：吉田兼右)の聴聞を始める。26日自亭にて『論語』講釈聴聞(以上「兼右卿記」)。2月3日自亭にて論語講釈を聴聞(「兼右卿記」『言継』)。7日同前(「兼右卿記」)。9日同前(『言継』)。22日同前(「兼右卿記」『言継』)。26日京都在(「兼右卿記」)。28日自亭にて『論語』講釈を聴聞(『言継』)。3月2日同前。5日自亭にて連歌会。6日自亭にて『論語』講釈を聴聞。7日祖母(徳大寺実淳女、近衛尚通室)没す。21日京都在(以上「兼右卿記」)。4月17日京都在。5月15日・28日京都在(以上『言継』)。6月19日京都在(「兼右卿記」)。

7月1日京都在(『言継』)。7日禁裏へ七夕の祝儀に花を献ず(『お湯殿』)。9日京都在(『言継』)。10日父近衛稙家薨去(「兼右卿記」『言継』「近衛家譜」)。14日・15日京都在(以上『言継』『お湯殿』)。18日東福寺にて稙家の葬礼を執り行う。25日京都在(以上『言継』)。26日京都在(『鹿苑』)。28日京都在(『言継』)。8月1日京都在。3日京都在。27日京都在。29日・30日京都在。閏8月1日京都在(以上『言継』)。26日京都在。屋敷の築地を修復する(『言継』「兼右卿記」)。9月1日京都在(「兼右卿記」)。29日京都在(『言継』)。10月13日京都在(『お湯殿』)。18日京都在。山科言継、前久の命により清原元輔家集を書写し持参する。11月13日・20日・26日・27日京都在。12月2日・18日・22日京都在(以上『言継』)。

永禄10年(1567)

京都にいる。

1月3日徳川家康の叙爵・任三河守を執奏する(『お湯殿』)。10日鞍馬寺に参詣(「兼右卿記」)。20日自亭にて和歌会始。26日禁裏より『孟子』4冊を拝借す(以上『言継』)。2月5日・6日・10日京都在(「兼右卿記」)。13日禁裏より『孟子』6冊を拝借す。26日自亭にて能を興行。27日京都在(以上『言継』)。3月4日自亭にて能を興行(「兼右卿記」)。4月4日京都在。9日参内(以上『言継』)。22日禁裏へ物を献ず(『お湯殿』)。5月8日・12日・13日京都在(『言継』)。19日石清水八幡に参詣。6月1日京都在。15日東寺にて蓮見物(以上『言継』)。

7月1日京都在(『言継』)。7日禁裏へ七夕の祝儀に花を献ず(『お湯殿』)。14日京都在。禁裏へ献上する燈籠を山科言継亭に届く。22日聖護院門跡へ赴く。8月1日京都在。29日京都在。山科言継に家集書写を催促す。9月5日・22日禁裏へ返上する『孟子』2冊を山科言継亭へ届く。10月5日吉田兼見亭へ赴く。6日京都在。鶉狩に出る。22日吉田兼見亭へ赴く。11月1日・18日・19日京都在(以上『言継』)。12月1日奈良在(『多聞院』)。20日京都在。山科言継に奈良の物語をする。26日京都在(以上『言継』)。

永禄11年(1568)

　この年の前半は京都にいるが、織田信長・足利義昭の入京により、9月下旬に京都を出奔する。薩摩に下向するなどの風聞が立つが(『多聞院』11月22日の条)、11月下旬に大坂にいることが確認される。

　1月8日・15日京都在(「兼右卿記」)。17日京都在。20日自亭にて和歌会始(以上『言継』)。25日京都在。27日自亭にて『論語』講釈を聴聞。2月3日・7日自亭にて『論語』講釈を聴聞(以上「兼右卿記」)。13日禅聖院にて梅の花見(『言継』11日条)。17日・21日自亭にて『論語』講釈を聴聞(以上「兼右卿記」)。24日京都在(『言継』)。30日慈照寺へ赴く(「兼右卿記」)。3月3日・15日京都在。4月12日京都在。5月18日京都在。23日自亭にて謡会を興行。6月4日自亭にて蹴鞠興行。27日、この頃、三好日向守等に攻められ自害するとの風聞立つ(以上『言継』)。

　7月1日京都在。10日自亭にて法華経講釈(講師：朝山日乗)を聴聞。23日・25日自亭にて躍あり。27日烏丸光康亭にて躍見物。29日京都在。8月1日・8日・11日京都在。9月1日・3日京都在(以上『言継』)。18日禁裏へ物を献ず(『お湯殿』)。23日京都を出奔する(『公卿』「近衛家譜」)。11月16日止職(「近衛家譜」)。23日大坂在。これより以前、信尹の出仕を禁裏へ請願する(『言継』)。

永禄12年(1569)

　「近衛家譜」は「在国、丹州、」と記すが、大坂にいることが確認される。

　1月20日、旧冬の申し入れ(信尹出仕の件)につき禁裏より返答を遣わされる(『言継』)。4月18日大坂在。一乗院門跡より樽代を贈られる(「二条」)。

永禄13年・元亀元年(1570)

　この年も大坂にいる。

　1月28日大坂在。一乗院坊官二条宴乗入来す。29日・30日大坂在(以上「二条」補遺)。2月1日大坂在。当座和歌会を催す。2日大坂在。3日大坂在。天満へ赴く。4日大坂在(以上「二条」)。13日吉田兼右に、本願寺法嗣の得度装束について先例を調査するよう命ず(「兼右卿記」)。15日大坂在(「二条」)。

元亀2年(1571)

　この年も大坂にいる。ただし、この年か翌元亀3年に一時、越前へ下向している(「8月29日近衛前久書状」〈「雑文書」三〉)

　1月25日大坂在。一乗院坊官二条宴乗のもとへ大坂から前久家臣到着す。3月18日大坂在。一乗院坊官二条宴乗のもとへ大坂から前久家臣到着す(以上「二条」)。

　11月15日三好三人衆より森口(守口ヵ)の辺りで3000石を給される。23日・25日・27日大坂在。12月4日大坂在(以上「二条」)。

元亀3年(1572)〜天正3年(1575)6月

　大坂を離れ、丹波へ居を転じている。

523

一緒に大坂に滞在していたと思われる子息の明丸(後の信尹)が、元亀2、3年頃に河内若江に住んでいたことを回想しているので(『三藐』慶長11年2月4日条)、元亀3年のある時期に、前久も若江に遷居した可能性もある。また、『公卿』は永禄12年から天正2年まで、前久について単に「御在国」と記すが、元亀4年(天正元年)には丹波に在国と注記している(「御在国丹州」)。橋本政宣氏によると、同年8月20日の朝倉氏滅亡により織田信長包囲網が崩壊すると、前久は本願寺のもとを離れ、反信長勢力であり妹の嫁ぎ先でもある丹波黒井城主の赤井氏のもとへ身を移したという。また、水野嶺氏により天正元年のものと年代比定される12月24日付足利義昭御内書(小畠国明宛)にも、前久の丹波入国のことが記されている。以後、天正3年6月の中頃まで同所に在国していたようである。

天正3年(1575)6月～12月

信長の取り成しで6月に帰京を果たす。9月には京都を発ち薩摩へ向い、年末に同国へ着している。

6月28日帰洛する(『公卿』「近衛家譜」)。7月9日参内し帰京の御礼を言上(『お湯殿』)。8月には上洛中の島津歳久と面談している(『島津』)。9月20日京都を出立し薩摩へ向かう(『公卿』「近衛家譜」)。12月21日以前、肥後八代発(『相良』)。25日薩摩出水着(『新刊島津国史』「出水専修寺文書」〈『薩藩旧記』〉)。

天正4年(1576)

3月下旬に鹿児島へ入る。6月下旬まで同所に滞在するが、信長の催促に従い帰京の途に就く。肥後・豊後を経て、府内からは土佐の長宗我部元親より船の馳走を受け(『蜷川』)、海路、京都へ向かう。

3月17日出水発(「出水専修寺文書」〈『薩藩旧記』〉)。29日鹿児島着。4月9日鹿児島在。犬追う物を見物。12日鹿児島在。犬追う物を見物(以上『新刊島津国史』)。20日、これ以前、信長から上洛を促される(『相良』)。6月26日鹿児島発(『新刊島津国史』)。

7月2日出水着(「出水専修寺文書」〈『薩藩旧記』〉)。8月10日出水在。相良義陽に書状を認め近日の発足を告げる(『相良』)。22日に出水発(「出水専修寺文書」〈『薩藩旧記』〉)。9月3日肥後八代在(『島津』294号)。なお、『大日本古文書』ではこの『島津』294号を天正13年のものとしているが、後記の様に、同年の前久は京都およびその周辺にいるので訂正を要する。12月16日豊後府内在(『相良』)。19日府内発(『相良』)。

天正5年(1577)

2月下旬に帰洛。以後は京都にいたようである。

2月24日兵庫着。長宗我部元親に書状を認め浦戸逗留中の馳走を謝す(『蜷川』)。26日京都着(『公卿』「近衛家譜」)。

閏7月20日参内出仕(『公卿』「近衛家譜」)。12月12日京都在(『兼見』)。

天正6年(1578)

2月に奈良、9月に堺へ下向するほかは、基本的に京都にいる。

1月9日京都在。鷹野に出る(『兼見』)。10日京都在。織田信長より鷹の鶴を贈られる(『兼見』『公記』)。11日京都→安土→京都。安土にて信長へ昨日の礼を申し入れる(『公記』)。20日准三后宣下(「近衛家譜」)。2月5日奈良在。近衛信尹とともに一乗院尊勢を訪ねる(『多聞院』7日条)。13日奈良在(『多聞院』)。3月4日京都在。吉田兼見亭へ赴く。4月24日京都在。吉田兼見亭へ赴く。5月6日京都在。信長と対談(以上『兼見』)。27日京都在。信長の勧めにより羽柴秀吉亭へ居を移す(『兼見』28日条)。6月12日京都在(『兼見』)。14日信長より山城普賢寺にて1500石を与えられる(『公記』)。20日京都在(『兼見』)。

8月5日吉田兼見亭の古木等を所望。11日普賢寺に赴き小座敷の普請を申し付ける。9月25日京都在(以上『兼見』)。27日京都→石清水八幡宮辺。九鬼嘉隆の大船見物のため信長に同行し堺へ向かう(『公記』『兼見』)。28日河内若江着。29日天王寺着→住吉着。30日堺着。10月1日京都着か。信長はこの日帰洛(以上『公記』)。7日京都在(『兼見』)。

天正7年(1579)

4月に信長の陣中見舞いのため摂津へ、7月に奈良へ下向するほかは、基本的に京都にいる。

1月7日禁裏へ物を献ず(『お湯殿』)。14日京都在。2月3日・22日京都在。3月4日・10日・22日京都在。4月17日京都在(以上『兼見』)。26日摂津古池田前在。馬に乗り足軽を指揮するなどし、信長の在陣中の無聊を慰める(『公記』)。5月14日・16日京都在。6月3日・30日京都在(以上『兼見』)。

7月29日(奈良→)京都着。8月15日京都在。9月8日・15日～17日京都在(以上『兼見』)。18日二条御所へ参上。誠仁親王・信長の前で蹴鞠(『公記』)。20日・29日京都在。10月15日・19日京都在。11月6日京都在。16日・19日～21日・29日吉田兼見の堂上成につき信長・禁裏へ口入する(以上『兼見』)。22日二条御所へ参上(『公記』)。

天正8年(1580)

3月に大坂(4月上旬まで滞在か)、7月に安土、8月に大坂へ下向するほかは、基本的に京都にいる。

1月10日京都在。禁裏へ餅を献ず(『兼見』『お湯殿』)。16日・20日京都在。2月3日京都在。6日京都在。鷹野に出る(以上『兼見』)。3月1日京都発。石山本願寺に織田信長との和睦を勧めるため、勅使勧修寺晴豊・庭田重保に同道して大坂へ向かう(『公記』)。4月4日(天王寺→)京都着。腫物を病む。7日京都在。12日京都在。腫物を病む(以上『兼見』)。

7月2日安土在。石山本願寺の使者を安土に案内する(『公記』)。6日京都在(『兼見』)。8月1日禁裏ヘタノミの祝儀献上(『お湯殿』)。2日本願寺から石山寺城を受け取る(『多聞院』5日条)。9日京都在(『兼見』)。20日以前、大和超昇寺城の退城を扱う(『多聞院』)。9月5日京都在(『兼見』)。8日禁裏へ物を献ず(『お湯殿』)。10日吉田兼見亭へ赴く。11日・12日京都在。13日吉田社に参詣し入江殿へ赴く。10月4日京都在。7日吉田兼見の堂上成を執奏する。8日山科へ鷹野に出る。16日・17日京都在。21日深草・木幡へ鷹野に出て、帰路、

東福寺に立ち寄る。11月8日・25日京都在。12月19日普賢寺→京都。28日京都在。信長より拝領の生鶴を吉田兼見に見せる(以上『兼見』)。

天正9年(1581)

1月・8月に安土へ下向したほかは京都にいる。

1月10日京都在。16日(安土→)京都着。吉田兼見亭にて一宿。17日吉田兼見亭より自亭へ戻る。19日京都在。27日京都在。鷹野に出る。2月1日・6日・12日・15日〜17日・20日・27日京都在(以上『兼見』)。28日京都在。信長主催の馬揃に出座(『公記』)。3月9日・15日京都在。4月1日京都在。26日京都在。里村紹巴の和漢聯句会に出座。5月4日京都在。6月8日・14日京都在。22日吉田兼見亭へ赴く(以上『兼見』)。

7月5日京都在(『兼見』)。8月1日安土在。信長主催の馬揃に出座(『公記』『兼見』5日条)。23日・28日京都在(『兼見』)。9月18日禁裏へ物を献ず(『お湯殿』)。

天正10年(1582)

この年前半は、1月・2月・5月に安土、3月に甲斐へ下向するなど、慌ただしく移動している。後半は、6月の本能寺の変により京都を出奔。徳川家康を頼り、11月に遠江浜松に着す。

1月1日吉田社に参詣(『兼見』「別本兼見」)。2日京都在(「別本兼見」)。10日京都在(『兼見』「別本兼見」)。参内(『お湯殿』)。11日・12日京都在(『兼見』)。15日安土在(『兼見』「別本兼見」21日条)。2月2日任太政大臣(『公卿』「近衛家譜」)。3日安土→京都(『兼見』「別本兼見」4日条)。4日京都在。3月2日〜4日京都在(以上『兼見』)。5日京都発。織田信長の武田勝頼攻めに従軍し、甲斐へ下向する(『兼見』「別本兼見」)。帰京の日付は未詳だが、信長が4月21日に安土に凱旋しているので、出陣と同様、前久も一緒に帰京したのではないかと推測される。

5月4日京都在(『兼見』「別本兼見」)。16日安土在。安土城にて上洛した徳川家康を慰労する能を陪観(『公記』)。この月、辞太政大臣(『公卿』「近衛家譜」)。6月1日京都在。本能寺に赴き信長に御礼(『言経』)。2日本能寺の変に接し出家して龍山と号す。14日京都を出奔(以上「近衛家譜」)。17日以前、隠遁先を離れる(『晴豊』)。『晴豊』は隠遁先を嵯峨とするが、天正11年2月27日付の島津義久宛書状には醍醐山と記されている(『島津』)。20日以前、織田信孝により前久成敗の触が出される(『兼見』)。21日、この頃、前久自害の風聞が奈良にて立つ(『多聞院』)。23日明智光秀ならびに前久の預物の穿鑿が令される(『兼見』)。

11月13日以前、三河岡崎着。満性寺に宿す。13日遠江浜松着(以上「11月13日近衛前久書状」〈満性寺文書〉)。

天正11年(1583)

この年の前半は浜松にいる。徳川家康の取り成しにより、9月に帰洛を果たす。

2月20日以前、法体となったことにより花押を改める(『島津』)。

8月下旬遠江浜松発(『島津』)。9月4日京都着。相国寺長雲院を居所とす(『兼見』『多聞院』)。6日京都在。10月5日京都在。8日以前、新屋敷の普請を始める。9日京都在。四

条要法寺に寓居す。13日賀茂へ遊山。16日・17日・22日京都在。11月6日・20日京都在。12月27日京都在(以上『兼見』)。

天正12年(1584)

　京都にいるが、3月以降、羽柴秀吉と徳川家康の不和により、奈良に逼塞。

　1月11日・21日京都在(『兼見』)。25日自亭にて月次連歌会(『兼見』24日条)。29日京都在。2月4日京都在。遊山に出る。27日京都在。3月15日京都発。奈良へ下向(以上『兼見』)。

　7月19日奈良在。前久が近日上洛するとの風聞あり。8月20日奈良在。21日奈良在。この頃、前久が奈良から他所へ移座するとの風聞あり(以上『兼見』)。11月30日奈良在(『多聞院』)。12月3日奈良在。大乗院門跡の当座和歌会に出座(『多聞院』7日条)。29日、この頃、子の一乗院尊勢と不和(『多聞院』)。

天正13年(1585)

　奈良にいるが、4月上旬以前に一時帰洛。同月下旬に奈良、5月と7月に大坂、7月から8月にかけて奈良、8月下旬に越前へ下向し、閏8月に奈良帰着、同月末に帰洛、11月に大坂下向。なお、明治34年(1901)に慈照寺の住職が同寺の古記録をもとに作成して近衛家に提出した「取調書」〈近衛文書〉によると、この年、前田玄以の斡旋で京都東山の慈照寺に住居を定めている。

　1月24日大乗院門跡の連歌会に出座(『多聞院』25日条)。2月4日・16日奈良在(『多聞院』)。26日・27日奈良在。大乗院門跡を饗応す(『兼見』『多聞院』)。

　4月15日京都在。八瀬の釜風呂に入る。19日京都八瀬在。20日京都在、若王子に参詣。21日・22日京都在。24日京都在。北野社に参詣し吉田兼見亭へ赴く。25日京都若王子在。26日京都発。奈良へ向かう(以上『兼見』)。

　7月4日(大坂→)京都着。吉田兼見亭に立ち寄る。5日京都在。前田玄以に招かれ、兼見亭より相国寺へ赴く。6日京都在。入江殿家臣梨原氏の屋敷に在。8日・9日京都在(以上『兼見』)。11日羽柴秀吉が前久の猶子となり関白任官(「宇野」『多聞院』)。13日参内(『兼見』)。22日京都→奈良(『兼見』『多聞院』23日条)。8月10日南都の大会に合力をする。19日奈良在。大乗院門跡を振る舞う。21日奈良発。羽柴秀吉の陣中見舞のため越前へ向かう(以上『多聞院』)。閏8月8日(加賀→)奈良着(『多聞院』9日条)。19日奈良在。明日20日に上洛を予定するが、進物調わず延期(『多聞院』)。24日奈良発。京都へ向かう(『多聞院』25日条)。26日京都在。徳雲軒の茶会で羽柴秀吉に相伴(『兼見』)。

　10月7日参内し羽柴秀吉の禁裏茶会に参席(『兼見』「宇野」)。23日京都在。24日吉田兼見亭へ赴く。25日京都在。若王子・知恩院・清水寺を巡る。11月20日大坂在(以上『兼見』)。21日羽柴秀吉より京都浄土寺村にて115石の知行を給される(「天正13年11月21日羽柴秀吉朱印状」〈近衛文書〉)。

天正14年(1586)

　京都にいる。

1月13日前田玄以下代の松田勝右衛門亭へ赴く(『兼見』「雅継卿記」)。16日禁裏で催された羽柴秀吉の茶会に相伴(『兼見』『お湯殿』「雅継卿記」)。18日参内し誠仁親王申沙汰の能を拝見(『兼見』)。21日浄土寺辺にて田舎衆の馬揃えを見物。22日京都在。24日京都在。細川幽斎、二十一代集外題染筆の礼に入来す。27日京都在。細川忠興所望の色紙を染筆する。4月2日東山在。「自竜山御書(近衛前久)、今夕可被下夕食、早々可祗候之由御懇書也、畏之由御返事申入、即帰宅、召具侍従(吉田兼治)、慈照寺へ祗候訖、御食御相伴、予公卿、侍従足付、種々御懇之義也、及暮退出」。前久の居所を「慈照寺」とする一次史料の初見か。9日・10日・26日京都在。5月6日・20日京都在。6月1日東山(浄土寺)在(以上『兼見』)。

　8月3日京都在(『兼見』)。12月16日に、娘の前子が羽柴秀吉の養女となり、後陽成天皇の女御として入内(『お湯殿』『兼見』)。

天正15年(1587)

　3月と5月にクサラ津(近江草津ヵ)へ下向したほかは、基本的に京都にいる。

　1月2日東山在。信尹入来す。22日京都在(以上『時慶』)。25日吉田兼見亭へ赴く。2月1日京都在。2日出京する。9日京都在。11日吉田兼見亭へ赴く。16日所労(以上『兼見』)。3月7日禁裏へ物を献ず(『お湯殿』)。9日京都在。11日吉田兼見亭へ赴く(以上『兼見』)。14日・15日禁裏へ物を献ず(『お湯殿』)。18日京都在。21日所労。23日・26日京都在(以上『兼見』)。27日京都在(『時慶』)。29日京都在。30日京都発。クサラ津へ湯治に下向。5月5日クサラ津へ湯治に下向(以上『兼見』)。6月19日京都在。20日信尹亭へ赴く。24日京都在(以上『時慶』)。

　7月1日自亭にて連歌会(『時慶』)。8月2日吉田兼見亭へ赴く。3日京都在。12日徳川家康の下国を見送る。24日神龍院へ赴く。9月7日京都在(以上『兼見』)。8日島津義久入来す(『兼見』7日条)。11月3日吉田兼見の茶会に赴く。4日京都在。12月14日・15日京都在。16日所労。17日京都在(以上『兼見』)。18日京都在(『兼見』19日条)。22日茶会を開き吉田兼見・神龍院梵舜・吉田兼治を振る舞う(『兼見』)。

天正16年(1588)

　この年の居所と行動は未詳であるが、基本的に京都にいたものと思われる。

天正17年(1589)

　この年の居所は未詳であるが、基本的に京都にいたものと思われる。

　12月10日豊臣秀吉より慈照寺境内地の地子免除の朱印を発給される(「天正17年12月10日豊臣秀吉朱印状」〈近衛文書〉)。

天正18年(1590)

　京都にいる。

　1月7日京都在。12日京都の浅野長政亭へ赴く。2月2日京都在。4日吉田兼見亭へ赴く。5日京都在。3月15日京都在(以上『兼見』)。19日頃、子の一乗院尊勢と和解(『多聞院』)。20日京都在。信尹の栂尾参詣を不届き、沙汰の限りと評す(『兼見』)。4月13日参内し女御

(前久女)産気につき見舞を言上(『お湯殿』)。21日京都在。22日毛利輝元入来す。5月26日・28日京都在(以上『兼見』)。

9月30日京都在(『兼見』)。

天正19年(1591)

京都にいる。

1月1日吉田社に参詣(『兼見』)。11日東山在。14日諸礼のため聚楽第に祇候(以上『時慶』)。閏1月3日毛利輝元入来す。ついで信尹亭へ赴く(『兼見』)。2月4日入江殿へ赴く。14日京都在(以上『時慶』)。3月19日吉田兼見亭へ赴く(『兼見』)。21日信尹亭へ赴く。4月8日京都在(以上『時慶』)。16日・21日京都在(『兼見』)。25日信尹亭にて一身田門跡より御礼(『時慶』)。5月27日京都在。28日吉田兼見亭へ赴く(以上『兼見』)。6月26日信尹亭の和漢聯句会に出座(『鹿苑』)。

7月2日仙洞御所へ参上し正親町上皇の不例を見舞う(『時慶』)。4日島津義弘亭へ赴く。29日島津義弘を同道し神龍院梵舜へ赴く(以上『兼見』)。9月13日豊臣秀吉より洛中地子替地として浄土寺村にて70石4斗を給される(「天正19年9月13日豊臣秀吉朱印状」〈近衛文書〉)。16日禁裏和漢聯句御会に出座(『鹿苑』)。11月17日吉田兼見亭へ赴く。12月12日京都の浅野長政亭へ赴く(以上『兼見』)。

天正20年・文禄元年(1592)

8月に大坂へ下向するほかは、基本的に京都にいる。

6月29日禁裏和漢聯句御会に出座(『鹿苑』)。

8月2日京都発。大坂へ下向。10月3日神龍院へ赴き吉田兼治の振舞に出座。8日京都在(以上『兼見』)。11月27日石河家成入来す(『言経』)。12月20日京都在。22日京都在(以上『兼見』)。

文禄2年(1593)

京都にいる。

1月17日京都在(『兼見』)。20日自亭にて和歌会始(『兼見』17日条)。2月2日京都在。3日吉田兼見亭へ赴く。4日京都在(以上『兼見』)。9日・11日京都在(『時慶』)。5月4日参内し御会に出座。5日洛中→東山。4日禁裏御会に出座。6月4日嵯峨へ赴く(以上『兼見』)。29日禁裏連歌御会に出座(『時慶』)。

7月22日東山在。家臣倉光主水助の振舞あり。23日京都在(以上『時慶』)。9月11日京都の徳川家康亭へ赴く(『言経』)。12日前田玄以亭へ赴く(『兼見』)。10月5日参内し能を拝見。17日前田玄以亭へ赴き豊臣秀吉興行の能を見物。12月17日前田玄以亭へ赴く(以上『時慶』)。19日京都在(『兼見』)。

文禄3年(1594)

京都にいる。

2月7日洛中→東山。8日京都在(以上『兼見』)。4月2日京都の徳川家康亭へ赴く(『言

経』)。

　11月12日吉田兼見亭へ赴く。13日京都在(以上『兼見』)。

文禄4年(1595)

　京都にいたものと思われる。

　1月3日吉田社に社参。22日自亭で吉田兼見と対面(以上『兼見』)。

文禄5年・慶長元年(1596)

　5月に伏見、12月に大坂へ下向するほかは京都にいる。

　1月5日京都在(『舜旧』)。25日東山在。26日京都在(以上『兼見』)。3月26日神龍院へ赴く(『舜旧』)。5月17日参内し能を拝見。25日伏見在。登城し豊臣秀吉・秀頼への惣礼に出仕(以上『義演』)。6月2日京都在。28日自亭にて藤の花見(以上『舜旧』)。

　8月15日京都在。18日自亭にて当座和歌会。9月18日梵舜へ『日本書紀』の借用を申し入れる。19日梵舜より『日本書紀』を借用。10月3日東山在。25日京都在。12月3日松楽庵の茶会に赴く(以上『舜旧』)。17日大坂在。登城し豊臣秀吉・秀頼への惣礼に出仕(『義演』)。26日・27日信尹亭へ赴く(「玄与」)。28日京都在(『舜旧』)。

慶長2年(1597)

　5月に伏見へ下向するほかは京都にいる。

　1月1日神龍院へ赴く。4日京都在。2月2日京都在。3月29日東山在。4月18日東山(慈照寺)在。5月3日京都在(以上『舜旧』)。17日伏見在。登城して豊臣秀吉・秀頼に年頭礼(『義演』)。6月2日京都在。12日神龍院へ赴く。13日京都在(以上『舜旧』)。

　8月1日京都在。10月6日京都在。11月4日京都在。12月17日東山在(以上『舜旧』)。30日方広寺にて越年(『三藐』)。

慶長3年(1598)

　4月に伏見へ下向するほかは京都にいる。

　1月1日方広寺にて越年(『三藐』)。4日京都在。2月17日京都在(以上『舜旧』)。28日に参内し連歌御会で発句を務める(『お湯殿』)。4月23日伏見在。登城し秀頼の中納言昇進を賀す(『義演』)。28日信尹亭へ赴く。5月1日賀茂へ赴く(以上『三藐』)。7日京都在。26日神龍院の振舞に赴く。27日京都在。6月2日自亭で織田信長の17回忌の法事を営む。16日京都在(以上『舜旧』)。

　7月8日女御所生の皇女(後の光照院尊英)の仮親となる(『お湯殿』)。13日梵舜より『拾芥抄』を進上される。18日照高院門跡へ赴く。21日・26日京都在。10月10日梵舜より『拾芥抄』を進上される。21日島津義久入来す。11月17日京都在。12月28日京都在(以上『舜旧』)。

慶長4年(1599)

　3月に鞍馬、4月に奈良へ下向するほかは京都にいる。

　2月4日神龍院へ赴く。6日京都在(以上『舜旧』)。3月9日鞍馬に参詣し、晩に帰宅(『島津』)。4月2日京都在(『舜旧』)。4日京都発。春日大社へ向かう(『島津』)。

7月25日京都在。12月28日京都在(以上『舜旧』)。

慶長5年(1600)

京都にいる。

1月4日京都在(『舜旧』)。20日信尹亭の和歌会始に出座。29日東山在。2月20日女御御所・大覚寺・信尹亭へ赴く。28日信尹亭へ赴く(以上『時慶』)。3月21日東山在(『舜旧』)。4月5日毛利輝元亭へ赴く(『時慶』)。12日京都在。梵舜が細川幽斎の夢想和歌百首短尺を持参。5月13日神龍院へ赴く。28日京都在(以上『舜旧』)。6月4日信尹亭にて能を見物。27日准后(誠仁親王妃晴子)御所へ参上し夢想連歌会に出座(以上『時慶』)。

8月14日信尹生母亭へ赴く。27日信尹亭の連歌会に出座。9月4日信尹生母亭へ赴く(以上『時慶』)。10月6日京都在(『舜旧』)。20日京都在(『時慶』)。参内し百首和歌御会に出座(『お湯殿』『言経』)。11月29日京都在(『舜旧』)。12月22日女御里御殿へ参上(『時慶』)。23日京都在(『舜旧』)。

慶長6年(1601)

京都にいる。

1月5日京都在(『舜旧』)。20日信尹亭の和歌会始に出座(『言経』)。2月25日京都在(『舜旧』)。3月27日女院御所にて信尹とともに振る舞われる(『三藐』)。5月1日参内(『お湯殿』)。26日参内し能を拝見(『言経』)。

10月7日京都在。11月7日信尹亭へ赴く(以上『三藐』)。12月1日京都在(『慶長』)。24日京都在(『舜旧』)。

慶長7年(1602)

京都にいる。

1月6日京都在(『舜旧』)。9日女御里御殿へ参上。14日東山在。20日信尹亭の和歌会始に出座。23日津軽家の年礼使入来す。27日京都在。28日東山在。29日所労(以上『時慶』)。2月4日京都在(『舜旧』)。23日京都在(『時慶』)。28日出京(『舜旧』)。3月11日女院より祈念の御供を頂戴す。19日女御とともに信尹亭へ赴く。4月4日女御とともに信尹亭へ赴く(以上『三藐』)。10日東山在(『時慶』)。23日女御とともに信尹亭へ赴き風呂の興行(『三藐』)。26日京都在。6月2日京都在(以上『舜旧』)。

8月7日・8日京都在(『舜旧』)。9月21日、夏より所労のことを島津義久に報ず(『島津』)。30日京都在(『舜旧』)。

慶長8年(1603)

京都にいる。

1月6日京都在(『舜旧』)。11日、この頃、徳川家康との不和解決(『時慶』)。15日所労(『島津』)。2月10日京都在(『舜旧』)。3月4日一身田門跡より進物あり(『時慶』)。28日京都在(『舜旧』)。4月23日所労(『時慶』)。25日、去年以来所労のことを島津義久に報ず(『島津』)。

8月19日・20日京都在(『時慶』)。24日「建武式目」を書写。25日京都在(以上『舜旧』)。10月

1日京都在。11日東山在。自亭にて連歌会。12日・13日京都在(以上『時慶』)。24日梵舜の依頼により謡本の外題を染筆する(『舜旧』)。

慶長9年(1604)

　京都にいる。

　1月5日京都在(『舜旧』)。8日京都在。2月19日自亭にて信尹を振る舞う。27日一身田門跡より年頭の書札あり。29日一身田門跡より音物あり(以上『時慶』)。5月25日京都在(『舜旧』)。6月11日禁裏より物を賜る(『お湯殿』)。

　7月5日梵舜の依頼により、薩摩八幡社家への餞別の扇に染筆する。15日梵舜より「公武大体記」を進上さる。8月25日京都在(以上『舜旧』)。閏8月17日・20日京都在。10月21日東山在。自亭にて連歌会(以上『時慶』)。11月10日京都在。12月25日京都在(以上『舜旧』)。

慶長10年(1605)

　京都にいる。この年より、勅命により後陽成天皇へ古今伝授を始める(『島津』)。

　1月6日京都在(『舜旧』)。14日京都在(『時慶』)。2月7日京都在(『舜旧』)。9日参内し、ついで女院・政仁親王(後の後水尾天皇)御所へ参上(『慶長』『時慶』)。24日東山在(『慶長』)。3月2日一条内基亭の連歌会に出座(『時慶』)。5日京都在(『舜旧』)。17日京都在。4月3日京都在(以上『時慶』)。26日女御へ参上し九宮(後の一条兼遐)出産を見舞う(『慶長』)。5月11日女御へ参上(『時慶』)。6月11日梵舜の依頼により謡本の外題を染筆する(『舜旧』)。

　8月4日舟橋秀賢より『新古今和歌集』等の加点真名序を進上さる(『慶長』)。10月21日参内し百首当座御会に出座(『言経』)。12月3日京都在(『慶長』)。19日参内し二十首当座御会に出座(『言経』)。29日東山在(『舜旧』)。

慶長11年(1606)

　京都にいる。

　1月3日東山在。信尹入来す(『慶長』)。4日東山在。信尹入来す。2月23日女御御成につき鷹司信尚亭へ赴く(以上『三藐』)。27日参内し能を拝見。3月4日女御御殿へ参上し花見(以上『慶長』)。25日信尹亭へ赴き古今伝授切紙の穿鑿をする(『三藐』)。5月19日参内し和歌御会に出座(『慶長』)。6月25日所労のことを島津家久に報ず(『島津』)。

　7月15日東山在。12月27日京都在(以上『舜旧』)。

慶長12年(1607)

　京都にいる。

　7月17日、歩行が困難となり、屋内でも不自由なることを島津家久に報ず(『島津』)。

慶長13年(1608)

　この年の居所と行動は未詳であるが、京都にいたものと思われる。

慶長14年(1609)

　京都にいる。

　1月15日東山在。16日、この頃より2月にかけて、西洞院時慶の中納言任官につき女御

へ口入す。2月30日東山在。3月3日所労。4日快気。22日政仁親王御所へ参上し連歌御会に出座。23日京都在。4月4日京都在。6月28日俄に絶入するも間もなく蘇生する。29日大験を得る(以上『時慶』)。

7月29日京都在。10月14日・29日・30日京都在。11月4日京都在。12月19日京都在(以上『時慶』)。

慶長15年(1610)

京都にいる。

1月10日・21日京都在(『時慶』)。29日政仁親王御所へ参上し連歌御会に出座(『慶長』)。2月2日・4日政仁親王御所へ参上し御痘を見舞う。12日政仁親王御所へ参上す。16日堀河康胤亭へ赴く。26日京都在。閏2月8日東山在(以上『時慶』)。4月25日政仁親王御所へ参上し和歌御会に出座(『慶長』『時慶』)。26日〜28日京都在。5月7日政仁親王御所へ参上す。15日・21日・22日京都在。6月4日政仁親王御所へ参上し連歌御会の発句を勤める。6日京都在(以上『時慶』)。

7月13日東山在。26日京都在。8月15日京都在。9月5日京都在。21日東山在。11月28日京都在。12月11日東山在(以上『時慶』)。15日出京(『時慶』11日条)。18日〜20日京都在(『時慶』)。

慶長16年(1611)

この年の居所と行動は未詳であるが、京都にいたものと思われる。

慶長17年(1612)

5月8日京都にて薨ず(『言緒』「近衛家譜」「龍山公御事」〈近衛文書〉)。16日東福寺にて葬礼(「孝亮」「龍山公御事」〈近衛文書〉)。

■典拠

【古文書】

『上杉』『越佐史料』『薩藩旧記』『相良』『島津』『新刊島津国史』『蜷川』『歴代』「出水専修寺文書」「上杉文書」「近衛文書」「雑文書」「集古文書」「栃木県庁採集文書」「武州文書」「満性寺文書」「龍禅寺文書」

【日記】

『宇野』『お湯殿』『兼見』「兼右卿記」「玄与」『三藐』『舜旧』『公記』『孝亮』『多聞院』『言継』『言経』『時慶』「二条」「二条」補遺『晴豊』『雅継卿記』『鹿苑』『後法成寺関白記』

【記録】

『公卿』『上杉年譜』「上杉古文書」「近衛家譜」

【参考文献】

近衛通隆「近衛前久の関東下向」(『日本歴史』391 1980年)

橋本政宣『近世公家社会の研究』(吉川弘文館　2002年)第1部第1章・3章・4章・5章
黒嶋敏「織田信長と島津義久」(『日本歴史』741　2010年)
水野嶺「國學院大學図書館所蔵「足利義昭御内書」」(『国史学』215　2015年)

近衛信尹の居所と行動

松澤克行

【略歴】

　近衛信尹は永禄8年(1565)に京都で生まれた(「近衛家譜」)。月日は未詳。幼名は明丸(『言継』天正4年1月20日条)。父は近衛前久。母は若狭武田氏の出身で前久の後室。寛永7年(1630)に97歳で亡くなっている(「孝亮」寛永7年8月23日条)。法名宝樹院。後陽成天皇の女御中和門院は信尹の同母妹である。

　永禄11年9月、足利義昭が織田信長に擁されて入京する。義昭の仇敵松永久秀との関係を疑われた父の前久は、直ちに京都を出奔する。4歳の信尹も父に連れられて京都を離れ、元亀2年(1571)まで大坂に滞在したものと推測される。同3年には河内国の若江に移り、天正元年(1573)8月下旬以降、丹波に移動したものと思われる。天正3年6月28日、信長の取り成しで前久の帰京が勅許され、7月9日、信尹は父とともに参内し帰京の御礼を言上している。

　帰洛後、文禄3年(1594)4月までは、基本的に京都にいる。京都以外では、天正6年2月に奈良、同12年6月に伊勢、7月中旬以前に越中、同14年7月に大津、同15年2月に大坂、3月～4月に場所は不明であるが湯治に、12月に近江、同19年6月～7月に尾張、同20年1月～2月に奈良、4月に坂本に下向したほか、同20年(文禄元年)の夏から7月にかけてと同年12月から翌文禄2年3月までの二度、京都と肥前名護屋を往復している。

　天正5年閏7月12日、明丸は元服して正五位下に叙され、冠親である織田信長から偏諱を受け、信基と名乗る。同年11月11日には従三位に叙されて公卿に列し、以後累進して同13年3月10日には左大臣となる(以上「近衛家譜」)。この間、同10年に信基を改めて信輔と名乗っている(「近衛家譜」『公卿』)。この年の6月には本能寺の変が起こり、父前久は弔意を表して出家したが、変への荷担を疑われて京都を再び出奔する。父に替わって近衛家の当主となった信基は、意を新たにして信輔と改名したのではなかろうか。なお、彼は後年、再度改名して信尹と名乗る。改名した年は、「近衛家譜」が慶長4年(1599)とする一方、『公卿』は慶長5年としており、未詳である。本稿では、最もよく知られた諱であるので、

この信尹の名乗りを用いることとする。

　さて、左大臣となって間もない天正13年5月、信尹は関白職を二条昭実と争うが、羽柴秀吉が介入して自ら関白職を望む。秀吉は、前久の猶子となって信尹と兄弟の契りを結び、いずれ関白職を信尹に譲ること、近衛家をはじめ五摂家に加増することなどを条件に関白に就任する。しかし関白職譲与の約束は履行されず、鬱屈を重ねた信尹は同18年3月、一時的に心神喪失状態に陥り、座敷牢に押し込められている(『晴豊』10日条『兼見』11日条等)。そして、同19年12月、秀吉は関白職を信尹ではなく、甥の豊臣秀次に譲る。秀次はいまだ内大臣であったため、年内に信尹が左大臣を辞職し、秀次が昇任することになるとの噂も流れた(『兼見』25日条)。さらに、同20年1月26日の聚楽第行幸に供奉したさいには前田玄以と口論に及び、いよいよ面目を失った信尹は京都を出奔し、奈良に逼塞することになる(『鹿苑』30日条『多聞院』2月5日条)。そして、ついには「岡屋」を名乗り、武家となって秀吉へ武辺奉公することを望み(『多聞院』8月24日条)、朝鮮渡海の許しを得るため、この年には二度、朝鮮出兵のため肥前国名護屋に在陣していた秀吉のもとへ参向している(最初は4月中旬以降に京都を出立して7月に帰京、二度目は12月に京都を出立して翌文禄2年3月上旬に帰京)。

　しかし、こうした行動は奇行・不行跡と見なされ、翌3年4月、信尹は京都を追放され薩摩へ左遷される。5月には配所である薩摩国坊津へ到着し、翌4年8月に秀吉の命で鹿児島城下への移住が許されるまで、同所に居住する。文禄5年4月には赦免され、帰京の途につく。入京したのは9月になってからである。

　薩摩からの帰京以後は、基本的に京都にいる。京都以外では、慶長2年5月と同3年12月に伏見、同5年3月〜5月に大坂、9月に草津および大坂、同6年1月に大坂、同8年1月に伏見、2月に大坂、6月に奈良、8月に大坂、同9年10月に伏見、同10年1月〜2月に大坂、5月に伏見および丹波、6月に伏見、同11年1月に大坂、同12年1月〜2月に江戸、同15年10月に伏見、同19年1月に大坂へ、それぞれ下向していることが確認される。

　信尹が薨じたのは慶長19年11月25日。享年50歳であった。法名は三藐院同徹大初。晩年は「三藐院流」と称される独特の書を完成させ、後世、本阿弥光悦・松花堂昭乗とともに「寛永の三筆」に数えられている。

【居所と行動】

永禄8年(1565)

　誕生(「近衛家譜」)。この年、父の前久は在京しているので、信尹も京都で生まれたものと考えられる。「丹波志」巻之五(永戸貞著・古川茂正編『丹波志』名著出版　1974年)には、「一、近衛殿屋敷　黒井村　今興禅寺ノ地也、此寺近世開基ス、天正ノ比、波多野総七ト云士居之、此娘、近衛殿ニ奉公セシガ、近衛殿ノ御子ヲ胎ス、此里ニ帰テ誕生ス、男子也、九歳マテ養育セシガ、従京都有御迎、上リ玉フ、後産神タル故、兵主ノ社ニ詣テ玉フ事有、後ニ三藐院ト奉申御事也」という記事がある。天正の頃に波多野総七という侍が丹波黒井村

におり、その娘が近衛家に奉公をして前久の子を身籠もり帰郷した。生まれたのが後の信尹であり、9歳まで同地で成長するが、京都から迎えがあって上洛した、とのことである。しかし、後記するように、信尹は3歳の時(永禄10年)に京都にいることが確認される。また、永禄11年以降は京都を出奔した父前久とともに大坂へ下向したものと思われ、7歳か8歳の頃(元亀2年か3年)は河内若江に居住していたことを自ら回想しており、この間は丹波に居住していない。そして帰京を果たしたのは11歳の時(天正3年)である。「丹波志」の記述には注意をする必要がある。

永禄9年(1566)

居所と行動は未詳であるが、京都にいたものと思われる。

永禄10年(1567)

京都にいたものと思われる。10月4日・5日に、山科言継が「若公」の痢病を見舞うため、近衛家へ参上している(『言継』)。4日の記事には「近衛殿若公三才、」とあり、年齢が合致することから、この「若公」は信尹であると確定される。

永禄11年(1568)〜同13年・元亀元年(1570)

この間の居所は史料上詳らかではないが、父前久とともに大坂にいたものと思われる。

永禄11年9月、織田信長が足利義昭を奉じて入京する。義昭の仇敵松永久秀との関係を疑われた父の前久は、9月23日に京都を出奔し、密かに大坂へ退去する。この時いまだ4歳の幼児であったことを考えると、信尹は前久と一緒に大坂へ落ち延びたのではないかと考えられる。11月23日には前久より禁裏へ、我が身は如何様になるとも信尹の出頭だけは武家に仰せ付けられたいと申し入れがなされ、内容は不明ながら、27日には禁裏より前久へその返事が申し遣わされている(以上『言継』)。

元亀2年(1571)〜天正2年(1574)

この間の居所も史料上明確ではない。もっとも、後年、河内国八尾(若江郡)へ遊山に出かけた時、「ワカ井見物、予七八才ノ時住居之所也」(『三藐』慶長11年2月4日条)と回想していることが参考になる。すなわち、永禄8年生まれの信尹が数えで7、8歳の時といえば元亀2年か3年となり、この頃、大坂から離れ、若江に居住していたことになる。もっとも、父の前久は元亀2年の暮れまで大坂にいることが確認されるので(「二条」11月27日条、12月4日条)、信尹も元亀2年までは大坂におり、元亀3年に入ってから前久と共に若江へ居を移したのではなかろうか。また、橋本政宣氏によると、天正元年(元亀4年)の8月20日に朝倉氏が滅亡して、いわゆる織田信長包囲網が崩壊すると、前久は本願寺の勢力下を離れ、反信長勢力であり妹の嫁ぎ先でもある丹波黒井城主の赤井氏のもとに、身を寄せたようである。この時、信尹も若江を離れて丹波へ移り、天正3年6月まで同所に在国したものと思われる。

天正3年(1575)

7月9日、前久に伴われて参内し、帰京の御礼を言上(『お湯殿』)。近衛家の屋敷は、前

久が出奔したさいに取り毀たれてしまったので(『多聞院』永禄11年11月22日条)、信尹はこの頃、聖護院近辺に居住している(『兼見』11月5日条)。

天正4年(1576)

　　1月10日参内(『お湯殿』『言経』)。20日自亭にて和歌会始。22日京都在(以上『言継』『言経』)。2月1日・17日・18日京都在。3月3日・13日京都在。4月12日京都在(以上『言経』)。13日自亭にて蹴鞠会(『言継』)。5月1日・2日織田信長宿所の妙覚寺へ赴く。1日は、信長は疲労のため誰にも会わなかったが、信尹にだけは対面している。5日・12日・18日京都在(以上『言経』)。19日吉田兼見に『大学』の麁本を所望し献上される(『兼見』)。6月3日自亭にて蹴鞠会。6日妙覚寺へ赴き上洛した信長に対面(以上『言継』『言経』)。8日妙覚寺へ赴き信長に対面。12日京都在(以上『言経』)。

　　8月1日京都在(『言継』)。9月1日京都在(『言継』『言経』)。21日京都在(『言経』)。10月1日京都在。12月1日京都在(以上『言継』)。

天正5年(1577)

　　1月10日参内(『お湯殿』)。

　　閏7月12日元服し信基と名乗る(加冠は織田信長)。叙正五位下(『兼見』『多聞院』「近衛家譜」)。20日任左近衛少将。9月8日叙正四位上。11月1日任左近衛権中将。11日叙従三位(以上「近衛家譜」)。

天正6年(1578)

　　2月に奈良へ下向するほかは、京都にいたようである。

　　1月6日叙正三位(「近衛家譜」)。2月5日奈良在。父前久とともに弟の一乗院門跡尊勢を訪ねる(『多聞院』)。3月27日任中納言(「近衛家譜」)。

　　8月7日京都在。吉田兼見亭へ赴く。12日京都在。13日吉田兼見亭へ赴く(以上『兼見』)。11月2日任権大納言(「近衛家譜」)。

天正7年(1579)

　　1月7日参内(『お湯殿』)。13日・28日・29日京都在。30日吉田兼見亭へ赴く。2月15日吉田兼見亭へ赴く。22日京都在。6月3日・19日京都在(以上『兼見』)。

　　9月20日・29日京都在(以上『兼見』)。11月22日二条御所へ参上し、誠仁親王(正親町天皇儲君)の移徙を賀す(『兼見』『公記』)。

天正8年(1580)

　　1月21日吉田兼見亭へ赴く。2月2日京都在。吉田兼見に中臣祓等の伝授を仰せ付ける。6日京都在。京都の平岡へ父前久・九条稙通とともに鷹野に出る(以上『兼見』)。9日叙従二位(「近衛家譜」)。3月12日吉田兼見より中臣祓等の伝授を受ける。閏3月10日前久亭へ赴く(以上『兼見』)。

　　7月5日誠仁親王御所へ赴く。8月1日曇華院へ赴く。自亭にて菊の花見。10月2日屋敷の作事あり。18日京都在。21日東福寺へ赴く(以上『兼見』)。11月11日任内大臣(『お湯殿』

「近衛家譜」)。13日聖護院へ赴く。14日二条辺にて乗馬に興じる。28日春日祭神事の方違えに日野輝資亭へ赴く。28日吉田兼見より中臣祓等の伝授を受ける(以上『兼見』)。

天正9年(1581)

1月10日京都在(『兼見』)。23日参内(『お湯殿』)。29日前久亭の連歌会に出座(『兼見』28日条)。2月5日・6日京都在。11日吉田社に参詣。24日京都在。3月27日京都在。4月26日里村紹巴亭の和漢聯句会に出座。6月2日京都在。16日所労(以上『兼見』)。

天正10年(1582)

1月12日奈良へ下向(『兼見』「別本兼見」)。15日・16日京都在(「別本兼見」)。22日・19日京都在。2月4日前久亭へ赴く。19日京都在。3月18日京都在(以上『兼見』「別本兼見」)。4月16日京都在(『兼見』)。5月6日京都在(『兼見』「別本兼見」)。6月1日本能寺へ赴き織田信長に対面(『言経』)。20日京都在。本能寺の変後、織田信孝が前久成敗の触を出したため、安否を気遣う吉田兼見の見廻を受ける(以上『兼見』)。

7月15日吉田兼見亭へ赴く。8月16日吉田兼見亭へ赴く。17日京都在。10月8日京都在。1日より所労なるも、この日験気を得る。21日吉田社を参詣(以上『兼見』)。同日叙正二位(「近衛家譜」)。12月29日京都在(『兼見』)。

この年、信輔と改名(「近衛家譜」『公卿』)。

天正11年(1583)

9月に大坂へ下向するほかは京都にいる。

1月9日参内(『お湯殿』)。11日・16日京都在。5月9日自亭にて『孟子』講釈を聴聞。14日・16日・24日京都在。6月7日京都在。26日飛鳥井家の蹴鞠会に出座(以上『兼見』)。

9月14日京都在。『毛詩』の文字読みを沙汰す(『兼見』)。19日京都発。大坂へ下向(『兼見』18日条)。10月19日京都在(『言経』)。27日京都在(『兼見』)。

天正12年(1584)

6月末に伊勢、ついで北陸へ下向しているほかは京都にいる。

1月11日旧冬より所労。2月21日京都在。23日出立を予定し尾張下向の支度を命ずる。27日京都在。この日に京都にいることから、尾張下向は取りやめになったものと思われる。3月16日京都在。5月4日京都在。吉田兼見に『三十六人集』の借用を申し入れる。6月12日京都在。6月24日鷹司信房と吉田兼見亭へ赴く。25日京都発。羽柴秀吉の陣中見廻のため鷹司信房とともに伊勢へ下向(以上『兼見』)。

7月19日以前、北陸(越州)へ下向。10月21日京都在。吉田社に参籠。22日吉田社→自亭。12月29日入江殿へ赴く(以上『兼見』)。

天正13年(1585)

1月14日京都在。20日自亭にて和歌会。2月1日一条内基亭へ赴く(以上『兼見』)。3月10日任左大臣(「近衛家譜」)。5月1日吉田兼見亭へ赴き、ついで賀茂へ向かう。30日、この頃、二条昭実と関白職を争う。6月5日自亭にて、関白職を巡る二条昭実からの三問状

について吉田兼見・烏丸光宣等と検討する。19日大徳寺へ赴く(以上『兼見』)。

7月6日前久亭へ赴く。7日・8日京都在(以上『兼見』)。11日叙従一位(「近衛家譜」)。12日京都在。羽柴秀吉亭へ関白任官の祝儀に赴く(『兼見』「今日諸家群参、内府へ早々罷出、(中略)近衛左府跡々御礼也」)。15日大徳寺へ赴く(『兼見』)。18日秀吉より関白就任の礼として1000石の所領を給される(「天正13年7月18日羽柴秀吉宛行状」〈近衛文書〉)。8月8日越中攻めに出陣する秀吉を見送る。20日自亭にて和歌会。閏8月26日前久亭へ赴く。10月7日参内し、秀吉主催の茶会に参席(『兼見』)。12月以前、兼左近衛大将。12月辞大将(以上「近衛家譜」)。

天正14年(1586)

7月に近江大津の三井寺に参詣するほかは、基本的に京都にいる。

1月4日参内(『お湯殿』)。9日自亭にて茶会(「雅継卿記」)。11日京都在(『兼見』)。21日京都在(「雅継卿記」)。22日腫物を病む。5月11日秀吉のもとへ赴き御礼。6月1日吉田社に参詣し、ついで前久亭(浄土寺村)へ赴く(以上『兼見』)。

7月3日三井寺→自亭。6日相国寺大智院へ赴く。8日京都在。8月27日吉田社にて遊山(以上『兼見』)。11月26日聚楽第へ赴き、羽柴秀吉に任太政大臣珍重の御礼(『兼見』「相国珍重之為御礼、認急罷出、於内野御座敷着狩衣、数刻相待、酉刻御対面、先摂家・門跡一度ニ在一献之儀」)。12月21日京都在。22日参内し叙従一位の奏慶。24日一条内基入来す。30日京都在(以上『兼見』)。

天正15年(1587)

2月に大坂、3月から4月にかけて湯治、12月に近江へ出かけるほかは、基本的に京都にいる。

1月1日参内し元日節会の内弁を勤める(『お湯殿』「近衛家譜」)。2日前久亭(東山)へ赴く。3日・5日京都在。7日前田玄以入来す(以上『時慶』)。夜、参内し白馬節会の内弁を勤める(『お湯殿』『兼見』「近衛家譜」)。8日京都在。12日参内。13日一乗院尊勢入来す。14日・15日京都在(以上『時慶』)。16日京都在(『時慶』「雅継卿記」)。20日自亭にて和歌会(「雅継卿記」、『時慶』19日条)。25日京都在。26日自亭にて乱舞あり。2月1日京都在。5日一乗院尊勢里坊の振舞へ赴く。12日京都在。14日相国寺にて近衛家月次連歌会を興行。16日所労(以上『時慶』)。18日京都在(『兼見』『時慶』)。27日京都発。大坂へ下向(『時慶』)。3月3日・4日京都在(『時慶』)。7日清水寺にて和歌会・酒宴を催した後、聚楽第に場を移し能見物(「雅継卿記」)。8日京都在。9日聖護院へ赴く(以上『時慶』)。10日・11日京都在(『兼見』)。14日京都在(『兼見』『時慶』)。20日相国寺へ赴く(『兼見』)。25日・26日京都在。27日京都発。湯治に出かける(以上『時慶』)。

4月26日京都着。湯治より戻る。27日・28日京都在。5月1日・3日・5日・6日京都在。8日伊勢祭主大中臣家の堂上取り立ての執奏を了承。9日・10日京都在。11日一条内基亭へ赴く。12日～14日京都在。16日相国寺へ赴き有節瑞保の入院見物。20日～22日京

都在。23日自亭にて月待。27日・28日京都在。29日所労。30日京都在。6月1日～3日・5日・7日京都在。豊臣秀次の茶会へ赴く。10日・11日京都在。13日京都在。北屋敷を普請。14日・15日京都在。17日聖護院へ赴く。18日・19日京都在。20日秦宗巴亭へ赴く。21日光照院へ赴く。22日・23日京都在。24日前久亭へ赴く。25日・27日京都在。28日豊臣秀次亭にて能見物。29日京都在(以上『時慶』)。

7月1日前久亭へ赴く(『時慶』)。7日禁裏へ花を献上(『お湯殿』)。10日京都在。9月1日京都在。6日相国寺慈照院にて島津義久より御礼を受ける(以上『時慶』)。この頃所労(『兼見』)。16日・21日京都在(『時慶』)。

10月1日・3日・6日京都在。7日一乗院尊勢里坊の連歌会に出座。8日自亭にて島津義久を招き和歌会。10日・17日京都在。22日大覚寺にて前田玄以主催の紅葉見物。23日木無(未詳)亭へ赴く。24日京都在。25日自亭に西洞院時慶等を召し、前田玄以との不和につき談合。27日女御御所にて女房の右衛門督より振る舞われる。28日京都在。11月1日一乗院尊勢の奈良下向を等持寺(現在の御池通高倉上ル辺)まで見送る。6日・10日京都在。11日織田信雄亭へ赴く。12日京都在。15日自亭にて謡あり。18日豊臣秀次入来す。20日前田玄以に和解を申し入れる。22日聚楽第の前田玄以亭にて和解の振舞。23日・24日・28日京都在。29日聖護院・相国寺慈照院へ赴く。12月4日相国寺慈照院に参籠。8日参籠を終え帰亭。16日近江→京都。19日実相院へ赴く。29日京都在(以上『時慶』)。

天正16年(1588)

1月1日参内し元日節会の内弁を勤める(「近衛家譜」)。4月14日聚楽亭行幸に扈従(『お湯殿』)。

12月15日この年初めての参内御礼(『お湯殿』)。

天正17年(1589)

1月1日参内(『お湯殿』)。元日の内弁を勤める(「近衛家譜」)。29日自亭にて和漢聯句会。2月23日自亭にて和漢聯句会(以上『鹿苑』)。4月28日参内し月次和歌御会に出座。5月4日参内し三百韻和漢聯句御会に出座(以上『お湯殿』)。6月11日鹿苑院主へ赴く。15日鹿苑院の『古文真宝』講釈に出座(以上『鹿苑』)。

7月4日京都在。6日鹿苑院主に「琵琶行」の書写を命ず(以上『鹿苑』)。8月15日参内し御会に出座(『お湯殿』)。10月8日一条内基の和漢聯句会に出座(『鹿苑』)。

天正18年(1590)

1月11日参内(『お湯殿』)。12日京都在(『兼見』)。25日参内し連歌御会に出座。28日参内し碁御会に出座。3月4日参内し御会に出座(『お湯殿』)。10日乱心のため近衛家諸大夫の北小路俊孝亭の蔵に押し込められる(『晴豊』「近衛殿(信尹)きやうきさせられ、にかゝしき事也、両度見舞参候、北小路刑部少輔(俊孝)宿蔵内御出也」『兼見』11日条「自昨日近衛左府信輔公乱心、仍御座敷ヲカコヒ居籠申也」)。11日菊亭晴季等に書状を認め、内覧を望む(「3月11日近衛信輔書状」〈近衛文書〉)。12日・13日・15日北小路俊孝亭の座敷牢にいる。17日吉田兼見より撫物(なでもの)を献ぜられ

る。19日明後日栂尾の春日社参詣のことを吉田兼見に触れる。21日栂尾の春日社に参詣(以上『兼見』)。

　4月11日吉田社に参詣し、ついで前久亭(浄土寺村)へ赴く。12日『孝経』の注本を吉田兼見より借用(以上『兼見』)。13日近衛亭内の御産所にて女御出産(『お湯殿』)。16日京都在。18日清水寺に参詣。19日京都在。5月24日北小路俊孝亭へ赴く(以上『兼見』)。

　7月7日参内。8月1日鷹司信房亭へ赴く。9月1日小田原より凱旋する豊臣秀吉を出迎えに山科へ出向く(以上『兼見』)。

天正19年(1591)

　6月末から7月初頭に尾張へ下向するほかは、基本的に京都にいる。

　1月10日参内。28日参内し、ついで女御御所へ参上。閏1月1日・10日京都在。20日自亭にて和歌会始。24日・28日京都在。2月4日前久と共に入江殿へ赴く。10日・20日京都在。30日自亭にて月次和漢聯句会。3月2日・3日・6日京都在。7日聖護院にて蹴鞠会を催す。伊達政宗・島津義弘を召し寄せ見物させる。ついで北小路俊孝亭にて酒宴。10日・18日〜20日京都在。21日前久入来す。25日京都在(以上『時慶』)。26日鹿苑院主へ赴く(『鹿苑』)。

　4月1日京都在(『時慶』)。8日若王子へ赴き加行を勤める聖護院宮を見舞う。10日京都在。11日烏丸光宣の漢和聯句会に出座。12日聖護院へ赴き禁裏千句の相談。14日・15日京都在(以上『時慶』)。16日参内し和漢聯句御会に出座(『時慶』『鹿苑』)。ついで飛鳥井雅庸亭へ赴き裹頭(かとう)にて蹴鞠を見物(『三藐』)。17日・19日京都在(『時慶』)。22日連歌御会の千句定めに出座(「古今聴観」20日条〈『三藐』〉)。24日・25日・27日京都在。5月1日京都在(以上『時慶』)。2日参内し『三体詩』講釈(講師：玄圃霊三)を聴聞(「古今聴観」〈『三藐』〉)。5日京都在(『時慶』)。6日参内し御書籍の検分(『時慶』『鹿苑』)。10日・19日京都在(『時慶』)。25日聖護院の和漢聯句会に出座。29日自亭にて月次和漢聯句会(以上『鹿苑』)。6月1日京都在(『時慶』)。6日参内し和漢聯句御会に出座(『鹿苑』)。7日・8日京都在(『時慶』)。21日自亭にて和漢聯句会(『鹿苑』)。24日自亭にて当座和漢聯句会(『時慶』)。26日自亭にて月次和漢聯句会(『時慶』『鹿苑』)。28日京都発。九戸政実の乱鎮定のため出陣する豊臣秀次を見廻に尾張へ下向(以上『時慶』)。

　7月7日京都在。10日自亭にて和漢聯句。11日京都在(以上『時慶』)。15日東山へ赴く(『鹿苑』)。16日西洞院時慶亭にて萩見物と月見(『時慶』)。17日相国寺にて閣懺法講を聴聞(『鹿苑』)。18日自亭にて躍(おどり)あり。25日京都在。27日自亭にて月次和漢聯句会。8月1日・6日・10日・11日京都在(以上『時慶』)。12日自亭で和漢聯句会(『鹿苑』)。18日・24日京都在。25日参内し和漢聯句御会で発句を勤める。9月1日京都在(以上『時慶』)。14日聖護院へ赴く。16日参内し和漢聯句御会で発句を勤める(以上『鹿苑』)。

　10月2日島津義久入来す。28日鹿苑院主に『文選』1部を贈る(以上『鹿苑』)。11月17日・18日吉田兼見に赤土を所望す。27日京都→大津→京都。豊臣秀次の上洛を大津にて出迎え

る(以上『兼見』)。12月8日女御御所に参上し能を拝見(「古今聴観」〈『三藐』〉)。16日尾張より帰京した豊臣秀吉を禁裏四足門の前にて出迎える(『兼見』「古今聴観」〈『三藐』〉)。25日信尹が左大臣を辞退し、内大臣の豊臣秀次がこれに任ぜられるとの風聞が立つ(『兼見』)。27日京都在(『鹿苑』)。

天正20年・文禄元年(1592)

　二度、九州の名護屋へ下向している(文禄3年4月13日に信尹が薩摩への左遷を申し渡された時の「覚」〈『駒井』〉に、「去々年名護屋江被越候、其子細ハ、高麗江太閤於令渡海者可有同道由、被申候」「重而去年名護屋江被越間、不覃見参返上、今日ニ至而不対面事」とあることが、橋本政宣氏により指摘)。二度目の下向については、文禄元年12月に京都を出立していることが『三藐』に記されているが(帰京は翌年3月11日頃『時慶』)、最初の下向については、帰洛が7月26日頃であることは確認されるものの(『鹿苑』)、出立の時期については史料上明確ではない。橋本政宣氏は、天正20年2月中旬以降に京都を発ったのではないかと推定しているが、3月26日に京都で豊臣秀吉の出陣を見送り(「古今聴観」〈『三藐』〉)、4月11日に坂本の日吉大社で能を見物していることから、京都出立は4月中旬以降となってくる。

　この二度に及ぶ名護屋下向のほか、1月26日の行幸で前田玄以と口論に及び、面目を失うことがあり30日に京都を出奔(『鹿苑』30日条『多聞院』2月5日条)。翌月の中旬まで奈良に身を置いている。そのほかは基本的に京都にいる。

　1月5日聚楽第へ諸礼に参上。8日京都在。26日聚楽第行幸に供奉(以上『鹿苑』)。27日参内し和歌御会の読師を勤める(『兼見』)。30日京都を出奔する(『鹿苑』)。2月11日奈良在。興福寺へ赴き能を見物。14日奈良発。帰京する(以上『多聞院』)。3月20日京都在(『鹿苑』)。26日名護屋に出陣する豊臣秀吉を見送る。4月11日坂本在。日吉大社の能を見物(以上『三藐』)。

　7月26日京都着。帰京の使いを鹿苑院主へ遣わす(『三藐』)。8月24日以前、武家となって岡屋と名乗り、豊臣秀吉に奉公することを願う(『多聞院』)。9月18日豊臣秀吉の参内により禁裏へ伺候(『兼見』)。12月11日京都在。鹿苑院主より西国下向の餞別を贈られる(『鹿苑』)。14日京都→大坂。豊臣秀吉に対面するため肥前名護屋に向け出立。15日・16日大坂在。18日大坂発→兵庫発。19日明石着→播磨高砂着。20日高砂在。21日播磨室着。22日室在。23日備前牛窓着。24日牛窓発→蓬島着。25日備前日比着→塩飽島着→備後鞆着。26日・27日鞆在。28日鞆発。29日安芸高崎着。30日タカ島在(以上『三藐』)。

文禄2年(1593)

　1月10日に下関に到着するが、それ以降、帰京までの動きは未詳。2月下旬には備前まで戻ってきており、3月11日以前に帰洛している。

　1月1日ゴゝ島発→広島着。3日広島発→宮島着。4日周防上関着。5日上関発→サウシクソ島→周防室津着。6日室津在。7日室津発→周防下松着。8日姫島→周防向島着。9日浅水山着。10日下関着(『三藐』)。3月1日、備前まで帰着との報、京都に届く。11日

京都在。西洞院時慶に田舎樽を贈る。15日・16日京都在。19日帰京見廻のため一乗院尊勢入来す(以上『時慶』)。22日京都在(『兼見』)。24日京都在(『時慶』)。27日吉田兼見に備後小嶋酒を贈る(『兼見』)。28日京都在(『時慶』)。

　4月1日豊臣秀吉の参内により禁裏へ伺候。4日参内し和漢聯句御会に出座。5日京都在(以上『時慶』)。6日参内し和漢聯句御会に出座(『時慶』『兼見』)。15日一条内基亭へ赴く(『時慶』)。17日京都在。18日参内し発句定に出座(以上『鹿苑』)。22日参内し三百韻和漢聯句御会に出座(『兼見』)。5月4日自亭にて和漢聯句会。5日京都在。12日聚楽第へ参上し豊臣秀次の和歌会に出座。18日・25日京都在。6月24日京都在。29日参内し連歌御会に出座(以上『時慶』)。

　7月20日・21日京都在(『時慶』)。22日前久亭(東山)の連歌会に出座(『時慶』21日条)。30日前久亭にて風呂(『時慶』29日条)。8月1日・4日・9日・11日京都在。12日自亭にて連歌会。13日京都在。17日聖護院の和歌会に出座。9月5日・9日京都在(以上『時慶』)。11日『公事根元』抄の外題付けを吉田兼見に命ず(『兼見』)。14日自亭にて和漢聯句会。15日・16日・19日・20日京都在(以上『時慶』)。21日自亭にて連歌会(『時慶』20日条)。24日聖護院へ赴く。閏9月4日『自盤古至周武年代記』を鹿苑院主より献ぜられる(以上『鹿苑』)。6日京都在(『時慶』)。

　10月5日参内し能を拝見(「禁中猿楽御覧記」〈『三藐』〉『時慶』)。12日参内。13日孝蔵主入来す。16日参内し漢和聯句御会に出座。18日鷹司信房亭へ赴く。19日京都在。20日西洞院時慶の茶会に参席した後、織田信雄亭へ赴く。21日京都在。23日自亭にて女御出産の祝宴。26日一条内基亭へ赴く。30日京都在。11月2日玉泉坊の振舞へ赴く。14日・19日・20日京都在。21日自亭にて夢想の連歌会。22日京都在。26日聖護院へ赴く(以上『時慶』)。

文禄3年(1594)

　3月までは基本的に在京していたようであるが、4月には、前年二度におよび九州へ下向し武辺奉公を願ったことを咎められ、薩摩へ左遷されている。

　1月1日前久亭へ祝儀を持参。2日聖護院へ年頭祝儀を持参(以上『三藐』)。

　4月11日薩摩左遷を仰せ出される(『三藐』『駒井』『鹿苑』『言経』15日条『多聞院』13日条)。12日、15日に出京しその日のうちに尼ヶ崎まで着すこと等が定められる。13日信尹の罪状が禁裏へ披露される。14日豊臣秀吉より信尹配流後の近衛家跡目につき指図あり(以上『駒井』)。14日夜半に京都発。15日淀→尼崎。16日尼崎→播磨大蔵谷→。17日牛窓を経て塩飽島に着船。18日塩飽島在。19日塩飽島→讃岐牛島。20日備後鞆→仙酔島。21日仙酔島→安芸蒲刈。22日蒲刈→安芸鹿老渡→伊予津和地島。23日周防平群島→八島。24日八島→豊後佐賀関。25日・26日佐賀関在。27日豊後保戸着。28日保戸→日向細島。5月1日細島→日向耳川→日向都農→日向財部。2日財部→日向都於→日向綾。3日綾在。聯句会を興行。4日日向下河内着。5日日向都城着。6日大隅廻着。7日廻在(以上『三藐』)。この頃、信尹が船上で自害したとの噂が奈良にて立つ(『多聞院』7日条)。8日廻→大隅海潟。9日

544

〜17日海潟在。18日海潟発。19日薩摩山川着。20日山川にて琉球人の礼を受く。穎娃着。21日鹿籠を経て坊津着。23日・24日坊津在。一乗院へ赴き風呂へ入る。25日坊津在。唐人の作詞を見物。6月1日坊津在。2日坊津在。一乗院へ赴く。3日坊津在。6日坊津在。一乗院へ赴く。8日坊津在。唐人を召し作詞を見物。15日坊津在。祇園社に参詣。16日坊津在。一乗院へ赴く。23日坊津在。観音を参詣。25日坊津在。石風呂が完成。26日坊津在。唐人より氷砂糖等を贈られる(以上『三藐』)。

文禄4年(1595)

薩摩にいる。この年、坊津から鹿児島へ転居する。

8月25日、豊臣秀吉より、鹿児島への転居と在国料2000石の給付を仰せ付かる(「8月25日石田三成書状」〈近衛文書〉)。鹿児島へ遷居した日付は未詳。11月10日、この頃奈良にて、近日信尹に赦免・帰洛のことが仰せ出されるとの風聞あり(『多聞院』)。

文禄5年・慶長元年(1596)

7月上旬まで鹿児島在。9月中旬に帰京する。以後、薨ずるまで基本的に京都にいる。

4月29日、豊臣秀吉が信尹の赦免・上洛のことを禁裏へ申し入れ、そのことを伝達するため薩摩へ飛脚が遣わされる(『言経』5月2日条)。お拾(後の豊臣秀頼)参内の祝儀によるものか(『義演』5月2日条)。

7月10日鹿児島を発し(『三藐』)、大隅浜之市着(「玄与」)。12日・13日浜之市在(『三藐』「玄与」)。14日浜之市→大隅廻。15日廻在。16日大隅庄内着。17日〜23日庄内在。24日大隅志布志着。25日〜30日志布志在。閏7月1日〜4日志布志在。5日志布志発。6日日向千野着。7日日向外浦着。8日〜15日外浦在。16日外浦→日向内海。18日日向宮崎着。19日日向大光寺着。20日大光寺→日向財部→日向耳川。21日細島着。22日細島在(以上『三藐』)。23日細島→豊後蒲江(『三藐』「玄与」)。24日・25日蒲江在。26日豊後四ノ津(米水)着。27日〜30日四ノ津在(以上『三藐』)。8月1日四ノ津→佐伯大島(『三藐』「玄与」)。2日保戸着(『三藐』)。3日佐賀関着(『三藐』「玄与」)。4日〜7日佐賀関在。8日佐賀関→伊予青島着。9日青島→伊予北条着(以上『三藐』)。10日宮崎ノ浜→備後鞆(『三藐』「玄与」)。11日・12日鞆在(『三藐』)。15日室津発。18日大坂着(以上「玄与」)。9月15日京都着(「孝亮」)。17日京都在(『舜旧』)。27日京都在(「玄与」)。

10月24日京都在。11月17日・24日京都在。12月23日・26日〜28日京都在(以上「玄与」)。29日京都在(『兼見』)。

慶長2年(1597)

5月に伏見へ下向するほかは、基本的に京都にいる。

1月10日、摂家をはじめ廷臣が群参し歳首を賀す中、信尹は一人参賀せず(『義演』)。16日・21日・22日京都在。23日自亭にて連歌会。25日北野天満宮に参詣。27日自亭にて和歌会。2月6日自亭にて連歌会。7日細川藤孝入来す。7日自亭にて当座和歌会。22日京都在。24日山名禅高等入来し和歌・連歌を催す。30日京都在(以上「玄与」)。5月17日伏見下

向。登城し豊臣秀吉・秀頼に年頭礼(『義演』)。

11月10日参内し和漢聯句御会にて発句を勤める(『鹿苑』)。12月16日・18日京都在(『舜旧』)。

慶長3年(1598)

12月に伏見へ下向するほかは、基本的に京都にいる。

1月1日方広寺にて越年。2日方広寺より吉田社・春日社参詣に向かい、東山の前久亭へ赴く。3日・4日京都在。6日自亭に女御御成(以上『三藐』)。7日禁裏へ鶴を献上(『お湯殿』)。9日参内(『三藐』『お湯殿』)。11日女御御所へ参上し、毛利輝元よりの献上物を披露す(『三藐』)。26日参内し三吟連歌御会に出座。28日参内し月次和漢聯句御会に出座。2月28日参内し連歌御会に出座。3月4日・7日参内し連歌御会に出座。18日禁裏へ高麗の沈金箱を献上(以上『お湯殿』)。

4月19日京都在。20日毛利輝元・山名禅高入来す。21日徳川家康入来す。26日京都在。27日自亭にて島津義久家臣を振る舞う。28日前久・一乗院尊勢等入来す。29日伊達政宗入来す。5月1日賀茂へ赴く。5日女御御所へ参上し姫宮誕生を見舞う。6日・7日京都在(以上『三藐』)。18日参内し連歌御会に出座。23日参内し和漢聯句御会に出座(以上『お湯殿』)。26日神龍院へ前久とともに赴く。28日京都在(以上『舜旧』)。6月26日参内し北野法楽当座御会に出座(『お湯殿』)。

7月24日参内し法華八講を聴聞(『お湯殿』『義演』)。9月2日後陽成天皇の御不例を使者にて見舞う。22日禁裏へ物を献ず。25日春日大社へ使者を遣わす(以上『お湯殿』)。

10月14日参内し後陽成天皇の御不例を見舞う。11月12日禁裏へ物を献ず。26日参内し後陽成天皇の御不例を見舞う。29日禁裏へ物を献ず。12月2日京都在(以上『お湯殿』)。6日伏見へ下向(『言経』7日条)。7日伏見在(『言経』)。11日若宮の御色直に物を献ず。13日禁裏へ物を献ず(以上『お湯殿』)。

慶長4年(1599)

1月1日・7日京都在(『三藐』)。14日京都在(『舜旧』)。3月1日～3日京都在。4日春屋宗園の茶会に赴く。8日～11日京都在。閏3月8日自亭にて連歌会。9日一条内基入来す。10日・12日京都在。14日藪範遠亭へ方違に赴く。15日京都在。16日黒田如水入来す。17日京都在(以上『三藐』)。5月9日京都在(『言経』)。

7月7日禁裏へ花を献ず(『お湯殿』)。8月23日聖護院宮興意親王御成。24日京都在。25日黒田如水亭の振舞へ赴く。26日京都在。27日一条内基亭へ赴く。28日参内し舞楽を拝見。29日京都在。9月2日京都在。加藤清正より来信(以上『三藐』)。11月4日京都在(『言経』)。12月25日参内し当座和歌御会に出座。27日参内し能を拝見(以上『お湯殿』)。

この年、信尹と改名(「近衛家譜」)。ただし『公卿』は慶長5年とする。

慶長5年(1600)

3月～5月に大坂へ下向し、9月に草津および大坂へ出かけるほかは、基本的に京都に

いる。

　1月1日京都在。4日曇華院へ赴く(以上『時慶』)。6日京都在(『言緒』)。7日参内し白馬節会を裏頭にて見物。8日京都在(以上『時慶』)。10日参内し年頭御礼(『お湯殿』『言経』『言緒』『時慶』)。12日自亭にて和歌会(『鹿苑』)。19日京都在(『時慶』)。20日自亭にて和歌会始(『時慶』『言経』)。23日良仁親王(後陽成天皇第一皇子)へ年頭御礼。24日京都在(以上『時慶』)。25日参内し夢想和歌御会に出座(『お湯殿』『時慶』)。27日聖護院にて連歌会。29日京都在。2月1～4日京都在。8日・12日・13日・15日京都在(以上『時慶』)。19日参内し和漢聯句御会に出座(『お湯殿』『時慶』)。20日北野へ前久を迎えに出向く。21日生母亭にて酒宴。23日・24日京都在。25日参内し聖廟法楽和歌御会に出座。28日移徙あり。3月3日大徳寺へ赴く。6日桑山重晴入来す(以上『時慶』)。7日参内し能を拝見。12日・14日京都在(以上『お湯殿』)。16日下津棒庵入来す。18日西洞院時慶亭にて藤見物。19日京都在。22日女院御所へ参上。29日大坂在(以上『時慶』)。

　4月3日大坂在。山岡道阿弥亭にて連歌会。4日大坂在。登城して秀頼に御礼。5日大坂在。桑山重晴亭にて茶会。7日・9日・12日京都在(以上『時慶』)。19日参内(『お湯殿』)。20日在京。21日徳川家康入来す(以上『時慶』)。22日禁裏にて能を申沙汰す(『お湯殿』『義演』「孝亮」『言経』『時慶』)。24日後陽成天皇より能の申沙汰を嘉賞される(『お湯殿』)。26日京都在(『言経』『時慶』)。28日・29日京都在。5月5日京都在(以上『時慶』)。8日住吉在(『鹿苑』)。9日住吉在(『鹿苑』8日条)。16日京都在。17日大聖寺へ赴く。18日京都在(以上『時慶』)。24日禁裏より匂袋を賜る(『お湯殿』)。27日自亭にて連歌会。28日京都在。6月2日・3日京都在。4日自亭にて能を張行。5日・6日・8日・14日・19日京都在。25日自亭にて月次連歌会。26日自亭にて「雲州ノ女楽」を種々見物。27日准后(勧修寺晴子)御所の夢想連歌会に出座(以上『時慶』)。

　7月1日自亭にて出雲阿国らのヤヤコ跳を見物(『時慶』)。7日禁裏へ花を献ず(『お湯殿』)。8日妙心寺へ赴く。11日京都の杉若越後入道亭へ振舞に赴く。15日・18日・20日・26日・28日京都在。8月1日京都在(以上『時慶』)。9日禁裏へ物を献ず(『お湯殿』)。13日参内(『お湯殿』『時慶』14日条)。14日参内(『お湯殿』『時慶』)。15日参内。後陽成天皇より「天下無事義」(関ヶ原の合戦のこと)について仰せ聞かさる。16日京都在。17日徳川方・大坂方和議のことについて西洞院時慶へ申し聞かす。26日京都在。27日自亭にて連歌会。9月3日女御御所へ参上(以上『時慶』)。5日禁裏より文を賜る(『お湯殿』)。7日・9日西洞院時慶に徳川方と大坂方との扱いにつき申し談ず。15日京都在。16日一条内基亭へ赴く。17日参内。20日草津へ赴き徳川家康の上洛を出迎える。26日・27日京都在。29日大坂在(以上『時慶』)。

　10月2日・7日・14日京都在。15日・16日参内し御日待に伺候。18日京都在(以上『時慶』)。20日参内し百首当座和歌御会に出座。22日京都在(以上『お湯殿』『言経』)。25日参内し和漢聯句御会に出座(『お湯殿』『時慶』)。26日不断光院へ赴く。29日所労(以上『時慶』)。11月1日所労(『時慶』『言経』)。4日所労。6日験を得る。8日京都在(以上『時慶』)。9日参内し能を拝

見(『言経』「孝亮」)。11日自亭にて連歌。12日京都在(以上『時慶』)。14日京都在(『言経』)。15日参内し叙位の習礼に参仕(「孝亮」)。17日京都在(『言経』)。21日・22日京都在(『時慶』)。26日参内し叙位の習礼に参仕(『お湯殿』)。27日自亭にて連歌会(『時慶』25日条)。28日京都在(『時慶』)。29日京都在(『言経』)。12月1日京都在(『時慶』『言経』)。7日・8日京都在。9日島津家使の山伏入来す。10日一乗院尊勢入来す。11日参内し公宴連歌御会に出座。20日参内し公宴和歌御会に出座(以上『時慶』)。21日参内し三宮(後の後水尾天皇)の親王宣下に出仕。22日女御里御殿へ参上(以上『言経』)。

この年、信尹と改名(『公卿』)。ただし「近衛家譜」は慶長4年とする。

慶長6年(1601)

1月末から2月初頭にかけて大坂、4月に伏見、6月に宇治・伏見・淀、10月に伏見へ下向するほかは、京都にいる。

1月1日参内(『お湯殿』『言経』)。6日還任左近衛大将(「近衛家譜」)。7日京都在(『言経』『言緒』)。9日参内し年頭御礼。10日京都在(以上「孝亮」)。13日禁裏へ物を献ず(『お湯殿』)。15日大聖寺恵仙・曼殊院宮良尚親王・二条昭実・九条兼孝・光照院尊貞亭を回礼。17日自亭にて叙位の習礼。18日加藤清正入来す。19日京都在(以上『三藐』)。20日自亭にて和歌会(『言経』)。21日和歌会を催す(『言経』『言緒』)。22日〜24日京都在。25日北野へ参詣。28日京都→大坂(以上『三藐』)。29日大坂在。登城し豊臣秀頼に年頭礼(『三藐』『義演』)。30日大坂在。岡野融成(江雪)室および加藤清正の亭へ赴く(『三藐』)。2月1日大坂在。桑山重晴の茶会に赴く。2日大坂→山城八幡。大坂では桑山一晴亭で朝食を喫し、八幡では善法律寺に宿す。3日八幡在(以上『三藐』)。4日参内し除目の習礼に参仕(『お湯殿』)。9日京都在(『三藐』)。10日参内し能を拝見(『三藐』『言緒』)。11日参内。ついで自亭にて八条宮智仁親王・大覚寺宮空性親王・聖護院宮興意親王を振る舞う。12日八条宮智仁親王亭へ赴く。16日参内し除目の習礼(以上『三藐』)。17日参内し除目の習礼。18日・19日京都在(以上『三藐』『お湯殿』)。25日参内し北野法楽和歌御会に出座(『お湯殿』)。29日参内し除目の習礼。3月2日参内し除目の習礼(以上『三藐』『お湯殿』)。3日女御御所へ参上。4日女御御所へ参上し花見。5日女御御所へ参上(以上『三藐』)。6日参内し能を拝見(『三藐』『言経』『言緒』)。8日参内し能を拝見。10日参内。11日京都在(以上『三藐』)。12日禁裏へ物を献ず。14日参内し除目の御談合。17日参内し除目の御談合(以上『お湯殿』)。19日左大臣に還任し(『三藐』『お湯殿』「孝亮」「近衛家譜」)、県除目の執筆を勤める(『三藐』『お湯殿』『言緒』『言経』4月29日条)。20日京都在(『三藐』)。21日・22日県除目の執筆を勤める(『三藐』『お湯殿』『言経』4月29日条)。23日中院素然(通勝)入来す(『三藐』)。25日参内し県召除目執筆の御礼(『お湯殿』)。26日京都在。27日女院御所に参上し前久とともに振る舞われる。28日大覚寺宮・聖護院宮御成。29日・30日京都在(以上『三藐』)。

4月1日方広寺へ赴き、ついで政仁親王御所へ参上す。2日〜4日京都在(以上『三藐』)。9日京都在(『言経』)。11日、加藤清正入来す。12日参内し百五十韻連歌御会に出座。13日

伏見在。徳川家康に見参す。14日・16日～19日・23日～28日京都在(以上『三藐』)。29日参内(『時慶』)。5月1日一条内基と賀茂へ赴く。2日～5日京都在。6日黒田如水入来す。7日京都在。8日照高院より、薩摩左遷のさいに預けた記録の長櫃を受け取る。9日九条兼孝入来す。10日徳川家康亭へ赴く(以上『三藐』)。11日徳川家康参内につき信尹も参内(『言経』)。12日京都在(『三藐』)。13日京都在(『言経』)。18日参内し漢和聯句御会に出座(『お湯殿』)。26日参内し能を拝見(『言経』)。6月3日禁裏へ物を献ず(『お湯殿』)。9日女御の南都下向を見送り宇治で振る舞われる。11日伏見の岡野融成(江雪)亭へ赴き振る舞われる。ついで淀へ赴く。13日一条内基亭にて風呂。14日女御御所へ参上。16日京都在。17日曼殊院へ赴き松梅院の出入を扱う。ついで一条内基亭へ赴く。23日聖護院へ赴く。27日京都在(以上『三藐』)。

7月7日参内し七首御遊に出座。10日禁裏へ物を献ず。14日京都在(以上『三藐』『言経』)。17日小早川秀秋亭へ赴く。18日大聖寺へ赴く。8月1日禁裏へ物を献ず。3日女院御所へ参上す。4日照高院へ赴く。5日孝蔵主入来す。12日・13日京都在(以上『三藐』)。21日参内し能を拝見(『お湯殿』)。

10月1日・3日京都在。4日伏見へ下向し徳川家康と対面。5日伏見の伊達政宗亭へ赴く。6日京都在。7日照高院宮御成(以上『三藐』)。9日京都在。15日参内し御日待に伺候。11月7日京都在(以上『言経』)。29日参内し連歌御会に出座。閏11月12日参内し謡を拝見。22日参内し連歌御会に出座。27日参内し叙位・除目の習礼に参仕。12月2日参内し叙位・除目の習礼に出仕。3日参内。12日参内し連歌御会に出座。13日参内。19日参内。22日参内し叙位・除目の習礼に参仕(以上『お湯殿』)。24日舟橋秀賢の堂上成を執奏(『お湯殿』『言緒』)。27日参内し庚申待に伺候(『お湯殿』)。29日・30日京都在(以上『言経』)。

慶長7年(1602)

1月1日女院御所へ参上(『時慶』)。同日参内し小朝拝(『時慶』『言経』)。2日政仁親王御所へ参上(『時慶』)。6日参内し叙位の執筆を勤める(『三藐』『時慶』)。この頃、日野資勝と家礼相論あり(『義演』11日条)。7日参内し、ついで政仁親王御所へ参上。9日参内し年頭御礼。10日京都在。11日参内し女叙位の執筆を勤める。13日京都在。16日津軽信建入来す(以上『時慶』)。19日参内し和歌御会始に出座(『三藐』『言経』)。20日自亭にて和歌会始(『三藐』『言経』『時慶』)。21日京都在(『時慶』)。30日京都在。2月1日政仁親王御成(以上『三藐』)。2日参内し和漢聯句御会に出座(『言緒』)。4日所労(『言経』)。8日参内し除目申文などの習礼。10日京都在。14日参内し踏歌節会の習礼(以上『時慶』)。16日参内し踏歌節会に参勤(『三藐』「近衛家譜」)。17日参内し舞御覧に出座。18日山岡道阿弥入来す。23日自亭にて神事(以上『三藐』)。24日京都在(『言経』)。25日菅原道真七百遠忌の百首和歌成就。27日平野長泰入来す(以上『三藐』)。28日照高院宮御成。29日京都在(以上『時慶』)。3月1日山名禅高入来す(『三藐』)。3日京都在(『時慶』)。7日照高院宮御成、一乗院尊勢・生母入来、女御御幸。8日西笑承兌入来す。10日女院より物を賜る。11日女院より祈念の御供を頂戴す。12日・

14日京都在(以上『三藐』)。17日京都在(『時慶』)。18日桑山重晴入来す。19日照高院宮御成、ついで前久・女御御成。20日京都在。21日京都在(以上『三藐』)。この日大坂に下向し豊臣秀頼に年頭礼の予定なるも、家礼相論中の日野資勝が万事後見を勤めるため参向せず(『義演』26日条)。27日加藤清正入来す。28日大聖寺・生母・女三宮入来す。29日京都在。30日女御御所へ参上す(以上『三藐』)。

　4月1日京都在。2日一条内基亭へ赴く。4日女御御成、前久・光照院入来す。5日女御御所へ参上し、ついで生母亭へ赴く(以上『三藐』)。9日京都在(『時慶』)。23日自亭に女御・前久を招き風呂を催す(『三藐』)。24日京都在(『時慶』)。28日加藤清正入来す(『三藐』)。29日京都在(『三藐』『時慶』)。5月1日加藤清正入来す。2日女院御所に参上し、徳川家康張行の能を見物。3日黒田如水入来す(以上『三藐』)。5日京都在。8日光照院へ赴く。10日曲直瀬道三・石川康長入来す(以上『時慶』)。13日・14日京都在。15日政仁親王御所に参上。16日京都在(以上『三藐』)。17日京都在(『三藐』『時慶』)。20日女御御所にて振舞。26日京都在(以上『時慶』)。27日祐丞亭へ赴き風呂に入る。28日京都在。29日盛方院亭へ赴き風呂に入る(以上『三藐』)。6月2日京都在(『三藐』『時慶』)。3日桑山一晴入来す。4日京都在(以上『三藐』)。7日禁裏より匂袋を賜る(『時慶』)。10日女御御成につき光照院へ赴く。13日高徳寺にて法問を聴聞。ついで小瀬甫庵亭へ赴く(以上『三藐』)。15日京都在(『三藐』『時慶』)。16日島津忠長入来す。18日有節瑞保入来す(以上『三藐』)。19日女御御所へ参上(『三藐』『時慶』)。20日京都在。22日高徳寺にて法問を聴聞。ついで本満寺へ赴く(以上『三藐』)。28日女御御所へ参上(『時慶』)。29日京都在(『三藐』)。

　7月1日京都在(『時慶』)。4日大覚寺宮御成。7日自亭にて一条内基等を振る舞う。9日京都在。10日黒田如水入来す(以上『三藐』)。26日京都在(『時慶』)。30日京都在(『三藐』)。8月1日・2日京都在(『三藐』『時慶』)。3日本願寺門跡入来す(『三藐』)。4日京都在。5日照高院宮・大覚寺宮・聖護院宮・一条内基入来す。6日自亭にて茶会。7日京都在(以上『三藐』)。8日京都在(『三藐』『時慶』)。9日一条内基入来す。10日京都在(以上『三藐』)。11日京都在(『三藐』『時慶』)。12日自亭にて誹諧の会(『時慶』)。13日・15日・16日京都在(『三藐』)。20日黒田如水亭へ赴く(『鹿苑』)。23日自亭にて連歌会。25日一条内基亭の連歌会に出座(以上『三藐』)。9月2日女御御所へ参上し御移徙の祝儀。5日西洞院時慶亭へ赴く。9日東山(前久亭ヵ)へ赴く。13日自亭にて月見(以上『時慶』)。14日自亭にて源氏講釈(講師：里村昌叱)始まる。15日自亭にて源氏講釈(以上『三藐』『時慶』)。29日京都在(『三藐』)。

　10月1日京都在。2日・3日自亭にて源氏講釈。6日女御御所へ参上。7日・10日・14日・16日自亭にて源氏講釈(以上『時慶』)。17日照高院宮の連歌会に出座(『三藐』『時慶』)。19日自亭にて源氏講釈(『三藐』)。20日自亭にて源氏講釈(『三藐』『時慶』)。21日京都在(『三藐』)。22日自亭にて源氏講釈(『三藐』『時慶』)。23日自亭にて連歌会(『三藐』『時慶』)。24日自亭にて源氏講釈(『時慶』)。25日北野へ参詣。ついで自亭にて源氏講釈(『三藐』)。26日自亭にて源氏講釈(『三藐』『時慶』)。27日春可亭へ赴き口切の茶会(『三藐』)。28日自亭にて源氏講釈(『三

550

貌』『時慶』)。政仁親王方違に御成。29日政仁親王へ御膳を献上。11月1日・4日・7日自亭にて源氏講釈。8日自亭にて振舞。9日・11日・14日自亭にて源氏講釈。15日照高院宮の夢想連歌会に出座。16日・24日～26日・29日自亭にて源氏講釈。12月1日京都在。2日・3日源氏講釈。4日・5日山中山城守の山荘へ照高院宮の火事見舞い。6日自亭にて源氏講釈。ついで山中山城守の山荘へ照高院宮の火事見舞い。8日・9日京都在。11日自亭にて年忘れの振舞。15日・17日・19日自亭にて源氏講釈。26日方違。29日・30日京都在(以上『三貌』)。

慶長8年(1603)

　正月に伏見、2月に大坂、6月に奈良、8月に大坂へ下向している。

　1月1日京都在(『時慶』)。3日京都在(『言緒』)。10日以前、徳川家康との不和解決する(『時慶』)。11日所労(『言経』)、孝蔵主入来す。16日伏見在(以上『時慶』)。17日伏見在、徳川家康に和解後初めて御礼(『義演』)。19日・20日京都在。21日参内。22日・24日・25日・27日・29日・30日自亭にて源氏講釈。2月2日・3日・6日自亭にて源氏講釈。7日自亭にて連歌会(以上『時慶』)。10日京都在(『言経』)、自亭にて源氏講釈。12日自亭にて源氏講釈(以上『時慶』)。13日参内し公宴二百韻連歌御会に出座(『お湯殿』『時慶』)。16日自亭にて源氏講釈。19日京都→鳥羽→大坂。20日大坂にて豊臣秀頼に年頭礼。ついで桑山重晴の茶会へ赴く。22日自亭にて源氏講釈(以上『時慶』)。25日参内し北野法楽連歌御会に出座(『お湯殿』)。27日照高院宮の連歌会に出座。28日自亭にて源氏講釈。29日勧修寺光豊亭へ赴く。30日西洞院時慶亭へ赴く。3月1日自亭にて源氏講釈(以上『時慶』)。2日参内し連歌御会に出座(『お湯殿』)。4日自亭にて源氏講釈。11日京都在。12日自亭にて源氏講釈(以上『時慶』)。16日参内し和漢聯句御会に出座(『お湯殿』)。17日女御御所へ参上し若宮(後の近衛信尋)降誕の祝儀を申し入れる。22日・26日京都在。27日二条城にて徳川秀忠へ将軍宣下の祝儀を申し入れる。28日女御御所へ参上。ついで里村昌叱亭へ赴く。29日西洞院時慶亭へ赴く(以上『時慶』)。

　4月1日・2日京都在。3日西洞院時慶亭にて藤見物。4日女御御所へ参上。6日参内し公宴御会に出座。10日京都在(以上『時慶』)。12日参内し連歌御会に出座(『お湯殿』)。13日女御御所の振舞に参上。14日・16日・17日京都在。20日自亭にて連歌会。21日京都在。5月5日・8日・18日京都在(以上『時慶』)。22日参内し連歌御会に出座。28日京都在(以上『お湯殿』『時慶』)。6月1日吉田社(『言経』)あるいは春日大社(『時慶』)に参詣。4日参内し御遊に伺候。5日禁裏より物を賜う(以上『お湯殿』)。5日京都在。8日照高院へ赴く。12日～14日京都在。19日参内し禁裏文庫の虫払に伺候(以上『時慶』)。20日参内(『お湯殿』)。21日参内し禁裏文庫の虫払に伺候。23日自亭にて連歌会(以上『時慶』)。26日・27日京都在(『言経』)。

　7月3日(『時慶』)。7日京都在(『言緒』)、禁裏へ花を献ず。8日京都在。14日参内(以上『お湯殿』)。24日・25日・28日・29日京都在(『時慶』)。8月1日京都在(『言経』『言緒』)。8日

南禅寺語心院の梅印元冲入来す(『言緒』)。10日大坂在。翌日、大坂城で豊臣秀頼に諸礼あり。19日・22日京都在(以上『時慶』)。23日自亭にて和漢聯句会(『時慶』『言緒』)。9月1日・2日京都在(『時慶』)。9日京都在(『言緒』)。11日京都→八幡→五箇庄。女御の八幡参詣に扈従。この後、奈良へ下向。16日京都在。26日自亭にて連歌会(以上『時慶』)。

10月1日京都在。9日文殊院へ赴き茶会。10日京都在。15日自亭にて連歌会。21日京都在。23日政仁親王御所へ参上。25日生母亭へ所労見廻。30日生母亭へ所労見廻。11月7日自亭にて連歌会。9日京都在(以上『時慶』)。11日参内し連歌御会に出座(『お湯殿』『時慶』)。12日前久亭へ赴く。15日京都在(以上『時慶』)。16日参内し百首名所当座御会に出座(『お湯殿』『言経』『言緒』『時慶』)。18日女院御所へ参上(『時慶』)。19日参内し連歌御会に出座(『お湯殿』)。12月1日京都在(『時慶』)。2日参内し連歌御会に出座(『お湯殿』『時慶』)。4日女院御所の御口切に赴く(『言緒』)。12日女御御所へ参上し二宮(後の近衛信尋)深曽木の剪髪を勤める(『時慶』『言緒』)。14日参内し和漢聯句御会に出座(『お湯殿』)。29日京都在(『時慶』『言緒』)。

慶長9年(1604)

10月に伏見へ下向するほかは、基本的に京都にいる。

1月3日京都在(『慶長』)。4日京都在(『時慶』)。12日自亭へ女御御幸(『お湯殿』)。13日参内し年頭御礼(『お湯殿』『言経』『時慶』)。14日本願寺教如入来す(『時慶』)。20日参内し御会に出座(『お湯殿』)。21日京都在。23日自亭にて連歌会(以上『時慶』)。25日参内し連歌御会に出座(『お湯殿』)。28日京都在。2月1日京都在(以上『時慶』)。4日参内し連歌御会に出座(『お湯殿』)。6日参内し連歌御会に出座(『お湯殿』『時慶』)。8日参内し御遊に出座。10日参内し連歌御会に出座(以上『お湯殿』)。11日京都在(『時慶』)。12日参内し三百韻連歌御会に出座(『お湯殿』)。ついで大聖寺の連歌会に出座。13日、前日よりこの日夜半まで大聖寺に逗留。14日京都在。15日自亭にて『源氏物語』校合。18日京都在。19日前久亭の振舞に赴く(以上『時慶』)。22日参内し水無瀬法楽和歌当座御会に出座。蹴鞠にも参加(『お湯殿』)。23日京都在(『慶長』)。25日参内し北野法楽和漢聯句御会に出座(『お湯殿』)。27日女御御所へ参上(『慶長』『時慶』)。29日参内し三百韻連歌御会に出座(『お湯殿』)。30日京都在。3月1日京都在(以上『時慶』)。3日京都在(『時慶』『慶長』)。9日自亭にて和歌会(『時慶』7日条)。10日女院御所にて花見。13日京都在(以上『時慶』)。15日参内し連歌御会に出座。16日参内し連歌御会に出座(以上『お湯殿』)。17日所労(『時慶』)。19日参内し連歌御会に出座(『お湯殿』)。24日一乗院尊勢里坊へ赴く(『時慶』)。25日自亭にて漢和聯句会(『慶長』)。27日女院御所にて能を拝見(『時慶』28日条)。28日女院御所へ参上し後朝の御振舞(『時慶』)。

4月1日京都在(『時慶』)。3日参内し四吟和漢聯句御会に出座(『慶長』『時慶』)。4日東山(前久亭ヵ)へ赴く。7日京都在。10日西洞院時慶亭にて藤の花見。11日参内し千句校合に伺候(以上『時慶』)。夕方、『源氏物語』御講釈を聴聞(『お湯殿』)。13日参内し連歌御会に出座(『お湯殿』)。14日加藤清正入来す。19日京都在(以上『時慶』)。20日参内し『錦繍段』講釈(講師：南禅寺梅印元冲)を聴聞(『お湯殿』『言経』)。22日京都在(『慶長』)。23日自亭にて月次連歌

会。5月1日賀茂へ赴き競馬の足汰式を見物(以上『時慶』)。4日参内し連歌御会に出座(『お湯殿』)。6日・10日京都在。16日参内。19日本願寺教如の連歌会へ赴く。24日京都在(以上『時慶』)。26日女御御所へ参上(『お湯殿』『時慶』)。27日京都在。29日参内。6月1日京都在(以上『時慶』)。6日禁裏へ桃を献ず(『お湯殿』)。10日康徳寺へ赴く(『時慶』)。11日禁裏より物を賜る(『お湯殿』)。14日・15日京都在。17日加藤清正入来す(以上『時慶』)。20日徳川家康より所労を見舞われ薬を贈られる(『時慶』『実紀』6月条)。23日二条城にて徳川家康に当年の御礼(『時慶』『義演』)。24日京都在(『時慶』)。29日京都在(『時慶』『慶長』)。

7月4日京都在(『時慶』)。7日京都在(『慶長』)。8日参内し蹴鞠会に伺候(『お湯殿』『時慶』)。11日照高院にて連歌会(『時慶』)。12日京都在(『言経』)。16日女三宮屋敷の普請を見物(『慶長』)。17日京都在。25日女御御所へ参上。27日女御御所へ参上。28日京都在(以上『時慶』)。8月1日京都在(『慶長』)。5日京都在(『時慶』)。7日京都在(『慶長』)。10日京都在(『時慶』)。15日参内し禁庭にて上京・下京による豊国社臨時祭礼の躍を見物(『お湯殿』)。16日・19日京都在。25日参内し連歌御会に出座(以上『時慶』)。29日自亭にて連歌会(『時慶』23日条)。閏8月1日・3日・4日京都在。7日西洞院時慶亭へ赴く。8日京都在(以上『時慶』)。11日参内し漢和聯句御会に出座(『言経』『慶長』)。23日参内し連歌御会に出座(『お湯殿』)。26日参内し三百韻和漢聯句御会に出座(『慶長』)。9月3日参内し和漢聯句千句御会に出座(『お湯殿』『慶長』)。6日参内し和漢聯句千句御会に出座(『慶長』『時慶』)。7日京都在(『時慶』)。8日京都在(『慶長』)。9日京都在(『時慶』『慶長』)。10日京都在(『時慶』)。13日京都在(『慶長』)。14日・18日京都在(『時慶』)。21日参内し能を拝見(『言経』『慶長』)。

10月1日伏見在(『時慶』)。2日京都在。夜に南禅寺へ赴く(『慶長』3日条)。4日参内し連歌御会に出座(『お湯殿』)。10日参内し能を拝見(『お湯殿』『慶長』)。12日禁裏にて後朝の能を拝見(『慶長』)。13日京都在。15日参内し御日待に伺候(以上『時慶』)。27日参内。11月3日禁裏へ物を献ず(以上『お湯殿』)。4日参内(『慶長』)。12日西洞院時慶亭へ赴く。13日京都在(以上『時慶』)。14日女御御所へ参上し政仁親王の御紐落に出座(『慶長』)。15日参内し連歌御会に出座(『お湯殿』)。17日京都在。19日参内し和歌当座御会に出座。28日京都在。12月2日・7日~9日・12日京都在(以上『時慶』)。17日女御御所へ女院御幸につき参上(『慶長』)。20日自亭にて和歌会(『時慶』)。30日京都在(『時慶』『言経』『慶長』)。

慶長10年(1605)

1月~2月に大坂、5月に伏見および丹波、6月に伏見へ下向している。

1月3日所労(『慶長』)。5日京都在(『言緒』)。15日京都在(『言経』)。16日平野長泰入来す(『慶長』)。20日京都在(『舜旧』)。25日自亭にて連歌会(『時慶』)。26日参内し年頭御礼。29日大坂在。片桐且元亭へ赴く。2月1日大坂在。平野長泰亭の連歌会に出座。2日大坂→京都。大坂にては京極高知の茶会に参席(以上『言経』『慶長』)。8日・21日京都在(『時慶』)。23日京都在。27日女院御所にて藤の花見(以上『言経』)。3月2日一条内基亭にて連歌会(『時慶』『言経』)。3日京都在(『時慶』)。7日参内(『慶長』)。14日京都在(『言経』)。15日京都在(『時

慶』)。17日京都在(『時慶』『慶長』)。22日西洞院時慶亭にて藤の花見。23日京都在(以上『時慶』)。

　4月8日京都在。9日西洞院時慶亭へ赴く(以上『時慶』)。12日二条城にて徳川家康に年頭礼(『義演』『言経』)。19日・20日京都在(『時慶』)。27日二条城にて徳川秀忠に将軍宣下祝儀の礼(『義演』)。5月1日京都在(『時慶』『慶長』)。5日京都在(『慶長』)。8日二条城にて秀忠江戸下向につき御暇の礼(『義演』)。13日・16日京都在(『時慶』)。17日参内し和歌当座御会(『時慶』『慶長』)。18日京都在。22日伏見在。加藤清正亭へ赴く。23日伏見→京都。24日京都在。25日丹波在(以上『時慶』)。27日丹波在。大原社に参詣のため(『言経』)。6月1日京都在。咳気(『時慶』)。2日京都在(『時慶』『慶長』)。3日快気。4日京都在。5日伏見在(以上『時慶』)。

　7月10日京都在(『時慶』)。18日京都在(『言経』『慶長』)。23日関白宣下(『慶長』「近衛家譜」)。24日京都在(『言経』『慶長』)。25日辞左大臣(「近衛家譜」)。28日京都在(『言経』『慶長』)。8月1日八条宮亭へ赴く(『言緒』)。13日京都在(『言経』)。27日准后宣下(「近衛家譜」)。28日二宮(後の近衛信尋)元服のため参内し加冠を勤める。9月1日信尋の元服御礼につき参内(以上『慶長』)。6日自亭にて信尋元服の祝儀振舞。16日参内し千首和歌当座御会に出座(以上『言経』『慶長』)。21日女院にて能を拝見(『言経』)。27日参内し和漢聯句御会に出座(『慶長』)。

　10月15日参内し御日待に伺候(『慶長』)。21日参内し百首当座和歌御会に出座(『言経』)。11月1日参内し古和漢懐紙を撰出。4日女御御所の口切に参上。12月1日京都。14日平野長泰入来す(以上『慶長』)。27日京都在(『慶長』『言経』)。29日京都在(『慶長』)。

慶長11年(1606)
　1月末日から2月初頭に大坂および河内八尾へ下向するほかは京都にいる。
　1月1日自亭で連歌。2日本願寺隠居教如亭へ赴く(以上『三藐』)。3日東山の前久亭へ赴く(『慶長』)。4日東山の前久亭へ赴く。5日一条内基亭へ赴く。6日政仁親王御所・女御御所・前久政所亭へ参上。7日京都在。10日本願寺門跡入来す(以上『三藐』)。12日参内し年頭御礼(『三藐』『慶長』)。13日方広寺および聖護院へ赴く。14日本願寺隠居教如入来す。15日板倉勝重入来す(以上『三藐』)。16日京都在(『言経』)。17日京都在(『三藐』)。18日平野長泰入来す(『慶長』)。19日・20日京都在。21日政仁親王御所へ参上。22日北政所亭へ赴く(以上『三藐』)。23日京都在(『慶長』)。24日・25日京都在。27日板倉勝重亭へ初めて赴く(以上『三藐』)。28日京都在(『慶長』)。30日京都→伏見→大坂。2月1日大坂在。登城し豊臣秀頼に年頭礼。2日大坂在。桑山重晴亭の茶会へ赴く。ついで和久半左衛門亭へ赴く。3日大坂在。4日大坂→河内八尾。5日京都在。6日光照院へ病気見舞に赴く。8日山名禅高入来す。10日京都在。11日光照院へ病気見舞に赴く。ついで聖護院へ赴き連歌会(以上『三藐』)。12日京都在(『言経』)。13日堀親良入来す。14日京都在。15日光庵亭へ方違に赴く。16日施薬院全伯亭の茶会に赴く。17日有節瑞保入来す。19日加藤清正亭へ赴く。20日・21日京都在。22日加藤清正入来す。ついで松梅院へ赴く。23日鷹司信尚亭へ女御御成につき

554

赴く。24日政仁親王御所へ参上す。ついで一乗院尊勢入来す。25日京都在(以上『三藐』)。27日参内し能を拝見(『三藐』『慶長』)。28日参内し能を拝見。29日一条内基亭へ赴く。30日京都在(以上『三藐』)。3月1日京都在(『三藐』『言経』)。3日加藤清正亭および山岡景宗亭へ赴く(『三藐』)。4日女御御所にて花見(『三藐』『慶長』)。5日本国寺上人入来す。8日春屋宗園を訪ねる(以上『三藐』)。9日女院御所にて花見(『三藐』『慶長』)。10日女御御所へ参上す。11日春屋宗園入来す。12日八瀬へ赴き前久の政所を見舞う。同所にて板倉勝重と会う。13日京都在(以上『三藐』)。14日京都在(『三藐』『言経』)。17日政仁親王御所へ参上す。19日平野長泰入来す。21日参内し牡丹拝見。ついで当座和歌御会に出座。22日京都在。23日聖護院へ赴き藤見物。ついで光照院へ赴く。24日津軽為信入来す。25日前久入来し切紙を穿鑿す。26日・28日・30日京都在。4月1日参内。2日本願寺隠居教如入来す(以上『三藐』)。5月1日・5日京都在。19日参内して禁裏和歌御会に出座(以上『慶長』)。23日・29日京都在。6月22日京都在(以上『言経』)。

7月12日・13日京都在(『言経』)。8月1日京都在。9月22日京都在。10月22日京都在(以上『慶長』)。11月8日京都在(『言経』)。9日信尹が俄に関白職を辞退するとの風聞立つ(『義演』)。10日京都在(『慶長』『言経』)。11日辞関白(「近衛家譜」)。28日自亭にて和漢聯句会(『慶長』)。12月4日京都在(『言経』)。5日京都在(『言経』『慶長』)。6日自亭に政仁親王渡御し能を興行(『慶長』『言経』5日・6日条)。29日京都在。近々関東下向の予定(『言経』)。

慶長12年(1607)

1月～2月に江戸へ下向したほかは、基本的に京都にいる。

1月2日京都在(『言緒』)。3日京都→膳所(大津)→(『言経』『言緒』「孝亮」7日条『慶長』28日条)。28日江戸在(『慶長』)。2月21日京都着(『言経』『言緒』)。3月13日所労(『言経』)。5月5日京都在(『慶長』)。6月6日自亭にて和漢聯句会(『言経』)。17日禁裏へ物を献ず(『お湯殿』)。27日鷹司信房亭にて姫君御膳始に出座(『慶長』)。

7月22日禁裏へ物を献ず(『お湯殿』)。8月24日自亭にて読書始。9月9日京都在(以上『慶長』)。10月2日自亭にて『源氏物語』の講釈を始める(『言経』)。12月17日禁裏へ物を献ず(『お湯殿』)。29日参内し歳暮の御礼(「孝亮」)。

慶長13年(1608)

1月9日参内。10日参内し御対面(以上『お湯殿』)。11日参内し年頭御礼(「孝亮」)。5月8日禁裏へ物を献ず(『お湯殿』)。23日自亭にて和漢聯句会(『言経』)。6月9日・10日・12日・13日・17日自亭にて『源氏物語』を講釈(「孝亮」)。

7月18日禁裏へ物を献ず(『お湯殿』)。8月1日参内し八朔御礼。9月4日・6日・23日自亭にて『源氏物語』を講釈(以上「孝亮」)。28日参内し連歌御会に出座。10月15日参内し御日待に伺候。11月26日参内し聯句御会に出座。12月4日禁裏へ物を献ず(以上『お湯殿』)。

慶長14年(1609)

1月4日京都在。7日女御御所へ参上(以上「時慶」)。11日参内し年頭御礼(『お湯殿』「孝

亮』)。20日京都在(『時慶』)。 2月17日参内し御振舞に相伴(『お湯殿』)。19日京都在(『時慶』)。28日参内し和漢聯句御会に出座(『お湯殿』)。 3月3日京都在(「孝亮」)。 4日自亭にて誹諧の会(『時慶』)。17日参内し御遊に伺候(『お湯殿』)。27日京都在(『時慶』)。

4月6日一身田門跡堯秀入来す。16日自亭にて『源氏物語』を講釈。21日女御御所へ参上。25日自亭にて『源氏物語』を講釈。26日京都在。29日自亭に西洞院時慶を招き芍薬見物。 5月3日京都在。11日自亭にて茶会。13日京都在。16日自亭にて連歌会。20日京都在。22日大覚寺にての祈禱に出座。27日政仁親王御所の連歌御会に出座(以上『時慶』)。28日自亭に八条宮智仁親王御成(『お湯殿』)。 6月3日・7日・13日・18日京都在。20日自亭にて浄福院一周忌の追善連歌会。21日京都在。28日前久が一時危篤となったため東山へ向かう(以上『時慶』)。

7月7日禁裏へ花を献ず(『お湯殿』)。18日九条忠栄亭にて官女密通事件(猪熊事件)につき八条宮・他の摂家衆と談合(「孝亮」)。27日京都在。 8月7日・28日・29日京都在。 9月1日・3日京都在(以上『時慶』)。 8日相国寺へ赴く(『鹿苑』)。 9日京都在(『時慶』)。禁裏へ物を献ず(『お湯殿』)。13日北野松梅院の連歌会に出座。22日京都在(以上『時慶』)。

10月8日京都在(『時慶』)。13日自亭にて連歌会(『時慶』9日条)。18日京都在。19日建仁寺常光院の和漢聯句会に出座。夜、政仁親王御所へ参上。23日祥寿院の連歌会に出座。24日・29日・30日京都在。11月2日京都在。 3日自亭にて和歌会。 7日京都在。12日参内し十宮(後の一乗院尊覚入道親王)髪置に出座。13日・14日・17日京都在。12月27日・29日京都在(以上『時慶』)。

慶長15年(1610)

10月に伏見へ下向するほかは、基本的に京都にいる。

1月1日参内し元日節会を見物。 2日京都在(以上『時慶』)。 4日参内し年頭御礼(『言緒』)。 8日京都在。 9日北野松梅院の連歌会に出座(以上『時慶』)。11日参内(『お湯殿』)。12日・16日・20日京都在。23日政仁親王御所の祈禱に出座。 2月2日政仁親王御所へ参上し所労を見舞う。 6日東本願寺へ赴く。12日勧修寺光豊亭にての将軍年頭使振舞に出座。15日政仁親王御所へ参上。17日政仁親王御所へ参上し酒湯の祝儀(以上『時慶』)。18日禁裏へ物を献ず(『お湯殿』)。28日京都在。30日女御御所へ参上(以上『慶長』)。閏2月8日京都在。 9日北野へ赴く。13日自亭にて和歌会。16日京都在。19日女御御所へ参上。23日腫物。28日南禅寺へ赴く(以上『時慶』)。 3月3日京都在(『時慶』『慶長』)。10日京都在(『慶長』)。26日関白還任の御沙汰あり御請けする(『お湯殿』)。ただし実現はしていない(『公卿』「近衛家譜」)。27日東本願寺へ赴く(『時慶』)。

4月1日・3日・5日・12日・23日京都在(『時慶』)。24日京都在(『慶長』)。25日政仁親王御所の和歌御会始に出座(『時慶』『慶長』)。26日・27日京都在。 5月5日・13日・15日・24日京都在。25日鷹司信尚の和歌会始に出座。 6月30日京都在(以上『時慶』)。

7月1日京都在(『時慶』)。 7日禁裏へ花を献ず(『お湯殿』)。13日光照院入来す。15日・22

日京都在(以上『時慶』)。8月1日京都在(『時慶』『慶長』)。8日山名禅高より禁裏への献上物を披露す(『お湯殿』)。11日所労。21日自亭にて連歌会。9月9日京都在。15日梅軒宗匂入来す(以上『時慶』)。

10月1日伏見在。福島正則亭へ赴く。8日女院御所へ参上し三宮の酒湯の祝儀。25日女院御所へ参上し、後陽成天皇譲位のことにつき徳川家康よりの申し入れを摂家衆と談合。11月3日京都在。5日孝蔵主入来す。9日京都在。23日女院御所へ参上し、後陽成天皇譲位のことにつき徳川家康よりの申し入れを摂家衆と談合。24日二条昭実亭へ赴く。28日一乗院尊勢里坊へ女御・前久と同道し赴く。12月1日・15日京都在。19日光照院入来す。23日政仁親王御所へ参上し元服の見廻。30日京都在(以上『時慶』)。

慶長16年(1611)

4月16日自亭に摂家衆等参集し官位の評議(「孝亮」)。

11月29日京都在。12月1日京都在(以上『言緒』)。

慶長17年(1612)

1月3日京都在。2月5日・6日(以上『言緒』)。3月7日・10日・20日京都在(「孝亮」)。4月19日京都在(『言緒』)。5月8日京都在。父前久薨ず(『言緒』「近衛家譜」「龍山公御事」〈近衛文書〉)。10日・11日京都在。16日前久葬儀のため東福寺へ赴く。17日・18日東福寺にて諷経(ふぎん)に出座。20日京都在。21日東福寺にて前久の法事。6月8日女御御所へ参上し前久追善の頓写(とんしゃ)に出座。ついで自亭にて前久追善の和漢聯句会(以上『言緒』)。9日自亭にて前久追悼の和歌会(『鹿苑』)。16日京都在(『言緒』)。21日板倉勝重亭へ赴く(「孝亮」)。

7月10日京都在。11日山科言緒の駿河下向をとどめる。15日京都在(以上『言緒』)。21日慈照寺へ赴く(『鹿苑』)。25日「源氏物語」玉鬘の巻の書写を山科言緒に命ずる。8月1日京都在。10日参内し『古文真宝』の講釈(講師:月渓聖澄)を聴聞。9月19日参内し『古文真宝』の講釈(講師:同前)を聴聞(以上『言緒』)。ついで鷹司信尚亭へ赴き、徳川和子入内につき徳川家康・同秀忠よりの申し入れを摂家衆と相談す(「孝亮」)。11月12日京都在。21日参内し「歌舞姫(かぶき)」を拝見。12月7日禁裏にて田楽を申沙汰す。20日京都在(以上『言緒』)。

慶長18年(1613)

1月1日京都在(『時慶』『言緒』)。2日京都在(『慶長』)。4日京都在(『時慶』『慶長』)。9日曇華院へ赴く。10日参内し年頭御礼。11日板倉勝重亭にて年頭礼(以上『時慶』)。17日鷹司信尚亭へ赴く(『慶長』)。20日・22日・23日京都在(『言緒』)。26日京都在。2月1日女御御所へ参上。5日上の屋敷へ女御御幸ありて花見。11日・12日京都在。16日前久の政所亭へ赴く。27日京都在。3月8日京都在(以上『時慶』)。

4月1日山科言緒より『源氏物語』玉鬘の巻の書写本を献じられる。24日京都在。5月5日・6日京都在。8日前久一周忌のため自亭にて経の頓写(以上『言緒』)。9日参内し『古文真宝』講釈を聴聞(『鹿苑』)。17日・22日京都在(『時慶』)。6月4日京都在(『鹿苑』)。15日前久の政所亭へ赴く(以上『時慶』)。

7月1日京都在(『時慶』)。3日参内し高麗人の獅子舞を拝見(『言緒』)。5日京都在(『時慶』)。7日女御御殿へ参上。12日・15日京都在。18日自亭にて連歌会(以上『言緒』)。8月1日・4日京都在(『時慶』)。9日祇園へ赴く(『時慶』)。10日参内し「蘇東坡」の講釈(講師：文英清韓)を聴聞(『言緒』)。9月12日京都在(『時慶』)。19日鷹司信尚亭へ赴き禁裏御移徙のことなどを摂家衆と相談(「孝亮」)。

10月15日参内し御日待に伺候(『言緒』)。11月16日柳原茂光亭へ赴き春日社遷宮立柱日時定省略のことを咎める。12月3日九条忠栄亭へ赴き摂家衆寄合に参加(以上「孝亮」)。15日鷹司信尚亭へ赴き同教平の元服に出座(『時慶』『言緒』)。16日・17日京都在。19日参内。25日参内し内侍所神楽に出座(以上『時慶』)。

慶長19年(1614)

1月に大坂へ下向したほかは、基本的に京都にいる。

1月1日参内(『時慶』)。3日参内し、ついで女御御所・女院御所へ参上(『時慶』『言緒』)。5日・7日京都在(『言緒』)。9日京都在(「孝亮」)。10日自亭にて踏歌節会の習礼。11日板倉勝重亭へ年賀に赴く(以上『言緒』)。17日京都在(『時慶』)。22日京都→大坂。豊臣秀頼に年頭礼(「孝亮」)。23日大坂在。25日大坂→京都。28日京都在。2月1日京都在(以上『時慶』)。6日京都在(「孝亮」)。9日〜11日・15日京都在。18日一乗院尊勢里坊へ赴く。19日京都在。3月3日京都在。4日自亭にて古田織部を招き茶会。6日・7日京都在。26日参内し公宴和歌御会に出座(以上『時慶』)。

4月1日京都在(『時慶』『言緒』)。4日自亭にて古田織部等と連歌。15日・16日京都在。21日所労(以上『時慶』)。23日所労(『時慶』『言緒』)。24日京都在(『時慶』)。25日京都在(『言緒』)。5月5日所労。7日少し験を得る。8日東福寺にて前久三回忌を営む。9日所労。14日・16日・22日京都在。24日快気(以上『時慶』)。28日参内(『時慶』29日条)。6月1日京都在(『時慶』『言緒』)。14日京都在(『時慶』)。22日霍乱(かくらん)。24日・28日所労(以上『時慶』)。

7月7日所労。15日京都在。17日西洞院時慶に診脈させる。26日・27日京都在(以上『時慶』)。8月1日京都在(『時慶』『言緒』)。8日西洞院時慶に和歌を贈る。9日・11日・13日少し験を得る。21日古田織部入来し所労を見舞うも対面なし。29日所労重くなる。9月1日信尹の快癒祈願のため南都に勅使派遣される。3日食事をとる。5日女御御所にて和歌会を催し近衛信尋に伝授を行う(『時慶』5日・6日条)。6日少し験を得る(『時慶』)。9日京都在(『時慶』『言緒』)。13日所労。14日京都在。15日所労重くなる。21日自亭にて連歌会。所労重くなる。26日所労をおして瑞龍院へ赴く。28日所労(以上『時慶』)。

10月1日参内し和歌の伝授を行う。3日京都在。4日夢想連歌一巡を西洞院時慶に示す。また後陽成天皇の古今伝授につき時慶に尋ねる。7日自亭にて夢想連歌会。8日・10日〜16日京都在(以上『時慶』)。17日、半月程前より不食となる(『言緒』)。19日・21日京都在(『時慶』)。25日数日前より少し食事をとる(『言緒』)。11月1日少し験を得る(『時慶』)。8日京都在(『言緒』)。22日見舞のため女御御成(『時慶』)。25日薨去(『時慶』「孝亮」『言緒』「近衛家

譜」)。12月5日東福寺にて葬礼(『時慶』「孝亮」)。

■典拠
【古文書】
「近衛文書」「丹波志」
【日記】
『お湯殿』『兼見』『義演』「玄与」『駒井』『三藐』『舜旧』『公記』「孝亮」『多聞院』『言継』『言経』『言緒』『時慶』「晴豊」「雅継卿記」『鹿苑』
【記録】
『公卿』「近衛家譜」
【参考文献】
橋本政宣『近世公家社会の研究』(吉川弘文館　2002年)第2部第5章、第4部第2章

西笑承兌の居所と行動

杣田善雄

【略歴】

　臨済宗夢窓派僧侶西笑承兌(諱承兌・字西笑、号月浦・南陽)は、天文17年(1548)に生まれ、はじめ真如寺の麟甫功(麟甫承功)について得度したが、相国寺の仁如集堯に詩文を学び、のち夢窓派の中華承舜の法嗣となった。

　天正12年(1584)に相国寺住持(第92世)。天正13年初めころ鹿苑院主となり僧録を司り(第50世)、同19年2月ころまで在院。この間、17年4月、南禅寺坐公文を受ける。

　承兌は豊臣秀吉に重用され、大仏(方広寺)供養導師、秀吉創建の伏見大光明寺、相国寺内豊光寺開山に招請され(慶長年中)、やがて豊臣政権下の外交文書を管掌し、朝鮮侵略に際し対明国書を管した。慶長2年(1597)3月、鹿苑僧録に再任(第52世)、没時まで在職した。

　徳川家康にも重用され、外交顧問の役を果たすとともに、家康の出版事業を助けた。晩年は豊光寺に退居し、慶長12年12月27日死去した。60歳。

(『世界大百科事典』藤井学／『国史大辞典』今泉淑夫)

【居所と行動】

永禄9年(1566);『日用』

　この時期、承兌は「長老」「上方」=仁如集堯(睡足)のもと、相国寺雲頂庵(院)に住していた。伏見には「老師」=麟甫承功が「大光」=大光明寺に在り、また父母も存していたから、承兌はしばしば伏見に下向している。京都にあっての行動半径は、北野天神・祇園社・建仁寺・清水寺・大徳寺・泉涌寺等への参詣程度である。師の麟甫に伴い一度堺へ赴いている。

5月1日　在京都(〜22日)。23日　京都→伏見(〜25日)。26日　伏見→京都(〜7月12日)。
7月13日　京都→伏見(〜15日)。16日　伏見→大坂。17日　大坂→堺。18日　堺→尼崎。
　19日　尼崎→出口。20日　出口→伏見。21日　伏見→京都(〜8月5日)。

8月6日　京都→伏見。7日　伏見→京都(～閏8月12日)。

閏8月13日　京都→伏見→京都(～9月4日)。

10月1日　在京都(～18日)。

　※　天正11年(1583)11月27日　承兌相国寺住持職(足利義昭公帖『西笑』相23)。

　※　天正12年2月19日　承兌相国寺入寺(『兼見』)。

　※　天正12年末or13年初　承兌鹿苑僧録就任(今枝)。

天正17年(1589)；『日用』

　鹿苑僧録としての承兌は鹿苑院には住せず、「当軒」(自院)＝相国寺養源軒(院)に在った。伏見の「当寺」＝大光明寺にはしばしば訪れるが、もはや麟甫の名は見えず、伏見大光明寺は承兌が継承している。すでに豊臣秀吉の知遇を得ており、聚楽第などを訪れている。また、徳川家康の名も現われる(3月17日初出)。

1月1日　在京都(～19日)；4日赴前田玄以邸、13日・16日赴聚楽第。20日　京都→伏見(～27日)。28日　伏見→京都(～3月22日)；3月15日足利義昭に献物、17日赴徳川家康邸。

3月23日　京都→伏見(～25日)。26日　伏見→京都(～4月16日)。

4月23日　承兌南禅寺坐公文(豊臣秀吉公帖『西笑』相31)。

5月18日　在京都(～30日)；18日承兌紫衣免許。

6月1日　京都→伏見(～7or8日)。8or9日　伏見→京都(～8月30日)；6月23日本阿弥光悦来訪、7月19日赴前田玄以邸、紫衣の礼、30日赴前田玄以邸、8月28日赴前田玄以邸。

9月1日　京都→伏見(～3日)。4日　伏見→淀→伏見(～11日)。12日　伏見→京都(～10月1日)；9月19日赴前田玄以邸、10月1日赴浅野長政邸。

10月2日　京都→伏見(～5日)。6日　伏見→京都(～19日)；11日東福寺泊。20日　京都→伏見(～11月4日)；伏見検地。

11月5日　伏見→京都(～12月14日)；11月7日赴前田玄以邸、17日相国寺検地、19日赴前田玄以邸、23日赴聚楽第、北条氏直弾劾書草案起草、12月5日相国寺門前境内地子銭永代免除の朱印拝領。

　※　天正19年2月頃　承兌鹿苑僧録を辞す(今枝)。

天正19年(1591)；『鹿苑／有』

3月3日　在京都。17日　京都→伏見。

4月16日　在京都？。21日・24日　在京都。28日　在京都；赴細川藤孝邸。

5月5日・6日・27日　在京都。

6月6日　在京都。26日　在大坂。

8月6日　在京都；於東福寺秀吉より証明供奉の命。15日・19日・26日・30日　在京都。

9月23日・24日・26日・27日　在京都。

11月8日・9日　在京都。

12月6日　在京都；赴聚楽前田玄以邸。19日　在京都。

天正20年・文禄元年(1592)；『鹿苑／有』

1月5日　在京都；赴聚楽第。6日・9日・21日　在京都。

2月14日・22日・23日　在京都。

3月19日　京都→伏見。27日　伏見発。

4月11日　広島着(「大かうさまくんきのうち」北島A)。15日　在厳島(同)。中頃　在長門；秀吉に随行(『羅山秀吉譜』北島B『武徳』「征韓録」北島A)。23日　名護屋着(北山等持院宛承兌書状「等持院文書」北島B)。

6月6日　在名護屋。

8月11日　在京都。

文禄元年12月14日　在京都。

文禄2年(1593)；『鹿苑／有』

5月15日　京都発(『時慶』)。

6月　在名護屋(北島A)。

10月21日　在京都。

11月10日　在京都。

文禄3年(1594)；『鹿苑／有』

　この年8月21日、伏見大光明寺の建立(再建)が決まり、方丈は秀吉より寄進されることになった(「事蹟」『西笑』相39)。寺領500石は、翌文禄4年7月15日付で秀吉朱印状が発給されている(『西笑』相40)。しかし、方丈立柱は慶長2年9月21日のこととなる(『日用』)。

1月1日・11日・15日・16日・27日　在京都。

3月12日　在京都；家康に相伴して赴細川藤孝邸(『言経』)。16日　在京都；家康訪相国寺(『言経』)。

4月8日　在京都；秀吉・家康訪前田利家邸・相国寺。

5月8日　在京都；家康訪相国寺(『言経』)。9日　在京都；家康に相伴して赴南禅寺(『言経』)。

7月2日　在京都；家康に相伴して赴東福寺(『言経』)。17日　在京都；赴家康邸(『言経』)。22日　在京都；家康に相伴して赴山科言経邸(『言経』)。23日　在京都；赴家康邸(『言経』)。

9月15日・17日　在京都。

10月17日　在京都。

11月26日　在伏見？。

12月8日・29日　在京都。

文禄4年(1595)

10月2日　在京都；家康に相伴して赴東福寺(『言経』)。

西笑承兌の居所と行動

文禄5年・慶長元年(1596)；『鹿苑／有』

1月6日　在京都。10日　在伏見。

8月24日　在京都。

9月2日　在大坂；秀吉明使節饗応、承兌明皇帝の誥命を読み上げる(『武家事紀』北島B)。

　※　慶長2年3月11日以前　承兌鹿苑僧録再任(今枝)。

慶長2年(1597)；『日用』

3月9日　在京都(〜20日)；14日東福寺泊、20日南禅寺泊。21日　京都→伏見(〜4月4日)；3月22日秀吉対顔、24日赴家康邸、25日登城、28日前田玄以来訪、29日秀吉対顔、石垣普請一覧に随行、4月3日赴家康邸。

4月5日　伏見→京都。6日　京都→伏見(〜17日)；7日家康に相伴して赴御牧勘兵衛邸、10日赴家康邸、13日伏見→宇治→伏見、16日秀吉対顔。18日　伏見→京都。19日　京都→伏見(〜23日)；20日登城、22日赴家康邸。24日　伏見→京都(〜27日)；24日秀吉に随い赴施薬院。28日　京都→伏見(〜5月2日)；4月28日秀吉に供奉して城普請を見る、5月2日秀吉に供奉して天守等を見る。

5月3日　伏見→京都(〜21日)；15日等持院泊。22日　京都→伏見；登城、赴家康邸。26日　在伏見；登城。28日　在伏見；家康訪大光明寺。29日　伏見→京都→伏見；秀吉に供奉して赴妙法院。

7月24日　在伏見；ルソンよりの黒象を見る。27日？　在伏見；登城、秀吉ルソン国使僧に対面、家康・上杉景勝等在座。

8月1日　在伏見(〜13日)；1日登城、4日登城、大泥国宛返書起草を拝命、5日秀吉対顔、9日登城、大泥国宛返書上呈、秀吉朝鮮渡海の意思を示す、家康・景勝伺候、10日赴家康邸、13日秀吉対顔。14日　伏見→京都(〜16日)。17日　京都→伏見(〜25日)；17日秀吉対顔、18日家康の招請により赴有馬則頼邸、21日登城、23日赴堀尾吉晴木屋、秀吉御茶進上、25日登城。26日　伏見→京都(〜27日)。28日　京都→伏見。29日　伏見；登城、足利義昭死去の報→京都；赴施薬院→伏見。

9月1日　伏見→京都；赴等持院、義昭遺骸上洛、承兌戒師。2日　在京都。3日　京都→伏見。4日　在伏見；秀吉対顔。5日　伏見→京都(〜15日)；8日於等持院義昭葬礼、承兌下火。16日　京都→伏見；秀吉対顔、朝鮮捕虜と筆談。17日　在伏見；赴家康邸、京より飛脚にて朝鮮戦死者施餓鬼施行の上意が伝わる。18日　伏見→京都；赴前田玄以邸、施餓鬼の件相談。19日　在京都；朝鮮戦死者施餓鬼施行の触状を五山に出す。20日　京都→伏見(〜24日)；20日秀吉対顔、21日大光明寺方丈立柱、23日赴家康邸、24日秀吉対顔、家康同席。25日　伏見→京都；秀吉対顔。26日　在京都(〜30日)；28日施餓鬼執行。

10月1日　京都→伏見(〜5日)；1日赴家康邸、2日登城、4日秀吉対顔、5日赴家康邸。6日　伏見→京都(〜10日)；6日赴京御殿、秀吉対顔、8日赴家康邸、10日赴殿中。11

日　京都→伏見(〜14日)；13日赴家康邸。15日　伏見→京都(〜17日)。18日　京都→伏見(〜11月5日)；10月18日登城、21日赴家康邸、22日登城、23日登城、26日於伊達政宗邸秀吉対顔、登城、28日登城、秀吉病状を問う、赴家康邸、11月1日登城、秀吉見舞、3日直江兼続来訪、5日登城。

11月6日　伏見→京都(〜8日)。9日　京都→伏見；秀吉対顔。10日　伏見→京都。11日　京都→伏見(〜18日)；12日赴家康邸、13日秀吉対顔、16日赴家康邸、17日登城、18日登城。19日　伏見→京都(〜20日)。21日　京都→伏見(〜12月3日)；11月21日秀吉対顔、25日秀吉対顔、29日登城、12月3日秀吉対顔。

12月4日　伏見→京都(〜9日)。10日　京都→伏見(〜27日)；11日秀吉対顔、15日秀吉対顔、19日秀吉対顔、23日秀吉対顔、24日赴毛利輝元邸、27日登城。28日　伏見→京都。29日　在京都。

慶長3年(1598)

2月19日　在伏見；義演、大光明寺へ使僧、返答あり(『義演』)。

6月27日　在伏見；上杉景勝に秀吉病状・朝鮮の件等を報ず(『西笑』77)。

7月15日　在伏見；家康・利家宛、秀頼への忠誠起請文起草(『西笑』81)。

10月5日　在伏見；赴家康邸、後陽成一件種々談合(『言経』)。

慶長4年(1599)；『鹿苑／鶴』

　この年8月7日、家康等五大老連署知行宛行状をもって豊光寺領500石が寄進された(伏見大光明寺領と合わせて1000石、『西笑』相44)。相国寺内での承兌の居所として、『鹿苑／鶴』では、6月2日条には「至養源」とあるが、9月30日条以後は「赴豊光(寺・院)」等と変化する。なお、筆者の鶴峯宗松は相国寺陽春院を開き、承兌と親交ある僧であるが、山城賀茂海蔵院・摂津住吉慈恩寺を兼住して自らが常に京都・伏見・大坂を移動しており、承兌の居所については鶴峯の居所との相関関係に注意して記事を読む必要がある。

1月12日　在京都(『言経』)。19 or 21日　在伏見；前田利家ら家康詰問の使者を務む(『言経』『朝野』)。

6月2日　在京都。3日　京都→伏見。4日・5日・8日・12日　在伏見。13日　伏見→京都。

7月3日・22日・23日　在伏見。

9月8日　在大坂；登城。9日　在大坂；宿所山口正弘邸。10日　在大坂；家康に相伴。30日　在京都。

10月1日　在京都(〜4日)。6日　在京都。24日　京都 or 伏見→大坂。26日　在大坂；訪前田玄以。27日　大坂→京都。

11月4日　在京都(〜11日)。22日　京都→大坂。

12月10日　在伏見。11日　伏見→大坂。16日　在大坂(〜25日)；16日宿所山口修広邸、17日訪増田長盛・長束正家、18日訪家康、20日訪伊達政宗、宿所山口修広邸、22日宿所山

口修広邸、25日家康・増田・長束等に暇乞。26日　大坂→伏見。

慶長5年(1600)；『鹿苑／鶴』

　前年の豊光寺開山により、『鹿苑／鶴』における承兌の呼称も「大光」は慶長4年6月13日条を最後とし、「西笑」「兌長老」等は別として、「豊光」に変化する。また、これにともない伏見の寺も「豊光(寺・院)」と記されるようになる。かつ、この年から大坂にも「豊光(寺)」があらわれる(5月7日条以降)。これが実際に寺院としての構えをなしていたものかどうかは確認しえていないが、以後は大名邸を宿所にすることなく、ここが大坂における承兌の活動拠点となる。したがって、「豊光(寺・院)」は京都(相国寺内)・伏見・大坂の3ヵ所に存在するわけである。さらに「豊光(寺・院)」という語が、寺院(建物)を指す場合と承兌その人を指す場合とが混用されるから、承兌の居所を検討するにあたっては筆者鶴峯の変動する居所とあいまって、これらの判別に十分な注意を要する。

3月14日・15日・17日・18日・21日・22日・23日　在京都。29日以前　在大坂。29日　在伏見。

4月1日　伏見→京都(〜4日)。6日・7日・15日　在京都。21日　在京都；家康訪豊光院。26日　在京都。

5月2日　京都or伏見→大坂。7日　在大坂。9日　在大坂(〜12日)；11日西丸登城、12日長束邸参会。14日　大坂→伏見。16日　在伏見。17日　伏見→京都。18日　在京都。19日　京都→伏見→淀。20日　淀→大坂。24日　在大坂；西丸登城。25日・26日・29日　在大坂。

6月3日・6日　在大坂。16日・17日　在伏見。22日・23日・25日　在京都。

9月9日　在京都；於近衛邸天下無事の談合(『時慶』)。24日　在大津；家康在大津城(『義演』)。

10月6日　在大坂；登城(『言経』)。8日　在大坂；毎日御前相詰(『西笑』216)。11日　在大坂；登城(『言経』)。

慶長6年(1601)；『鹿苑／鶴』

1月3日　在京都(〜6日)。8日・11日　在京都。14日　在大坂；登城。15日　在大坂。17日　在大坂(〜21日)；21日登城。

2月5日　大坂→京都。6日　在京都。9日　在京都(〜16日)。18日　在京都(〜22日)。23日　京都→大坂。

3月3日　在大坂。15日　大坂→京都(〜18日)。20日　在京都(〜23日)。24日　京都→伏見？；前日家康伏見城移徙。25日　伏見？→醍醐→伏見？(『義演』)。26日　在伏見？(同)。28日　伏見→京都(〜4月4日)。

4月7日　伏見→京都。11日・17日　在京都。19日　京都→伏見。23日・24日　在伏見。26日　在伏見；訪大仏黒田孝高邸。27日　在伏見。29日　在大坂。

5月4日　在伏見。5日　在京都；賀茂海蔵院泊。6日・7日　在京都。10日　在京都；

家康へ出頭。11日　在京都；於勧修寺邸家康に相伴(『言経』)。14日　在京都(〜16日)。25日・28日　在伏見。

6月5日　在京都；赴寺領市原・静原。9日　在伏見；本多正信来訪。24日　在伏見。

7月3日　伏見→京都。4日　在京都。11日・12日　在伏見。13日　伏見→京都。15日・17日　在京都。21日　在伏見。28日　伏見→京都。

8月1日　在京都。8日　在伏見。9日　在伏見；唐人総官・武官来訪。12日　在伏見。15日　伏見→京都。16日　在京都；於本願寺教如邸家康に相伴。17日・18日・23日・24日・25日・29日　在京都。

9月3日　伏見？→京都。6日　伏見？→京都。7日　在京都。13日　在伏見。15日・16日　在京都。19日　在伏見。20日　伏見；登城→京都。21日　在京都。23日　在伏見；登城。24日　在伏見。26日　在伏見；登城。

10月4日　在伏見。5日　在伏見；登城。6日　在伏見？。7日　在伏見；登城。8日・11日・13日　在伏見。15日・22日・23日・25日・26日・28日・30日　在京都。

11月3日・4日・8日・10日・11日・12日　在京都。22日　？→京都。24日・25日・27日・28日　在京都。

閏11月1日・2日・4日・12日・14日・15日・16日・18日・19日・20日・21日・22日・28日・29日　在京都。

12月4日・6日・11日・16日・25日・27日・28日・30日　在京都。

慶長7年(1602)；『鹿苑／鶴』

1月5日・6日・7日・15日・18日　在京都。19日　京都；訪前田玄以→伏見。21日　伏見→大坂。24日　在大坂；赴片桐且元邸、登城。26日　在大坂。

2月8日　京都→伏見。9日　伏見→草津；家康出迎。10日　大津→伏見。12日　伏見→大津。15日　在伏見。16日　在伏見；登城。18日　在伏見。19日　在伏見；登城。21日　在伏見；登城。22日・25日　在伏見。

3月2日　在伏見；登城。4日　在伏見。5日　伏見→京都。6日　在京都；鞍馬泊。7日　在京都(〜10日)。13日　伏見→大坂；家康に随行。16日　在伏見；登城。17日・25日　在伏見。

4月2日　在伏見。9日　在伏見；登城。10日・13日　在伏見。23日　在伏見；登城。29日　在京都。

5月1日　在京都；於勧修寺邸家康に相伴。3日　在京都；家康豊光寺来訪。8日・10日　在伏見。11日　在京都。12日　京都→伏見。14日・16日　在伏見。17日　在伏見；藤堂高虎来訪、登城。21日　在京都(〜26日)；22日細川忠興来訪。

6月4日・10日　在大坂？。22日　在伏見。23日　伏見→京都(〜27日)。

7月2日　在伏見？。3日・8日　在伏見。9日　在伏見；登城。11日　在伏見？。13日・15日・16日・24日・25日・26日　在京都。

566

8月1日　在伏見；登城。3日　在伏見；登城。9日　在伏見。10日　伏見→大坂。13日　大坂→伏見。14日　在伏見。16日　在京都。22日　在伏見；訪大仏黒田孝高邸。25日　在伏見？。

9月1日　伏見→京都。11日　在伏見。12日　伏見→京都。13日・14日　在京都。21日・25日　在京都？。28日　在伏見(～30日)。

10月30日　在大坂。

11月3日　在大坂。10日頃　在大坂。17日　大坂→伏見。19日　伏見→京都。20日・21日・25日・29日　在京都。

12月2日　在京都。5日　在京都；赴炎焼大仏殿。6日　在京都。8日　在京都；賀茂海蔵院泊。9日・10日・13日　在京都。15日　在京都(～18日)。20日　在京都？。25日　京都？→石部；家康出迎→伏見；家康伏見着。28日　在伏見；登城。30日　在京都？。

慶長8年(1603)；『鹿苑／鶴』

1月4日・5日　在京都。9日　在伏見？。11日・12日・14日・16日　在伏見。22日　在京都。30日　在伏見？。

2月8日　伏見→京都。9日　在京都。10日　京都→伏見。12日・13日　在伏見。14日　伏見→京都。15日・16日　在京都。24日　伏見→京都。26日　在京都。30日　在伏見。

3月3日　在伏見。4日　在伏見？。6日　伏見→京都。7日・8日　在伏見。9日　京都→伏見。21日・22日　在京都。24日　在京都；登城。25日　在京都；承兌右瞼に腫物出来。27日　在京都。

4月1日　在京都；承兌、相国寺に大光明寺建立の遺言。2日・4日・5日・7日・8日・10日・12日・14日・18日・22日・25日・28日・30日　在京都。

5月3日・4日・6日・7日・9日・12日・14日・17日・19日　在京都。

6月1日・4日・7日　在京都。10日　在京都；承兌腫物快復。12日・16日・17日・20日・23日・27日・28日・29日　在京都。

7月2日・4日・7日・9日・10日・11日・12日・13日　在京都。15日　在京都；家康豊光寺来訪。16日　在京都。20日・21日　在伏見。27日　在伏見？。

8月1日・2日　在伏見。7日・8日・9日　在京都。14日　在伏見。15日　伏見→大坂→住吉；月見→大坂。16日　在大坂；登城、秀頼御服拝領。17日　在大坂；登城。21日　在伏見；登城、家康目見。22日　在京都。25日・27日・28日　在京都。

9月9日　在伏見。14日　在伏見？。15日　在伏見；登城。16日　伏見→京都。23日　在伏見；赴片桐且元邸、登城。24日　伏見→京都。25日・27日・28日・29日　在京都。

10月1日　京都→伏見。15日　在伏見。18日　伏見→大津；家康に随行→京都。19日・21日・22日・24日・28日　在京都。

11月6日　在京都。8日　京都→伏見。11日　伏見→京都。12日・15日・16日・18日・19日・20日・21日　在京都。

12月6日・8日・11日・12日　在京都。15日　京都→大坂。16日　在大坂；赴片桐且元邸、登城。17日　在大坂；赴片桐且元邸、登城。18日　在大坂。25日・26日・29日　在京都。

慶長9年(1604)；『鹿苑／鶴』

1月3日・4日・5日　在京都。7日　在京都？。11日　在京都。12日　在京都；赴板倉勝重邸。17日　在京都；板倉勝重来訪。18日　在京都。19日　京都→伏見。21日　伏見→大坂？。24日　在京都。26日　在京都(～30日)。

2月2日・3日　在京都。4日　在京都；賀茂海蔵院泊。5日・6日　在京都。8日・12日・15日・18日・27日・28日・30日　在京都。

3月1日・10日・13日・16日・19日・22日・23日・24日　在京都。27日　京都→伏見。

4月3日・10日　在伏見。11日　在伏見；登城。16日　伏見→京都；大光明寺縄打。21日　在伏見。29日　伏見→京都。

5月4日・11日・12日　在伏見。13日　在伏見；登城。15日　在京都。16日　京都→伏見。27日　在伏見。

6月2日　在伏見；登城。5日・6日　在伏見。9日　伏見→京都。12日・13日・14日　在京都。17日　在京都；登城。22日　在京都；24日・25日　在京都。26日　在京都；登城。27日　在京都；登城。28日　在京都；登城。29日　在京都；登城。30日　在京都。

7月1日・2日　在京都。7日　伏見→京都。9日　在京都。11日　在京都；登城。15日　在京都。20日・23日　在伏見。

8月18日・23日・24日　在伏見。26日　在京都？。29日　在伏見。

閏8月3日・6日　在伏見。27日・29日　在京都。

9月2日・3日・6日・7日・8日・12日・16日　在京都。17日　京都→伏見？。22日　伏見→大坂。23日　在大坂；登城。25日　大坂→泉南→大坂→住吉。26日　住吉→大坂。27日　在大坂；登城。

10月2日　在大坂。11日・13日・17日・23日・26日・27日・29日・30日　在京都。

11月1日・3日・4日・5日・9日　在京都。15日　大坂→京都。16日・18日・19日・21日・22日・24日・25日　在京都。26日　京都→石部。

12月4日　在遠江。28日以前　在江戸。

慶長10年(1605)；『鹿苑／鶴』

1月27日　京都着。28日・29日　在京都。30日　在京都？。

2月10日・11日　在京都。13日　京都→伏見。15日　在伏見。18日　在伏見？。23日　伏見→京都。24日　在京都。26日　在京都；訪朝鮮松雲大師。28日　在京都；松雲大師来訪。

3月3日　在伏見；登城。4日　在伏見；登城。5日　在伏見；登城、朝鮮国使と講和(『義演』「通航一覧」北島A「朝鮮物語付柳川始末」『大日本史料』)。15日　伏見→永原；徳川秀

忠出迎。20日　在伏見；登城。26日　在京都。

4月4日　伏見→京都。5日・7日・8日・10日・11日　在京都。17日　伏見→京都；秀忠上洛。18日　在京都；登城。21日・23日　在京都。

5月7日　京都→伏見。10日　在伏見；登城。15日・16日・17日・27日・28日・29日　在京都。

6月8日　在京都。10日　京都→伏見。15日　在伏見。16日　在伏見；登城。17日　在京都。23日　在伏見；登城。24日　在伏見；登城。

7月5日・6日・15日・16日・17日　在京都。21日　伏見→京都。22日　在京都；登城。23日　在京都。24日　在京都；登城。25日・26日　在京都。27日　在京都；登城。

8月1日　在京都；登城。2日　在京都。5日　在京都；登城。6日　在京都；登城。7日　在京都；登城。11日・12日・14日　在京都。15日　在京都；登城。16日　在京都(「仁和寺文書」『大日本史料』)。17日・20日　在京都。

9月7日　在伏見。9日　在伏見；登城。15日　伏見→追分；家康に供奉→京都。19日　京都→大坂。20日　在大坂；登城。21日・22日　在大坂。23日　大坂→京都。27日・28日・29日　在京都。

10月1日・2日・4日・5日　在京都。7日　在京都(～10日)。12日　在京都。14日　在京都(～22日)。25日　在京都(～27日)。

11月3日　在京都(～11日)。14日　在京都(～16日)。19日・22日　在京都。

12月10日　在京都(～16日)。19日・20日・22日・27日・29日　在京都。

慶長11年(1606)：『鹿苑／鶴』

1月2日・4日・5日・7日・11日・12日・17日・18日・20日・27日　在京都。

2月7日・12日・16日・17日・19日・25日・26日・27日・28日　在京都。

3月2日・4日・6日・7日・14日　在京都。15日　京都→伏見。16日　在伏見。17日　伏見→大坂。18日　在大坂；赴片桐且元邸、登城、秀頼対顔、赴高台院。19日・20日　在大坂。27日　在京都(～29日)。

4月1日　在京都。3日　京都→伏見。6日　伏見？→追分；家康に目見→京都。7日　在京都。8日　京都→伏見。13日　在伏見。16日　在伏見；登城。17日　在伏見；登城。22日・23日　在伏見。25日・27日　在京都。

5月1日　在伏見。7日・8日・16日　在京都。20日　在伏見；登城。27日　在伏見。

6月5日　伏見；登城→京都。17日　在伏見。23日・25日　在伏見。

7月5日・15日　在京都。16日　京都→伏見。25日　伏見→京都。26日・28日・29日　在京都。

8月1日　在京都；登城。2日　在京都；登城、殿中御能。3日　在京都；登城。5日　在京都。6日　在京都；家康豊光寺来訪。7日・10日・11日　在京都。12日　京都→伏見？；家康伏見帰。18日　在伏見。26日　在京都。

9月7日　在京都。9日　在伏見；登城。12日・14日・20日　在伏見。23日　在京都；賀茂海蔵院泊。24日　在京都。28日　在大坂。29日　在大坂；登城、於御前振舞あり。

10月1日　在大坂；住吉慈恩寺泊。2日　在大坂。3日　大坂→伏見。7日　在京都？。8日・9日・11日　在京都。12日　在京都；建仁寺泊。13日・14日・15日・20日・22日　在京都。23日　在京都；鹿苑寺泊。24日　在京都。

11月7日・8日　在京都。

12月23日・26日・27日・29日　在京都。

慶長12年(1607)；『鹿苑／鶴』『鹿苑／昕』

1月2日・3日・4日・7日・12日　在京都。

2月25日　京都→伏見；大坂行中止。

3月28日・29日　在京都。

4月19日　在京都。

閏4月1日・2日・3日　在京都。4日　京都発、→江戸。

5月10日頃　駿府着、←江戸(『当代』)。28日　京都着、←駿府。

6月1日・5日・8日・12日・13日・15日・16日・17日　在京都。22日　在伏見。23日　伏見→大坂；登城、於御前御酒あり。24日　在大坂。25日　大坂→住吉；赴慈恩寺→大坂。26日　在大坂。30日　在京都。

7月3日・6日・7日　在京都。

8月1日・15日・16日・19日・21日・23日・24日・26日　在京都。

9月2日・7日・8日・9日・10日・14日・16日・25日　在京都。

10月2日・6日・9日・11日・12日・14日・16日・22日・24日・26日・29日　在京都。

11月3日・6日・14日・20日・22日・25日・26日　在京都。

12月8日・9日・11日・14日・20日・22日・24日・25日　在京都。27日　没、於豊光寺。

■**典拠**

【史料】

『鹿苑』

　『日用』；『日用集』筆者西笑承兌『鹿苑日録』第2巻(永禄9年5月1日～10月18日　天正17年1月1日～12月14日　慶長2年3月11日～12月29日)

　『鹿苑／有』；筆者有節瑞保『鹿苑日録』第3巻(天正19年3月3日～文禄5年8月24日)

　『鹿苑／鶴』；筆者鶴峯宗松『鹿苑日録』第3・4巻(慶長4年5月2日～12年12月29日　慶長15年1月1日～4月29日)

　『鹿苑／昕』；筆者昕叔顕晫『鹿苑日録』第5・6巻(慶長12年閏4月1日～慶安4年9月7日)

「事蹟」；「承兌和尚事蹟」(『大日本史料』)

『西笑』『言経』『時慶』『義演』『兼見』『朝野』『当代』『大日本史料』
【参考文献】
北島A：北島万次「豊臣政権の朝鮮侵略と五山僧」(『幕藩制国家と異域・異国』校倉書房　1989年)

北島B：北島万次『豊臣秀吉の朝鮮侵略』(吉川弘文館　1995年)

今枝：今枝愛真「禅律方と鹿苑僧録」(『中世禅宗史の研究』東京大学出版会　1970年)

大政所の居所と行動

藤田恒春

【略歴】

　豊臣秀吉生母である大政所(なか)は、天正18年(1590)12月吉日付伊藤加賀守秀盛願文によれば「大政所様　丑之御年　御年七十四歳」とあり、同20年7月22日死去したときには76歳であったことが判り、永正14年(1517)丑年生まれであったことを知ることができる(『多聞院』「桜井文書」『岐阜古代中世1』)。

　なかの父母については審かにしえない。彼女には妹がいて豊臣政権の実務吏僚のひとり小出播磨守秀政に嫁いでいた(『多聞院』)。はじめ尾張国中島郡中村の木下弥右衛門に嫁いだ。弥右衛門は織田信長の父信秀の鉄炮足軽であった。負傷したのち、中村へ退き百姓になったと伝える。天文12年(1543)1月2日に亡くなった(「太閤素生記」『改訂史籍集覧』)。

　弥右衛門没後、なかは筑阿弥(竹)に再嫁した。二女の旭姫は、天正18年1月、48歳で亡くなっていることから生年は天文11年ころとなる。このことは、桑田忠親が指摘するとおり4人とも木下弥右衛門の子であった可能性があり、秀長を秀吉の異父弟とする通説は再検討しなければならないだろう(高柳光壽・松平年一編『戦国人名辞典』吉川弘文館　1962年、桑田忠親『豊臣秀吉研究』)。

　彼女には系図上、2男2女がいたが(下図)、長女で三好吉房へ嫁ぎ秀次を生んだとも(智)は、あまり顧みられないようだ。文禄2年(1593)1月に得度し瑞龍院日秀と称するようになった。豊臣氏関係者として高台院以上に長寿をたもち、寛永2年(1625)4月24日、94歳の天寿を全うしている(「孝亮」)。ともの生年は享禄4年(1531)ころとなることから、

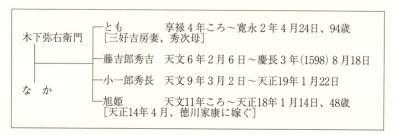

なかは14歳～15歳のとき嫁いだこととなるだろう。

　なかは、秀吉の出世とともに居を移していたと思われるが、天正10年代までの具体的な消息については不明である。天正13年7月、秀吉が関白に補任されると、なかは大政所と称されるようになった。これは関白正妻の母（大北政所）を意味するが、ここでは関白の母親を意味している（桑田忠親、前掲書）。

　渡邊世祐は、大政所の通称は勅使により伝えられ、「この時、従一位に叙せられたものと思はれる」としているが、典拠が示されておらず確認できない（『豊太閤の私的生活』）。

　晩年、天正16年と同20年の二度大きく煩っており、2度目は諸社寺への祈願も空しく亡くなっている。彼女の居所と行動は北政所の行動のなかで一緒に記されることが多く単独で記録されることは少ない。このため彼女の居所と行動は点としてしかつかむことはできない。したがって、一次史料に現れる天正13年までは記述しない。

【居所と行動】

天正13年（1585）

　12月20日、吉田兼見の使者として大坂へ遣わされた左馬允は、大坂城で大政所と北政所へ御祈禱守と紅帯3筋を遣わした（『兼見』）。

天正14年（1586）

　この年、5月に高野山へ、10月には三河岡崎へ人質というかたちの下向を余儀なくさせられた。

　1月15日、吉田兼見は大坂の両政所様御祓いとして小扇3本宛を贈った（『兼見』）。5月12日、「宰相殿ノ母儀大政所ト云、郡山へ此間御出付、（中略）先高野山へ御参詣、其下向ニ当社へ可有参詣」と、高野山参詣の帰り道に秀長のいる郡山へ立ち寄る予定であった（『多聞院』）。同13日、吉田兼見は大坂両政所へ薫衣香薬種を遣わした。同18日、「今度高野へ御初詣、廿五六日頃差下使者之由申畢」と、大政所の使者が高野山へ遣わされる予定であったと書いているが（以上『兼見』）、実際には同19日に豊臣秀長家臣の横浜一庵とともに参詣したようだ（『多聞院』）。29日、帰坂した（『兼見』）。

　6月25日、「大ま（ん）ところすこしわつらいのよし」と、病床にあったことが窺われる（同日付北政所宛秀吉消息『豊大閤』）。高野参詣が災いしたのかも知れない。7月8日、「大政所少御煩気之由」と、癒えていなかったようである（『お湯殿』）。9月14日、兼見、大政所・北政所へ御祓を下す（『兼見』）。10月1日、茶々御方（淀殿）が大政所を訪ねた（『言経』）。

　これより先、秀吉は、徳川家康との関係を調整すべく、4月に妹の旭姫を嫁がせたが、なおも上洛を肯んじない家康に対し生母大政所を人質として浜松へくだすことを決めた。『朝野』に次のような秀吉書状が載せられている。

　　来年春築紫江出馬可仕存、就其談合申儀候、美濃国迄御出合可被下候、若又聚楽江御
　　　　（筑）
　　見廻候者、外聞実義可忝候、左候者二人与無之老母於浜松迄相越可申候、馬乗一人不

　　　　添可進候、恐々
　　　　　九月　日　按するに八月の誤りなるへし

　信憑性にやや問題を残すが、戦前では秀吉の孝養心を示すものとして高く喧伝された(渡邊世祐、前掲書)。このことは兎も角もとして９月26日には浅野長吉・織田長益などを岡崎へ遣わし、母親を人質としてくだすことを伝えさせた(『家忠』)。遂に10月13日、徳川家康へ上洛を促すべく秀吉は生母大政所を人質として三河へ下した(10月10日付田中久兵衛宛秀吉朱印状「田中文書」)。同18日、岡崎着。実質的な人質としての下向であったが、この間、家康に嫁いでいた旭姫に再会することができたものと思われる。11月11日、上洛し臣従の礼をとった家康は恙なく帰岡したので、翌12日、大政所は大役を果たし岡崎を発し上洛の途についた(『家忠』)。

天正15年(1587)

　１月10日過ぎより郡山へ下向していた。この時、興福寺衆徒が「寺門知行事」につき大政所へ訴えた。秀長への執り成しを求めたものと思われる(『多聞院』)。大坂へ帰った日は不明である。

　聚楽第が完成すると９月13日、殿下御衆は大坂より聚楽第へ移徙した。「大政所輿十五丁・乗物六丁(後略)」と綺羅を飾る行列で上洛してきた。同24日暁、「殿下・大政所・北政所・門跡北御方抔御下向」と、大坂へ帰った(『言経』)。10月５日、「大政所御不例」と煩っていたようだ(『兼見』)。

天正16年(1588)

　この年、居所は聚楽第で６月に大病を煩っている。

　１月16日、春日社へ社参。２月８日、大政所と大納言(秀長)殿女中上洛(以上『多聞院』)。４月14日、後陽成天皇聚楽行幸に際して大政所は、御小袖10重・黄金50両などを進上している。６月７日、「大まん所よりうり七こまいる」とあり、聚楽第へ移っていたようである。翌８日以降より病床につく(以上『お湯殿』『言経』)。同18日、「大政所煩大旨死去歟」と噂されるような事態であった(『多聞院』)。同19日、「大まん所御わつらいの御きたうとて、神へ御りうくはんの事御申あり」と、祈禱が申し入れられた(『お湯殿』)。

　同20日、秀吉は諸寺社(清水寺・鞍馬寺・北野社・多賀社・稲荷社・住吉社・賀茂下上)へ母親の病気平癒のための祈禱を命じ、快癒のときは米１万石寄進を約束している(「成就院文書」など)。同21日、「大まん所御わつらいのりんくわん(う)につき、いせへはやなきはら、春日へきくてい、やわたへこか、きおんへくわんしゆ寺、かもへみなへおほせいたされてまいらる、」と、勅使が派遣されている(『お湯殿』)。

　７月４日、秀吉はつぎのような消息を認めている。宛所を欠くが北政所宛であろう。
　　　　(尚々書省略)
　　こんと大まんところへ申およはす、きんへなりと心おかれすに御つかい候へく候、しろかねそなたになきうけ給候まゝ、(よし脱カ)たいままつへ百まい進之候(後略)

母親治療のためには金銀は厭わないという母親への思いは、戦前のイデオローグに存分に利用されるところであった。そして、側にいて看病にあたる北政所への孝養にたいし謝礼を申し送っているところも秀吉たる所以であろうか（『豊大閤』）。8月10日、薬石功があったのか、立願叶ったものか快復した大政所は大坂へ下った（『言経』）。
　10月16日、「大まん所より三こん・一おりまいる」とあり、聚楽第へ戻っていたようだ。12月14日、大政所が煩ったときの宿願により、今日より7日間、梶井殿（三千院）において仁王経法が営まれた（以上『お湯殿』）。

天正17年（1589）
　この年の居所と行動は、ほとんど伝聞するところはない。
　9月8日、北政所とともに北野社へ巻数を進上している（『北野社家』）。11月25日、祭礼見物のため奈良へ下る予定であったが延引となっている（『多聞院』）。

天正18年（1590）
　この年、大政所は京都に住まいしていた。5月奈良へ下向した。
　1月4日、両政所様御祓、月祈念の御祓の神供を進上している。2月11日、吉田兼見は御菓子を進上している。3月4日、「大政所殿御参宮云々」との噂を書き留めている（以上『兼見』）。4月7日、禁裏へ参上した。同14日、内侍所御神楽を申し入れている（以上『晴豊』）。5月1日、関東在陣中の秀吉は、大政所よりの見舞状にたいし、感謝の返事を送っている（『豊大閤』）。
　5月3日、前年11月25日、延引となった奈良行が実現した。尤も「於戒旦院熊野山ノワニクチイル、関白殿ノ母・大納言并同女中被参詣云々、大佛ノ尺迦ノ仏躰ノカ子ヲ如此、三宝奉用ノ大罪浅猿々々」と、多聞院英俊をして憤激させることをやったようである。翌4日、「大政所社参了」とあり、春日社へ詣でたのであろう。同13日帰洛した。
　この奈良行は、前年秋以来、煩っていた郡山城主大納言秀長を見舞うことも目的であったのだろう。天正17年12月26日には「大納言煩大事云々、可有祈禱之由」との状態であった。3月3日には「大納言殿煩既ニ死ヲ深ク隠スヤ、各被申」状態であったが、秀吉の関東出陣への暇乞のため上洛した。京都で養生したのち、4月15日には郡山へ戻ったが、病の方は全快には至らなかったようである。このような事態のなか大政所は、高齢をも顧みず息子の秀長を見舞ったのであろう（以上『多聞院』）。
　しかし、秀長の煩いは治癒することなく、翌19年1月22日、母親に先立ち遠行した。
　6月下旬、在陣中の秀吉は、北政所へ消息を送り大政所などを見舞っている（『豊大閤』）。8月1日、吉田兼見は大政所へ御祓などを進上している。10月19日、秀長の祈禱のためか大政所より「当社へ今朝早々神馬并十二貫神楽備進之」せられたが、秀長死去の噂は絶えなかった（『多聞院』）。
　※　この参宮については、前年9月に準備されていたのではないかと思われる史料が次の秀吉朱印状である。

大政所殿参宮候之間、御宿幷人足伝馬等事、伊藤加賀守申次第可有馳走候也
　　　　　(天正17年ヵ)
　　　九月十六日(朱印)
　　　　　(蒲生氏郷)
　　　　松嶋侍従とのへ

　松嶋侍従(蒲生氏郷)が翌18年8月には陸奥国若松へ移ることから本朱印状は、同17年までのものとなる。同16年は大病であったため参宮の可能性はなく、翌17年に勅使発遣を謝するべく伊勢参宮が企図された蓋然性はたかい。しかし、同年秋以降、秀長の病気のため延引となったのではないか。このように推測すると吉田兼見が記したように天正18年3月に半年遅れで伊勢へお礼参り旁秀長の病気全快を祈念すべく参宮したと考えられる。なお、本朱印状は、三鬼清一郎編『豊臣秀吉文書目録』(1989年)には年次未詳「朝日山文書」として所収されているが、『思文閣古書』163(1999年)に掲載されている。

天正19年(1591)

　この年、高齢のためか表へ出ることが少なくなったのであろうか、古記録類に記されることがなくなった。

　1月9日、吉田兼見より両政所へ御祓が進上された(『兼見』)。3月28日には大政所より御神楽が奉仕された(「光豊」)。

天正20年・文禄元年(1592)

　この年、大政所は大坂で最後の年を送ることとなった。

　4月25日、大政所より申沙汰の御神楽が奉仕された。5月7日、大納言勧修寺晴豊は大政所御見舞のため大坂へ下向した。7月11日、大政所腹中御煩にて公家たちが諸寺諸社へ代参した(以上「光豊」)。聚楽第にいた秀次は、名護屋の秀吉のもとにいる木下吉隆に対し大政所煩を披露するように書状を送った(「本法寺文書」)。

　同14日、秀次は、天正16年に秀吉が行ったように諸寺社へ大政所病気平癒を祈願せしめた(『北野古文書』など)。翌15日、秀次は再度名護屋の木下吉隆へ直書を遣わし「今の分ハ御本腹不実ニ相見へ申候、祈禱立願被下、先年任御本腹之吉例無残方申付候」と、重体であることを認めつつも先年の吉例に任せ諸寺社へ祈禱を申しつけたことを披露するよう伝えた(「京都大学総合博物館所蔵文書」)。

　同22日、平癒祈願も空しく76歳の生涯を終えた(『鹿苑』など)。死亡日については秘せられていたのか公家たちの日記も区々とした有様であった。奇しくも秀吉が名護屋を発ったこの日、大政所は幽冥界へと旅だった。同29日、大坂へ帰り着いた秀吉は、大政所の訃報を耳にしたのである。

　8月4日、秀吉は高野山へ対し天瑞寺殿(大政所の法号)追善供養のため剃髪寺の建立を命じ1万石を寄附した(『高野山』)。翌5日に上洛した秀吉が、6日の葬儀には参列したかは不明である。葬儀は秀次が宰領し大徳寺で執行され、翌日蓮台野に大政所を見送った(「日々記」『兼見』)。9月6日より、北野で大政所追善の万部経が執行された(『多聞院』)。

■典拠
【参考文献】
桑田忠親『豊臣秀吉研究』(角川書店　1975年)
渡辺世祐『豊太閤の私生活』(創元社　1939年)

北政所(高台院)の居所と行動

藤田恒春

【略歴】

　北政所(通称、禰)は、天文11年(1542)、杉原定利と朝日とのあいだに生まれた。兄は木下家定、妹ややは後の秀吉政権の五奉行のひとり浅野長吉へ嫁している。永禄4年(1561)、20歳のとき、縁あってか木下藤吉郎秀吉へ嫁いだ。

※　おねの生年については、桑田忠親氏『豊臣秀吉研究』(角川書店　1975年)や京都国立博物館編『秀吉とねねの寺　高台寺の名宝』(1995年)は天文17年とし、今井林太郎氏(『国史大辞典』5巻、1984年)は同18年としている。高柳光壽・松平年一編『戦国人名辞典』(吉川弘文館　1973年)では同11年としている。いずれも典拠を示されていないので確定しがたい。田端泰子氏『北政所おね』は、通説を検討したうえで天文11年とした。三説とくに決め手を欠くようであるが、本稿では最新成果としての田端説に取りあえず従っておく。

　天正10年(1582)以前の彼女の居所と行動はほとんど不明である。天正2年、秀吉は近江国坂田郡今浜に城を築き、長浜と改名した。おねは、秀吉に従い居所を変えていったものと思われる。

　おねについての初見史料は、つぎの「竹生島文書」に含まれる天正初年より書き継がれた「竹生島奉加帳」である(『東浅井郡志』4)。

　　百石　　　　羽柴藤吉郎
　　　　　　　　　　　秀吉(花押)
　　御初尾五月六日
　　五石　　　　御内方

　天正2年春、秀吉は今浜へ移り、翌3年10月には筑前守を名乗ることから、この奉加は天正3年5月と考えられる。さらに、

　　平帳　　　　羽柴筑前守殿
　　天正六　二月十日
　　弐石　　　　御内

とあり、天正6年2月10日にも奉加をしている。この「御内方」「御内」は、おねを指してい

いま1点は、信長の人となりを語るうえでよく引かれる織田信長朱印状である。安土築城後のものであるが、年次は特定しえない。「藤きちろうおんなともへ」宛てられたこの朱印状は、恐らく信長家臣として将来を嘱望された秀吉が不在がちなため、おねが愚痴をこぼしたのであろうか、信長がおねへ女房としての心がけを諭したものであろう。このことは取りも直さず、信長が指摘した事柄は、おねの性格を物語っていると言える。

※　この織田信長書状に全幅の信を措くべきか判断に迷うところである。ただ、信長が本文のようなことを「おね」に書き与えたとするならば、逆に「おね」の女性としての一面が赤裸々に表出していると言うべきであろう(『豊公特別展図録』1932年)。

　　なお、奥野高廣氏は、この書状を附録あつかいとし、天正4年3月のところに置いている(『増訂信長』下巻)。

同8年4月、秀吉は播磨姫路へ移ることから、おねも同行したと考えるほうが自然であり、同11年5月、池田勝入(恒興)より大坂城を受け取った秀吉は、9月より本格的に大坂城普請に着手する。翌12年7月頃の秀吉消息によりおねは大坂にいることが確認され、以後彼女の居所の中心は大坂城にあったと考えられる。

同13年7月11日、秀吉が従一位関白に叙任されると、以後関白の正室ということから北政所と称されるようになった。同16年4月19日、関白豊臣秀吉正室として従一位に叙せられた。口宣案には「豊臣吉子」とある(「高台寺文書」)。

同20年3月23日、秀吉は北政所へ摂津国東成・住吉郡内で1万1石7斗の領地を宛行った。文禄4年1月には1万5672石余と加増され、さらに慶長9年(1604)閏8月22日には3か村分加増され1万6346石余となった(「備中足守木下家文書」)。このとき宛行われた平野庄をはじめとする村々は、豊臣氏滅亡後も2か村を除き高台院領として継承されている。

その後、秀吉が亡くなったのち慶長4年9月26日には大坂城西の丸を立ち退き京都へ移り、「京都新城」を住まいとした。同8年11月3日、高台院の勅許を得て、以後高台院と称するようになる。同7日、高台寺開山弓箴善彊(きゅうしんぜんきょう)より快陽杲心の道号を授かり、その法嗣となった(下坂守「高台寺の創建と高台院」『秀吉とねねの寺　高台寺の名宝』)。

※　『大日本史料』12編3、慶長10年6月28日条の綱文「高台院浅野氏、嘗テ造立スル所ノ、京都寺町康徳寺ヲ東山ニ移シ、規模ヲ恢宏ニシ、改メテ高台寺ト号ス、工就ルヲ以テ、是日移リテ之ニ居ル」とあり、高台寺竣工とともに高台院も移り住んだかのような誤解を与えている(傍線筆者)。

　　秀吉研究の碩学桑田忠親氏も同様の理解を示している(『桃山時代の女性』吉川弘文館1972年)。

同10年6月、東山の地に高台寺を建立し、ここで隠棲し秀吉菩提を弔ったとする通説は根拠にかける。「京都新城」を出ることはなく、むしろ豊臣方勢力により幾許かの政治的影響力を発揮することを期待されていたように推察される(跡部信「高台院と豊臣家」『大阪城天

守閣紀要』34、2006年)。

　大坂城落城後、さらに豊国社破壊という追い打ちを受け、老体には身にしみいる現実を受け入れざるを得なかったであろう。関白豊臣秀吉北政所として天下の帰趨を見据えてきたであろう高台院ことおねは、寛永元年(1624) 9月6日、82歳の天寿を全うした。

　禁裏東南部の一画に造られた「京之城」の構造物は、慶長2年、秀吉が秀頼のために普請したものであったが、秀頼の大坂移徙にともない空いていたもので「京之城」「京都御殿」とも呼ばれ、詳しい構造などは不明だが北政所(高台院)が亡くなるまで居所とした屋敷であった。

　※　高台院没後、「京之城」跡は空いていたようで、のちに後水尾院の仙洞御所として転用された(内藤昌「豊臣家京都新城——武家地の建築——」『日本建築学会大会学術梗概集』1972年)。

　同5年、関ヶ原の戦い後、所領を没収された木下勝俊(木下家定の子長嘯子、高台院の甥)は東山山麓に遁世していたが、かれの住まいは木下一族などが寄り集う場のようで豊後日出城主木下延俊(高台院の甥)も参勤の途に立ち寄っている(『木下延俊慶長日記』)。のちに、高台院自ら高台寺の住持に推した周南紹叔は彼女の甥(木下家定の子)で、建仁寺にいるなど、血縁関係者が東山周辺にいたようであり、ここへ高台院が立ち寄った可能性は十二分にあり、庵を結び世間を避けたかのように見える長嘯子の周辺は、慶長末年の政争の荒波が押し寄せていたであろうことは想像に難くない。

　上述のとおり東山の高台寺に秀吉の菩提を弔う静かな余生を送ったとの俗説は斥けなければならない。高台寺を訪ねることはあっても終の住処は「京都新城」であった。

　※　北政所の京都での居所につき生母朝日局をまつる康徳寺(寺町京極)に近い三本木(東洞院通下立売通上ル)に移ったとする意見もあるが、彼女の移転先は「京都新城」と呼ばれるところであり、三本木とは別である(田端泰子『北政所おね』)。また、康徳寺も北政所が生母のため建立したようにいわれているが、天正末年には存在しているとの指摘がある(下坂守、前掲論文)。

　従って、彼女の居所と行動は、慶長4年9月26日大坂城退城までを第Ⅰ期、同8年11月高台院の院号を受けるまでを第Ⅱ期、慶長20年5月大坂城落城による豊臣方勢力の壊滅に伴う彼女の政治的影響力の喪失までを第Ⅲ期、そして寛永元年6月死去するまでを第Ⅳ期の4期にわけ考えることが妥当と思われる。なお、居所と行動は、日記類の有無による精粗は避けられない。

【居所と行動】

1　大坂城退城まで

天正12年(1584)

　7月頃、秀吉の消息によれば北政所は大坂にいたと思われる(『豊大閤』)。

天正13年（1585）

この年、北政所の居所は大坂を動かなかったようである。

2月5日、摂津有馬温泉の阿弥陀寺へ薬師堂建立のため1万5000貫を寄進している（「善福寺文書」）。9月8日、本願寺の顕如は御礼のため大坂へ登城し、北政所へ綿100把、大政所へ30把を贈っている（「宇野」）。12月20日、吉田兼見は大坂へ左馬允を遣わし大政所と北政所へ祈禱守などを贈っている（『兼見』）。

天正14年（1586）

この年もまた、北政所は大坂を動かなかったようである。

1月3日、本願寺の顕如は御礼のため大坂へ登城し年頭の祝儀をすませ、北政所へも御礼に出た（「宇野」）。5月18日、北政所より吉田兼見へ青銅300疋が贈られた（『兼見』）。6月、京にいた秀吉は、聚楽第普請が大方できたことを北政所へ伝えている（日未詳、てんか消息『豊大閤』）。7月27日、北政所、短冊2枚を進献す（『お湯殿』）。9月14日、吉田兼見より大坂の両政所へ当月のお祓いを下す（『兼見』）。同18日、安禅寺宮（誠仁親王王子、天正18年没）殿下、北政所へ御成す（『言経』）。

天正15年（1587）

この年、9月に上洛した。前年9月中旬より5月までの消息は不明である。

5月10日、肥後在陣中の秀吉へ書状を送っている（5月29日付秀吉消息『豊大閤』）。8月27日、参内の予定とて御服を進上（『お湯殿』）。9月13日、上洛し聚楽第へ入る。北政所輿200丁程あり（『時慶』）。同20日、西洞院時慶母、北政所へ御礼に出る（『時慶』）。同24日暁ころ、殿下・大政所・北政所など大坂へ下向した（『言経』）。

天正16年（1588）

4月上洛し、以後聚楽第を居所とする。前年9月下旬より4月中旬までの消息は不明である。

1月、竹生島へ3貫文を奉加している（「竹生島文書」）。3月12日、北政所、北野社檜皮葺替えに黄金1枚を奉加す（『北野古記録』）。4月14日、後陽成天皇、聚楽第へ行幸。同17日、北政所より御服20襲・檀紙10帖等進上す（『お湯殿』）。同19日、北政所、従一位に叙せられる（「高台寺文書」）。5月5日、北政所、御盃の台2などを進上す。閏5月8日、北政所より13日御神楽執行につき、出御あるようにと黄金1枚進上す。同10日、北政所、大坂下向の暇乞のため准后・女御などへ伺候す。同12日、北政所より道明寺30袋・浜焼2個など進上す（以上『お湯殿』）。今日、大坂へ下向す（閏5月10日付与三郎・孫次郎宛秀吉朱印状「紀伊郡納所村役場文書」）。

10月5日、秀吉、8日の五つころ急ぎ茨木へくるよう伝える（同日付いわ宛秀吉朱印状『豊大閤』）。

天正17年（1589）

前年10月より9月までの消息は不明である。9月5日、上洛して以降、京都にいる。

9月5日、大坂より上洛した。同8日、北政所・大政所より北野社へ巻数進上す（以上『北野社家』）。10月2日、北政所、御樽・3色・桶10進上す。11月5日、北政所立願の御神楽3か夜あり。12月19日、北政所より菱喰1折・海老1折進上す（以上『お湯殿』）。

天正18年（1590）

　この年は、ほぼ一年を京都で過ごしている。

　元朝を京都で迎えたようで、3日には吉田兼見が大政所・北政所のお祓をした（『兼見』）。4月11日、北政所、御樽5色・天野3箇進上す（『お湯殿』）。同30日、一柳直盛、「上様・北政所さまへ」帷子などを進上（「一柳家文書」）。

　この月、北政所、熊野山如意輪堂へ鰐口を寄進す（『多聞院』6月7日条）。5月5日、北政所、御樽3色・3箇進上す（『お湯殿』）。同16日、北政所より薫衣香10袋給う。6月1日、北政所より承り日待7人、庭上で祓う（以上『兼見』）。

　7月10日、北政所、砂糖の瓜2個進上す（『お湯殿』）。同12日、小田原在陣中の秀吉、北政所へ書状を送る（『豊大閤』）。9月15日、吉田兼見、大政所・北政所を祓う。10月12日、吉田兼見、北政所へ大根20把100本贈る。11月15日、北政所より日待のことを仰せ出される（以上『兼見』）。

天正19年（1591）

　この年もまた、ほぼ一年を京都で過ごしている。

　京で元朝を迎えたように思われる。1月9日、吉田兼見は、大政所・北政所へお祓を進上した。閏1月3日、上山城堤普請につき、吉田兼見家領は用捨の旨、北政所が命ず（以上『兼見』）。3月29日、北政所より御神楽あり（『時慶』）。4月9日、西洞院時慶母より芍薬1本を進上す。5月15日、吉田兼見、殿下・北政所へ御祓を進上す。6月17日、北政所、角豆を進上す（『兼見』）。

　7月10日、北政所、吉田兼見に祈禱を命ず（『兼見』）。同20日、時慶母、政所殿御不例を聚楽第の賀茂殿まで尋ねにいく（『時慶』）。同28日、一乗院門跡、北政所腹煩につき祈禱す。同29日、北政所一番の気合である足利義昭妹勝雲院殿大﨟を煩う（以上『多聞院』）。9月11日、北政所、宇喜多秀家女房祈念のため招魂祭を命じ銀3枚を遣わす（『兼見』）。10月16日、日待御祓、関白・北政所殿御咳気ゆえ一緒にお出であり。11月17日、北政所より月待の仰せあり（以上『兼見』）。

天正20年・文禄元年（1592）

　前年12月より4月までの居所は不明である。5月・9月には大坂にいる。

　3月23日、秀吉、北政所へ領地1万石を宛行う（「木下家文書」）。4月5日、北政所、名護屋への使僧の派遣につき、帥法印（勧仲）より使者を遣わすよう命ず（『高野山』）。5月6日、秀吉、北政所へ大坂城での火の用心を命ず（5月6日付おね宛秀吉朱印状『豊大閤』）。6月20日、秀吉、北政所へ書状を遣わす（同日付こほ宛秀吉朱印状『豊大閤』）。

　8月、秀吉、京大坂より名護屋までの継馬夫のことにつき大坂より名護屋までは北政所

の「押手」によることを定める(『閥閲録』)。9月15日、吉田兼見、明日諸家御祓につき大坂の北政所へ民部少輔(萩原兼従)を遣わす(『兼見』)。12月12日・14日、赤間関奉行へ対し大事の荷物運送につき継夫のことを申しつける(『閥閲録』)。

※ 『大かうさまくんきのうち』に拠れば「三月一日(中略)きたのまんところ、佐々木京こくまさに、かうさうす、おちやを、あひそへられ、御とうちん」とあるが、北政所が名護屋へ下った形跡は認められない。

文禄2年(1593)

この年、大坂と京都を行き来する。閏9月秀吉の有馬湯治へ同行す。

年頭は京都で迎えたように思われる。1月14日、西洞院時慶の妻が白粉折15を北政所へ贈った(『時慶』)。同19日、北政所、名護屋へ継飛脚1人を遣わすよう赤間関の奉行へ命ず(「長井家文書」)。2月1日より6月22日までのあいだに荷物などの運送につき継夫を命ずる16通の黒印状を発給している(「長井家文書」「古文書纂」『閥閲録』)。4月17日、西洞院時慶母、明日北政所大坂下向につき枸杞を進上する。5月2日、北政所、西洞院時慶母へ小袖を贈る。同10日、北政所、西洞院時慶女房衆へ米5石を遣わす(以上『時慶』)。同22日、名護屋在陣中の秀吉、北政所へ書状を遣わす(5月22日付おね宛秀吉書状『豊大閤』)。6月2日、北政所、名護屋へ継夫1人を遣わすよう赤間関の奉行へ命ず(「長井家文書」)。

7月8日、西洞院時慶、北政所へ曝1端・水引20把を進上す。8月3日、名護屋在陣中の秀吉は、月末には大坂へ帰る旨を北政所へ伝える(同日付、おね宛大かう消息『豊大閤』)。同日、北政所より西洞院時慶妻へ帷子1重遣わす(以上『時慶』)。9月15日、北政所殿例年御祓のため吉田民部(萩原兼従)下向す(『兼見』)。閏9月6日、豊臣秀次、有馬湯治中の秀吉へ見舞状を北政所へ出す。北政所も有馬へ同道していたようだ。同12日、北政所、八時分大坂へ還御す(以上『駒井』)。11月27日、北政所より貝香150枚をすりて献上すべき旨仰せあり(『時慶』)。

文禄3年(1594)

この年もまた、大坂と京都を行き来する。8月1日、秀吉の伏見移徙に伴い、北政所も同行したと思われる。

あらたまの春を大坂城で迎えたようである。1月16日、吉田民部大坂へくだり北政所殿・京極殿(京極竜子)・若公様(秀頼)などのお祓をする(『兼見』)。同29日、関白秀次、大坂城へ御成。北政所へ金子10枚献上す。2月2日、関白秀次、蜂須賀家政所へ御成。北政所より御文幷進物あり。同13日、昼時分より山里において北政所・二丸様など花見(以上『増補駒井』)。3月22日、北政所御局より文給わる(『兼見』)。4月28日、秀次、北政所へ本丸にて摺薄・生絹・御帷10、白鳥2を献ず(『駒井』)。

8月13日、北政所、伏見へいたる。同19日、北政所、聚楽第へ御成。10月19日、北政所、聚楽第へ御成(以上『兼見』)。同22日、北政所、戌刻に伏見へ還御す(『言経』)。同28日、上杉景勝、北政所へ銀子200枚などを贈る(『上越市史 別編』)。11月2日、秀吉とともに大仏を

見物(『華頂要略』)。12月4日、北政所より小早川秀俊御舎兄へ祝儀あり。朝日殿御猶子の由仰せ遣わされる(『兼見』)。

文禄4年(1595)

　この年、大坂と伏見を行き来する。

　年頭を大坂城で迎える(福田千鶴『高台院』)。1月28日、この日大坂より文を遣わす。同30日、北政所より仰せられ祈禱を始める(『兼見』)。2月3日、大坂の北政所、北野松梅院禅永へ銀子1枚・小袖1つを遣わす(『北野社家』)。4月15日、北政所、少し御虫気の由。同25日、北政所見廻のため北野宰相を遣わされる(『駒井』)。

　5月21日、伏見にて能。太閤・北政所など御成(『言経』)。

　7月1日、北政所、吉田兼見へ祈禱を頼む。同13日、吉田兼見、北政所へ菓子折などを献上す(『兼見』)。同15日、伏見常御殿毎夜鳴動す。北政所これを怪しむ(『お湯殿』)。秀次事件後の北政所の動向は不明ながら、伏見城を出て大坂城へ戻っていることは、ただ死穢などを避けただけとは思われない。9月14日、今夜御神楽、北政所のことにつき前田玄以より申し入れらる。(『兼見』)。

文禄5年・慶長元年(1596)

　この年の居所情報は断片的である。

　年頭は大坂で迎えた。1月15日、大坂の北政所や毛利輝元ら、醍醐三宝院の義演へ音信を遣わす(『義演』)。同月20日、吉田民部、大坂より上洛し北政所などからの返事をもたらす(『兼見』)。4月6日、義演、北政所へ蕨を遣わす。

　7月24日、義演、伏見にいる北政所へ5荷5種を遣わす。9月10日、義演、伏見の北政所へ祈禱巻数を遣わす(以上『義演』)。

慶長2年(1597)

　この年もまた居所情報は断片的である。

　元朝は伏見で迎えたと思われる。1月8日、義演、北政所へ巻数や菓子1折を進上す。2月18日、北政所より東寺諸伽藍を建立する旨、話あり(以上『義演』)。3月24日、伏見にいる北政所より月待のことを仰せ出される(『兼見』)。5月19日、吉田兼見、当月祈禱の巻数などを北政所へ進上す。6月25日、北政所より銀20両贈られる。

　9月6日、義演、大相国・北政所へ当月の祈禱巻数などを進上す(以上『義演』)。

　10月26日早朝、相国寺へ大崎少将殿(伊達政宗)、太閤御成。有節瑞保、花1000斤を北政所と秀頼母へ贈る。12月12日、北政所、相国寺の有節瑞保へ綾小袖・白小袖を贈る(『鹿苑』)。

慶長3年(1598)

　この年8月18日、太閤秀吉の死去に伴い北政所の居所や行動に変化が生ず。

　年初を迎えた場所は不明である。1月13日、義演、北政所へ巻数や菓子折1合を進上す。2月9日、北政所や秀頼様、花見のため醍醐寺へ御成(以上『義演』)。3月11日、誓願寺再興終わり今日棟上げ。堂供養あり。北政所や佐々木京極女など参堂す(『言経』)。同15日、

醍醐花見(『大かうさまくんきのうち』)。京極殿と小早川秀秋様御母儀と盃あらそいあり、「政所様御噯」により仲裁された(「菅利家卿語話」)。同25日、15日の花見の御短冊(太閤御所・秀頼・北政所、其外女房衆以下)短冊箱へ納めらる。北政所は、三首詠じた(「醍醐花見短籍」)。

　　君か代の深雪の桜さきそひて　いく千世かけて眺めあかさむ
　　咲けは散り散れは咲きぬる山桜　いやつれ〰の花さかりかな
　　ともなひて眺めにあかし深雪山　帰るさ惜しき花のおも影

5月11日、義演、北政所へ当月祈禱の巻数や曝布10端を進上す(以上『義演』)。6月27日、相国寺の西笑承兌、「伏見者政所様御座候て御隠居之由候、大閤様者伏見ニ三分一可被成御座之由仰候」との話を上杉景勝へ報ず(『西笑』)。

7月1日、太閤煩いの祈禱として北政所より御神楽申沙汰あり(『お湯殿』)。

8月20日、東寺堂舎につき、北政所より建立の旨仰せ出さる(8月20日付東寺役者中宛五奉行連署状「東寺文書」)。同24日、義演、供養呪願御礼のため伏見城へ行く。赤縮一巻・杉原10帖を進上す(『義演』)。同25日、秀吉追善のため東寺講堂再興のため黄金100枚を寄進す(「暦応五年仁王経法雑記」奥裏書『醍醐寺文書』)。9月2日、義演、北政所へ当月祈禱の巻数などを進上す(『義演』)。同17日、秀吉没後、大坂城の道具類を預かっていた侍女よめが、政所様を疎かにしない旨などの血判起請文を認める(「大阪城天守閣所蔵文書」)。同25日、義演、北政所へ松茸の折を進上す(『義演』)。

12月2日、北野松梅院、政所様・御母様(おね・茶々)へ折進上す(『北野社家』)。同晦日、北政所・御台所(秀吉室淀殿)より花小松取りに来る(『義演』)。

慶長4年(1599)

この年、9月7日、徳川家康が伏見城から大坂城へ入り、呼応するかのように北政所は同26日、大坂城西の丸屋敷を出、京都新城へ移った。

1月5日、北野松梅院、政所様・秀頼様御袋様へ巻数・洗米・帯2筋などを進上す(『北野社家』)。閏3月8日、伏見雑説、北政所御噯にて無事とのこと(『言経』)。4月25日、北政所、豊国社へ社参す。5月17日、義演、北政所へ当月祈禱の巻数や糒20を進上す。6月1日、義演、石山観音堂修理を北政所より仰せつけた由を聞く(以上『義演』)。

9月10日、松梅院、北政所へ御礼に出る(『北野社家』)。同22日、北政所京御殿への移徙近日との由。同26日、北政所、大坂より京の城へ移る。同27日、北政所へ京都移徙の礼として菓子折・巻数を進上す(以上『義演』)。同28日、北政所、豊国社へ参詣す。湯立あり(『舜旧』)。10月11日、松梅院、北政所を見廻う(『北野社家』)。また、北政所より申入れの神楽あり(『お湯殿』)。

同月18日、北政所、豊国社へ社参(『舜旧』)。同24日、北政所、茶のこの折2つ進上。12月5日、北政所、折2つ進上(以上『お湯殿』)。同14日、北政所見舞のため御菓子折を進上す。同18日、北政所、豊国社参詣す(『舜旧』)。

同27日、北政所、昨日御夢想御覧のため連歌仰せ付けられ銀子下さる。今日連歌仕る

(『北野社家』)。

2　院号勅賜まで
慶長5年(1600)

　この年、北政所にとって激動の一年となる。

　青陽の賀を京三本木の屋敷で祝う。元旦早朝、豊国社へ詣づ。同5日、神龍院梵舜、政所へ杉原10帖・小扇2本を進上す(以上『舜旧』)。同16日、北野松梅院禅昌、年頭御礼のため「御城政所様」へ出る。同24日、北政所、北野松梅院へ状を遣わす(以上『北野社家』)。2月18日、北政所、豊国社へ詣づ(『舜旧』)。同29日、北政所へ海雲1桶進上す(『北野社家』)。3月1日、西洞院時慶妻、北政所へ参る(『時慶』)。同2日夜、北政所、社参す(『舜旧』)。同6日、醍醐三宝院義演、北政所へ庭前の花1枝を進上す(『義演』)。同13日、西洞院時慶、牡丹の花などを北政所へ進上す。同23日、時慶、白藤・紫藤1房宛を北政所へ進上す(以上『時慶』)。

　4月4日、北政所より薪1折進上(『お湯殿』)。同8日、北政所、北野松梅院へ花摘みを仰せらる(『北野社家』)。同10日、義演、北政所へ杜若や竹子を進上す(『義演』)。同27日、北政所へ枸杞茶20袋を進上す(『時慶』)。5月1日、北政所、しろうり・あか、進上(『お湯殿』)。同4日、義演、北政所へ覆盆を遣わす(『義演』)。同10日、時慶、北政所へ菊花1本進上す(『時慶』)。同24日、北政所より最要中臣祓事につき梵舜へ申来る(『舜旧』)。6月8日、北政所、大坂より帰城(『時慶』)。同18日、豊国社へ北政所社参す(『舜旧』)。同20日、北政所、さかいうり髭籠5つ進上(『お湯殿』)。

　7月12日、京都新城の北政所煩う(『時慶』)。同17日、松梅院、北政所へ折進上す。同23日、小早川秀秋様御祈念のため7人して7日参仕す。北政所より銀子1枚拝領す(以上『北野社家』)。8月1日、西洞院時慶妻、北政所へ御礼に参る。同11日、時慶、平野祓を北政所へ進上す(以上『時慶』)。同18日早朝、豊国社へ北政所社参す(『舜旧』)。同29日、禁裏の側ゆえ戦乱に巻き込まれることを慮ってか、周囲の石垣・塀・門などを破却させた(『義演』『時慶』)。

　9月8日、北政所より初雁1つまいる(『お湯殿』)。同9日暮、豊国社へ北政所社参す(『舜旧』)。同17日、「北のまん所しろへひをかけ候はんと申て、まつまつおちて御出ありて、しゆこうに御いてあり」と、前関白夫人北政所が慌ただしく准后(勧修寺晴子)屋敷へ兵燹を避けていた(『お湯殿』)。もはや、北政所の身の上を守ることができるのは禁裏よりほかなかったという興味ある事実を残している。同19日、小早川秀秋、北政所を見舞うため准后御方へ参らる(『時慶』)。同20日、女中衆より北政所見舞とて音信あり。同21日、女御(近衛前子)より北政所へ御服5重など進上。同22日、「けさ北まん所しろへ御かへりあり」と、6日ぶりに城へ戻った(以上『お湯殿』)。同27日、北政所より御親類衆御祈念のこと申来る(『北野社家』)。同29日、北政所、はつさけ進上(『お湯殿』)。

586

10月11日、豊国社宝殿へ北政所より琴2挺・唐団扇1つなど奉納（『舜旧』）。11月1日、西洞院時慶妻、北政所へ御礼に参る（『時慶』）。同21日、豊国社へ北政所社参す。12月21日、豊国社へ北政所社参す。同24日、梵舜、北政所へ歳暮御礼として菓子折進上す（以上『舜旧』）。

　同25日、北政所、准后御方(勧修寺晴子)へ御礼に出らる。同29日、西洞院時慶妻、北政所へ御礼に参り折箱1つ進上す（以上『時慶』）。

慶長6年（1601）

　この年、京都を離れることはなかった。豊国社への月詣りを実施し始めた。

　新春の元朝を京都で迎えた。同3日、北政所、北野社へ詣づ。初穂代として銀35匁（『北野社家』）。同4日、北政所、豊国社へ社参す（『舜旧』）。同25日、北政所より一類の祈念のため北野社へ200疋到来（『北野社家』）。2月18日、北政所、豊国社へ社参す。3月12日、北政所、豊国社へ社参す。

　4月17日、北政所、豊国社へ社参す（以上『舜旧』）。同28日、北野松梅院禅昌、北政所へ参る。5月3日、北政所より夢想連歌興行す（以上『北野社家』）。同13日、北政所より「うみたけ」まいる（『お湯殿』）。同18日、北政所、豊国社へ社参す（『舜旧』）。同25日、北政所より岡山中納言様（小早川秀秋）御祈念、七日参の儀仰せ下さる。6月3日、北野松梅院禅昌、北政所を見舞う（以上『北野社家』）。同22日、北政所へ「かけふくろ」進上（『お湯殿』）。

　7月16日、梵舜へ北政所より蓮飯参る。8月17日、北政所、豊国社へ社参す（以上『舜旧』）。9月7日、北政所御夢想あり。同8日、北政所、北野社へ社参す（以上『北野社家』）。同18・21日の両日、北政所、豊国社へ社参す（『舜旧』）。

　10月18日、北政所、豊国社へ社参す。12月15日、北政所、豊国社へ社参す（『舜旧』）。

慶長7年（1602）

　この年、2月初旬下坂した。

　元朝を京で迎え、辰刻豊国社へ社参した（『舜旧』）。同6日、北野松梅院禅昌、北政所へ年頭の御礼に参る（『北野社家』）。同13日、曼殊院より北政所へ御礼（『時慶』）。2月3日午刻、北政所、住吉社へ御社参。御忍びにて大坂様も御社参。同5日今晨、北政所上洛す（以上『鹿苑』）。同19日、当25日北野社700年忌により、秀頼・北政所様その外公家・武家残らず発句の題を進める（『北野社家』）。3月10日、西洞院時慶、北政所へ白藤進上す（『時慶』）。同18日、豊国社へ北政所社参す（『舜旧』）。

　4月17日早朝、豊国社へ社参す（『舜旧』）。同20日、甥の一人、小早川秀詮(秋)が北政所より金子50枚を借用した（「備中足守木下家文書」）。5月18日、徳川家康、北政所へ御礼のため出京す。6月11日、西洞院時慶、息金千世を北政所へ参らす（以上『時慶』）。この月、東福寺仏殿を再興す（『東福寺誌』）。

　7月1日、吉田兼見、北政所殿へ七夕の御礼を申し入れる（『兼見』）。同7日早天、豊国社へ社参す（『舜旧』）。同26日、時慶、「御タノム心」に女院・女御や北政所へ大鮎を進上

(『時慶』)。8月1日巳刻、豊国社へ北政所社参す(『兼見』)。同17日巳刻、豊国社へ北政所社参す(『舜旧』)。9月8日、時慶息金千世、北政所へ御礼に出る(『時慶』)。同9日、北政所より神官どもへ御樽を遣わされる(『兼見』)。18日、触穢により北政所の社参なし(『舜旧』)。

10月12日、豊国社へ御樽御奉進(『兼見』)。同24日、西洞院時慶妻、北政所を見舞う。12月24日、時慶妻、北政所へ歳暮の御礼(以上『時慶』)。同27日、吉田兼見、歳暮の御礼を民部少輔をもって申し入れる。同28日、俄に豊国社へ社参す(『兼見』)。

慶長8年(1603)

この年、1月下旬と8月中旬に下坂している。

年頭は京で迎えたものと思われる。1月6日、梵舜、北政所へ祗候す(『舜旧』)。同9日、豊国社へ社参す(『兼見』)。同10日、北野松梅院禅昌、北政所へ年頭の御礼に参る(『北野社家』)。同13日、北政所へ慶鶴丸お礼に罷りでる(『兼見』)。同19日、西洞院時慶妻、北政所を見舞う。同28日夜、大坂より帰京す。2月14日、加藤清正、北政所へ御礼。同17日、嵯峨釈迦堂へ参詣す(以上『時慶』)。同18日、豊国社へ社参す(『舜旧』)。3月6日、西洞院時慶妻、北政所へ鮒15・双瓶持参す(『時慶』)。同18日、豊国社御縁日。「北政所殿御参、去月・当月両月御不参」(『兼見』)。同29日、公宴御連歌に参上。北政所・昌叱・江雪歌を遣わす(『兼見』)。

4月4日、北政所、御所へ参られたとのこと(『時慶』)。同11日、俄に豊国社へ社参す(『兼見』)。同17日、豊国社へ社参す。5月4日、北政所、御所へ参られたとのこと(『時慶』)。同5日、北政所、豊国社へ養母服により不参。6月13日、兼見、北政所へ御見廻す。同18日、北政所、養母服により不参(以上『舜旧』)。同23日、禁裏より掛袋賜る(『お湯殿』)。

7月1日、北政所へ今月の御祝儀を民部定継をもって申し入れる(『兼見』)。同18日、重服により豊国社へ不参(『舜旧』)。8月14日夕、大坂より上洛す(『時慶』『お湯殿』)。同16日、政所より禁裏へ大坂土産とし茶碗皿などまいる(『お湯殿』)。同18日、山上の廟所御参(『舜旧』)。同27日、西洞院時慶妻、北政所を見舞う(『時慶』)。9月9日、「おり・まつたけ一折まいる」(『お湯殿』)。

11月3日、「北のまん所殿ゐんかうの御事、かうたい院との御事、ちよつきよにておハしまし候」と、北政所へ高台院号の勅許あり(同日付後陽成天皇女房奉書「高台寺文書」)。(院号)(高台)(勅許)同23日、北政所へ金をお礼に参らす(『お湯殿』)。12月24日、吉田兼見、歳暮御礼を民部少輔をもって申入れる(『兼見』)。同29日、時慶息金千世、お礼に参る(『時慶』)。(萩原兼従)

3 大坂の陣まで

慶長9年(1604)

この年、1月下旬下坂している。11月初旬煩う。

新春の嘉兆を京で迎える。元日、高台院より「はくてう・御たるまいる」(『お湯殿』)。同

6日、梵舜、高台院へ御礼にまいる(『舜旧』)。同16日、曼殊院良恕より高台院へ御祈禱札まいらす(『時慶』)。同20日暁、高台院、孝蔵主を供に船にて下坂(『時慶』)。2月1日極晩、上洛す。同9日、時慶、高台院の所望により白藤を進上す。3月2日、高台院より昨日のお礼として小袖を給う。同7日夕、高台院、時慶屋敷を訪ねる(以上『時慶』)。

　4月14日、加藤清正、御礼に参らる。同16日、高台院へ芍薬・芥子の花を進上。同20日、高台院へ一身田(堯恵)御礼にあがる。5月18日、時慶、菊2本と撫子を進す。同26日、加藤清正、御見廻にあがる。6月24日、二条城での申楽へ御成(以上『時慶』)。

　7月2日、西洞院時慶妻、北政所を見舞う(『時慶』)。同3日、禁裏より高台院へ掛袋賜る(『お湯殿』)。8月2日、豊国社へ社参す(『舜旧』)。同14日、豊国社臨時祭につき見物す(『時慶』)。閏8月1日、禅昌院、御礼に出る。同2日、鷲尾隆尚、名字の地が康徳寺屋敷となるため替え地のことにつき高台院へ訴訟のため時慶と談合す。同16日、北政所へ金千世を遣わしたところ帷子を拝領。同18日、花2色を進上す(以上『時慶』)。同22日、木下二位法印浄英(木下家定)、「かうたいゐんさま御れうしよ」(1万6346石)の目録を高台院へ送る(「備中足守木下家文書」)。9月9日、北政所へ菊1枝進上(『時慶』)。同18日、豊国社へ高台院社参す(『舜旧』)。同27日、曼殊院良恕、祈禱札を進上(『時慶』)。

　10月17日、時慶、寒菊1朶進上す。11月1日、北政所へ菊1枝進上。同9日、「北政所殿御気色ニ付、頭斟酌達而承間、無是非」。同14日、少納言(西洞院時直)、北政所を見廻う。同16日、近衛信尹の母、北政所を訪う(以上『時慶』)。同20日、高台院より蜜柑の箱1つまいる(『お湯殿』)。12月14日、時慶、歳暮御礼に金千世に蠣1桶持たせ進上す。同18日、北政所へ水仙1本進上(『時慶』)。同19日、豊国社へ社参す(『舜旧』)。

慶長10年(1605)

　この年、生母の菩提を弔うため建立した康徳寺を東山の雲居寺や岩栖寺あたりに移すべく整備し、あらたに秀吉菩提を追善するために高台寺を創建した。この年の行動は断片的である。10月中旬下坂している。

　元朝は京で迎えたと思われる。同3日、豊国社へ社参す(『舜旧』)。同5日、梵舜、高台院へ枝柿を進上(『舜旧』)。同6日、北野松梅院禅昌、年首御礼にあがる(『北野社家』)。5月1日、義演、蒸竹1折を進上す(『義演』)。同8日、秀頼へ対し上洛を促すべき使者として大坂へ遣わされた(『実紀』)。6月28日、東山康徳寺へ移徙する弓箴善彊のもとへ高台院も同道した(『時慶』)。

　8月17日早朝、豊国社へ社参す。同21日、「前将軍家康公、京新城ヨリ至伏見城帰座」とあり、高台院と会っていた可能性がある。9月18日、豊国社へ社参す(以上『舜旧』)。この月、東寺東大門再建の大檀越となる(「東寺東大門棟札」)。10月18日、大坂下向により社参なし。12月18日、豊国社へ社参す(以上『舜旧』)。

　※　高台寺普請を家康が土井利勝らに命じたとする説もあるが信憑性を欠く。竣工は翌11年に入ってからであった。にもかかわらず9月、家康は高台寺へ対し寺領100石を

宛行っている(『大日本史料』)。

慶長11年(1606)

　この年、3月中旬下坂している。

　1月3日巳刻、豊国社へ社参す。同8日、梵舜、豊国の祝衆と高台院へ参る(以上『舜旧』)。同22日、近衛信尹、高台院で節あり赴く(『三藐』)。3月18日、相国寺の有節瑞保、西笑承兌とともに片桐且元を訪ねる。承兌は高台院へ赴く(『鹿苑』)。4月13日、当月神事御祭に俄に社参す。5月18日早朝、豊国社へ社参す(以上『舜旧』)。

　7月12日、梵舜、高台院へ見舞のため祇候す。8月2日、「於京之御城御能アリ、(中略)政所御出也」。同17日、豊国社へ高台院社参す。10月24日、神宮寺御礼のため罷る(以上『舜旧』)。11月24日、香(高)台院政所殿屋の修理を秀頼が片桐貞隆へ命じた(『慶長』)。12月21日、豊国社へ高台院社参す(以上『舜旧』)。

慶長12年(1607)

　この年、2月下旬、下坂している。

　歳首を京で祝う。元旦、「御たるたい二せん・ひききじ十まいる」(『お湯殿』)。同3日、豊国社へ社参す。同5日、梵舜、高台院へ祇候す(『舜旧』)。同15日、武家伝奏勧修寺光豊、高台院へ参る(「光豊」)。2月21日、今日下坂す(『北野社家』)。北野社再興のことにつき下坂す。「政所さま御とも申候て、たゝいまくたり申候、さてハ北のゝ御こんりうの事、政所さまおほせられ候て、御立てなされ候はんとの御事にて候」(28日付某宛ちやあ消息『大日本史料』12-11、補遺)。同28日、北野社造営につき大坂にて高台院談合す(同日付松梅院宛板倉勝重書状『北野古文書』)。3月2日、高台院肝煎にて秀頼へ御使あり(『お湯殿』)。同6日、高台院・大御乳人より「くわい・はい」まいる。同7日、高台院へ大御乳人を遣わさる(『お湯殿』)。同10日、義演、桜花を女院・女院(勧修寺晴子)・女三宮(近衛前子)・高台院へ遣わす(『義演』)。

　4月4日、義演、杜若・蕨1折を進上(以上『義演』)。同17日、豊国社へ社参す(『舜旧』)。閏4月10日、高台院、藤を進上(『お湯殿』)。5月18日辰刻、豊国社へ社参す。6月25日、梵舜、高台院を見廻う(以上『舜旧』)。

　8月17日巳刻、豊国社へ高台院、社参す(『舜旧』)。11月1日、高台院、蜜柑進上(『お湯殿』)。同26日、「豊国社務萩原兼従嫁娶。政所様姪女」(『舜旧』)。12月18日、高台院、蜜柑進上(『お湯殿』)。同28日、豊国社へ高台院、社参す。社頭で二位(吉田兼見)に対面す(『舜旧』)。

慶長13年(1608)

　この年、2月に大坂へ下っている。

　1月5日、高台院、豊国社へ社参す(『舜旧』)。21日、兼見息金丸、高台院へ罷出る(『兼見』)。2月5日、梵舜、年頭御礼に罷出る(『舜旧』)。14日、兼見、高台院より雁1を賜う。21日、高台院、兼見へ秀頼違例につき祈禱を仰せつける。27日、兼見、高台院より御書を拝受。3月1日、高台院、大坂へ滞留中(以上『兼見』)。18日、高台院、豊国社へ社参す。

590

4月17日、伏見殿(邦房親王)御女房衆新産につき高台院不参(以上『舜旧』)。5月4日、高台院より御樽など賜う(『兼見』)。23日、高台院、瓜進上(『お湯殿』)。

6月18日早天、豊国社へ社参す。序で高徳寺へ御成の由(『兼見』)。23日、高台院へ御掛袋賜る(『お湯殿』)。7月2日、兼見、高台院へ奈良曝を贈る(『兼見』)。9日、梵舜、高台院を見廻い、駿州へ下ることを客人をもって申し入れる(『舜旧』)。8月1日、高台院、豊国社へ御樽など贈る(『兼見』)。9月20日、梵舜、政所へ折1合進上す(『舜旧』)。12月17日、高台院より蜜柑を贈られる。26日、兼見、高台院へ歳暮を贈る。27日、御違例の由。28日、快気の由。兼見、祈禱をする(30日まで)(以上『兼見』)。

慶長14年(1609)

この年、2月下旬下坂す。「近年、政所老耄故歟、気違比興成事多し」と評される(『慶長年録』『当代』)。

1月11日、西洞院時慶、年頭の御礼を申し入れる。同13日、時慶、高台院の客人へ折1と雪魚などを遣わす。2月26日、大坂下向とのこと。3月8日、大坂より帰京す。同16日、時慶内儀、高台院を見廻う(以上『時慶』)。

4月1日、照高院興意、高台院へ御出。同2日、時慶、高台院より小袖1重を給う。同6日、時慶、御礼を申し入れる。同20日、孝蔵主より高台院へ芍薬の花を言伝られ届ける(以上『時慶』)。5月8日、高台院より初瓜まいる(『お湯殿』)。同11日、片桐貞隆、東国下向の御暇乞いのため高台院へ参上す(『時慶』)。同20日、高台院より白瓜まいる(『お湯殿』)。同25日、北政所殿へ草花を進上(『時慶』)。

6月1日、高台院より瓜の髭籠まいる。同21日、高台院、はつこもし進上(以上『お湯殿』)。

7月1日、高台院へ菊2包進入す。同5日、「高台院殿ヨリ局衆ノ義ニ付、此辺無御心元由承云々ノ由風聞斗申候」。同7日、時慶内儀、高台院へ瓜50持参す(以上『時慶』)。8月27日、「古木下肥後守(家定)遺領二万石あり、息男宰相(勝俊)・宮内(利房)両人令知行之、政所へ可被昵近由、自駿府日処、政所は宰相壱人に宛之、(中略)惣別近年政所老気違、比興成事多しと云々」(『当代』)。9月9日、時慶、菊1朶進上す。同10日、時慶内儀、高台院へ柿と松茸などを持参す。同26日、古筆屛風をみるため也足(中院通勝)と同心してまいる(『時慶』)。

10月6日、「高台院殿ヨリ公家衆ノコト、如何被聞度由候、何共無沙汰旨申候」。同12日、時慶、菊と菫を進上(以上『時慶』)。同26日、高台院より酒まいる(『お湯殿』)。11月1日、高台院より茶の口切に近衛信尹母を招かる。同15日、今朝御茶あり。高台院、帥局・八条殿御乳母人(智仁親王)・右衛門督3人召さる(以上『時慶』)。同24日、高台院より蜜柑2箱まいる(『お湯殿』)。

※　宮女一件に関し新内侍(時慶娘、時子)も関わっていたようである。

慶長15年(1610)

この年、5月大坂へ下向。

古稀の新年を京で迎え、元朝、豊国社へ社参す。同5日、萩原殿・女房衆、高台院へ「里返之礼義」あり。同7日早朝、梵舜、高台院へ罷出る(以上『舜旧』)。同27日、武家伝奏勧修寺光豊、年頭御礼に参る(『光豊』)。2月3日、西洞院時慶、高台院殿へ親王御方(政仁親王)の御煩いの様子を申しあげる。同8日、時慶、高台院失せ物御見廻のため長左衛門尉を遣わす(以上『時慶』)。閏2月11日、梵舜、高台院を見舞う(『舜旧』)。同30日、高台院殿へ加藤清正が参上す。3月2日、音修院上洛につき高台院殿へ伺候される(以上『時慶』)。

　4月1日、時慶、高台院殿へ芍薬5本進上す(『時慶』)。同9日以降、浅野幸長、高台院を見廻う。「一段御機嫌よく候つる」(4月19日付今中勘右衛門尉など宛浅野長晟書状『浅野』)。同17日巳刻、豊国社へ社参す(『舜旧』)。同18日、高台院より瓜・蜜柑1折まいる。同19日、浅野幸長、尾州下向の途次、高台院様を見廻う。一段ご機嫌よし(同日付今中勘右衛門尉ほか宛浅野長晟書状『浅野』)。同29日、高台院殿より勧修寺光豊・広橋兼勝・右衛門佐へ帷遣わされ、時慶届ける。5月1日、時慶、高台院殿へ草花を献上す。同4日、時慶内儀、高台院殿へお礼に参る。同10日、大坂へ御下向(以上『時慶』)。同23日、高台院より「あたらしきうちまき」進上。同25日、高台院殿、大坂より御上洛(『時慶』)。同29日、高台院へ御掛袋賜る(『お湯殿』)。6月20日、梵舜、高台院を見廻う(『舜旧』)。この日、木下勝俊(長嘯子)へ所領平野の年貢につき代官入らずに申し付けるよう伝える(同日付長嘯宛高台院書状『豊大閤』)。

　7月7日、時慶、親王御方(政仁)・女御殿(近衛前子)・政所殿(近衛信尹母)・高台院殿などへ花を進上す(『時慶』)。8月16日、湯立料として金子1枚など遣わす。同17日、豊国社へ社参す(以上『舜旧』)。9月5日、時慶、鴛鴦1つを高台院殿へ進上す。同6日、「国師高台院殿へ被賞由候」(以上『時慶』)。

　10月23日、「高台院殿ヨリ内儀御使アリ、伊賀守ヨリ公家中ヘ被触儀在之ト」(『時慶』)。11月21日、高台院より蜜柑2箱まいる(『お湯殿』)。同22日、歯痛薬のことを仰せられ、乳香散を進上す。12月16日、女御殿へ使者をもって珍重申し入れる。同28日、高台院殿、御膳の蕎麦をたべる(以上『時慶』)。

慶長16年(1611)

　この年の消息はほとんど不明である。

　1月20日、武家伝奏勧修寺光豊、年頭御礼に参る(『光豊』)。3月28日、二条城での家康と秀頼会見に際し、高台院も対面した(『見聞録案紙』『実紀』)。9月14日、浅野長政の遺物として壺1つを高台院へ遣わされる(『浅野』)。

慶長17年(1612)

　京で一年を送ったようである。5月1日、家康は、高台寺へあらたに400石を加増し寺領500石の朱印状を与えた。

　元朝明けやらずのころ、豊国社へ社参す。同5日、社参す。同6日、祝衆・梵舜政所へ御礼のため祗候す。同6日、祝衆・梵舜、高台院へお礼に出る(以上『舜旧』)。同7日、高

台院様より下された銀銭10文を治部に遣わす(『北野社家』)。2月24日、右府公(豊臣秀頼)祈念のため当社において祈禱のこと仰せ出される。4月17日巳刻、豊国社へ社参す(以上『舜旧』)。同28日、佐竹義宣より端午の祝儀を請取る(『成簣堂古文書目録』)。

5月3日、御帷2ツ、神官衆下さる。同5日早朝、豊国社へ社参す。6月22日、梵舜、高台院を見舞う。8月17日巳刻、豊国社へ社参す。湯立てを御覧になる(以上『舜旧』)。

10月28日、木下勝俊、所領につき高台院様へも申しあげ、その心得あるようにと伝える(同日付末吉太郎兵衛宛木下勝俊書状「東末吉文書」)。閏10月9日、高台院様よりの銀2貫822両を黒田筑前へ渡すこと(同9日付末吉太郎兵衛宛木下勝俊書状「末吉文書」)。同28日、梵舜、高台院を見舞う。11月15日、梵舜へ高台院より頭巾くださる。12月18日、豊国社へ社参す(以上『舜旧』)。

慶長18年(1613)

この年も京で一年を送ったようである。

年頭、豊国社へ社参す(『舜旧』)。同10日、三宝院義演へ樽を贈る(『義演』)。また、西洞院時慶妻、年頭御礼に参る(『時慶』)。2月25日、平松(時慶息時興)、年頭御礼に参る(『時慶』)。3月1日、左兵衛佐・萩原・梵舜の3人、大坂豊国社遷宮が済んだ御礼に祗候す(『舜旧』)。同10日、時慶、高台院より仰せの趣を承る(『時慶』)。晦日、有節瑞保、浅野長晟よりの賜物の1折を高台院へ献上す(『鹿苑』)。

4月9日八時分、木下延俊のもとへ高台院様より御音信あり。同15日7時分、延俊、高台院へ祗候し色々と拝領す。同17日、豊国明神へ御参、それより高台寺へ参られる(以上『木下延俊慶長日記』、以下『慶長日記』と略す)。同20日、西洞院時慶妻、高台院へ御見廻ののち折を進上す(『時慶』)。5月1日昼、延俊、高台院へ御礼に参上。同5日、延俊、高台院へ御礼に参上す。同9日、高台院より茄子到来す。同17日、高台院より河すずき到来す(以上『慶長日記』)。同19日、時慶、高台院へ参る(『時慶』)。同22日昼、延俊、高台院へ参上す。6月1日、延俊、高台院へ参上す。同15日七つ過、延俊、高台院へ参上す(以上『慶長日記』)。同20日、高台院、大坂大蔵卿へ文を遣わす。同23日、高台院へ大蔵卿返事持参(以上『時慶』)。

8月1日、西洞院時慶、高台院殿にてお酒給う。同15日、高台院、大坂よりお帰り。同16日、西洞院時慶妻、高台院殿を見廻う(以上『時慶』)。同17日、高台院、大坂へお帰り(『舜旧』)。同27日、時慶、高台院へ明日の連歌のことを申入る(『時慶』)。9月15日、梵舜、高台院へ祗候す(『舜旧』)。同25日、木下延俊、高台院へ魚を遣わす(『慶長日記』)。

10月5日、新宮左近、政所様へ御礼のため祗候す(『舜旧』)。同8日、高台院より正月の小袖参る(『慶長日記』)。同25日、片桐且元、高台院へ参上す(『時慶』)。11月14日、梵舜、政所様へ御礼(『舜旧』)。同25日、「片市正上洛ノ由、後ニ聞、高台院殿為御異見、木下宮内少輔ノ義ニ付也」。12月1日、西洞院時慶妻、高台院殿へ伺候し、夜に帰る。同8日、高台院へ鍋嶋信濃守伺候す(以上『時慶』)。同18日、高台院、豊国社へ参詣す(『舜旧』)。同22
(利房)
(勝茂)

日、高台院より絹2疋などを給う。同24日、西洞院時慶妻、高台院殿へ歳暮として栄螺(さざえ)1折進上す(以上『時慶』)。

　※　豊後国日出城主木下延俊(高台院の甥)、下国の途中京都へ立ち寄り暫く逗留す。

慶長19年(1614)

　大坂方の帰趣に心なやませる最後の年となった。10月には鳥羽(京都市)まで出向くも途中より引き返した。

　青陽の嘉兆を京で迎え、元朝巳刻、豊国社へ参詣す(『舜旧』)。同4日、片桐且元は使者として高台院殿より内々お使いに預かる。同6日、西洞院時慶妻、高台院殿へ御礼(以上『時慶』)。同7日、梵舜、高台院へ諸白1荷進上す(『舜旧』)。同11日、鹿苑院主、高台院へ関東紙2束を呈す(『鹿苑』)。2月18日、梵舜、高台院より祈禱を命ぜられる(『舜旧』)。4月16日、高台院夜に入り御参詣。御忍躰也(『舜旧』)。同24日、「夕ニ聞、高台院へ　秀頼公御袋ヨリ□□」。5月4日、西洞院時慶妻、高台院殿へ鯉などを進上す(以上『時慶』)。6月24日、梵舜、政所様へ諸白などを進上、伺候す(『舜旧』)。

　7月12日、西洞院時慶妻、高台院殿へウイ(初)立てに参る。同20日、時慶妻、大仏供養の儀につき高台院へ貴意を得る。同23日、高台院より片桐且元の返事幷びに添文を給わる。同25日、大仏出仕の儀、高台院殿御肝煎にて仁和寺殿扈従に出るとのこと。8月1日、時慶父子三人、高台院へ参上す(以上『時慶』)。同17日、高台院、豊国社へ参詣す(『舜旧』)。同22日、時慶、高台院を見廻う。9月9日、時慶、高台院へ参る。同13日、武家伝奏広橋兼勝、当年の御礼に参る。同25日、高台院へ局より松茸50本献上。同27日、時慶、高台院を見廻う。同29日、高台院殿、昨日より門の出入りなし(以上『時慶』)。

　10月1日、時慶妻、高台院へ参る。同2日、「高台院殿昨日大坂へ御下向、但鳥羽ヨリ被帰、今朝尋申処如此」。同17日、時慶妻、高台院を見廻う。同18日、時慶、高台院を見廻う。11月9日、時慶、高台院を見廻う(以上『時慶』)。同22日、高台院見廻のため梵舜・萩原兼従祗候す(『舜旧』)。

　12月4日、浅野長晟は平野遠江守長泰へ子息のことにつき高台院へ文を進上したところ、すでに大坂への通路はなくなっているとのお返事があった旨を伝えた(同日付平野長泰宛浅野長晟書状『浅野』)。同14日、「板伊賀守殿高台院下りニ付而、十二月十一日之状来」とあり、高台院が10日前後に大坂へ下った可能性があるようだ(『本光』)。同20日、徳川方との扱い(講和)のことを時慶に話す(『時慶』)。大坂へ下向したときの話をもたらしたのであろうか。

　※　12月15日付板伊州宛金地院書状案には「一、高台寺長老御下ニ付而、十二日之御状、十四日令拝見候、未住吉ニ御逗留之由ニ候、御出次第御披露可申候、御気遣有間敷候」と、天王寺にいた以心崇伝は高台寺長老が下向したとの板倉勝重からの書状を請け取っている。15日の時点では、なお逗留中とのこと。高台院の下向や高台寺長老の大坂下向は、彼我の状況を勘案するとき、大坂方と徳川方との扱いにかかることであったと見ても見当はずれではなかろう。すでに、大坂への通路は塞がれているなかで

の大坂下向が可能となるのは、板倉勝重か幕府年寄衆の手形が出された可能性があろう(『本光』)。12月中旬に至っての高台院や高台寺長老の下坂については、研究史上触れられたことはないようだが、大坂冬の陣の講和をめぐる新たな論点を提示するように思われる(跡部信「高台院と豊臣家」『大阪城天守閣紀要』34 2006年)。

4　大坂城落城より死去まで

慶長20年・元和元年(1615)

この年以降、亡くなるまでのあいだ京を離れることはなかったようである。大坂城の落城を目の当たりにすることとなり、さらに豊国社の取り壊しに直面する。

年初を京で迎えた。1月11日、三宝院義演、高台院へ樽を進上す(『義演』)。

同21日、梵舜、高台院へ御礼のため祗候す。2月1日早朝、御社参(『舜旧』)。5月19日、落城直後の心境を上洛した伊達政宗へ「大坂の御事ハなにことも申候ハんすることの葉も御入候ハぬ事にて候」と、吐露する(同日付、大崎少将宛高台院消息『伊達』)。また、上洛した家康に対し「将くんさま御上らく、数々めてたく思ひまいらせ候、万よきやうに御とりなしたのミ〴〵まいらせ候」と、事後の処置を頼んでいる(日未詳、いたミきの介宛高台院消息『豊大閤』)。

閏6月9日、梵舜、政所を見廻い対面す。7月10日、豊国社神官の知行召し上げとなることを高台院へ申し上る。同21日、二条城での申楽に招かれた(『実紀』)。8月14日、梵舜、高台院へ祗候す。同21日、豊国社の屏風などを高台院へ献上。高台寺へお預けになる(以上『舜旧』)。

元和2年(1616)

年頭を京都で迎える。

1月8日、梵舜、高台院へ杉原10帖などを進上す(『舜旧』)。4月9日、有節瑞保、高台院殿へ到る(『鹿苑』)。7月15日、梵舜、弥兵衛をもって申し入れるも指合いとの返事あり(『舜旧』)。

10月25日、高台院、りやうしやう院へ寺領9石を安堵す。同29日、高台院、高台院各塔頭の寺領配分を決める。きよくうんゐん(33石)・けんりんゐん(14石)・りうしやう寺(12石)・こうりんゐん(11石)・しやうしゆんゐん(11石)・りやうちうゐん(9石)・けつしんゐん(9石)・りやうしやうゐん(9石)・やくわうゐん(5石)の9か寺あったことが知られる(『高台寺文書』)。11月16日、梵舜、高台院へ諸白などを進上し対面す。12月15日、高台院様御内衆4人より豊国大明神へ御灯明料銀給わる(以上『舜旧』)。

元和3年(1617)

この年の消息はほとんど不明である。

3月13日、有節瑞保、高台院へ行き花を献上す(『鹿苑』)。

元和4年(1618)

　この年、長煩いのため床に臥す。

　新年の賀儀を京で迎える。1月6日、高台院より豊国社へ祈念料鳥目2貫目到来(『舜旧』)。同26日、西洞院時慶、高台院の煩いを知り内儀に見舞をさせ、翌27日、自ら高台院を見舞った。同28日、時慶妻、高台院を見舞う。御煩い悪いとのこと(以上『時慶』)。2月1日、梵舜、高台院様御不例により野狐の札などを進上す。同3日、梵舜、高台院御不例により天度の祓いを進上す(『舜旧』)。同7日、時慶妻、高台院を見舞う(『時慶』)。同16日、梵舜、高台院を見廻う。同18日、梵舜、高台院様への祈禱をする(以上『舜旧』)。同19日、時慶妻、高台院を見舞う。少験と。同23日、時慶、高台院を見舞う(以上『時慶』)。同25日、梵舜、高台院を見廻う(『舜旧』)。同28日、時慶妻、高台院を見舞う(『時慶』)。3月3日、高台院様御不例。同11日、梵舜、高台院様見廻のため祗候す。同18日、梵舜、高台院へ神供を進上す。同19日、梵舜、高台院様において神道の祈禱を執行す。同21日、梵舜、高台院へ祗候す。

　閏3月1日、梵舜、高台院御不例により天度の祓い幷びに供米を進上す(以上『舜旧』)。同2日、時慶妻、高台院を見舞う。少験と(『時慶』)。同4日、梵舜、高台院様より大明神へ御灯料として銀子1枚来る(『舜旧』)。同6日、慈性、高台院へ参る(『慈性』)。同11日、梵舜、高台院を見廻う。同18日、梵舜、高台院へ百座祓をあげる(以上『舜旧』)。同22日、西洞院時慶、高台院へ諸白などを進める(『時慶』)。同29日、梵舜、高台院を見廻う。4月1日、高台院へ天度祓い幷びに散米1包を進上す。同18日、梵舜、高台院へ百座祓い幷びに御神供を進上す。同21日、梵舜、高台院を見廻う。5月1日、梵舜、高台院へ御祓散米を進上す。同18日、梵舜、高台院へ神供を進上す(以上『舜旧』)。同28日、時慶、高台院へ粽50把などを進上す(『時慶』)。

　6月27日、梵舜、祗候す。未だ御煩いにて御対面なし(『舜旧』)。8月18日、御霊会、当年は初めて華麗にて人多し。下御霊は高台院殿桟敷門前にて御見物(『時慶』)。9月18日、豊国社へ神供を供え、高台院へ進上す(『舜旧』)。12月4日、時慶妻、高台院を見廻う。同29日、時慶、高台院へ歳暮として白鳥1進入す。同30日、時慶妻、高台院へ大錫・薬酒を進上す(以上『時慶』)。

元和5年(1619)

　豊国社破却を迎える。老耄の身に厳しい現実が押し寄せる年となった。

　年頭を京で迎える。元旦、豊国社へ高台院より神供を進上す。同8日、梵舜、高台院へ祗候し、対面す。2月6日、高台院様内衆11人衆、豊国大明神灯明料として銀80目5分寄進す。5月5日、梵舜、神供を高台院へ進上す。同18日、梵舜、高台院のため祈禱す。8月18日、高台院へ神供1膳進上す。9月5日、梵舜、豊国社神宮寺屋敷につき妙法院へ引き渡された旨を高台院へ伝える。同16日、梵舜、豊国社が妙法院へ引き渡された旨を高台院へ伝える。10月4日、梵舜、豊国社神供料の残りを高台院へ返す(以上『舜旧』)。

元和6年(1620)

　1月7日、梵舜、高台院様へ年頭御礼(『舜旧』)。5月29日、高台院、将軍へ時服を進上す返礼として御内書が出された(『東武』1)。7月3日、梵舜、高台院へ参上す。8月18日、10月1日、梵舜、高台院へ祗候す(以上『舜旧』)。12月28日、高台院、将軍へ歳暮として呉服3重を献上する。返礼として御内書が出された(『東武』)。閏12月25日、高台院様御不例。同30日、豊国社へ高台院様より初尾銀100枚など寄進(以上『舜旧』)。

元和7年(1621)

　1月9日、西洞院時慶、高台院殿へ年頭礼に杉原10帖など進上す。同28日、時慶、高台院殿より巻物1端など給う。2月25日、高台院、花見のため半井驢庵2人に村因幡・中井大和後室などを召さる。3月1日、時慶妻、高台院殿へ御礼に出、夕食を相伴す。5月4日、時慶妻、高台院殿へ御礼に出る。6月1日、時慶、高台院殿門まで行き御礼。8月1日、時慶、高台院殿門まで行き一礼申し入れる。同9日、時慶妻、高台院殿を見廻う(以上『時慶』)。

元和8年(1622)

　この年、8月18日、高台寺(曹洞宗)は臨済宗へ転派し、高台院の甥(木下家定の子)で建仁寺にいた周南紹叔を住持に招こうとしたが、紹叔の師で建仁寺常光院住持の三江紹益を招き住持とした。紹益を中興開山とし、以後臨済宗寺院として法脈を守り今日に至っている。

　1月7日、梵舜、高台院様へ年頭御礼。同18日、梵舜、高台院様へ神供1膳進上す。2月1日、梵舜、高台院より去月18日の神供料くださる。4月24日、梵舜、高台院様見廻のため祗候す。5月18日、梵舜、神供を高台院へ進上す。初尾100疋くださる。7月4日、高台院様より梵舜へ御祈念のこと申し来たる。8月18日、梵舜、神供を高台院へ進上す(以上『舜旧』)。同21日、幕府年寄土井利勝、高台寺住持のことにつき高台院の希望通りとの旨を返事する(「高台寺文書」)。9月19日、高台院様御不例により、梵舜へ祈禱を仰せらる(『舜旧』)。

元和9年(1623)

　1月7日、梵舜、高台院へ年頭の御礼。諸白1荷進上す。同18日、梵舜、高台院より初尾下さる。5月7日、梵舜、高台院へ祗候す。御対面なし(以上『舜旧』)。7月、木下宮内少輔利房の二男利次を猶子とする(『実紀』)。

元和10年・寛永元年(1624)

　1月7日、梵舜、高台院へ年頭の御礼。同18日、梵舜、神供を高台院へ進上す。4月22日、梵舜、高台院へ見廻のため祗候す(以上『舜旧』)。5月8日、端午の祝儀として時服を献上す(『東武』)。6月、高台院老病により木下利次へ暇が出された(『実紀』)。

　8月9日、高台院様御不例。祈禱仰せ出される。同13日早朝、梵舜、高台院より御書など到来す。同14日、梵舜、高台院より袷・小袖を拝領す。同25日、梵舜、高台院を見廻う。御大事の由。9月6日申刻、御死去。梵舜は「長々之御煩也、天下之者悲申義也」と哀悼し

ている(以上『舜旧』)。翌7日、木下利勝と同延俊が遺骸を高台寺へ運び入れた(『舜旧』)。10月21日、徳川秀忠、木下宮内少輔利房へ悔状を送る(「備中足守木下家文書」)。

　死去に伴い猶子の木下利次(木下利房二男)より「御所に記録一部、大御所に小瞿麦の茶壺　大御台所に菊の源氏一部」が遺物として献じられた(『実紀』)。

※　慶長8年11月、北政所は高台院の院号を賜う。この頃以降の居所について東山山麓の高台寺で秀吉の菩提を弔っていたとする見方もあるが、彼女は秀吉が最後に普請した京都新城にいたと考えられる。戦前、秀吉は母親への孝養高い人物として喧伝されたが、妻である高台院もまた、亡き夫を香華のなかで静かに弔い続けたというイデオローグの影響のなかに閉じ込められた可能性がある。寛永元年9月6日亡くなり、翌日、甥の木下利勝と延俊により遺骸は高台院へ運びいれられていることからも高台寺で最後を迎えたとは思われない。

■典拠
【参考文献】
桑田忠親『戦国おんな史談』(潮出版社　1981年)
田端泰子『北政所おね』(ミネルヴァ書房　2007年)
福田千鶴『高台院』(吉川弘文館　2024年)

浅井茶々の居所と行動

福田千鶴

【略歴】

　永禄12年(1569)に小谷城に生まれる。父は浅井長政、母は織田市。通称は茶々、のちに淀と号す。天正元年(1573)に小谷城を出て、母と妹二人とともに織田家へ戻る。9月1日に小谷城が落城し、父長政が死去。10年6月2日本能寺の変で織田信長が死去。母が柴田勝家に再嫁。ともに北の庄城に移る。11年4月妹2人とともに北の庄城を脱出、秀吉に保護される。4月24日に柴田勝家と母が自害。13年7月11日に秀吉が関白就任。この頃、秀吉と祝言をあげ、秀吉の妻の一人となる。14年2月より聚楽城の普請開始。10月1日大坂城の大政所を訪ねる。15年7月10日、備前岡山まで秀吉を迎えに行き3日間逗留。7月14日秀吉、九州より大坂城に凱旋。こののち、茶々の動向は不明。

　天正16年10月8日に茨木城に移徙。17年1月より淀城の普請が開始され、5月27日淀城にて第一子捨(鶴松)を出産。8月23日に鶴松とともに大坂城に移徙。18年2月8日に大坂城を出て淀城に入り、13日に淀城から鶴松と上洛。5月鶴松を聚楽城に残し、秀吉が在陣中の小田原へ出発。7月15日以前に小田原を出発して京都に戻り、聚楽城で越年。19年8月5日に鶴松が大坂城に向かう途中の淀城にて没す(享年3)。この時、茶々が淀城にいたかどうかは不明。

　※　茶々が確実に淀城を居所としたのは、鶴松誕生前から大坂城移徙までの数か月と大坂城から上洛途中に滞在した5日間であり、鶴松死去時前後の滞在の可能性を加えても1年に満たないわずかな期間である。鶴松死後に淀城は破却されるため、こののちに茶々の淀在城の可能性はない。

　天正19年12月28日に豊臣秀次が関白に就任。20年4月に京極龍とともに名護屋在陣、文禄2年(1593)5月までに大坂城に戻り、8月3日に大坂城二の丸にて第二子拾(秀頼)を生む。この頃、「二の丸」と称される。以後は秀頼と居所をともにしたと考えられ、秀頼は文禄3年11月21日に大坂城から指月伏見城に移り、日付は不詳だが茶々も移り秀頼と同居した。5年閏7月13日の京都大地震で伏見城が崩壊したため、11月18日秀頼が大坂城に移徙

し、慶長2年(1597)5月14日に完成なった木幡山伏見に秀頼が移徙した。茶々の動向の詳細は伝わらないが、これ以後「西の丸」と称されるので、茶々は秀頼とともに木幡山伏見城西の丸を居所とした。3年3月15日に醍醐の花見があり、8月18日に豊臣秀吉が伏見城に没した。そのため、翌年1月秀頼が大坂城本丸に移徙。これにともない茶々も本丸奥御殿に移ったが、日時は明らかではない。以後は大坂城を出て周辺を散策することはあったが、居所を大坂城から移すことはなかった。

その間、慶長5年(1600)の関ヶ原合戦では9月14日に浅野寧(北政所・高台院)と連携して大津城に使者を派遣、京極龍を救出する。16年3月28日秀頼が家康と二条城で会見、茶々は大坂城で帰りをまった。19年7月大仏鐘銘問題が生じ、10月より大坂冬の陣。20年5月に夏の陣がはじまり、同月7日大坂落城。8日に秀頼とともに自害。享年47。

【居所と行動】

永禄12年(1569)～天正15年(1587)

父浅井長政が朝倉氏と連携して織田信長から離反したため、天正元年8月より織田・徳川の連合軍の攻撃をうけて小谷城は落城し、9月1日長政は自害して浅井氏は滅亡した。その前に茶々は母市と妹二人(初・江)とともに小谷城を立ち退いた。天正10年末までに市は柴田勝家と婚姻し、三姉妹を連れて北の庄城に移った。11年4月に北の庄城が落城すると、市は自害し、三姉妹は中村文哥斎という老臣に引き連れられて立ち退いた(『徳川幕府家譜』)。

天正13年発給とみられる安威了佐宛堀秀政書状(「リスボン公立図書館所蔵文書」)に秀吉の祝言に関する記事がある。天正14年10月1日は大坂城の大政所を「茶々御方」が訪ねた(『言経』)。これは茶々が一次的な史料に現れる初見であり、「御方」の呼称から茶々が秀吉の妻として高い地位にあることがわかる。15年7月10日は備前岡山で九州から戻った秀吉を出迎え、中一日を同所に滞在し(「此所迄姫君様御迎に御座候而、種々様々の御馳走に付而、中一日御逗留」『九州御動座記』)、おそらく秀吉と同道して大坂に戻ったとみられる。

天正16年(1588)～同17年

天正16年の茶々の動向は不明。17年5月27日に「淀ノ御女房衆ニ若公御誕生也」(『言経』)、「関白様よとの御女房衆御祝言」(『家忠』)、28日に「くわんはくよとの女はうしゆに若君いてきたる」(『お湯殿』)、「関白殿ノ淀ノ御内男子誕生」(『多聞院』)。それ以前の茶々の居所はよくわからないが、前年と推定される10月5日付いわ宛秀吉書状(『太閤書信』)に「八日の五つころいはらきへこし候よう」とあり、秀吉祐筆安威了佐の居城摂津茨木城に移されたのではないかと見られる(拙著『淀殿』)。鶴松誕生後は淀に在城し、天正17年8月22日の『北野社家』では「関白殿淀ノ上様」とあり、関白秀吉の正妻として「淀ノ上様」と呼ばれていた。同月23日には鶴松が大坂城に移徙し(『言経』)、秀吉の世嗣として扱われることになり、これにともない茶々も大坂城に移り、「大坂殿」とも呼ばれるようになった。それまで大坂城

にいた浅野寧は鶴松との対面を終えると９月５日に大坂城を去り、京都聚楽城に移った（『北野社家』）。

天正18年(1590)

　秀吉の小田原出陣に備え、２月８日に秀吉は鶴松をともなって大坂を出発し、翌９日に茶々が大坂城を出て（「殿下若公御母儀御上洛也」『言経』）、いったん淀城に入り、11日に秀吉がまず上洛し、13日に鶴松と茶々が上洛した（『兼見』）。２人は聚楽城に入ったとみられるが、どの屋敷に入ったかは不明。４月１日に秀吉が小田原に向けて京都を出発し、長陣のため茶々を小田原に呼びよせる準備を命じ（４月13日付北政所侍女五さ宛秀吉書状「高台寺文書」）、主要駅を守る大名に宛てて茶々を迎えるための準備を命じる５月７日付秀吉朱印状（「淀之女房衆召下候付而」『吉川』）の存在から、遅くとも５月末頃までに茶々は小田原に到着したと考えられる。７月11日に小田原開城となり、奥羽仕置に向かう秀吉と別れて、茶々は15日までに帰洛の途についた（７月10日付秀吉朱印状「淀女房衆被差上候、然者来十五日三牧橋迄可相着候」『吉川』　７月12日付秀吉書状「よとの五おも十五日に上申候」「箱根神社文書」）。上洛後の茶々の居所は、鶴松のいる聚楽城であったと考えられる。

　※　茶々の居所に関しては、桑田忠親氏は京都に還御後の秀吉が茶々に宛てたとする書状（「水野文書」）から「淀殿の居城である山城の淀城」にいると考え（『太閤書信』）、田端泰子氏も「鶴松は淀殿の帰京後淀殿に実母と共にいた」としている（『北政所おね』）。しかし、『お湯殿』８月16日条には関白秀吉の留守の見舞いとして「なかはし御つかみにて。(長橋)(使)大まん所へ御ふく一かさね。おもし一すち。おりかみにて五かう五かの代。北のまん(呉服)(綟)(筋)(折紙)(御肴御荷)所へ御ふく一かさね。おもし一すち。五かう五かおりかみ。御たき物うすやうにつゝ(薫)(薄様)みて。しやつかうの御方へ御あふき。たいめいおり十ほんうすやうにつゝみて。御ふ(若公)(扇)(大明織)くろへ御ふく一かさね。おもし一すち。五かう五かのおりかみまいる」とあり、大政所・北政所・鶴松とともに茶々（「御ふくろ」）も朝廷から進物を送られているので、秀吉の還御前に茶々は大政所以下の人々とともに聚楽城にいたと考えられる。

　また、桑田氏が根拠とした秀吉書状は年月日を欠くが、「小田原落城の後、秀吉は奥州を征伐し、九月一日に凱旋したのであるが、その頃、朝鮮の使者が来朝したので、京都に滞在して、淀殿の居城である山城の淀城に行く事ができなかった」と解説している。しかし、11月７日に聚楽城で行われた朝鮮使節の引見で、秀吉は鶴松を抱きかかえて使節の前に現れており、朝鮮使節の引見の頃に秀吉が鶴松に会えなかったとするのは誤りである。この書状は秀吉が還御直前に茶々に宛てたものと理解した方が整合的であり、茶々は帰京後に鶴松のいる聚楽城にいて秀吉の帰りをまったと考えられる（拙著『淀殿』）。

　仮に鶴松と茶々が聚楽城にいないとすれば、天正17年８月に鶴松が大坂城に移徙し、ここを居城として以後、茶々は「大坂殿」と呼ばれたように、この時期の二人の居城は大坂城である。したがって、大坂在城の可能性もあるが、淀城あるいは大坂城にして

も鶴松と茶々が大坂に在城したとする史料は確認できない。

天正19年（1591）

　1月14日に鶴松は公家・門跡・諸社から礼を受けており、秀吉とともに聚楽城にいる（『時慶』）。したがって、茶々も鶴松とともに聚楽城にいて越年し、新年もそこで迎えたと考えられる。7月17日に秀吉は鶴松をともなって聚楽城を出発し、大坂に下る予定でその途中の淀城に逗留した（「殿下・若公大坂へ御下向、乍去今日淀迄ト云々」『時慶』）。これに茶々が同行したかどうかは記録から確認できない。8月2日には鶴松の病状が伝えられ、秀吉は直ちに淀に下った（『兼見』）。4日より鶴松は危篤となり、5日死去した。この間の茶々の居所についても不明だが、8月17日に北野社天神に「御正体」を懸けるよう指示している（『北野社家』）。鶴松の死により、秀吉は12月28日に関白職と聚楽城を秀次に譲ったので、浅野寧は大坂城に移ることになった。この間に茶々がどこにいたのかは不明。

天正20年・文禄元年（1592）

　3月26日に秀吉は肥前名護屋に向けて出陣し、4月25日に名護屋に着陣した。これに茶々も同行した（5月1日付平塚滝俊書状写「よとの御前様御同心のよし申候」『小田野主水氏所蔵文書』）。大政所の危篤を聞いた秀吉が5月22日に名護屋を発し、29日に大坂城に戻り、10月1日に大坂を発して、11月1日に名護屋に戻った。その間、茶々は名護屋にいたと考えられる。文禄2年と比定される5月25日付秀吉書状（浅野寧宛）では、茶々を「大坂二の丸殿」と呼んでいるので、この頃までに大坂に戻った茶々は、二の丸を居所とすることが決定したものとみられる。

　　※　（文禄元年）12月晦日付秀吉朱印状（『毛利』）は、名護屋在陣中の秀吉のもとに広島に在国中の毛利輝元から歳暮の祝儀が送られた返礼状であり、そのなかで「簾中方」へ呉服二重・帯が届いたことの礼も記されている。この「簾中方」とは茶々と考えられるので、文禄元年末に茶々の名護屋滞在が確認できる。秀吉が大政所の危篤をうけて急ぎ名護屋を発ち、八日間で大坂に戻った状況を考えれば、秀吉に茶々が同行して大坂に戻ったとは考えにくい。したがって、茶々は名護屋にそのまま滞在し、懐妊をうけて5月までに大坂に戻った。なお、簾中とは摂関家・清華家の正妻の尊称である。これを京極龍とする説もあるが、龍が正妻の格付となるのは名護屋から帰陣後に大坂城西の丸に独立した御殿を与えられてからとみなされるので、これはすでに妻の格式を与えられている茶々と考えるのが妥当である。したがって、茶々の名護屋在陣が確定する。

文禄2年（1593）

　8月3日に秀頼（拾）を出産。以後、10月4日、12月9日、16日、26日、3年1月29日、2月4日、5日、4月17日、22日、22日の『駒井』に「二丸様」と出てくるので、秀頼の出産後も大坂城二の丸を居所としていた。

文禄3年（1594）

　秀頼の出産後は、秀吉の意向もあり、茶々は自ら秀頼の養育にあたり、居所と行動をと

もにした。

　※　秀頼の居所と動向の詳細については、拙文「豊臣秀頼研究序説」を参照のこと。

　秀頼は文禄3年11月21日に大坂城から伏見城に移り、日付は不詳だが茶々も指月伏見城西丸に移って秀頼と同居した(櫻井成廣『豊臣秀吉の居城　聚楽城　伏見城編』)。

文禄4年(1595)

そのまま伏見城に滞在。

文禄5年・慶長元年(1596)

閏7月13日の京都大地震で伏見城が崩壊したため、11月18日秀頼が大坂城に移徙した。

慶長2年(1597)

5月14日に完成なった木幡山伏見城に秀頼が移徙した。茶々の動向の詳細は伝わらないが、秀頼とともに木幡山伏見城西丸を居所とした。

慶長3年(1598)以降

3月15日に醍醐の花見があり、8月18日に豊臣秀吉が伏見城に没した。そのため、翌年1月秀頼が大坂城本丸に移徙。これにともない茶々も大坂城本丸奥御殿に移ったが、日時は明らかではない。以後は大坂城を出て周辺を散策することはあり、慶長7年2月3日には浅野寧の鹿苑寺参詣に「お忍び」で茶々(「大坂様」)も同道して社参したと噂されたが(『鹿苑』)、居所は大坂城であった。

慶長20年・元和元年(1615)

5月7日大坂落城、8日に秀頼とともに自害。

■典拠

【史料】

『家忠』「小田野主水氏所蔵文書」『お湯殿』『薩藩旧記』『兼見』『北野社家』『吉川』『九州御動座記』「高台寺文書」『駒井』『多聞院』『時慶』『言経』『徳川幕府家譜』「箱根神社文書」「水野文書」『毛利』「リスボン公立図書館所蔵文書」『鹿苑』

【参考文献】

桑田忠親『太閤書信』(東洋書院　1991年復刻版　初版1943年)

櫻井成廣『豊臣秀吉の居城　聚楽城　伏見城編』(日本城郭資料館出版会　1971年)

田端泰子『北政所おね　大坂の事は、ことの葉もなし』(ミネルヴァ書房　2007年)

西島太郎「京極忠高の出生――侍女於崎の懐妊をめぐる高次・初・マリア・龍子――」
　　(『松江藩の基礎的研究』岩田書院　2015年　初出2011年)

福田千鶴『淀殿　われ太閤の妻となりて』(ミネルヴァ書房　2007年)

同「豊臣秀頼研究序説」(三鬼清一郎編『織豊期の政治構造』吉川弘文館　2000年)

同『豊臣秀頼』(吉川弘文館　2014年)

孝蔵主の居所と行動

藤田　恒春

【略歴】

　孝蔵主は、蒲生下野守定秀に仕えた川副伊賀守勝重の4男2女の長女とあるが生年は不明である。勝重の家督を継いだ4男式部正俊は秀吉に仕え、天正11年(1583)8月1日、近江で知行160石を宛行われ、のちに秀頼へ仕え、慶長19年(1614)死去した。

※　川副氏は小倉氏の臣であるとする見解は、織田信長の乳母であった小倉鍋との関係が想起される。ともに近江国愛知郡を本貫地とするだけに縁辺関係があったものと思われる(『近江愛智郡志』2)。

　元文6年(1741)3月、渡邊復が書写した「小倉婦人記事」に次のような記述が見られる。
　　(前略)其後〔天正10年6月以後のこと：筆者注〕小倉婦人為太閤秀吉公被召、
　　号北方女房衆、三人之老女奉事於〔大〕政所、〔下線筆者、以下同〕
とあり、小倉鍋に仕えていた老女三人が秀吉生母大政所に仕えたというのである。その一人が孝蔵主であった可能性があることを指摘しておきたい(『近江愛智郡志』2)。

　正俊の跡を継いだ六兵衛重次は、秀頼に仕えたのち、伯母である孝蔵主と同じく徳川秀忠に仕え、のちに孝蔵主の養子となり、彼女の知行をも相続し、寛永13年(1636)、53歳で死去した。このことから重次は、天正12年頃の生まれと思われる。甥の出生年次が天正12年頃と仮定すれば、彼女の出生年次は、1550年代、天文より永禄年間の生まれと思われる(以上『寛政譜』)。

　一方、彼女の出自について「西洞院家ノ尼孝蔵主」との記事もあり、『時慶』に頻出することもあり西洞院家とゆかりを持っていたことが窺われる(『武徳』)。

　蔵主とは、禅寺の経蔵をつかさどる僧のことであり、「蔵主掌握金文、厳設几案」する職掌でもあり、豊臣秀吉の側近くで奥向きを差配した孝蔵主の立場を意味しているようである(「禅苑清規」)。孝蔵主は東福寺南昌院との関係をもっていたようだ。当院は豊臣秀次が開基し、秀次に殉死した虎厳玄隆を第一世とした秀次ゆかりの寺院である。なお、『東福寺誌』では、彼女の名を仁叔玄孝尼としているが典拠は示されていない。

孝蔵主が史料にあらわれる初出は、天正11年9月9日、本願寺顕如室(如春尼)へ北政所よりの返礼の使者として祗候したときである(「宇野」)。以後、大坂よりの使者として貝塚などへ下っている。

　天正12年12月29日・同14年2月23日付黒印状案では「うは」と署名しており、「孝蔵主」とどのように整合的に考えるか検討課題として残しておきたい。

　同14年5月4日、日本イエズス会の副管区長ガスパル・コエリョ(Coelho, Gaspar S.J.)が大坂城に秀吉を表敬訪問したとき、秀吉は大坂城内を案内し「鉄板で覆った一つの小さい隠し門」の鍵を所持している、一人の修道女のような剃髪した比丘尼をともなっていたことが通訳であったルイス・フロイス(Fróis, Luís S.J.)により書き留められている。この比丘尼こそ孝蔵主と比定されている。大坂城中奥向を取り仕切っていたような存在であったようだが、秀吉に仕えた時期は不明である(『日本史』)。

　天正10年代より慶長3年8月頃までは、秀吉付あるいは政権の奥向きに関することに関わっていたようで、北政所付の奥女中頭とする通説は訂正する必要があるだろう。秀吉没後、北政所付侍女頭のような存在で終始北政所に近侍し、慶長13年木下家定遺領をめぐり徳川家康の不興を買った高台院(北政所)と家康との調整に動いたようであり、このことが彼女を関東へ下らせる一因となったと思われる。

　※　奥女中頭とする表現は、たぶんに坪内逍遙の『桐一葉』の影響をうけたものと推察される(桑田忠親『桃山時代の女性』吉川弘文館　1972年)。

　慶長14年以降、駿府へくだり松平忠輝へ付けられたようであるが(『本光』)、同17年頃までは時おり京へ帰るなど駿府との往復を繰り返していた。

　同18年10月中旬、彼女は請われて江戸へ下向することとなった。この直接的理由は不明である。江戸では城内に局をもち、彼女付の家臣が男女ふくめ数名いたことが『時慶』により窺われる。

　※　彼女の江戸下向の年次について言及しておきたい(下線筆者)。
　　　　　　　　(板倉勝重)
　　　又申候、いか殿へまいり、御かくら所の事、よく申候へは、猶さり〲ねん比に御申、かす〲うれしさ申つくしかたく御入候〲、私身いか殿をたのミまいらせ候ま、
　　　　　　　(片桐且元)
　市正殿上り候て御入候折ふし、かく仰きけ候て給候へ、はや〲
　　　　　　　　　　　　　　　　　　　　　(片桐貞隆)　　　　　　　　　　　(駿河)
　しゆせんにてよく申候、かてんにて御入候と申候へは、はや〲市正にもするか
　　　(宮仕)　　　　　(沙汰限)
　下の折ふし、ミやし共申候つる、さたのかきりと市正も申され候とうけ給候、いまた市正そんし候ハぬと心へ申候、廿日比市正上りにて候ま、いか殿より過分〲、めて候へく候、(中略)けにいとまこい候、御しや何へまいり候共、それより申候、御返事御まへち、にて候、給候ましく候、(後略)
　　　十四日　　　　　　　　　　　　　　　　　　　　　　　かうさうす
　　　　又まいる
　　　　　　(松梅院禅昌)
　　　　せうはい院さま

　　　　　　　　　　人々御中

　この孝蔵主消息の年次は、詳しい考証はここではできないが、孝蔵主在京中、京都所司代板倉勝重在京中、片桐且元が駿河へ下向しており上洛がまもないころ、片桐貞隆が在坂中、そして北野社における宮仕相論が政権の耳にも入っている事態(『本光』)の条件をすべてみたすもので、慶長18年10月以外はない。「けにいとまこい候」とは、北野社の松梅院禅昌へ対し京を離れるにあたっての惜別の挨拶ではなかっただろうか(『北野古文書』)。

　ののち、死去する寛永3年3月までの13年間のあいだ、上洛することはなかったが、折にふれ京都との通信を欠かさなかった。慶長19年10月12日、「康蔵主アツカイトシテ上洛云々、勅使被立云々」との風説が流れたようであるが、関ヶ原の戦い直前の西軍による大津城攻めの折と同様に彼女の政治的影響力に期待したことによる風説であろう(『義演』)。もちろん、この風説の背景には高台院の存在が窺われるが、江戸と京都をつなぐパイプ役として見られていたことを示唆しているようである。

　また、豊国社神宮寺の処遇をめぐる問題については、豊国社側や高台院の意向をうけ金地院崇伝(以心崇伝、以下崇伝と略す)と折衝をしていたようにさえ推察され、また東福寺南昌院の入院などについては崇伝との関係を執り成していたようである。

　元和2年(1616)以降、孝蔵主は京都の寺社問題、就中「豊国之事肝煎候へ」と、崇伝に伝えるなど、崇伝を介して幕府への執り成し的立場を期待された形跡がある。高台院とも連絡を取りあっていたことから切り離されたわけではなく、徳川に誼を通じていたなどとする通説は正す必要がある(『本光』『実紀』)。

※　孝蔵主が東福寺と関係をもつ尼であったことは、母親や彼女自身の墓が南昌院にあることからも首肯できる。初期寺社政策に関わった西笑承兌(豊光寺)が慶長12年12月27日に亡くなり、閑室元佶(円光寺)が同17年5月20日に亡くなっている。崇伝は、同13年ころより家康に仕えるようになるが、京の寺社の事情を掌握するうえからも内部事情に通じている人物を駿府なり江戸へ招くことは不自然ではなく、彼女の駿府や江戸への下向時期と全く関係はないだろうか。

　亡くなる半年前、寛永2年10月23日、秀忠より河内深井村で200石の化粧料を宛行われ、没後遺領は甥の重次が相続した(『寛政譜』)。死去記事によれば「大御所も御幼稚にて御上洛有しときより、したしく思召れしゆへ、江戸の後閣にて局をたまはり老を養はしめ、猶道三河岸に宅地を給はり、年ごろ御もてなし大方ならざりし」とある(『実紀』)。

【居所と行動】

　彼女の居所と行動は以下のように三期に分け考えていくことができる。ただし、記録類(主に公家日記)の残されている年と残されていない年では記事に相当の格差が生じていることを断っておきたい。

1　秀吉死去まで

天正11年（1583）

9月9日、北政所の使者として顕如室如春尼を訪ねている。記録に見える初出で、比丘尼とある（「宇野」）。12月26日、ゆの山（有馬）より運上銀18枚を請取っている。署名は「（黒印）かうさうす」とある（「浅野文書」『兵庫中世9』）。

天正12年（1584）

12月29日、ゆの山（有馬）より運上銀16枚を請取っている。署名は「うは（黒印）」とある（「浅野文書」『兵庫中世9』）。

天正13年（1585）

3月9日、貝塚へ下向した（「宇野」）。閏8月4日、吉田兼見は「関白女房衆ニ不断在之孝蔵主ヒクニ（比丘尼）」へ京の諸家が礼を述べたと記し、北政所付であったことが窺われる（『兼見』）。また、10月26日、大坂城へ御礼に伺候した下間頼廉たちが秀吉から大坂城を案内され、側に幸蔵主（孝）や東殿がいたことを伝えている（「宇野」）。

11月21日、山城検地に際し広隆寺より依頼をうけた孝蔵主は、桂宮院への寺領引渡と門前への軍役無用のことを検地奉行松浦重政へ申しいれた（「広隆寺文書」）。12月には青蓮院寺領の配分のことにつき「かう蔵主へ可有入魂事」とあり（「青蓮院文書」）、寺社領などへの検地と配分に関して寺社より孝蔵主へ執りなしを請けていたようであり、孝蔵主の置かれていた立場の一端を窺い知ることができよう。

天正14年（1586）

この年、大坂を出た形跡は認められない。

2月23日、織田信雄御局の湯治飯米料として5斗を支払い、3月19日には織田長益御乳人2人分の湯治飯米料1石を、4月22日にも伊勢慶光院周養上人の湯治飯米料6斗を渡している（「浅野文書」『兵庫中世9』）。天正11年より5通残された孝蔵主黒印状は、彼女が大坂城奥向を任されていたという伝承とも関連する財政管理に関与していた可能性があるだろう。

5月4日、日本イエズス会の副管区長ガスパル・コエリョが大坂城に秀吉を表敬訪問したとき、孝蔵主は秀吉の供をしていた（『日本史』 岡本良知『天正十四年　大坂城謁見記』笠原書店　1942年）。

天正15年（1587）

この年、大坂を出た形跡は認められない。

7月5日、西洞院時慶は大坂へ下向し、孝蔵主たちの計らいで城内を見物した（『時慶』）。

10月11日、孝蔵主は時慶へ白綿200把を贈っている（『時慶』）。

天正16年（1588）

この年、孝蔵主の行動を知る情報はほとんどない。

1月、北政所とともに竹生島神社へ1貫文を奉加している（「竹生島文書」）。2月26日、

山科言経は初めて孝蔵主に会っている(『言経』)。3月12日、北野社の檜皮奉加に黄金1枚を寄せている(『北野古記録』)。7月28日、京都妙額寺へ逗留中の毛利輝元のもとへ使者として赴いている。9月2日、輝元一行の下国に際し、小袖一重を進上した(以上「輝元上洛日記」)。

天正17年(1589)

　この年も行動を知る情報はほとんどない。

　8月29日、北野社祠官禅祐・禅興へ祈禱を依頼し白銀1枚宛贈っている(『北野社家』)。この年、石清水八幡社領「うちまきの御事」につき一柳越後守よりの御使を北政所へ取り次いでいるが、これも天正17年山城国検地にかかわる社家田中氏知行に関わることを依頼されてのことである。検地に際し、洛中洛外の寺社より免除などにつき政権へ執り成しを依頼される立場であったようだ(『石清水』)。

天正18年(1590)

　この年も京都を出た形跡は認められない。

　1月、秀吉養女小姫(織田信雄娘)との婚儀のため上洛した徳川長丸(のち秀忠)と聚楽第での秀吉との初対面の労をとったのは孝蔵主と伝えられ、このことが江戸下向後の厚遇の一因と言われる(『実紀』)。

　4月か5月と推定される29日付佐竹義宣宛消息は、佐竹より北政所へ菖蒲の御帷子などを進上したことへのお礼の奉書である(『千秋文庫文書』)。5月2日、吉田兼見へ御祓を頼んでいる(『兼見』)。8月3日、伊達政宗室(田村氏)の上洛を促している(『伊達』)。同22日、奥羽仕置へ向った秀吉の宿を提供した喜連川氏へ対し「姫君様御堪忍分」について「孝蔵主引付申候」と山中長俊は伝えており、孝蔵主は奥向き並びに女性への知行引渡実務の権限をもっていたように推察される(同日付芳春院外宛山中橘内書状「喜連川文書」)。

　※　このことと関連するが秀吉発給文書のうち女性が宛名の場合、副状発給者として孝蔵主は現れる。12月19日付鎌倉松岡東慶寺宛秀吉朱印状の場合も副状は孝蔵主である(「東慶寺文書」)。

　11月16日、吉田兼見は、秀吉・北政所・孝蔵主などのお祓いをしている(『兼見』)。同22日、月待ちをしている(『兼見』)。12月26日、政宗謀叛の噂に対して一刻もはやく上洛のうえ申し訳をするよう勧めている(『伊達』)。伊達氏との懇意な関係は、後年、松平忠輝の室として政宗の娘が嫁いだことに関し孝蔵主が松平忠輝に付けられたことと関連するものと思われる(後掲)。

天正19年(1591)

　この年は、西洞院時慶の日記にしばしば記述されるようになり、動きを動態的に知ることが出来る。この年以降、彼女の行動の大きな変化は、秀吉の供で京都を離れるようになったことである。

　閏1月11日、秀吉の尾張清須への鷹野に同道し下向した。2月3日、秀吉は帰洛してい

ることから孝蔵主も一緒ではなかったかと思われる。5月20日、西洞院時慶は秀吉へ菊花を進上したが、孝蔵主が取次として記述されている。8月3日、淀へ若公(鶴松)を見舞っている(以上『時慶』)。

天正20年・文禄元年(1592)

この年、秀吉の朝鮮出兵に従い、肥前名護屋へ下向し越年している。

3月、秀吉に従い名護屋へ下向(『大かうさまくんきのうち』)。4月・6月1日・11月18日付で太宰府天満宮の別当大鳥居へ宛て「うえさま御きたう」を謝している(『太宰府天満宮史料』)。

5月、出陣中の瀬川采女の妻が夫を想う玉章を舟に託したエピソードはよく知られているが、孝蔵主が秀吉へ執り次いだことになっている。真偽のほどは不明である(岩波文庫版『太閤』)。過ぐる天正18年小田原の陣のとき、淀殿を呼び寄せたことと関連しよう。このとき、秀吉身辺の世話をする者として淀殿は名護屋へ下向したが、北政所は下向していない。

文禄2年(1593)

元朝を名護屋で迎えた孝蔵主は、淀殿がお拾を出産した報に接し、8月15日、秀吉が名護屋を発ち大坂へ向かったのと行をともにしたようである。同28日、秀吉より遅れて帰坂し、9月4日上洛した。1年半にちかいあいだ名護屋に滞在していたが、名護屋での行動は全く伝わらない。上洛後、孝蔵主は居所が伏見や京都に移る。北政所の居所に連動するものである。

10月7日、西洞院時慶は内侍所で孝蔵主に会っている。同11日、禁中能に際し時慶室は、孝蔵主の席へ呼ばれている。13日には、陽明(近衛信輔)を訪ねている。北政所付侍女頭として彼女の地位の上昇が窺われる。11月21日、秀吉の尾張鷹野に供奉して下向した。12月11日までに帰洛している(以上『時慶』)。

文禄3年(1594)

この年の行動を知る情報は少なく、断片的な情報では大坂の北政所のもとにいたようである。

文禄4年(1595)

年頭を大坂で迎えたようである。

1月3日、徳川家康は、大坂にいた浅野長吉へ「其元之御様子、孝蔵主御談合候而可被仰越候」と頼んでおり、孝蔵主は大坂にいたことが判明する(1月3日付浅野弾正少弼宛徳川家康書状『浅野』)。同4日、毛利輝元へ中納言成御礼の日程を奉じている。「大かう御所さまより申候へと仰られ候」と、秀吉の意を伝えていることから奉書に準じたものを発給できる立場にあったようである(日未詳、あきのさいしやう宛かうさうす消息『毛利』)。3月19日には北野社へ社参している(『北野社家』)。

7月8日、伏見にいた秀吉は秀次を伏見へ召喚すべく前田玄以と孝蔵主を聚楽第へ遣わ

している(『三壺聞書』)。「其日八つ時分に、関白様かうざうすにたばかられ、上下六七十御供にて、伏見木下大膳方迄御理の為御入候」と、秀次は孝蔵主の詐略により伏見へ弁明のため聚楽第を出たとしている。後世の記録であり直ちに信を措くべきか問題を残すが、参考までに取りあげておく(『菅利家卿語話』)。

文禄5年・慶長元年(1596)

この年、彼女の行動を知る手がかりほとんどない。

1月中旬、秀吉の容態につき孝蔵主・おちやあなどより本復に至った旨の書を長束より手にした家康は、返礼を送った(1月23日付長束大蔵太輔宛徳川家康書状『新訂家康』)。同19日、醍醐の義演へ杉原10帖などを進上している。5月23日、義演から巻数と糒袋を贈られている(以上『義演』)。

慶長2年(1597)

この年の動きもほとんど不明である。醍醐寺の義演准后は、3月28日、大塔供養の礼として書状を遣わし、6月21日、音信として瓜籠を遣わし、さらに、7月26日、生帷を遣わしている(以上『義演』)。

慶長3年(1598)

3月20日、義演准后から花見馳走の礼として杉原10帖などを贈り、5月10日北政所へ祈禱の巻数などを贈り、取次の孝蔵主へ曝布3端を贈った。7月9日、瓜籠を贈り作事のことを頼んでいる。7月9日、北政所より「うへさま御きたうの御事」を義演へ執り次いでいる。9月17日、醍醐寺坊舎作事につき北政所への執次を依頼した。

慶長3年の日記より義演は、孝蔵主を北政所の「取次」あるいは「申次」と記すようになった。これは秀吉没後、孝蔵主の政治的位置に変化が生じたためかと推察される(以上『義演』)。

2 京を離れるまで

慶長4年(1599)

この年は、1月中旬に大坂へ下っていた。

1月5日、北野松梅院より孝蔵主へも巻数と水引50宛が贈られている。同21日、松梅院禅昌は伏見で大坂より上洛してきた孝蔵主に対面した(以上『北野社家』)。5月17日、義演は北政所へ巻数などを贈り、取次の孝蔵主へも糒10袋を遣わした(『義演』)。9月10日、松梅院禅昌は孝蔵主へも栗折を贈っている(『北野社家』)。12月14日、梵舜より水引20把を贈られている(『舜旧』)。同19日、松梅院禅昌は御ちやあを見廻ったのち、孝蔵主に会い、北野社法度のことを申し入れている(『北野社家』)。

慶長5年(1600)

風雲急を告げる年を迎え孝蔵主の動きも慌ただしくなった。年明け早々大坂へ下り、7月12日伏見へ行き、そのまま大坂へ下向した。10月中旬にも下坂している。西洞院時慶の

妻と孝蔵主は姉妹と推定され、日記には彼女との日常的な交流が記されている。慶長5年の日記によれば北政所は京都新城におり、孝蔵主は近侍していたようだ。

　1月2日、大坂へ下向し7日までに上洛した。5月18日には「上洛」とあり、伏見か大坂へ行っていた可能性がある。6月20日には「昨日甲賀ヨリ上洛」とあり、近江へ行っていた。7月12日は伏見へ行き、そのまま大坂へ下向し、17日までに帰京している。8月11日にも下坂したが帰京日は不明である。

　9月、西軍の大津城攻の調停使として饗庭局とともに赴き、11日に帰京したが、15日にはまた大津へ行っていたようだ。18日には帰京していた。10月17日ころ下坂していた。12月15日、時慶は女御殿（近衛前子）へ参上し、そこへ「孝蔵主上洛ニテ被参」とあり大坂へ行っていた可能性がある。28日、時慶室は孝蔵主と対面している（以上『時慶』）。

慶長6年（1601）

　この年の行動は、『三藐』と『舜旧』に各1回名前が見えるだけで居所は詳らかではない。

慶長7年（1602）

　この年、3月には大和へ、11月には江戸へ下向している。

　年頭は京都で迎えたようで、3月6日には大和へ下向しているが目的は不明である（『時慶』）。5月28日、近衛信尹へ瓜などを献ず（『三藐』）。7月1日、吉田兼見は七夕御礼として孝蔵主へ曝布10端を贈っている（『兼見』）。同10日、近衛信尹へ吉野スシ桶を献ず（『三藐』）。9月8日、大坂へ下向している。10月20日、信尹を訪ねた（『三藐』）。同23日、「孝蔵主へ文遣、江戸下向拵忙由」とあり、10月下旬江戸へ下向したようだ。12月13日、上洛した。同24日上洛してきた家康を迎えるべく石辺まで出掛けた（以上『時慶』）。孝蔵主の江戸下向の目的は何であったか不明であるが、のちの家康との関係はこの年に始まったと言えよう。同27日、吉田兼見は、北政所と孝蔵主などへ歳暮の御礼を贈っている（『兼見』）。

慶長8年（1603）

　この年は1・2月に大坂へ下向したほか大きな動きは認められない。

　年頭は京都で迎えたと思われる。1月29日、大坂へ下向し、2月1日上洛した。同30日にも「御使」として下坂した。3月17日、石山寺へ詣でた（以上『時慶』）。7月1日、吉田兼見は、北政所や孝蔵主などへ祝儀を贈る（以上『兼見』）。10月、東福寺の偃月橋を架け替る（『東福寺誌』）。12月24日には歳暮の祝儀を贈っている（『兼見』）。

慶長9年（1604）

　この年、京都を離れたことはないようだ。

　閏8月13日、「北政所さま御寺の御用」のため大工31人分の手形を中井藤右衛門へ頼んでいる（『大工頭中井家文書』）。

慶長10年（1605）

　この年は、1月と10月に大坂へ下向している。

　1月3日、大坂より上洛したことから年頭は大坂で迎えた可能性がある。2月17日、上

洛してきた家康を迎えるべく出掛けている。3月23日、大坂へ下向した(『時慶』)。慶長7年のときと同じく近江まで出掛けたのかも知れない。10月21日、大坂へ下向し、翌日には帰洛している(以上『時慶』)。

慶長11年(1606)

慶長11年より13年の3か年の消息はほとんど不明である。

慶長12年(1607)

慶長13年(1608)

1月14日、孝蔵主、俄に大坂へ下向す。同20日、萩原兼従、高台院様へお礼に出る。孝蔵主へ100疋遣わす。6月1日、孝蔵主より書状など到来。7月3日、兼見、例年の祝儀として高台院へ奈良曝10端、孝蔵主へ近江曝3端を贈る。12月26日、兼見、歳暮として孝蔵主へ板物などを贈る(以下『兼見』)。

慶長14年(1609)

この年は、1月に尾張、12月には駿府へそれぞれ下向している。

1月22日、尾張清須へ下向した。家康と会う予定であったようだ。2月7日、帰洛した。

3月9日、脊骨を痛め、この月は腰の養生に努めている(『時慶』)。5月、木下家定遺領につき勝俊への相続を願っていた高台院の意向につき「政所さま御かくこしたいニなされ候へと、われ〳〵かたへ、さと殿(本多正信)御返事に候」と、駿府の様子を浅野長政が孝蔵主と客人へ伝えている(5月3日付孝蔵主・客人宛浅野長政書状「高台寺文書」)。同20日、使として伏見の加藤忠広を訪ねている。

6月に朝廷を震撼させた宮女密通一件は、高台院の関心を引いたようであり、孝蔵主をして西洞院時慶へ事情を探らせたようである。7月4日、処分が決まったが、5日「高台院殿ヨリ局衆ノ義ニ付、此辺無御心元由参云々ノ由」、同19日「孝蔵主来儀候、此辺儀無心元由被泊候」、同20日には「孝蔵主ハ板倉伊賀守へ此辺ノ義咲止ニ付而、高台院殿ヨリモ御口入ノ義也」とあり、「局衆ノ義ニ付」て彼女の身辺を脅かすような事態に遭遇していたようだ。同22日「孝蔵主駿河へ被遣有増アリ」と、突如孝蔵主の駿河下向が取沙汰された(以上『時慶』)。

同27日、孝蔵主は駿府へ下向する。これは、前年8月26日、66歳で死去した木下家定の遺領2万5000石(備中国賀陽・上房郡)を長男勝俊と二男利房両人へ配分すべし、という家康の意向を高台院が一方的に勝俊へ与えたことによる。このため家康の不興を買い、「内府様御無興被遊、其訳御尋為可被成、駿府江被呼下」ることになった。孝蔵主は釈明のため駿府へ下向したようだ。勝俊は、城地没収となり、京都東山へ閑居することとなった。遺領は利房が相続した(『見聞録案紙』)。なお、当時の高台院について「惣別近年政所老耄歟、気違比興成事多し」、と伝えている(『慶長年録』)。

9月6日、伊勢遷宮につき内宮外宮の係争に対し使をしている。同25日帰洛した。同27日、駿府へ下向することとなり、時慶は粟田口まで見送っている。理由は「局ノ身ノ上ノ

事等」のためとある。この「局ノ身ノ上」のことは、宮女密通一件全体にかかることなのか、それとも西洞院時慶の娘で入内していた時子(新内侍局、5月2日姫宮出産)の身上についてのことなのか、前者とすれば高台院がこの一件に関心を寄せていることとなり、後者とすれば西洞院時慶の娘時子もこの事件に関わっていたこととなろう(以上『時慶』)。年末には帰京していた。

慶長15年(1610)

　年頭は大坂で迎えた。1月に堺へ、2・5・6・9月に大坂へ、9月には駿府へも下向している。閏2月と推定される25日付で高台院より家康側室お茶阿へ宛てた消息に「かうさうすへ色〳〵御ねんころのよし、かす〳〵御うれしく申つくしかたく御入候、なを〳〵たのミ入まいらせ候」とあり、家康側室で松平忠輝生母のお茶阿の側にいたことが窺われ、孝蔵主の駿府下向は高台院了解のもとであったことが分かる(『豊大閤』)。

　1月3日、大坂より帰京した。同13日、孝蔵主は母親の17回忌のため東福寺南昌院へ出掛けている。同20日には堺へ下向したが、その理由は不明である。2月24日、大坂へ下向し、月末まで在坂している。5月19日には在坂しているが、10日、高台院が大坂へ下向したとき同行したのであろう。同25日、高台院は上洛したが、孝蔵主も同行したものと思われる。6月15日には俄に大坂へ下向している。

　9月に入るとたびたび西洞院時慶邸を泊りがけで訪ねている。同15日「孝蔵主早々被帰候、駿府下向有度ノ内存粗被申」とあり、彼女の駿府下向が相談されている。同17日、下向したが、26日までに帰京している。以後、年内は京都を離れていない(以上『時慶』)。

慶長16年(1611)

　年頭は京都で迎えた。しかし、西洞院時慶の日記は、慶長16・17の両年分を欠くためこの年の消息は不明である。

　1月16日、伝奏勧修寺光豊は孝蔵主へ水引などを贈っている(「光豊」)。

慶長17年(1612)

　4月28日、佐竹義宣より高台院への端午祝儀の請取を出している(『成簣堂古文書目録』)。6月19日、駿府へ戻った崇伝の日記『本光』のなかに孝蔵主の名前が散見されるようになる。7月6日「御城ノ孝蔵主」とあり、家康に召し抱えられていた可能性がある。閏10月26日、江戸在府中の南都一乗院尊勢は、西洞院時慶へ宛てた書状のなかで「孝蔵主上洛候ハヽ」と述べており、孝蔵主は江戸にいたことが判明する(「時慶記紙背文書」)。

3　江戸住まいから死去まで

慶長18年(1613)

　慶長14年以降、駿府への下向を繰り返していたが、この年10月、京都に永の暇をつげ、駿府、そして江戸へ下ることとなった。以後、再び都の土を踏むことはなかった。

　年頭は駿府で迎えたと思われる。7月13日、孝蔵主は金地院の松首座へ越後少将(松平

忠輝)の新城普請の方角を祈禱せしめている。松平忠輝は伊達政宗の娘を娶っていることから、側仕えの女性として孝蔵主が迎えられたのかも知れない。天正18年、伊達政宗へ上洛を促す書状を送っている誼もあり、素行にやや問題がある松平忠輝と伊達政宗の娘との関係を調整するような意味であったのかも知れない(以上『本光』)。

9月29日、上洛していた崇伝のもとへ駿府にいた孝蔵主の21日付書状が高台院の御内衆から届けられた。「孝蔵主之局之留守居をハ、おとちとゆふ也」とあり、駿府では局を与えられ留守居をもつ立場であったことが判明する(『本光』)。

10月初旬には上洛していたと思われる孝蔵主は、14日付で北野松梅院禅昌へ消息を送り、「けにいとまこい候、御しや何へまいり候共、それより申候」と、永の暇乞いをしている(『北野古文書』)。11月20日、「孝蔵主十一月五日之書状江戸より来」とあり、11月5日までに江戸へ下っていたことが判る(『本光』)。

慶長19年(1614)

江戸で年頭を迎えたようだ。2月5日、駿府にいた崇伝のもとへ「孝蔵主二月一日之御文江戸より来」とあり、江戸在府が知られ、以後、崇伝の日記には孝蔵主の消息が「江戸より来」とあり、孝蔵主の在府を確認できる(『本光』)。

慶長20年・元和元年(1615)

前年8月19日付の文が崇伝に届けられて以降、ほぼ一年間消息は不明である。豊臣氏との最終決着がつくまでは連絡をとることができなかったのであろうか。9月29日、駿府にいた崇伝は、孝蔵主へ文を送っている。江戸参府を知らせたものであろう(『本光』)。

元和2年(1616)

5月19日、崇伝へ孝蔵主の文が届く。10月6日、松尾社務職のことにつき孝蔵主より崇伝へ文が届く。12月29日、12月3日付孝蔵主の文が高台寺の玉雲院より崇伝へ届けられる(以上『本光』)。

元和3年(1617)

8月7日、7月19日付で「豊国之事肝煎候へ」との孝蔵主よりの文が木下利房より崇伝へ届けられた。同8日、崇伝より孝蔵主へ返事が遣わされた。9月12日、6月28日付孝蔵主の文が城(伏見城ヵ)において閑斎(不詳)より崇伝へ届けられた。同29日、崇伝、孝蔵主へ状を遣わす(以上『本光』)。

元和4年(1618)

この年8月、孝蔵主は熱海へ湯治に行ったようである。

閏3月25日、江戸城紅葉山東照社の祭儀にのぞむべく武家伝奏両名とともに江戸へ下向を命じられた西洞院時慶は、この日、京都を発ち、4月7日江戸へ着いた。江戸滞在中、時慶は南部利直の養女となっていた娘万と再会していたようで、5月6日、「万ハ孝へ来泊候」とあり、この日、江戸住まいの孝蔵主のもとへ泊まりに行っている(『時慶』)。8月24日、「あたミよりかうさうす文来」とあり、孝蔵主が熱海に居ることが判明する。9月5

日、「かう蔵主あたミより二日之文来」とあり、暫くのあいだ湯治のため逗留していたようである。同29日、「越中殿(細川忠興)よりかうさうすへ之文もたせ遣ス」と、崇伝が仲介をしている（以上『本光』）。

元和5年(1619)

　この年、豊国社神宮寺の処遇をめぐり孝蔵主と金地院崇伝とのあいだの書状の往返がつづく。この問題につき孝蔵主は、豊国社側より江戸への執りなしを依頼されたのであろうか。9月5日、板倉勝重は神宮寺を屋敷を妙法院へ渡すことを命じた。梵舜は崇伝の姿勢を「前代未聞、不似合長老次第、無念々々、無是非義也、世上へヘツライ沙汰之限候也」と、憤りをあらわにしている（『舜旧』）。

　5月7日、4月22日付孝蔵主の文が崇伝へ届く。5月27日、13日付孝蔵主の状が崇伝へ届く。同29日、崇伝へ孝蔵主より白羽二重の袷1つが届けられた。6月15日、崇伝、孝蔵主へ状を遣わす。同16日、5月26日・28日付孝蔵主の状が崇伝へ届けられる。同19日、12日付孝蔵主の文が崇伝へ届く。同20日、崇伝、孝蔵主へ返事を遣わす。同29日、5月29日・6月8日付孝蔵主の文が木下利房により崇伝に届けられた。

　7月9日、6月28日付孝蔵主の文が友竹院により届けられた。また、同23日付孝蔵主の文が半井驢庵より届けられた。翌10日、崇伝は孝蔵主へ返事を遣わした。同23日、14日付孝蔵主の文が政所様御屋敷より届いた。同26日、14日付孝蔵主の文が松の尾殿より届いた。同27日、12日付孝蔵主の文が届いた。同28日、5日付孝蔵主の文が藤堂高虎より届けられた。同29日、22日付孝蔵主の文が届いた。8月26日、17日付孝蔵主の文が高台院より届いた。同27日、21日付孝蔵主の文2通が板倉勝重より届いた。同29日、孝蔵主へ高台院様よりの返書とともに返書を遣わす。10月晦日、17日付孝蔵主の文が届く（以上『本光』）。

元和6年(1620)

　3月29日、東福寺やうしゆ（養首座）そ出世のことにつき崇伝へ書状を遣わす。4月10日、崇伝へ高台院様と松丸殿への文箱二つを送る。6月21日、孝蔵主への文が崇伝のもとへ届く。10月12日、友竹院より崇伝宛の書状を孝蔵主が届ける。閏12月16日、崇伝、東福寺やうしゆそ出世のことにつき孝蔵主へ書状を遣わす（以上『本光』）。

元和7年(1621)

　5月24日、孝蔵主より崇伝へ緞子の礼状が届く。6月21日、崇伝へ6月7日付孝蔵主の文が届く。同23日、5月16日付孝蔵主の文が帰洛した西洞院時慶より届けられる。10月29日、江戸の崇伝は孝蔵主が息災であることを東福寺南昌院へ報ず（以上『本光』）。

元和8年(1622)

　2月13日、崇伝へ召西堂入院のこと談合につき城より孝蔵主の文が届く。同28日、2月16日付南昌院の書状が崇伝へ届き「かうさうすへも能可申由也」とのこと（以上『本光』）。

元和9年(1623)

　4月27日、崇伝、南昌院入院のこと、6月4日に定まった由を孝蔵主へ報ず。5月18日、

5月9日付孝蔵主の文が崇伝へ南昌院より届けられた(以上『本光』)。

元和10年・寛永元年(1624)

この年の消息は不明である。

寛永2年(1625)

6月10日、崇伝、孝蔵主へ文を遣わす(『本光』)。10月23日、河内国深井村にて化粧料200石を宛行われた(「古文書」)。深井村は、慶長9年閏8月22日付高台院所領目録のなかにある「ふかゑむら」のことである。

　　一高五百七拾四石六斗弐升　　　　　　ふかゑむら
　　　　　此内弐百石ハかうさうすぶん

高台院所領から分離するかたちで秀忠より直接宛行れたのである(「備中足守木下家文書」)。

寛永3年(1626)

1月13日、西之丸の孝蔵主より崇伝へ文が届く(『本光』)。4月14日、死去す(『実紀』)。

■典拠

【参考文献】

藤田恒春「豊臣・徳川に仕えた一女性」(『江戸期おんな考』12　2001年)

執筆者紹介(掲載順)

藤井讓治(ふじい・じょうじ)
　1947年生．京都大学大学院文学研究科国史学専攻単位修得退学．京都大学名誉教授．
　『徳川将軍家領知宛行制の研究』(思文閣出版，2008年)『天皇の歴史5　天皇と天下人』(講談社，2011年)．『近世初期政治史研究』(岩波書店，2022年)

堀　　新(ほり・しん)
　1961年生．早稲田大学大学院文学研究科博士後期課程史学(日本史)専攻単位取得退学．共立女子大学文芸学部教授．
　『日本中世の歴史7　天下統一から鎖国へ』(吉川弘文館，2010年)『織豊期王権論』(校倉書房，2011年)．

藤井讓治　→　別掲

藤田恒春(ふじた・つねはる)
　1952年生．関西大学大学院文学研究科博士課程前期課程修了．
　『小堀遠江守正一発給文書の研究』(東京堂出版，2012年)『豊臣秀次の研究』(文献出版，2003年)．

相田文三(あいだ・ぶんぞう)
　1978年生．東京都立大学大学院人文科学研究科修士課程修了．元虎屋文庫研究主査．
　「江戸幕府嘉定儀礼の「着座」について」(『和菓子』25号，2018年)．

尾下成敏(おした・しげとし)
　1972年生．京都大学大学院文学研究科博士後期課程研究指導認定退学．京都橘大学文学部教授．
　「天正十年初頭の羽柴秀吉の東国政策をめぐって」(『史林』92巻5号，2009年)「九州停戦命令をめぐる政治過程」(『史林』93巻1号，2010年)．

福田千鶴(ふくだ・ちづる)
　1961年生．九州大学大学院文学研究科博士課程中途退学．博士(九州大学，文学)．九州大学基幹教育院教授．
　『幕藩制的秩序と御家騒動』(校倉書房，1999年)『淀殿――われ太閤の妻となりて――』(ミネルヴァ書房，2007年)『豊臣秀頼』(吉川弘文館，2014年)．

早島大祐(はやしま・だいすけ)
　1971年生．京都大学大学院文学研究科博士後期課程指導認定退学．関西学院大学文学部教授．
　『首都の経済と室町幕府』(吉川弘文館，2006年)『室町幕府論』(講談社学術文庫，2023年，初版は2010年)『明智光秀』(NHK出版，2019年)．

大西泰正(おおにし・やすまさ)
　1982年生．京都教育大学大学院教育学研究科修士課程修了．石川県金沢城調査研究所所員．
　『豊臣期の宇喜多氏と宇喜多秀家』(岩田書院，2010年)，『論集　加賀藩前田家と八丈島宇喜多一類』(桂書房，2018年)．

中野　等（なかの・ひとし）
　1958年生．九州大学大学院博士課程中退．九州大学名誉教授．
　『豊臣政権の対外侵略と太閤検地』（校倉書房，1996年）『文禄・慶長の役』（戦争の日本史16，吉川弘文館，2008年）．『石田三成伝』（吉川弘文館，2017年）

穴井綾香（あない・あやか）
　1977年生．九州大学大学院比較社会文化学府博士課程単位修得退学．博士（比較社会文化）．久留米市市民文化部文化財保護課事務主査．
　「慶長十四年丹波篠山城普請の意義」（『日本歴史』672号，2004年）「慶長十四年大船没収令の伝達過程――触を中心に――」（『古文書研究』68号，2010年）．

松澤克行（まつざわ・よしゆき）
　東京大学史料編纂所教授．
　『天皇の歴史10　天皇と芸能』（共著、講談社，2011年）「近世の公家社会」（『岩波講座日本歴史第12巻　近世3』岩波書店，2014年）．

杣田善雄（そまだ・よしお）
　1949年生．京都大学大学院博士後期課程修了．京都大学博士（文学）．元大手前大学教授．
　『幕藩権力と寺院・門跡』（思文閣出版，2003年）『日本近世の歴史2　将軍権力の確立』（吉川弘文館，2012年）．

織豊期主要人物居所集成〔増補第3版〕
しょくほうきしゅようじんぶついどころしゅうせい

2024(令和6)年10月11日発行

編　者
藤井讓治

発行者
田中　大

発行所
株式会社　思文閣出版
〒605-0089　京都市東山区元町355　電話 075(533)6860(代)

装　幀　上野かおる
印　刷
製　本　亜細亜印刷株式会社

Ⓒ Printed in Japan, 2024　　ISBN978-4-7842-2098-4　C3021

◎既刊図書案内◎

中世史料との邂逅　室町・戦国・織豊期の文書と記録
村井祐樹著

寺社・個人・公的機関等、延べ1,300件以上の史料所蔵者を訪ね歩いた著者が、さまざまな機会に、合縁奇縁に出逢ったさまざまな史料たち。そのなかから特に印象深かったものを選び、読解・分析し、未知の事実を浮かび上がらせ、そして何よりも史料自体の面白さを伝えるためにまとめた一書。インターネットオークションで幸運にも落札した秀吉宛書状や、「ついで」の筈の調査で掘り当てた大量の秀吉朱印状、はたまた足かけ10年におよぶ執念で辿り着いた湯原氏関係文書など……、多岐にわたる史料を検討し、新知見を提供する。

書籍内附録および附編として、明智光秀の初出記事が話題となった『針薬方』の表裏すべての写真・釈文を掲載したほか、佐々木六角氏関係史料を収録。

▶A5判・580頁／定価11,000円　　　ISBN978-4-7842-2083-0

日本中世の東西と都鄙　中世史研究会五〇周年大会論集
中世史研究会編

1973年に創設された中世史研究会は、東海地域を拠点にし、関東・関西の諸学会と並び、日本中世史研究の発展に半世紀にわたって貢献してきた。

本書は、創立50周年を記念して行われた2年間のシンポジウムの成果。第Ⅰ部には、東国とされる地域と西国とされる地域のそれぞれの社会構造はどのように描けるかを論じる諸論考、第Ⅱ部には都鄙の関係性や相互認識のあり方を論じる諸論考を収め、併せてシンポジウム当日のコメント、討論記録も収録。政治権力論だけでなく、流通経済や文化意識にも目を向け、中世の列島社会の特質に迫る。

▶A5判・400頁／定価11,000円　　　ISBN978-4-7842-2099-1

光豊公記　京都大学史料叢書19
京都大学文学部日本史研究室編、藤井讓治編・解説

近世初頭にかけて代々武家伝奏を務めた勧修寺家14代当主、勧修寺光豊の日記。16歳の天正18年正月朔日にはじまり、没年（38歳）の慶長17年正月11日に及ぶ。

本日記は、1963年に京都大学文学部国史研究室の所蔵となった勧修寺家文書の一部であり、現在は京都大学総合博物館収蔵。1年を通して残されているのは、天正19年と慶長15年のみであり、天正18・20年・文禄2〜5年、慶長2・3年・8・12・16・17年は一部が伝わる。この他に文禄3年から慶長4年までの八朔の記事を集めた「八朔記」と慶長16年5月21日から6月23日までの駿府・江戸下向の旅日記「東記」を収録。

▶A5判・378頁／定価16,500円　　　ISBN978-4-7842-2019-9

表示価格は税込